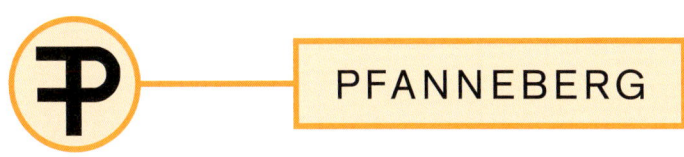
PFANNEBERG

RESTAURANT & GAST

Anton Beer
Frank Brandes
Hermann Grüner
Thomas Kessler
Conrad Krödel
Reinhold Metz
Marco Voll
Thomas Wolffgang

13. Auflage

Fachbuchverlag Pfanneberg GmbH & Co. KG
Düsselberger Str. 23
42781 Haan-Gruiten
Bestell-Nr.: 04054

Autoren

Anton Beer, Köditz
Frank Brandes, Bad Doberan
Hermann Grüner, Garmisch-Partenkirchen
Thomas Kessler, Deggendorf
Conrad Krödel, Elmshorn
Reinhold Metz, Bad Wörishofen
Marco Voll, Gleichen
Thomas Wolffgang, Dessau-Roßlau

Verlagslektorat

Benno Buir

Bildbearbeitung

Verlag Europa-Lehrmittel, 73760 Ostfildern

13. Auflage 2020

Druck 5 4 3 2 1
Alle Drucke derselben Auflage sind parallel einsetzbar, da sie bis auf die
Behebung von Druckfehlern untereinander unverändert sind.

ISBN 978-3-8057-0815-9

© 2020 by Fachbuchverlag Pfanneberg GmbH & Co. KG, 42781 Haan-Gruiten
http://www.pfanneberg.de
http://www.restaurant-und-gast.de

Umschlag: braunwerbeagentur, 42477 Radevormwald,
unter Verwendung eines Motivs von mauritius images/Food and Drink
Layout und Satz: tiff.any GmbH, 10999 Berlin
Druck: Himmer GmbH, 86167 Augsburg

Das Standardwerk „Restaurant & Gast" und das dazugehörige **Medienpaket** liegen nun überarbeitet in der **13. Auflage** vor. Neue, erfahrene Autoren haben die vielfach anerkannte Qualität um wichtige neue Elemente erweitert.

„Restaurant & Gast" enthält alle Inhalte, die heute für die professionelle und moderne Ausbildung im Beruf „Restaurantfachmann/Restaurantfachfrau" wichtig sind.

Das Lehrbuch für den handlungsorientierten und lernfeldorientierten Unterricht unterstützt Auszubildende beim selbstständigen Lernen. Sie finden Gesuchtes schnell und können Zusammenhänge herstellen. Die Grundlagen hierfür bildet die umfassende Darstellung der Lerninhalte. **Didaktisch und methodisch fundiert** fördert sie die **Entwicklung von Lernkompetenz** und ermöglicht eine *nachhaltige Festigung des Lernstoff*s.

Was ist neu an „Restaurant & Gast"?

Der Berufseinstieg ist pädagogisch modernisiert, die Lernfelder des 1. Lehrjahres sind komplett neu bearbeitet:

- Neues Konzept, neue Gliederung
- Neueste, aktuelle Themen, Trends, Geräte

Der zweite Teil des Buches wurde aktualisiert, Bewährtes wurde beibehalten. Der digitale Schwerpunkt des Medienpakets wurde ausgebaut:

- Wissen im Internet: Hintergrundinfos bei www.restaurant-und-gast.de; Zusatzmaterial (Digital+) über www.restaurant-und-gast.de/digitalplus
- Alle Bilder und Tabellen des Buches sind für die Übernahme in eigenes Material jetzt digital zugänglich – **online und offline nutzbar** (siehe Umschlag-Innenseite)
- **Das digitale Buch**: Restaurant & Gast **in unserer EUROPATHEK**
- Die Lern-App „Prüfung Restaurant" in den Stores – mit ca. 100 kostenlosen Prüfungsaufgaben. Weitere bis zu 1000 sind zusätzlich erhältlich.

Unsere Buchreihe für den gastgewerblichen Unterricht hat identische Inhalte für lehrplankonforme, gemeinsame Beschulung in gemischten Klassen:

Die Seiten für das 1. und 2. Lehrjahr sind in Fachkraft & Gast, Hotel & Gast und Restaurant & Gast gleich. Auch Der junge Koch/Die junge Köchin hat für das 1. Lehrjahr die gleichen Inhalte.

Ihr Feedback ist uns wichtig!

Wenn Sie mithelfen möchten, dieses Buch für die kommenden Auflagen noch weiter zu optimieren, schreiben Sie uns unter lektorat@europa-lehrmittel.de.

Wir freuen uns auf Anregungen und Unterstützung durch Kritik und wünschen **viel Erfolg mit „Restaurant & Gast"**.

Sommer 2020   Autoren und Verlag

Inhaltsverzeichnis

KÜCHE

MARKETING

1 Gast und Gastgewerbe – früher und heute

🇬🇧 guest and hotel and restaurant industry past and today
🇫🇷 l'hôte (m) et secteur (m) de l'hôtellerie et de la restauration ancien et des nos jours

Vor vielen hundert Jahren spielte sich das Leben der meisten Menschen am Wohnort ab. Dort lebte man, schlief, aß und trank. Mit zunehmendem Handel waren die Menschen immer mehr unterwegs – sie verließen die sichere und vertraute Umgebung ihres Heims. In der Fremde waren Menschen darauf angewiesen, dass andere ihnen ein Obdach, Essen und Trinken anboten. So entwickelte sich schrittweise das Prinzip der **Gastfreundschaft**. Wer anderen half, konnte auch selbst in der Fremde Hilfe in Anspruch nehmen. Ab dem Mittelalter waren immer mehr Menschen auf Reisen. Private Unterkünfte reichten nicht mehr aus, um das Bedürfnis nach einem Dach über dem Kopf, nach Essen und Trinken zu decken. Erste gewerbliche Herbergen und Gasthäuser entstanden. Im selben Maße, wie sich die Bedürfnisse der Menschen veränderten, entwickelten sich auch gastgewerbliche Betriebe weiter.

Das Gastgewerbe gehört zum **Dienstleistungssektor** der Wirtschaft. Als Mitarbeiter sind wir Gastgeber, die den Gästen dienen. Um zu verstehen, was die Gäste wünschen, müssen wir ihre **Bedürfnisse** kennen und verstehen. Den elementaren Bedürfnissen Essen, Trinken und Schlafen entsprechen die Angebote **Bewirtung** und **Beherbergung** mit Betriebsarten wie **Restaurant** und **Hotel**. Wünsche der Gäste sind aber auch Entspannung und Ruhe, Freude und Vergnügen, Abwechslung und Kultur. So werden bis heute vielfältige gastronomische Angebote entwickelt.

Im Wandel der Zeit

Die Leistungen des Gastgewerbes stehen heute mehr denn je in der Öffentlichkeit. Fotos angerichteter Teller werden ebenso schnell in sozialen Medien verbreitet wie die positive oder negative Kritik.

Viele Deutsche haben ein steigendes Interesse an hochwertigen Lebensmitteln und genussvollem, ethisch vertretbarem Essen. Foodtrucks, Food-Blogs, die zunehmende Bedeutung vegetarischer Ernährung und vielfältige Kochevents sind Ausdruck davon. Gleichzeitig steigt die Zahl der Menschen, bei denen der heimische Herd kalt bleibt. Gastronomie-Betriebe müssen sich mit ihren Angeboten immer wieder den wechselnden Bedürfnissen der Gäste anpassen.

Kochmuffel und Foodies

Anteil der Ernährungstypen in Deutschland in Prozent

Ernährungsfunktionalisten haben kein Interesse an Ernährung und Lebensmitteln; Motto „Hauptsache satt" — 18,9

Foodies Leidenschaft fürs Kochen, Teilnahme an kulinarischen Events, großes Interesse an Ernährung und Genuss, hoher Qualitätsanspruch — 10,7

Kochmuffel verstehen wenig vom Kochen, geringer Anspruch an Qualität — 16,3

Light Foodies etwas weniger interessiert an kulinarischen Events und Neuem als Foodies — 19,3

Gewohnheitsköche kochen viel zu Hause, wenig Interesse an Gastronomie und Food-Events — 15,3

Ernährungsinteressierte Interesse an gutem Essen, etwas höherer Qualitätsanspruch — 19,5

repräsentative Befragung von 503 Personen ab 18 Jahren im September 2015 in Deutschland
Quelle: Georg-August-Universität Göttingen (Sept. 2016)

© Globus 11637

Ernährungstypen in Deutschland

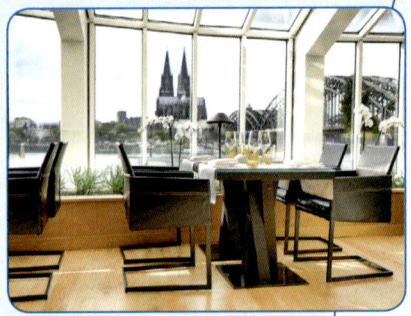

„Sage mir, was du isst, und ich
sage dir, wer du bist."
Jean Anthelme Brillat-Savarin

Bewirtungsbetriebe

Das klassische Bild eines Bewirtungsbetriebes ist das **Restaurant**. Vom einfachen Lokal bis hin zur gehobenen Gastronomie bieten Restaurants eine größere Auswahl von Speisen und Getränken in ansprechendem Ambiente an. Doch nur noch jeder 20. geht in Deutschland in ein Restaurant. Einfachen Ansprüchen an Speisen und Getränke werden traditionell **Gasthäuser** auf dem Land gerecht. **Cafés** und **Bistros** bieten in Städten einen Treffpunkt für Menschen und meist eine kleine aber ansprechende Auswahl an Speisen und Getränken. Menschen sind heute zunehmend unterwegs und haben den Wunsch, nur eine Kleinigkeit zu essen oder Essen und Getränke zum Mitnehmen, also „to go", angeboten zu bekommen. Diese Bedürfnisse erfüllen z. B. **Imbisse** und **Bäckereien** mit einem kleinen Angebot. Zu Hause angekommen, bleibt für immer mehr Menschen die Küche kalt („Cocooning") – das Essen kommt durch den **Bringdienst** u. a. **Cateringbetriebe** ins Haus.

Beherbergungsbetriebe

Ein „Dach über dem Kopf" reicht Reisenden schon lange nicht mehr aus – die Anforderungen der Menschen gehen auch bei der Übernachtung weit auseinander.

Das klassische **Hotel** ist ein Beherbergungsbetrieb, der über eine größere Bettenzahl, eine anspruchsvolle Ausstattung der Zimmer und der sonstigen Räumlichkeiten verfügt. Hotels sind auf die Bewirtung der Hausgäste eingestellt und besitzen ein Restaurant, in dem auch Außer-Haus-Gäste bedient werden. Dem Wunsch nach Erholung kommen Wellness-Hotels nach. Gäste, die sich aktive Entspannung wünschen, sind meist in einem Sporthotel gut aufgehoben. Je nach Anspruch der Gäste unterscheiden sich Hotelbetriebe – vom eher einfachen Bed-and-Breakfast-Hotel bis zum Grand-Hotel.

- **Hotel garni** ist die Bezeichnung für ein Hotel, das zur Bewirtung lediglich Frühstück und evtl. kalte Speisen anbietet.
- **Pensionen** bewirten nur Hausgäste, die meist für mehrere Tage oder Wochen dort zu Gast sind.
- **Gasthöfe** sind vorzugsweise in ländlichen Gebieten angesiedelt. Sie haben eine geringe Bettenzahl und sind auf bescheidene Ansprüche ausgerichtet.
- **Motels** bieten Übernachtungen mit günstiger Verkehrsanbindung (nahe Fernstraßen) an.

Individualgastronomie und Systemgastronomie

Individualgastronomie: Klassische Gastronomiebetriebe werden meist vom Inhaber geführt. Dieser bestimmt das Angebot und prägt das Erscheinungsbild des Betriebes. Der Inhaber fällt Entscheidungen, trägt aber auch das unternehmerische Risiko.

Systemgastronomie (→ S. 30): Restaurant- oder Hotelketten werden dabei von einer Zentrale geführt. Hier wird ein Konzept ausgearbeitet, das auf alle Betriebe des Konzerns übertragen wird. So haben alle Betriebe ein einheitliches Aussehen und ein nahezu identisches Speisen- und Getränkeangebot. Rezepturen, Berufskleidung u. a. werden einheitlich vorgegeben. Betriebe der Systemgastronomie werden häufig als Franchising-Betriebe geführt. Der Franchisenehmer hat dabei weniger Entscheidungsfreiheit, trägt aber auch ein geringeres Risiko.

Neben Betrieben der Individualgastronomie und der Systemgastronomie existieren auch Mischformen.

2 Ausbildung in Schule und Betrieb

🇬🇧 apprenticeship in school and business
🇫🇷 formation (w) en l'école et en l'éntrepris

2.1 Anforderungen des Gastgewerbes

🇬🇧 requirements of hotel and restaurant industry
🇫🇷 demandes (w) de secteur de l'hôtellerie et de la restauration

Koch ist noch immer ein „Beruf mit Geschmack". Gleichzeitig ändert sich das Berufsbild des Koches stetig. Vor der Aufnahme einer Berufsausbildung sollte sich jeder informieren, welche Anforderungen der Beruf an ihn stellt. Diese Anforderungen sollten mit den eigenen Stärken und Schwächen offen verglichen werden. Die **Berufsausbildung** im Gastgewerbe bietet die Chance, sich vielfältig weiterzuentwickeln.

Die Betriebe des Gastgewerbes sind verschieden – die Bedingungen in den Ausbildungsbetrieben entsprechend auch. Um eine einheitliche Ausbildung zu gewährleisten, ist die Berufsausbildung rechtlich verbindlich geregelt.

Ausbildung

→ Sie haben Geschmack und Geschick, sind kreativ?
→ Sie sind ein verlässlicher und hilfsbereiter Teamplayer?
→ Sie achten auf Ihren Körper, sind fit und belastbar?
→ Sie sind geistig wie körperlich schnell und beweglich?

Dann werden Sie doch unser/-e neue/-r Kollege/-in!

2.2 Duale Ausbildung

🇬🇧 dual apprenticeship   🇫🇷 formation (w) en alternance

Nach vielen Jahren (theoretischer) Schulbildung wünschen sich viele junge Menschen, etwas Praktisches zu tun. Im Rahmen einer Berufsausbildung können sie beides verbinden. Berufsausbildung läuft in den meisten Ausbildungsberufen in Deutschland im **dualen System** ab: Sie lernen an zwei Orten – im **Ausbildungsbetrieb** und in der **Berufsschule**. Mit dem Berufsschulabschluss können sie bei entsprechenden Leistungen auch noch einen höherwertigen Schulabschluss erwerben.

Lebenslanges Lernen: Ihr in Schule und Betrieb erworbenes Wissen ist das Fundament für Ihre berufliche Tätigkeit. Nach Abschluss der Ausbildung haben Sie einen ersten Eindruck davon, was es heißt, als Köchin oder Koch zu arbeiten. Das eigentliche Lernen geht nun erst richtig los – und es hört ein Leben lang nicht auf: So wie sich die Arbeitswelt um Sie herum verändert, müssen auch Sie sich immer wieder neues Wissen aneignen und neue Fertigkeiten erwerben.

2.3 Rechtlicher Rahmen der Ausbildung

🇬🇧 statutory framework of apprenticeship
🇫🇷 conditions (m) juridique de formation professionelle

Rechtliche Grundlage für die Ausbildung im Gastgewerbe ist die **Verordnung über die Berufsausbildung im Gastgewerbe**. Darin sind die Ausbildungsberufe festgelegt und deren Ausbildungsinhalte (Berufsbilder) beschrieben.

Zur konkreten Umsetzung des Ausbildungsrahmenplans bietet die IHK durch Publikationen Hilfestellungen an.

Für jedes Ausbildungsverhältnis ist vor Beginn der Ausbildung ein **Ausbildungsvertrag** zu schließen. In ihm sind wesentliche Inhalte für die Berufsausbildung festgehalten. Rechte und Pflichten für beide Vertragspartner sind im **Berufsbildungsgesetz (BBIG)** beschrieben.

2.4 Ablauf der Ausbildung

 process of apprenticeship bout (m) de formation professionelle

Ausbildungsinhalte

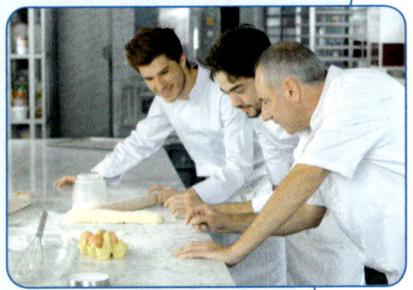

Wie eine Ausbildung im Gastgewerbe abläuft, ist bundesweit einheitlich geregelt. Für beide Lernorte – Ausbildungsbetrieb und Berufsschule – gibt es daher konkrete Vorgaben, was im Laufe der Ausbildung zu vermitteln ist.

Der Unterricht in der Berufsschule orientiert sich am **Rahmenlehrplan** für Ihren Beruf. Der Ausbildungsbetrieb muss Sie für die Berufsschule freistellen (Berufsschulpflicht). Grundlage für die betriebliche Ausbildung ist der **Ausbildungsrahmenplan**. Weil die Ausbildungsbedingungen von Betrieb zu Betrieb unterschiedlich sein können, ist mit Beginn der Ausbildung ein **betrieblicher Ausbildungsplan** festzulegen und dem Auszubildenden zusammen mit dem unterschriebenen Vertrag auszuhändigen! Im Ausbildungsplan steht, welche Inhalte Ihnen Ihr Ausbilder wann und in welchem Umfang vermitteln wird. Kann ein Betrieb Teile des Ausbildungsrahmenplans nicht selbst vermitteln, so kann eine Ausbildung zeitweise in einem anderen Betrieb stattfinden, oder mehrere Betriebe schließen sich zu einem Ausbildungsverbund zusammen.

Fragen Sie am Ende der Zwischenprüfung beim Prüfungsausschuss nach, woran Sie noch intensiver arbeiten müssen.

Prüfungen

Nach dem ersten Ausbildungsjahr legen die Auszubildenden eine Zwischenprüfung ab. Gegen Ende der Ausbildungszeit steht die **Abschlussprüfung** an.

Bei der **Zwischenprüfung** geht es noch nicht um Bestehen oder Nicht-Bestehen. Hier sollen Sie Grundkenntnisse und -fertigkeiten anhand einfacher Aufgabenstellungen unter Beweis stellen. Ihr Ausbilder und Sie erhalten vom Prüfungsausschuss eine Rückmeldung, ob Ihre Leistungen (theoretisch und praktisch) dem Ausbildungsstand entsprechen.

Die **Abschlussprüfung** gliedert sich in eine theoretische und eine praktische Prüfung. In der **theoretischen Abschlussprüfung** wird Ihr Wissen in drei Bereichen abgefragt:

- Technologie
- Warenwirtschaft
- Wirtschafts- und Sozialkunde

Für die **praktische Abschlussprüfung** erhalten Sie vorab einen Warenkorb. Aus diesem ist ein mehrgängiges Menü zu planen und zuzubereiten. Außerdem sollen Sie in einem gastorientierten Gespräch Ihre Planung darlegen. Mit Bestehen des letzten Prüfungsteiles endet das Berufsausbildungsverhältnis – auch wenn im Ausbildungsvertrag ein späteres Datum eingetragen ist.

Weitere Infos auf unseren Webseiten.

DIGITAL+

2.5 Ausbildungsberufe des Gastgewerbes: Übersicht

🇬🇧 trade professions of the hotel and restaurant business: summary

🇫🇷 métiers (m) de formation professionnelle de l'industrie hôtelière: aperçu (m)

Berufliche Fortbildung und Weiterbildungsmöglichkeiten

Hotelfachschule mit Abschluss zum Hotelbetriebswirt
Meisterprüfungen in den gastgewerblichen Berufen, Fachwirt im Gastgewerbe,
Hausdamenseminare, Sommelierlehrgänge, Barmixerschulung, Diätlehrgänge usw.

Fachmann/-frau für System-gastronomie	Restaurant-fachmann/-frau	Hotelfachmann/-frau	Hotelkaufmann/-frau	Koch/Köchin

3. Ausbildungsjahr/Fachstufe 2

Für Menschen mit 2 nachgewiesenen Lernbehinderungen gibt es die 3-jährigen Ausbildungsberufe **Fachpraktiker Küche** (ehem. Beikoch) und **Fachpraktiker im Gastgewerbe**.

• Organisation von Produktions- und Betriebsstätte • Ablaufgestaltung • Personalverwaltung • Rechnungswesen	• Verkauf im Restaurant • Führen einer Station • Verwaltungsorganisation	• Arbeiten im Empfangsbereich • Arbeiten im Verkaufsbüro • Arbeiten in der Marketingabteilung • Führungsaufgaben im Wirtschaftsdienst	• Arbeiten im Büro • Arbeiten im Rechnungswesen • Arbeiten in der Personalverwaltung	• Klassische Zubereitung und Einsatz von Convenience-produkten unter Berücksichtigung von Ernährungslehre und Wirtschaftlichkeit • Aktionswochen • Speisefolgen

Fachkraft im Gastgewerbe

2. Ausbildungsjahr/Fachstufe 1

Einige IHKs bieten für Fachkräfte auch den Schwerpunkt Systemgastronomie an.

- Beratung und Verkauf im Restaurant
- Marketing (Gastronomisches Konzept)
- Wirtschaftsdienst (Housekeeping)
- Warenwirtschaft

2. Jahr

- Küchen- und arbeitstechnische Verfahren
- Vegetarische Küche
- Zwischenmahlzeiten
- Suppen und Saucen
- Einfache Süßspeisen

1. Ausbildungsjahr/Grundstufe

- Arbeiten in der Küche
- Arbeiten im Service
- Arbeiten im Magazin
- Übergreifende Lernziele
- Gastorientiertes Handeln

2.6 Netzwerke des Gastgewerbes

Das Gastgewerbe agiert in einem Umfeld, das sich ständig verändert. Diese Veränderungen müssen Gastronomen erfassen und wenn nötig umsetzen. Hierfür es ist wichtig, gut informiert zu sein. Mindestens ebenso wichtig ist es, die eigenen Interessen gegenüber anderen zu wahren. Das gilt für Unternehmer wie für Arbeitnehmer und auch für einzelne Berufsstände an sich. Netzwerke helfen, aktuelle und fachbezogene Informationen zu erhalten. Die Vernetzung untereinander ist heutzutage auch fast unerlässlich bei der Durchsetzung eigener Interessen. Solche Netzwerke bieten dem Gastgewerbe die verschiedenen Verbände. Das sind u. a. die Folgenden:

Verband der Köche Deutschlands e.V. (VKD)

Der Verband der Köche Deutschlands e.V. ist mit rund 9.000 Mitgliedern die größte Gemeinschaft von Köchinnen und Köchen in Deutschland. Diese Gemeinschaft ist die Basis für die fachliche Entwicklung der Mitglieder und für die Zukunft des Berufsstands. Der VKD unterstützt Köchinnen und Köche in jeder beruflichen Hinsicht. Mitglieder bauen auf das aktive Netzwerk und auf kompetente Ansprechpartner aus den eigenen Reihen – auch, wenn es um Karrierechancen geht. Auszubildende fördert der Verband durch auf sie zugeschnittene Seminare – zum Beispiel für die Prüfungsvorbereitung – und unterstützt berufliche Wettbewerbe. VKD-Landesverbände organisieren Jugendcamps, in denen Nachwuchsköche ihr Wissen erweitern können.

Deutscher Hotel- und Gaststätten-Verband (DEHOGA)

Der DEHOGA ist der **Branchenverband der Hotellerie und Gastronomie** in Deutschland. Mit 65.000 Mitgliedern ist er der Interessenvertreter des Gastgewerbes gegenüber Politik, Medien und Öffentlichkeit. Dabei bezieht der Verband unter anderem Stellung zu gesetzlichen Vorhaben und fordert sinnvolle wirtschaftspolitische Rahmenbedingungen. Der DEHOGA macht sich stark für mehr Flexibilität, Bürokratieabbau und fairen Wettbewerb. Im Rahmen von Tarifverhandlungen vertritt der DEHOGA die Arbeitgeber.

Der DEHOGA veranstaltet zudem diverse Branchenevents, betreibt Marketing für das Gastgewerbe und unterstützt zahlreiche Kampagnen. Für die Fachkräftegewinnung und Zukunftssicherung sind die **Ausbildungswettbewerbe des DEHOGA** ein wichtiges Instrument der Nachwuchsförderung.

Gewerkschaft Nahrung-Genuss-Gaststätten (NGG)

Die **NGG** steht dem DEHOGA in Tarifverhandlungen als Vertreter der Arbeitnehmer gegenüber. Doch nicht nur hierüber versucht die NGG, die Arbeitsbedingungen u. a. im Gastgewerbe zu verbessern. Arbeitnehmer und Auszubildende können sich als Mitglieder in Rechtsfragen beraten und vertreten lassen. Als Teil des Deutschen Gewerkschaftsbundes (DGB) bietet die NGG auch die Möglichkeit, sich über das Internet zu Rechtsfragen auszutauschen, etwa über das Angebot „Dr. Azubi".

Euro-Toques Deutschland e.V.

Die europäische Union der Köche setzt sich dafür ein, dass naturnah und handwerklich erzeugte Lebensmittel in den Küchen stärkere Verwendung finden. Auch die kulinarischen Traditionen in Deutschland und Europa sollen hierüber erhalten werden. Zudem setzen sich **Euro-Toques** für einen verantwortungsvollen Umgang mit Lebensmitteln ein. Hierfür geben Mitglieder der Euro-Toques Geschmackskurse für Kinder und bieten Fortbildungen für Köche an.

Gastronomische Akademie Deutschlands (GAD)

Die Gastronomische Akademie Deutschlands (GAD) stellt mit ihrer gemeinnützigen Arbeit seit 60 Jahren die Verbindung zwischen Praxis und Wissenschaft zu Kochkunst, Tafelkultur und Gastlichkeit her und verbindet klassische Tradition mit aktuellen Themen. Fortbildungen, Bewertungen von Koch- und Fachbüchern sowie Empfehlungen zu Menü- und Servierregeln bieten für die Arbeit in Küche, Restaurant und Hotel fachlich versierte Grundlagen.

Soziale Netzwerke

Soziale Netzwerke bieten die Chance, sich über Verbandsgrenzen hinaus auszutauschen. Betriebe und Gäste nutzen diese Gelegenheit, um sich über Betriebe und deren Angebot zu informieren – diese aber auch zu bewerten. Mitarbeitern bietet sich die Chance, abseits von Stellenanzeigen und Firmenseiten Informationen über potenzielle Arbeitgeber einzuholen. Gäste nutzen soziale Medien, um ihre Erfahrungen rund um die Dienstleistungen des Gastgewerbes mit anderen zu teilen. Bei alledem gilt: Das Internet ist kein rechtsfreier Raum – die ‚Netiquette' ist einzuhalten.

Netiquette: Empfehlungen, wie man sich im Internet und bei digitaler Kommunikation (z. B. E-Mails) angemessen und respektvoll benimmt.

2.7 Wettbewerbe des Gastgewerbes

Das Gastgewerbe ist in stetigem Wandel begriffen. Zum einen verändern sich die Wünsche der Gäste beständig. Zum anderen entstehen Trends im Gastgewerbe durch innovatives Arbeiten in den Küchen. Wettbewerbe des Gastgewerbes sind ein wichtiger Motor der Innovation.

Jugendmeisterschaften

Der DEHOGA organisiert in Kooperation mit VKD und VSR die **Deutschen Jugendmeisterschaften**. Diese beginnen mit regionalen Wettbewerben in Theorie und Praxis, in denen Auszubildende unter 25 Jahren ihr Können unter Beweis stellen können. Angehende Köche, Restaurant- und Hotelfachleute sowie Systemgastronomen treten dabei nicht nur einzeln, sondern auch als Team an. Die Sieger der Bezirke ermitteln dann innerhalb des Bundeslandes die Besten. Diese Landesmeister dürfen dann bei den Deutschen Meisterschaften um den Titel Deutscher Jugendmeister kämpfen – ein Sprungbrett zur Aufnahme in die Jugend-Nationalmannschaft.

Rudolf-Achenbach-Preis

Die Achenbach Delikatessen Manufaktur und der VKD organisieren alljährlich den Wettbewerb um den **Achenbach-Preis**. Ähnlich wie bei der Deutschen Jugendmeisterschaft werden die Teilnehmer auf Bezirks-, Landes- und letztlich auf Bundesebene ermittelt. Die Teilnehmer sind hierbei ebenfalls Auszubildende unter 25 aus den regionalen Zweigvereinen des VKD. Der Bundessieger darf sich dann beste/-r Nachwuchskoch/-köchin Deutschlands nennen. Außerdem gibt es Sach- und Geldpreise.

Weitere regionale und überregionale Wettbewerbe

Zahlreiche Wettbewerbe auf regionaler Ebene und darüber hinaus haben ebenfalls zum Ziel, den Köche-Nachwuchs in einer Region zu fördern und das Berufsbild des Kochs in der Öffentlichkeit positiv darzustellen. Diese Wettbewerbe werden oft in Kooperation zwischen Ausbildungsbetrieben, Berufsschulen und lokalen Sponsoren ausgetragen. Beispiele für regionale

Wettbewerbe sind „Regionalgericht Sachsen-Anhalt" oder der „Lösnitz Pokal Dresden".
Weitere überregionale Wettbewerbe sind z. B. „Junge Wilde" oder die Matjesmeisterschaft um die „Friesenkrone".

2.8 Auszeichnungen im Gastgewerbe

Besondere Leistungen des Gastgewerbes werden auch abseits der Wettbewerbe ausgezeichnet. Diese Prämierungen bieten Gästen eine gute Orientierung für qualitativ hochwertige Gastronomieleistungen. Grundlage der Prämierungen sind die Ergebnisse von Restauranttestern, die für einen Restaurantführer arbeiten. Da sich über Geschmack bekanntlich streiten lässt, werden durch Restaurantführer u. a. auch bewertet:

* Frische und gleichbleibende Qualität der Speisen,
* fachgerechte Zubereitung der Speisen,
* Kreativität der Küche und Harmonie der Gerichte.

Auch das Ambiente und der Service spielen bei der Bewertung meist eine Rolle. Im Fokus stehen aber die Leistungen der Küche, nicht die Hotel-Leistungen (s. u.):

* **Guide MICHELIN**: Der wohl bekannteste Restaurantführer vergibt einen bis drei Sterne. Mit dem „Bib Gourmand" werden Speisen ausgezeichnet, die preiswert, aber dennoch sorgfältig zubereitet werden.
* **Gault & Millau**: Ähnlich dem französischen Schulnotensystem vergibt der Gault & Millau Punkte von 0 bis 20. Restaurants der oberen Punkte erhalten zusätzlich eine bis vier Kochmützen (Hauben).

Weitere bekannte Restaurantführer, die nach ähnlichen Systemen arbeiten, sind der Varta Restaurantführer, der Aral Schlemmeratlas und der Restaurant-Guide der Fachzeitschrift „Der Feinschmecker".

www.michelin.de

Hotel-Klassifizierung

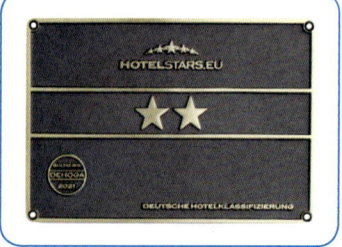

Die Leistungen eines Hotels – nicht die der Küche – werden seit 2010 nach europaweit einheitlichen Richtlinien mit Sternen ausgezeichnet. Auch der DEHOGA orientiert sich bei der Klassifizierung hieran. Hotels, die einfachen Ansprüchen genügen, können einen Stern erhalten. Solche, die auch höchsten Ansprüchen genügen, werden mit bis zu fünf Sternen ausgezeichnet. Die Klassifizierung erfolgt auf Antrag des Hoteliers und ist kostenpflichtig.

❸ Personal im Gastgewerbe

🇬🇧 staff in the hospitality trade 🇫🇷 personnel (m) qualifié de l'industrie (w) hôtelière

Individualgastronomie

Die Organisationsformen werden durch die Größe des Hotels und der damit verbundenen, notwendigen Anzahl der Mitarbeiter bestimmt. In größeren Betrieben werden die hier dargestellten Bereiche weiter aufgeteilt. In kleineren werden mehrere Funktionen zusammengefasst. Nachfolgend ist ein Organisationsmodell eines mittleren Betriebes dargestellt.

Hotelleitung

Hoteldirektor/-in

Direktionsassistent/-in

Rechnungswesen	**Empfang**	**Etage/Housekeeping**
Leiter Rechnungswesen Personalchef Controller Buchhalter Auszubildende	Empfangschef Empfangssekretäre Reservierungssekretäre Kassierer Auszubildende	Hausdame Hausdamenassistentin Wäschereibeschließerin Zimmermädchen Auszubildende
• Ordnungsgemäße Buchführung • Statistiken und Auswertungen • Verwaltung der Hauptkasse • Bearbeitung des Personalwesens mit Lohn- und Gehaltsabrechnungen • Personaleinstellung und -entlassung • Erstellen von Stellenbeschreibungen	• Reservieren und Vermieten von Zimmern • Führen der Gästekorrespondenz • Durchführen der Empfangsbuchhaltung • Abrechnen mit dem Gast	• Reinigen und Pflegen der Gästezimmer, Flure und Treppenhäuser • Pflege der Grünpflanzen • Pflegen, Lagern und Ausgeben der gesamten Wäsche sowie des Reinigungsmaterials

Food-and-Beverage-Manager/-in

Magazin	**Küche**	**Service**
Magazinverwalter Magazinmitarbeiter Auszubildende	Küchenchef Stellvertretender Küchenchef Postenchef Koch/Jungkoch Auszubildende	Restaurantleiter Stationskellner Stellvertretender Stationsleiter Restaurantfachmann/-frau Auszubildende
• Kontrollieren des Wareneingangs • Bereitstellen und Überwachung des Warenausgangs • Überwachen der Warenbestände • Durchführen von Bestandskontrollen (Inventuren)	• Erstellen von Speisekarten und Menükarten • Wareneinkauf • Speisenherstellung • Erstellen von kalten und warmen Büfetts • Bereitstellen des Frühstücksbüfetts • Zubereitung von Personalessen • Catering	• Gäste empfangen und beraten • Speisen- und Getränkeservice durchführen • Abrechnen mit Gast und Betrieb • Frühstücks- und Etagenservice durchführen • Bankettveranstaltungen durchführen • Tranchieren und Flambieren

Englische Fach-
begriffe auf unseren
Internetseiten.

4 Organisationsformen im Gastgewerbe

🇬🇧 organisation of gastronomy

🇫🇷 organisation (w) de l'hôtellerie et de la restauration

4.1 Küchenorganisation

In großen Hotels, auf Kreuzfahrtschiffen oder Unternehmen mit Haupt-
und Nebenstellen beginnt der Aufbau einer Küchenbrigade immer mit der
Abteilung der Direktion (Directeur de Cuisine/Küchendirektor) oder der
operativen Küchenleitung. Aufgabe eines Küchendirektors ist die Organisation der einzelnen Küchen. Dazu gehören die Zentralisierung des Ein-
kaufs, das Erstellen von Dienstplänen und Führen von Personalgesprächen
sowie das Optimieren der Arbeitsabläufe.

In großen Küchenbrigaden verzweigen sich die Aufgabengebiete oft noch viel weiter. Es entstehen Posten mit ganz besonderen Aufgaben:

- **Annonceur:** Ansager, Abruf der bestellten Essen – wirft den letzten Blick auf den Teller und gibt ihn für den Service frei
- **Chef de nuit:** Nachtkoch – vor allem in Urlaubshotels
- **Regimier:** Diätkoch
- **La cusinier macrobiotique:** Vollwertkoch
- **Boulanger:** Küchenbäcker
- **Fournier:** Ofenkoch
- **Confiseur:** Süßspeisenkoch
- **Glacier:** Eiskoch
- **Cocottier:** Eierkoch: in größeren Hotels mit Frontcookingstation für das Frühstück

Je größer eine Küche ist, umso stärker werden die einzelnen Aufgabengebiete unterteilt. Die Tätigkeiten werden spezialisierter. Die einzelnen Komponenten eines Gerichtes (Fleisch, Fisch, Gemüse oder Kartoffeln) werden
von verschiedenen Posten gefertigt und dann zusammengefügt. Im Mittelpunkt einer solchen Küche steht in der Regel der Herdblock. Im besten
Fall können sich alle Posten verständigen und abstimmen.

Innerhalb der Küchenbrigade gibt es verschiedene Posten, die sich ergänzen oder vertreten können.

Sous Chef: In Abwesenheit des Küchenchefs muss er alle anfallenden
Aufgaben vertreten können.
Der **Executive Sous Chef** ist der erste **Stellvertreter** bei mehreren Sous
Chefs.

Chef de Partie: Der **Postenchef** ist verantwortlich für einen Küchenbereich (Posten). Oft ist das ein Geselle mit längerer Berufserfahrung.

Demi Chef de Partie: Stellvertretender Postenchef (Geselle mit Berufserfahrung)

Commis de Cuisine: **Jungkoch** bzw. Koch kurz nach der Ausbildung, meist bis zum 2. Jahr

Stewarding: Als Stewarding wird in großen Einrichtungen die Spülküche (inkl. die Logistik rund um Geschirr und Gerätschaften) und kleinere und einfachere Vorbereitungstätigkeiten benannt – aus dem Englischen übersetzt bedeutet es „Verwalter".

4.2 Küchentypen

So unterschiedlich wie die Formen der Gastronomie sind auch die dafür notwendigen Küchentypen. Nur mit der richtigen Küchenplanung lässt sich effektiv und ergonomisch arbeiten, um hochwertige Gerichte zu produzieren. Zu planen und zu entwickeln sind u.a. Laufwege, Lagermöglichkeiten, Entkopplung von Vor- und Zubereitung.

Welche Küche ist für welche Gastronomieform am besten?

Postenküche

Für **kleinere, mittlere bis große Betriebe** der Gastronomie und Hotellerie mit entsprechender Personalstruktur geeignet.

- Aufgaben sind streng nach Posten eingeteilt, Überschneidungen sind gering.
- Mit einem Chef de Partie und im Bedarfsfall mit einem Demi/Commis de Partie ergänzt – ideal zum Heranführen an Aufgaben.

Koch-Center

- Für **kleine bis sehr kleine** Betriebsformen
- Ein Koch, eventuell mit Helfern, in vorbereitenden und nachbereitenden Tätigkeiten
- Alle Tätigkeiten für ein Gericht sollten im inneren und äußeren Greifraum möglich sein.
- Kurze Wege durch eine um den Koch angeordnete Küche, betrifft auch Kühlelemente und Equipment für das laufende Geschäft.

Zusammengelegte Produktionsküche und Fertigungsküche („Fertigstellungsküche")

- Wird auch als konventionelle oder Gastronomieküche bezeichnet.
- Für **kleine bis mittlere** Gastronomie, Hotellerie und Gemeinschaftsverpflegung geeignet.
- Alle Abläufe finden in den gleichen oder naheliegenden Räumlichkeiten statt.

Outletküchen oder outgesourcte Küchen

In Betriebsformen, die mehrere Einrichtungen besitzen und diese zentral bekochen, meist z.B. Pflegeeinrichtungen oder Kurkliniken, werden die zentral vorproduzierten Speisen in Outlet- oder Satellitenküchen fertiggestellt und ausgegeben.

> ● Als Maitre de Cuisine wird ein Küchenchef bezeichnet, der einen Abschluss als Küchenmeister besitzt.

● Sonstige Küchenformen sind:
- Bistroküchen
- Fastfood-Küchen
- Frontcooking-Stationen
- Kochschulen
- Outdoor-Küchen
- Streetfood

Bestellung Anlieferung

Nacharbeiten Entsorgung

Langzeit- und Kurzzeit-Lagerung

Service

Produktion und Fertigstellung

Getrennte Produktions- und Fertigungsküche

Produktionsküche:

- Für **große** Gastronomie- und Hotelbetriebe, Krankenhäuser oder große Kantinen geeignet.
- Der Aufbau der Produktionsküche ist konzipiert, um stark standardisierte* Angebote zu produzieren.
- Angebot ist rationalisiert** und an die Bedürfnisse der größeren Aufträge angepasst

---

* standardisierte Angebote

- Über Abteilungen und Standorte hinaus geplante Abläufe mit gleichbleibendem Equipment und Ergebnis
- Ziel ist es, schneller, effektiver und kostengünstiger vom Produkt zum Ergebnis zu kommen.

** rationalisierte Angebote

- bedeutet: mit weniger oder gleichem Aufwand (Rohstoff, Arbeitskraft) das gleiche oder ein höheres Ergebnis zu erzielen (Portionen, Gewinn)

*** regeneriert

Vorbereitete Komponenten oder ganze Gerichte werden mithilfe moderner Technik so schonend wie möglich erwärmt. Dabei soll das Ergebnis dem frisch Produzierten so nah wie möglich kommen.

Fertigungsküche („Fertigstellungsküche"):

- Der Aufbau der Fertigungsküche ist ähnlich wie bei einer Postenküche oder einem Kochzentrum.
- Das Hauptaugenmerk liegt hier auf einem festen Angebot, das in sehr kurzer Zeit gefertigt oder regeneriert*** werden kann.
- Haupteinsatzgebiete sind in
  - **Bankettküchen:** Meist an größeren Sälen oder ausgelagert, z. B. bei Außenveranstaltungen als Zeltversion aufgebaut
  - **Satellitenküchen:** Werden dort eingesetzt, wo die Hauptküche zu weit vom eigentlichen Auftragsort entfernt ist, wie z. B. Tagungsräume und Wellnessbereich
- Ausgelagerte oder vorgelagerte Küchen für Betriebe mit Saal, Konferenz- und/oder Tagungsräumen.

> Lassen sich Produktionsabläufe nicht räumlich voneinander trennen, sind diese zeitlich zu trennen, z. B. in Vorbereitung und Fertigstellung.

Getrennte Produktions- und Fertigungsküche

Planung einer Postenküche

4.3 À-la-Carte-Geschäft

Bedeutung

Im À-la-Carte-Geschäft werden die Speisen erst bei Bestellung gefertigt. Angeboten wird eine bestimmte Auswahl an Speisen und Getränken, die durch Speise- bzw. Angebotskarten (Tagesangebote oder saisonale Angebote), eventuell auch Tischaufsteller, präsentiert wird.

Im Verkaufsgespräch werden die Restaurantmitarbeiter oder der Koch/die Köchin ihrer beratenden Funktion gerecht, indem sie Gerichte besonders empfehlen. Fragen der Gäste zu den Speisen werden beantwortet. Zu erläutern sind meist:

- Zubereitungsart,
- Beschaffenheit,
- Zusammensetzung der Speisen oder
- Erklären von Fachausdrücken.

Das Angebot im À-la-Carte-Geschäft ist sehr vielfältig. Es muss vor allem dem Gästekreis entsprechen und an die Mitbewerber, die Lage, das Personal und an die Verbrauchererwartungen angepasst sein.

Je nach Küche und Angebotsgröße ist der Aufbau und die Aufgabenverteilung in der Küche geregelt. Folgendes Beispiel gibt einen groben Überblick.

Mise-en-Place
Die Grundlage für einen reibungslosen Ablauf in allen Küchenformen. Als Faustregel gilt ein Ablauf in 3 Stufen:
- 1. Stufe – Bereitstellende Tätigkeiten
- 2. Stufe – Vorbereitende Tätigkeiten
- 3. Stufe – Ausführende Tätigkeiten

Planungsbeispiele für ein allgemeines Mise-en-Place auf unseren Internetseiten.
Das Mise-en-Place für einen kompletten Küchenablauf ist viel komplexer. Hier müssen alle Posten/Abteilungen ineinandergreifen.

In kleineren und mittleren Küchenbrigaden wird der Saucier meist auch als Sous Chef eingesetzt.

Warme Küche		Kalte Küche	Konditorei
Saucenkoch **Saucier**	Gemüsekoch **Entremetier**	Koch der kalten Küche **Gardemanger**	Küchenkonditor **Pâtissier**
• Fonds und Herstellung von Saucen • Zubereiten von Schlachtfleisch, Geflügel und Wild • Zubereiten von Fisch, Krusten- und Weichtieren • Schmorgerichte, gekochte und gedünstete Fleisch- und Fischgerichte	• Zubereiten von Gemüse, Kartoffeln, Reis, Teigwaren und vegetarischen Gerichten • Herstellen von Suppen, Eierspeisen	• Vorbereiten von Fleisch, Fisch, Wild, Geflügel • Herstellen von Vorspeisen, kalten Platten, kalten Saucen	• Herstellen von Kuchen, Gebäck, Pasteten, Puddings, Aufläufen, Eis • Herstellen und Anrichten von Tellerdesserts • Büfett-Desserts, z.B. Glasdesserts

Gäste müssen sich auf Wartezeiten einrichten, da die Speisen frisch zubereitet werden. Das Mise-en-Place muss die Zubereitungszeiten so gut wie möglich optimieren. Daher ist eine ausgewogene Gestaltung der Speise-/ Menükarte wichtig. Aufwendige Gerichte und Gerichte, die ohne größere Wartezeiten auskommen und unkompliziert in der Zubereitung sind, sollten sich abwechseln und auf die Struktur des Betriebes zugeschnitten sein.

Aspekte einer À-la-Carte-Gastronomie
- Vor Erstellung der Speisekarte ist eine Markt- und Umfeldanalyse erforderlich. Dabei sind der Charakter des Restaurants sowie die Personalstruktur zu berücksichtigen. Dies sollte aber generell für alle Gastronomiearten gelten.
- Rechtliche Grundlagen sind zu beachten, z.B. PAngV s.S.41, Zusatzstoffe s.S.38/39, Allergene s.S.40/41 und Nährwerte s.S.39

Beispiele:

- Rouladen, Braten mit Soße, Suppen erfordern eine längere Herstellungszeit, müssen dann aber nur erhitzt (regeneriert) und angerichtet werden.
- Gemüsebeilagen, Salate (das Marinieren) sowie Sättigungsbeilagen werden dagegen meist erst zubereitet, wenn die Bestellung durch den Gast erfolgt.

- Steaks haben eine sehr kurze bis kurze Garzeit, je nach Gewicht, Stärke (cm) sowie der gewünschten Garstufe. Dazu werden laut Karte Pommes frites gereicht – ebenfalls eine kurze Zubereitungszeit. Hinzu kommt eine Kräuterbutter und eine Salatgarnierung – beide können im Zuge des Mise-en-Place vorbereitet zur Verfügung stehen.

Vergleich Postenküche und Koch-Center / Kochzentrum

In der À-la-Carte-Küche wird meist mit einer kleinen oder großen Postenvergabe gearbeitet. In kleineren Küchen bzw. bei geringerer Platz-Kapazität in Restaurant und Küche wird oft mit einem Kochzentrum/ Kochcenter gearbeitet.

Postenküche

- Eine Anzahl von Köchen mit festen Aufgaben wird die Komponenten so herstellen, dass alles gleichzeitig angerichtet werden kann.
- Die Posten der warmen Küche können sich aufgrund der klugen Anordnung der Küchenposten meist sehen und so zusätzlich kommunizieren.
- Der Posten des Gardemangers ist meist etwas entfernt von den warmen Posten oder sogar abgetrennt – Abstimmung erfolgt unter anderem auf Basis von Erfahrungswerten.
- Somit müssen zeitliche Abläufe gut abgestimmt sein.

- Ein Koch stellt das Gericht allein her und trägt dafür auch die alleinige Verantwortung.
- Die Geräte sind meist U-förmig, gleichsam „um den Koch herum" angeordnet.
- Vor- und Zubereitung können flexibler aufeinander abgestimmt/entkoppelt werden.
- Vorgefertigte Produkte können auf einfache Weise in den Ablauf eingebunden werden.
- Zeitliche Abläufe müssen nicht mit anderen Köchen abgestimmt werden, alles aus einer Hand.

Das folgende Beispiel **vergleicht den Arbeitsablauf für Rumpsteak mit Bratkartoffeln und Salat.**

Postenküche	Koch-Zentrum
Annonce: 1 Rumpsteak mit Bratkartoffeln und Salat	**Bestellung:** 1 Rumpsteak mit Bratkartoffeln und Salat

Postenküche:

Saucier
- Rumpsteak braten
- Sauce und Garnitur zubereiten
- Rumpsteak mit Garnitur auf Teller legen
- Teller zu Entremetier

Entremetier
- Bratkartoffeln anbraten
- Gemüsegarnitur anfertigen
- Teller mit Beilage zum Gardemanger

Gardemanger
- Salat anrichten und zum kompletten Essen geben
- evtl. Ausgabe überwachen

Produktion

Abruf → Ausgabe → Gast

Koch-Zentrum:

Produktion

Koch-Center 1
- Rumpsteak braten
- Sauce und Garnitur zubereiten
- Bratkartoffeln anbraten
- Salat anrichten

Koch-Center 2

Koch-Center 3

Ausgabe → Gast

Was ist in der Küche zu beachten?

Um dem Gast unnötige Wartezeiten zu ersparen, sollen während des
À-la-Carte-Geschäftes so wenige Arbeitsschritte wie möglich anfallen.

Die meisten Tätigkeiten müssen in der Vorbereitungsphase erledigt werden.

- Der Einsatz moderner Gartechnik sorgt ebenfalls für einen zügigen
Arbeitsablauf. Multifunktionsgeräte wie Kombidämpfer oder Warmhal-
tetechnik und Sous-vide-Verfahren erleichtern das À-la-Carte-Geschäft
(Gartechnik ab Seite 212).
- In die Vorbereitung muss ein exaktes Mise-en-Place für
das laufende Tagesgeschäft, aber auch für unvorhergesehene Spitzen oder die nächste Schicht einfließen. Das
Aufstellen von Mise-en-Place-Listen mit Produkten und
entsprechenden Mengen, die lt. Rezeptur benötigt werden, erleichtert die Arbeit, insbesondere für „neu" anzu-
lernendes Personal oder Mietköche.
- Erstellen einer täglichen Aufgabenliste, z. B. Saucen
ansetzen, Braten ansetzen, Fleisch parieren, Schnitzel
plattieren, Steaks schneiden, Zwiebeln würfeln, Beurre
manié (Mehlbutter) vorbereiten.
- Arbeitsaufgaben sind auf das Personal der Küche (Posten) entsprechend der Fähigkeiten und des Ausbildungs-
standes zu verteilen.
- Bestellungen für einzelne Rohstoffe und Produkte aufge-
ben – Lieferzeiten und Reserven für Wochenenden und
Feiertage einplanen, um die rechtzeitige Anlieferung zu
sichern (bestimmte Rohstoffe haben lange Lieferzeiten,
z. B. Tauben oder Geflügel mit bestimmter Kalibrierung,
Trüffel oder exotisches Obst).
- Restaurantkapazität an Sitzplätzen und die Erfahrungswerte sowie Wetterbericht, Großveranstaltungen in der Region, Sport-
veranstaltungen im TV oder Aktionsangebote entscheiden maßgeblich
die Vorbereitung einer bestimmten Portionszahl für das À-la-Carte-
Geschäft.
- Bei der Dienstplanung sind die zuvor genannten Faktoren unbedingt
zu beachten.

Listen für einen reibungslosen Küchen-
ablauf, u. a.:
- Einkaufs-/Bestelllisten
- Aufgabenliste (To do)
- Mise-en-Place-Liste auch für
Übergaben und Schichtwechsel
- Dienstpläne

Ordersatz - Einkauf Posten

Posten:	Entremetier		Datum:	18.07.20..	
Erledigt	Rohstoff	Menge	Preis in €/ Einheit	Preis gesamt	Lieferant/ Kommentar
	Blumenkohl	10 Stück	1,19	11,90	Gemüsemeier/ Messepreis
			11,90		

Dienstplan Küche

Equipment für Rumpsteak mit Bratkartoffeln und Salat,
siehe auch S. 26.

Lebensmittel für Rumpsteak mit Bratkartoffeln und Salat, siehe auch S. 26.

4.4 Gemeinschaftsverpflegung

Die Gemeinschaftsverpflegung (GV) ist der Teil der Gastronomie, der dafür sorgt, dass Mitarbeiter, Patienten oder Studenten täglich mit Essen versorgt werden. Hierbei kann es sich um Wirtschaftsunternehmen, Kliniken, Pflege- oder Bildungseinrichtungen handeln.

In diesem Bereich ist es besonders wichtig, auf die Bedürfnisse der einzelnen Gästegruppen einzugehen. Dies können zum Beispiel sein:

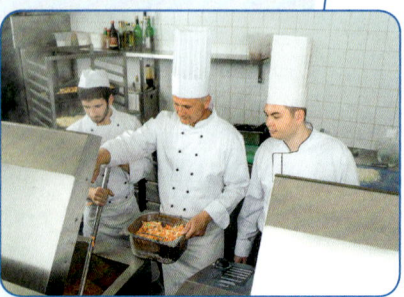

- Ärztliche Anordnungen – nach Operationen, in Kliniken
- Ärztliche Anordnungen – bei Pflegepatienten mit z. B. Schluckbeschwerden
- Ethische Gründe – Tierwohl, Umweltschutz, z. B. Umweltbundesamt
- Religiöse Hintergründe – internationale Studenten in Mensen
- Allergene und Unverträglichkeiten
- Herstellungs-, Lager- und Ausgabetemperaturen

Stärker als in der Individualgastronomie muss hier auf Dokumentationen (wie z. B. Ausgabetemperatur der Speisen), das HACCP (s. S. 65) oder die Rückverfolgung geachtet werden.

4.5 Bankett

Das Wort kommt aus dem Französischen und bedeutet ‚Festmahl‘ oder ‚Gastgelage‘. Bei offiziellen und feierlichen Anlässen, wie zum Beispiel bei Staatsbesuchen, lädt das Oberhaupt eines Landes die wichtigen Gäste zum Abendessen ein. Das nennt man zumeist „Bankett".

Das Hauptgeschäft in den meisten Hotels liegt allerdings bei Tagungen, Seminaren und Konferenzen, die von dieser Abteilung angeboten und durchgeführt werden.

In vielen Betrieben wird das Bankett mit dem Bankett-Service durchgeführt.

- Diesem steht der Wirtschaftsdirektor (F&B-Manager) unter anderen vor.
- Bankett-Verkauf (BQT-Sales) wird als administrative Abteilung geführt,
- der Bankett-Service (BQT-Service) als operative Abteilung.

Diese Abteilung ist je nach Hotelgröße für Feiern von bis zu mehreren hundert oder tausend Personen ausgelegt. Sie ist sehr personalintensiv und benötigt große Lagerräume für die Mengen an Equipment für alle Gelegenheiten.

4.6 Catering

Der Begriff Catering kommt aus dem Englischen und bedeutet „Essen liefern" oder „jemanden verpflegen". Der Leistungsumfang kann je nach Unternehmensausrichtung und Kundenwunsch sehr unterschiedlich ausfallen.

- Anlieferung vorproduzierter Speisen
- Mit Getränken und Service-Personal
- Mit oder ohne Köche vor Ort
- Kochen vor Ort
- Aufbau einer Location mit temporärer gastronomischer Versorgung
- Equipment von Kochgelegenheiten über Sitzmöbel bis zur Tischwäsche

Non-Food-Catering bezeichnet Unternehmen, die Ausstattungsgegenstände für Events zur Verfügung stellen. Für Vermietung und deren ordnungsgemäße Rückgabe wird ein Entgelt vereinbart, was der Caterer wiederum dem Kunden in Rechnung stellt.

Care-Catering nennen sich Verpflegungsbetriebe im Gesundheitswesen, wie z. B. in Kliniken, Krankenhäusern, Altersheimen oder Seniorenresidenzen. Gerade in diesen Bereichen ist das Auslagern von Dienstleistungen wie dem Catering oft Teil des Kostenmanagements, weswegen häufig externe Firmen für die Versorgung mit Nahrungsmitteln herangezogen werden.

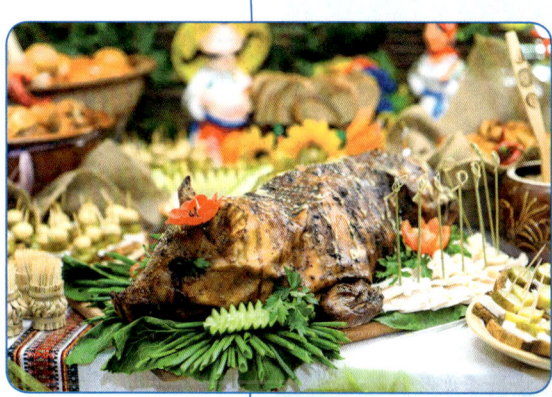

Die Versorgung von oder in Kindereinrichtungen, Kantinen, Schulen und Mensen kann ebenfalls als Catering bezeichnet werden, ist aber eher der **Gemeinschaftsverpflegung** zuzuordnen.

Partyservice ist eine Dienstleistung, die aus der Lieferung von Speisen und Getränken für Feiern in einem bestimmten Einzugsgebiet, in eigenen Räumlichkeiten oder in den Geschäftsräumen einer Firma stattfindet.

Viele Unternehmen bieten den Partyservice zusätzlich an, z. B.:
- Gaststätten
- Kochschulen
- Mietköche
- Metzgereien oder
- Großküchen

Das Angebot reicht von einfachen kalten Platten bis hin zu ganzen Menüs, Spanferkel oder Grillbüfetts. Die Leistung kann Besteck und Geschirr beinhalten, oder dies wird als zusätzliche Mietleistung angeboten.

Als Groß-Caterer können Veranstalter bezeichnet werden, die in Arenen, Stadthallen, auf Messen oder Volksfesten agieren. Diese Form des Caterings hat seine größten Herausforderungen in der Logistik (eventuell eigener Fuhrpark) und der Bereitstellung von Equipment (Tische, Stühle, Hussen, …)

Gleiche Produktpalette: Statt eines regionalen Bieres kann z. B. in einem süddeutschen Betrieb nur Bier aus dem Norden erhältlich sein.

4.7 Systemgastronomie

Die Systemgastronomie unterscheidet sich im Wesentlichen von der klassischen Gastronomie bzw. der Individualgastronomie durch standardisierte und vereinheitlichte Organisation.

Systemgastronomische Unternehmen verfolgen bei allen Betrieben eine „Corporate Identity", ein wiedererkennbares, gleiches Erscheinungsbild. Auch wird dem Gast in jeder Filiale die gleiche Produktpalette in der immer gleichen Qualität angeboten.

Viele der großen „Global Player" vermarkten ihre Konzepte nach dem Franchise-Prinzip. Pächter (Franchisenehmer) garantieren Aussehen, Qualität und Standards.

Unterteilung:
* Quickservice-Systemgastronomie (allgemein als Fastfood-Gastronomie bezeichnet), z. B. McDonald's, Subway
* Fullservice-Systemgastronomie (mit Bedienung), z. B. Maredo, Block House
* Freizeitgastronomie, z. B. Vapiano, Enchiladas
* Getränkebetonte Konzepte, z. B. Starbucks

Systemgastronomie findet man oft:
* als Handelsgastronomie – Einkaufsparks
* als Verkehrsgastronomie – Raststätten
* beim Eventcatering, Messecatering und Sportcatering

Franchise

Absprachen und vertragliche Inhalte basieren immer auf einem Franchisevertrag. Der Franchisevertrag enthält Absprachen dazu,
* wie der Franchisenehmer die "Marke" verwenden darf (Lizenz)
* dass der Betrieb genauso geführt wird wie alle Betriebe der Kette (Vertrieb)
* dass der Franchisenehmer Unterlagen und Erfahrungen nutzen darf (Know-how).

Der Franchisegeber ist dem Franchisenehmer durch den Franchisevertrag in der Regel verpflichtet.

Der Franchisegeber gewährt die Nutzung der Schutzrechte (Urheber- und Markenrechte) und stellt das notwendige Know-how zur Verfügung.

Der Franchisenehmer hat im Gegenzug für die Leistungen die Franchisegebühr zu zahlen. Im Vertrag werden. z. B. das Vertragsgebiet, Schulungskonzepte, Marketing- und Werbekonzepte, Vertragsdauer und Beendigung geregelt.

Der Franchisegeber legt oft vertraglich einen sogenannten **Wareneinkaufszwang** fest. Somit ist es dem Franchisenehmer kaum möglich, flexibel auf Veränderungen am Markt zu reagieren bzw. regional zu agieren.

4.8 Eventgastronomie

Dieser Begriff stand 2006 erstmals im Duden und wird dort wie folgt beschrieben:

„Gastronomischer Betrieb, in dem die Gäste im Verlauf der Mahlzeit mit künstlerischen Darbietungen unterhalten werden."

Unter den Begriffen „Eventgastronomie" oder „Erlebnisgastronomie" werden verschiedene gastronomische Konzepte zusammengefasst. Nicht nur Essen, Trinken und Bewirtung, sondern zusätzliche Unterhaltung sind hier die Verkaufsargumente. Beispiele hierfür können sein:

- Bühnenvorführung,
- Animation direkt am Tisch,
- Zuschauen bei der Essenszubereitung,
- Einbeziehung der Gäste in die Essenszubereitung,
- eine ungewöhnliche Inneneinrichtung, die mit dem Speisenangebot abgestimmt sein kann (Themenrestaurants),
- oder durch einen ungewöhnlichen Standort (Turmrestaurants).
- Zirkus vs. Dinner
- besondere Themen wie Ritteressen oder Essen wie im Mittelalter

© Christoph Wienecke, POMP DUCK AND CIRCUMSTANCE GmbH

Hier können gastronomische Höchstleistungen zum Beispiel mit Artistik, Musik und/oder Illusion verbunden werden. Auch Events aus Sport, Theater oder Filmpremieren können mit Gastronomie unterstützt werden. Häufige Konzepte sind:

- Festspiele
- Filmpremieren
- Preisverleihungen

Viele Konzepte im Bereich der Eventgastronomie vermischen sich oder entstehen sogar aus dem Bereich der Franchiseunternehmen. Beispiele hierfür sind:

- Hard Rock Café
- Hooters oder
- Spiegelzelte, die zum Teil in verschiedenen Städten gastieren, wie Pomp Duck and Circumstance oder Palazzo

4.9 Gastronomische Angebote an Speisen

Speisenangebote sind so vielfältig wie die unterschiedlichen Gastronomie-formen. Das Angebot reicht von der Sternegastronomie über Hotel- und Landhausküche bis zur Kneipengastronomie.

Amuse Gueule/Amuse Bouche

Amuse Gueule oder Amuse Bouche sind „Gaumentreuden", Appetit-häppchen als „Gruß aus der Küche". Im Deutschen wird „Bouche" (von frz. Mund) öfter verwendet, „Gueule" (von frz. Maul) mehr in Frankreich.

Eine besondere Form ist das Mise en Bouche, hier wird auf einem Löffel (Gourmetlöffel) zur direkten Degustation angerichtet.

Aufgaben:

- Appetitanreger
- Verkürzen der Zeit zum ersten Gang
- Präsentieren des Könnens der Küche
- Zeigen, welche erlesenen Produkte in der Küche verarbeitet werden

Eine kleine Aufmerksamkeit in einem Gourmetrestaurant kann eine kleine Enten-Terrine, Geflügellebermousse oder confierter Lachs auf Fenchel sein. In einem Landhaus ist ein hauseigenes und warm serviertes Brot mit einer frischen Landbutter ein perfekter Einstieg. In einer Kneipe oder einem Brauhaus kann man ein rustikales Brot mit Griebenschmalz als Starter erwarten.

Vorspeisen – kalte und warme

🇬🇧 cold hors-d'oeuvre 🇫🇷 hors-d'œuvre (m) froid
🇬🇧 hot hors-d'oeuvre 🇫🇷 hors-d'œuvre (m) chaud

Vorspeisen werden in kalte und warme unterteilt. Im Menü werden sie unterschiedlich eingesetzt. Die kalte Vorspeise kommt in kleineren und größeren Menüs immer an erster Stelle. Eine warme Vorspeise wird selte-ner in eine Gangfolge eingebaut, dann aber immer an zweiter Position nach einer Suppe oder einer kalten Vorspeise.

Die Aufgabe der Vorspeisen muss es sein, auf die kommende Gangfolge vorzubereiten. Es darf keine Sättigung erzielt werden. Aromen und Roh-stoffe der folgenden Speisen müssen einfließen. Vorspeisen sollten wenig bis keine Kohlenhydrate, Zucker und Fett enthalten. Im Vordergrund stehen eiweißhaltige Lebensmittel und vitaminreiche Rohstoffe. Auf eine sättigende Beilage auf dem Teller wird verzichtet. Im Service reicht man aber Brot und Butter.

Allein stehen Vorspeisen als Alternative zu großen Gerichten für den kleinen Hunger, für Kinder oder auch für ältere Gäste mit geänderten Ess-gewohnheiten.

In jedem Land werden Vorspeisen anders interpretiert. So trifft man in Italien auf Antipasti, im orientalischem Raum auf Mezze und in Spanien auf Tapas.

Suppen

Die Einteilung der Suppen ist sehr vielfältig und reicht von klaren hellen und dunklen über gebundene hell und dunkel. Regionale und internationale spielen genauso eine Rolle wie exotische Suppen. Bei den gehaltvollen Suppen handelt es sich um Gemüsesuppen und Eintöpfe.

Meist eröffnet die Suppe eine Menüabfolge und hat daher auch klar definierte Aufgaben:

- Appetit anregen
- Magen vorwärmen
- Verdauungssäfte anregen

Dies sind vor allem Aufgaben, um den Körper auf die nachfolgenden Aufgaben wie Verdauung besser vorzubereiten. Gleiches gilt für die zuvor genannten kalten und warmen Vorspeisen.

Zwischengericht

Zwischengerichte kommen meist in Menüfolgen ab 4 Gängen zum Einsatz. Es ist der erste Gang in einem Menü, der eine wirkstoffreiche und eine Sättigungsbeilage enthalten kann. Oft wird dieser Gang als Fischgericht eingefügt.

Zwischengerichte können in ihrer Portionierung kleiner angerichtet sein und somit gut als kleine Gerichte für Senioren, Kinder oder zu Uhrzeiten eingesetzt werden, wo noch keine größeren Gerichte verlangt werden. Diese Zeiten können zum Beispiel 10:30 Uhr bis 11:30 Uhr – für Mittag noch etwas zeitig, für Frühstück aber zu spät – oder zwischen 14:00 Uhr und 15:00 Uhr sein.

Hauptgang

Das zentrale Gericht. Entweder als einzelnes Gericht oder als zentraler/ wichtigster Gang in einer Menüfolge. In der Menüplanung wird immer mit dem Hauptgericht begonnen und man ordnet die anderen Gänge zu. Das unterstreicht die zentrale Bedeutung des Hauptgangs.

Das Hauptgericht wird fast immer warm serviert. Es gibt nur wenige Ausnahmen wie Sulzgerichte oder kalter Braten, die dann aber oft mit warmen Komponenten begleitet werden, wie z. B. Bratkartoffeln.

Der sättigende Wert eines Menüs liegt ebenfalls beim Hauptgang. Alle Rohstoffgruppen können als Hauptbestandteil dienen. Zum ausgewählten Hauptrohstoff – Fisch, Fleisch oder Gemüse – werden dann die passende Sauce und Beilage kombiniert.

Lammschulter auf Curry-Espuma

DIGITAL+

Zu Espumas und der Trendküche siehe unsere Webseiten

Geschmortes Pfaffenschnittchen mit Kohlrabischaumsuppe und marinierten Radieschen

Duroc-Schweinenacken mit Perlzwiebeln, Süßkartoffelcreme, Pied de mouton (Schafsfußpilz) und Esszapfen

Gedämpftes Skreifilet mit Röstzwiebelcreme und Kartoffel-Lauch-Gemüse

Dessert, Süßspeisen oder Kompott

Ein süßes Finale kann je nach Umfang des Menüs, Art der Veranstaltung oder Uhrzeit stark variieren. Nachfolgende Beispiele zeigen die Unterschiede der Hauptbegriffe auf. Die Begriffe Dessert und Süßspeise werden oft auch als Nachspeise oder Nachtisch bezeichnet. Wenn dieser Begriff gewählt wird, ist es in jedem Fall nach dem Essen, also als letzter Gang zu reichen.

Dessert	Süßspeise	Kompott

• Ein Dessert sollte immer aus mindestens 3 Komponenten bestehen.
• Ein Dessertteller sollte zusätzlich immer ein Gebäck enthalten und besteht aus Creme, einem Eis, einem Kompott, frischem Obst und zwei Frucht- oder Cremesaucen.
• In einer Menüfolge mit mehreren Gängen sind auch 2 Komponenten + Sauce möglich.
• Dessertvariation/Dessertauswahl sollte es erst heißen, wenn mindestens 4 Komponenten und Sauce angeboten werden.
	• Süßspeisen bestehen aus 2 bis 3 Komponenten, die im Glas, auf einem flachen oder einem tiefen Teller angerichtet werden.
	• Sie können im Glas schichtweise serviert werden.
	• Die Süßspeise besteht meist aus einer namengebenden Komponente und einem Kompott/einer Sauce.
	• Stärkehaltige süße Speisen werden meist als Süßspeise angeboten.
	• Beispiele sind Crêpe, Flammeri, Pudding oder Soufflé
		• Kompott besteht aus gekochtem Obst oder Gemüse, das in Schalen einzeln oder mit einer passenden Sauce, eventuell noch mit einem Gebäck, angeboten wird.
		• Bei manchen Früchten ist es ratsam, den Fond separat zu kochen und dann heiß oder kalt über die Früchte zu gießen – dies verhindert ein Zerkochen, z. B. bei Orangenkompott.
		• Beispiele für Kompott aus Obst:
		  ◦ Apfelkompott mit Vanillesauce
		  ◦ Weißwein-Birnenkompott
		  ◦ Beispiele für Kompott aus Gemüse
		  ◦ Kürbiskompott süß/sauer
		  ◦ Rhabarberkompott

Je gehaltvoller und sättigender eine Süßspeise oder Kombination ist, umso mehr eignet sie sich, als Gericht angeboten zu werden. Dies kann Milchreis, Grießbrei oder Flammeri mit einem Kompott sein, aber auch Germknödel, Zwetschgen- oder Marillenknödel, Hefeklöße, Waffeln oder Kaiserschmarrn. Die Portionen werden dementsprechend etwas größer angerichtet.

Käsegang

Käse wird nach der warmen und kalten Süßspeise im großen Menü gereicht.

„Käse schließt den Magen" sagte angeblich der Römer Plinius. Eine sättigende Wirkung ist tatsächlich vorhanden, was an den Aminosäuren (Eiweiß) im Käse liegt. Käse hat aber auch eine verdauungsfördernde Wirkung und hilft somit das eventuell auftretende Völlegefühl zu überwinden.

Ist Käse im Menü wie eine Degustation angeboten, wird immer im Uhrzeigersinn von mild nach kräftig angerichtet. Kombiniert werden solche Teller gern mit Obst, Nüssen und süß-kräftigen Dips. In der gehobenen Gastronomie steht Käse oft auf einem Käsewagen bereit. Der Gast sucht sich dann je nach Menü mehrere Käse aus. Diese werden dann direkt am Tisch vom Servicepersonal zusammengestellt und serviert.

Käse kann aber auch im eigentlichen Dessert verarbeitet oder als Käse-Dessert angeboten werden. Zum Beispiel New York Cheesecake oder Tiramisu.

Unser Verhalten belastet die Umwelt teilweise massiv.
Die Erzeugung und Verarbeitung von Lebensmitteln trägt
dazu bei. Dabei kosten Lebensmittel heute deutlich weniger als
noch vor einigen Jahrzehnten. Das führt zu Problemen für die
Erzeuger – nicht nur in weniger entwickelten Ländern, sondern
auch vor unserer Haustür.

Verbraucherschutz

 consumer protection ◐ protection (m) du consommateur

Immer mehr Verbraucher möchten mehr über ihre Lebensmittel wissen.
Verbraucherschutz ist auch der Schutz des einzelnen Verbrauchers gegenüber der Marktmacht internationaler Lebensmittelkonzerne. Zum Schutz
des Verbrauchers wurden u. a. folgende Rechtsvorschriften erlassen:

Das **Lebensmittel- und Futtermittelgesetzbuch (LFGB** s. a. S. 64): Das
LFGB dient dazu, die Gesundheit des Verbrauchers zu schützen, diesen
aber auch vor Täuschung zu bewahren. Hierzu werden sachlich korrekte
Informationen über Lebensmittel vorgeschrieben. Da auch Futtermittel zu
einer Beeinträchtigung von Lebensmitteln führen können, soll das LFGB
den Verbraucher quasi „bis aufs Feld" zurück absichern. Viele deutsche
Gesetze, etwa die alte „Hackfleischverordnung", wurden vom LFGB abgelöst. Europaweit sind wichtige Begriffe definiert:

Lebensmittel sind dazu bestimmt, vom Menschen gegessen zu werden.
Diese können unverarbeitet, teilweise verarbeitet oder verarbeitet sein
(genauer Wortlaut EG-VO 178/2002). **Futtermittel** dienen der Ernährung
von Tieren. Werden Speisen absichtlich oder versehentlich Futtermittel un-
tergemischt, ist das rechtswidrig. Auch sog. **Bedarfsgegenstände** gehören nicht in Lebensmittel! Bedarfsgegenstände sind alles, was mit Lebensmitteln, dem menschlichen Körper oder mit Kosmetika nicht nur vorübergehend in Kontakt kommt, also z. B. Messer und Rührschüsseln aber auch
Spielzeug, Kosmetik und Bekleidung.

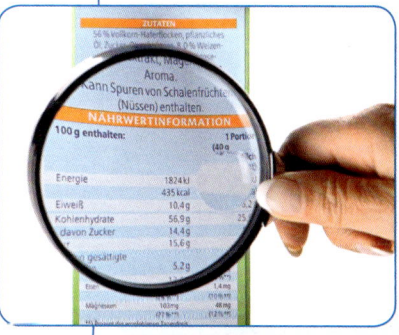

Da das LFGB oft nur einen rechtlichen Rahmen schafft, gibt es noch spezi-
ellere Rechtsvorschriften. Hierzu gehört das **Deutsche Lebensmittel-
buch**. Dieses besteht aus verschiedenen **Leitsätzen**, etwa für Feine Backwaren oder für Fleisch und Fleischerzeugnisse. So wird z. B. beschrieben,
aus welchem Fleisch (Gewinnung) Hackfleisch hergestellt werden darf
(Herstellung) und wie viel Fett es enthalten darf (Beschaffenheit). Leitsätze
sind keine verbindlichen Rechtsnormen – sie stellen dar, was der Verbraucher von einem Lebensmittel erwarten kann.

Bestimmen Sie in der Küche
einen oder mehrere „Umwelt-
Manager" und „Verbraucher-
Schützer". Besser wenige sind
sich ihrer Verantwortung
bewusst, als dass jeder die Verantwortung von sich weisen
kann.

1.1 Qualität von Lebensmitteln

🇬🇧 food quality 🇫🇷 qualité (m) des produits alimentaires

„Lebensmittel sollen eine möglichst gute Qualität haben!" Diese Forderung wird von mehreren Seiten auch an die Gastronomie gestellt. Um diesen Forderungen gerecht zu werden – aber auch um Widersprüche zu erkennen – sollte sich jede Köchin/jeder Koch klarmachen, was mit der Qualität von Lebensmitteln gemeint sein kann. Lebensmittel/Speisen haben u. a. eine hohe:

- **hygienische Qualität**, wenn durch ihren Verzehr niemand krank wird.
- **gesundheitliche Qualität**, wenn sie dem Körper alle wichtigen Nährstoffe und Wirkstoffe liefern.
- **ökologische Qualität**, wenn deren Erzeugung mit möglichst geringen Umweltbelastungen verbunden ist.
- **technologische Qualität** (Eignungswert), wenn sich diese mit geringem Aufwand verarbeiten lassen.
- **sensorische Qualität** (Genusswert), wenn diese vielfältige und angenehme Sinneseindrücke ermöglichen.

- **soziale Qualität**, wenn diese so erzeugt werden, dass sie den Erzeugern ein sozial verträgliches Einkommen ermöglichen.
- **ökonomische Qualität**, wenn günstige Einkaufspreise ein ökonomisches Wirtschaften ermöglichen.
- **Vermarktungs-Qualität**, wenn sich diese mit geringem Aufwand handeln lassen, etwa durch gute Transportfähigkeit, möglichst ganzjährige Verfügbarkeit und Einteilung nach optischen Kriterien (Handelsklasse).

Der Begriff Qualität ist rechtlich nicht bestimmt. Einzelne Qualitätsbegriffe müssen nur klar definiert sein. So kann Fleisch aus Massentierhaltung durchaus als „Qualitätsfleisch" vermarktet werden, da dieser Begriff gesetzlich nicht geregelt ist.
Mit objektiven Kriterien bewerten Lebensmittel z. B. die Deutsche Landwirtschafts-Gesellschaft DLG oder die Stiftung Warentest.

Die Anforderungen an Lebensmittel können gegensätzlich sein (zu Lösungsansätzen siehe HACCP Seite 70).

Beispiel 1: Obst, das sich gut vermarkten lässt, wird häufig halbreif geerntet, damit es beim Transport nicht matschig wird. Darunter leiden dann die sensorische und die gesundheitliche Qualität; es schmeckt nicht so gut wie vollreif geerntetes Obst und hat nicht so viele Vitamine ausbilden können.
Lösungsansatz: Nutzung regional/saisonal erzeugter Lebensmittel. Aufgrund kurzer Transportwege können diese vollreif geerntet werden.

Beispiel 2: Vielen Gästen schmecken Rindersteaks besonders gut, wenn diese medium gebraten werden. Da sie nicht durchgebraten sind, besitzen diese Steaks ein größeres hygienisches Restrisiko als etwa ein durchgebratener Rinderbraten.

Beispiel für die freiwillige Kennzeichnung veganer Produkte

1.2 Kennzeichnung von Lebensmitteln

🇬🇧 labelling of foodstuff 🇫🇷 marquage (m) distinctif des produits alimentaires

Durch die **Lebensmittel-Informations-Verordnung (LMIV)** ist die Kennzeichnung von Lebensmitteln in der ganzen EU einheitlich geregelt. Vorschriften zur Kennzeichnung von Lebensmitteln dienen neben dem Schutz der Gesundheit vor allem dem Schutz vor Täuschung des Verbrauchers. Dem Wunsch der Gäste nach **Transparenz** werden zahlreiche Kennzeichnungen gerecht. Dabei ist zwischen **gesetzlichen Vorgaben** und **freiwilligen Kennzeichnungen (Clean Labels)** zu unterscheiden.

Gastronomen können ihre Produkte selbst kennzeichnen (etwa als laktosefrei oder vegan, Abb. S. 36), um Gäste zu informieren.
Diese Kennzeichnung kann helfen, neue Kunden zu gewinnen. Bei allen Kennzeichnungen gelten folgende Grundsätze:

Wahrheit: Die Kennzeichnung muss halten, was sie verspricht.

Klarheit: Dem Gast soll klar sein, welche Kriterien für eine Kennzeichnung gelten.

Kennzeichnung in Handel und Gastronomie

Bei der Kennzeichnung von Lebensmitteln ist grundsätzlich zu unterscheiden:

Vorverpackte Ware, das ist z. B. ein vom Hersteller verpacktes und so verkauftes Brot.

Lose Ware: Brot, das vom Bäcker gebacken und so verkauft wird. Auch Lebensmittel, die auf Tellern oder am Büfett angeboten werden, sind rechtlich gesehen lose Ware und entsprechend zu kennzeichnen.

Beim Kauf verpackter Lebensmittel ist der Verbraucher auf eine korrekte Kennzeichnung angewiesen, wenn er wissen möchte, was er kauft und was alles in dem Lebensmittel enthalten ist. Gemäß LMIV muss auf verpackten Lebensmitteln stehen:

① Bezeichnung des Lebensmittels (ehemals Verkehrsbezeichnung) – nicht zu verwechseln mit dem Markennamen
② Menge
③ Mindeshaltbarkeitsdatum bzw. Verbrauchsdatum bei sehr leicht verderblichen Lebensmitteln (s. a. Angaben zur Haltbarkeit),
④ Zutatenliste
⑤ Angaben zu Zusatzstoffen
⑥ Nährwertkennzeichnung (s. S. 39)
⑦ (gesundheitsbezogene Angabe – freiwillig)
⑧ Hinweis auf Allergene
⑨ Hersteller oder Vertreiber, damit der Verbraucher weiß, an wen er sich bei Reklamationen wenden kann.

Für einige Lebensmittel sind noch **produktspezifische Angaben** zu machen, so z. B. das Ursprungsland bei frischem Obst und Gemüse.

Zutaten sind alle Stoffe, die bei der Herstellung eines Lebensmittels verwendet werden. Beim Brot z. B. Mehl, Getreideschrot, Wasser, Salz und Hefe. Diese Zutaten sind in absteigender Reihenfolge anzugeben, also die Zutaten zuerst, die am meisten enthalten sind. Werden Zutaten auf der Verpackung abgebildet oder wird mit dessen Gehalt geworben (hier z. B. der Gehalt an Ballaststoffen), so ist deren Anteil in Prozent anzugeben.

Wenn eine Zutat durch Wort oder Bild besonders hervorgehoben ist, z. B.
• den Namen gibt (Roggenschrotbrot, Erdbeerjoghurt) oder
• wesentlich ist (Kräuterbutter),
muss der Anteil dieser Zutat in Prozent genannt werden (Mengenkennzeichnung oder **QUID-Richtlinie**).

⑥ siehe S. 39
⑦ siehe S. 40
⑧ siehe S. 40

Werden Lebensmittel imitiert, so muss nahe dem Produktnamen darauf hingewiesen werden. Bsp.: Kochschinken – aus Fleischstücken zusammengefügt –

Quantitative = mengenmäßige
Ingredient = Zutaten
Declaration = angabe

Zusatzstoffe

Zusatzstoffe können sog. Pseudo-allergien auslösen und müssen gekennzeichnet werden.

Lebensmittel können ganz natürlich eingefärbt werden. Hierzu bieten sich Obst und Gemüse (z. B. Rote Bete, Spinat, Holunder), aber auch Gewürze wie Kurkuma an.

Wird Brot geschnitten und verpackt verkauft, kann es leicht schimmeln. Darum kann verpacktem Brot ein Konservierungsstoff zugefügt werden, um das Schimmeln zu verhindern. Solche Konservierungsstoffe gehören zur Gruppe der Zusatzstoffe.

Zusatzstoffe sind eine besondere Gruppe von Zutaten, die Lebensmitteln zugegeben werden, um eine besondere Wirkung zu erzielen. Jeder Zusatzstoff muss von der EU zugelassen werden und hat eine F-Nummer.

Wird auf dem Etikett nicht die genaue Bezeichnung des Zusatzstoffes (z. B. Sorbinsäure) genannt, sondern nur der Gruppenname (z. B. „mit Konservierungsstoff"), dann muss diese E-Nummer angegeben werden.

Beispiel: *Mit Konservierungsstoff Sorbinsäure* oder *mit Konservierungsstoff E 200*.

Eine Übersicht aller zu kennzeichnenden Zusatzstoffe findet sich in § 9 der **Zusatzstoff-Zulassungsverordnung (ZZulV)** und in der **EU-Zusatzstoff-Verordnung.**

Gruppenname	Kenntlichmachung	Wirkung	Beispiele	Anwendungsbeispiele
Emulgatoren	„mit Emulgator"	halten Gemische von Wasser und Fett zusammen	Mono- und Diglyceride, Lezithine	Fertigsuppen, Salat-mayonnaise
Antioxidantien	„mit Antioxidations-mittel"	hemmen die Verbindung der Lebensmittel mit Sauerstoff und verzögern so den Verderb	Ascorbinsäure (Vitamin C), Milchsäure	Backwaren, Konfitüren, Brühwurst, Pflanzenöl
Farbstoffe	„mit Farbstoff"	geben Zubereitungen eine ansprechende Farbe	Riboflavin, Carotin, Zuckerkulör	Cremespeisen, Kräuter-liköre, kandierte Früchte
Chemische Konservierungs-mittel	„mit Konservie-rungsstoff"	hemmen die Tätigkeit von Mikroben und verhindern so den Verderb	Benzoesäure, Sorbinsäure	Feinkostsalate, Toastbrot
Geschmacks-verstärker	„mit Geschmacks-verstärker"	verstärken den Umami-Geschmack	Natrium-Glutamat	oft Convenience-Produkte
	Die Lebensmittelindustrie verwendet anstelle von reinem Natrium-Glutamat oft Hefeextrakt. Dieser enthält von Natur aus einen hohen Anteil an Glutaminsäure, die ebenfalls den Umami-Geschmack verstärkt. Produkte werden dann als „frei von Geschmacksverstärkern" beworben.			
–	„geschwärzt"	unterstützt Schwarz-färbung	Eisengluconat	schwarze Oliven
–	„gewachst"	Glanzmittel, verzögert Austrocknung	verschiedene Wachse	Äpfel, Zitrusfrüchte

Koffeinhaltige Lebensmittel und Getränke sind ab 150 mg Koffein pro 100 ml/g mit einem Warnhinweis für Kinder, Schwangere und Stillende zu kennzeichnen.

Der Verbraucher/Gast muss unmittelbar einsehen können, welche Zusatzstoffe in einem Lebensmittel sind. Bei unverpackten Lebensmitteln (loser Ware), wie einem Tellergericht, gibt es keine Verpackung, auf die etwas gedruckt werden kann. Vorgeschriebene Hinweise sind in die Speisen- und Getränkekarte bzw. auf das Preisverzeichnis zu drucken, z. B. durch eine Fußnote bei der betreffenden Komponente, die dann erläutert wird: „Sommer-Salat mit Tomaten und Oliven[1]" → [1] „geschwärzt".

Werden Speisen lose z. B. über ein Salatbüfett angeboten, so ist auf Schildern auf / neben der Ware auf Zusatzstoffe hinzuweisen.

Aromastoffe

Weil industriell hergestellte Lebensmittel bei Produktion z. B. durch Hitze und Wasser Geschmack verlieren, werden oft Aromastoffe eingesetzt. Auch wird so mit geringem Aufwand ein gleichbleibender Geschmack erzielt. **Aromastoffe** werden nicht zu den Zusatzstoffen gezählt, sie müssen aber gemäß der EU-Aromaverordnung als Zutat auf Verpackungen angegeben werden. Beispiel Vanille-„Pudding":

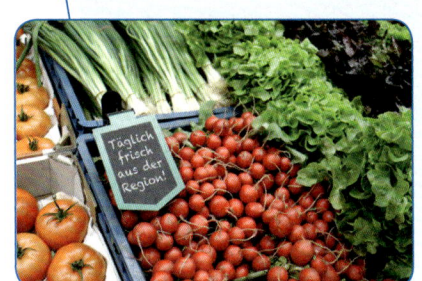

- „Vanille": Dann ist Vanille aus (teuren) Vanilleschoten verarbeitet worden
- „Vanille-Extrakt": Durch Herauslösen z. B. mit Alkohol wurden die Substanzen aus der Vanille-Schote gelöst, die das Aroma der Vanille prägen. Neben Vanilin sind das noch viele andere Inhaltsstoffe.
- „natürliches Vanille-Aroma": Es wurde mindestens 95% Vanille eingesetzt.
- „natürliches Aroma": Das Aroma wurde aus natürlichen Quellen gewonnen. Das müssen aber nicht unbedingt Lebensmittel sein. So wird der Aromastoff Vanilin mithilfe von Mikroorganismen aus Zuckerrüben gewonnen. Für andere Aromen werden z. B. Schimmelpilze oder Mikroorganismen eingesetzt, die gentechnisch verändert wurden.
- „Vanille-Aroma": Hier ist davon auszugehen, dass der Aromastoff Vanilin in chemischen Laboren hergestellt wurde.

Gewöhnen wir Menschen uns schon früh an aromatisierte Lebensmittel, ist das kritisch zu sehen: Menschen werden auf einen „Kunstgeschmack" konditioniert und ziehen evtl. solche Produkte, die für ihre Ernährung weniger wertvoll sind, natürlichen Lebensmitteln vor.

Nährwert-Kennzeichnung

Vorverpackte und vorverarbeitete Lebensmittel müssen gemäß der Lebensmittel-Informationsverordnung (LMIV) Angaben zum Gehalt an Fett, gesättigten Fettsäuren, Kohlenhydraten, Zucker, Eiweiß, dem Salzgehalt und dem Energiegehalt (kJ/kcal) enthalten (in der Regel als Tabelle). Freiwillige Ergänzungen, etwa zu mehrfach ungesättigten Fettsäuren, sind möglich. Die Angaben müssen sich auf 100 g oder 100 ml des Lebensmittels beziehen.

Für Speisen, die in der Gastronomie also lose an den Gast abgegeben werden, gibt es diese Vorschriften in der Regel nicht. Dennoch kann es vorteilhaft für den Gastronomen sein, wenn der Service Angaben zum Nährwert der Speisen geben kann. So können Gäste über Empfehlungen gewonnen werden. Auch hierbei gelten die Grundsätze Klarheit und Wahrheit.

Durchschnittliche Nährwerte für Roggenschrotbrot			
	Je 100 g	1 Scheibe (50 g)[2]	% (50 g)[1]
Brennwert	877 kJ/ 210 kcal	438,5 kJ/ 105 kcal	5 %
Fett	1 g	0,5 g	1 %
davon gesättigte Fettsäuren	0,2 g	0,1 g	1 %
Kohlenhydrate	44 g	22 g	6 %
davon Ballaststoffe	6 g	3 g	10 %
davon Zucker	1 g	0,5 g	0,5 %
Eiweiß	7 g	3,5 g	6 %
Salz	1,5 g	0,75 g	8 %

[1] Referenzmenge für einen durchschnittlichen Erwachsenen (8.400 kcal/2.000 kcal).
[2] 1 Portion = 1 Scheibe = 50 g. Die Packung enthält 10 Scheiben.

Verbraucherschützer kritisieren: Einzelne Werbeaussagen werden zwar geprüft, es gibt aber aktuell noch keine Nährwertprofile für Lebensmittel, an denen sich Hersteller orientieren können. So kann z. B. Eistee damit beworben werden, dass dieser Vitamine enthält. Dass der Eistee zugleich eine Menge Zucker enthält, muss aktuell nicht betont werden.

Gesetzliche Grundlagen zur Allergenkennzeichnung sind u. a. die Europäische Lebensmittel-Informations-Verordnung (ELIV) sowie die Vorläufige Lebensmittel-informations-Ergänzungsverordnung (VorlLMIEV).

EU-Verordnung zu Nährwertangaben und gesundheitsbezogenen Angaben (Health-Claims-Verordnung EU VO 1924/2006)

Gesunde Lebensmittel sind immer mehr Menschen wichtig. Entsprechend finden sich heute auf vielen Lebensmitteln **Angaben zum Nährwert** (z. B. „energiereduziert" oder „jetzt mit 20 % weniger Zucker") oder **gesundheitsbezogene Angaben** (z. B. „Vitamin C erhöht die Eisenaufnahme"). Mit den Vorgaben der o. g. Verordnung soll für Verbraucher Sicherheit bei entsprechenden Werbeaussagen geschaffen werden. Wird damit geworben, dass eine Zubereitung „reich an Ballaststoffen" ist, so muss auch eine vorgeschriebene Menge Ballaststoffe im Lebensmittel enthalten sein. Wird damit geworben, dass ein Lebensmittel eine gesundheitsfördernde Wirkung hat, so müssen ebenfalls die EU-Vorgaben hierzu eingehalten werden.

Kennzeichnung allergener Inhaltsstoffe

Gäste können auf bestimmte Inhaltsstoffe von Speisen und Getränken mit einer Überreaktion ihres Immunsystems bis hin zu einem allergischen Schock reagieren. Zum Schutz der Verbraucher wurden gesetzliche Vorschriften zur Allergen-Kennzeichnung erlassen. Danach müssen folgende Allergene in Speisen und Getränken gekennzeichnet werden:

GLUTENHALTIGES GETREIDE
und daraus hergestellte Erzeugnisse
Dazu gehören: Weizen, Dinkel, Kamut, Einkorn, Emmer
Beispielerzeugnisse:
Couscous, Grieß, Stärke, Mehl

KREBSTIERE
und daraus gewonnene Erzeugnisse
Dazu gehören:
Garnelen, Hummer, Krabben, Shrimps
Beispielerzeugnisse:
Krebsbutter, Shrimpspaste

EIER
und daraus gewonnene Erzeugnisse
Dazu gehören: Hühnereier, Gans, Pute, Wachtel, Taube, Strauß
Beispielerzeugnisse:
Flüssigei, Eigelb, Trockeneigelb, Trockeneiweiß

FISCHE
und daraus gewonnene Erzeugnisse
Dazu gehören:
alle Sorten von Fisch (Forelle, Lachs)
Beispielerzeugnisse:
Surimi, Kaviar

ERDNÜSSE
und daraus gewonnene Erzeugnisse
Beispielerzeugnisse:
Erdnussöl, Erdnussbutter, Erdnussmus

SOJABOHNEN
und daraus gewonnene Erzeugnisse
Dazu gehören:
nicht raffiniertes Sojaöl, Sojalezithin, Tofu, Miso, Tempeh, Sojasprossen

MILCH
und daraus gewonnene Erzeugnisse
Dazu gehören: Milch von der Kuh, Ziege, Schaf, Büffel, Pferd
Beispielerzeugnisse:
Milcheiweiß, Milchzucker (Laktose), Milchpulver, Sahne, Joghurt, Käse

SCHALENFRÜCHTE
und daraus gewonnene Erzeugnisse
Dazu gehören:
Mandeln, Paranüsse, Pistazien
Beispielerzeugnisse:
Nusspaste

LUPINEN
und daraus gewonnene Erzeugnisse
Beispielerzeugnisse:
Lupinenmehl, Lupinenkleie, Lupinenprotein

WEICHTIERE
und daraus gewonnene Erzeugnisse
Dazu gehören:
Schnecken, Muscheln, Tintenfische

SELLERIE
und daraus gewonnene Erzeugnisse
Dazu gehören:
Knollen-, Bleich- und Staudensellerie
Beispielerzeugnisse: Selleriesalat, Gemüsesaft aus Sellerie, Selleriesalz

SENF
und daraus gewonnene Erzeugnisse
Dazu gehören: alle Senfsorten: weiße, braune und schwarze Senfsaaten
Beispielerzeugnisse:
Senfkörner, Senfpulver, Senfsprossen, Senföl

SESAMSAMEN
und daraus gewonnene Erzeugnisse
Dazu gehören:
alle Sesamsorten: gelb, schwarz
Beispielerzeugnisse:
Sesampaste (Tahin), Sesamöl, Sesamsamen, Gomasio (Sesamsalz)

SCHWEFELDIOXID UND SULFIT
ab einer Konzentration von mehr als 10 mg/kg oder 10 mg/l
Beispielerzeugnisse:
als Konservierungs- und Antioxidationsmittel: Schwefeldioxid E220, Natriumsulfit E221

Die Kenntlichmachung von Allergenen kann erfolgen durch

- Kennzeichnung in der Speisekarte, z. B. durch Fußnoten,
- eine separate Liste zu den Allergenen in den Speisen mit Hinweis in der Karte auf die Liste; eine mündliche Information allein reicht nicht aus,
- durch Schilder am Büfett.

Keine Kennzeichnung ist notwendig, wenn aus der Bezeichnung des Lebensmittels das Allergen hervorgeht, z. B. „*Sellerie*-Schnitzel". Dann ist diese Zutat aber **hervorzuheben**.

Wichtig ist bei alledem eine kompetente Beratung durch geschultes Service-Personal. **Nach HACCP müssen für alle angebotenen Speisen Rezepte in der Küche hinterlegt sein**. Aus diesen lassen sich Allergene leicht erkennen. Die Kennzeichnung von Allergenen stellt sicher einen Mehraufwand dar – ist aber ein wirksames Mittel, um sich vor unberechtigten Schadenersatzansprüchen zu schützen. Transparenz hinsichtlich der Inhaltsstoffe kann ein Werkzeug sein, um gerade kritische Gäste als Kunden zu gewinnen.

Mindesthaltbarkeitsdatum und Verbrauchsdatum

Lebensmittel sind nur begrenzt haltbar. Deshalb müssen Hersteller Angaben zur Haltbarkeit machen:

Das **Mindesthaltbarkeitsdatum (MHD)** gibt an, wie lange ein Lebensmittel seine spezifischen Eigenschaften (z. B. Farbe, Geschmack, Konsistenz) behält, wenn es ordnungsgemäß gelagert und nicht geöffnet wird. Das Mindeshaltbarkeitsdatum ist kein Wegwerfdatum! Oft können Lebensmittel noch nach Ablauf des MHD bedenkenlos verzehrt werden. In diesem Fall sind die Lebensmittel gründlich sensorisch zu prüfen (Geruchstest, Geschmackstest usw.). Lebensmittel, deren MHD abgelaufen ist und die sensorisch einwandfrei sind, dürfen auch mit entsprechendem Hinweis noch verkauft werden.

Haltbarkeit	vorgeschriebene Kennzeichnung
weniger als drei Monate	→ mindestens haltbar bis (Tag und Monat)
bis 18 Monate	→ mindestens haltbar bis (Monat und Jahr)
länger als 18 Monate	→ mindestens haltbar bis (Jahr)

Das **Verbrauchsdatum** tragen meist Lebensmittel, die sehr leicht verderblich sind. Deren Verpackungen müssen Angaben zur Lagerung und zum Verbrauchsdatum tragen, z. B. „bei +4 °C gelagert zu verbrauchen bis 11.11.20..". Nach dem als Verbrauchsdatum genannten Termin darf das Lebensmittel nicht mehr verkauft und nicht mehr verwendet werden, da es für die Gesundheit gefährlich sein könnte.

TK-Ware aus Fleisch und Fisch muss zusätzlich das Einfrierdatum tragen.

Preisangaben

Die Preisangaben-Verordnung soll es Verbrauchern ermöglichen, Preise leichter vergleichen zu können. Preise für Endverbraucher müssen immer alle möglichen Zuschläge und Steuern beinhalten (**Inklusivpreis**).

- Im Einzelhandel muss bei Lebensmitteln neben dem Gewicht und dem Einzelpreis auch der Preis pro kg (€/kg) oder 100 g (€/100 g) genannt werden.
- Gastronomiebetriebe müssen neben dem Eingang ein Verzeichnis anbringen, auf dem wesentliche Speisen und Getränke sowie deren Preis genannt wird. So soll sich der Gast schon einen Eindruck verschaffen können, bevor er das Lokal betritt.
- Bei Getränken (Ausnahme Aufgussgetränke) muss neben dem Preis auch die Menge genannt werden, also z. B. „Glas Wein (0,2 l) 4,00 €".
- Werden Speisen nach Gewicht angeboten, so ist immer auch ein Bezugspreis zu nennen, z. B. Preis pro 100 g.

Salami (200 g Paket)
20,00 €/kg **4,00 €**

Forelle blau, nach Größe
Preis: xx,yy € je 100 g

EU-Label für geschützte
Bezeichnungen

Qualitätssiegel auf Lebensmitteln

Geschützte Bezeichnungen

Spezialitäten einer bestimmten Region oder auch traditionell hergestellte Lebensmittel locken Kunden an – rufen aber auch Nachahmer auf den Plan. Zum Schutz und zur Kenntlichmachung solcher Produkte hat die EU einheitliche Regeln und Label erstellt.

Geschützte geografische Angabe: Handwerkliches Können und Know-How sowie die Bedeutung eines Lebensmittels werden mit diesem Label gekennzeichnet. Dabei muss nicht alles in dieser Region erzeugt oder verarbeitet worden sein. Das Fleisch für einen so gekennzeichneten Parmaschinken könnte also von belgischen Schweinen stammen.

Geschützte Ursprungsbezeichnung: Ein Produkt muss nach einem tradionellen Rezept und in einem bestimmten Gebiet erzeugt, verarbeitet und hergestellt werden. Ein so gekennzeichneter Schwarzwälder Schinken muss also von Schweinen aus dem Schwarzwald stammen, dort geschlachtet und nach tradionellen Rezepten hergestellt werden.

Garantiert traditionelle Spezialität: Bescheinigt Lebensmitteln, dass diese nach traditionellen Rezepten und/oder aus traditionellen Zutaten hergestellt werden. Die Herstellung und die Rohstoffe müssen nicht aus einem bestimmten Gebiet stammen. So kann ein Serrano-Schinken aus italienischem Schweinefleisch in Deutschland nach spanischen Rezepturen hergestellt und vertrieben werden.

Verwendet der Koch „Grana Padano", schreibt aber „Parmesan" auf die Speisekarte, begeht er eine strafbare **Warenunterschiebung!** Das gilt auch, wenn z. B. Formvorderschinken verwendet wird, dieser aber als Kochschinken auf der Karte steht.

Kennzeichnung regional erzeugter Lebensmittel

Viele Verbraucher wünschen sich Produkte aus der Region, anstelle von Lebensmitteln mit langen Transportwegen. Viele regional und konventionell erzeugte Lebensmittel haben meist eine bessere **Öko-Bilanz** als Bio-Lebensmittel, die aus Übersee importiert werden.
Seit 2014 gibt es das einheitliche Informationsfeld „Regionalfenster" zur Kennzeichnung regional erzeugter Produkte. Das Zeichen wird vom Verein Regionalfenster e. V. vergeben, der auch die Kriterien vorgibt:
- Es muss eindeutig und nachprüfbar sein, aus welchem Bundesland/ welcher Region das Produkt stammt.
- Erste Hauptzutat und die wertgebenden Bestandteile müssen aus der genannten Region stammen.
- Der Ort der Verarbeitung muss genannt werden.

Für die Gastronomie hat die Vermarktung regionaler Produkte Vorteile, etwa durch geringe Transportkosten, die Möglichkeit gemeinsamer Werbung und Transparenz für den Gast (der sich vor Ort über Anbau und Erzeugung erkundigen kann). Auch wird so die heimische Wirtschaft nachhaltig gefördert.
Beim Einkauf von „regional" gekennzeichneten Lebensmitteln lohnt ein Blick auf die Angaben zum Erzeuger. Wie weit ein Erzeuger vom Einzelhandel entfernt produzieren darf, ist nicht gesetzlich geregelt.

⊞Regional⊞

✓ Wo kommt es her?

✓ Wo wurde es verarbeitet?

✓ Wie hoch ist der regionale Anteil?

Neutral geprüft durch: *Kontroll GmbH*
www.regionalfenster.de

„Regionalfenster" als Bsp. für die
Kennzeichnung regionaler Produkte

Kennzeichnung fair gehandelter Lebensmittel

Kleine Lebensmittel-Produzenten – vor allem auf der Südhalbkugel – haben auf dem Weltmarkt eine deutlich geringere Marktmacht, als globale Konzerne, welche die Marktpreise bestimmen können. „Fairer Handel" hat u. a. zum Ziel, kleinen Lebensmittel-Produzenten einen fairen Preis für ihre Produkte zu zahlen. Der Anbau soll dadurch nicht nur kostendeckend sein, sondern auch sozial verträglich und umweltverträglich.

Kleinbauern sollen aus der Armut herauskommen und durch Kooperation eine bessere Stellung auf dem Markt erhalten. Bekanntestes Label des fairen Handels ist „**Fairtrade**".

Ein Großteil der Kosten eines Lebensmittels entsteht nach der Erzeugung durch Transport, Handel und auch durch Werbung. Durch Kauf fair erzeugter Lebensmittel bekommt man mehr Ware fürs Geld.
Auch in Deutschland und Europa leiden Landwirte unter der Marktmacht von Handelskonzernen. Die Ausgaben für Lebensmittel sind in den letzten Jahrzehnten spürbar gesunken, sodass Landwirte häufig nicht kostendeckend arbeiten können.

Tierschutzlabel

Wiederholte Berichte über die unrechtmäßige Tierhaltung bewegen immer mehr Verbraucher. Diese fragen vermehrt nach, wie die Tiere gehalten wurden, die auf ihrem Teller landen. Der Deutsche Tierschutzbund und das Bundesministerium für Ernährung und Landwirtschaft vergeben gemeinsam das **Tierschutzlabel**. Dieses wird in zwei Stufen unterschieden. In der ersten Stufe garantiert das Label, dass die Standards für den Tierschutz über die gesetzlichen Vorgaben hinausgehen. Die Premiumstufe wird vergeben, wenn der Tierschutz deutlich besser ist, als gesetzlich gefordert. Verbraucherschutzverbände fordern eine Kennzeichnung der Haltungsform ähnlich wie bei Eiern.

Siegel über den Fischfang

Das Marine Stewardship Council (MSC) ist eine gemeinnützige Organisation, die sich gegen eine Überfischung der Weltmeere einsetzt. Hauptziel ist eine nachhaltige Fischerei. Das heißt, es darf nur so viel gefischt werden, wie nachwächst. Bedrohte Fischarten sollen weniger befischt werden. Jungfische, die sich noch nicht vermehrt haben, sollen nicht gefangen werden.

Eine Expertenkommission aus Wissenschaftlern, Fischereiexperten und Umweltschützern prüft, ob die Vorgaben für Fischerei eingehalten werden, und vergibt danach das MSC-Siegel. Über Angaben auf der Packung kann der Verbraucher zurückverfolgen, woher der Fisch stammt.

Immer mehr Fisch wird in Aquakulturen aufgezogen. Diese Art der Massentierhaltung kann zu Problemen für die Tiere, aber auch für die Umwelt führen. Umweltverbände, Tierschutzorganisationen und Handelsverbände setzen sich gemeinsam im Aquaculture Stewardship Council (ASC) dafür ein, diese Probleme zu verringern. So gibt es z. B. Obergrenzen für die Zahl der Tiere pro Becken und Auflagen hinsichtlich des Futters. Auch wenn noch Fischmehl eingesetzt wird, so wird darauf geachtet, solche Fischarten aufzuziehen, die den Futterfisch gut verwerten, sodass weniger Futterfisch benötigt wird.

EU-Bio-Logo

„Deutsches Bio-Siegel"

Betriebe schließen sich schon heute vereinzelt mit regionalen Erzeugern zusammen. Gemeinsam betreiben sie gezielte Produktentwicklung: Die Gastronomie testet z. B., welche Gemüsesorte ihren Anforderungen entspricht. Bauern können dann gezielter anbauen und besser regional vermarkten.

Weitere Informationen zu Preisen von Bio-Lebensmitteln auf unserer Website.

DIGITAL+

Kennzeichnung gentechnisch veränderter Lebensmittel

Das Erbgut von Pflanzen und Tieren verändert sich durch Mutationen. Veränderte Lebewesen haben dann andere Eigenschaften. Die klassische Pflanzenzüchtung hat sich das schon immer zunutze gemacht. Im modernen Landbau und in der Lebensmittel-Technik werden auch solche Organismen verwendet, die gezielt mittels Gentechnik verändert wurden.

Das sehen viele Verbraucher mit Skepsis, weswegen auch bislang kaum gentechnisch veränderte Organismen in der EU angebaut werden – mehr in den USA, zumeist als Tierfutter. Werden einem Lebensmittel bewusst mehr als 1% gentechnisch veränderte Organismen zugesetzt, so ist das zu kennzeichnen. Das gilt für den Handel wie für die Gastronomie. Clean Label können verwendet werden, um zu zeigen, dass ein Betrieb keine Lebensmittel einsetzt, die gentechnisch veränderte Organismen enthalten.

Kennzeichnung von Bio-Lebensmitteln

Kontrolliert biologisch bzw. ökologisch erzeugte Lebensmittel entsprechen weitgehend den Grundsätzen eines nachhaltigen Wirtschaftens und werden verstärkt nachgefragt. Verpackte Lebensmittel, welche den Anforderungen der EG-Öko-Verordnung an Bio-Lebensmittel entsprechen und die einen Verarbeitungsschritt in der Europäischen Gemeinschaft erfahren, sind mit einem einheitlichen Label gekennzeichnet (EU-Bio-Logo). In Deutschland existiert schon länger das „deutsche Bio-Siegel". Das Bio-Siegel kann zusätzlich zum EU-Bio-Logo genutzt werden. Die Nutzung des Bio-Siegels ist freiwillig und für öko-zertifizierte Unternehmen freiwillig und kostenlos. Das Bio-Siegel ist bis 2021 markengeschützt. Für die Vergabe eines Siegels müssen die Zutaten des Produktes aus Bio-Anbau stammen. Einige Zusatzstoffe sind zugelassen, dürfen aber nur bis zu 5 % des Produktes ausmachen.

Wer das Bio-Siegel zur Kennzeichnung seiner Produkte nutzen möchte (z. B. auf der Speisekarte oder der Internetseite), muss sich von einer Kontrollstelle zertifizieren lassen. Im Gegensatz zur konventionellen Landwirtschaft dürfen Bio-(Öko)-Lebensmittel

- nicht mit industriell hergestelltem Mineraldünger (hoher Energieaufwand) oder künstlichen Pflanzenschutzmitteln behandelt werden,
- nicht durch Gentechnik verändert werden,
- nicht durch Bestrahlung haltbar gemacht werden,
- nur in begrenztem Maße Zusatzstoffe enthalten.
- Tiere müssen artgerecht gehalten werden.

Tiere, die für die Erzeugung von Bio-Fleisch gehalten werden, erhalten auch Bio-Futter. Weil dieses entsprechend teuer ist, kostet Bio-Fleisch meist deutlich mehr als konventionell erzeugtes Fleisch. Bio-Gemüse ist hingegen nur unwesentlich teurer als konventionell erzeugtes Gemüse.

② Umweltschutz

 environment protection ● protection (m) de l'environment

Die Erzeugung von Lebensmitteln trägt durch Anbau, Transport und Handel deutlich zur **Zerstörung natürlicher Ressourcen** bei. Diese Zerstörung machen wir uns häufig nicht bewusst, weil zwischen unserem Handeln und den Folgen für die Umwelt oft lange Zeit vergeht. Dabei nehmen wir Menschen uns mit der Zerstörung der Natur auch die Grundlage zur Erzeugung hochwertiger Lebensmittel. Diese Lebensmittel sind unsere Lebensgrundlage – privat wie in der Gastronomie. **Unsere Lebensmittel und die daraus erzeugten Produkte können immer nur so gut sein, wie die Umwelt, in der sie erzeugt werden!**

Umweltverträglich und langfristig sinnvoller ist **nachhaltiges Wirtschaften**: Das bedeutet, so zu handeln, dass unser Tun anderen Menschen und zukünftigen Generationen die Lebensgrundlage erhält. Neben dem Schutz der Umwelt bedeutet Nachhaltigkeit, sozial verträglich und dennoch wirtschaftlich zu handeln (s. a. Zusatzinfo Fischfang und Umweltschutz).

Nachhaltiges Wirtschaften bietet Vorteile für den Betrieb: Es entsteht ein positives Bild des Betriebes nach außen. Wichtig: Den Gast niemals bevormunden oder belehren! Überzeugen Sie durch Information und entsprechendes Verhalten der Mitarbeiter. Bieten Sie Wahlmöglichkeiten an, z. B. zwischen Speisen aus Bio-Fleisch oder aus konventionellem Fleisch. Aktionswochen sind hierzu ein gutes Mittel.

Professionell zubereitete vegetarische oder vegane Gerichte können viele Menschen erreichen – und zeigen, dass gesundes und umweltfreundliches Essen geschmackvoll und abwechslungsreich sein kann. So kann ein Betrieb zeigen, dass man dort mehr kochen kann als nur Fleisch mit Beilagen. Nach außen lässt sich nachhaltiges Handeln über Umweltsiegel (s. Abb.) vermitteln.

Auch nach innen kann nachhaltiges Wirtschaften Vorteile bringen. Energiesparmaßnahmen und ressourcenschonendes Verhalten von Mitarbeitern und Gästen können langfristig Kosten senken und gleichzeitig die Umwelt entlasten. Ein sozial verträgliches Miteinander im Betrieb ist ein gutes Mittel für den "Betriebs-Klima-Schutz".

Mithilfe des **ökologischen Fußabdrucks** (siehe nächste Seite) lässt sich darstellen, wie nachhaltig in einem Land gewirtschaftet wird: Die Natur stellt uns Fläche zur Verfügung, die u. a. unserer Ernährung dient. Je nachdem, wie wir leben, nutzen wir mehr oder weniger dieser Fläche, teils zu Lasten anderer Menschen und künftiger Generationen, denen wir buchstäblich auf die Füße treten. Aktuell verbrauchen 20 % der Weltbevölkerung 80 % der Ressourcen! Würden alle Menschen so leben wie in Deutschland, bräuchten wir unseren Planeten 2×, bei einer Lebensweise wie in den USA sogar 6×.

Dehoga-Umweltcheck

Greentable-Siegel

Green Sign

Die Industrieländer verbrauchen weit mehr Ressourcen, als ihnen weltweit zustehen. Wären die Ressourcen unser verfügbares Geld, wir hätten am 20. des Monats schon alles Geld für den Monat ausgegeben!

Clean-Eating – ein altes Bedürfnis neu entdeckt. Immer mehr Menschen wünschen sich, dass ihr Essen „einfach und sauber" ist. Sie lehnen Fertigprodukte mit Zusatzstoffen und aufwendig verarbeitete Lebensmittel ab. Stattdessen bevorzugen sie einfaches und gutes Essen aus nachhaltig erzeugten Lebensmitteln.

Der Land-Fußabdruck

Pflanzen werden in der Regel auf Feldern angebaut – das kostet Landfläche. Essen wir diese Pflanzen selbst, nutzen wir diese Fläche effektiv und ökologisch. Bauen wir hingegen Tierfutter an, brauchen wir ca. 5-mal so viel Fläche für 1 kg Fleisch wie für 1 kg Gemüse oder Obst.
Regenwald wird weltweit gerodet, um u. a. Viehfutter anzubauen oder Weideflächen zu schaffen. Beides funktioniert nur kurze Zeit – dann sind die Böden meist unbrauchbar geworden und erodiert.

Jedes Jahr landen ca. 1/3 der erzeugten Lebensmittel im Müll. Davon verbleibt das erste Drittel gleich auf dem Acker, weil es den Handelsnormen oder Verbrauchererwartungen nicht entspricht. Andere Lebensmittel verderben oder werden weggeworfen, weil zu viel verarbeitet wurde (Überproduktion → s. a. S. 49). So verkleinern wir unsere „Land-Schuhgröße":

- Mehr vegetarische Gerichte anbieten.
- Wenn schon Rindfleisch, dann aus heimischer Freiland-Aufzucht.
- Zubereiten von Speisen nach Rezepten (abwiegen und kalkulieren).
- Auch halbe Portionen anbieten – nicht nur für Kinder und Senioren.
- Die Speisekarte sinnvoll verschlanken – weniger ist oft mehr.
- Zusammenarbeit mit den örtlichen „Tafeln", welche nicht benötigte Lebensmittel an andere Menschen weitergeben.
- Öfter „vergessene" Obst- und Gemüsesorten auf den Speiseplan setzen. Das schafft Abwechslung und trägt durch den Erhalt alter Sorten auch zur Artenvielfalt bei (weniger Monokulturen).

Der Klima-Fußabdruck

Der Treibhauseffekt – also die unnatürliche Erwärmung der Erde – hängt maßgeblich davon ab, dass Kohlendioxid (CO_2) u. a. klimaschädliche Gase freigesetzt werden. CO_2 entsteht z. B., wenn Lebensmittel lange Transportwege zurücklegen oder wenn diese außerhalb der Saison lange Kühllagerung benötigen. Neben CO_2 tragen auch andere Gase deutlich zum Klimawandel durch den Treibhauseffekt bei, z. B. Methangas beim Reisanbau und durch die Rinderzucht.
Bei der Stromerzeugung werden ebenfalls große Mengen CO_2 frei. Diesen Strom nutzen wir u. a. zum Arbeiten in der Küche.
So produzieren wir beim Kochen weniger „heiße Luft":

- Regional erzeugte Lebensmittel nutzen – das gilt auch für Mineralwasser im Service.
- Lebensmittel der Saison bevorzugen.
- Wo möglich heimische Getreide anstelle von Reis nutzen.
- Energiesparend arbeiten, z. B. indem wir
  - Geräte erst kurz vor der Verwendung anschalten – der Frühdienst braucht meist kein Tellerrechaud.
  - Gas/Strom nach dem Ankochen reduzieren, z. B. bei Kartoffeln.
  - Restwärme nutzen und Energie zum Ende hin drosseln, beim Kochen wie auch beim Warmhalten (Bain-Marie oder Teller-Rechaud).
  - Topfdeckel verwenden – so bleibt die erzeugte Wärme im Topf.
  - Kühlhäuser immer nur kurz öffnen und den Froster öfter abtauen.
  - Öfen/Heißluftdämpfer wenn unbedingt notwendig nur kurz vorheizen.

Der Wasser-Fußabdruck

Nur 3 % des Wassers auf unserem blauen Planeten ist trinkbares Süßwasser. 70 % davon wird in der Landwirtschaft gebraucht. Der Wasserverbrauch unterscheidet sich je nach Lebensmittel deutlich: Werden Obst, Gemüse und Getreide naturnah angebaut, ist der Wasserverbrauch vergleichsweise gering. Kartoffelanbau im Wüstenklima oder die Milchproduktion verbrauchen deutlich mehr Wasser. Fleisch zu produzieren benötigt sehr viel Wasser, weil neben den Tieren selbst vor allem der Anbau von Viehfutter Wasser verlangt.

Durchschnittlicher Wasserverbrauch pro Kilogramm Nahrung

Gemüse & Früchte	Getreide, Reis, Hülsenfrüchte	Milch & Ei	Fleisch
425 Liter	1629 Liter	2488 Liter	8576 Liter

Die konventionelle Landwirtschaft belastet das Grundwasser stärker durch die Verwendung von Kunstdünger, Pflanzenschutzmitteln sowie das Aufbringen von Gülle – im Gegensatz zur kontrolliert biologischen Landwirtschaft. Um in der Zukunft nicht auf dem Trockenen zu sitzen, können wir Wasser sparen:

- Wasser nicht unnötig laufen lassen.
- TK-Ware nie unter fließendem Wasser, sondern im Kühlraum auftauen.
- Wasser – wenn hygienisch möglich – für mehrere Tätigkeiten verwenden. So kann Wasser vom Abschrecken danach zum Waschen von Gemüse verwendet werden. Crushed-Eis aus Kühlvitrinen kann zum Herunterkühlen von Speisen vor der Kühllagerung verwendet werden.
- Nur so viel Wasser zum Kochen verwenden, wie nötig – Kartoffeln sollen nur kochen und nicht um die Wette schwimmen!
- Die Spülmaschine immer nur komplett befüllt laufen lassen.
- Mehr vegetarische Gerichte anstelle von Fleisch anbieten.
- Wasser soll beim Reinigen den Schmutz lösen und fortspülen – ihn aber nicht ertränken.
- Reinigungsmittel mit dem „Blauen Engel" verwenden.

Schutz der Gewässer

Flüsse, Seen und Meere, aber auch die Abwasserleitungen sind zahlreichen Belastungen ausgesetzt. Durch Abwasserreinigung kann die Gastronomie helfen, diese Belastungen zu verringern. Speisefette dürfen nicht ins Abwasser gegeben werden, sondern müssen als Altfett entsorgt werden. Erstarren Fette in Abwasserrohren, können diese verstopfen. Fettsäuren greifen Rohrleitungen an. Neben Frittierfett betrifft das auch Bratfette, die sinnvoll im Spülbereich in einem Fetteimer gesammelt werden. Fettabscheider und Stärkeabscheider halten Fett und Stärke zurück, bevor diese in Abwasserleitungen gelangen.
Reinigungs- und Desinfektionsmittel sind immer nach Herstellerangaben zu dosieren – auch sie belasten die Gewässer.

Abwasserzulauf

Fett

Abwasser ohne Fett

Fettabscheider

Der Material-Fußabdruck

Durch unseren Konsum verbrauchen wir viele Materialien, die schließlich im Müll landen. In Form von Mikroplastik kann der Müll den Weg zurück auf unsere Teller finden (s. a. **Zusatzinfo „Fischfang und Umweltschutz"** auf unseren Internetseiten). In Deutschland produzieren wir durchschnittlich 450 kg Müll pro Jahr und Mensch. Durch konsequente Mülltrennung wird etwa die Hälfte davon recycled, also wiederverwertet – doch auch das kostet Energie. Energieintensiv ist zudem die Produktion vieler Alltagsmaterialien, z. B. von Alufolie. Bei der Gewinnung von Aluminium entstehen in südlichen Ländern teils schwere Umweltschäden.

Abfallvermeidung ist der bessere Weg, um den Material-Fußabdruck zu verkleinern und Ressourcen zu schonen. Weitere Möglichkeiten sind:

- Vermeidung von Portionspäckchen und Kaffeekapseln am Frühstücksbüfett oder in der Tagungspause.
- Anstelle von Einwegbechern im „To-go-Geschäft" Mehrwegbechersysteme nutzen.
- Mehrwegflaschen in Standard-Formen anstelle von Tetrapacks oder Kunststoffflaschen verwenden.
- Gebrauchte Verkaufsverpackungen wie Eisboxen und große Joghurtbecher gesäubert zur Aufbewahrung nutzen.
- Verwendung von Mehrweg-Kisten für Gemüse und Obst – Großgebinde anstelle von kleinen Verpackungen (z. B. bei Reinigern).
- Kompostierbare Servietten oder Stoffservietten nutzen anstelle von Servietten mit Kunststoffanteilen.
- Biomüllbeutel nutzen, die kompostierbar sind.
- Wenn Alufolie, dann solche aus Recyclingmaterial verwenden.
- Spülschwämme aus wiederverwertetem Schaumstoff nutzen.

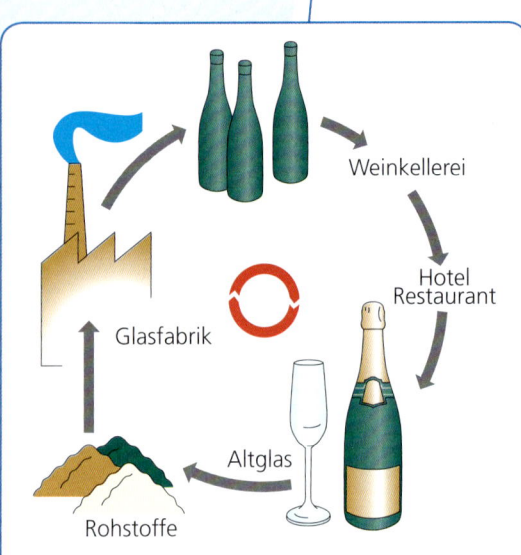

Recycling

> Bei der Lagerung von Abfällen ist unbedingt auf Sauberkeit und Hygiene zu achten. Der Schutz der Gesundheit hat Vorrang vor der Abfallverwertung.

Abfallentsorgung

Abfälle, die sich nicht vermeiden lassen, müssen ordnungsgemäß entsorgt werden. Abfall-Entsorgung ist ein beträchtlicher Kostenfaktor! Durch Müllvermeidung und Mülltrennung können diese Kosten gesenkt und die Umwelt entlastet werden (z. B. durch die Trennung von kompostierbaren Abfällen und Speiseresten). Gesetzliche Vorgaben sind stets zu beachten, z. B. die der EG-Verordnung 1069/2009 zur Beseitigung tierischer Nebenprodukte). Sondermüll (Batterien, Reinigungsmittel usw.) wird meist kostenfrei an Rücknahmestellen angenommen. Verpackungen müssen teils direkt vom Lieferanten zurückgenommen werden, teils werden diese über das "Duale System" – also den "gelben Sack" bzw. die gelbe Tonne, entsorgt.

Eine Abfall-Pack-Station nach dem System einer Müllpresse verdichtet anfallenden Restmüll. So werden das Müll-Volumen und die Entsorgungskosten deutlich verringert.

Die Lebensmittel-Verschwendung verringern

Weltweit landet ein Drittel der produzierten Lebensmittel im Müll. In Deutschland sind das geschätzt 11 Mio. Tonnen pro Jahr. 1 Mio. Tonnen Lebensmittel geht auf das Konto der Gastronomie. Das ist zum einen ein ethisches Problem, weil viele Menschen gar nicht genug zu essen haben. Zum anderen verbrauchen auch diese weggeworfenen Lebensmittel Ressourcen beim Anbau und verursachen Kosten. Mit einfachen Maßnahmen kann diese Verschwendung verringert werden:

- Auswerten, welche Lebensmittel und deren Teile weggeworfen werden. Warum werden diese entsorgt und wie könnte diese Verschwendung vermieden werden?
- Prüfen der Weiterverwendung von Abschnitten.
- Ermitteln, wie viel Essen Gäste auf dem Teller lassen und Anpassen von Portionsgröße und Rezeptur.
- Anbieten von kleineren Portionen eines Gerichtes als „Probierteller".
- Weitergeben von Lebensmittel-Überschüssen an die örtlichen Tafeln. Hier werden diese Lebensmittel an Menschen weitergegeben, die wenig Geld zum Leben haben.
- Unterstützen von Initiativen wie MealSaver und ResQ durch die Weitergabe von Speisen aus Überproduktion.

Logo der Initiative „Zu gut für die Tonne"

Logo der „Tafeln"

Umweltschutz im Zusammenhang

| Ausbeutung von Energievorräten, Rohstoffen usw. | → | **Umweltbelastung** | ← | Beeinträchtigung durch Abfälle, Abgase, Lärm usw. |

| Einsparung von • Energie • Rohstoffen | ← | Lösungsansätze Verbesserung der Umweltbedingungen durch | → | Entlastung durch umweltbewusstes Handeln |

Energieeinsparung, z. B.
- vernünftiges Heizen,
- sachgerechtes Lüften,
- Beachten der Saisonzeiten bei Lebensmitteln.

Rohstoffeinsparung, z. B.
- Verwendung von Mehrwegpackungen,
- Verzicht auf überflüssige Verpackungen.

Abfälle

vermeidbare — nicht vermeidbare

vermeiden — trennen

verwertbar — nicht verwertbar

für Wiederverwertung sortieren — schadlos beseitigen

Altglas | Altpapier | Altfett | Altmetall | Speise-reste | Restmüll

Die Gesundheit schützen

Fragt man Gäste, wie sie sich Speisen und Getränke wünschen, lautet die Antwort häufig „lecker". Fragt man Mitarbeiter der Lebensmittelüberwachung, lautet die Antwort – zu recht – „sicher"! Speisen „lecker" und „sicher" zuzubereiten ist kein Widerspruch, wenn die Grundlagen der Lebensmittel-Hygiene bekannt sind und konsequent umgesetzt werden.

1 Verderb von Lebensmitteln

 spoilage of food altération (w) alimentaires

Zu erkennen, wann ein Lebensmittel verdorben ist und wodurch es verdirbt, ist eine wichtige Grundlage hygienischen Arbeitens:

Verdorbene Lebensmittel

- dürfen nicht an den Gast abgegeben werden
- verursachen unnötige Kosten
- bedeuten Vertrauensverlust
- verschlechtern Zusammenarbeit mit der LM-Überwachung

Lebensmittel-Verderb

Lebensmittel verdorben durch …

mikrobiologische Einflüsse
- Eubakterien
- Hefen
- Schimmelpilze
- Viren

physikalische Einflüsse
- Kälte/Frost
- Hitze/Austrocknung
- Feuchtwerden
- Fremdstoffe wie Glasscherben

chemische Einflüsse
- Rückstände von Reinigungsmitteln
- Antibiotika aus der Tiermast

bio-chemische Einflüsse
- lebensmitteleigene Enzyme

biologische Einflüsse
- Schädlinge wie Mäuse, Maden, Küchenschaben, Fliegen …

Ein Lebensmittel ist ungenießbar

- wenn es unseren Anforderungen nicht mehr entspricht (Geruch, Geschmack …)
- wenn es für den menschlichen Verzehr nicht mehr geeignet ist (Gefahr einer LM-Erkrankung)
- wenn das Haltbarkeitsdatum abgelaufen ist (MHD mit Einschränkungen)

Lebensmittel-Verderb

2 Mikroben

 microbes microbes (m)

Mikroorganismen – kurz **Mikroben** (oder wenn krankheitserregend **Keime**) – ist ein Oberbegriff für Kleinstlebewesen. Sie sind nur mit dem *Mikro*skop zu sehen. Überall auf der Welt finden sich Mikroben – ein erwachsener Mensch trägt ca. 2 kg davon an und in sich. Für den einzelnen Menschen ist das meist ohne Nachteile. Für den Gast können diese Mikroben sehr wohl eine Gesundheitsgefahr darstellen, da sie viele, teils gefährliche Krankheiten hervorrufen können.

2.1 Vorkommen und Übertragung

Solange Mikroben nicht den Weg *in den Menschen* finden, droht kaum Gefahr. Neben Wasser und Luft nehmen wir aber täglich Lebensmittel **in uns** auf – und damit auch Mikroben. Die Reinheit von Wasser und Luft überwachen Behörden. Für die „Reinheit" von Speisen ist das Personal in Küche und Service verantwortlich. Deshalb tragen Gastronomiemitarbeiter eine große Verantwortung für die Gesundheit der Gäste.

Mikroben brauchen immer ein **Transportmittel** (Übertragung) – sie können sich nicht selbst fortbewegen. Auf verschiedenen Übertragungswegen können sie auf Lebensmittel und zum Menschen gelangen und uns krank machen. Diese Übertragungen zu verhindern ist Aufgabe der Hygiene.

Die drei „P" der Hygiene

Verbreiten sich Mikroben, verunreinigen sie Lebensmittel. Diese **Verunreinigung** wird auch **Kontamination** genannt. Bei einer **Kreuzkontamination** werden Keime von einem kontaminierten Lebensmittel auf ein anderes übertragen, das diese Keime vorher nicht trug:

Kreuzkontamination von ungewaschenem Salat auf eine gewaschene Tomate mittels Schneidebrett

Auch wenn Mikroben überall vorkommen, so haben sie „Lieblingsplätze" auf uns Menschen sowie in Küche und Service gefunden:

- Schleimhäute von Augen, Mund und Nase (s. a. Abb. S. 50),
- Hände, mit denen wir verschiedene Gegenstände und auch unsere Schleimhäute berühren,
- Berufskleidung, wenn diese nicht regelmäßig gewechselt, falsch gewaschen oder auch außerhalb des Betriebes getragen wurde,
- Bedarfsgegenstände (→ S. 35) wie Messer und Schneidebrettauflagen, wenn diese zwischen unterschiedlichen Tätigkeiten nicht ausreichend gewechselt oder gereinigt wurden,
- Handtücher und Putzlappen – vor allem nach längerer oder (verbotener!) gemeinschaftlicher Benutzung,
- Reinigungswerkzeuge wie Spüllappen, Schwammtücher, Spülbürsten, Topfreiber, wenn diese zu lang benutzt und nicht selbst regelmäßig gereinigt und wenn nötig desinfiziert werden.

2.2 Arten von Mikroben und deren Vermehrung

Mikroorganismen werden meist in drei Gruppen eingeteilt:

 Eubakterien   Hefen   Schimmelpilze

Bakterien (eigentlich Eubakterien) ist ein Oberbegriff für Mikroben, die sich durch Zellteilung vermehren. Sind die Lebensbedingungen günstig, vermehren sich Bakterien innerhalb von 20 Min. (s. a. S. 58). Als Stoffwechselprodukte scheiden manche Bakterien (oft hitzebeständige) Giftstoffe aus. Diese werden auch **Toxine** genannt und können den menschlichen Körper schädigen (Lebensmittel-Vergiftung).

Sind die Lebensbedingungen ungünstig, können bestimmte Arten der Bakterien – die **Bazillen** – besondere Überlebensformen bilden, die **Sporen** heißen. Diese Sporen sind besonders widerstandsfähig gegenüber Wärme und auch gegenüber Desinfektionsmitteln. Bei günstigen Lebensbedingungen werden aus den Sporen wieder Bazillen.

Viele Bakterien haben auch positive Wirkungen, die für die Herstellung von Lebensmitteln genutzt werden, z. B.:
- Milchsäurebakterien säuern Milch zu Joghurt und Quark und sind unerlässlich für die Herstellung von Sauerkraut aus Weißkohl.
- Essigsäurebakterien wandeln Wein zu Speiseessig um. Mikrokokken lassen Rohwurst wie Mettwurst oder Salami reifen.

Hefen sind Einzeller, die sich durch Sprossung vermehren. Dabei sprießt aus der Mutterzelle eine Tochterzelle (Abb. 3). Hefen ernähren sich hauptsächlich von Zucker (→ 2.3). Gelangen Hefen über die Luft unkontrolliert auf Lebensmittel, werden sie **wilde Hefen** genannt.

Für die Lebensmittelproduktion werden gezüchtete **Reinzuchthefen** verwendet:
- Backhefe wird zum Brotbacken benötigt.
- Wein- und Bierhefen werden zur Getränkeproduktion eingesetzt.

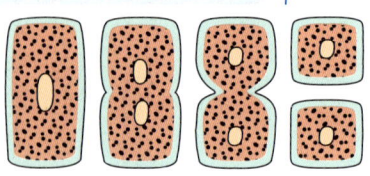

Eubakterien vermehren sich durch Teilung

Bazillen bilden Sporen

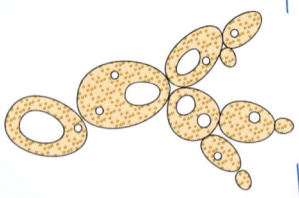

Hefen vermehren sich durch Sprossung

Backhefe

Schimmelpilze sind Mehrzeller, die auch noch auf verhältnismäßig trockenen Lebensmitteln (z.B. Brot, Nüsse) wachsen können. Sie vermehren sich durch Sporen, die über die Luft (z.B. den Luftstrom im Kühlraum) verbreitet werden. Gelangen Schimmelpilz-Sporen auf ein geeignetes Lebensmittel, keimen sie aus. Mithilfe eines Wurzelgeflechtes (Myzel) wachsen die Schimmelpilze nun in das Lebensmittel (z.B. in die Brotkrume) hinein und können an anderen Stellen erneut Sporen bilden.

Schimmel auf Brot

In der Lebensmittelproduktion werden bestimmte **Edelschimmel** bewusst genutzt:
- Kulturschimmel bilden den gewünschten Schimmelbelag auf Edelschimmelkäsen wie Camembert oder Gorgonzola.
- Auf einigen Rohwürsten werden Edelpilzbeläge gewünscht.

Die überwiegende Zahl der Schimmelpilze können beim Menschen jedoch Krankheiten auslösen. Stoffwechselprodukte der Schimmelpilze sind oft hochgiftig und werden **Mykotoxine** genannt. Als besonders schädlich gelten die Aflatoxine – sie können schwere Leberschäden verursachen. Viele Schimmelpilzgifte sind hitzestabil!

⬤ Das Myzel der Schimmelpilze ist meist mit bloßem Auge nicht sichtbar. Angeschimmelte Lebensmittel im Zweifelsfall immer komplett wegwerfen!

2.3 Lebensbedingungen der Mikroben

Wie alle Lebewesen, so entwickeln sich auch Mikroben nur, wenn bestimmte Lebensbedingungen erfüllt sind. Bei eingeschränkten Lebensbedingungen verlangsamen Mikroben ihr Wachstum oder stellen es ganz ein – die Mikroben können auch absterben. Sind die Übertragungswege und die Lebensbedingungen von Mikroorganismen bekannt, kann die Vermehrung von Mikroben gezielt unterbunden werden.

⬤ Informationen zur Haltbarmachung → S. 75

Mikroben erfordern an Lebensbedingungen: Nahrung · Milieu (pH-Wert) · Temperatur · Feuchtigkeit (a_w-Wert) · Sauerstoff

Nahrung

Die meisten Mikroben bevorzugen bestimmte Nährstoffe. Durch **konsequente Ordnung, Reinigung und Einhaltung der Hygiene** wird den Mikroben die Nahrung entzogen.

Art	bevorzugt befallen	Beispiel
Eiweiß spaltende Mikroben	Fleisch, Wurst, Fisch, Geflügel	Salmonellen
	Milch, Frischkäse, Creme	Fäulnisbakterien
Kohlenhydrat spaltende Mikroben	Kompott, Fruchtsaft, Creme	Hefen
Fett spaltende Mikroben	Butter, Margarine, Speck	
Schimmel	alle Lebensmittel	Schimmelpilze

Umgebung (pH-Wert)

Wir Menschen haben meist eine Vorliebe für eine Geschmacksrichtung. Auch Mikroben haben eine Vorliebe entweder für eine eher saure oder eine eher basische Umgebung (**Milieu**). Mithilfe des pH-Wertes wird gemessen, ob eine Umgebung eher sauer ist (geringer pH-Wert) oder ob diese eher basisch ist (hoher pH-Wert). Verändert man dieses Milieu (Zugabe von Säure oder Verwendung von Lauge) kann die Tätigkeit der Mikroben eingeschränkt werden.

<table>
<tr><td>

$H^+ \rightarrow$ Säure
$OH^- \rightarrow$ Lauge/Base
$H^+ + OH^- = H_2O$
$\rightarrow$ Wasser hat den pH-Wert 7, es ist neutral

</td></tr>
</table>

pH-Wert mit Beispielen von Wachstumsbereichen

Die **Senkung des pH-Wertes** zur Verlängerung der Haltbarkeit wird z. B. genutzt bei saurer Marinade (Rollmops), Essiggurken oder auch Sauerkraut.

Temperatur

Mikroben wachsen je nach Temperatur unterschiedlich schnell (s. Abb.):

- **Kälte bevorzugende** (psychrophil) ①: Diese werden auch „**Kühlschrankbakterien**" genannt. Sie kommen vor allem bei Fisch und Fleisch vor. Schimmel kann noch bei niedrigen Temperaturen wachsen. Andere Mikroben lassen Fett verderben.
- **Kälte tolerierende** (psychrotolerant) ②: Sie vermehren sich am stärksten bei Raumtemperatur. Zu dieser Gruppe zählen z. B. Listerien und auch einige Bazillenarten.
- **Körpertemperatur bevorzugende** (mesophil) ③: Darmbakterien, Fäulniserreger, aber auch Hefen wachsen am schnellsten bei Körpertemperatur.
- **Wärme bevorzugende** (thermophil) ④: Bei Temperaturen über 65 °C wachsen keine krankheitserregenden Keime mehr. Bazillen können aber Sporen bilden, die noch bei 120 °C intakt sind!

<table>
<tr><td>

Beim **Erhitzen und Warmhalten** von Speisen sollten immer mind. + 65 °C erreicht und gehalten werden.
Beim **Abkühlen** von Speisen ist eine Temperatur von unter + 7 °C binnen zwei Stunden zu erreichen (DIN 10508). Lebensmittel möglichst nur **kurzfristig lagern** ($\rightarrow$ Kühlschrankbakterien).

</td></tr>
</table>

Wachstumsbereiche für Mikroben

Da viele Mikroben sich auf die Körpertemperatur von Lebewesen eingestellt haben, wachsen die meisten Mikroben am besten zwischen $+30\,°C$ und $+40\,°C$. Im Umgang mit Lebensmitteln wird der Bereich zwischen $+7\,°C$ und $+65\,°C$ als **kritischer Bereich** betrachtet.

Durch **Kühlung** und **Erhitzen** wird das Wachstum der Mikroben verlangsamt und die Haltbarkeit von Lebensmitteln kurzfristig verbessert.

Feuchtigkeit (a_W-Wert)

Um Nährstoffe in den Zellen zu lösen und zu transportieren, benötigen Mikroben Wasser. Steht den Mikroben nicht genügend Wasser zur Verfügung, stellen sie ihr Wachstum ein oder sterben ab.

Vom gesamten Wassergehalt eines Lebensmittels steht den Mikroben nur der Teil zur Verfügung, der ungebunden ist. Dieser Wasseranteil eines Lebensmittels wird freies oder aktives Wasser genannt. Dieser Anteil lässt sich mittels des **a_W-Wertes** messen. Reines Wasser hat den a_W-Wert 1, leicht verderbliche Lebensmittel wie Fleisch oder Gemüse einen a_W-Wert $>0{,}9$. Bei einem a_W-Wert unter $0{,}7$ wachsen auf dem Lebensmittel keine Mikroben mehr, etwa auf Trockenobst oder in Mehl.

Eine **Senkung des a_W-Wertes** wird bei folgenden Verfahren ($\rightarrow$ Kap. 6) genutzt:

- Trocknen – Wasser verdunstet, z. B. bei Trockenobst, Kartoffelpüreepulver, getrockneten Küchenkräutern,
- Salzen – Wasser wird chemisch an Salz gebunden (mind. 8 % Kochsalz), z. B. Schinken oder Salzheringe,
- Zuckern – Wasser wird chemisch an Zucker gebunden, z. B. bei Konfitüre, Gelee, Sirups, Marzipan,
- Frosten – flüssiges Wasser wird zu festem Eis, z. B. TK-Gemüse.

Wassergehalt und a_W-Wert am Bsp. Obst und Fleisch: Obst hat schon bei einem Wassergehalt von 20 % einen a_W-Wert von 0,7, Fleisch und Fisch erst bei einem Wassergehalt von 10 %

Sauerstoff

Die meisten Mikroorganismen sind auf Sauerstoff angewiesen. Andere Arten können dort wachsen, wo kein Sauerstoff vorhanden ist. Die dritte Gruppe kann sowohl mit als auch ohne Sauerstoff leben:

Aerobier	Anaerobier	Fakultative Anaerobier
• benötigen Sauerstoff • leben auf und in den Lebensmitteln	• leben ohne Sauerstoff • leben in den Lebensmitteln, in Konserven	• leben mit und ohne Sauerstoff • leben in und auf den Lebensmitteln
• Bazillen, Fäulniserreger (s. S. 25) • Essigbakterien, Schimmelpilze	• Botulinus-Bazillen (s. S. 25)	• Hefen • Milchsäurebakterien, Fäulniserreger
Edelpilzkäse (Schimmelpilze)	Bombage (Botulinus)	Roggenbrot (Hefe)

Eine Veränderung des Sauerstoffgehaltes wird erreicht durch
- Verpacken unter Luftabschluss (Vakuumverpackung),
- Verpacken unter Schutzgasatmosphäre und
- Einlegen in Öl oder Marinaden.

2.4 Auswirkungen der Mikroben und Enzyme

Lebensäußerungen der Mikroorganismen

Das Vorhandensein von Mikroben lässt sich oft an deren Lebensäußerungen erkennen. Das ist vor allem dann der Fall, wenn Mikroben durch ihre Aktivität ein Lebensmittel verderben lassen:

1. Abbau von Nährstoffen zur eigenen Ernährung und zum Wachstum der Zelle. Dadurch verändern sich die Lebensmittel.

2. Ausscheidungen, die in oder an den Lebensmitteln bleiben und diese beeinflussen.

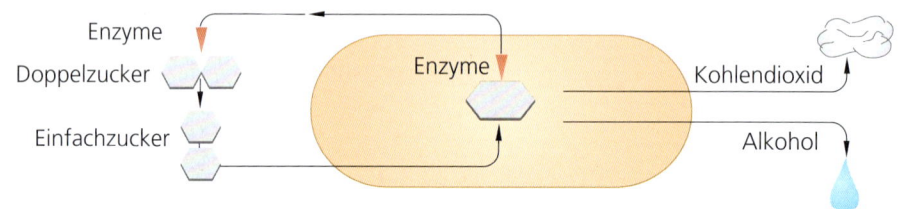

Veränderungen der Lebensmittel durch Mikroben am Beispiel Hefegärung

Es ist möglich, dass sich Mikroben im Lebensmittel vermehren, ohne dass dieses verdirbt. Wird das Wachstum der Mikroben gezielt gesteuert, können diese äußerst nützlich sein.

Vemehren sich Mikroben hingegen unkontrolliert, drohen teils schwere Erkrankungen. **Mikroben selbst können wir nicht sehen oder schmecken!**

Verbesserung des Ausgangspunktes genutzt bei	Schädigung des Ausgangspunktes tritt auf als	Schutz der Umwelt durch
• Herstellungsverfahren, z. B. Bier, Wein, Brot; • Veredelungsverfahren, z. B. Bildung von Geruchs- und Geschmacksstoffen bei Brot, Sauermilch; • Konservierungsverfahren, z. B. Sauerkraut. Diese **erwünschten Veränderungen** werden durch gesteuerten Einsatz bestimmter Mikroben erreicht und bei der **Lebensmittelverarbeitung** behandelt.	• Lebensmittelverderb, z. B. Schimmelbildung, Gärigwerden, Ranzigwerden; • Lebensmittelvergiftung durch Ausscheidungen der Gift bildenden Mikroben; • Lebensmittelinfektion durch Übertragung der Krankheitserreger. **Unerwünschte und gesundheitsschädigende Veränderungen vermeiden. Siehe folgenden Abschnitt.**	• biologische Reinigung der Abwässer und natürliche Selbstreinigung der Gewässer; • Abbau von Abfällen und Resten zu organischen Substanzen (Kompost), die den Pflanzen wieder als Nahrung zur Verfügung stehen.

Veränderungen durch Enzyme

Enzyme (S. 114) sind neben den Mikroben die häufigste Ursache für den Verderb von Lebensmitteln. Abbauvorgänge durch Enzyme führen zu
- Überreife von Obst,
- Braunfärbung von Schnittstellen beim Obst,
- Vergären von Obstsaft (Enzyme der Hefen, s. o.), Ranzigwerden von Milchprodukten wie Butter,
- Sauerwerden von Milch oder Sahne,
- Fleischverderb durch Überreife.

Da diese enzymatischen Veränderungen meist gut zu erkennen sind, führen sie selten zu Erkrankungen. Mehr Informationen zu Enzymen ab S. 114

3 Lebensmittelinfektionen – Lebensmittelvergiftungen

🇬🇧 food poisoning 🇫🇷 intoxications (w) alimentaires

„Steigende Nitratbelastung des Grundwassers!" oder „Gentechnisch veränderter Futtermais für Hamburger verarbeitet!" – diese und andere Schlagzeilen werden heute schnell und weit verbreitet. Meldungen über krankmachende Keime im Essen schaffen es meist nur dann in die Medien, wenn viele Menschen betroffen sind. Dabei ist das Risiko, durch Mikroben oder durch falsche Ernährung krank zu werden, aktuell deutlich höher, als etwa das Risiko, akut an Umweltgiften zu erkranken[1]. In Deutschland gibt es jedes Jahr schätzungsweise 2 Mio. Erkrankungen durch Lebensmittel – 2/3 davon werden von Mikroben ausgelöst, viele andere durch Viren.

Die Bedingungen der Speisenproduktion verändern sich.

● Verbreitet sich in der Öffentlichkeit, dass sich jemand im Restaurant XY „den Magen verdorben hat", schädigt das den Ruf eines Lokals! Darüber hinaus können Schadenersatzforderungen, Bußgelder und strafrechtliche Konsequenzen drohen.

---

veränderte Konsum- und Essgewohnheiten		veränderte Erzeugung von Lebensmitteln

Veränderte Bedingungen – auch für Mikroben

veränderte Konsum- und Essgewohnheiten
- Außer-Haus-Essen nimmt zu – Fehler dort treffen so auch mehr Konsumenten
- Wissen über sichere LM-Zubereitung zu Hause nimmt ab
- Geringe Ausgaben für Lebensmittel erhöhen Kostendruck bei Betrieben – auch zulasten der Hygiene
- Wunsch nach naturnahen Lebensmitteln führt zu veränderter Mikrobenbelastung

veränderte Erzeugung von Lebensmitteln
- Massentierhaltung fördert Übertragung von Keimen
- Antibiotika in der Tiermast führen zu Resistenzen
- Durch Schlachtfehler wird keimfreies Fleisch verunreinigt
- Fleischprodukte enthalten Fleisch vieler verschiedener Tiere – evtl. auch kranker Tiere

Globalisierung
- Immer neue Lebensmittel – mit neuen Hygienerisiken
- Weltweiter Transport verteilt auch Keime in der Welt
- Globaler Arbeitsmarkt – Arbeitnehmer mit unterschiedlicher Auffassung von Hygiene

---

● Mikroorganismen passen sich vielen Veränderungen an! So können Zubereitungsarten und Rezepte, die einmal als sicher galten, heute oder in Zukunft dazu führen, dass Menschen durch Essen krank werden!

Besonders gefährdete Personengruppen sind
- Schwangere bzw. deren ungeborenes Kind
- Säuglinge und kleine Kinder
- Kranke Menschen
- Senioren

Niemand, der Lebensmittel in Verkehr bringt, kann sichergehen, dass nicht auch Menschen aus diesen Risikogruppen unter seinen Gästen sind. Betriebe sind gesetzlich dazu gewungen, Speisen und Produkte so zu erzeugen, dass niemand davon krank wird!

● In den 1990er Jahren wurden die meisten Lebensmittelinfektionen durch Salmonellen verursacht. Seit den 2000er Jahren werden stattdessen zunehmend Erkrankungen durch den Keim Campylobacter gemeldet. An Salmonellen erkrankt wahrscheinlich, wer mit einer Mahlzeit 100.000 bis 1 Mio. Keime pro g Lebensmittel aufnimmt. Für eine Campylobacter-Erkrankung reichen schon wenige hundert Keime pro g Lebensmittel!

---

[1] Umweltgifte können zu Spätfolgen führen, die in Statistiken meist unzureichend erfasst werden.

Anzeichen für eine Lebens-
mittel-Infektion sofort den
Vorgesetzten melden!

Der Genuss verdorbener Lebensmittel führt fast immer zu Übelkeit, Kopf-schmerzen, Erbrechen und Durchfall (>2 ×/Tag dünnflüssiger Stuhl). Solche Symptome können Stunden oder erst Tage nach der Mahlzeit auftreten.

- **Lebensmittelvergiftungen** werden von Giften (Toxinen) verursacht, die in den Lebensmitteln vorhanden sind und mit diesen aufgenom-men werden. Beispiel: Botulismusvergiftete Bohnen oder Wurstkon-serven. Die Beschwerden treten bereits nach einigen Stunden auf.
- **Lebensmittelinfektionen** werden von krankmachenden Mikroben verursacht, die sich bei falscher Behandlung im Lebensmittel vermeh-ren. Die Krankheit äußert sich durch einen Kampf (Abwehrreaktion) des Körpers gegen die „Eindringlinge". Durch Erbrechen und Durchfall versucht der Körper die Krankheitserreger loszuwerden. Infektionen treten erst Stunden oder Tage nach der Nahrungsaufnahme auf (Inkubationszeit).

Menschliche Fehler im Umgang mit Lebensmitteln sind die Hauptursache für Vergiftungen und Infektionen durch Lebensmittel. Die häufigsten Fehler sind:
- mangelnde Hygiene
- unzureichendes Erhitzen von Speisen
- ungenügende Kühlung
- zu lange Lagerung

Unter günstigen Bedingungen werden aus 100 Keimen

nach 1 Std. **800** Keime

nach 2 Std. **6.400** Keime

nach 3 Std. **51.200** Keime

nach 4 Std. **409.600** Keime

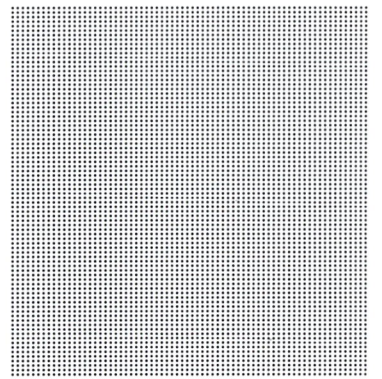

nach 5 Std. **3.276.800** Keime

Eine **Vergrößerung der Lebensmittel-Oberfläche** (z. B. bei Hackfleisch) oder das Einarbeiten von Luft (Sahne, Eischnee) fördern das Mikroben-Wachstum. Keime befinden sich meist auf der **Oberfläche der Lebens-mittel**. Dort können Sie z. B. durch Braten eines Steaks abgetötet werden. Zerkleinern und vermengen wir Lebensmittel (z. B. Hackfleisch), gelangen Keime auch ins **Innere von Speisen**. Um sie auch dort sicher abzutöten, sind solche Speisen vollständig durchzugaren.

Unter günstigen Bedingungen können sich Mikroben explosionsartig ver-mehren. Ganz entscheidend ist dabei der **Anfangs-Keimgehalt**. Tipps, um ihn gering zu halten:
- Nur solche Lebensmittel kaufen, die auch eine hohe hygienische Quali-tät haben. Proben ggf. im Labor untersuchen lassen und sich vom Her-steller den mikrobiellen Status bescheinigen lassen.
- Wareneingangskontrolle (→ s. S. 352) gewissenhaft durchführen.
- Lebensmittel entsprechend den jeweiligen Vorgaben lagern (→ S. 343).

3.1 Salmonellen

Salmonellen gelangen oft durch Geflügelfleisch, Schlachtfleisch (speziell Hackfleisch) und Eier in die Küche. Sie verbreiten sich häufig durch unzu-reichende Erhitzung. Weniger als 1 % der Hühnereier tragen Salmonellen auf der Schale, diese können sich jedoch beim Aufschlagen des Eies aus-breiten und im Lebensmittel vermehren. Pasteurisierte Produkte (z. B. Ei-produkte) enthalten keine Salmonellen. Werden roheihaltige Zubereitun-gen für 10 Min. auf mind. +70 °C erhitzt, lassen sich auch diese sicher herstellen (z. B. Bayrische Creme). Auch Gewürze und Schokolade können mit Salmonellen belastet sein.

Salmonellen können im Darm von Tieren und Menschen leben, ohne diesen unmittelbar zu schaden. Betroffene Personen werden **Dauerausscheider** genannt und dürfen nicht mit Lebensmitteln arbeiten (Belehrungs-Vorschrift für den Arbeitgeber): Dauerausscheider könnten Salmonellen auf Lebensmittel übertragen. Damit sich Salmonellen nicht vermehren, gilt speziell:

- Eine Erhitzung auf +70°C für mind. 10 Min. (Kerntemperatur!) tötet Salmonellen sicher ab.
- Wo dies nicht möglich ist, sind die Vorgaben der LMHV-Tier unbedingt zu beachten und im Zweifelsfall pasteurisierte Eiprodukte zu verwenden (z. B. bei Gebäck-Füllungen für Bienenstich).
- Eier auf Eier-Horden aus Plastik umpacken und diese in abgedeckten Behältnissen kühl lagern.
- Nach dem Arbeiten mit Geflügel, Fleisch und Eiern Hände, Tisch usw. gründlich reinigen und desinfizieren.
- Konsequentes Händewaschen – vor allem nach dem Toilettengang!

Lebensmittelinfektionen durch Bakterien am Beispiel Salmonellen

3.2 Campylobacter

Bakterien der Familie Campylobacter verursachen seit einigen Jahren die meisten Durchfallerkrankungen in Deutschland. Sie gelangen über Geflügel (weniger über Eier) sowie über Rindfleisch in die Küche. Auch erkrankte Personen und Haustiere können Campylobacter-Keime übertragen. Schon wenige hundert Keime reichen für eine Infektion aus! Campylobacter-Keime vertragen keine Temperaturen über +50°C, können dafür aber noch gut bei Kühlschranktemperaturen und auch unter Vakuum überleben.

Hinweise zum Abtöten von Campylobacter-Keimen:

- Eine Erhitzung auf +70°C für mind. 10 Min. (Kerntemperatur!) tötet Campylobacter-Keime sicher ab.
- Nach dem Arbeiten mit Geflügel und Rindfleisch Hände, Tisch usw. gründlich reinigen und desinfizieren.
- Konsequentes Händewaschen – vor allem nach dem Toilettengang!

3.3 Colibakterien

Colibakterien sind natürliche Bewohner des Darmes – auch beim Menschen. Bestimmte Stämme der Colibakterien **(EHEC-Keime)** lösen aber Durchfallerkrankungen aus, die gerade für Kinder und Ältere zu Nierenschäden und durch Nierenversagen auch zum Tode führen können. 2011 starben in Deutschland 50 Personen an den Folgen einer EHEC-Infektion nach dem Genuss kontaminierter Sprossen.

Gefährliche Colibakterien gelangen meist durch zerkleinertes, nicht durchgegartes Rindfleisch (z. B. Frikadellen oder Tatar) und Rohmilch auf den Tisch. Auch Gemüse, Kräuter und Gewürze können mit Colibakterien kontaminiert sein, wenn sie mit Rindergülle in Kontakt gekommen sind.

Erkrankte Personen scheiden ebenfalls Colibakterien mit dem Stuhl aus und können die Keime so verbreiten. Schon ein paar hundert EHEC-Keime pro g Lebensmittel/Mahlzeit reichen für eine Infektion aus.

Maßnahmen zur Vermeidung von Erkrankungen durch Colibakterien:
- Zerkleinerte Rindfleischzubereitungen auf + 70 °C für mind. 10 Min. (Kerntemperatur!) erhitzen. Kurzbratfleisch immer rundum sorgfältig anbraten.
- Salate und Rohkost immer gründlich waschen und kühlen. Zum Portionieren Handschuhe tragen.
- Gute und konsequente Personalhygiene.
- Keine Rohmilch in Gewerbeküchen!

3.4 Listerien

Listerien gehören zu den gefährlichsten Keimen in Lebensmitteln und finden sich auf zahlreichen tierischen und pflanzlichen Lebensmitteln. Weil diese Gefahr bekannt ist und Maßnahmen gegen Listerien konsequent umgesetzt werden, ist die Zahl an Erkrankungen durch Listerien eher gering.

Eine Erkankung äußert sich in Durchfall und Erbrechen sowie in grippeähnlichen Symptomen. Für Ungeborene und Neugeborene endet eine Listeriose allerdings oft tödlich. Auch deshalb sollen Schwangere Rohmilchkäse und Weichkäse meiden. Rohwurst (z. B. Mettwurst oder Salami) sowie vakuumverpackte Brühwurst oder Räucherfisch können ebenfalls mit Listerien belastet sein.

Weitere Maßnahmen:
- Konsequente Personalhygiene.
- Vorsicht im Umgang mit Rohmilchkäse und Weichkäse. Das gilt auch für die Präsentation auf Büfetts und im Käsewagen.
- Lebensmittel – besonders vakuumverpackte Wurst und Fisch – nur kurzfristig kühl lagern und zügig verbrauchen.

Rohmilch ist ein wertvolles Lebensmittel. Aufgrund ihrer möglichen Keimbelastung darf Rohmilch in Gewerbeküchen jedoch nicht verwendet werden.

2012 erkrankten über 10.000 Menschen im Osten Deutschlands an Durchfall. Vermutet wurden zunächst Colibakterien. Ursache war jedoch eine Zubereitung aus nicht erhitzten TK-Erdbeeren, die mit Noro-Viren kontaminiert war. Viren sind keine Mikroben, aber Ursache für eine Vielzahl an Durchfallerkrankungen. Auch Hepatitis wird durch Viren übertragen.

Konsequentes Händewaschen und berührungslose Armaturen helfen, Keimübertragungen zu verhindern.

3.5 Eitererreger (Staphylokokken)

Eitererreger kommen vor allem in eitrigen Wunden vor, werden aber auch bei Schnupfen über die Atemluft ausgeschieden. Staphylokokken verursachen Durchfallerkrankungen, die meist einen milden Verlauf nehmen. Allerdings sind zahlreiche Stämme der Eitererreger inzwischen resistent gegenüber Antibiotika.

Eitererreger finden sich in Lebensmitteln mit hohem a_w-Wert und hohem Eiweißgehalt. Auch eine warme Lagerung fördert ihr Wachstum. Salate, gekochter Schinken, Cremes und Tortenfüllungen sind somit gute Nährböden.

Erhitzen von Speisen tötet die Eitererreger selbst ab. Toxine, welche diese im Lebensmittel gebildet haben, sind aber hitze-resistent und führen zu Erkrankungen.

Hinweise zur Vermeidung von Erkrankungen:
- Konsequente Personalhygiene – Wunden immer mit wasserfestem Material (Pflaster und Gummihandschuh) abdecken.
- Niemals auf Essen niesen – wer eine ausgeprägte Erkältung hat, gilt für Küchenarbeit als arbeitsunfähig!
- Salate und Cremes sowie Aufschnitt immer kühl lagern.

● Gäste wissen oft nicht, dass durch Niesen am Büfett oder das Berühren von Speisen mit der Hand Krankheiten übertragen werden können. Weil man nicht weiß, was die Gäste tun, sind alle Speisen, die aus dem Gastraum zurückkommen, zu entsorgen!

Staphylokokken von Menschen

- in eiternden Wunden
- in Nase und Rachen
- auf Haaren
- im Stuhl

Hände — Geschirr, Geräte — Lebensmittel — Vermehrung der Keime und **Toxinbildung** — **Keime** und **Toxine** — Lebensmittelvergiftung

3.6 Fäulniserreger

Fäulniserreger werden eine Reihe von Bakterien genannt, die im Erdboden und in Abwässern vorkommen. Durch unsaubere Arbeitsweise gelangen diese auf Lebensmittel, wo sie sich vermehren. Auch durch Insekten wie Fliegen können diese Bakterien auf Lebensmittel übertragen werden.

Fäulniserreger bevorzugen Wärme, können mit oder ohne Sauerstoff leben und vermehren sich vor allem auf eiweißreichen Lebensmitteln. Das Schmierigwerden von Fleisch und Wurst ist auf ihre Tätigkeit zurückzuführen. Während dieser Verderbsprozesse bilden Fäulniserreger Giftstoffe. Von Fäulniserregern befallene Lebensmittel sind unansehnlich, riechen übel und werden in diesem Stadium entsorgt. Darum sind Vergiftungen durch Fäulniserreger selten.

- Sauberes Arbeiten und regelmäßige sensorische Kontrolle der Lebensmittel hilft, Verderb durch Fäulniserreger gering zu halten.

● Indirekte Übertragungswege: Fäulniserreger und andere Keime werden häufig auch über Insekten in die Küchen getragen. Einfache Maßnahmen wie Fliegengitter und das Geschlossenhalten von Türen können Übertragungen von Keimen verhindern.

3.7 Sporenbildende Bakterien

Botulismus-Bakterien (Clostridien) leben im Erdreich und in küstennahen Gewässern. Sie sind strikt anaerob und überleben deshalb auch unter Luftabschluss – etwa in Konservendosen oder in Vakuumverpackungen. Die Keime selbst werden durch Erhitzen (30 Sek. bei +100 °C Innentemperatur) und Sterilisieren abgetötet. Auch deren Giftstoffe werden beim Kochen abgetötet. Sporen der Botulismus-Bakterien überstehen hingegen Temperaturen bis ca. 120 °C. Sie können nach dem Kochen erneut auskeimen und erneut Giftstoffe bilden (siehe Abb.).

Die Gifte der Botulismus-Bakterien zählen zu den stärksten Giften überhaupt. Eine tödliche Giftdosis entspricht schon einem Stück Würfelzucker in einem See von rund 50 km² Fläche.

Gemüsekonserven – vor allem selbst hergestellte („eingeweckte") Lebensmittel können Sporen der Botulismus-Bakterien in sich tragen. Eine Kontamination lässt sich hier an der Trübung der Flüssigkeit und an übelriechenden Gasen bemerken. Gemüsekonservendosen blähen sich durch diese Gase auf, was als **Bombage** bezeichnet wird.

Eiweißreiche Lebensmittel unter Luftabschluss, z. B. Fleischkonserven oder vakuumierter Räucherfisch, können ebenfalls von Botulismus-Bakterien betroffen sein. Ein Befall dieser Lebensmittel ist besonders gefährlich, da es hier keine Warnhinweise wie etwa Trübung oder üblen Geruch gibt.

- Gemüse, Salate und Dekoobst immer sorgfältig waschen. Anhaftende Erde kann Botulismus-Bakterien in sich tragen. Kräutertöpfe mit Erde oder Blumen gehören **nicht** in die Küche!
- Vakuumverpackte Lebensmittel kühl lagern.
- Bombagen niemals verwenden, sondern entsorgen.

Bacillus Cereus

Bacillus Cereus ist ein Keim, der stärkehaltige Lebensmittel besiedelt (Cerealien = engl. Getreide) und vergleichsweise häufig in Großküchen zu Erkrankungen führt. Bei einer Infektion können viele Menschen auf einmal betroffen sein. Der Verlauf der Erkrankung ist jedoch meist mild.

Bacillus Cereus mag es eher warm und luftarm. Stärkereiche Speisen, die lange und ungenügend warm gehalten werden, sind ein idealer Nährboden für diesen Keim. Betroffene Lebensmittel sind folglich Reis und Nudeln sowie stärkehaltige Suppen und Saucen, wenn diese nicht bei mind. +65 °C heiß gehalten werden. Werden stärkereiche Speisen wie Vanillesauce, Cremes (auch aus stärkehaltigen Pulvern) sowie Puddings nicht kalt genug gelagert, vermehrt sich Bacillus Cereus ebenfalls schnell.

- Speisen bei der Speisenausgabe (Bain-marie, Büfett) immer bei mind. +65 °C bzw. bei unter +10 °C lagern. Lange Lagerzeiten vermeiden.
- Nudeln, Reis, Suppen und Saucen während der Heißlagerung öfter umrühren (Luftabschluss vermeiden, gleichmäßige Wärmeverteilung).
- Speisen, die regeneriert werden sollen, binnen zwei Stunden auf unter +10 °C kühlen.

Bohnen, mit Erde verschmutzt

Bakterien und Endosporen haften an den Bohnen

Erhitzen der Konserven

Sporen überleben

Lagerung bei Raumtemperatur

Sporen keimen aus

„Bombage"

Bakterien vermehren sich und bilden Gase und Toxine

Botulismus

Weitere Substanzen, die im Zusammenhang mit Lebensmitteln krank machen können, werden bei den jeweiligen Rohstoffen erläutert.

④ Schädlinge

🇬🇧 pest/vermin 🇫🇷 animal nuisible (m)

Als Schädlinge werden Tiere bezeichnet, die Lebensmitteln Schaden zufügen. Trotz moderner Küchenbauweise besiedeln Schädlinge Nischen und Ritzen, die im Alltag unentdeckt bleiben. Wärme, Feuchtigkeit und Lebensmittelreste begünstigen die Ausbreitung von Schädlingen.

Schaben, Lebensmittelmotten, Milben, Käfer, Ameisen

Insekten bevorzugen Wärme, leben in Ritzen und hinter Möbeln sowie Geräten. Sie verursachen Fraßschäden und verunreinigen Lebensmittel.

- Lebensmittel in geschlossenen Behältern aufbewahren, Vorratslager und Kühllager sauber halten,
- befallene Lebensmittel restlos entsorgen, Schränke zunächst aussaugen (verbliebene Larven entfernen), erst dann wischen,
- Mauerritzen schließen, Silikonfugen kontrollieren,
- Lebensmittel aus Kartons (Wellpappe = Versteck) umpacken,
- Insekten nie zertreten – Eipakete werden durch Schuhe weitergetragen.

Fliegen

Sie ernähren sich oft von Abfällen und Kot und können so Krankheits- und Fäulniserreger übertragen.

- Abfallbehälter täglich leeren und reinigen, Insektenschutzgitter an Fenstern und Außentüren,
- Lebensmittel abdecken, um Fliegen fernzuhalten,
- Obst nicht übermäßig reif werden lassen.

Silberfischchen

leben in Ritzen und schaden vor allem durch Verunreinigungen.

- Bekämpfung siehe Fliegen – zusätzlich undichte Fugen schließen.

Mäuse, Ratten

Durch offene Türen und Kellerfenster sowie Leitungsschächte gelangen Nager in Betriebs- und Lagerräume. Nager übertragen Keime auf Lebensmittel, schädigen durch Fraßspuren und Verunreingungen (Kot), an denen ein Befall meist erkannt wird. Schädigungen kommen auch in Form von angefressenen Kabeln (Kurzschluss!) vor.

- Schließen von Fenstern und Türen – insbesondere außerhalb der Betriebszeiten und nachts. Engmaschige Gitter an Kellerfenstern, Lebensmittel möglichst in geschlossenen Behältern aufbewahren,
- Lebensmittelreste fachgerecht entsorgen.

Schädlingsbekämpfung ist eine Aufgabe für Profis und auch im Tierschutz geregelt. Fachkundige spüren nicht nur Schädlinge auf und machen diese unschädlich. Bei ihrem Einsatz decken sie auch auf, wie Schädlinge in den Betrieb gelangt sind. So hilft konsequente und professionelle Schädlingsbekämpfung, Schäden und Reklamationen zu vermeiden und spart hierüber Geld.

🔴 Lebensmittel, die aus Sicht des Gastes ekelerregend sind, dürfen nicht an Gäste abgegeben werden. Ekelerregend kann auch die Vorstellung sein, dass Mäuse oder Schaben in Kontakt mit Lebensmitteln waren. Wird ein Schädlingsbefall öffentlich bekannt, bedeutet das einen großen Imageschaden für das Unternehmen.

Deutsche Schabe
Körper bis 12 mm lang, Spannweite bis 12 mm

Weizenkörner mit **Fraßschäden**

Raupe (bis 6 mm lang) in einem Weizenkorn

Stubenfliege bis 8 mm lang

Getreidemotte bis 19 mm Spannweite

Silberfischchen (ca. 10 mm lang

Maus

Ratte

5 Verbraucherschutz

🇬🇧 consumer protection 🇫🇷 protection (w) du consommateur

5.1 Grundlagen des Verbraucherschutzes

Lebensmittel- und Futtermittel-Gesetzbuch (LFGB)		EU-Verordnung Nr. 178/2002 „Basisverordnung"

Verordnungen zur Durchführung
• Lebensmittelhygiene-Verordnung
• Tierische Lebensmittelhygiene-Verordnung

Lebensmittel-hygienerecht

EU-Verordnungen
Nr. 852/2004 „Lebensmittelhygiene"
Nr. 853/2004 „Tierische Lebensmittel"
Nr. 854/2004 „Veterinärüberwachung"

Infektionsschutzgesetz (IfSG)

EU-Verordnung Nr. 2073/2005 „Mikrobiologische Kriterien"

Rechtsvorschriften zum Verbraucherschutz

Menschen bauen ihre Lebensmittel heute nicht mehr selbst an, sondern lassen Speisen und Getränke von anderen herstellen. Der Mensch (rechtlich = Verbraucher) kann nun kaum mehr selbst kontrollieren, ob seine Lebensmittel sicher sind. Zahlreiche Rechtsvorschriften sollen deshalb sicherstellen, dass durch Lebensmittel keine Gefahren für den Verbraucher entstehen.

In Deutschland gelten Regelungen der Europäischen Union (EU) sowie nationale Regelungen (Abb. oben).

Gesetze geben Rechtssicherheit! Wer sich an die Gesetze hält, hat das Recht auf seiner Seite und ist vor unberechtigten Ansprüchen geschützt. Auch der Versicherungsschutz bleibt im Schadensfall gewährleistet.

Lebensmittel- und Futtermittel-Gesetzbuch (LFGB)

🇬🇧 food and feed article law
🇫🇷 loi (w) sur la protection des produits alimentaires

Zweck des Gesetzes ist

Schutz vor Gesundheitsschädigungen

Schutz vor Täuschung

§ 1 (1) 1 … bei Lebensmitteln … den Schutz der Verbraucher durch Vorbeugung gegen eine Gefahr oder Abwehr einer Gefahr für die menschliche Gesundheit sicherzustellen.

§ 1 (1) 2 vor Täuschung beim Verkehr mit Lebensmitteln … zu schützen.

§ 5 Verbote zum Schutz der Gesundheit
Es ist verboten,
1. Lebensmittel für andere derart herzustellen oder zu behandeln, dass ihr Verzehr gesundheitsschädlich … ist,
2. Stoffe, die keine Lebensmittel sind und deren Verzehr gesundheitsschädlich ist, in den Verkehr zu bringen …

§ 11 Vorschriften zum Schutz vor Täuschung
Es ist verboten,
Lebensmittel unter irreführender Bezeichnung, Angabe oder Aufmachung gewerbsmäßig in den Verkehr zu bringen oder für Lebensmittel allgemein oder im Einzelfall mit irreführenden Darstellungen oder sonstigen Aussagen zu werben.

Das Lebensmittel- und Futtermittel-Gesetzbuch (LFGB) ist eine wichtige rechtliche Grundlage im Umgang mit Lebensmitteln.

Während das Lebensmittel- und Futtermittel-Gesetzbuch (LFGB) das Grundsätzliche regelt, bestimmen weitere Vorschriften die Einzelheiten. Beispiele:
- Gesetze: Milchgesetz, Fleischbeschaugesetz
- Verordnungen: Lebensmittel-Kennzeichnungs-Verordnung
- Leitsätze: Leitsätze für Fleisch und Fleischerzeugnisse
- Richtlinien: Richtlinien für Feine Backwaren und für Backmittel

Neben diesen rechtlichen Regelungen gibt es Leitlinien, z. B. die Hygiene-Leitlinie des DEHOGA. Diese Leitlinien sind rechtlich nicht bindend – sie helfen aber, teils abstrakte Rechtstexte konkret anzuwenden.

Verordnung über Lebensmittel-Hygiene (Basishygiene)

🇬🇧 food hygiene regulations
🇫🇷 décret (m) sur l'hygiène des produits alimentaires

Die EU-Verordnung Nr. 178/2008 über Lebensmittelsicherheit beinhaltet grundsätzliche Regelungen zur Sicherheit von Lebensmitteln. Diese Regelungen gelten in allen EU-Staaten und verpflichten zu Eigenkontrollen, um die Gesundheit des Verbrauchers zu schützen.

HACCP-Konzept

HACCP ist ein Eigenkontroll-System, um sicherzustellen, dass niemand durch Lebensmittel und Speisen krank wird. Viele Erkrankungen in Verbindung mit Lebensmitteln werden durch menschliches Fehlverhalten verursacht (s. a. Abb. oben). Das HACCP-Konzept dient auch dazu, solchen Verhaltensfehlern vorzubeugen. Es umfasst die Bereiche

- **Betriebshygiene (Produktionshygiene)**
- **Personalhygiene** und
- **Umgang mit Lebensmitteln (Produkthygiene)**

Produkt-Haftungsgesetz

🇬🇧 product liability 🇫🇷 responsabilité (w) du fait de produits

Wer Lebensmittel oder Speisen gewerblich an andere abgibt, haftet für Schäden. So kann ein Gast auf Schadenersatz klagen, wenn er/sie durch eine Speise eine Lebensmittelinfektion oder etwa einen allergischen Schock erlitten hat. Der Gast/Verbraucher muss dabei *nicht* beweisen, dass der Gastronom schuld war. Der Gastronom/Erzeuger muss jedoch nachweisen, dass er alles getan hat, damit niemand einen Schaden erleidet. Um diesen Entlastungsnachweis zu erbringen, hilft ein lückenloses HACCP-Konzept (→ S. 70). Dieses beinhaltet auch eine Lieferantenkartei: Kann der Gastronom keinen Lieferanten (z. B. den liefernden Jäger) nachweisen, der evtl. an einer Erkrankung schuld hat, so muss der Gastronom haften.

Lebensmittelvergiftungen durch Salmonellen
Ursachen und Anzahl der Fälle in %

Ursache	%
Verpackungs- oder Transportfehler	2,5
fehlerhafte Rohware	4,9
Erhitzungsfehler	6,2
Übertragung durch Menschen	19,7
Hygienemangel	19,7
Herstellungsfehler	23,5
Lagerung falsch oder zu lange	23,5

Ursachen von Lebensmittel-Erkrankungen

HACCP	wörtlich
H = Hazard	= Gefahr, Risiko
A = Analysis	= Analyse
C = Critical	= kritisch(er)
C = Control	= Kontroll-
P = Points	= Punkte
sinngemäß	
Untersuchung von Risiken und deren Beherrschung anhand von kritischen Kontrollpunkten.	

Rückstellproben aufbewahren! DIN 10526 empfiehlt das für die Gemeinschaftsverpflegung bei jeder Speise. Auch von angelieferten und leicht verderblichen Lebensmitteln empfiehlt es sich, Rückstellproben zu sichern. Rückstellproben sind mit Namen, Bezeichnung der Speise sowie Datum und Uhrzeit der Probe zu versehen. Lagerung der Proben (je 100 ml/g) bei −18 °C für mind. 7 Tage.

Lebensmittel können von Natur aus Schäden verursachen, für die auch ein Gastronom nichts kann. Beißt sich ein Gast z. B. einen Zahn an einem Kirschkern aus, ist der Gastronom nicht in der Haftung. Dieses Risiko muss dem Gast bewusst sein.

5.2 Lebensmittelhygiene in der Praxis

🇬🇧 practical food hygiene 🇫🇷 pratice (w) de l'hygiène des produits alimentaires

Betriebshygiene

Hygienisch einwandfreies Arbeiten ist nur dort möglich, wo auch die äußeren Voraussetzungen dazu vorhanden sind. Zum Schutze des Verbrauchers nennt die EG-VO Nr. 852/2004 Mindestanforderungen an Räume und Maschinen. Betriebsräume müssen den entsprechenden Behörden angemeldet werden. Dabei gilt u. a.

- Betriebsräume sind in einem **guten baulichen Zustand** zu halten (keine rissigen Fliesenfugen, keine abblätternde Farbe o. Ä.). Schmutzecken sind von vornherein zu minimieren (s. Abb.).
- **Wände** und **Decken** müssen so beschaffen sein, dass Verschmutzungen leicht zu erkennen sind (→ helle Farbe) und dass diese leicht zu reinigen und ggf. zu desinfizieren sind (→ Fliesen bzw. durchgehender, glatter Anstrich). **Fußböden** müssen wasserdicht (intakte Fliesenfugen) und leicht zu reinigen sein.
- Räume sollten so angeordnet sein, dass „**reine Bereiche**" und „**unreine Bereiche**" räumlich voneinander getrennt sind. Bei der laufenden Arbeit sollen sich Wege zwischen diesen Bereichen möglichst nicht kreuzen. Ist eine **räumliche Trennung** zwischen reinen und unreinen Bereichen nicht möglich, so ist für reine und unreine Arbeitsgänge eine **zeitliche Trennung** einzurichten.
- Betriebsräume müssen über eine ausreichende **Entlüftung** verfügen. So sollen Küchendünste (Wrasen) aus der Küche geführt werden. Gerade Fettdünste, die sich überall ablagern können, wirken sonst wie ein Klebstoff für Schmutz und somit auch Mikroorganismen.
- **Toiletten, Umkleiden und Pausenräume** dürfen nicht direkt mit Produktionsräumen oder Lagerräumen verbunden sein.
- **Waschplätze** müssen sich in der Nähe der Arbeitsplätze befinden und mit fließendem Wasser (berührungslose Armatur bei EU-zugelassenen Betrieben) ausgestattet sein. Sie müssen getrennt von den Reinigungsbecken für Geschirr oder Lebensmittel angebracht sein.
- Geeignete **Kühlmöglichkeiten** (→ S. 343) müssen in ausreichender Zahl und Größe vorhanden sein.
- Reinigungsmittel und -geräte sowie betriebsfremde Gegenstände (z. B. Dekorationsartikel oder das Smartphone) müssen getrennt von Lebensmitteln gelagert werden.
- Holz ist nur für Hackklötze zugelassen. Holz- und Kunststoffbretter bekommen schnell kleine Haarrisse, in denen sich Mikroben einnisten können. Da Holz quillt und schwindet, könnten sich Mikroben in verschlossenen Rissen der Reinigung entziehen.

Hochgezogene Fliesen erleichtern die Reinigung

Unreine Bereiche sind solche, in denen Lebensmittel mit hoher Keimbelastung (z. B. rohes Fleisch, ungewaschenes Gemüse) bearbeitet werden. In reinen Bereichen werden Lebensmittel mit geringer Keimbelastung bearbeitet (z. B. gewaschener Salat wird portioniert).

Das Lebensmittelrecht schreibt vor, dass Räume und Maschinen so beschaffen sein müssen, dass sie bei bestimmungsgemäßem Gebrauch die menschliche Gesundheit nicht schädigen können. Darum dürfen etwa Maschinen nicht rosten und Werkzeuge nicht splittern (physikalische Verunreinigung). Sie müssen einfach zu zerlegen und leicht zu reinigen sein.

Reinigung und Desinfektion

Reinigen ist das Entfernen von Schmutz oder Verunreingungen. Als **sichtbaren Schmutz** bezeichnet man in Lebensmittelbetrieben alle Stoffe, die auf einer Oberfläche unerwünscht sind. Beispiel: Nicht nur die Erde, die Kartoffeln anhaftet, sondern auch Reste einwandfreier Speisen auf Tellern und anderem Geschirr.

Diese Verunreinigungen können gefährliche Brutstätten für Ungeziefer und Mikroben (**unsichtbarer Schmutz**) sein. Darum ist Reinigen, eventuell mit anschließender Desinfektion, wichtig, um die Anforderungen der Lebensmittelhygiene zu erfüllen.

Reinigen in Lebensmittelbetrieben

Verschmutzungen sind nicht nur ekelerregend, sie bieten Mikroben auch meist ideale Lebensbedingungen. Durch korrekte Reinigung werden Schmutz und Mikroben weitgehend entfernt. **Reinigung** muss **nach HACCP** gezielt ablaufen. Hierzu sind betriebliche Reinigungs- und Desinfektionspläne zu erstellen. Die Reinigung ist schriftlich zu dokumentieren (nur was dokumentiert ist, gilt als durchgeführt). Der Reinigungserfolg ist regelmäßig zu kontrollieren. Hierzu wird untersucht, wie viele Keime sich nach planmäßiger Reinigung und ggf. Desinfektion noch auf einer Oberfläche befinden („Abklatschprobe"). Beim Reinigen / Spülen sind mehrere Faktoren beteiligt (Abb. unten rechts). Diese Faktoren beeinflussen und ergänzen sich gegenseitig: Soll weniger Reinigungsmittel (Chemie) verwendet werden, so ist z. B. mehr mechanische Kraft (z. B. Schrubben) erforderlich. Angaben des Herstellers sind dabei stets einzuhalten.

Ablauf einer gründlichen Reinigung

1. **Grobreinigung**: Speisereste und anderen groben Schmutz entfernen
2. **Reinigung** mit heißem Wasser und Reinigungsmittel
   (2-Eimer-Methode zur Bodenreinigung nutzen:
   1. Eimer: Wasser und Reinigungsmittel,
   2. Eimer zum Aufnehmen des Schmutzwassers)
3. **Nachspülen** mit heißem Wasser
4. **Trocknen** mit Gummiabzieher und sauberen Tüchern

Wenn zwingend notwendig, noch
- **Desinfektion** mit geeignetem Desinfektionsmittel
- **Abspülen** des Desinfektionsmittels
- Erneutes **Trocknen**

Reinigungsmittel und Desinfektionsmittel dürfen nicht in Speisen gelangen (**chemische Verunreinigung**). Die korrekte Anwendung dieser Mittel dient auch dem **Schutz unserer Umwelt und unserer Gesundheit!** Die Angaben des Herstellers zur Anwendung dieser Mittel sind unbedingt einzuhalten – Reiniger niemals untereinander vermischen.

- Gewerbliche Reinigungsmittel können Haut und Atemwege reizen! Die vorgeschriebenen Sicherheitshinweise sind einzuhalten. Schutzkleidung hat der Arbeitgeber zu stellen, diese ist auch zu tragen.
- Erst aufräumen, dann reinigen, nur wenn wirklich nötig desinfizieren. Verunreinigungen heben sonst die Desinfektionswirkung auf.

Sauber ist eine Oberfläche, wenn mit dem Auge kein Schmutz mehr erkennbar ist.
Rein ist eine Oberfläche, wenn Schmutz und Mikroben weitgehend entfernt sind.

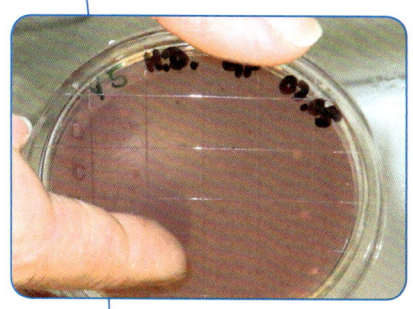

„Abklatschprobe"
zur Überprüfung des
Reinigungserfolges

Reinigungsfaktoren

Gefahr –
Hautätzend

Handschutz benutzen

Oberflächenspannung von Wasser

- Die vorgegebene Dosierung und Einwirkzeit einhalten: Reinigungsmittel belasten die Gewässer – „viel hilft viel" ist gefährlicher Leichtsinn! Mikroben können Resistenzen gegen Desinfektionsmittel entwickeln, wenn diese falsch oder unnötig angewandt werden.

Faktoren einer gründlichen Reinigung

(A) Wasser muss in Lebensmittelbetrieben Trinkwasserqualität haben. Die Aufgaben des Wassers beim Reinigen sind:
- **Auflösen** von Schmutz, z. B. Zucker, ungeronnenes Eiweiß
- **Quellen** von Schmutz, z. B. Reste von Teigen und Bratensatz
- **Abtragen** von Schmutz: die losgelösten Schmutzteilchen werden in der Schwebe gehalten und weggespült

Warmes/heißes Wasser (s. a. **D**) hat dabei eine bessere Reinigungswirkung. Fette lösen sich besser im warmen Wasser, und auch das Auflösen und Quellen von Schmutz laufen meist rascher ab.

(B) Reinigungsmittel (Chemie): Wassermoleküle ziehen sich gegenseitig stark an. Es entsteht eine Oberflächenspannung. Wasser kann so die zu reinigenden Oberflächen nicht richtig benetzen (Abb. links). Reinigungsmittel senken diese Oberflächenspannung. Wasser schiebt sich besser zwischen Oberfläche und Schmutz und kann diesen ablösen.
- Fette lassen sich durch Reinigungsmittel **emulgieren**. Die waschaktiven Substanzen (Tenside) legen sich um das Fett und halten es in der Schwebe, sodass es sich nicht wieder absetzt und abgetragen werden kann (s. Abb. unten). Hierfür reichen Allzweckreiniger und Spülmittel aus. Bei regelmäßiger Reinigung kann auf die allermeisten Spezialreiniger verzichtet werden!
- Verkrusteter Schmutz (z. B. nach dem Backen) lässt sich durch Laugen entfernen. Eine wirksame Lauge entsteht schon aus Backpulver und Wasser (Einwirkzeit von 30 Min. bei 50 °C nötig).
- Kalkflecken werden durch Säuren wie Zitronensäure in Kalklösern entfernt. Für weniger harte Verkrustungen eignet sich Scheuermilch.

(C) Mechanische Wirkung: Neben Wasser, Wärme und Reinigungsmitteln wirken beim Reinigen immer auch mechanische Kräfte. Das können sein

- **Wasserdruck**: Über eine Pumpe wird ein Druck auf das Wasser aufgebaut. Spritzt dieses Wasser nun durch kleine Düsen (kleine Fläche), hat es durch den hohen Druck eine hohe Reinigungswirkung. Das wird in den Düsen der **Geschirrspülmaschine** und beim Reinigen mit dem **Hochdruckreiniger** genutzt. Trifft Wasser mit hohem Druck auf Verschmutzungen, können diese jedoch unkontrolliert über die Luft verteilt werden und sich in Ritzen (→ Schädlinge) verteilen.
- **Spülbürste oder Topfreiber** werden bei starken, festsitzenden Verschmutzungen eingesetzt, und wenn sich

Schmutzpartikel   Wassertropfen   Fettpartikel

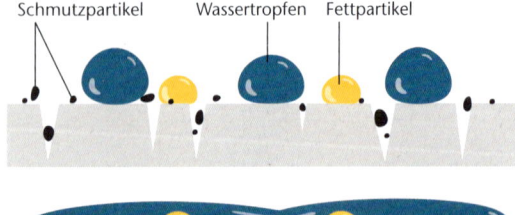

verschmutzte Oberfläche mit Haarrissen

Zugabe von Reinigungsmitteln

Benetzung der Oberfläche

Veränderung der Schmutzpartikel
- Auflösung
- Quellung
- Emulgierung
- Abtragung

Erhöhung der Reinigungswirkung durch Zugabe von Reinigungsmitteln

Verschmutzungen in Vertiefungen befinden. Feste Gegenstände können dabei auf weichen Oberflächen zu Kratzern führen. In diese können sich dann Mikroben einnisten. Topfreiber aus Metall nur bei unempfindlichen, harten Oberflächen verwenden.

- **Spültücher und Spülschwämme** werden auf weicheren Oberflächen und bei leichten, flächigen Verschmutzungen genutzt. Sie nehmen z. B. Fettfilme besser auf als Spülbürsten.

(D) Temperatur: Die günstigste Reinigungstemperatur liegt bei 50–60 °C. Zu heißes Wasser lässt den Schmutz „festbacken" (Eiweiß gerinnt, Stärke verkleistert) und kann zu Verbrennungen führen. Fette lösen sich besser bei Wärme.

(E) Einwirkzeit: Reinigungs- und Desinfektionsmittel wirken erst dann korrekt, wenn die vorgegebene Einwirkzeit eingehalten wird. Der beim Reinigen gebildete Schaum sorgt dafür, dass Reinigungsmittel länger einwirken können. Bei einer **professionellen Schaumreinigung** werden Wände, Arbeitsflächen und Böden für mind. 30 Min. eingeschäumt. Dann wird der im Schaum gelöste Schmutz durch Abspülen entfernt.

Personalhygiene

„Alle Hygienemaßnahmen haben nur dann Aussicht auf Erfolg, wenn die persönliche Hygiene der Mitarbeiter einwandfrei ist!" Dieser Satz aus einem Handbuch der Hygiene zeigt die Bedeutung der Personalhygiene.

Belehrung und Beschäftigungsverbote

Der Gesetztgeber schreibt vor, dass vor der erstmaligen Arbeit mit Lebensmitteln durch das Gesundheitsamt belehrt werden muss (§ 43 InfSchG). Dabei wird u. a. vermittelt:
- Wer an bestimmten Infektionskrankheiten (z. B. Infektion mit Noroviren) leidet, darf nicht mit Lebensmitteln arbeiten (§ 42 InfSchG).
- Wie verhalte ich mich hygienisch korrekt, wenn ich mit Lebensmitteln arbeite?
- Welche Krankheiten dem Arbeitgeber unverzüglich zu melden sind (Beschäftigungsverbot), etwa Durchfallerkrankungen oder Grippe.
- Der Arbeitgeber hat diese Belehrungen mindestens alle 2 Jahre zu wiederholen (EU-VO Nr. 852/2004 und DIN 10514).

Reinigung der Hände

Unsere Hände sind unsere wichtigsten Arbeitswerkzeuge – und saubere Hände sind wesentlich für hygienisches Arbeiten! Vor Arbeitsbeginn, vor und nach jeder Arbeitsunterbrechung (Toilettengang, Essen, Trinken, Rauchen) und nach unreinen Tätigkeiten sind die Hände gründlich zu reinigen. Auch hierbei gelten die allgemeinen Faktoren zur Reinigung:
- Mechanik: Groben Schmutz mit einer Fingerbürste entfernen.
- Wasser/Temperatur: Warmes Wasser löst Schmutz besser als kaltes.
- Zeit: Hände mindestens 30 Sek. lang gründlich waschen.
- Chemie: pH-hautneutrale Seife verwenden, um den natürlichen Säureschutz der Haut zu erhalten. Bei richtigem Händewaschen ist die Verwendung eines Handdesinfektionsmittels meist überflüssig – zumal deren Inhaltsstoffe für die Haut-Gesundheit nicht förderlich sind.

Spültücher und Spülschwämme nach Benutzung bei 95 °C waschen. Werkzeuge zur Reinigung für mind. 2 Min. in heißem Wasser oder heißem Dampf (mind. 85 °C) desinfizieren.

Personalhygiene-Regeln
1. Vor Beginn der Arbeit Ringe und Armbanduhr ablegen.
2. Vor Beginn der Arbeit und nach dem Gang zur Toilette Hände gründlich waschen.
3. Beim Husten oder Niesen sich von den Lebensmitteln abwenden.
4. Verletzungen, z. B. kleine Schnitte an den Händen, mit wasserundurchlässigem Verband versorgen.
5. Beim Umgang mit Lebensmitteln ist eine Kopfbedeckung zu tragen.
6. Beim Umgang mit Lebensmitteln ist das Rauchen verboten.
7. Persönliche Gegenstände wie Schlüssel oder Smartphone können Keime in die Küche tragen und haben am Arbeitsplatz nichts zu suchen – sie gehören auch nicht in Taschen oder Schubläden.
8. Schürzen oder gar Küchenwerkzeuge dürfen nicht mit auf das Personal-WC.
9. Arbeitskleidung darf nicht außerhalb der Produktionsräume (z. B. während einer Raucherpause) getragen werden.

Bewusst oder unbewusst: Bis zu 400 Mal greifen wir uns täglich ins Gesicht / an den Kopf. Dabei übertragen wir Keime auf unsere Hände – und von dort auf Lebensmittel! Eine Kopfbedeckung verhindert auch, dass wir uns unbewusst an den Kopf bzw. in die Haare greifen und so Keime übertragen.

1. Durchführung einer Gefahrenanalyse:

Der komplette Herstellungsprozess jedes Produktes muss analysiert werden, um mögliche Gefahrenstellen zu vermeiden oder auszuschalten. Jeder Herstellungsschritt, von dem eine mögliche Gefahr für den Gast ausgeht, wird markiert (z. B. in einem Ablaufplan).

2. Bestimmung der kritischen Kontrollpunkte „Critical Control Points (CCP)":

Mithilfe der in Schritt 1 herausgefundenen Gefahrenstellen werden Prüf- und Steuerungspunkte im Herstellungsprozess festgelegt. Dort ist ein Eingreifen möglich, um eine Gefährdung für den Gast auszuschließen/zu reduzieren.

3. Festlegung von Grenzwerten und Überwachungsmerkmalen:

Nun werden für jeden Prüf- und Steuerungspunkt konkrete Merkmale bestimmt (z. B. Temperatur, pH-Wert) und die dafür geltenden Grenzwerte. So wird klar, welche Werte zulässig sind.

4. Festlegung von Überwachungsmaßnahmen:

Hier wird bestimmt, wie (mit welchen Verfahren) die Messwerte aus Punkt 3 ermittelt werden sollen (z. B. Kerntemperaturmessung oder pH-Test).

5. Festlegung von Korrekturmaßnahmen:

Es wird bestimmt, was passiert, wenn die Grenzwerte an kritischen Kontrollpunkten nicht eingehalten wurden: Welche Maßnahmen werden ergriffen, um wieder gültige Werte zu erreichen?

6. Überprüfung des HACCP-Konzeptes:

Es muss festgelegt werden, wie überprüft werden kann, ob alle Mitarbeiter die Vorschriften der Schritte 1 bis 5 einhalten.
Außerdem muss das gesamte HACCP-Konzept immer auf dem neuesten Stand sein, z. B. jedesmal angepasst werden, wenn sich etwas am Herstellungsprozess ändert.

7. Dokumentation des HACCP-Konzeptes:

Nur eine lückenlose Aufzeichnung gewährleistet ein sicheres HACCP-Konzept!
Daher muss der Betrieb dokumentieren, dass an jedem Punkt von allen Mitarbeitern alles ordnungsgemäß erfüllt wurde. Die Aufzeichnungen sollen der Größe des Betriebes angemessen sein. Sie müssen für Prüfzwecke aufbewahrt werden.

Zum **Trocknen der Hände** sind Einmalhandtücher die hygienischste Lösung. Diese können aus Papier oder aus Stoff sein. Keinesfalls dürfen Stoffhandtücher mehrmals oder gemeinsam verwendet werden. Gemeinschaftshandtücher übertragen Mikroben von Mensch zu Mensch und sind ein idealer Lebensraum für Keime.
Nur gesunde Haut ist hygienisch – regelmäßiges Eincremen der Hände ist wichtig. Fingernägel kurz halten! Lackierte Fingernägel sind in der Küche verboten. Piercings sind möglichst zu entfernen, mindestens aber abzukleben.

Berufskleidung

Neben ihrer Schutzfunktion (→ S. 137) hat Berufskleidung auch Bedeutung für die Personalhygiene: Vor Arbeitsbeginn ist Straßenkleidung abzulegen und saubere Berufskleidung anzuziehen. Berufskleidung und Arbeitskleidung sind getrennt voneinander aufzubewahren. Berufskleidung muss so beschaffen sein, dass Verschmutzungen leicht zu erkennen und gut zu entfernen sind (100 % Baumwolle, waschbar bei +95 °C, Mischgewebe mind. bei +60 °C). Die Kopfbedeckung soll verhindern, dass Haare und Hautschuppen ins Essen fallen oder dass sich der Koch/die Köchin unbewusst während der Arbeit in die Haare greift. Keinesfalls dürfen Straßenschuhe in der Küche getragen werden – diese können neben Keimen auch Schädlingslarven in Betriebsräume tragen, und auch von dort nach Hause.

Produkt- und Produktionshygiene

Eine „**gute Hygiene-Praxis**" ist Grundvoraussetzung für hygienisches Arbeiten. Damit aber unabhängig vom jeweiligen Personal sichergestellt ist, dass Speisen hygienisch produziert werden, muss jeder Betrieb ein HACCP-Konzept ausarbeiten. So wird eine gleichbleibend gute hygienische Qualität der Speisen sichergestellt. Mithilfe dieses Konzeptes wird jeder Abschnitt der Speisen- und Getränkeproduktion auf Gefahrenstellen für die Gesundheit der Gäste überprüft. Werden Gefahren erkannt, müssen Maßnahmen eingeleitet werden, um die Gefahren zu beherrschen. Insgesamt besteht das HACCP-Konzept aus sieben Schritten (siehe linke Spalte).

HACCP umfasst alle Stufen der Speisen-Produktion (Abb. nächste Seite). Für jede dieser Stufen sind Gefährdungen zu erfassen. Dann ist zu überlegen, wie der Prozess so gesteuert werden kann, dass eine Gefährung für den Gast ausgeschlossen werden kann. Das Vorgehen, mögliche Grenzwerte und Kontrollmaßnahmen werden in Kontrolllisten festgehalten. Beispiel: Wareneingangskontrolle: Liefertemperatur Fisch max +2 °C → angeliefert bei +4 °C → Annahme des Fisches verweigern, weil sich schon Keime vermehren konnten.

Stufen der Speisen-Produktion

Sachgerechte kurzfristige Vorrätighaltung

Um den Spitzenbelastungen in der gewerblichen Küche gerecht werden zu können, muss ein Teil der Vorbereitungs- und Zubereitungsarbeiten im Voraus, unabhängig vom eigentlichen Service, erfolgen. Um zu verhindern, dass sich in der Zwischenzeit Bakterien auf den noch warmen Zubereitungen vermehren, muss für die Zwischenlagerung **rasch abgekühlt** werden.

Zeitliche und thermische Entkoppelung

Werden Vorbereitung und endgültige Zubereitung getrennt oder entkoppelt, spricht man von zeitlicher und thermischer Entkoppelung.

Sachgerechtes Abkühlen

Je größer ein Lebensmittel oder das Gargeschirr, desto länger dauert die Abkühlung bis ins Innere.

> **Tipp:** Auch daran ist zu denken: Wenn eine Kühlmaschine ununterbrochen läuft, wenn sie nicht mehr abschaltet, ist sie überlastet. Eine ausreichende Kühlung ist nicht mehr gewährleistet.

Warenannahme und Lagerung

- **Saubere Behältnisse** verhindern, dass Keime über Kontaktflächen (Regale usw.) verschleppt werden.
- **Verderbliche Lebensmittel** kühl lagern, damit sich Bakterien nicht vermehren können.
- **Fleisch und Fleischwaren** (rein) von unvorbereiteten pflanzlichen Lebensmitteln (unrein) getrennt lagern und getrennt bearbeiten.

Verarbeitung

- **Tiefgefrorenes Fleisch und Geflügel** sachgerecht auftauen, Tauwasser wegschütten, Verpackung entsorgen, Tisch, Geräte und Hände gründlich reinigen.
- **Vorbereitete Lebensmittel** bis zur Weiterverarbeitung kühl lagern.
- **Zubereitete Speisen** bis zur Ausgabe entweder **heiß halten** oder rasch abkühlen und bei Bedarf **wieder erwärmen**, denn im kritischen Bereich (+ 6 bis + 60 °C) vermehren sich Bakterien rasch.
- **Abfälle** außerhalb der Küche lagern, damit Bakterien ferngehalten werden.

Die Abkühlung wird gefördert durch

- das Umfüllen in flaches Geschirr, denn die Wärme kann besser entweichen,
- Töpfe ohne Kompensboden, denn diese speichern die Wärme,
- Geschirr in kaltes Wasserbad gestellt, Inhalt öfter umrühren,
- das Einsetzen von Tauchkühlern.

Dauert eine Zubereitung länger, Lebensmittel zwischendurch kühlen. Besser ist die Arbeit mit einem Kühltisch oder mit einer Saladette.

Zeitliche und thermische Entkoppelung

Temperaturverlauf in einem Topf mit 25 Liter Sauce beim Abkühlen im Kühlraum

Kern des HACCP-Konzeptes sind **Kontrollpunkte (CP/CCP)**. Das englische Wort *control* ist hier zu übersetzen mit *steuern* oder *lenken*. An diesen Kontrollpunkten muss genau geprüft werden, ob durch das Produkt eine Gefahr für den Gast besteht und wie sich die Gefahr beherrschen lässt.

Herausarbeiten von kritischen Kontrollpunkten (CCPs)

Beispiel gefüllte Hähnchenkeulen:
1. Arbeitsschritt: Keulen entbeinen
2. Arbeitsschritt: Farce herstellen und Keulen füllen
3. Arbeitsschritt: Keulen garen

In allen drei Arbeitsschritten besteht eine Gefahr für die Gesundheit des Gastes, weil rohes Geflügelfleisch gefährliche Keime enthalten kann. In den ersten beiden Schritten ist dieser Kontrollpunkt aber nicht kritisch (**CP**) – die Hähnchenkeulen werden noch gegart. Der dritte Schritt ist kritisch: Wird die Hähnchenkeule nicht korrekt durchgegart, könnten Keime überleben, sich vermehren und den Gast krank machen. Das Garen der Hähnchenkeule ist ein **kritischer Kontrollpunkt (CCP)**: Hier muss festgelegt werden, wie die Gefahr gebannt wird: Garen auf Kerntemperatur von mind. +70 °C für 10 Min. Das Erreichen dieses Zieles wird **stichprobenartig kontrolliert**, in diesem Fall durch Messen der Kerntemperatur. Stimmen die gemessenen Werte nicht mit den Vorgaben überein, muss **korrigiert** werden. Ist die Kerntemperatur etwa nur 65 °C, muss nachgegart werden. Die Ergebnisse der Stichprobe werden **dokumentiert**. Diese Dokumente belegen (z. B. bei Rechtsstreit), dass im Betrieb die Sorgfaltspflicht bei der Speisenproduktion eingehalten wird.
Lässt das Arbeitsverfahren nicht zu, dass eine hygienisch einwandfreie Speise produziert wird, so muss das Arbeitsverfahren **geändert**, also z. B. Rezeptur und Arbeitsablauf überdacht werden.

Bei der Herstellung der gefüllten Hähnchenkeule könnten noch mehr Risiken auftreten, die aber nicht alle vom HACCP-Konzept erfasst werden. Dass etwa Schneidebretter korrekt gereinigt werden oder dass niemand auf das Essen niest, gehört zur „**guten Hygiene-Praxis**".
Entscheidend ist auch, dass Lebensmittel bereits bei Anlieferung einen geringen **Anfangs-Keimgehalt** haben. Das ist sicherzustellen durch Einkauf qualitativ hochwertiger Ware und stichprobenartige Untersuchungen auf den Keimgehalt (auch durch den Lieferanten).

 DIGITAL+ Weitere Beispiele auf unseren Internetseiten

Zur Dokumentation des Herstellungsprozesses hat sich ein Fließschema nach DIN 66001 bewährt. Weitere Beispiele und Erläuterungen auf unseren Internetseiten.

5.3 Lebensmittelüberwachung

🇬🇧 food supervision 🇫🇷 côntrole (m) des produits alimentaires

Lebensmittelverarbeitende Betriebe haben die gesetzliche Verpflichtung, mittels HACCP ein Eigenkontroll-System zu entwickeln. Dennoch gilt: Vertrauen ist gut – Kontrolle ist besser. Lebensmittel-Skandale der vergangenen Jahre zeigen, dass diese Kontrolle notwendig ist – sie zeigen aber auch, dass das System der Lebensmittel-Überwachung weitgehend funktioniert. Neben der Kontrollfunktion steht die Lebensmittelüberwachung den Betrieben auch beratend in Hygienefragen zur Seite.

Die Kontrolle der Lebensmittelbetriebe ist Sache der Bundesländer. Aus diesem Grund können die zuständigen Behörden unterschiedliche Namen tragen. Die Grundsätze der Verfahren sind dennoch gleich.

Überwachungsbeamte oder **Lebensmittelkontrolleure** sind fachlich ausgebildete Personen; oft haben sie einen Beruf aus dem Lebensmittelgewerbe und sind darum sachkundig.

Die Kontrollen werden nach dem Zufallsprinzip durchgeführt. Liegen Beschwerden von Verbrauchern/Gästen vor, wird die Kontrolle angeordnet. Der Betriebsinhaber und das Personal sind nach dem Gesetz verpflichtet, die amtlichen Kontrolleure nicht zu behindern. Sie müssen auch Fragen über die Rohstoffe und die Herstellungsverfahren wahrheitsgemäß beantworten.

Werden Proben entnommen, so hat der Betriebsinhaber das Recht auf eine Gegenprobe. Diese kann er auf eigene Kosten untersuchen lassen. Damit hat er bei einer ungerechtfertigten Anklage ein wichtiges Beweismittel zu seiner Entlastung.

Seit einigen Jahren wird diskutiert, ob die Ergebnisse der Lebensmittel-Überwachung im Betrieb für den Gast einsehbar gemacht werden sollen. Dies könnte in Form einer „Hygiene-Ampel" geschehen.

Bei den **Kontrollen** dürfen sie während der Geschäftszeiten

- Räume und Einrichtungen des Betriebes auf den hygienischen Zustand überprüfen,
- Rohstoffe und Endprodukte auf Hygiene und die Einhaltung lebensmittelrechtlicher Vorschriften überprüfen (ob z. B. ein Wiener Schnitzel aus Kalbfleisch ist),
- Proben von Produkten nehmen und diese zur lebensmittelrechtlichen Untersuchung senden.
- Das Personal hat die Mitarbeiter der Lebensmittelüberwachung nicht nur zu dulden, sondern muss sie in ihrer Arbeit unterstützen.

5.4 Aktuelles aus dem Lebensmittelrecht

🇬🇧 up-to-date food law
🇫🇷 loi (w) sur la protection des produits alimentaires actuel

Zur Problematik Acrylamid in Lebensmitteln:

Um das Krebsrisiko durch Acrylamid zu senken, gilt seit April 2018 die EU-Verordnung 2017/2158, die sog. „Pommes-Verordnung". Bräunungstabellen sollen eine Hilfestellung geben, um hohe Acrylamidwerte zu vermeiden. Proben können Aufschluss über den tatsächlichen Acrylamidgehalt der produzierten Speisen geben. Bei zu hohen Acrylamidgehalten in Speisen müssten dann die Herstellungsverfahren geändert werden, also z. B. andere Kartoffelsorten verwendet oder die Frittiertemperatur oder Backtemperatur gesenkt werden. Weiterhin soll Stärke in Kartoffeln möglichst vor dem Frittieren durch Einweichen oder Blanchieren ausgewaschen werden. Die Hitze beim Frittieren, Braten, Rösten oder Backen soll begrenzt werden.

❻ Haltbarmachungsverfahren

🇬🇧 methods of food preservation 🇫🇷 méthodes (w) de conservation des aliments

Die meisten Lebensmittel sind unmittelbar nach der Ernte oder nach der Herstellung am wertvollsten. Man bevorzugt z. B. gartenfrische Erdbeeren, fangfrische Forellen, ofenfrische Baguettes.

Andere Lebensmittel erfordern eine Zeit der Reife. Man wünscht z. B. abgehangenes Fleisch oder alten Weinbrand. Der Kunde hat also bestimmte Wertvorstellungen, was wann am besten schmeckt, wie das Nahrungsmittel beschaffen sein sollte.

Lebensmittel sind immer Veränderungen unterworfen. Neben den erwünschten, qualitätsfördernden Veränderungen gibt es auch solche, die nicht erwünscht sind und zum Verderb führen.

Je nach Art der Lebensmittel laufen diese Vorgänge unterschiedlich schnell ab.

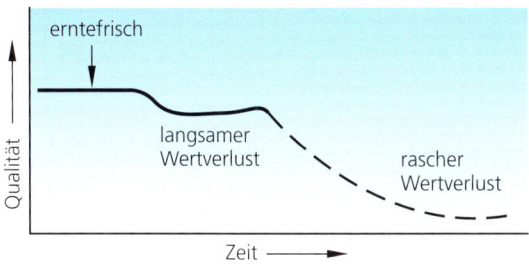

Qualitätsverlauf bei Lagerung von Lebensmitteln

Qualitätsverlauf bei reifenden Lebensmitteln

Man unterscheidet deshalb

- **leicht verderbliche Lebensmittel,**
  die meist einen hohen Wasser- oder Eiweißgehalt aufweisen. Darum werden sie von den lebensmittelverderbenden Mikroben bevorzugt. Beispiele: Milch, Fisch, Hackfleisch. Bei diesen Lebensmitteln sind die Aufbewahrungstemperaturen vorgeschrieben. Nach Ablauf des Verbrauchsdatums dürfen sie nicht mehr verwendet werden.

- **verderbliche Lebensmittel,**
  die bei richtiger Behandlung verhältnismäßig lange zu lagern sind. Beispiele: Äpfel, Zwiebeln, Kartoffeln, Pflanzenfett.

- **haltbare Lebensmittel,**
  die meist wenig Wasser enthalten und bei richtiger Lagerung nur sehr langsam oder nicht verderben. Beispiele: Zucker, Reis, Linsen.

Bei der Werterhaltung von Lebensmitteln geht es darum, den erwünschten Zustand der Lebensmittel möglichst zu erhalten.

Man spricht von

- **Aufbewahrung,**
  wenn die Eigenschaften für verhältnismäßig **kurze Zeit** erhalten werden sollen, z. B. vom Einkauf bis zur Verarbeitung in den folgenden Tagen;

- **Lagerung,**
  wenn Lebensmittel für **längere Zeit** verzehrbereit sein sollen. Man lagert z. B. Kartoffeln, Möhren, Äpfel;

- **Konservierung,**
  wenn die Lebensmittel für lange Zeit erhalten werden sollen.

6.1 Lebensmittelverderb

Ursachen des Verderbs

Meist wirken mehrere Vorgänge zusammen, wenn Nahrungsmittel verderben. Es können sein

- **physikalische Veränderungen:**
  Zellwände von Obst und Gemüse platzen bei Frost; Austrocknung, Aromaverluste durch Verdunstung,
- **biochemische Veränderungen:**
  Wirkung der Eigenenzyme, Bräunung von Schnittflächen, z. B. bei rohen Kartoffeln, Äpfeln.
- **Veränderungen durch Mikroorganismen:**
  Schmierigwerden von Fleisch, Gären von Marmelade, Verschimmeln von Brot usw.

Die häufigsten **Ursachen des Verderbens** sind **Enzyme**, die zu biochemischen Veränderungen führen, und **Mikroorganismen**.

Die verschiedenen Konservierungsverfahren haben darum zum Ziel, die Wirksamkeit der Mikroorganismen auszuschalten oder wenigstens einzuschränken.

Entsprechend den Lebensbedingungen ergeben sich folgende **Möglichkeiten der Konservierung:**

Physikalische Veränderungen wie Frostschäden oder Austrocknung können durch richtige Lagerung und Verpackung weitgehend vermieden werden. Bei den einzelnen Lebensmitteln wird darauf besonders hingewiesen.

Lebensbedingungen der Mikroben ändern

Wärme °C	Feuchtigkeit a_w-Wert	Milieu pH-Wert	Sauerstoff	Mikroben zerstören und aussperren
Kühlen **Frosten**	**Trocknen** **Frosten** **Zuckern** **Salzen** **Räuchern**	**Säuern** **Konservierungssäuren**	**Verpacken** **Vakuum** **Schutzgas**	**Pasteurisieren** (keimarm machen) **Sterilisieren** (keimfrei machen) **Entkeimen** **Einlegen in Alkohol**

Bestrahlung wird auf Grund hoher Sicherheitsanforderungen selten angewendet.

Möglichkeiten der Konservierung

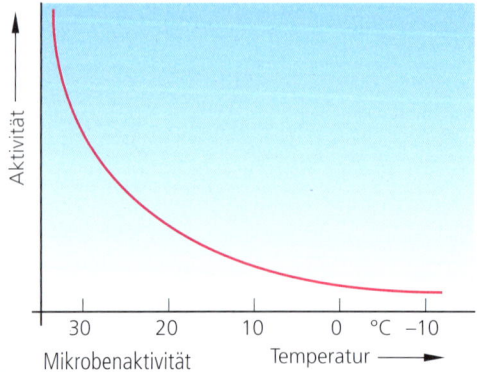

Mikrobenaktivität

Je stärker man ein Lebensmittel abkühlt, desto langsamer verdirbt es.
Diese Grundregel gilt bis zu etwa +6 °C.

6.2 Werterhaltung

Kühlen

Kühlen ist die zur kurzfristigen Aufbewahrung am häufigsten angewandte Methode; Kühlschrank und Kühlraum dienen dazu.

Da Pflanzenteile wie Gurken oder Kopfsalat auch nach der Ernte noch „weiterleben", können bei zu starker Abkühlung die Stoffwechselvorgänge in den Zellen zum Erliegen kommen. Das Gemüse verdirbt, obwohl es gekühlt ist. **Salatgemüse** sind besonders empfindlich.

Darum hat man **Kühlräume** mit unterschiedlicher Temperatur für
Fleisch und Fleischwaren: +2 °C bis +4 °C
Gemüse, Obst: +6 °C bis +8 °C

Im Kühlschrank ist es **unter dem Verdampfer am kältesten**, in der Gemüseschale am wärmsten. Die **Lebensmittel sind abzudecken** oder zu verpacken, damit sie vor fremden Gerüchen geschützt sind und nicht abtrocknen.

Kühlräume müssen in regelmäßigen Abständen vollständig gereinigt werden, weil sich an den Wänden und an den Einrichtungsgegenständen Mikroben festsetzen. Die kälteliebenden Arten können auch bei Kühlraumtemperaturen wirken.

Temperaturzonen im Kühlschrank

> Für die gewerblichen Betriebe ist vorgeschrieben, dass in „Fleischkühlräumen" keine anderen Lebensmittel gelagert werden dürfen, weil die Gefahr besteht, dass von diesen Mikroben und Schädlinge auf das Fleisch übertragen werden können.

Tiefgefrieren – Frosten

Das Tiefgefrieren eignet sich für längere Lagerung. Es ist die schonendste Methode, Lebensmittel für längere Zeit haltbar zu machen. Aber auch tiefgefrorene Lebensmittel sind **nicht unbegrenzt haltbar**, denn durch den Wärmeentzug ist die Tätigkeit der Mikroben und Enzyme nur verlangsamt. Ganz zum Stillstand kommt sie nicht. So wird z. B. Fett auch tiefgefroren ranzig.

In den Zellen der pflanzlichen und tierischen Lebensmittel befindet sich Zellsaft, in dem Mineralstoffe gelöst sind. Durch den Mineralstoffgehalt wird der Gefrierpunkt verschoben, und beim Abkühlen der Lebensmittel bilden sich die Eiskristalle erst bei Temperaturen von mehreren Graden unter 0 °C. Will man eine qualitativ hochwertige Frostware, muss dieser Bereich der „maximalen Kristallbildung" rasch durchlaufen werden. Das geschieht bei –35 °C; man spricht darum auch von **Schockfrosten**.

Schockfrosten und Frosten

> Wird den Lebensmitteln zu langsam Wärme entzogen, bilden sich unregelmäßig große Eiskristalle, die dann beim Auftauen zu Qualitätsverlusten führen.

Hinweise

- Nur frische, einwandfreie Ware frosten, denn die Qualität kann nicht verbessert, sondern nur erhalten werden.
- Gemüse vor dem Frosten kurz blanchieren und anschließend sofort abschrecken. Dadurch werden Enzyme zerstört, das Gemüse ist länger lagerfähig.
- Gefrierware luftdicht verpacken, denn sonst verdampft Zellflüssigkeit (Gefrierbrand).

- Hackfleisch und rohe Zubereitungen daraus dürfen im Gastgewerbe üblicherweise nicht eingefroren werden. Die vorgeschriebene Gefriergeschwindigkeit ist nur mit Schockfroster möglich.
- Genau beschriften, denn gefrostete Ware ist auch im durchsichtigen Plastikbeutel nur schwer erkennbar.
- Zum Einfrieren die Ware möglichst breit auslegen, denn so kann die Kälte schneller eindringen.
- Die Lagertemperatur muss mindestens –18 °C betragen.

Schneebildung bei stückiger Ware

Hähnchen mit Flecken durch Gefrierbrand

Haltbarkeit: mehrere Jahre.

Mängel bei der Lagerung von Tiefkühlkost

Wenn die Lagertemperatur stark schwankt, z. B. wenn wiederholt Warmes zum Abkühlen in den Froster gegeben wird, dann tauen die Randschichten gefrosteter Ware an und Wasser verdunstet aus den Randschichten.

- Bei loser Ware in Packungen ist dieses Wasser als „**Schnee**" sichtbar. Die Ware ist ausgetrocknet und von geringer sensorischer Qualität.

- Durch Auftauen und Wiedereinfrieren können sich Keime vermehrt haben. Die hygienische Qualität ist gemindert.

- Bei Einzelstücken kommt es zu **Gefrierbrand**, wenn die Verpackung verletzt ist oder unverpackte Ware im Froster gelagert wird. An den defekten Stellen der Verpackung geht das Wasser der Zellen in die Umgebungsluft über. Das Produkt hat eine eingeschränkte sensorische Qualität – es schmeckt trocken und strohig. Die hygienische Qualität ist von Gefrierbrand nicht betroffen.

Richtiges Auftauen

- Kleine Stücke, wie portionierte Stücke von Fisch oder Fleisch, nur antauen. Die Wärme dringt rasch bis zum Kern vor, sodass der Tausaft nicht ausfließen kann.
- Große Stücke, wie z. B. Geflügel im Ganzen, langsam, am besten im Kühlraum, auftauen, denn so entstehen die geringsten Verluste.
- Blockware, wie z. B. pürierter Spinat, in ein Gefäß mit etwas Wasser geben und erhitzen.
- TK-Ware wie Gemüse immer gefroren garen und nicht antauen (Saftverlust und längere Garzeit als im gefrorenen Zustand).

Überblick über weitere Verfahren der Haltbarmachung

Die Lebensmittelbevorratung über einen längeren Zeitraum wird heute fast ausschließlich von der Lebensmittelindustrie und vom Handel übernommen. Dort werden weitere Konservierungsverfahren angewandt. Für die sachgerechte Lagerung und den richtigen Umgang mit den Produkten genügt hier ein Überblick.

Verderbnis- und Krankheitserreger werden bei höheren Temperaturen abgetötet. Zugleich verändert sich unter der Wärmeeinwirkung das Lebensmittel. So hat z. B. ein Gulasch aus der Dose eine faserigere, trockenere Fleischbeschaffenheit als bei einem selbst hergestellten Gericht. Um die Veränderungen in Grenzen zu halten, wendet man darum beim Konservieren nur so viel Wärme an, wie für die erwünschte Haltbarkeit unbedingt erforderlich ist.

Sterilisieren

Viele Verderbniserreger werden bei 100 °C abgetötet und die Lebensmittel sind dann lange haltbar. Eiweißhaltige Lebensmittel werden jedoch auch von sporenbildenden Mikroben befallen (vgl. S. 62). Die Überlebensform der Bazillen, **die Sporen**, werden bei Kochtemperatur nicht zerstört. Man erhitzt darum unter Druck auf rund 120 °C.

Weiterverwendung: Das eigentliche Garen entfällt, weil die Lebensmittel durch die Sterilisierung schon gegart sind. Vielfach müssen sie nur noch auf Serviertemperatur gebracht oder fertiggestellt werden.

Pasteurisieren

Manche Lebensmittel müssen nicht so lange haltbar sein oder sie verändern sich bei starker Erhitzung in einer Weise, die nicht erwünscht ist (z. B. Milch, Saft). Dann wird nur kurze Zeit erhitzt und rasch wieder abgekühlt. Die Lebensmittel sind dann zwar nicht so lange haltbar, doch wird z. B. eventueller Kochgeschmack vermieden.

Lagerfähigkeit: Auch bei kühler Aufbewahrung nur begrenzt.

Trocknen

Durch Wasserentzug werden die Mikroben und Enzyme in der Wirksamkeit gehemmt. Man wendet das Trocknen vor allem bei Reis, Teigwaren, Hülsenfrüchten, Gewürzen, Küchenkräutern und bei Dörrobst an.

Lagerfähigkeit: Mehrere Jahre. Auf trockene Luft ist zu achten. Verpackt aufbewahren, um Geruchsübertragungen zu vermeiden.

Beim **Gefriertrocknen** wird das Lebensmittel zunächst gefroren. Anschließend verdunstet das Eis direkt zu Wasserdampf. Dabei bleibt die Beschaffenheit des Lebensmittels gut erhalten. Die Qualität ist besser als beim gewöhnlichen Trocknen.

Beim Trocknen verdampft das Wasser an der Oberfläche.

Beim Gefriertrocknen geht das Eis direkt in Dampf über.

Salzen, Pökeln

Salz wirkt wasserentziehend und senkt den a_w-Wert, der Gehalt an verfügbarem Wasser wird verringert.

Pökeln ist ein besonderes Salzungsverfahren, bei dem statt einfachem Kochsalz ein Pökelsalz (Nitrit) eingesetzt wird. Beim späteren Abbau entsteht aus Nitrit Stickstoffoxid, das konservierend wirkt. Dadurch wird z. B. Ranzigwerden von Fett verzögert. Außerdem verleiht es dem Fleisch eine angenehme rötliche Farbe. Nitrit ist in großen Mengen giftig, deswegen wird es in einer Salz-Nitrit-Mischung verwendet.

Haltbarkeit: Sehr unterschiedlich und von den angewendeten Verfahren abhängig. Während z. B. gekochter Schinken im Kühlschrank aufzubewahren ist, kann roher Schinken bei Raumtemperatur lagern.

Räuchern

Der Rauch, der beim Verglimmen von Spänen, Sägemehl oder Hölzern entsteht, wird an Fisch oder Fleischwaren vorbeigeführt, um diese dadurch haltbarer zu machen und geschmacklich zu verändern. Beim **Heißräuchern** werden Temperaturen von mehr als 75 °C erreicht. Hier trägt auch der Wasserverlust zur Haltbarkeit bei. Beim **Warmräuchern** liegt die Räuchertemperatur bei etwa 40 °C. Das **Kalträuchern** (um 20 °C) dauert oft mehrere Tage oder Wochen.

Haltbarkeit: mehrere Monate.

Zuckern

Zucker bindet Wasser, die Mikroben werden in ihrer Tätigkeit gehemmt. Beim Kochen von Konfitüre und Gelee wird die Frucht-Zucker-Mischung durch die hohe Temperatur zusätzlich keimfrei.

Haltbarkeit: Mindestens ein Jahr.

Haltbarkeit: Beschränkt, vielfach wird zusätzlich sterilisiert, z. B. Sauerkraut, Essiggurken.

Haltbarkeit: Bis zu zwei Jahren.

Auf den Gehalt an chemischen Konservierungsstoffen muss hingewiesen werden.

Haltbarkeit: Wird ein vakuumverpacktes Produkt zusätzlich gekühlt, kann es eine Haltbarkeit von bis zu sechs Wochen erreichen.

Säuern

Durch Zugabe von Säure (Essig) oder Bildung von Säure in den Lebensmitteln (Milchsäure im Sauerkraut) werden die Mikroben gehemmt.

Alkoholkonservierung

Legt man Lebensmittel in hochprozentigen Alkohol ein (z. B. Rumfrüchte), werden diese für lange Zeit haltbar. Außerdem führt der Alkohol zu einem Wasserentzug im Lebensmittel. Dabei ist jedoch zu bedenken, dass sich Farbe, Geschmack und Konsistenz verändern. Außerdem sind die Lebensmittel nicht mehr für jede Gästegruppe (z. B. Kinder, Kranke) geeignet.

Chemische Konservierungsstoffe

Diese Stoffe wirken direkt auf die Mikroorganismen, zerstören sie oder behindern sie erheblich. Die Konservierungsstoffe sind auf ihre gesundheitliche Unbedenklichkeit geprüft und dürfen nur bestimmten Lebensmitteln in festgesetzten Höchstmengen beigegeben werden.

Vakuumieren

Beim Vakuumieren (auch Vakuumverpacken genannt) von Nahrungsmitteln werden diese in eine Folie eingeschweißt, und durch eine Öffnung wird die Luft aus der Folie herausgesaugt. Bei dieser Methode werden zwar keine Mikroorganismen getötet, jedoch werden das Wachstum und die Toxinproduktion von aeroben Bakterien und Pilzen eingeschränkt. Häufig wird beim industriellen Vakuumieren zusätzlich noch ein Schutzgas wie Kohlenstoffdioxid oder Stickstoff eingesetzt. Dieses ist geruchlos, geschmacksneutral und verdrängt Bakterien.

Hürden   hemmen   Mikroben

Nitrit-Pökelsalz   Milchsäure   Beim Reifen
wird zugegeben   senkt pH-Wert   sinkt der a_w-Wert

Hürden-Effekt am Beispiel Rohwurst

Hürden-Effekt

Alle Haltbarmachungsverfahren verändern die Lebensmittel in irgendeiner Form. Durch Kombination unterschiedlicher Verfahren kann man haltbar machen und zugleich die Veränderungen gering halten. Dabei wird den Mikroben gleichsam anstelle einer großen Sperre eine Reihe von Hürden entgegengestellt.

Fermentation

Von **Fermentation** spricht man, wenn Lebensmittel durch Enzyme oder auch Mikroorganismen gezielt verändert werden. Das geschieht z. B. klassisch bei der Verarbeitung von Tee oder beim Säuern von Sauerkraut. Dadurch werden die sensorischen Eigenschaften der Lebensmittel gezielt verändert – was zu interessanten Geschmackserlebnissen führen kann. So geben sauer und mit Salz eingelegte Gemüse andere Aromen, Knoblauch und Sauerkraut werden milder.

① Einführung

Für den Aufbau des Körpers und zur Erhaltung des Lebens nehmen wir die verschiedensten **Lebensmittel** zu uns. Sie unterscheiden sich durch verschiedene **Inhaltsstoffe** in unterschiedlichen Konzentrationen. Die Ausgewogenheit dieser Inhaltsstoffe ist der Grundstein einer gesundheitsfördernden und effizienten Ernährung. Deshalb empfiehlt die **Deutsche Gesellschaft für Ernährung (DGE)** eine Ernährungsform, die **vollwertige Ernährung** genannt wird. So sollen die Leistungsfähigkeit des Menschen gefördert und ernährungsbedingte Erkrankungen vermieden werden.

1.1 Grundsätze vollwertiger Ernährung

Die richtige Nahrungsmenge

Die Energiezufuhr muss auf den Bedarf des Körpers abgestellt sein. Lebensbedingungen und Essgewohnheiten haben sich geändert: Unsere Ernährung ist **energiereicher als früher,** die körperliche Belastung dafür **meistens geringer**. Wer über längere Zeit mehr Energie zuführt, als der Körper benötigt, bekommt **Gewichtsprobleme**. Andererseits haben Menschen bei starken körperlichen Tätigkeiten einen höheren Energieverbrauch und müssen die Nahrungsmenge entsprechend anpassen.

Die wichtigen Nährstoffe und Wirkstoffe

Nicht die Menge allein macht es, es muss auch das Richtige sein, was man zu sich nimmt. Bei einer vollwertigen Ernährung müssen alle unentbehrlichen (essenziellen) Nährstoffe und Wirkstoffe in ausreichender Menge zugeführt werden. Fehlen sie, können Körperzellen und Organe nicht ausreichend versorgt werden. Vorgänge im Körper werden verlangsamt oder eingestellt. Anzeichen dafür können Müdigkeit, Kraftlosigkeit oder schnelle Gereiztheit sein.

Die richtige Kombination

Für jeden Menschen gelten andere Wirkstoff-Kombinationen als ideal. Sportler benötigen mehr Eiweiß und Mineralstoffe. Bei älteren Menschen wird die Energiezufuhr insgesamt reduziert, die Kombination bleibt.

Die richtige Verteilung

Der menschliche Körper unterliegt biologisch bedingten Leistungsschwankungen innerhalb des Tagesablaufs. Leistungsfähig bleibt, wer den zeitlich unterschiedlichen Bedarf beachtet und entsprechend isst.

● **Wichtig:** Eine Ernährung ist dann vollwertig, wenn alle erforderlichen Nährstoffe und Wirkstoffe in der benötigten Menge aufgenommen werden.

Nahrungsauswahl

Die richtige Nahrungsauswahl ist ein Baustein der vollwertigen Ernährung. Dafür eignet sich am besten eine abwechslungsreiche, gemischte Kost. Das Schema des **Ernährungskreises (s. nächste Seite)** stellt eine Hilfe dar, um die Lebensmittelauswahl zu überprüfen.

Ernährungskreis

Der Ernährungskreis der **Deutschen Gesellschaft für Ernährung e. V. (DGE)** dient als Wegweiser für eine vollwertige Ernährung. Er teilt das reichhaltige Lebensmittelangebot in sieben Gruppen ein und erleichtert so die tägliche Lebensmittelauswahl.

DIGITAL+

Weitere Informationen dazu im Zusatzmaterial auf unserer Website und unter www.dge.de

● Die Größe der Kreissegmente verdeutlicht das Mengenverhältnis der einzelnen Lebensmittelgruppen zueinander.

Je größer ein Segment des Kreises ist, desto größere Mengen sollten täglich aus der Gruppe verzehrt werden.

Lebensmittel aus kleinen Segmenten sollten sparsam verwendet werden. Für eine gesundheitsfördernde, vollwertige Ernährung wird empfohlen, täglich Lebensmittel aus allen sieben Gruppen zu verzehren, das dargestellte Mengenverhältnis zu berücksichtigen und innerhalb der Gruppen zwischen den Lebensmitteln abzuwechseln. Ist die Zusammenstellung an einem Tag nicht ausgewogen, dann sollte an den folgenden Tagen bewusst vollwertig ausgewählt und gegessen werden. Auf die ausgeglichene Wochenbilanz kommt es an.

Weitere Informationen dazu im Zusatzmaterial auf unserer Website und unter www.dge.de

DIGITAL+

zuckerarme Getränke

Getreideprodukte / Kartoffeln

Obst / Gemüse

Tierische Produkte

Öle und fettreiche LM

Süßigkeiten, süße Getränke

DGE-Ernährungskreis;
© Deutsche Gesellschaft für Ernährung e.V., Bonn

Zuckerarme Getränke wie Tee, Mineralwasser oder Saftschorle bilden mengenmäßig die größte Lebensmittelgruppe (empfohlen: 1,5 Liter pro Tag).

Danach folgen die pflanzlichen Lebensmittel **Getreideprodukte / Kartoffeln** und **Obst / Gemüse**. Sie stellen die Basis einer vollwertigen Ernährung dar und liefern Kohlenhydrate, reichlich Vitamine, Mineralstoffe, Ballaststoffe und sekundäre Pflanzenstoffe.

Tierische Produkte – möglichst fettarm – ergänzen in kleineren Portionen den täglichen Speiseplan. Sie versorgen den Körper mit hochwertigem Protein, Vitaminen und Mineralstoffen.

Öle und fettreiche Lebensmittel sollten in geringen Mengen verzehrt werden. Dabei ist die Qualität des Fettes ausschlaggebend: pflanzliche Öle sowie Fische liefern die essenziellen Fettsäuren (wie die Omega-3-Fettsäuren).

Deckt die tägliche Ernährungsweise alle Gruppen des Ernährungskreises in den empfohlenen Mengen ab, bleibt Raum für kleine „Extras" wie **Süßigkeiten**, **süße Getränke** oder gesalzene Knabberartikel. Solange die Energie- und Nährstoffbilanzen stimmen, ist nichts gegen den bewussten Genuss dieser Lebensmittel einzuwenden, auch wenn sie wenig essenzielle Nährstoffe, dafür aber meistens viel Fett und Zucker enthalten.

Die 10 Regeln zur gesunden Ernährung (in Anlehnung an die DGE)

1. Abwechslungsreich essen
Kombinieren Sie energiearme Lebensmittel mit nährstoffreichen Produkten. Pflanzliche Lebensmittel unterstützen eine gesundheitsbewusste Ernährung.

2. Ausreichend Getreide, möglichst Vollkorn
Vollkornprodukte aus Getreide wie z.B. Nudeln, Brot und Reis enthalten wichtige Ballaststoffe, Eiweiße, Vitamine und Mineralstoffe, dagegen aber bei bewusster Zubereitung wenig Fett.

3. Gemüse und Obst – Nimm „5 am Tag"
Dabei gilt eine Handvoll als eine Portion. Ersetzen kann man das Obst (1 Port.) und Gemüse (4 Port.) mit Smoothies. Über den Tag verteilt, werden Sie mit ausreichend Wirkstoffen und Begleitstoffen versorgt.

4. Täglich Milch- und Milchprodukte, ein- bis zweimal in der Woche Fisch, wenig Fleisch und Wurstwaren
Sie werden reichlich mit wertvollen Nährstoffen versorgt, nehmen hochwertige Eiweißstoffe zu sich. Auf eine angemessene Fettaufnahme ist jedoch zu achten. Die Fleisch- und Wurstaufnahme sollte zwischen 300-600 g pro Woche liegen.

5. Wenig Fett und fettreiche Lebensmittel
Fett besitzt einen hohen Energiewert, aber auch lebensnotwendige (essenzielle) Fettsäuren, die überwiegend in pflanzlichen Ölen vorhanden sind. Auf versteckte Fette in Lebensmitteln ist zu achten.

6. Zucker und Salz in Maßen
Genießen Sie Zucker, zuckerreiche Lebensmittel und Getränke nur in Maßen. Natrium ist natürlicherweise in Rohstoffen enthalten. Salz sollte deshalb nur sparsam verwendet werden. Gewürze und Kräuter ergänzen den Geschmack und gleichen geringere Mengen von Salz und Zucker aus.

7. Reichlich Flüssigkeitsaufnahme
Trinken Sie etwa 1,5 Liter energiearme Flüssigkeiten, hauptsächlich Wasser, pro Tag. Der Körper benötigt Wasser zur Erledigung lebensnotwendiger Aufgaben.

8. Schonende Zubereitungen
Garen Sie nur so lange wie nötig. Zur Erhaltung der Nährstoffe verwenden Sie wenig Fett und angemessene Flüssigkeitsmengen. Als schonende Garverfahren gelten Dünsten und Dämpfen.

9. Nehmen Sie sich Zeit zum Essen
Das Sättigungsgefühl setzt erst zeitverzögert ein. Lassen Sie sich Zeit beim Essen, damit dieses Gefühl nicht zu spät einsetzt und ein unangenehmes „Völlegefühl" entsteht. Kauen Sie ausreichend, damit wird die Nährstoffaufnahme und zusätzlich die Sättigung unterstützt.

10. Achten Sie auf Ihr Gewicht und bleiben Sie in Bewegung
Mit einer vollwertigen Ernährung und körperlichen Aktivitäten regulieren Sie Ihr Gewicht und fördern Ihre Gesundheit.

Neben der Einhaltung dieser Regeln ist auch eine **gesunde Lebensweise** für das Wohlergehen wichtig.

Hierzu gehören:
- Ausreichend schlafen
- Stress vermeiden
- Auf Alkohol und andere Drogen vollständig verzichten
- Häufig an der frischen Luft aufhalten

1.2 Lebensmittel-Inhaltsstoffe und ihre Wirkung

Um sich und seinen Gästen eine vollwertige und ausgewogene Ernährung anbieten zu können, sind Kenntnisse über die Bedeutung und Eigenschaften der Inhaltsstoffe von Lebensmitteln wichtig.

Inhaltsstoffe von Lebensmitteln können nach verschiedenen Kriterien unterteilt werden, z. B. nach den **Aufgaben** im Körper in Nährstoffe und Begleitstoffe:

Nährstoffe

- Energieträger wie Kohlenhydrate und Fette sind Energielieferanten für Atmung, Herztätigkeit und Arbeitsleistung sowie für die Aufrechterhaltung der Körpertemperatur.
- Baustoffe benötigt der Körper für das Wachstum und den Ersatz von verbrauchten Körperzellen. Hierzu zählen Eiweiß, Mineralstoffe und Wasser.
- Reglerstoffe regeln die Abläufe im Körper und dienen dem Schutz vor bestimmten Krankheiten. Dazu zählen Vitamine und Mineralstoffe.

Begleitstoffe

- Ballaststoffe können durch Verdauung nicht aufgeschlossen werden, regen aber die Darmbewegung an und beugen u. a. einer Verstopfung vor.
- Sekundäre Pflanzenstoffe wirken gesundheitsfördernd und schützen z. B. vor der schädlichen Wirkung freier Radikale. Damit senken sie das Risiko einiger Krebserkrankungen.
- Aroma- und Geschmacksstoffe fördern die Absonderung von Verdauungssäften und damit den Appetit.

Anforderungen an den Koch

Köche stellen sich der Herausforderung, ihre Gäste bei einer bewussten Ernährung zu unterstützen – sie müssen jedoch fundiertes Wissen über die zu verarbeitenden Lebensmittel besitzen. In der täglichen Arbeit stellen sich zu den Nährstoffen viele Fragen:

- Wie ist ihr Aufbau? Welche Arten unterscheidet man?
- Welche Bedeutung für den menschlichen Körper haben sie?
- Welche küchentechnischen Eigenschaften sind zu beachten?
- Wie können die Nährstoffe bei der Nahrungszubereitung genutzt bzw. geschont werden (Erhalt von Vitaminen und Mineralstoffen)?

Die Erläuterungen zu den Lebensmittelinhaltsstoffen in den nächsten Kapiteln sind daher grundlegendes Wissen für die tägliche Arbeit.

❷ Kohlenhydrate

🇬🇧 carbohydrates 🇫🇷 hydrates (m) de carbone

Kohlenhydrate begleiten uns in vielen Formen durch den Lebensalltag: als natürlicher Zuckerstoff in Obst und Gemüse, als Stärke in Kartoffeln, Brot und Nudeln oder als Süßungsmittel in Speisen und Getränken. Auch aus dem beruflichen Alltag sind Kohlenhydrate nicht wegzudenken: als Mehl zum Binden von Saucen, als Hauptbestandteil von Teigen, als Reis in Beilagen und Gemüsefüllungen oder zum Süßen und Dekorieren als Zucker, Puderzucker oder Hagelzucker.

Kohlenhydrate sind wichtige Bestandteile unserer Ernährung, können für einzelne Menschen aber auch unverträglich sein oder müssen krankheitsbedingt in der Aufnahme reduziert werden. Gastronomische Einrichtungen besitzen Verantwortung gegenüber ihren Gästen. Grundkenntnisse über kohlenhydrathaltige Rohstoffe und Lebensmittel erleichtern es, den täglichen Erfordernissen gerecht zu werden.

100	Zucker
72	Makkaroni
19	Kartoffeln ohne Schalen
18	Big Mac

60	Trockenobst
50	Hülsenfrüchte
18	Hähnchen – Nuggets
12	Äpfel
12	Crispy Stripes
10	Gemüse

Durchschnittlicher
Kohlenhydratgehalt in %

2.1 Ernährungsproblematik

Die Energieaufnahme durch Kohlenhydrate hat sich in den letzten Jahrzehnten stark verändert. Der Konsum von z. B. Zucker liegt bei etwa 35 kg/Jahr pro Person, nur ein geringer Teil wird davon in selbst hergestellten Lebensmitteln verarbeitet. Sehr viel Zucker wird mit Süßigkeiten und Getränken aufgenommen. Zucker ist aber ein „leeres" Nahrungsmittel, weil er nur Energie, aber keine Vitamine oder Mineralstoffe enthält. Über einen erhöhten Zuckerverbrauch entsteht ein Energieüberschuss, der zu Übergewicht führt. Gleichzeitig kann es zu einem Mangel an Vitaminen und Mineralstoffen kommen.

🔴 Bei einer gesunden Ernährungsweise sollte Zucker nur als Würzmittel verwendet werden.

Kohlenhydrate sind in einer ausgewogenen Ernährung der größte Energielieferant, aber auch der vielseitigste. Je nach Zusammensetzung der Bausteine sind Kohlenhydrate leicht verdaulich bis schwerer verdaulich. Der Energiewert bleibt jedoch immer gleich. Ein bewusster Umgang mit kohlenhydrathaltigen Lebensmitteln und Rohstoffen ist zu beachten.

Kohlenhydratreiche Rohstoffe und Lebensmittel

2.2 Entstehung der Kohlenhydrate

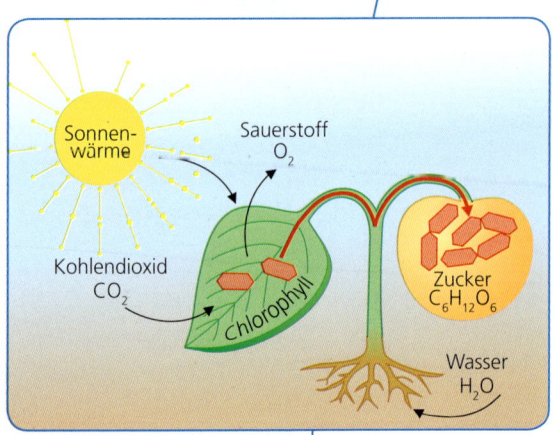

Fotosynthese

Kohlenhydrate bilden in der Regel den Hauptanteil der menschlichen Nahrungsaufnahme. Ihre Aufgabe besteht in der Lieferung von Energie. 1 g Kohlenhydrate liefert 17 kJ. Diese wird für Körperleistungen wie Atmen, Bewegen oder Denken verwendet.

Kohlenhydrate entstehen in Pflanzen. Pflanzen bilden aus dem Kohlendioxid (CO_2) der Luft, dem Wasser (H_2O) des Bodens, der Energie des Sonnenlichtes sowie mit der Hilfe des Blattgrüns (Chlorophyll) **Einfachzucker**. Diesen Vorgang nennt man **Fotosynthese**.

Kohlenhydrate bestehen aus den Elementen C, H, O, unterscheiden sich aber im chemischen Aufbau und ihrer Zusammensetzung. Damit haben sie auch unterschiedliche Eigenschaften. Es werden kleinste Bausteine gebildet (z. B. Glukose).

6x Kohlenstoff	12x Wasserstoff	6x Sauerstoff
C	H	O

$C_6H_{12}O_6$

Zucker
🇬🇧 sugar 🇫🇷 sucre (m)

Elemente der Kohlenhydrate
• C – Kohlenstoff
• H – Wasserstoff
• O – Sauerstoff

Süßkraft von Kohlenhydraten	
• Zucker (Haushaltszucker)	100%
• Traubenzucker	ca. 75%
• Fruchtzucker	ca. 135%
• Milchzucker	ca. 30%
• Malzzucker	ca. 50%

Der Einfachheit halber unterscheidet man Kohlenhydrate nach der Anzahl der zum Aufbau verwendeten Einfachzucker:

• Einfachzucker	→	ein Baustein
• Zweifachzucker	→	zwei Bausteine
• Vielfachzucker	→	5 – mehrere tausend Bausteine

2.3 Einteilung der Kohlenhydrate

Einfachzucker

Einfachzucker – Monosaccharide

Ein Baustein

Schleimzucker – Galaktose

Ist Bestandteil des Milchzuckers (Laktose)

Fruchtzucker – Fruktose

wird insulinunabhängig abgebaut

Traubenzucker – Glukose

entspricht Blutzucker (s. S. 125 – Diabetes mellitus)

In der Gruppe der Einfachzucker sind Traubenzucker und Fruchtzucker für Ernährung und Lebensmittelzubereitung von Bedeutung. Beide wirken wasseranziehend (hygroskopisch) und sind vergärbar. Vorsicht ist bei Personengruppen mit Einschränkungen geboten. Lebensmittel mit hohem Traubenzuckeranteil dürfen bei Diabetes mellitus (Zuckerkrankheit, Seite 125) nur kontrolliert zu sich genommen werden. Fruchtzucker ist für diese Personen verträglicher, da es insulinunabhängig abgebaut wird.

Personen mit Fruchtzuckerunverträglichkeit (Seite 128) sollten beim Verzehr von Fruchtzucker vorsichtig sein. Sie können den Fruchtzucker nicht aus dem Darm leiten. Dieser wird bakteriell abgebaut und es kann zu körperlichen Beschwerden kommen.

Zweifachzucker

Zweifachzucker – Disaccharide

Zwei Bausteine

Malzzucker – Maltose

- Besteht aus zwei Bausteinen Glukose.
- Natürliches Abbauprodukt von Stärke (entsteht beim Keimen von Getreide).
- Verwendung bei der Alkoholherstellung (z. B. Bierproduktion).

Milchzucker - Laktose

- Besteht aus den Bausteinen Glukose und Galaktose.
- Bestandteil von Milch und Milchprodukten.
- Wird in der Lebensmittelverarbeitung, z. B. der Wurstherstellung, verwendet

Rohr- und Rübenzucker – Saccharose

- Besteht aus den Bausteinen Glukose und Fruktose und wird als Gebrauchszucker verwendet.

Bei den Zweifachzuckern nehmen **Rohr- und Rübenzucker** sowie **Milchzucker** eine bedeutende Rolle ein. Der Konsum von Zucker ist sehr hoch. Süßigkeiten, Trend-Getränke oder ein unüberschaubares Angebot an Süßspeisen fördern den übermäßigen Verzehr von Zucker. Damit steigt auch die Gefahr von Übergewicht und ernährungsbedingten Erkrankungen.

Rohr- und Rübenzucker

Umgangssprachlich versteht man unter Zucker die Saccharose, die aus Zuckerrübe oder Zuckerrohr gewonnen wird („Gebrauchszucker", „Haushaltszucker"). Dem menschlichen Körper liefert Zucker rasch Energie, weil er schnell verdaut werden kann.

Durch Zerkleinern der Zuckerrüben werden die Pflanzenzellen geöffnet. Zum Auslaugen leitet man Wasser auf die Rübenschnitze. Anschließend reinigt man den so gewonnenen Zuckersaft.

Durch Einkochen (Reduzieren) wird die Lösung konzentriert. Aus der eingedickten Zuckerlösung scheiden beim Abkühlen die Zuckerkristalle aus. Zentrifugieren ermöglicht eine Trennung der Zuckerkristalle vom Sirup, der **Rohzucker** ist entstanden. Er kommt so nicht in den Handel, sondern wird einer Reinigung unterzogen.

Handelssorten

Die folgenden Handelssorten werden aus Raffinade hergestellt:

Kristallzucker: feinkörniger Zucker. Die unterschiedliche Körnigkeit wird mit Symbolen gekennzeichnet: Grob = G, mittel = M, fein = F. Zucker mit der Bezeichnung RF ist eine Raffinade feiner Körnung.

Puderzucker: feinst gemahlene Raffinade für Dekorzwecke, auch für Glasuren.

Dekorpulver: Puderraffinade mit wasserabweisenden Zusätzen. Wird von der Feuchtigkeit der Backwaren nicht so rasch aufgelöst.

Hagelzucker: besonders grobkörnige Raffinade, die zu Dekorzwecken verwendet wird.

Würfelzucker: zu Platten gepresster und anschließend zersägter Raffinadezucker.

Hutzucker: zu einer Kegelform gepresste Zuckerkristalle. Er wird zur Herstellung einer Feuerzangenbowle benötigt.

Fondant: gekochte Zuckerglasur aus Raffinade, Stärkesirup (Glukose) und Wasser. Er wird vor allem zum Glasieren von Backwaren (z. B. Petits fours) verwendet.

Zuckersorten

Das Angebot wird von Reinheit, Form und Farbe des Zuckers bestimmt.

Weißzucker (EG-Qualität II) sind Rohzuckerkristalle, die mit Dampf von anhaftenden Sirupresten befreit sind. Verwendung vorwiegend zum Backen.

Raffinade (EG-Qualität I) ist die reinste Zuckersorte. Die Zuckerkristalle werden dazu nochmals aufgelöst und gereinigt. Anschließend beginnt erneut die Kristallisation.

Gastronomische Bedeutung von Rohr- und Rübenzucker

Zucker wird überwiegend zum Süßen von Speisen verwendet. Die Süßkraft erhält Zucker aus den Bausteinen, aus dem er besteht: Traubenzucker und Fruchtzucker. Neben dem Süßen von Speisen findet Zucker viele weitere Einsatzmöglichkeiten, ist jedoch aufgrund seiner hohen Energie von 17 kJ/g gezielt zu verwenden.

Küchentechnologische Eigenschaften

Zucker löst sich leicht im Wasser. Die Patisserie nutzt diese Eigenschaften gezielt aus. Es werden Zuckerlösungen (Läuterzucker) hergestellt, indem Wasser mit Zucker im Verhältnis 1:1 aufgekocht wird. Je nach Verwendung kann das Zucker-Wasser-Verhältnis auch variieren. Läuterzucker kann auf Vorrat hergestellt werden und findet z. B. beim Süßen von Fruchtsalaten, Verdünnen von Glasuren oder der Herstellung von Halbgefrorenem (Parfait) Verwendung.

Zucker schmilzt bei Hitze. Diese Eigenschaft wird sowohl in der warmen, als auch in der kalten Küche genutzt. Beim Schmelzen wird aus den Kristallen zunächst eine klare, durchsichtige Masse. Im Garprozess mit z. B. festen Früchten können diese glasiert (s. Seite 219) werden. Bei weiterem Erhitzen wird Zucker zu Karamell. In der Patisserie werden daraus z. B. Karamellgitter gezogen. Erkaltet ist der geschmolzene Zucker hart. Im Bräunungsprozess farblich erst gelb, später goldbraun entsteht so die Grundmasse für viele Bonbonarten. In der Gastronomie wird karamellisierter Zucker z. B. für Karamellcreme oder Krokant verwendet. Erhitzt man das Karamell jedoch zu stark, wird es bitter und unbrauchbar.

Fondantüberzug

Läuterzucker

Karamellgitter

Zucker zieht Wasser an (wirkt hygroskopisch). Zucker ist darum auch konservierend, denn den Kleinstlebewesen wird das erforderliche Wasser als Lebensgrundlage entzogen. Der a_w-Wert (freies Wasser) wird gesenkt. Dies wird bei der Herstellung von z. B. Graved Lachs oder Zitronat angewendet. Aufgrund seiner hygroskopischen Eigenschaft verklumpt Zucker in feuchten Räumen. Am schnellsten verklumpt Puderzucker. Er nimmt mit der Luftfeuchtigkeit zusätzlich auch Fremdgerüche an. Puderzucker ist darum immer geschlossen zu lagern.

Gebeizter Lachs

Milchzucker

Die Aufnahme von Milchzucker durch Milch und Milchprodukte kann auch bei einer ausgewogenen Ernährungsweise problematisch werden. Viele Menschen können keine oder nicht ausreichend **Laktase** im Dünndarm bilden. Laktase ist das Enzym, das zur Spaltung des Milchzuckers (Laktose) benötigt wird.

Dadurch kommt es zu Verdauungsstörungen (Blähungen, Bauchkrämpfe, Durchfall). Betroffene dieser Milchzuckerunverträglichkeit **(Laktose-Intoleranz)** können vor dem Verzehr von Milch und Milchprodukten Laktase in Tablettenform zu sich nehmen oder mit Laktase versetzte („laktosefreie") Produkte verzehren.

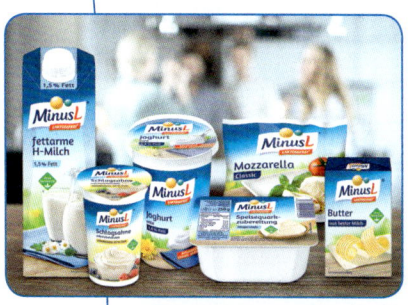

Stärke
🇬🇧 starch 🇫🇷 fécule (w)

Vielfachzucker

Stärke ist ausschließlich aus Glukose aufgebaut und besteht aus

- ca. 20 % Amylose (Zellkern, wasserlöslich) und
- ca. 80 % Amylopektin (Hüllschicht, wasserunlöslich).
- Sie dient den Pflanzen als Vorratsspeicher.

Glykogen wird aus überschüssiger Glukose gebildet.

- Es ist ein Reservekohlenhydrat des menschlichen und tierischen Organismus.
- Geringe Mengen befinden sich in der Muskulatur, mehr in der Leber.
- Bei Bedarf (z. B. durch körperliche Tätigkeit) erfolgt ein Rückbau zur Glukose.

Vielfachzucker – Polysaccharide
… mehrere Bausteine

Dextrine entstehen durch den Abbau von Stärke durch z. B.

- enzymatische Spaltung durch Amylase während des Verdauungsprozesses oder
- Erhitzen ohne Flüssigkeit (Brotkruste oder Mehlschwitze).

Ballaststoffe sind überwiegend unverdauliche Kohlenhydrate und wichtiger Bestandteil einer ausgewogenen Ernährung.

Ballaststoffe werden ausführlich behandelt in Kapitel 6.1 auf Seite 112.

Stärkekleister kann z. B. bei Saucenbindung die Eiweißgerinnung verhindern, weil er eine Schutzschicht zwischen den Eiweißmolekülen bildet. Diese Eigenschaft wird beim Legieren von Saucen und Suppen, wie auch bei der Herstellung einer Konditoreicreme genutzt.

Modifizierte Stärken sind industriell veränderte Stärkeerzeugnisse. Sie werden den erhöhten technischen Anforderungen wie Hitze- und Säurestabilität sowie verbessertem Gefrierverhalten gerecht. Sind Stärken chemisch verändert (modifizierte Stärken), gelten sie als Lebensmittelzusatzstoffe und müssen entsprechend deklariert werden.

Gastronomischer Einsatz von Stärke

Stärke wird überwiegend zur Herstellung von Backwaren, Broten und Brötchen verwendet. Im gastronomischen Bereich findet Stärke in Form von reiner Stärke und Mehl seinen Platz in der Patisserie, aber auch in der warmen Küche, z. B. bei der Herstellung von Saucen oder beim Braten von Fischfilets. Die Eigenschaften der stärkehaltigen Produkte sind unterschiedlich. Während z. B. reine Stärke nach dem Erhitzen mit einer Flüssigkeit eine Art Gel bildet, hat man den Eindruck, dass Mehl die Flüssigkeit verkleistert bzw. verdickt. Optisch ist die mit reiner Stärke gebundene Flüssigkeit meist klar und glänzend. Die mit Mehl gebundene Flüssigkeit ist undurchsichtig und meist stumpf im Aussehen.

Stärke ist in kaltem Wasser unlöslich. Sie ist schwerer als Wasser und setzt sich darum ab. Rohe Stärke ist vom Körper kaum verwertbar. Darum werden stärkehaltige Lebensmittel gegart. Mehl wird zu Brot verbacken, Teigwaren werden gekocht, Kartoffeln isst man nur in gegartem Zustand.

Beim Erwärmen quillt das Stärkekörnchen auf und platzt, die Stärkebestandteile sind freigelegt und bilden bei der weiteren Erhitzung ein Gel, das Stärkekleister genannt wird.

| Absetzen der Stärke | Quellphase | Kleisterbildung / Verkleisterung |

Wird erkalteter Stärkekleister gerührt, lässt die Festigkeit leicht nach, weil man einen Teil der Bindekräfte zerstört. Stärkekleister verliert insbesondere bei kalter Temperatur an Bindekraft. Man nennt dies **Entquellung** oder **Retrogradation**. Dies kann zu unerwünschten Veränderungen an Lebensmitteln führen: Brötchen verlieren Frische oder Vanillecreme „zieht Wasser". Besonders schnell altern Backwaren in Kühlschränken oder Kühlhäusern.

Dextrine

Dextrine entstehen durch Abbau der Stärkemoleküle beim Erhitzen ohne Wasser. In der Kruste von Gebäcken geben Dextrine z. B. Farbe und Aroma. In der Küche entstehen Dextrine beim Backen, Braten und Rösten stärkereicher Lebensmittel sowie bei der Herstellung einer Mehlschwitze (Roux). Obwohl die Verwendung von **Mehlbutter** bei der Herstellung einer Suppe oder Sauce einfacher wäre, wird wegen des besseren Geschmacks Mehlschwitze verwendet. Mit Dextrin gebundene Flüssigkeiten haben eine geringere Zähigkeit als mit Stärke gebundene.

Glykogen

Nimmt der Körper mehr Kohlenhydrate auf, als er für den momentanen Energiebedarf benötigt, wird ein Teil der Glukose zu Glykogen umgebaut und kurzfristig eingelagert. Als kurzfristige Speicher dienen Leber und

Muskulatur. Die Leber reguliert mit dem Glykogen den Blutzuckerspiegel. Sinkt der Blutzuckerspiegel zwischen den Mahlzeiten ab, wird Glukose durch den schnellen Abbau von Glykogen als Energiereserve freigesetzt. Das Glykogen der **Muskulatur** wird bei **körperlichen** Aktivitäten zu Glukose umgebaut.

2.4 Süßungsmittel 🇬🇧 sweeteners 🇫🇷 édulcorants (m)

Die Süßungsmittel, die anstelle von Gebrauchszucker verwendet werden können, lassen sich in Zuckeraustauschstoffe und Süßstoffe unterscheiden.

Zuckeraustauschstoffe

Zuckeraustauschstoffe beanspruchen zum Abbau im Körper kein Insulin und können darum mit Einschränkungen von Diabetikern anstelle des Gebrauchszuckers verwendet werden. Zuckeraustauschstoffe liefern ebenso viel Energie (Joule) wie Gebrauchszucker. Am häufigsten verwendet werden *Fruktose*, *Xylit* und *Sorbit*.

Isomalt hat eine Sonderstellung innerhalb der Gruppe. Es liefert nur halb so viel Energie wie Zucker.

In großen Mengen können Zuckeraustauschstoffe abführend wirken.

Süßstoffe

Als Süßstoffe bezeichnet man Stoffe, die eine starke Süßkraft, aber keinen Nährwert besitzen. Verwendet werden überwiegend die Süßstoffe Saccharin, Cyclamat, Aspartam und der rein pflanzliche Süßstoff Stevia.

Sie bieten Diabetikern, deren Zucker- und Kohlenhydratverbrauch stark eingeschränkt ist, eine Möglichkeit, Speisen zu süßen. Durch den starken Eigengeschmack wird der Geschmack der Speisen jedoch erheblich verändert.

Die Werbung empfiehlt die Verwendung auch Gesunden, wenn sie Energie einsparen wollen. Ernährungsphysiologisch ist dagegen nichts einzuwenden. Die Energie-Einsparung, die durch die Verwendung von Süßstoffen erreicht wird, ist aber meist von geringer Wirkung. Sie sollte Teil eines Gesamtpakets an Maßnahmen sein. Eine Einschränkung der Gesamtnahrungsmenge ist z. B. effektiver.

Zusammenfassende Übersicht

Süßkraft von Zuckeraustausch-stoffen und Süßstoffen gegenüber Zucker (Faktor 1)	
Zuckeraustauschstoffe	**Faktor**
Fruktose	1,1–1,7
Xylit	1
Sorbit	0,45
Isomalt	0,4–0,5
Süßstoffe	
Saccharin	200–700
Cyclamat	20–50
Aspartam	100–200
Stevia	450

3 Lipide (Fette)

 fats graisses (w)

Ernährungsproblematik

Ein Ernährungsproblem ist die Überversorgung mit Fett. Wir neigen dazu, durch unser Essverhalten zu viel Energie aufzunehmen. Ein immer größer werdendes Speisenangebot, versteckte Fette (siehe Tabelle S. 93) und unkontrolliertes Essen durch Stress im Alltag tragen dazu bei. Meist kommt noch ein geringer Energieverbrauch durch wenig Bewegung hinzu.

Überschüssig aufgenommenes Fett
- wird als **Energiereserve** im Unterhautfettgewebe gespeichert
- kann selbst bei Diäten nur schwer abgebaut werden und
- kann zu gesundheitlichen Beeinträchtigungen führen.

Fettaufnahme ist grundsätzlich nicht falsch, sondern lebensnotwendig. Bei der Nahrungsaufnahme ist in erster Linie auf die **Fettmenge** und die **Fettart** zu achten. Unsere tägliche Kost sollte nicht mehr als 30 % der Energie in Form von Fett enthalten. Dabei kann von folgenden Referenzwerten der DGE ausgegangen werden.

Referenzwerte der Energiezufuhr aus Fett pro Tag

Körperliche Aktivität in Arbeit und Freizeit						
Alter	**leicht**		**mittel**		**schwer**	
	m	w	m	w	m	w
15–19 Jahre	93 g	74 g	107 g	85 g	122 g	96 g
19–25 Jahre	93 g	70 g	107 g	81 g	122 g	93 g
25–51 Jahre	89 g	70 g	104 g	78 g	115 g	89 g
51–65 Jahre	81 g	67 g	93 g	74 g	104 g	85 g
65 Jahre und älter	74 g	59 g	85 g	67 g	93 g	78 g

Die Zahlen sagen erst einmal nichts über die Zusammensetzung der Fette und die Qualität für den menschlichen Körper aus. Grundsätzlich gelten pflanzliche Fette als gesundheitsfördernder als tierische Fette.

Beispiele für Fettlieferanten und Fettarten

Pflanzliche Fette		Tierische Fette	
Pflanze	**Fettart**	**Tier**	**Fettart**
Olivenbaum	Olivenöl	Rind und Lamm	Talg
Sonnenblume	Sonnenblumenöl	Kuh	Butter
Kokospalme	Kokosfett	Schwein	Schmalz, Speck
Raps	Rapsöl	Gans und Ente	Schmalz

3.1 Gesundheitswert von Fetten

Chemisch gesehen bestehen Fette aus den Elementen Kohlenstoff, Wasserstoff und Sauerstoff. Aus ihnen entstehen Glyzerin (dreiwertiger Alkohol) und Fettsäuren. Die Fettsäuren sind für die Ernährung umso wertvoller, je weniger sie gesättigt sind. Einfach und mehrfach ungesättigte Fettsäuren enthalten Doppelbindungen (s. Seite 100).

Eine Fettaufnahme sollte ausgewogen erfolgen. Als Richtschnur gilt die Aufnahme von
- 1/3 gesättigte Fettsäuren
- 1/3 einfach ungesättigte Fettsäuren
- 1/3 mehrfach ungesättigte Fettsäuren

Die Fette von **Schlachtfleisch, Wild und Geflügel** sind nicht grundsätzlich als negative Fette anzusehen. Butter und Schweineschmalz enthalten z. B. viele einfach ungesättigte Fettsäuren – aber auch den Fettbegleitstoff Cholesterin, der den Gesundheitswert herabsetzen kann.

Cholesterin ist dagegen in **flüssigen Pflanzenfetten** kaum zu finden (z. B. 2 mg/100 g in Rapsöl). Zusätzlich ist die enthaltene Menge ungesättigter Fettsäuren hoch. Damit sind Öle gesundheitlich sehr wertvoll.

In Rohstoffen, zubereiteten Speisen, Snacks oder Süßigkeiten kommen häufig große Mengen von Fetten vor. **Fett** erhöht z. B. die Geschmeidigkeit und **ist Geschmacksträger**. Nicht immer ist den Produkten der Fettgehalt anzusehen. Diese nicht sichtbaren Fette werden **versteckte Fette** genannt.

Durchschnittlicher Fettgehalt in Lebensmitteln (erkennbare und verborgene Fette)

- 100 % Frittierfett, Blockfett
- 100 % Speiseöl
- 100 % Schmalz
- 82 % Butter
- 80 % Margarine
- 80 % Speck, fett
- 40 % Halbfettmargarine

- 73 % Macadamia – Nuss
- 45 % Teewurst (4 % Lachsschinken)
- 39 % Kartoffelchips
- 26 % Schokoriegel mit Nüssen und Karamell
- 26 % Parmesan, 52 % Fett i. Tr.
- 24 % Avocado
- 14 % Lachs (1 % Zander)

Fette in der Ernährung

Fette gehören zu den Energielieferanten und besitzen mit 37 kJ/g den höchsten Energiewert der Nährstoffe.

Fett liefert wichtige essenzielle (ungesättigte) Fettsäuren. Der Körper kann ungesättigte Fettsäuren nicht selbst herstellen, er ist auf deren Zufuhr angewiesen. Diese erhält er nur durch Fett.

Zu den essenziellen ungesättigten Fettsäuren zählen die Omega-3- und Omega-6-Fettsäuren. Sie übernehmen im Körper wichtige Regelaufgaben.

Die **Omega-3-Fettsäure**
- schützt vor Herz-Kreislauf-Erkrankungen
- stärkt die Immunaktivität.

Omega-Fettsäuren sind aber auch Bestandteil von Zellmembranen und daher wichtig für die Zellerneuerung.

Grundregel:
- Je weniger gesättigt das Fett, desto flüssiger und wertvoller ist es für die Ernährung.
- Je gesättigter das Fett, desto fester ist es.

Omega-Fettsäuren
Nicht immer sind Omega-Fettsäuren gesundheitlich positiv zu betrachten. Omega-6-Fettsäuren fördern z. B. auch Entzündungen.

Gehalt an essenziellen Fettsäuren in %	
Olivenöl	79,8
Leinöl	86,3
Rapsöl	89,9
Kokosfett	8,6
Butter	24,6
Lachs	10,3
Hering	13,3
Schweineschmalz	56,6
Gänseschmalz	68,3

Fett ist Träger

- der fettlöslichen Vitamine A, D, E und K. Eine Vitaminaufnahme kann zwar auch ohne Fett stattfinden, ist jedoch mit Fett deutlich erhöht. Bei gemischter Ernährung ist das gewährleistet. Wenn aber z. B. Rohkosttage geplant sind, ist auf eine Fettzufuhr etwa durch Salatöl zu achten.
- Fett schützt Organe wie die Nieren oder das Gehirn vor Beschädigung durch Stöße.
- Als Isoliermittel verhindert es das schnelle Auskühlen des Körpers.

> ● **Merke:** Fette sind bedeutende Energielieferanten, liefern essenzielle Fettsäuren und haben wichtige Aufgaben im Körper.

3.2 Verdauung von Fetten

Im Körper werden die mit der Nahrung aufgenommenen Fette durch die Verdauung in ihre Bausteine Glyzerin und Fettsäuren zerlegt.

Dazu werden **die aufgenommenen** Fette zunächst erwärmt. Gallensaft emulgiert die Fette **zu feinen Tröpfchen** und vergrößert so die Gesamtoberfläche des Fettes.

Verdauungssäfte aus der Bauchspeicheldrüse und dem Dünndarm spalten die Fette. Die Fettbausteine Glyzerin und Fettsäuren wandern durch die Darmwand ins Blut oder Lymphbahnensystem und werden zu körpereigenem Fett zusammengesetzt.

3.3 Fette in der Küchenpraxis

Gewinnung und Veränderungen von Speiseölen und Speisefetten

Bei der Gewinnung von Speiseölen und -fetten werden verschiedene Verfahren angewendet. Die Verfahren haben direkten Einfluss auf den Gesundheitswert und die Verwendungsmöglichkeit, z. B. das Garverhalten bei der Herstellung von Speisen.

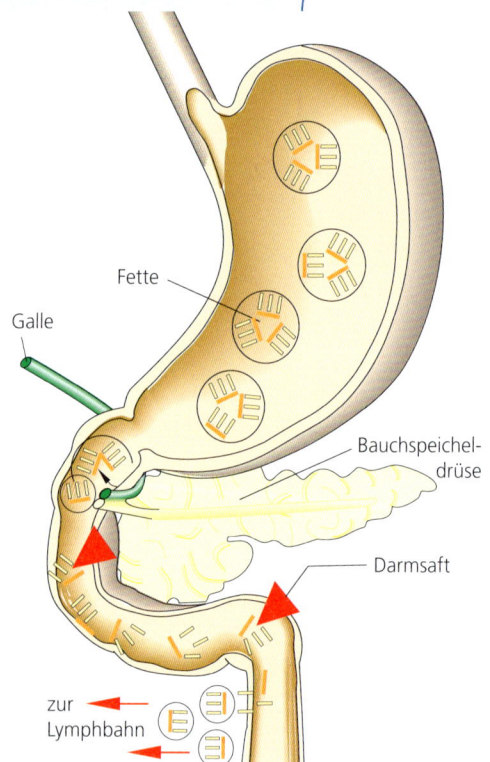

Fette
Galle
Bauchspeicheldrüse
Darmsaft
zur Lymphbahn

> Öle, die nach einer Pflanzenart benannt sind, dürfen nicht mit Öl aus anderen Pflanzenarten vermischt werden.

Pflanzliche Öle 🇬🇧 herbal oils 🇫🇷 huiles (w) d'origin végétale

Naturbelassene Fette – kalt gepresste Öle / native Öle

Gewaschene und zerkleinerte fettreiche Keime, Früchte oder Samen werden ausschließlich mechanisch unter hohem Druck, durch z. B. Schnecken- oder Spindelpressen, ohne Wärmezufuhr ausgepresst. Je geringer die entstehende Hitze bei der Pressung ist, desto besser ist die Qualität und desto höher ist der Gesundheitswert. Zum Abschluss wird das Rohöl gefiltert (s. Grafik nächste Seite).

Kalt gepresste Öle haben alle Geschmacks- und Geruchsstoffe, freie Fettsäuren, Farbstoffe, Phosphatide, Schleimstoffe und Fett spaltende Bakterien. Sie sind deshalb nicht so lange haltbar und werden kühl gelagert. In der Kühlung kristallisieren die Öle zum Teil aus, werden bei Erwärmung aber wieder flüssig.

Öle können je nach Pflanzenart einen mehr oder weniger stark ausgeprägten Eigengeschmack haben. Je nach Einsatz ist auf das passende Öl zu achten.

Raffination – aufgearbeitete / aufbereitete Öle

Durch die Raffination wird ein mildes und geschmacksneutrales Öl hergestellt. In verschiedenen Arbeitsprozessen werden die bei den kalt gepressten Ölen gewünschten Bestandteile wie z. B. Geschmack, Geruch und Farbe entfernt. Durch Raffination werden die für die Ernährung wertvollen Fettbegleitstoffe entfernt oder zerstört. Der Gehalt an Vitamin A und E wird gemindert. Nach einer Raffination sind Öle ohne Nachteile über 150 °C erhitzbar.

Pflanzenöle können von der Lebensmittelindustrie durch bestimmte Verfahren aus dem flüssigen Zustand in feste oder streichfähige Fette umgewandelt werden.

Margarine 🇬🇧 margarine 🇫🇷 margarine (w)

ist ein streichbares Fett, das vorwiegend aus pflanzlichen Fetten und Ölen besteht. Um eine möglichst butterähnliche Beschaffenheit zu erreichen, werden bei der Herstellung Milcheiweiß zur Geschmackgebung, Lezithin als Emulgator, Eigelb und Vitamine zur Ergänzung beigegeben. Durch Bearbeiten der Zutaten entsteht eine Emulsion, die während des Kühlens geknetet und so streichfähig gehalten wird. Der Fettgehalt einer Vollmargarine ist mindestens 80 %. Liegt der Fettgehalt unter 50 %, ist Margarine zum Braten ungeeignet.

Den unterschiedlichen Anforderungen an Fette entsprechend werden verschiedene Margarinearten angeboten.

- **Pflanzenmargarine** – muss mindestens 97 % Fettanteil der namengebenden Pflanze (z. B. Sonnenblumenmargarine) enthalten.
- **Crememargarine** – hat einen niederen Schmelzbereich und wird vor allem für Cremefüllungen im Konditoreibereich verwendet.
- **Backmargarine** – ist so zusammengesetzt, dass sie beim Rühren besonders viel Luft einschließt. Man kann aus ihr lufthaltige, lockere Teige herstellen.
- **Ziehmargarine** – ist vorwiegend für die Herstellung von Blätterteigen bestimmt. Dazu benötigt man zähes Fett mit höherem Schmelzpunkt.
- **Margarineschmalz** – ist wasserfrei, dem Butterschmalz sehr ähnlich und wie dieses zu verwenden. Der Rauchpunkt liegt bei 180 °C.
- **Halbfettmargarine** – enthält etwa 40 % Fett und eignet sich aufgrund ihrer Zusammensetzung nur als Aufstrich.

Gewinnung pflanzlicher Öle

Samen

Brechen

Mahlen

Kaltpressung in Schneckenpressen

Herauslösung/ Extraktion durch Fettlösungsmittel

Raffinieren Filtern

Öle oder weiche Fette

Herstellung der Margarine

Härtung

Öle

+H₂

Fette

Sonnenblumenöl Baumwollsaatöl Sojaöl

Kokosfett gehärtete Öle Palmkernfett

Wasser Milch Salz

Vitamin A Vitamin D Lezithine Carotin

Mischen Kühlen Kneten

Ausformen Verpacken

Margarine

Eigenschaften kalt gepresster Öle	Fettzusammensetzung mit überwiegend ungesättigten Fettsäuren
Reaktionsbereitschaft	hoch
Gesundheitswert	hoch
Veränderung durch Wärme, Licht und Sauerstoff	stark
Lagerfähigkeit	begrenzt

Eigenschaften gehärteter Fette	Fettzusammensetzung mit überwiegend gesättigten Fettsäuren
Reaktionsbereitschaft	gering
Gesundheitswert	gering
Veränderung durch Wärme, Licht und Sauerstoff	gering
Lagerfähigkeit	lange

Butter, in Deutschland hergestellt, wird in Handelsklassen eingeteilt. Die amtliche Prüfung testet Eigenschaften wie Geruch, Geschmack, Aussehen, Wasserverteilung und Streichfähigkeit. Je nach Ergebnis wird die Butter qualitativ eingestuft. Die höchste Qualitätsstufe darf sich Deutsche Markenbutter nennen. Qualitativ danach folgen Deutsche Molkereibutter und Butter oder Landbutter (Erzeugerbetrieb).

Name der Molkerei

Handelsklasse
Buttersorten

Datum (MHD)

Gewicht

Verpackungen unterliegen der Kennzeichnungsverordnung. Folgende Angaben sind anzugeben:
- Name der Molkerei
- Handelsklasse
- Buttersorte
- Mindesthaltbarkeit
- Gewicht

Verwendung weiterer Pflanzenfette im Küchenbetrieb

Durch entsprechende Kombinationen ist es möglich, Fette mit verschiedenen erwünschten oder technologisch erforderlichen Schmelzbereichen herzustellen. Der veränderte Rauchpunkt beeinflusst die Verwendung der hergestellten Fette. Am gebräuchlichsten sind:

- **Erdnussfett** aus Erdnüssen.
- **Palmkernfett** aus dem Samenkorn der Ölpalme.
- **Kokosfett** aus dem Fruchtfleisch der Kokosnüsse.
- **Frittürenfette:** Spezialfette, die überwiegend aus Fetten mit **gesättigten Fettsäuren** bestehen.

Tierische Fette

🇬🇧 animal fat 🇫🇷 graisse (w) d'origin animale

Während Schmalz oder Rindertalg bei der Speiseherstellung eine untergeordnete Rolle spielen, ist Butter nach wie vor ein wesentlicher Bestandteil der Ernährung.

Butter 🇬🇧 butter 🇫🇷 beurre (m)

Butter ist eine Emulsion aus dem Fett der Milch. Eine Zentrifuge trennt den Rahm von der Milch, danach wird dieser 4 Sekunden auf mindestens 85 °C erhitzt. Anschließend reift der Rahm, wird im Butterfertiger geschlagen, bis sich das Fett von der Flüssigkeit, der Buttermilch, trennt. Die entstandenen Butterkörner werden gewaschen und geknetet, geformt, gewogen und verpackt. Es entsteht eine Wasser-in-Fett-Emulsion (Butter enthält 16 % Wasser).

Je nach der **Behandlung** des Rahms unterscheidet man mehrere Geschmacksrichtungen.
- **Sauerrahmbutter:** Dem Rahm werden geschmacksbildende Milchsäurebakterien zugesetzt.
- **Mild gesäuerte Butter:** Süßrahmbutter wird Milchsäure zugesetzt. Geschmacklich zwischen Süß- und Sauerrahmbutter.
- **Süßrahmbutter:** hergestellt aus ungesäuertem Rahm. Milder, sahniger Geschmack.
- **Gesalzene Butter:** hat aus geschmacklichen Gründen einen höheren Salzgehalt.
- **Butterzubereitungen** wie Kräuterbutter oder Joghurtbutter müssen mindestens 62 % Fett enthalten.
- **Butterschmalz (Butterreinfett)** ist aus geschmolzener Butter hergestellt (etwa mit geklärter Butter vergleichbar), also Butter ohne Wasser und Milcheiweiß. Man kann dieses Fett deswegen höher erhitzen.

Schmelzpunkt von Fettsäuren

Der Schmelzpunkt von Fetten sagt nicht nur etwas aus über den Nutzen im Küchenbereich, sondern auch etwas über den Wert in der Ernährung.

Abhängig ist der Schmelzpunkt von der Kettenlänge und der Sättigung der Fettsäuren. Eine kurzkettige Fettsäure hat einen niedrigen Schmelzpunkt (z. B. Butter). Damit ist der Energieaufwand beim Verdauen geringer. Das gleiche gilt für langkettige, **aber** ungesättigte Fettsäuren; Fettart: Öle. Fette, die lange Fettsäureketten besitzen und gesättigt sind, haben dagegen einen hohen Schmelzpunkt (z. B. Rindertalg bei 50 °C). Der Körper muss sehr viel Energie aufwenden, um diese Fette zu verdauen.

Speisefette sind Gemische aus unterschiedlichen Fettsäuren. Darum schmelzen sie nicht bei einem ganz bestimmten Schmelzpunkt, sondern innerhalb eines **Schmelzbereiches**. Fette mit einem höheren Anteil ungesättigter Fettsäuren besitzen einen niedrigeren Schmelzbereich.

Fette sind unterschiedlich hoch erhitzbar.

Während Wasser bei normalem Luftdruck nur bis 100 °C erhitzt werden kann und dann verdampft, erreichen bestimmte Fette wesentlich höhere Temperaturen. Das ermöglicht Garverfahren, bei denen erwünschte, geschmackgebende Röststoffe entstehen.

Alle Fette beginnen aber ab einer bestimmten Temperatur zu rauchen und sich zu zersetzen. Man spricht deshalb vom Rauch- oder Zersetzungsbereich. Oberhalb dieses Temperaturbereichs entstehen bei der Lebensmittelzubereitung Acroleine.

Acrolein kann bei starker Erhitzung von pflanzlichen und tierischen Fetten und der anschließenden Speiseherstellung entstehen. Fettzersetzung wird durch einen brenzligen und stark stechenden Geruch wahrgenommen. Acrolein ist ungesund und besitzt möglicherweise krebserzeugende Wirkung.

Achtung Acrylamid!
Siehe S. 224.

Verarbeitungstemperaturen von Speisefetten und -ölen

Temperatur- bereiche	Dünsten/ Nachbraten	Kurzbraten	Langzeit- braten	Schmoren	Frittieren	Backen im Backofen
240 °C					Spezialbackfette	
220 °C		Gehärtete Pflanzenfette		Gehärtete Pflanzenfette	Gehärtete Pflanzenfette	Butter, Margarine, Schmalz,
200 °C		Raffinierte Pflanzenöle	Gehärtete Pflanzenfette Raffinierte Pflanzenöle	Raffinierte Pflanzenöle	Raffinierte Pflanzenöle	
180 °C						
175 °C						
160 °C						
140 °C						
120 °C	Butter					
100 °C						
80 °C						
Guter Temperaturbereich		Bedenklicher Temperaturbereich		Grenzwertiger Temperaturbereich		Zu vermeiden

Beispiele für die Verwendung von Fetten

Garverfahren	Beeinflussung	Fettart
Dünsten	Das Fett wird nur **kurz** und **nicht hoch (bis ca. 120 °C)** erhitzt.	Butter, Butterschmalz, Margarine
Schmoren	**Kombiniertes Garverfahren**, bei dem zu Beginn ein Röstvorgang stattfindet.	Pflanzenhartfette wie Kokosfett, raffinierte Pflanzenöle, Schmalz
Braten in der Pfanne	Bis **140 °C** durch **Schwenken** von Beilagen (z. B. Reis und Kartoffeln) und die Herstellung von Eierspeisen (z. B. Omelett und Spiegelei). Ab **140 °C** für Speisen, die Röstaromen erhalten.	Butter (kurzzeitig)

Pflanzenhartfette wie Kokosfett, raffinierte Pflanzenöle |
| Braten im Ofen/Konvektomaten | Es können sehr hohe Temperaturen entstehen. | Pflanzenhartfette wie Kokosfett |
| Frittieren | Das Fett bleibt lange bei 170 °C erhitzt. | Frittierfette |

Geschmack als Grundlage für den Einsatz von Fetten

Manche Fette geben Speisen einen typischen Geschmack (z. B. Butter), die Zubereitung wird runder, voller und cremiger. Der Eigengeschmack von Rohstoffen kann unterstrichen werden. Geschmacklich neutrale Fette erfüllen ebenfalls sensorische Aufgaben. Sie lassen Rohstoffe eigenen Geschmack und eigenes Aroma entfalten und sind für z. B. Grundsaucen einsetzbar.

Öle mit neutralem Geschmack

- bilden die Grundlage für Mayonnaise,
- können in Saucen für alle Salate verwendet werden,
- eignen sich zum Erhitzen über 140 °C.

Öle mit Eigengeschmack eignen sich

- besonders für Blattsalate, weil sie mit deren Bitterstoffen harmonieren,
- zur Kombination mit Tomate-Mozzarella oder
- zu Antipasti.

Butter dient in der kalten Küche z. B.

- zum Bestreichen (Schnittchen, Canapés),
- zur Herstellung von Buttercreme.

Butter dient in der warmen Küche z B.

- als zerlassene Butter zum Überglänzen,
- zur Verfeinerung von Gemüse,
- zur Herstellung von holländischer Sauce,
- zum Nachbraten von Fisch und Fleisch.

Fette trennen

In Bratgeschirr und Backformen verhindert Fett das Anlegen der Speisen, denn es isoliert verkleisternde Stärke und gerinnendes Eiweiß.

Als Trennmittel werden halbfeste oder feste Fette verwendet; sie lassen sich nach leichtem Erwärmen gut verstreichen und laufen in den Formen nicht ab. Gebildete Trennschichten verhindern das Zusammenkleben oder Festkleben. Darum fettet man Backbleche und Kuchenformen mit hitzebeständigen Fetten (s. Tabelle oben).

Blätterteig

Teig

Gebäck

Lockerung von Blätterteig beim Backen

Die splitterig lockere Struktur von Blätterteig wiederum ist nur möglich, weil Fettschichten die einzelnen „Teigblätter" voneinander trennen. Beim Backen kann der entstehende Wasserdampf die Teigschichten anheben.

Fette können emulgiert / vermischt werden

Fett ist leichter als Wasser und steigt darum nach oben. Fett und Öl haben eine geringere Dichte als Wasser. Darum schwimmen „Fett-Augen" auf der Suppe oder der Sauce. Diese unterschiedliche Dichte macht es leicht, Fett von Wasser zu trennen. Das bei erkalteten Flüssigkeiten (z. B. Brühe) erstarrte Fett kann einfach abgehoben werden.

Als Emulsionen bezeichnet man dauerhafte **Vermischungen** von Fett und Wasser. Um eine Emulsion zu erhalten, sind **Emulgatoren** wie Lezithin erforderlich. Lezithin ist ein Fettbegleitstoff z. B. im Eigelb des Hühnereis und wichtigster Emulgator bei der gastronomischen Speiseherstellung.

Emulgatoren setzen die Oberflächenspannung herab, sodass Fett und Wasser sich nicht mehr abstoßen. Das ist durch den besonderen Aufbau der Emulgatoren möglich: Ein Ende des Emulgatormoleküls verbindet sich mit dem Fett, ist fettfreundlich, das andere verbindet sich mit dem Wasser, ist wasserfreundlich.

So entsteht eine feine Verteilung von Stoffen, die sich normalerweise abstoßen. Wie lange eine Emulsion hält, hängt von der Größe und Menge der Fetttröpfchen ab. Wird z. B. beim Rühren einer Mayonnaise das Öl zu rasch beigegeben, kann der fettfreundliche Teil des Emulgators die große Menge Öl nicht an sich binden. Eine Verbindung mit dem wasserfreundlichen Teil des Emulgators, der den wässerigen Teil an sich gebunden hat, findet nicht statt. Die Mayonnaise gerinnt. Bei der Milch kann durch das Homogenisieren, bei dem man die Fetttröpfchen zerkleinert, das Aufrahmen verhindert werden.

Fette beeinflussen die Geschmeidigkeit von Lebensmitteln

Je nach Fettart werden Lebensmittel durch den Einsatz von Fetten in ihrer Konsistenz unmittelbar beeinflusst.

Beispiele für die Veränderung von Lebensmitteln

Butter ist bei Zimmertemperatur weich und wird durch Lufteinschlag geschmeidig, sie ist als kalte Buttermischung verwendbar. Kommt sie in diesem Zustand in eine Vanillecreme und dann in die Kühlung, wird die Butter fest. Sie wird als Buttercreme für Torten verwendbar.

Öl ist in seinem Aggregatzustand flüssig und kann z. B. zur Herstellung von Salaten verwendet werden. Ist ein Weißkohlsalat mariniert, fehlt noch die Geschmeidigkeit. Wird wenig Öl zugefügt, verändert sich die Geschmeidigkeit des Salates stark. Er wirkt weicher, das Mundgefühl ist angenehmer.

Fette verderben, werden ranzig

Fette gehören zu den leicht verderblichen Lebensmitteln und spalten sich bei ungünstigen Bedingungen in ihre Bestandteile Glyzerin und Fettsäuren auf.

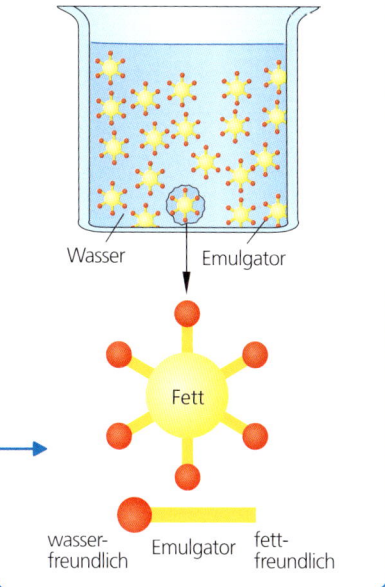

Wasser   Emulgator

Fett

wasser-   Emulgator   fettfreundlich   freundlich

Beispiele für Emulsionen
- Milch: 3,5 % Fett und Wasser
- Sahne: 30 % Fett und Wasser
- Butter: 82 % Fett und Wasser

Auch Mayonnaise, holländische Sauce, Buttercreme, Leberwurst usw. sind Emulsionen

Nüsse und kalt gepresste Öle müssen stets kühl gelagert werden, da sie aufgrund der vielen ungesättigten Fettsäuren besonders anfällig für Verderb sind.

Filtern von Frittierfett
Schwebeteilchen wie Semmelmehl oder Ausbackteig werden auch in der Kaltzone der Fritteuse nach und nach geröstet, verbrennen und sind gesundheitlich bedenklich (Bildung von Acrylamid).

Speisefette setzen sich aus verschiedenen Fettsäuren zusammen. Bei festen Speisefetten überwiegt der Anteil an gesättigten und langkettigen Fettsäuren. Bei flüssigen Speisefetten überwiegt der Anteil an ungesättigten Fettsäuren mit Doppelbindungen.

Ursachen dieser Zersetzung können Einwirkungen durch Luftsauerstoff, Licht und Wärme sowie Mikroorganismen sein, aber auch Spuren von Schwermetallen, wie sie in Metallgefäßen vorhanden sind. Diese Veränderung ist bei allen Fetten möglich, läuft aber bei ungesättigten und damit reaktionsfreudigen Fettsäuren rascher ab. Es entsteht ein unangenehmer Geruch und Geschmack. Die verdorbenen Lebensmittel oder Fette sind zudem gesundheitlich bedenklich (Darmreizung).

Fette sind darum **kühl**, **dunkel** und **verschlossen** aufzubewahren. Lebensmittel mit hohem Fettanteil sollten auch in tiefgekühltem Zustand nicht zu lange gelagert werden, da eine Zersetzung zeitverzögert auch bei −18 °C erfolgt.

In der Speisenproduktion, z. B. dem Frittieren, sind wasserfreie Fette wie Frittierfett und Kokosfett länger haltbar, wenn die Temperatur in der Betriebsbereitschaft gesenkt und das Frittierfett regelmäßig gefiltert wird.

3.4 Weiteres Wissen zu Fetten

Aufbau und Arten

Fette bestehen aus den Elementen Kohlenstoff, Wasserstoff und Sauerstoff. Daraus entstehen Glyzerin (dreiwertiger Alkohol) und Fettsäuren.

Ein Molekül Fett entsteht, wenn an ein Molekül Glyzerin drei Fettsäuren angelagert werden. Von den verschiedenen Fettsäuren sind am Aufbau der Speisefette überwiegend beteiligt: Stearinsäure, Ölsäure, Palmitinsäure, Linolsäure.

Die Fettsäuren bestehen aus einer Kohlenstoffkette, an die Wasserstoffatome gebunden sind. Entstandene Fettsäureketten können verschieden lang sein. Die Länge gibt Auskunft über spezifische Eigenschaften der Fettsäureketten. Grundsätzlich gilt:

- **Gesättigte kurzkettige** Fettsäuren besitzen einen niedrigen Schmelzpunkt (z. B. Buttersäure).
- **Gesättigte langkettige** Fettsäuren besitzen einen hohen Schmelzpunkt (z. B. Stearinsäure).
- **Ungesättigte** Fettsäuren sind zwar langkettig, besitzen jedoch Doppelbindungen. Damit besitzen sie einen niedrigen Schmelzpunkt und sind natürlicherweise flüssig (z. B. Linolsäure).

Sättigung von Fettsäuren

Bei **gesättigten Fettsäuren** sind an alle Kohlenstoffatome je zwei Wasserstoffatome gebunden. Damit sind alle Bindungsmöglichkeiten genutzt, die Fettsäure ist gesättigt. Zu weiteren Veränderungen ist sie nur ungern bereit, sie reagiert träge.

Bei **ungesättigten Fettsäuren** sind noch Bindungen möglich. Nach der Anzahl der freien Bindekräfte bezeichnet man die Fettsäuren als einfach, zweifach oder mehrfach ungesättigt. Die freien Stellen können noch Bindungen eingehen. Ungesättigte Fettsäuren reagieren darum leicht.

Transfettsäuren

Transfettsäuren sind zwar **ungesättigt**, haben aber eine andere Doppelbindung. Dadurch stellen sie für den Menschen eine **erhöhte Gesundheitsgefahr** dar. Transfettsäuren kommen in geringen Mengen auch natürlich vor, entstehen aber hauptsächlich bei hohem Erhitzen und der Härtung von Fetten in der Lebensmittelproduktion.

> Pflanzenöle, die eine große Menge an ungesättigten Fettsäuren besitzen, bilden beim Erhitzen ab ca. 130 °C Transfettsäuren. Daher sind hohe Temperaturen bei kalt gepressten Ölen zu meiden.

Unsere Essgewohnheiten führen zu einem erhöhten Genuss von industriell gefertigten Lebensmitteln. In Chips, Pommes frites, bestimmten Backwaren wie Crackern und Zwieback, aber auch in Instantsuppen und Blätterteig sind viele Transfettsäuren enthalten.

Bei hoher Aufnahme von Transfettsäuren kommt es zu einer erhöhten Konzentration des bedenklichen LDL-Cholesterins (Low Density Lipoprotein) und einer Senkung des unbedenklichen HDL-Cholesterins (High Density Lipoprotein). Bei Personen mit einem gesunden Fettstoffwechsel reguliert der Körper zwar die Konzentrationsverschiebung selbstständig. Eine regelmäßige, hohe Zufuhr von Transfettsäuren kann aber die Entstehung von Fettstoffwechselstörungen begünstigen. Personen mit einer Fettstoffwechselstörung müssen ihr Essverhalten ändern, sonst kann es zu Herz-Kreislauf-Erkrankungen kommen.

Cholesterin

Cholesterin ist ein fettähnlicher Stoff, den wir im Körper selbst bilden, aber auch über fetthaltige Nahrung, vor allem tierische Fette, aufnehmen. Cholesterin ist beteiligt an Aufgaben wie der Bildung von Hormonen, Gallensäure oder Vitamin D. Das Blut kann nur eine begrenzte Menge an Cholesterin verarbeiten, überschüssiges Cholesterin lagert sich an Gefäßwänden ab und verengt so den Blutdurchfluss. Herzinfarkt oder Schlaganfall kann die Folge sein.

④ Eiweiß / Proteine 🇬🇧 proteins 🇫🇷 protéines (w)

Eiweiße, auch Proteine genannt, sind elementare Bausteine allen Lebens. Der Körper eines erwachsenen Menschen besteht aus über 70 Billionen Zellen, die wiederum Aminosäuren (die kleinsten Eiweißbausteine) als Bestandteil haben.

Der menschliche Organismus verwendet die vorhandenen Aminosäuren, um sie zu vielen verschiedenen Proteinen zusammenzusetzen und mit diesen zahlreiche wichtige Aufgaben zu erfüllen. Damit hat die Aufnahme von Eiweiß aus Nahrung eine Schlüsselfunktion. Sie ist lebensnotwendig, denn jede Sekunde sterben Millionen von Körperzellen ab und müssen neu aufgebaut werden.

Hierarchie im Eiweißsystem

Aminosäuren: Sind die Bausteine der Eiweiße. 20 verschiedene Aminosäuren sind im menschlichen Organismus.

Peptide: Bestehen aus 2 bis 100 aneinandergebundenen Aminosäuren.

Proteine: Sind Eiweißverbindungen aus mehr als 100 aneinandergebundenen Aminosäuren.

4.1 Funktionen der Eiweiße / Proteine

Proteine haben viele Aufgaben im Organismus zu erfüllen.
- Proteine liefern das Material zum Aufbau und für die Erneuerung von Zellen und Gewebe (z. B. Haut, Knochen, Nägel und Muskelgewebe).
- Proteine sind Bestandteil von Enzymen und damit am Stoffwechsel beteiligt.
- Die Proteine Kollagen und Keratin haben eine Stützfunktion, sie sind Hauptbestandteile der meisten Stütz- und Bindegewebe.

Eiweißaufnahme

Wie viel Eiweiß ein Mensch aufnehmen soll, ist von verschiedenen Faktoren abhängig. Dazu zählen u. a. Alter, Geschlecht, Krankheiten, Lebensstil oder die Umwelt.

- Das Protein Globin ist Bestandteil des Hämoglobins (roten Blutfarbstoff) und ist am Transport von Sauerstoff durch den Körper beteiligt.
- Die Antikörper des Immunsystems sind aus Eiweißen aufgebaut. Proteine, die nicht für Aufgaben verwendet werden, dienen dann mit 17 kJ/g als Energiestoff.

4.2 Ernährungshinweise

Durch veränderte Essgewohnheiten und einen Überfluss an preiswertem Fleisch und Fleischerzeugnissen nimmt die Mehrzahl der Menschen mehr Eiweiße auf, als Empfehlungen von Fachleuten es vorschlagen.

Ob und wie das zu gesundheitlichen Beschwerden führt, ist noch nicht genau erwiesen. Als optimal wird aktuell eine Eiweißaufnahme von etwa 0,8 g/kg Körpergewicht gesehen. Bei einer 70 kg schweren Person bedeutet das 56 g Nahrungseiweiß als Tagesbedarf.

Neben der aufgenommenen Menge der Proteine ist vor allem auch die **Protein-Qualität** in den Lebensmitteln wichtig. Pflanzliche Rohstoffe besitzen meist einen geringen Gehalt an Proteinen. Diese sind auch oft weniger hochwertig als Proteine von tierischen Rohstoffen, die dem Körpereiweiß ähnlicher sind. Wir nehmen mit fast allen Lebensmitteln Eiweiße auf.

Daher empfiehlt die DGE ein Eiweißverhältnis von 2/3 aus pflanzlicher und 1/3 aus tierischer Kost.

Mehr zu Eiweißstrukturen unter „Weiteres Wissen zu Eiweißen / Proteinen" (s. S. 107).

Durchschnittlicher Eiweißgehalt pro 100 g verzehrfertiger Lebensmittel

22 g	Roastbeef	20 g	Lachs	24 g	Linsen	11 g	Mehl, Type 405
22 g	Schweineschnitzel, natur	13 g	Hühnerei	19 g	Kichererbsen	2 g	Bohnen, grün
22 g	Hühnerbrust mit Haut	3 g	Kuhmilch	14 g	Haselnuss	2 g	Kartoffeln, roh

Quelle: Heseker / Heseker, Die Nährwerttabelle

4.3 Aufbau von Eiweißen / Proteinen

Aminosäuren bilden in verschiedenen Kombinationen die Struktur von Proteinen. 20 verschiedene Aminosäuren benötigen wir für körpereigene Prozesse. 12 davon können im Körper selbst gebildet werden, die restlichen 8 müssen über die Nahrung zugeführt werden. Diese acht sind daher lebensnotwendige oder essenzielle Aminosäuren. Das Vorhandensein dieser essenziellen Aminosäuren bestimmt die biologische Wertigkeit eines Lebensmittels.

Biologische Wertigkeit

Die biologische Wertigkeit einer Eiweißart gibt an, wie viel Körpereiweiß aus Nahrungsmitteleiweiß gebildet werden kann.

Die Verwertbarkeit von Nahrungseiweiß und damit der Umbau in körpereigenes Eiweiß wird durch die 8 essenziellen Aminosäuren bestimmt. Diejenige mit der geringsten Verwertbarkeit bestimmt die biologische Wertigkeit (s. nebenstehende Spalte) des Lebensmittels. Sie ist die begrenzende Aminosäure.

Verwertbarkeit der 8 essenziellen Aminosäuren aus aufgenommenem Nahrungseiweiß

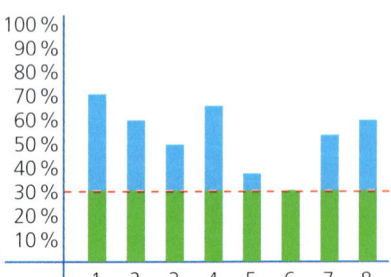

Fazit: Die 6. essenzielle Aminosäure begrenzt die Aufnahme. Deshalb werden 30 % des aufgenommen Nahrungseiweißes zu körpereigenem Eiweiß verwertet.

Biologische Wertigkeit (BW) ausgewählter Lebensmittel

Proteinträger	BW	Proteinträger	BW
Hühnerei	1,0	Weizen	0,59
Kuhmilch	0,86	Soja	0,84
Rinderfleisch	0,87	Reis	0,83

Quelle: Biesalski, Grimm, Nowitzki-Grimm. Taschenatlas Ernährung.

Der Anteil der einzelnen Aminosäuren am Nahrungseiweiß entspricht nicht immer der Zusammensetzung von Körpereiweiß. Durch eine ausgewogene Ernährung kann ein eiweißarmes Lebensmittel mit einem eiweißreicheren Lebensmittel so ergänzt werden, dass die biologische Wertigkeit steigt. Man spricht hier von einem **Eiweißergänzungswert**.

Beispiele für die verwertbare Eiweißaufnahme

Fischfilet 100 Gramm, Eiweißanteil 17 %, biologische Wertigkeit 80 %.

> Das Filet enthält 17 % = 17 Gramm Eiweiß.
> Davon kann der Körper 80 % nutzen. Das sind ≈ 13,6 Gramm.

Gesamteiweiß 17g
verwertbar 80 % ≈ 14g
100 g Fischfilet

Gesamteiweiß 11g
verwertbar 35 % ≈ 4g
100 g Weizenmehl

Vergleich mit 100 g Weizenmehl, das einen Eiweißanteil von 11 % und eine biologische Wertigkeit von 35 % hat.

> In 100 Gramm Weizenmehl sind 11 % = 11 Gramm Eiweiß.
> Davon sind für den Körper 35 % verwertbar, das sind etwa 4 Gramm.

Tierisches Eiweiß enthält mehr essenzielle Aminosäuren als pflanzliches. Unterschiedliche Eiweißarten können sich gegenseitig ergänzen und damit zusammen eine höhere biologische Wertigkeit haben.

Vegetarier und Veganer benötigen für ihre Ernährungsform keine tierischen Eiweiße. Mit günstigen Kombinationen können sie den Eiweißbedarf voll decken.

Speisebeispiele für Ergänzungswerte:

- Getreide mit Fleisch, Fisch, Milch oder Ei
- Kartoffeln mit Milch, Ei
- Hülsenfrüchte mit Milch, Roggen, Weizen oder Fleisch
- Linseneintopf mit Kasseler
- Fischfilet mit Petersilienkartoffel und Salat
- Dinkelbratlinge mit Quarkdip

Weizenmehl

4.4 Eiweißstoffe und deren küchentechnische Eigenschaften

Kugelförmige (globuläre) Eiweißstoffe

Albumin	Globulin	Kleber
Milch, Ei, Fisch Fleisch, Kartoffel	Fleisch, Fisch Hülsenfrüchte	Getreide

> **Eiweiß kann rasch verderben.**
> Eiweißhaltige Lebensmittel sind anfällig für Lebensmittelverderb, denn viele Mikroben bevorzugen Eiweiß. Befallene Lebensmittel riechen und schmecken unangenehm, Fleisch und Wurst bekommen eine schmierige Oberfläche. Verdorbene, eiweißhaltige Lebensmittel dürfen nicht weiterverwendet werden. Sie sind gesundheitsschädlich und führen zu Übelkeit, Durchfall und Erbrechen.

Albumin ist wasserlöslich und gerinnt bei 70 °C

- Kocht man Fleisch, geschälte Kartoffeln oder Linsen, setzt sich am Topfrand ein weißgrauer Schaum ab. Dieser besteht hauptsächlich aus ausgelaugtem und geronnenem Albumin.
- In der Gastronomie wird dieser Schaum von der Brühe abgeschöpft, damit eine klare Suppe serviert werden kann.
- Auf der gekochten Milch bildet sich eine Haut.

In der Küchenpraxis werden diese Arten von Eiweiß entfernt. Im Haushalt sollte man darauf verzichten, denn Albumine sind wertvolle Eiweißstoffe.

Geronnener Schaum wird abgeschöpft

Albumin zieht in Flüssigkeiten Trübstoffe an

Beim Erwärmen kann Albumin Trübstoffe binden. Wenn bei stärkerer Wärmeeinwirkung das Eiweiß dann gerinnt, steigt es nach oben und nimmt die Trübstoffe mit sich. Mit einem Schaumlöffel kann von der Oberfläche abgeschöpft werden. Man nutzt diese Wirkung des Albumins, wenn klare, trübstofffreie Flüssigkeiten erzielt werden sollen.

Beispiele
- Klären von Brühen
- Herstellen von Aspik
- Bereitung von Weingelee

Albumin bindet Flüssigkeiten

Albumin lagert beim Erwärmen Flüssigkeit an und bindet sie. Dies nutzt man z. B. bei der Herstellung von Crème brûlée und Eierstich. Zu beiden Produkten werden Milch und Eier in etwa gleichem Verhältnis vermischt. In ungekochtem Zustand ist die Mischung flüssig, denn die Bindekräfte haben sich noch nicht entfaltet.

- Bei etwa 70 °C binden die Eiweißstoffe.
- Es entsteht eine kompakte, geleeartige Masse, die auch im kalten Zustand hält.

> Steigt die Temperatur zu hoch, brechen die Bindekräfte zusammen: Das Gel „bricht", es teilt sich in Gerinnsel und ungebundene Flüssigkeit. In zu hoch erhitzten Suppen und Saucen schwimmen Flocken.

Beim Legieren (Binden/Verfeinern) von Suppen und Saucen nutzt man die gleiche Art von Bindung. Weil die Eiermenge geringer gehalten wird, entsteht bei diesen Zubereitungen eine **sämige** Bindung.

Globulin bildet die Grundlage der Farceherstellung

Die Eigenschaft des Globulins wird bei der Herstellung von Terrinen, Pasteten, Galantinen oder Wurst benötigt. Globulin kommt fast immer zusammen mit Albumin vor, z. B. in Fleisch, Fisch, Milch und Eiern. Im Unterschied zu Albumin löst sich Globulin nur bei Anwesenheit von Salz.

- Durch feine Zerkleinerung im Kutter werden aus der Fleischfaser die Globuline freigelegt.
- Nach Beigabe von Salz lösen sich die Globuline und lagern Wasser an, das in Schlacht-, Geflügel- oder Fischfleisch, Sahne oder als Mundeis/Crushed Ice vorhanden ist.
- Wird die Farce erwärmt, gerinnt das enthaltene Globulin bei etwa 70 °C und macht das Produkt schnittfest.

Eiweißstoffe bilden einen festen Schaum

Beim intensiven Aufschlagen von kugelförmigen Eiklarproteinen verändert sich deren Struktur. Die Proteinketten werden gestreckt und miteinander vernetzt. Ein Teil der Eiklarproteine denaturiert (verändert sich), Schäume werden dadurch stabilisiert. Temperatur bei der Verarbeitung, Alter der verwendeten Eier oder das verwendete Arbeitsmittel beeinflussen die Stabilität und das Volumen der Eiklarproteine.

- Verschiedene Proteine erhalten bei Hitzeeinfluss mehr Stabilität, das Eiklar sollte daher für einen festeren Schaum nicht direkt aus der Kühlung kommen. Eiklar im heißen Wasserbad aufgeschlagen hat die größte Standfestigkeit.
- Ein paar Tage alte Eier bilden einen besseren Eiklarschaum als ganz frische Eier.
- Bei **zu** alten Eiern wiederum verringert sich das Volumen des Schaumes, durch Diffusion innerhalb der Eier gelangt Eigelbfett in das Eiklar.
- Die Verwendung von Kupferkesseln beim Aufschlagen sorgt für einen stabileren Schaum als eine Edelstahlschüssel. Dafür verantwortlich sind Kupferionen.

Klebereiweiß bildet das Gerüst im Teig

Das Backmehl (Getreidemehl) enthält die Eiweißarten Gliadin und Glutenin. Bei der Teigbereitung nehmen sie Wasser auf, quellen und verbinden sich zu einer zähen, dehnbaren Masse, dem **Kleber**. Damit der Kleber gut ausgebildet wird, bearbeitet man Teige, bis sie sich vom Gefäß lösen oder bis sie Blasen werfen.

Die Ausbildung des Klebereiweißes wird z. B. benötigt bei der Herstellung von Nudelteigen, Brot- und Kuchenteigen.

Kleber bildet das Brotgerüst.

Wirkung in einem Hefeteig:

- Während des Backens wird durch die Tätigkeit der Hefe **Kohlendioxid** freigesetzt.
- Der Kleber dehnt sich, reißt nicht und hält diese Gase fest, es entstehen die **Poren**, der Teig wird gelockert.
- Beim Backen gerinnt das Klebereiweiß und bildet das elastische Gerüst des Gebäckes.

Bei Mürbeteigen wiederum erwartet man ein lockeres, leicht brechendes Gebäck. Darum wird die Ausbildung des Klebers vermieden. Man knetet die Mürbeteige nicht, sondern vermengt die Zutaten nur kurz.

Eigenschaften des Klebers:
- **quellfähig**, er nimmt den überwiegenden Teil der Teigflüssigkeit auf;
- **elastisch**, man kann Teige ausrollen, sie können sich aber auch wieder verkürzen, sie „schnurren", wenn man sie nicht ruhen lässt;
- **dehnbar**, wobei er das lockernde Kohlendioxid festhält und die Poren des Gebäckes bildet.

Kollagen

Bindegewebereiches Fleisch
Schwarten und Knorpel

Spargel in Aspik

Einschnitte bei Koteletts

Geronnene Milch wird zu Käse verarbeitet

Faserförmige (fibrilläre) Eiweißstoffe

Kollagen bildet ein Gel

Schwarten, Knorpel und Knochen enthalten viel Kollagen. Dieses wird durch Kochen gelöst und geht in die Flüssigkeit über.

- In **erkaltetem Zustand** geliert die Flüssigkeit, dies wird bei der Herstellung einer geeisten Kraftbrühe genutzt.

In gereinigter und getrockneter Form wird es als **Gelatine/Aspik** angeboten. Bei Verwendung wird Gelatine eingeweicht und in warmer Flüssigkeit gelöst. Dabei zeigt sich noch keine Bindung. Beim Abkühlen bildet sich eine Gallerte, z. B. bei Sülze/Aspikprodukten.

- In der kalten Küche gibt Gelatine Mousses von Gemüse Zusammenhalt und Stand.
- Der Patissier nutzt Gelatine, um geschlagene Sahne vor dem Absetzen von Flüssigkeit zu schützen, wie bei der Bayerischen Creme und Fruchtmousse. Auch für Weingelee wird Gelatine genutzt.

Bindegewebe verkürzt sich beim Erhitzen

Die einzelnen Fleischfasern sind vom Bindegewebe umschlossen und werden durch dieses zusammengehalten (Stützfunktion).

Bei Wärmeeinwirkung verkürzt sich das Bindegewebe, es zieht sich zusammen (gut erkennbar beim Ausbraten von Speckscheiben). Dabei drückt es den Fleischsaft aus den Fasern. Das Fleisch wird trocken. Durch entsprechende Behandlung des Fleisches wird dem entgegengewirkt:

- Klopfen: Bindegewebefasern reißen ein.
- Einschneiden: Speck- oder Bindegeweberand wird durchtrennt.
- Wolfen: Bindegewebe werden bei der Herstellung von Hackfleisch fein zerschnitten. Muskelfasern können sich nicht mehr zusammenziehen.

Zusammengesetzte Eiweißstoffe

Zusammengesetzte Eiweißstoffe bestehen aus Aminosäuren und mindestens einem weiteren Mineralstoff. Durch die Zusammensetzung von Mineralstoffen und Aminosäuren erhalten die gebildeten Proteine spezifische Eigenschaften, die bei der Lebensmittelherstellung genutzt werden.

Caseinogen	Myoglobin Hämoglobin
Milch Milchprodukte	Fleisch, Blut

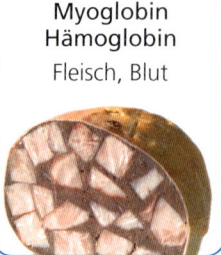

Myoglobin und Hämoglobin verändern die Farbe und geben Geschmack

Durch diese Eigenschaften finden diese Proteine ihre Verwendung bei der Wurstherstellung. Myoglobin verändert jedoch ab 70 °C seine Farbe, ein Steak z. B. wird grau. Rötliche Fleischwaren wie roher Schinken sind mit Nitritpökelsalz vorbehandelt, um das Grauwerden zu verhindern.

Caseinogen gerinnt durch Säure und Lab

Milch enthält den hitzestabilen Eiweißstoff Caseinogen. Die Milch gerinnt nicht. Kommt jedoch **Milchsäure** in die Milch, gerinnt das Eiweiß, es entsteht z. B. Sauermilch oder Joghurt. Wird die geronnene Milch erwärmt, trennt sie sich in Eiweißgerinnsel (Quark) und Flüssigkeit (Molke).

Ähnlich verhält sich die Milch, wenn ihr Lab zugesetzt wird. Lab ist ein Enzym aus dem Magen der Kälber. So wird z. B. Schnittkäse hergestellt.

4.5 Weiteres Wissen zu Eiweißen/Proteinen

Aminosäuren entstehen aus den Elementen Kohlenstoff (C), Wasserstoff (H), Sauerstoff (O) und Stickstoff (N) sowie häufig auch Schwefel (S).

Die Aminosäuren verketten sich wendelartig. Die Vielfalt der Eiweißarten entsteht, wenn verschiedene Aminosäuren sich in unterschiedlichen Folgen aneinanderfügen und ggf. zusätzlich andere Stoffe (Nichteiweißstoffe) anlagern.

Die vielen Eiweißarten unterscheidet man nach der Zusammensetzung und der Form.

Grundaufbau der Eiweiße

Unterscheidung nach der Form

Die gewendelten Eiweißstoffe formen sich weiter. Bilden sie kugelige Gebilde, nennt man sie **Globuline** (Globus – Kugel) oder **kugelförmige Eiweißstoffe**. Globulin ist reichlich enthalten in Fleisch, Fisch und Hülsenfrüchten.

Verbinden sich die Eiweißstoffe kabelartig, so nennt man sie **fibrilläre** Proteine oder **faserförmige Eiweißstoffe** (fiber [lat.] Faser). Die faserförmige Beschaffenheit gibt Festigkeit, wie sie für Bindegewebe erforderlich ist.

Verdauung von Nahrungseiweiß

Wie die anderen Nährstoffe müssen auch die Eiweißstoffe durch die Verdauung zu Bausteinen abgebaut werden. Bei Eiweiß sind das die **Aminosäuren**. Diese gelangen dann durch die Darmwand in den Blutkreislauf.

Der Eiweißabbau beginnt im **Magen**. Die **Salzsäure** des Magensaftes lässt das Eiweiß zunächst **gerinnen**. **Enzyme** spalten dann die Eiweißmoleküle in Bruchstücke. Diese werden anschließend von den Enzymen des Bauchspeichels und des Darmsaftes zu den Aminosäuren abgebaut.

Eiweißstoffe dienen dem Körper vorwiegend als **Baustoff**. Bei Kindern und Heranwachsenden ist das Eiweiß notwendig zum **Aufbau**, bei Erwachsenen zum **Ersatz** verbrauchter oder abgenutzter Körpersubstanz.

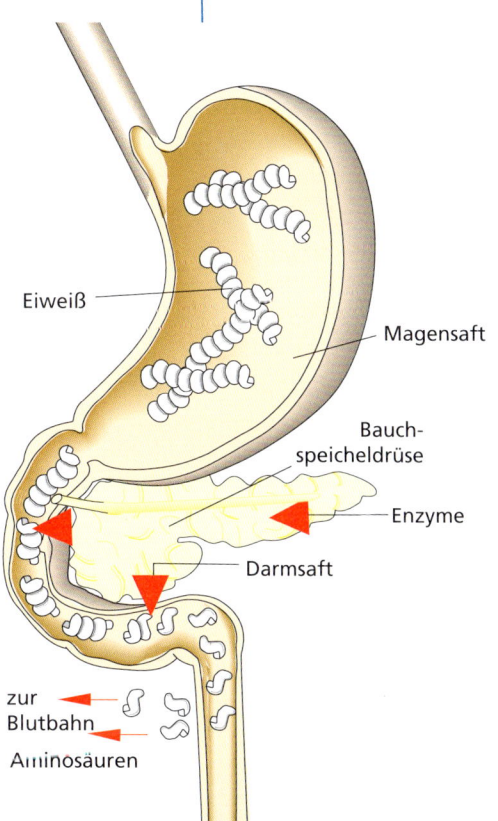

Verdauung von Eiweiß

5 Vitamine und Mineralstoffe

🇬🇧 vitamins and mineral nutrients 🇫🇷 vitamines (w) et substances (w) minéral

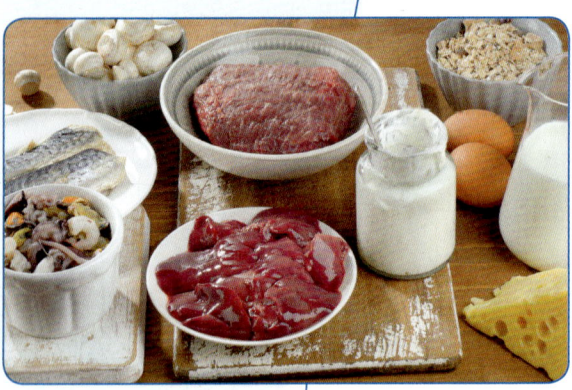

Zu einer gesunderhaltenden Ernährung gehört die Aufnahme von sogenannten **Wirkstoffen**, von **Vitaminen und Mineralstoffen**. Der Körper kann sie nicht bzw. nur in unzureichender Menge selbst bilden, sie müssen über die Nahrung aufgenommen werden. Wegen ihrer Aufgaben im Körper werden die Vitamine auch als **Regler- und Schutzstoffe**, die Mineralstoffe **als Regler- und Baustoffe** bezeichnet.

Obst und Gemüse sind die wichtigsten Lieferanten, aber auch Getreideprodukte, Kräuter, Milch, pflanzliche Öle, Fleisch und Fisch sollten auf dem Speiseplan nicht fehlen.

5.1 Ernährungsproblematik

Obwohl in Deutschland eine gute Versorgung der Nährstoff- und Wirkstoffdichte über die vorhandenen Lebensmittel möglich ist, kann die Aufnahme aus unterschiedlichen Gründen auch mangelhaft sein:

- **Einseitige Ernährung:** Dadurch wird eine ausreichende Erneuerung der verbrauchten Vitamine und Mineralstoffe verhindert. Reserven sind schnell aufgebraucht (z. B. Vitamin D) und es kommt zu körperlichen Einschränkungen.
- **Belastungssituationen:** Nach Krankheiten oder bei Stress und ungesunden Lebensgewohnheiten wie Rauchen kann ein deutlich spürbarer Wirkstoffmangel auftreten. Das gilt auch für Schwangere und stillende Frauen, Menschen in einer Wachstumsphase (Baby bis Jugendlicher), Leistungs- und Extremsportler.
- **Lieferantenwege und Lagerzeiten:** Vom Tag der Ernte bis zum tatsächlichen Verzehr vergeht oft viel Zeit. Wertvolle Inhaltsstoffe werden durch die äußeren Bedingungen ab der Ernte naturbedingt abgebaut. Unterstützt und beschleunigt wird ein Abbau auch durch falsche Lagerung.
- **Verarbeitung:** Unzureichende Kenntnisse bei der Zubereitung minimiert die Menge der Wirkstoffe zusätzlich.

Symptome beim Wirkstoffmangel

Wirkstoffmangel zeigt sich in einem schleichenden Prozess und wird daher oft nicht mit der Ernährungssituation in Verbindung gebracht. Anzeichen für eine unzureichende Wirkstoffaufnahme können z. B. sein:

- Müdigkeit und Kraftlosigkeit
- Konzentrationsschwierigkeiten und Gereiztheit
- Geschwächtes Immunsystem

5.2 Vitamine

Vitamine sind essenzielle organische Verbindungen. Sie sind durch Buchstaben oder Namen bezeichnet.
- Vitamin C = Ascorbinsäure
- Vitamin D = Calciferole

Einteilung der Vitamine

Man unterscheidet fettlösliche und wasserlösliche Vitamine.

Wasserlösliche Vitamine zirkulieren im Blut. Sie haben keinen bestimmten Speicherplatz im Körper. So gelangen sie auch in die Niere. Hohe Dosen von Vitamin C und B, die über die Nahrung oder mittels Präparaten zugeführt werden, werden von der Niere ausgefiltert und mit dem Urin ausgeschieden.

Fettlösliche Vitamine können in gewissem Umfang im Fettgewebe des Körpers und in der Leber gespeichert werden. Das hat den Vorteil, dass auch bei nicht ausreichender täglicher Zufuhr über einige Zeit die Versorgung mit den fettlöslichen Vitaminen aus dieser Reserve gesichert werden kann. Jedoch kann es unter Umständen durch die Einnahme von Vitaminpräparaten zu einer **Überversorgung** (Hypervitaminose) kommen.

Aufgaben der Vitamine

- **Vitamine sind Bestandteil von Enzymen**
Enzyme werden für den Zellstoffwechsel benötigt. Kohlenhydrate, Fette und Eiweiße werden von Enzymen in ihre kleinsten Bausteine „zerlegt".

Vitamine dieser Gruppe: B_1, B_2, B_6, Biotin und K

- **Vitamine haben spezielle Aufgaben**
Die Wirkung eines Vitamins im Organismus ist jeweils sehr speziell und nicht zu verallgemeinern. Vitamin D beeinflusst unter anderem positiv die Aufnahme von Kalzium. Die Tabelle zeigt weitere Funktionen der Vitamine.

Einflussfaktoren zum Erhalt von Vitaminen

Die Angaben in Nährstofftabellen sind nur als Durchschnittswert zu sehen. Je nach Sorte innerhalb einer Obstgruppe ändert sich der Vitamin-C-Gehalt erheblich. Während z. B. die Apfelsorte Jonagold bei 15 mg/100 g essbarem Anteil liegt, besitzt ein Topaz etwa 83 mg Vitamin C pro 100 g.

Eine Vielzahl anderer Faktoren beeinflusst den tatsächlich aufgenommenen Gehalt an Vitaminen, u. a. Lagerung, Lichteinfluss und Verarbeitung. Nicht alle Vitamine reagieren gleich stark oder schwach auf Einflüsse, deshalb ist ein bewusster Umgang mit Lebensmitteln wichtig. Folgende Regeln dienen der Erhaltung von Vitaminen:

Fettlösliche Vitamine
Vitamin A (Retinol)
Vitamin D (Calciferol)
Vitamin E (Tocopherol)
Vitamin K (Phyllochinon)

Wasserlösliche Vitamine
Vitamin C (Ascorbinsäure)
Vitamin B_1 (Thiamin)
Vitamin B_2 (Riboflavin)
Vitamin B_6 (Pyridoxal)
Vitamin B_{12} (Cobalamin)
Niacin
Pantothensäure
Biotin
Folsäure

Vitamin	Wichtig für spezielle Aufgaben	Enthalten in
A	Sehvorgang	Leber, Butter, Käse, Eigelb, Karotten
B_1	Stärkung des Nervensystems	Kartoffeln, Vollkornprodukte
B_2	Energiestoffwechsel	Fisch, Milch, Vollkorn, Muskelfleisch
B_{12}	Blutbildung, Wachstum	Quark, Käse, Eier, Fleisch
C	Schützt vor Infektionen + Krebs	Sanddorn, Gemüse (Paprika), Obst
D	Stärkt Knochen	Meeresfisch, Leber, Margarine (+ Sonne)
E	Schützt Nervensystem vor dem Altern	Sonnenblumenkerne, Mandeln, Rapsöl

- Gemüse und Obst möglichst regional mit kurzen Lieferwegen beziehen.
- Nur in Mengen bestellen, die in kurzer Zeit verarbeitet werden.

Einfluss von: Luft
Gehalt an Vitamin C

Einfluss von: Temperatur
Gehalt an Vitamin C nach 2 Tagen

- Gemüse und Obst kühl und dunkel aufbewahren.

- Rohstoffe unzerkleinert waschen, erst vor der Verarbeitung zerkleinern.

Einfluss von: Licht
Gehalt an Vitamin C nach 3 Stunden

Oberflächenbeschaffenheit
Gehalt an Vitamin C nach 12 Stunden in stehendem Wasser

- Geputzte Gemüse nicht in Wasser legen, sondern mit Folie abdecken.
- Geschälte Kartoffeln möglichst kurz und in möglichst wenig Wasser aufbewahren und später zerkleinern. Wasser wenn möglich zum Kochen verwenden, da sich gelöste Inhaltsstoffe darin befinden. Bei einem Ansatz mit neuem Wasser findet ein weiteres Auslaugen statt.
- Schonende Garverfahren wie Dämpfen oder Dünsten anwenden.
- Fertige Speisen schnell herunterkühlen und wiedererwärmen ist besser, als sie lange warm zu halten.

Wassermengen
Gehalt an Vitamin C bei Aufbewahrung in stehendem und fließendem Wasser nach

5.3 Mineralstoffe

Eingeteilt sind Mineralstoffe in zwei Gruppen.
Mengenelemente: Kommen im Organismus in höheren Konzentrationen vor (mehr als 50 mg pro kg Körpergewicht).
Spurenelemente: Sind im menschlichen Körper mit weniger als 50 mg pro Körpergewicht vorhanden.

● Mineralstoffe sind essenzielle anorganische Verbindungen.

Aufgaben und Vorkommen

Mineralstoffe beeinflussen wie auch die Vitamine Körperfunktionen. Daher sind die einzelnen Elemente nicht gegeneinander austauschbar.
Reglerfunktion: wie z. B. Regulierung des Wasserhaushaltes und Aufrechterhaltung der Nerven-Reizleitung
Baufunktion: d. h. Aufbau von Knochen und Zähnen
Die Tabelle zeigt die speziellen Aufgaben bestimmter Mineralstoffe, ihre Vorkommen und den empfohlenen Tagesbedarf.

Mengen-elemente	Spuren-elemente
Kalzium	Eisen
Kalium	Jod
Phosphor	Fluorid
Magnesium	Kupfer
Schwefel	Mangan
Natrium	Selen
Chlorid	Zinn

Mineralstoff	Aufgaben im Körper	Viel Mineralstoff ist enthalten in	Tagesbedarf
Kalzium	Bildung und Erhalt von Zahn- und Knochensubstanz	Milchprodukte, Brokkoli, Mineralwässer	1000 mg enthalten in: 850 ml Milch
Kalium	Regulierung des Wasserhaushalts, Stimulation der Muskeln und Nerven	Vollkorngetreide, Bananen, Blattgemüse	2000 mg enthalten in: 500 g Bananen
Magnesium	Aufbau von Knochen, Leitung von Nervenimpulsen	Nüsse, Getreide, Mineralwasser, Fleisch, grünes Gemüse	350 mg enthalten in: 75 g Sonnenblumenkernen
Natrium	Regulierung des Wasserhaushalts	Wurstwaren, Kochsalz, Brot	550 mg enthalten in: 50 g Briekäse
Chlorid	Regulierung des Wasserhaushalts	alle kochsalzhaltigen Lebensmittel	830 mg
Fluorid	Herabsetzung der Kariesanfälligkeit, Stabilisierung des Knochens	Mit Fluor angereichertes Speisesalz, Mineralwasser, schwarzer Tee, Walnuss	1–3 mg Nicht genau bestimmbar, da in den Lebensmitteln unterschiedlich stark vorhanden.
Eisen	Sauerstofftransport	Fleisch, Fisch, Vollkorngetreide	15mg enthalten in: 100 g Blutwurst
Jod	Bildung von Schilddrüsenhormonen	Seefisch, Jodsalz, Eier	200 Mikrogramm enthalten in: 450 g Scholle oder 8 g Jodsalz

Einflussfaktoren zum Erhalt von Mineralstoffen

Mineralstoffe sind wasserlöslich. Darum entstehen beim Waschen, beim Aufbewahren von Gemüsen in Wasser, beim Blanchieren und Kochen große Verluste. Daher ist zu beachten:

- Vollkornprodukte den Vorzug vor Weißmehlerzeugnissen geben.
- Gemüse möglichst kurz und unzerkleinert waschen.
- Geputzte Gemüse nicht längere Zeit in Wasser legen.
- Einweich- und Kochwasser möglichst weiterverwenden, da sich gelöste Inhaltsstoffe im Wasser befinden.
- Schonende Garverfahren wie Dämpfen und Dünsten anwenden.

6 Begleitstoffe/Bioaktive Substanzen

🇬🇧 dietary fibres 🇫🇷 fibres (w) alimentaires

6.1 Ballaststoffe

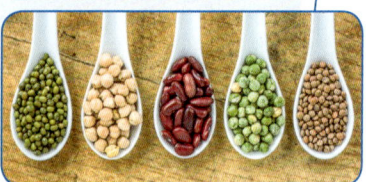

Ballaststoffe gehören zu einer gesunden Ernährung unbedingt dazu. Eine ausgewogene Auswahl an Vollkornerzeugnissen oder Produkten mit Öl-saaten und anderen pflanzlichen Zusätzen leistet einen wertvollen Beitrag zur Deckung des Tagesbedarfs.

Ballaststoffe sind unverdauliche Bestandteile von Lebensmitteln. Obwohl die meisten Ballaststoffe chemisch den Kohlenhydraten zuzuordnen sind, gehören sie aufgrund des **nicht** vorhandenen Nährwertes **nicht** zu den Nährstoffen. Sie sind ausschließlich **Begleitstoffe** der Nahrung. Sie nehmen eine Sonderrolle in der Ernährung ein und wurden in der Vergangenheit lange unterschätzt.

Arten und Vorkommen

Ballaststoffe kommen in verschiedenen pflanzlichen Nahrungsmitteln in unterschiedlicher Menge vor. Sie bilden dort den Gerüststoff. Sie unterscheiden sich in ihrer Löslichkeit:

Wasserunlöslich aber **quellfähig**, besonders in warmem Wasser:
- Zellulose: in Vollkorngetreide, Obst, Gemüse
- Hemizellulose: in Vollkorngetreide, Hülsenfrüchten
- Lignin: in Obstkernen, Gemüse (Fäden bei grünen Bohnen), Getreide

Wasserlöslich, kann Wasser bis zum 100-Fachen seines Eigengewichtes binden:
- Pektin: in Obst (besonders Äpfel, Quitten, Aprikosen), Gemüse

Der Begriff „Ballaststoffe" stammt noch aus der Zeit, in der die Begleitstoffe als „überflüssiger Ballast" angesehen wurden. Die scheinbar nutzlosen Bestandteile der Nahrung wurden entfernt, beispielsweise beim Getreide. Man trennte die Schalenteile des Getreidekorns vom hellen Mehlkörper und erhielt ein „weißeres" Mehl.

Warum sind Ballaststoffe keine Nährstoffe?

Unserem Körper fehlen die richtigen Enzyme, also das „Werkzeug", um die Ballaststoffe aufzuspalten. Damit kann z.B. Zellulose nicht in seine kleinen Bausteine (Traubenzucker) zerteilt werden. Die großen Ballaststoffmoleküle müssen im Darm verbleiben und können dem Organismus keine Energie zur Verfügung stellen.

Stattdessen erhöhen die Ballaststoffe das Nahrungsvolumen im Verdauungstrakt. Später werden sie von den Darmbakterien im Dickdarm zersetzt und als Bestandteil des Kots ausgeschieden.

Eigenschaften und Bedeutung von Ballaststoffen

Wasserunlösliche Ballaststoffe sind quellfähig.

In Lebensmitteln: Quell- und Brühstücke bei der Vollkornbrotherstellung. Bestandteile des Korns binden Flüssigkeit und geben dem Brot Saftigkeit.

Im Organismus: Vergrößern das Stuhlvolumen, bewirken eine weiche Stuhlkonsistenz, verhindern Verstopfung und verkürzen die Zeit, die die Nahrung im Verdauungskanal verbringt.

Wasserlösliche Ballaststoffe binden Wasser.

> **In Lebensmitteln**: Geliermittel für Konfitüren und Gelees, dienen als Zusatz zu kalorienverminderten Lebensmitteln (Backwaren, Snacks, Wurstwaren, Getränken).

> **Im Organismus**: Verzögern die Magenentleerung und die Aufnahme von Einfachzuckern aus dem Dünndarm in das Blut, was den Blutzuckerspiegel verringert (Diabetes mellitus!).
> Positive Beeinflussung des Cholesterinspiegels.

- Darüber hinaus senken Ballaststoffe das Erkrankungsrisiko für Dickdarmkrebs, weil schädliche Stoffe nicht so lange im Darm bleiben.
- Ballaststoffreiche Lebensmittel haben allgemein einen guten Sättigungseffekt. Sie müssen gut gekaut werden, man isst langsamer und merkt frühzeitig, wenn man satt ist. Das Sättigungsgefühl hält länger an, sodass weniger zwischendurch gegessen wird.
- Außerdem leisten ballaststoffreiche Lebensmittel oft einen guten Beitrag zur Vitamin- und Mineralstoffversorgung.

Ballaststoffanteil in 100 g verzehrfähigem Lebensmittel:	
Knäckebrot	14,8 g
Roggenvollkornbrot	8,1 g
Weizenbrot	3,2 g
Möhren	3,6 g
Erbsen, getrocknet	16,6 g
Leinsamen	38,6 g
Weißkohl	2,9 g
Aprikose, getrocknet	17,7 g
Aprikose, frisch	1,5 g

Ballaststoffreiche Ernährung

Es ist einfach, den Verzehr von Ballaststoffen zu steigern. Die guten Ballaststoffquellen sind „normale" Lebensmittel: Vollkorngetreide und -produkte, Kartoffeln, Gemüse, insbesondere Kohlarten und Hülsenfrüchte, sowie Obst. Die DGE empfiehlt 30 g Ballaststoffe pro Tag. Wichtig: Die Aufnahme von Ballaststoffen erfordert, auch genügend Flüssigkeit zu sich zu nehmen.

Eine plötzliche Umstellung auf ballaststoffreiche Ernährung kann am Anfang zu Blähungen, Druck- und Völlegefühl führen.

Primär: erstrangig – am wichtigsten
Sekundär: zweitrangig – am zweitwichtigsten

6.2 Sekundäre Pflanzenstoffe

Den Pflanzen dienen **sekundäre Pflanzenstoffe** als Farbpigmente, Boten-, Schutz- und Lockstoffe. **Primäre Pflanzenstoffe** (Kohlenhydrate, Fette, Eiweiße) werden von Pflanzen für wichtige Vorgänge gebildet.

Für die Gesunderhaltung sind die sekundären Pflanzenstoffe wichtig: sie haben bei ausreichendem Verzehr eine vorbeugende Wirkung.

> Freie Radikale sind sehr aktive Stoffe, die Körperzellen schädigen. Langfristig können freie Radikale so eine Krebserkrankung begünstigen.

Wirkung von sekundären Pflanzenstoffen (Beispiele)

- Schützen vor schädlicher Wirkung freier Radikale im Körper und beugen somit Krebs vor.
- Wirken sich positiv auf den Blutzuckerspiegel aus.
- Kräftigen das Immunsystem und wirken Entzündungen entgegen.
- Schützen vor Herz-Kreislauf-Erkrankungen.

Wichtigste Vertreter

- **Carotinoide** sind für die rötliche und gelbe Farbe von Obst und Gemüse wie Orangen oder Tomaten verantwortlich.
- **Sulfide** lassen Zwiebeln und Knoblauch stechend riechen.
- **Flavonoide** sorgen für kräftige Blau- und Lilatöne, wie sie in Weintrauben oder Rotkohl vorkommen.
- **Glucosinolate** verursachen den typischen Geschmack von Kohl, Meerrettich und Senf.

> Sekundäre Pflanzenstoffe sind vorwiegend in allem farbigen Obst und Gemüse.

7 Verdauung und Stoffwechsel im Organismus

 digestion and metabolism ◆ digestion (w) et métabolisme (m)

> Der **Stoffwechsel** stellt die Gesamtheit aller lebensnotwendigen biochemischen Vorgänge beim Aufbau, Umbau und Abbau des Organismus dar.
> Die beim Auf- und Umbau von Nährstoffen benötigte Energie wird durch den Abbau anderer Nährstoffe gewonnen.

Unsere Nahrung geht in den **Stoffwechsel** des Körpers ein. Die Vorgänge des Abbaus und Aufbaus der Nährstoffe finden ständig statt, wir müssen nicht darüber nachdenken. Es wird vom Organismus selbst geregelt. Viele Rädchen müssen perfekt ineinandergreifen, damit alle Prozesse reibungslos ablaufen. Wenn wir Schmerzen haben oder uns unwohl fühlen, signalisiert uns der Körper Störungen.

Hormone sind die Botschafter der Stoffwechsel-Prozesse. Sie stellen sicher, dass wichtige Informationen und Befehle von einem Organ oder einem Gewebe zum anderen übermittelt werden und alles aufeinander abgestimmt ist.

Enzyme lösen die dazu notwendigen chemischen Reaktionen aus bzw. beschleunigen sie. Sie verändern sich selbst dabei nicht.

Enzyme

Das Stoffwechselgeschehen aller Lebewesen wird durch das Wirken von Enzymen ermöglicht. Ihre Fähigkeit besteht darin, dass sie Energien für ganz bestimmte Vorgänge und chemische Reaktionen freisetzen, ähnlich wie bei einem Zündvorgang. Das Enzym selbst bleibt – wie eine Zündkerze – unverändert.

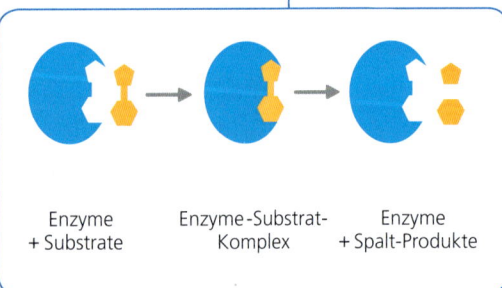

Enzyme + Substrate	Enzyme-Substrat- Komplex	Enzyme + Spalt-Produkte

Wirkung von Enzymen nach dem Schlüssel-Schloss-Prinzip

Enzyme bestehen aus einem Eiweißkörper und einem weiteren Teil, z. B. einem Vitamin oder Mineralstoff. Dieser Teil wird **aktives Zentrum** genannt. Das aktive Zentrum hat eine Form, die haargenau zu dem Stoff (das Substrat) passt, der gerade reagieren soll. Die „Starthilfe" funktioniert also nach dem Schlüssel-Schloss-Prinzip.

Spezielle Sekretdrüsen, z. B. die Mundspeicheldrüse oder die Bauchspeicheldrüse, aber auch Körperzellen sind in der Lage, je nach Bedarf die Enzyme zu bilden und bereitzustellen.

Der Wortstamm des Namens eines Enzyms sagt etwas über das Substrat aus, für das es verantwortlich ist.
Enzyme enden immer auf der Silbe -ase.

Die Wirkung von Enzymen ist
- **stoffspezifisch** (substratspezifisch): Jedes Enzym (Schlüssel) kann meist **nur** die Reaktion für einen Nährstoff (Schloss) ermöglichen.

Für die Verdauung gibt es z. B. folgende Enzyme:

Proteasen	spalten	Protein (Eiweiß)	in	Aminosäuren
Lipasen	spalten	Lipid (Fett)	in	Glyzerin und Fettsäuren.
Amylasen	spalten	Amylose (Stärke)	in	Zweifachzucker.
Saccharasen	spalten	Saccharose (Zucker)	in	Traubenzucker und Fruchtzucker.

Beispiel Stärkeabbau: Für jede Stufe ist ein anderes Enzym erforderlich. So kann z. B. die Amylase nur den Vielfachzucker Stärke in Zweifachzucker spalten. Dieses Beispiel aus dem Bereich der Kohlenhydrate ist auf alle anderen Stoffe übertragbar.

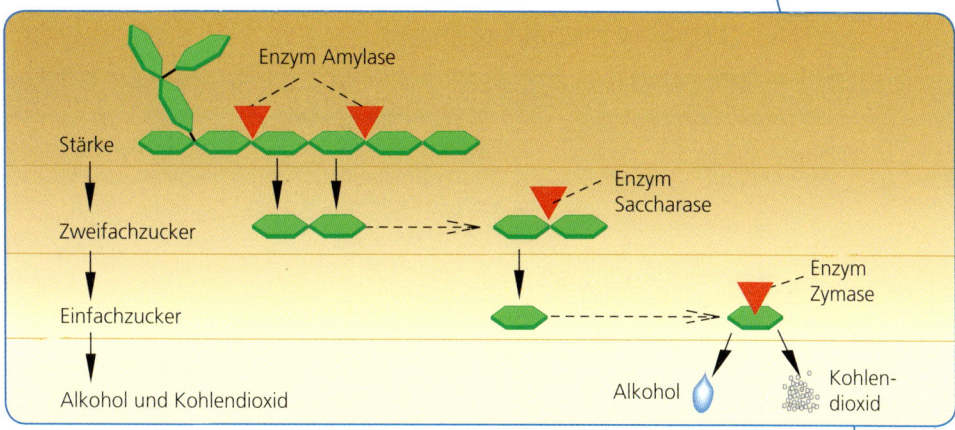

- **wirkungsspezifisch**: Jedes Enzym kann nur eine bestimmte Wirkung einleiten, z. B. Aufbau von Fett im Unterhautfettgewebe oder Abbau von Proteinverbindungen zu einzelnen Aminosäuren.

Die Verdauung – die Vorbereitung für den Stoffwechsel

Als Verdauung bezeichnet man die
- Zerkleinerung der Nahrung sowie die folgende
- enzymatische Aufspaltung der Nährstoffe in einfache, lösliche Bausteine im Verdauungstrakt.

Wege der Verdauung

Mund: Im Mund kommt es zu einer mechanischen Zerkleinerung der aufgenommenen Nahrung. Mithilfe des Speichels wird der Nahrungsbrei gleitfähig und gelangt so über die Speiseröhre zum Magen. Im Speichel befindet sich das Enzym Amylase, das die Stärke zu großen Bruchstücken und Malzzucker aufspaltet.

Magen: Magensäure (Salzsäure) sorgt innerhalb von 30–60 Minuten für die Durchsäuerung des gesamten Mageninhalts und die Zerkleinerung des Nahrungsbreis. Durch die Säure wird Amylase unwirksam gemacht. Außerdem werden Eiweiße denaturiert und eingedrungene Krankheitskeime größtenteils abgetötet. Anschließend wird der Speisebrei in den Zwölffingerdarm entlassen.

Darm: In den ersten Teil des Darmkomplexes, den Zwölffingerdarm, wird Gallensaft aus der Leber eingeführt. Das Fett wir durch den Gallensaft emulgiert, es entstehen feine Fetttröpfchen. Nun kann das fettspaltende Enzym Lipase gleichmäßig wirken. Die Bauchspeicheldrüse versetzt den Nahrungsbrei mit allen notwendigen Enzymen (Amylasen, Saccharasen, Lipasen und Proteasen). Im fünf Meter langen Dünndarm kommt es zum Zerlegen der Nahrung in ihre Bestandteile
- Einfachzucker (s. S. 86),
- Fettsäuren und Glyzerin (s. S. 93)
- Aminosäuren (s. S. 101/102)

Auf diese Weise werden die aufgenommenen Nährstoffe darauf vorbereitet, über die Dünndarmwand in das Blut und damit in den gesamten Organismus zur weiteren Nutzung zu gelangen. Die Übergabe in das Blut und in die Lymphe heißt **Resorption**.

Die Verdauungsorgange des Menschen

Die Verdauungsorgane des Menschen

Wirkung von Gallensäuren

Nährstoffe werden zu Bausteinen

	Mund	Magen	Galle	Bauchspeicheldrüse	Blut / Lymphe
Kohlen-hydrate	Enzyme des **Mundspei-chels** beginnen mit dem Abbau von Stärke.			Enzyme der **Bauchspeicheldrüse** zer-legen Zuckerstoffe weiter. Enzyme des **Darmsaftes** zerlegen restlichen Zweifach- zu Einfachzucker.	**Einfachzucker** werden vom **Blut** aufgenommen.
Eiweiß		Salzsäure und Proteasen leiten im **Magen** den Eiweißabbau ein.		Enzyme in **Bauch-**speichel und **Darmsaft** zerlegen die Eiweißteile zu Aminosäuren.	**Aminosäuren** werden vom **Blut** aufgenommen.
Fett			Gallensaft emulgiert Fett zu feinsten Tröpfchen.	Das Enzym Lipase aus **Bauchspeicheldrüse** spaltet Fett in Glyzerin und Fettsäuren.	**Glyzerin** und **Fett-säuren** werden von der **Lymph-bahn** auf-genommen.

Ballaststoffe verbleiben länger im Darm, da ver-sucht wird, diese zu verwerten. Das gelingt meist nicht. Doch durch die „längere" Zeit im Darm lagern sie gesund-heitsschädigende Stoffe an, die mit ihnen ausge-schieden werden. Damit wird Darmerkrankungen vorgebeugt.

Dickdarm und Enddarm: Die nicht verwertbaren Teile wandern zum Dickdarm. Dort wird der Nahrungsbrei durch Bakterien abgebaut, und das restliche Wasser wird entzogen. Der zu Kot geformte Rest ge-langt über den Enddarm und den After aus dem Körper.

Nahrungs-Stoffwechsel

Der Blutkreislauf ist ein Straßengeflecht. Er ist der Weg, über welchen die Nährstoffe in alle Zellen des Körpers geschleust werden. Ist von „Nahrung verstoffwechseln" die Rede, ist damit der Prozess gemeint, der nach der Verdauung und dem Transport über die Blutbahn in den Zellen passiert.

Das Stoffwechselgeschehen kann z. B. nach den verarbeiteten Substanzen gegliedert werden:

- **Kohlenhydratstoffwechsel:** In der Verdauung wurden die komplexen Kohlenhydrate aus der Nahrung in Einfachzucker zerlegt. Die Zucker-moleküle gelangen über das Blut in die Zellen, wo der eigentliche Stoffwechselprozess stattfindet. Der Körper kann aus den Einfachzu-ckern Energie gewinnen. Steht gerade genügend Energie zur Verfü-gung, wird der Einfachzucker in der Leber und der Muskulatur zu neu-en Mehrfachzuckern (Glykogen) zusammengesetzt und gespeichert.
- **Eiweißstoffwechsel:** Bei der Verdauung von Eiweißen entstehen Ami-nosäuren. Diese gelangen über die Blutbahn in die Zellen. Dort dienen sie zum Aufbau von Muskelzellen, Hormonen und Enzymen sowie zur Energiegewinnung.
- **Fettstoffwechsel:** Fett dient der Energiegewinnung in den Zellen und ist der wichtigste Energiespeicher. Cholesterin wird unter anderem für die Bildung von Hormonen und Botenstoffen benötigt. Was der Körper nicht braucht, speichern die Fettzellen für schlechte Zeiten. Außerdem besteht jede Körperzelle aus einer Doppel-Lipid-Schicht.

- **Mineralstoffwechsel**: Hier wird zum Beispiel Kalzium und Phosphor zum Aufbau der Knochen bereitgestellt und gleichzeitig gespeichert.
- **Weitere Stoffwechselreaktionen**: Durch die Verarbeitung des Nahrungsbreis erhält der Organismus eine Vielzahl an Vitaminen und Spurenelementen. Diese sind wichtig zur Vorbeugung vor Krankheiten. Vitamine sind zudem an vielen Körpervorgängen beteiligt, u. a. am gesamten Nahrungs-Stoffwechsel.

Zusatzwissen

Enzyme in Lebensmitteln

In Lebensmitteln – also nicht mehr lebenden ehemaligen Lebewesen – befinden sich auch Enzyme. Ihre Wirkungen sind spürbar bei der Lagerung und der Verarbeitung. Die Wirkungen können erwünscht sein (dann werden sie im Verarbeitungsprozess der Lebensmittel aktiv eingesetzt) oder unerwünscht (dann müssen sie im Verarbeitungsprozess unterbunden werden).

Die Wirksamkeit der Enzyme ist abhängig

- **von der Temperatur**. Bis ca. 40 °C steigt die Wirksamkeit an; bei höheren Temperaturen wird das Eiweiß geschädigt, es verändert sich und die Wirksamkeit des Enzyms lässt nach.
- **vom verfügbaren Wasser (a_w-Wert)**. Für die Veränderungen muss Wasser vorhanden sein, damit sich die Teilchen „bewegen" können. Das Wasser, das für die Enzyme verfügbar ist, nennt man auch aktives Wasser.
- **vom Säurewert (pH-Wert)**. Die Enzyme bevorzugen neutrale bis leicht saure Umgebung. Durch eine Verschiebung des pH-Wertes kann deshalb die Enzymtätigkeit beeinflusst werden.

Bei der Herstellung von Lebensmitteln beeinflusst man die Wirkung der Enzyme:

- **Hemmen** der Enzymtätigkeit, z. B. beim Blanchieren von Gemüse vor dem Frosten oder durch die Zugabe von Säure (Essigsäure, Benzoesäure) zur Konservierung.
- **Fördern** der Enzymtätigkeit, z. B. beim Fermentieren von Tee und Kaffee.

Enzymtätigkeit ist sichtbar

Enzymtätigkeit beachtet

Erwünschte Enzymreaktionen	Unerwünschte Enzymreaktionen
• Unterstützen der Hefegärung durch den Abbau von Mehrfachzucker zu Einfachzucker. • Verantwortlich für das Reifen von Fleisch.	• Ranzigwerden von Fett • Braunwerden von Obst • Verderben von Fleisch

8 Wasser water | l'eau (w)

Ein erwachsener Mensch besteht etwa zu 50–60 % aus Wasser. Der tatsächliche Gehalt ist abhängig vom Geschlecht und der vorhandenen Fettmasse. Im Alter sinkt der Anteil nochmals auf 45–50 %. Der Wasserverlust, der während eines Tages natürlicherweise entsteht, muss über die Aufnahme von Wasser, Getränken oder wasserhaltigen Lebensmitteln ausgeglichen werden. Ab 1 % Verlust des Körperwassers entsteht Durst, bereits 3 % Verlust führt spürbar zu einer körperlichen und geistigen Leistungseinschränkung.

8.1 Wasserbilanz

Der menschliche Körper „funktioniert" bei der Flüssigkeitsaufnahme automatisch. Flüssigkeitsverluste zeigt er in Form von Durst. Die Wasserbilanz einer durchschnittlichen Person:

Wasserbilanz eines Erwachsenen (ml/Tag)

Getränke 1440
Wasser in fester Nahrung 875
Oxidationswasser 335

Urin 1440
Stuhl 160
Haut 550
Lunge 500

Gesamtwasseraufnahme 2650   **Wasserabgabe 2650**

Wasserverluste schwanken je nach körperlicher Betätigung oder Umgebungstemperatur. Nimmt der Körper zu wenig Flüssigkeit auf, kommt es zu einer Störung des Wasserhaushaltes, der Körper dehydriert. Im Sommer wird daher die Flüssigkeitszufuhr erhöht. Dies ist wichtig, da der Körper mit dem vorhandenen Wasser viele Aufgaben erledigen muss.

Aufgaben von Wasser im Körper

- Als **Lösungsmittel** hilft Wasser die Bausteine der Nährstoffe sowie die Vitamine und Mineralstoffe aus den Speisen zu lösen. So können sie die Darmwand durchdringen und im Blut zu den Körperzellen transportiert werden.
- Als **Transportmittel** nimmt Wasser die gelösten Stoffe in Blut und Lymphe auf und bringt sie zu den Verbrauchsstellen. Von dort werden die Rückstände zu Leber und Nieren gebracht.
- Als **Bestandteil** von z. B. Proteinen dient Wasser dem Körper als Baustoff. Im Alter nimmt der Wassergehalt des Körpers ab, damit auch die Körpermasse. Die gebildete Haut wird faltig und runzelig.
- Zur **Wärmeregelung** gibt der Körper durch die Poren der Haut Wasser ab. Dieses verdunstet und kühlt dadurch den Körper ab.

Ohne Flüssigkeitszufuhr

Ohne Flüssigkeit kann ein junger, gesunder Mensch ungefähr 3-4 Tage durchhalten. Wenn ein Mensch verdurstet, bricht der Kreislauf zusammen bzw. er wird innerlich vergiftet, weil die körpereigenen Gifte nicht mehr über den Urin abgeführt werden können. Zudem verändert sich der pH-Wert, was sich ebenfalls lebensbedrohlich auswirkt.

Empfohlene Flüssigkeitszufuhr

Je jünger eine Person ist, eine desto höhere Flüssigkeitszufuhr wird empfohlen. Der DACH-Referenzwert liegt für Jugendliche von 15 bis 19 Jahren bei 40 ml/kg Körpergewicht. (Erwachsene 25 bis 51 Jahre: 35 ml/kg Körpergewicht)

Richtig Richtiges trinken

Im Sommer reagiert der Körper auf Wärme mit Schweißausbruch. Stellt der Körper Unterschiede zwischen der Körperinnentemperatur und der gefühlten Außentemperatur fest, beginnt das Schweißtreiben. Trinkt man sehr kalte Getränke, ist diese Differenz noch größer, der Körper schwitzt noch mehr. Das stresst und ist belastend. Man sollte zimmerwarme Getränke wie Mineralwasser, Leitungswasser, Kräuter- oder Früchtetees, Gemüse- oder Obstsäfte zu sich nehmen. Außerdem sollte man vermehrt Obst und Gemüse essen. Deren Wassergehalt liegt in der Regel bei über 80 % und kann damit zur Versorgung mit Flüssigkeit beitragen.

8.2 Wasser als Arbeitsmittel

Chemisch reines **Wasser (H$_2$O)** setzt sich aus zwei Atomen Wasserstoff und einem Atom Sauerstoff zusammen. Im natürlichen Wasserkreislauf durchdringt der Regen jedoch verschiedene Erdschichten. Diese wirken einerseits als Schmutzfilter, andererseits löst das Wasser aus diesen Schichten Mineralstoffe. Nur ein kleiner Teil des verbrauchten Wassers wird für die Herstellung von Lebensmitteln verwendet. Weit mehr wird für die körperliche Pflege oder den täglichen Toilettengang benötigt.

Wird Wasser verwendet, zeigen sich gelöste Mineralstoffe auf Arbeitsflächen oder an Rändern von Gefäßen. Wird Wasser erhitzt, werden Kalkablagerungen in Gargeschirr, Kaffeemaschinen oder in Kombidämpfern deutlich sichtbar. Man spricht in diesem Fall von **hartem Wasser**.

Die Menge der im Wasser gelösten Mineralstoffe bestimmt die Wasserhärte. Sie wird nach der internationalen Einheit **Millimol (mmol/l)** gemessen (in Deutschland ist die Einheit „deutscher Härtegrad" noch gängig). Besonders hartes Wasser ist in Mecklenburg-Vorpommern vorhanden, weiches Wasser dagegen im Saarland. Ein häufiges Entkalken der belasteten Gegenstände ist aus technischer, geschmacklicher und hygienischer Sicht nötig. Eine Entkalkungsanlage ist in bestimmten Gegenden daher hilfreich.

Küchentechnische Eigenschaften

Wasser löst Stoffe

Durch den besonderen **chemischen Aufbau** des Wassermoleküls verhalten sich die einzelnen Wasserteilchen wie Magnete: Sie haben einen **positiven** und einen **negativen Pol**. So können sie sich leicht zwischen andere Stoffe schieben und deren Anziehungskräfte aufheben. So bleiben dann z. B. Aroma- und Geschmacksstoffe im Wasser gelöst.

Die **lösende Wirkung** des Wassers ist

- **erwünscht** bei Aufgussgetränken wie Tee oder Kaffee oder bei der Herstellung von Bouillon.

Nach dem deutschen Lebensmittelrecht muss Trinkwasser klar, farb-, geruch- und geschmacklos sein und darf keine gesundheitsschädlichen Stoffe enthalten. Zunehmende Belastung findet das Trinkwasser jedoch durch die Land- und Tierwirtschaft. Durch Bewässerung ist auch zunehmend unser Gemüse und Obst belastet.

Entkalken ist nötig

Technisch: Geräte überhitzen bei Kalkablagerungen schneller, sind also eher defekt. Der Kalk greift auch die Metalle der Geräte an.
Geschmacklich: Unterschiedliche Zusammensetzung von Mineralstoffen verändert den Geschmack, ebenso die Ablagerungen. Man merkt dies bei Getränken wie Tee oder Kaffee.
Hygienisch: In den Ablagerungen setzen sich Bakterien ab. Bei einer Wassertemperatur von etwa 60 °C, meist jedoch darunter, finden Bakterien einen besonders guten Nährboden zur Vermehrung. Dies wird besonders bei Armaturen deutlich.

Heißes Wasser ist „beweglicher" als kaltes und löst darum schneller.

- **unerwünscht**, wenn Verluste vermieden werden sollen. Dann bringt man die Lebensmittel möglichst nur kurz mit Wasser in Berührung. Beispiel: Gemüse kurz und unzerkleinert mit kaltem Wasser waschen.

Wasser laugt aus.
① frisches Kaffeepulver   ② frisches Kaffeepulver   ③ heißes Wasser (Lösemittel)   ③ Kaffee (Extraktlösung)

① heißes Wasser (Lösemittel)
② frisches Kaffeepulver   ③ Kaffee (Extraktlösung)

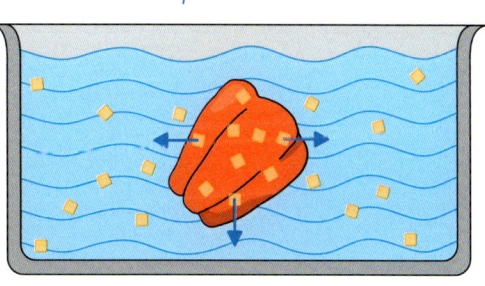

Druck und Kochen

An der Küste kocht Wasser bei etwa 98 °C. In den Bergen, je nach Höhenlage, auch schon unter 90 °C. Die Kochzeit wird maßgeblich verändert. An der Küste sind z. B. Kartoffeln schneller gar als in den Bergen.

Wasser lässt Lebensmittel aufquellen

Manchen Lebensmitteln wie Linsen, gelben Erbsen, Pilzen oder Dörrobst wird das **Wasser entzogen**, um sie **haltbar** zu machen. Bringt man diese Lebensmittel wieder ins Wasser, weicht man sie also ein, so saugen sie sich mit Wasser voll und quellen. Durch das Austreten von Eiweiß- oder Mineralstoffen entstehen dabei auch Auslaugverluste. Das Einweichwasser ist möglichst bei der Weiterverarbeitung mit zu verwenden, z. B. bei der Herstellung eines Erbseneintopfes.

Wasser dient als Garmedium

Bei den **feuchten Garverfahren** (siehe S. 215) wird die Wärme durch Wasser und Dampf auf die Lebensmittel übertragen.

Bei **höherer Temperatur** laufen **Garvorgänge rascher** ab, die Gardauer wird dadurch verkürzt. Während Wasser bei normalem Luftdruck bei etwa 100 °C kocht, steigt der Siedepunkt bei höherem Druck. Dieser erwünschte Überdruck entsteht z. B. im Steamer. Verringert man den Druck, so kocht das Wasser bereits bei geringerer Temperatur.

9 Energieaufnahme

🇬🇧 full value nutrition 🇫🇷 régime (m) alimentaire complet

Eine vollwertige Ernährung soll die Leistungsfähigkeit des Menschen fördern und ernährungsbedingte Erkrankungen vermeiden helfen. Industriell betriebene Landwirtschaft und industrielle Speisenproduktion erlauben es uns, zu jeder Zeit fast alle Lebensmittel zu erhalten und zuzubereiten. Durch den vorhandenen Überfluss entstehen aber schnell Fehler bei der Ernährung.

Dabei ist für den benötigten persönlichen Energieverbrauch eine einfache Berechnung möglich.

Die Fehler	
Wir essen	➡ zu viel
	➡ zu süß
	➡ zu fett
und die Folgen	
➡ zu viel Energie	➡ zu viel Gewicht

Grundumsatz	Leistungsumsatz	Energiebedarf

9.1 Energiebedarf

Der Körper benötigt selbst bei Ruhe und Schlaf eine gewisse Energiemenge zur Erhaltung der Lebensvorgänge wie Atmung, Kreislauf, Verdauung. Diese nennt man **Grundumsatz**.

Der Grundumsatz ist abhängig von

- **Alter** – mit zunehmendem Alter wird der Grundumsatz geringer.
- **Geschlecht** – Frauen haben im Verhältnis zu Männern weniger Muskelmasse, benötigen daher weniger Energie.
- **Körpermasse** – je „gewichtiger", desto höher der Grundumsatz.

Weitere wichtige Einflussfaktoren sind z. B. Krankheiten, Schwangerschaft, Stress oder genetische Veranlagung.

> **Berechnung des Grundumsatzes (GU):**
>
> Formel GU pro Tag:　　　　**GU = kg × 100 kJ**
>
> Formel GU pro Stunde:　　**GU = kg × 100 kJ/24**

> **Beispielrechnung**
> Peter wiegt 76 kg
> **Grundumsatz** pro Tag:
> 76 kg × 100 kJ = **7600 kJ**
> **Grundumsatz** pro Stunde:
> 7600 kJ/24 = **317 kJ**

Neben dem Grundumsatz wird noch **Energie für Tätigkeiten** benötigt, die während eines Tages anfallen. Dazu zählen neben dem Weg zur Arbeit auch die körperlichen Leistungen bei der Arbeit, während der Freizeit – oder einfach nur die Denkleistung. Die benötigte Energiemenge wird als **Leistungsumsatz** bezeichnet.

Je nachdem, wie leicht oder schwer eine durchgeführte körperliche Leistung ist, ändert sich auch der Leistungsumsatz. Zur Vereinfachung der Berechnung hat die DGE **Referenzwerte** für die Berechnung der benötigten **Gesamtenergiemenge** erstellt. Diese berücksichtigen Arbeitsschwere und Freizeitverhalten und werden als **PAL (p**hysical **a**ctivity **l**evel**)** bezeichnet. Zur Ermittlung der Gesamtenergiemenge wird der **Grundumsatz mit dem PAL-Wert multipliziert.**

Refenzwert PAL

Arbeitsschwere und Freizeitverhalten	PAL	Beispiele
Ausschließlich sitzende oder liegende Lebensweise	1,2	Alte, gebrechliche Menschen
Ausschließlich sitzende Tätigkeit mit wenig oder keinen anstrengenden Freizeitaktivitäten	1,4–1,5	Buroangestellte, Feinmechaniker
Sitzende Tätigkeit, zeitweilig auch zusätzlicher Energieaufwand für gehende und stehende Tätigkeiten	1,6–1,7	Laboranten, Kraftfahrer, Studierende, Fließbandarbeiter
Überwiegend gehende oder stehende Tätigkeiten	1,8–1,9	Hausfrauen, Verkäufer, Kellner, Mechaniker, Handwerker
Körperlich anstrengende berufliche Tätigkeit	2,0–2,4	Bauarbeiter, Landwirte, Bergarbeiter, Leistungssportler

> **Berechnung der Gesamtenergiemenge (GEM):**
>
> Formel Gesamtenergiemenge pro Tag: **GEM = GU × PAL**

> **Beispielrechnung**
> Peter arbeitet als **Restaurantfachmann** und hat den **PAL-Wert 1,8** (siehe Tabelle)
> Grundumsatz pro Tag (s. o.) × PAL
> **7600 kJ × 1,8 = 13.680 kJ/3.270 kcal**

Die Aufnahme der täglichen **Energie** ist aber nur ein Baustein zu einer gesunden und ausreichenden Ernährung. Die **Qualität der Lebensmittel** spielt ebenfalls eine große Rolle (s. S. 81). Dabei gilt es körperlichen

Falle Enthaltsamkeit
Nehmen wir bewusst wenig Energie zu uns, ist meist auch der Wirkstoffgehalt betroffen.
Zu beachten: Der benötigte Gehalt an Wirkstoffen bleibt weitestgehend gleich. Bei einer Energiereduktion ist unbedingt auf die ausreichende Zufuhr von Wirkstoffen zu achten. Damit wird einer Mangelernährung vorgebeugt.

Verlusten entgegenzuwirken, wirkstoffreich zu essen und das Verhältnis zur Energieaufnahme stets zu beachten.

Beispiele:
- **Zucker** ist ein fast reines Kohlenhydrat ohne Vitamin C. Darum ist der Energiewert sehr hoch, die Wirkstoffdichte in Bezug zu Vitamin C gleich Null.
- **Blattsalate** liefern kaum Energie, haben aber einen hohen Anteil an Vitamin C. Darum hat die Wirkstoffdichte in Bezug auf Vitamin C einen hohen Wert.

Eine **abwechslungsreiche, vielseitige Ernährungsform** ist daher wichtig.

9.2 Körpergewicht

Welches Gewicht für den Einzelnen das ideale ist, kann jeder nur selbst anhand seines Wohlfühlgewichtes erklären. Hilfe bei der sachlichen Feststellung geben **Berechnungsgrundlagen und Tabellen**. Dabei sind jedoch immer die **persönlichen Lebensumstände** zu bewerten. Ein Sportler kann bei gesunder Lebensweise mehr wiegen, weil er einen höheren Muskelgewebsanteil hat, der schwer ist. Dasselbe Gewicht kann bei anderen Personen Anzeichen für eine ungesündere Lebensweise sein, wenn sie einen erhöhten Fettanteil besitzen.
Der Bereich, in dem ein Körpergewicht liegen sollte, lässt sich auf verschiedene Weise feststellen:

Body Mass Index (BMI)

Berechnungsformel

BMI = Körpergewicht in kg/(Körpergröße in m)²

Für das Risiko einer Herz-Kreislauf-Erkrankung als Folge von Übergewicht ist nicht allein entscheidend, wie groß das Übergewicht ist, sondern wie das Fettgewebe im Körper verteilt ist. Deshalb tritt der BMI als Merkmal inzwischen zugunsten des Taille-Hüfte-Quotienten (THQ) eher in den Hintergrund.

Taille-Hüfte-Quotient

Berechnungsformel

THQ = Taillenumfang in cm / Umfang der Hüfte in cm

THQ-Klassifikation

Auswertung des BMI-Wertes			
	Unter-gewicht	Normal-gewicht	Über-gewicht
Alter	BMI-Wert		
	unter	zwischen	über
19 bis 24 Jahre	19	19–24	24
25 bis 34 Jahre	20	20–25	25
35 bis 44 Jahre	21	21–26	26
45 bis 54 Jahre	22	22–27	27
55 bis 64 Jahre	23	23–28	28
über 65 Jahre	24	24–29	29

Beispielrechnung BMI
Jonas ist 18 Jahre alt und wiegt 95 kg bei einer Größe von 1,90 m.
95 kg/(1,9 × 1,9) = 95/3,61 = 26,3
Fazit: Jonas hat Übergewicht

Beispielrechnung THQ
Bei einem Taillenumfang von 112 cm und einem Hüftumfang von 98 cm ergibt sich als THQ:
112 : 98 = 1,14

Sowohl ein Mann als auch eine Frau hätten in diesem Fall gefährliches Übergewicht.

Klassifikation	Frauen	Männer
Untergewicht	< 0,8	<0,9
Normalgewicht	0,8–0,88	0,9–0,99
Übergewicht	> 0,88	>1

9.3 Verteilung der täglichen Nahrungsaufnahme

Der Körper hat eine innere **„biologische Uhr"**, die nicht nur unser Leistungsvermögen beeinflusst, sondern auch Signale aussendet, die uns an die Nahrungsaufnahme erinnern. Durch **Essen und Trinken** werden verbrauchte Ressourcen ausgeglichen, der Körper erhält wieder „Kraft" durch Energie- und Nährstoffzufuhr. Die nachfolgenden Regeln sind **Richtlinien**, die eine gesunde Lebensweise unterstützen. Nicht alles muss und kann man genau so befolgen. Jeder muss selbst wissen, wie er z. B. bei veränderten Arbeitszeiten, bei außergewöhnlichem Freizeitverhalten oder einfach nur bei einem speziellen Biorhythmus seine Nahrungsaufnahme anpasst.

Regeln für die Nahrungsaufnahme

- **Fünf kleine Mahlzeiten** sind besser als drei große, denn die Energiezufuhr ist der Leistungsbereitschaft angepasst und Heißhunger wird vermieden.
- Ein **vollwertiges Frühstück** bringt die Startenergie, die der menschliche Organismus nach der Schlafpause benötigt. Mit dem Frühstück soll man etwa **ein Viertel der Tagesenergiemenge** aufnehmen.
- Das **Mittagessen** ist meist die Hauptmahlzeit, sie soll **etwa ein Drittel** des täglichen Energiebedarfs decken.

Das **Abendessen** sollte den Körper nicht unnötig belasten. Das Abendessen zu Hause bietet Gelegenheit, eventuelle Mängel einer Außerhaus-Verpflegung (Kantine) auszugleichen und für eine ausreichende Zufuhr an Vitaminen und Mineralstoffen zu sorgen. Eine hohe Energieaufnahme kann der Körper in der Regel nicht verwerten. Vorhandene Energiereserven werden zu Körperfett umgebaut.

- **Zwischenmahlzeiten** sollen so liegen, dass sie die Leistungsbereitschaft fördern, also **zwischen 9 Uhr und 10 Uhr**, wenn die Leistungskurve absinkt, und **gegen 15 Uhr** nach dem Mittagstief.

Das Schaubild zeigt die Zusammenhänge zwischen Leistungsbereitschaft und Nahrungsaufnahme.

⑩ Kostformen

🇬🇧 nutrition alternatives 🇫🇷 formes (w) de nutrition alternatives

Unterschiedliche Gründe veranlassen Menschen, ihre **Ernährung umzustellen**. Vor allem bei angeborenen oder im Laufe des Lebens auftretenden **Krankheiten, Unverträglichkeiten** oder **Allergien** sind Menschen gezwungen, sich anders zu ernähren. Für unterschiedliche Ursachen stehen verschiedene **Kostformen** zur Verfügung, die die Art der Ernährung vorgeben. So können die Symptome auf Dauer gemildert werden oder verschwinden. Auch Folgeerkrankungen werden vermieden.

Gastronomische Einrichtungen können/müssen darauf Rücksicht nehmen. Rechtliche Vorschriften müssen eingehalten, Gerichte sorgfältig zubereitet werden. Das Speiseangebot kann auch ganz bewusst auf diese Gästekreise abgestimmt werden.

10.1 Krankheiten und Ernährungstherapien

Vor allem Personen mit **chronischen Krankheiten** müssen sich durch **Diäten** ernähren. Eine Diät im Sinne des Gesundheitswesens ist eine streng einzuhaltende Ernährungstherapie, die einen Krankheitsverlauf begleitet oder den Genesungsverlauf positiv unterstützt. Es wird festgelegt, welche Lebensmittel in welcher Menge verwendet werden dürfen, wann sie am Tag gegessen werden und wie diese möglichst zuzubereiten sind.

Leichte Vollkost

Die leichte Vollkost wurde früher Schonkost genannt.

Von leichter Vollkost spricht man, wenn bei der Zusammenstellung der Kost auf **alle Lebensmittel verzichtet** wird, die **körperliches Unwohlsein oder Beeinträchtigungen** auslösen, wie z. B. Hülsenfrüchte und Kohlgemüse. Leichte Vollkost wird verordnet, wenn die Verdauungsorgane entlastet werden sollen. Dies ist vor allem für ältere Menschen empfohlen oder Personen nach Operationen oder schweren Krankheitsverläufen.

Grundregeln:

- Entlastung der Verdauungsorgane von großen Speisenmengen – also mehrere kleine Mahlzeiten,
- Entlastung der Verdauungsorgane von schwer verdaulichen Speisen, z. B. fette Lebensmittel, Speisen, die mit größeren Fettmengen zubereitet werden, Speisen mit viel Röststoffen,
- Entlastung der Verdauungsorgane von blähenden Lebensmitteln wie Kohlarten, Hülsenfrüchten, rohem Obst,
- Entlastung der Verdauungsorgane von Speisen und Zutaten, die die Schleimhaut reizen, z. B. scharfe Gewürze, Räucher- und Pökelwaren, Fleischbrühen, Getränke mit Alkohol oder Kohlensäure.

Anwendung:

- Kleine Mengen eines Gerichts in ansprechender Form bereiten,
- leicht verdauliche Lebensmittel verwenden,
- Garverfahren anwenden, die die Bildung von Röststoffen und die Verwendung von Fett einschränken – man wird bevorzugt kochen, dünsten oder dämpfen,
- reizarm würzen.

Risikofaktoren für chronische Erkrankungen
- Fehlernährung
- wenig Bewegung
- mehr als 30 g Alkohol pro Tag
- Rauchen
- psychischer Stress
- genetische Ursachen (Vererbung)

Mit dem **metabolischen Syndrom** werden verschiedene **Risikofaktoren** beschrieben, die kombiniert Wegbereiter für chronische Erkrankungen sind. Bei einer Kombination chronischer Erkrankungen steigt die Sterblichkeitsrate im Alter von 50–60 Jahren stark an. 30–50 % der Bevölkerung erfüllen inzwischen die Kriterien für die Risikofaktoren (siehe Randspalte). Zu den chronisch am häufigsten auftretenden Krankheiten gehören unter anderem:

- Adipositas (Fettleibigkeit)
- Fettstoffwechselstörungen
- Bluthochdruck
- Diabetes mellitus Typ 2

Adipositas (Fettleibigkeit) – Reduktionsdiät empfohlen

Bei Adipositas hat ein Mensch nicht nur mit **starkem Übergewicht** zu tun. Adipositas kann auch Grundbaustein weiterer dauerhaft bleibender Erkrankungen sein. Dazu zählen unter anderem Erkrankungen am Herz-Kreislauf-System, Stoffwechselstörungen oder Magen-Darm-Erkrankungen. Darüber hinaus ist die Gefahr von Krebserkrankungen erhöht und es drohen Einschränkungen des Bewegungsapparates.

Empfehlenswert ist eine **Reduktionsdiät** auf Basis einer reduzierten Mischkost. Ausgehend vom Ursprungsgewicht wird bis zu 8000 kJ Mischkost verzehrt. Die Aufnahme von Fett ist reduziert, langsam resorbierende Kohlenhydrate (Vollkornprodukte) werden bevorzugt.

Fettstoffwechselstörung – Reduktionsdiät empfohlen

Wird zu fettreiche Kost über einen längeren Zeitraum aufgenommen, können Fette oder fettähnliche Stoffe den **Blutfettspiegel negativ erhöhen**. Allgemein bekannt ist der erhöhte **Cholesterinspiegel**, aber auch **Triglyceride** erhöhen den Blutfettwert ungünstig. In der Folge entsteht **Arteriosklerose**. Hier werden Blutfette in den Arterien abgelagert. Es entstehen Verengungen, die zur Erkrankung des Herz-Kreislauf-Systems oder auch zu **Schlaganfall** führen können. Empfehlenswert ist auch hier eine **Reduktionsdiät**. Bei der Auswahl der Fette ist auf den Austausch tierischer gegen pflanzliche Fette zu achten. In der Gruppe der pflanzlichen Fette sollten gehärtete Fette (Palmkernfett, zum Teil in Margarine) vermieden werden.

Bluthochdruck – Natriumarme Ernährung empfohlen

Auch bei Bluthochdruck sind die Risikofaktoren Übergewicht, kochsalzreiche Ernährung (meist durch Fertigprodukte), Bewegungsmangel, regelmäßiger Genuss von über 30 g Alkohol pro Tag oder psychischer Stress. Bei der Ernährung ist zu achten auf die

- **Reduzierung** des **Alkoholkonsums**,
- **Steigerung** der **Ballaststoffzufuhr**,
- **Steigerung** der **Kalium- und Magnesiumzufuhr** und
- **Reduzierung natriumreicher** Kost.

Die Verwendung von Natrium bzw. Kochsalz ist stark zu reduzieren.
Streng natriumarm heißt: unter 1 g Kochsalz oder < 400 mg natriumarmer Lebensmittel
Natriumarm heißt: unter 3 g Kochsalz oder < 1200 mg natriumarmer Lebensmittel
Mäßig natriumarm heißt: unter 6 g Kochsalz oder < 2400 mg natriumarmer Lebensmittel

Diabetes mellitus – Diabetikerkost empfohlen

Die **Zuckerkrankheit** oder Diabetes mellitus gehört zu den häufigsten Stoffwechselkrankheiten. Im gesunden Körper sorgt das **Insulin** dafür, dass die Zuckerstoffe in der richtigen Menge in die Zellen gelangen und dort die gespeicherte Energie freigeben.

Beim Zuckerkranken kann der Körper die mit der Nahrung aufgenommenen Kohlenhydrate nicht vollständig verwerten. **Es wird zu wenig oder kein Insulin gebildet.** Die Zuckerstoffe können nicht in die Zellen gelangen und häufen sich im Blut an. Der **Blutzuckerspiegel** steigt.

Zwei Formen von **Diabetes** werden unterschieden. Man bezeichnet sie mit **Typ 1 und Typ 2**.

Nährstoffverteilung bei Reduktionsdiäten
(nach National Institute of Health)
- Fett 30 %
- Kohlenhydrate ca. 55 %
- Proteine 15 %
- Ballaststoffe 25 – 30 g
- wenig Kochsalz
- bis 1,5 g Kalziumaufnahme

Natriumgehalt
Lebensmittel mit geringem und niedrigem Natriumanteil sind z. B. Haferflocken, Linsen, Erbsen, Bohnen, Blumenkohl, Spargel, Haselnüsse, Zwiebeln, Äpfel, Putenbrust, Milch, Kohlrabi.
Als natriumreich gelten meist verarbeitete Lebensmittel wie Bockwurst, Cornflakes, Leberwurst, Sauermilchkäse, Räucherlachs, Schafskäse, Tomatenketchup, Salami.

Testgerät zum Messen des Blutzuckerspiegels

Zahlen (IDF Atlas 2016, DDG/DDH-Gesundheitsbericht 2015)

- 7,5 Millionen Bundesbürger haben Diabetes mellitus Typ1 und Typ 2
- 40 000 Amputationen von Gliedmaßen und 2 000 Erblindungen durch Diabetes mellitus pro Jahr

Typ-1-Diabetiker leiden meist von Jugend an unter absolutem Insulinmangel (erblich bedingt).

Zum **Diabetes Typ 2** zählen ca. 95 % der Patienten. Bei dieser Personengruppe produziert der Körper zwar noch Insulin. Es reicht aber nicht aus, der **Zuckerstoffwechsel ist gestört**. Die Patienten sind oft übergewichtig. Sie müssen durch Testen der Blutzuckerwerte, Medikamente und ggf. selbstständiges Spritzen von Insulin den Zuckerstoffwechsel von außen beeinflussen.

Verteilung der Mahlzeiten

Patienten können die fehlende oder beeinträchtigte körpereigene Steuerung durch **Einhalten von Verhaltensregeln** zusätzlich unterstützen:

- **Abbau von Übergewicht**. Dann kann die vom Körper noch produzierte Menge Insulin zur Regelung evtl. ausreichen.
- **Vermeidung von** leicht verdaulichem/schnell resorbierbarem **Zucker** und
- **Verteilung** der Nahrungsmenge **auf mehrere Mahlzeiten**. Auf diese Weise werden „Spitzen" im Blutzuckerspiegel vermieden (siehe Abb.).
- **Bewegung/Sport**

Für eine Diabetes-Kost gelten folgende **Grundregeln und Anwendungen**:

- Der Energiegehalt der Ernährung muss den tatsächlichen Bedürfnissen angepasst sein (Einstellung durch den Arzt),
- der Energiebedarf ist auf mindestens fünf, besser sieben Mahlzeiten zu verteilen,
- zum Süßen können Zuckeraustauschstoffe oder Süßstoff verwendet werden,

- der Genuss von Zucker (z. B. Marmelade, Bonbons) ist einzuschränken,
- der Fettverbrauch der Diabetiker ist eingeschränkt, weil der Körper aus Fett wie aus Kohlenhydraten Energie gewinnt.

Kalzium wird in etwa den ersten 30 Lebensjahren eingelagert. Danach folgt die Erhaltung und langsamer Kalziumabbau. Je weniger bis dahin in den Körper eingebracht wurde, desto wahrscheinlicher sind später mögliche körperliche Beschwerden.

Osteoporose – Kalziumreiche Ernährung empfohlen

Ein **Abbau der Knochenmasse** und eine **Verschlechterung der Knochenstruktur** wird Osteoporose genannt. Es ist eine Skeletterkrankung, die durch Stoffwechselstörungen hervorgerufen wird. Über 13 % der Frauen und 3 % der Männer über 50 Jahren leiden an Osteoporose. Da im Knochen selbst keine Nerven entlanglaufen, wird eine Erkrankung meist **spät erkannt** – oft erst bei Brüchen, vor allem Wirbelkörperbrüchen, hüftgelenksnahen Brüchen des Oberschenkelknochens und handgelenksnahen Brüchen der Speiche.

Für eine **Osteoporose-Kost** gibt es folgende Regeln:

Kalzium- und phosphorreiche Lebensmittel mit hoher Bioverfügbarkeit zu sich nehmen. Dazu zählen Lebensmittel wie:

- **Milch und Milchprodukte**
- **Mineralwasser** (möglichst zum Essen trinken)
- mit **Kalzium angereicherte Säfte** (Resorption ist jedoch geringer)

10.2 Lebensmittelunverträglichkeiten / Allergien

Lebensmittelunverträglichkeiten werden **durch Stoffe in Lebensmitteln ausgelöst**, mit denen der Körper nicht umgehen kann. Er zeigt dann allergieähnliche Reaktionen. Beispiel: Blähungen, Durchfälle oder Krämpfe im Darm. Wird die Reaktion nicht wahrgenommen oder ignoriert, kann es in der Folge zu **krankhaften Veränderungen der Haut** kommen.

Lebensmittelunverträglichkeiten, auch **Intoleranzen** genannt, sind **Pseudoallergien**. Es bilden sich im Körper keine Antikörper. Damit ist eine Intoleranz nicht lebensbedrohlich, im Gegensatz zu einigen wirklichen Lebensmittelallergien.

Laktose-Intoleranz – milchzuckerfreie Ernährung empfohlen

Normalerweise wird im Dünndarm **Laktase** dem Speisenbrei zugegeben. Laktase ist ein **Enzym**, das der Mensch selbst bilden kann, und das den Milchzucker in seine Bestandteile Glukose und Galaktose spaltet. Menschen, die zu wenig davon oder gar keine Laktase bilden können, leiden an Laktose-Intoleranz. Die Ursache kann

- **erblich bedingt** sein: von Geburt an kann keine Laktase gebildet werden (oder im Verlaufe eines Lebens wird die Produktion zurückgefahren / eingestellt).
- **infolge einer Erkrankung** erworben sein.
- **ethnisch bedingt** sein: Mitteleuropäer unterscheiden sich z. B. stark von Nordeuropäern oder Asiaten.

Bei der **Behandlung** wird unterschieden zwischen **laktosefreier Diät** (maximale Zufuhr von 1 g Milchzucker pro Tag) und **laktosearmer Diät** (bis zu 10 g Milchzucker).

Zur **Herstellung von Gerichten ohne Milchanteil** kann auf eine Vielzahl alternativer Produkte zurückgegriffen werden. Dazu zählen neben **laktosefreien Milchprodukten** z. B. auch:

- Sojadrink, Soja-Reis-Drink oder Reis-Drink
- Milchähnliche Flüssigprodukte aus Mandeln, Haselnüssen, Kokosnuss oder Getreidearten wie Weizen, Gerste oder Hafer

Für eine **Laktose-Intoleranz-Kost** gibt es folgende Regeln:

- **Laktosefreie Milchprodukte** verwenden.
- **Käse** enthält reifungsbedingt nur sehr wenig bis keine Laktose und kann in Maßen verzehrt werden.
- **Milchsäurebakterien** sind in probiotischen Milchprodukten und gesäuerten Milchprodukten reichlich vorhanden. Milchsäurebakterien bilden Laktase selbst. Daher ist der Verzehr dieser Produkte verträglicher.
- **Alternativprodukte** zu Milch verwenden.

Zöliakie – backgetreidefreie Ernährung empfohlen

Häufig einfach nur als **Glutenunverträglichkeit** bezeichnet, wird der Begriff Zöliakie verwendet. Zöliakie ist eine Autoimmunkrankheit, die lebenslang vorhanden ist.

Kennzeichnungspflicht

Allergene Zutaten in Speisen müssen auf den Speisekarten gekennzeichnet werden.

Laktosegehalt

Milch	ca. 5 g/100 ml
Buttermilch	ca. 4 g/100 ml
Joghurt	ca. 5,5 g/100 g

Achtung, unbestimmter Gehalt in weiteren Produkten wie

- Wurst- und Fleischwaren
- Süßwaren
- Brot und Gebäcken
- Getränken
- Fertiggerichten

DIGITAL+

Zeichen für glutenfrei.

Gluten ist ein **Eiweiß**, das **in Backgetreide** vorkommt. Bei Unverträglichkeit kann das Eiweiß im Darm nicht gespalten werden, es schädigt die Zellen der Darmschleimhaut und verändert langfristig die Darmzotten. Das führt zur **verminderten Aufnahme von Nährstoffen** durch die geschädigte Darmwand, auch weitere Erkrankungen wie Laktose-Intoleranz können folgen.

Eine Linderung der Symptome – meist Durchfall und Krämpfe – wird nur durch **Verzicht auf jegliche glutenhaltige Produkte** erreicht.

Für **Zöliakie** gibt es folgende Regeln:

Keine **backgetreidehaltigen Produkte** verzehren. Dazu zählen auch Produkte, die nur mit geringen Mengen Gluten in Verbindung kommen.

Verbotene Produkte sind z. B.:

- Brot, Brötchen, Gebäcke (z. B. Kuchen, Kekse)
- viele Cerealien aus glutenhaltigen Getreiden
- Schnitzel und weitere Fleischwaren
- Fischprodukte wie Brathering, Fischfilet im Crispmantel
- Nudeln
- Light-Produkte, fettreduzierte Produkte
- Fertiggerichte
- Speisen mit Saitan
- teilweise Pralinen
- Bier, Malzbier

Bei der Zubereitung oder dem Verzehr von **Fertigprodukten** ist immer die **Zutatenliste** zu beachten. Im Restaurant muss eine **Auszeichnung** allergener Stoffe in der **Speisekarte** erfolgen.

Alternativprodukte

Bei vorbereiteten und Fertigprodukten ist auf das **Glutenfrei-Zeichen** zu achten. Trotzdem muss auch genauestens auf die Zutatenliste geachtet werden. Ein Maisbrot z. B. darf lt. Gesetzgeber bis zu 10 % Backgetreide enthalten.

Zu den alternativen Produkten zählen z. B.:
- Mais, Reis, Buchweizen und deren Produkte
- Produkte mit Soja oder Nussanteil
- Spezialmehlmischungen

Glutenfreie Produkte

Fruktose-Intoleranz – Fruchtzuckereinschränkung empfohlen

Es gibt **zwei Arten** von Fruktose-Intoleranz. Die **erblich bedingte** ist eher selten, kann aber Schädigungen im Körper hervorrufen. Die **erworbene Fruktose-Intoleranz** dagegen ist sehr häufig zu finden. Sie macht sich durch zeitlich begrenzte Symptome bemerkbar.

Fruchtzucker benötigt Hilfsstoffe, um durch die Darmwand ins Blut aufgenommen zu werden. Fehlen diese Hilfsstoffe, wird der Fruchtzucker im Darm von Bakterien zersetzt – es entstehen schmerzhafte **Blähungen**.

Weitere Schäden sind nicht zu erwarten. Eine verminderte Aufnahme von Nährstoffen ist jedoch möglich. Die auftretenden Symptome werden zeitversetzt (bis zu 24 Std.) zur Essensaufnahme wahrgenommen. Durch diese Zeitverschiebung wird die Ursache Fruchtzuckerunverträglichkeit oft erst spät erkannt.

Der Trick mit dem Traubenzucker

Durch Zugabe von Traubenzucker wird die Verwertung von Fruchtzucker zeitlich begrenzt besser. Damit steigt jedoch auch der Insulinspiegel, was auf Dauer ungünstig ist.

Wege des Fruchtzuckers

Fruchtzucker wird an den Körperkreislauf durch **Proteintransporter** weitergeleitet. Sind die Transporter nicht ausreichend vorhanden, gelangt der verbleibende Fruchtzucker in den Dickdarm. Bakterien wandeln ihn in CO_2, Wasserstoff und kurzkettige Fettsäuren um. Das CO_2 führt zu **Blähungen** und **Darmkrämpfen.** Die kurzkettigen Fettsäuren bewirken eine Wasserzunahme im Darm und es kommt zu **Durchfall.** Die Blähungen führen zusätzlich zu einem Völlegefühl und teils auch zum **Erbrechen.**

Einen wesentlichen Anteil am Nicht-Weiterleiten des Fruchtzuckers haben die **Zuckeralkohole** Isomalt, Sorbit und Mannit. Sie können die Hilfsstoffe blockieren und verstärken so die Symptome einer Fruchtzuckerunverträglichkeit

Zu den Lebensmitteln, die **verträglicher** sind, gehören z. B.:

Gemüse
• Brokkoli, Zucchini • Kürbis, Avocado • Spinat, Sellerie

Obst
• Bananen • Mandarinen, Zitronen • Papaya

Sonstiges
• Molkereiprodukte ohne Zusatz • Kartoffeln, Reis, Nudeln (kein Vollkorn) • Getreideprodukte wie Brot und Brötchen (kein Vollkorn) • Essig (außer Balsamico), • Öl, Butter

Süßungsmittel
geeignet sind: • Glukose, Dinkelsirup • Reissirup, Stevia **nicht geeignet** sind: • Zuckeralkohole • Honig, Agavensirup

> **Zusatzinfo**
> **Enzyme können helfen**
> Wenn das Enzym Xylose-Isomerase / Glukose-Isomerase vor dem Essen von Fruchtzucker eingenommen wird, unterstützt es den Transport des Fruchtzuckers.

Lebensmittelallergien

Lebensmittelallergien häufen sich. **Umwelteinflüsse** oder **erbliche Belastungen** spielen hierbei eine große Rolle. Bei einer Allergie reagiert der Körper unverhältnismäßig stark auf Stoffe, die er **als Eindringlinge wahrnimmt**, obwohl es sich meist um „natürliche", ungefährliche Stoffe handelt.

Werden erstmals Stoffe aufgenommen, die der Körper als Fremdkörper ausmacht, sensibilisiert er sich, er **bildet Antikörper.** Diese verbleiben im Körper und warten auf das erneute Auftauchen von Fremdkörpern. Erscheinen diese, reagiert der Körper heftig. Botenstoffe werden freigesetzt, das Immunsystem arbeitet schlagartig auf Höchsttouren. Die Körperreaktionen können unterschiedlich ausfallen.

Lästig, aber **ungefährlich** sind z. B.
• Probleme mit der Mundschleimhaut, Geschmacksverlust oder Juckreiz in den Augen.
• Laufendes Nasensekret, Hustenanfälle bis hin zum Asthma.
• Hautausschlag oder Krämpfe im Bauchraum, Durchfall oder Erbrechen.

Lebensbedrohlich sind Reaktionen wie
• Anschwellen im Halsinneren, verbunden mit Atemnot.
• Allergischer Schock, Bewusstlosigkeit oder Herz-Kreislauf-Stillstand.

Grundsätzlich lassen sich die meisten Reaktionen durch das **ausreichend hohe Erhitzen der Lebensmittel** mildern. Dies funktioniert jedoch nicht bei Meeresfrüchten und Fischen, Soja und Erdnüssen.

> **Allergische Reaktionen vermeiden**
> Allergene müssen in Speisekarten deklariert werden.

> **Versteckte Allergene**
> Der Körper nimmt mehr wahr, als wir essen. Versteckte Allergene in Gewürzmischungen oder Fertigprodukten sind nicht immer sofort erkennbar, Deklarationen werden auf der Speisekarte vergessen, bei der Herstellung von Produkten wurde auf demselben Schneidebrett nach Sellerie eine Karotte geschnitten. Es ist wichtig, zum Schutz der Gäste genau zu wissen,
> • welche Lebensmittel und Zusatzstoffe in Speisen enthalten sind,
> • was auf welche Art in der Küche verarbeitet wird.

11 Alternative Ernährungsformen

🇬🇧 nutrition alternatives 🇫🇷 formes (w) de nutrition alternatives

Unterschiedliche Gründe veranlassen Menschen, sich „anders" zu ernähren. Sie entscheiden sich bewusst für einen anderen Weg: Sie verwenden naturbelassene und unverarbeitete Rohstoffe, essen bevorzugt viel Frischkost, kein oder nur wenig Fleisch, Produkte aus biologischem Anbau oder lassen ganze Produktgruppen oder Garverfahren weg.

Gastronomische Einrichtungen erschließen sich durch ein Angebot verschiedenster Ernährungsformen **neue Gästegruppen**, die meist bewusst solche Restaurants suchen.

11.1 Vegetarische Ernährung

Vegetarische Ernährung ist gekennzeichnet durch den **Verzehr pflanzlicher Produkte** und den gleichzeitigen **Verzicht auf Fleisch**. Der Genuss von Produkten lebender Tiere wird jedoch häufig befürwortet. In der Gruppe der Vegetarier werden je nach Ausprägung folgende Gruppen unterschieden:

Bezeichnung	Erlaubte Lebensmittel
Ovo-Vegetarier	Pflanzliche Produkte, Hühnerei
Lakto-Vegetarier	Pflanzliche Produkte, Milch und Milchprodukte
Ovo-Lakto-Vegetarier	Pflanzliche Produkte, Hühnerei, Milch und Milchprodukte

Werden bei vegetarischer Ernährung die **Grundsätze der Mischkost** angewandt, ist ein **Nährstoffmangel sehr selten**. Energiereiche Lebensmittel wie Fleisch und deren Produkte werden durch Vollkornprodukte, Gemüse und Obst ausgeglichen. Dadurch ist die Versorgung mit nicht energieliefernden Nährstoffen sogar verbessert. Ein Mangel an Eiweiß ist bei Aufnahme von Milch und Milchprodukten sowie Eiern nicht zu erwarten.

Tabelle: Getreide und Kartoffeln / Gewicht pro Portion

Nahrungsmittel	1 Portion entspricht
Reis	80 g roh, also 250 g gekocht
Vollkornteigwaren	125 g roh, also 300 g gekocht
Vollkornbrot	50 g
Kartoffeln	250 – 300 g
Hülsenfrüchte	40 g roh, also 100 g gekocht

Vegetarische Ernährungspyramide und Empfehlungen

Wie bei einer Vollkost-Ernährung gibt es Empfehlungen auch für die vegetarische Ernährungsform. Wichtiger Bestandteil einer gesunden Lebensweise ist **ausreichend Bewegung im Freien**. Zusätzlich gilt:

- Mindestens 1–2 Liter trinken: **Wasser und andere alkoholfreie**, kalorienarme Getränke bevorzugen.
- **Gemüse** (mindestens 400 g bzw. 3 Portionen pro Tag): Frisches Gemüse, einschließlich unerhitzte Frischkost und Säfte.

- **Obst** (mindestens 300 g bzw. 2 Portionen pro Tag): Frisches Obst, ergänzt durch Trockenfrüchte und Säfte
- **Getreide und Kartoffeln** (etwa 2 – 3 Mahlzeiten pro Tag): Getreide ist die bedeutendste Eiweißquelle für vegetarisch oder vegan lebende Menschen.
- **Eiweißprodukte**: Hülsenfrüchte (1 – 2 Mahlzeiten pro Woche) und Eiweißprodukte (50-150 g pro Tag)
- **Nüsse und Samen** (30-60 g pro Tag): Nüsse (auch Nussmus) und Samen enthalten essenzielle Fettsäuren.
- **Pflanzliche Öle und Fette** (2-4 EL pro Tag): Wichtig für die Versorgung mit essenziellen Fettsäuren sowie für die Aufnahme fettlöslicher Vitamine (A, D, E und K). Naturbelassene Pflanzenöle, die reich an Alpha-Linolensäure sind, bevorzugen (wie Lein- und Rapsöl).
- optional: **Milchprodukte** (bis 250 g Milch bzw. Joghurt oder bis 50 g Käse pro Tag)
- optional: **Eier** (1-2 Stück pro Woche)
- optional: **Snacks, Alkohol und Süßigkeiten** (falls gewünscht, in Maßen). Diese Nahrungsmittel sind für eine gesunde Ernährung **nicht notwendig**.

Vegetarische Ernährungspyramide von ProVeg (früher: VEBU)

Pflanzliche Alternativen

Verzichtet ein Vegetarier auf Ei oder Milch und Milchprodukte, gibt es pflanzliche Alternativen. Diese werden auch in der veganen Küche verwendet.

Alternativen für Milch und Milchprodukte	
<ul><li>Soja- oder Reisdrink</li><li>Haselnuss- oder Mandeldrink</li><li>Cashew- oder Macadamiadrink</li><li>Hanf- oder Dinkeldrink</li><li>Haferdrink oder Kokosmilch</li></ul>	Je nach Produkt können in der Speisenherstellung die Eigenschaften genutzt werden: <ul><li>Sojadrink lässt sich sehr gut aufschäumen.</li><li>Durch ihren Eigengeschmack sind viele Drinks als Alternative interessant, vor allem für Süßspeisen.</li><li>Reis- und Sojadrink eignen sich für kalorienreduzierte Speisen.</li><li>Wertvolle Omega-3-Fettsäuren sind in Hanfdrink zu finden, in Macadamiadrink findet sich ein hoher Gehalt an ungesättigten Fettsäuren.</li></ul>

Generell müssen z. B. **Kalzium oder Vitamin B_2 oder B_{12}** über andere Lebensmittel aufgenommen werden.

Alternativen für Hühnerei	
Wird lt. Rezeptur Hühnerei verwendet, lässt sich dies durch verschiedene Lebensmittel ersetzen. Je nach Verwendung stehen pflanzliche Alternativen zur Verfügung.	
<ul><li>alle Stärkemehle</li><li>reife Bananen oder Apfelmus</li><li>Avocado</li><li>geschroteter oder gemahlener Leinsamen</li></ul>	<ul><li>eingeweichte Chiasamen oder Leinsamen</li><li>Johannisbrotkernmehl oder Guarkernmehl</li><li>Ei-Ersatzpulver</li><li>Sojalezithin</li></ul>

Beispiele für *Ovo*-vegetarische Gerichte

- *Senfei* mit Salzkartoffeln, Rote Bete
- Gedünstete Gemüse, Dinkel-Erdnuss-Sauce, *pochiertes Ei*, Kräuter-Basmati
- Sellerieschnitzel in *Eihülle*, Paprikasauce, Trüffel-*Schupfnudeln*
- *Kartoffel-Brokkoli-Auflauf* mit geräuchertem Tofu und gerösteten Haselnüssen

Pescetarier / Pisko-Vegetarier:
Personen, die sich ovo-lakto-vegeta-risch ernähren und zusätzlich auch Fisch, Schalen- und Krustentiere zu sich nehmen.

Beispiele für *Lakto*-vegetarische Gerichte

Spaghetti mit gebackenem *Schafskäse* und in Honig glasierten Pinien-kernen
- Gebratener Seitan mit *Pesto*, gegrillten Auberginenscheiben, marinier-ten Belugalinsen und Paprikabulgur
- Kichererbsenbratlinge mit *Senfschmand*, provencalischem Gemüse und Wildkräutersalat

Beispiele für *Ovo-Lakto*-vegetarische Gerichte

- *In Parmesanhülle gebratener Spargel* mit Erbsenflan und Kartoffelchips
- *Vegetarische Paprikaschote* mit *Tomatenrahmsauce*, Nussreis
- Gegrilltes Gemüse mit Zitronenöl mariniert, gebackenem Wachtelei, Kräuter-Couscous mit Parmesanhobel

11.2 Vegane Ernährung

Viele Veganer verzichten nicht nur auf tierische Lebensmittel. Sie vermeiden es auch, Kleidungsstücke, Möbel oder Kosmetikartikel mit Teilen aus tierischer Herkunft zu verwenden.

Strenge Vegetarier werden auch als **Veganer** bezeichnet. Veganer verar-beiten und essen nur pflanzliche Produkte. Um sich gleichbleibend ge-sund mit der richtigen und ausreichenden Menge an Nährstoffen zu ver-sorgen, ist ein **gutes und umfangreiches Ernährungswissen** wichtig.

Aus gesundheitlichen Aspekten ist die vegane Ernährungsform positiv zu betrachten. Viele ernährungsbedingte Krankheiten können weitestge-hend vermieden werden. Dazu zählen z. B.
- Herz-Kreislauf-Erkrankungen
- Übergewicht und
- Gicht.

Veganer ohne gesundheitliche Beeinträchtigungen haben einen geringen **Blutfettwert** und einen niedrigen **Blutdruck**. Große Mengen an aufge-nommenen Ballaststoffen helfen den Darm vor gesundheitsschädigenden Stoffen zu schützen. Das **Darmkrebsrisiko** ist **verringert**. Empfindliche Personen können durch entstehende Gärprozesse jedoch auch körperliche Probleme bekommen.

Nährstoffmangel
Ernährt man sich einseitig, kann es zu Nährstoffmangel kommen. Dies betrifft in der **veganen Ernährung** besonders:
Mineralstoff Kalzium, Jod, Zink und Eisen
Vitamin B$_2$ und B$_{12}$

Wird eine vegane Ernährung aktiv betrieben, ist besonders auf die **Ei-weißaufnahme** aus pflanzlichen Produkten zu achten. Die biologische Wertigkeit ist bei Produkten tierischen Ursprungs im Allgemeinen höher, daher ist eine ausreichende Aufnahme von Eiweiß aus pflanzlichen Alter-nativprodukten wichtig.

Alternativen zum tierischen Protein

Das Speisenangebot wird durch zahlreiche Alternativprodukte unterstützt. Diese existieren zum Teil schon seit hunderten von Jahren, wurden jedoch nur regional in den Herstellungsländern angeboten. Da bei der veganen Kost vollständig auf Produkte tierischer Herkunft verzichtet wird, ist der Ausgleich für tierische Proteine, wichtige Mineralstoffe und Vitamine es-senziell.

Proteinreiche pflanzliche Alternativen

- **Tofu** – aus eingeweichten Sojabohnen hergestellt
- **Tempeh** – fermentiertes Sojaprodukt, durch Zugabe von Schimmelpilzkulturen hergestellt
- **Weizeneiweiß/Seitan** – ausgewaschener Weizenmehlteig, zurück bleibt ein zäher Eiweißteig
- **Lupineneiweiß** – Lupinen gehören zu den Hülsenfrüchten und enthalten alle essenziellen Aminosäuren
- **Grünkern** – halbreif geernteter Dinkel, enthält viel Vitamin B
- **Haferflocken** – enthalten die Mineralstoffe Zink, Eisen und viele ungesättigte Fettsäuren
- **Schwarze Bohnen** – reich an Eiweiß, Ballaststoffen und Antioxidantien
- **Kichererbsen** – haben einen sehr hohen Gehalt an Eiweiß, Eisen und Kalzium

Vegane Ernährungspyramide und Empfehlungen

Die **Empfehlungen zur veganen Ernährung** sind ähnlich denen bei der vegetarischen Kostform. Unterschiede zur vegetarischen Ernährung:

- Hülsenfrüchte und weitere Proteinquellen (1 Portion pro Tag): Hülsenfrüchte (z. B. Erbsen, Bohnen, Kichererbsen, Linsen, Lupinen), Sojaprodukte (z. B. Tofu, Tempeh) und andere Fleischalternativen (z. B. Seitan, Fleischalternative auf Lupinenbasis)

Risiken: Vegane Ernährung in Wachstumsphasen

Nicht für alle Personengruppen ist eine vegane Ernährung geeignet. Bei Menschen in **Wachstumsphasen** müssen Nähr- und Wirkstoffe im richtigen Verhältnis und in ausreichender Menge aufgenommen werden: Kohlenhydrate, Fette, Mineralstoffe, viele Vitamine und sekundäre Pflanzenstoffe.

Bei einer veganen Ernährungsweise ist die **Versorgung** mit ausreichend Proteinen, Kalzium, Eisen und Zink, sowie Vitamin B_2 und B_{12} **kritisch zu betrachten**. In einer **Schwangerschaft**, die schon mit geringen Nährstoffreserven begonnen wird, kann es zu Entwicklungsstörungen des ungeborenen Kindes und zu Komplikationen im Schwangerschaftsverlauf kommen.

Durch das **Stillen mit Muttermilch** werden lebenswichtige Stoffe an das geborene Kind gegeben. Wachstum und Immunsystem werden damit **gefördert**. Eine mangelhafte Aufnahme von Nährstoffen kann allerdings zu schwerwiegenden Schädigungen beim Säugling führen.

Mit einem **guten Wissen** in der Ernährungslehre und über die Eigenschaften von Lebensmitteln ist eine vegane Ernährung für **geeignete Personengruppen** jedoch **grundsätzlich empfehlenswert**.

Allergenkennzeichnung und Verordnung über Lebensmittelzusatzstoffe

Auch für pflanzliche Stoffe gelten Regeln zur Deklaration in den Speisekarten oder Auslagen. Der Hinweis auf die Verwendung von allergenhaltigen Produkten von Lupine, Soja oder glutenhaltigen Rohstoffen ist zu beachten. Ebenso die Verwendung von Zusatzstoffen wie Johannisbrotkernmehl oder Guarkernmehl.

Vegane Ernährungspyramide von ProVeg (früher: VEBU)

Nusscremebällchen

Bestandteile veganer Ernährung sind unter anderem: →

Maisgrieß

Chiasamen

Beispiel für eine vegane Vorspeise

Nusscremebällchen

Zutaten

0,460 kg	Cashewkerne
0,050 kg	Hefeflocken
2	Knoblauchzehen, geschält
0,030 l	Zitronensaft
0,100 l	Sauerkrautsaft
1 TL	Salz
1	Prise Pfeffer Gewürzblüten- mischung

- Die trockenen Zutaten mit dem Knoblauch in einem Zerkleinerer fein mahlen.
- Den Zitronen- und Sauerkrautsaft dazugeben und mit Salz und Pfeffer würzen.
- Die Zutaten solange mahlen, bis ein leicht feuchter, aber nicht klebriger Teig entsteht.
- Die Masse für eine halbe Stunde kühl ruhen lassen.
- Kleine Bällchen formen und in der Gewürzblütenmischung wenden.

Rote Linsen

Cashewkerne

Beispiel für veganen Hauptgang

Linsen-Pastinaken-Taler, Mangold-Cashew-Rahm, Kräuterpolenta

Zutaten

0,500 kg	rotes Linsenmehl	0,100 l	Weißwein
0,180 kg	Pastinaken	0,006 kg	Salz
1 EL	Senf, mittelscharf	1	Prise Pfeffer
0,600 l	Wasser	0,002 kg	Muskatnuss, gemahlen
0,004 kg	Majoran		
0,005 kg	Paprikapulver, edelsüß		**Kräuterpolenta**
0,010 kg	Salz	0,100 kg	Maisgrieß
1	Prise Pfeffer	0,750 l	Gemüsebrühe
0,010 kg	Schwarzkümmel	0,050 kg	Margarine
0,005 kg	Pimentpulver	0,006 kg	Salz
	Mangold-Cashew-Rahm	1	Prise Muskatnuss
0,100 kg	Cashewkerne	1	Prise Pfeffer
0,050 kg	Margarine	0,015 kg	Petersilie
0,050 kg	Zwiebelwürfel	0,015 kg	Schnittlauch
0,700 kg	Mangold	0,010 kg	Dill
1	Knoblauchzehe		

- Alle trockenen Zutaten miteinander vermengen.
- Die Pastinaken schälen und raspeln.
- Wasser und den Senf zu den trockenen Zutaten geben und gut durchrühren.
- Die geraspelten Pastinaken hinzufügen und den Teig 15 Minuten quellen lassen.
- Öl in einer Pfanne erhitzen und mit einem Portionierer oder Esslöffel kleine Taler in die Pfanne geben.
- Von beiden Seiten goldbraun braten.
- Den Mangold putzen und grob schneiden, anschließend in kochendem Wasser 4 Minuten blanchieren, im Eiswasser abschrecken.
- 700 ml der Mangoldbrühe mit den Cashewkernen im Mixer fein pürieren (zu einer Milch verarbeiten).
- Margarine in einem Topf schmelzen, die gewürfelte Zwiebel darin glasig anschwitzen. Gehackten Knoblauch dazugeben und kurz mitschwitzen lassen.
- Mit Weißwein ablöschen und mit der Cashewmilch auffüllen.
- Unter Rühren köcheln lassen, bis die Sauce sämig wird, mit Salz, Pfeffer und Muskat abschmecken. Für die Polenta die Gemüsebrühe zum Kochen bringen. Maisgries in die kochende Gemüsebrühe einrühren und unter ständigem Rühren 5 Minuten köcheln lassen.
- Vom Herd nehmen und Margarine einrühren, mit Salz, Pfeffer und Muskat abschmecken.
- Bedeckt für ca. 30 Minuten ziehen lassen. In der Zwischenzeit die Kräuter fein hacken / schneiden.
- Ist die Polenta vollständig abgekühlt, die Kräuter dazugeben.

Linsen-Pastinaken-Taler,
Mangold-Cashew-Rahm,
Kräuterpolenta

Beispiel für eine vegane Nachspeise

Vanille-Chiapudding mit Himbeersauce

Zutaten

0,050 kg	Hanfsamen
0,450 l	Wasser
0,060 kg	Chiasamen
½	Vanilleschote
0,100 kg	Agavendicksaft

Himbeersauce

0,250 kg	Himbeeren
0,100 kg	Rohrohrzucker
½ TL	Agar-Agar
0,020 l	Zitronensaft

- Im Mixer aus den Hanfsamen und dem Wasser eine Milch herstellen.
- Das Mark der Vanilleschote auskratzen.
- Die Chiasamen mit der Hanfmilch, der Vanille und dem Agavensirup in einer kleinen Schüssel mit dem Schneebesen gut verrühren.
- Den Chiapudding ca. eine Stunde zum Gelieren kühl stellen.
- Die Himbeeren mit Zucker in einem kleinen Topf erhitzen und zum Köcheln bringen.
- Den Zitronensaft und das Agar-Agar dazugeben. 1 Minute unter Rühren kochen lassen. Die Sauce kaltstellen.

Vanille-Chiapudding

Sicheres und gesundes Arbeiten

1 Arbeitssicherheit

 🇬🇧 work safety 🇫🇷 sécurité au travail

Besonders das Arbeiten in der Küche ist mit Risiken für die Gesundheit verbunden. Neben den Eigenschaften von Geräten (Töpfe werden heiß) sowie Mängeln an Maschinen liegen Gründe für Unfälle häufig im Verhalten der Mitarbeiter (s. u.). Neue Technologien wie molekulares Kochen können neue Risiken mit sich bringen.

Das Arbeiten im Gastgewerbe möglichst sicher zu gestalten und die Gesundheit beim Arbeiten zu erhalten, ist u. a. Aufgabe der Berufsgenossenschaften, der Arbeitgeber, aber auch Aufgabe eines jeden Arbeitnehmers.

1. Die **Berufsgenossenschaft** (BG) ist Träger der gesetzlichen Unfallversicherung: Sie informiert über Gefahren bei der Arbeit und erlässt rechtlich bindende Schutzvorschriften. Die BG schult Arbeitgeber und Arbeitnehmer (**Prävention**), sie bezahlt die Folgekosten von Arbeitsunfällen, u. a. Maßnahmen zur **Rehabilitation** und Wiedereingliederung. Die Leistungen der BG werden durch Beiträge der Arbeitgeber finanziert.

2. Der **Arbeitgeber** muss die Gefahren im Betrieb ermitteln, die daraus entstehenden Risiken beurteilen sowie Maßnahmen ableiten und umsetzen, um das Arbeiten im Betrieb sicherer zu machen (**Gefährdungsbeurteilung**). Dazu gehört u. a., alle Mitarbeiter regelmäßig auf Gefahren am Arbeitsplatz hinzuweisen. Ohne solche Einweisungen können Mitarbeiter die Arbeit an gefährlichen Geräten verweigern. Ab 20 Mitarbeitern unterstützt ein Sicherheitsbeauftragter den Arbeitgeber.
Die ergonomische Gestaltung des Arbeitsplatzes kann überdies dazu beitragen, Ermüdung und Leistungsabfall der Mitarbeiter zu begrenzen. Den Mehrkosten der Arbeitsplatzgestaltung stehen oft geringere Fehltage durch Unfälle und Krankheit gegenüber.

3. **Arbeitnehmer** müssen Sicherheitsvorgaben umsetzen, auch wenn dies im betrieblichen Alltag oft schwierig ist:

- Auch unter Stress sind Sicherheitshinweise zu beachten.
- Aus scheinbarer Erfahrung heraus **nicht** entgegen den Sicherheitshinweisen arbeiten („Das haben wir schon immer so gemacht und da ist noch nie etwas passiert!").
- Die Wahrnehmung von Gefahren **nicht** durch Unachtsamkeit, Müdigkeit oder auch den Einfluss von Medikamenten und Drogen trüben.

Zuständig für das Gastgewerbe ist die Berufsgenossenschaft Nahrungsmittel und Gastgewerbe (BGN)

 BGN
Berufsgenossenschaft
Nahrungsmittel
und Gastgewerbe

Der Arbeitgeber muss Unfälle der BG melden (**Unfallmeldung**). Auch kleinere Verletzungen sind im **Verbandbuch** zu dokumentieren.

Erholungswert der Pausen

Erholungswert

0   15   30   45   60
Pausendauer in min

Ausreichende Pausen erhalten die Leistungsfähigkeit

DIGITAL+

Hinweise zum Umgang mit Stress auf unseren Internetseiten

1.1 Sicherheitskennzeichnung

🇬🇧 safety signs 🇫🇷 signes (m) de sécurité

Der einfachste Weg, auf Gefahren hinzuweisen, sind Symbole, wie sie auf **Sicherheitskennzeichen** verwendet werden. Diese werden unterteilt in:

Warnzeichen schützen vor Hindernissen und Gefahrstellen	**Gefahrenpiktogramme** informieren über gefährdende Eigenschaften eines Stoffes	**Gebotszeichen** weisen auf Schutzmaßnahmen hin	**Verbotszeichen** weisen auf ein Verbot hin	**Rettungszeichen** geben Hinweise zur Personenrettung	**Brandschutzzeichen** geben Hinweise zum Brandschutz
Warnung vor Gefahrenstelle	Akut giftig	Gehörschutz benutzen	Feuer, offenes Licht und Rauchen verboten	Sammelstelle	Feuerlöscher
Warnung vor heißer Oberfläche	Achtung – Gase unter Druck	Hautschutzmittel benutzen	Kein Trinkwasser	Erste Hilfe – Einrichtung wie Sanitätsraum	Weitere Beispiele für Sicherheitskennzeichen stehen an entsprechenden Stellen im Buch.
Warnung vor Rutschgefahr	Gefahr – entzündbare Stoffe	Atemschutz benutzen	Rauchen verboten	Fluchtweg / Rettungsweg	

1.2 Arbeitskleidung

🇬🇧 workwear 🇫🇷 vêtement (m) de travail

Die Berufskleidung des Kochs dient neben der Einhaltung von Hygienestandards und der Repräsentation des Berufsstandes auch dem Unfallschutz:

- Lange Ärmel und Hosenbeine sowie ein T-Shirt unter der Kochjacke schützen vor heißen Fettspritzern und Flammen (im Brandfall leicht auszuziehen durch Knöpfe und Gummibund).
- Halstücher saugen Schweiß auf (Erkältungsschutz).
- Kochmützen schützen u. a. vor Einzug langer Haare in Maschinen und auch davor, dass Haare ins Essen fallen.
- Geschlossene Arbeitsschuhe schützen vor Verletzungen und schonen die Gelenke durch ein ergonomisches Fußbett (s. a. „Sturzunfälle").
- Touchant / Anfasser schützt vor Verbrennungen durch Töpfe und Bleche.

Kochkleidung

② Erste Hilfe

first aid ● premiers secours (m)

Hinweis auf Erste Hilfe

2.1 Grundlagen der Ersten Hilfe

first aid basics ● principes de premiers secours (m)

Erste Hilfe hat die Aufgabe, bei Verletzungen oder Unfällen weitere Schäden vom Verletzten abzuwenden. Sofortmaßnahmen der Ersthelfer und die Erste Hilfe sind wichtige Glieder innerhalb der **Rettungskette**. Es ist aber falsch, Verletzungen nur alleine kurieren zu wollen und den **Weg zum Arzt** zu scheuen. Kleine Verletzungen müssen nicht sofort ärztlich behandelt werden. Es genügt dann, innerhalb von sechs Stunden den Arzt (am besten den Durchgangsarzt vor Ort) aufzusuchen. Im Zweifelsfall den Rettungsdienst mit 112 anrufen und die Situation schildern.

Erste-Hilfe-Maßnahmen müssen im Verbandbuch notiert werden.

Impfschutz beim nächsten Arztbesuch kontrollieren lassen und wenn nötig auch die Tetanusimpfung (Wundstarrkrampf) auffrischen.

Rettungskette

Beim **Notruf** ist anzugeben:

- Wo geschah es?
- Was ist geschehen?
- Wie viele Verletzte?
- Welche Art von Verletzungen?
- Warten auf Rückfragen des Rettungsdienstes.

Für einfache Fahrten zu einem Arzt kann ein Taxiunternehmen oder ein sitzender Krankentransport bestellt werden.

Unabhängig davon, was passiert ist: Zuspruch und das Gefühl von (Eigen-)wärme sind für den Verletzten immer gut und hilfreich.

Erste Hilfe ist kein Kann, sondern ein Muss. Ist jemand in Not, so hat jeder im Rahmen seiner Möglichkeiten Erste Hilfe zu leisten, sonst begeht der Betreffende unterlassene Hilfeleistung!

Selbstschutz geht vor: Ziehen Sie Handschuhe über, bevor Sie offene Wunden versorgen. Sie schützen sich und andere so vor Infektionen wie HIV oder Hepatitis. Schäden, die Sie selbst als Ersthelfer erfahren, werden von der Dt. Gesetzlichen Unfallversicherung (DGUV) erstattet.

2.2 Schnitt- und Stichwunden

injuries caused by cuts blessures (f) provoqué par coupure

Bei Schneide- und Reinigungsarbeiten kommt es gerade zu Beginn der Ausbildung häufig zu Schnittverletzungen, Stichwunden oder offenen Quetschungen durch Messer und glatte Metallkanten.

Fingerkuppenverband   Wundschnellverband

Pflasterverband

Sicher mit Messern arbeiten

Mögliche Ursachen für Schnitt- und Stichwunden	Hinweise für sicheres Arbeiten
Ablenkungen (z. B. Smartphone, intensive Gespräche) führen leicht zu Unfällen.	Konzentrieren Sie sich auf Ihre aktuelle Tätigkeit.
Falsches Werkzeug (z. B. ein großes Kochmesser als Schälmesser)	Nutzen Sie immer das richtige Messer für die anstehende Schneidarbeit (z. B. einen Sparschäler oder ein Tourniermesser zum Schälen).
Stumpfe Messer erfordern einen höheren Druck beim Schneiden, wobei man leichter vom Schneidgut abrutscht und auch das Gefühl für eine sichere Schnittführung verliert.	Arbeiten Sie stets mit scharfen Messern, schärfen Sie die Messer regelmäßig nach (Wetzstahl, Schleifstein). Halten Sie den Messergriff und die Führhand jederzeit sauber und trocken. Führen Sie das Messer stets vom Körper weg oder seitlich des Körpers.
Schneidarbeiten ohne Schneidbrett	Schneiden Sie immer auf dem Schneidbrett, nie in der Luft (auch nicht beim Aufschneiden von Brötchen). Nutzen Sie den Krallengriff zum Halten des Schneidguts.
Unordnung auf dem Schneidbrett	Arbeiten Sie auf dem Schneidbrett von links nach rechts (als Rechtshänder). Entfernen Sie Schneidgut mittels Teigkarte – nicht mit der Messerklinge.
Hineingreifen in fallende Messer	Fällt ein Messer runter: Lassen Sie es fallen – besser das Messer nimmt Schaden als Sie.
Schneiden mit der Aufschnittmaschine	Bei der Aufschnittmaschine immer den Restehalter und den Daumenschutz nutzen. Zur Reinigung immer auf Schnittstärke 0 stellen und Stecker ziehen.
Messerreinigung	Direkt nach dem Arbeiten die Messer reinigen – jedoch niemals in der Spülmaschine: Hitze und Reinigungsmittel schaden dem Stahl. Messer gehören niemals ins Spülbecken, da man in die Klinge greifen könnte. Messer immer „aktiv reinigen", bewegen Sie die Bürste, den Schwamm, das Tuch – aber ziehen Sie niemals das Messer durch ein Tuch.
Herumliegende Messer	Messer, die nicht genutzt werden, gehören in Messertaschen, in spezielle Schubladeneinsätze, an Magnetleisten oder in sichere Messerblöcke.
Messer tragen	Mit einem Messer niemals laufen, sondern langsam gehen. Beim Tragen die Klinge nach unten halten und den Griff nach oben.
Messer übergeben	Messer zur Übergabe ablegen oder mit dem Griff nach vorn weiterreichen.

Bei Schnittverletzungen kann ein glatter Schnitt über tieferliegende Verletzungen, auch der Blutgefäße, hinwegtäuschen. Wirkt der Verletzte bleich, sollte sich dieser auf den Boden setzen, um sich nicht bei einem Sturz von einem Stuhl weitere Verletzungen zuzuziehen.

Sichere Aufbewahrung von Messern

Druckpolster

Wundauflage

Binde

Blutgefäße

Druckverband

Selbst die kleinste Wunde kann bei unsachgemäßer Behandlung zu einer schmerzhaften Entzündung führen – bis hin zur sogenannten Blutvergiftung (Sepsis) –, zu einem Wundstarrkrampf oder „wild", also mit Wucherungen ausheilenden Wunden.

Offene Wunden nicht auswaschen, sondern immer keimfrei abdecken, damit keine Krankheitserreger in die Wunde gelangen. Vorsicht bei der Verwendung von Desinfektionsmitteln: Diese können Allergien auslösen (Ausnahme Octenisept). Desinfektionsmittel nur vom Verletzten selbst anwenden lassen.

Maßnahmen

- Bei kleineren Schnittverletzungen mit geringer Blutung deckt man die Wunde zunächst mit einem Heftpflaster ab. Ein Gummifinger oder ein Einweghandschuh sorgen dafür, dass Speisen nicht beeinträchtigt werden.
- Größere Wunden mit keimfreiem Verband abdecken, das verletzte Körperteil hochlagern. Die Blutung wird dadurch geringer. Bei stärkerem Blutverlust Druckverband anlegen. Dazu legt man über den keimfreien Verband eine weitere Binde als Druckmittel und verbindet mit geringem Druck.

2.3 Verbrennungen

🇬🇧 accidents caused by fire 🇫🇷 accidents (m) provoqué par incendie

Brandwunden entstehen meist durch heiße Oberflächen (**Verbrennungen**), durch heiße Flüssigkeiten oder durch heißen Dampf (**Verbrühungen**). Jede Verbrennung/Verbrühung ist eine Schädigung der Haut. Je nach Schwere unterscheidet man:

Verbrennungen 1. Grades: Die Haut wird rot
Verbrennungen 2. Grades: Es entstehen Blasen
Verbrennungen 3. Grades: Haut und darunterliegende Gewebe werden stark geschädigt.

Brandwunde

Erfrierungen – etwa durch Trockeneis – zeigen ähnliche Symptome wie Verbrennungen und werden ähnlich behandelt.

Erste Maßnahmen

- Bei Verbrennungen den betreffenden Körperteil mit handwarmem Wasser kühlen – und zwar so lange, bis die Schmerzen aufhören, was 15 Minuten dauern kann. Kein Eiswasser verwenden – das kann durch einen erneuten Temperaturschock zu weiteren Schädigungen der Haut führen.
- Bei größeren Verbrennungen (betroffene Fläche > Handfläche) nicht kühlen! Der Verletzte droht auszukühlen. Stattdessen die Wunde abdecken und den Verletzten vor Auskühlung schützen. Sofort den Arzt verständigen.
- Bei Verbrühungen, z. B. durch kochend heiße Flüssigkeit oder Dampf, die Bekleidung aufschneiden und vorsichtig entfernen. Auf keinen Fall die Bekleidung vom Körper reißen, das würde die Haut weiter schädigen.

Weitere Maßnahmen

- Gerötete Hautstellen bei Bedarf weiter kühlen.
- Brandblasen nicht aufstechen, sondern keimfrei abdecken.
- Bei Verbrennungen dritten Grades, z. B. durch Frittierfett, die Wunde ebenfalls keimfrei abdecken und unmittelbar den Arzt aufsuchen.
- Bei größeren Verbrennungsflächen den Verletzten zudecken (Gefahr der Unterkühlung) und ihm schluckweise alkoholfreie Flüssigkeit zu trinken geben, damit die Nieren nicht durch Giftstoffe geschädigt werden. Krankenwagen rufen – den Verletzten nicht selbst ins Krankenhaus transportieren.

Brandwundsalben, Desinfektionsmittel u. Ä. können allergische Reaktionen auslösen und sollten nur in Absprache mit Arzt oder Apotheker angewendet werden. Wenn vom Verletzten gewünscht, soll dieser die Mittel selbst auftragen.

Hinweise zur Vermeidung von Verbrennungen

Mögliche Ursachen für Verbrennungen/ Verbrühungen	Hinweise für sicheres Arbeiten
Heiße Töpfe, Pfannen und Bleche	Stiele von Töpfen und Pfannen immer weg von den Laufflächen drehen, damit man im Vorbeigehen nichts herunterreißt und sich nicht verbrennt.
	Heiße Gegenstände immer mit trockenen Touchants anfassen: Feuchtigkeit könnte bei Kontakt verdampfen und die Hände verbrennen.
	Heiße Griffe, Töpfe und Bleche Kollegen immer kenntlich machen, um versehentliches Anfassen zu vermeiden.
Heiße Gargeräte wie Heißluftdämpfer	Beim Arbeiten an einem heißen Ofen oder an der Kippbratpfanne immer die Jackenärmel heruntergeklappt tragen, um Verbrennungen an den Armen zu vermeiden.
Umfüllen von heißen Flüssigkeiten	Heiße Flüssigkeiten wie Brühen immer vom Körper weg umschütten. Achtung: Heiße Flüssigkeiten lassen die Brille leicht beschlagen!
Öffnen von Heißluftdämpfern	Immer erst den Dampf entweichen lassen vor dem vollständigen Öffnen der Tür. Moderne Geräte haben eine entsprechende Verriegelung.
Herausnehmen von Blechen aus dem Kombidämpfer	Aus Blechen und GN-Behältern können heiße Flüssigkeiten herausschwappen. Niemals Einsätze entnehmen, in die man nicht hineinblicken kann. An Heißluftdämpfern ist in 1,60 m Höhe ein Warnhinweis anzubringen.
Tragen von heißen Flüssigkeiten wie Suppe	Beim Tragen und Transportieren von heißen Suppen u. Ä. immer darauf achten, dass nichts herausschwappen kann. Wenn möglich Transportwagen verwenden.
Heißes Fett (Pfanne/Fritteuse)	Wasser darf nicht in heißes Fett gelangen: Niemals Gefäße mit Wasser (Wischeimer, Löffel-Beins, …) neben die Fritteuse oder die Kippbratpfanne stellen!
	Heißes Fett muss in einem Arbeitsdurchgang abgelassen werden und zwar ausschließlich in sichere, zugelassene Tragebehälter – GN-Behälter oder Eimer eignen sich hierfür nicht!
	Brennendes Fett niemals mit Wasser löschen! Das Wasser würde unter das brennende Fett sinken, sich stark erhitzen und beim Verdampfen die brennenden Fettteilchen mitreißen.

Brandfaktoren

Löschen mit dem Feuerlöscher

Brandschutzzeichen –
Hinweis auf Feuerlöscher

Feuerschutz

Wenn ein Brand entsteht, wirken zusammen: brennbarer Stoff, Sauerstoff, Entzündungstemperatur.

Soll ein Brand gelöscht werden, muss mindestens einer dieser Faktoren ausgeschaltet werden. Wasser senkt die Brandtemperatur unter die Entzündungstemperatur, Feuerlöscher entziehen den Sauerstoff.

- Feste, brennende Stoffe wie Holz, Stoff, Pappe oder Papier können mit Wasser gelöscht werden.
- Öl, Fett, Benzin u. a. Flüssigkeiten dürfen nicht mit Wasser gelöscht werden! Diese flüssigen Stoffe würden bei Wassereinwirkung verpuffen und den Brandherd vergrößern.
  Zur Bekämpfung von brennendem Fett wird ein CO_2-Löscher verwendet. Löschdecken werden nicht länger eingesetzt, da sie in der Anwendung zu unsicher sind und zu Verletzungen bei der löschenden Person führen können. Kleinere Fettbrände, etwa eine brennende Pfanne, lassen sich auch durch Auflegen eines Deckels ersticken.
- Bei brennenden Maschinen wird ebenfalls mit dem Feuerlöscher gearbeitet, nicht mit Wasser (Gefahr eines Stromschlages).

Grundsätzlich wird die Brandstelle von unten her bekämpft. Das verhindert den Sauerstoffzutritt und erstickt die Flamme.

Bei der Anschaffung von Feuerlöschern ist eine Beratung durch Fachleute erforderlich, damit die für den Einsatzzweck besten Löschmittel gewählt werden.

Feuerlöscher müssen immer frei zugänglich sein. In regelmäßigen Abständen sind sie von Fachleuten zu prüfen oder zu ersetzen. In den einzelnen Bundesländern gibt es jeweils Regelungen zu Rauchmeldern in Gewerberäumen.

Hinweise zur Vermeidung von Fritteusenbränden

- Die Füllstandsmarkierungen in der Fritteuse sind unbedingt einzuhalten, um ein Überhitzen von Fett oder Heizstäben zu verhindern.
- Das Frittierfett regelmäßig reinigen und erneuern. Verbrauchtes Frittierfett kann sich auch bei Betriebstemperatur entzünden.
- Fritteusenbrände sind mit einem speziellen Fettbrandlöscher (Brandklasse F) zu löschen, niemals mit Wasser und auch nicht mit einer Löschdecke. Brennende Pfannen nie in eine Spüle legen, sondern nur abdecken (Deckel oder Blech).
- Für die Arbeit mit Fritteusen hat der Arbeitgeber eine schriftliche Arbeitsanweisung auszuhängen.

2.4 Sturzverletzungen

⊞ injuries caused by falling ◖◗ blessures (w) provoqué par chute

Jeder dritte angezeigte Unfall im Gastgewerbe geht auf Stolpern, Rutschen und Stürzen zurück. Folgen von Stürzen sind häufig Prellungen oder sogar Brüche.

Maßnahmen

Den Verletzten auf den Boden setzen und beengende Kleidung wie Schuhe sowie Schmuck am betreffenden Körperteil zügig ablegen. Im Falle einer Schwellung lassen sich diese sonst nur noch schwer entfernen. Betroffenes Körperteil ruhigstellen, z. B. durch eine angelegte, zusammengerollte Decke. Die Wunde zur Verminderung einer Schwellung kühlen (z. B. mit einem Kühlpad in einem Tuch). Je nach Schwere der Verletzung den Rettungsdienst anrufen oder einen Krankentransport veranlassen.

Warnung vor einer Stolperstelle

Hinweise zur Vermeidung von Sturzunfällen

Mögliche Ursachen für Stürze	Hinweise für sicheres Arbeiten
Fett auf dem Boden	Fettspritzer und Flüssigkeiten sofort gründlich vom Boden entfernen und die Gefahrenstelle absperren.
Fußboden im Tiefkühlraum	Vor dem Betreten des Gefrierraumes (Froster) Schuhsohlen trocken abstreifen: An feuchten Schuhsohlen kann sich im Froster eine rutschfördernde Eisschicht bilden.
Leitern und Tritte	Zum Hochsteigen nur Leitern und Tritte verwenden, die auf Sicherheit geprüft sind – niemals Kisten oder Ähnliches.
Stolperstellen durch offene Türen und Schubladen vermeiden	Laufwege immer freihalten.
Mangelhaftes Schuhwerk	Nur geprüfte/zertifizierte Arbeitsschuhe tragen, die mindestens • vorn geschlossen sind, • einen Fersenhalt haben (Fersenriemen bei Clogs), • eine rutschhemmende Sohle und Absätze haben, • ein Fußbett besitzen, das Ermüdungen vorbeugt.

2.5 Geräte und Maschinen

🇬🇧 machines 🇫🇷 machines (w)

Maschinen dürfen nur benutzt werden, wenn sie den jeweiligen Sicherheitsvorschriften entsprechen. Hierzu geben die Berufsgenossenschaften passende **Arbeitssicherheitsinformationen** heraus, in denen auch Hinweise zum sicheren Umgang mit den Maschinen beschrieben sind. Neben diesen müssen auch alle Bedienungsanleitungen für verwendete Maschinen vom Mitarbeiter einzusehen sein.

Zur Orientierung, ob Geräte und Maschinen sicher sind, dienen Kennzeichnungen durch Herstellung und Prüfsiegel der Berufsgenossenschaft: Das **VDE**-Zeichen kennzeichnet Geräte, die durch den Verband deutscher Elektrotechniker auf ihre Sicherheit getestet wurden. Das **GS**-Zeichen steht für „geprüfte Sicherheit" und ist ein auf dem Geräte- und Produktsicherheitsgesetz basierendes Zeichen. Es wird von einer GS-Stelle zuerkannt. Mit dem Zeichen muss außerdem das Prüfinstitut genannt werden, welches das Prüfzeichen vergeben hat. Geräte, die den Mindest-Sicherheitsanforderungen EU-weit entsprechen, werden mit dem **CE**-Zeichen gekennzeichnet.

Geräte und Maschinen müssen regelmäßig von Fachleuten auf ihre Sicherheit hin überprüft werden.

Siegel des VDE

CE-Zeichen

GS-Siegel für geprüfte Sicherheit

Warnung vor gefährlicher
elektrischer Spannung

Schutzleiter

Gefahr   Sicherheit

Wirkung des Schutzleiters

Not-Aus-Schalter

Rettung bei Stromunfall

2.6 Stromunfälle

🇬🇧 electric shock 🇫🇷 choc (m) electrique

In der Gewerbeküche werden zahlreiche elektrische Geräte betrieben, die mindestens mit einer Netzspannung von 230 V arbeiten. Bereits Spannungen über 50 V können aber zum Tod führen, wenn sie durch den menschlichen Körper fließen! Um dies zu verhindern, sind Stromkabel mit einem Schutzleiter vorgeschrieben. Über diesen grün-gelben **Schutzleiter** wird Strom abgeführt und kann so nicht durch den menschlichen Körper fließen. Auch sind in der Elektroinstallation Fehlerstromschalter (FI-Schalter) vorgeschrieben. Elektrische Anlagen und Geräte müssen regelmäßig durch Fachleute überprüfen werden.

Sind Geräte bereits so konstruiert, dass kein Strom über das Gehäuse auf den Menschen übergehen kann, dürfen Stecker ohne Schutzkontakt (Eurostecker) verwendet werden. Bei Geräten, deren Gehäuse nicht so gut isoliert ist oder die mit höherer Stromstärke arbeiten, sind Stecker mit Schutzkontakt (Schuko-Stecker bzw. Konturenstecker) vorgeschrieben.

- Verlängerungskabel oder Stecker ohne Schutzleiter setzen die Schutzwirkung außer Kraft und dürfen nicht in Gewerbebetrieben eingesetzt werden.
- Vor dem Reinigen von Geräten immer den Netzstecker ziehen.
- Elektrogeräte nie mit feuchten Händen anfassen. Gelangt Feuchtigkeit zum stromführenden Draht, kommt es zum Stromschlag. Ein intaktes Stromkabel und ein unbeschädigtes Gerätegehäuse isolieren weitgehend gegen elektrischen Strom.
- Kabel mit defekter Zuleitung dürfen nicht mehr verwendet werden, bis sie von Fachpersonal repariert wurden. Gleiches gilt für Geräte, die einen Schaden aufgrund von eindringender Feuchtigkeit haben (z. B. Pürierstab, der in einen Topf gefallen ist).

Maßnahmen bei Stromunfällen

- Auf Selbstschutz achten: Niemals den Verletzten unüberlegt anfassen, da ein elektrischer Schlag droht.
- Sollte der Schutzschalter oder FI-Schutz nicht ausgelöst haben, Stromzufuhr unterbrechen: Not-Aus-Schalter drücken! Notfalls Netzstecker ziehen – darauf achten, dass das Kabel intakt ist!
- Lässt sich der Stromfluss nicht unterbrechen, den Verletzten mit nicht leitenden, trockenen Gegenständen, z. B. Besenstiel oder trockenes Tuch, aus dem Stromkreis retten. Dabei auf Bodenisolierung (siehe Abb.) achten, z. B. Karton, trockene Küchentücher, Kunststoffbrett.
- Den Verletzten flach lagern: ist er bewusstlos, in Seitenlage bringen. Wenn er wieder bei Bewusstsein ist, Wasser zu trinken geben. Ist keine Atmung zu messen, den Rettungsdienst alarmieren und mit Wiederbelebung beginnen. Den Verletzten auf jeden Fall zu einem Arzt bringen, auch wenn keine Gefährdung erkennbar ist. Der Stromfluss durch den Körper kann zu Herzstörungen führen.

2.7 Verätzungen und Vergiftungen

🇬🇧 chemical burns and toxications

🇫🇷 brûlure (f) par acide et empoissonements (m)

Verätzungen und Vergiftungen werden häufig durch gewerbliche Reinigungsmittel hervorrufen. Diese wirken stärker als Haushaltsmittel, können aber auch deutlich stärker schädigen. Gefährdet sind neben der Haut auch die Schleimhäute, Augen und die Atemwege. Neben akuten Verletzungen führen gerade gewerbliche Reinigungsmittel bei unsachgemäßer Anwendung zu schleichenden Erkrankungen, die eine Berufsunfähigkeit zur Folge haben können. Der Arbeitnehmer ist verpflichtet, die Begleitblätter zu Reinigungs- und Desinfektionsmitteln aufzubewahren.

Maßnahmen bei Verätzungen und Vergiftungen

- Verätzte Hautstellen gründlich mit Wasser spülen. Danach den Abschnitt keimfrei verbinden. Bei inneren Verätzungen dem Verletzten zu trinken geben – kein Erbrechen hervorrufen, da sonst eine erneute Verätzung beim Erbrechen stattfinden würde.
- Bei Verätzungen immer den Arzt aufsuchen. Verursachende Substanz mit Originalverpackung mit zum Arzt nehmen.
- Bei Vergiftungen durch Gase wie CO_2 den Verletzten flach hinlegen, Atmung und Bewusstsein kontrollieren und den Rettungsdienst rufen.

❸ Erkrankungen

3.1 Hauterkrankungen   🇬🇧 skin disease   🇫🇷 maladie (w) de peau

9 von 10 angezeigten Berufskrankheiten sind Hauterkrankungen. Ursachen hierfür sind oft Arbeiten mit Wasser und Reinigungsmitteln, aber auch Kontaktallergien, etwa auf Fischeiweiß. Aus hygienischen Gründen können Hauterkrankungen zur dauerhaften Berufsunfähigkeit für die Arbeit im Gastgewerbe führen.

Gesunde Haut ist eine Barriere, die u. a. vor Krankheitserregern und chemischen Stoffen schützt. Häufiges Händewaschen und ungeschützter Umgang mit hautbelastenden Stoffen wie aggressiven Reinigungsmitteln können die Haut jedoch schädigen. Auch häufige Handdesinfektion sowie langes Tragen von Schutzhandschuhen, in denen sich Schweiß bildet, schädigen die Haut. Es kommt zur Austrocknung, zu Rötungen der Haut und juckenden, rissigen Stellen in der Haut.

Hinweise zum Hautschutz

- Hautschutzcremes können die Heilung der Haut unterstützen. Diese sollen unparfümiert und auf die Belastung abgestimmt sein.
- Hände nicht unnötig desinfizieren.
- Schutzhandschuhe nur kurz verwenden und solche Handschuhe nutzen, in denen die Hände wenig schwitzen. Alternativ: Baumwollhandschuhe unter den Gummihandschuhen tragen.
- Arbeitgeber sollten parallel zum Hygieneplan einen Hautschutzplan erstellen.

🔴 Schützen Sie Ihre Haut und Ihre Atemwege! Arbeiten Sie nur mit der vorgeschriebenen Schutzkleidung und nach vorheriger Einweisung in Geräte und Mittel. Andernfalls dürfen Sie die Arbeit verweigern, um sich selbst zu schützen.

Gefahr – ätzend

Schutzbrille tragen

🔴 Eine Berufskrankheit ist eine meist chronische Erkrankung, die durch berufliche Tätigkeiten hervorgerufen wird und von der zuständigen Berufsgenossenschaft anerkannt worden ist.

Handschuhe benutzen

3.2 Rückenerkrankungen

🇬🇧 dorsal injuries 🇫🇷 blessures (w) de dos

Das Tragen von Tellerstapeln, Bücken beim Verräumen von Ware, Schieben von Servierwagen, ständiges Stehen auf harten Böden – das alles sind Belastungen für die Wirbelsäule, die Gelenke sowie Muskeln und Sehnen. Ob solche Arbeiten zur Erkrankung führen, hängt entscheidend von der Haltung bei der Arbeit ab: Die Wirbelsäule hält den Körper zusammen mit Muskeln und Sehnen aufrecht. Sie ist aufgebaut aus Wirbelkörpern in einer geschwungenen Doppel-S-Form. Zwischen den Wirbeln wirken die Bandscheiben als Stoßdämpfer. Zur Regeneration brauchen die Bandscheiben Ruhephasen. Wird die Wirbelsäule nicht entsprechend ihrer Form bewegt, können Muskelverspannungen, Blockaden und auch ein Bandscheibenvorfall die Folge sein.

Folgen falschen Hebens und Tragens machen sich oft erst nach Jahren bemerkbar! Viele kleine aber falsch getragene Lasten summieren sich im Laufe der Zeit zu beachtlichen Belastungen.

Tipps für rückengerechtes Arbeiten

- Stehen Sie aufrecht: Schultern zur Seite gerichtet, das Brustbein nach oben gerichtet, die Hüfte leicht nach vorn geneigt.
- Verteilen Sie Ihr Körpergewicht immer gleichmäßig auf beide Beine (Beine hüftbreit auseinander). Lehnen Sie sich wenn möglich an und drücken Sie die Knie beim Stehen nicht durch. Tragen Sie entlastende Berufsschuhe.
- Verdrehen Sie Ihre Wirbelsäule nicht beim Heben oder Ziehen von Lasten und vermeiden Sie auch beim Schieben ruckartige Bewegungen. Drehen Sie niemals gleichzeitig den Rücken, während Sie Ihren Rumpf beugen!
- Verteilen Sie schwere Lasten auf beide Arme, besser nutzen Sie Transporthilfen. Achten Sie beim Tragen auf freie Sicht! Tragen Sie sperrige und unhandliche Lasten zu zweit.
- Heben Sie Lasten immer langsam und mit angewinkelten Knien (Winkel > 90°), Beine hüftbreit gestellt, beim Heben ausatmen. Halten Sie Lasten dabei nah an der Körperachse. Auch beim Absetzen einer Last in die Hocke gehen und den Rücken aufrecht halten.
- Trainieren Sie Ihren Rücken durch Sport und nutzen Sie Angebote zur Rückenschule.
- Richten Sie Ihren Arbeitsplatz ergonomisch ein (ergonomisch = unter Beachtung der Leistungsfähigkeit des Menschen und seiner Bedürfnisse):
  - Achten Sie auf eine korrekte Arbeitshöhe: Die Arbeitsfläche sollte etwa 15 cm unterhalb der angewinkelten Ellenbogen liegen. Nutzen Sie wenn nötig eine Schneidbretterhöhung.
  - Die vor Ihnen liegende Arbeitsfläche sollte ausreichend beleuchtet sein, wenn möglich auch mit Tageslicht.
  - Rechtshänder arbeiten von links (z. B. zu schneidendes Gemüse) nach rechts (geschnittenes Gemüse). Ordnen Sie Ihre Arbeitsmittel wie Messer und Schneidgut so an, dass Sie diese gut greifen können.

> Für die Wirbelkörper des Rückens gibt es keinen künstlichen Ersatz – diese eine Wirbelsäule muss ein Leben lang „halten".

Falsches und richtiges Heben

Falsches und richtiges Tragen

Richtiges Stehen am Arbeitsplatz

① Arbeitsmittel

🇬🇧 equipment identification 🇫🇷 outils (m) de travail

Das wichtigste Werkzeug in der Küche ist das Messer. Je nach Einsatzgebiet gibt es spezielle Messer, die sich hauptsächlich in Größe, Form und Beschaffenheit der Klinge unterscheiden. Für alle Arten gilt:

- **Ein Messer muss gut in der Hand liegen**. Dabei ist das Verhältnis von Griff zu Klinge wichtig. Zum einen sollen Griff und Klinge im gleichen Gewichtsverhältnis (austariert) liegen. Zum anderen kommt es auf das richtige Gesamtgewicht an. Zu leicht, liegt es nicht gut in der Hand, zu schwer, führt es schnell zur Ermüdung beim Schneiden.
- Der richtige **Messergriff** schützt vor Unfällen. Eine raue Oberfläche gewährleistet einen sicheren Griff. Der Fingerschutz ist besonders wichtig, denn er verhindert das Abgleiten der Hand in die Schneide.
- **Die Klinge muss federnd und zugleich hart sein**. Dann ist sie belastbar und zugleich schnitthaltig. Von Schnitthaltigkeit oder Standfestigkeit spricht man, wenn die Schneide die Schärfe lange hält.
- Messer und Arbeitsbretter sind auch mit **farbigen Griffen** erhältlich. Verschiedene Farben ermöglichen einen Einsatz bei gleicher Produktgruppe: z. B. gelb = nur für Geflügel oder grün = nur Gemüse.

🔴 Unfälle mit Messern kommen in der Küche sehr häufig vor.

Oberflächenrauigkeit
gewährleistet sicheren Griff

Standardgriff

Fingerschutz
verhindert
Abgleiten
auf Schneide

**Messergriff
oder Heft**
die Größe muss
zur Handgröße
des Nutzers passen

Knauf
gewährleistet
sichere
Handhabung

1.1 Grundausstattung

Wetzstahl/Abziehstahl – Abziehen und Auf-Schnitt-Halten der Messer

Küchen-/Fleischgabel – Ausstechen und Entnehmen von Fleisch sowie zum Wenden großer Braten. Einstechen in Lebensmittel sollte aber vermieden werden (besonders bei Kurzgebratenem und weichen Rohstoffen wie Fisch). Die Folgen wären Saftverlust und sichtbare Einstiche.

Küchenmesser, groß – Schneiden und Teilen von großem Gemüse wie z. B. Kohl, von großen Fleischteilen, z. B. Kalbsbrust, und von Fischen, z. B. Heilbutt.

Küchenmesser, mittelgroß – Schneiden von Kartoffeln, Gemüse, Obst, Fleisch und Fisch.

Gemüsemesser/Officemesser – Putzen, Zuschneiden und In-Form-Bringen von Gemüse, Pilzen, Obst und Salaten.

Tourniermesser – Kartoffel-, Gemüse- oder Fruchtteile durch glatte, durchgängige Schnitte in eine gleichmäßige Form bringen.

Buntschneidemesser – Gegarte und auch rohe Gemüse wie rote Rüben, Sellerie, Möhren, Gurken oder Kürbis werden durch Schneiden/ Drücken in Scheiben mit einer geriffelten Oberfläche versehen. Dies ergibt eine formschöne neue Oberfläche.

1.2 Erweiterungen

Vorwiegend für Gemüse

Gemüse- und Kartoffelhobel (Mandoline) – Schneiden von Gemüse und Kartoffeln. Stärke beliebig einstellbar. Klingen mit unterschiedlichen Schneiden ermöglichen Scheiben mit glatten oder gefurchten Flächen (Waffelkartoffeln).

Spiralbohrer – Durch Eindrehen in Kartoffeln oder feste Gemüse erhält man eine Spi-rale, die gedünstet, gekocht, gebraten oder frittiert als Beilage genutzt werden kann.

Sparschäler – Sparschäler dienen dem gleichmäßigen dünnen Schälen von verschiedenen Gemüsen und Früchten.

Es gibt Schäler, die sich für längliche Lebensmittel besser eignen (Abb. links) und Schäler, die universell einsetzbar sind (Abb. rechts).

Ausbohrer / Ausstecher
Ausbohren kugeliger oder olivenartiger Formen aus Kartoffeln, Gemüsen und Früchten. Entfernen von Kerngehäusen. Aushöhlen von Gemüsen oder Früchten.

- Kugelausstecher – ca. 20 mm–30 mm Durchmesser, z. B. für die Garnitur Doria, Pariser oder Nusskartoffeln, ausgestochenes Obst für Salat
- Perlenausstecher – ca. 10 mm–12 mm Durchmesser, für Suppeneinlagen, Obstgarnierungen oder als Einlage für Gelees und Sülzen
- Olivenausstecher – ca. 30 mm–18 mm, für das olivenförmige Ausstechen von Obst, Gemüse oder Kartoffeln

Vorwiegend für Fleisch

Ausbeinmesser
Abziehen von Häuten, Zerlegen von Fleisch, Ausbeinen

Plattiereisen
Plattieren von rohem Fleisch, wodurch Bindegewebe zerreißt; beim Erhitzen zieht sich Fleisch weniger zusammen, es bleibt saftiger.

Hackbeil
Ausschlagen von Kotelettsträngen, Abschlagen von Knochen und Rippenteilen, Zerkleinern von Knochen, Schutzbrille tragen

Knochensäge
Durchsägen starker Knochen, z. B. Haxen, Rückgrat- und Schlussknochen

Die englischen und französischen Fachbegriffe zu wichtigen Arbeitsmitteln auf unseren Webseiten **DIGITAL+**

Bindenadel/Dressiernadel/Bridiernadel
Formgeben bei rohem Geflügel durch Zusammenbinden (Bridieren)

Spicknadel
Einziehen feiner Speckstreifen in Wild- und Schlachtfleisch

Spickrohr/Lardoir
Einbringen von dicken Speckstreifen in große Schmorfleischstücke (Lardieren)

Thermometer
* **Kernthermometer**: zur Ermittlung der genauen Temperatur im Kern eines Produkts. Besonders bei Lebensmitteln, bei denen eine Prüfung sehr schwer ist, z.B. Pasteten, große Braten

* **Infrarotthermometer**: zur Messung der Oberflächentemperatur. Insbesondere beim Wareneingang, um die Kühlkette sicherzustellen – HACCP

Geflügelschere
Für die optimale Kraftübertragung beim Portionieren von Geflügel und Geflügelteilen (auch zum Durchtrennen von Knochen).

Vorwiegend für Fisch und Schalentiere

Lachsmesser – Besitzt eine lange (ca. 29 cm) und sehr dünne, flexible Klinge, die es ermöglicht, Lachs in hauchdünne Scheiben aufzuschneiden – Räucher- und marinierter Lachs.

Filetiermesser – Besitzt eine lange (ca. 16 cm), schlanke und sehr flexible Klinge. Mit ihr lassen sich Fisch und Fleisch sauber filetieren.

Flossenschere – Zum Stutzen oder Entfernen von Flossen – z.B. bei Plattfischen oder barschartigen Fischen.

Austernöffner/Austernbrecher – Stabile, kurze Klinge zum Öffnen von Austern und Muscheln. Ausführungen mit und ohne Handschutz. Als zusätzlicher Arbeitsschutz empfiehlt sich ein Nylon-Stahl-Handschuh für die Hand, die die Auster hält.

Vorwiegend in der kalten Küche

Koch-/Schlagmesser
Durchtrennen größeren Geflügels. Abschlagen von Rückenteilen. Aufschlagen gekochter Hummer und Langusten. Hacken beliebigen Materials; Schutzbrille tragen.

Kullenmesser/Spezialmesser
Portionieren von zartem Schneidgut, z.B. Galantinen, Terrinen, Pasteten.

Tranchiermesser
Schneiden von Braten, Fleisch- und Wurstwaren. Das Messer hat eine schmale, lange und spitz zulaufende Klinge von 15 bis 30 cm Klingenlänge.

Käsemesser
Zum Schneiden und Brechen der verschiedenen Käsesorten/Käsearten

Käsemesser

Weichkäsemesser

Hartkäsemesser

Hartkäsebrecher

Zestenreißer (Juliennereißer)
Abschneiden, Abreißen von feinen Zesten der äußeren Schale von unbehandelten Zitrusfrüchten (Zesten = abgerissene Schalenstreifen).

Kanneliermesser
Zum leichteren Schälen von Zitrusfrüchten sowie zum Verzieren von Gemüse und Früchten durch Einschneiden gestreckter Rillen (Riefelung/Kannelierung).

Butterformer
Geeignet zum dekorativen Portionieren von Butter, aber auch als Hilfsmittel zum Aushöhlen/Entkernen von Gemüse wie Gurken oder Tomaten.

Spachtel
Abkratzen und Putzen von Bratplatten, Backblechen und Arbeitsflächen.

Spachtel, Paletten und Winkelpaletten eignen sich in der warmen Küche zum Wenden von Fleisch und Fisch oder zum sauberen Absetzen auf Tellern beim Anrichten von Speisen.

Palette
Auf- und Glattstreichen von Füllungen. Absetzen und Anrichten von Gebäckstücken.

Winkelpalette
länglich, wird verwendet, wenn z. B. auf einem Backblech Biskuitmasse gleichmäßig dünn ausgestrichen werden soll; in kurzer breiter Form: ähnlich wie Spachtel zum Umsetzen von Speisen

Sonstiges

Anrichtehilfen – Ringe mit Stempel
Zum sauberen Aufsetzen/Anrichten auf Geschirr und Platten von Reis, Gemüsepüree, Salat, usw.
Zum Einsetzen von Dessertstücken, Creme oder Mousse mit Ornamenten, Frucht- oder Gemüsesülzen.

Brioche-, Savarin-, Kokotten- und Timbalform
Zum Backen von Brioche oder Savarin, Karamellpudding, aber auch für Soufflé, Farcen oder kalte Vorspeisen.

Pasteten-, Terrinen- und Eisbombenform

Zur Verwendung bei der Herstellung von Pasteten, Terrinen und Eistorten, aber auch für Charlotten oder Tiramisu.

Arbeitsmittel für die Küchenkonditorei auf unseren Webseiten

1.3 Pflege von Messern

Für den laufenden Gebrauch wird das Messer durch **Abziehen am Stahl** auf Schnitt gehalten. Dabei muss es unbedingt im richtigen Winkel zum Stahl geführt werden.

Der Stahl ist dazu da, Schärfe zu erhalten bzw. das Stumpfwerden hinauszuzögern.

Winkel ca. 20°

Schneidewinkel wird beibehalten

Winkel zu groß

Messer wird rasch stumpf

Winkel zu klein

Abziehen ohne Wirkung

Bei einem Schneidewinkel von 20° schneidet das Messer am besten.

Ist der Winkel beim Abziehen zu groß, wird das Messer nach kurzer Zeit stumpf.

Wird der Winkel zwischen Stahl und Messer zu klein/spitz gewählt, ist das Abziehen ohne Wirkung. Das Messer wird nicht geschärft.

Abziehen am Wetzstahl

Das Messer mit der Klinge nahe am Schaft ansetzen. Die Klinge zeigt zur Stahlspitze. Das Messer mit gleichmäßigen Bewegungen vom Schaft zur Stahlspitze ziehen. Die gleiche Bewegung auf der anderen Seite des Stahls wiederholen. (Skizze 2 auf nächster Seite) Die Geschwindigkeit spielt für das Ergebnis keine Rolle, der richtige Anpressdruck ist ausschlaggebend.

Das gleiche Ergebnis erzielt man in umgekehrter Abfolge, siehe Skizze 1. Effektiv sind beide Varianten gleichermaßen.

Sollte man sich bei beiden Varianten nicht sicher fühlen, so ist die einfachste Art mit einem Wetzstahl zu arbeiten folgende: Den Wetzstahl mit der Spitze senkrecht auf eine ebene Unterlage stellen, z. B. ein Schneidbrett, und mit der Messerschneide in Richtung Stahlspitze ziehen.

> Wichtiger als die Geschwindigkeit sind der Anpressdruck und der Winkel.
> Europäische Messer im Winkel von 20°.
> Messer asiatischer Herstellung im Winkel von nur 9°.

> **Wichtig:** Beide Messerseiten **abwechselnd** (einmal links, einmal rechts) mit dem nötigen Anpressdruck über den Stahl ziehen. Würde man mehrmals die gleiche Seite bearbeiten, bliebe ein Grat an der Schneide.

Form vor dem Nachschleifen

Nachgeschliffene Form

Nachgeschliffen

Zu steil geschliffen
Die Schärfe hält nur kurze Zeit. Beim Schneiden ist viel Kraft erforderlich.

Hohl geschliffen
Das Profil ist ausgeschliffen, die Klinge wird schnell verbraucht. Das Schneidegut fällt nicht gut von der Klinge.

Richtig geschliffen
Der Klingenquerschnitt ist leicht bauchig und drückt darum das Schneidegut von der Klinge.

Bevor mit dem Schleifen in zwei Körnungen begonnen werden kann, müssen die Steine für den Haupt- und Feinschliff eingeweicht werden.

Als Schneidunterlagen nur Kunststoffbretter verwenden. Bretter aus Glas, Marmor oder Granit schaden den Messerklingen. Obwohl die meisten Messer spülmaschinengeeignet sind, ist wegen aggressiver Reinigungsmittel und zu hoher Temperaturen davon abzuraten. Ein höherer Verschleiß ist unvermeidlich. Außerdem ist eine Beschädigung der feinen Klingen durch andere Geschirrteile immer gegeben!

Messerschleifen auf einem Stein

1. Vorschliff – grob
Dieser Schliff ist nur dann notwendig, wenn das Messer stark verschlissen ist und/oder sogar Ausbrüche an den Schneidkanten hat. Hier eignet sich ein Stein mit 200er Körnung.

2. Hauptschliff
Hier werden Riefen und Schleifspuren vom Vorschliff entfernt. Es eignet sich ein Stein mit 1000er Körnung (japanischer Stein) oder ein europäischer Stein mit 400er Körnung.

3. Feinschliff
Es wird ein Stein mit 6000er Körnung verwendet. Er erzeugt einen guten Schliff für sehr feine Schnitte oder zum Schnitzen.

4. Grat reduzieren
Beim Schärfen entsteht ein Grat. Dieser muss durch einseitiges Schleifen in Schnittrichtung entfernt werden. Hier wird der zuletzt verwendete Stein verwendet.

5. Grat entfernen
Das Messer wird mit einem Lederriemen und Polierpaste abgezogen.

❷ Kochgeschirr und Zubehör

 cooking ware / cooking utensils baterie (w) de cuisine

Die in der Küche verwendeten Geschirre und Behältnisse müssen
- in lebensmittelrechtlicher Hinsicht einwandfrei sein,
- den Belastungen des Küchenalltags standhalten,
- problemlos zu reinigen sein.

Die englischen und französischen Fachbegriffe zu wichtigen Arbeitsmitteln auf unseren Webseiten

Geschirrarten – Kochgeschirr

Bratentopf – casserole / braising pan / rondeau

Fleischtopf – deep casserole / marmite basse

Kochtopf – stock pot / marmite haute

Stielkasserolle, hoch – sauce pan / casserole
Kochen von Brühen, Saucen oder Gemüse

Stielkasserolle, flach – sautè pan / sautoir
– z. B zum Poelieren

Schwenkkasserolle / Sauteuse

Wok

Stielbratpfanne – poêle lyonnaise

Stielbratpfanne aus Edelstahl mit Beschichtung

Stielbratpfanne aus geschmiedetem Eisen

Fischpfanne, oval

Grillpfanne, rund

Bratpfanne, Gastro-Norm / Rôtissoire

Schmorpfanne / Braisière

Fischkochkessel mit Einsatz / Poissonnière

Als Kasserolle werden nur Töpfe mit einem maximalen Fassungsvermögen von 10 l bezeichnet

Der Unterschied zwischen Sautoir und Sauteuse:

rühren   schwenken

Sautoir   Sauteuse

Mehlsieb

Passiersieb

Weiteres Zubehör

Suppensieb – Soupe tamisez – Feinmaschiges Nylonnetz im Spannrahmen, bis 150°C hitzebeständig

Farcensieb – Farce tamis – Mit auswechselbaren Siebeinsätzen in verschiedenen Maschengrößen aus Edelstahl – meist mit geschliffenen Drähten zum besseren Durchstreichen

Mehlsieb – Fester Rahmen aus Holz, Plastik oder Edelstahl; flacher Siebeinsatz, um größere Mengen Mehl oder ähnliche Rohstoffe fein zu verteilen

Passiersieb – Tamis – Auch „fleißiges Lieschen" oder „Flotte Lotte" genannt – zum Passieren von weichem Obst und Gemüse

Passiertuch – Etamine – Aus 100 % Baumwolle oder Leinen; zum Abseihen von klaren Fonds (Consommé); sehr feines Gewebe, um Trübstoffe bestmöglich herauszufiltern, auch als Einwegtücher aus Vlies (Polyamid) erhältlich.

Saucenseiher, Passe-sauce

Spitzsieb, Chinois

Abtropfschüssel, Egouttoir

Farbige Arbeitsbretter zur Umsetzung des HACCP – spülmaschinengeeignet und hitzebeständig bist +90°C

Bretthobel

Gastro-Norm

Das Gastro-Norm-(GN)-System löst die unterschiedlichen Größen von Vorrats-, Bearbeitungs- und Garbehältnissen ab.

Einschübe in Regalwagen, Herde und Kühlschränke sowie Grundflächen von Bain-Marie oder Speisenausgabe sind aufeinander abgestimmt.

Ausgehend von einem Grundmaß von 53 × 32,5 cm gibt es praxisgerechte Unterteilungen mit unterschiedlicher Tiefe. Entsprechende Deckel vervollständigen das System. So können vorbereitete Lebensmittel in GN-Geschirre eingesetzt und in die Kühlung gebracht werden. Bei Bedarf wird dann in diesem Geschirr gegart und anschließend das Ganze zur Ausgabe gebracht.

Vorteil des Systems:
- Teile passen untereinander und in alle Geräte,
- Arbeitszeitersparnis, weil das Umsetzen von Geschirr zu Geschirr entfällt.

Gastro-Norm-Schalen aus Porzellan / Keramik

Systemgeschirr

System Gastro-Norm

Systemteiler 3 mal 1/6 ist nicht 1/1 und kann mit der Halterung transportiert und gelagert werden

GN-Einlegeböden z.B. zum Auftauen oder Lagern von feuchten Rohstoffen auch für GN aus Polypropylen

GN-Deckel, farbig oder mit Markierclips1/3 aus Polypropylen – Umsetzung HACCP

GN 1/3 aus Polypropylen mit Deckel

3 Maschinen und Geräte

3.1 Kühltechnik	3.2 Rührtechnik	3.3 Zerkleinerungstechnik	3.4 Herd / Ofentechnik
3.5 Niedertemperatur-systeme	3.6 Fritteusen und Filtertechnik	3.7 Grill	3.8 Multifunktions-geräte

3.1 Kühltechnik

Kühltechnik ist ein wichtiges Instrument in der Küche. Bei Vor-, Zu- und Nachbereitung bleibt durch Kühlung die Lebensmittelqualität erhalten.

z.B. Butterkäse — 10°C — 7°C — z.B. Milch & Sahne — 4°C — z.B. Geflügel & Eier — z.B. Fleisch — 2°C — 0°C — z.B. frischer Fisch — Frucht- und Cremeeis — −12°C — −16°C — −18°C — z.B. Speiseeis mit Alkohol/Zucker — TK-Produkte und Eis zur Langzeitlagerung

Nutzen der Kühltechnik:
- Haltbarkeit von Lebensmitteln verlängern
- Reifeprozesse ermöglichen – z.B. bei Fleisch
- Speisen Form und Textur geben – z.B. bei Cremes und Sülzen

Kühltechnik wird zur Zwischenkühlung oder der Langzeitkühlung eingesetzt

- **Kurzfristige Kühlung** wird zum kurzzeitigen Herunterkühlen genutzt, um z.B. geschlagene Sahne unter eine Creme zu ziehen, oder zum kurzen Anfrieren bei einem Parfait mit zwei oder mehr Schichten.
- **Mittelfristige Kühlung** ist notwendig, um vorbereitete Rohstoffe, z.B. Gemüse, frisch zu halten oder Fleisch bis zur gewünschten Reife zu lagern.

Kühleinrichtungen können Kühl- und Frostschränke, Kühl- und Frosttische, Truhen, Kühl- oder Tiefkühlzellen sein.

Kühlschrank	Kühlschrank mit Umluft	Klimakühlschrank	Tiefkühlschrank
Temperatur kann gradgenau auf eine Produktgruppe abgestimmt eingestellt werden. Es bilden sich unterschiedliche Temperaturzonen, da die Luft nicht zirkuliert.	Luft wird durch ein Lüfterrad im gesamten Raum gleichmäßig verteilt. Ein Verlust beim Öffnen wird schnell ausgeglichen. Die Luftfeuchtigkeit ist durch die Bewegung niedriger als in herkömmlichen Kühlschränken.	Kühlschränke, meist mit regelbarer Luftfeuchtigkeit von 45–80 %. Geeignet für Rohstoffe, die nur kurz gekühlt bzw. zwischengekühlt werden müssen – dabei aber nicht austrocknen dürfen, z.B. Torten oder Pralinen. Dadurch auch sehr gut als reine Fleisch- und Fischkühlschränke geeignet.	Die Temperatur reicht bei den meisten Geräten von −18 bis −24°C. Bei −21°C ist eine Kerntemperatur von −18°C gewährleistet. In speziellen Frostschränken bzw. Eistruhen wird Speiseeis zum Verzehr/Verkauf (nicht zur Lagerung) bei −12°C vorrätig gehalten.

Die Sortierung bei **Schranksystemen** ist übersichtlich und zum Teil auf Sichthöhe möglich. Vorteil der Schrank- und Tischsysteme ist, dass sortenrein (nach Rohstoffgruppen) gelagert werden kann, z.B. Fisch und Kuchen. Dabei können Temperatur und Luftfeuchtigkeit optimal abgestimmt und Fremdgerüche ausgeschlossen werden.
Für Großküchen sind Kühl- und Tiefkühlschränke auch als Einfahr- oder Durchfahrversion erhältlich. Dies ermöglicht eine schnelle Komplett- oder Teilbeschickung mit einem Stikken-/Schragenwagen.

Kühlhaus

Luftfeuchtigkeit und Temperatur haben maßgeblichen Einfluss auf Haltbarkeit, Reifung und Gewichtsverlust. Bei Fleisch sollten die Werte zum Beispiel bei Temperaturen von 1 bis 3 °C und einer relativen Luftfeuchtigkeit von ca. 85 % liegen. Bei zu niedriger Luftfeuchte trocknen die Rohstoffe zu schnell aus und verlieren an Gewicht. Bei zu hoher Luftfeuchte bildet sich Schwitzwasser und die Lebensmittel werden schmierig. Dies geschieht z. B. beim Austausch mit warmer Küchenluft (siehe Seite 342 und 343 Magazin).

- Kühlhaus nur kurz öffnen
- Schnelle Entnahme der Produkte
- Ständige Überwachung der Temperatur und Luftfeuchtigkeit
- Nach Produktgruppen lagern
- Nichts am Boden lagern
- Alle Rohstoffe immer gut verschließen oder abdecken

Tiefkühlhaus

Je nach der gelagerten Produktgruppe liegen die Temperaturen zwischen −18 °C und −24 °C. Beim Öffnen wird warme Luft der Umgebung mit der kalten ausgetauscht, unbedingt die Türen nach Entnahme sofort wieder verschließen. Bei einem längeren Aufenthalt im Tiefkühlhaus aufgrund von z. B. Einlagerung unbedingt eine vor der Tiefkühlung befindliche Wattejacke anziehen. Aufenthaltszeit auf maximal 30 Minuten beschränken.

- Bei Tiefkühleinrichtungen über 10 m³ ist eine kontinuierliche elektronische Dokumentation der Temperatur vorgeschrieben. Diese muss für ein Jahr gespeichert werden.

- Bei kleineren Zellen (Raumvolumen unter 10 m³) ist handschriftlich zu dokumentieren.
- Angetaute und aufgetaute Lebensmittel dürfen **nicht** wieder eingefroren werden.
- Beim Einfrieren von Lebensmitteln und zubereiteten Speisen sollten zur Nachvollziehbarkeit das Datum und die genaue Bezeichnung deutlich erkennbar angebracht werden. Unbedingt die Größe der Gebinde und die damit verbundene Einfriergeschwindigkeit beachten (1 cm pro Stunde).

Laut DIN 10508 Temperaturen für Lebensmittel:

Beim Abkühlen heißer Lebensmittel sollte, sofern keine anders lautenden Rechtsvorschriften dem entgegenstehen, der Bereich zwischen +65 °C und +10 °C innerhalb von 3 Std. durchschritten werden, um eine Keimvermehrung zu vermeiden. Um eine vor allem in mikrobiologischer Hinsicht nachteilige Beeinflussung zu vermeiden, sind dabei die Kühlbedingungen wie Lufttemperatur und -geschwindigkeit, das Produktgewicht sowie die Art der Verpackung zu beachten.

Schockkühler / Schockfroster

- Die Hauptaufgabe dieser Gräte ist es, hygienisch kritische Temperaturbereiche schnell zu durchlaufen. Daraus resultiert ein lagerfähiges Produkt für Kühlung oder Tiefkühlung, das für den späteren Gebrauch in einem hygienisch einwandfreien Zustand zur Verfügung steht. Anwendung findet es beim Cook and Chill (**ausführlich auf S. 181**, bedeutet Kochen und Kühlen) und wird sehr häufig in Zentralküchen, bei der Klinikversorgung oder der Versorgung von Kinder- und Schuleinrichtungen genutzt.

Schockkühler

- bringen ein Produkt in 90 Minuten von 90 °C auf 3 °C

Schockfroster

- bringen ein Produkt in 240 Minuten von 90 °C auf −18 °C

Einfluss der Füllhöhe (Schichthöhe) auf die Abkühlleistung beim Schnellkühlprozess

Vorteile aus Sicht der Hygiene	Vorteile aus Sicht der Vorbereitung
• Kritische Temperaturbereiche werden schnell überbrückt, eine Keimbildung und Vermehrung wird stark vermindert. • Die Grundregeln des HACCP werden optimal umgesetzt.	• Bei niedrigem Arbeitsaufkommen kann produziert und bei hohem Arbeitsaufkommen kann dann auf diese Produkte zurückgegriffen werden. • Personal ist gleichmäßig aus- und entlastet.

Wirtschaftliche Vorteile

- Zeitliche Entkopplung von Produktion und Verbrauch – durch Vorausplanung optimal für Unternehmen und Personal, vor allem bei Urlaub, Krankheit und Fachkräftemangel.
- Komplette Gerichte wie Gulasch, Schmorbraten oder Buletten können vorproduziert werden. Damit können Spitzenzeiten im Gastgewerbe abgefangen werden.

Vergleich der Abkühlzeiten und Kerntemperaturen bei unterschiedlichen Abkühlmethoden (mit abgedecktem Behälter von 1,5 kg Kartoffelpürree)

Einfluss der Füllhöhe und die Verwendung von offenen bzw. geschlossenen Behältern

Kühltisch

Aus Platzgründen und hilfreich für den Küchenablauf sind Arbeitsfläche und Kühlung in einem Gerät. Arbeitswege bei der Vor- und Zubereitung werden verkürzt. Das Mise-en-Place für den jeweiligen Posten kann sofort gekühlt für den Service bereitgehalten werden. Im Küchenablauf kann auf alle benötigten Rohstoffe sofort in der jeweiligen Rohstoffgruppe zugegriffen werden.

Saladette

Saladetten sind in einem oberen Kühlteil mit Schnellentnahme und einem unterem Kühlteil für die Bereitstellung von Nachschub für die Produktion aufgeteilt. Zur Abdeckung gibt es Schiebe- und Klappelemente, die zum Teil oder ganz geöffnet werden können. Bestückt wird im oberen Teil mit GN-Einsätzen, die mit Salat, Salatzubereitungen und Saucen befüllt werden.

Für Restaurant, Mensa oder Kantinenräume sind die Kühlmöbel mit Holz-furnier und Husten-/Spuckschutz versehen.

3.2 Rührtechnik

Küchenmaschine 🇬🇧 standing mixer 🇫🇷 robot ménager (m)

Diverse Maschinen von unterschiedlichen Herstellern sind mit verschiedenen Aufsätzen und Zubehörteilen erhältlich. Die Grundausstattung beinhaltet ein Rühr- oder Planetenrührwerk mit einem Knethaken, eine Rute und einem Flachrührer. Sie sind für folgende Einsatzgebiete vorgesehen:
- Rühren – zu Beginn aller Rührvorgänge
- Langsames Mischen und Kneten – bei schweren Teigen
- Mischen und Schlagen – bei mittelschweren Teigen
- Schlagen und Verrühren – zum Aufschlagen/Aufschäumen
- Schnelles Verrühren und Schlagen – zum Unterheben, Schlagen und Schaumigschlagen

Eine Rührschüssel mit einem Fassungsvermögen von ca. 6 l sollte mit Rezepturen von maximal 2,000 kg Mehl als Einwaage bestückt werden. Die Belastungsgrenze der Geräte wird sonst überschritten und die Folge sind schlechte Ergebnisse der Rezepturen.

Handrührgerät/Mixer 🇬🇧 mixer 🇫🇷 fouet (m)

Ein Handrührgerät kann wie die Küchenmaschine kneten, rühren und schlagen. Die zu bearbeitenden Mengen sind kleiner und die Kraftübertragung ist geringer. Bei einem Handrührgerät bezeichnet man die Rührwerkzeuge als Quirle und Knethaken. Die Quirle eigenen sich für Schlagsahne, Eischnee, leichte Massen, Rühr- und Knetteige. Die Knethaken für schwere Massen und schwere Teige wie Hefeteige für Savarin, Brioche oder Buchteln.

Für viele Handrührgeräte gibt es diverses Zubehör wie Messbecher/Mix-becher, Zerkleinerungstechnik wie Pürierstab und Mixaufsatz oder Rühr-schüsseln mit Spritzschutz und Halterung für das Handrührgerät.

Messersatz mit einem Messer

Messersatz mit zwei Messern

Durch Reibung entsteht Wärme – durch Wärme gerinnt Eiweiß. Deshalb sollte der Aufsatz vor Beginn der Arbeiten gekühlt werden.

Nach den Bestimmungen der Hygieneverordnung darf die Lagertemperatur von Hackfleisch maximal +4 °C sein.

3.3 Zerkleinerungstechnik

Fleischwolf 🇬🇧 meat mincer 🇫🇷 hachoir (m) à viande

Der Fleischwolf, auch Wolf genannt, ist eine Zerkleinerungsmaschine. Mit ihr werden Fleisch, aber auch Fisch und Gemüse in eine für die Weiterverarbeitung erforderliche Zerkleinerungsform gebracht.

Der Wolf arbeitet nach dem Prinzip des **Scherschnitts**. Wie bei einer Schere wird das Schneidegut zwischen zwei geschliffenen Metallteilen (Messer und Lochscheibe) zerschnitten. Die Schnecke transportiert das Fleisch zu den Messern. Der Zerkleinerungsgrad wird von der Größe der Löcher in der Lochscheibe bestimmt.

Hinweise zur Benutzung

Der Verschlussring muss richtig angezogen werden.
- **Bei zu strengem Sitz** reiben Messer und Lochscheiben aneinander und Metallabrieb gelangt ins Fleisch.
- **Bei zu lockerem Sitz** wickeln sich Bindegewebe um die Messer, weil sie nicht mehr zerschnitten werden.

Der Wolf muss richtig beschickt werden. Das Fleisch soll in lockeren Fäden aus der Lochscheibe kommen.
- **Presst man Fleisch zu stark** in die Einfüllöffnung, so kann das Material von den Messern nicht mehr richtig verarbeitet werden. Das Fleisch wird warm und schmiert.
- **Läuft der Wolf leer,** reiben Messer und Lochscheiben aneinander und erwärmen sich. Dabei geht die Schärfe verloren.

Ein schlecht eingestellter Wolf oder stumpfe Messer führen zu zerquetschtem, grauem, fettig-schmierigem Material. Das ist eine Qualitätsminderung.

Unfallverhütung

Der Wolf muss so beschaffen sein, dass die Schnecke von der Hand/den Fingern nicht erreicht werden kann. Die transportierende Wirkung würde die Hand sowie andere eingebrachte Teile mitziehen. Sollte der Transport der Lebensmittel nicht funktionieren, so darf nur mit dem dazugehörigen Stopfer weitergearbeitet werden! Bei kleineren Geräten sind darum Durchmesser und Höhe der Einfüllöffnung vorgeschrieben, größere Maschinen sind an der Einfüllöffnung mit einem nicht entfernbaren Schutz versehen.

Ohne Messer und Lochscheiben kann der Wolf zum Stopfen für Wurst/ Würstchen genutzt werden. Es ist darauf zu achten, dass keine Luft eingeschlossen und die Wurst nicht zu fest gestopft wird. Beides führt zu einem unschönen Ergebnis und zum Platzen bei der Zubereitung.

So kann man Hauptgänge von einem Rohstoff in unterschiedlichen Texturen kombinieren. Als Beispiel: Rehrücken unter der Pflaumen-Senf-Kruste mit getrüffeltem Rehragout und Rehbratwurst aus eigener Herstellung.

Kutter 🇬🇧 food processor 🇫🇷 cutter (m)

Das Wort Kutter ist abgeleitet vom englischen Wort to cut = schneiden, abschneiden. Der Kutter ist eine Zerkleinerungsmaschine, die nach dem Prinzip des **Messerschnitts** arbeitet. Das Schneidegut liegt dabei auf einer Unterlage (drehende Schüssel), die Messer ziehen durch das Schneidegut. Durch das Kuttern kann eine homogene Masse hergestellt werden, wie sie für Farcen (Brät) erforderlich ist. Eine Haube, die mindestens die halbe Schüssel bedeckt, verhindert das Herausschleudern von Material.

Hinweise zur Benutzung

Der Abstand zwischen Messern und Schüssel muss richtig gewählt werden. Das Fleisch wird nur unvollständig zerschnitten, wenn der Abstand zu weit ist. Die Welle macht bis zu 3 000 Umdrehungen je Minute, deshalb muss die Halterungsschraube der Messer fest angezogen werden. An den rotierenden Messern entsteht Reibungswärme, die Eiweiß zum Gerinnen bringen kann. Es darf darum nur gut gekühltes Material verwendet werden. Zusätzlich kann Mundeis (Crushed Ice) zur Kühlung genutzt werden.

Unfallverhütung

Der Deckel des Kutters muss die Messerwelle abdecken. Die rotierenden Messer wären, wie z. B. der laufende Propeller eines Flugzeuges, nicht zu erkennen. Darum muss durch eine Sperrschaltung gewährleistet werden, dass der Deckel nur bei stehenden Messern geöffnet werden kann.

Mixer 🇬🇧 food processor 🇫🇷 robot ménager

Dem Kutter ähnlich, nur kleiner, ist der **Mixer**. Während beim Kutter die Schneidewelle liegt, steht sie beim Mixer senkrecht.
Der Mixer ist dem Kutter und Tischkutter ähnlich, nur kleiner. Das Messer steht waagerecht, die Schüssel dreht sich nicht. Die zu erzielenden Ergebnisse hängen von der Motorleistung und der zu erreichenden Umdrehung pro Minute ab. Besonders geeignet bei Kleinstmengen von Nüssen, Zucker oder Gewürzmischungen.

Kutter in großen Küchen und Fleischereien

Das Prinzip eines Tischkutters ist ähnlich. Da sich hier nur das Messer horizontal und nicht die ganze Schüssel dreht, muss besonders auf das gleichmäßige Zerkleinern der Masse geachtet werden. Die Leistung ist gleich. Die Füllmengen reichen von 2,9 l bis 11,5 l.

Pacojet

In einem geschlossenen System fräst sich ein Messer für gefrorene oder frische Rohstoffe im Unterdruck durch die Lebensmittel. Aus tiefgefrorenen Lebensmitteln werden feine Texturen hergestellt.

Vorteile

- In Stufen kann die zu zerkleinernde Menge gewählt und somit das gefrorene Material auch portionsweise bearbeitet werden.

> Die Grundregeln des HACCP können dadurch optimal umgesetzt werden. „Niemals die Kühlkette unterbrechen! Angetautes darf nicht wieder eingefroren werden!"

- Mit dem passendem Coupe-Set kann man ohne Wärmeeinwirkung aus frischen nicht gefrorenen Lebensmitteln Farcen herstellen, Kräuter oder Flüssigkeiten mixen und/oder aufschlagen.
- Das Pacossieren verstärkt Aromen und erhält die natürlichen Farben der Rohstoffe.
- Die sehr feinen Pürees/Farcen ergeben ein weiches Mundgefühl.
- Der Einsatz von Zeit und Rohstoffen kann sich positiv auswirken.

Einsatzmöglichkeiten und deren Vorteile

- Farcen – ein Durchstreichen von Farcen ist nicht mehr notwendig.
- Pürees – optimales Aroma und Farberhaltung, keine Verluste wie beim klassischen Passieren von Obst.
- Eis – cremige Konsistenz in optimaler Verzehrtemperatur.
- Suppen und Saucen – Schalen und Faserteile von bestimmten Rohstoffen sind nicht spürbar.
- Das Einfrieren und Pacossieren von z.B. grünen Lebensmitteln wie Erbsen oder Petersilie erzielt farblich und geschmacklich ein positives Ergebnis.
- Besondere Kostformen, z.B. bei Patienten mit Schluckbeschwerden.

Was ist eine Textur?

Als Textur bezeichnet man die Oberflächenstruktur und das Gefüge von Produkten – entscheidend für das Mundgefühl beim Essen (wie weich, schmelzend oder knackig usw. ist ein Lebensmittel?)

Blender / Standmixer blender blender (m)

Die wichtigsten Leistungsmerkmale eines Blenders sind die Motorleistung mit mindestens 10.000 Umdrehungen pro Minute, bruchfester Glasaufsatz und für einen sicheren Stand Antirutschfüße. Geeignet zur Herstellung von

- Fruchtsäften
- Shakes
- Smoothies
- Pesto
- Majonnaise
- oder zum Zerkleinern von Nüssen, Zucker für Puderzucker, Nuss- oder Mandelmehl, Getreideschroten oder -mahlen.

Durch die besondere Form des Messers und des Glasaufsatzes entsteht ein Sog / Strudel, der die Masse schnell zirkulieren lässt.

Multi-Zerkleinerer / Moulinette food processor broyeur (m)

Der Begriff Moulinette leitet sich vom Wort moulin (französisch für Mühle) ab. Bei den meisten Herstellern besteht der Antrieb aus einem Standgerät/Motorblock, auf dem ein Becher und ein Messer aufgesetzt werden. Der Deckel verschließt das Gerät. Durch Drücken auf den Deckel und den dadurch ausgelösten Kontakt lässt sich der Motor starten und stoppen.

Je nach Leistung lassen sich sowohl Nüsse, Kräuter, Pesto, püriertes Obst und Gemüse, aber auch Kleinstmengen an Farce aus zartem und sehnenfreiem Fleisch, Fisch oder Krustentieren herstellen.

Stabmixer immersion blender mixeur plongeant (m)

Auch als Pürier-, Passier- oder Zauberstab bezeichnet. Die maximale Umdrehung liegt bei 20 000 pro Minute. Die Stablänge bzw. Eintauchtiefe ist sehr unterschiedlich. In Profiküchen sollte der Stab immer aus rostfreiem Edelstahl bestehen. Die zu verarbeitende Menge hängt von der jeweiligen Stablänge ab. Einsatzgebiete sind das Pürieren von heißen und kalten Suppen, das Aufschäumen von Flüssigkeiten, das Herstellen von Dressings, Pesto, Dips oder Smoothies. Mit den Zubehörteilen gelingt das Schlagen von Sahne oder Eiweiß. Ein gutes Ergebnis erzielt man beim Aufmontieren von Suppen und Saucen kurz vor dem Anrichten / Servieren.

3.4 Herd und Kochtechnik

🇬🇧 ranges and kitchen technology

🇫🇷 les founeaus (m) et technologie (w) de la cuisine

In der Gruppe der Herde sind drei grundlegend verschiedene Medien zu nennen. Ob Induktion, Gas oder ein Elektroherd – das entscheiden die Gegebenheiten vor Ort: sowohl die vorhandenen Anschlüsse, der Anschaffungspreis, die Unterhaltskosten und die persönlichen Vorlieben des Betreibers. Beim Kochgeschirr ist auf die Eignung für die jeweilige Herdart zu achten. Nachfolgend sind die gängigsten Arten mit ihren Vorzügen und eventuellen Nachteilen genannt.

Wirbelströme im Topfboden

Aufsteigende Wärme

Magnetfeld

Magnetfeld erzeugt Wärme

Induktionstechnik

Induktionsherde übertragen die Wärme auf eine besondere Art auf das Gargut. Elektrische Energie schafft in der Induktionsspule zunächst ein Magnetfeld. Erst im Boden des Kochgeschirrs erzeugt dieses Magnetfeld die zum Garen erforderliche Wärme (siehe Abb. links).
Darum gibt es keine Hitzeabstrahlung von aufgeheizten Kochplatten, die Hitzebelastung für das Personal und der Energieverbrauch sind geringer. Die Induktionstechnik ist nur mit Geschirr aus Eisen oder Guss möglich. Geschirr aus Kupfer, Aluminium, Porzellan oder Glas kann nicht verwendet werden.

Gasherd

Der Gasherd hat einen geringen Verbrauch. Mit einem Handgriff entfacht die Flamme und die volle Leistung ist abrufbar. So sind schnelle Kochvorgänge sicher. Geringer Anschaffungspreis im Vergleich der Herdarten. Der Gasherd – meist mit Erdgas betrieben, aber auch mit Propangas möglich – wird vor allem an Standorten eingesetzt, wo durch bauliche Voraussetzungen kaum andere Möglichkeiten bestehen, oder auf Märkten, Festivals oder Außer-Haus-Catering, wenn keine ausreichende Stromversorgung anliegt.

Wärme entsteht nur im Metall der Pfanne

Vorteile
- Die Temperatur kann gut reguliert werden.
- Auf der Gasflamme können verschiedene Garstufen/Gartemperaturen umgesetzt werden.
- Durch die Herdform kann mit ungewöhnlich geformten Töpfen gearbeitet werden.
- Beim Abschalten ist die Wärmezufuhr sofort unterbrochen.

Nachteile
- Aufheizen der Umgebung und schnellerer Verbrauch des Sauerstoffs im Raum.
- Die Lüftung muss mit der Gasfreigabe gekoppelt sein – Freischaltung darf nur bei eingeschalteter Lüftung erfolgen.
- Bei der Verbrennung kann Acrolein entstehen, dies belastet die Raumluft.

Herd mit Backofen

Beim sogenannten Küchenherd erfolgt die Wärmeübertragung zum Kochgeschirr durch direkten Kontakt mit dem Blech sowie durch Strömung, unabhängig davon, welche Energieart eingesetzt wird.
Dieses System ermöglicht bei entsprechender Regelung der Wärmezufuhr alle Garverfahren außer Grillen.
Im Backrohr wird die Wärme durch Strahlung auf das Gargut übertragen. Mit Strahlungswärme kann man backen und braten, z. B. Roastbeef, Rehrücken.

Backofen mit Ober / Unterhitze

Umluft-Backofen

Bei Umluftgeräten wird fortlaufend erhitzte Luft am Gargut vorbeigeführt. Dadurch sind Verfahren wie Braten, Backen und indirektes Pochieren möglich.

Die durch eine Ventilation zwangsweise umgewälzte Luft ermöglicht es, gleichzeitig auf mehreren Ebenen zu garen. Beim Garen mit Ober- und Unterhitze ist das nicht möglich.

Umluftgerät

Hinweise zur Benutzung

- Geräte vor der Bestückung mit Gargut immer vorheizen. Andernfalls entsteht zu viel Feuchtigkeit im Garraum, zusätzlich können z. B. Gebäcke nicht richtig aufgehen.
- Die Gartemperatur bei Umluft ist niedriger zu wählen als bei Strahlungswärme im Backofen mit Ober- und Unterhitze, weil strömende Luft mehr Wärme transportiert.

Die Geschwindigkeit des Lüfterrades ist bei den meisten Geräten regelbar. Bei leichten Gebäcken wie Hippen oder Windbeuteln muss sie gedrosselt werden.

Weitere Herd- und Kochtechnik

Weitere Kochmedien können Gusskochplatten, Edelstahlkochplatten und Glaskochfelder bzw. Ceranfelder sein. Diese lassen sich bündig in Kochblöcke integrieren. Dadurch können je nach vorgegebenen Kochzonen Töpfe und Pfannen beliebig angeordnet und verschoben werden. Die Reinigung wird durch die ebene Fläche erleichtert. Ein weiterer Vorteil ist der Arbeitsschutz. Keine Kanten – geringe Unfallgefahr.

Kochkessel

Kochkessel 🇬🇧 cooking kettle 🇫🇷 bouilloire (m)

Alle Kochkessel haben doppelte Wände. Zwischen diese wird Dampf geleitet, der die Wärme durch die Innenwand auf das Gargut überträgt. Der durch Abkühlung kondensierte Dampf fließt nach unten ab. Diese Art der Beheizung durch zirkulierenden Wasserdampf ist bei allen Kesseln gleich. Unterschiedlich dagegen ist die Dampferzeugung. Bei Kesseln, die mit Gas, Öl oder Strom beheizt werden, wird unmittelbar unter dem Kessel das zurückfließende Wasser wieder zu Dampf erhitzt. In Großküchen wird der benötigte Dampf aus der zentralen Heizanlage zugeführt.

Weil bei Kochkesseln auch durch die Seitenwände Wärme auf das Gargut übertragen wird, kommt der Kesselinhalt viel schneller zum Kochen. Man nennt Kessel darum **Schnellkocher**. Sie haben meist ein Fassungsvermögen zwischen 60 und 100 l.

Kessel mit Ablaufhahn für flüssiges Gargut und/oder Kippfunktion (kippbare Kochkessel) erleichtern die Arbeit.

Bei **Druckkesseln** wird der Deckel fest verschraubt. Über dem Kochgut entsteht Dampf, der durch ein Sicherheitsventil auf einem bestimmten Druck gehalten wird. Bei erhöhtem Druck kocht das Wasser oberhalb des normalen Siedepunkts, also bei höheren Temperaturen als 100 °C. Höhere Temperaturen verkürzen die Garzeit.

> Bei Druckkesseln darf auf keinen Fall das Überdruckventil verändert oder beschwert werden.

Kippbratpfanne 🇬🇧 tilt frypan 🇫🇷 poêle (w) à frire basculante

Die Kippbratpfanne hat einen mit Gas oder Strom direkt beheizten Boden aus Metall. Darum sind alle Zubereitungsarten möglich, die starke Hitze erfordern und mit Kontaktwärme arbeiten. Bei Bedarf kann sie aber auch zum Kochen, z. B. von Klößen, oder zum Dünsten verwendet werden, sowie für Kombinationen aus Anbraten/Braten und Kochen wie Schmoren oder beim Ansatz von Saucen.

Kippbar sind die Pfannen, weil sie zwischen zwei Säulen gelagert sind. Die Auslaufnase ermöglicht ein einfaches Entleeren.

Hinweise zur Benutzung

Zum Anbraten ist kräftig vorzuheizen, damit die Fett-Temperatur beim Einlegen nicht zu stark absinkt, damit das Bratgut kein Wasser abgibt.

Wird eine mit Flüssigkeit gefüllte Kippbratpfanne geleert, ist das Drehrad zum Kippen am Anfang besonders vorsichtig zu bedienen, sonst schwappt der Inhalt über den vorderen Rand und kann zu Verbrühungen führen.

Geleerte Pfannen sollten sofort mit heißem Wasser „aufgefüllt" werden. Das Wasser verhindert das Festbrennen der Rückstände.

Würde man jedoch kaltes Wasser verwenden, käme es im Pfannenboden durch den Temperaturunterschied zu starken Spannungen, die zu Rissen führen könnten.

Kippbratpfanne

Pfannenbeheizung Gas oder Strom

Schnitt durch Kippbratpfanne

Multifunktionsgerät / Kochcenter

🇬🇧 multifunctional pan 🇫🇷 poêle (w) multifonctionelle

Ein Multifunktionsgerät fasst konventionelle Technik wie Kipper, Kessel, Grill, Herd und Fritteuse in nur einem multifunktionalen Gargerät zusammen und ermöglicht Kochen, Braten, Frittieren, Niedertemperaturgaren, Konfieren, Sous-vide und Über-Nacht-Garen.

Temperatursensor zum Messen der Kerntemperatur

Tiegel können unterschiedlich bestückt und gesteuert werden. (2 Garmethoden zur gleichen Zeit)

Integrierter Wassereinlauf

Integrierter Wasserablauf

Ergonomisches Arbeiten durch Kippfunktion der Tiegel und Hebe-/Senkfunktion von Körben, z. B. zum Nudelkochen

Das Kochcenter verfügt über viele Heizelemente, die einzeln angesteuert werden können. So wird z. B. beim Braten nur der Bereich nachgeheizt, bei dem die Temperatur durch das Auslegen eines kalten Fleischstücks abfällt.

Reinigung/ Schlauchbrause

Bedienelement, Steuerung und vollautomatische Überwachung der Garprozesse. Eigene manuelle Garprogramme sowie vom Hersteller hinterlegte Garprozesse können eingestellt oder abgerufen werden. Zusätzlich können eigene Garprogramme hinterlegt werden

Heizsystem

Das Multifunktionsgerät beheizt einen dünnen Tiegelboden mit einem schnellen Heizsystem, das einen schnellen Wärmetransport durch den Tiegelboden an die Lebensmittel ermöglicht. Herkömmliche Kippbratpfannen arbeiten meist mit weniger Energiezufuhr und dickeren Tiegelböden, dies bedeutet langes Vorheizen und weniger große Flexibilität, die Temperatur schnell dem Gargut entsprechend anzupassen.

Automatische Hebe-/Senkfunktion

Kochprozess – Teigwaren
1. mit Hebeautomatik
2. sprudelnd kochen
3. Zeit / 10:00 Minuten

3.5 Heißluftdämpfer / Kombidämpfer

🇬🇧 combi oven 🇫🇷 cuiseur (m) à vapeur et à l'air chaud

In der herkömmlichen Küche sind viele Garverfahren gebunden an bestimmte Gargeräte, z. B. Herdplatte, Backofen, oder bestimmtes Kochgeschirr, z. B. Bratpfanne, Bratgeschirr (Rôtissoire), Schmorgeschirr (Braisière).

Kombidämpfer können im Gegensatz zu herkömmlichen Gargeräten im gleichen Garraum wechselnde Garbedingungen schaffen, z. B.:
- trockenes Heißluftgaren wie Backen; Braten im Backofen,
- feuchtes Klima zum Dämpfen,
- und die Kombination aus beidem.

Ein Regelungssystem sorgt dafür, dass Dampfbereitstellung und Heißlufterzeugung zusammenspielen. Das Produkt wird weder zu nass, noch trocknet es zu stark ab oder aus. Dafür sorgen Klimasensoren, die laufend Informationen an den Regler senden.
Um die Übertragung der thermischen Energie prozentgenau zu regeln, müssen die folgenden Parameter aufeinander abgestimmt sein:
- Temperaturen,
- Feuchtigkeitszu- und -abführung,
- Lüfterradgeschwindigkeit sowie
- die Drehrichtung des Lüfterrades.

Mit einem Temperaturbereich von 30 – 300 °C sind fast alle Garverfahren abgedeckt.

Manuelle Einstellung

Mischbeschickung mit unterschiedlicher Kerntemperatur

Nach Garende umstechen vom kleineren in das nächst größere Produkt

Temperatureinstellungen

Übernachtgaren / Langzeitgaren

Beim intelligenten Kochpfad wird für das Gargut in jedem Garschritt die ideale Kombination aus allen Parametern berechnet. Beispielsweise eignet sich der Kochpfad „Übernachtbraten" für alle größeren Fleischstücke und Großgeflügel.

Abb: Graphische Darstellung des Garverlaufes der Übernachtgarung

Auf Tastendruck wird das Fleisch automatisch angebraten und anschließend sehr schonend im Niedertemperaturbereich gegart. So wird das Fleisch besonders saftig und zart. Beim Krustenbraten sorgt ein automatischer Überkrustungsschritt am Ende des Prozesses für die gewünschte Knusprigkeit. Und das alles nachts, wenn kein Koch in der Küche ist.

Intelligentes Garen: Einstellung Übernachtbraten

Garen mit Kerntemperaturfühler

Für größere Fleischstücke gibt es weitere Möglichkeiten, über die Kerntemperatur zu optimalen Ergebnissen zu kommen. Weil die Wärme **meist** langsam zugeführt wird, entstehen im Fleisch weniger Spannungen. So erhält man einen saftigen Braten, der für längere Zeit servierbereit gehalten werden kann. Ein Übergaren wird durch die Zieltemperatur verhindert.

Garprofil für Braten

Niedertemperaturgaren (NT-Garen)

Beim NT-Garen werden niedrige Temperaturen eingesetzt, die Garzeit verlängert sich.

GR = Garraumtemperatur   KT = Kerntemperatur

Arbeitsablauf
- Gerät vorheizen,
- in Fleisch Kerntemperatur-Fühler einstecken,
- in der Reifephase geht die Kerntemperatur auf die vorgewählte Stufe zurück.

Delta-T-Garen

Bis zum Erreichen der gewünschten Kerntemperatur (z. B. 75 °C) wird vom Gerät eine ständig gleichbleibende Differenz zwischen Garraumtemperatur und der ansteigenden Kerntemperatur aufrechterhalten, bis beide sich immer weiter bis zum gewünschten Ergebnis angleichen. Delta-T-Garen ist ein besonders schonendes Garverfahren mit wenig Gewichtsverlust (zwischen 3 und 5 %). Es eignet sich für alle Fleischstücke, bei denen es nicht auf Farbgebung (Röststoffe) ankommt.

GR = Garraumtemperatur   KT = Kerntemperatur

Arbeitsablauf
- in Fleisch Kerntemperatur-Fühler einstecken,
- die Temperatur steigt langsam an, wobei zwischen der gewählten Kerntemperatur und der Temperatur des Garraumes stets ein bestimmter, gleichbleibender Abstand (Delta-T) gehalten wird.

Dampfgaren ohne Druck

Neben dem Garen mit Heißluft und dem kombinierten Garen mit Heißluft und Dampf kann die Option Dämpfen gewählt werden. Das Dampfgaren findet bei 100 % Feuchtigkeit mit frei wählbarer Temperatur statt. Dies ermöglicht die schonende Zubereitung aller Rohstoffe mittels feuchter Wärme, ohne sie schwimmend in eine Kochflüssigkeit zu geben. Das Auslaugen und Verändern der Rohstoffe in Form und Farbe ist so verhindert, und der Erhalt der Inhaltsstoffe ist sichergestellt. Vitamine und Mineralstoffe bleiben weitestgehend erhalten.

Vorteil bei richtiger Anwendung: Gemüse bleibt knackig, Fisch glasig und Geflügel saftig.

Anwendungsbeispiele:
- Hefeklöße, Serviettenknödel oder Semmelknödel
- Viele Gemüse und Obstarten
- Fisch
- Helles Geflügel
- In der Asiatischen Küche werden in Dim-Sum-Körben (Bambuskörben) ganze Gerichte über Dampf gegart.

Erstellen von Garprogrammen

Vorteil von Garprozessen: Einheitliches Ergebnis, egal wie groß das Gargut ist, da durch die Intelligenz im Kombidämpfer der Prozess angepasst wird – Zeiten und Temperaturen sind je nach Beladungsmenge und Gargutzustand unterschiedlich.

Diese Geräte haben für fast alle Zubereitungen bereits fertige Kochpfade gespeichert, doch es besteht immer die Möglichkeit, eigene Programme für spezielle Anforderungen / Rezepte einzubringen.

Heißluftgeräte verstehen nicht **„Bei milder Hitze garen und kurz vor Garende bei starker Hitze eine Kruste bilden".** Es werden konkrete Angaben mindestens zur Temperatur und Garzeit benötigt. Herkömmliche Garanweisungen bewährter Rezepte müssen darum auf die Sprache der Kombigarer übertragen werden.

Die Beispiele unten zeigen, wie zunächst die Erfahrungen in konkreten Werten festgelegt und in ein eigenes Konzeptpapier eingetragen werden. Wenn Überlegungen so dokumentiert werden, kann man später ohne Probleme ändern oder verfeinern.

Unterschiedliche Muster von Firmen für das Festhalten von Daten für eigene Programme

Gargut/ Anmerkungen	Menge/ Einschubteile	Programm- platz	Schritt	Verfahren	Temperatur	Garzeit (Min.) oder Kerntemp. (°C)	Zusätzliche Einstellungen
schweine- hackbraten	3 x 2,5 kg	115	①	Dämpfen	100 °C	10 Min.	
			②	Heißluft	140 °C	15 min	Dampflauf
			③				

Programmnummer: **Produkt: Schweinebauch**

Gar- medium

	1. Schritt	2. Schritt	3. Schritt	4. Schritt	5. Schritt	6. Schritt	7. Schritt	8. Schritt	9. Schritt
	feuchte Hitze	f. u. tr. Hitze	trockene Hitze						
	100 %	70 %	70 %						
	100 °C	160 °C	220 °C						
	30 Min.	76 °C	78 °C						

Speichern von Programmen in Kombigargeräten

Es können sowohl intelligente als auch manuelle Garabläufe gespeichert werden.

Programme können individuell mit allen Parameter manuell gespeichert werden oder man nutzt die von den Herstellern hinterlegten intelligenten Abläufe. In beiden Fällen muss ein neues Programm erstellt und unter einem Namen gespeichert werden. Diese Programme müssen allen Mitarbeitern in Schulungen erläutert werden. (Am besten legt man eine Dokumentationsmappe für Programme an.)

Programmieren – Combi-Dämpfer-Modus

Sie können ein manuelles Programm mit bis zu 12 Schritten ganz nach Ihren Wünschen erstellen.

Schritt	Info/Taste	Beschreibung
1		Drücken Sie die Taste.
2		Drücken Sie die Taste, um ein neues Programm zu erstellen.
3	Rührei	Programmnamen eingeben (z. B. Rührei).
4		Drücken Sie die Taste zur Speicherung des Namens.
5		Wählen Sie eine manuelle Betriebsart, zum Beispiel Kombination.
6		Drücken Sie die Taste zum Vorheizen des Garraumes.
7		Stellen Sie die gewünschte Vorheiztemperatur ein.
8		Zum Speichern des Schrittes drücken Sie die Taste einmalig. Es kann ein weiterer Schritt eingefügt werden.
9		Wählen Sie die Betriebsart für den zweiten Programmschritt.
10		Wählen Sie die gewünschten Garparameter.
11		Zum Speichern des Schrittes drücken Sie die Taste einmalig. Es kann ein weiterer Schritt eingefügt werden.
12	END	Drücken Sie erneut die Taste zum Beenden des Programmiervorganges.

☞

Nach Ablauf eines jeden einzelnen Programmschrittes können Sie ein akustisches Signal ertönen lassen. Aktivieren Sie dazu die "Summer"-Taste.

Sie können in jedem Programmschritt die gewünschte Luftgeschwindigkeit einstellen.

Sie können in den Betriebsarten Heißluft und Kombination für jeden Programmschritt die Beschwadung in 3 verschiedenen Stufen aktivieren. Siehe auch Kapitel "manuelle Beschwadung".

Programmieren – iCookingControl-Modus

Beispiel: Sie benennen „Braten" um und speichern den Garablauf unter dem neuen Namen „Kalbsbraten" mit individuellen Einstellungen, z. B. „Bräunung hell" und „Gargrad durch" ab.

Schritt	Info/Taste	Beschreibung
1		Drücken Sie die Taste.
2		Drücken Sie die Taste, um ein neues Programm zu erstellen.
3	Kalbsbraten...	Programmnamen eingeben (z. B. Kalbsbraten).
4		Drücken Sie die Taste zur Speicherung des Namens.
5		Wählen Sie die Betriebsart "Fleisch".
6	Braten	Wählen Sie "Braten".
7		Bräunungsgrad und Gargrad kann individuell verändert werden.
8		Taste drücken zum Speichern des Garablaufes und Öffnen des Auswahlfensters.
9		Wählen Sie z. B. ein Bild für das Gargut oder verlassen Sie die Programm-Detailansicht durch Drücken der "Speichern"-Taste.

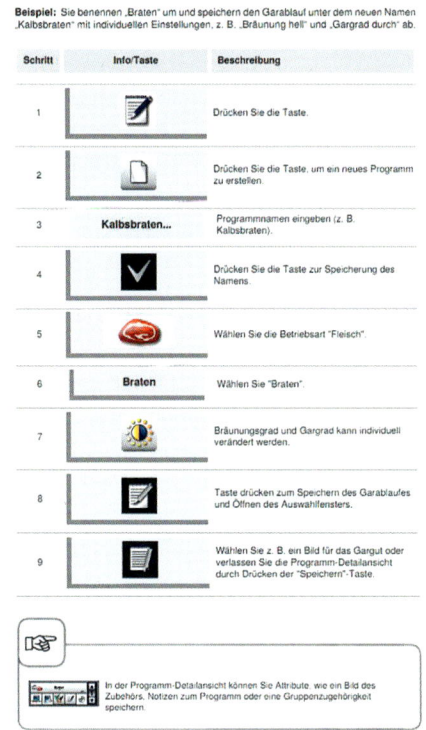

☞

In der Programm-Detailansicht können Sie Attribute, wie ein Bild des Zubehörs, Notizen zum Programm oder eine Gruppenzugehörigkeit speichern.

Dampfgaren mit Druck

Bei normalem Luftdruck siedet Wasser bei 100 °C. Mit zunehmendem Druck steigt der Siedepunkt. Diesen physikalischen Zusammenhang nutzt man bei Dampfgargeräten mit Druckfunktion.

Für die Küche ist folgender Zusammenhang wichtig:
- Je höher der Druck, desto höher die Temperatur.
- Je höher die Temperatur, desto kürzer die Garzeit.
- Das Garen bei höheren Temperaturen *kann* zu veränderten Ergebnissen führen, z. B. faseriges Fleisch oder weiches Gemüse. Die Hersteller- und Rezepturangaben sind unbedingt einzuhalten.

Der Siedepunkt ist druckabhängig.

Dampfdrucktopf

Dieses Prinzip gilt auch für den Dampfdrucktopf oder Schnellkochtopf. Der Dampf entsteht in einem dichten und fest verschlossenen Topf. Ein Ventil regelt den Dampfdruck. Nach dem Garprozess muss der gesamte Druck durch Herunterkühlen abgebaut werden oder durch ein Ablassventil schnell entweichen. Erst dann lässt sich der Topf wieder öffnen. Schnellkochtöpfe dürfen niemals mutwillig mit Kraft geöffnet werden. Der Druck würde schlagartig entweichen. Es kann zu schwersten Verletzungen kommen.

Steamer / Dampf-Schnellgarer

Im Vergleich zum Schnellkochtopf ist der Garraum von der Dampferzeugung getrennt. Der erzeugte Dampf wird zum Gargut geleitet, was gegenüber dem Dampfdrucktopf zu deutlich besseren Ergebnissen führt. Ein zu schnelles Übergaren kann verringert werden.

Hinweise

- Achten Sie unbedingt auf die Herstellerangaben und beachten Sie dabei immer den Arbeitsschutz.
- Garraum steht unter Druck, beim Öffnen entweicht heißer Dampf. **Unfallgefahr**!
- Lebensmittel mit längerer Garzeit sind besonders geeignet, z. B. Kartoffeln.
- Die Garzeiten bewegen sich in sehr engen Grenzen. Bei kurzem Überschreiten verkochen Lebensmittel stark, die Verluste an Inhaltsstoffen sind hoch.
- Beim Druckgaren kann man nicht „zwischendurch prüfen". Darum muss von Anfang an rezeptgenau gearbeitet werden.

Trockendampf-Schnellgarer

3.6 Niedertemperatursysteme / Sous-vide-Garen

Warmhalte- / Niedertemperatur-Gargeräte

Einsatzmöglichkeiten sind:
- beim Langzeitgaren mit sehr niedrigen Temperaturen,
- zum Bereithalten von Speisen im À-la-Carte (Cook & Hold, siehe S. 181)
- zum Trocknen von Lebensmitteln
- Der Temperaturbereich liegt zwischen 50 und 120 °C und unterliegt nur sehr geringen Schwankungen von maximal +/–2 °C.

Hinweise:

- Langsames Aufwärmen der Geräte ermöglicht einen exakten Temperaturverlauf, was ein rechtzeitiges Vorheizen bedingt.
- Über eine Kerntemperatursonde lassen sich der Garverlauf und die Kerntemperatur steuern.
- Die Umgebungstemperatur lässt sich ebenfalls steuern und sollte 20 °C über der Kerntemperatur liegen.
- Durch die Möglichkeit Rohstoffe zu entfeuchten, können selbst frittierte Speisen warmgehalten werden. Optional verfügen die Geräte meist über eine Räucherfunktion.

Thermalisierer / Garen im Wasserbad

Rohstoffe wie Fleisch, Fisch oder Gemüse werden in Siegelrandbeuteln, mit Aromen und dem Hauptrohstoff in einem Vakuumierer luft- und wasserdicht verschlossen. Die Rohstoffe können sowohl ohne vorherige Rohstoffbehandlung oder mit vorangegangenen Garverfahren im Beutel versiegelt werden. Aromen und Rohstoff können so ohne äußere Einflüsse ihre Aromen optimal entfalten und austauschen. Anschließend wird der Beutel mit dem entstandenen Unterdruck im temperierten Wasser gegart Die Temperaturbereiche liegen je nach Rohstoff bei 50–85 °C.

Anwendung Fleisch

Fleisch wird bei herkömmlichen Verfahren bei hoher Hitze gegart. Im Sous-vide-Verfahren findet dieser Prozess bei maximal 64 °C statt. Wasser befindet sich zum größten Teil in den Muskelfasern. Bei Garmethoden unter 64 °C denaturieren nicht alle Proteine. Dem Fleisch geht weniger Wasser verloren (Wasser wird an das Eiweiß gebunden). Der Garvorgang dauert aber erheblich länger, da die festen kollagenen Eiweiße erst in zarte Gelatine umgewandelt werden müssen.

> **Slow-Low-Sear** kann man übersetzen mit „langsam, niedrig und scharf" anbraten. Um ein perfekt saftiges Ergebnis bei Fleisch und Fisch zu erhalten, wird entweder vor dem Sous-vide-Garen angebraten oder danach (Rückwärtsgaren).

Rückwärtsgaren im Sous-vide-Verfahren

Beim klassischen Garverfahren wie Braten, Schmoren, Grillen werden durch die Maillard-Reaktion Zucker und Proteine an der Fleisch-Oberfläche verändert. So entstehen wohlschmeckenden Röststoffe, und die Farbe wird intensiver.

Beim Rückwärtsgaren wird erst nach dem eigentlichen Garvorgang die Kruste gebildet.

Vorteil:
- Da die Rohstoffe bei sehr niedrigen Temperatur optimal gegart werden, wird durch die nachträgliche Krustenbildung die Serviertemperatur erreicht.
- Da wo erwünscht kann sich eine ausgeprägte Kruste bilden. Eine Krustenbildung vor dem Sous-vide-Verfahren würde eine weiche Oberfläche ergeben.

> **Maillard-Reaktion**
> Hitzebedingte chemische Vorgänge, die zur Aromaverstärkung und zur Farbvertiefung führen.
> Ein angeschnittener Apfel wird nach kurzer Zeit braun – dies nennt man enzymatische Bräunung.
> Bei der Maillard-Reaktion ist es eine nicht enzymatische Bräunung, hier reagieren Zucker mit z. B. Proteinen oder Peptiden bei Hitzeeinwirkung.
> Braten oder Kaffee erhalten so ihre typische Farbe und ihren typischen Geschmack.

Anwendung Gemüse

Gemüse mit einem hohen Stärkeanteil wie Möhren oder Sellerie brauchen Temperaturen über 80 °C, um die Zellstruktur aufzubrechen. Ab 80–85 °C ergeben gegarte Gemüse eine zarte bis cremige Konsistenz mit intensiven Aromen der jeweiligen Rohstoffe. Diese können dann z. B. als Püree, für Suppen oder Soufflé verwendet werden.

Gemüse benötigt höhere Temperaturen, um den Garpunkt zu erreichen. Dadurch ist die Zugabe von Gemüse (Röstgemüse) bei Sous-vide-Garen in Verbindung von Fleischgerichten mit Saucenansatz wie z. B. geschmorte Ochsenbacke nur bedingt zielführend.

Aromen und Inhaltsstoffe werden nur unvollständig abgegeben.

Vorteile des Sous-vide-Garens

- Sehr geringer Gewichtsverlust – ca. 5 % gegenüber 40 % bei herkömmlichen Verfahren
- Sehr geringer Stromverbrauch
- Rohstoffe können ohne Aufsicht garen, ohne den Garpunkt zu verfehlen – z. B. bei Verspätung der Gäste, Reden, Pausen.
- Geschmack und Garpunkte sind perfekt zu steuern.

Nachteile des Sous-vide-Garens

- Keine Saucenbildung – Saft bleibt aber im Fleisch erhalten
- Externer Saucenansatz ist somit auch bei Gulasch, größeren Fleischteilen, Rouladen usw. unumgänglich.

Arbeitshinweise

- Temperaturen kontrollieren
- Kontrolle der Rohstoffe auf einwandfreien Zustand
- Nur beste Produktqualität verwenden

Temperatur-Beispiele
- **Rind** bei 55–62 °C: je zarter das Fleisch, desto niedriger die Temperatur – pro cm ca. 10 Minuten Garzeit
- **Geflügel** bei 63–65 °C 20 Minuten pro cm
- **Fisch** bei 54–60 °C 10 Minuten pro cm
- **Gemüse** bei 80–85 °C

Die Einhaltung der Kerntemperaturen laut den Hygienegrundsätzen sind nicht gegeben. Grundvoraussetzung für das Arbeiten in diesem Verfahren ist daher eine tadellose und hygienisch einwandfreie Produktqualität!! **Keine Keimtötung bei niedrigen Temperaturen.**

Fritteuse

Fettbad mit Läuterung

3.7 Fritteuse und Filtersysteme

Fritteuse 🇬🇧 deep-fryer 🇫🇷 friteuse (w)

In der Fritteuse wird zum Garen benötigte Wärme durch heißes Fett übertragen. Bei Temperaturen um 170 °C ist die Garzeit kürzer.

Bei Fritteusen liegen die Heizschlangen in einem bestimmten Abstand über dem Boden. Der unter der Heizschlange liegende Bereich (Kaltzone) ist an der Bewegung des Fettes nicht beteiligt. Fallen Schwebeteilchen zwischen den Heizschlangen nach unten, so bleiben sie am Boden liegen, setzen sich ab und werden nicht erneut nach oben transportiert. Weil die in der Kaltzone abgesetzten Teilchen nicht verbrennen, wird das Fett weniger belastet und ist darum länger verwendbar.

Fritteuse Schemazeichnung

Vergleich: Frittieren im Topf

Bei einem Fett-Topf, der je nach Bedarf zwischen Herdmitte und Rand hin- und hergeschoben wird, steigt die Temperatur am Boden bis auf 250 °C an. Das erwärmte Fett steigt auf und reißt Schwebeteilchen mit. Diese setzen sich als dunkle Punkte auf dem Gargut ab.

- Überhitztes Fett und die verbrannten Schwebeteilchen bilden schädliches Acrylamid.
- Arbeitssicherheit durch eventuell überschwappendes heißes Fett ist nicht gegeben.
- Temperatur kann nicht genau gesteuert werden, dadurch entstehen ungleiche Produkte.

Fett-Topf

Eigenkontrollverpflichtung

- Rechtsgrundlage bilden dabei immer die geltenden Fassung der Lebensmittelhygiene-VO und die allgemeinen Grundsätze des Hygienerechts: Nach dem Lebensmittelrecht gilt verbrauchtes Öl als verdorben, ebenso Speisen, die darin gegart werden.
- Die Qualität kann mittels Schnelltest geprüft werden. Der Anteil an verdorbenen Fettsäuren wird angezeigt.

Schnelltest mit Testsreifen

Fettverderb

- Eine optische Prüfung von verdorbenem Fett ist kaum möglich. Eiweißreiche Lebensmittel lassen das Fett schnell dunkel werden, während stärkereiche Lebensmittel das Fett lange hell aussehen lassen.
- Verdorbenes Fett raucht bereits ab einer Temperatur von 150 °C.
- Verbrauchtes Fett schmeckt bitter/kratzig und verbreitet einen brandigen, beißenden Geruch.

Hinweise zur Benutzung

- Feste Fette müssen vorher in einem Topf geschmolzen werden, da die Heizschlangen nicht vom Fett umgeben sind und sehr hohe Temperaturen entwickeln, welche die Heizelemente und das Fett schädigen.
- Optimale Fetttemperatur wählen – zwischen 150 und unter 175 °C
- Geeignetes Frittierfett benutzen – z. B. **feste** Fette wie Palmfett – sind hoch hitzebeständig, enthalten aber 3-mal so viele gesättigte Fettsäuren wie flüssige Öle. **Flüssige** Öle wie Rapsöl sind gesünder, oxidieren leichter und verderben somit schneller.
- Das Fett ist täglich abzulassen und durch das feinste Haarsieb oder ein Tuch zu filtern.
- Fisch und Fleisch belasten das Frittierfett mehr als stärkereiche Lebensmittel. Der eventuell austretende Wasser- und Eiweißanteil lassen das Fett schneller verderben.

Fritteusen können über einen internen Ablauf und einen darunter befindlichen Auffangbehälter mit sehr feinem Siebeinsatz am Ende der jeweiligen Tätigkeiten oder am Ende der Arbeitsschicht gefiltert werden. Danach kann das gereinigte Fett wieder in die Fritteuse gefüllt werden.

Nur geeignete Fette verwenden. Die Frittier-Temperatur sollte unter 175 °C sein und nur so hoch gewählt werden, wie zur Bräunung und Geschmackgebung notwendig. Überhitztes Fett bildet das schädliche Acrylamid. Während der Arbeitspausen ist das Gerät abzudecken und auf etwa 100 °C zurückzuschalten. Dadurch wird die Haltbarkeit des Fettes verlängert.

Bei beginnendem Fettverderb muss das Fett immer vollständig ausgewechselt werden. Das Inverkehrbringen von Speisen mit verbrauchtem Fett ist strafbar!

- Verschiedene Rohstoffgruppen immer in getrennten Becken frittieren! Eine geschmackliche Beeinflussung ist nicht auszuschließen.
- Nicht über der Fritteuse würzen! Salz und Gewürze können den Fett-Verderb beschleunigen, z. B. durch Hydrolyse oder Verbrennen von Gewürzpartikeln.
- Bei Tiefkühlprodukten **muss** eventuell anhaftendes Eis entfernt werden.
- Weitere Faktoren für den Fettverderb sind falsche/zu hohe Anwendungstemperaturen und Licht.
- Verbrauchtes Fett ist ordnungsgemäß zu entsorgen.

Vollautomatische Filteranlagen

Solche Geräte können Öl vollautomatisch, auch bei Betriebstemperatur, effektiv filtern. Dies erhöht die Lebensdauer bis zu 50 %. Arbeitszeit, Einsatz von Öl und die Entsorgung von Altöl werden damit erheblich minimiert.

Trotz sofortiger und regelmäßiger Filterung kann auf das Testen der Öl-Qualität nicht verzichtet werden. Auch gefilterte Öle haben durch ständige Anwendung eine begrenzte Haltbarkeit.

Wichtige Hinweise zum Umweltschutz und zur Unfallverhütung in den Kapiteln Umweltschutz auf Seite 45 und Sicheres und gesundes Arbeiten auf Seite 136.

3.8 Grill   grills and griddles gril (m)

Ein Grill gart das Gargut durch trockene Strahlungswärme. Die direkte Hitzeeinwirkung führt zu kurzen Garzeiten und meist intensiven Röstaromen. Die indirekte Methode wird meist bei großen Fleischstücken, bei gewünschten zarten/weichen Konsistenzen oder bei besonderen Aromen wie Rauch angewendet. In der Praxis lassen sich verschiedene Grillarten unterscheiden.

Holzkohlegrill	Gasgrill	Barbecue-Smoker	Steakofen
Lavasteingrill	Salamander	Kontaktgrill/-bräter	Drehgrill

Holzkohlegrill

Grillen mit dem Holzkohlegrill kann nur im Außenbereich stattfinden, stellt dort ein visuelles Highlight dar und kann so zu Umsatzzuwächsen führen. Wichtig ist das richtige Anzünden und Durchglühen der Holzkohle. Die Glut soll gleichmäßig sein, dabei soll die Holzkohle weiß glühen. Die Auflageflächen für die zu garenden Rohstoffe sollten aus rostfreiem Edelstahl oder Gusseisen bestehen.

Nicht alle aufgeführten Arbeitsgeräte führen auch zum Ergebnis „gegrillt". Die Gerichte sollten auf der Speisekarte auch nicht so benannt werden. Der Gast/Kunde hat von der Beschreibung z. B. „gegrilltes Nackensteak" eine präzise Vorstellung, die mit dem Braten in einer „Grillpfanne" oder auf einer „Griddelplatte" nicht erfüllt werden kann.

Gasgrill

Hier ist die Energiequelle Propangas aus extern angeschlossenen Gasflaschen. Der Umgang sollte sehr sorgsam geschehen, da nicht ordnungsgemäß angeschlossene Flaschen ein großes Sicherheitsrisiko darstellen. Aus Sicherheitsgründen sollte man ein Niederdruckventil/Druckminderventil und eine Schlauchbruchsicherung einbauen.

Smoker

Smoker kommen eigentlich aus dem Bereich der Imker. Sie werden beim Räuchern von Tellergerichten sehr gern in der Gastronomie verwendet.

Der Barbecue-Smoker ist ein geschlossener Grill, der mit indirekter Feuerstelle und verschiedenen Kammern hauptsächlich zum Langzeitgaren eingesetzt wird. Die erzeugte Wärme/Rauch strömt dann von der Feuerstelle in die einzelnen Kammern.

Der Grill besteht aus schwerem Material und ist sehr dickwandig, um die Hitze lange Zeit und gleichmäßig aufrecht zu erhalten.

Steakofen

Sind mit Gas und Infrarot beheizte geschlossene Öfen, die Temperaturen bis 800 °C erreichen können. Zum Vergleich erreicht ein Outdoor-Gasgrill meist bis 340 °C und ein Holzkohle-Grill je nach Holzkohle bis 300 °C.

Ausnahme bei mit Holzkohle betriebenen Steaköfen ist der Josper-Grill, der eine Temperaturspitze von 500 °C erreicht. Durch die hohen Temperaturen, die nur auf den Rohstoff wirken, entsteht eine Maillard-Reaktion. Durch die hohen Temperaturen entsteht ein hoher Druck auf den Fleischsaft, eine Ruhephase ist unbedingt einzuhalten.

Lavasteingrill

Der Lavasteingrill wird mit Gas oder elektrisch betrieben. Die Energiequelle erhitzt die eingesetzten Lavasteine, die Hitze wird gleichmäßig gespeichert und verteilt. Durch herabtropfende Säfte und Fett werden die Steine verunreinigt und müssen regelmäßig gereinigt werden. Wenn keine fettigen Marinaden verwendet werden, entsteht wenig Rauch, da das Grillgut nicht wie bei anderen Grillarten der direkten Flamme ausgesetzt wird.

Salamander

Der Salamander wird mit Gas oder Strom betrieben, dabei erhitzen sich Hochleistungsheizelemente und geben Strahlungshitze an den Rohstoff ab, um diesen zu bräunen/rösten.
Der Abstand zum Gargut ist mit Einschüben oder stufenlos einstellbar und regelt damit auch die Intensität. Geeignet zum Gratinieren, Rösten von Rohstoffen oder zur kurzzeitigen Heißhaltung vor der Ausgabe.

Sicherheitsmaßnahmen gelten auch für:
- Gasbetriebene Hockerkocher,
- Paella-Brenner,
- Terrassen-Heizstrahler und
- Gas-Wok

DIGITAL+

Electrolux

„Kontaktgrill"/Kontaktbräter

Hier wird die Hitze durch Kontaktwärme an die Rohstoffe übertragen (gebraten). Die meisten Geräte haben eine stufenlose Temperaturauswahl von 50 °C–300 °C. Das Gargut wird gleichzeitig und beidseitig durch Hitze gegart. Dabei können die Heizplatten gerillt oder glatt sein, manchmal auch als Kombination aus beidem. Nachteilig wirkt sich das Gewicht aus, mit dem die Rohstoffe zusammengedrückt werden und dabei Feuchtigkeit/Fleischsaft aus dem Produkt drücken. Geeignet für Gemüse mit Grillmuster, Steak, Panini, Croques oder Sandwich, Mürbeteig für herzhafte Kleinigkeiten.

Drehgrill

Bei einem Drehgrill wird das Fleisch in der Mitte des Grills auf einem Spieß in der Strahlungswärme des Grills gedreht und so von allen Seiten gleichmäßig gegart. Der Grillspieß kann dabei horizontal (Hähnchengrill/Ochsengrill) oder vertikal (Dönergrill) angebracht sein. Die Wärmezufuhr muss stets an die Entfernung des Grillguts zur Wärmequelle angepasst und nachreguliert werden.

Sehr gut auch auf Märkten für Mutzenbraten, Spießbraten, Krustenbraten oder Ähnlichem einzusetzen.

Drehgrill

3.9 Multifunktionsgeräte

Mikrowellengerät 🇬🇧 microwave oven 🇫🇷 four (m) à micro-ondes

Der wesentliche Teil eines Mikrowellengerätes ist das Magnetron. Das ist eine besondere Röhre, die elektromagnetische Wellen erzeugt. Diese werden in den Garraum geleitet. Dort dringen sie in die Lebensmittel ein und bringen die darin enthaltenen Wassermoleküle (Dipole) zum Schwingen. Durch diese Bewegungen reiben sich die Moleküle aneinander. Es entsteht Wärme – auf die gleiche Weise, wie wenn wir die Hände aneinander reiben.

Wird ein Rohstoff mit der gleichen Dichte und gleichmäßigen Proportionen in die Mikrowelle gegeben, dann werden die Mikrowellen gleichmäßig verteilt. Regeneriert man z. B. ein Tellergericht, bei dem alle Komponenten eine andere Dichte und Dicke haben, wird zuerst die Sauce heiß und der Rest ist noch kalt.

Mikrowellengerät

Reflektierende Mikrowellen

In Lebensmitteln dringen Mikrowellen ein und erzeugen Wärme. Die gleichzeitige Erwärmung aller Moleküle der Speisen führt zu sehr kurzen Garzeiten.

Die Leistungsfähigkeit ist abhängig von:
- der Eindringtiefe der Strahlen,
- der Dicke der Speisen sowie
- dem Wassergehalt der Speisen, wasserreiche garen schneller.

Die Garzeit ist von der Menge abhängig. Bei steigender Menge steigt auch die Garzeit trotz gleicher Leistungsstufe.

Je nach Hersteller und Ausführung können Mikrowellengeräte mehr als nur Speisen erwärmen. Es gibt
- Einfache Mikrowellen
- Mikrowellen mit Grillfunktion
- Mikrowellen mit Heißluft

In bestimmten Mikrowellengeräten kann daher auch gebacken oder überbacken werden.

Mikrowellengeschirr

Geeignet sind Behälter aus Glas, Porzellan und Kunststoffen. Diese sind für die Frequenzen der Mikrowelle durchlässig und erwärmen sich dabei nicht selbst.

Metallgeschirr ist nicht geeignet, weil es die Mikrowellen reflektiert (zurückwirft).

Hinweise zur Benutzung

Beim **Wiedererwärmen** (Regenerieren) bereits zubereiteter Speisen auf die Zeitangaben der Hersteller achten.

Beim **An- und Auftauen** die Auftauautomatik oder eine kleine Leistungsstufe verwenden. Wird dem gefrorenen Lebensmittel zu rasch Energie zugeführt, kann sich die Wärme nicht ausreichend verteilen. Es entstehen **überhitzte Stellen/Hotspots**, die zu Verbrennungen führen können.

Nicht geeignet sind Mikrowellen zum Braten, weil keine Röststoffe erzeugt werden.

Die **Pflege** der Geräte ist einfach. Da keine Speisenteile anbrennen, genügen Lappen und warmes Wasser.

MW durchdringen Glas und Porzellan

MW dringen in Lebensmittel ein.

Siedeverzug – Unfallgefahr!
Achtung: Bei besonders glatten und hohen Gefäßen oder bei Gefäßen mit Kratzern kann ein sogenannter Siedeverzug auftreten/Wasser verdampft explosionsartig. Im Wasser fehlen Siedekeime, an denen sich Dampfblasen bilden können.

Küchenmaschine mit Kochfunktion

In Küchenmaschinen mit Kochfunktion können Rezepturen ohne Umbau der Geräte in allen Arbeitsschritten umgesetzt werden.

Diese Geräte können je nach Hersteller wiegen, mischen, schlagen, rühren, kochen und dampfgaren.

Küchenmaschine mit Multifunktion

Verschiedene Hersteller stellen dem Markt Geräte mit Zubehörteilen aus allen Vor- und Zubereitungsbereichen der Küche zur Verfügung.

Die meisten Maschinen verfügen über Zubehör zum Hobeln und Raspeln für Gemüse, Nudelaufsätze, Fleischwolf, Planetenrührwerk mit Rute – Flachrührer und Knethaken oder Aufsätze zum Pürieren, Entsaften oder für die Eisherstellung.

Speisen auf Tellern regenerieren

④ Speisenproduktionssysteme

Cook & Serve mit intelligentem Kontrollsystem

Auf nur einem Quadratmeter Fläche nutzen Köche eine Vielzahl verschiedenster Kochgeräte, wie Töpfe, Pfannen, Grill, Bratplatte oder Fritteuse gleichzeitig. Eine Bestellung mit einem Steak wird auf Abruf gebraten – à la minute – und muss sofort serviert werden. Die Gemüsebeilage und Sättigungsbeilage sollen gleichzeitig serviert werden.

Mit dem intelligenten Kontrollsystem können Köche unterschiedlichste Speisen in einem einzigen Gerät zubereiten.

Welche Speisen zusammen gegart werden können, zeigt das Kombigargerät im Display an.

Die Computersteuerung überwacht jeden Einschub einzeln. Je nach Beschickungsmenge und je nachdem, wie oft und wie lange die Tür offensteht, korrigiert das Kombigargerät intelligent die Garzeit und informiert darüber. Hierbei werden trotz unterschiedlicher Produkte in einem Gerät Geschmacksübertragungen vermieden (z. B. beim Dämpfen).

Cook & Hold

Vieles wird zeitlich vor dem Service produziert, bis zur Ausgabe warmgehalten und bei Abruf angerichtet, z. B. Schmorgerichte wie Gulasch oder große Braten. In diesem Fall gilt: **Kochen und Warmhalten** oder **Cook & Hold**. Besonderes Augenmerk liegt hier auf Verzehr und Ausgabetemperatur sowie Standzeiten ohne Qualitätsverlust.

Cook & Chill

Kochen und Kühlen stehen bei Produktion und Service nicht mehr in direkter Verbindung. Die Speisen werden nach der Zubereitung binnen 2 Stunden (Schockkühler s. S. 158) auf +3 °C gekühlt und entweder vorrätig gelagert oder gleich portioniert und in gekühlte Trolleys verpackt. So haben Mikroben keine Gelegenheit sich zu vermehren.

Bei Bedarf bringt man die Speisen auf Serviertemperatur, man regeneriert. So können große Hotels z. B. bei Kongressen zeitgleich eine große Anzahl an Gästen versorgen. In Krankenhäusern mit vielen Stationen, Nebengebäuden oder angeschlossenen Kliniken in der näheren Umgebung kann so eine große Anzahl an Patienten direkt auf der Station mit regeneriertem Essen versorgt werden. Das Regenerieren findet direkt vor Ort statt und verursacht keine Temperaturverluste, lange Stand- und Warmhaltezeiten entfallen.

Die Speisen können somit in optimaler Qualität beim Gast, Patienten, Mitarbeiter in Kantinen, Betriebsrestaurants, bei Schulspeisung oder in Kliniken sichergestellt werden.

Kochen und Servieren

Cook & Serve

Vorbereiten
▼
Garen
▼
Ausgeben

Kochen und Warmhalten

Cook & Hold

Vorbereiten
▼
Garen
▼
Warmhalten
▼
Ausgeben

Kochen und Kühlen

Cook & Chill

Vorbereiten
▼
Garen
▼
Schnellkühlen
▼
Kühllagern
▼
Regenerieren

Ausgeben

Grundtechniken der Küche

1 Vorbereitende Arbeiten

preparatory work ◆ travaux préparatoires

1.1 Einführung

Die meisten Lebensmittel werden vor dem Genuss vorbereitet, bearbeitet und/oder zubereitet.

Bestimmte Arbeitsschritte können durch Industrie oder Zulieferer abgenommen werden. Dies dient der Zeitersparnis und schont wichtige Personalressourcen. Größte Sorgfalt ist dabei aber geboten, denn Rohware und Convenienceprodukte können belastet sein, z. B.:

- tiefgekühlte Erdbeeren oder geputzter Salat mit EHEC-Bakterien
- zugeschnittenes Fleisch mit Salmonellen
- gerupfter und gewaschener Grünkohl mit Botulinus-Bakterien.

Viele Lebensmittel werden durch vorbereitende Tätigkeiten überhaupt erst genussfähig, erhalten eine schönere Optik, einen besseren Geschmack oder ein weicheres oder festeres Mundgefühl. Eine Übersicht:

Vorbereitende Arbeiten

- Waschen = Entfernen von Schmutz und teilweise auch Mikroorganismen wie Bakterien
- Wässern = Entfernen von Schmutz, unerwünschten Geschmacksstoffen oder zur kurzfristigen Farberhaltung
- Putzen = Entfernen wertloser Bestandteile – durch Abschneiden, Entstielen oder Entkernen
- Schälen/Abziehen = Entfernen feinhäutiger Schalen – z. B. Apfel, Rhabarber, Tomaten oder Pfirsich oder die unangenehmen Fäden bei grünen Bohnen

Bearbeitende Tätigkeiten

- Schneiden = Zuschneiden von Lebensmitteln in ihre für die Zubereitung notwendigen Formen
- Raspeln/Raffeln = Zerkleinern der Lebensmittel in längliche/ungleiche Formen
- Reiben = Zerkleinern in feine bis feinste Bestandteile
- Hacken = Ungleiches Zerkleinern von festen Bestandteilen wie Knochen
- Blanchieren = kurzzeitiges Tauchen in kochende Flüssigkeit oder heißes Fett oder ein Überbrühen.
  = Beim Blanchieren ist auch Arbeiten mit Wasserdampf möglich.
- Passieren/Pürieren = Durchstreichen von weichen/gegarten Rohstoffen; Trennen von flüssigen und festen Bestandteilen

---

Der Bearbeitungsgrad der angelieferten Lebensmittel sagt nichts über die zu erfolgenden Arbeitsschritte in Hinblick auf die Hygiene aus, lediglich ob ein Produkt gar- oder verzehrfertig angeliefert wird. Die Sorgfaltspflicht gilt bei allen vorbereitenden, bearbeitenden und zubereitenden Tätigkeiten.

Tipp: Kräuter werden nicht gehackt, sondern geschnitten. Die feinen Zellwände der Kräuter werden sonst zerstört und die Kräuter verfärben sich.

1.2 Waschen 🇬🇧 to wash 🇫🇷 laver

Pflanzliche Rohstoffe sind von Natur aus mit Verunreinigungen behaftet. Am deutlichsten sind diese bei Kartoffeln und Wurzelgemüse sichtbar. Neben dem sichtbaren Schmutz haften aber auch Kleinstlebewesen, Pflanzenschutzmittel oder Wachs am Rohstoff. Durch sachgerechtes Waschen werden Schmutz, Keime und Rückstände weitestgehend entfernt.

Lebensmittel werden möglichst **im Ganzen gewaschen**. Dabei sind die **Verluste** an Inhaltsstoffen, Farbe und Geschmack **geringer**. Bei zerkleinerter Ware sind viele Zellen verletzt und die Inhaltsstoffe werden ausgespült. Hartnäckiger Schmutz bei festen Lebensmitteln wird zusätzlich mit einer Bürste bearbeitet. Folgende Methoden fürs Waschen gibt es:

- **Waschen im stehenden Wasser**
  Für alle weichen Rohstoffe wie Beeren, Kräuter und Pilze.
- **Waschen unter fließendem Wasser**
  Für alle festen Rohstoffe und Lebensmittel, z. B. Schmutz in Vertiefungen.

1.3 Wässern 🇬🇧 to water 🇫🇷 remper

Obwohl das Wässern von Lebensmitteln immer Nährstoffverluste mit sich bringt, ist es in manchen Fällen nicht zu vermeiden.

Alternative zum Wässern

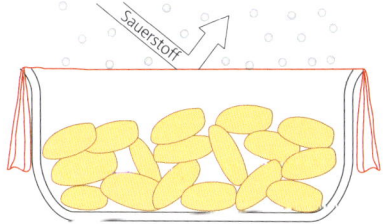

Wasser laugt aus.

Wasser hält Luftsauerstoff fern.

Folie hält Luftsauerstoff fern.

Wann ist das Wässern und/oder Abdecken von Lebensmitteln angebracht?

- **Geschmack**: bestimmte Lebensmittel besitzen einen unangenehmen Geschmack, z. B. Bittergeschmack bei Endivien oder stark arteigener Geschmack bei Nieren
- **Farberhaltung**: Luftsauerstoff muss ferngehalten werden, damit die enzymatische Bräunung unterbunden wird, z. B. bei geschälten rohen Kartoffeln oder größeren Apfelmengen in der Vorbereitung
- **Vorratshaltung:** bei der kurzfristigen Vorratshaltung (Mise en place – Mittags- oder Abendgeschäft), z. B. tourniertes rohes Gemüse und Kartoffeln.
- **Bestandteile entfernen**: Anhaftende Blutreste z. B. an Hirn und Kalbsbries können störend wirken, Wasser kann diese unerwünschten Stoffe lösen oder anweichen, damit sie abgespült werden können.

In vielen Fällen genügt es, die Lebensmittel mit einer Folie oder einem feuchten Tuch zu bedecken, um die Farbe vor dem Braunwerden zu schützen. Besonders bei frisch gezupften Kräutern und Salat oder tourniertem Gemüse zu empfehlen.

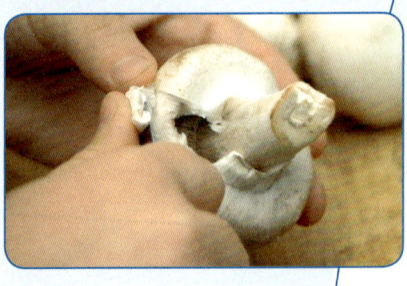

Glatt zugeschnittene Blumenkohlröschen können, wie auch der ganze Blumenkohl, mit einem kreuzförmigen Schnitt versehen werden, damit sie gleichmäßig durchgaren.

1.4 Putzen 🇬🇧 to trim 🇫🇷 préparer

Putzen von Gemüse, Pilzen oder Obst meint das Entfernen von wertlosen Bestandteilen am Rohstoff. Das Putzen erfolgt meist unter Zuhilfenahme eines kleinen Messers. Beispiele:

- Erdbeeren: kegelförmiges Entfernen des grünen Erdbeerstrunks nach dem Waschen (um ein Auslaugen an der Anschnittstelle zu vermeiden)
- Pilze: anhaftende Boden- oder Substratrückstände am Stielende entfernen, Beschädigungen abschneiden, die Huthaut abziehen
- Blumenkohl: für gleichmäßiges Garen bei der Verwendung im Ganzen die äußeren Blätter entfernen, den Strunk kegelförmig ausschneiden. Verwendung einzelner Röschen: am Ende glatt zuschneiden
- Rotkohl putzen – Strunk kegelförmig ausschneiden, dabei werden die äußeren unschönen Blätter automatisch gelockert und können leichter entfernt werden
- Rosenkohl putzen – Strunk glatt abschneiden, dabei entfernt man automatisch die unschönen Außenblätter, Strunkende kreuzförmig einschneiden, um ein gleichmäßiges Garen zu gewährleisten

1.5 Schälen/Abziehen 🇬🇧 to peel 🇫🇷 peler

Viele Gemüse und Obstarten müssen je nach Verwendung von den ungenießbaren oder schlecht verdaulichen Randschichten befreit werden. Als Arbeitsgeräte verwendet man dazu:

- Küchenmesser/Officemesser mit gerader Klinge,
- Tourniermesser mit gebogener Klinge,
- Sparschäler in verschiedenen Ausführungen.

Rohe Lebensmittel

Runde Formen, z. B. Äpfel, lassen sich gut mit einem Tourniermesser schälen. ①

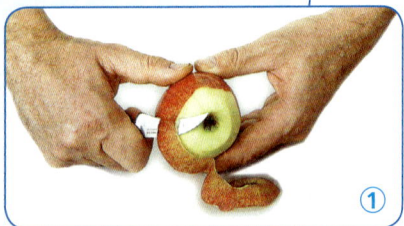

Längliche Formen, z. B. Kartoffeln, Birnen, Gurken, Karotten, schält man in Längsrichtung. ②

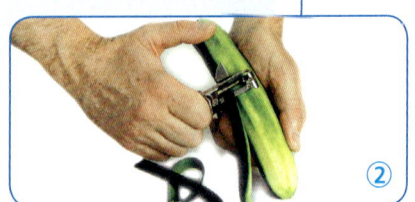

Spargel wird mit einem Sparschäler auf dem Unterarm liegend geschält. ③

Gegarten und gebrühten Lebensmitteln, z. B. gekochten Kartoffeln, gebrühten Tomaten, Pfirsichen, zieht man die Schale (Haut) ab. Durch die vorausgegangene Wärmeeinwirkung löst sie sich leichter als in rohem Zustand.

Zum Abziehen stellt man das Messer steil, die abgehobene Schale wird zwischen Messer und Daumen festgehalten und nach unten gezogen. ④

Wurzelgemüse, z. B. Möhren, Rettiche, können abgeschabt werden. Das Messer steht dabei fast im rechten Winkel zur Oberfläche des Gemüses.

Beim Schaben wird lediglich eine dünne Schicht entfernt, sodass nur wenig Inhalts- und Geschmacksstoffe, die oft gerade in den Randschichten konzentriert sind, verlorengehen. Hier erhält man allerdings eine raue Oberfläche, die optisch weniger schön wirkt als eine glatte. ⑤

❷ Bearbeiten von Lebensmitteln

🇬🇧 food conditioning 🇫🇷 conditionnement (m) des aliments

2.1 Schneiden 🇬🇧 to cut 🇫🇷 couper

Lebensmittel müssen vor einer weiteren Bearbeitung meist zugeschnitten werden. Dies kann grobes Zerteilen sein, feines Schneiden, oder der Rohstoff wird in eine bestimmte Form gebracht.

Ziele des Schneidens können sein:

- Vergrößerung der Oberfläche; z. B. für Röstgemüse – mehr Oberfläche, mehr Röstaromen
- Geschmack; z. B. fein geschnittene Zwiebelwürfel in einem Tomatensalat wirken unterstützend, grobe Würfel dominant
- Garzeit verkürzen; z. B. Blumenkohl in Röschen, Kartoffeln in Stückchen, Rotkohl in feinen Streifen
- Optik; z. B. Zuschneiden in bestimmte Formen (tournieren), streifig oder blättrig geschnittenes Gemüse
- Portionierung; z. B. Zuschneiden von Fleisch oder Fisch in verzehrfertige Portionsgrößen

Beim **Schneidevorgang** mit dem Messer wirken zusammen:

- **Schneidedruck**, der sich auf die sehr kleine Fläche der Messerschärfe konzentriert. Je schärfer das Messer, desto leichter dringt es in das Schneidegut ein.

- **Schneidebewegung**, die man auch den „Zug" nennt. Wer ohne Schneidebewegung arbeitet, drückt das Messer nur in das Material und schneidet nicht richtig. Das ist leicht erkennbar, wenn man eine Vergrößerung des Querschnitts der Messerklinge näher betrachtet: Die sägende Wirkung entsteht erst durch die Schneidebewegung.

Deshalb gilt:
Je größer die Schneidebewegung, desto geringer ist der erforderliche Schneidedruck. Dies wird vor allem beim Elektromesser deutlich.

Beim Schneiden mit dem Kochmesser werden Schneidedruck und Schneidebewegung durch eine wiegende Bewegung miteinander verbunden. Man spricht darum auch vom **Wiegeschnitt**.

Beim richtigen Schneiden dient die Haltehand dem Messer als Führung (Abb. nächste Seite). Die Klinge gleitet an den Knöcheln der gekrümmten Finger entlang, der zurückweichende Finger gibt den Abstand zum folgenden Schnitt frei.

Die gezeigte Haltung der Hand (Krallengriff) ermöglicht gleichmäßigen Schnitt und schützt vor Verletzungen, weil die Fingerspitzen Abstand zur Klinge haben.

Schneidedruck

● Schneiden zählt daher zu den wichtigsten Grundfertigkeiten!

Vergrößerter Querschnitt

Schneidedruck

Schneidebewegung

Wiegeschnitt

Korrekte Finger- und Handhaltung

Aufschnittmaschine

Kleine Stücke sind schwieriger zu halten, darum erhöhte Verletzungsgefahr.

Gemüsehobel

Die Messerschneide ist immer dem Brett zugeneigt. Dadurch wird ein unabsichtliches In-die-Klinge-Greifen vermieden.

Nur eine saubere, einheitliche Schnittform und Größe ermöglicht gleiche und somit auch beste Ergebnisse. Beispiel: Eine Einlage soll formschön sein und alle Teile sollen die gleiche Konsistenz aufweisen.

Das Prinzip des Schneidevorganges ist auch bei den folgenden Beispielen verwirklicht.

Bei der Aufschnittmaschine kommt die Schneidebewegung von der rotierenden Messerscheibe, der Schneidedruck wird über den Schlitten ausgeübt.

Beim Gemüsehobel stehen die Messer schräg, damit das Schneidegut ziehend durchschnitten wird.

Unfallverhütung

- Trockener Messergriff und trockene Hände vermindern die Abrutschgefahr,
- fallenden Messern nicht nachgreifen,
- nicht benötigte Messer aufräumen,
- Messer so ablegen, dass Griffe und Klingen nicht über die Tischkante hinausragen,
- Messer nicht ins Spülwasser legen,
- rutschsichere und ausreichend große Schneidebretter verwenden.

2.2 Schnittformen ⊞ cuttings ❙❙ couper en forme

Unterschiedliche Garnituren, verschiedenste Anrichtetechniken oder Garmethoden verlangen ebenso viele unterschiedliche Schnittformen und Größen. Nicht jedes Gemüse kann dabei nach dem gleichen Prinzip zugeschnitten werden: Gemüse kann rund oder kantig oder auch in Schichten/Segmenten gewachsen sein, trotzdem verlangt eine Garnitur z. B. feine Streifen. Die unterschiedlichen Schnittformen werden von der Gemüseart und der vorgesehenen Verwendung bestimmt. Als Hilfsmittel stehen das klassische Messer, der Gemüsehobel oder die Aufschnittmaschine zur Verfügung.

Fleisch, Fisch, Geflügel oder Obst müssen ebenso durch Schneiden in eine bestimmte Form gebracht werden. Die Ausrichtung von Fleisch- oder Obstfasern, z. B. einer Mango, muss bei der Auswahl der richtigen Schnitttechnik beachtet werden. Ein Geschnetzeltes braucht exakte Streifen, ein Gulasch gleichmäßige Würfel, ein Obstsalat formschöne Scheiben.

Schnittarten bei Gemüse und Obst

Beim exakten Zuschneiden von Rohstoffen wird es immer zu Verlusten kommen. Diese können/müssen dann für das Ansetzen von hellen und dunklen Fonds, für Pürees oder zum Entsaften genutzt werden.

Feine Gemüsestreifen 🇬🇧 juliennes 🇫🇷 juliennes

Beispiel Karotten: Karotten zuerst an allen Seiten längs glattschneiden, nur so kann ein Abrutschen aufgrund der Form vermieden werden. Karotten auf die gewünschte Länge in Stücke schneiden, dünne Scheiben herunterschneiden und aus diesen Scheiben dünne Streifen schneiden. Große Karotten sind am besten geeignet.

Beispiel Sellerie: Vorbereiteten Sellerie in dünne Scheiben schneiden, die Scheiben so zuschneiden, dass gleichmäßige Rechtecke entstehen. Hierbei wird die Kantenlänge bereits festgelegt. Die zugeschnittenen Scheiben in feine Streifen schneiden.

Beispiel Porree: Den gründlich geputzten Porree längs halbieren und nochmals gründlich waschen. Schmutz sitzt auch zwischen den einzelnen Schichten. Porree in Stücke schneiden und den inneren Kern herausnehmen. Den Porree fest auf das Brett drücken und längs zum Rohstoff in feine Streifen schneiden.

Beispiel Zwiebeln: Die vorbereiteten Zwiebeln von der Blüte zur Wurzel halbieren. Die einzelnen Segmente abheben, wobei der kleinere innere Teil anderen Verwendungen zugeführt wird. Die Zwiebelschichten übereinanderlegen und längs zum Rohstoff in Streifen schneiden. Nur so erhält man Streifen und keine halben Ringe. (**s. S. 188 – Schnittarten bei Zwiebeln**).

Gemüsewürfel 🇬🇧 vegetable dices 🇫🇷 cubes de légumes

Die gewünschte Gemüseart in Scheiben schneiden. **Die Dicke** der Scheiben **bestimmt die Größe** der Würfel. Mit dem Messer die Scheiben in Streifen schneiden und diese dann in Würfel. Vom Porree wird hauptsächlich der helle Teil verwendet. Die Breite der Streifen ergibt die Kantenlänge der Vierecke.

Feine Gemüsewürfel – Brunoise: Kantenlänge **1,5–2 mm**

Gemüsewürfel – Jardienières („Gärtnerin"): Kantenlänge **5 mm**

Gemüsewürfel – Macedoines („Mischgemüse"): Kantenlänge **8 mm**

Concassés werden nur die Würfel von Tomaten benannt – hierzu werden die Tomaten blanchiert, um danach die Haut und das Kerngehäuse zu entfernen. Die Kantenlänge sollte **4,0 mm – 5,0 mm** betragen. Als Einlage für klare oder gebundene Suppen oder z. B. für geschmolzene Tomaten.

Nach Bauernart 🇬🇧 paysanne 🇫🇷 paysanne

In vierkantige Stäbe von 1 bis 1,5 cm Breite teilen und diese in 1 bis 2 mm dicke Blättchen schneiden. Porree, Wirsingkohl oder Zwiebeln in Quadrate gleicher Größe schneiden.

Julienne

Verwendung: Gedünstet als Unterlage (Fisch/Geflügel) oder Auflage (Steaks/Schmorsteaks). Frittiert als Garnierung für Speisen.

Für Suppeneinlagen auch zarte Blätter von Wirsing, Mangold oder Spinat verwenden. Dabei die dickeren Blattrippen entfernen.

„Chiffonade": Für Salate oder Cocktails werden feine Streifen von Blattsalaten geschnitten.

Brunoise

Paysanne

Gemüsestäbe von Kohlrabi

Feine Würfel oder Blättchen von weißem Wurzelgemüse verwendet man zum Anschwitzen bei Rahm- und Samtsuppen.

Für rustikale Suppen und Eintöpfe wie Pichelsteiner oder Gaisburger Marsch. Auch in Rhombenform (Rauten) geschnitten für z. B. Pfannen- und Wok-Gemüse.

Gemüsestäbe   vegetable sticks   bâtonnets de légumes

Die geputzten Gemüse, z. B. Kohlrabi, Süßkartoffeln, Gurken, Kürbis oder Zucchini, werden zunächst in dicke Scheiben (ca. 1,5 cm) und diese dann in Stäbe mit einer Kantenlänge von 5 bis 6 cm geschnitten.

Größere Schnittformen wie Stäbe sollten in zwei Arbeitsschritten zubereitet werden. Im ersten Schritt werden weichere Gemüse blanchiert, festere kurz angegart. Danach können die Gemüse in Butter geschwenkt oder anderen Zubereitungen wie Rahmgemüse zugeführt werden.

Weitere Schnittformen

Weitere Schnittformen wie **Gaufrettes** und **Chips** im Thema Kartoffeln.

Auch **Röstgemüse/Mirepoix** und **Gemüsebündel/Bouquet garni** sind Gemüseschnittformen.

Schnittarten bei Zwiebeln

Schneiden zu Ringen

Die geschälte ganze Zwiebel nach Entfernen des Wurzelansatzes quer in gleichmäßige Scheiben schneiden.

Die Ringe werden durch die einzelnen Schalen (Blätter) gebildet, die sich leicht auseinanderdrücken lassen. Zum rohen Verzehr 1 mm, zum Frittieren 2 mm dick schneiden.

Zwiebelringe

Schneiden in Würfel

Zwiebeln schälen, längs halbieren und den Wurzelansatz entfernen. Die Schnitte so führen, dass sie vor der Zwiebelwurzel enden.

Dadurch hält die Zwiebel zusammen und lässt sich durch senkrechte und quer geführte Schnitte in Würfel schneiden. Der Abstand der Einschnitte bestimmt die Größe der Würfel.

Zwiebelwürfel

Schneiden zu Blättchen

Zwiebeln schälen, längs halbieren, Wurzelansatz abschneiden und die kleine Blattschicht aus der Mitte der Schnittflächen entfernen. Längsschnitte strahlenartig, also zur Zwiebelmitte hin, in gewünschtem Abstand so führen, dass sie vor der Zwiebelwurzel enden.

Mit senkrechten Querschnitten entsprechend breite Zwiebelteile abschneiden. Beim Auflockern fallen die Teile in Blätter auseinander.

Zwiebelblättchen

2.3 Weitere Bearbeitungsformen für Gemüse und Obst

Tourniertes Gemüse

Tournieren (frz. tourner = drehen, runden): Gemüse mit dem Office-/Tourniermesser in viele verschiedene, gleichmäßige, dekorative Formen schneiden. Diese sind oft rund, können aber auch Streifen oder Würfel sein.

Ausgestochenes Gemüse

Das Ausbohren von Gemüse oder Obst erfordert einiges an Geschick. Die weichen oder vorgegarten Rohstoffe werden mithilfe eines Ausbohrers (Perl-, Oliven- oder Pariser Ausbohrer) ausgestochen. Dabei setzt man den Ausbohrer am Rohstoff an und drückt bei gleichzeitigem Drehen den Ausbohrer in den Rohstoff hinein, bis sich eine Kugel herauslösen lässt.

Gemüse in Wellenform gebracht

Diese Bearbeitung ist eigentlich kein Schneiden, sondern ein Herunterdrücken mit einem Buntmesser. Die vorgezeichneten Rillen auf dem Messer zeichnen sich im Rohstoff ab und erzeugen eine ansprechende Optik. Zudem halten Kräuter, Butter und weitere Gewürze besser am Produkt. Man nennt diese Art auch **Riffel-** oder **Chartreusenschnitt**. Bei **festerem** Gemüse empfiehlt sich ein **vorheriges Blanchieren** oder kurzzeitiges Garen. Nur wenn das Messer leicht durch den Rohstoff gleitet, entstehen auch **saubere** Schnittkanten.

Raspeln / Raffeln 🇬🇧 to rasp 🇫🇷 râper

Beim Raspeln oder Raffeln handelt es sich um ein Zerkleinern in feine längliche ungleiche Teile. Geraspeltes Gemüse (oder Kartoffeln) ist nicht so gleichmäßig wie Julienne. Häufige Einsatzgebiete sind Rohkostsalate, Kartoffelklöße oder Gemüse- bzw. Kartoffelpuffer.

Zum Raspeln und Reiben (s. u.) können manuelle Geräte oder elektrische Maschinen verwendet werden.

Reiben 🇬🇧 to grate 🇫🇷 râper

Beim Reiben wird der Rohstoff durch Druck und schnelles Hin- und Herbewegen durch kleine scharfe Öffnungen geschoben. Verschiedene Arbeitsgeräte, manuell und elektrisch, sind dafür erhältlich.

Microplanreiben in verschiedenen Größen sind besonders geeignet und erleichtern die Arbeit. Die Öffnungen sind extrem scharf und ermöglichen somit ein schnelles und exaktes Reiben. Verwendung findet das Reiben bei Hartkäse, Kartoffeln, Gemüse oder Obst.

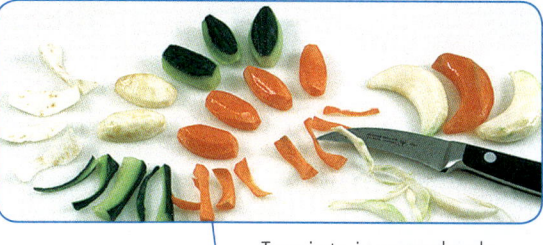

Tournierte, in ansprechende Formen geschnittene Gemüse

Die Tournier-Abschnitte können für Gemüsepürees, Saucen und Suppen oder als Ansatz/Beigabe von/für Brühen Verwendung finden.

Gemüseperlen und Fenchel-Löffel

Schneiden mit dem Buntmesser

Hacken to chop ⬤ hacher

Hacken kann man mit einem großen Messer oder einem Beil. Geeignete Lebensmittel sind Knoblauch für ein Knoblauchpüree, Fleisch und Fisch für ein Tatar (in feine Würfel schneiden und kurz nachhacken) oder Knochen für Brühen und Saucen. Nicht zu empfehlen für Kräuter oder Zwiebeln, da die ätherischen Öle dann austreten.

2.4 Weitere Vorbereitungstechniken

Pürieren und Passieren

 to purée and to strain ⬤ réduire qc. en purée et mouliner qc.

- Rohstoffe, die eine sehr feine Konsistenz erhalten sollen, können mit einem Pürierstab, auch in Flüssigkeiten, fein zerkleinert werden.
- **Mus, Mark oder Püree** können mithilfe von Sieben oder Passiersieben (Flotte Lotte/Passiermühle) eine feine, samtige Textur/Struktur erhalten. Die Lebensmittel müssen hierfür weich oder weich gegart sein.
- Beim Passieren werden unerwünschte Bestandteile wie feine Kerne rückstandslos entfernt. Beim Pürieren würden sie zerstört, das kann bei einigen Lebensmitteln einen unangenehmen oder bitteren Geschmack ergeben.

Blanchieren blanch ⬤ blanchir

Rohe Lebensmittel werden kurzfristig mit Hitze behandelt (s. auch Kapitel Garen **ab S. 212**). Verschiedene Verfahren werden angewendet:

- Tauchen in kochende Flüssigkeit um 100 °C
- Überbrühen mit heißer Flüssigkeit (100 °C)
- Tauchen in heißes Fett (zwischen 70 °C und max. 140 °C)
- kurzzeitiges Behandeln mit Wasserdampf 100 °C

Bei jedem Einwirken von Hitze gehen wichtige Inhaltsstoffe verloren, trotzdem ist das Blanchieren aus unterschiedlichen Gründen notwendig:

- **Lagerung**: Lebensmittel (Gemüse, Obst) müssen vor dem Tiefkühlen blanchiert werden. Die Oberflächenenzyme werden hierdurch zerstört, sie können nicht mehr verändernd auf den Rohstoff einwirken.
- **Verarbeitung**: Gemüse wird gelockert (z. B. Spinat, Weißkohl für Kohlroulade, Mangold), dünne Hautschichten lassen sich leicht abziehen (z. B. bei Tomaten oder Pfirsichen)
- **Geschmack**: Bitterstoffe werden entfernt (z. B. bei Porree).
- **Hygiene**: Trotz gründlichen Waschens können sich Mikroben und Schmutz auf und in Zwischenräumen der Lebensmittel befinden. Durch Blanchieren wird diese Keim- und Schmutzbelastung verringert (z. B. bei stark verschmutzter Ware wie Blumenkohl, Sellerieknollen, Grünkohl oder Kartoffeln). Manche Gemüse können im Sous-vide-Verfahren mit der Schale zubereitet werden (z. B. Pellkartoffeln oder Rote Bete). Dafür ist ein vorheriges Blanchieren unabdingbar.
- **Optik**: Verfärbungen werden verhindert, weil Enzyme zerstört werden (z. B. Sellerie, Schwarzwurzel oder helles Obst).

❸ Haltbarmachung in der Praxis

🇬🇧 food conditioning 🇫🇷 conditionnement (m) des aliments

Lebensmittel unterliegen ständigen Veränderungen. Neben den **unerwünschten** wie Druckstellen, Schimmelbildung oder gar dem Verderb, gibt es eine große Anzahl an **erwünschten** und qualitätsfördernden Prozessen, um Lebensmittel haltbar oder genussfähig zu machen. Dabei können zusätzlich Inhaltsstoffe, Verträglichkeit oder Geschmack positiv beeinflusst werden.

Bestimmte Lebensmittel erfordern eine Zeit der Reife. Man wünscht sich z. B. abgehangenes Fleisch, wenn es für Kurzbratgerichte benutzt werden soll, oder fermentierte Rohstoffe und Getränke. Der Kunde hat konkrete Vorstellungen, was wann am besten schmeckt und wie dabei das Lebensmittel beschaffen sein sollte.

Zusätzlich sind zu bestimmten Zeiten auch beliebte Lebensmittel für einen kurzen Zeitraum erhältlich, diesen Zeitraum kann man durch verschiedene Methoden verlängern. Verändern kann man zusätzlich in Geschmack, Konsistenz oder Farbe. Unmittelbar nach der Ernte sind Erdbeeren, Spargel oder Orangen am wertvollsten. Bestimmte Fleisch-, Geflügel- und Fischarten haben zu bestimmten Jahreszeiten ihr Angebot. So kann eine z. B. eine Freiland-Gans am Martinstag geschlachtet in Fett gegart als Rilettes haltbar gemacht werden oder eine Ochsenbrust als Pastrami.

Man spricht von **Konservierung,** wenn ein Lebensmittel für längere Zeit haltbar gemacht werden soll.

Man unterscheidet Lebensmittel in:

- **Leicht verderbliche Lebensmittel**
  Meist mit hohem Wasser- und Eiweißanteil, wie Fisch oder Hackfleisch
- **Verderbliche Lebensmittel**
  Trotz hohen Wasseranteils bei richtiger Lagerung lange lagerfähig, wie Äpfel oder Kartoffeln
- **Haltbare Lebensmittel**
  Meist wenig Wasser enthalten; bei sachgemäßer Lagerung wenig Verderb, kaum Veränderungen, wie Reis oder Linsen

Qualitätsverlauf bei Lagerung von Lebensmitteln

Qualitätsverlauf bei reifenden Lebensmitteln

Hürden-Effekt

Alle Haltbarmachungsverfahren verändern die Lebensmittel, teils in mehrfacher Form. Durch eine Kombination unterschiedlicher Verfahren können die Veränderungen im Lebensmittel beim Haltbarmachen gering gehalten werden oder das Lebensmittel aufgewertet werden.
Dabei wird den Mikroben anstelle einer großen Sperre (wie dem Kochprozess) eine Reihe von Hürden entgegengestellt (s. auch nächste Seite).

Hürden-Effekt am Beispiel Sauerkohl:

Schritt 1	Schritt 2	Schritt 3
Salzen und Kneten setzen den Gärungsprozess in Gang. Es bilden sich Essigsäurebakterien und Hefekulturen. Diese verbrauchen den Sauerstoff und Ethanol (einwertiger Alkohol).	Milchsäurebakterien entstehen und wandeln die Kohlenhydrate in Milchsäure um. Senkt den pH-Wert, es entsteht ein anaerobes Milieu.	Beim Reifen sinkt der pH-Wert weiter in den sauren Bereich, dadurch hemmt die Milchsäure weiter die Milchsäurebakterien, Aroma bildet sich aus.

DIGITAL+

Zum Thema Werterhaltung, Veränderung und Aufwertung von Lebensmitteln gibt es ausführliche Informationen auf unserer Website

Haltbarmachung in der Küche

- Sauerstoff → Verpacken / Vakuum / Schutzgas
- Temperatur → Kühlen / Frosten
- Feuchtigkeit / a_w-Wert → Zuckern / Salzen / Räuchern / Trocknen / Schockfrosten
- Fermentation
- Milieu / pH-Wert → Säuern / Reifung

Schonendes Garen und Einkochen

Beim Konfieren wird meist Geflügelfleisch (Enten und Gänse) oder Schweinefleisch im eigenen Fett/Schmalz so lange bei einer Temperatur von unter 70 °C gargezogen, bis es weich ist.

Rilettes oder Pottsuse sind auf ähnliche Weise hergestellte Produkte, diese werden länger gegart und als Brotaufstrich genutzt.

Konfitüren/Marmeladen/Gelee

Durch das Einkochen von Obst und Gemüse erhält man süße oder herzhaft/fruchtige **Konfitüren**.

Zubereitungen mit Zitrusfrüchten nennt man **Marmelade**.

Gelees werden aus pektinhaltigem Obst hergestellt (z. B. Quitten oder Birnen). Sie enthalten keine Fruchtrückstände, sind klar und durchscheinend.

Speisen zubereiten

❶ Speisen würzen und gestalten

🇬🇧 food design 🇫🇷 dessiner de nourriture (m)

„Danke – das war lecker!" – ist ein Lob, das Küche und Service gerne hören. Nur was heißt „lecker"? Wie kann ich als Köchin oder Koch sicherstellen, dass der Gast das Essen auch beim nächsten Mal wieder als „lecker" empfindet? Wie schmeckt eigentlich „lecker"?

Gäste erwarten bei bekannten, klassischen Zubereitungen meist einen bestimmten, bekannten Geschmack. Was wir häufig essen, interpretiert unser Gehirn als „natürlich". Doch in gleichem Maß wünschen sich Gäste auch neue Geschmackserlebnisse – hier ist die Kreativität der Küche gefragt: Speisen bewusst so gestalten, dass diese die Sinne der Gäste im gewünschten Maß ansprechen.

Beim Essen sind immer alle unsere Sinne beteiligt – wenn wir uns das stärker bewusst machen, kann sogar ein einfacher Burger ein geschmackliches Erlebnis werden.

1.1 Bewusster Genuss – Wahrnehmen mit allen Sinnen

Um auch aus einfachen Speisen – wie z. B. einem Burger – einen Genuss für unsere Gäste zu gestalten, sind Fachwissen und Erfahrung notwendig:

- Wie werden Speisen mit unseren Sinnen wahrgenommen?
- Welche Zutaten kann ich gezielt einsetzen, um die Sinne anzusprechen und um eine Speise so attraktiver zu gestalten?

Beim Essen sind alle unsere Sinne beteiligt. Noch bevor wir eine Speise in den Mund nehmen, wird sie durch Augen und Ohren geprüft: Sieht ein Lebensmittel verdorben aus, werden wir es nicht essen. Auch ungewohnte Farben können zu einer Abneigung führen.

Ganz wichtig ist bei der Einschätzung eines Lebensmittels auch unsere Nase: Riecht ein Lebensmittel ungewöhnlich oder verdorben, werden wir es nicht zu uns nehmen.

Ausführliche Informationen auf unseren Internetseiten

DIGITAL+

Der Sinneseindruck aus Geruch und Geschmack einer Speise wird als Aroma bezeichnet. Der Gesamteindruck aller Sinneseindrücke heißt Flavour.

Riechen – vom Duft zum Geruchseindruck

Beim **Riechen** gelangen kleine flüchtige Teilchen über die Nase auf Sinneszellen in der Nasenschleimhaut. Auch beim **Schlucken** einer Speise gelangen über den Nasen-Rachen-Raum Duftstoffe dorthin. In der Nase können mehrere tausend Düfte unterschieden werden. Informationen darüber werden an das Gehirn weitergegeben, wo aufgrund unserer Erfahrungen der Eindruck von **Geruch** entsteht.

Geruchsintensive Stoffe entstehen u. a.

- beim Reifen von Lebensmitteln (z. B. bei Früchten),
- bei der Verarbeitung (Röstaromen beim Braten / Grillen, Anrösten von Gewürzen, Kochen einer Brühe),
- sowie beim Lagern von Speisen (Schmorgerichte haben nach dem Aufwärmen ein intensiveres Aroma, Käse reift bei der Lagerung).

Weg des Geruchs über Nase und Nasen-Rachen-Raum

Unser Geschmackssinn ist empfindlich. Nikotin, Koffein und Alkohol verschlechtern unser Geschmacksempfinden.

DIGITAL+

Viele Gäste stehen Glutamat kritisch gegenüber. Forschungen zeigen, dass Glutamat Heißhunger auslösen und so zur Fettleibigkeit beitragen kann. Ferner reagieren manche Menschen empfindlich auf Glutamat. Deshalb muss Glutamat als Zusatzstoff auf der Speisekarte gekennzeichnet werden, wenn es gesondert zugesetzt wird.

Beim Essen werden alle Sinneseindrücke gespeichert, nicht nur der Geschmack. Weil die gespeicherten Urlaubseindrücke von Sonne und Meer fehlen, schmeckt eine Paella zu Hause ganz anders als im Urlaub.

Was beim Schmecken passiert

Den **Geschmack** einer Speise nehmen wir über die Zunge wahr. Auf dieser sind **Sinneszellen** (Rezeptoren) für die Grundgeschmacksrichtungen verteilt. Damit Geschmacksstoffe im Essen wahrgenommen werden können, müssen diese im Speichel gelöst werden. Sinneswirksame Stoffe lösen sich beim **Kauen** im Mundspeichel und gelangen so zu den Sinneszellen (Rezeptoren). Beim „Andocken" des Geschmacksstoffes an die Sinneszelle wird ein Reiz über die Nerven ins Gehirn geleitet, wo ein **Geschmackseindruck** entsteht.

Intensives Kauen
* fördert den Geschmack einer Speise,
* verbessert die Aufnahme von Nährstoffen,
* unterstützt ein natürliches Sättigungsgefühl.

Dass wir mit der Zunge schmecken ist nicht neu. Wohl aber, dass es auch für die Wahrnehmung von Fett und Wasser Sinneszellen zu geben scheint (Fett ist ein wichtiger Nährstoff, Wasser ein wichtiges Lösungsmittel für Mineralstoffe).

Herzhafter, fülliger Geschmack (umami/kokumi)

Glutamat ist das Salz einer natürlichen Aminosäure (Glutaminsäure). Der Geschmack „umami" wird durch Glutamat und durch proteinreiche Lebensmittel erzeugt. Sind diese neben anderen geschmackgebenden Stoffen im Essen, werden zusätzlich die Sinneszellen für Glutamat angesprochen. Die Speise schmeckt herzhafter (umami) und hat mehr Fülle (kokumi). Ein Zuviel an Glutamat kann Speisen künstlich wirken lassen. Dabei ist es von Natur aus in vielen Lebensmitteln enthalten und entsteht u. a. beim längeren Garen (siehe „1.9 Umami – Speisen schmackhafter machen", S. 210).

In der Lebensmittelindustrie ersetzt Glutamat oft arbeits- oder kostenintensive Zutaten wie Fonds. Anstelle von reinem Glutamat wird Fertigprodukten häufig **Hefeextrakt** zugesetzt, da dieses nicht deklarationspflichtig ist, aber in großer Menge Glutamat enthält.

In der Küche vieler asiatischer Länder wird Glutamat traditionell eingesetzt, dann jedoch bewusst in Kombination mit anderen Würzmitteln und nicht isoliert. Glutamat sollte nicht als „Dopingmittel" eingesetzt werden: Wenn eine Speise fade schmeckt, gibt es viele andere Möglichkeiten, ihr zu mehr Geschmack zu verhelfen.

Mundgefühl – Geschmack allein ist nicht alles

Neben dem Geschmack können wir im Mundraum noch viele weitere Sinneseindrücke wahrnehmen und ausdrücken, was als **Mundgefühl** bezeichnet wird.

Das **Mundgefühl** eines Lebensmittels kann je nach Zubereitung ganz unterschiedlich sein:

Beißen wir in einen reifen Apfel, schmecken wir, dass dieser nicht nur Süße und Säure besitzt, sondern auch **saftig** ist. Den Kaueindruck beschreiben wir sicher als **knackig**.

Auch das Garen verändert das Mundgefühl: So wird aus einer Apfelscheibe durch Backen und Trocknen ein **krosser** Apfelchip.

Auch wie **flüssig** eine Speise ist (Viskosität), nehmen wir auf der Zunge wahr. Ein **schnittfestes** Apfelgelee schmeckt nach Apfel, fühlt sich aber auf der Zunge ganz anders an, als ein **weiches** Apfelmus.

Das Apfelmus wiederum fühlt sich im Mund anders an als ein Apfelkompott. Das Kompott ist eher **stückig,** das Apfelmus fühlt sich je nach Herstellung **glatt** oder **leicht körnig** an.

Kombinieren wir diese Eindrücke, wird ein Gericht sensorisch deutlich ansprechender. Auch deshalb erwarten Gäste von einem Dessert meist etwas „Cremiges", dazu etwas „Krosses" und etwas „Kühles"

1.2 Bewusstes Würzen und Gestalten

🇬🇧 flavour and design 🇫🇷 épicer et dessiner

Speisen mit einfachen Mitteln interessanter gestalten

DIGITAL+

Der sinnliche Gesamteindruck einer Speise aus Geruch, Geschmack und anderen Wahrnehmungen wird als Flavour bezeichnet.

Durch bewusstes Gestalten lässt es sich mit wenigen Mitteln deutlich ansprechender zubereiten:

Optik: – beige/braun dominieren
Duft: – Basisnoten (Röstaromen) dominieren, keine Frische
Geschmack: – Umami dominiert (Fleisch, Bohnen, Tomate)
Mundgefühl: / Fleisch knusprig, dann stückig, saftig
– Kartoffel-Salat stückig, lauwarm
– Gemüse stückig
Das Gericht ist sensorisch wenig ansprechend!

Frikadelle mit Bohnen-Tomaten-Gemüse und Kartoffelsalat

Optik: + Salat und Dip bringen Farbe
Duft: + paprika-Dip und Salat bringen Frische gegenüber den Röstaromen von Fleisch und Kartoffeln
Geschmack: + Salat bringt Frische, + mindert Umamigeschmack, + Dressing führt Säure zu, + Salzkörner geben Aroma beim Draufbeißen ab, + Dipbringt leichte Schärfe
Mundgefühl: + Salat knackig, + Dressing cremig und kühl, + Kartoffeln knusprig, dann cremig

Frikadelle mit würzigem Paprika-Dip, Kartoffelspalten mit grobem Salz, gemischter Salat

Gericht 1 – sensorisch unstrukturiert

Intensität

knusprig, umami, saftig, stückig
stückig, umami
stückig, cremig

Zeit

Gericht 2 – sensorisch bewusst konstruiert

Intensität

würzig, scharf, stückig
knusprig, umami, saftig, stückig
knackig, kühl, säuerlich
knusprig, cremig, salzig

Zeit

Teile einer Speise sollten möglichst nur dann vermischt werden, wenn ein bewusster Mischgeschmack erwünscht ist (z. B. Fenchelgemüse mit Orange). Sonst ist es aus sensorischer Sicht besser, Teile einer Speise auch für sich anzurichten (z. B. Gemüse einzeln anstelle einer Mischung).

Neben den klassischen Würzmitteln wie Kräutern und Gewürzen werden auch andere Lebensmittel oder deren Teile bewusst zum Würzen eingesetzt: z. B. Pilze, geröstete Nüsse oder abgeriebene Zitronenschale.

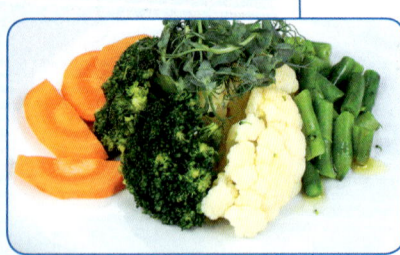

Schnittmengen und Gegensätzlichkeiten im Aroma von Lebensmitteln sind eine Grundlage des Foodpairing. Lebensmittel, die einen ähnlichen Duft oder Geschmack erzeugen, verstärken den Geruchseindruck einer Speise, z. B. Apfel und Zitrone (Foodcompleting). Lebensmittel, welche ein sehr gegensätzliches Aroma vermitteln, können interessante Kontraste bilden, z. B. Thymian und Zitrone (Foodcontrasting).

Wenn Köche Speisen würzen und gestalten, stehen sie in einem Spannungsfeld, das die kreativen Möglichkeiten begrenzt:

- Was mir als Koch schmeckt, muss noch lange nicht den Geschmack der Gäste treffen.
- Der Geschmack der Gäste ist zudem oft beeinflusst durch Werbung und Trends.
- Unterschiedliche Gästetypen stellen unterschiedliche Anforderungen an Speisen. Nicht immer hat der Gast Zeit und Muße fürs Genießen.
- Erfordernisse des Küchenablaufs erschweren Kreativität: Wird Essen zum Gast geliefert, verlieren Speisen die gewünschte Krossheit.
- Die Wahrnehmung des Speisenaromas verändert sich im Laufe des Lebens – beim Gast wie beim Koch.

Diesen Einschränkungen stehen viele Möglichkeiten gegenüber, Speisen kreativ zu gestalten. Wie in der Musik Töne nacheinander oder zeitgleich erklingen, schnell/langsam, laut/leise, und dabei unterschiedliche Wahrnehmungen entstehen: so „komponiert" man in der Küche den sinnlichen Gesamteindruck des Gerichts.

Speisen gezielt würzen

Der übliche Weg, eine Speise geschmacklich abzuwandeln, ist das Würzen. Hierzu stehen dem kreativen Koch immer mehr Lebensmittel zur Verfügung. Auf den folgenden Seiten werden Lebensmittel beschrieben, mit denen bewusst ein süßer Geschmack, eine leichte Schärfe oder auch ein leicht fruchtiger Duft an eine Speise gebracht werden kann. **Würzmittel** unterscheiden sich neben den Grundgeschmacksrichtungen vor allem im Duft, der von ihnen ausgeht. Das Aroma kann dabei sein

- **leicht und frisch** (z. B. Apfel, Kerbel, Zitronengras) → Kopfnote
- **würzig nach Holz, balsamisch** (Zitronenschale) **oder Blumen** (Lavendel) → Kopfnote,
- **intensiv aromatisch** (z. B. Thymian) → Herznote
- **würzig bis schwer** (Röstaroma eines Bratens) → Basisnote
- Ferner vermitteln einige zusätzlich eine **Scharf- oder Bitterwirkung**

Für das Würzen ist es wichtig zu wissen, welches Aroma von einer Zutat ausgeht und womit sich dieses gut kombinieren lässt.

Einige gundlegende Würzregeln

- Nutzen Sie zuerst die Aromen von Kräutern und Gewürzen, salzen Sie wenn möglich zum Schluss.
- Weniger ist mehr: Nutzen Sie wenige Kräuter und Gewürze, diese aber bewusst. Ein Kraut/Gewürz sollte dabei die Richtung vorgeben und einem Gericht Charakter geben, das Eigenaroma des Gerichtes aber nicht überdecken.
- Beachten Sie bei der Wahl des Würzmittels das Garverfahren: Röstaromen vom Braten können durch Würzmittel mit mildem Aroma gut ergänzt werden – sie treten in den Hintergrund. Schwache Aromen wirken intensiver, wenn sie z. B. gedämpfte Speisen begleiten.
- Kräuter mit feinem Aroma geben dieses leider auch schnell ab: Solche Kräuter daher möglichst als Frischware verwenden und erst zum Ende zur Speise zugeben.

- Kräuter mit robustem Aroma (meist solche mit robusten Blättern) geben ihr Aroma langsamer ab und können schon früh einem Gericht zugegeben werden. Sie können auch gut getrocknet werden.
- Ob ein Kraut oder Gewürz leicht oder schwer wirkt, hängt auch von der Dosierung ab. So können ein paar Blättchen Estragon eine Speise beleben, ein ganzes Bündel würde die Speise komplett dominieren.

1.3 Kräuter 🇬🇧 herbs 🇫🇷 herbes (f)

Kräuter sind frische, getrocknete oder gefrostete Teile von Pflanzen. Zuchtkräuter werden meist als Garten- oder **Küchenkräuter** bezeichnet, wild wachsende Kräuter als **Wildkräuter**. Das Pflücken von Wildkräutern für mehr als den Haushaltsbedarf ist untersagt. Aufgrund der steigenden Nachfrage werden heute viele klassische Wildkräuter von Gärtnereien gezüchtet. Wild wachsen Wildkräuter dort, wo sie gut wachsen können (Bärlauch z.B. auf Kalksteinböden). Ätherische Öle prägen das Aroma der Kräuter, verflüchtigen sich jedoch leicht.

> ● Wildkräuter – speziell Bärlauch – können Eier des Fuchsbandwurms tragen. Die Erkrankung kann schwerste, lebenslange und lebensgefährliche Schäden hervorrufen. Es gilt nicht nur bei Wildkräutern: Immer ausreichend waschen!

Gäste fragen vermehrt Wildkräuter nach, weil diese nicht nur neue Geschmackserfahrungen bringen, sondern auch gesundheitsfördernde sekundäre Pflanzenstoffe enthalten. Allgemein wirken Kräuter meist appetitanregend und verdauungsfördernd.

Es werden auch **klassische Kräuterkombinationen** verwendet:

Verarbeitung von Kräutern

- **Lagerung**: Da geerntete Kräuter empfindlich gegenüber Luft, Licht und Feuchtigkeit reagieren, sollten getrocknete Kräuter trocken und kühl in geschlossenen, lichtundurchlässigen Behältnissen aufbewahrt werden. Frische Kräuter werden gewaschen, trockengeschleudert und bei Temperaturen von max. +7 °C ebenfalls in geschlossenen und lichtundurchlässigen Behältnissen gelagert – wobei etwas Feuchtigkeit im Behältnis die Haltbarkeit von mehreren Tagen verbessert.
- **Hygiene:** Kräutertöpfe dürfen nicht in der Küche gelagert werden, da die Erde mit Keimen belastet sein kann.

- **Garen**: Kräuter sollten zur Schonung der Inhaltsstoffe, ihres Aromas und ihrer Farbe wenn möglich ungegart verarbeitet werden.
  Wenn überhaupt, werden Kräuter möglichst kurz gegart: Zum Entfalten der Aromastoffe frische oder eingefrorene Kräuter ganz zum Schluss zugeben, getrocknete Kräuter wenige Minuten vor Ende.
- **Farben**: Die Farbstoffe der Kräuter eignen sich gut zum Färben etwa von Suppen, Saucen oder auch Nudel- und Reiszubereitungen. Die grüne Farbe von Kräutern bleibt besser erhalten, wenn die Kräuter vor dem Zerkleinern blanchiert werden.

Kräuter der Provence
🇬🇧 herbs de provence
🇫🇷 herbes (f) de provence

enthalten meist Thymian, Majoran, Rosmarin, Lavendel und Bohnenkraut passen zu ländlichen Gerichten der französischen Küche etwa Fleischgerichten nach provencalischer Art.

Feine Kräutermischung
🇬🇧 fine herbs
🇫🇷 fines herbes (f)

enthält Petersilie, Schnittlauch, Kerbel und Estragon und wird bspw. für Omelettes oder Frischkäsezubereitungen sowie zu gebundenen Suppen und Saucen verwendet.

Kräutersträußchen
🇬🇧 sachet d'épice
🇫🇷 bouquet (m) aromatique

enthält klassisch Lorbeer, Petersilienstängel und Thymian, je nach Verwendung auch andere Kräuter. Dient der geschmacklichen Abrundung von Brühen und der braunen Grundsauce.

Holzige Pflanzenstiele, grobe Petersilienbüschel oder ganze Schnittlauchstängel sind kein geschmackliches Erlebnis und gehört nicht auf den Teller – ebensowenig wie staubfein zerkleinerte Petersilie.

Tipp: Aus dem Kräutergarten werden Kräuter morgens gesammelt, wenn sie nicht mehr feucht, aber auch noch nicht erwärmt sind (Verlust ätherischer Öle).

Wie intensiv das **Aroma von Kräutern** ist und wie es im Einzelfall wahrgenommen wird, hängt von mehreren Faktoren ab. Zum einen unterscheiden sich Kräuter in der **Sorte** (z. B. Thymian/Zitronenthymian). Zum anderen nimmt die **Verarbeitung** Einfluss auf das Aroma. **Frische Kräuter** werden einer Speise kurz vor Schluss zugegeben oder sogar nur aufgestreut (Petersilie, Blattkoriander). **Getrocknete Kräuter** lässt man einige Minuten mitgaren, damit die ätherischen Öle wahrnehmbar werden. Gewürze und getrocknete Kräuter reagieren sensibel auf **Wärme, Licht, Luft** und **Feuchtigkeit** und verlieren daher meist an Aroma.

Kräuter mit leichtem und frischem Aroma

- eignen sich für Zubereitungen, deren Hauptzutat ein leichtes Eigenaroma hat, etwa helles Geflügel, Schweinefleisch, die meisten Fischarten.
- setzen einen Kontrast zu Gerichten mit schweren Röstaromen, dann z. B. in Salaten.
- unterstreichen Gemüsegerichte, leichte Eintöpfe und Sommergerichte.
- vermitteln in einer Speise/einem Menüteil Frische und Leichtigkeit, gerade im Sommer.

Basilikum 🇬🇧 basil 🇫🇷 basilic (m)
Duftet zitrusartig-frisch, nach Gras, aber auch leicht süßlich, wobei das Aroma je nach Sorte variiert. Da sein Aroma keine Hitze verträgt, wird Basilikum häufig bei kalten Zubereitungen wie Pesto alla genovese und Insalata Caprese (Tomate und Mozzarella) genutzt. Der leicht scharfe Geschmack des Thai-Basilikums wird in thailändischen Gerichten genutzt.

Dill 🇬🇧 dill 🇫🇷 aneth (m)
Besitzt einen ausgeprägten, frischen und leicht süßen Duft und passt damit gut zu Fisch und Gurke. Verwendung auch zum Dekorieren. Getrocknet eher fad, wird durch Einfrieren intensiver.

Kerbel 🇬🇧 chervil 🇫🇷 cherfeuil (m)
Passt mit seinem würzig-süßlichen Aroma nach Anis und Fenchel gut zu Suppen und Eintöpfen sowie auch zu Gemüsen und Salaten. Kerbel erinnert leicht an Estragon und passt gut zu leichten Fleisch- und Fisch-Gerichten, für die Estragon zu intensiv wäre.

Melisse / Zitronenmelisse 🇬🇧 balm 🇫🇷 mélisse (w)
Noch immer der Klassiker auf Desserttellern. Sein frisches, zitronig-balsamisches Aroma unterstützt auch leichte Gerichte von Geflügel und Fisch, Joghurts und Quarks, aber lockert bedingt auch schwere Aromen auf, etwa in Wildzubereitungen. Derbe Melisse kann ein aufdringlich-seifiges Aroma haben.

Minze 🇬🇧 mint 🇫🇷 menthe (w)
Je nach Sorte kann Minze leicht bis frisch-würzig sein und, etwa als Apfelminze, auch andere Aromen in sich tragen. Aufgebrüht als Tee und gut als frische Ergänzung eines Desserts oder als Minzsauce verwendbar.

Kräuter mit würzigem Aroma, balsamisch (Zitrusschale), dem Duft nach Holz oder Blumen

- eignen sich für Zubereitungen mit Gemüse sowie Fleisch- und Geflügelgerichte, die eine würzige, nicht zu intensive Note brauchen.

- können einigen Blattsalaten mehr Aroma geben.
- aromatisieren kräftige Suppen und Saucen.

Estragon (deutscher oder französischer) 🇬🇧 tarragon 🇫🇷 estragon (m)
Leichter Zitrusduft, harzige Aromen und Anisduft. Estragon gehört klassisch in die Sauce béarnaise und Sauce Tatare, verfeinert auch Fischgerichte und Gurke. Estragon vorsichtig dosieren, sonst schmeckt dieser seifig! Junge Blätter verwenden – schmeckt überlagert aufdringlich und muffig.

Majoran 🇬🇧 marjoram 🇫🇷 marjolaine (w)
Er würzt deftige Fleischzubereitungen, Kartoffeln und herzhafte Eintöpfe, ist aber auch ein Begleiter fetter Eintöpfe, von Hülsenfrüchten und Wurstwaren (Leberwurst). Sein Aroma verfliegt beim Garen schnell.

Thymian 🇬🇧 thyme 🇫🇷 thym (m)
Aromatisches, aber auch leicht bitteres, intensives Aroma mit blumigen und teils auch Zitrus-Noten. Damit passt Thymian gut zu Wild-, Lamm- und Rindfleischzubereitungen, aber auch zu deftigen Eintöpfen sowie Wurstwaren und mediterranem Gemüse. Da sein bestimmendes Aroma auch einschränkt, werden zunehmend leichtere Thymianvarianten verwendet, etwa Zitronenthymian, welcher dann auch gut mit Fisch harmoniert.

Kräuter mit intensiv-würzigem bis leicht bitterem Aroma

- ergänzen Zubereitungen mit deutlichem Eigenaroma wie dunkles Fleisch.
- unterstreichen Gemüsegerichte, Kartoffelzubereitungen sowie Quarks und Frischkäsezubereitungen.

Bohnenkraut 🇬🇧 savoy 🇫🇷 sarriette (f)
Charakteristisch ist sein zitrusartig-würziger Geruch, der frisch noch angenehmer ist. Bei langem Erhitzen werden jedoch zunehmend Bitterstoffe freigesetzt. Bohnenkraut macht Bohnen und andere Hülsenfrüchte sowie auch Kohl leichter bekömmlich. Auch zu fettem Fleisch und fettem Fisch passt Bohnenkraut deshalb gut. Bestandteil eines Kräutersträußchens für Fleischbrühen.

Oregano 🇬🇧 oregano 🇫🇷 origin (m)
ist nicht nur das klassische Kraut für Tomatensauce und Pizza, sondern es würzt ebenfalls andere mediterrane Gemüse. Auch in Saucen (z.B. Tomatensauce) und für herzhafte Fleischgerichte eignet sich Oregano.

Petersilie 🇬🇧 parsley 🇫🇷 persil (m)
Viel zu schade, um mit ihr nur zu garnieren: Das intensiv-würzige Aroma – vor allem der glattblättrigen Petersilie – eignet sich für Fleischzubereitungen, Dips und auch Saucen. Krause Petersilie ergibt frittiert als *persil frites* eine ansprechende Garnierung zu Fleisch.

Schnittlauch 🇬🇧 chives 🇫🇷 ciboulette (w)
Schnittlauch gibt, zu feinen Röllchen geschnitten, Quark, Salaten und auch Suppen eine pfeffrig-pikante Note, passt aber ebenfalls gut zu Kartoffeln und Fisch. Auch als Einlage zu klaren Suppen und als Bestandteil kalter Saucen ist Schnittlauch gut geeignet. Seine Blüten sind eine attraktive Garnierung.

DIGITAL+

Kräuter mit schwerem, bestimmendem Aroma

- geben Zubereitungen mit kräftigem Eigenaroma wie gebratenem oder gegrilltem, dunklem Fleisch oder Ragouts eine eigene Note.
- bestehen auch neben kräftigen Gewürzen wie etwa Knoblauch.

Rosmarin 🇬🇧 rosemary 🇫🇷 rosmain (m)

Frischer Rosmarin wird gerne für Wild-, Lamm- und Schweinefleischzubereitungen genutzt (gröbere Stiele können auch als Spieß genutzt werden, sind dann aber nicht essbar). Gibt auch an mediterranes Gemüse beim Garen sein Aroma ab. Getrocknet und wenn zu lange gegart, dominieren harzige Aromen.

Salbei 🇬🇧 sage 🇫🇷 sauge (w)

Mit seinen herben, leicht bitteren Blättern gibt Salbei Fleischgerichten wie Saltimbocca ihren typischen Geschmack. Mediterrane Gemüse wie Tomaten vertragen sich ebenfalls gut mit Salbei. Die feinen Aromen des Salbeis verfliegen bei längerem Garen. Seine holzigen Stiele sind zwar nicht essbar, können aber gut als Grillspieß genutzt werden.

Kräuter mit Scharf- oder Bitterwirkung

- reizen den Trigeminusnerv und erzeugen so das Gefühl von Schärfe und Wärme
- wirken besonders auf die Bitterrezeptoren der Zunge ein und wirken so auch zusammenziehend.

Kresse 🇬🇧 cresse 🇫🇷 cresson (m)

Kresse ist der Oberbegriff u. a. für die kleinblättrige **Gartenkresse** und die **Brunnenkresse** mit ihren breiten, knackigen Blättchen. Beide Sorten schmecken pikant scharf, wobei Brunnenkresse leichte Bitternoten hat. Sie würzen Quarks und Frischkäsezubereitungen, Suppen und kalte Saucen und eignen sich auch gut als Garnierung für Gegrilltes. Aufgrund Ihrer Scharfwirkung werden neue Kressearten angeboten, etwa die **Shiso-Kresse**, die nach Minze und Anis schmeckt und asiatische Fischgerichte würzt. Andere Sorten erinnern an Gemüse und können sogar ein Prickeln im Mund erzeugen.

1.4 Gewürze 🇬🇧 spices 🇫🇷 épices (f)

- **Gewürze** sind unterschiedliche Teile verschiedener Pflanzen, die meist getrocknet angeboten werden.
- **Gewürzmischungen** sind Mischungen von Gewürzen wie Gulaschgewürz, Lebkuchengewürz oder **Currypulver:** Dieses besteht aus bis zu 15 verschiedenen Gewürzen und erhält seine meist bräunlich-gelbe Farbe vom Kurkuma (Gelbwurz). In der thailändischen Küche werden auch grüne und rote Chilipulver verwendet. Auf dem europäischen Markt ist Currypulver indischen Masalas nachempfunden und auf hiesiges Geschmacksempfinden angepasst worden. Verwendet wird Currypulver für Fleischgerichte, Reiszubereitungen und Currysaucen – oder eben auch für Currywurst.
- **Gewürzzubereitungen** sind Mischungen aus einem oder mehreren Gewürzen (mind. 60 %) und anderen geschmackgebenden Zutaten, z. B. Zucker. Hierzu zählen auch verschiedene Würzsaucen.

Blüte
Safran
Kapern
Nelken

Samen
Muskat
Sternanis

Früchte
Piment
Pfeffer
Vanille
Paprika

Blatt
Lorbeer
Salbei
Borretsch
Bohnenkraut

Rinde
Zimt

Wurzel
Kurkuma
Ingwer
Meerrettich

Zwiebel
Knoblauch
Schalotte
Küchenzwiebel

Gewürze stammen von verschiedenen Teilen von Pflanzen

- **Gewürzsalze** sind Mischungen, die zu mehr als 40 % aus Salz und zum Rest aus Gewürzen oder anderen würzenden Zutaten bestehen.
- **Suppengewürz** besteht aus Gemüsen, Gewürzen und Kräutern.
- **Aromen** sind Zubereitungen von Geruchs- und Geschmacksstoffen, mit denen Speisen aromatisiert werden können, wie etwa Backaromen (s. a. Verbraucherschutz S. 39).

Verarbeiten von Gewürzen

- Gewürze bekommen ihr Aroma durch ätherische Öle und reagieren empfindlich auf Feuchtigkeit, Luft sowie Wärme. Deshalb sind sie in geschlossenen Gefäßen aufzubewahren. Nicht mit den Fingern entnehmen (Feuchtigkeit), sondern in die Hand schütten und dann mit den Fingern dosieren. Gemahlene Gewürze verlieren ihr Aroma leichter als Gewürze im Ganzen.
- Gemahlene Gewürze werden verwendet, wenn das Aroma schnell auf die Speise übergehen soll, und um diese leichter zu dosieren.
- Gewürze werden im Ganzen verwendet, wenn sie über längere Zeit ausgelaugt werden sollen, z. B. in Marinaden.
- Viele Gewürze wirken unangenehm, wenn man darauf beißt (Wacholder im Sauerkraut). Gewürze sollten dann in Gewürzbeuteln oder in einem „Tee-Ei" mitgegart oder als Reduktion zugegeben werden.
- Zur Entfaltung ihres Aromas werden Gewürze häufig vor der Verwendung angeröstet (trocken oder in Öl), im Mörser zerkleinert oder in der Mikrowelle erwärmt.

Gewürze mit leichtem und frischem Aroma

- mildern Zutaten mit starkem Eigenaroma.
- unterstreichen Zubereitungen mit feinem Eigenaroma.
- können als Brücken verschiedene Aromen verbinden.

Vanille ⊞ vanilla 🔵 vanille (w)

Vanilleschoten sind die fermentierten und getrockneten Früchte einer Orchideenart. Das Aroma wird vom **Vanillin** bestimmt. Weiße Pünktchen auf der Oberfläche sind auskristallisiertes Vanillin und somit kein Mangel. Zur Verwendung wird die Schote längst aufgeschnitten und das Mark herausgekratzt. Die Schoten können z. B. in Milch mitgekocht werden. Danach können diese in Zucker eingelegt zur Herstellung von echtem Vanillezucker dienen.

Vanilleschoten unterscheiden sich stark in Größe, Geschmack und Preis. Aufgrund von Preis und Nachfrage wird Vanillearoma künstlich hergestellt. Als Vanillin bezeichnet findet es sich etwa in Vanillinzucker.

Vanille würzt zahlreiche Süßspeisen und Gebäcke, auch in Kombination mit Zimt und Tonkabohne. Auch Meeresfrüchte, Fisch, Hähnchen und Tomaten lassen sich gut mit Vanille kombinieren. Starke Röststoffe im Gericht überdecken allerdings die Vanille. Vanille kann zwischen unterschiedlichen Geschmacksrichtungen Brücken bauen und den Geschmack einer Speise abrunden. Schwefelige Noten in Kohlgemüse oder auch im Spargel werden von Vanille angenehm gemildert.

Tipp: Bei Gewürzzubereitungen oder Gewürzsalzen kauft man oft billige Zutaten zum Preis teurer Gewürze. Kreativer und günstiger ist es, selbst Gewürze zu mischen.

Weitere Gewürzportraits auf unseren Internetseiten

Gewürze mit würzigem Aroma, balsamisch (Zitrusschale), dem Duft nach Holz oder Blumen

- beleben Zubereitungen mit kräftigen Röstaromen und Rauchnoten sowie erdigen Tönen, etwa Wurzelgemüse.
- unterstreichen Gerichte mit Zitrusfrüchten.

Paprika 🇬🇧 paprika 🇫🇷 paprika (m)

Wenn auch botanisch identisch mit den Chilis, werden die kleinen Gewürzpaprika oft anders verwendet – sie bieten eine größere Aromen-Vielfalt als Chilis. Die Schärfe stammt vom Capsaicin der Kerne und Innenwände, das Aroma vom Fruchtfleisch der Außenwände. Werden mehr Außenwände mitvermahlen, ist das Paprikapulver milder. Werden mehr Innenwände und Samen vermahlen, wirkt das Paprikapulver scharf.

Paprika passt zu vielen Fleischzubereitungen (Gulasch, Brathuhn). Neben einem erdigen Geschmackston finden sich noch grüne, wachsige und leicht süßliche Noten. Deshalb wird Paprika auch mit Meeresfrüchten und Fisch kombiniert. Im Handel werden unterschieden:

Sollen Farbe und / oder Schärfe auf das Gericht übergehen, kann Paprika länger mitgegart werden. Geht es um die feineren Aromen, sollte es kurz vor Ende der Garzeit zum Gericht kommen. Vorsicht beim Anbraten: Paprikapulver verbrennt leicht und schmeckt dann bitter.

Anteil Außenwände	Handelsbezeichnung	Anteil Innenwände / Kerne
	Capsaicinfrei	
	Delikatesspaprika	
	Edelsüßer Paprika	
	Halbsüßer Paprika	
	Rosenpaprika	

Kümmel 🇬🇧 caraway 🇫🇷 carvi (m)

Kümmel kennt man meist von deftigen Gerichten wie Schweinebraten, Röstkartoffeln oder Sauerkraut. Hier kann Kümmel gut mit anderen, kräftigen Gewürzen wie Wacholder oder Koriandersamen kombiniert werden, ohne diese zu überdecken.

Kümmel fördert die Verdauung (→ Aquavit). Der süßlich-aromatische Duft ähnelt dem von Bohnenkraut, Thymian oder Majoran. Er lässt sich daher gut mit diesen Kräutern kombinieren. Seine fast pfefferminzartige Würze und die leichte Orangennote ermöglichen süße Kombinationen etwa mit Bratäpfeln.

Lorbeer 🇬🇧 bay leafs 🇫🇷 feuilles (w) de laurier

Die Blätter des Lorbeerbaums sind würzig-aromatisch bis blumig und duften leicht nach Nelke. Ältere Lorbeerblätter schmecken dagegen eher herb-würzig.

Lorbeer harmoniert mit mediterranen Kräutern. In Schmorgerichten, Brühen und Saucen bildet die Frische des Lorbeers einen Kontrast zu den teilweise vorhandenen Röstaromen. Verwendung findet Lorbeer klassisch in Wildgerichten, Fleischmarinaden (Sauerbraten) und Schmorgerichten. Seine leicht harzige Süße wirkt der Säure von Tomaten und Sauerkraut entgegen und ergänzt gut Linsengerichte.

Muskatnuss 🇬🇧 nutmeg 🇫🇷 noix (w) de muscade

Ihr Aroma erinnert sowohl an Nelke, Anis und Eukalyptus, als auch leicht an Orange und Holz. Weil ihre Aromen auch in vielen anderen Gewürzen und Kräutern vorkommen, lässt sich Muskatnuss gut kombinieren. Klassisch findet Muskatnuss Verwendung für Brühen und Bechamelsauce. Bei Kartoffelzubereitungen (Püree) wirkt Muskatnuss der Süße (etwa von Schokolade) angenehm entgegen. Bei Gemüsen wirkt es eher unangenehmen Noten entgegen: Pastinaken schmecken weniger erdig, Spinat wirkt weniger säuerlich, Rosenkohl wirkt weniger schwefelig. Ihre ätherischen Öle verfliegen sehr leicht, weshalb Muskatnuss immer frisch gerieben werden und erst am Ende zu einem Gericht gegeben werden sollte. Botanisch gesehen ist Muskatnuss ein Samen und keine Nuss.

Pfeffer 🇬🇧 pepper 🇫🇷 poivre (m)

Die Beeren des Pfefferstrauchs und einige Varianten sind das am meisten verwendete Gewürz der Welt. Alle Pfeffersorten verbindet ihre Schärfe, die in zahlreichen Speisen genutzt wird. Daneben hat aber jede Pfeffersorte auch weitere Aromen zu bieten. Nach der Pflanze, dem Zeitpunkt der Ernte und der Weiterverarbeitung wird Pfeffer unterschieden in:

Grüner Pfeffer sind die unreif geernteten Pfefferbeeren, die entweder gefriergetrocknet oder in Salzlake konserviert werden. Sein Aroma ist angenehm frisch und seine Schärfe ist zurückhaltend.
Grüner Pfeffer wird zu Fisch und Meeresfrüchten, zu Geflügel, in Saucen und Pasteten verwendet. Außerdem verträgt sich grüner Pfeffer gut mit asiatischen Gewürzen. Auch mit Früchten wie Ananas, Mango oder Erdbeeren harmoniert grüner Pfeffer.

Schwarzer Pfeffer sind unreife Pfefferbeeren, die getrocknet werden. Sein Aroma ist würzig-fruchtig und leicht zitrusartig. Durch das Trocknen verliert schwarzer Pfeffer einen Teil seiner frischen Aromen und seine Schärfe kommt besser zur Geltung.

Weißer Pfeffer sind reife Pfefferbeeren, die ohne Fruchtfleisch getrocknet werden. Durch das Schälen und Trocknen verliert weißer Pfeffer an Aromen, sodass er schärfer ist als schwarzer Pfeffer.

Nelkenpfeffer → Piment   *Cayenne-Pfeffer → Chilis*

Wacholder 🇬🇧 juniper 🇫🇷 genévrier (m)

Die Beeren des Wacholderstrauchs sind bei guter Qualität glatt und erbsengroß. Wacholderbeeren duften warm-würzig, harzig, und gleichzeitig leicht nach Zitrone und Flieder. Deshalb begleitet Wacholder viele Fleischgerichte (z. B. Sauerbraten), wozu die Beeren meist leicht angedrückt werden, um die ätherischen Öle freizugeben. Der Geschmack ist leicht süßlich, was gerade der Strenge von Wildgerichten entgegenwirkt, aber z. B. auch Sauerkraut harmonisch ergänzt. Wacholder ist der Geschmackgeber des Gins.

Zimt 🇬🇧 cinnamon 🇫🇷 canelle (w)

Zimt ist die Rinde des Zimtbaumes, die sich beim Trocknen einrollt. Dünne Rinde ergibt ein feines Aroma. Der „echte Zimt" ist der Ceylonzimt.

Die „Muskatblüte" (Macis = Samenhäute) ähnelt der Muskatnuss im Aroma, hat aber auch eine feine Zitronennote. Daher findet Macis meist in Gebäcken Verwendung.

Chinesischer Cassia-Zimt sollte aufgrund des erhöhten Cumaringehaltes kaum verwendet werden, insbesondere nicht für Schwangere!

Ist nur das Aroma, nicht aber die Farbe gewünscht (z. B. für Kompott oder Glühwein), aromatisiert man mit Stangenzimt, den man später wieder entnimmt. Gemahlen wird Zimt für Süßspeisen wie Milchreis (Zimt-Zucker) und für Gebäcke verwendet. Da im Zimt aber auch Aromen wie in Nelken, Muskat und Kardamom enthalten sind, passt Zimt zusammen mit diesen auch zu Fleischgerichten. In Indien (Garam Masala) und im Nahen Osten aromatisiert Zimt geröstet auch Fleischgerichte. So kann Zimt z. B. Schmorgerichten eine warm-würzige Note geben und auch Kartoffelpüree ergänzen.

Gewürze mit intensiv-würzigem bis leicht bitterem Aroma

- ergänzen gut Gerichte mit Röstaromen, etwa Fleischzubereitungen.
- prägen eher kräftige Gebäcke.

Anis 🇬🇧 aniseed 🇫🇷 anis (m)

Prägt mit seinem süßlich-aromatischen Duft die Liköre Ouzo und Pastis, aber auch Lakritze und viele Süßspeisen. Sein Aroma erinnert leicht an Fenchel, Kerbel und Estragon, aber auch an Nelke und Koriander. Süße Düfte, aber auch Fett aus dunklem Fleisch oder Lachs ergänzen sich mit Anis. **Sternanis** ist zwar botanisch nicht mit Anis verwandt, duftet aber ganz ähnlich.

Gewürznelke 🇬🇧 clove 🇫🇷 clou de girofle (m)

Nelke gibt Speisen ein charakteristisches, warm-süßliches Aroma, schmeckt selbst aber bitter. Nelken harmonieren gut mit Zimt (Weihnachtsgebäck), Piment und Muskat, aber auch mit Lorbeer und Basilikum. In Relishes ergibt die Kombination mit Banane einen interessanten Geschmack. Klassisch werden Nelken auch bei der Herstellung von Brühen und Saucen verwendet. Um sie beim Abschäumen nicht zu entfernen, werden gerne Zwiebeln mit Nelken gespickt. Bei Kohlgerichten sollten Nelken vor dem Servieren ebenfalls entfernt werden.

Kapern 🇬🇧 capers 🇫🇷 câpres (w)

Die unreifen, geschlossenen Knospen des Kapernstrauchs werden meist in Salzlake eingelegt. Ihre an Zwiebeln erinnernde Schärfe und ihre angenehme, an Senf erinnernde Säure werden z. B. für Königsberger Klopse, aber auch für Remouladensauce und das Beefsteak Tatar genutzt. Kapern nur kurz mitgaren. Die intensiveren „Kapernäpfel" werden gern als Antipasti genutzt.

Piment 🇬🇧 allspice 🇫🇷 toute (w) espice / piment (m) de la Jamaique

Auch Nelkenpfeffer genannt, weil sein Aroma an Nelken, Pfeffer, Muskat und Zimt erinnert. Aufgrund dieser Aromenvielfalt kann Piment mit vielen anderen Aromen kombiniert werden (engl. = allspice). Seine kräftigen Noten harmonieren mit dunklen Schmorgerichten, Fleischbeizen, vielen Innereien und Brühen. Seine leicht harzigen Noten bilden bei Zubereitungen mit Früchten wie Johannisbeeren oder Pflaumen einen interessanten Kontrast. Auch in Weihnachtsgebäck wird Piment genutzt.

Safran 🇬🇧 saffron 🇫🇷 safran (m)

Safran sind die getrockneten, braunroten Blütennarben einer Krokusart. Weil für 1 kg Safran meist über 100.000 Blüten geerntet werden müssen, ist Safran noch immer das teuerste Gewürz der Welt. Safran duftet intensiv blumig, wenn auch etwas nach Jod. Im Geschmack ist Safran zart-bit-

ter und etwas scharf. Safran sollte immer in Fäden gekauft werden, da
sein Aroma gemahlen schnell verfliegt. Safran hoher Qualität enthält nur
die braunroten Fäden und keine gelben Griffelreste der Blüte.

Durch seine Bitternote passt Safran gut zu Gerichten mit Krustentieren
und ist fester Bestandteil der Bouillabaisse und anderer Fischgerichte.
Auch Reisgerichte wie Risotto milanese erhalten durch Safran ihr typisches
Aroma und die Farbe. Safran lässt sich gut mit süßlich wirkenden Gewürzen wie Zimt oder langem Pfeffer kombinieren.

Safran löst sich – am besten im Mörser frisch zerstoßen – in wässrigen
Flüssigkeiten und färbt diese intensiv gelb-orange. Damit sein Aroma in
den Speisen bleibt, sollte Safran erst zum Schluss beigefügt werden.

Gewürze mit schwerem, bestimmendem Aroma / Röstaromen

- werden meist eingesetzt bei Gerichten mit ausgeprägtem Eigenaroma
  wie Wild oder Lamm.
- besitzen auch zartere Eigenaromen, die bei geringer Dosierung besser
  zum Tragen kommen.
- dürfen keinesfalls den Eigencharakter eines Gerichtes überdecken –
  weniger ist oft mehr.
- sind nachhaltig – also lange beim Essen wahrnehmbar –, daher eher
  ungeeignet für Vorspeisen.

Knoblauch 🇬🇧 garlic 🇫🇷 ail (m)

Aus der asiatischen und mediterranen Küche ist er nicht wegzudenken, in
Nordeuropa hat er weniger Freunde: Knoblauch schmeckt und duftet
schnell sehr dominant. Getrockneter Knoblauch schmeckt dabei kräftiger
als frischer, weißer Knoblauch schmeckt intensiver als violettschaliger.
Chinesischer (asiatischer) Knoblauch schmeckt zwar nach Knoblauch,
verbreitet aber nicht dessen Aroma. Schwarzer, **fermentierter Knoblauch** hat hingegen ein süßlich-erdiges Aroma, das an Trockenpflaumen
oder Süßholz erinnert. Beim **geräucherten Knoblauch** treten neben
Raucharomen seine anderen würzigen Aromen hervor, die brennende
Schärfe jedoch in den Hintergrund.
Knoblauch-Aroma lässt sich gut steuern und dosieren: Roh und vor
allem fein zerkleinert ist es brennend-scharf. Reibt man aber eine Schüssel
nur mit einer halben Knoblauchzehe aus, tritt das Knoblaucharoma angenehm in den Hintergrund. Gegart entwickelt Knoblauch zudem süßliche,
aber schwere Noten. Leicht angebraten (Vorsicht – Knoblauch verbrennt
leicht) entwickelt Knoblauch leicht nussige Röstaromen.

Weißer und violetter Knoblauch

Neben den **Schalen** wird auch der innenliegende **Keim** entfernt, da dieser oft bitter und muffig schmeckt. Soll Knoblauch zerkleinert werden,
sollte er möglichst geschnitten und nicht zerquetscht werden. Aufgrund
der stark vergrößerten Oberfläche reagieren seine ätherischen Öle mit
dem Luftsauerstoff und erzeugen unangenehme Aromen.
Um das Aroma von geschnittenem Knoblauch in Speisen **abzumildern**,
kann dieser blanchiert oder in Milch gegart werden. Soll der Knoblauch
nicht in einer Speise verbleiben, sollten die Knoblauchzehen nur angedrückt und kurz vor Garende zugefügt werden.

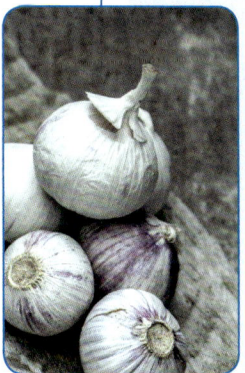

Chinesischer Knoblauch

Um den Geruch von Knoblauch zu
entfernen, die Hände mit Salz ein-
reiben, anschließend mit Wasser und
Seife waschen. Auch das Reiben der
Hände auf Edelstahlflächen hilft den
Geruch zu entfernen.

Gewürze mit Scharf- oder Bitterwirkung

- reizen den Trigeminusnerv und erzeugen so das Gefühl von Schärfe und Wärme.
- wirken besonders auf die Bitterrezeptoren der Zunge ein und wirken so auch zusammenziehend.

Chili 🇬🇧 chili 🇫🇷 piment rouge (m)

Chili wirkt je nach Sorte und Verarbeitung scharf bis sehr scharf. Allerdings haben Chilis auch erdige und fruchtige Aromen, die man bei grünen, eingelegten Chilis (Peperoni) gut schmecken kann. Die feinen Aromen der Chilis verfliegen beim Garen leider sehr schnell. Die reine Schärfe des Chilis überdeckt daher andere Aromen nicht und lässt auch ungewöhnliche Kombinationen zu, etwa mit Schokolade.

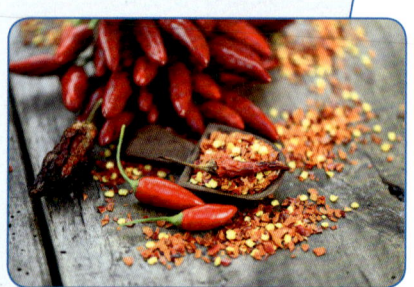

Da Chilis die Schmerzrezeptoren an Händen und Augen reizen, kann man bei der Verarbeitung Handschuhe tragen. Chilis werden frisch, eingelegt und getrocknet (z. B. gemahlene Cayenne-Chilis/„Cayennepfeffer") gehandelt und sind Bestandteil vieler Gewürzmischungen.

Dosierhinweis: Das Fruchtfleisch der Chilischoten enthält deutlich weniger scharf wirkendes Capsaicin – die Schärfe steckt in den Samen und stärker noch in den weißen Trennwänden. Bei Zugabe von Chilis diese drei Teile voneinander trennen. Zunächst nur das Fruchtfleisch ins Gericht geben, dann so viele Samen wie nötig. Die Trennwände geben meist zu viel Schärfe ab und werden selten verwendet.

> Weitere Gewürze (s. vorherige Seiten) sind ebenfalls scharf oder bitter. Bei diesen stehen allerdings auch andere Aromen im Vordergrund, daher sind sie dort aufgeführt.

Ingwer 🇬🇧 ginger 🇫🇷 gingembre (m)

Ingwer duftet einerseits frisch nach Zitrone und Minze. Andererseits bringt er Schärfe und reizt die Trigeminusnerven. Eingelegter Ingwer (Gari) wird klassisch zu Sushi gereicht und ist milder, ähnlich wie Ingwer in Chutneys. Aufgrund seiner frischen Noten ergänzt Ingwer auch Gemüse, etwa Möhren und Kürbis, und Fisch – nicht nur in vielen asiatischen Gerichten. Wird eine milde Scharfwirkung gewünscht, werden größere Ingwerstücke mitgegart und am Ende entnommen. Für eine schärfere Wirkung werden die Wurzeln geschält und gerieben den Speisen zugesetzt.

Meerrettich (Kren) 🇬🇧 horseradish 🇫🇷 raifort (m)

Er treibt mit seinen senfähnlichen, Schärfe vermittelnden Aromen leicht die Tränen in die Augen. Gleichzeitig trägt Meerrettich leicht süßliche, aber auch bittere Aromen in sich. Seine Aromen verflüchtigen sich beim Garen schnell (z. B. bei Meerrettichsauce). Meerrettich wird gern zu fettem Fleisch und Fisch gereicht. Ähnliche Aromen trägt **Wasabi**, auch wenn dieser botanisch nicht mit dem Meerrettich verwandt ist.

1.5 Süßen von Speisen – Süßungsmittel

🇬🇧 sweetener 🇫🇷 édulcorant (m)

Honig 🇬🇧 honey 🇫🇷 miel (m)

Honig ist ein natürlicher Süßstoff, der von Honigbienen hergestellt wird. Diese sammeln dazu Pflanzennektar (Blütenhonig) oder die Ausscheidungen von pflanzensaugenden Insekten wie Blattläusen (Honigtauhonig).

> Trotz gesundheitsfördernder Wirkung (z. B. entzündungshemmend) ist Honig nicht gesünder als Zucker. Honig und Sirups entsprechen aber den Grundsätzen der Vollwerternährung, Lebensmittel möglichst naturbelassen zu verwenden.

Da Honig neben Zucker (Fruktose und Glukose) und Wasser noch Blüten-
pollen und aromatisch wirksame Stoffe enthält, wird er gerne genutzt, um
Speisen einen besonderen Geschmack zu verleihen.
In der Patisserie wird Honig gerne verwendet, weil er sich aufgrund seines
Gehaltes an Fruktose und Glukose ähnlich verhält wie Invertzucker oder
Glukosesirup, z. B. gefrierpunktsenkend.

Honig ist kühl zwischen 10 und 20 °C, dunkel und trocken in geschlossenen
Gefäßen zu lagern. Bei längerer Lagerung kristallisiert der Zucker im Honig
aus und wird fester (einige Sorten kristallisieren schneller aus als andere). Der
Honig kann dann vorsichtig im lauwarmen Wasserbad wieder verflüssigt werden. Honig sollte jedoch nie über 40 °C erhitzt werden, da er sonst Aromastoffe und auch wertvolle Wirkstoffe einbüßt.

Besondere Honigsorten
- *Heidehonig* hat eine geleeartige Konsistenz und einen kräftigen Geschmack.
- *Waldhonig* ist eine Oberbezeichnung für Honig, bei denen Bienen die Aus-
  scheidungen von Pflanzenläusen sammeln.
- *Kastanienhonig* ist dunkel und kräftig im Geschmack mit einer leichten
  Bitternote.
- *Thymianhonig* stammt meist aus dem Mittelmeerraum, wo Bienen Nektar
  von Thymiansträuchern sammeln. Thymianhonig duftet intensiv und hat
  einen würzigen Geschmack.

Hähnchenflügel mit Honigglasur

Verwendungsbeispiele für Honig
Honig ist nicht nur ein Süßungsmittel. Mineralstoffe und Blütenpollen liefern auch
Geschmacksstoffe. Zudem kann Honig eingesetzt werden, um die Konsistenz und
auch das Aussehen einer Speise zu verändern. Beispiele:
- Süßen und Aromatisieren von Speisen und Getränken
- Herstellung von Süßspeisen wie Baklava mit Honig
- Ersatz für Invertzucker – etwa in der Eisherstellung
- Kräftige Honige eignen sich gut als Ergänzung zu Käse.

> ● Honig kann Clostridien ent-
> halten und ist deshalb für
> Schwangere und kleine Kin-
> der bis 2 Jahren ungeeig-
> net!

Sirups

Sirups sind oft dickflüssige, dunkle und süße Flüssigkeiten. Sie werden meist hergestellt durch Einkochen von zuckerhaltigen Flüssigkeiten wie
- Fruchtsäften (Dicksäfte wie Birnendicksaft),
- Pflanzenextrakten (Ahornsirup, Agavendicksaft)
- oder auch von Zuckerrüben.

Sirups halten sich auch angebrochen, aber in geschlossenen Gefäßen, über
längere Zeit, wenn sie kühl gelagert werden.

Je nach Herkunft bringen Sirups auch andere Farb- und Geschmacksstoffe in
die Speisen. Durch den Prozess des Einkochens erhalten Sirups oft auch leicht
bittere Noten. Sirups werden u. a. verwendet
- zum Süßen und Färben von Speisen und Gebäcken,
- um Speisen und Getränke zu aromatisieren (Holunderblütensirup),
- zum Beizen von Grillfleisch (Agavendicksaft enthält das eiweißspaltende
  Enzym Papain),
- als Bestandteil von Saucen (z. B. Honig-Senf-Sauce oder Sauce zu Rheini-
  schem Sauerbraten) und Dips,
- als Bratenglasur durch Karamellisieren des Zuckers oder Glasieren von
  Gemüse.

> ● Haushaltszucker lässt sich
> nicht 1:1 ersetzen. Honige
> und Sirups haben eine ande-
> re Zuckerzusammensetzung
> und verhalten sich insbeson-
> dere beim Backen und in der
> Eisherstellung anders als
> Haushaltszucker. Auch ist die
> Süßwirkung von Sirups und
> Honig meist stärker.

● Künstliche Süßstoffe und Süßungsmittel siehe S. 91 (bei den Kohlenhydraten).

1.6 Speisen bewusst eine Bitternote geben

Als Kontrast zur Süße von Speisen können diesen auch bittere Noten gegeben werden. Bitterstoffe werden jedoch in hoher Konzentration auf der Zunge als pelzig und als adstringierend (zusammenziehend) empfunden.

- Als Kräuter erzeugen Rosmarin, Salbei, Beifuß, Eberraute und Engelwurz auch einen bitteren Geschmack.
- Einige Gemüse wie Bittergurke, Spargel, Artischocke und Chicoree, Radicchio und Löwenzahn, aber auch Mangold und Spinat liefern Bitterstoffe.
- Die weißen Häute von Zitrusfrüchten schmecken bitter.
- Bittere Liköre wie Aperol, Campari, Angostura oder Absinth steuern Bittergeschmack bei, ebenso die Softdrinks Bitter Lemon und Tonic Water.
- In Desserts können Zartbitterschokolade, Kaffee/Espresso oder grüner Tee einen interessanten Kontrast zur Süße erzeugen, ebenso Lakritze und Nüsse.
- Diätsalze und Süßstoffe schmecken teils ebenfalls bitter.

Rosmarin und Salbei geben bei langem Erhitzen Bitterstoffe an die Speisen ab – deshalb möglichst nur kurz erhitzen.

Aperol-Spritz mit betont leichter Bitternote

1.7 Bewusstes Säuern von Speisen

Um Speisen bewusst zu säuern, werden Zitronensaft, säuerliche Früchte und Kräuter (Sauerampfer) sowie gesäuerte Milchprodukte wie Joghurt oder Schmand – und natürlich Wein – gerne verwendet. Asiatische Gerichte werden oft mit einer Sauce aus Tamarinde säuerlich gewürzt. Ein häufig verwendetes Säuerungsmittel (und Konservierungsmittel) ist Essig.

Essig   vinegar   vinaigre (m)

Die Säuerungswirkung von Essig beruht auf der **Essigsäure**. Diese entsteht, wenn z.B. Wein während der Lagerung Luft zieht und Essigsäurebakterien auf den Wein gelangen. Dort führen diese zur essigsauren Gärung – es entsteht Essigsäure, verdünnt als **Essig** bezeichnet. Entscheidend für die Qualität des Essigs sind die Rohstoffe: Alkohol aus hochwertigen Obstsäften oder Weinen liefert bessere, aromatische Ergebnisse, als Essig aus Industriealkohol. Je nach Säuregehalt und weiteren Aromen werden unterschieden:

Hochwertige und ausgereifte Essige verfeinern nicht nur Salate, sie können sogar als Aperitif oder Digestif gereicht werden.

Überlegen Sie, ob bei einer Vinaigrette der Essig oder das Öl im Vordergrund stehen soll! Ein aromatischer Essig verlangt nach einem neutralen Öl. Hochwertiges Olivenöl kommt bei einem dezenten Essigaroma besser zur Geltung.

- **Essigessenz** wird synthetisch hergestellt und hat einen teils sehr hohen Säuregehalt. Da Essigessenz neben der Säure keine weiteren Aromen liefert, ist sie für die Speisenzubereitung nur bedingt geeignet.
- **Weinessig** wird aus Wein hergestellt und hat mit mind. 6 % Säure eine starke Säurewirkung. Seine weiteren Weinaromen eignen sich gut zum Verfeinern von Salaten, Saucen und Dips sowie von Gemüse. Besondere Weinessigsorten sind Rotweinessig und Sherryessig.
- **Speise- oder Tafelessig** wird aus vergorenem Getreide oder Kartoffeln hergestellt und enthält 5 % Säure.
- **Branntwein-Essig** wird aus Weinessig und Tafelessig hergestellt und oft genutzt, z.B. für Mayonnaise und Marinaden. Branntwein-Essig liegt qualitativ zwischen beiden Sorten.

- **Kräuteressig/Gewürzessig** ist 5-%iger Essig, zusätzlich aromatisiert mit Kräutern bzw. Gewürzen. Hierzu werden diese in Essig bis zu 14 Tage ausgelaugt, industriell oder in der Küche selbst. Geeignet, wenn nur das Aroma von Kräutern und Gewürzen ohne Feststoffe gewünscht ist, z. B. in einer Reduktion.
- Essig mit besonderen Geschmacksrichtungen sind **Obstessige** wie Apfelessig, **Gemüseessige** wie Spargelessig oder auch **Reisessig** (→ Sushi). Gerade Obstessig ist oft sehr mild und eignet sich gut für feine Salatsaucen – besonders, wenn die Blattgemüse leicht bitter schmecken.
- **Balsamicoessig** ist eine Spezialität, die aus konzentriertem italienischem Traubensaft hergestellt wird. Sein Alter ist entscheidend für Geschmack und Säuregehalt. Durch lange Lagerung in Holzfässern dickt der Balsamicoessig weiter ein, sodass die konzentrierten Aromen, auch die der Fässer, die Säure in den Hintergrund treten lassen. Die beste Qualität wird als „Aceto Balsamico Tradizionale di Modena" bezeichnet und kann sehr sparsam verwendet werden. „Condimento bianco" ist heller Balsamicoessig. Für „Crema di Balsamico" wird Balsamicoessig mit Verdickungsmitteln angedickt und kann für Verzierungen genutzt werden. Hochwertiger Balsamicoessig kann nicht nur für Vorspeisen eingesetzt werden, sondern auch einen interessanten Kontrast zur Süße von Desserts bilden.

Gehen Sie sparsam mit Balsamicoessig um. Seine intensiven Aromen können leicht Speisen dominieren. Ferner bieten auch andere Essige interessante Aromen. Wird Essig erhitzt, verliert er schnell seine Säure!

Einen süß-sauren Effekt erreicht man auch durch Würzpasten, die neben Säure zusätzlich Fruchtaromen enthalten. Infos zu Chutneys und Relishes: S. 574 und auf der Website.

1.8 Salzen von Speisen

Speisesalz 🇬🇧 salt 🇫🇷 sel (m)

Speisesalz (Kochsalz) ist ein Mineralstoff (Natriumchlorid = NaCl), der zum Würzen verwendet wird. Auch wenn der Körper täglich Salzverluste, z. B. durch Schwitzen, ausgleichen muss, ist Salz sparsam zu verwenden. Über Fertiggerichte kann es in hohen Mengen aufgenommen werden. Speisesalz wird zur Vermeidung von Mangelerkrankungen in Deutschland häufig mit Jod- und Fluorverbindungen oder mit Folsäure angereichert. Salz enthält Rieselhilfen, da es leicht Wasser anzieht (siehe Pökeln, S. 79).

Gesetzliche Vorgaben bestimmen, dass Speisesalz zu 97 % aus Natriumchlorid bestehen muss. Da alles Salz einmal Meeresablagerung war, unterscheiden sich Salze nur minimal in ihrer Zusammensetzung. Weitere Ablagerungen, die auch die Farbe des Salzes verändern können, werden meist bei der Raffination des Salzes entfernt, da diese auch keine nachgewiesenen gesundheitlichen und meist nur geringe sensorische Vorteile haben.

Handelsprodukte:
- **Meersalz** wird durch Verdunsten von Meerwasser gewonnen. Es hat oft größere und unregelmäßige Kristalle. Fleur de Sel („Blume des Salzes"), hat zarte, restfeuchte Kristalle und weitere, geschmacksbestimmende Mineralstoffe eingelagert. Auch Fluss-Salze wie Murray River Salz-Flocken® haben Mineralstoffe eingelagt, anderen Salzen wie Hawaii-Salz® wurden bewusst färbende Mineralstoffe zugesetzt.
- **Siedesalz** (Salinensalz) wird durch Wasser aus unterirdischen Vorkommen gelöst, als Sole nach oben gefördert und durch Sieden eingedampft, wodurch es gleichmäßige Kristalle besitzt.
- **Steinsalz** wird in Bergwerken abgebaut und vermahlen.

Nur wenige Menschen reagieren mit Bluthochdruck auf Salz im Essen. Ständige übermäßige Salzaufnahme geschieht aber häufig durch Fertigprodukte, die bei falschem Essverhalten zu Übergewicht und zu Bluthochdruck führen kann.
Experten empfehlen, pro Tag max. 5 g Salz mit der Nahrung aufzunehmen. Der Salzgehalt ist auf der Lebensmittelverpackung anzugeben.

Um Mangelerscheinungen vorzubeugen, wird Salz in Deutschland häufig mit Jod und Fluor – teilweise auch mit Folsäure – angereichert. Diese Zusätze färben das Salz gelblich.

Spezielle, gesundheitsfördernde Wirkungen von Salzen (etwa von Himalayasalz) wurden bislang nicht belegt.

Salze, bei denen die Korngröße oder auch andere Aromen wie Gewürze oder Raucharoma zum Tragen kommen, sollten nie ins Kochwasser gegeben werden, sondern immer direkt auf die Speisen.

Salz sollte auch sparsam verwendet werden, da viele Lebensmittel von Natur aus würzende Aromen mitbringen. Um den Eigengeschmack anderer Lebensmittel nicht zu überdecken, sollte Salz einer Zubereitung spät beigegeben werden.
Eine Prise Salz stärkt in Teigen und Massen das Glutengerüst.

Die **Wahrnehmung von Salz** hängt ganz entscheidend von seiner Körnergröße ab:

- **Kleine Salzkristalle** verteilen sich schnell auf der Zunge und sprechen viele Salzrezeptoren an: die Speise wirkt salzig. Da Salz keine ätherischen Öle freisetzt, ist es egal, wann das Salz gemahlen wird – ganz im Gegenteil zu Pfeffer.
- **Gröbere Salzkristalle** geben den Salzgeschmack nach und nach oder beim Draufbeißen „explosiv" und sensorisch interessanter ab. Auch lösen große Salzkristalle nicht so schnell Flüssigkeit aus den Lebensmitteln wie fein vermahlenes Salz.
- **Salzflocken** und Salz mit zerbrechlichen Kristallen (Fleur de Sel) lösen sich langsam im Mundraum auf und bewirken so einen meist angenehmeren Eindruck von Salzigkeit als fein vermahlenes Salz.

Salzflocken

Mono-Natrium-**Glutamat** lässt sich zwar genauer dosieren, liefert Speisen aber keine weiteren Aromen und lässt sie leicht künstlich schmecken.

1.9 Umami – Speisen schmackhafter machen

- Neben Algen enthalten Parmesan, Bohnen, Tomaten, Zwiebeln, Steinpilze, Morcheln, Fleisch u. a. Lebensmittel von Natur aus viel Glutaminsäure und bewirken einen Umamigeschmack, wenn diese Glutaminsäure freigesetzt wird.
- Bei langem Kochen und Reduzieren von Brühen und Saucen wird Glutaminsäure aus den Proteinen freigesetzt. Dieses kann durch Säurezugabe gefördert werden (z. B. Coq au vin). Auch die anschließende Lagerung etwa eines Gulaschs kann mehr freie Glutaminsäure liefern und zur Schmackhaftigkeit beitragen.
- Durch Fermentation entsteht aus Sojabohnen glumatinreiche Sojasauce und aus Getreideeiweiß Speisewürze.

Würzsaucen 🇬🇧 aromatic sauces 🇫🇷 sauce (f) épicé

Als Würzsaucen werden weitgehend flüssige oder pastöse, kalte Zubereitungen mit ausgeprägtem Geschmack bezeichnet. Aufgrund ihres meist intensiven Aromas sollten Würzsaucen, vor allem für die Geschmacksrichtung umami, **sparsam dosiert** werden. Weitere Würzsaucen und Pasten finden sich bei den anderen Grundgeschmacksrichtungen.

Bei der Verwendung von Würzsaucen muss die Kennzeichnung von Allergenen beachtet werden, etwa von Gluten in Speisewürze und Soja in Sojasauce.

Worcestershiresauce / Worcestersauce

Diese Tafelsauce besteht aus Fleischextrakt, Cayennepfeffer und Gewürzen. Sie wird verwendet für Marinaden und Dips, einige Fischgerichte sowie Ragouts und Frikassee.
Worcestersauce wird auch vegan angeboten.

Speisewürze

Wird auch als Suppenwürze unter bekannten Markennamen verkauft und kann als Tafelsauce sowie zum Würzen von Suppen und Eintöpfen verwendet werden – was aber dem Gast überlassen werden sollte. Trotz des fleischigen Umamigeschmacks wird Speisewürze vegan aus Getreideeiweiß hergestellt.

Sojasauce

Durch Fermentation von Sojabohnen und meist auch Getreide sowie anschließende Lagerung entsteht Sojasauce. Helle Sojasauce ist eher salzig, dunkle eher süßlich-aromatisch. In der asiatischen Küche wird sie vielfältig eingesetzt.

Austernsauce

ist eine dickflüssige, braune Sauce aus Gewürzen, Stärke und Austernextrakt. Einfache Sorten schmecken salzig, höherwertige Sorten schmecken aromatisch und

wenig nach Fisch. *Vegane* Austernsauce wird aus Shiitake-Pilzen hergestellt. Austernsauce gibt Speisen eine deutliche Fülle (kukumi).

Tomatenketchup

Wird aus Tomatenmark, Zucker, Essig und anderen Gewürzen hergestellt. Mit seinem fruchtigen bis pikanten Geschmack ist er Basis für einige Dips und Saucen. Er wird als Würzsauce, etwa zu Fleischwaren, genutzt und verleiht diesen eine süßliche Note, die einen Kontrast zu Röstaromen bilden kann.

1.10 Schärfe ins Essen bringen

Neben klassischen, scharfen Gewürzen wie Chilis, Ingwer und Pfeffer bringen auch zahlreichen Würzsaucen Schärfe ins Essen. Auch wenn die Messung des Schärfegrades nach der Einheit Scoville von vielen Köchen als Herausforderung verstanden wird, sollten scharf würzende Lebensmittel sehr vorsichtig dosiert werden. Der Schärfeeindruck soll einen interessanten Reiz vermitteln, aber nicht ein ganzes Gericht dominieren. Interessante Aromen und auch Schärfe bringen z. B. verschiedene Kressearten auf den Teller.

Senf

Je nach Art der verwendeten Senfkörner ist Senf gelb bis bräunlich und unterschiedlich scharf. Neben seiner Schärfe liefert Senf auch süße und säuerliche Aromen. Er ist je nach Vermahlung glatt bis körnig auf der Zunge. Senf wirkt in Saucen emulgierend (Lezithin).

Neben den vermahlenen Körnern enthält Senf Essig, Wein, Salz, Zucker und weitere Würzstoffe:
- **Delikatess-Senf** und **Tafelsenf** haben mittlere bis kräftige Schärfe, Verwendung als Tafelsenf zu Würstchen und für Saucen und Dips.
- **Dijon-Senf** ist fein-aromatisch, aber scharf-würzig – für Vinaigrettes, Dressings und Senfsaucen. Auch gut geeignet für Rumpsteak Strindberg.
- **Süßer Senf** oder **Weißwurstsenf** ist körniger Senf mit deutlichem Karamellgeschmack.

Soll die Schärfe des Senfs beim Erwärmen erhalten bleiben, sollte dieser erst kurz vor Ende ins Gericht gegeben werden.

Chilisauce

ähnelt Ketchup, enthält aber je nach Sorte unterschiedlich deutliche Schärfe aus Chilis. Chilisauce dient zum Abschmecken von Dips und Saucen oder wird eigenständig zu Fleischgerichten gereicht.

Tabascosauce

Tabasco wird aus gemahlenen Chilis, Salz und Essig hergestellt und dient – sparsam verwendet – als Tafelsauce sowie zum Scharf-Würzen von Saucen, Dips, Gemüse und Gerichten der südamerikanischen Küche.

Sambal Oelek

Sambals sind meist sehr scharfe Pasten aus Chilis und Essig oder Tamarindensaft. Beliebt in der indonesischen Küche – sparsam verwenden.

Senf

Senf ist als Allergen zu kennzeichnen!

2 Garen von Lebensmitteln

Das Garen von Lebensmitteln gehört zu den wichtigsten Grundlagen für Ausbildung und Beruf. Für die Abschlussprüfung erhalten die Auszubildenden einen Warenkorb, aus dem sie sich für das Zubereiten der Gerichte bedienen müssen.

Beispiel-Warenkorb für eine Zwischenprüfung

Pflichtkomponenten:
Hähnchen oder Hackfleisch, Möhren, Blumenkohl und Fenchel sowie Kartoffeln.

Gestalten Sie aus diesen Komponenten und sonstigen küchenüblichen Zutaten einen servierfähigen Hauptgang.

Wie man aus einem Warenkorb unterschiedliche Gerichte planen und anfertigen kann, hängt entscheidend vom gewählten Garverfahren ab. In den folgenden Kapiteln werden neben den Grundlagen des Garens auch Beispiele für die Verwendung des Beispiel-Warenkorbs aufgezeigt.

2.1 Warum wir Lebensmittel garen

- Um Speisen genießbar zu machen
- Um Saucen, Suppen usw. zu binden
- Um Mikroorganismen abzutöten
- Um die Haltbarkeit zu verlängern

- Um den Genusswert zu steigern: Aroma, Optik
- Um den Speisen Form zu geben
- Um die Verdaubarkeit zu erhöhen
- Um Zutaten bewusst auszulaugen

2.2 Was beim Garen mit den Inhaltsstoffen passiert

Lebensmittel sind von außen betrachtet sehr unterschiedlich. Ihre Inhaltsstoffe sind aber ähnlich: Praktisch alle Lebensmittel bestehen aus **Wasser, Kohlenhydraten, Eiweiß, Fett und verschiedenen Begleitstoffen (Vitaminen, Mineralstoffen und sekundären Pflanzenstoffen)**. Ihr Anteil in den Lebensmitteln ist unterschiedlich. Deshalb ist es nützlich zu wissen, wie sich die Inhaltsstoffe beim Garen verhalten. So kann man ganz bewusst steuern, wie ein Lebensmittel durch das Garen verändert werden soll, und gestaltet Speisen so, wie es gewünscht ist.

Die Rolle des Wassers beim Garen

Wasser nimmt beim Erhitzen Wärme auf: Diese Wärme wird dann auf das Gargut übertragen. Da etwa fünfmal mehr Energie nötig ist, um kochendes Wasser komplett zu verdampfen, als es nur zum Kochen zu bringen, garen Speisen in heißem Dampf auch schneller, als in gleich heißem Wasser.

Wasser ist ein Lösungsmittel: Deshalb löst sich Salz z. B. im Nudelwasser auf und verteilt sich (**Diffusion**, siehe Abb. nächste Seite). Doch auch wertvolle Inhaltsstoffe wie Vitamine und Mineralstoffe lösen sich so aus den Speisen (Auslaugung) und gehen verloren.

So verändern sich Kohlenhydrate durch das Garen

Stärke verkleistert: Stärke quillt beim Erwärmen in Flüssigkeiten auf (je nach Stärkeart ab ca. 55 °C). Beim weiteren Erhitzen wird das Wasser im Lebensmittel ab ca. 80 °C gebunden. Die Stärke bildet mit der Flüssigkeit einen zähflüssigen Kleister (Bsp.: Kochen von Vanille-„Pudding" als Convenienceprodukt). Auch die Stärke in Kartoffeln, Nudeln u. a. Lebensmitteln verhält sich so. Rohe Kartoffeln fühlen sich z. B. feucht an. In gegarten Kartoffeln ist die Stärke verkleistert – die Kartoffeln fühlen sich nicht mehr feucht an (s. S. 90/Kohlenhydrate).

Aus Stärke werden Dextrine: Beim Backen ab ca. 150 °C wird es deutlich: Mehl schmeckt im Kuchenteig noch fade. Nach dem Backen ist aber aus der Stärke des Mehls eine aromatische Kruste geworden. Das gelingt, weil die langen Stärkemoleküle zu einer Art Zucker umgebaut werden – den Dextrinen. Diese geben der Gebäckkruste Farbe und Aroma.

Stärke quillt und verkleistert

Zucker karamellisiert: Zwischen 130 und 160 °C wird aus Zucker aromatisches und farbiges Karamell – im Topf wie im Backofen.

Wie sich Eiweiße durch das Garen verändern

Locker lassen und zusammenziehen: Bereits ab 50 °C lockern sich Eiweißstränge und werden dadurch zunächst besser verdaulich. Zwischen 60 und 80 °C ziehen sich die Eiweiße jedoch zusammen, werden weniger gut verdaulich und gerade Fleisch wird zunehmend trocken. Das ansonsten zähe Bindegewebseiweiß wird ab 80 °C und bei feuchter Hitze zu kaubarer Gelatine.

Eiweiß bindet Flüssigkeiten: Diese Fähigkeit wird z. B. bei der Herstellung einer Bayrischen Creme oder beim Eierstich genutzt.

Aromastoffe entstehen aus Eiweiß und Zucker: Ab ca. 120–140 °C bilden Eiweiße zusammen mit Zucker aromatische Röststoffe (Maillardreaktion). Weitere Eigenschaften der Eiweiße → S. 104.

Fett und seine Aufgaben beim Garen

Fett, der Wärmetransporter: Die wichtigste Aufgabe der Fette beim Garen ist das Übertragen von Wärme: Fett lässt sich höher erhitzen als Wasser und macht so ein Garen bei mehr als 100 °C in Flüssigkeit möglich. Das Erhitzen von Fett hat aber seine Grenzen (Rauchpunkt → Verhalten der Fette S. 97).

Fett verbessert Optik und Geschmack: Gegarte Speisen sehen oft matt aus. Dagegen hilft es, den Speisen ein wenig Fett zuzusetzen (Kräuterbutter auf dem Steak oder Butter im Kartoffelpüree). Viele Aromastoffe sind fettlöslich – Fett dient so als Lösungsmittel und wird deshalb auch als Geschmacksträger bezeichnet.

So verändern sich Begleitstoffe beim Garen

Viele Begleitstoffe wie Vitamine und Mineralstoffe lösen sich in Wasser oder Fett. Gart man in Wasser oder Fett, werden wertvolle Begleitstoffe ausgeschwemmt. Vitamine werden oft durch die hohen Temperaturen oder langes Warmhalten zerstört oder wie Mineralstoffe ausgeschwemmt. Wenn möglich, also die Garflüssigkeit weiterverwenden.

Eiweiß zieht sich beim Erhitzen zusammen

Diffusion

2.3 Heiße Sache – wie mittels Garverfahren Wärme auf und in die Lebensmittel gelangt

Um Lebensmittel zu garen, ist meist Wärme erforderlich (Ausnahme: z. B. wird Fisch beim Beizen „gar"). Die Wärme kann auf unterschiedliche Art auf das Gargut gelangen:

Strömung (Konvektion)
Heiße Luft steigt nach oben. Auch in heißen Flüssigkeiten wie Wasser oder Fett steigt Wärme auf. Beim Abkühlen sinken Luft und Flüssigkeiten wieder nach unten. Werden sie dort ständig erwärmt, entsteht ein Kreislauf. So kann ununterbrochen Wärme auf Lebensmittel übertragen werden.

Strahlung (Radiation)
Alles was heiß ist, strahlt Wärme ab, z. B. glühende Grillkohle. Gelangen die Wärmestrahlen auf ein Lebensmittel, übertragen sie die Wärme darauf. Diese Strahlen können sich in alle Richtungen bewegen. So wird es nicht nur über dem Grill (→ Strömung), sondern auch daneben heiß.

Kontakt (Konduktion/ Wärmeleitung)
Wer einmal versehentlich auf die heiße Herdplatte gefasst hat, kennt das Prinzip der Wärmeleitung mittels Kontakt. Um diese schnellste Art der Wärmeübertragung zu nutzen, wird Kochgeschirr verwendet. Dieses leitet dann die Wärme vom Herd z. B. in die Pfanne. Dort wird die Wärme dann z. B. ins Spiegelei geleitet.

Wie sich Wärme im Lebensmittel verteilt

Wärme gelangt zunächst außen auf die Lebensmittel. Auf der erwärmten Oberfläche werden nun die Moleküle der Lebensmittel in Schwingungen versetzt. Sie stoßen sich gegenseitig wie Billardkugeln an. Über dieses „Anrempeln" der benachbarten Moleküle gelangt nun die Wärme nach und nach von außen in die Lebensmittel (**Wärmeleitung**).

Bei großen, festen oder auch gefrorenen Lebensmitteln kann das **einige Zeit** dauern. Würde in dieser Zeit zu viel Wärme auf das Lebensmittel von außen einwirken, kann es unschön „verkochen". Hier gilt: Temperatur absenken und Garzeit verändern, um eine gleichmäßige Temperaturverteilung im Gargut zu erreichen.

Auch die **Kombination von Garverfahren** bringt oft bessere Ergebnisse. Beispiel: Während ein Rumpsteak in der Pfanne bei hoher Temperatur schnell bräunt, zieht die Wärme ausreichend schnell ins Innere. Ein ganzes Roastbeef hingegen würde beim Braten in der Pfanne außen schwarz sein, bevor es innen zart-rosa ist. Hier bietet sich an, das Roastbeef in der Pfanne anzubraten und es im Ofen bis zum gewünschten Garpunkt zu backen (vorangehendes Backen und abschließendes Abbraten wäre sogar noch sinnvoller).

Wärmeleitung wirkt nach: Ist das Garverfahren beendet, gibt das Gargut gespeicherte Wärme ab. Dabei kühlt es nach außen ab, kann aber auch nach innen noch unerwünscht nachgaren. Das muss man bei der Länge der Garzeit berücksichtigen, insbesondere bei Fleisch und Fisch.

2.4 Garen mittels Wasser und Wärme (feuchte Garverfahren)

🇬🇧 moist heat cookery methods 🇫🇷 faire cuire à la chaleur humide

Bei einigen Garverfahren wird die Wärme mittels Wasser übertragen. Diese Garverfahren heißen deshalb **feuchte Garverfahren**:

Kochen – Garziehen - Dämpfen – Dünsten – Mikrowellengaren – durch Kombination: Schmoren, Heißluft-Dämpfen

Mit feuchten Garverfahren verändern wir Lebensmittel:

+ Eiweiß gerinnt, z.B. beim Frühstücksei.
+ Stärke verkleistert, z.B. beim Kochen von Nudeln oder Kartoffeln.
+ Geschmacksstoffe können bewusst ausgelaugt werden (Brühe).
− Einige Vitamine sowie Mineralstoffe u.a. lösen sich im Kochwasser.

+ Bindegewebe, wie in Sehnen, wird weich und kaubar.
+ Ballaststoffe quellen und werden beim Garen gelockert.
o Fett schmilzt – etwa als Fettaugen auf der Hühnerbrühe.
o Keine Bildung aromatischer Röststoffe.
o Bei Temperaturen um 100°C evtl. nachteiliger Kochgeschmack.

Kochen 🇬🇧 to boil 🇫🇷 bouillir

Ablauf und Besonderheiten: Kochen wird oft mit Garen gleichgesetzt. Dabei ist Kochen das Garen in siedender – also kochender – Flüssigkeit, meist Wasser. Die Temperatur wird so gesteuert, bis das Wasser ca. 100 °C heiß ist. Anstelle von Wasser kann z.B. auch in Brühe, Milch oder Öl (s. a. Confieren) gekocht werden.

Besonders geeignete Lebensmittel sind solche, die eine feste Struktur haben, etwa Kartoffeln, Knollensellerie oder Rote Bete. Auch Lebensmittel, die beim Garen in Bewegung bleiben sollten (z.B. Nudeln) sind gut für das Kochen geeignet.

Wird das Gargut ins kochende Wasser gegeben, heißt das **Heißansatz**. So garen die Lebensmittel schnell und werden etwas weniger ausgelaugt (z.B. Kartoffeln). Risiko: Übergaren der Außenschicht.

Soll das Gargut ausgelaugt werden (Kochen von Brühe) oder muss es erst quellen, führt man den **Kaltansatz** durch: Hierbei wird das Gargut mit kaltem Wasser aufgesetzt und zum Kochen gebracht. Dabei muss das Gargut oft nicht komplett mit Wasser bedeckt sein, wenn mit einem Deckel auf dem Topf gegart wird (z.B. bei Kartoffeln). Speisen, die leicht überkochen, werden ohne Deckel gekocht (z.B. Nudeln oder Milch).

Die **Veränderungen der Inhaltsstoffe** bei feuchten Garverfahren und auch die **Garverluste** sind beim Kochen am deutlichsten. Deshalb sollten gerade wirkstoffreiche Rohstoffe nur gekocht werden, wenn deren Struktur es erfordert (z.B. Kochen ganzer Roter Bete) oder wenn eine Auslaugung erwünscht ist (Brühe). Giftstoffe und Keime werden durch das Kochen meist sehr effektiv inaktiviert (z.B. Solanin bei Kartoffeln).

Kochen ist Garen in wässriger Flüssigkeit bei ca. 100 °C. Soll das Wasser nicht sprudelnd kochen, wird häufig von **„Sieden"**, **„Köcheln"** oder **„Simmern"** gesprochen.

Energiespartipps:
Wenn das Wasser kocht, Hitzequelle runterschalten. Heißer als 100 °C wird das Wasser auch mit zusätzlicher Wärmezufuhr beim drucklosen Kochen nicht. Ein Topfdeckel spart Energie und damit Kosten.
Viele Vorgänge laufen bei unter 100 °C ab, z. B. die Stärkeverkleisterung bei ca. 85 °C.

Was passiert beim Garen in Salzwasser? Salz dringt beim Kochen nur in geringem Maß ins das Gargut ein. Vielmehr laugen weniger Mineralstoffe aus dem Gargut aus, wenn dort durch das Salz im Kochwasser schon viele Mineralstoffe sind (s. a. Diffusion Seite 213).

Garprobe:
Mit einer Messerspitze oder Nadel in die Kartoffeln stechen. Lässt sich das Messer leicht wieder herausziehen, sind die Kartoffeln gar.

Lebensmittel laugen auch beim Blanchieren aus! Daher ist gut zu überlegen, ob Blanchieren notwendig ist oder ob es z. B. reicht, einen Heißluft-Dämpfer ausreichend vorzuheizen.
Alternativ zu Wasser kann z. B. in Gemüsefond blanchiert werden.

Pellkartoffeln

🇬🇧 potatoes in their jacket
🇫🇷 pommes de terres en robe de chambre

Zutaten
1,000 kg Kartoffeln
0,005 kg Kümmel
0,015 kg Salz pro Liter

- gleich große Kartoffeln (= gleiche Garzeit) waschen,
- im Topf mit heißem Wasser knapp bedecken,
- mit Salz und Kümmel würzen,
- abgedeckt aufkochen und ca. 30 Min. bei mäßiger Hitze köcheln,
- wenn die Kartoffeln gar sind, Wasser abschütten und Kartoffeln pellen.

Salzkartoffeln

🇬🇧 boiled potatoes
🇫🇷 pommes de terres à l'eau

Zutaten
1,200 kg Kartoffeln
0,015 kg Salz pro Liter

- Kartoffeln schälen und waschen
- durch Halbieren, Vierteln oder Tournieren in gleiche Form bringen,
- in Topf geben, salzen und mit kaltem Wasser knapp bedecken,
- abgedeckt aufkochen und ca. 20 Min. bei mäßiger Hitze weiterkochen,
- Wasser abschütten, evtl. mit gehackter Petersilie garnieren.

Sonderfall Blanchieren   🇬🇧 to blanch 🇫🇷 blanchier

Blanchieren ist kein Garverfahren. Auch wenn z. B. Blattspinat dadurch schon gart – Blanchieren ist ein Vorbereitungsverfahren (→ S. 190) und wird verschiedenartig eingesetzt.
Blanchieren heißt kurzes Erhitzen in kochender Flüssigkeit und danach sofortiges Abkühlen (z. B. Eiswasser). Die Lebensmittel anschließend aus dem Eiswasser nehmen – nicht darin liegen lassen.

- **Verfärbungen verhindern und Farbe erhalten**: Enzyme können z. B. Apfelstücke verfärben. Brokkoli behält durch Blanchieren seine kräftig grüne Farbe. Die Hitze beim Blanchieren bringt die Arbeit dieser Enzyme schlagartig durch die hohe Temperatur zum Erliegen. Bei anderen Garverfahren könnten die Enzyme zunächst noch arbeiten.
- Beim **Einfrieren von Lebensmitteln** wie Gemüse ist vorheriges Blanchieren sinnvoll: Enzyme können auch während der TK-Lagerung aktiv sein.
- **Haltbarkeit verlängern**: Einige Mikroben werden durch Blanchieren bereits abgetötet. Dadurch bleiben Lebensmittel länger haltbar.
- **Starres Blattgefüge lockern**: Kohlblätter werden so für das Füllen vorbereitet.
- **Blanchieren in Fett** (z. B. Pommes frites) verkürzt die anschließende Garzeit. Das Frittiergut wird so innen gar, ohne außen zu stark zu bräunen.

Garziehen / Pochieren 🇬🇧 to poach 🇫🇷 pocher

Ablauf und Besonderheiten: Beim Pochieren wird die Garflüssigkeit auf eine Temperatur dicht unter dem Siedepunkt gebracht. Das Gargut kann nun direkt ins Wasser gegeben werden (**direktes Pochieren**) oder es kann in einer Form im Wasserbad pochiert werden (**indirektes Pochieren**). So ist das Sous-vide-Garen (→ S. 172) eine Variante des Pochierens.

Die Temperatur wird nun bis zum Garpunkt in einem Bereich gehalten, der für die nötigen Vorgänge erforderlich ist. Dieser liegt oft bei 85 °C (Stärkeverkleisterung) oder darunter (Eiweißgerinnung).

Besonders geeignete Lebensmittel: Durch Pochieren können Lebensmittel schonend gegart werden, die beim Kochen Schaden nehmen würden: *Kartoffelklöße* werden pochiert und nicht gekocht, sie würden sonst durch die Wasserbewegung aneinander reiben und die äußere Schicht der Klöße würde abkochen. *Eierstich* wird indirekt pochiert, damit sich keine Bläschen darin bilden, was beim Kochen der Fall wäre.

Die **Garverluste** und **Veränderungen der Lebensmittel** entsprechend beim direkten Pochieren denen beim Kochen. Beim indirekten Pochieren werden hitzebedingt einige Vitamine zerstört.

Direktes Pochieren

Indirektes Pochieren

Königsberger Klopse 🇬🇧 meat balls Königsberg style 🇫🇷 boulette de viande à la Königsberg

Zutaten für das Hackfleisch:
1,000 kg gemischtes Hackfleisch (Schwein, Kalb und Rind)
Würzung: 0,100 kg Zwiebelwürfel, angeschwitzt, Salz, Pfeffer, evtl. 0,030 kg Sardellenfilets (kleingeschnitten)
Lockerung: 0,100 kg Weißbrot, eingeweicht und ausgedrückt
Verbesserung: 0,100 kg Ei (2 St.)
Garen: 1,000 l Fleischbrühe
Sauce: 0,040 kg Fett / 0,050 kg Mehl, 6 EL Kapern, 0,125 ml Saure Sahne, Zitronensaft, Weißwein

- Aus 0,040 kg Fett und 0,050 kg Mehl eine helle Mehlschwitze herstellen und erkalten lassen.
- Alle Zutaten für das Hackfleisch zu einer glatten Masse vermengen. Mit nassen Händen je Portion zwei Klopse à 0,060 kg formen. Fleischbrühe mit gespickter Zwiebel aufkochen. Klopse etwa 10 Min. in der Brühe garziehen, bis das Fleisch im Kern durchgegart ist. Klopse aus der Brühe nehmen und warmhalten.
- Erkaltete Mehlschwitze mit der heißen Brühe auffüllen und 10 Min. köcheln lassen. Sauce mit saurer Sahne verfeinern und mit Zitronensaft sowie Kapern und Kapernfond abschmecken. Fleischklopse wieder in die Sauce geben und auf Serviertemperatur bringen.
- Dazu passen gut Salzkartoffeln und Rote Bete.

„Hackfleisch wird gut gewürzt, zu Klößchen geformt und sanft gegart. Wir servieren in sämiger Sauce, der Kapern eine besondere Note geben."

> **Dämpfen** ist Garen mittels Wasserdampf im geschlossenen Gargefäß. Beim Druckdämpfen kann die Temperatur auf bis zu 120 °C steigen.

Beim Dampfdrucktopf oder Steamer kann nicht einfach der Deckel während des Garens entfernt werden, um den Gargrad zu prüfen. Zeitangaben einhalten, um ein Übergaren zu vermeiden.

Beide Zubereitungen können auch gut durch Gratinieren (→ S. 223) fertiggestellt werden.

Dämpfen 🇬🇧 to steam 🇫🇷 étuver

Ablauf und Besonderheiten: Beim Dämpfen werden Lebensmittel in strömendem Wasserdampf (= Wärme übertragendes Medium) oder über würzigen Fonds bei 100 °C im geschlossenen Garraum gegart.

Vor dem Einsetzen des Dämpfeinsatzes ist der Topf / Heißluftdämpfer unbedingt auf **Dämpftemperatur** zu bringen. Das Gargut darf beim Dämpfen nicht im Wasser liegen, sondern wird nur im Wasserdampf gegart, z. B. auf einem Dämpfeinsatz. Aromen, die ins Wasser gegeben werden, gelangen über den Dampf auf das Gargut. Tiefgefrorene Lebensmittel werden gefroren in den Siebeinsatz gegeben und gedämpft – so ist die Wärmeübertragung höher und das Lebensmittel gart schneller, als wenn man es erst auftauen würde.

Besonders geeignete Lebensmittel: Zum Dämpfen eignen sich viele Gemüsearten (z. B. Blumenkohl, Karotten und Erbsen), Kartoffeln, Reis und Getreide, aber auch Fisch.

Veränderungen der Inhaltsstoffe und Garverluste: Dämpfen ist ein form- und nährstoffschonendes Garverfahren. Eigengeschmack und Farbe der Lebensmittel bleiben weitgehend erhalten. Auch Garverluste sind gering, da mit wenig Wasser gearbeitet wird und das Verfahren schnell abläuft.

Garvarianten und Gargeräte

ohne Druck	mit Druck
im einfachen Kochtopf mit Siebeinsatz und Deckel	im Dampfkochtopf
im Heißluft-Dämpfer mit Siebeinsatz	im Steamer (= Hochleistungsdämpfer)

Das **Druckdämpfen** – vor allem im Dampfdruckgarer / Steamer – ist ein äußerst schnelles Garverfahren und so auch weitgehend nährstoff-schonend. Durch den **Überdruck** von 1–2 bar läs st sich Wasser auf bis zu 120 °C erhitzen, bevor es verdampft. Der Dampf enthält also mehr Wärmeenergie und das Gargut gart schneller. Kartoffeln lassen sich zwar gut druckdämpfen, Reis und Nudeln werden aber sehr schnell matschig.

> „Knackiger Fenchel mit einer herzhaften Butternote und der Frische von Zitrone. Der Fenchel harmoniert gut mit dem Hähnchen …"

Gedämpfter Blumenkohl

🇬🇧 stewed brokkoli 🇫🇷 brocoli à l'étuvée

Blumenkohl zuschneiden, waschen und in gleichmäßige Röschen teilen. Heißluftdämpfer in Dampfbetrieb vorheizen. Blumenkohlröschen (oder im Ganzen) auf Lochblech legen. Würzen mit Salz und Muskat). Im heißen Dampf garen (Garprobe siehe Pellkartoffeln S. 216). Fertigstellen z. B. mit Bröselbutter (→ S. 415).

Gedämpfter Fenchel

🇬🇧 stewed fennel 🇫🇷 fenouil à l'étuvé

Fenchel zuschneiden, waschen und auf den Dämpfeinsatz eines Topfes legen. Dämpffond aus Gemüsefond, Salz und dem Fenchelgrün herstellen und zum Kochen bringen. Fenchel mit Dämpfeinsatz in heißen Dampf setzen und Topfdeckel auflegen und garen. Fertigstellen z. B. mit brauner Butter (→ S. 414), versetzt mit etwas Zitronensaft.

Dünsten 🇬🇧 to stew 🇫🇷 cuire à l'étuvée

Ablauf und Besonderheiten: Um ein Lebensmittel schonend und schnell zu garen, wird ein Topf mit großer Grundfläche verwendet. Das Dünsten läuft in **mehreren Schritten** ab: Zunächst wird das Gargut mit etwas Fett angeschwitzt – dabei soll es aber keine Farbe nehmen (Ausnahme Poelieren von Geflügel → S. 692). Da beim **Anschwitzen** die Temperatur über 100 °C ansteigt, werden zusätzliche Aromastoffe gebildet (Vorteil gegenüber dem Dämpfen).

Ist das Anschwitzen abgeschlossen (z. B. wenn Gemüse „glasig" wirken), mit wenig passender Flüssigkeit **ablöschen** (bei Gemüse etwa Gemüsefond, bei Fisch Weißwein). Im geschlossenen Topf wird nun weitergegart. Die Wärme wird durch die Flüssigkeit übertragen: Der Teil des Lebensmittels, der in der Flüssigkeit liegt, wird quasi gekocht. Der darüber liegende Teil der Lebensmittel wird im Dampf zeitgleich gegart.

Der **Dünstfond** enthält viele Aromastoffe und kann gut für einen Fond weiterverwendet werden. Da beim Dünsten der Eigengeschmack der Speisen hervorgehoben wird, kann die Salzzugabe gering gehalten werden. Gedünstetes ist auch für Gäste mit Wunsch nach leichter Vollkost geeignet, da keine Röststoffe entstehen.

Zur Vollendung des Dünstens dient das **Glasieren**. Hierbei wird zum Ende der Garzeit von zuckerhaltigen Rohstoffen wie Möhren der Topfdeckel abgenommen. Nun wird das Gargut weiter im Dünstfond geschwenkt. Dabei kocht dieser ein, bis er sirupartig ist. Hierdurch erhält das Gargut einen schönen Glanz und der Geschmack wird abgerundet. Wenn nötig, noch mit Zucker/Honig oder etwas Butter ergänzen.

Besonders geeignete Lebensmittel: Vor allem für wasserreiche Lebensmittel wie Gemüse und Obst (Dunstbirne oder Kompott) ist das Dünsten geeignet, aber auch Fleisch, Fisch und Geflügel.

Veränderungen der Inhaltsstoffe und Garverluste: Farbstoffe, Aromastoffe und Vitamine bleiben weitgehend erhalten. Auch Mineralstoffe werden kaum ausgeschwemmt, da mit wenig Flüssigkeit gearbeitet wird. Gewichtsverluste durch Wasserabgabe gibt es beim Dünsten kaum.

🔴 **Dünsten** ist Garen in wenig Flüssigkeit und meist mit ca. 120 bis 100 °C im geschlossenen Gargefäß.

 DIGITAL+ Weitere Informationen und Lern-Videos zu den Garverfahren auf unseren Webseiten

---

Gedünstete Möhren 🇬🇧 stewed carrots 🇫🇷 carotte cuire à l'étuvée

Zutaten:

1,200 kg	Möhren
0,030 kg	Butter
0,250 l	Gemüsefond
0,015 kg	Zucker
0,003 kg	Salz

- Möhren waschen und schälen.
- Möhren in gleichmäßige Form schneiden (z. B. Scheiben oder Stifte).
- Möhren mit dem Zucker kurz in Butter anschwitzen, dann mit Fond ablöschen und zum Kochen bringen, würzen.
- Möhren ca. 10 Min. dünsten, bis diese gar, aber noch leicht bissfest sind.
- Alternativ können auch junge Möhren mit angeschnittenem Grün verwendet werden

Zum Glasieren der Möhren wird der Dünstfond zum Ende des Garvorgangs sirupartig eingekocht und die Möhren darin geschwenkt.

 „…knackig aber nicht hart im Biss mit einer angenehm süßen Note."

Schnitt durch Mikrowellengerät

Mikrowellen 🇬🇧 microwaves 🇫🇷 micro-ondes (w)

Ablauf und Besonderheiten: Im Mikrowellenherd werden Strahlen erzeugt, die in den Garraum geführt werden. Das Metall der Mikrowelle kann aber von den Mikrowellen nicht durchdrungen werden. Deshalb ist Metallgeschirr auch weniger gut geeignet für das Arbeiten mit der Mikrowelle. Alufolie darf in der Mikrowelle nicht verwendet werden.

Die **Mikrowellenstrahlen** zwingen die Wassermoleküle im Lebensmittel dazu, sich tausendfach in einer Sekunde neu anzuordnen. Hierbei stoßen sie benachbarte Moleküle an, wodurch die Wärme sich im Lebensmittel verteilt. Die Lebensmittel werden durch die Mikrowellen aber nicht „verstrahlt" – ebensowenig wie etwa beim Grillen, das auch mit Strahlungswärme funktioniert.

Die **Veränderungen im Lebensmittel und Garverluste** sind beim Mikrowellengaren vergleichbar mit anderen feuchten Garverfahren. Die Erwärmung durch Mikrowellen erfolgt sehr schnell – und das hat Folgen:

Teile des Lebensmittels können wegen **ungleicher Wasserverteilung** beim Erwärmen sehr heiß werden (Hot Spots), während andere Teile noch kalt sind. Zur gleichmäßigen Wärmeverteilung die Mikrowelle besser länger und mit geringerer Leistung laufen lassen.

- Bei Lebensmitteln mit **harter Hülle**, etwa Eiern oder Würstchen, sammelt sich im Innern Wasserdampf. Dieser kann dann die Lebensmittel zum Platzen bringen.
- Lebensmittel nie mit einem **dicht schließenden Deckel** in der Mikrowelle erwärmen – dieser kann abspringen.
- Niemals **Wasser allein** in einem Glas erwärmen. Die Oberflächenspannung des Wassers wirkt wie ein Deckel. Der sich sammelnde Wasserdampf kann explosionsartig entweichen.

> **Mikrowellen** erwärmen Speisen durch Mikrowellenstrahlen im geschlossenen Garraum. Mikrowellengeräte sind geeignet zum Auftauen, Antrocknen oder Regenerieren von Speisen – weniger zum gleichmäßigen Garen.

Sonderfall Regenerieren von Speisen

🇬🇧 to regenerate 🇫🇷 régénérer

Nicht alle Speisen können „à la minute", also auf Abruf, zubereitet werden. Um Spitzen der Arbeitsbelastung zu verringern, werden Speisen vorproduziert, zwischengelagert und bei Bedarf wiedererwärmt – also wieder auf Serviertemperatur gebracht (→ s. a. S. 180 Speisenproduktionssysteme).

Alle Speisen, die für das Regenerieren produziert werden, durchlaufen beim Kühlen einen hygienisch bedenklichen Temperaturbereich: Zwischen 10 und 60 °C können sich Keime rasend schnell vermehren.

Bei der Lagerung ist eine möglichst geringe Kühltemperatur einzuhalten. In der Praxis haben sich Temperaturen von 0–2 °C bewährt.

Sollen die Speisen erst dann auf vorgewärmten Tellern angerichtet werden, so sind die Teller auf über 65 °C vorzuwärmen.

Wachstumsbereiche für Mikroben

> Es ist daher gesetzlich vorgeschrieben, dass Speisen innerhalb von höchstens 2 Stunden auf unter 10 °C heruntergekühlt werden.

> Beim Wiedererwärmen sind die Speisen stets auf eine Temperatur von mindestens 65 °C zu erhitzen.

2.5 Garen mittels trockener Wärme (trockene Garverfahren)

🇬🇧 dry heat cookery methods 🇫🇷 faire cuire à la chaleur sèche

Garverfahren, bei denen Wärme übertragen wird, ohne dass Wasser daran beteiligt ist, heißen **trockene Garverfahren:**
Braten – Backen – Grillen – Frittieren – Räuchern

Auch mit trockenen Garverfahren werden Lebensmittel verändert:

+ Eiweiß gerinnt, z. B. beim Hackfleisch, und bildet mit Kohlenhydraten aromatische Röststoffe.
− Bindegewebe, wie in Sehnen, verkürzt sich und wird leicht zäh.
o Wasser verdampft: Gebäcke werden rösch, Fleisch kann jedoch bei falscher Anwendung trocken werden.

+ Stärke wird zu Dextrinen abgebaut (Farbe und Aroma).
o Fett schmilzt und dient als Trennmittel (z. B. Blätterteig).
− Vitamine werden durch Hitze zerstört.

Grillen 🇬🇧 to grill 🇫🇷 griller

Ablauf und Besonderheiten: Das Grillen ist das älteste Garverfahren der Menschheit. Damals ging die Strahlungswärme vom offenen Feuer aus, heute von Grillkohle, Lavasteinen sowie elektrisch oder gasbeheizten Strahlungskörpern aus Metall oder Keramik. Die Wärmestrahlung wird von metallischen Flächen reflektiert und trifft von mehreren Seiten auf das Grillgut. Kleineres Gargut wird schnell bei hoher Temperatur und meist **direkt** über der Hitzequelle gegart. Insbesondere bei Fleisch wird so die Zeit verkürzt, in der Fleischsaft austreten kann. Größeres Gargut wird besser **indirekt** und über längere Zeit gegrillt.

Besonders geeignete Lebensmittel: Grillen ist vielfältig anwendbar, nicht nur auf Fleisch. Fleisch sollte ausreichend Fett enthalten, um nicht auszutrocken. Mageres Fleisch wird mit ölhaltigen Marinaden vor dem Austrocken geschützt. Fettfische und Meeresfrüchte sind gut zum Grillen geeignet. Hilfreich sind dabei Fischhalter. Daneben eignen sich Gemüse (Tomaten, Paprika, Auberginen), Kartoffeln und Obst. Zum Grillen (und Backen) keine Alufolie und keine Aluminumschalen verwenden, wenn die Speisen Salz oder Säure (z. B. Ananas) enthalten! Alufolie kann ansonsten gesundheitsschädliche Stoffe an die Lebensmittel abgeben.
Garverluste: Das Grillen ist ein nährstoffschonendes Garverfahren, da es sehr schnell geht (Ausnahme Smoker). An der Oberfläche des Gargutes werden aber Vitamine durch die Hitze leicht zerstört. Vorteilhaft ist, dass Fett beim Grillen austritt und das Gargut so weniger Kalorien hat.
Die **Veränderungen der Inhaltsstoffe** entsprechend weitgehend denen beim Braten. Zusätzlich können angenehme Raucharomen den Geschmack des Grillgutes bereichern.

Gegrillte Hähnchenkeulen 🇬🇧 grilled chicken legs 🇫🇷 pilon en grillade

Hähnchenkeulen mit Gewürzen marinieren, überschüssige Marinade vor dem Grillen abtupfen. Hähnchenkeulen auf den Holzkohlen (unbedingt durchglühen) von beiden Seiten grillen, auf 75-80 °C Kerntemperatur.

> **Grillen** ist Garen mittels Strahlungswärme bei Temperaturen von ca. 300 °C und mehr.

Direktes Grillen über Holzkohle

Indirektes Grillen mit Kugelgrill

> „Saftiges Hähnchenfleisch mit kross gegrillter Haut. Die herzhafte Marinade liefert würzige Aromen."

Das Garen mittels Kontaktgrill oder Griddleplatte (häufig falsch als „Grillplatte" bezeichnet) ist kein Grillen, sondern Braten (Kontaktwärme). Bei Gegrilltem erwarten Gäste fettarme Zubereitung, leichtes Raucharoma und eine besonders aromatische Kruste.

> **Barbecue** ist Garen meist größerer Fleischteile im Räucherofen (Smoker) bei Temperaturen von höchstens 200 °C.

Smoker beim klassischen BBQ

Räuchern im Räucherofen

Beim Grillen können gesundheitsschädliche, teils krebserregende Stoffe entstehen!

- Die Holzkohle muss vor dem Auflegen des Grillgutes komplett durchgeglüht sein.
- Aus dem Nitritpökelsalz von Kassler, Krakauer-Würstchen u. a. können Nitrosamine entstehen – auch wenn der Nitritgehalt dieser Produkte in den letzten Jahren gesunken ist. Gepökeltes nie starker Hitze (> 180 °C) aussetzen und wenn überhaupt indirekt grillen. Das gilt besonders, wenn das Gargut dabei trockener wird (z. B. Frühstücksspeck).
- Schwarze, verbrannte Stellen am Grillgut unbedingt vermeiden, notfalls großzügig wegschneiden. Hier bilden sich krebserregende Giftstoffe (Benzpyrene). Diese können auch entstehen, wenn Fett auf heiße Glut oder heißes Metall tropft. Mariniertes Grillgut vorher trockentupfen und fettreiches besser indirekt mit einer Wasserschale im Grill garen.

Im Gegensatz zum in Europa bekannten Grillen ist das amerikanische **Barbecue** eher „Langzeit-Backen". Dafür werden anstelle von Würstchen und kleinen Steaks eher größere Fleischstücke wie Spareribs, Schweineschulter (Pulled Pork) oder Rinderbrust (Beef Brisket) im mäßig heißen Rauch eines Smokers gegart. Typisch für Barbecue ist die Marinade (Mob bzw. Rub).

Räuchern 🇬🇧 to smoke 🇫🇷 fumage (m)

Üblicher als das Smoken ist in Europa noch das **Räuchern.** Räucherspäne, z. B. aus Buchenholz, werden durch Wärme zum Glimmen gebracht, Rauch und Wärme werden auf das Räuchergut übertragen. So werden Fleisch, Geflügel und auch Fisch aromatisiert und meist auch gegart (Ausnahme Kalträuchern). Rauch und Flüssigkeitsentzug wirken zudem konservierend. Speisen kann durch Räuchern ein besonderes Aroma gegeben werden, ohne dass dabei gegart wird (z. B. geräucherte Nüsse oder Räuchersalz).

Beim Räuchern unterscheidet man nach **Rauchtemperatur**:
- **Kalträuchern** – 25–30 °C: Das Räuchergut wird nur aromatisiert. Um es haltbar zu machen, werden Schinken oder Fisch vorher entsprechend gesalzen.
- **Warmräuchern** – 40–50 °C: Das Räuchergut gart nicht durch, wird aber durch zusätzlichen Flüssigkeitsentzug haltbar gemacht.
- **Heißräuchern** – 60–150 °C: Das Räuchergut gart und wird hierdurch aromatisch und haltbar.

> **Geräucherte Hähnchenkeulen**
>
> 🇬🇧 smoked chicken legs 🇫🇷 pilon en fumé
>
> Keulen im Ganzen mit 0,100 kg Salz und 0,010 kg Zucker, Zitronenzesten und Kräutern 1 Std. beizen. Bei 120–150 °C ca. 30–35 Min. heißräuchern, bis im Kern eine Temperatur von 75–80 °C erreicht ist.

Sonderfall Gratinieren to brown gratiner

Ebenfalls über Strahlungswärme werden Speisen unter dem Salamander oder im Ofen (Oberhitze) **überbacken**. Gratinieren ist kein Garverfahren – es dient der Fertigstellung von Speisen –, auch wenn zarte Speisen wie Austern beim Gratinieren garen oder Kartoffelbaumkuchen so hergestellt wird. Die Speisen erhalten dabei eine aromatische Oberfläche. Diese kann z. B. aus Käse, Mornaysauce oder Holländischer Sauce bestehen. Auch Steaks lassen sich durch Überkrusten geschmacklich verfeinern.

Gratinieren im Salamander

Überbackener Blumenkohl browned cauliflower chou-fleur gratiné

Vorbereiteten Blumenkohl würzen und dämpfen. Blumenkohl in feuerfeste Form setzen, mit Béchamelsauce überdecken, mit geriebenem Käse bestreuen und unter dem Salamander überbacken, bis die Kruste goldgelb ist.

„Das zarte Aroma des Blumenkohls wird durch den Käse würzig ergänzt."

Backen to fry / to pan-fry rôtir

Ablauf und Besonderheiten: Beim Backen entstehen leckere und aromatische Röststoffe, die dem Gargut nicht nur Farbe, sondern auch Geschmack geben. Gebacken wird immer in einem geschlossenen Garraum bei meist leicht steigender Temperatur. Das Vorheizen ist in den meisten Fällen unnötig, es stellt eine Energieverschwendung dar. Die Temperatur steigt beim Backen auf dem Gargut auf bis zu 180 °C, im Innern aber nur knapp über 100 °C.

Backen in strömender Heißluft des Backofens

Gebacken werden neben Souflés und anderen Desserts z. B. Kartoffeln sowie Brote und Kleingebäcke. Bei Gebäck bildet sich ab ca. 140 °C außen eine aromatische Kruste, innen kann sich eine lockere Krume ausbilden: die heißen Gase im Innern des Lebensmittels dehnen sich aus. Auch **Fleisch** kann gebacken werden. Bei großen Fleischstücken beachten: Die Unterseite, die auf dem Blech aufliegt, kann durch das Braten hierauf leicht übergaren oder sogar anbrennen. Hier hilft die Verwendung eines gelochten Backbleches. Auf einem Backblech darunter kann Fleischsaft für die Saucenbereitung aufgefangen werden.

• Backen ist Garen in strömender, heißer Luft mit bis zu 300 °C im Backofen oder Heißluftdämpfer.

Die meisten Öfen haben neben Umluft auch die Möglichkeit, **Ober- und Unterhitze** einzustellen, manche Geräte verfügen über einen **Grill** zum Gratinieren. Gesundheitsschädliches **Acrylamid** kann sich bilden, wenn stärkehaltige Speisen über 180 °C (Umluft) bzw. 200 °C (Ober-/Unterhitze) gebacken werden. **Garverluste:** Wasser verdampft beim Backen, wodurch das Gewicht des Gargutes abnimmt. Vitamine werden beim Backen durch die hohen Temperaturen meist zerstört.

Gebackenes Schokoladensoufflé

Gebackene Hähnchenkeulen baked chicken legs pilon frits

Hähnchenkeulen entbeinen und außen wie innen würzen. Aus Geflügelfleisch eine Farce herstellen und die Keulen mit dieser sowie mit Gemüsewürfelchen füllen und verschließen. Im Ofen bis auf eine Kerntemperatur von 75–80 °C backen. Es sollte eine rösche und goldbraune Kruste haben.

„Durch die Füllung erhält das saftige Hähnchenfleisch zusätzliche Aromen. Gemüsestückchen in der Füllung sorgen für eine ansprechende Optik."

> „Das gebackene Gemüse erhält durch die schmackhafte Sauce und die Käsekruste zusätzliche interessante Geschmacksnuancen."

Schnitt durch eine Fritteuse

Frittieren ist Garen im strömenden Fett bei 140 °C bis unter 175 °C.

Die Bezeichnung „in Fett ausbacken" kommt daher, dass Frittiertes ähnlich wie Gebackenes eine rösche, aromatische Kruste erhält.

Fett überträgt Geschmacksstoffe: Eine Fritteuse möglichst nur für ähnliche Speisen nutzen! Kein Gast mag Apfelbeignets, wenn in der Fritteuse vorher Calamares frittiert wurden!

Gemüsegratin 🇬🇧 au gratin vegetables 🇫🇷 gratin (m) aux legumes

Möhren, Fenchelstücke und kleine Blumenkohlröschen in eine gefettete, feuerfeste Form geben. Mit Béchamelsauce übergießen und mit Käse bestreuen. Gratin im Ofen backen, bis das Gemüse angenehmen Biss und eine goldgelbe Kruste hat.

Frittieren 🇬🇧 to deep-fry 🇫🇷 frire

Ablauf und Besonderheiten: Frittiert wird in der Fritteuse oder in Fettbackgeräten. Es sollte möglichst nicht im offenen Topf frittiert werden, da diese keine Temperaturregelung gegen Überhitzen besitzen. Überhitztes Fett beginnt zu rauchen und auch zu brennen! Zum Frittieren eignen sich spezielle Frittierfette, aber keine einfachen Öle oder Butter. Überhitzte Fette können gesundheitsschädliches Acrolein freisetzen. Frittierfett sollte nicht über 175 °C erhitzt werden, weil sich sonst aus Eiweiß und Stärke das krebserregende **Acrylamid** (s. a. Grillen → S. 222) bilden kann.

Frittierfett muss gepflegt werden – dazu die Fritteuse nicht ständig herauf- und herunterschalten und das Fett, wie auch das Gerät, regelmäßig überprüfen und reinigen (→ S. 174).

Garverluste: Frittieren ist ein schnelles Garverfahren, sodass einige Vitamine und auch die Mineralstoffe geschont werden. Fettlösliche Vitamine können allerdings leicht ins Frittierfett übertreten. Gewichtsverluste ergeben sich durch das verdampfende Wasser.

Veränderungen der Inhaltsstoffe beim Garen: Die Veränderungen beim Frittieren ähneln denen bei anderen trockenen Garverfahren. Die Fettaufnahme beim Frittieren entspricht etwa der beim Braten. Allerdings sollte beachtet werden, dass das Verhältnis von Frittiergut zu Frittierfett 1:6 oder bei tiefgefrorenen Lebensmitteln 1:10 betragen sollte (höchstens 1 kg Frittiergut auf 10 l Frittierfett).

Sinkt die Temperatur des Fettes beim Einhängen des Frittierkorbes stark ab, sollte dieser wenn möglich wieder herausgenommen werden, damit das Gerät nachheizen kann. Bei einer Fetttemperatur von unter 140 °C findet ansonsten keine ausreichende Bräunung statt. Fett dringt nur wenige mm ins Gargut ein – es saugt sich also nicht mit Fett voll. Weich wird Frittiertes dann, wenn Wasserdampf aus dem Inneren nach außen dringt und die Kruste wieder aufweicht.

Besonders geeignete Lebensmittel: Frittieren eignet sich vor allem für kleine Lebensmittel (z. B. Kartoffelkroketten) oder dünnes Gargut (z. B. Fischfilets Orly). Gargut soll beim Frittieren nicht nur außen gebräunt, sondern auch innen gar sein. Größeres Frittiergut evtl. vorgaren oder im Fett vorgaren, damit sich die Wärme besser im Gargut verteilen kann, z. B. dicke Pommes frites, Backhähnchen oder TK-Ware.

Kleine Fleischstücke können mit oder ohne Panierung frittiert werden. Obst und Gemüse sowie Fische und Krustentiere werden meist mit einer Ausbackmasse (Bier- oder Weinmasse/-teig) umhüllt. Auch feine Backwaren wie Krapfen oder Berliner Pfannkuchen werden frittiert.

Frittierter Blumenkohl deep-fried cauliflower chou-fleur (m) frit

Blumenkohl zuschneiden, gleichmäßige Röschen heraustrennen und waschen.
Je nach Größe 6–10 Min. dämpfen.
Abtropfen, würzen und durch Ausbackmasse ziehen.
Bei 170 °C frittieren.

Wiener Backhähnchen 🇬🇧 roast chicken 🇫🇷 poulet (m) rôti

Grillhähnchen längs spalten und in Bruststücke und Keulen teilen. Brustbein
und Schlossknochen sowie Flügelspitzen entfernen. Aus den Keulen die
Oberschenkelknochen herauslösen. Hähnchenteile mit Salz, Paprika-
pulver, Zitronensaft und gehackter Petersilie würzen. In Mehl und
Ei wenden und Semmelbrösel andrücken. Im ca. 160 °C heißen
Fett goldbraun ausbacken und abtropfen.

> Für ein gleich-
> mäßiges Ergebnis sind
> eher kleine Hähnchen
> bzw. Hähnchenteile zu
> verwenden.

Frittiertes / in Fett gebackenes
Hähnchen

Garvariante Confieren

Ablauf und Besonderheiten: Das Confieren war ursprünglich ein reines
Haltbarmachungsverfahren (z. B. für Enten-Confit). Dabei wurde leicht gepökeltes Fleisch oder Geflügel im eigenen Fett bei geringer Temperatur
gegart und im Fett – also unter Luftabschluss – aufbewahrt. Heute dient
das Confieren in der gehobenen Küche auch als Garverfahren.

Besonders geeignete Lebensmittel: Neben Fleisch und Geflügel werden
auch Fisch oder Gemüse confiert. Dabei wird entweder arteigenes Fett
(also Entenfett für ein Enten-Confit), neutrales oder auch aromatisiertes
Öl (z. B. mit Zitrone oder Vanille angereichert) verwendet. Fett oder Öl
wird je nach Gargut auf eine Temperatur zwischen 50 und 90 °C gebracht
und das Gargut wird darin gegart. Bei tierischen Lebensmitteln richtet sich
die Temperatur nach der gewünschten Kerntemperatur. Bei pflanzlichen
Lebensmitteln muss meist ein Aufschließen und Verkleistern der Stärke
bei höheren Temperaturen erreicht werden. Somit ähneln die Temperaturen denen des Sous-vide-Garens.

Confierte Entenkeulen

Garverluste: Vorteilhaft beim Confieren ist, dass keine wasserlöslichen In
haltsstoffe austreten und hitzeempfindliche Vitamine geschont werden.
Fettlösliche Vitamine und Aromastoffe werden dagegen im Fett gelöst,
wenn auch in geringerem Maße als beim Frittieren.

Braten 🇬🇧 to fry / to pan-fry 🇫🇷 rôtir

Zum **Braten** wird zunächst eine Pfanne, Wok oder ein Bratentopf erhitzt.
Dann wird etwas Fett hineingegeben und das Gargut eingelegt, bis es
den gewünschten Garpunkt erreicht hat. Das Besondere an Gebratenem
ist die aromatische Kruste. Nachteilig ist der Verlust etwa von Fleischsaft.
Aus dem beim Fleischbraten entstehenden Bodensatz lassen sich geeignete Saucen zubereiten.

Bratgut verliert beim Braten Wasser. Kann dieses nicht schnell genug
verdampfen, sinkt die Temperatur beim Braten auf unter 140 °C, sodass
sich keine Röststoffe mehr bilden. Deshalb immer eine ausreichend große
Pfanne verwenden bzw. für die Pfanne passende, kleinere Portionen. Darauf achten, dass die Oberfläche des Bratgutes trocken ist.

Braten mit
Kontaktwärme

Schwenken in der Pfanne

Als **Bratfett** eignen sich am besten hitzebeständige, wasserfreie Fette wie Öl oder Butterschmalz. Ist ein feiner Buttergeschmack erwünscht, Gebratenes zum Schluss noch einmal in Butter durchschwenken.

Anbraten bezeichnet den Vorgang des Bräunens in der Pfanne. Das anschließende Weiterbraten dient dann dem eigentlichen Garen.

Garvarianten und Gargeräte: Gebraten wird meist in einer Stielbratpfanne, auf der Griddleplatte, im Wok oder mit dem Kontaktbräter (oft falsch als Kontaktgrill bezeichnet) und bei größeren Mengen auch im Kippbräter oder Multifunktionsbräter.

Sautieren: Geringe Mengen kleiner Lebensmittel werden kurz und bei hoher Temperatur in der Schwenkkasserolle angeschwenkt (kurzgebraten = sautiert). Durch das Schwenken wird eine gleichmäßige Wärmeverteilung erreicht, sodass alle Teile den gleichen Bräunungsgrad und dieselbe Garstufe erreichen.

Braten im Wok: In der asiatischen Küche werden Speisen traditionell im Wok zubereitet. Dieser ist mit einer Pfanne gleichzusetzen, die hohe Wände hat. Der Einsatz eines Woks erfordert einen entsprechenden Brenner, der die Wärme auch auf die Wände des Woks verteilt (Gasbrenner oder Induktionsmulde). Oberhalb des Brenners ist der Wok am heißesten, die Hitze nimmt an den Wandungen nach oben hin ab. Über die große Kontaktfläche kann viel Wärme übertragen und das Gargut in kurzer Zeit gegart werden. Fleisch bleibt so saftig und Gemüse knackig.

Besonders geeignete Lebensmittel: Gebraten werden häufig zartes Fleisch, Steaks, Schnitzel, Fisch, Eier, bereits gegarte Kartoffeln oder gekochte Nudeln, aber auch Gemüse oder Tofu.

Veränderungen der Inhaltsstoffe beim Garen: Durch das Anbraten verändert sich zunächst das Eiweiß an der Oberfläche des Gargutes. Zusammen mit den Kohlenhydraten bildet es eine schmackhafte, braune Kruste. Ein Steak wird dabei aber nicht wie oft behauptet rundherum „versiegelt"! Beim Fleisch verfestigt und verkürzt sich das Bindegewebseiweiß.

Fett hat beim Braten gleich zwei Funktionen; es verhindert ein Ankleben an der Pfanne und hält die Speisen schön saftig. Nur bei paniertem Fleisch ist etwas mehr Fett notwendig, damit die Panierung gleichmäßig bräunt und souffliert.

Garverluste: Da das Braten meist schnell geht, sind die Verluste an Vitaminen gering. Mineralstoffe können allerdings mit dem Bratensaft austreten. Wenn die Temperatur nicht stimmt, können gebratene Speisen ähnlich viel Fett aufnehmen wie Frittiertes.

Braten ist Garen mittels Kontaktwärme ab 120 °C.
Sautieren ist Kurzbraten unter Schwenken der Pfanne. Weitere Varianten des Bratens für größeres Gargut sind das **Braten im Ofen** (→ S. 227) und das **Niedertemperatur-Garen** (→ S. 228).
Rösten ist Farbgebung in einer Pfanne, bei der das Garen im Hintergrund steht, z. B. bei Mandelblättchen.

Fades Essen – nein danke!
Kräuter und Gewürze können bei starker Hitze verbrennen und Bitterstoffe bilden, insbesondere die feinen Aromen des Pfeffers.

Fleisch sollte nach dem Braten noch einige Minuten ruhen, damit sich das Bindegewebseiweiß entspannen und der Fleischsaft sich im Gargut verteilen kann.

Um die Bildung von Acrylamid oder Benzpyrenen gering zu halten, sollten beim Braten Temperaturen über 180 °C vermieden werden. Gepökelte Lebensmittel wie Kasseler sollten nicht gebraten werden.

Gebratene Frikadellen (Hacksteaks) 🇬🇧 pan-fried meat balls 🇫🇷 boulette (w)cuire à l'étuvée

Zutaten für das Hackfleisch:
1,000 kg gemischtes Hackfleisch (Schwein und Rind)
Würzung: 0,100 kg Zwiebelwürfel, angeschwitzt, Salz, Pfeffer u. a. Gewürze und Kräuter
Lockerung: 0,100 kg Weißbrot, eingeweicht und ausgedrückt
Verbesserung: 0,100 kg Ei (2 St.)
Für die Sauce: 0,200 l Sahne

Hackfleisch mit anderen Zutaten vermengen und zu runden Fladen formen (jeweils ca. 0,120 kg). In einer Pfanne Fett erhitzen und die Hacksteaks einlegen. Mehrmals wenden und gleichmäßig bräunen. Bis zu einer Kerntemperatur von 75–80 °C braten.

2.6 Kombinierte Garverfahren

Um das gewünschte Ergebnis beim Garen zu erhalten, lassen sich Garverfahren kombinieren. Dabei werden entweder Garverfahren nacheinander durchlaufen (z. B. beim Schmoren) oder zeitgleich (Kombi-Dämpfen).

Braten im Ofen 🇬🇧 to roast 🇫🇷 rôtir

Beim Braten im Ofen garen die Speisen in der Heißluft des Backofens, wobei die Unterseite des Lebensmittels durch den Kontakt zum Backblech stärker bräunen kann (auf geeignete Backbleche achten, z. B. gelochte oder mit Beschichtung). Dieses Verfahren ist sinnvoll bei größerem Gargut wie etwa einem Bratenstück. Dieses würde beim Braten in der Pfanne zwar auch eine Kruste erhalten, aber im Inneren nicht durchgaren. Um dieses Durchgaren zu gewährleisten, wird die heiße Ofenluft zuhilfe genommen.

> 🔴 **Braten im Ofen** kombiniert die Garverfahren Braten und Backen.

Hackbraten aus dem Ofen 🇬🇧 meat loaf 🇫🇷 pain (m) de viande

Zutaten für das Hackfleisch:
1,000 kg gemischtes Hackfleisch (Schwein und Rind)
Würzung: 0,100 kg Zwiebelwürfel, angeschwitzt, Salz, Pfeffer u. a. Gewürze
Lockerung: 0,100 kg Weißbrot, eingeweicht und ausgedrückt
Verbesserung: 0,100 kg Ei (2 St.)
Für die Sauce: 0,200 l Sahne

Ofen auf 160 °C vorheizen. Hackfleisch mit anderen Zutaten vermengen und brotlaibähnlich formen. In gefettetes Bratgeschirr legen. Im Ofen bis zu einer Kerntemperatur von mindestens 70 °C braten – dabei ab und zu den Bratsatz im Bratgeschirr mit dunklem Fond ablöschen. Wenn der Hackbraten fertig ist, warmstellen. 0,200 l Sahne mit 2 EL Stärke verrühren, dem Bratsatz zufügen, aufkochen und die Sauce passieren.

Den Hackbraten in Portionsscheiben schneiden und mit Sauce angießen.

> „Die Hackmasse mit Zwiebelwürfeln wird in Form eines Brotlaibs im Ofen gebraten. Wir servieren davon zwei Scheiben in einer delikaten Sauce mit …"

Schmoren 🇬🇧 to braise 🇫🇷 braiser

Wird ein bindegewebsreiches Fleischstück nur in Brühe gargezogen, wird es zart, erhält aber keine ansprechenden Röstaromen. Würden wir es braten, bildeten sich Röststoffe, das Fleisch bliebe aber zäh, weil die Flüssigkeit fehlt. Das Schmoren kombiniert nun Vorteile beider Garverfahren. So entsteht z. B. ein Braten, der angenehm im Biss ist und gleichzeitig durch die Röststoffe einen kräftigen Geschmack erhält.

Beim Schmoren wird das Gargut zuerst angebraten, dann im abgelöschten und aufgegossenen Bratensatz gegart (gargezogen). Die Reihenfolge kann auch umgedreht werden.

Um einen schmackhaften Braten zu erhalten, ist nur wenig Flüssigkeit aufzufüllen, diese würde sonst Geschmacksstoffe aus dem Braten ziehen (Diffusion) – die Sauce wäre intensiv, das Gargut hätte aber Geschmacksstoffe verloren.

> 🔴 **Schmoren** ist eine Kombination aus Braten und Garziehen in wenig Flüssigkeit.

Geschmorter Fenchel 🇬🇧 braised fennel 🇫🇷 fenouil (m) braisé

Fenchelknollen zuschneiden, vierteln und Wurzelansatz entfernen. In heißem
Öl auf den Schnittflächen anbraten, mit Weißwein ablöschen. Auffüllen mit
Gemüsebrühe und Demiglace. Deckel auflegen und garziehen, bis der Fenchel
angenehmen Biss hat. Fenchel unter dem Salamander auch auf den runden
Seiten bräunen (karamellisieren). Sauce auf die gewünschte Konsistenz ein-
kochen.

Geschmorte Hähnchenkeulen 🇬🇧 braised chicken legs 🇫🇷 coq (m) au vin

Schlossknochen an der Innenseite der Keulen entfernen. In einem mit Fett erhitzten Geschirr mit der
Außenseite zuerst anbraten. Zwiebel- und
Möhrenstückchen mitbraten, bis das Gemüse
leicht Farbe hat. Mit Weißwein ablöschen,
Flüssigkeit einkochen. Eine zerschnittene Tomate
oder etwas Tomatenmark beigeben. Wenn der
Ansatz glänzt, mit Jus oder dunkler Grundbrühe auffül-
len und aufkochen. Ein Kräutersträußchen (Petersilie, Lorbeer, Zweig Thymian)
sowie Salz und Pfeffer zugeben und zugedeckt bis zu einer Kerntemperatur
von 70 °C schmoren. Danach Keulen entnehmen. Fond passieren, abfetten und
mit wenig angerührter Stärke binden. Keulen in der Sauce servieren.

> „… mit einer kräftigen aromatischen Sauce, die am besten mit geschmack-
> lich neutralen Beilagen wie Teigwaren, Reis oder Kartoffelpüree zur Geltung
> kommt."

Kombi-Dämpfen 🇬🇧 combined stewing and baking 🇫🇷 étuver à air chaud

Beim Rezept für den Hackbraten wird deutlich: Wird der Hackbraten zu
lange der trockenen Hitze ausgesetzt, wird dieser trocken. Würde der
Hackbraten aber mit feuchter Hitze gegart, fehlt die aromatische Kruste.
Eine Lösung schafft das Kombi-Dämpfen (auch Heißluft-Dämpfen genannt): Dabei werden heißer Dampf und trockene Heißluft miteinander
kombiniert. Moderne Heißluft-Dämpfer ermöglichen die Einstellung eines
zum Gericht passenden Garklimas.

**Mehr Informationen zu diesen und anderen modernen
Gartechniken auf den Seiten 172 ff.**

> **Kombi-Dämpfen** ist eine Kombination aus Dämp-
> fen und Backen – meist im Kombi-Dämpfer.

Niedertemperatur-Garen (NT-Garen)

Werden z. B. **größere Fleischstücke** bei großer Hitze gegart, übergaren
die Randschichten meist, bevor der Kern des Fleisches die gewünschte
Temperatur erreicht hat. Zudem zieht sich Bindegewebe bei große Hitze
zusammen, was einen Verlust von Fleischsaft begünstigt.
Beim **Niedertemperatur-Garen** (auch Niedrigtemperatur-Garen oder
Langzeitgaren) treten diese Effekte kaum auf: Das Gargut wird bei geringerer Temperatur (meist 80 °C) gegart – die Hitze verteilt sich langsamer
und gleichmäßiger im Gargut. Das NT-Garen dauert entsprechend länger.
Die Garzeit ist auf die Größe des Gargutes abzustimmen und bevorzugt
mit dem **Kerntemperaturmesser** zu kontrollieren.
Zur Bildung von Röststoffen wird das Gargut zu Beginn oder zum Ende
des NT-Garens angebraten.

Auch für **Gemüse** kann das NT-Garen eingesetzt werden: Um die knacki-
ge Konsistenz von Gemüse besser zu erhalten, kann dieses zunächst bei
50–70 °C angegart werden, danach bei stärkerer Hitze gebacken werden.

> Beim Langzeitgaren ist unbe-
> dingt auf hygienisch einwand-
> freie Rohware zu achten. Das
> Gargut durchläuft für lange
> Zeit hygienisch bedenkliche
> Temperaturbereiche!

Durch die geringe Temperatur können Enzyme im Gemüse wirksam werden, die das Pektin im Gemüse stärken. Dieses ist für den Biss von Gemüse von Bedeutung.

Delta-T-Garen

Das Delta-T-Garen ist ebenfalls ein Langzeitgaren. Hierbei wird der Garverlauf so gesteuert, dass die Temperatur (T) im Gargut und die Temperatur im Garraum in einem **voreingestellten Bereich** (Delta) bleibt. Das verhindert gerade bei Fleisch Spannungen im Bindegewebe

- Fleisch mit Kerntemperaturfühler in den Heißluft-Dämpfer geben
- Delta-T-Garprogramm starten: Die Temperatur steigt langsam an. Ist die gewünschte Kerntemperatur erreicht, ist der Garvorgang beendet.

Eine bessere Steuerung des Garprozesses wird durch das NT-Garen im Heißluft-Dämpfer erreicht. Zur Anwendung (inkl. dem Delta-Garen) siehe auch S. 169
- Gerät vorheizen,
- Bei Fleisch Kerntemperaturfühler einstechen
- **Anbratphase:** Hohe Temperatur zur Bildung von Röststoffen
- **Reifephase:** Niedrige Temperatur zur gleichmäßigen Wärmeaufnahme

2.7 Zubereitungsreihen

Neben den bei den einzelnen Abschnitten genannten Beispielen lassen sich mithilfe der Garverfahren auch weitere Speisen aus den Lebensmitteln des Beispiel-Warenkorbes (siehe S. 212) zubereiten. Die folgenden Zubereitungsreihen zeigen Möglichkeiten hierzu auf:

Zubereitungsreihe Hackfleisch (Grundrezept S. 217)

Garverfahren

Kochen	Braten im Ofen	Braten in der Pfanne	Schmoren
Königsberger Klopse	Hackbraten	Hacksteaks / Bouletten	Kohlrouladen

Zubereitungsreihe Geflügel

Garverfahren

Dämpfen	Dünsten	Braten	Backen	Grillen	Frittieren	Schmoren
Hähnchen mit Kräutern gedämpft	Gedünstetes Hähnchen	Panierte Hähnchenbrust	Gebackenes Hähnchen	Hähnchen vom Grill	Backhähnchen	Geschmorte Hähnchenkeule

Zubereitungsreihe Gemüse

Garverfahren

Dämpfen	Dünsten	Braten	Backen	Grillen	Frittieren	Schmoren
Blumenkohl mit Bröselbutter	Glasierte Möhren	Gebratener Blumenkohl mit Kürbiskernen	Gefüllter und gebackener Fenchel	Gegrillter Fenchel	Blumenkohl im Bierteig	Geschmorter Fenchel

3 Anrichten und Empfehlen einfacher Speisen

🇬🇧 arranging and recommending simple dishes

🇫🇷 arranger et recommander de mets (m) simple

Anrichten einfacher Speisen

Nach dem Zubereiten werden Speisen auf Tellern angerichtet. Damit werden sie zum Verkauf vorbereitet und anschließend serviert. Wie der fertige Teller aussehen soll, ist schon vor dem Zubereiten zu überlegen:

- Wird ein Stück **Fleisch** aufgeschnitten oder im Ganzen präsentiert?
- Soll die **Sauce** à part (extra) oder auf dem Teller gereicht werden?
- An welcher Stelle werden die **Beilagen** platziert?
- Wie soll der **Teller** garniert werden?

Auf dem Teller werden die einzelnen Komponenten zu einem Gericht zusammengefügt. Klassisch wird der Teller dabei dreigeteilt angerichtet:

- **Hauptkomponente und Sauce** liegen im unteren Drittel des Tellers. Diese Seite des Tellers ist dem Gast zugewandt, der Gast kann z. B. das Fleisch leicht erreichen. Ist die Hauptkomponente aufgeschnitten, liegt die erste Scheibe links. Die meisten Gäste halten die Gabel links und können das Fleisch dann gut mit der Gabel halten, während sie es schneiden.
- **Sättigungsbeilagen** werden oben links angerichtet. Der Gast isst diese meist mit der Gabel (die die Gäste üblicherweise in der linken Hand halten).
- **Gemüse** werden oben rechts angerichtet. Das Farbspiel ist bei der Gemüseauswahl zu beachten. Ein Gemüse können viele Gäste auch zu Hause selbst zubereiten. Fachliches Können und Servieren von unterschiedlichen Gemüsen überzeugt.
- **Salat** oder andere kalte Zubereitungen werden extra angerichtet.
- **Garnierungen / Garnituren** sollen das Gericht unterstreichen – in Optik und Geschmack. Daher: Verwendete Füllungen zeigen, auf Oberflächenglanz achten (gerade beim Gemüse). Ein Gericht nicht z. B. unter Bergen von gehackter Petersilie verstecken.

Aufgaben der einzelnen Speisenkomponenten

Bei einer klassischen Speisenzubereitung haben die Komponenten unterschiedliche Aufgaben:

- Die **Hauptkomponente** (z. B. Fleisch, Geflügel, Fisch) gibt die Geschmacksrichtung des Gerichtes vor (Geschmacksfülle / umami) und dient als Eiweißquelle. Meist ist die Hauptkomponente auch der teuerste Bestandteil des Gerichts und gibt den Speisennamen vor.
- Die **Sauce** unterstreicht den Geschmack der Hauptkomponente und verbessert oft seine Konsistenz beim Kauen.
- Die **Gemüsebeilage** ergänzt die Speise geschmacklich und auch optisch (Farbspiel durch verschiedene Gemüse). Ferner liefert das Gemüse wertvolle Wirkstoffe. Im Preis kann das Gemüse je nach Saison ähnlich teuer sein wie die Hauptkomponente.

Vignette/
Firmenzeichen

Beilage

Gemüse

Fleisch/Fisch

Klassische Anrichteweise
eines Hauptgerichts

Gäste lassen sich in der Gastronomie bekochen, weil sie etwas anderes erwarten, als sie selbst zu Hause herstellen können (u. a. fachliches Können, Auswahl). Gerade Gerichte mit röscher Kruste werden gerne ausgewählt – diese würden zu Hause in der Küche für unangenehmen Bratgeruch sorgen.

- Die **Sättigungskomponente** (z. B. Kartoffeln, Reis) dient durch den hohen Stärkeanteil der Sättigung und ist meist der kostengünstigste Bestandteil.

Besonderheiten beim Anrichten **vegetarischer Speisen** werden im Kapitel Gemüse beschrieben (→ S. 373). Erläuterungen zu weiteren, modernen Anrichtemöglichkeiten ab S. 836.

Beschreiben und Bewerten von Speisen

Auch Köchinnen und Köche müssen in der Lage sein, Speisen für einen Gast verständlich zu beschreiben. Gesprächsanlässe liefern etwa das Frontcooking oder die Arbeit am Büfett. Diese beginnen oft mit der Frage: „Was ist denn das, bitte?". Auch aus diesem Grund ist die Beratung der Gäste Bestandteil der Prüfungen.

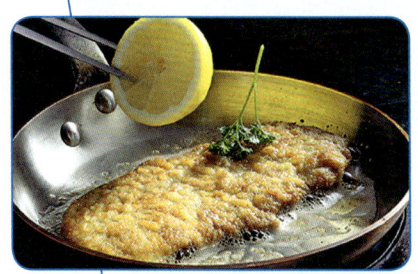

Eine Speise zu beschreiben und zu bewerten sehen Küche und Service unterschiedlich, wie am **Beispiel Wiener Schnitzel** deutlich wird:

Küche	Service
Produktion läuft nach Rezept	Beratung der Gäste ist eine **Empfehlung**
<ul><li>Pfanne erhitzen, Fett zugeben</li><li>Schnitzel (paniert) einlegen</li><li>Schnitzel braten, wenn Rand goldbraun, wenden</li><li>Ist das Schnitzel goldbraun und schlägt die Kruste Blasen, Schnitzel herausnehmen und servieren</li></ul>	<ul><li>Saftiges Schnitzel vom Kalb</li><li>Fleisch von Betrieben aus der Region</li><li>mit krosser Panierung, frisch zubereitet</li><li>aromatisch</li></ul>
In Rezepten wird die Herstellung eines Gerichtes erklärt. Diese **Vorgangsbeschreibung** wendet sich an den Verstand – ein Gericht soll nach Anleitung zubereitet werden.	Im Service werden Produkte anschaulich beschrieben. Diese **Gegenstandsbeschreibung** richtet sich an das Gefühl und soll einen Kaufwunsch wecken.

Beschreiben von Speisen

In **Fast-Food-Restaurants** oder auch in Eisdielen werden Speisen meist nicht allein mit Worten beschrieben, es werden zusätzlich Bilder genutzt. Gäste wünschen sich dort eine kurze Information für eine schnelle Entscheidung. Die Mitarbeiter in der Produktion sind an die Bildvorgaben gebunden und können zwar schnell – aber nicht kreativ arbeiten.

In der **klassischen Restauration** erwarten Gäste hingegen eine Beratung durch den Service und lassen sich mehr Zeit für ihre Entscheidung. Der Service kann im Gespräch mit dem Gast Sonderwünsche ermitteln. Die Küche kann auf diese Wünsche reagieren.

> ● In einem Verkaufsgespräch ist – auch von der Köchin oder dem Koch – eine Beschreibung gefordert. Der Gast will wissen, was er auf den Teller bekommt, nicht wie die Speise zubereitet wird!

Speisenbeschreibung mittels Bild

Gebratener Spitzkohl

∴

Muskatsabayon, Polenta

∴

Dörraprikosen

Auszug aus einer modernen, einfach gehaltenen Speisekarte

Beschreibungen eines Gerichtes können auch negativ sein – so etwa bei Reklamationen des Gastes. Sehen Sie diese immer als Chance, ein Gericht zu verbessern!

Kreative Köche legen sich in Speisekarten oft gar nicht mehr fest und nennen nur noch Rohstoffe.

Neben Bildern kann auch die **Beschreibung** guten Essens Appetit machen und Kaufanreiz sein. Gäste nicht nur zu informieren, sondern durch gezielte Beschreibung zur Bestellung anzuregen, ist Aufgabe des Services – aber auch der Küche. Übertreibungen sind dabei zu vermeiden. Ebenso muss Selbstverständliches (Salat sollte immer frisch sein) nicht extra herausgestellt werden, da es keine besonders bemerkenswerte Eigenschaft beschreibt.

Beschreibungen eines Gerichtes umfassen:

- Die **Geschmacksrichtung** der Speise und seiner Komponenten: Hierbei sind Abstufungen für den Gast hilfreich, da es für diesen einen Unterschied macht, ob eine Speise etwa „eine Spur Säure" oder „säuerlich" ist.
- Die **Temperatur** kann im Verkaufsgespräch erwähnt werden, wenn diese von den Erwartungen des Gastes abweicht.
- Den **Geruch** einer Speise: Unser Geruchssinn ist eng mit unseren Gefühlen verbunden. Positive Beschreibungen für Geruchseindrücke sind nützlich, z. B. „fruchtig, angenehm pfeffrig, würzig – aber nicht kräftig".
- Hinweise zur **Beschaffenheit**: Hier werden die Konsistenz und das Mundgefühl beschrieben (z. B. „kross" oder „mürbe"), die Beschaffenheit („mit einer Füllung aus Aprikosen") oder andere Sinneseindrücke („bunter Salat").

Das **Mundgefühl** eines Lebensmittels kann je nach Zubereitung ganz unterschiedlich sein:

Beißen wir in einen reifen Apfel, schmecken wir, dass dieser nicht nur Süße und Säure besitzt, sondern auch **saftig** ist. Den Kaueindruck beschreiben wir sicher als **knackig**.

Auch das Garen verändert das Mundgefühl: So wird aus einer Apfelscheibe durch Backen und Trocknen ein **krosser** Apfelchip.

Auch wie **flüssig** eine Speise ist (Viskosität), nehmen wir auf der Zunge wahr. Ein **schnittfestes** Apfelgelee schmeckt nach Apfel, fühlt sich aber auf der Zunge ganz anders an, als ein **weiches** Apfelmus.

Das Apfelmus wiederum fühlt sich im Mund anders an als ein Apfelkompott. Das Kompott ist eher **stückig**, das Apfelmus fühlt sich je nach Herstellung **glatt** oder **leicht körnig** an.

Kombinieren wir diese Eindrücke, wird ein Gericht sensorisch deutlich ansprechender. Auch deshalb erwarten Gäste von einem Dessert meist etwas „Cremiges", dazu etwas „Krosses" und etwas „Kühles"

Fachliche Sicherheit und selbstständiges Arbeiten sind wichtige Ziele im Rahmen der Berufsausbildung. Diese Fähigkeiten sollen im betrieblichen und schulischen Ausbildungsalltag erworben und in Prüfungen unter Beweis gestellt werden. Zum selbstständigen Arbeiten gehören nicht nur ausführende Tätigkeiten. Diese sind vorher schlüssig zu planen und im Nachhinein zu reflektieren und zu bewerten. So lässt sich aus Fehlern für die Zukunft lernen.

Um möglichst selbstständig zu arbeiten, müssen Köchinnen und Köche u.a. folgende Tätigkeiten beherrschen:

- Informationen beschaffen und Arbeiten strukturieren,
- mit Rezepten arbeiten,
- Berechnungen anstellen,
- alle Arbeitsschritte nachvollziehbar darstellen,
- Arbeitsergebnisse selbstkritisch hinterfragen.

Je nach Betriebsform und Angebotsform ist weiteres spezielles Wissen notwendig, um eigenständig arbeiten zu können. Das betrifft neben den Kernbereichen des Kochhandwerks auch die Kenntnis der betrieblichen Abläufe sowie das Ineinandergreifen verschiedener Tätigkeiten. Informationen hierzu in entsprechenden Kapiteln des Buches.

Modellkreis der vollständigen Handlung

1 Die eigene Arbeit planen

🇬🇧 organising the own operations 🇫🇷 organizer des activités (w)

1.1 Informationen beschaffen

🇬🇧 procuring information 🇫🇷 procurer les informations (m)

In unserer „Informationsgesellschaft" wächst und verändert sich unser Wissen jeden Tag. Wichtig ist nicht, immer alles wissen zu wollen. Wichtig ist zu wissen, woher man Informationen erhält.

Fachbuch

Das Internet liefert stets aktuelle Informationen. Wie seriös diese Informationen jedoch zusammengetragen worden sind, kann der Leser nicht immer erfassen. Fachbücher werden von Fachleuten mit großer Sorgfalt erstellt und aktuell gehalten.

Um sich in einem Fachbuch wie dem „Jungen Koch" oder der „Kalten Küche" zu orientieren, gibt es Hilfestellungen:

Das Inhaltsverzeichnis zeigt, wie das Buch in Abschnitte (z. B. Küchenausstattung) und Kapitel (z. B. Maschinen und Geräte) gegliedert ist. Diese Übersicht steht am Anfang des Buches. Möchte man sich grob orientieren, wo Informationen zu einem Thema zu finden sind (etwa den Garverfahren), hilft das Inhaltsverzeichnis weiter.

Das Sachwortverzeichnis/Stichwortverzeichnis steht am Ende des Buches. Hier sind wichtige Begriffe in alphabetischer Reihenfolge aufge-

Der Warenkorb für eine Zwischenprüfung ist ein gutes Beispiel, wann man die eigene Arbeit intensiv planen muss:

Pflichtkomponenten
Hähnchen oder Hackfleisch, Möhren, Bohnen, Kartoffeln.

Aufgaben:
- Gestalten Sie aus diesen Komponenten und den küchenüblichen Zutaten einen Hauptgang.
- Beachten Sie dabei insbesondere: Arbeitssicherheit, Umweltschutz, Grundlagen gesunder Ernährung.
- Ferner ist ein Arbeitsablaufplan zu erstellen.
- Das Berichtsheft ist mitzubringen.

führt. Sucht man eine detaillierte Information (z. B. wie eine Rahmsauce hergestellt wird), so hilft das Sachwortverzeichnis weiter.

Fachzeitschriften

Fachzeitschriften und Fachzeitungen erscheinen meist monatlich. Deshalb können sie aktueller sein als Fachbücher und verbreiten Fachthemen schneller. Wenn man aktuelle Informationen benötigt oder etwas sucht, das sich schnell ändern kann (z. B. Informationen zu Rechtsthemen wie Hygiene), helfen diese Fachpublikationen. Auch Informationen zu Gastronomie-Trends, zur Ausbildung und zu Berufswettbewerben findet man am ehesten dort.

Wertvolle Hinweise zur Planung Ihrer Prüfung, erprobte Rezepte und Tipps finden Sie im Buch „Praktische Prüfungsvorbereitung".

Internet

Noch aktueller als in Fachzeitschriften sind die Informationen aus dem Internet. Bei der Suche sollte man mehrere Suchmaschinen verwenden. So gelangt man auch auf Seiten, die andere Suchmaschinen gar nicht darstellen.

Wichtige Fragen, um aus der Fülle der Informationen das Verwertbare herauszuziehen:

- Gibt es Fach-Foren im Internet, wo sich Profi-Köche austauschen?
- Warum steht der gefundene Beitrag so weit oben in der Ergebnisliste einer Suchmaschine (Product Placement)?
- Wer profitiert davon, dass Informationen so dargestellt werden (steckt hinter den Beiträgen jemand, der etwas verkaufen oder Meinung bilden möchte → Fake News)?
- Wie fachlich gut sind diese Informationen geschrieben?
- Ist das ein erprobtes Profi-Rezept oder das eines Laien? Durch Nachfragen in Foren bekommt man heraus, ob jemand qualifiziert ist.
- Vergleich von Rezepten aus dem Internet mit denen in Fachbüchern: Ist die Herstellung schlüssig? Was bringt das Rezept Neues?

Weitere Informationen und Links unseren Webseiten

DIGITAL+

Firmeninformationen (Prospekte)

Prospekte sind Werbemittel von Firmen. Entsprechend kritisch sind diese zu lesen. Firmeninformationen bieten aber auch fachliche Informationen, etwa zu Kochgeschirr, Küchengeräten oder neuen Lebensmitteln. Diese Informationen bieten Hersteller meist zum Herunterladen über die Homepage an oder verteilen sie auf Fachmessen.

Es ist wenig sinnvoll, alle gefundenen Informationen einfach nur zu sammeln und zu horten:
Schneiden Sie interessante Artikel aus Fachzeitschriften aus oder scannen Sie diese ein. Schreiben Sie sich aus Artikeln, die Sie interessieren, wichtige Punkte heraus (Quellenangabe zum Wiederfinden nicht vergessen.)
Erst dann, wenn Sie mit Informationen arbeiten, wenn diese Ihnen „durch den Kopf" gehen, behalten Sie auch etwas von diesen Informationen.

Fachmessen

In Deutschland werden jedes Jahr zahlreiche Fachmessen zu den Themen Lebensmittel (Anuga, Biofach u. a.), Gastronomie (z. B. Internorga, Inoga) oder auch Ernährung (z. B. auf der „Grünen Woche") veranstaltet, oft zusammen mit Wettbewerben (IKA). Auf Ständen der Aussteller aus verschiedenen Bereichen kann man sich z. B. Küchenmaschinen erklären lassen oder neue Produkte probieren. Die Möglichkeit, vor Ort Rückfragen an Fachpersonal zu stellen und auch Kontakte zu diesen und zu Firmen zu knüpfen, ist eine Stärke von Fachmessen.

1.2 Ideen und Tätigkeiten strukturieren

structuring ideas and actions ● structurer idées (w) et actions (w)

Mind-Mapping

Aus den gefundenen Informationen sollen nun Ideen zu einem Thema werden. Um diesen kreativen Prozess zu dokumentieren, bieten sich Mindmaps an. Mindmaps erinnern im Aufbau an einen Baum: Man schreibt das Thema, zu dem Ideen gesammelt werden sollen (z. B. „Daran muss ich bei der Zwischenprüfung denken"), in die Mitte eines großen Blattes Papier (Stamm). Die Ideen stellen die Blätter dar. Damit Ideen nicht verloren gehen, werden sie durch Verbindungslinien – die Äste und Zweige – mit dem Stamm verknüpft. Diese Art der Darstellung hilft dem Gehirn, sich später besser an die gesammelten Ideen zu erinnern.

Mindmap zur Zwischenprüfung

Arbeiten mit Checklisten

Im Betriebsalltag werden Tag für Tag ähnliche Tätigkeiten ausgeführt. Was zur Ausführung dieser Tätigkeiten notwendig ist, hat man schnell verinnerlicht. Anders sieht es aus mit Tätigkeiten, die nicht alltäglich sind, etwa die Ausrichtung eines Brunchs alle vier Wochen. Solche Tätigkeiten sind mit einem Mehraufwand an Planung verbunden, der nicht jedes Mal von vorne begonnen werden kann. Hier helfen Checklisten – als Liste oder als Tabelle. Sinn einer Checkliste ist es, bereits Bewährtes schriftlich festzuhalten und sich so die Arbeit zukünftig leichter zu machen. Auch geben Checklisten Sicherheit, um nichts zu vergessen.

Checklisten für Vorgänge (z. B. Erinnerungshilfe zur Zwischenprüfung) werden meist als Liste angelegt. Diese Listen werden abgehakt:

- Zerlegen von Aufgaben in sinnvolle Teilschritte: Statt „Gemüse zubereiten" → „Gemüse waschen – Gemüse schälen und schneiden – Gemüse garen – anrichten".
- Teilschritte in eine logische/zeitliche Reihenfolge bringen: „Fleisch vor dem Aufschneiden ruhen lassen, Kroketten fertig frittieren und anrichten, Fleisch schneiden und anrichten".
- Tätigkeiten abhaken, die erledigt sind.
- Zeitleisten (→ S. 239), Arbeitsablaufpläne (→ S. 238) und Fließschemata (→ **unsere Internetseiten**) haben Ähnlichkeit mit Checklisten.

Checklisten für Zusammenstellungen (Prüflisten) finden sich häufig im Bankettbereich, etwa für die Auslieferung eines Büfetts oder im Frühstücksdienst mit wechselndem Personal.

Checkliste für die praktische Zwischenprüfung	
Berichtsheft einpacken	
An vollständige Berufskleidung denken	
2. Kochjacke und Ersatzschürze für Gespräch mit Prüfer	
Umweltschutz beachten – Müll am Arbeitsplatz trennen	
Bei Zubereitungen an gesunde Ernährung denken	

1.3 Arbeit mit Rezepten 🇬🇧 recipes 🇫🇷 recettes

Rezepte sind Arbeitsanweisungen für das Zubereiten von Speisen, Gebäcken oder Getränken. Rezepte stellen eine wesentliche Grundlage für die Arbeit in der Küche dar. Gerade weil im Küchenalltag viele Tätigkeiten aus der Erfahrung heraus ausgeführt werden, sind Rezepte besonders für Auszubildende und neue Küchenmitarbeiter wichtig:

- Ohne Arbeit nach Rezepten ist auf Dauer keine wirtschaftliche Arbeit möglich. Rezeptbestandteile sind als Materialkosten bedeutende Kostenfaktoren: z. B. Gewürze (Pauschale oder bei teuren Gewürzen einzeln aufführen) oder Bratfett.
- Um Gäste z. B. über Allergene oder Zusatzstoffe informieren zu können, müssen Rezepte formuliert und eingehalten werden.
- Bei Rechtsstreitigkeiten sind Rezepte wichtige Dokumente, etwa um sich gegen ungerechtfertigte Forderungen abzusichern. Beispiel: Ein Gast klagt, seine Allergie gegen Sellerie hätte ihm nach dem Essen Probleme bereit – mit Rezept und Lieferschein kann der Koch nachweisen, dass er keinen Sellerie verwendet hat.
- Neue Gerichte entstehen häufig durch kreatives Tun – abseits von Rezepten. Werden neue Kreationen aber nicht nachträglich in einem Rezept festgehalten, können neue Gerichte oft nur schlecht nachgekocht werden.
- Gäste erwarten, dass ein Gericht jedesmal wie gewohnt schmeckt – unabhängig davon, wer als Koch/Köchin in der Küche steht.

Rezepte darstellen

Rezepte bestehen aus mehreren Teilen:

1. Name der Zubereitung

2. Angabe zur Portionsmenge (Portionsmenge/engl. = pax).
- Ist nichts anderes angegeben, sind alle Rezepte im Buch für 10 Portionen gerechnet.

3. Auflistung von Zutaten, Mengenangabe und Einheit
- Die Mengenangaben beziehen sich bei Frischware auf das Rohgewicht (Bruttogewicht). Verluste bei der Vorbereitung (z. B. Schälverluste) und Zubereitung (z. B. Garverluste) müssen einkalkuliert werden (→1.5).
- Bei Convenience-Food wie etwa TK-Ware sind oft weniger oder andere Verluste (z. B. Auftauverlust) einzuberechnen, die Mengenangaben beziehen sich auf das Nettogewicht.
- Auch küchenübliche Zutaten wie Gewürze, Zwiebeln oder Brühe sind anzugeben, da auch diese Materialkosten darstellen.

4. Arbeitsanleitungen für die Herstellung:
- Die Arbeitsschritte sollen in der korrekten zeitlichen Reihenfolge aufgeführt werden.
- Zutaten und Arbeitsschritte sollten möglichst getrennt beschrieben werden: Zunächst Mengen und Zutaten aufschreiben, dann daneben oder darunter die Herstellung. Zusammenhängende Arbeitsschritte sind in Absätzen zusammenzufassen. Dabei ist zwischen vorbereitenden Arbeitsschritten und Arbeitsschritten zur Fertigstellung zu trennen.

Teilschritte eines Rezeptes sind wichtige Bausteine für das Erstellen des Arbeitsablaufplanes – gerade in Prüfungssituationen und für besondere Veranstaltungen. ●

Rezepte sind veränderbar: Stellt man beim Kochen fest, dass Angaben nicht stimmen, oder haben sich Rahmenbedingungen verändert (z. B. geänderte Hygienevorgaben), dann schreibt man Notizen ins Rezept oder erneuert es ganz. ●

Gefüllte Hähnchenkeulen – 6 Pax

6 St. Hähnchenkeulen entbeinen, aus 0,300 kg Hähnchenfleisch, 0,200 l Sahne, Salz und Pfeffer eine Farce herstellen, damit die gewürzten Hähnchenkeulen füllen. Bei 180 °C ca. 50 Min. backen. (Kerntemperatur 70 °C) Ⓑ. Die Haut soll eine goldbraune Farbe haben Ⓐ.

Beispielrezept in verbundener Schreibweise

Kartoffelstampf – 5 Portionen

0,750 kg	Kartoffeln (vorw. festkochend)
0,200 l	Sahne,
0,100 l	Milch
0,075 kg	Butter

Salz, Pfeffer, Muskat, Paprika

Kartoffeln schälen und in Salzwasser garen. Restliche Zutaten vermischen und aufkochen.
Abgedämpfte Kartoffeln erst grob stampfen, dann langsam Ⓒ die heiße Flüssigkeit unterarbeiten, würzen und Butterflocken unterarbeiten, abschmecken. Als Nocken anrichten Ⓓ.
Für einfache Gerichte Ⓔ.

Beispielrezept in getrennter Schreibweise

- Technologisch wichtige Schritte erklären, z. B. „das gesiebte Mehl auf einmal zufügen, damit sich keine Klümpchen bilden."
- Hygienisch kritische Punkte (critical control points) hervorheben, z. B. „Sauce zum Abkühlen in mehrere, flache Gefäße umfüllen!".

Rezepte können erweitert werden durch	
• Ⓐ **Bewertungsmerkmale**, z. B. „Das Gebäck ca. 40 Min. backen, bis es eine goldbraune Kruste hat."	• Ⓓ **Hinweise zum Anrichten**, denn so erhält der Gast stets „das, was er kennt und erwartet" (Wiedererkennungseffekt). Hierfür bietet es sich an, einen angerichteten Teller zu fotografieren.
• Ⓑ **Hygieneanweisungen**, z. B. „Nicht länger als zwei Stunden bei mindestens 65 °C warmhalten."	
• Ⓒ **Sicherheitshinweise**, z. B. „Die Apfelringe vorsichtig ins heiße Fett geben."	• Ⓔ **Hinweise zur besonderen Verwendung**, etwa „für Jagdessen", „für Festtagsbüfetts" usw.

Rezepte verwalten

Rezepte halten Informationen fest, damit diese bei Bedarf zur Verfügung stehen (vertretende Kollegen, Magazinverwalter). Hierfür ist es notwendig, Rezepte zu verwalten.

Die **Rezeptkladde**: Im Arbeitsalltag hilft ein „Schmierheft", um Notizen festzuhalten. Diese Rezepte sollten zeitnah „ins Reine geschrieben" werden – das hilft auch, sich das Rezept besser einzuprägen. Wenn es zulässig ist, kann man auch **Fotos** von Zubereitungen und Teilschritten machen und diese am Computer ins Rezept einfügen. Je nach eigenen Vorlieben kann die Reinschrift der Rezepte von Hand oder am Computer erfolgen.

Zur **Ablage** handgeschriebener Rezepte bietet sich ein **Ordner mit Register** an. Ein solches Register kann geordnet sein nach
- **Alphabet:** A: Apfelbeignets, Apfelrotkohl, Artischocken, ...: Diese Ablage bietet sich für einfache Zubereitungen an, die aus wenigen Komponenten bestehen.
- **Menübestandteilen,** zu denen das Rezept gehört:
  Kalte Vorspeisen: Wildkräutersalat mit lauwarmen Tomatenwürfeln
  Fischzubereitungen: Seezungenröllchen mit Spinat und Reistimbal
  Vegetarische Gerichte: Couscous-Salat mit Limette

Beim Schreiben am PC können Rezepte jeweils als eine eigene Textdatei abgespeichert, in einer Tabellenkalkulation zusammengefasst oder in einer Datenbank verwaltet werden. Vorher ist genau zu überlegen, wie die Rezepte später wieder auffindbar sein sollen (z. B. Rezeptname = Dateiname, Stichwörter in Datenbank wie Jagdessen, Vorspeise). Sehr hilfreich sind auch Programme/Apps, bei denen Rezepte am Computer geschrieben und über das Smartphone abgerufen werden können.

Rezepte umrechnen

Die Mengen der Zutaten aus Rezepten (**Rezeptmenge**) müssen oft auf die benötigten Mengen (**Herstellungsmenge**) umgerechnet werden. Oft lassen sich diese Mengen durch Malnehmen bzw. Teilen berechnen:

Rezeptmenge: 10 Port. × 4 Herstellmenge: 40 Port.

Rezeptmenge: 20 Port. : 5 Herstellmenge: 4 Port.

> ● Rezepte von Eigenkreationen sind das geistige Eigentum des Kochs. Achten Sie dieses Eigentum! Geben Sie eine Quelle an, wenn Sie Rezepte anderer Köche nutzen (z. B. www.chefkoch.de/...)

Rezeptkladde

Rezeptordner

DIGITAL+ Berechnungen zur Speisenplanung siehe Webseiten

Beim Zusammenstellen von Speisen aus einzelnen Komponenten möglichst **unterschiedliche Garverfahren** nutzen. Das zeigt fachliches Können – und man erhält meist auch eine sensorisch ansprechende Speise.

Der **gesamte Arbeitsablaufplan beginnt** meist mit
→ *Entgegennehmen und Veräumen der Ware*
→ *Arbeitsplatz aufbauen, ...*

Notwendige **Ordnungs- und Reinigungsschritte** sind zwischen die Tätigkeiten und auch an das Ende des Arbeitsablaufplanes einzufügen
→ *Schneidebrett reinigen und wenn nötig desinfizieren*

Die Zeit des Anrichtens fällt oft zusammen mit der Zeit, in der Teile des Gerichtes fertiggestellt oder gegart werden. Das verursacht gerade in Prüfungssituationen Stress.
Um diese Zeit zu entzerren:
Wenn möglich Teile des Gerichtes vorgaren und diese ggf. vor dem Anrichten regenerieren
→ *Möhren regenerieren*
→ *Kartoffelstampf warm stellen*

Garverfahren nutzen, bei denen man nicht die ganze Zeit aktiv tätig sein muss (Backen der Hähnchenkeulen).

1.4 Arbeitsabläufe strukturieren

🇬🇧 structuring work processes   🇫🇷 structurer le déroulement du travail

Arbeitsabläufe darstellen (Arbeitsablaufplan)

In Prüfungen ist ein Arbeitsablaufplan zu erstellen. Mit diesem sollen die Prüflinge zeigen, dass sie ihre Arbeit sinnvoll planen können. Dazu gehört, dass auch fachliche Besonderheiten der Arbeit (z. B. Kühlzeiten, Garzeiten) sinnvoll in den Arbeitsablauf integriert sind.

Im Arbeitsablaufplan werden nicht detaillierte Arbeitsanleitungen aus Rezepten wiedergegeben – die gehören in die Rezepte!
Im Arbeitsablaufplan geht es um die **zeitlich richtige Abfolge der Arbeitsschritte**.

Von den Rezepten zum Arbeitsablaufplan

Beschreibung im Rezept	Arbeitsschritte im Ablaufplan
Gebackene Hähnchenkeulen: Hähnchenkeulen entbeinen und [...] würzen. Aus Geflügelfleisch eine Farce herstellen und die Keulen [...] füllen und verschließen. Im Ofen [...] backen.	→ *Hähnchenkeulen entbeinen und mit Farce füllen* → *Hähnchenkeulen backen.*
Gedünstete Möhren: Möhren waschen und schälen. Möhren in gleichmäßige Form schneiden [...]. Möhren kurz in Butter anschwitzen, dann mit Fond ablöschen und zum Kochen bringen. Würzen [...]. Möhren zufügen und abgedeckt ca. 10' dünsten, [...].	→ *Alle Gemüse / Kartoffeln waschen, putzen und zuschneiden* → *Möhren dünsten*
Gegrillter Fenchel: Vorbereiteten Fenchel in etwa 0,5 cm starke Scheiben oder Stücke schneiden. Fenchelscheiben [...] in eine Metallschale legen und würzen, 15–20' auf dem Grillrost grillen.	→ *Fenchel grillen*
Kartoffelstampf: Kartoffeln schälen und in Salzwasser kochen. Sahne, Milch, Butter vermischen und aufkochen, würzen. Abgedämpfte Kartoffeln langsam in heißer Flüssigkeit stampfen, abschmecken und Butterflocken unterarbeiten. Als Nocken anrichten.	→ *Kartoffeln kochen* → *Kartoffeln abdämpfen* → *Kartoffeln in heißer Flüssigkeit stampfen* → *alle Zubereitungen abschmecken* → *Anrichten*

Nun müssen die herausgeschriebenen Arbeitsschritte in eine fachlich und zeitlich logische Reihenfolge gebracht werden, z. B. *Kartoffeln waschen, putzen und zuschneiden → Kartoffeln kochen/abdämpfen → Kartoffeln in heißer Flüssigkeit stampfen → usw.*

Dabei unterscheidet man sinnvollerweise zwischen Zeiten, in denen man aktiv ist (z. B. Kartoffeln schneiden) und „passiven Zeiten", während derer andere Arbeiten parallel erledigt werden können (z. B. *während Hähnchenkeulen backen → Gemüse putzen*).

Arbeitszeit planen (Zeitleiste)

Im Arbeitsablaufplan soll auch die **Einhaltung einer Zeitvorgabe** unter Beweis gestellt werden. In Prüfungen ist immer ein festes Zeitraster vorgegeben, in das die Arbeitsschritte einzufügen sind (10- bis 30-Minuten-Schritte/mit oder ohne Uhrzeitangaben).

Bei einfachen Tätigkeiten kann „vom Anfang zum Ende" gedacht werden.

Ist ein Servierzeitpunkt fix vorgegeben, muss von diesem Punkt aus rückwärts geplant werden: Wenn das Essen z. B. um 19:00 Uhr stehen muss, dann muss um … Uhr Folgendes geschehen: …

Tipp: Bei der Prüfungsvorbereitung die Arbeitsschritte einzeln auf Zettel schreiben. Dann diese Zettel solange ordnen, bis eine sinnvolle Reihenfolge entsteht. Anschließend die einzelnen Schritte in den Arbeitsablaufplan übertragen.

Arbeitsablaufplan für *Gebackene Hähnchenkeulen, gedünstete Möhren, gegrillter Fenchel, Kartoffelstampf*

Zeit [Min.]	Arbeitsschritte
0'	*Hände waschen, Arbeitsplatz aufbauen, Ware entgegennehmen, nicht Benötigtes kühlen*
	Hähnchenkeulen entbeinen, Farce herstellen und damit die Keulen füllen. Schneidebrett reinigen und wenn nötig desinfizieren
30'	*Alle Gemüse/Kartoffeln waschen, putzen und zuschneiden*
	Kartoffeln kochen/abdämpfen, Möhren dünsten
60'	*Hähnchen backen. Kartoffeln grob stampfen, mit heißer Flüssigkeit vermengen*
	Fenchel grillen, Möhren regenerieren, Teller warmstellen
90'	*Speisen nochmals kontrollieren, ggf. regenerieren und anrichten.*

Gericht/Zeit in Minuten	0'			30'			60'			90'
Gebackene Hähnchenkeulen	Hände waschen, Ware verräumen, Arbeitsplatz vorbereiten	entbeinen, Farce herst., Keulen füllen	kühlen				ba-cken		ruhen lassen	Speisen nochmals kontrollieren, abschmecken und anrichten
gedünstete Möhren				alle waschen, putzen und zuschneiden	dünsten	küh-len			regenerieren	
gegrillter Fenchel									grillen	
Kartoffelstampf					kochen			abdämpfen, Stampf herstellen		
Tätigkeitszeiten										

Arbeitsablaufplan als Zeitleiste im Querformat

2 Die Warenanforderung

 ordering of goods   🇫🇷 commande (w) de la merchdaise (w)

Die Warenanforderung ist eine **tabellarische Zusammenfassung von Waren und Mengen**. Im Betrieb ist die Warenanforderung Voraussetzung für die **Warenausgabe** aus dem Magazin („Keine Ware ohne Beleg"). Für die Warenanforderung werden auf den einzelnen Posten die benötigten Zutaten und Mengen für die vorgesehenen Speisen notiert. Diese werden dann in einer Tabelle zusammengefasst.

Das Schreiben einer Warenanforderung wird auch in **Prüfungen** gefordert. Beispiel für eine Zwischenprüfung: *Gebackene Hähnchenkeulen, gedünstete Möhren, gegrillter Fenchel, Kartoffelstampf*

Kopf

			Spalte	
Vorspalte				
	Zeile		Feld	

Elemente einer Tabelle

- Angaben wie TL oder EL sind ungenau und in Gramm umzurechnen.
- Denken Sie an die Angabe von Gewürzen (ggf. als Pauschale) und Bratfetten.
- Achten Sie auf gleiche Einheiten (g/kg).

Die Berechnung der Materialkosten eines Gerichts ist die Grundlage der Preiskalkulation. Auch in der Abschlussprüfung wird gefordert, dass die Warenkosten des Menüs kalkuliert werden. Hierzu muss man die Preise der eingesetzten Rohstoffe (Nettopreise = ohne MwSt.) kennen.

Eine wertvolle Hilfe zur Kalkulation ist die „Monica-Mengenliste" des aid-infodienst Ernährung, Landwirtschaft, Verbraucherschutz e. V.

Warenanforderung: 10 Portionen					
Menge/ Lebensmittel	Einheit	Fleisch	Gemüse	Sättigungs- beilage	Gesamt:
Hähnchen- keulen	Stück	10			10
Kartoffeln	kg			1,500	1,500
Sahne	l	0,500		0,400	0,900
Milch	l			0,200	0,200
Butter	kg		0,015	0,150	0,165
Fenchel	kg		0,800		0,800
Möhren	kg		0,600		0,600

Waren-Mengen-Kalkulation			
Waren	Menge	Einzelpreis pro kg / l / St. / Bund	Preis der Ware
Hähnchenkeulen	2,500 kg	2,70 €	6,75 €
Kartoffeln	1,500 kg	0,50 €	0,75 €
Sahne	0,900 l	2,15 €	1,94 €
Milch	0,200 l	0,60 €	0,12 €
Butter	0,165 kg	3,60 €	0,59 €
Fenchel	0,800 kg	1,70 €	1,36 €
Möhren	0,600 kg	0,65 €	0,39 €
Gewürze pauschal			0,50 €
Materialkosten gesamt:			12,40 €

❶ Mitarbeiter im Service

🇬🇧 service staff 🇫🇷 personnel (m) de service

1.1 Umgangsformen 🇬🇧 manners 🇫🇷 manières (w)

Das äußere Erscheinungsbild und die Umgangsformen des Service-mitarbeiters sind von großem Einfluss auf die Stimmung des Gastes.

Der Service verlangt neben Anpassungsfähigkeit und Geschicklichkeit auch Gewandtheit im Umgang mit anderen Menschen. Der Gast erwartet:

- Zuvorkommende, aufmerksame Bedienung,
- angemessene Freundlichkeit und
- taktvolles Benehmen.

1.2 Persönliche Hygiene

🇬🇧 personal hygiene 🇫🇷 hygiène (w) personnelle

Im Umgang mit Speisen ist ein hohes Maß an persönlicher Hygiene erforderlich (siehe S. 69).

- Besonders wichtig sind gepflegte Hände und Fingernägel, weil sie der Gast in unmittelbarer Verbindung mit der Speise sieht.
- Mund- und Körpergeruch wirken äußerst lästig, deshalb ist Körperpflege und öfterer Wäschewechsel geboten.
- Gepflegtes Haar ist ein wesentlicher Bestandteil der Gesamterscheinung. Modische Frisuren dürfen den Service nicht beeinträchtigen.

1.3 Arbeitsbekleidung

🇬🇧 uniforms 🇫🇷 vêtements (m) de travail

Manche Betriebe legen Wert auf einheitliche Berufskleidung, die dem Stil des Hauses angepasst ist. Wird dies nicht verlangt, tragen Restaurantfachleute im Allgemeinen die in der Übersicht dargestellte Kleidung.

Persönliche Ausrüstung

🇬🇧 personal equipment
🇫🇷 équipement (m) personnel

Individualgastronomie

- Kellnermesser, Korkenzieher
- saubere Handservietten
- Geldtasche mit Wechselgeld
- Streichhölzer
- Kellnerbürste
- Korkscheiben
- Kugelschreiber
- Kellnerblock

Weibliches Servierpersonal

- schwarzes Kleid oder Dirndl, oder schwarzer Rock/lange Hose kombiniert mit weißer Bluse, evtl. Weste
- evtl. weiße oder bunte Servierschürze
- Strümpfe in unauffälliger Farbe oder schwarz
- schwarze Schuhe mit niedrigen Absätzen

Männliches Servierpersonal

- schwarze Hose, kombiniert mit weißem Hemd
- schwarze Krawatte/Schleife
- weiße oder schwarze Kellnerjacke oder Weste
- schwarze Schuhe und schwarze Socken

② Einrichtung und Geräte

 equipment and devices · équipement (m) et appareils (m)

In Restaurants und Gaststätten sind folgende Einrichtungsgegenstände vorhanden:

- Tische, Tafeln, Beistelltische (Guéridons),
- Stühle, Sessel und/oder Bänke,
- Servicetische, Servanten (Anrichten),
- fest eingebaute oder bewegliche Raumteiler.

In den folgenden Abschnitten geht es darum, diese Einrichtungsgegenstände kennenzulernen und alles über deren Handhabung und Pflege sowie ihren sachgerechten Einsatz zu erfahren.

Eingedeckte Tafel

2.1 Einzeltische und Festtafeln

Der Tisch, an dem der Gast sich entspannt und wohlfühlt, muss eine bequeme Höhe, Stabilität und Beinfreiheit aufweisen. Der Gast möchte dort allein oder in Gesellschaft gemütlich sitzen, bedient und verwöhnt werden.

Einzeltische · single tables · tables (w) individuelles

Tische gibt es in verschiedenen Formen und Größen.

| Rechteckige Tische | **80 x 120 cm** (Standardmaß) 80 x 160 cm 90 x 180 cm | Quadratische Tische | 70 x 70 cm **80 x 80 cm** (Standardmaß) 90 x 90 cm | Runde Tische | 70 cm ø **80 cm ø** 90 cm ø und mehr |

Festtafeln · banquet tables · tables (w) de fête (w)

Zu besonderen Anlässen werden rechteckige und quadratische Tische zu unterschiedlichen Tafelformen zusammengestellt. Dabei ist für die Größe und Form vor allem die Anzahl der zu bewirtenden Personen ausschlaggebend. Darüber hinaus sind zu beachten:

- Die Größe und Grundfläche des Raumes, in den sich die Tafel harmonisch einordnen soll,
- der freie Raum um die Tafel herum, der so bemessen sein muss, dass Servicearbeiten während des Essens störungsfrei ausgeführt werden können.

Festliche Tafeln

Tafelformen · shapes of tables · façon (w) de tables

| runde Tafel 6–12 Personen | lange Tafel 10–12 Personen | Block 12–20 Personen | T-Tafel 16–26 Personen | U-Tafel 26–40 Personen | E-Tafel 40–60 Personen |

2.2 Tischwäsche

🇬🇧 table linen 🇫🇷 linge (m) de table

Zur Herstellung von Tischwäsche werden neben Mischgeweben vor allem Baumwolle und/oder Flachsgarne verwendet. Die entsprechenden Textilbezeichnungen sind **Baumwolle, Reinleinen** und **Halbleinen**.

Materialien

Baumwolle 🇬🇧 cotton 🇫🇷 coton (m)

Zur Reifezeit springen die walnussgroßen Fruchtkapseln des Baumwollstrauches auf. Aus ihnen quellen die Samenfasern in Form von Wattebäuschen heraus. Die Gewinnung der Fasern ist relativ einfach, woraus sich der günstige Preis für dieses Rohprodukt ergibt. Aus Ägypten kommt unter der Bezeichnung **Mako-Baumwolle** eine der besten Baumwollsorten.

Internationales
Baumwollsiegel

Das internationale Baumwollkennzeichen bürgt dafür, dass zur Herstellung der Ware ausschließlich Baumwollfasern verwendet wurden.

Verwendung zu Tischwäsche, Damast, Bettwäsche und Dekorstoffen. Besonders hervorzuheben ist die Unempfindlichkeit gegenüber Hitze, die beim Waschen (kochecht) und Bügeln von Bedeutung ist.

Baumwolle
- ist reiß- und nassfest
- ist saugfähig und kochecht
- ist geringfügig wärmend
- fusselt, läuft ein und knittert stark

Tischdamast aus Baumwolle

Leinen 🇬🇧 linen 🇫🇷 toile (w)

Die Leinenfaser wird aus den Stängeln der Flachspflanze gewonnen. Diese Naturfasern sind die Grundlage für das Gewebe Leinen, Leintuch oder Leinwand. Gewebt wird Leinen meist in der klassischen Leinwandbindung.

Flachsfaser
- ist reiß- und nassfest
- ist kochecht
- fusselt nicht, knittert stark
- hat einen natürlichen Glanz und wirkt kühlend

Verwendung
- Arbeitskleidung
- Gardinen, Vorhänge, Möbelstoffe und Frottierwaren
- Tisch- und Bettwäsche
- Hand- und Geschirrtücher
- Gläsertücher
- Dekorationsstoffe

Bei **Leinen** sind zwei Qualitätsstufen zu beachten.

Reinleinen heißt, dass das Gewebe nur aus Flachsgarnen besteht (100 %).

Halbleinen ist ein Mischgewebe aus Baumwolle (Kettfäden) und Flachsgarnen (Schussfäden), wobei der Flachsanteil mindestens 40 % vom Gesamtgewicht betragen muss.

Vliesstoff mit
Punktschweißung

Wirrfaservlies

Molton, gummiert

Molton mit Gummizug

Moltons gibt es auch aus weichem Kunststoff oder aus einseitig aufgerautem Baumwollstoff, der auf ein gummiartiges Material geklebt ist.

Die Größe der Tisch- und Tafeltücher muss der jeweiligen Tischoberfläche so angepasst sein, dass der Überhang über die Tischkanten allseitig etwa 25 bis 30 cm beträgt.

Vliesstoffe / Filze 🇬🇧 nonwovens 🇫🇷 nontissés

Vliesstoffe werden meist aus Chemiefasern hergestellt. Wegen ihrer besonderen Eigenschaften gewinnen sie im Gastgewerbe immer mehr an Bedeutung.

Vlies entsteht durch Verkleben.

Für Filz wird die Faser mechanisch bearbeitet. Diese Technik nennt man Walken.

Eigenschaften	Verwendung
leicht	Tischwäsche, Servietten und Sets
gut faltbar	Putz- und Poliertücher
gut durchlässig	Passiertücher
kostengünstig	Einwegwäsche (Tisch- und Bettwäsche)
vielseitig verwendbar	

Arten von Tischwäsche

Tischwäsche wird nach ihrer Zweckbestimmung unterschieden. Es gibt Tischtuchunterlagen, Tisch- und Tafeltücher, Decktücher und Servietten.

Tischtuchunterlagen/Moltons

Ursprünglich wurden diese Unterlagen aus beidseitig aufgerautem Baumwollstoff (Flanell) hergestellt. Wegen der flauschigen und weichen Beschaffenheit des Stoffes haben sie die Bezeichnung Moltons (frz.: mou, molle = weich).

Molton erhält den Halt auf der Tischfläche durch

- Bänder oder Klettverschlüsse, mit deren Hilfe er an den Ecken befestigt wird, ferner durch
- eingearbeitete Gummizüge, die sich über die Tischkante spannen.

Moltons dienen folgenden Zwecken:

- Die Oberfläche des Tisches ist gegen die Einwirkung von Hitze und Feuchtigkeit geschützt,
- das aufgelegte Tischtuch kann nicht verrutschen, und es wirkt „weicher" und „satter",
- das Einsetzen der Tischgeräte während der Mahlzeiten kann geräuscharm ausgeführt werden.

Tisch- und Tafeltücher

Sie bestehen im Allgemeinen aus strapazierfähigem Leinen oder Halbleinen und dienen dazu, der Tischoberfläche ein sauberes und gepflegtes Aussehen zu geben. Damit sie diesen Zweck erfüllen, müssen Tisch- und Tafeltücher, insbesondere beim Auflegen und Abnehmen, mit besonderer Sorgfalt gehandhabt werden (siehe in den nachfolgenden Abschnitten). Neben besonders festlich wirkenden weißen Tüchern werden oft auch bunte verwendet.

Decktücher oder Deckservietten

Decktücher sind kleine, etwa 80 × 80 cm große Tücher, die wegen ihrer Größe auch Deckservietten genannt und mit dem aus dem Französischen kommenden Fachwort als **napperon** bezeichnet werden.

Sie überdecken Tischtücher diagonal,
- um einen dekorativen Effekt zu erzielen, indem man z. B. auf eine weiße Tischdecke eine farbige Deckserviette auflegt,
- um diese entweder grundsätzlich zu schonen
- oder um diese bei geringfügiger Verschmutzung nicht sofort abnehmen und waschen zu müssen.

Servietten

Im Rahmen des Services unterscheidet man zwischen Mund- und Handservietten.

Mundservietten
Der Gast benutzt diese sowohl zum Schutz der Kleidung als auch zum Abwischen des Mundes. Das ist insbesondere vor dem Trinken wichtig, damit keine Speisereste an den Rand des Glases gelangen. Im anspruchsvollen Service sind die Mundservietten Teil der dekorativen Ausstattung von Menügedecken. Es ist selbstverständlich, dass zu diesem Zweck Stoffservietten verwendet werden. Mundservietten aus Papier und Zellstoff werden im einfachen Service aufgelegt.

Handservietten
Sie gehören zum Handwerkszeug des Servierpersonals und haben deshalb auch die Bezeichnung **Serviertücher**. Handservietten werden im gepflegten Service hängend über dem linken Unterarm getragen.
Handservietten dienen zu folgenden Zwecken:
- Schutz der Hand und des Armes beim Tragen von heißen Tellern und Platten,
- Vermeiden von Fingerabdrücken beim Tragen von Tellern und Besteckteilen,
- Umlegen um Flaschen als Tropfschutz bei der Entnahme aus Weinkühlern.

Reinigung und Pflege der Wäsche

Die beim Gebrauch verschmutzte Wäsche muss in regelmäßigen Abständen gereinigt und gepflegt werden. Wegen unterschiedlicher Materialeigenschaften sowie unterschiedlicher Reinigungs- und Pflegebedingungen gibt es zu diesem Zweck sehr verschiedenartige Hilfsmittel.

Sortieren der Wäsche
Die Wäsche wird vor dem Waschen nach Art und Beschaffenheit der Faser, dem Verschmutzungsgrad, der Farbechtheit und der Temperaturverträglichkeit sortiert.

Waschvorgang
Beim Waschen der Wäsche wirken vier Faktoren zusammen („Sinnerscher Kreis", siehe nächste Seite):
Chemie, Zeit, Temperatur und **Mechanik**.

> 🔴 Decktücher sollten nicht verwendet werden, um stark verschmutzte Tischtücher zu überdecken.

Servietten

Aus ästhetischen und hygienischen Gründen hat die Handserviette immer in einwandfreiem Zustand zu sein.

100 % Polyester
DACRON®
LINING/DOUBLURE
FUTTER/VOERING
100 % VISKOSE

VOLLWASCHBAR

PUR NEW WOOL
PURE LAINE VIERGE
REINE SCHURWOLLE
ZUIVER SCHEERWOL

LINING/DOUBLURE
FUTTER/VOERING:
100 % VISKOSE

Beispiele für eingenähte Etiketten mit Pflegekennzeichnung

- **Chemie** (Wasser und Waschmittel = Flotte) – Die Flotte soll den Schmutz vom Gewebe lösen und forttragen. Weiches Wasser schont die Wäsche, deshalb enthalten Waschmittel Enthärter.
- **Zeit** – Sie ist ausgerichtet auf den Verschmutzungsgrad und die Intensität des Waschmittels.
- **Temperatur** – Durch sie kommen die Komponenten in den Waschmitteln erst zur Wirkung. Die Temperatur ist auf die Art der Wäsche und des Waschmittels einzustellen.
- **Mechanik** – Sie ist erforderlich, um das Lösen des Schmutzes von der Wäsche zu beschleunigen. Dies wird erreicht durch Bewegung der Wäsche mit der Hand oder in der rotierenden Waschtrommel.

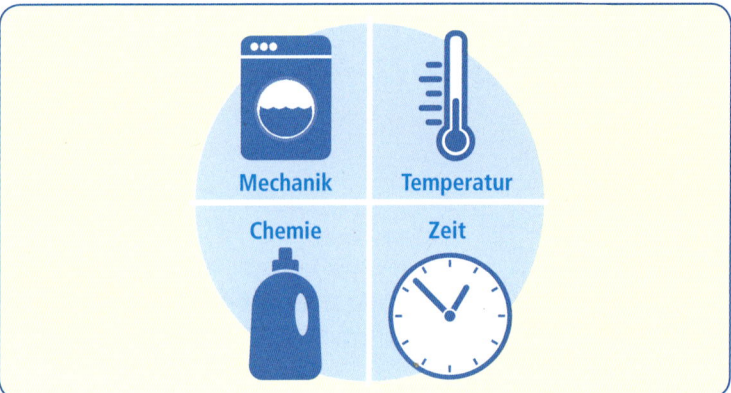

Der Waschvorgang gliedert sich bei Waschmaschinen in Vorwäsche, Hauptwäsche, Spülen und Schleudern. Dabei sind folgende Richtlinien und Hinweise zu beachten:

- Die Waschmaschine füllen, aber nicht überfüllen. Bei Überfüllung wird der Reinigungseffekt gemindert.
- Die Dosierung des Waschmittels richtet sich nach der Wäscheart, der Wäschemenge, dem Verschmutzungsgrad der Wäsche sowie der Wasserhärte. Diese kann beim Versorger (Wasserwerk) erfragt werden.

  - Eine zu geringe Dosierung kann zur Vergrauung der Wäsche führen.
  - Überdosierung hat eine zu starke Schaumbildung zur Folge, die sich hinderlich auf den Reinigungsprozess auswirkt.
  - Bei sehr weichem Wasser sind schaumbremsende Spezialmittel unerlässlich.
  - Bei wenig verschmutzter Wäsche bildet sich mehr Schaum als bei stark verschmutzter Wäsche.
  - Bei hartem Wasser ergibt sich ein höherer Waschmittelverbrauch, die Schaumbildung ist geringer.

Pflege- und Behandlungssymbole für Textilien

Die Behandlung von Textilien ist auf deren Eigenschaften abzustimmen. Zur Information sind die Textilien deshalb mit jeweils entsprechenden Pflegesymbolen ausgestattet.

Die nachstehenden und ähnliche Kennzeichnungen erleichtern die Zuordnung der Textilien zu jeweils artspezifischen Reinigungs- und Pflegeverfahren.

Waschen (Waschbottich) ⊔	Chloren (Dreieck) △	Tumbler-Trocknung (Trockentrommel) ☐	Bügeln Bügeleisen ⊿	Chemisch-Reinigung (Reinigungstrommel) ○
Normalwaschgang 〔95〕	Chlorbleiche möglich	Trocknen möglich normale Temperatureinstellung ⊙⊙	heiß bügeln ⊿•••	keine chemische Reinigung möglich
Normalwaschgang 〔60〕	△Cl		mäßig heiß ⊿••	
Normalwaschgang 〔40〕		Trocknen möglich herabgesetzte Temperatureinstellung ⊙	bügeln	⊗
Schonwaschgang 〔30〕	Chlorbleiche nicht möglich		nicht heiß ⊿•	
Handwäsche 〔✋〕	⊿△	Trocknen im Tumbler nicht möglich ⊗	bügeln nicht bügeln ⊠	
nicht waschen ⊠				
• Die in den Waschbottichen angegebenen Temperaturen dürfen nicht überschritten werden. • Der Strich unter einem Waschbottich weist darauf hin, dass beim Waschen eine schonende mechanische Einwirkung anzuwenden ist (Schonwaschgang).			• Die Punkte weisen auf die Temperaturbereiche beim Bügeln hin.	

Waschen, Trocknen und Glätten

Waschen

Die Wäsche wird nach folgenden Gesichtspunkten sortiert (siehe Pflegekennzeichen):

- Temperaturverträglichkeit • Farbe
- mechanische Belastbarkeit

Daraus ergeben sich folgende Kombinationen:

〔95〕 **Kochwäsche**
- weiße und farbechte Wäschestücke aus Baumwolle, Leinen und Halbleinen, Vollwaschmittel

〔60〕 **Heißwäsche**
- nicht farbechte Buntwäsche aus Baumwolle, Leinen und Halbleinen
- weiße Wäschestücke aus Chemiefasern (z. B. Hemden und Blusen); Feinwaschmittel

〔40〕 **Feinwäsche**
- Wäsche aus Seide und synthetischen Fasern. Bei Mischgeweben ist das empfindlichste Gewebe ausschlaggebend, Feinwaschmittel

〔30〕 **Feinwäsche**
- Gardinen, Stores und andere sehr feine Gewebe, Feinwaschmittel

〔30〕 **Wolle**
- alle Wollwaren aus reiner Schurwolle und mit dem Hinweis „filzt nicht". Wollwaren ohne diesen Hinweis sollten besser von Hand gewaschen oder chemisch gereinigt werden. Wollwaschmittel verwenden!

Trocknen, Glätten und Legen der Wäsche
Beim Schleudern wird das meiste Wasser abgesondert.

Durch Glätten erhält die Wäsche ein glattes und gepflegtes Aussehen. Dabei wird unterschieden:
- Bügeln (Bügeleisen) • Mangeln
- Pressen (Dampfpressautomaten).

Pflegekennzeichen

Die Wäsche muss auch beim Bügeln entsprechend ihrer Temperaturverträglichkeit sortiert werden. Die Pflegekennzeichen sind unbedingt zu beachten.

Bei Mischgeweben ist die temperaturempfindlichste Faser ausschlaggebend.

Stark beansprucht:*
Spitze des Löffels

Stark beansprucht:*
Aufliegefläche des Stiels

Stark beansprucht:*
Aufliegefläche der Laffe

*Das Silber wird so umverteilt, dass eine
Verstärkung der Silberschicht um
100 % entsteht.

Verstärkung der Silberschicht
bei Patentsilber

Chromstahl →
Legierung mit Chrom
Chromnickelstahl →
Legierung mit Chrom
und Nickel

© Loick Biowertstoff GmbH, Dorsten

Bestecke aus biologisch abbaubaren
Granulat

2.3 Bestecke 🇬🇧 cutlery 🇫🇷 couverts (m)

Mit einer zunehmenden Kultivierung der Essgewohnheiten setzte sich der
Gebrauch von unterschiedlichen Bestecken durch.

Material

Abgesehen von Bestecken mit Holzgriffen, die wegen des häufigen
Spülens für gastgewerbliche Zwecke nicht geeignet sind, bestehen
Bestecke im Allgemeinen aus Metall.

Versilberte Bestecke

Silberbesteck ist teuer und wird deshalb selten verwendet. Um aber auf
den Glanz dieses edlen Metalls nicht verzichten zu müssen, werden
Bestecke versilbert. Bei versilbertem Besteck erhält ein Metallkern eine
Silberauflage in unterschiedlicher Dicke, die an stark beanspruchten
Stellen häufig zusätzlich verstärkt wird. Bei dreifach verstärkter Auflage
spricht man von **Patentsilber** (s. Abb.). Die Kennzeichnung 80, 90 oder
100 bedeutet, dass für 24 dm^2 Besteckoberfläche entsprechende Mengen
Silber in Gramm verwendet wurden (je höher die Zahl, desto dicker die
Silberschicht).

Edelstahlbesteck

Das am häufigsten verwendete Grundmaterial ist Stahl, weil er genügend
stabil und hart ist. Um das Rosten zu verhindern, wird der Stahl veredelt
(**Edelstahl**). Darüber hinaus wird die Festigkeit durch Legieren mit anderen Metallen erhöht. Neben den Kennzeichnungen „rostfrei" oder „stainless" geben die Einprägungen 18/8 oder 18/10 Hinweise auf die Art der
Legierung: 18 % Chromanteile sowie 8 bzw. 10 % Nickel. Bestecke mit
der Bezeichnung 18/0 verfügen zwar über 18 % Chromanteil, jedoch über
keine Nickelanteile. Sie sind anfälliger gegenüber stehender Feuchtigkeit
und scharfen Reinigungsmitteln. Sie rosten schneller.

Bestecke aus Kunststoffen

Vor allem im Außer-Haus-Geschäft spielen Bestecke aus Kunststoffen eine
große Rolle. Auf Grund ihres niedrigen Anschaffungspreises können sie
dem Gast zum einmaligen Gebrauch überlassen werden.

Bei Streetfood- und auch großen Freiluftveranstaltungen wie Stadtfesten
oder Open-Airs ist aus logistischen Gründen die Verwendung von Mehr-
wegbestecken meist nicht möglich, wenn beispielsweise keine Spülmög-
lichkeiten zur Verfügung stehen. Neben den reinen Kuststoffbestecken
werden Bestecke aus nachwachsenden Rohstoffen wie Mais (Maisstärke),
Bambus und Holz verwendet.

Das verwendete Besteck muss hitzestabil bis 90 °C sein, darf nicht leicht
zerbrechen, und muss widerstandsfähig gegen leichte Säuren (wie Zitronensäure) sein.

Bei der Lagerung ist zu beachten:
- Kunststoffbestecke nicht der Sonneneinstrahlung aussetzen, da sie
  dadurch schnell spröde werden.

- Bestecke aus nachwachsenden Rohstoffen nicht feucht lagern. Bambus und Holzbestecke können von Schimmel befallen werden.

Bei der Entsorgung ist zu beachten:

- Kunstoffbestecke sind nicht natürlich abbaubar, können aber dem Recyclingsystem zugeführt werden.
- Bestecke aus nachwachsenden Rohstoffen belasten die Umwelt nicht und können unkompliziert entsorgt werden.

Arten und Einsatz

Im Angebot der Gastronomie sind Besteckteile unterschiedlicher Qualität. Für Messer gibt es unterschiedliche Herstellungsverfahren: **Hohlheftmesser** und **Monoblockmesser** (weitere Infos auf unseren Webseiten).

Grundbesteck

Zum Grundbesteck gehören Messer, Gabeln und Löffel, die es in drei verschiedenen Größen gibt. Die *Größe des Bestecks* richtet sich nach dem Volumen der Speise bzw. nach der Größe des Tellers, auf dem die Speise angerichtet ist. In jedem Fall muss aus optischen Gründen die Verhältnismäßigkeit der Größen gewährleistet sein.

Die Wahl eines Bestecks steht in enger Beziehung zu der jeweiligen Art der Speise:

Speisenspezifische Verwendungszwecke für Bestecke		
Großes Besteck (Tafelbesteck)	**Mittelbesteck (Dessertbesteck)**	**Kleines Besteck**
Löffel • für Suppen mit grober Einlage, die in tiefen Tellern angerichtet werden • zum Vorlegen von Speisen, die geschöpft werden können (z. B. Erbsen, Karotten, Reis, Kartoffelpüree und Saucen)	**Messer** • für das einfache Frühstück • auf dem Beiteller für Brot und Butter **Löffel** • für Suppen in Suppentassen • für Frühstücksspeisen	**Löffel** • für Suppen in kleinen Spezialtassen • für cremige Speisen in Gläsern oder Schalen, sofern sie keine festen Bestandteile enthalten • für Quarkspeisen oder Joghurt zum Frühstück
Löffel und Gabel • für selbstständige Gerichte aus Spaghetti • als Vorlegebesteck für Speisen, die mit zwei Bestecken aufgegriffen werden müssen	**Löffel und Gabel** • für Teigwarengerichte, wie Ravioli, Cannelloni und Lasagne • für Desserts, die auf Tellern angerichtet sind, wie Crêpes, Obstsalat, Parfait mit Früchten	**Löffel und Gabel** • für Vorspeisen und Nachspeisen in Gläsern oder Schalen, die in kleingeschnittener Form feste Bestandteile enthalten (z. B. Krabben- oder Gemüsecocktail, cremige Speisen mit Früchten, Früchte in Gelee, Salat von frischen Früchten)
Messer und Gabel • für Hauptspeisen jeglicher Art, sofern das Schneiden erforderlich ist (siehe Fischbesteck)	**Messer und Gabel** • für Vorspeisen und Zwischengerichte • für Frühstücksspeisen (Wurst, Käse, Schinken, Melone) • für Käse als Nachspeise	

Systembestuck

① Tafellöffel
② Tafelmesser
③ Fischmesser
④ Tafelgabel
⑤ Vorspeisen-, Dessertlöffel
⑥ Brotmesser, Buttermesser
⑦ Kuchengabel
⑧ Kaffeelöffel

großer Löffel — Suppenteller

Mittellöffel — Suppentasse

Kaffeelöffel — Spezial-Suppentasse

Verwendung des Löffels

Hotel-Systembesteck

Hotel-Systembesteck ist ein Bestecksortiment, bei dem Art und Größe der Bestecke so gewählt sind, dass sie in verschiedenen Kombinationen und für verschiedenartige Zwecke verwendet werden können. Aufgrund dieser Vereinfachung reduziert sich die Vielfalt der im Einsatz befindlichen Besteckteile.

Die Besteckteile mit den Nummern 5 bis 8 genügen, um Vorspeisen- und Dessertgedecke mit unterschiedlichen Volumen bzw. Größen durch jeweils entsprechende Kombinationen sachgerecht ausstatten zu können.

Beispiel

Die Tafelgabel ist

- einerseits so groß, dass sie für Hauptgerichte ausreicht und gleichzeitig auch für Vorspeisen und Desserts noch angemessen ist,
- andererseits so breit, dass sie auch als Fischgabel eingesetzt werden kann.

Spezialbestecke

- **Fischbesteck**
  Das Fischbesteck ist für Speisen von Fisch sowie Schalen- und Krustentieren geeignet, sofern diese aufgrund ihrer Verarbeitung eine weiche Beschaffenheit haben und nicht geschnitten werden müssen.
  Sonst sind Mittelmesser und Mittelgabel einzudecken, z. B. bei

  - mariniertem Fisch: Matjeshering, Bismarckhering und Rollmops,
  - geräuchertem Fisch: Lachs, Aal und Heilbutt,
  - größeren Stücken von Krebstieren: Hummer, Languste.

- **Austerngabel**
  Mit der Austerngabel werden die frischen Austern aus der Schale herausgelöst. Nach klassischer Art ist es erlaubt, die Austern aus der Schale zu schlürfen.

- **Steakmesser**
  Um das gebratene Steakfleisch einfach und sauber durchschneiden zu können, ist das Steakmesser mit einem Wellen- oder Sägeschliff versehen. Bei Bestellung eines Steaks wird es gegen das Tafelmesser ausgetauscht.

Hilfsbesteck

- **Kaviarlöffel und Kaviarmesser**
  Mit dem Löffel wird der Kaviar auf den Toast vorgelegt und mit dem Messer verteilt. Weil Metalle den Geschmack des Kaviars verändern, sind die Bestecke meist aus Horn oder Perlmutt.

- **Hummergabel**
  Mit der **Hummergabel** wird das Fleisch aus den Scheren und Beingliedern herausgezogen und auf den Teller vorgelegt.
  Damit das möglich ist, bricht der Koch die Scheren an. Das zugehörige Essbesteck ist entweder das Fisch- oder das Mittelbesteck.

  Die **Hummerzange** wird nur dann von den Restaurantfachkräften benötigt, wenn die Krustentiere rustikal (unzerteilt und und aufgebrochen) angerichtet sind.

- **Schneckenzange und Schneckengabel**
  Die Schneckenzange dient dazu, das heiße Schneckenhaus aufzunehmen und zu halten (linke Hand). Mit der Schneckengabel wird die Schnecke aus dem Haus genommen und auf einem Löffel vorgelegt (rechte Hand). Die Butter aus dem Schneckenhaus wird dazugegossen.

  Werden Schnecken in einer Schneckenpfanne serviert, ist lediglich ein Kaffeelöffel oder eine kleine Gabel erforderlich. Die Butter wird in diesem Falle mit Brot aus den Vertiefungen getunkt.

- **Krebsbesteck**
  Das Krebsbesteck dient zum Aufbrechen von Krebspanzer und Scheren. Durch das Loch in der Messerschneide steckt man die Scherenspitzen, bricht diese ab. So kann das Fleisch leicht aus der Schere gezogen werden.

Serviergeräte

- **Saucenlöffel**
  Der Saucenlöffel dient den Servicemitarbeitern zum Vorlegen von Saucen. Außerdem kann er in Verbindung mit der Sauciere eingesetzt werden.

- **Tranchierbesteck**
  Das Tranchierbesteck wird zum portionsgerechten Zerteilen größerer Bratenstücke verwendet. Nur mit einem besonders scharfen Messer lassen sich gute Ergebnisse erzielen. Zum Festhalten des Fleischstückes wird die Tranchiergabel nur aufgelegt und nicht in das Fleisch eingestochen.

- **Salatbesteck**
  Zum Mischen von Frischsalaten und zum Vorlegen aller Salatarten verwendet man an Stelle der Tafelbesteckteile das größer gehaltene Salatbesteck.

- **Käsemesser**
  Beim Käsemesser ist die Klinge mit Kuhlen versehen. Diese verhindern, dass die abgeschnittenen Käsescheiben an der Messerklinge haften. Die Gabelspitzen am Messerrücken dienen zum Vorlegen.

- **Spargelheber**
  Der Spargelheber ist mit Rillen versehen, die das Abgleiten der Spargelstangen verhindern. Die breite Auflagefläche verhindert das Abknicken der Spargelstangen.

Handhaben im Service

Bestecke sollen in ästhetisch einwandfreiem Zustand bleiben. Deswegen sind sie pfleglich zu behandeln. Löffel und Gabeln sollten stets mit den Wölbungen ineinander und nicht gegeneinander liegen.

Nachpolierte Bestecke sind so zu handhaben, dass Fingerabdrücke möglichst vermieden werden. Deshalb gilt:
- Bestecke dürfen niemals in der bloßen Hand getragen werden.
- Beim Aufnehmen und Ablegen am Tisch greift man mit Daumen und Zeigefinger an den schmalen Seitenflächen.
- Das Berühren der nach oben gerichteten Sichtflächen ist unbedingt zu vermeiden.

Reinigung und Pflege

An die Bestecke werden hohe Anforderungen gestellt (Ästhetik, Hygiene). Das ist verständlich, denn die meisten Bestecke kommen in irgendeiner Form mit Speisen, die speziellen Essbestecke außerdem mit dem Mund des Gastes in Berührung. Daraus ergibt sich für den Service die Verpflichtung, Bestecke nur in tadellosem Zustand zu verwenden.

Grundlegende Reinigung

Benutzte Besteckteile getrennt, d. h. Messer, Gabeln und Löffel in verschiedene Besteckspül-Köcher stehend einsortieren. Die Messer müssen stets mit der Klinge nach oben im Köcher stehen. Zum Vorreinigen werden die Besteckteile in den Köchern stehend mit der Spülbrause vorgeduscht. Die Besteckköcher sollten dabei nicht überladen werden, da sonst die Besteckdichte ein einwandfreies Reinigen verhindert.

Beim Tragen von Besteckteilen gelten folgende Regeln:
- Beim Mise-en-place dürfen Bestecke auf einer in der Hand liegenden Serviette getragen werden,
- bei Anwesenheit von Gästen ist in jedem Fall eine Unterlage, entweder ein mit Serviette belegter Teller oder ein Tablett zu verwenden.

Spülmaschine

Ein Nachpolieren beim Einsatz von Besteckpoliermaschinen entfällt.

Nach dem Einschieben in die Maschine beginnt der gewählte Spülvorgang. Durch eine richtige Dosierung des Spülmittels (manuell oder vollautomatisch) und besonders heißes Nachspülen erhält man **meist** schlieren- und fleckenfreies Besteck. Das übliche Nachpolieren ist unumgänglich und dies birgt dann wieder ein hygienisches Risiko.

Das Besteck wird im gewaschenen und nassen Zustand eingelegt.

Bestecke durchlaufen einen spiralförmigen Aufstieg, ein Granulat trocknet und poliert die Besteckteile.

Eine spezielle UVC-Lampe sterilisiert das Besteck sowie das Granulat.

Glänzendes Besteck verlässt die Maschine und kann nach dem Auffangen ordnungsgemäß sortiert werden.

2.4 Gläser 🇬🇧 glass-ware 🇫🇷 verres (m)

Die Herstellung von Glas und seine Verarbeitung zu Trinkgläsern war in Ägypten bereits 1500 v. Chr. bekannt. In Syrien wurde um die Zeitenwende die sogenannte Glasmacherpfeife erfunden, die das Mundblasen von Gläsern ermöglichte und den beschleunigten Aufschwung des Glasmachergewerbes zur Folge hatte.

Material

Glas ist ein Schmelzprodukt aus verschiedenartigen Materialien, das durch Abkühlung erstarrt. Zur Herstellung verwendet man:
- als Hauptbestandteil Quarz bzw. Quarzsand, der chemisch aus Kieselsäure besteht,
- als Beimischung unterschiedliche Metalloxide, z. B. Natrium (Natron), Kalium (Kali), Magnesium und Blei.

Auswahlkriterien

Gläser, die im Pressverfahren produziert sind, werden im Allgemeinen nur für einfache Getränke verwendet, z. B.:
- Wasser, Milch und Limonaden,
- Schoppenweine und einfache Schnäpse.

Geblasene bzw. Kristallgläser lassen höherwertige Getränke besser zur Geltung kommen, z. B.:
- hochwertige Säfte und hochwertige Spirituosen,
- Qualitätsweine.

Formen und Arten der Gläser

Grundlegende Gläserformen

In Bezug auf die Grundform unterscheidet man:
- **Bechergläser**, die im Allgemeinen für einfache Getränke verwendet werden, z. B. für Wasser, Bier, klare Spirituosen,
- **Stielgläser**, die im Vergleich zu den Bechergläsern eleganter wirken, für höherwertige Getränke, z. B. für Wein, Schaumwein, Cognac, Liköre, Cocktails.

Getränkespezifische Formen der Gläser

Hochwertige Getränke haben Eigenschaften, die erst durch eine besondere Form des Glases richtig zur Geltung kommen.

Getränke mit besonderen Duftstoffen
Ein typisches Getränkebeispiel ist der **Wein**. Der Kelch des Glases ist zum Rand hin verjüngt, sodass die Duftstoffe oberhalb der Glasöffnung zusammengeführt und nicht wie beim geöffneten Kelch zerstreut werden.

Getränke mit viel Kohlensäure
Typische Getränke sind **Schaumwein** und **Bier**. Das Glas hat eine schlanke, hohe Form, sodass die frei werdende Kohlensäure aufsteigend auf einem langen Weg sichtbar ist. Die niedrige und breite Sektschale ist unter diesem Gesichtspunkt ungeeignet.

Weingläser
🇬🇧 wine glasses 🇫🇷 verres (m) à vin

Sherryglas Rheinweinglas Moselweinglas

Römerglas Bordeauxglas Burgunderglas

Schaumweingläser
🇬🇧 champagne glasses
🇫🇷 verres (m) à champagne

Sektspitz Flöte Sektkelch

Sektkelch Sektschale

Beschädigte Gläser müssen aussortiert werden.

Biergläser

🇬🇧 beer glasses 🇫🇷 verres (m) à bière

| Becher | Tulpe | Kelch |

Bargläser

🇬🇧 bar glasses 🇫🇷 verres (m) de bar

| Hoher Tumbler
Longdrinks | Tumbler
Whisk(e)y | Stamper
Klare
Spirituosen |

| Schwenker
Weinbrand/
Cognac | Spirituosenglas
Geiste | Schale
Likör/
Cocktail |

Reinigung und Pflege

Wenn man bezüglich der Sauberkeit bei Tafelgeräten überhaupt von einer Abstufung sprechen kann, dann sind an die Sauberkeit von Gläsern die höchsten Anforderungen zu stellen. Dafür gibt es wichtige Gründe:

- Selbst Spuren von Schmutz (Fett, Staub, Spülmittelreste) fallen bei Licht besonders auf.
- Sie stören bei hochwertigen und feinen Getränken den Geschmack und das Bukett.
- Fettspuren an Biergläsern mindern beim Zapfen die Ausbildung der Schaumkrone oder sie zerstören diese nachträglich.

Grundlegende Reinigung

Gläser nach Gebrauch so schnell wie möglich spülen. Eingetrocknete Getränkereste erschweren das Reinigen. Getränke- und Garniturreste von Getränken vor dem Beschicken der Spülmaschine entfernen. Nach dem Spülen den Spülkorb mit den Gläsern sofort aus der Maschine nehmen.

Nach dem Spülgang trocknen die Gläser innerhalb kürzester Zeit, da das Wasser auf dem angewärmten Glas rasch verdampft.

Weil bei richtig dosiertem Klarspüler an den Gläsern keine Wasserflecken zurückbleiben, ist das Nachpolieren nicht nötig. Dadurch werden keine Bakterien durch das Poliertuch übertragen.

Beim Einräumen in die Schränke werden die Gläser optisch auf Sauberkeit kontrolliert.

Lagerung der Gläser

Gläser lagert man möglichst in geschlossenen Schränken mit dem Mundrand nach oben. Gläser dürfen niemals ineinander gestapelt werden. Sie sollen auch nicht hängend über der Theke gelagert werden, da Dunst und Raumluft sich im Kelch niederschlagen.

Handhaben im Service

Sowohl beim Mise-en-Place als auch während des Services dürfen Gläser niemals im Trinkbereich angefasst werden. Es ist insbesondere zu vermeiden, in das Glas hineinzugreifen oder es vom oberen Rand her mit den Fingern zu umfassen, **auch nicht beim Ausheben von geleerten Gläsern**.

Stielgläser werden zwischen Daumen sowie Zeige- und Mittelfinger erfasst.

Gläser werden im Allgemeinen auf einem Tablett getragen, wobei die Anzahl so zu begrenzen ist, dass sie nicht aneinanderstoßen. Ein untergelegtes Tuch verhindert das Rutschen. Stielgläser werden beim Mise-en-Place ausnahmsweise zwischen den Fingern der linken Hand hängend getragen, bei Anwesenheit von Gästen aus optischen Gründen jedoch nicht mehr als vier Gläser.

Handhaben im Service

2.5 Porzellangeschirr 🇬🇧 china 🇫🇷 porcelaine (w)

Das Ursprungsland der Porzellanherstellung ist China. Seitdem die Holländer im 13. Jahrhundert chinesisches Porzellan nach Europa einführten, wurden hier viele Versuche der Nachahmung unternommen.

Eigenschaften

Für den **Porzellankörper** werden die Rohstoffe Kaolin, Quarz und Feldspat verwendet. Je nach der Zusammensetzung und der Art des Brennens erhält man
- hartes oder weiches Porzellan,
- feuerfestes oder nicht feuerfestes Porzellan.

Bezüglich der **Form** gibt es neben gradlinigem, stapelbarem Porzellan auch solches, das sich durch individuell gestaltete, teilweise künstlerisch hochwertige Formen auszeichnet. Rein weißes und buntes Porzellan wird auch mit mehr oder weniger aufwendigem **Dekor** versehen.
Man unterscheidet bei Dekor:
- Randdekors in Form von Linien, Streifen und Bildmotiven (Monogramme oder Vignetten),
- Flächendekors in Form von Blumen, Ranken und anderen Motiven,
- Auf- oder Unterglasurdekors, je nachdem, ob diese vor oder nach dem Glasieren aufgebracht wurden.

Auswahlkriterien für Hotelporzellan

Weil Hotelporzellan stark belastet wird, bevorzugt man:
- hartes Porzellan, um Beschädigungen und Verluste durch Bruch möglichst niedrig zu halten,
- harte Glasuren sowie Unterglasurdekors, weil sie gegenüber den mechanischen Einwirkungen beim Essen und Spülen unempfindlicher sind,
- feuerfestes Geschirr, das zum Garen und Überbacken (z. B. auch beim Kochen am Tisch) und zum heißen Anrichten von Speisen unerlässlich ist.

Für die Auswahl von Form und Dekor gelten:
- Für den täglichen Gebrauch werden **stapelbare** und deshalb **raumsparende** Formen sowie schlichte Dekors bevorzugt.
- Für den anspruchsvollen Service, insbesondere zu festlichen Anlässen, kann auf individuell gestaltete Formen sowie auf besonderes Dekor nicht verzichtet werden.

Arten und Einsatz von Porzellangeschirr

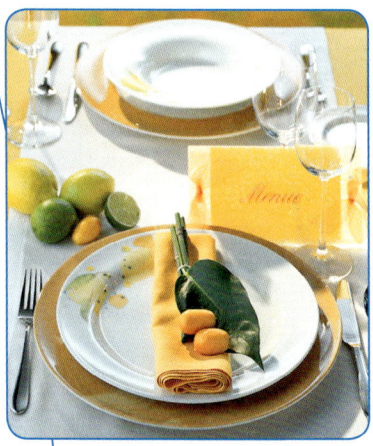

Porzellan

Die **Glasur** gibt dem Porzellan eine glatte, versiegelte Oberfläche, die vor eindringender Feuchtigkeit schützt und die Reinigung wesentlich vereinfacht. Je nach Material und Art des Brennens gibt es *harte* und *weiche* Glasuren.

Werden Speisen in tiefen Tellern serviert, setzt man zum sicheren Tragen die tiefen Teller auf flache Teller.

Tiefe Teller ⌀ 26 cm/⌀ 23 cm
Diese Teller, auch Suppenteller genannt, werden für Speisen verwendet, bei denen ein etwas höherer Tellerrand erforderlich ist, z. B. für:

- Suppen mit stückigen Einlagen (Gemüse, Hülsenfruchte, Teigwaren, Reis, Muscheln und Fisch) sowie Eintopfgerichte,
- Spaghetti und andere Teigwarengerichte,
- Frühstücksgerichte (Cornflakes, Porridge, Müsli),
- Salatvariationen,
- warme Desserts.

Tiefe Teller werden außerdem als Ablageteller für nicht verzehrbare Speisenteile verwendet, insbesondere dann, wenn es sich um größere Mengen handelt, z. B. Muschelschalen oder Krustentierpanzer.

Flache Teller ∅ 28 cm/∅ 26 cm

∅ 28 cm, auch Grillteller genannt; für komplette Gerichte. Zubereitungen aus Fleisch, Fisch oder Geflügel werden mit den dazugehörigen Beilagen auf diesen Tellern angerichtet (Tellerservice).

∅ 26 cm, auch Fleisch- oder Gedeckteller genannt; auf ihnen werden meist separat angerichtete Speisen am Tisch vorgelegt. Sie finden aber auch beim Tellerservice Verwendung.

Vorspeisenteller ∅ 23 cm

Für kalte und warme Vorspeisen; für Frühstücksbüfett.

Mittelteller ∅ 19 cm

auch Dessertteller genannt; für Zwischengerichte, Salate, Käse, Gebäck, Kuchen, Desserts, als Frühstücksteller und Ablageteller.

Kleine Teller/Brotteller ∅ 15 cm

für Brot, Brötchen, Toast, Butter, eventuell als Ablageteller.

Platzteller ∅ 31 cm

Platzteller sind große dekorative Teller, die den Gedeckplatz während des Essens ausfüllen und auf die jeweils die Teller der Speisenfolge aufgesetzt werden. Sie werden bereits beim Eindecken des Tisches bzw. der Tafel eingesetzt und frühestens nach dem Hauptgang wieder ausgehoben. Damit der dekorative Rand des Tellers sichtbar bleibt, sind Platzteller größer als der größte aufgesetzte Teller. Deckchen schützen die Oberfläche der Platzteller, außerdem können andere Gedeckteile dann geräuscharm aufgesetzt werden.

Suppentassen 0,2 l/0,1 🇬🇧 soup bowls 🇫🇷 tasses (w) à soupe

mit Henkeln, für gebundene und klare Suppen mit Einlage (z. B. Leberklößchen, Markklößchen). Kleine Spezialtassen für exotische Suppen und Essenzen.

Getränketassen 0,15 l/0,2 und weniger 🇬🇧 Coffee cups 🇫🇷 tasses (w) à café

mit unterschiedlichen Formen und den dazu passenden Untertassen für Kaffee, Tee, Schokolade und Milch; desgleichen Mokka- und Espressotässchen.

Platten 🇬🇧 serving dishes 🇫🇷 plats (m)

in ovaler oder rechteckiger Form für Fleisch, in langovaler Form für Fisch und in runder Form vorwiegend für Gemüse.

Saucieren 🇬🇧 sauce boats 🇫🇷 saucières (w)

unterschiedlicher Größe und Formen, teilweise mit Gießer, für warme und kalte Saucen sowie für flüssige und geschlagene Butterarten.

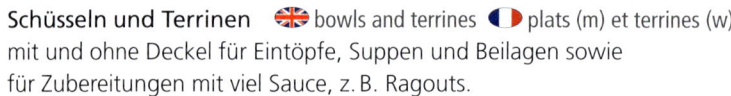

Schüsseln und Terrinen 🇬🇧 bowls and terrines 🇫🇷 plats (m) et terrines (w)

mit und ohne Deckel für Eintöpfe, Suppen und Beilagen sowie für Zubereitungen mit viel Sauce, z. B. Ragouts.

Kännchen 🇬🇧 small can 🇫🇷 burette (w)

mit und ohne Deckel, in Form und Größe verschieden für Kaffee, Tee, Schokolade und Milch; außerdem Gießer für Kaffeesahne zu den Aufgussgetränken.

Backformen 🇬🇧 baking molds 🇫🇷 moules (m) de cuisson

Backformen oder Kokotten, rund und oval, zum Anrichten von Fisch, Fleisch und Gemüse. Zum Gratinieren von Teigwaren, zum Backen von Kartoffeln und Überbacken von Gemüsen.

Eierplatten 🇬🇧 egg dishes 🇫🇷 plats (m) pour les oeufs

oder Eierpfannen zum Anrichten von Eierspeisen und zum Zubereiten und Servieren von Spiegeleiern.

Schneckenpfannen 🇬🇧 snail platters 🇫🇷 plats (f) à escargots

Flache Geschirre mit halbkugelförmigen Vertiefungen, in welche vorbereitete Schnecken gelegt und im Ofen erhitzt werden.

Sonstige Teile

Schalen oder Schälchen für Zucker, Konfitüre, Marmelade, Kompott, Fisch- oder Muschelragout, Apfelmus, geschnittene Kräuter oder Zwiebelwürfelchen; Fingerschalen; Stövchen; Fondueteller, Austernteller.

Wenn sich feste Menüfolgen auflösen und Fingerfood oder „Flying Büfetts" den kulinarischen Teil bestimmen, wird der Wunsch nach individuellem Geschirr laut. Hierfür bieten sich die Minikompositionen aus Glas und Porzellan im Kleinformat an.

Auflaufformen

oder Souffléschalen zum Backen und Servieren von Aufläufen aller Art.

Kasserollen

oval mit Deckel zum Fertigstellen von Spezialgerichten. Die halbfertigen Zubereitungen kommen in die Geschirre (z. B. Geflügel), werden darin fertig gegart und auch serviert.

Die aus **feuerfestem Porzellan** hergestellten Geschirre dienen hauptsächlich zum Zubereiten und Fertigstellen von Speisen, da die Gerichte auch darin serviert werden.

Kein anderer Ausstattungsgegenstand in der Gastronomie hat sich so gewandelt wie das Porzellan. Moderne Formen von Näpfchen, Schälchen, Tellern, die gravierend von der bekannten Form abweichen, lassen sich in flexibler Weise miteinander kombinieren und fordern von der Küche eine kreative Anrichteweise. Es entsteht für die Gäste ein neues faszinierendes Ambiente.

Feuerfestes Porzellan/Keramik

Kleinteile

Reinigung und Pflege des Porzellans

Porzellan wird bei 60 °C gereinigt und aus hygienischen Gründen bei 80 °C nachgespült. Die dabei entstehende Wärmereserve lässt das Geschirr selbstständig trocknen. Sauberes Porzellan muss frei von Wasserschlieren und Fettfilm sein.

Schadhafte Geschirrteile werden aussortiert. Bei Tassen, Kännchen und Kannen können sich an Henkelansätzen Rückstände ablagern. Darum kontrolliert man sorgfältig.

Viele Häuser haben ein ausgefeiltes System zum Lagern und Transportieren von Geschirr. Dazu verwendet man sinnvollerweise Transportbehälter im Verbund mit Euro-Paletten oder fahrbare Regalgestelle. Diese Lagerungsart von Porzellan erlaubt eine schnelle Bestandsüberwachung und schützt Tassen und Teller vor Beschädigungen.

Menage

Rechaudplatten

Cloche

2.6 Sonstige Tisch- und Tafelgeräte

🇬🇧 table equipment 🇫🇷 appareils (m) de table

Neben den grundlegenden Geräten, wie Bestecke, Gläser und Porzellan, gibt es solche, die beim Servieren von Speisen ganz bestimmte Zwecke erfüllen.

Menagen 🇬🇧 ondiments 🇫🇷 ménages (m)

Menagen sind Tischgestelle für Essig und Öl, für Salz, Pfeffer, Paprika und andere Gewürze. Behältnisse für Senf und Würzsaucen sowie Pfeffermühlen und Zuckerstreuer zählen auch dazu.

Tägliche Pflege von Menagen

Salz- und Pfefferstreuer, Zuckerstreuer
- Glaskörper feucht abwischen und polieren
- verstopfte Löcher mit Zahnstocher „öffnen"
- nachfüllen (höchstens zwei Drittel)

Pfeffermühlen
- trocken abwischen, auffüllen

Senftöpfe
- leeren, reinigen, wieder füllen
- mit etwas Essig beträufeln, um das Austrocknen der Oberfläche zu verhindern

Essig- und Ölflaschen
- feucht abwischen und trockenreiben

Würzsaucen
- Flaschenverschluss und Flaschenmund reinigen
- verschmierte und verkrustete Reste abwaschen
- Flaschen feucht abwischen und trockenreiben

Reibkäse/Parmesan
- entleeren und Glaseinsatz waschen

Tischgeräte für spezielle Zwecke

Spezielle Geräte für den Speisenservice sind:
- Rechauds, Clochen und Chafing-Dishes zum Warmhalten von Speisen
- Tranchierbretter, Tranchierbestecke und Flambierrechauds für das Arbeiten am Tisch des Gastes
- Fingerschalen bzw. Fingerbowlen zum Reinigen der Finger

Rechauds dienen dem Warmhalten von Speisen und Getränken am Tisch des Gastes. Es werden hauptsächlich vorheizbare Wärmespeicherplatten eingesetzt.

Clochen, halbkugelförmige Abdeckhauben, zum Warmhalten angerichteter Speisen während des Transportes aus der Küche. Clochen werden aber auch als Geruchs-, Aroma- oder Abtrocknungsschutz verwendet. Clochen stets gut erwärmt benutzen.

Chafing-Dishes bewähren sich überall dort, wo Speisen über längere Zeit warmgehalten werden müssen, z. B. am Frühstücks- oder Lunchbüfett, sowie bei festlichen Büfetts mit warmen Speisen. Heißes Wasser im unteren Bereich des Gerätes ist der Wärmeträger. Die Beheizung erfolgt mittels Brennpasten, nachfüllbaren Gasbrennern, elektrischen Tauchsiedevorrichtungen oder Heizplatten. Anstatt heißem Wasser können die Geräte auch mit Kühlkissen versehen werden, um Speisen kühl zu halten. Die Geräte sind in rechteckiger oder in runder Form erhältlich und können auch durch ein Zusatzprogramm zu einer Suppen oder Saucenstation umfunktioniert werden.

Chafing-Dish

Saft-, Milch- oder Müslispender, oft auch unter der Bezeichnung „Dispenser" bekannt, sind wichtige Geräte bei der Präsentation und Sauberhaltung von Frühstücks- und Brunchbüffets. Mit deren Hilfe können die Lebensmittel bequem dosiert werden.

Tranchierbretter mit umlaufender Saftrille und napfartiger Vertiefung dienen als Unterlage beim Aufteilen (Tranchieren) von Fleisch und Geflügel am Gästetisch. Austretender Fleischsaft läuft in die Rille und in die Vertiefung und kann mit einem Löffel entnommen werden.

Die **Fingerschale** oder **Fingerbowle** ist eine kleinere Schale, die zum Reinigen der Fingerspitzen mit Wasser und einer Zitronenscheibe gefüllt wird. Sie wird nach dem Genuss von Speisen gereicht, die mit der Hand berührt wurden, z. B. Muscheln, Krebse, Geflügel, rohes Obst. Die Fingerschale steht in einer Stoffserviette, damit Spritzer abgefangen werden.

Im **Dekantierkorb** werden alte Rotweine serviert. In **Brotkörben** reicht man Brot und Brötchen oder setzt sie am Tisch ein. Toaste legt man in eine **warme Stoffserviette** und serviert sie auf einem **Mittelteller**. Die warme Serviette verhindert einen Niederschlag der aus den Brotscheiben entweichenden Feuchtigkeit und damit das Weichwerden der Toaste.

2.7 Tisch- und Tafeldekoration

🇬🇧 table decoration 🇫🇷 décoration (w) de table

Die dekorative Ausschmückung eines Tisches oder einer Festtafel schafft Atmosphäre und hat positive Auswirkungen auf die Stimmung der Gäste. Zur Dekoration dienen unter anderem:
- Tischläufer oder Bänder,
- Blumenschmuck oder farbiges Herbstlaub,
- Leuchter mit Kerzen oder Öllichter,
- künstlerisch gestaltete Menü- und Tischkarten.

Bei der Anwendung ist auf einige Punkte zu achten:
- Tischläufer und Bänder über die gesamte Länge der Tafelmitte legen,
- Blumengestecke möglichst flach (25 cm) halten, da die Gäste kommunizieren wollen,
- Leuchter so aufstellen, dass der Kontakt zum Gegenüber möglich ist.

Die Auswahl der Blumen und Dekorationsgegenstände wird vom Anlass her bestimmt, denn eine Hochzeitstafel verlangt z. B. eine andere Ausstattung als ein Jagdessen.

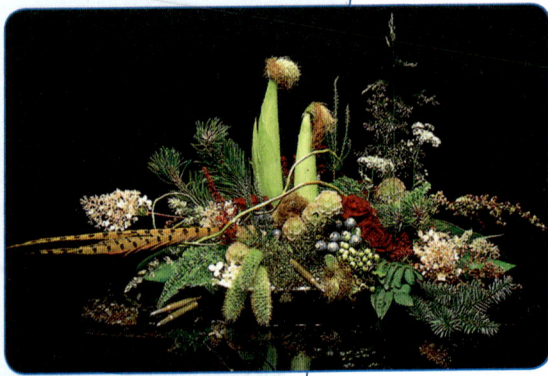

Gesteck für Jagdessen

Blumen 🇬🇧 flowers 🇫🇷 fleurs (w)

Blumen haben aufgrund der Vielfalt ihrer Blüten und Farben eine starke Ausstrahlungskraft. Sie vermögen Freude zu wecken. Mit der gleichen Absicht werden sie im Service zum Schmücken von Tischen und Festtafeln verwendet. Ob als Solitär (Einzelblüte) in Form einer Rose auf den Tischen im Abendrestaurant, ob als schlichtes Sträußchen auf dem Frühstückstisch oder als dekoratives Gesteck auf einer Festtafel, stets kommt dabei die besondere Aufmerksamkeit gegenüber dem Gast zum Ausdruck. Bezüglich Auswahl und Pflege der Blumen ist von Bedeutung:

- Die Größe des Blumenarrangements muss dem Anlass angemessen sein (Frühstück, Hochzeit), wobei zu beachten ist, dass die Blumen in Farbe und Größe harmonieren,
  - die Sicht zum gegenübersitzenden Gast nicht beeinträchtigen,
  - nicht Teller oder Gläser der Gäste berühren.
- Stark duftende und Blütenstaub abgebende Blumen sind ungeeignet.
- Die Blumen bleiben länger frisch, wenn man sie nachts in einen kühlen Raum bringt. Am nächsten Morgen werden sie mit frischem Wasser versorgt. Vorher werden die welken Blumen entfernt und die Schnittblumenstiele schräg angeschnitten.

Gesteck mit Kerze

Kerzen 🇬🇧 candles 🇫🇷 bougies (w)

Kerzenlicht ist gedämpftes und warmes Licht und eignet sich deshalb besonders gut, eine gemütliche Atmosphäre zu schaffen. In Verbindung mit dekorativen Leuchtern auf Festtafeln wird darüber hinaus die festliche Stimmung auf besondere Weise unterstrichen.

③ Restaurant

🇬🇧 preparatory work in the restaurant 🇫🇷 mise en place au restaurant

Der Arbeitsablauf im Service ist durch zwei aufeinanderfolgende Arbeitsphasen gekennzeichnet:
- Die Vorbereitungsarbeiten im Hinblick auf die nächste Mahlzeit.
- Das Bedienen von Gästen während einer Mahlzeit.

Das Bedienen der Gäste ist zweifellos die interessantere Aufgabe, doch der eigentliche Service kann nur dann rasch, reibungslos und zufriedenstellend ablaufen, wenn die Vorbereitungsarbeiten mit angemessener Sorgfalt ausgeführt wurden.

3.1 Überblick über die Vorbereitungsarbeiten

Die Vorbereitungsarbeiten werden als Mise-en-Place bezeichnet.
Der Begriff kommt aus dem Französischen. Im engeren Sinn bedeutet das „an den Platz stellen" oder „legen", z. B. Bestecke, Gläser.

Vorbereitungsarbeiten im Office

Das **Office** liegt meist zwischen Küche und Gastraum. Es dient als:
- **Bereitstellungsraum** für Tischwäsche, Porzellan, Gläser, Rechauds usw.; kurz für alles, was zum Service erforderlich ist;
- **Arbeitsraum** für Pflege aller zum Service notwendigen Gegenstände (siehe Randspalte).

Vorbereitungsarbeiten im Restaurant

Das Mise-en-Place beeinflusst die Arbeiten am Servicetisch und am Gästetisch.

Servicetisch 🇬🇧 service table 🇫🇷 table (w) de service

Der Servicetisch ist dem Arbeitsbereich (Revier) zugeordnet, aus der Sicht der Arbeitsorganisation ist er ein vorgeschobener Arbeitsplatz.

Der Servicetisch
- verkürzt die Arbeitswege, denn der Weg Restauranttisch ◄► Servicetisch ist meist kürzer als der Abstand Restauranttisch ◄► Office;
- ist entsprechend dem jeweiligen Service (à la carte, Bankett) und dem Angebot auf der Speisekarte, z. B. für Spezialitäten wie Austern, Hummer, Schnecken auszustatten.

Restauranttisch 🇬🇧 guest tabe 🇫🇷 table (w) de restaurant

Für die Vorbereitung gilt:
- Tische ausrichten und auf Standfestigkeit prüfen, evtl. durch Unterlegen von Korkscheiben oder Verstellen einer Tischbeinschraube stabilisieren,
- Molton aufspannen und Tischtücher auflegen,
- Grundgedeck eindecken.

Mise-en-Place bedeutet, dass alle für den Serviceablauf notwendigen Gegenstände bereitgelegt werden. Darüber hinaus sind jedoch auch alle anderen vorbereitenden Arbeiten gemeint. Die Vorbereitungsarbeiten werden in zwei voneinander getrennten Arbeitsbereichen ausgeführt: im Office und im Restaurant.

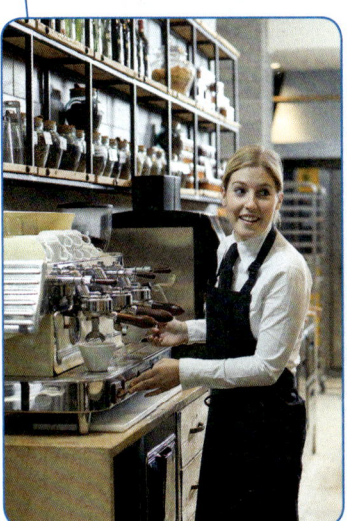

Zusammenfassung der Vorbereitungsarbeiten im Office:
- Spülen und Polieren der Gläser,
- Reinigen der Brotkörbe, Tabletts, Servierbretter und Rechauds,
- Säubern und Auffüllen der Menagen,
- Überprüfen der Rechauds auf Betriebsfähigkeit,
- Nachpolieren und Einsortieren von Porzellan in den Wärmeschrank,
- Einordnen des Silbers in Besteckkästen,
- Austauschen, Auffüllen und Einsortieren von Tischwäsche und Gläsertüchern.

Einsatz des Guéridon:
- zum Flambieren, Tranchieren und Vorlegen von Speisen; oder
- zum Servieren von Wein und Schaumwein aus Flaschen.

Servicetische werden eingesetzt bei:
- Frühstück
- Hauptmahlzeiten
- Kaffee und Kuchen
- Sonderveranstaltungen

Guéridon

Als *Guéridon* (Beistelltisch) bezeichnet man kleine Tische, die zu unterschiedlichen Zwecken an den Tisch des Gastes herangestellt werden.

3.2 Herrichten von Servicetischen

Funktion des Servicetisches

Aus dem Vorrat des Office werden die für die Mahlzeit erforderlichen Geräte ausgewählt und auf dem Servicetisch griffbereit angeordnet. In größeren Restaurants hat jede Station ihren eigenen Servicetisch. Dadurch werden wechselseitige Störungen und Behinderungen vermieden.

Ausstattung des Servicetisches

Es gibt Servicetische, die auf den gesamten Service ausgerichtet sind und deshalb alle Materialien bzw. Geräte enthalten, die zu den verschiedensten Servicevorgängen erforderlich sind. Es gibt aber auch Servicetische, die aufgrund ihrer jeweiligen Zweckbestimmung unterschiedlich ausgestattet sind.

Einteilung eines Servicetisches

Einteilung des Servicetisches

Zugunsten der Überschaubarkeit ist der Tisch in drei Bereiche eingeteilt:
- Der hintere Bereich ist für die größeren, höheren Tischgeräte bestimmt,
- im mittleren Bereich liegen die Bestecke,
- der vordere Bereich ist, abgesehen von Tabletts, grundsätzlich frei. Er dient zu letzten Handgriffen beim Service, z. B. Aufnehmen von Vorlegebestecken, Anlegen von Essbestecken an Vorspeisen oder Suppen, Aufsetzen von Suppentassen auf vorbereitete Suppengrundgedecke.

Um störungsfreie Serviceabläufe zu gewährleisten, darf die freie Fläche nicht zum Abstellen von gebrauchtem Geschirr benutzt werden.

Beispiel einer Servicestation

3.3 Herrichten von Tischen und Tafeln

Der Tisch ist der Ort, an dem der Gast bedient und verwöhnt werden möchte, an dem er sich wohl fühlen und entspannen will. Angesichts solcher Erwartungen ist dem Gasttisch und allem, was zu seiner Ausstattung gehört, eine besondere Aufmerksamkeit zu schenken.

Der Tisch darf nicht wackeln, denn das ist eine unzumutbare Störung. Gegebenenfalls ist er mit einer Korkscheibe unter dem entsprechenden Tischbein festzustellen. Bierdeckel und anderes großflächiges Material sind dazu aus optischen Gründen nicht geeignet.

Ein Korkkeil wird heruntergeschnitten und unter das Tischbein gelegt

Der Tisch muss einladend wirken durch:
- ein sauberes, sorgfältig ausgebreitetes Tischtuch,
- eine ansprechend geformte Serviette,
- ordnungsgemäß aufgelegte und ausgerichtete Gedeckteile.

Behandeln der Tischwäsche

- Die Wäsche ist nach dem Bügeln so zu lagern, dass sie nicht schon vor der Wiederverwendung verschmutzt und zerknittert ist.
- Das Auflegen von Tischtüchern muss sachgerecht und mit angemessener Sorgfalt ausgeführt werden (siehe in den nachfolgenden Abschnitten).
- Die Tücher, die nach dem Gebrauch einen weiteren Einsatz zulassen, sind mit Vorsicht exakt in die Bügelfaltung zurückzulegen.

Umgang mit Tisch- und Tafeltüchern

Tischtücher sind quadratisch oder rechteckig, selten rund.

Die Größe ist der Tischplatte so angepasst, dass die Tuchenden an allen Seiten gleichmäßig etwa 25 cm herabhängen.

Das Tischtuch wird nach dem Mangeln zuerst zweimal längs und dann zweimal quer zusammengelegt (siehe Skizzen ① – ⑤).

Voraussetzung für das fachgerechte Auflegen und Abnehmen eines Tischtuches sind exakt gebügelte und richtig gefaltete Tischtücher.

Faltet man ein Tischtuch auseinander, so zeigen sich drei Längs- und drei Querbrüche und damit 16 quadratische Felder. Wichtig ist, dass der Mittelbruch des aufgelegten Tischtuches immer parallel zu den Tischkanten auf der Mitte der Tischplatte liegt und nach oben zeigt.

Falten eines Tischtuches

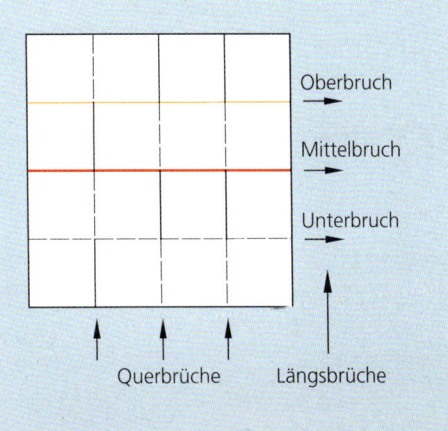

Tischtuch mit Längs- und Querbrüchen

Angesichts unterschiedlicher Raumsituationen muss in der Praxis die beste Lösung ausprobiert werden.

Auflegen von Tisch- und Tafeltüchern

Quadratische und kleinere rechteckige Tücher

Der Tisch muss einen festen Stand haben. Sollte er wackeln, wird er mit dünnen Korkscheiben stabilisiert.

Vor dem Auflegen des Tischtuches ist die Moltonunterlage zu prüfen; diese muss glatt und fest über die Tischplatte gespannt sein.

Beim Auflegen des Tischtuches muss die Servierfachkraft so vor dem Tisch stehen, dass ihr Rücken zur Eingangstür zeigt. Damit ist der Oberbruch immer auf der gegenüberliegenden Seite und somit meist zur Fensterseite gerichtet.

- Das Tischtuch wird nun auf den Tisch gelegt und in seiner Länge entfaltet. Die seitlich überhängenden Tuchenden müssen gleichmäßig lang sein.
- Beide Webkanten (Enden) des Tischtuches ① + ② müssen unten liegen, der Mittelbruch obenauf; sie zeigen zur Servicefachkraft.
- Mit ausgestreckten Händen erfassen Daumen und Zeigefinger den Mittelbruch ④ des Tischtuches, gleichzeitig halten Zeigefinger und Mittelfinger die darunterliegende Webkante ② des Tuches zu sich hergezogen. Die folgende zweite Webkante liegt frei auf dem Tisch. ①
- Das Tischtuch wird nun angehoben und die freiliegende Webkante ① mit leichtem Schwung, und entsprechend lang, über die entgegengesetzte Tischkante gebracht. ②
- Den mit Daumen und Zeigefinger gehaltenen Mittelbruch ④ lässt man nun los. Dann wird die mit Zeigefinger und Mittelfinger festgehaltene Webkante ② des Tuches nach vorn gezogen, wobei gleichzeitig die korrekte Lage des Tischtuches bestimmt wird. ③
Das Glattstreichen der Tischtücher mit den Händen ist unhygienisch und abzulehnen.

Größere rechteckige Tafeltücher

Wegen ihrer Größe muss das Auflegen in diesem Falle von **zwei Personen** ausgeführt werden.

- Das Tuch, auf der Tafel liegend, vorsichtig in den Querbrüchen entfalten und auseinander legen,
- mit den Händen die Ecken erfassen, das Tuch vorsichtig auseinander ziehen und nach sorgfältiger Prüfung der Abstände und Ausrichtungen auf der Tafel ablegen.

Bei Festtafeln ist darüber hinaus auf die Lage der Oberbrüche und der Überlappungen besonders zu achten. Bezüglich der Oberbrüche gilt: Ist zum Überdecken der Tafel eine Tischtuchbreite ausreichend, dann liegen die Oberbrüche

- bei der langen Tafel nach der Seite, die unter Beachtung aller Umstände (z. B. Sitzordnung, Tageslicht) am zweckmäßigsten erscheint. ④
- bei den übrigen Tafelformen, abgesehen vom senkrechten Teil der T-Tafel und dem Mittelteil der E-Tafel, nach den Außenseiten. (⑤ auf nächster Seite)

Oberbruch

Sind zum Überdecken der Tafel zwei Tuchbreiten erforderlich, können die Oberbrüche

- entweder nach beiden Seiten unmittelbar auf den Tischkanten liegen (vorausgesetzt, die Überhänge der Tischtücher reichen höchstens bis auf die Sitzhöhe der Stühle),
- oder andernfalls auf den Tischen.

Für die Überlappung gilt:
- Bei Tageslicht liegen die Tischtücher zum Licht hin übereinander, so entsteht keine Schattenwirkung.
- Aus der Sicht des eintretenden Gastes liegen die Überlappungen von ihm weg, damit er nicht unter die Kanten schaut. (siehe Abb.)

Lage der Oberbrüche bei Tafeln

Abnehmen von Tisch- und Tafeltüchern

Saubere Tischtücher legt man zum nochmaligen Gebrauch wieder exakt in ihre alten Bügelfalten zurück:

- Die Arme spreizen und mit Daumen und Zeigefingern den Mittelbruch des Tuches rechts und links fassen.
- Tischtuch nach oben heben, sodass beide Seiten frei hängen und das Tuch im Mittelbruch gefaltet ist. Durch das jeweilige Hochheben in den Brüchen und das Herabfallenlassen der Seitenteile legt sich das Tuch exakt in die Bügelfalten zurück.
- Das nun einmal gefaltete Tuch mit den Längsbrüchen nach oben auf den Tisch legen; die Längsbrüche fassen und das Tuch ein letztes Mal nach oben heben, damit es glatt hängt.
- Danach auf dem Tisch zweimal korrekt in seine Querfalten zurücklegen und das zusammengelegte Tischtuch im Servicetisch verwahren.

Überlappung

Zum Abnehmen von Tafeltüchern sind zwei Personen erforderlich.

Mund- und Dekorationsserviette 🇬🇧 napkins 🇫🇷 serviettes (w)

Für den gepflegten Service ist es üblich, Servietten in eine mehr oder weniger aufwendige Form zu bringen. Diesen Vorgang bezeichnet man als Falten oder Brechen der Servietten. Mundservietten benutzt der Gast zum Schutz seiner Kleidung sowie zum Abtupfen des Mundes vor dem Trinken oder nach dem Essen.

Servietten gibt es in verschiedenen Größen:

Material	Größe	Verwendung
Papier, Zellstoff oder Vlies	20 × 20 cm	Aufgussgetränke, Bargetränke, Speiseeis
Papier, Zellstoff oder Vlies	33 × 33 cm	Kleinere Gerichte, Zwischenmahlzeiten
Papier, Zellstoff oder Baumwolle	40 × 40 cm	Frühstück, Hauptmahlzeiten
Baumwolle, Leinen (Damast)	50 × 50 cm und größer	Festliche Bankette und Dekorationen

Um möglichst viele Varianten herstellen zu können, werden die Servietten heute nicht mehr vorgefaltet, sondern offen, mit der linken Seite nach oben (Saumnaht sichtbar) aufbewahrt. Eine Ausnahme bilden lediglich übergroße Servietten, die in Schränken sonst nicht ausreichend Platz finden.

Falten von Mundservietten napkin folding pliage (m) des serviettes

Einfache und gefällig aussehende Servietten werden aus hygienischen Gründen mit **Textilhandschuhen** aus den nachfolgend dargestellten Grundelementen A, B, C oder D gefaltet:

Zweiteilige Faltung   Diagonale Faltung   Dreiteilige Faltung

Aus der Grundform A, B oder C werden die meisten Servietten-formen erstellt.

Dreifache Welle

Serviette mit dreiteiliger Faltung (D) wieder zum Rechteck öffnen. Die beiden Außendrittel so umlegen, dass sie mit ihren Seitenkanten auf die senkrechten Brüche zu liegen kommen.

Der mittlere Serviettenteil wird durch eine schiebende Bewegung nach oben gewölbt auf den linken Teil gebracht, worauf durch Anlegen und Umschlagen des rechten Drittels an die mittlere Wölbung die dreifache Welle entsteht.

Jakobinermütze

Beim Grundelement (B) werden die geschlossenen oder die offenen Spitzen der Serviette um ein Drittel nach oben gefaltet. Die entstandene Figur wird rund gestellt und ineinander gesteckt.

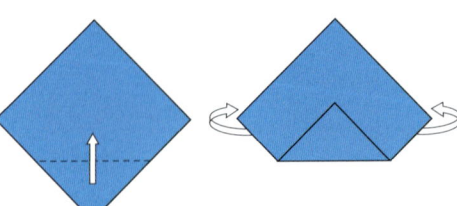

Doppelter Tafelspitz

Faltung aus Grundelement **A**

① Die beiden oberen Enden zur Mitte hin falten, sodass ein Dreieck entsteht.
② Hilfsfalz andrücken und wieder öffnen.
③ Die linke obere Lage so nach rechts ziehen, dass die beiden Hilfsfalze aufeinander liegen.
④ Das rechts verbleibende obere Dreieck entlang der Mittellinie nach links falten.
⑤ Die darunter liegende rechte Lage so nach links ziehen, dass ihr Hilfsfalz auf der linken Außenkante liegt.
⑥ Das rechts verbleibende vierte Dreieck nach hinten falten.
⑦ Die Figur an der oberen Spitze anfassen und füllig aufstellen.

Ahornblatt

Faltung aus Grundelement **A** mit der offenen Seite nach oben

① Die rechte und linke Ecke der oberen Lage auf die Mittellinie zurückfalten und die Serviette wenden.
② Jetzt nur die obere Lage längs nach unten falten.
③ Die linke und rechte Ecke der jetzt oberen Lage entlang den schraffierten Linien nach oben falten.
④ Die Serviette wenden. Die gesamte Serviette ziehharmonikaartig zusammenfalten. Gut zusammendrücken, am unteren Ende festhalten und an der oberen Seite vorsichtig auseinanderziehen.

Tüte

Faltung aus Grundelement **A**

① Die rechte Hälfte zur Mitte hin als Tüte einrollen.
② Die linken unteren Ecken auf die Spitze der Tüte legen.
③ Die exakt aufeinanderliegenden Spitzen der Tüte nach oben falten.
④ Die Ecke rechts bleibt freistehend. Die Servietten rundformen und aufstellen.

Krone/Doppelte Bischofsmütze

Faltung aus Grundelement **A**

① Die linke obere und die rechte untere Ecke jeweils zur Mitte hin falten, sodass eine Raute entsteht.
② Die Serviette wenden.
③ Jetzt die Raute nach unten halbieren und die verdeckte Dreieckspitze herausfalten, sodass zwei Pyramiden entstehen.
④ Das obere Dreieck nach unten schlagen und die linke Pyramide zum Dreieck falten.
⑤ Die geöffnete Pyramide wieder nach oben falten.
⑥ Die Spitze der Pyramide in das Dreieck stecken und rundstellen.

Segelboot

Faltung aus Grundelement **B**

① Die quadratisch vorgefaltete Serviette diagonal zum Dreieck falten und wenden.

② Die vier offenen Spitzen des Dreiecks liegen oben. Jetzt das linke und rechte Ende so nach innen falten, dass eine Drachenfigur entsteht.

③ Die Figur an die Tischkante legen und die unteren Enden nach unten falten.

④ Das linke und rechte Ende nach unten falten. Die Mitte zeigt nach oben. Gut zusammendrücken.

⑤ Die Spitzen als Segel vorsichtig aus der Mitte herausziehen und aufrichten, sodass ein Segelboot entsteht.

Lilie

Faltung aus Grundelement **C**

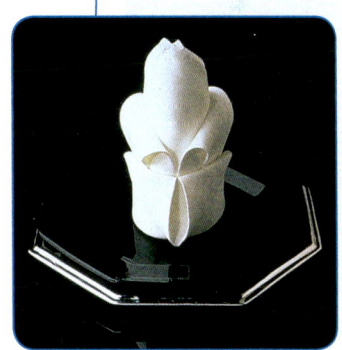

① Die linke und rechte Ecke zur Mitte hin falten, sodass ein Quadrat entsteht.

② Die untere Spitze des Quadrats ca. 2 cm unterhalb der Mittellinie nach oben falten.

③ Von dem jetzt oben aufliegenden, kleineren Dreieck die Spitze zur Grundlinie zurückfalten.

④ Die linke und rechte Ecke nach hinten falten, ineinanderstecken und die Serviette rund formen.

⑤ Die beiden Spitzen vorne oben vorsichtig nach unten ziehen und die Enden in die Manschette auf halber Höhe einstecken.

3.4 Gedecke cover couvert (m)

Grundgedecke

Grundgedeck 1   Grundgedeck 2

Die Mindestausstattung eines Grundgedeckes sind:
- Serviette
- großes Messer (Tafelmesser)
- große Gabel (Tafelgabel)
- Universalglas für Wein oder Wasser

Je nach Vorgabe und Betrieb eventuell auch Brotteller, Buttermesser und Menagen.

Durch das Eindecken von Grundgedecken vor Servicebeginn sparen die Servicefachleute Zeit beim Servieren von Speisen und Getränken. Sie schaffen Zeit für ein Verkaufsgespräch sowie für eine Gästeberatung. Außerdem ermöglicht diese Vorarbeit einen schnelleren Serviceablauf.

Ferner wirkt ein eingedeckter Tisch auf die Gäste wesentlich einladender als ein kahler Tisch. Der Gast fühlt sich in einem ansprechenden Ambiente eher willkommen.

Da nicht bekannt ist, was die zu erwartenden Gäste im À-la-Carte-Service im Einzelnen bestellen, also essen und trinken wollen, werden auf den Tischen im Restaurant lediglich die Grundgedecke vorbereitet. Erst nach der Bestellung des Gastes entscheidet es sich, ob das Grundgedeck bleibt oder ob Gedeckteile ergänzend einzusetzen bzw. bereits vorhandene auszuheben oder auszutauschen sind.

Beispiele für auszutauschende Besteckteile:
- bei Spaghetti Tafelmesser gegen Suppenlöffel
- bei Steak Tafelmesser gegen Steakmesser
- bei Fischgerichten Messer und Gabel gegen Fischbesteck

Ablauf des Eindeckens

Zuerst wird mit der Serviette oder dem Platzteller der Gedeckplatz markiert. Will man die Serviette zuletzt einsetzen, dient der Stuhl der Orientierung. Gedecke, die sich gegenüberliegen, sollten nach Möglichkeit deckungsgleich (Gabel zeigt zum Messer und umgekehrt) eingedeckt werden.

Erweiterte Grundgedecke

Hauptgang mit Suppe …

Hauptgang mit Suppe, Dessert und zweitem Glas für Wasser

Menügedecke menu covers ◖◗ couverts (m) pour des menus

Menügedecke stehen in direkter Beziehung zu bestimmten vorgegebenen Speisenfolgen bzw. Menüs, z. B. Tagesmenüs oder dem Menüangebot an Festtagen und zu Festbanketten.

Gedeck für ein einfaches Menü mit 3 Gängen und zwei Getränken

… erweitert um Brotteller und Menage

Getränke:
Wasser, Weißwein, Rotwein, Sekt

Speisen:
Räucherlachs, Toast und Butter, Geflügelcremesuppe, Filetsteak nach Gärtnerinart, Aprikosen mit Weinschaumsauce

Menügedeck mit Platzteller

Ablauf des Eindeckens

Zuerst wird mit der Serviette oder dem Platzteller der Gedeckplatz markiert. Wenn man ohne Platzteller arbeitet, dient der Stuhl der Orientierung.

Eindecken der Bestecke

- Als erstes großes Messer rechts und große Gabel links für das Hauptgericht eindecken. Als Ausnahme gilt nur, wenn statt Fleisch ein Fischgericht zum Hauptgang serviert wird. Diese Besteckteile zum Hauptgericht müssen immer vor allen anderen eingedeckt werden.
- Dann entsprechend des Menüaufbaus nacheinander Mittellöffel für die Suppe rechts,
- Mittelmesser rechts und Mittelgabel links für die kalte Vorspeise (die Gabel wird etwas nach oben geschoben).
- Den Abschluss bildet das Besteck oberhalb des Gedeckplatzes für das Dessert:
  - Mittelgabel unmittelbar oberhalb des Gedeckplatzes, den Griff nach links gerichtet,
  - Mittellöffel oberhalb der Gabel, den Griff nach rechts gerichtet.
  - Die Lage der Griffe deutet die Richtung an, in der die Bestecke vor dem Servieren des Desserts auf den Gedeckplatz heruntergezogen werden. Die Gabel liegt unterhalb, damit man beim Erfassen des Löffels nicht mit den Gabelzinken in Berührung kommt.

5-Gang-Menü mit 3 Weingläsern und 1 Wasserglas

- **Kalte Vorpeise:** Fischmesser und Fischgabel
- **Suppe:** Mittellöffel
- **Zwischengericht:** Mittelmesser, Mittelgabel
- **Hauptgericht:** Tafelmesser, Tafelgabel
- **Dessert:** Mittelgabel, Mittellöffel, auch Entremet-Besteck genannt

Doppelte Kraftbrühe
Toast

Lachsfilet auf Safransauce

Kalbsmedaillons
Gartengemüse und Spinatnudeln

Käseauswahl

Einsetzen der Gläser

- Ein Glas wird zuerst oberhalb des Messers zum Hauptgang platziert. Dieses bezeichnet man als **Richtglas**.
- Dann nacheinander das Glas zur kalten Vorspeise vor und das Glas zum Dessert hinter dem Richtglas platzieren.
- Meist wird heute ein Wasserglas gleich mit eingedeckt. Der Optik wegen verwendet man statt eines Becherglas ein kleineres Stielglas, das besser zu den bereits eingesetzten Weingläsern passt.

Die Gläser können als *diagonale Reihe* oder im *Dreieck als 3er-Block* angeordnet werden.

Maximal sollten im Gedeck nur 3 Gläser und zusätzlich ein Wasserglas eingedeckt werden. Sind mehr Gläser erforderlich, werden diese entsprechende der Speisenfolge rechtzeitig eingesetzt.

Der **Brotteller** wird zuletzt links vom Gedeck platziert. Ein Messer, dessen Schneide nach links gerichtet ist, wird nur aufgelegt, wenn es zum Toast oder Brötchen auch Butter gibt.

Ausrichtungen

- Die Bestecke liegen im rechten Winkel zur Tischkante, exakt parallel zueinander,
- die Besteckenden sind mit Ausnahme der zweiten Gabel alle auf einer gedachten Linie im Abstand von 1 cm zur Tischkante.
- Das Dessertbesteck liegt parallel zur Tischkante.

Anzahl der Besteckteile

- **Beim Menügedeck werden Bestecke für höchstens 5 Gänge eingedeckt,** d. h.:
  - **rechts** vom Gedeckplatz **4** Bestecke (kalte Vorspeise, Suppe, warme Vorspeise oder Fischgericht, Hauptgericht),
  - **links** vom Gedeckplatz **3** Bestecke (kalte Vorspeise, Vorspeise oder Fischgericht, Hauptgericht),
  - **oberhalb** des Gedeckplatzes **2** Bestecke (Käse oder Süßspeise).

Sollte das Menü mehr als 5 Gänge umfassen, sind grundsätzlich immer die Besteckteile des Hauptganges einzudecken und die im Gedeck fehlenden Bestecke an entsprechend der Stelle der Speisenfolge rechtzeitig nachzudecken.

Beispiel eines 4-Gang-Menüs

Aperitif

Weißwein

Weißwein

Rotwein

3.5 Grundlegende Servierrichtlinien

Neben den Regeln und Richtlinien für ganz bestimmte Serviervorgänge gibt es Regeln von allgemeiner Bedeutung. Für den Service gilt:

- Allgemeine Rücksichtnahme gegenüber dem Gast,
- Reihenfolge des Bedienens bei zusammengehörenden Gästen,
- störungsfreie und kräftesparende Wege beim Servieren.

Rücksichtnahme

Der Gast hat das berechtigte Bedürfnis, sein Essen in ungestörter und entspannter Atmosphäre einzunehmen. Deshalb sind durch den Service in Bezug auf Lärm, Hektik und Belästigungen wichtige Regeln zu beachten:

Geräusche während des Servierens
Die durch den Service bedingten Geräusche sind stets auf ein Mindestmaß zu begrenzen. Das gilt z. B. für das Sprechen der Servicefachkraft mit dem Gast sowie für das Handhaben der Tischgeräte beim Servieren.

Hektik
Bei aller Eile, die während des Service oftmals geboten ist und die sich meistens ganz automatisch einstellt, ist es wichtig, nach außen hin Ruhe zu bewahren, niemals zu rennen und keinesfalls heftig zu gestikulieren.

Belästigungen
Die Servicefachkraft darf den Gast nicht belästigen
- durch allzu übertriebene Aufmerksamkeit,
- durch beharrliches Aussprechen von Empfehlungen,
- durch eine schlechte Arbeitshaltung oder durch Nichtbeachten sachgerechter Arbeitstechniken beim Bedienen am Tisch.

> ● Wenn eine Gruppe von Gästen in kleinem Kreis bedient wird, beachtet man die **Reihenfolge:**
> Ehrengäste → Damen → Herren → Gastgeber

Gästestörung:
Was ist hier falsch?

Störungsfreie und kräftesparende Wege

Insbesondere in den Hauptgeschäftszeiten müssen viele Wege zurückgelegt werden. Damit aber die Vorgänge bei aller notwendigen Eile und Zügigkeit störungsfrei und reibungslos ablaufen, gilt:

- Auf den „Verkehrswegen" immer rechts gehen,
- bei den Serviceabläufen immer vorwärts, nie rückwärts laufen und nicht plötzlich stehen bleiben,
- möglichst keinen Weg im „Leerlauf" zurücklegen, denn zwischen den Abgabestellen, dem Servicetisch und den Tischen der Gäste gibt es immer etwas zu transportieren.

3.6 Arten des Service

Unter Art des Service ist hier der äußere Rahmen des Service zu verstehen. Man unterscheidet dabei im Restaurant:

À-la-Carte-Service

Der Gast wählt seine Speisen und Getränke nach der Karte (à la carte) auswählt. Er wird nach Aufgabe seiner Bestellung individuell bedient. Die Servicekraft rechnet alle Leistungen direkt mit dem Gast ab.

Getränke am Büfett vorbereiten

Speisen am Pass aufnehmen

Kurzkontrolle

Tragen eines Tellers

Tragen von zwei Tellern (Obergriff)

Tragen von zwei Tellern (Untergriff)

Bankett-Service

Beim Bankett-Service werden die Gäste zu einem festgelegten Zeitpunkt mit dem gleichen Menü bedient. Es handelt sich dabei um eine geschlossene Gesellschaft, die das Essen gemeinsam im festlichen Rahmen einnimmt.

Table-d'hôte-Service als Sonderform

Wichtigstes Kennzeichen dieses Service ist es, dass zu einem festgelegten Zeitpunkt täglich für alle Gäste des Hauses das gleiche Menü serviert wird.

Büfett-Service

Bei Büfetts sind folgende Angebotsformen besonderer Art zu unterscheiden:

- Frühstücksbüfett
- Salatbüfett
- Lunchbüfett
- Kuchenbüfett
- Kaltes Büfett
- Getränkebüfett

> Büfetts werden zwar zur Selbstbedienung aufgebaut. Meist stehen aber auch Servicefachkräfte und Köche zur Betreuung der Gäste bereit.

3.7 Tellerservice

Die Hände erfüllen wichtige Funktionen beim sachgerechten Aufnehmen, Tragen, Einsetzen und Ausheben von Tellern.

Die **rechte Hand** ist die **Arbeitshand**. Sie ist zuständig für das Aufnehmen der Teller, für die Übergabe in die linke Hand sowie für das Einsetzen und Ausheben am Tisch. Die **linke Hand** ist die **Tragehand**.

Aufnehmen und Tragen von Tellern

Ein Teller

Den Teller zwischen Zeigefinger und Daumen halten und mit den übrigen Fingern unterstützen. Der Daumen liegt angewinkelt auf dem Tellerrand.

Zwei Teller

Beim Tragen werden zwei verschiedene Griffe angewandt:

Tragen mit Obergriff
- Den ersten Teller als Handteller aufnehmen,
- den zweiten Teller auf den Handballen, den Unterarm und die seitlich hochgestellten Finger aufsetzen.

Tragen mit Untergriff
Den zweiten Teller muss man unter dem Handteller bis an den Zeigefinger heranschieben und mit den restlichen, fächerartig gespreizten Fingern unterstützen.

Drei Teller

- Den ersten Teller als Handteller aufnehmen,
- den zweiten Teller unterschieben (Unterteller),
- das Handgelenk nach innen abwinkeln,
- den dritten Teller auf den Rand des Untertellers und den Unterarm aufsetzen.

Einsetzen von Tellern

Bewegungsrichtung beim Einsetzen

Am Tisch wird der jeweilige Teller in die rechte Hand übernommen und von der rechten Seite des Gastes eingesetzt. Das entspricht der natürlichen Bewegungsrichtung des angewinkelten Armes, der den Teller im Bogen um den Gast herumführt.

Ausnahmen:
- Beim Einsetzen von Tellern, die ihren Platz links vom Gedeck haben (z. B. Brot- und Salatteller). Von der rechten Seite würde der Gast zu sehr belästigt.
- Ausnahmen gibt es auch dann, wenn die Platzverhältnisse das Einsetzen von rechts nicht zulassen.

Ausheben von Tellern

Der Gast zeigt mit der Ablage des Bestecks Folgendes an:
- Besteck über Kreuz abgelegt: Ich will noch weiter essen, bitte Nachservice.
- Besteck nebeneinander, mit den Griffen nach rechts: Ich bin fertig, das Gedeck kann ausgehoben werden.

Für das Ausheben gelten die gleichen Regeln wie für das Einsetzen:
- Ausheben von der rechten Seite des Gastes,
- Laufrichtung im Uhrzeigersinn, also von rechts nach links.

Beim Ausheben wird im Allgemeinen die Methode „Zwei Teller mit Obergriff" angewendet (Abb. vorige Seite). In Verbindung mit Speiseresten auf den Tellern ist aber auch die Methode „Drei Teller mit Unter- und Obergriff" üblich.

Ausheben mit Obergriff

Den **ersten Teller** als Handteller aufnehmen und das Besteck darauf ordnen:

- Dabei die Gabel so ausrichten, dass sie am Griffende mit dem Daumen gehalten werden kann. Durch diesen Haltepunkt wird die gesamte Besteckablage gesichert und das Abrutschen verhindert,
- das Messer im rechten Winkel unter die Wölbung der Gabel schieben.

Den zweiten Teller als Oberteller aufnehmen und das Besteck auf dem Handteller ablegen.

Die weiteren Teller auf den Oberteller aufsetzen und das Besteck jeweils der Besteckablage auf dem Handteller zuordnen.

Tragen von drei Tellern

Beim Einsetzen von heißen Tellern müssen alle Tragegriffe auch mit einem Serviettuch beherrscht werden.

Beim Einsetzen von der linken Seite würde der Gast durch den angewinkelten Arm belästigt.

In der Regel wartet man allerdings mit dem Ausheben, bis alle Gäste am Tisch das Essen beendet haben

Ausheben von zwei und mehr Tellern (Obergriff)

Ausheben von drei und mehr Tellern

Bei sehr großen Mengen von Speiseresten ist es ratsam, die Teller wie beim Einsetzen mit Unter- und Obergriff aufzunehmen und das Sortieren der Bestecke und Speisereste im Office vorzunehmen.

Tragen von Suppentassen

Ausheben mit Ober- und Untergriff

Diese Methode wird angewandt, wenn die Gäste Speisereste auf ihren Tellern zurücklassen. Während es bei geringen Mengen üblich ist, die Reste auf den Handteller neben die Besteckablage abzuschieben, wird bei größeren Mengen die Methode mit drei Tellern angewandt.

- Der Handteller dient zur Besteckablage,
- auf den Unterteller werden jeweils mit dem Messer die Speisereste abgeschoben (dazu wendet man sich aus dem Blickfeld des Gastes),
- der Oberteller dient zum Aufnehmen weiterer Teller.

Tragen, Einsetzen und Ausheben von Gedecken

Unter Gedeck versteht man in diesem Zusammenhang die Kombination von Unterteller und aufgesetztem Gedeckteil. Die Vorbereitung solcher Gedecke erfolgt in der Regel bereits beim Mise-en-Place, damit während des Essens keine Verzögerungen eintreten. So werden Gedeckteile z. B. vorbereitet und entweder an der Speisenabgabestelle oder auf einem Servicetisch gestapelt:

- **Gedecke für Suppen in Tassen**
  Unterteller mit Piccolo-Serviette oder Deckchen und Suppenuntertasse
- **Gedecke für Vorspeisen oder Desserts in Gläsern oder Schalen**
  Unterteller mit Piccolo-Serviette

Aufnehmen, Tragen und Einsetzen

Die am Küchenpass übernommenen Tassen mit der Suppe und die Gläser oder Schalen mit der Vorspeise bzw. dem Dessert werden auf die vorbereiteten Unterteller aufgesetzt und wie folgt serviert:

- Mit der linken Hand zwei Gedecke (Obergriff), mit der rechten Hand eventuell ein drittes Gedeck aufnehmen,
- von der rechten Seite des Gastes einsetzen,
- von rechts nach links fortschreiten.

Ausheben von Gedecken

Grundsätzlich werden sowohl Suppengedecke als auch Gedecke von Vorspeisen, Salaten oder Desserts wie beim Einsetzen mit dem Besteck ausgehoben. Bei entsprechendem Geschick ist es auch möglich, die Geschirr- und Besteckteile bereits beim Ausheben zu ordnen (Abb. oben).

Suppengedecke
- Das erste Gedeck als Handgedeck aufnehmen,
- das zweite Gedeck unterschieben,
- die Tasse und den Löffel des Handgedecks auf das Untergedeck übernehmen,
- das dritte Gedeck auf das Handgedeck aufsetzen und den Löffel ablegen.

Vorspeisen- und Dessertgedecke mit Schalen
- Das erste Gedeck als Handgedeck aufnehmen,
- das zweite Gedeck unterschieben und die Dessertschale auf dem Handgedeck stapeln,
- den Löffel des Handgedecks auf dem Unterteller ablegen,
- das dritte Gedeck als Obergedeck aufnehmen, die Schale auf dem Handgedeck stapeln und den Löffel auf den Unterteller übernehmen,
- das vierte Gedeck auf das Obergedeck aufsetzen und den Löffel auf dem Unterteller ablegen.

3.8 Plattenservice silver service service (m) à la française

Bei festlichen Veranstaltungen wird vielfach von der Platte vorgelegt. Das erfordert von den Servicefachkräften handwerkliches Können und ermöglicht dem Gast, dies aus nächster Nähe mitzuerleben.

Arten des Vorlegens

Unter Plattenservice im eigentlichen Sinne versteht man das **Vorlegen der Speisen durch die Restaurantfachkräfte** am Tisch. Darüber hinaus gibt es Abwandlungen dieses Service:
* Platten und Schüsseln werden zur Selbstbedienung durch den Gast am Tisch eingesetzt (**Deutscher Service**).
* Platten werden vom Servicepersonal dem Gast zur Selbstbedienung angeboten oder es wird von der Platte vorgelegt (**Russischer Service**).
* Speisen werden vom Servicepersonal von Platten am Beistelltisch vorgelegt (**Englischer Service**).

Technik des Vorlegens

Zum Vorlegen von Speisen verwenden Fachleute Tafellöffel und Tafelgabel als Vorlegebesteck. Beim Einsatz dieses Bestecks werden unterschiedliche Vorlegegriffe angewendet, die in enger Beziehung zur Beschaffenheit der Speisen stehen:

* Die Wölbungen von Löffel und Gabel liegen ineinander.

  Handhabung:
  Den Löffel absenken und unter die Speise schieben. Mit Löffel und Gabel greifen, aufnehmen und auf den Teller vorlegen.

  Anwendung:
  Für alle Speisen, die keine besondere Griffart notwendig machen.

* Die Wölbungen von Löffel und Gabel sind nach unten gerichtet.

  Handhabung:
  Die beiden Besteckteile mit dem Daumen spreizen, unter die Speise schieben, diese anheben und vorlegen.

  Anwendung:
  * Bei Speisen, die großflächig, leicht zerdrückbar oder besonders lang sind, z. B. Spargel, Fischfilets, Omeletts.
  * Bei Speisen, die mit Garnituren belegt oder überbacken sind.
  * Bei Saucen und kleineren Garniturbestandteilen, die mit dem Löffel geschöpft oder aufgenommen werden.

* Die Wölbungen von Löffel und Gabel liegen gegeneinander.

  Handhabung, mit zwei Möglichkeiten:
  Wie abgebildet oder durch Drehen der Hand um 90° nach links, um entsprechende Speisen seitlich zu greifen und vorzulegen.

  Anwendung:
  Bei Speisen, die leicht abrutschen können, z. B. gefüllte Tomate, oder mit einer Garnitur belegt sind, z. B. Medaillons, Pastetchen.

Allgemein üblicher Griff

Spreizgriff

Zangengriff

Besonderheiten beim Plattenservice

Im Allgemeinen ist der Plattenservice zeitaufwendiger als der Tellerservice. Durch folgerichtige und gezielte Arbeitsabläufe muss deshalb sichergestellt werden, dass keine unnötigen Verzögerungen eintreten und die Speisen nicht abkühlen. Im Einzelnen gilt:

- Beim Plattenservice wird in der Regel nicht die gesamte Speisemenge auf einmal vorgelegt. Deshalb müssen **Rechauds** bereitgestellt werden.
- Vor dem Auftragen der Platten werden vorgewärmte Teller beim Gast von rechts eingesetzt.
- Das Tragen der Teller erfolgt auf der mit einer Stoffserviette bedeckten Hand. Bei größeren Mengen wird der Tellerstapel von oben mit einer Serviette überdeckt und zwischen beiden Händen getragen.
- Bevor eine Platte zum Tisch des Gastes gebracht wird, muss unbedingt ein Vorlegebesteck aufgenommen werden.

Vorlegen von der Platte

Diese Art des Vorlegens wurde früher als **französische Methode** bezeichnet:

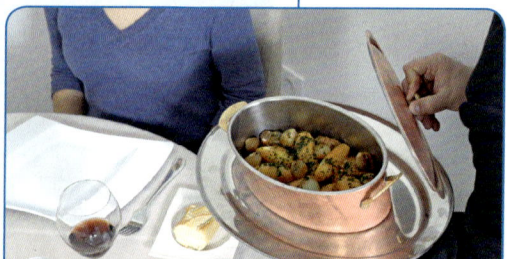

- Die (vorgewärmten) Teller werden bei den Gästen von rechts eingesetzt.
- Anschließend präsentiert man die angerichtete Platte den Gästen. Sie wird dabei auf der mit einer längsgefalteten Stoffserviette überdeckten linken Hand getragen.
- Es ist darauf zu achten, dass die Platte auf Sichthöhe der Gäste gebracht wird, damit jeder Gast die dekorativ angerichteten Speisen betrachten kann.
- Ein zusätzlicher Service ist die Erklärung der angerichteten Speisen durch die Restaurantfachkraft.
- Das Vorlegen erfolgt von der linken Seite des Gastes. Dabei soll die Platte so tief wie möglich zum Tisch abgesenkt werden und der rechte Plattenrand ein wenig über den linken Tellerrand hineinragen.
- Je nach Art der Speisen wird der entsprechende Vorlegegriff angewandt.

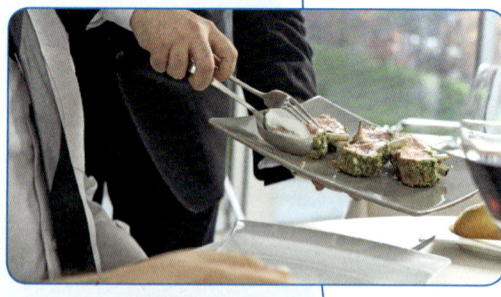

Das Anrichten der Speisen auf den Teller

Beim Vorlegen der Speisen wird zuerst der Hauptbestandteil, z. B. Fisch oder Fleisch, auf den Teller zum Gast hin angerichtet. Anschließend werden, auf der rechten Seite des Tellers beginnend, die Gemüsebeilagen vorgelegt, die Hauptbeilage wird links platziert.

Vorlegeservice

Korrekt angerichteter Teller

Das Farbenspiel muss beim Anrichten berücksichtigt werden, z. B. rotes, weißes und grünes Gemüse.

Beim Vorlegen von Saucen muss beachtet werden:

- Für Pfannen- und Grillgerichte werden Sauce oder Jus **neben das Fleisch bzw. den Fisch angegossen.**
- Zu ausgesprochenen Saucengerichten wie z. B. Rindsrouladen sowie Fische in Weißweinsaucen wird die Sauce **über das Fleisch nappiert.**
- Buttermischungen werden **auf das Fleisch gelegt.**

Nachdem allen Gästen am Tisch die Speisen vorgelegt wurden, ordnet man die verbleibenden Teile auf der Platte und hält sie bis zum Nachservice auf einem Rechaud bereit.

Mischformen des Vorlegeservices

Eine in der Praxis häufig angewandte Mischform ist das Vorlegen von nur einem Bestandteil des Gerichts. Hierbei wird beispielsweise das Fleischstück von der Platte vorgelegt, während die Gemüse und die Hauptbeilage in Schüsseln am Tisch eingesetzt werden. Die Gäste nehmen sich die Beilagen selbst und reichen die Schüsseln dann an die anderen Gäste zur Selbstbedienung weiter.

Eine weitere Mischform ist das Anrichten des Hauptbestandteils eines Gerichts auf den Teller. Dies kann bereits in der Küche geschehen oder im Restaurant vom Wagen bzw. vom Beistelltisch erfolgen. Der Teller wird dem Gast von rechts eingesetzt und die Beilagen werden durch Restaurantfachkräfte von links vorgelegt.

Im Bankettservice praktiziert man manchmal eine andere Art dieser Form. Dabei werden das Fleisch, die Gemüse- und die Hauptbeilagen einzeln auf Platten und in Schüsseln angerichtet und von jeweils einer Restaurantfachkraft den Gästen vorgelegt. Hierbei ist darauf zu achten, dass die Gäste nicht zu sehr eingeengt werden, indem von den nachfolgenden Servicefachkräften ausreichend Abstand gehalten wird.

Darbieten von der Platte

Eine Variante des Platten-Service ist das Anreichen oder der Darbieteservice. Die heiße Platte liegt auf der durch eine Stoffserviette geschützten linken Hand und wird dem Gast von links angereicht. Dabei wird die Platte durch Beugen des Oberkörpers auf Tischhöhe gebracht und zum Gast hin leicht geneigt. Der Plattenrand soll ein wenig über den Tellerrand hineinragen. Das Vorlegebesteck ist mit den Griffenden zum Gast hin ausgerichtet. So kann sich der Gast Speisen bequem von der Platte nehmen.

Vorlegen am Beistelltisch

Diese Form wurde früher als die **englische Serviermethode** oder **Guéridon-Service** bezeichnet. Da es sich um einen besonders gastorientierten, aber auch aufwendigen Service handelt, ist er nur bei einem kleineren Gästekreis bis acht Personen sinnvoll.

> ● Der Teller darf beim Vorlegen nicht überladen werden. Der Tellerrand muss in jedem Fall frei bleiben und sollte nicht bekleckert sein.

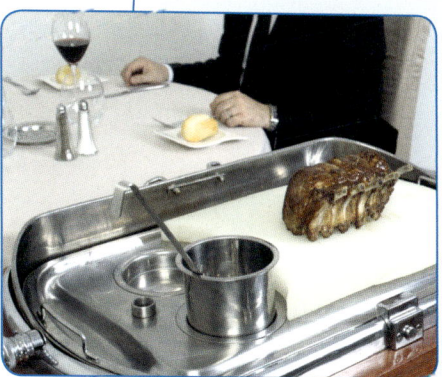

Darbieten einer Platte

Bereitstellen des Beistelltisches

Der Beistelltisch (Guéridon) kann als stationärer Tisch grundsätzlich beim Gästetisch stehen oder wird erst bei Bedarf an den Tisch herangestellt.

Die Stellung des Beistelltisches ist so zu wählen, dass alle Gäste möglichst bequem den Serviervorgang verfolgen können.

Mise-en-Place

Zunächst ist auf dem Beistelltisch eine Mise-en-Place auszuführen:

- ein Rechaud, bei getrennt angerichteten Speisen zwei Rechauds,
- Vorlegebestecke in einer Serviettentasche auf einem Teller,
- unmittelbar vor dem Auftragen der Platte die vorgewärmten Teller.

Anstellmöglichkeiten des Guéridons (grün)

Servieren der Speisen

Zunächst wird die Platte den Gästen präsentiert, danach auf den Rechaud gestellt.

Dabei erläutert die Servicefachkraft die Speisen.

Dann schließt sich der eigentliche Serviervorgang an, bei dem folgende Richtlinien zu beachten sind:

- Grundsätzlich mit Blick zu den Gästen arbeiten.
- Beim Vorlegen am Guéridon wird mit beiden Händen gearbeitet.
- Die Speisen werden fachgerecht auf dem Teller angerichtet, und der Teller wird dabei nicht überladen.
- Sauce oder Jus wird mit dem Löffel aufgenommen und noch über der Platte mit der Gabel unter dem Löffel abgestreift, damit beim Vorlegen nichts auf den Tisch oder Tellerrand tropft.
- Der angerichtete Teller wird mit der Handserviette getragen und dem Gast von rechts eingesetzt.
- Dabei wird zuerst den Damen, dann den Herren und zuletzt dem Gastgeber serviert.
- Den Tisch nach dem ersten Vorlegen im Auge behalten, um rechtzeitig den Nachservice einzuleiten.

Vorbereiteter Beistelltisch

Nachservice (Supplément)

Für den Nachservice gibt es zwei Möglichkeiten:

- Werden die Speisen für alle Gäste noch einmal komplett vorgelegt, ist es üblich, die benutzten Teller einschließlich Besteck auszuheben, sauberes Besteck einzudecken und zum Vorlegen der Speisen (am Beistelltisch) neue, heiße Teller zu verwenden.
- Wünschen die Gäste nur noch einen Teil des Gerichtes, z. B. Gemüse, so wird dieses am Tisch von der Platte vorgelegt.

Ein aufmerksamer Service beobachtet stets den Gästetisch, damit rechtzeitig nachserviert werden kann.

Weitere Infos und Materialien zum Service auf unseren Webseiten

DIGITAL+

❶ Alkoholfreie Getränke

Nicht nur im Sommer sind kalte Getränke ein fester Bestandteil in gastronomischen Einrichtungen. Sie sind nicht nur Durstlöscher, sondern haben eine erfrischende Wirkung und sind teilweise von ernährungsphysiologischer Bedeutung. Alkoholfreie Getränke werden nach folgenden Gruppen unterschieden:

Wässer

Wässer mit Geschmack

Säfte, Nektar und Fruchtsaftgetränke

Erfrischungsgetränke

Shakes

Alkoholfreie Mischgetränke

1.1 Klassische und moderne Wässer

Wässer, die in Verkehr gebracht werden, unterliegen ständigen Kontrollen und Mindestanforderungen. Grundsätzlich müssen alle in Verkehr gebrachte Wässer die höchste Qualität, die des Trinkwassers, aufweisen. Nach ihren typischen Eigenschaften werden sie in Gruppen unterteilt.

Mineralwasser, Quell- und Tafelwasser, Heilwasser

In der Verordnung über natürliches Mineralwasser, Quellwasser und Tafelwasser wird genau geregelt, welche Voraussetzungen und Eigenschaften ein Wasser mit sich bringt.

Natürliches Mineralwasser

- hat seinen Ursprung in unterirdischen, vor *Verunreinigungen geschützten* Wasservorkommen;
- ist von ursprünglicher Reinheit und gekennzeichnet durch seinen Gehalt an Mineralstoffen (Spuren- und Mengenelementen);
- bleibt in seiner Zusammensetzung, seiner Temperatur und seinen übrigen wesentlichen Merkmale im Rahmen natürlicher Schwankungen konstant;
- wird mit unterschiedlichem Kohlensäuregehalt angeboten, z. B. classic – medium – still;
- muss am Quellort abgefüllt werden;
- muss amtlich anerkannt sein. Ein Analyseauszug auf dem Flaschenetikett muss dies belegen.

Markenbeispiele:
- Gerolsteiner Mineralwasser, Glashäger Mineralbrunnen, Fürst Bismarckquelle

Brunnenbetrieb

Grundwasser

Tiefenwasser

Wasserführende Schicht

Vulkanische Kohlensäureschicht

Heilwasser

- ist ein Naturprodukt, das die gleichen Anforderungen wie Mineralwassers besitzt, aber wegen der Mineralstoffdichte und -vielfalt unter das Arzneimittelgesetz fällt.
- gilt aufgrund seiner **nachgewiesenen** heilenden, lindernden und vorbeugenden Wirkung als Heilmittel.
- wird bei Therapien eingesetzt und sollte nur bei Verordnung durch den Arzt getrunken werden.

Markenbeispiel:
St. Gero, Adelholzener Heilwasser, Staatl. Fachingen

Quellwasser

- ist Wasser, das seinen Ursprung in unterirdischen Wasservorkommen hat und aus einer oder mehreren natürlichen oder künstlich erschlossenen Quellen gewonnen worden ist.
- muss am Quellort abgefüllt werden.
- braucht keine amtliche Anerkennung, es dürfen aber keine Unreinheiten (mikrobiologische und chemische) vorhanden sein.

Markenbeispiele:
Danone Hayat, Nestlé Aquarel, Glaciar Sport

Tafelwasser

- ist kein reines Naturprodukt, es ist Wasser einfachster Qualität und kann sich aus verschiedenen Zutaten zusammensetzen.
- enthält z. B. natürliches salzreiches Wasser (Natursole), verändertes natürliches Mineralwasser, Meerwasser, Natriumchlorid oder Magnesiumchlorid.
- wird meist über Wasserspendersysteme ausgeschenkt.

Markenbeispiel: Bonaqua, Aquafina

Sodawasser

- ist mit mindestens 570 mg Natriumhydrogenkarbonat angereichertes Tafelwasser und mit Kohlensäure versetzt.
- es ist von einfacher Tafelwasserqualität.

Markenbeispiel:
Thomas Henry, Schweppes Soda Water

Geschmacksbezeichnungen

„Natürliches …aroma"
(Bezeichnung der Frucht)
Es sind natürliche Geschmacksstoffe der angegebenen Frucht enthalten, meist in Form von Extrakten.
„Natürliche Aromastoffe" – Es sind Geschmacksstoffe natürlichen Ursprungs enthalten, jedoch keine Aromaextrakte oder Bestandteile der angegebenen Frucht. Der Geschmack wird durch physikalische, enzymatische oder mikrobiologische Prozesse hergestellt. Das heißt, er kann aus Mikroorganismen wie Hefen oder Schimmelpilzen oder Zellulose hergestellt sein.
„Aromen" (früher: „künstliche Aromen") sind künstlich hergestellte Geschmacksstoffe, die in der Natur nicht vorkommen.

Wässer mit Geschmack

Zu den alternativen Wässern zählen Mineral-, Quell- oder Tafelwasser, die mit zusätzlichen Stoffen versetzt wurden. Diese Getränke sind eine Übergangsstufe zu den Erfrischungsgetränken wie Limonade oder Schorle. Moderne Wässer gelangen unter Fantasiebezeichnungen in den Handel. Grundanforderungen sind nur auf das enthaltene Wasser bezogen, nicht aber auf verwendete Zusatzstoffe. Begriffe wie Wellnesswasser, Near-Water-Getränke oder Functional Water kennzeichnen diese Gruppe.

Dem Wasser sind je nach Hersteller noch Zusatzstoffe, wie Aromen oder Süßungsmittel, beigegeben. Für die Erstellung der Getränkekarte sind diese Zusatzstoffe genau zu betrachten. Viele der verwendeten Inhaltsstoffe unterliegen der Deklarationspflicht, d. h. sie müssen dem Kunden/Gast kenntlich gemacht werden. Zu diesen Inhaltsstoffen gehören neben den Aromen und Süßungsmittel auch Konservierungsmittel oder Säuerungsmittel.

ZUTATEN:
Natürliches Mineralwasser, Zucker, Säuerungsmittel: Citronensäure, **natürliches Zitronen-Limetten-Aroma mit anderen natürlichen Aromen**

Etikett eines Wassers mit Zusatz

Ausschank von Mineralwasser

- Mineralwasser muss nach der Mineralwasserverordnung **immer** in der Flasche serviert werden. Die Flasche muss am Gästetisch geöffnet werden, um Täuschung durch Umfüllen auszuschließen. Die üblichen Größen sind 0,2 ℓ – 0,5 ℓ – 0,7 ℓ – 1,0 ℓ Wasserinhalt.
- Übliche Ausschanktemperaturen von Wasser sind:
Stilles Wasser: Zimmertemperatur (14 – 16 °C)
Medium oder Classic: ca. 10 °C
- Wasser wird ohne Eiswürfel und Zitrone gereicht.

1.2 Säfte und fruchtsafthaltige Getränke

Getränke aus Früchten gehören zu den Spitzenreitern unter den Getränken. Eine Vielzahl von Säften und fruchtsaftähnlichen Getränken finden sich in Standard- oder Angebotskarten wieder. In den Sommermonaten sind kreative Varianten gefragt. Egal welche Kombinationen im Angebot sind, Leitsätze regeln den Mindestfruchtgehalt, der eingehalten werden muss.

Die Begriffe, die wir täglich benutzen, unterliegen also klaren gesetzlichen Bestimmungen. Dort wo z. B. Saft draufsteht, muss auch 100 % Fruchtsaft drin sein. Grafisch dargestellt heißt es:

So viel Frucht steckt in Fruchtsaft & Co.

Fruchtsaft	**Fruchtnektar**	**Fruchtsaftschorle** mit CO_2	**Fruchtsaftgetränk** ohne CO_2
Fruchtgehalt 100 %	Fruchtgehalt mindestens 25–50 %	Fruchtgehalt mindestens 25–50 %	Fruchtgehalt mindestens 6–30 %

Fruchtsaft

Klar ist, Fruchtsaft hat meist keine weiteren Zutaten, nur die reine Flüssigkeit, die aus den Früchten gewonnen wird. Angeboten wird Fruchtsaft
- als Saft aus einer Frucht oder aus mehreren Früchten,
- klar oder naturtrüb,
- mit Fruchtfleisch oder mit Fruchtmark,
- als Direktsaft oder aus Konzentrat hergestellt oder
- besonders säurearm mit dem Zusatz „mild".

Zugesetzt werden darf beim Saft lediglich Ascorbinsäure, welches indirekt als Konservierungsmittel zu verstehen ist. Zusatzstoffe, die nach der Herstellung an technologischer Bedeutung verlieren, müssen nicht deklariert werden.

Servieren von Säften
- Direktsäfte entfalten ihr gesamtes Aroma bei Zimmertemperatur.
- Klare Säfte schmecken gekühlt bei 8–10 °C am besten.

Gemüsesaft

Gemüsesäfte unterliegen den gleichen Vorschriften wie Fruchtsaft Es ist immer 100 % Gemüsesaft enthalten. Konservierungsstoffe, Geschmacksverstärker oder Farbstoffe sind nicht enthalten. Reine Säfte werden mit dem Gemüsenamen voran benannt, z. B. Tomatensaft. Sind mehrere Sorten Gemüse enthalten, wird mit der Bezeichnung Gemüsesaft das

Saft aus Konzentrat
Wird ein Saft hergestellt, ist die Flüssigkeit natürlich aus 100 % Frucht. Für den Transport wird Flüssigkeit aus Kostengründen entzogen, es entsteht ein Konzentrat. Am Abfüllort wird die entzogene Menge Wasser wieder zugesetzt. Auf der Verpackung muss nun „aus Konzentrat hergestellt" stehen.

100 % Fruchtgehalt

Ascorbinsäure als Lebensmittelzusatz ist nicht mit Vitamin C zu vergleichen! Es ist nur ein Bestandteil des Vitamins und besitzt nicht die positiven Eigenschaften des Vitamin C.

Getränk verallgemeinert bezeichnet. Auf der Liste der Zutaten ist die Gemüseart mit dem größten Anteil als erstes benannt, nachfolgend in der Reihenfolge des abfallenden Gewichtsanteils.

Fruchtnektar

Nicht alle Früchte können zu genussfähigem Saft verarbeitet werden.
- Bananensaft wäre zu dickflüssig, um getrunken zu werden.
- Johannisbeersaft ist zu säurehaltig, um pur getrunken zu werden.

25–50 % Fruchtgehalt

Diese Früchte finden sich unter anderem als Fruchtnektar wieder. Hier werden sie durch Zugaben genussfähig gemacht. In der Fruchtsaftverordnung wird der Mindestfruchtgehalt einzelner Früchte genau festgelegt.

Fruchtnektare bestehen neben Fruchtsaft aus Wasser und meistens auch mit einem Zusatz von Zucker oder Honig. Wird auf zusätzliches Süßen verzichtet, kann dies mit dem Zusatz „Enthält von Natur aus Zucker" gekennzeichnet sein. Nektar aus mehreren Früchten wird als Mehrfruchtnektar deklariert.

Beispiele für Fruchtanteile im Nektar

Frucht	Mindestfruchtanteil	Frucht	Mindestfruchtanteil
Apfel	50 %	Pflaume	30 %
Orange	50 %	Johannisbeere	25 %
Grapefruit	50 %	Passionsfrucht	25 %
Erdbeere	40 %	Zitrone	25 %
Sauerkirsche	35 %	Banane	25 %

Servieren von Fruchtnektar

- Fruchtnektare entwickeln ihren Fruchtgeschmack am besten gekühlt bei 8 – 10 °C.

1.3 Erfrischungsgetränke

Erfrischungsgetränke sind Getränke, die Trinkwasser, natürliches Mineralwasser, Quellwasser und/oder Tafelwasser sowie geschmackgebende Zutaten enthalten.

Die Leitsätze für Erfrischungsgetränke beschreiben neben dem Mindestfruchtgehalt weitere mögliche Zutaten wie z. B. Kohlensäure, Zuckerarten und Farbstoffe. Nach den Leitsätzen zählen folgende Getränke zu den Erfrischungsgetränken:
- Fruchtschorlen
- Fruchtsaftgetränke
- Limonaden
- Brausen

Servieren von Erfrischungsgetränken

Erfrischungsgetränke enthalten einen hohen Wasseranteil und meist auch eine Zuckerart. Um einen „erfrischenden" Eindruck zu hinterlassen, werden Erfrischungsgetränke bei 8 – 10 °C gereicht.

Zuckerarten

In der Zutatenliste von Getränken findet sich der Zucker in verschiedenen Zuckerarten
- Kristallzucker
- Flüssigzucker
- Invertzuckersirup
- Glukosesirup
- Dextrose/Traubenzucker
- Fruchtzucker
- Läuterzucker/Flüssigzucker

Fruchtsaftschorlen

Für Fruchtsaftschorlen gelten für den Mindestfruchtgehalt dieselben gesetzlichen Vorschriften wie für Nektar (siehe Seite 284). Darüber hinaus kann noch natürliches Aroma und eine Zuckerart zugegeben werden. Die geschmackgebende Frucht wird benannt, z.B. Apfelschorle oder Apfelsaft-Schorle. Sind mehrere Früchte in der Schorle, wird dies durch den Begriff Mehrfruchtschorle gekennzeichnet.

25–50 % Fruchtgehalt

Schorle, die im Café oder als „To-go-Artikel" selbst gemischt wird, unterliegt den gesetzlichen Vorgaben des Mindestfruchtgehaltes.

Fruchtsaftgetränke

Der geringere Anteil an Fruchtsaft wird durch natürliche Aromen ausgeglichen. Farbstoffe sind als Zusatz verboten, jedoch steigt der zugegebene Anteil einer Zuckerart. Die Fruchtzusätze sind in drei Gruppen eingeteilt.
- Kernobst oder Trauben   30 % Fruchtanteil
- Zitrusfrüchte   6 % Fruchtanteil
- Andere Früchte, z.B. Exoten oder Steinobst   10 % Fruchtanteil

mind. 6–30 % Fruchtgehalt

Limonaden

Limonaden erhalten ihren Geschmack durch die Zugabe von
- Aromaextrakten der geschmackgebenden Frucht oder der Kräuter,
- natürliche Aromen zur Geschmacksergänzung und meistens
- Zitronensäure.

3–15 % Fruchtgehalt

Der Zuckergehalt einer Zuckerart beträgt **mindestens** 7 %, der Fruchtanteil **mindestens** 50 % eines **Fruchtsaftgetränkes**.
Darüber hinaus kann Zuckerkulör (E150) als Farbstoff verwendet werden, wie auch Beta-Carotin oder färbende Lebensmittel wie Rote Bete.

Zu den Limonaden gehören ebenfalls Cola- und Energy-Getränke, Bitter- und Kräuterlimonade. Cola-Getränke enthalten Koffein, Energy-Getränke besitzen neben verschiedenen Zuckerarten auch Koffein und aufputschende/leistungssteigernde Mittel wie Taurin oder Inosit. Koffeinhaltige Getränke sind mit einem Warnhinweis zu kennzeichnen, wenn mehr als 150 mg Koffein pro 100 ml enthalten sind.

Fassbrause ist ein Begriff, der mit der klassischen Brause nichts gemeinsam hat. Als Fassbrause wurde ursprünglich ein Getränk aus Frucht- oder Kräuterextrakten bezeichnet. Eine einheitliche gesetzliche Regelung für diesen Begriff gibt es jedoch nicht.

Brausen

Brausen unterliegen keinen gesetzlichen Vorgaben für einen Mindestfruchtgehalt. Sie enthalten als Geschmacksträger Aromen und eine oder mehrere Zuckerarten sowie Farbstoff.

0 % Fruchtgehalt

Smoothie

Smoothies sind Getränke, die aus frischen und einwandfreien Früchten hergestellt sind. Charakteristisch ist die Sämigkeit, die durch das pürierte Fruchtmark entsteht. Smoothies sind aus der ganzen Frucht ohne Schale und Kernen hergestellt. Meist sind sie Mischungen aus verschiedenen Früchten, somit wird ein zu dickes Püree (z. B. Banane) mit Saftobst (z. B. Orangen) oder Obstsaft genussfähig gemacht.

Smoothies lassen sich in einem Standmixer sehr gut selbst herstellen (s. Seite 163). Mit der Eigenherstellung von Smoothies hat man die Möglichkeit, auf Kundenwünsche schnell und zielgerichtet, aber auch auf saisonale Angebote zu reagieren. Da es keine Leitsätze für dieses Getränk gibt, kann ein Smoothie auch mit Zusätzen aus Molkereierzeugnissen hergestellt werden.

Smoothies besitzen von Natur aus einen hohen Fruchtzuckeranteil, der aufgrund der Zerkleinerung sehr schnell ins Blut übergeht. Auf die zu verzehrende Menge ist daher zu achten. Grüne Smoothies sind hier eine kalorienreduzierte Alternative. Es wird zum Teil die Schale mitverwendet, der Ballaststoffgehalt steigt dadurch. Eine Vielzahl an sekundären Pflanzenstoffen steigert den Gesundheitswert von grünen Smoothies.

bis 100 % Fruchtgehalt

Apfel-Mango-Smoothie

1 Portion
0,120 kg Apfel, geschälter und
          entkernter
0,090 kg Mangofruchtfleisch
0,040 kg Orangensaft
0,080 kg Apfelsaft
Zutaten in einem Standmixer fein pürieren.

1.4 Getränkeschankanlagen

Alkoholfreie Getränke

Zapfanlagen für alkoholfreie Kaltgetränke lassen sich in zwei grundlegende Bauweisen unterteilen. Bei der **Premixanlage** (pre = vorher) wird das vom Getränkehändler bezogene, fertige Getränk im Restaurant nur gekühlt und ggf. mit Kohlensäure angereichert. Bei einer **Postmixanlage** (post = nach, später) muss der gelieferte Getränkegrundstoff noch mit Wasser vermischt werden, bevor das Getränk gezapft und serviert werden kann.

Getränkeschankanlagen werden oft auch als Zapfanlage oder Schankanlage bezeichnet. Getränke aus Vorratsbehältern (Keg, Fass) lassen sich damit rasch und einfach in Gläser portionieren. Darum findet man Zapfanlagen vorwiegend dort, wo Getränke in größerer Menge verkauft werden.

Vorzüge der jeweiligen Anlagentypen

Premixanlage

- Kann auch mobil eingesetzt werden, da keine aufwendigen Installationen notwendig.
- Ohne Baumaßnahmen in bestehenden Gebäuden nachrüstbar.
- Mischungsverhältnis muss nicht eingestellt werden.

Postmixanlage

- Platzsparend – nur Getränkegrundstoff einlagern.
- Durch geringe Sirupmenge (Figal) einfachere Warenannahme/Pfandrückgabe.
- Postmix-Behälter müssen seltener getauscht werden.
- Tafelwasser kann ohne Figal gezapft werden.

Vorsichtsmaßnahmen:
CO_2-Flaschen **nur** mit aufgesetzter Schutzkappe transportieren. Während des Transports den Druckminderer **nicht** montieren (er könnte abbrechen, Gas würde ausströmen). Die Flasche **immer** gegen Umkippen sichern.

Figal (engl.) = **Five Gal**lons. 5 Gallonen entsprechen ca. 18,9 Liter.

Postmix-Anlage

Zapfanlage

Isolierung

CO_2

Cola

Sirupkühlung

CO_2-Flasche

Postmixbehälter

Trinkwasser

CO_2-haltiges Wasser

Die Postmix-Anlage mischt Sirup, Kohlensäure und Wasser im Zapfhahn

An der CO_2-Flasche befinden sich zwei Anschlüsse: einer wird in den Getränkegrundstoff geführt, der andere reichert Trinkwasser mit Kohlensäure an.

Der Getränkegrundstoff (Limonadensirup) wird aus dem Postmixbehälter in das Kühlaggregat getrieben.

Trinkwasser wird von geschmacksbeeinflussenden Stoffen befreit und im Karbonator mit Kohlensäure versetzt. Ein Druckminderer sorgt dafür, dass das Trinkwasser mit konstantem Druck in die Anlage geführt wird.

Im Zapfkopf fließen karbonisiertes Wasser und Getränkesirup – gekühlt auf ca. 4 °C – zusammen. Das Mischungsverhältnis Wasser : Grundstoff wird über ein Ventil eingestellt.

Bag-in-Box (BiB)-Postmix

In der Gastronomie setzt sich zunehmend das Postmix-System „Bag-in-Box" durch. Kernstück der Anlage sind 10-Liter-Kartons („Box"), die mit einem Sirup-Beutel („Bag") bestückt sind. Gemischt wird ein Teil Sirup mit fünfeinhalb Teilen kohlensäurehaltigem Wasser. Ein Vakuumsystem saugt den Sirup an, es wird kein CO_2 eingesetzt.

Das System hat viele Vorteile:
- Weniger Platzbedarf für die Lagerhaltung und beim Ausschank
- Einfacheres Handling und höhere Sicherheit (kein Druckgas)
- Im Sirup-Beutel bleiben durch die spezielle Konstruktion keine Restmengen übrig. Kaum Schankverluste.
- Problemlos entsorgbare Einweggebinde, wenig Abfall.

1.5 Alkoholfreie Mischgetränke

Mischgetränke werden auf Basis von Limonade, Fruchtsaft oder Fruchtnektar hergestellt. Sie eignen sich aufgrund der säurehaltigen oder kalten Zutaten besonders in den warmen Sommermonaten.

Einfache Mischgetränke mischen sich bereits beim Einfüllen in Gläser. Zu ihnen zählen z. B.

- Eis
- Fruchtsaft, Fruchtsirup
- Würzstoffe, Sahne, Eier oder Speiseeis
- mit Flüssigkeit auffüllen
- garnieren

- Spezi – Cola mit Orangenlimonade
- Fruchtsaftschorle – Fruchtsaft mit Mineralwasser
- Limonade – Zitrus-Fruchtsaft mit Wasser und Zucker

Aufwendigere Mischgetränke (Longdrinks, Cocktails, Fancys) besitzen neben den Basisgetränken meist noch weitere Zutaten. Geeignet zur geschmacklichen Erweiterung ist

- Sirup und/oder Würzstoffe
- Früchte (im Mixer zerkleinert)
- Milch und Milchprodukte
- Speiseeis

Zum Mischen eignen sich Rührlöffel, Cocktailshaker oder Elektromixer/Elektrostandmixer. Durch kräftiges Arbeiten mit einem Shaker oder dem Elektromixer kommt Luft in das Getränk, Eiswürfel oder Speiseeis kühlen es ab. Entsprechende Gläsergarnituren werten das Getränk optisch auf.

Da es bei der Herstellung alkoholfreier Mischgetränke unzählige Möglichkeiten gibt, liegt es an den Fachkräften herauszufinden, welche Richtung die Gäste bevorzugen oder welche Geschmacksrichtung gerade im Trend liegt.

Beispiele für Mischgetränke

Auf Basis von Fruchtsäften

Florida

Zutaten

1 cl	Zitronensaft
8 cl	Orangensaft
12 cl	Ananassaft
1 cl	Grenadine
	Eiswürfel

Alle Zutaten in einen Cocktailshaker mit Eiswürfel geben, gut vermischen und in einem bauchigen Glas servieren.

Auf Basis von Fruchtsaft und Sahne

Virgin Colada

Zutaten

12 cl	Ananassaft
6 cl	Süße Sahne
4 cl	Kokossirup
	Eiswürfel

Alle Zutaten in einen Cocktailshaker mit Eiswürfel geben, gut vermischen und in einem bauchigen Glas servieren.

Auf Basis von Milch

Apfel-Holunder-Traum

Zutaten

10 cl	Milch
100 g	Apfelmus
1 TL	Puderzucker und
5 EL	Zimt
	Holunderbeerensaft

Milch mit Apfelmus und Zuckermischung verrühren und in ein Glas gießen. Holunderbeerensaft in die Milchmischung laufen lassen. Garnieren

Eine klassische Variante der Milch-Mischgetränke ist Eiskaffee und Eis-schokolade. Eiskaffee wird mit kräftigem kaltem Kaffee hergestellt. Je nach Kundenwunsch wird der Kaffee gesüßt. Vanilleeis wird zum Kaffee in das Glas gegeben, mit einer Sahnehaube versehen und mit Trinkhalm serviert. Eine Eisschokolade wird auf gleiche Weise hergestellt, jedoch sollte der Kunde zwischen Vanille- oder Schokoladeneis wählen dürfen.

Milchshake

Ein Milchshake ist ein süßes und kaltes Getränk, das Milch als Grundzutat enthält. Zudem kommen noch z.B. Speiseeis und süße Aromen wie Sirup hinzu. Das Mischen der Zutaten gelingt am besten über Milchshake-Mixer. Sie vermengen die Zutaten zu einer gleichmäßig sämigen Flüssig-keit um 0 °C.
Besonders gut geeignet ist die Herstellung von Shakes in den Sommer-monaten. Das Getränk ist kalt, vollmundig-süß und stark variierbar.

| Basis

Milch | + | z.B. Produkte wie Buttermilch oder Joghurt (können auch die Milch ersetzen) | + | Speiseeis z.B. Erdbeere, Vanille, Haselnuss, Pistazien, Wald-meister oder Schokolade | + | Geschmack-gebender Sirup z.B. Haselnuss Kokosnuss Granatapfel Pfefferminze |

Anrichtebeispiele

1.6 Kochen mit alkoholfreien Getränken

Neben der typischen Nutzung als Getränk unterstützen alkoholfreie Getränke aber ebenso das tägliche Arbeiten in gastronomischen Küchen. Sie werden meist zur Unterstützung des **Geschmacks** verwendet.

Beispiele:
Für Rotkohl wird Kirschsaft oder Saft und Zeste von Blutorangen verwendet. Sauerkrautsaft oder Zitronensaft zum **Marinieren** von Fisch oder Orangen-saft für die **Herstellung** von aufgeschlagener Orangenschaumsauce. Zur **Verfeinerung** von Speisen wie Blankett vom Huhn oder Erbsensuppe dient Zitronensaft; als **farbgebendes** Lebensmittel kann Rote-Bete-Saft oder Karottensaft verwendet werden. Mineralwasser wird bei der Herstellung von Tempura-Teig und Vichy-Karotten (Vichywasser) eingesetzt.

2 Aufgussgetränke

🇬🇧 hot drinks 🇫🇷 boissons (w) chaudes

Als Aufgussgetränke bezeichnet man Kaffee, Kaffee-Getränke (Instant-Kaffee), Tee und Kakao. Sie werden durch Überbrühen (Aufgießen) mit Flüssigkeit (in der Regel Wasser) hergestellt. Kaffee und Tee aus Teepflanzen enthalten Koffein, Kakao enthält Theobromin. Diese Aufgussgetränke wirken durch Alkaloide anregend auf Kreislauf und Nervensystem.

2.1 Kaffee 🇬🇧 coffee 🇫🇷 café (m)

Bedeutend für die Herstellung von Kaffee sind zwei Kaffeearten, Coffea arabica (Arabica) und Coffea canephora (umgangssprachlich Robusta).

- Robusta enthält mehr Koffein als Arabica, besitzt weniger Kaffeeöl und ist kräftig im Geschmack. Robusta wird häufig für Kaffeemischungen oder Espresso(-mischungen) verwendet.
- Arabica wird als die hochwertigere Sorte angesehen. Geschmacklich ist die Kaffeeart sehr vielfältig, von süßlich bis fruchtig oder auch würzig mit feinen Nuancen. Um einen gleichbleibenden Geschmack über Jahre zu gewährleisten, werden häufig Mischungen verschiedener Arabicas verwendet.

Kaffeeanbau und Konsumenten

Kaffee wächst meist nur unter speziellen klimatischen Bedingungen. Der Konsum ist jedoch weltweit vorhanden, verstärkt in Süd- und Nordamerika sowie in Europa. Während die Ernte und die erste Vearbeitung in dem Erzeugerland stattfinden, wird der Röstprozess im Konsumland durchgeführt. Dies hat den Vorteil, dass die unterschiedlichen Trinkgewohnheiten beim Kaffee (z. B. kräftige Röstungen) berücksichtigt werden.

Stempel
Blütenblatt
Blütenröhre
Staubgefäß
Griffel
Fruchtknoten
Fruchtstiel
Samenablage

Kaffeeblüte mit späterer Frucht

Transfair

Oft bleiben den Erzeugern von Kaffee nur ein kleiner Erlös ihrer vorbereiteten Kaffeebohnen (s. Seite 43)

Aufbereitung der Kaffeebohne

Nach der Ernte werden die Kaffeebohnen, wegen ihrer noch geringen Haltbarkeit, relativ schnell vom Fruchtfleisch befreit und anschließend getrocknet. Die noch grünen Bohnen kommen als Rohkaffee in den Handel. Für die Aufbereitung der Kaffebohnen gibt es verschiedene Verfahren, u. a. die trockene Aufbereitung, die gewaschene Aufbereitung und die halbtrockene Aufbereitung.

- Bei der **trockenen Aufbereitung** werden die Früchte in der Sonne über mehrere Wochen gedörrt, zunehmend auch in wenigen Stunden im Ofen getrocknet. Der Feuchtgehalt geht von bis zu 60 % auf 11–13 % zurück. Dann wird das getrocknete Fruchtfleisch maschinell abgeschält. Vor dem Transport wird noch die Pergamenthaut entfernt.
- Beim **Nassverfahren** wird das Fruchtfleisch zunächst fast vollständig entfernt. Dann lässt man die Bohnen in Wasserbecken über viele Stunden fermentieren; dabei wird das verbliebene Fruchtfleisch gelockert und kann nach diesem Prozess restlos abgespült werden. Mit der anschließende Trocknung durch Heißluft oder auf Trockenplätzen wird die Restfeuchte von 11–13 % erreicht. Durch die gewaschene Aufbereitung werden eher feine Aromen und Säuren begünstigt.
- Bei der eher seltener angewandten **halbtrockenen Aufbereitung** wird das Fruchtfleisch zunächst fast vollständig entfernt. Die freigelegten Bohnen trocknen mit dem Restfleisch auf Trockenplätzen oder in Netzen, bis der Restfeuchtegrad erreicht ist. Dann wird das getrocknete Restfleisch entfernt.

Querschnitt Kaffeefrucht

Kaffeeaufbereitung

Rösten von Kaffee

Beim Rösten des Rohkaffees verändern sich die Bohnen. Aminosäuren, Proteine und Zuckerstoffe werden in neue chemische Verbindungen umgewandelt (Maillard-Reaktion).

- Diese geben dem Kaffee-Getränk Farbe und Geschmack,
- Aromastoffe entstehen durch Umbildung und
- die Gerbstoffe werden verringert.

Koffein ist der Hauptwirkstoff des Kaffees. Eine Tasse Filterkaffe enthält zwischen 50 und 100 mg Koffein. Koffein regt das Zentralnervensystem an, steigert die Herztätigkeit und erhöht den Blutdruck (was aber auch zu Herzklopfen und Schlaflosigkeit führen kann).
Der Röstgrad entscheidet über den Geschmack der Bohne und das Endprodukt.

- Für Filterkaffee wird häufig eine **etwas hellere** Röstung gewählt. Diese weist meistens weniger Bitter- und Röstaromen auf, sodass ein feineres Aroma ermöglicht wird.
- Mittlere Röstungen eignen sich besonders gut für Café Crème.
- Dunkle Röstungen eignen sich besonders für Espresso und Kaffeespezialitäten, bei denen Espresso die Grundlage bildet (s. Seite 294).

Koffein
- regt das Zentralnervensystem an,
- steigert die Herztätigkeit und erhöht den Blutdruck (was aber auch zu Herzklopfen und Schlaflosigkeit führen kann).

Kaffee-Ersatz ergibt ein kaffeeähnliches, koffeinfreies Getränk. Als Rohstoffe dienen Zichorien, Feigen und Gerstenmalz. Diese Produkte erhalten durch Rösten Aroma, Farbe und Geschmack. Malzkaffee kommt gemahlen in den Handel, Feigen und Zichorien werden zerrieben und gepresst. Das Hauptangebot besteht aus sofort löslichem Extraktpulver.

Grundregeln Kaffeemahlgrad

- Je feiner das Kaffeemehl gemahlen ist, desto kräftiger/strenger ist der Geschmack.
- Grobe Kaffeemehle sind mild oder auch als zu dünn wahrnehmbar.

Produktbezeichnung	Kaffeepulver	Wassermenge
Tasse Kaffee	6–10 g	125–150 ml
Kännchen Kaffee	12–20 g	250–280 ml
Großmengen	60–100 g	2 000 ml

Kaffee mit besonderer Behandlung

- **Entkoffeinierter Kaffee** enthält höchstens 0,1 % Koffein und kann darum auch von Personen getrunken werden, bei denen Koffein zu Herzklopfen und Schlaflosigkeit führen würde.
- **Säurearmem Kaffee** ist Gerbsäure entzogen worden, das Koffein bleibt erhalten. Diese Art ist darum für Personen mit säureempfindlichem Magen geeignet.
- **Kaffee-Extraktpulver** oder Instant-Kaffee löst sich sofort und ohne Rückstände auch in kalter Flüssigkeit. Das Produkt wird hergestellt, indem man konzentriertem Kaffee im Sprühverfahren oder durch Gefriertrocknung das Wasser entzieht. Das Pulver ist sehr wasseranziehend (hygroskopisch) und muss darum unbedingt verschlossen aufbewahrt werden.
- **Kaffee-Konzentrat** wird durch stufenweises Auslaugen der Kaffeebohnen gewonnen. Beim Fertigstellen ist mit der jeweils vorgeschriebenen Wassermenge zu verdünnen. Kaffee-Konzentrat wird in Kapseln angeboten.

Zubereitung von Kaffee

Für die Gastronomie hergestellter Kaffee wird besonderen Röstverfahren unterworfen. Damit besitzt er eine längere Standzeit, was besonders im Frühstücksservice oder für große Personengruppen von Vorteil ist. Für viele Personen, z. B. beim Frühstück, wird Kaffee in größeren Mengen auf Vorrat zubereitet. Die Warmhaltetemperatur liegt dann bei etwa 80 °C. Trotz der besonderen Verfahren bei der Kaffeebohnenröstung sollte eine Standzeit bis 60 Minuten nicht überschritten werden. Wenn der Kaffee kippt, verändern sich die Farbe, das Aroma und der Geschmack nachteilig.

Brühen von Kaffee

Um einen wohlschmeckenden, vollaromatischen Kaffee zu erhalten, ist einiges zu beachten:

- Grundbedingung ist die Verwendung von hochwertigem und für die Gastronomie geröstetem Kaffee.
- Die Einkaufsmengen sind dem jeweiligen Bedarf anzupassen, damit keine Aromaverluste durch Überlagerung entstehen.
- Geöffnete Verpackungen sind luftdicht zu verschließen.
- Die verwendeten Kaffeesorten und -mengen sind der Maschine und den Wasserbedingungen anzupassen.
- Der Feinheitsgrad der Körnung ist auf die Art des Brühverfahrens abzustimmen, damit sich das Aroma optimal entfalten kann.
- Wichtig sind die richtig dosierte Menge des Kaffeepulvers sowie die sachgerechte Temperatur des Brühwassers zwischen 90 bis max. 95 °C.
- Die Wasserqualität entscheidet über das Endergebnis. Weiches Wasser mit wenigen Mineralsalzen ergibt ein feineres Endprodukt.
- Porzellangeschirr, gut vorgewärmt, gilt als besonders aromafreundlich, da der Kaffee länger heiß bleibt.
- Das Kaffeegeschirr muss sauber und unbedingt seifenfrei sein.

Arten der Kaffeezubereitung

French Press

Die Herstellung erfolgt in einer Pressstempelkanne und wird per Hand und ohne Filterpapier durchgeführt. In eine spezielle Glaskanne wird Kaffeepulver gegeben, heißes Wasser aufgegossen und das Kaffeepulver kurz verrührt. Nach etwa 4 Minuten wird mit dem Stempelsieb das Kaffeepulver auf den Kannenboden gedrückt. Im Kaffee enthalten sind die aroma und geschmackgebenden Bestandteile.

Handfiltern von Kaffee

Beim Handfiltern ist zu beachten:
- Das Kaffeepulver im Filter mit wenig heißem Wasser anbrühen, damit es aufquillt.
- Den Rest des Wassers dann stufenweise in die Mitte des Filters nachgießen, damit das Wasser durch das Kaffeemehl zum Filter hin fließt.

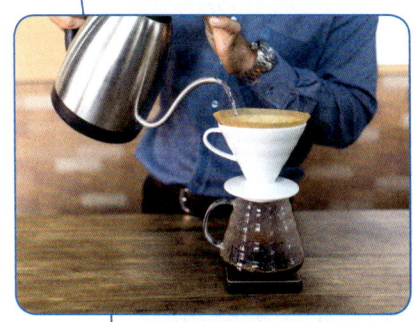

Maschinelle Kaffeezubereitung

Die maschinelle Zubereitung von einzelnen Kaffees oder Kaffeespezialitäten erfolgt durch Vollautomaten bzw. durch Siebträger. Vollautomaten und Siebträger haben verschiedene Ausstattungsmerkmale, mit denen vor allem Kaffeespezialitäten wie Espresso, Café au lait oder Latte Macchiato hergestellt werden.

Siebträgermaschine

Kaffeemaschinen und Mengenbrüheinheiten ermöglichen es, in kurzer Zeit große Mengen Kaffee bereitzustellen. Die beiden grundlegenden Verfahren sind hierzu
- das drucklose **Überbrühverfahren** (z. B. Korbfilter) ①
- das **Dampfdruckverfahren** ②

Kaffeevollautomat

Grundlegende Angebotsformen für Kaffee

In der Praxis hat sich durchgesetzt, Kaffee und Espresso immer mit Zucker oder Süßstoff und Kaffeesahne oder Milch zu reichen. Als Aufmerksamkeit wird auch einzeln verpacktes Gebäck, Konfekt oder Schokolade gereicht.

①

②

Mokka

Die ursprüngliche Weise des Kaffeekochens. Sehr feines Kaffeemehl in eine Kanne geben und mit Wasser zusammen aufkochen. Nach ein wenig Ziehen in Mokkatassen gießen. Je nach Nation wird dieser Kaffee auch gewürzt, z. B. mit Kardamom oder Zimt.

Komponenten zum Bereitstellen für ein Kännchen Kaffee

- Tablett mit Papiermanschette,
- Untertasse mit Deckchen, vorgewärmter Tasse und Kaffeelöffel,
- Schälchen mit Zucker/Zuckerstreuer und Süßstoff
- Kännchen oder Portionen mit Sahne/Milch
- Kännchen mit Kaffee.

Wird der Kaffee in einer Tasse, einem Pott oder Spezialglas gereicht, werden Zucker, Süßstoff, Kaffeesahne oder Kondensmilch und Gebäck ebenfalls dazugereicht. Je nach Einrichtung befindet sich z. B. Zucker schon auf dem Tisch.

Zugaben zum Kaffee

Üblich ist die Zugabe von kleinen Gebäcken zum Kaffee oder zu Kaffeespezialitäten. Abhängig vom Niveau der gastronomischen Einrichtung wird als Beigabe gegeben:

- Tee- oder Kaffeegebäck (Mürbeteiggebäck)
- Amarettini oder Mini-Baiser
- Pralinen oder Petits fours
- Schokoladentäfelchen

2.2 Kaffeespezialitäten

Bei vielen Kaffeespezialitäten bildet eine kräftige Röstung (wie die des Espressos) die Grundlage. Je nach Gästekreis kann jedoch auch eine weniger stark geröstete Bohne verwendet werden.

Kaffee mit Geschmack/Flavoured Coffee

Um das Angebot zu verbreitern, werden Kaffeespezialitäten mit geschmacklichen Varianten angeboten, der Flavoured Coffee. Je nach Trend oder auch Jahreszeit wird die Kaffee-Sirup-Kombination dem Gästekreis angepasst. Angeboten wird Sirup z. B. in den Geschmacksrichtungen Zimt, Vanille, Haselnuss, Schokolade, Amaretto und Anis. Zusätzlich erweitert mit Spirituosen entstehen vielfältige Kombinationen, die den Kaffee stark mildern und somit auch den Gästen zur Verfügung stehen, die den meist herben Geschmack von Kaffee nicht mögen.

Kaffeespezialitäten mit starker Röstung

Caffe Ristretto

8 g Kaffepulver =
30 ml Espresso

Espresso

8 g Kaffepulver =
50 ml Espresso

Macchiato

50 ml Espresso
+ Milchschaum

Kapuziner

50 ml Mokka
+ wenig
flüssige Sahne

Caffe Doppio

16 g Kaffepulver =
100 ml Espresso

Caffe Lungo

16 g Kaffepulver =
150 ml Espresso

Café Crema

8–10 g Kaffepulver =
150 ml Kaffee

Kaffeespezialitäten mit Milch

Cappuccino

1/3 Caffe Lungo
+ 1/3 heiße Milch
+ 1/3 Milchschaum

Café au lait

1/2 Lungo
+ 1/2 leicht auf-
geschäumte heiße
Milch

Latte Macchiato

1/3 heiße Milch
+ 1/3 Espresso
+ 1/3 Milchschaum

Kaffeespezialitäten mit Alkohol

Kaffee verträgt sich gut mit Spirituosen. Es gibt Gäste, die diese besondere Geschmacksnote lieben. Geeignete Spirituosen sind z. B. Cognac, Kirschspirituosen oder Amaretto.

- Die Grundausstattung ist wie bei einer Tasse oder einem Kännchen Kaffee.
- Die gewählte Spirituose wird im entsprechenden Glas getrennt gereicht.

Weitere Spezialitäten

Rüdesheimer Kaffee
- 3 bis 4 Stück Würfelzucker in der vorgewärmten Originaltasse mit 4 cl Asbach übergießen,
- mit einem langen Streichholz entzünden und bei gleichzeitigem Rühren mit einem langstieligen Löffel flambieren (den Zucker leicht karamellisieren lassen),
- mit heißem Kaffee auffüllen,
- mit geschlagener Sahne garnieren und mit Schokoladenraspel bestreuen.

Pharisäer
In einer vorgewärmten Tasse je 1 Kaffeelöffel Zucker sowie 4 cl Rum verrühren,
- mit starkem Kaffee auffüllen,
- mit angeschlagener Sahne garnieren.

Irish Coffee
Man verwendet dazu die sogenannte Irish-Coffee-Garnitur, bestehend aus kleinem Rechaud, schrägem Glashalter und einem speziellen Irish-Coffee-Glas.
- In ein gut vorgewärmtes Originalglas 1 bis 2 Kaffeelöffel braunen Zucker sowie 4 cl Irish Whiskey geben,
- über dem entzündeten Rechaud drehend erwärmen, damit sich der Zucker auflöst,
- die Flamme in das Glas überschlagen lassen, flambieren,

Küchenpraxis Kaffee

Kaffee ist nicht nur zum Trinken geeignet. Er lässt sich auch gut in den Küchenalltag integrieren. In Sahne oder Öl eingelegter Kaffee verleiht diesen Produkten sein Aroma, ohne Farbe abzugeben. So kann z. B. weiße Kaffee-Schlagsahne zum Füllen von Gebäck verwendet werden oder Kaffeeöl zum Konfieren von z. B. Fisch.

- mit heißem Kaffee auffüllen, dickflüssig angeschlagene Sahne vorsichtig über die Wölbung eines Löffelrückens auf die Oberfläche des Kaffees gleiten lassen; Sahne sollte nicht absinken,
- auf einem Mittelteller mit Papierserviette servieren.

Milde Varianten mit Alkohol entstehen durch die Zugabe von Emulsionslikören wie Eierlikör oder Schokoladenlikör.

Kaffee-Advocaat

In eine vorgewärmten Kaffeetasse 1/2 Kaffeelöffel Zucker mit Eierlikör verrührt,

- mit heißem Kaffee auffüllen und angeschlagener Sahne garnieren

Kaffee-Bailey's

In eine vorgewärmten Tasse Bailey's gießen,

- mit heißem Kaffee auffüllen, angeschlagener Sahne garnieren und Schokoladenstreusel aufstreuen.

2.3 Tea 🇬🇧 tea 🇫🇷 thé (m)

Tee wird von dem immergrünen Teestrauch gewonnen. Man pflückt die Blattknospen mit zwei bis drei Blättern. Je jünger der Trieb ist, desto feiner und aromatischer schmeckt der Tee.

Aufbereitung von Tee

Klassische Aufbereitung

Durch **Welken** werden die Blätter geschmeidig und so für die Weiterverarbeitung vorbereitet.

Beim **Rollen** brechen die Zellen der Blätter auf, sodass sich der Zellsaft mit dem Luftsauerstoff verbinden kann. Diese Oxidation nennt man **Fermentation.** Dabei bewirken die Fermente (Enzyme) eine Aufspaltung der Gerbsäure Tannin. Der Tee wird durch das Fermentieren milder und aromatischer. Zugleich werden die grünen Blätter kupferrot, was dem Getränk später seine typische Farbe verleiht. Durch das **Trocknen** wird die Fermentation unterbrochen. Der Tee wird schwarz und bei trockener, luftdichter Lagerung haltbar.

Bei der Gewinnung des **grünen Tees** unterbleibt die Fermentation. Er besitzt deshalb einen höheren Gerbsäuregehalt und ist herber.

Die CTC-Produktion

Bei der CTC-Produktion werden die Teeblätter nach dem Welken einem geschlossenen Arbeitsgang unterworfen. Dabei wird der Tee wie folgt behandelt:
Über 90 % der Weltproduktion werden so hergestellt.
Bei diesem Verfahren entstehen vorwiegend kleine Tee-Stücke für Teebeutel.

Welken → Rollen → Fermentieren (nicht bei grünem Tee) → Trocknen → Sortieren

Teeblätter

Zerbrechen	(crushing)	C
Zerreißen	(tearing)	T
Rollen	(curling)	C

Arten

Angeboten wird Tee nach folgenden Unterscheidungsmerkmalen:

Anbaugebiet

Darjeeling, an den Südhängen des Himalaja, liefert einen feinen und aromatischen Tee.

Assam, eine nordindische Provinz, ist bekannt für gehaltvolle und kräftige Arten.

Als **Ceylon-Tee** bezeichnet man Tee von der bei Indien gelegener Insel **Sri Lanka**, die früher Ceylon hieß.

Je höher die Teepflanzungen liegen, desto langsamer wachsen die Blätter und verleihen dem Tee einen besonders feinen und edlen Geschmack.

Blattfolge

Flowery Orange Pekoe (FOP) mit vielen Spitzen (Tips) ist die beste Sorte.

Orange Pekoe (OP) ist dünn gedreht, länglich.

Pekoe (P) ist kleiner und rundlich gerollt.

Manche Firmen haben die Skala der Teeauszeichnung erweitert und wenden zusätzlich folgende Bezeichnungen an:

Finest = F, Tippy = T, Golden = G.

Beste Qualität ist dann **FTGFOP**, gefolgt von **TGFOP** usw.

Sortierung

Die Blattsortierung sagt nichts über die Qualität aus.

Blatt-Tee ist das ganze Blatt, das länglich oder rundlich gerollt ist.

Broken-Tee ist absichtlich gebrochener Tee, der rascher ausgelaugt wird und damit ergiebiger ist (etwa 90 % der Produktion).

Fannings sind Blattstücke, kleiner als Broken-Tee.

Dust (engl. Staub) sind feinste Teile, die beim Sieben des Tees anfallen. Dust und Fannings werden für Teebeutel verwendet.

Teemischungen

Durch das Mischen verschiedener Sorten können Geschmack, Aroma und Preis ausgeglichen werden. Häufig angeboten werden:

- Englische Mischung: Volles, schweres Aroma, wird bevorzugt mit Milch getrunken.
- Ostfriesische Mischung: Kräftiges, fülliges Aroma. Wird bevorzugt mit Milch und Kandis getrunken.
- Ceylon-Mischung: Fein-würziges Aroma, goldene Farbe.

Teeähnliche Erzeugnisse

Teeähnliche Getränke können durch Aufbrühen geeigneter getrockneter Pflanzenblätter, Blüten, Früchten und Wurzeln hergestellt sein. Damit gehören Gewürze wie Zimt, Ingwer oder Kardamom ebenfalls zu den Bestandteilen der teeähnlichen Erzeugnisse.

Kräutertees

Kräutertees werden als Einzeltees (z. B. Pfefferminztee oder Salbeitee), in Mischungen (z. B. „Bronchialtee"), z. T. mit verkaufsfördernden Namen („Entspannt & Fit") angeboten. Einzelne Heilkräuter werden zur Unterstützung der Gesundung eingesetzt. Je nach Qualität der Kräuter können diese auch frisch mit heißem Wasser aufgegossen werden.

DIGITAL+

Weitere Informationen auf unserer Website

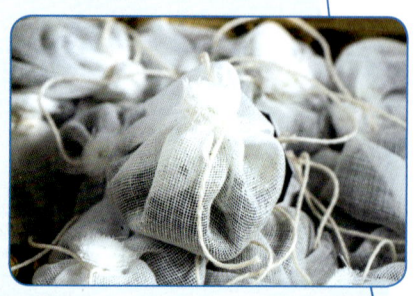

Weitere Teeerzeugnisse

Früchtetee wird meist aus Früchtemischungen hergestellt. Häufige Bestandteile sind Hagebutte, Apfel oder getrocknete Beeren. Früchte, nach denen der Tee genannt wird, sind mengenmäßig am meisten vorhanden.

Rooibos-Tee (Rotbuschtee) besteht aus Blättern und Zweigspitzen des ginsterartigen Strauches Aspalathus linearis. Er ist frei von Koffein, Farb- und Aromastoffen und daher auch für Kinder und empfindliche Personen geeignet.

Yogitee stammt aus der Naturheilkunde und besteht aus einer Mischung von Gewürzen wie Zimt, Ingwer, Nelken und schwarzem Pfeffer. Oft wird er mit Honig und Milch verfeinert.

Chaitee ist ein indischer Gewürztee, der mit schwarzem Tee hergestellt wird (Masala Chai). Wichtigstes geschmackgebendes Gewürz ist Kardamom. Chaitee wird gesüßt und mit heißer Milch serviert. In Afghanistan und Syrien wird unter ähnlichem Namen der Tee zusammen mit Milch und Gewürzen gekocht. Angenehmer Karamellgeschmack entsteht.

Zubereitung von Tee

Das Aroma des Tees ist sehr empfindlich, sodass zu beachten ist:

- Teekannen nur mit heißem Wasser, nicht in Verbindung mit Spülmitteln reinigen (der sich entwickelnde braune Belag in der Kanne hat keine negativen Auswirkungen),
- Kannen sowie Tassen oder Gläser gut vorwärmen, zum Überbrühen frisches, sprudelnd heißes Wasser verwenden.

Erforderliche Teemengen

Flüssigkeitsmenge	Teemenge
eine Tasse oder ein Glas	2 g Tee (das sind ein gestrichener Kaffeelöffel oder 1 Teebeutel)
eine Portion	4 bis 5 g Tee oder 2 Teebeutel

Im Gastgewerbe hat sich die Verwendung von Teebeuteln und Teesieben durchgesetzt. Das frisch zum Kochen gebrachte Wasser wird sprudelnd über den Tee gegossen. Diesen lässt man 3 bis 5 Minuten ziehen, Heilkräutertees bis 10 Minuten. Dabei ist der Zusammenhang zwischen der Brühdauer und den physiologischen Auswirkungen des Tees zu beachten:

- Bis 3 Minuten
  wird vorwiegend Koffein (Tein) ausgelaugt, sodass der Aufguss zu diesem Zeitpunkt vor allem anregend auf den Kreislauf wirkt.
- Nach 3 Minuten
  gehen in zunehmender Menge Gerbstoffe in den Aufguss über, die eine beruhigende Wirkung auf Magen und Darm haben.

Die Brühdauer für Tee ist auf den jeweils beabsichtigten Zweck abzustimmen (belebend oder beruhigend).

- Nach 5 Minuten
  lösen sich immer mehr gesundheitsfördernde Stoffe aus Kräutertees.
  Eine lindernde oder heilnde Wirkung wird erzielt.

Angebotsformen für Tee

Die grundlegende Angebotsform ist *mit Zucker:*
- Ein Tablett mit Papiermanschette,
- eine Untertasse mit Glas oder Tasse und Kännchen
- ein Schälchen mit Zucker, Kandis oder Kandissticks
- ein Schälchen zur Ablage des Teebeutels.

Je nach Teeart wird die grundlegende Angebotsform noch erweitert:
- Tee mit Sahne oder Milch
- Tee mit Zitrone: ein Schälchen mit Zitrone in der Presse
- Tee mit Rum: 4 cl Rum im Glas oder Portionsfläschchen

2.4 Kakao und Schokolade

 cocoa, hot chocolate ◖◗ cacao (m)

Kakao und Schokolade werden aus den Samenkernen des in tropischen Gebieten wachsenden Kakaobaumes gewonnen.

Aus den melonenartigen Früchten werden zunächst die Kakaobohnen (es sind die Kerne) entfernt.

Bei der Fermentation wird der Gerbsäuregehalt verringert, es entstehen Geschmack, Aroma und Farbe.

Anschließend werden die Kakaobohnen getrocknet und kommen so zum Versand.

Kakaofrucht

Verarbeitung

Die gereinigten Bohnen werden zur Verbesserung des Aromas zuerst geröstet, dann zerkleinert und von den Schalen befreit.

Der so entstandene Kakaobruch wird zwischen erwärmten Walzen vermahlen. Die fein zermahlenen Bohnen bezeichnet man als **Kakaomasse**. Durch starken Druck trennt man die **Kakaobutter** (Fett der Kakaobohnen) von den übrigen Kakaobestandteilen, die als Presskuchen zurückbleiben. Der fein zermahlene Presskuchen ergibt das **Kakaopulver**.

Schwach entöltes Kakaopulver hat 20 % Kakaobuttergehalt. Es ist dunkler, hat ein volles Aroma und ist mild im Geschmack. Man verwendet es für Kakao und Schokoladegetränke.

Stark entöltes Kakaopulver hat 10–20 % Kakaobuttergehalt. Der Geschmack ist sehr kräftig. Man verwendet es in der Patisserie für Schokoladengebäck und Eis.

„Aufgeschlossener Kakao" wird mit Wasserdampf behandelt und erhält Zusätze. Dabei wird das Zellgefüge lockerer, ein Teil der Stärke verkleistert, und darum setzt sich dieser Kakao weniger leicht ab. Schokoladenpulver ist gezuckertes Kakaopulver mit ergänzenden Geschmackszutaten.

Schokoladenproduktion

Schokolade

Zutat	Tasse Portion Kakao	
Milch	0,15 ℓ	0,3 ℓ
Kakaopulver	7 g	12 g
Schokoladenpulver oder Kuvertüre	–	–
Zucker	getrennt servieren	
	Tasse Portion Schokolade	
Milch	0,15	0,3 ℓ
Kakaopulver	–	–
Schokoladenpulver oder Kuvertüre	15 g	30 g
Zucker	getrennt servieren	

Vorsicht Karte

Wird eine Heiße Schokolade angeboten, muss diese auch aus Schokolade bestehen. Ansonsten wäre es Irreführung des Gastes!

Schokolade

Bei der Herstellung von Schokolade geht man von der Kakaomasse aus. Ihr werden die erforderliche Menge Puderzucker, Gewürze, evtl. auch Milchpulver zugesetzt. Die Zutaten werden vermengt und dann fein geschliffen, damit die Bestandteile möglichst fein werden und die Schokolade den „Schmelz" erhält.

Angeboten wird Schokolade in Blöcken mit 2,5 und 5 kg. Diese Blöcke tragen Ziffernkombinationen, die zusammen immer 100 ergeben. Dabei nennt die erste Ziffer stets den Gehalt an Kakaobestandteilen, die zweite den Zuckeranteil.

Beispiel
70/30 = 70 % Kakaobestandteile + 30 % Zucker.

Je weniger Zucker die Schokolade enthält, desto höher ist die Qualität.

Zubereitung von Heißer Schokolade und Kakao

Zubereitung von Heißer Schokolade

Milch erhitzen, geriebene Schokolade (Kuvertüre) oder ungesüßtes Schokoladenpulver einstreuen und unter Rühren mit einem Schneebesen zum Kochen bringen. Die Schokolade sollte vollständig geschmolzen sein.

Zubereitung von Trinkschokolade

Für die Zubereitung von Trinkschokolade wird Kakaopulver mit Zucker oder anderen Zuckerarten verwendet. Der Kakaogehalt beträgt 32 %. Das Pulver wird in heißer Milch gelöst.

Zubereitung von Kakao

Ungezuckertes Kakaopulver in die Milch geben und zusammen mit wenig Zucker unter Rühren zum Kochen bringen.

Kakaohaltige Getränkepulver besitzen einen Zuckergehalt von bis zu 80 %. Sie gehören damit zu den Zuckerwaren. Bei der Verwendung von kakaohaltigem Getränkepulver sollte dies auch so deklariert werden.

Beigabe zu Schokolade und Kakao
- Zu Kakao wird Streuzucker gereicht.
- Kakao oder Schokolade in Tassen können mit geschlagener Sahne garniert werden.
- Zu Kännchen reicht man die Schlagsahne in einem Schälchen à part.

Küchenpraxis Kakao

Kakao ist nicht nur als Getränk geeignet. Er lässt sich auch gut in den Küchenalltag integrieren. Als Zugabe zu dunklen Saucen, aber auch in Cremes, Mousses, Gebäck und Eis eignet sich Kakao als Geschmacksträger oder zur Verfeinerung.

❸ Bier

🇬🇧 beer 🇫🇷 bière (w)

Bier ist ein alkoholisches Getränk, das nach dem **Reinheitsgebot** aus **Malz**, **Hopfen** und **Wasser** mit **Hefe** hergestellt wird. Für deutsches Bier werden keine weiteren Zusätze oder andere Ausgangsstoffe verwendet. Im Handel sind erhältlich: Bier mit Alkohol und alkoholfreie Biere, alkoholreduzierte Biere (light) oder Bier mit geschmacklichen Zusätzen, die Biermischgetränke.

3.1 Bierherstellung

Malz-Silo · Schrotmühle · Maischpfanne · Wasserzugabe · Läuterbottich · Malztreber

Schroten ①
Zu Beginn des Brauprozesses wird das Braumalz, das in einem Malzsilo gelagert wird, in der Schrotmühle gemahlen.

Maischen ②
Das Malzschrot wird in der Maischpfanne mit **Wasser** zur sogenannten Maische vermischt und danach dort erhitzt. Dabei wandeln Enzyme die wasserunlösliche Stärke des Getreides in löslichen Malzzucker um.

Abläutern ③
Der Läuterbottich: In ihm werden die festen Bestandteile der Maische von der Flüssigkeit getrennt. Die Brauer sprechen vom Treber – feste Bestandteile - und der Würze, in der alle löslichen Stoffe des Malzkornes enthalten sind. Die aus dem Läuterbottich abfließende Würze mit ihren wertvollen Inhaltsstoffen gelangt in die Würzepfanne.

Hopfenzugabe · Würzepfanne · Whirlpool · Würzkühler

Würze kochen ④
In der Würzepfanne wird der flüssigen Würze der **Hopfen** zugegeben, dann wird sie gekocht. Je mehr Hopfen der Brauer zugibt (etwa 18 bis 40 mg Bitterstoffe pro Liter), desto hopfenbetonter – also herber - schmeckt später das fertige Bier. Es werden je nach Biertyp Aroma- oder Bitterhopfen eingesetzt.

Ausschlagen ⑤
Nach dem Kochen in der Würzepfanne werden im Whirlpool anschließend verbliebene Trübstoffe aus der Lösung entfernt. Durch Rotation wird die Würze natürlich geklärt.

Würzekühlung ⑥
Im Würzekühler wird die Flüssigkeit auf ca. 6 °C heruntergekühlt und somit für den Gärvorgang vorbereitet.

Hefezugabe

⑦

⑧ Abfüllen

⑨ Abfüllen

Bierfilter

Gärtank   Lagertank

Abfüllen

Gärung ⑦

Der Würze wird im Gärtank Hefe zugegeben. Sie wandelt den in der Würze gelösten Malzzucker in Kohlensäure und Alkohol um. Dieser Vorgang dauert ca. eine Woche. Nachdem die Hefe ihre Arbeit verrichtet hat, wird sie abgezogen und das sogenannte „Jungbier" ist fertig.

Lagerung ⑧

Je nach Biertyp reift das Jungbier bis zu drei Monaten in Lagertanks. Der Geschmack des Bieres rundet ab. Die Kohlensäure wird gebunden und gibt dem Jungbier seine Spritzigkeit. Die restliche Hefe und die Eiweißflocken setzen sich ab: Das Bier wird klar.

Filtration und Abfüllung ⑨

Bei der abschließenden Filtration wird die letzte im Bier verbliebene, noch in der Schwebe befindliche Hefe und andere Trübstoffe entfernt. Danach kann das Bier in handlichere Gefäße abgefüllt werden – Flaschen, Fässer, oder auch Dosen.

Craft-Biere

Unter Craft-Bier sind verschiedene Bierstile zu verstehen. Meist von kleinen und vor allem kreativen Brauereien gebraut, werden Craft-Biere auch mit Hopfen und Malz gebraut, unterscheiden sich jedoch durch weitere Zusätze. Daher kann „Craft Beer" auch eine saure Geschmacksrichtung (durch den Zusatz von Milchsäurebakterien) oder ein leichtes Haselnuss-Schokoladen-Aroma besitzen. Craft-Biere sind nicht nach dem deutschen Reinheitsgebot gebraut.

3.2 Biergattungen, Bierarten, Biersorten

Die **Biergattung** ist gesetzlich festgelegt und wird durch den Stammwürzegehalt (Stärke des Bieres) bestimmt. Im Handel gibt es Schankbier, Vollbier und Starkbier.

Die **Bierart** wird durch die Art der Vergärung bestimmt. Man unterscheidet untergärige Biere, bei denen sich die Hefe nach unten absetzt, von den obergärigen, die als aromatischer bezeichnet werden.

Die **Biersorten** bezeichnen typische Eigenschaften oder weitere Unterteilungen, die sehr oft mit den Handelsbezeichnungen gleich sind.

Biersorten

Alt, Altbier

Ein obergäriges, kräftig gehopftes Vollbier mit dunkelbrauner Farbe aus der Düsseldorfer Region. Der Name Altbier leitet sich ab von alter Tradition.

Ausschank in einem becherartigen, geraden Spezialglas.

Berliner Weiße

Das obergärige Schankbier (weniger Alkohol) ist schwach gehopft und unter Verwendung von Weizenmalz hergestellt.
Bei der besonderen Gärung entsteht auch Milchsäure, die mit einem Schuss Himbeer- oder Waldmeistersirup ausgeglichen wird.
Serviert wird in einer halbkugelförmigen Schale.

Bock, Bockbier

Das untergärige Bier hat mindestens 16 % Stammwürze, ist also ein Starkbier. Kennzeichnend sind ein hoher Alkoholgehalt und ein malziger Geschmack. Bockbier stammt ursprünglich aus Einbeck; daraus wurde vereinfacht Bock.

Doppelbockbiere haben 18 % Stammwürze und enden, ohne dass es dafür eine Vorschrift gibt, auf „…ator", z. B. Salv**ator**.

Eisbock ist mit etwa 12 % Alkohol noch stärker. Diese Spezialität erhält man, indem man dem fertigen Bier durch Einfrieren Wasser in Form von Eis entzieht (gefrierkonzentrieren).

Diätbier, Diätpils

Eine helle, untergärige Vollbiersorte mit geringem Kohlenhydratgehalt. Darum ist es für Diabetiker geeignet. Der Alkoholgehalt liegt bei 4 %. Diätbier darf nicht mit alkoholarmem oder alkoholfreiem Bier verwechselt werden.

Export

Ein helles untergäriges Bier mit ausgeprägtem Hopfengeschmack. Es ist allgemein etwas stärker als das übliche „Helle" der selben Brauerei. Der Name Export entstand nach dem 1. Weltkrieg, als man bewusst nur besondere Qualität exportierte.

Kölsch

Ein goldfarbenes obergäriges Bier mit etwa 4 % Alkohol, das nur im Raum Köln hergestellt wird. Ausschank in der Stange, einem schlanken, geraden Spezialglas.

Lager

Heute bezeichnet man mit Lager untergäriges, schwächer gehopftes, einfaches Bier, das man auch einfach „Helles" nennt.

Malzbier/-trunk

Ein obergäriges malzig-süß schmeckendes Bier, das höchstens 1 % Alkohol haben darf. Meist ist es jedoch „alkoholfrei" (Alkoholgehalt unter 0,5 %).

Leichtbiere, light

Diese Bezeichnung tragen unterschiedliche Biere. Gemeinsam ist der verringerte Alkoholgehalt (etwa 1,5 bis 3 %) und damit verbunden ein geringerer Brennwert.

Märzen

Helles oder dunkles untergäriges Vollbier, mittelstark gehopft und malzbetont. Der Alkoholgehalt liegt meist über 5 %.

Die Bezeichnung Märzen stammt aus einer Zeit, in der es noch keine Kühlmaschinen gab. Im März, also vor Beginn der warmen Jahreszeit, bestand die letzte Möglichkeit, untergäriges Bier zu brauen. Ein höherer Alkoholgehalt schützt vor Verderb und darum braute man dieses Bier stärker ein.

Pils, Pilsener

Es ist ein untergäriges helles Bier und zeichnet sich durch ein spritzig-frisches Hopfenaroma aus. Pilsgläser sind nach oben verjüngt, damit die Schaumkrone fest und dicht gehalten wird.

Das Bier stammt ursprünglich aus dem böhmischen Pilsen, heute ist Pils eine Gattungsbezeichnung und kann von jeder Brauerei hergestellt werden.

Weizenbier, Weißbier

Es handelt sich um ein obergäriges Vollbier, zu dem neben Gerste mindestens 50 % Weizen verwendet wird. Durch den hohen Kohlensäuregehalt schäumt es stark und wirkt erfrischend. Neben dem klaren **Kristallweizen** gibt es **naturtrübes Hefeweizen**, das vor dem Abfüllen nicht gefiltert wird.

Zwickelbier

Es ist naturbelassen und darum hefetrüb. Zwickel ist der Name für den Probehahn, über den das Zwickelbier dem Fass entnommen wurde.

Biere anderer Länder

Belgien	Leffe, Duvel, Grimbergen
Dänemark	Carslberg, Tuborg
England	Carling, Murphy's Draught, Fuller's
Frankreich	Belzebuth, Saverne, Pietra
Irland	Guinness, Kilkenny, Porterhouse
Tschechien	Budweiser, Pilsner Urquell
USA	Anchor, Samuel Adams, Sierra Nevada

Biermischgetränke

Biermischgetränke bestehen meist zur Hälfte aus Bier und sind mit anderen Getränken gemischt. In gastronomischen Einrichtungen erhältlich sind Biermischgetränke mit Säften, Brausen oder auch aromatisiert.

Klassiker

Radler, Alsterwasser
Radler besteht je zur Hälfte aus hellem Vollbier und klarer Zitronenlimonade. Im Süden Deutschlands wird das Getränk als Radler bezeichnet, im Norden als Alsterwasser.

Russ, Russe
Ein Russ ist eine Mischung aus hellem Weizenbier und klarer Zitronenlimonade. Verwendet man statt der Zitronenlimonade ein Mineralwasser, handelt es sich um einen sauren Russen.

Berliner Weiße, Weiße mit Schuss
Ursprünglich handelt es sich bei der Berliner Weiße um ein leichtes Schankbier (7–11 % Stammwürze). Heute wird es vorwiegend mit Himbeer- oder Waldmeistersirup serviert. Die beiden Bezeichnungen werden meist gleichgesetzt.

Neben den Klassikern werden auch immer mehr neue Biermischgetränke kreiert. Daraus entstanden ist z. B. Bananenweizen oder Kirschweizen.

3.3 Ausschenken von Bier

Das Bier muss klar sein (Ausnahme Hefeweißbier) und den ursprünglichen Kohlensäuregehalt aufweisen. Das Bier ist so einzuschenken, dass es eine gewölbte, kompakte Schaumkrone erhält. Die Trinktemperatur eines Bieres liegt zwischen 5–9 °C.

Beim Ausschenken des Bieres müssen die Gläser einwandfrei sauber sein, weil selbst Spuren von Fett und Spülmittelresten keine stabile Schaumkrone zustandekommen lassen.

Bier wird serviert als **Bier vom Fass** oder als **Flaschenbier**.

Gläser im Ausschank
Zur besseren Kontrollmöglichkeit für den Gast müssen Gläser mit einem gut sichtbaren Füllstrich, dem Nennvolumen und dem Herstellerzeichen der Firma versehen sein.
Der Gastronom haftet für die Richtigkeit dieser Angaben. Darum ist es sinnvoll, diese mit einem Messglas nachzuprüfen.

Vorzapfen: Dazu den Zapfhahn voll öffnen und das Glas so halten, dass das Pils an der Glaswand entlangfließen kann.

Nach ungefähr einer Minute nachzapfen, ohne den Zapfhahn ins Bier zu tauchen.

Nach kurzer Wartezeit die Schaumkrone aufsetzen.

Zuerst das Glas mit kaltem Wasser spülen. Die Biertemperatur soll nie über 8 °C liegen.

Das Weißbier langsam am Rand entlang in einem Zug ins Glas laufen lassen.

Durch kreisende Bewegungen den Hefesatz in der Flasche lösen und nach kurzer Wartezeit die Schaumkrone aufsetzen.

Einschenken von z. B. Pilsener am Gast

Ein zum Bier passendes Glas wird über dem großen Messer eingesetzt. Das Etikett des Glases steht zum Gast. In der rechten Hand haltend wird das Bier auch von rechts eingeschenkt. Dabei hat der Gast immer die Sicht auf das Flaschenetikett. Das Bier fließt in das Glas, der Glasrand wird dabei nicht berührt. Durch langsames Eingießen entsteht im Glas eine Schaumkrone. Ist das Glas durch das erste Eingießen gefüllt, wird die Flasche, mit dem Etikett zum Gast, oberhalb des Glases platziert. Der Gast schenkt sich nun selbst den Rest der Flasche ein.

3.4 Küchenpraxis Bier

Die vielen verschiedenen Geschmacksnoten, süß – malzig – herb mit Aroma, geben viele Möglichkeiten zur Verwendung von Bier in der Küchenpraxis. So kann man verschiedene geschmackliche Nuancen erhalten, wenn zum Marinieren von Grillfleisch mal herbes Bier und mal malziges Bier verwendet wird. Ebenso verhält es sich bei der Herstellung von Biersaucen. Je nach Geschmacksrichtung des Bieres kann eine Speise angepasst begleitet werden.

Bei der Verwendung in der Küche ist darauf zu achten, weniger gehopfte und leicht süßliche Biere zu verwenden. Die sonst vorhandenen Bitterstoffe würden den Grundgeschmack der eigentlichen Komponente zu stark beeinflussen.

Beispiele für Saucenkombinationen:

Karpfen blau, gebratener Aal ➝ leicht malziges Bier

Rinderbraten ➝ malzig-herbes Bier

Geschmorte Ochsenbäckchen ➝ Bier mit Kirschgeschmack

4 Wein

 wine vin (m)

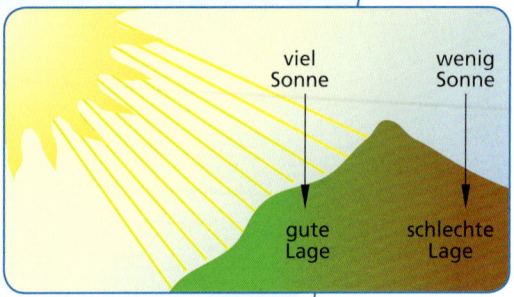

Sonneneinstrahlung bestimmt
die Lage.

Wein ist ein alkoholisches Getränk, das durch Vergärung des
Traubenmostes oder frischer eingemaischter Trauben gewonnen wird.

Die unterschiedlichen Eigenschaften der einzelnen Weine
werden hauptsächlich bestimmt von
* der **Rebsorte**, die mit ihren Inhaltsstoffen geschmacklich im
  Vordergrund steht, sowie dem
* **Anbaugebiet, dem jeweils besonderen Boden und dem
  örtlich speziellen Klima.**

Rebsorte, man spricht vom Sortencharakter

* Die Rebsorten mit ihren unterschiedlichen Inhaltsstoffen bestimmen
  den Charakter eines Weines am stärksten.
* In Deutschland werden vorwiegend weiße Rebsorten angebaut wie
  z. B. Riesling oder Silvaner.
* Für rote Reben wird etwa ein Drittel der Anbaufläche verwendet.
* Typische Anbaugebiete für Rotweine sind Frankreich und Italien.
* Die Abbildungen auf den folgenden Seiten zeigen die Rebsorten und
  geben Hinweise auf den Geschmack und Hilfen zur Weinempfehlung.

Anbaugebiet, man spricht vom Gebietscharakter

* Art und Beschaffenheit des Bodens bestimmen die Auswahl geeigneter
  Rebsorten.
* Wegen des unterschiedlichen Bodens schmecken selbst gleiche
  Rebsorten in jedem Anbaugebiet anders.
* Zum Weinbau werden Hänge bevorzugt, die der Sonne zugewandt
  sind. Die Sonnenstrahlen treffen hier konzentriert auf und erwärmen
  den Boden kräftig.
* Der Sonne abgewandte, schattige Hänge können keine Qualitätsweine
  liefern.

Zur Orientierung
zunächst eine Übersicht,
die nach geschmack-
lichen Gesichtspunkten
fünf Gruppen unter-
scheidet.

Gruppe	Beschreibung	z. B. Rebsorte
Milde Weißweine	Verhaltener Duft, milde bis feine Säure	Silvaner, Müller-Thurgau, Gutedel, Ruländer
Rassige Weißweine	Dezenter Duft, spürbare bis kräftige Säure	Riesling, Weißburgunder, Grauburgunder, Chardonnay
Bukettreiche Weißweine	Intensiver, typischer Duft	Gewürztraminer, Scheurebe, Muskateller, Morio-Muskat
Samtig-fruchtige Rotweine	Harmonisch, wenig Gerb-stoffe	Spätburgunder, Trollinger, Portugieser, Schwarzriesling
Kräftige Rotweine	Farbintensiv, gerbstoffbetont	Lemberger, Dornfelder

4.1 Rebsorten

🇬🇧 grape varieties 🇫🇷 vignes (w)

Jedes der deutschen Weinanbaugebiete besitzt andere Bodenverhältnisse, Sonnenstunden und geographische Lagen. Damit ist keine Rebsorte mit der eines anderen Gebietes in Geschmack und Geruch identisch. Grobe Beschreibungen, die auf die Rebsorten zugeschnitten sind, gibt es dennoch. Mit diesen Beschreibungen kann eine ungefähre Einordnung des Weines als korrespondierendes Getränk zum Essen getätigt werden.

Weißwein-Rebsorten

1 Riesling   2 Müller-Thurgau   3 Scheurebe

Rebsorte und Weinfarbe	Weincharakter	Weinempfehlung
1 Riesling blassgelb, mit zartem Grünstich	an Pfirsichduft erinnernd mit feinfruchtigem Bukett, pikant, säurebetont und lebendig	passt besonders gut zu Fisch, Schalen- und Krebstieren und vor allem zu Gerichten mit delikater Sahnesauce
2 Müller-Thurgau blass bis hellgelb	blumiges Bukett, mildere Säure als Riesling, leichter Muskatgeschmack	zu leichten, geschmacksneutralen oder zartaromatischen Speisen
3 Scheurebe hellgelb bis goldgelb	rassige Säure, volles, kräftiges, an schwarze Johannisbeeren erinnerndes Bukett	passt sehr gut zu würzigen Ragouts und Braten

Weitere ausgewählte Weißwein-Rebsorten

Chardonnay, Silvaner, Weißer Burgunder (Pinot blanc), Grauer Burgunder (Pinot grigio / Ruländer), Bacchus, Gutedel, Kerner, Gewürztraminer, Elbling

In den deutschen Weinanbaugebieten werden zurzeit die weißen Rebsorten Riesling, Müller Thurgau, Ruländer, Weißer Burgunder und Silvaner am meisten angebaut.

Rotwein-Rebsorten

1 Spätburgunder (Pinot noir)   2 Trollinger   3 Merlot

Rebsorte und Weinfarbe	Weincharakter	Weinempfehlung
1 Spätburgunder (Pinot noir) tiefrot	samtig, vollmundig, feurig, mit einem Hauch von Mandelgeschmack	besonders geeignet zu Wild und Wildgeflügel sowie zu kräftig-aromatischen Braten und gehaltvollen Käsesorten
2 Trollinger leuchtend hell- bis blassrot	duftig, frisch, fruchtig, mit gutem Säuregehalt und herzhaftem Geschmack	zu allen dunklen, dezent gewürzten Fleischsorten, aber auch zu Ente und Gans und milderen Käsesorten,
3 Merlot rubinrot	tanninreiche Weine mit besonderem Duft und Aroma, die ihre Vollreife erst nach längerer Lagerung erreichen	zu dunklem Schlachtfleisch von würziger Zubereitung sowie Wild und Wildgeflügel

Weitere ausgewählte Rotwein-Rebsorten

Blauer Lemberger (Blaufränkisch), Portugieser, Cabernet Sauvignon, Syrah, Dornfelder, Regent, Saint Laurent, Schwarzriesling

In den deutschen Weinanbaugebieten werden zurzeit die roten Rebsorten Spätburgunder, Dornfelder, Portugieser, Trollinger und Schwarzriesling am meisten angebaut.

Gebietseinteilung für Weine

Deutsche Weinanbaugebiete erstrecken sich vom Bodensee entlang des Rheins und seiner Nebenflüsse bis zum Mittelrhein bei Bonn und im Osten bis Dresden. Die Böden und das Klima innerhalb dieser Räume sind so unterschiedlich, dass zur Charakterisierung eines Weines eine nähere geografische Angabe erforderlich ist.
Die gesamte deutsche Rebenfläche ist in 13 bestimmte Anbaugebiete unterteilt. Jedes umfasst eine zusammenhängende Weinbaulandschaft mit vergleichbaren Voraussetzungen und bringt typische Weine mit ähnlichen Geschmacksnoten hervor. Die bestimmten Anbaugebiete bezeichnen Gebiete für Qualitätsweine.
Landweine tragen Gebietsnamen wie z. B. Ahrtaler. Landweine machen nur wenige Prozent des gesamten Weinangebotes aus und werden in der Gastronomie kaum geführt.

Deutsche Anbaugebiete für Qualitätsweine

Ertragsrebfläche

Rest 18 %
Rheinhessen 25 %
Pfalz 23 %
Baden 15 %
Württemberg 11 %
Mosel 8 %

Die größten Anbaugebiete

(2014, Deutsche Weinstatistik)

4.2 Weinbereitung

Weißwein

🇬🇧 white wine 🇫🇷 vin (m) blanc

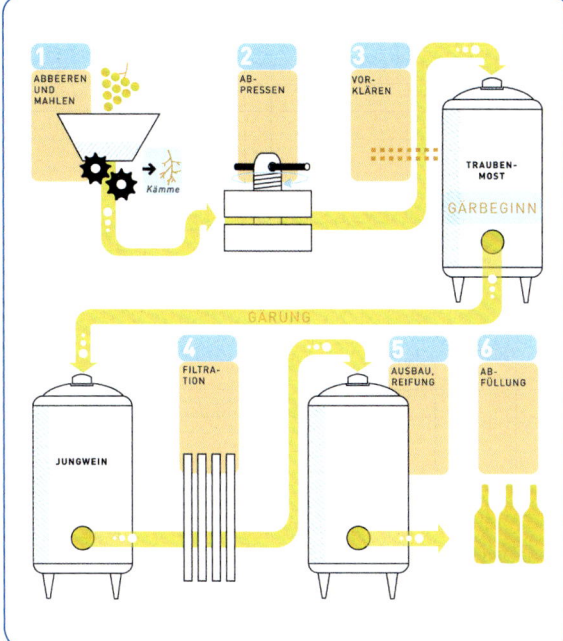

1. Die Beeren werden von den Stielen / Kämmen befreit. Dieses Abbeeren oder Entrappen verhindert, dass Gerbstoffe aus den Stielen in den späteren Wein gelangen. Die Beeren werden gequetscht, dabei öffnen sich die Zellen und geben den Saft frei. Die Mischung aus Fruchtfleisch, Kernen und Schalen nennt man **Maische**.
2. Aus der Maische presst man beim Keltern den **Most** ab.
3. Der Most wird zunächst von Trübstoffen befreit, er wird vorgeklärt. Zurück bleibt der aus den Schalen und den Kernen bestehende Trester. Bei der Hauptgärung wandelt die Hefe Zuckerstoffe in Alkohol und Kohlensäure um. Es ensteht der Jungwein.
4. Anschließend werden Hefe und Trübstoffe entfernt, **Wein** ist entstanden.
5. Qualitätsweine entwickeln bei der Nachreifung das volle Bukett.
6. In Anlagen erfolgt die Abfüllung in Flaschen.

Rotwein

🇬🇧 red wine 🇫🇷 vin (m) rouge

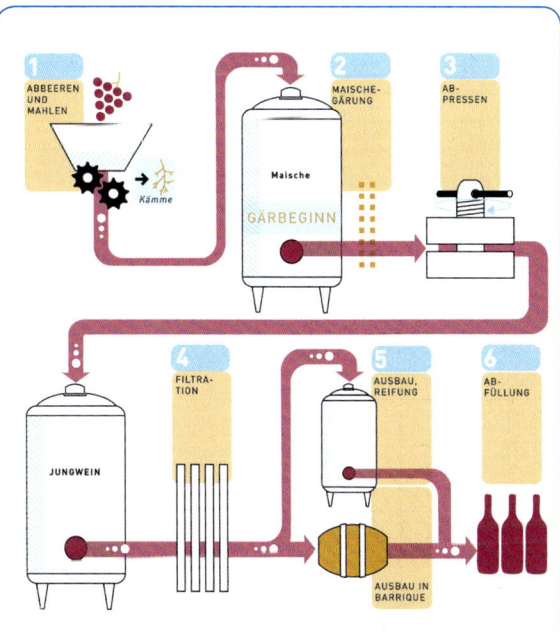

1. Für Rotweine werden die Beeren nach dem Entrappen gequetscht. Man erhält die **Maische**. Die im Rotwein erwünschten Farb- und Geschmacksstoffe befinden sich in der Schale der dunklen Beeren. Um diese für den späteren Wein zu gewinnen, müssen sie zunächst aus der Schale gelöst werden.
   Dazu kennt man zwei Verfahren, die **Maischegärung** und die **Maischeerwärmung (s. nächste Seite)**.
2. Der bei der Maischegärung entstehende Alkohol löst die erwünschten Farb- und Geschmacksstoffe.
3. Durch das Abpressen der Maische erhält man den roten Jungwein.
4. Nach dem Entfernen der Hefe und Trübstoffe erfolgt die Ausbaureifung.
5. Die Ausbaureifung erfolgt entweder in Edelstahlbehältern oder in Holzfässern (Barrique). Rote Jungweine werden erst durch eine Nachgärung und längere Lagerung harmonisch.
6. In Anlagen erfolgt die Abfüllung in Flaschen.

Bei dem Verfahren der Maischeerwärmung (s. vorige Seite) löst
die Temperaturerhöhung die
erwünschten Farb- und
Geschmacksstoffe. Man erhält
zunächst roten Most, der zu
rotem Wein vergoren wird. Die
Ausbaureifung erfolgt wie bei
der Maischereifung.

Besondere Verfahren für weitere Weinarten

Rosé schimmert golden bis rötlich und wird aus roten Trauben nach dem Weißweinverfahren gewonnen. Hochwertige Produkte dürfen als Weißherbst bezeichnet werden.

Rotling ist ein Wein mit blass- bis hellroter Farbe, der entsteht, wenn weiße und rote Trauben oder deren Maischen zusammen nach dem Rotweinverfahren verarbeitet werden.

Schillerwein ist ein qualitativ hochwertiger Rotling aus Württemberg.

Badisch Rotgold ist ein Qualitäts-Rotling aus dem Anbaugebiet Baden, gewonnen aus den Reben Ruländer und Blauer Spätburgunder.

Schieler ist ein qualitativ hochwertiger Rotling aus dem Anbaugebiet Sachsen.

4.3 Güteklassen für Wein

Das Weinrecht wird bestimmt von den Vorgaben der EU. Diese werden in nationales deutsches Recht umgesetzt. Für die Einteilung/Klassifizierung ist die Herkunftsangabe ein wesentliches Merkmal.

Inländischer Wein darf nur dann als „Qualitätswein" oder als „Prädikatswein" – in Verbindung mit einem Prädikat – gekennzeichnet werden, wenn für ihn auf Antrag eine Prüfungsnummer (A.P.Nr.) zugeteilt worden ist. Darüber entscheiden die jeweils zuständigen Prüfbehörden in den Weinbau betreibenden Ländern.

Diese Prüfung wird „amtliche Qualitätsweinprüfung" genannt. Sie besteht aus zwei Teilen, der analytischen Prüfung im chemischen Labor und der Sinnesprüfung. Alle Weine werden dabei von den Prüfern sensorisch getestet und bewertet.

Qualitätsweine und Prädikatsweine bestimmen das Angebot der Gastronomie. Um diese Stufen der Qualität zu erreichen, müssen die geernteten Trauben ein Mindestmostgewicht besitzen. Das heißt, sie weisen einen bestimmten Zuckergehalt auf. Prädikatsweine besitzen das höchste Mostgewicht. Bei der Weinherstellung darf in dieser Qualitätsstufe kein Zucker zur alkoholischen Gärung zugesetzt werden.

Qualitätspyramide

Eiswein

Trocken-
beerenauslese

Beerenauslese

Auslese

Spätlese

Kabinett

**Prädikatswein –
100 % Weintrauben aus
einem bestimmten Abaugebiet**

**Qualitätswein – 100 % Weintrauben
aus einem bestimmten Anbaugebiet**

**Landwein – 85 % Weintrauben
aus einer benannten Region**

**Deutscher Wein – 100 % Weintrauben
aus deutschen Weinanbaugebieten**

Deutsche Weinsiegel signalisieren durch ihre Farbe die Geschmacksrichtung:

Rot für vorwiegend liebliche Weine

Grün für halbtrockene Weine

Gelb für trockene Weine

- **Qualitätsweine** sind Weine mittlerer Güte, die einem Prüfverfahren unterzogen worden sind. Ein Mindestmostgewicht und die Herkunft der ausgereiften Trauben aus dem Anbaugebiet sind Voraussetzungen für die Zulassung. Eine Anreicherung mit Zucker ist zur Unterstützung des Gärvorganges gestattet.

- **Prädikatsweine** haben eng begrenzte Herkunftsgebiete und müssen strengen Qualitätsanforderungen genügen. Die Prädikate sind zusätzliche Qualitätsangaben. Es gibt sechs verschiedene Prädikate, die Weine werden in den Prädikatsstufen immer süßer.

  - **Kabinett:** Das vorgeschriebene Mindestmostgewicht muss, wie bei allen Prädikatsstufen, aus der Rebe stammen. Das bedeutet: Kabinett ist die erste Qualitätsstufe ohne Zuckerzusatz. Leichte Weine mit geringem Alkoholgehalt.

  - **Spätlese:** Die Trauben werden nach der allgemeinen Ernte, also zu einem späteren Zeitpunkt in vollreifem Zustand geerntet. Elegante Weine mit feiner Frucht.

  - **Auslese:** Aus den vollreifen Trauben werden die unreifen und kranken Beeren ausgesondert.

  - **Beerenauslese:** Es werden nur überreife und edelfaule Beeren verarbeitet. Volle, fruchtige Weine.

  - **Trockenbeerenauslese:** Es werden nur rosinenartig eingeschrumpfte, edelfaule Beeren verwendet.

  - **Eiswein:** Nur edelfaule Beeren, bei Frost gelesen, werden verwendet. Durch das Ausfrieren von Wasser entsteht ein konzentrierter Most, und dadurch ein sehr gehaltvoller Wein.

Seit dem Jahrgang 2000 dürfen die Bezeichnungen **Selection** und **Classic** zur Kennzeichnung deutscher Weine verwendet werden. An diese Bezeichnungen sind aber hohe Qualitätsansprüche gebunden. Die Bezeichnung Selection ist z. B. an einen maximalen Hektarertrag gebunden. Beide Bezeichnungen setzen ein hohes Mindestmostgewicht voraus. Grundsätzlich handelt es sich um Prädikatsweine mit trockenem und harmonischem Geschmack.

Das Weinetikett

Das Weinetikett wird auch als die Geburtsurkunde eines Weines bezeichnet. Es gibt jedoch keine gesetzlichen Vorgaben, wie umfangreich das Etikett Auskunft geben muss. **Mindestangaben** werden durch Verordnungen geregelt. Doch je mehr Informationen auf einem Etikett stehen, desto besser kann ein Wein beurteilt werden. Hier ein Beispiel für eine umfassende Information.

bestimmtes Anbaugebiet

Jahrgang
engere
Herkunftsbezeichnung

Rebsorte / Prädikat

Qualitätsstufe
Geschmacksangabe

Alkoholgehalt

Nennvolumen

Abfüller

Erzeuger

Amtliche
Prüfnummer

Flaschengrößen, Flaschenformen und Verschlüsse

Im Handel erhältliche Flaschen sind in der Form und in der Größe sehr unterschiedlich.

Gängige Mengenbezeichnungen sind:

Menge	Bezeichnung	Menge	Bezeichnung
0,2/0,25 l	Piccolo	1,0 l	Literflasche
0,375 l	Halbe Flasche	1,5 l	Magnumflasche
0,75 l	Normalflasche	3,0 l	Doppelmagnum-Flasche

Gängige Flaschenformen sind:

1 Bocksbeutel

2 Burgunderflasche

3 Bordeaux-Flasche

4 Schlegelflasche

 ①
 ②
 ③
 ④

Weinschläuche im Karton haben sich auch in der Gastronomie etabliert. Der Wein ist von einfacher Qualität.

Der Verschluss einer Weinflasche kennzeichnet nicht die Qualität des Weines. Auch sehr gute Weine werden mit Schraubverschluss angeboten.

Weine werden in kühlen und dunklen Räumen aufbewahrt, damit die Reifung des Weines möglichst ungestört ablaufen kann. Flaschen mit Korken sind liegend zu lagern, der Korken trocknet so nicht aus, und der Wein kann nicht durch Luftzutritt und Mikroben verderben.

Flaschen mit Schraubverschluss, Kunststoff-Korken, Kronkorken oder Glasverschluss können auch stehend gelagert werden.

Im Restaurant eignen sich Weinklimaschränke zur Lagerung. Hier werden die Temperaturen den Weinen angepasst.

4.4 Weine europäischer Länder

In Deutschland und Österreich wird die Qualität des Weines vorwiegend über das Mostgewicht bestimmt: Hoher Gehalt an Zuckerstoffen gibt einen gehaltvollen Wein. In den südlichen Ländern (Frankreich, Spanien, Italien) ist dagegen die Lage, das Anbaugebiet, für die Beurteilung der Qualtität entscheidend.

Die Tabelle nennt die Weinkategorien der wichtigsten europäischen Weinanbaugebiete.

Lagertemperaturen

Weißwein 10 bis 12 °C

Rotwein
- Unterschiedlich, da die Spanne der Trinktemperatur vom Alter, der Rebsorte und dem Tanningehalt abhängt.
- Junge und leichte Rotweine werden bei 14–16 °C gelagert.
- Kräftigere und ältere Weine bei 16–18 °C.

Weinkategorien nach EU-Weinbezeichnungsrecht				
EU-Herkunftsland: **Erklärung:**	**Deutschland**	**Frankreich**	**Italien**	**Spanien**
Bei inländischem Wein **ohne** geschützte Herkunftsbezeichnung	Wein, Deutscher Wein, Wein aus Deutschland	Vin, Vin de France (≥ früher: Vin de Table)	Vino, Vino d'Italia (≥ früher: Vino da Tavola)	Vino, Vino de España
Wein **mit** geschützter geografischer Angabe (g. g. A.)	Landwein, Deutscher Landwein	I G P (Indication Geographique Protegée) (≥ früher: Vin de Pays und V.d.Q.S.)	I G P (Indicazione Geografica Protetta) (≥ früher: I. G. T.)	I G P (Indicatión Geografica Protegida) (≥ früher: V.d.I.T.)
Wein **mit** geschützter Ursprungsbezeichnung (g. U.)	Qualitätswein, Deutscher Qualitätswein Prädikatswein, Deutscher Prädikatswein (in Verbindung mit einem Prädikat, z. B. Kabinett)	A O P (Appellatin d'Origine Protégée) (≥ früher: A. C. und A.O.C.)	D O P (Denominazione di Origine Protetta) (≥ früher: D. O. C. und D.O.C.G.)	D O P (Denomicaión de Origen Protegida) (≥ früher: D.O. und D.O.Ca.)

Österreichische Weine

In Österreich werden vorwiegend Weißweine erzeugt, der Anteil an Rotwein ist gering. Einige Besonderheiten seien herausgestellt.

Die am stärksten vertretene Rebsorte ist der **Grüne Veltliner,** der etwa ein Viertel der gesamten Weißweinproduktion erbringt. Ein guter Grüner Veltliner schmeckt frisch und fruchtig, hat eine angenehme Säure und eine grün-goldene Farbe.

Österreichische Weinbaugebiete

Französische Weine

Zwar gibt es französische Weine in allen Geschmacksrichtungen von sehr trocken bis sehr süß. Da man aber in Frankreich Wein vor allem zum Essen trinkt, sind die meisten französischen Weine eher trocken. Wie sollte denn ein süßer Wein zu Fisch oder Rind passen?

Weinanbaugebiete Frankreichs

Weinbaugebiete und bekannte Weine: Frankreich	
Elsass	• *Gewürztraminer* ist ein kräftiger vollrunder Wein mit charakteristischem Bukett. • *Muscat d'Alsace* ist ein herber, fruchtiger Wein mit dem typischen Aroma der Muskattraube. • *Edelzwicker* ist eine Besonderheit aus einer Mischung Elsässer Rebsorten.
Burgund	• *Chablis* ist ein trockener, rassiger Weißwein. • *Côte de Beaune* ist ein kräftiger eleganter Rotwein. • *Meursault* gehört zu den trockenen rassigen Weißweinen. • *Beaujolais* ist vor allem als *nouveau* (neuer) bekannt, ein spritziger, leichter Rotwein.
Rhône-Tal	• *Châteauneuf-du-Pape* und *Côtes du Rhône* sind kräftige und körperreiche Rotweine.
Bordeaux	• *Entre-deux-Mers* ist ein lebhafter, frischer Weißwein. • *Sauternes* ist ein vollrunder, lieblicher Weißwein von Trauben, die von der Edelfäule befallen sind. • *Pomerol* und *Saint-Emilion* sind körperreiche, weiche Rotweine von dunkler Farbe.
Loire-Tal	• *Muscadet* ist ein trockener, frischer Weißwein. • *Rosé d'Anjou* ist ein lieblicher fruchtiger Wein.
Champagne	• Die Weinproduktion wird nahezu ausschließlich für die Schaumweinherstellung verwendet.

Italienische Weine

Auch in Italien sind etwa 50 % der Ernte Landwein.

Weinbaugebiete und bekannte Weine: Italien	
Südtirol	Bekannt für Rotweine aus den namengebenden Trauben Blauburgunder (Pinot noir), Lagrein, Weißburgunder und Gewürztraminer. *Kalterer See* und *St. Magdalener* sind bekannte Weine.
Friaul	Die Weine sind nach den Rebsorten benannt. *Pinot Grigio* (bei uns Ruländer), ein frischer Weißwein, den man jung trinkt. *Pinot Bianco* (Weißburgunder) *Merlot* und *Cabernet* sind charaktervolle Rotweine.
Piemont	*Barbera*, ein rubinroter Rotwein mit intensiver Blume und würzigem Geschmack. *Barolo*, ein Rotwein aus der Nebbiolo-Traube mit markantem Duft und kräftigem Geschmack. *Barbaresco*, ein leuchtend roter Wein, vollmundig und kräftig.
Umbrien	*Orvieto*, ein goldener Weißwein, geschmeidig und gehaltvoll.
Latium	*Frascati*, ein Weißwein mit kräftig gelber Farbe und ausgeprägtem, aber weichem Geschmack.
Toskana	*Chianti*, ein Rotwein aus überwiegend roten, aber auch weißen Trauben.

Weinanbaugebiete Italiens

Italienische Fachbegriffe (Eine Hilfe bei der Beratung)			
secco	trocken	Vino rosato	Roséwein
abboccato	halbtrocken	Vino rosso	Rotwein
amabile	leicht süß	Vino frizzante	Perlwein
dolce	süß	Vino spumante	Schaumwein
Vino bianco	Weißwein		

Weinanbaugebiete Spaniens

Spanische Fachbegriffe	
Vino blanco	Weißwein
Vino tinto	Rotwein
Rosado	Roséwein
Clarete	leichter heller Rotwein aus roten und weißen Reben

Spanische Weine

Spanien hat zwar die größte Weinanbaufläche der Erde, Trockenheit und Dürre beschränken die Erträge jedoch sehr stark, sodass Spanien bei der Produktion hinter Frankreich und Italien an dritter Stelle steht.

Die mineralreichen Böden und das trockene Klima bedingen in Verbindung mit gehaltvollen Gewächsen bukettreiche Weine. Landestypische Reben führen zu neuen geschmacklichen Noten.

Hauptanbaugebiete

Rioja liegt in Nordspanien am Fluss Ebro und ist das bedeutendste spanische Rotweingebiet. Weine der Rebsorte Tempranillo überwiegen.

Navarra liegt zwischen dem Ebro und den Pyrenäen. In den Tallagen gedeihen sowohl Rot- wie auch Weißweine.

Valencia wird klimatisch vom Mittelmeer beeinflusst. Diese Region liefert alkoholreiche Rotweine.

Der **Sherry** (s. nächste Seite) aus dem Gebiet um Jerez im Südwesten Spaniens wird in mehreren Arten ausgebaut und reicht vom trockenen Fino bis zum süßen Cream.

4.5 Likörweine (Süd- und Dessertweine)

Was das Gesetz als Likörwein bezeichnet, wird in der Alltagssprache oft als Südwein (Herkunft) oder Dessertwein (zum Abschluss eines Menüs) bezeichnet.

Unterschieden werden Likörweine nach ihrer Geschmacksrichtung und damit auch nach ihrer Verwendung. Je nach Art werden diese Weine in der Gastronomie unterschiedlich eingesetzt.

- **Trockene Arten** als geschmacksanregender Aperitif vor dem Essen und
- **süßliche Arten** als verdauungsfördernder Digestif nach dem Essen.

Während der Herstellung von Likörwein wird dem verwendeten Wein nach kurzer Gärung geschmacksneutraler Alkohol (z. B. Weindestillat) zugesetzt. Der nun hohe Alkoholgehalt (bis 22 % vol.) unterbricht die natürliche Gärung. Man erhält alkoholreiche Likörweine.

Beispiele für Likörwein-Sorten

- Sherry, Portwein und Madeira (süße oder trockene Likörweine)
- Tokajer, Samos, Malaga (süße Likörweine)

Süße (konzentrierte) Likörweine

Dem Most oder Ausgangswein werden Trockenbeeren (Rosinen) oder eingedickter Traubensaft beigegeben. Das ergibt süße Weine mit üblichem Alkoholgehalt.

Sherry

Das Produkt kommt aus der spanischen Provinz Andalusien, rund um die Stadt Jérez de la Frontera. Die Hauptrebsorten sind Palomino, Pedro Ximénez und Moscatel. Palomino liefert den Basiswein, die anderen dienen zur Süßung.

Sherry-Geschmacksrichtungen

Sherry gibt es in unterschiedlichen Geschmacksrichtungen, von sehr trocken bis sehr süß. Auf den Flaschenetiketten der verschiedenen Sherry-Markenhersteller kann man folgende hilfreiche Bezeichnungen lesen:

Sherry-Likörweine

Bezeichnung	Farbe und Geschmack
Manzanilla	• sehr hell, gelbweiß • sehr trocken, leicht salzig
Fino ①	• hell bis hellgold • trocken, wenig Säure • feines Mandelaroma
Amontillado ②	• bernsteinfarben • halbtrocken • mit feinem vollem Aroma
Oloroso	• dunkelgold • trocken bis halbsüß • mit feinem Nussaroma
Cream ③	• dunkel und dickflüssig • süß, lieblich und mild

Sherry-Service

Sherry wird im speziellen Sherryglas (Copita) oder im Likörweinglas mit 5 cl serviert.
Als **Aperitif**, gekühlt mit 8 °C, werden angeboten: Manzanillas, Finos und Amontillados.
Als **Digestif**, temperiert mit 16 °C bis 18 °C, werden angeboten: Olorosos und Cream Sherries.

Portwein

Dieser portugiesische Likörwein ist geschmacklich vielfältig und eignet sich sowohl als **Aperitif** als auch als **Digestif**. Portwein ist meistens von roter Farbe – es gibt ihn auch weiß – und er schmeckt mehr oder weniger süß. Er ist ein schwerer, berauschender Wein mit 19 – 22 % vol.

Die verwendeten roten und weißen Rebsorten wachsen im portugiesischen Duro-Tal. Bereits nach 1–2 Tagen der Maischegärung gibt man Weinbrand mit 77 % vol. Alkohol zu, um die Gärung zu stoppen. Somit bleibt dem jungen Portwein eine natürliche Restsüße erhalten.

Portwein-Stile
- White (halbsüß, goldfarben)
- Light Tawny (nicht süß, aromatisch, hellfarben)
- Tawny (halbtrocken, mahagonibraun)
- Ruby (süß, dunkelrubinrot)
- Red (vollsüß, dunkelrot)

Schaufenster mit Portwein

Portwein-Service

Roter Portwein wird mit 18 °C serviert, weißer Portwein gekühlt mit 8 °C. Als Gläser eignen sich am besten kleine, kugelförmige Likörwein-Gläser, um Duftstoffe zu konzentrieren. Bei glasweisem Ausschank sollten die Gläser einen Füllstrich von 5 cl aufweisen.

4.6 Küchenpraxis Wein

Nach Möglichkeit sollten die Weine, die korrespondierend zum Gericht empfohlen sind, auch bei der Zubereitung der Gerichte verwendet werden.

Unterschiedliche Geschmacksrichtungen der Weine beeinflussen die Verwendung in der Küchenpraxis. Wird trockener Wein zum Dünsten von Fisch verwendet, erhält man ein anderes Geschmacksergebnis als bei der Verwendung von halbtrockenen Weinen. Ebenso unterschiedlich ist das Ergebnis von Sherry bei der Herstellung von Sherrysauce oder Portwein bei der Portweinsauce. Die Geschmacksrichtung ist dabei dem jeweiligen Gericht anzupassen. Wird eine Komponente mit einer Rebsorte vorweg benannt, ist diese auch bei der Herstellung zu verwenden, z. B. Riesling bei Rieslingsauce.

Beispiele für die Verwendung von Wein:

Portwein	Gelee für Pasteten oder für Vorspeisen/Büfetts, Portweinsauce
Trockener Wermut	Dünsten von Fisch, Reduktion für Sauce
Trockener Weißwein	Bestandteil eines Fischsuds, Blankett vom Huhn, aufgeschlagene Weinschaumsauce
Halbtrockener Weißwein	Dünsten von Fisch oder Hähnchenbrustfilet, Weißweinsauce, Weingelee für Süßspeisen
Rotwein	Bestandteil von Saucenansätzen, Rotweinsauce, pochierte Rotweinbirne
Sherry	Sherryrahmsauce, Aromatisieren von Ochsenschwanzsuppe, Marinieren von Kirschen

5 Schaumwein

🇬🇧 sparkling wine 🇫🇷 vin (m) mousseux

Schaumwein entsteht, wenn Wein nach der Hauptgärung nochmals in abgeschlossenen Behältnissen zum Gären gebracht wird. Das bei dieser zweiten Gärung entstehende CO_2 kann nicht entweichen, verbindet sich mit dem Wein und verleiht ihm den schäumenden Charakter. Aus Wein ist prickelnder Schaumwein geworden.

Versanddosage

Zum Mengenausgleich durch Enthefung und zur Einstellung der Geschmacksrichtung wird die Versanddosage zugeführt. Diese kann zusammengesetzt sein aus: Kristallzucker, Traubenmost, Wein oder aus einer Mischung der Bestandteile.

5.1 Herstellung

Beim Schaumwein wird vom Gast je nach Sorte eine über Jahre gleiche Qualität und Geschmacksrichtung erwartet. Darum vermischt man verschiedene Grundweine (erste Gärung ist erfolgt/Weinherstellung). Diesen Verschnitt nennt man Cuvée.

Den Cuvées wird, damit die notwendige zweite Gärung beginnt, die Fülldosage hinzugefügt. Das ist eine Mischung von in Wein oder Traubenmost aufgelöstem Kristallzucker und Reinhefe.

Bei der Gärung unterscheidet man drei Verfahren.

- Flaschengärung
  Die gefüllten Flaschen werden verschlossen und mit dem Hals nach unten in Rüttelpulte gestellt. So setzt sich der Hefetrub am Korken ab und kann nach der Lagerung leicht entfernt werden. Der dabei auftretende Verlust wird durch die **Versanddosage** ersetzt. Diese klassische Flaschengärung ist das aufwendigste und damit teuerste Verfahren.

- Transvasierverfahren
  ist eine vereinfachte Flaschengärung. Das Cuvée wird wie beim klassischen Verfahren auf Flaschen gefüllt. Nach abgeschlossener Zweitgärung entleert man die Flaschen in Tanks, filtert den Schaumwein und gibt die Versanddosage bei. Danach füllt man erneut auf Flaschen und überlässt den Schaumwein einer Reifung. Die zeitaufwendigen Arbeitsvorgänge wie Rütteln und Enthefen von Hand werden bei diesem Verfahren eingespart.

- Großraumgärung
  Bei der einfachsten Variante der Schaumweinherstellung werden in großen Tankräumen große Mengen Schaumwein hergestellt. Maschinell werden während der Gärung Temperatur und Druck genau geregelt. Mit Beginn der zweiten Gärung dauert die Herstellung mindestens 6 Monate. Der Hefetrub wird durch Filtern nach der Lagerung abgetrennt. Nach der Zugabe der Versanddosage wird der Schaumwein in Flaschen gefüllt.

Flaschengärung: Rütteln der Flaschen von Hand oder durch automatische Rüttelanlage

Traditionelle Flaschengärung

Transvasierverfahren

Großraumgärung

5.2 Geschmacksrichtungen

Unabhängig von Gärverfahren bestimmen auch
- **Qualität** die Mischung von Grundweinen, genannt das Cuvée,
- **Geschmacksrichtung,** die Dosage, welche den gewünschten Süßegrad verleiht.

Bekannte Marken

Bezeichnung des Geschmacks		Restzucker-gehalt/l
deutsch	**französisch**	
extra herb	extra brut	0 bis 6 g/l
herb	brut	unter 12 g/l
extra trocken	extra sec	12 bis 17 g/l
trocken	sec	17 bis 32 g/l
halbtrocken	demi-sec	32 bis 50 g/l
mild	doux	über 50 g/l

5.3 Gesetzliche Bestimmungen

Die Gruppe der Schaumweine wird in Qualitätsstufen und durch Bezeichnungen unterteilt.
- Schaumwein
- Sekt
- Sekt b. A.
- Winzersekt
- Crémant

Verwendet wird Grundwein aus roten oder weißen Trauben, einem Verschnitt dieser Grundweine oder einem Gemisch der Trauben. Geregelt ist für die einzelnen Herstellungsverfahren unter anderem die Mindestlagerung auf der Hefe, die Herstellungsdauer (außer Qualitätsstufe Schaumwein) oder der Mindestalkoholgehalt. Für die Etikettierung gibt es Pflichtangaben.

Qualitätsschaumwein oder Sekt ist von gehobener Güte. Es werden Mindestanforderungen hinsichtlich Alkoholgehalt, Druck (CO_2) und Lagerdauer gestellt.

Mögliche Zusatzbezeichnungen:
- Qualitätsschaumwein, Sekt b. A.: gleiche Bestimmungen wie bei Wein
- mit Jahrgangsangabe
- mit Angabe der Traubenart.

Crèmant liegt länger auf der Hefe als Sekt b. A., die Mostausbeute der Trauben ist festgeschrieben, wie auch das Herstellungsverfahren, die traditionelle Flaschengärung.

Winzersekt wird ebenfalls nach der traditionellen Flaschengärung hergestellt. Der Winzersekt ist ein individuelles Produkt der Winzer, das Angaben zu Rebsorten, Jahrgang und den Weinbaubetrieb auf dem Etikett besitzt.

5.4 Schaumweine anderer Länder

Frankreich

Champagner ist Schaumwein aus einem genau festgelegten Gebiet der Champagne (Frankreich, siehe Abb. Seite 314). Er wird ausschließlich nach der mèthode champenoise (traditionellen Flaschengärung) hergestellt.

Vin mousseux und **Vin cremant** sind französische Schaumweine, die ebenfalls durch die mèthode champenoise hergestellt werden. Vin moussex und Vin crémant werden außerhalb der Champagne hergestellt. Vin crémant besitzt einen geringeren Druck als Champagner.

Italien

Prosecco bezeichnet eine weiße Rebsorte aus Italien. Daraus werden gewonnen:

- **Prosecco spumante** mit hohem Kohlesäuredruck, ein Schaumwein bzw. Sekt; (**Prosecco frizzante** ist kein Schaumwein, sondern ein Perlwein mit geringerem Kohlensäuregehalt).
- **Spumante** ist ein süßlicher, gelber Schaumwein. Bekannt ist er aus der Provinz Asti.

Spanien

Cava ist ein spanischer Schaumwein, der in traditioneller Flaschengärung hergestellt wird; kommt vorwiegend aus Katalonien.

Ukraine

Krimskoje ist ein ukrainischer Schaumwein; er kommt rot oder weiß von der Halbinsel Krim und wird in Flaschengärung hergestellt.

5.5 Verwendung von Schaumwein

Als erfrischendes und belebendes Getränk wird Schaumwein insbesondere zu festlichen Anlässen als Aperitif (Geschmacksrichtung trocken) oder zum Abschluss einer Menüfolge (Geschmacksrichtung halbtrocken) getrunken. Darüber hinaus ist Schaumwein Bestandteil von Bowlen und Kaltschalen.

Auf gemischte Getränke wird die herzhafte Frische übertragen, z. B.:
- Sekt mit Orangensaft
- Sekt mit Cassis (Kir)
- Sekt mit Zitronensaft, Angostura und Läuterzucker (Sektcocktail)

Schaumweinlagerung

Lagerung unter 10 °C, liegend; vor dem Servieren auf 6 bis 8 °C kühlen.

Flaschengrößen

Sekt wird in speziellen Flaschen und besonderen Größen angeboten. Diese Flaschen haben wegen der Druckbelastung extra starke Wände.

- Piccolo 0,2 l etwa 2 Gläser
- 1/2-Flasche 0,375 l etwa 4 Gläser
- 1/1-Flasche 0,75 l etwa 8 Gläser
- 2/1-Flasche 1,5 l etwa 16 Gläser – diese Flasche wird auch Magnumflasche genannt und wird vor allem dann eingesetzt, wenn es repräsentativ sein soll.

Champagner-Flaschengrößen

6 Weinhaltige Getränke

🇬🇧 blended drinks with wine 🇫🇷 boissons (w) à base de vin

Unter weinhaltigen Getränken versteht man Getränke, die einen Anteil von mehr als 50 % Wein, Dessertwein oder Schaumwein haben. Der restliche Anteil kann Weinbrand, Fruchtsäfte, Kräuterauszüge, Honig, Wasser usw. enthalten.

Weinschorle besteht aus gleichen Teilen Wein und kohlensäurehaltigem Wasser. Schorlen sind durch diese Mischung erfrischend und alkoholarm.

Glühwein ist heißer Rotwein, gewürzt mit Nelken, Zimt, Zitrone und Zucker. Spezielle Aufgussbeutel erleichtern die Herstellung.

Bowle besteht aus Wein, Schaumwein, auch Fruchtwein oder Mineralwasser und Geschmacksträgern, die auch namengebend sind, z.B. Pfirsich, Erdbeer, Waldmeister.

Kalte Ente ist eine Mischung von Wein, Perlwein und Schaumwein mit Zusatz von Zitrone. Der Anteil an Schaumwein muss im fertigen Getränk mindestens 25 % betragen.

Wermut (Vermouth) ist mit Wermutkraut aromatisierter Wein; Alkoholgehalt um 15 %. Wermut ist Grundlage von Mischgetränken wie Manhattan oder Martini.

Erdbeerbowle

7 Spirituosen

🇬🇧 blended drinks with wine 🇫🇷 boissons (w) à base de vin

Spirituosen sind zum menschlichen Genuss bestimmte Getränke, in denen Alkohol (Ethylalkohol) als wertbestimmender Anteil mit mindestens 15 % enthalten ist. Der Alkoholgehalt ist in % vol (sprich: Prozent des Volumens oder Volumenprozent) anzugeben.

Alkohol entsteht bei der Gärung durch die Tätigkeit der Hefe. Bei einem Alkoholanteil von etwa 15 % stellen jedoch die Hefen ihre Tätigkeit ein.

Will man höhere Alkoholgehalte erreichen, muss man den vorhandenen Alkohol konzentrieren. Das geschieht beim Destillieren oder Brennen.

Das Prinzip der Destillation

Wasser verdampft bei 100 °C, Alkohol bei etwa 80 °C. Darum bilden sich beim Erhitzen von alkoholhaltigen Flüssigkeiten zuerst Alkoholdämpfe, die über ein Rohrsystem abgeleitet und durch Abkühlen wieder verflüssigt werden. Viele Geschmacksstoffe sind in Alkohol gelöst und gehen mit in das Destillat über. Wasser und unlösliche Stoffe bleiben zurück.

So wird zum Beispiel
- Wein zu Weinbrand,
- vergorenes Obst zu Obstbrand.

Thermometer

Kühlwasserablauf

Kühler

Brennwein

Kühlwasserzulauf

Raubrand

Soll aus stärkehaltigen Rohstoffen wie Getreide Alkohol gewonnen werden, muss die Stärke zunächst in Einfachzucker umgewandelt werden, damit sich die Hefe davon ernähren und Alkohol erzeugen kann.

Der Weg zur Spirituose

Nach der EU-Spirituosenverordnung unterscheidet man folgende vier Gruppen von Spirituosen:

- **Brände**, die aus Wein, Obst, Zuckerrohr oder Getreide hergestellt werden. Der Alkohol entsteht bei der Gärung aus dem Grundstoff.
- **Geiste**, die vorwiegend unter Verwendung aromareicher, zuckerarmer Beeren hergestellt werden. Dabei werden die Aromastoffe von zugesetztem Alkohol ausgelaugt.
- **Aromatisierte Spirituosen**, bei denen z. B. Gewürze neutralem Alkohol den Geschmack geben;
- **Liköre**, die auf unterschiedliche Weise nach bestimmten Regeln hergestellt werden.

7.1 Brände

Brände sind Spirituosen, deren Alkoholgehalt und Geschmack durch Vergären und anschließendes Brennen (Destillieren) entsteht. Namengebend sind meist die Rohstoffe. Innerhalb der Brände gliedert man nach den Rohstoffgruppen:

- Wein
- Zuckerrohr
- Obst
- Getreide

Hinweis: Früher wurde jedes Getränk, das gebrannt wurde, als Branntwein bezeichnet. Auch Spirituosen aus Getreide oder Kartoffeln waren Branntweine. Heute muss Branntwein aus Wein gewonnen sein.

Brände aus Wein   spirits from wine ▌liqueurs (w) de vin

Man gewinnt diese Spirituosen durch Destillation von Wein oder Brennwein. Auf das Destillieren oder Brennen folgt eine längere Lagerung.

- **Weinbrand/Brandy** (Mindestalkoholgehalt 36,0 % Vol.)
  Unter dieser Bezeichnung werden in vielen Ländern Destillate hergestellt. Angebotene Spezialitäten werden sehr schnell mit ihren Ländern in Zusammenhang gebracht.
  Deutschland: Asbach Uralt, Wilthener, Mariacron, Scharlachberg
  Italien: Vecchia Romagna, Stock
  Griechenland: Metaxa
  Spanien: Osborne Veterano, Capa Negra
  Frankreich: Armagnac, Cognac
  Armagnac wird in der Gascogne in einem Brennvorgang hergestellt. Die Reifung erfolgt immer in neuen Eichenfässern aus Bäumen der Gascogne.
  Cognac ist eine geschützte Herkunftsbezeichnung für Weinbrand aus der Charente, deren Mittelpunkt die Stadt Cognac ist. Die Herstellung erfolgt im Doppelbrandverfahren, die anschließende Lagerung in Eichenfässern, meist aus der Limousin-Region.

Lagerung von Cognac

Durch die Lagerung in Eichenfässern (Barrique) erhält die Spirituose:
- Farbe
- Geschmacks- und Geruchsstoffe

Cognac
- Hennessy, Otard, Rémy Martin, Bisquit, Martell, Courvoisier

Altersangaben von Cognac

Alters konto	Lagerzeit des Destillates	Produktkennzeichnungen
1, 2 und 3	1 bis 3 Jahre	- Cognac - Cognac Authentique - Cognac*** - VS (very special)
4	mindestens 4 Jahre	- VSOP (very superior old pale) - Réserve
5	mindestens 5 Jahre	- Extra - Vieille Réserve
6	mindestens 6 Jahre (u. U. sehr alt)	- Hors d'Age / Age d'Or - XO (extra old) - Napoleon

- **Tresterbrand** (Mindestalkoholgehalt 37,5 % Vol.)
  Das Destillat gewinnt man aus den Rückständen, die beim Abpressen des Traubenmostes (Traubentrester) anfallen. **Grappa** aus Italien und **Marc** (Marc de Champagne) aus Frankreich gehören zu dieser Gruppe.

Brände aus Obst (Mindestalkoholgehalt 37,5 % Vol.)

Werden
- frische Früchte oder deren Moste vergoren und destilliert oder
- frische zuckerarme Früchte mazeriert und destilliert,
- erhält man Obstbrände. Je nach Herstellungsverfahren werden verschiedene Bezeichnungen verwendet.

Obstbrand/Obstler bestehen aus mehreren Obstarten. Wird diese Bezeichnung verwendet, können die verwendeten Früchte in absteigender Reihenfolge der Menge angeführt werden. Wird nur eine Fruchtart verwendet, darf anstelle des Wortes Obst der Name der Frucht zusammen mit …wasser oder …brand genannt werden. Beispiele:
- Kirschwasser/-brand
- Zwetschgenwasser/-brand

Spezialitäten anderer Länder
- **Calvados** gewinnt man in der Normandie aus Apfelwein (Cidre). Die goldgelbe Farbe erhält er durch längere Lagerung in Eichenholzfässern.
- **Sliwowitz** ist ein Pflaumenbrand, der vorwiegend in Ost-Europa hergestellt wird. Gereift in Flaschen ist er hell, in Fässern gereift dunkler.
- **Marillenbrand** (Österreich) und Barack (Ungarn) werden aus Aprikosen hergestellt.
- **Enzian:** Die Wurzeln des gelben Enzians werden eingemaischt und vergoren. Dieses Destillat bildet neben reinem Alkohol die Grundlage für die Spezialität aus Bayern und Österreich.

Geiste
Einige Früchte enthalten nur wenig Zucker, der in Alkohol umgewandelt werden könnte. Sie werden darum in Alkohol (auch Weingeist genannt) eingelegt, also mazeriert. Die Geschmacksstoffe werden damit entzogen. Die aromahaltige Flüssigkeit wird dann abdestilliert.

So erhält man z. B.
- Himbeergeist
- Brombeergeist
- Schlehengeist
- Heidelbeergeist

Wird bei dieser Art der Herstellung die Bezeichnung -brand verwendet, so ist auf dem Etikett der Hinweis auf das Mazerieren zu geben.

Brände aus Getreide

Getreidearten wie Weizen, Roggen, Gerste werden meist gemälzt, dann vergoren und anschließend destilliert. Wird im fertigen Produkt eine Getreideart genannt, darf bei der Herstellung nur diese verwendet werden.

- Korn hat mindestens 32 % Vol.,
- Doppelkorn hat mindestens 37,5 % Vol. Alkohol.

Whisky/Whiskey (Mindestalkoholgehalt 40 % Vol.)

Viele Besonderheiten und sehr unterschiedliche Charaktere besitzen die Whiskys/Whiskeys. Beim Namen geht es los: Whisky werden die schottischen und kanadischen Arten genannt. Whiskey schreibt man bei irischen Sorten und dem amerikanischen Bourbon.

Brände und Bezeichnungen
Aus frischen Früchten oder deren Most:
-wasser, -brand
Aus frischen Früchten, die in Alkohol eingelegt wurden:
-brand, -geist

Mazerieren von Früchten
Um bei der Spirituosenherstellung den Geschmack und das Aroma von Früchten zu erhalten, werden meist zuckerarme Früchte in Alkohol eingelegt (mazeriert). Die Geschmacksstoffe und Aromen gehen in die alkoholische Flüssigkeit über.

Alkohol
aus anderen Rohstoffen löst

↓

Geschmacksstoffe der Beeren;

↓

durch Destillation entsteht
Geist.

Mindestalkoholgehalt 32 % Vol. Korn / 35 % Vol. Getreidebrand

Doppel-Kornbrand
- Doornkaat, Hardenberg, Nordhäuser, Oldesloer

Als Grundlage dient gemälztes Getreide. Die Reifung erfolgt in Eichen-fässern, die teilweise auch schon für die Herstellung von Sherry, Madeira oder Portwein verwendet wurden.

Auf der Flasche stehende Bezeichnungen geben Hinweis auf die Arten- und Destillat-Reinheit.

Whisky-Lager

- **Malt Whisky:** aus Gerstenmalz destillierter Whisky
- **Single Malt:** Schottischer Whisky; aus Malzdestillaten hergestellter Whisky einer einzigen Brennerei
- **Grain Whisky:** sind Whiskys, hergestellt aus unterschiedlichen Getrei-desorten mit Weizen, Roggen, Mais, Hafer und Hirse
- **Single Grain:** aus unterschiedlichen Getreidesorten hergestelltes Des-tillat einer einzigen Brennerei
- **Rye Whiskey:** hat einen Roggenanteil von mindestens 51 %
- **Blended Whisk(e)y:** Mischungen unterschiedlicher Destillate, z. B. Malt Whisky mit Rye Whiskey, in den USA auch Neutralalkohol mit reinem Whiskey

Herkunft und Charakter

Irish Whiskey

- von der klassischen Art her reiner Malt Whisky (heute aber auch Blended Whiskys)
- dreifach destilliert mit mildem Malzaroma

Scotch Whisky

- je nach Region sehr unterschiedliche Charaktere
- bukettreiche und geschmacksintensive Malt Whiskys sowie milde Blends
- Rauchgeschmack, der durch Darren des Malzes über Torf-Feuer ent-steht.

Canadian Whisky

- helle, leichte Grain-Whiskys (idealer Mix-Whisky)

Bourbon Whiskey

- mindestens 51 % Mais, aus den USA
- schwere und kräftige Whiskeys

Japan Whisky

- Herstellung vieler Whisky-Richtungen wie Single Malt, Blended Malt oder Single Grain-Whisky

Brände aus Zuckerrohr

Rum (Mindestalkoholgehalt 37,5 % Vol.) hat Zuckerrohrsaft oder Zucker-rohrmelasse als Grundlage. Das Destillat ist zunächst klar (weißer Rum). Weißer Rum wird in Edelstahltanks gelagert und später gefiltert. Wird brauner Rum hergestellt, erfolgt die Lagerung in Eichenfässern. Dort erhält er neben seiner Farbe auch die gewünschten Aromen. Der Zusatz von Zuckerkulör ist erlaubt.

- Echter Rum wurde im Ursprungsland destilliert.
- Rum-Verschnitt ist eine Mischung (Verschnitt) aus echtem Rum und Neutralalkohol.

Irish Whiskey
- Paddy, Tullamore Dew, John Jameson, Old Bushmills

Scotch Whisky
- Johnnie Walker, Ballantine's, Laphroaig, Talisker, Ardbeg

Canadian Whisky
- Canadian Club, Kennedy's

Bourbon Whiskey
- Jack Daniel's, Four Roses, Jim Beam, Medley's

Japan Whisky
- Karuizawa, Nikka, Kirin

Ursprung des japanischen Whiskys liegt in Schottland

Rum
- Bacardi, Havana Club, Meyer's
- Zacapa, Don Papa

Qualitätsangaben sind, je nach Herstellungsgebiet, sehr unterschiedlich. Qualitäts- und Jahresangaben sind z. B.:

> **Karibische Inseln / französisch**
> **vieux** = alt, mindestens drei Jahre gereift
> **tres vieux** = sehr alt
> **hors d'age** = ein Blend gereifter Rumsorten
> **traditionell** = Melasse-Rum

> **Vom spanischen Hersteller**
> **anejo** = alt
> **gran** anejo = sehr alt

> **Aus frischem Zuckerrohr hergestellt**
> **VO** = mindestens 3 Jahre in Eichenfässern gelagert.
> **VSOP** = mindestens 4 Jahre in Eichenfässern gelagert.
> **XO** = mindestens 6 Jahre in Eichenfässern gelagert.

Cachaça (Mindestalkoholgehalt 38 % Vol.) besteht aus grünem Zuckerrohr und Zuckerrohrsaft. Die Fermentierung läuft mit Zuchthefe, teilweise auch mit Wildhefen vom Zuckerrohr und Fermentationsbeschleunigern (z. B. Maisstärke, frischer Zuckerrohrsaft). Cachaça ist meist hell in der Farbe, dunklere Sorten erhalten die Farbe durch Reifen in Eichenfässern. Verwendet wird Cachaça vorwiegend zur Herstellung von Caipirinha.

Cachaça
- Canario, Pitu, Nega Fulo

7.2 Weitere geschmacksneutrale Spirituosen

- **Wodka:** Das aus Osteuropa stammende Getränk ist ein auf Trinkstärke herabgesetzter Alkohol. Verwendet wird hauptsächlich Getreide, Kartoffeln oder die aus der Zuckerherstellung anfallende Melasse. Die besonders weiche Note ist charakteristisch. Das ist auch der Grund, warum sich Wodka gut für Longdrinks eignet.
- **Mezcal:** Ein Agavendestillat aus Mexico, bei dem es bei der Herstellung keine Regeln für die Verwendung von Agavensorten gibt. Je nach Reifedauer wird er hell bis golden angeboten. Eine Schmetterlingslarve in der Flasche ist für viele Sorten charakteristisch. Getrunken wird Mezcal mit Limette und Chilipulver oder Chilisalz.
- **Tequila:** Wie Mezcal ein Agavendestillat, jedoch nur aus einer Agavenart hergestellt. Weitere Unterschiede zum Mezcal gibt es in der Herstellung und dem möglichen Zusatz von Zucker. Getrunken wird reiner Agaven-Tequila in der Regel pur. Mixo-Tequila wird häufig mit Zitrone und Salz getrunken, brauner Tequila mit Orange und Salz.

7.3 Aromatisierte Spirituosen

Bei dieser Getränkegruppe werden einem Alkohol, der aus Getreide oder Kartoffeln gewonnen worden ist, geschmackgebende Gewürze wie z. B. Wacholder, Kümmel oder Anis zugefügt.

Wacholder

Wacholder
Dem Alkohol wird Wacholder oder Wacholderdestillat als Geschmacksträger zugefügt.
- **Gin:** Ein englisches Produkt, das neben dem geschmacklich vorherrschenden Wacholder auch noch weitere Aromastoffe enthalten kann.
- **Genever:** Diese vor allem in Holland hergestellte Spezialität hat meist nur einen sehr geringen Wacholdergeschmack.

Gin
- Monkey 47, Bombay, Tanqueray, Gordon's Genever
- Wenneker, Bols, Bokma

Man unterscheidet:
- Jonge (junger) Genever mit zarter Wacholder-Note und
- Oude (alter) Genever mit deutlicherem Geschmack.

Kümmel

Der Neutralalkohol wird mit Kümmel geschmacklich ergänzt.

- **Akvavit oder Aquavit** darf die Spirituose genannt werden, wenn die geschmackgebenden Stoffe aus einem besonderen Kräuter- und Gewürzdestillat stammen.
- **Doppelkümmel** besitzt 38 % Vol. und hat einen ausgeprägten Kümmelgeschmack. Er wird wie der Aquavit eisgekühlt getrunken.

Anis

- **Pastis:** Alkohol ist aromatisiert mit Sternanis, Anis und anderen Pflanzen wie z. B. Fenchel. Diese Zutaten sind verdauungsanregend. Darum wird Pastis auch als Aperitif gereicht. Bei der Zugabe von Wasser wird die zunächst klare Flüssigkeit milchig trübe.

- **Ouzo:** Die anishaltige Spirituose muss in Griechenland hergestellt worden sein.

Wermut

- **Absinth:** Auszüge aus der Wermutpflanze geben dieser Spirituose neben Anis und Fenchel den typischen Geschmack. Qualitativ hochwertige Absinthe sind blassgrün oder farblos. Der Gehalt an nervenschädigendem Thujon ist heute begrenzt. Ein hoher Anteil früher war der Grund für Gesundheitsschädigungen, was zum Verbot von Absinth geführt hatte.

7.4 Liköre liqueurs liqueurs (w)

Allen Likören gemeinsam ist ein bestimmer Anteil an Alkohol, Zucker und Wasser. Unterschiede entstehen durch die geschmackgebenden Zutaten. Man unterscheidet folgende Gruppen:

- **Fruchtliköre**
  - mit Saftzugabe, z. B. Cherry-Brandy mit Kirschsaft und Kirschwasser, Apricot Brandy mit Aprikosensaft, Cassis mit dem Saft schwarzer Johannisbeeren.
  - mit Zugabe von Auszügen (Extrakten) oder Destillaten von Früchten/ Fruchtschalen, z. B. Grand Marnier mit Cognac und Schalen von der Bitterorange (Frankreich), Cointreau mit Orangenschalen und Kräutern (Frankreich), Maraschino mit Destillat der Maraskakirsche.
- **Bitter- und Kräuterliköre**
  - haben durch Auszüge von Kräutern und Gewürzen meist eine bitteraromatische Note, z. B. Campari, Fernet Branca, die Klosterliköre wie Ettaler, Chartreuse, Bénédictine, Pfefferminzlikör.
- **Emulsionsliköre**
  - enthalten fetthaltige Zutaten wie Sahne, Eigelb oder Schokolade. Diese werden mit den übrigen Bestandteilen durch Homogenisieren zu einer dickflüssigen cremigen Masse verarbeitet, z. B. Eierlikör, Mocca-Sahne.

Emulsionslikör

7.5 Apéritifs und Digestifs

Im klassischen Sinne gibt es die Spirituose vor und nach dem Essen. Gäste haben aber Vorlieben. Daher sind Abweichungen von den klassischen Regeln in diesem Fall natürlich möglich. Grundlegend hat der Apéritif die Aufgabe, den Appetit anzuregen, der Digestif die Verdauung. Folgende Getränke lassen sich aus den bereits genannten Gruppen einteilen.

- Apéritifs:
  - Trockene Likörweine wie Sherry, weißer Portwein, Madeira Sercial
  - Trockene Weißweine oder Schaumweine mit Likör gemischt (Kir Royal)
  - Bitters wie Apérol, Campari, Cynar oder Amer Picon
  - Wermut wie trockener Martini, Cinzano, Noilly Prat oder Byrrh
  - Cocktails wie Manhattan, Martini-Cocktail oder Side Car
  - Biercocktail

- Digestifs:
  - Süße Likörweine wie Cream-Sherrys, Madeiras, Mavrodaphne
  - Brände wie Cognac, Armagnac, Obstbrand, Doppelkümmel
  - Liköre:
    - Fruchtsaftliköre: Eckes Edelkirsch, Maraschino
    - Fruchtaromaliköre: Cointreau, Sambuca
    - Gewürz-, Kräuter-, Bitter-Liköre: Fernet Branca, Ramazotti, Unicum, Gammel Dansk, Underberg, Becherovka, Jägermeister
    - Kaffee-, Tee-, Kakao-Liköre: Khalúa, Licor de Café, De Kuyper-Crème de Cacao, Tia Maria, Kosaken-Kaffee
    - Emulsionsliköre: Batida de coco, Advocaat-Eierlikör, Bailey's Irish Cream, Vandermint
    - Crème de …-Liköre: Crème de banana, Crème de cassis
    - Sonstige Liköre: Amaretto, Southern Comfort, Drambuie
  - Sekt halbtrocken oder lieblich / süß

Kuchenpraxis Spirituosen

Sowohl die vielen verschiedenen Geschmacksrichtungen wie auch unterschiedliche %-Volumen geben viele Einsatzmöglichkeiten in der Küchenpraxis.

Hoher Alkoholgehalt zum Flambieren

Nicht alle Spirituosen eignen sich zum Flambieren. Der Alkoholgehalt muss hoch sein, um am Tisch des Gastes stilvoll diese Spezialarbeit zu zeigen. Gut geeignet ist ein Alkoholgehalt ab 38 % vol. Welche Spirituose verwendet wird, hängt vom harmonischen Zusammenspiel zwischen dem Alkohol und der Speise ab. Liköre dienen nur zum Parfümieren der Speisen.

- **Brände und Fruchtliköre** eignen sich zum Aromatisieren
- **Anishaltige Spirituosen** geben Speisen Charakter
- **Mazerieren von Früchten** schafft geschmackliche Kombinationen
- **Liköre** unterstreichen den Eigengeschmack

Flambieren von Feigen

Frühstück und Frühstücksservice

Frühstück ist für viele Personen ein wichtiger Bestandteil des Morgens. Es liefert Energie, damit der Tag gut begonnen werden kann. Doch nicht nur auf ein reichhaltiges Frühstück kommt es an, sondern auch auf ein ausgewogenes und vielseitiges.

1 Frühstück

🇬🇧 breakfast 🇫🇷 petit déjeuner (m)

1.1 Bestandteile des Frühstücks

Für ein einfaches Frühstück benötigt man nicht viel (s. S. 331). Je vielseitiger jedoch ein Frühstück sein soll, desto größer muss das Angebot sein und desto größer auch der Bedarf an Lebensmitteln. Naturbelassen oder zubereitet: für jeden sollte etwas dabei sein. Eine mögliche Angebotsauswahl für ein Frühstück kann sein:

Brötchen, Brot
Viele gastronomische Einrichtungen bieten zwei Arten von Brötchen an, große und kleine Brötchen. Damit wird auch der Gast mit kleinem Hunger angesprochen.

- Helle Brötchen: Schrippe, Bauernbrötchen, Weizengrießbrötchen, Sesam- und Mohnbrötchen, Dinkelvollkornbrötchen, Mehrkornbrötchen
- Dunkle Brötchen: Roggenbrötchen mit Saaten und ohne, Roggen-Dinkel-Brötchen, Malzbrötchen
- Brot: Mischbrote von Roggen und Weizen, Mehrkornbrote, Weizenbrot oder Vollkornbrote, Schrot- oder Dinkelbrote, Knäckebrot
- Angebote für Gäste mit Glutenunverträglichkeit

Streichfette
- Butter (gesalzen, gesäuert, Süßrahmbutter), Margarine, Halbfettmargarine, Margarine mit Joghurt

Säfte
- Diverse Säfte und Nektare wie Orangensaft, Multivitaminsaft, Grapefruitsaft, Bananennektar, Kirschnektar

Milchprodukte
- Joghurt natur oder mit Früchten, Quark natur, Quark mit Früchten angemacht, Quark mit Kräutern und angeschwitzten Zwiebeln, Skyr natur oder mit Früchten, Ayran

Cerealien, Nüsse, Kerne und Saaten
- Haferflocken zart oder kernig, Bircher Müsli, Müsli mit Früchten oder Schokolade, Cornflakes, Zimtkissen, Haselnüsse, Mandelsplitter, Kürbiskerne, Buchweizen, Leinsamen geschrotet, Sesam, Mohn

Obst
- Frisches Obst der Saison, Dörrobst, Obstchips von Apfel oder Birne

Warme Speisen

- Eierspeisen, gebratene Würstchen, kleine Pfannkuchen, gebackene Waffeln süß oder deftig

Wurst- und Fleischwaren

- Brühwurst wie Lyoner, Bierschinken oder Jagdwurst
- Kochwurst wie Leberwurst oder Blutwurst
- Rohwurst wie Teewurst, Leberwurst, Cervelatwurst oder Salami
- Rohe Schinken wie Parma- oder Schwarzwälder Schinken, Lachsschinken oder Bündner Fleisch
- Gekochte Schinken wie Vorderschinken oder gekochter Hinterschinken

Käse

- Weichkäse wie Camembert, Brie oder Rotschmiere-Käse
- Schnittkäse wie Gouda, Maasdamer oder Edamer
- Hartkäse wie Emmentaler oder Cedar
- Sauermilchkäse wie Harzer oder Mainzer
- Frischkäse mit Kräutern, Meerrettich oder getrockneten Tomaten

Marmelade, Konfitüre, Brotaufstriche oder Honig

- Englische Marmeladen (bitter-süß) wie Orangen- oder Zitronenmarmelade, Erdbeer- oder Kirschkonfitüre, Nuss-Nougat-Creme, Mirabellenaufstrich, Rübensirup, Akazien- oder Rapshonig

Gebäcke

- Croissants, dänisches Plundergebäck, Schokoladenküchlein, Mohnstrudel, Donuts oder Muffins

1.2 Arten des Frühstücks

Es sind zu unterscheiden:

- Das einfache, **kontinentale Frühstück** mit seinem einfachen Angebot.
- Das **erweiterte Frühstück**, das nach einer Frühstückskarte ausgewählt wird oder mit einer Frühstückskarte das einfache Frühstück ergänzt.
- Das **internationale Frühstück** wird besonders bei den internationalen Gästen geschätzt.
- Das **Frühstücksbüfett**, auf dem die Speisen zur Selbstbedienung bereitstehen.
- Der **Brunch**, ein spätes Frühstück mit Speisen des Mittagstisches kombiniert.
- Das **Etagenfrühstück** bildet eine Sonderform des À-la-Carte-Service. Der Gast trägt seine Wünsche in eine Bestell-Liste ein (s. S. 336). Am Morgen wird ihm dann das Frühstück im Zimmer serviert.

Kontinentales Frühstück

Das kontinentale Frühstück (auch einfaches Frühstück) wird häufig in Pensionen, Bäckereien oder Kaufhäusern angeboten. Es besteht aus:

- Kaffee, Tee oder Kakao
- Brot, Brötchen, Croissant oder Toast
- Konfitüre, Marmelade oder Honig
- Margarine oder Butter

Das einfache Frühstück kann auch ergänzt werden mit Käse- und Wurstscheiben.

Bircher Müsli für 1,6 kg

Die klassische Rezeptur des gehaltvollen Müslis kann durch Zugabe von frischem Obst, verschiedenen Nüssen und Molkereiprodukten variiert werden.

- 0,350 kg Haferflocken, zart
- 0,600 l Milch
- 0,600 kg Äpfel
- nach Bedarf Zitronensaft
- 0,020 kg Haselnüsse, gemahlen
- 0,040 kg Honig

Haferflocken über Nacht in der Milch einweichen. Apfel reiben, mit wenig Zitronensaft marinieren und mit den restlichen Zutaten zu den Haferflocken rühren.

Erweitertes Frühstück

Basierend auf dem einfachen Frühstück, erfolgt eine Erweiterung der angebotenen Speisen und Getränke durch ein festgelegtes Erweiterungsangebot oder die zusätzliche Wahl aus einer Frühstückskarte. Mögliche Erweiterungen sind:

- Frucht- oder Gemüsesäfte wie Orangensaft oder Tomatensaft
- Sekt
- Eierspeisen wie Rührei, Spiegelei oder gefüllte Omeletts
- Gebratene Speisen wie Speck, kleine Würstchen, Blutwurst, Garnelen oder Scampi
- Räucherfisch oder Graved Lachs
- Hochwertigere Wurst oder Fleischerzeugnisse wie Römerbraten oder roher Schinken
- Vielseitigere Auswahl von Käse wie Weichkäse, halbfester Schnittkäse oder Frischkäse
- Cerealien wie Cornflakes und verschiedene Müslis, Körner oder Saaten, getrocknete Früchte wie Rosinen oder Datteln
- Joghurt natur oder mit Geschmack, angemachter Quark mit und ohne Früchte
- Obstsalate, frisches Obst, Gemüse wie Gurkensticks oder Tomate

Internationales Frühstück

Beim internationalen Frühstück können Gäste in vielen Speisen ihre eigene Lebenskultur wiederfinden. Am bekanntesten ist das britische Frühstück. Es wird klassisch in mehreren Gängen serviert, wegen häufigen Zeitmangels heute in komprimierter Form am Tisch serviert. Bestandteile des **englischen Frühstücks** sind:

- Fruchtsäfte, Kompott, Cerealien, Porridge (Haferbrei) und Obst
- Gebratener Speck und kleine Würstchen, Eierspeisen wie Rührei und Spiegelei, gegrillte Tomaten, gebratene Champignons, Baked Beans (weiße Bohnen in Tomatensoße), Hash Browns (ähnlich dem Kartoffelrösti)
- Je nach Region auch *Black Pudding* (Blut, Getreide und weitere Zutaten), *White Pudding* (ohne Blut, aber mit Schweinefleisch und Talg), Kippers (gesalzene Räucherheringe) oder Kabeljau
- Würzmittel wie Brown Sauce (Tamarindensauce, malzig), Ketchup und Senf
- Toastbrot, in der Pfanne geröstete Brotscheiben, die vorher auch durch Ei gezogen werden können
- Vorzugsweise Marmelade, seltener Konfitüre
- Schwarzer Tee, Kaffee

Frühstücksbüfett   🇬🇧 breakfast buffet   🇫🇷 buffet (m) de petit déjeuner

Beim Frühstücksbüfett handelt es sich um ein sehr reichhaltiges, umfangreiches Angebot. Grundlage bildet das erweiterte Frühstück. Von geringfügigen Abweichungen abgesehen, werden auf dem Büfett alle zum Frühstück üblichen Speisen bereitgestellt. Für ein Frühstücksbüfett sprechen:

- Gast hat freie Auswahl
- Lange Wartezeiten der Gäste werden vermieden

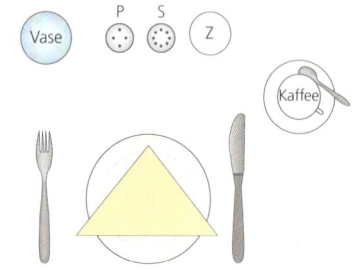

Gedeck für Frühstücksbüfett

- Unterschiedliche Verzehrgewohnheiten und Bedürfnisse, die sich aus dem internationalen Reiseverkehr ergeben, werden respektiert.
- Das leichtere Erfassen der Kosten sowie die Vereinfachung der Preisgestaltung
- Die Verringerung des Arbeitsaufwandes und Planbarkeit des Personals.

Heiße Getränke werden von der Servicekraft am Tisch erfragt und serviert. Mittlerweile steht in vielen Einrichtungen den Gästen auch ein Samowar für Tee und Kaffeevollautomaten für Kaffeespezialitäten zur Selbstversorgung zur Verfügung.

Neben den kalten Speisen wird ein warmes Angebot an Speisen bereitgehalten. In vielen Hotels werden Eierspeisen in sehr guter Qualität in einem Front-Cooking-Bereich angeboten. Der Büfettservice wird durch Servicekräfte und Köche erledigt.

Zusätzliche Angebote zu den aufgeführten Bestandteilen des *erweiterten Frühstücks* können sein:

- Front-Cooking-Bereich: Pochierte Eier, Ei im Glas, mit Kräutern oder Garnelen gefüllte Omeletts, Ei im Napf mit Kalbsragout, Pfannkuchen
- Warme Speisen im Chafing-Dish: Grilltomaten, gegrillte Gemüsescheiben von Zucchini oder Aubergine, kleine Steaks oder gebratene Hacksteaks
- Getreidespeisen wie Porridge oder Bircher Müsli
- Gebäcke wie frisch gebackene Waffeln; Plundergebäck, z. B. kleine Mohnschnecken; oder Blätterteiggebäcke wie kleine Kirsch- oder Marillentaschen

Brunch 🇬🇧 brunch 🇫🇷 brunch (m)

Der Brunch ist eine Angebotsform, die von früh bis zum späten Mittag ausgedehnt ist. Sie nimmt, wie die Wortkombination zeigt, eine Zwischenstellung zwischen dem Frühstück und Mittagessen ein.

- **Br**eakfast = Frühstück
- Lu**nch** = Mittagessen

Beim Brunch wird das Frühstücksbüfett mit Suppen, warmen Gerichten, Salaten, Süßspeisen und Gebäcken ergänzt. Je nach Tageszeit trinken die Gäste außer den üblichen alkoholfreien kalten und warmen Getränken auch leichte Weine, Sekt oder Bier.

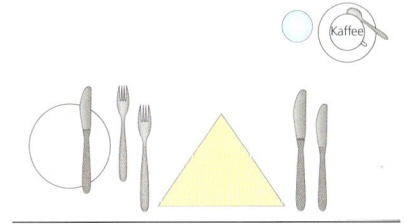

Gedeck für Brunch

Beispiele zur Ergänzung der Frühstücksbüfetts

Salate: Büsumer Krabbensalat, Chicoree mit Joghurt-Orangen-Dip, Caesar's Salad, Salat vom Stremellachs mit Meerrettich-Vinaigrette

Suppen: Geflügelkraftbrühe mit Eierstich, Fischbrühe mit Filetstreifen, Tomatencreme mit Kalbfleischklößchen, Brokkolicreme mit Sauerrahm

Aufläufe: Brokkoligratin, Zucchini-Tomaten-Lasagne mit Schafskäse gratiniert, Kartoffel-Lachs-Auflauf

Nudelgerichte: Bandnudeln in Pesto, Penne Rigate mit Brokkoliröschen und Garnelen

Fischgerichte: Gedämpftes Lachsfilet in Weißweinsauce, Röllchen vom Zanderfilet mit Meerrettichrahm, gegrilltes Dorschkotelett auf Ratatouille

Fleischspeisen: Kleine Rouladen vom Rind in Rotweinsauce, Schweinemedaillons mit gebratenen Champignons, Kalbsbraten mit Pfifferlingsrahm

Süßspeisen: Himbeercreme mit Crunch, Nougatmousse mit Rumkirschen, Mangoschaum mit Basilikum, Traubengelee mit Grand-Marnier-Sauce

Gebäck: Warmer Birnenstrudel mit Mandel-Vanillesauce, kleine gefüllte Windbeutel, Kirschmuffins, Petits fours, Teegebäcke

2 Frühstücksservice

🇬🇧 breakfast service 🇫🇷 service (m) du petit dejeuner

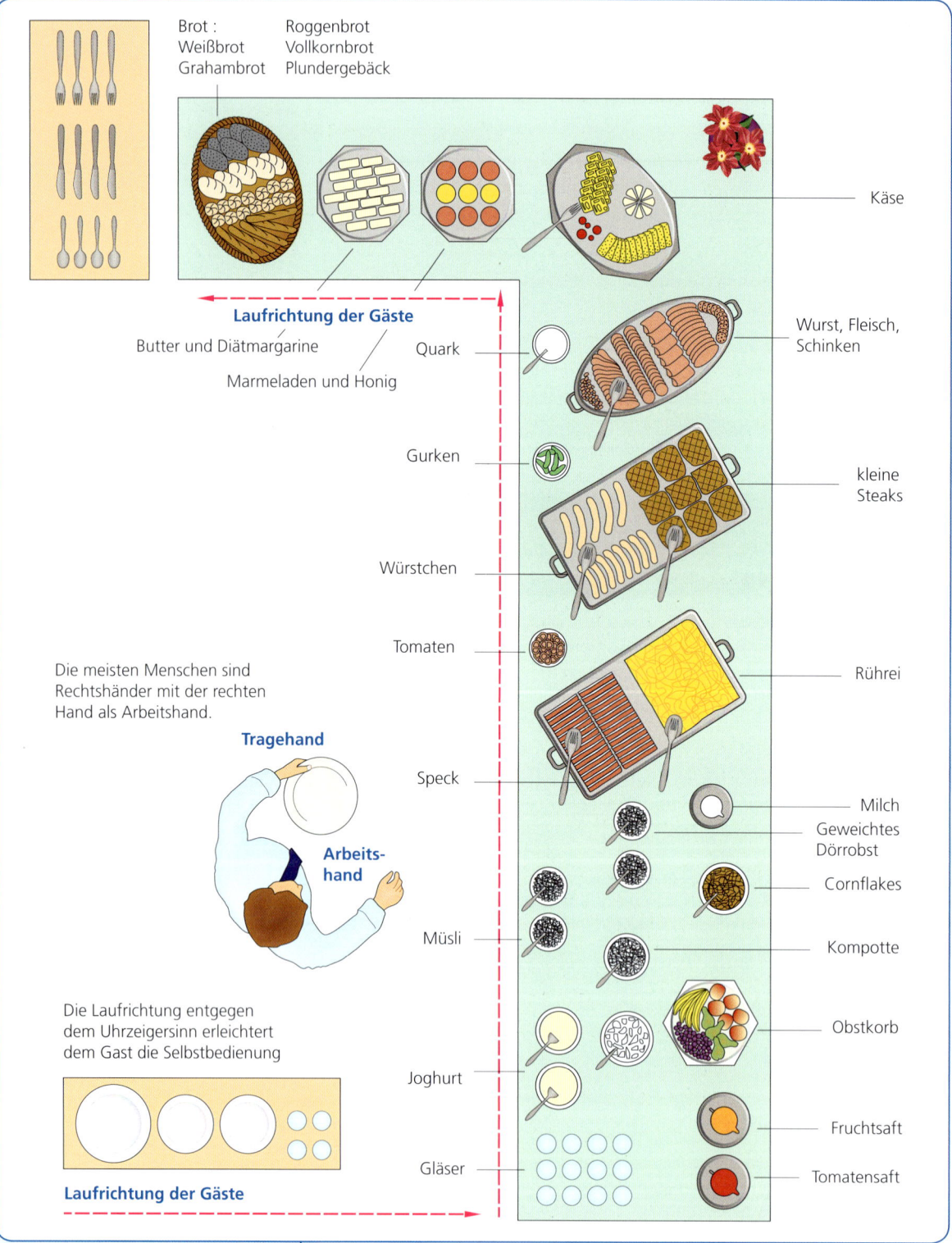

Brot :
Weißbrot   Roggenbrot
Grahambrot Vollkornbrot
            Plundergebäck

Käse

Laufrichtung der Gäste

Butter und Diätmargarine   Quark

Marmeladen und Honig

Wurst, Fleisch, Schinken

Gurken

kleine Steaks

Würstchen

Tomaten

Rührei

Die meisten Menschen sind Rechtshänder mit der rechten Hand als Arbeitshand.

Tragehand

Speck

Milch

Geweichtes Dörrobst

Arbeits-hand

Cornflakes

Müsli

Kompotte

Die Laufrichtung entgegen dem Uhrzeigersinn erleichtert dem Gast die Selbstbedienung

Obstkorb

Joghurt

Fruchtsaft

Laufrichtung der Gäste

Gläser

Tomatensaft

2.1 Etagenservice

Der Service auf der Etage ist sehr aufwendig und bedarf deshalb einer besonders guten Organisation.

Mise-en-Place

Für das **Etagenfrühstück** werden am Vorabend **Einer-** und **Zwei-erplateaus** vorbereitet.

- Plateautuch,
- Mittelteller mit Serviette,
- Mittelmesser, Untertasse und Kaffeelöffel,
- Schälchen mit Zucker bzw. Süßstoff.

Frühstücksbestellung und Service

Das Zimmermädchen legt dem Gast auf dem Zimmer täglich eine Frühstücksbestellliste für den nächsten Morgen bereit. Wenn dieser sein Frühstück auf dem Zimmer einnehmen möchte, trägt er seine Wünsche am Abend vorher in die Liste ein und hängt sie dann außen an die Zimmertür.

Bei Dienstbeginn sammelt die Servicefachkraft auf der Etage die **Frühstücksbestelllisten** ein und erstellt daraufhin eine **Kontrollliste** für den Frühstücksservice.

Zur Servicezeit wird das Plateau vervollständigt: Gebäck, Butter, Konfitüre, die vorgewärmte Tasse, das Getränk, die bestellten Extras.

Das Zimmer wird erst nach dem Klopfen betreten, wenn der Gast „herein"gebeten hat.

Frühstücken im Zimmer zwei oder mehr Personen, ist ein kleiner Frühstückstisch bereitzustellen und einzudecken.

Zeit	Zimmer	Frühstück	
		serviert	abgeräumt
7.40 h	128	✓	✓
8.10 h	137	✓	✓
9.00 h	210	✓	

Plan für Etagenfrühstück

Etagen-Frühstücks-Plateau

Vorteilhaft sind hier Room-Service-Wagen, auf denen das komplette Frühstück angerichtet in das Gästezimmer gefahren wird. Durch Hochstellen von zwei beweglichen Kreissegmenten wird der Wagen zu einem runden Frühstückstisch für 1–3 Personen.

2.2 Service beim Frühstück

Merkmale der Frühstückssituation

Sie ergeben sich vor allem durch die besondere Situation am Morgen. Der Frühstücksatmosphäre kommt im Hinblick auf den Gast eine besondere Bedeutung zu, denn sie beeinflusst in hohem Maße seine „Stimmung" und sein „Wohlbefinden" für die nachfolgenden Stunden. Der Service kann zu einer guten Atmosphäre viel beitragen:

- Ein gut gelüfteter Raum,
- ein sauberer und sorgfältig eingedeckter Tisch mit einem kleinen Blumenschmuck,
- Servierpersonal, das ausgeschlafen ist und dem Gast mit Aufmerksamkeit und Freundlichkeit begegnet.

Etagenfrühstück breakfast room service ■❚ service (m) à l'étage

Etagen Service

KRONE HOTEL

Room Service

BESTELLEN Sie sich das pünktliche Frühstück am Abend vorher.
To have your breakfast in time ORDER it the evening before.

Service gewünscht / zwischen: – *Desired Service Time:*

7.00 – 7.30 ○	7.30 – 8.00 ○	8.00 – 8.30 ○	8.30 – 9.00 ○	9.00 – 9.30 ○	9.30 – 10.00 ○

Zimmer Nr. *Room No.*	Anzahl der Gäste *Number of guests*	Service *Waiter*	Datum *Date*

Frühstück komplett € 9,00
- ○ Kaffee
- ○ Tee
- ○ Kakao

Continental breakfast € 9,00
- ○ *Coffee*
- ○ *Tea*
- ○ *Chocolate*

Zusatzbestellung	€	*Additional orders*
○ Glas Milch, warm oder kalt	1,50	○ *Glass of milk, hot or cold*
○ Orangensaft	3,00	○ *Fresh orange juice*
○ Grapefruitsaft	3,00	○ *Grapefruit juice*
○ Tomatensaft	3,00	○ *Tomato juice*
○ Frische halbe Grapefruit	3,00	○ *Fresh half grapefruit*
○ Backpflaumen	2,00	○ *Stewed prunes*
○ Frisches Land-Ei	1,50	○ *Soft-boiled fresh egg*
○ Zwei in Butter gebratene Spiegeleier oder Rühreier	3,50	○ *Pair of fresh country-eggs cooked to your order*
○ (wahlweise mit Schinken, Speck oder Würstchen)	4,00	○ *(choice of with ham, bacon or sausages)*
○ Schinken oder Frühstücksspeck, knusprig gebraten	3,00	○ *Rasher of bacon, ham or sausages*
○ Zwei pochierte Eier auf Toast	3,50	○ *Two poached eggs on toast*
○ Eine Tasse Haferflockenbrei mit frischer Sahne oder Milch	2,50	○ *One cup of hot porridge with fresh cream or milk*
○ Cornflakes mit frischer Sahne oder Milch	2,50	○ *Cornflakes with fresh cream or milk*
○ Joghurt	2,00	○ *Joghurt*
○ Schinken, roh oder gekocht (kleine Portion)	4,00	○ *Smoked or boiled ham (half portion)*
○ Gemischter Aufschnitt (kleine Portion)	4,00	○ *Mixed cold cuts (half portion)*
○ Käse in reicher Auswahl	4,00	○ *Assortment of cheeses*
Obige Preise sind Inklusivpreise		*Service and tax included*

Besondere Wünsche

Special Requests

Unterschrift des Gastes (Unterschreiben Sie bitte erst nach Erhalt Ihrer Bestellung.)
Signature (Sign after receipt of your order only, please.)

No. 3498

Frühstücksbestellliste

Mise-en-Place zum Frühstück

Servicetisch

Für das **einfache Frühstück** sind bereitzustellen:
- Mittelteller und Kaffeeuntertassen,
- Mittelmesser und Kaffeelöffel,
- Menagen und Servietten.

Wegen der Portionspackungen zum Frühstück setzt man entsprechende Restebehälter am Tisch ein.

Zum **erweiterten Frühstück** nach der Karte sind folgende Ergänzungen auf dem Servicetisch notwendig: siehe Tabelle rechts.

Die Anordnung der Ergänzungen auf dem Servicetisch beim erweiterten Frühstücksangebot:

Teller	Kaffee-unter-tassen	Menagen	Zucker	Gläser	Karaffen
Teller		Eierbecher	Aschenb.	Gläser	Gläser

Großes Besteck	Mittel-besteck	Kaffee-löffel	Eierlöffel	Servietten
			Vorlegebesteck	

Tabletts	freie Fläche

Servicetisch für Frühstücksservice

Frühstücksgedecke

🇬🇧 breakfast covers 🇫🇷 couverts (m) pour le petit déjeuner

Je nach Umfang des Frühstücks werden einfache oder erweiterte Gedecke vorbereitet. Aus zeitlichen Gründen geschieht das im Allgemeinen bereits am **Vorabend**. Die Kaffeetassen werden im Rechaud vorgewärmt. Zusammen mit dem bestellten Getränk werden sie eingesetzt.

Einfaches Frühstücksgedeck
Es handelt sich dabei um die einfachste Art eines Frühstücksgedecks, bestehend aus Getränk sowie Gebäck, Butter und Konfitüre.

Einfaches Frühstücks-gedeck

Speisen à la carte	Ergänzungen auf dem Servicetisch
Gekochtes Ei	• Unterteller, Eierbecher, Eierlöffel • Pfeffer und Salz
Wurstwaren Käse	• Mittelgabel und Vorlegebesteck • Pfeffer und Salz • Pfeffermühle
Spiegeleier Rühreier	• Mittelgabel und Mittelmesser • Pfeffer und Salz
Cornflakes Müsli	• Unterteller, Mittellöffel • Karaffe mit Milch
Joghurt Quarkspeisen	• Unterteller und Kaffeelöffel
Milch Säfte Tomatensaft	• Unterteller, Rührlöffel • Milchbecher • Saftglas • Pfeffermühle
Grapefruit	• Unterteller, Grapefruitlöffel • Streuzucker
Melone	• Mittelmesser und Mittelgabel
Tee	• Zitronenpresse oder Milch • Unterteller und Ablageteller • Kandiszucker

Einfaches Frühstücksgedeck

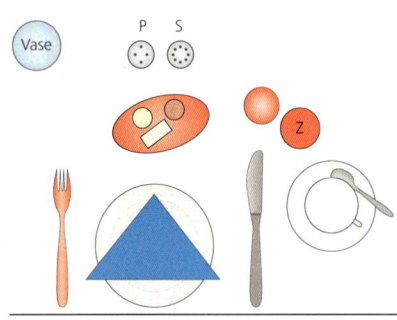

Erweitertes Frühstücksgedeck

Aufgrund von zusätzlichen Bestellungen nach der Frühstückskarte ergeben sich im Gedeck weitere Veränderungen, die aber erst nach Aufnahme der Bestellung auszuführen sind.

Erweitertes Frühstück: gekochtes Ei

Erweitertes Frühstück: Spiegelei mit Schinken

Erweitertes Frühstücksgedeck

Das einfache Frühstück kann mit Wurst oder Käse erweitert werden. Das Frühstücksgedeck ist dann entsprechend zu ergänzen.

- Mittelmesser und **Mittelgabel**
- Salz- und **Pfeffermenage**

Morgens, noch bevor die ersten Gäste kommen, werden die am Abend vorbereiteten Gedecke bzw. Tische vervollständigt mit:

- Konfitüre und Honig sowie Zucker und Süßstoff auf kleinen Tellern angerichtet,
- kleinen Vasen mit Blumen.

Servieren des Frühstücks

Einfaches Frühstück

Nachdem der Gast seinen Getränkewunsch bekanntgegeben hat, kann mit dem Service begonnen werden:
- Einsetzen von Gebäck und Butter und eventuell die kleine Wurst- oder Käseplatte mit Vorlegebesteck,
- Servieren des Getränks, einschließlich der vorgewärmten Tasse, sowie der Sahne oder der Milch.

Erweitertes Frühstück nach der Karte

Bei Ergänzungen ist zu unterscheiden zwischen solchen, die außerhalb des Gedeckplatzes eingesetzt werden, und solchen, für die der Gedeckplatz freigemacht werden muss.

Außerhalb des Gedeckplatzes werden eingesetzt:
- das gekochte Ei im Eierbecher, auf Unterteller, mit Eierlöffel,
- Wurst, Schinken und Käse auf einer Platte, mit Vorlegebesteck,
- Joghurt und Quark auf Unterteller, mit Kaffeelöffel,
- Milch auf Unterteller und Säfte.

Für folgende Speisen ist der Gedeckplatz freizumachen:
- Eierspeisen (Rühreier und Spiegeleier),
- Getreidespeisen (Porridge, Cornflakes und Müsli),
- Obst (Grapefruit und Melone).

Nach der Aufnahme der Bestellung gibt es dabei für den Service folgenden Ablauf:
- Die Bestellung an die Abgabestelle weiterreichen,
- am Tisch den Mittelteller mit dem Messer nach links außerhalb des Gedeckplatzes umstellen,
- das für die bestellte Speise erforderliche Besteck eindecken sowie die Menagen einsetzen,
- die Speise servieren,

und nachdem der Gast die Speise verzehrt hat:
- den Speisenteller mit dem Besteck ausheben,
- den Mittelteller mit dem Messer auf den Gedeckplatz zurückstellen.

Im Gastgewerbe versteht man unter Magazin die verschiedenen **Warenlager,** von denen die Waren bei Bedarf abgerufen und entnommen werden. Dazu zählen neben den Kühl- und Tiefkühlräumen von Fisch, Fleisch oder Gemüse auch die Lagerhaltung unter anderen klimatischen Bedingungen von z. B. Getreideprodukten, Konserven, Getränken oder Hotelporzellan und Bestecken. Je nach der Größe eines Betriebes unterscheidet sich auch die **Ausstattung** der Lager stark. Von kleineren Kühlelementen über Kühlschränke bis zu ganzen Kühlräumen ist eine Lagerhaltung möglich, ähnlich verschieden ist auch die Fläche der Trockenlager.

Je nach Betriebsgröße unterscheiden sich das **System des Magazins** und die **Anzahl der Mitarbeiter.** Kleinere Betriebe haben ggf. eine offene Lagerhaltung. Jeder Mitarbeiter hat Zutritt zu den Lagerräumen, um sich z. B. die benötigten Lebensmittel zu holen. Die vorhandene Ware ist durch diese Art der Entnahme schwer zu kontrollieren.

In großen Hotels gibt es meist einen **Magazinverwalter.** Dieser kümmert sich

- um den Einkauf der Ware,
- um die Kontrolle des Wareneingangs und des Warenbestands,
- die Einlagerung und den Warenausgang zu den Abteilungen.

Sein Job ist es auch,
- die Warenbestandsdateien zu führen,
- Inventuren zu organisieren und durchzuführen und
- die Verbrauchsstatistiken zu erstellen und zu pflegen.

Eine **Warenausgabe** erfolgt über schriftliche **Warenanforderungen** der einzelnen Abteilungen. Diese muss meist bis zu einem bestimmten Zeitpunkt am Tag vorliegen. Die angeforderten Waren werden dann von den Magazinmitarbeitern zusammengestellt und wiederum zu festgelegten Zeiten an die Abteilungen ausgeliefert.

Durch dieses System sind ein geregelter Arbeitsablauf und eine **Kontrolle über die Warenbestände** gewährleistet.

Die **Warenlager** werden in einer ersten Unterteilung getrennt nach der **Art des Lagergutes** in die Bereiche

- **Non-food,** das ist alles außer Lebensmitteln, und
- **Food,** die Lebensmittel, wobei bei diesen je nach Anforderungen an die Lagerbedingungen weiter unterschieden wird.

Die teils schwierige **Hauptaufgabe** einer Magazinverwaltung ist es, immer alles vorrätig zu haben, damit die Abläufe im Betrieb nicht gestört werden. Wird zu viel Ware vorrätig gehalten, kann diese leichter verderben. Zudem ist durch die gekaufte Ware zu viel Kapital im Magazin gebunden. Bei der Lagerhaltung werden Flächen und Energie genutzt, ohne dass damit unmittelbar Einnahmen erzielt werden. Daher ist eine genaue Planung der **Warenströme** (Ein-/Ausgänge) sehr wichtig.

Die Bestellung muss in den einzelnen Abteilungen sehr gut geplant werden. Sonst kommt es zu Engpässen z. B. beim Weinvorrat oder dem Gläserbestand im Restaurant oder der benötigten Fleischmenge in der Küche. Wird zu viel Ware bestellt, werden festgelegte Rezeptmengen überschritten und die Arbeit wird unwirtschaftlich.

Effiziente Lagerhaltung ist eine Grundlage für wirtschaftlichen Erfolg!

1 Lagerbedingungen und Lagerarten

conditions and sorts of storage ● conditions (w) et modes (m) de magasinage

Die Gewährleistung der **Lebensmittelqualität** ist in der Gastronomie nicht nur ein Qualitätsmerkmal für den Betrieb, es ist auch **Kostenfaktor**. Deshalb müssen Lebensmittel so gelagert werden, dass sie möglichst lange gut erhalten und länger verwendbar sind.

1.1 Lagerbedingungen

Die Besonderheiten der unterschiedlichen Lebensmittel sind dabei zu berücksichtigen. Bei richtiger Lagerhaltung ist zu achten auf:
* Temperatur • Luftfeuchtigkeit • Hygiene

Bei der Lagerung von Waren gilt außerdem:
* Vermeidung von Licht bzw. Sonneneinstrahlung
* Schutz vor Geruchsübertragung durch andere Lebensmittel
* Vorbeugung gegen Überlagerung und Schädlinge
* Vermeidung von Beschädigung
* Schutz vor Diebstahl

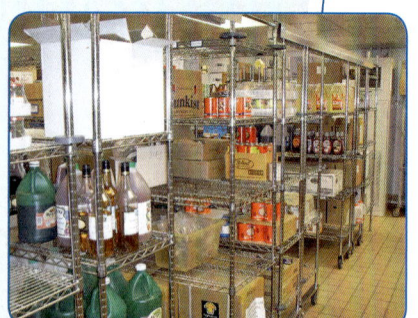

Warenlager

Temperatureinfluss

Die Temperaturen sind **täglich zu überwachen und zu dokumentieren**. Je nach Größe der Kühleinheiten werden die Temperaturen direkt an den Kühlhäusern oder Kühlschränken abgelesen. Automatische, computergesteuerte Dokumentationen erleichtern die Umsetzung dieser Vorgaben aus den Verordnungen. Die Dokumentationen sind mindestens ein Jahr aufzubewahren. Liegen die tatsächlichen Temperaturen außerhalb der festgelegten, erlaubten Temperaturbereiche, gibt es festgelegte Schritte, die dann für das weitere Vorgehen einzuhalten sind.

Die Lagertemperatur ist vor allem bei **leicht verderblichen Lebensmitteln** sehr ernst zu nehmen. Die Vermehrungsgeschwindigkeit der Mikroben steht in direktem Zusammenhang mit der Temperatur. Vom Gesetzgeber festgelegte Höchsttemperaturen, die bei der Lagerung nicht überschritten werden dürfen, sind unbedingt einzuhalten: beispielsweise bei Hackfleisch, Fisch oder Frischmilch.

Temperaturschreiber

Zu niedrige Temperaturen können manchen Lebensmitteln qualitativ aber auch schaden. Für Obst und Gemüse werden max. 8 °C empfohlen. Bestimmte Gemüsearten (z. B. Tomaten, Paprika, Auberginen) und Obstarten (z. B. Ananas, Banane) sollten aber wärmer gelagert werden, da sonst Reifevorgänge unterbrochen werden und die Qualität dieser Produkte nachließe.

Luftfeuchtigkeit

Die Luftfeuchtigkeit ist den Bedürfnissen der Lebensmittel anzupassen. Ist sie **niedriger** als im Lebensmittel, verliert Obst, Gemüse oder Fleisch an Gewicht, es trocknet langsam aus. Blattsalate oder Blattgemüse werden schnell welk. Käse trocknet an den Randschichten aus.

Hygrometer / Feuchtigkeitsmesser

Bei **zu hoher Luftfeuchtigkeit** wird die Brotkruste weich, Puderzucker klumpt, Fleisch wird schmierig. Feuchtigkeit schlägt sich auf dem Lebensmittel nieder, die Schimmelbildung wird gefördert.

Bei ungeeigneter Lagerung verlieren Lebensmittel schnell ihre Qualität, es entstehen meist finanzielle Verluste.

Hygiene

Frischware aus dem Pflanzenreich, z. B. Kartoffeln oder Gemüse, ist mit Erde behaftet. Im Erdreich befindet sich immer eine **hohe Zahl von Mikroorganismen**. Aber auch tierische Produkte wie ganze Fische, ungerupftes Geflügel oder Wild in der Decke sind Keimträger. Um zu vermeiden, dass Krankheitserreger auf andere, unverpackte Frischware oder vorbereitete Speisen übertragen werden, enthalten die Hygieneverordnungen entsprechende Vorschriften. Weil für unterschiedliche Waren unterschiedliche Lagerbedingungen vorgeschrieben sind, benötigt ein gastgewerblicher Betrieb **mehrere Lagerräume**.

Reinigungspläne sind ständige Begleiter im betrieblichen Ablauf. Diese werden genutzt, um alle hygienischen Vorgaben zu erfüllen.

In diesen Plänen werden Reinigungsmittel, verwendete Hilfsmittel, Einwirkzeiten für Desinfektionen und die Reinigungszyklen festgelegt.

Checklisten sind als Dokumentationsmittel zu nutzen, der Durchführende belegt mit diesen Listen, welche Arbeiten wann ausgeführt wurden.

Durch gute hygienische Bedingungen wird auch die Zahl von **Schädlingen** (s. Seite 63) begrenzt oder vollständig unterbunden.

> ● Auch in Stresssituationen ist auf die Einhaltung der Reinigungspläne unbedingt zu achten!

Übersicht: Einflüsse auf die Lagerung

Wie sich Lagerbedingungen in der Praxis auswirken und welche Gegenmaßnahmen getroffen werden, zeigt die folgende Tabelle:

Einfluss auf die Lagerung	Beispiel für betroffene Produkte	Optimale Lagerung	Mögliche Fehler in der Lagerung	Mögliche Gegenmaßnahmen
Temperatur	Alle Tiefkühlprodukte	Mind. −18 °C bis −22 °C	Zu warm, z. B. 3 °C	Überwachung der Kühlhaustemperaturen, Reparatur
Hygiene	Fisch	Gekühlt annähernd bei Schmelzeistemperatur, bei höchstens +2 °C	Schmutzige Behälter	Behälter wechseln, häufiger desinfizieren
Luftfeuchtigkeit	Frischer Fisch mit erdhaltigem Gemüse	Getrennt	Kontamination des Fisches mit Bakterien aus der Erde	Fisch und Gemüse getrennt lagern, ggf. Fisch entsorgen
Sonnenlicht	Kaltgepresstes Öl	Dunkel und kühl	Zu warm und Lichteinfluss, Fett wird ranzig, Vitaminverlust	Kaltgepresste Öle kühl und dunkel lagern
Geruchsübertragung	Zucker	Verschlossen	Lagerung neben stark duftenden Lebensmitteln wie Zwiebeln	Verschlossene Lagerbehälter, getrennte Lagerplätze
Überlagerung	Milchprodukte	Kühl bei bis zu +8 °C	MHD abgelaufen	Prinzip FIFO anwenden
Schädlingsbefall	Mehl	Ware verpackt, trocken	Befall durch Getreidemotten	Ware entfernen, ggf. Schädlingsbekämpfung
Beschädigung	Kirschen im Glas	Sicherer Stand	Glasbruch	Wahl eines sicheren Lagerortes, z. B. unten; Regale nicht zu voll
Diebstahl	Spirituosen	Verschlossen	Diebstahl durch Mitarbeiter, Lieferanten	Regelmäßige Inventuren, Wegschließen der Ware

1.2 Lagerarten

Non-Food-Warenlager

Non-Food-Artikel sind Waren, die im Betrieb benötigt werden, jedoch nicht zu den Lebensmitteln zu zählen sind: Porzellan und Bestecke, Büfettplatten, aber auch Kerzen und Gartenmöbel, die gerade nicht benötigt werden, Reinigungsmittel und Geschirrhandtücher.

Die Lagerhaltung von Non-Food-Artikeln findet in der Regel unter keinen besonderen klimatischen Bedingungen statt. Dafür gelten Grundbedingungen bei deren Lagerung:

- Keine Feuchtigkeit in den Lagerräumen.
- Die Waren müssen sicher stehen.
- Die Waren sind geordnet und übersichtlich gelagert.
- Reinigungs- und Desinfektionsmittel dürfen nicht mit Lebensmitteln zusammen gelagert werden.

Food-Warenlager

Das Food-Lager enthält alles, was mit Lebensmitteln (engl. food) und Getränken (engl. beverages) zu tun hat. Innerhalb dieser Gruppen wird auf die spezielle Lagerung geachtet.

Magazin oder Trockenlager

Hier werden gelagert:

- Trockenprodukte wie Mehl, Reis, Teigwaren, Zucker, Rosinen, Marzipan.
- Konserven, Weine und Spirituosen, die in der Küche benötigt werden.

Der Raum wird möglichst kühl (12 – 15 °C), dunkel und trocken gehalten. Die relative Luftfeuchtigkeit liegt bei 50 %.

Kühlräume

Der überwiegende Teil der Frischware wird gekühlt gelagert. Wegen der unterschiedlichen Lagertemperaturen und wegen der Hygienevorschriften ist zu trennen:

Gefahrenpunkte:
- Bei zu hoher Luftfeuchtigkeit kommt es zu Schimmelbildung.
- Bei geöffneten Verpackungen können Gerüche übertragen werden.

Für leicht verderbliche Lebensmittel wie Fisch oder Frischmilch gibt es gesetzliche Vorgaben zur Lagertemperatur. Diese werden in EG-Verordnungen definiert.

**Kühllagerung
für Gemüse und Obst**

Lagern mit hoher Luftfeuchtigkeit (ideal 80 %) bei + 6 °C bis + 8 °C

**Kühllagerung
für Milch und Milcherzeugnisse**

Lagern bei bis zu + 8 °C

**Kühllagerung für Frischfleisch,
Fleischteile und Wurst**

Lagern bei max. 7 °C, Innereien bei +3 °C und Hackfleisch bei max. +4 °C

Kühllager für Wild, Wildgeflügel und Geflügel

Zusammen lagern bei +4°C, Haarwild in der Decke bei +7°C

Kühllager für ganze Fische, Teilstücke wie Filets oder Fischkotelett sowie gekochte Krebs- und Weichtiere

Lagern annähernd bei Schmelzeistemperatur, bei höchstens +2°C

Kühllager für Getränke/ Flaschenkühlraum

Flaschenbier, Nektare, Limonade, Wasser lagern bei bis zu +8°C

Kühllager für Bier

Wenn kein Durchlaufkühler vorhanden ist, Fässer je nach Art bei +8°C (helle Biere) bis +12°C (dunkle Biere) lagern

Kühllager für Weine, Schaumweine und einige Spirituosen

Lagern zwischen 8 und 14°C

Hinweise zur Lagerung

Je nach Betriebsgröße kommt es auch zur Vermischung in der Lagerhaltung. Fisch wird zusammen mit Fleisch gelagert. Die Temperatur ist **dem empfindlicheren Lebensmittel anzupassen**. Die Produkte müssen so verpackt sein, dass Keime und Gerüche nicht übertragen werden.

- Zum Nachreifen von Käse werden Temperaturen zwischen 10 und 15°C gewählt, nach Erreichen der Reife wird wieder gekühlt gelagert.
- Laut HACCP werden **gegarte** Speisen (reine Lebensmittel) getrennt von **ungegarten** Lebensmitteln (unreine Lebensmittel) gelagert.
- In dem Fasskühllager werden außer Fässern, Kegs und Getränke-Containern keine anderen Lebensmittel gelagert.
- Im Weinlager werden die hellen Weine unten gelagert, die dunklen Weine oben, da es dort ein wenig wärmer ist.

Gefahrenpunkte Kühllagerung:
Wenn die Ware nicht abgedeckt ist:
- Übertragung von Fremdgerüchen
- Verluste durch Austrocknen
- Mikrobenvermehrung, wenn zu warm oder zu lange gelagert wird

Tiefkühlräume

Das bestimmende Merkmal für TK-Ware ist die Temperaturhöchstgrenze von −18 °C.

Die Ware ist in unbeschädigter Verpackung eingelagert.

- Die Verpackung schützt vor Gefrierbrand und zugleich vor einer Keimübertragung.
- Eine Trennung der Lebensmittelgruppen ist hier nicht notwendig.

Besonderheit bei Tiefkühlware

Eis, also festes Wasser, kann verdunsten, ohne vorher flüssig zu werden. Wird gefrorene Ware Temperaturschwankungen ausgesetzt, verdunstet das gefrorene Wasser an der Oberfläche. In einer Verpackung, in der auch Luft eingeschlossen ist, bildet sich an der Verpackungsinnenseite in der Tiefkühlung erneut Eis. Das Eis wird als **Schneebildung** sichtbar. Im Eisschnee selbst sind auch Bakterien vorhanden. Diese vermehren sich bei jeder weiteren Temperaturschwankung.

> Die Kühltemperatur ist bei Transport und Lagerung unbedingt einzuhalten.

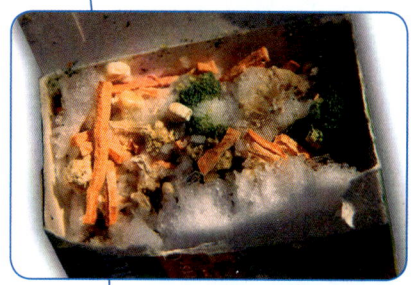

Schneebildung bei wechselnden Temperaturen

Ist eine **Verpackung** beschädigt, verdunstet das Wasser der Produktoberfläche auch ohne Temperaturschwankungen. Es bilden sich trockene Stellen an dem Produkt. Diese werden als **Gefrierbrand** bezeichnet, können aber nach dem Auftauen entfernt werden. Das Produkt ist nicht verdorben, jedoch in der Qualität gemindert.

1.3 Hygiene im Magazin

Sauberkeit und Reinlichkeit sind im Bereich der Lagerhaltung genauestens zu beachten. Durch die **Einhaltung der festgelegten Kontrollpunkte im betrieblichen HACCP-Konzept** (s. Seite 65) wird dies erreicht. Die Verunreinigung durch Mikroorganismen wird verhindert, dem Verderb wird entgegengewirkt.

In den HACCP-Konzepten wird der Weg der Lebensmittel von der Anlieferung bis zur Ausgabe an den Gast beleuchtet. Für die **Reinigung und Desinfektion** der Betriebsräume und Einrichtungen sind die Bereiche und Tätigkeiten genau beschrieben. Nach einer Reinigung oder Desinfektion sind die getätigten Arbeiten zu dokumentieren.

Beispiel für die Reinigung und Kontrolle des Trockenlagers

Im Trockenlager ist vor allem auf Ordnung, Sauberkeit der Regale und des Bodens zu achten. Daneben spielen aber auch **Schädlinge** eine Rolle, die auf verschiedenste Weise sichtbar werden.

Reinigung und Kontrolle können wie folgt ablaufen:

- Regale auf Sauberkeit überprüfen, ggf. die Regale ausräumen. Verpackungen auf Fraßschäden überprüfen.

Nach der Reinigung werden die Lebensmittel wieder eingeräumt. Dabei ist auf die Haltbarkeit der Lebensmittel zu achten. Die mit der geringeren Haltbarkeit kommen vorne sichtbar in die Regale. Die mit längerer Haltbarkeit nach hinten: **First in-First out (FiFo-Prinzip)**.

Im Food-Bereich **keine** Kartons lagern. In Hohlräumen der Kartons werden Schädlinge eingeschleppt. Daher sind die Lebensmittel umzupacken.

Spuren von Schädlingen

- Fraßschäden von Mäusen, Mardern oder Ratten sind deutlich sichtbar. Verpackungen oder Lebensmittel sind angefressen, Exkremente sind in den Regalen oder meist auf den Laufwegen der Tiere sichtbar.
- In Getreide sind Insekten wie die Getreidemotte, Maden oder der Kornkäfer zu finden. Sie sind entweder noch als Raupe oder Larve zu finden oder schon entpuppt als sichtbares Insekt.

- Regalflächen zunächst trocken wischen (besser absaugen), dann feucht wischen. Abschließend mit einem Tuch trocknen.
- Lebensmittel wieder einräumen. Lebensmittel mit längerer Haltbarkeit nach hinten stellen, solche mit kürzerer Haltbarkeit nach vorn, damit diese als erstes verbraucht werden.
- Fußboden auf Spuren von Schädlingen überprüfen.
- Den Boden fegen, besser ist aber das Absaugen des Staubes und Bodenschmutzes. Vorhandene Schädlingslarven werden abgesaugt.
- Den Boden feucht wischen.
- Die ausgeführten Arbeiten dokumentieren.

Nach der Reinigung ist auf die **freie Begehbarkeit des Lagers** zu achten. Kartons und Kisten sind aus den Laufwegen zu entfernen. Sind Kartons angebrochen, sind die Inhalte in die Regale zu sortieren. Bei diesen Arbeiten ist auch auf unbeschädigte Verpackungen oder schädliche Keime zu achten. Die schädlichen Keime erkennt man an:

- Verschimmeltem Brot, Groß- und Kleingebäck
- Schimmel auf getrockneten Früchten oder Konfitüre
- Aufgeblähten Vollkonserven (Bombagen)

Checkliste für Trockenlagerreinigung

Checklisten sind Bestandteil des HACCP-Konzepts. Mit Checklisten lassen sich durchgeführte Arbeiten dokumentieren, sie dienen bei der Lebensmittelüberwachung als **Nachweis**.

Checkliste für die Reinigung des Trockenlagers

- Bei der Lagerreinigung ist auf Spuren von Schädlingen zu achten.
- Zur Durchführung von Reinigungs- und Desinfektionsarbeiten den Reinigungsplan beachten.
- Durchgeführte Arbeiten sind zu dokumentieren.

Magazin	Datum	Reinigung trocken, mit Staublappen/ Besen	Reinigung feucht, mit Allzweck-reiniger	Desinfektion mit Desisima, Fertiglösung	Bemerkung	Unterschrift
Regale	02.07. 20..	✗	✗			Mustermann
	09.07. 20..	✗	✗	✗	Klebriges Regal, Schimmelbildung	Mustermann
Fußboden	02.07. 20..	✗	✗			Mustermann
	09.07. 20..	✗	✗		Kot von Schädlingen, Köder ausgelegt	Mustermann

Beispiel für die Reinigung und Kontrolle des Kühllagers

In Kühlungen wird weniger auf Staub oder Fraßschäden geachtet, da dies kaum vorkommt. Hier werden Lebensmittel gelagert, es kommt vorwiegend zu **Schimmelbildungen, bakteriellen Verunreinigungen oder Überlagerungen/Überreife**. Die frischen wie auch die gegarten Lebensmittel, z. B. Convenience-Produkte, werden täglich auf ihren Qualitätszustand überprüft. Außerdem muss der **Zustand der Kühleinheiten** analysiert werden. Bei der Analyse wird der Reinigungsaufwand und eine eventuell notwendige Desinfektion bestimmt.

Grundsätzlich wird eine **Basis-Reinigung** in wiederkehrenden Zyklen durchgeführt.

Die Aufgaben der Basis-Reinigung und Kontrolle kann wie folgt ablaufen:

- Kühlelement öffnen und die Dichtungsgummis auf Schimmel und Schädigungen untersuchen.
- Die Lüftung auf Unreinheiten überprüfen und ggf. die Lamellen reinigen.
- Lebensmittel auf Aussehen, Frische und Haltbarkeit überprüfen.
- Regale freiräumen und die Fliesen oder Seitenwände von oben nach unten abwischen.
- Regale oder Laufschienen der Kühlschränke abwischen, bei Verschmutzungen ggf. desinfizieren.
- Alle Regale nach und nach reinigen, die Lebensmittel nach den Reinigungen wieder einsortieren.
- Den Fußboden des Kühlhauses von hinten nach vorne mit einem geeigneten Besen reinigen, feucht mit Reinigungsmitteln in gleicher Weise wischen.
- Bei Kühlschränken den Boden mit einem Lappen und Reinigungsmitteln feucht auswischen.
- Kühlelemente verschließen und die Arbeiten dokumentieren.

Checkliste für die Reinigung von Kühlhäusern

- Während der Reinigung ist die Hygiene und Funktionalität der Türdichtungen zu überprüfen.
- Zur Durchführung von Reinigungs- und Desinfektionsarbeiten den Reinigungsplan beachten.
- Durchgeführte Arbeiten sind zu dokumentieren.

Reinigungsdatum: _____   Unterschrift: _____

Kühlung 1	Trocken-reinigung	Feucht-reinigung	Desinfektion	Bemerkung
Regale	✓	✓		
Fliesen		✓	✓	Mehrere Fliesen gesprungen
Lüftung	✓	✓		
Fußboden	✓	✓		
Tür innen		✓	✓	
Tür außen		✓	✓	

- Funktionalität und Sauberkeit der Türdichtungen

Datum	Funktionalität		Bemerkung
	OK	Nicht OK	
		✓	teilweise gerissen

Datum	Sauberkeit		Bemerkung
	OK	Nicht OK	
	✓		

Während der Lagerung von Lebensmitteln kommt es aber auch immer zu **unvorhersehbaren Ereignissen**. Dann fallen zusätzliche Reinigungsmaßnahmen an.

Unvorhersehbare Ereignisse	Maßnahmen
Frischfleisch hängt, Blut am Boden	Blut entfernen, Boden desinfizieren, Behälter unter das Fleisch stellen
Schimmelige Orangen	Orangen vorsichtig in einen Plastiksack geben und entsorgen. Arbeitsflächen reinigen und desinfizieren. Ggf. die umliegenden Obstsorten ohne Schale ebenfalls entsorgen.
Ausgelaufener GN-Behälter mit Flüssigkeit von Kirschen	Alle betroffenen Flächen reinigen.
Tropfwasser von aufgetautem Geflügel auf Regalgittern	Alle betroffenen Flächen reinigen und desinfizieren. Lagerbehältnisse überprüfen, da evtl. beschädigt.

2 Warenbeschaffung

🇬🇧 purchasing 🇫🇷 acquisition (w) de la merchandise

Mit dem Einkauf hat ein Betrieb eine direkte Möglichkeit, den wirtschaftlichen Erfolg zu beeinflussen: es beginnt das „Geldverdienen". Die mit dem Einkauf befassten Personen müssen nicht nur gut rechnen können, sondern bei der Warenbeschaffung immer berücksichtigen:

- Welche Waren
- werden zu welchem Preis
- wann und in welcher Menge
- wo bestellt?

> **Kaufmännischer Grundsatz:**
> **Der Gewinn liegt im Einkauf!**

2.1 Bedarfsermittlung – Bestellmenge

Zunächst wird festgestellt, welche Waren man in welcher Menge bestellen muss. Dabei sind z. B. saisonale Bedingungen ebenso zu berücksichtigen wie Sonderveranstaltungen oder Anlieferungstage und Lieferfristen.

In der Regel kann bei Abnahme einer **größeren Menge einer Ware** ein günstigerer Preis erzielt werden. Andererseits bringen zu hohe Lagerbestände Nachteile. Es gilt abzuwägen:

Ein zu großer Lagerbestand

- bindet unnötig Kapital, weil die Waren bezahlt werden müssen, bevor sie mit Gewinn verkauft werden.
- benötigt Lagerraum.
- kann zu unnötigem Verderb führen.

Ein zu geringer Lagerbestand

- kann zu Einschränkungen im Angebot führen, wenn nicht alle Gästewünsche erfüllt werden können.
- führt zu Nachkäufen, die Zeit beanspruchen und kann zu höheren Einkaufspreisen führen.

Wichtige **Kennzahlen** helfen bei der **Bestellplanung:**

Höchstbestand

Der Höchstbestand von Waren wird **festgelegt**. Er richtet sich nach den Verkaufszahlen, den Lagermöglichkeiten und der Art der Produkte.
Der Bestand von **frischen Produkten und Tiefkühlwaren** wird niedrig gehalten.
Frische Produkte verderben schnell, was finanziellen Verlust bedeutet.
Tiefkühlprodukte binden unnötig viel Lagerplatz. Der Bestand sollte nur bei Veranstaltungen, bei denen ein erhöhter Bedarf üblich ist, über dem festgelegten Höchstbestand liegen.

Mindestbestand / eiserner Reserve

Diese Menge muss stets am Lager sein, damit man im erwarteten Rahmen uneingeschränkt anbieten kann. Diese Bestände werden in Abstimmung mit den Abteilungen von der Geschäftsleitung festgelegt.
Der **Mindestbestand** richtet sich nach den Erfahrungswerten, der Dauer der Warenanlieferung und der festgelegten eisernen Reserve.
Die **eiserne Reserve** hilft bei Problemen: Falls größere Mengen als üblich verbraucht wurden, vergessen wurde die Ware zu bestellen, der Großhändler Lieferschwierigkeiten hat oder eine Anlieferung mal nicht möglich ist.

Meldebestand

Ist der Meldebestand erreicht, muss Ware bestellt werden.
Der Meldebestand wird so festgelegt, dass bis zum Eingang der Bestellung noch genügend Ware am Lager bleibt.
Formel für die Ermittlung des Meldebestandes:

Verbrauch pro Tag × Lieferzeit in Tagen + Mindestbestand / eiserne Reserve = Meldebestand

Rechenbeispiel Meldebestand Zucker

- Pro Tag werden 4 kg Zucker verbraucht.
- Die Lieferzeit für Zucker beträgt 3 Tage.
- Die eiserne Reserve beträgt 16 kg.

4 kg (Verbrauch) × 3 Tage (Lieferzeit) + 16 kg (eiserne Reserve) = 28 kg (Meldebestand)

Grafische Darstellung: Meldebestand (Lagergrafik für Zucker)

① Zeitpunkt der Meldung und Bestellung   ③ Mindestbestand/eiserne Reserve
② Verbrauch innerhalb der 3 Tage Lieferzeit   wird erreicht

2.2 Waren bestellen

Bevor Waren bestellt werden, wird eine **Lieferantendatei** erstellt. In dieser Datei steht alles, was rund um den Lieferanten und die Ware wichtig zu wissen ist. Die Magazinverwaltung

- kümmert sich um entsprechende Bezugsquellen und führt Angebotsvergleiche durch,
- verhandelt über Nachlässe oder Zahlungsziele,
- legt die Liefertage und Lieferzeiten fest,
- dokumentiert die Ergebnisse von Verhandlungen,
- vermerkt Lieferzeit, Größe der Abpackungen, Gewicht und Preis.

Bezugsquellenermittlung

Nachdem feststeht, welche Waren in welcher Menge zu welchem Zeitpunkt bestellt werden müssen, ist zu ermitteln, bei welchem Betrieb eingekauft werden soll. In einem **Bezugsquellenverzeichnis** werden die Lieferanten, Liefer- und Zahlungsbedingungen, eventuelle Rabatte, Rückerstattungen und Lieferzeiten festgehalten.

Hilfe und/oder Auskunft über Leistungen von Lieferanten geben:

- Internetrecherchen
- Messen
- Branchenverzeichnisse
- Werbungen
- Vertreterbesuche

Gewichte beim Angebotsvergleich

Typische Maß- und Gewichts-
einheiten sind:

1 lb (1 pound)	= 453,59 g
1 Pfund	= 500 g
1 t (Tonne)	= 1000 kg
1 zt	= 50 kg
1 kg	= 1000 g
1 hl (Hektoliter)	= 100 l
1 l	= 10 dl (Deziliter)
1 l	= 100 cl (Zentiliter)
	= 1000 ml (Milliliter)

Bezeichnung bei Panzertieren:
8/10 = zwischen acht und zehn
Scampischwänze auf 1 lb (454 g)

Oft sind auch Empfehlungen anderer Gastronomen beachtenswert. Ist man schon längere Zeit im Beruf, spielen eigene Erfahrungen mit Lieferanten meist eine große Rolle.

Einkaufsgemeinschaften

Um Kosten zu sparen, kann die Mitgliedschaft in einer Einkaufsgemeinschaft nützlich sein. Diese hat folgende Vorteile:

- Gemeinsam werden größere Mengen eingekauft. Das verringert den Einkaufspreis durch Mengenrabatt.
- Mitglied in regionalen Einkaufsgruppen.
- Rückvergütungen je nach Umsatz (Bonussystem).
- Sammelabrechnungen und damit Verwaltungserleichterung.
- Schnelle Informationen zu Food-Trends.

Angebotsvergleich

Bei einem Vergleich von Angeboten kann man nicht nur vom Listenpreis (Preis in der Preisliste) ausgehen. Ein sorgfältiger Vergleich berücksichtigt außerdem:

- **Die Angebotsform**, z. B. Frischware oder Frostware, Handelsklasse, Packungsgrößen
- **Gemüsekonserven** können unterschiedlich befüllt sein. Will man vergleichen, ist das Abtropfgewicht in die Berechnung einzubeziehen.
- Je nach Angebot die **Verpackungsart** (brutto – tara – netto)
- **Nachlässe** wie z. B. Mengenrabatt oder Stammkundenrabatt
- **Lieferzeiten** und Zahlungsbedingungen

Angebotsform

Die meisten Waren wie **Fleisch oder Fisch, Obst oder Gemüse oder Konditorei- und Bäckerwaren** können „frisch" oder als Tiefkühlware bezogen werden. Ein Vergleich berücksichtigt:

- den Tauverlust
- die Qualität und mögliche Warenverlust (z. B. zerquetschte Erdbeeren)
- den Preis für die Ware

Gemüse und Obst haben je nach Qualität unterschiedliche Vorbereitungsverluste. Abfälle müssen dazu kostenpflichtig entsorgt werden.

Lebensmittel können von der Industrie schon in verschiedenen Vorbereitungsstadien angeboten werden. Hier ist zu beachten, was für das eigene Haus notwendig oder zumutbar ist oder von den Gästen erwartet wird.

Einstandspreis

Neben dem Preis der Ware sind noch mögliche Nachlässe/Abschläge und Zuschläge zu berücksichtigen. Diese werden bei der Berechnung des Einstandspreises hinzugezogen.

Nachlässe

Rabatt ist ein Preisnachlass, der aus unterschiedlichen Gründen gewährt werden kann.

Beispiel Angebotsform

Frisches Rinderfilet kostet 28,00 €/kg. Argentinische Ware wird zu 26,80 €/kg angeboten. Beim Auftauen der Importware ist mit einem Verlust von 6 % zu rechnen.
Welches Angebot ist preislich günstiger?

Frischfleisch: 1,000 kg =			28,00 €

Import:

Einkauf	1,000 kg	100 %	26,80 €
Verlust	0,060 kg	6 %	0,00 €
Fleisch	0,940 kg	94 %	26,80 €
	1,000 kg		28,51 €

Im Vergleich ist das Frischfleisch günstiger.

Berechnung des Einstandspreises

Warenkosten
– Nachlass
– Skonto
+ Bezugskosten / Lieferkosten
= Einstandspreis (netto)

- **Mengenrabatt** kann gewährt werden, weil der Verkäufer bei einem größeren Posten vergleichsweise weniger Aufwand hat, als wenn die gleiche Warenmenge in vielen Einzellieferungen verkauft wird.
- **Sonderrabatt** wird z. B. bei Werbeaktionen gewährt oder langjähriger Treue zum Lieferanten. Auf Messen werden spezielle Rabatte eingeräumt, oder der Lieferant erwartet neue Ware und räumt sein Lager.

Rückerstattungen können bei bestimmten Produktionsgruppen oder beim Erreichen eines definierten Jahresumsatzes gewährt werden.

Zahlungsbedingungen

Beim Einkauf kann man durch günstige Zahlungsbedingungen Vorteile erzielen.

- Sofortzahlung: Bei Übergabe der Ware wird bezahlt.
- Zielzahlung: Der Verkäufer lässt dem Käufer eine bestimmte Zeit zur Zahlung, z. B. 30 Tage. Man nennt das Zahlungsziel. In dieser Zeit kann die Ware meist wieder verkauft werden.
- Zahlung mit Skonto: Skonto ist ein Preisnachlass bei Bezahlung innerhalb einer bestimmten Frist, z. B. 14 Tage. In der Regel wird Zahlung mit 2 % Skonto angeboten.

Beispiel Rabatt und Skonto

Für Wein liegen zwei Angebote vor.		
Lieferant A: Je Flasche 6,00 € netto, ab 100 Flaschen 10 % Rabatt, bei Zahlung innerhalb von 10 Tagen 3 % Skonto. **Lieferant B:** Je Flasche 5,45 € netto, ab 100 Flaschen 5 % Rabatt. **Man möchte 200 Flaschen kaufen. Wie viel kostet jeweils 1 Flasche?**	**Angebot A** 6,00 € × 200 = 1.200,00 € – 10 % Rabatt = 120,00 € rabattierter Betrag 1.080,00 € – 3 % Skonto 32,40 € Einstandspreis 200 Fl. 1.047,60 € 1 Flasche 5,24 €	**Angebot B** 5,45 € × 200 = 1.090,00 € – 5 % Rabatt 54,50 € rabattierter Betrag 1.035,50 € Einstandspreis 200 Fl. 1.035,50 € 1 Flasche 5,18 €
Der Einstandspreis der Ware ist bei Angebot B günstiger.		

Bezugskosten

Neben den Materialkosten und den Nachlässen werden Rechnungen häufig mit **Bezugskosten** versehen. Zu den Bezugskosten gehören z. B. **Liefer-** oder **Lageraufschläge**, im Handel auch Zollkosten.

Beispiel Bezugskosten

Lieferant A bietet seinen Wein frei Haus an, d. h., es entstehen keine zusätzlichen Kosten. **Lieferant B** bietet seinen Wein mit 35,00 € Lieferkosten an.	**Angebot A** wie oben 200 Fl. 1.047,60 € 1 Flasche 5,24 €	**Angebot B** wie oben 200 Fl. 1.035,50 € + Lieferkosten 35,00 € Einstandspreis 1.070,50 € 1 Flasche 5,35 €

Der Bezugspreis/Einstandspreis von **Lieferant B** ist jetzt teurer. Lieferkosten entfallen häufig beim Erreichen einer festgelegten Einkaufsmenge oder einem Einkaufswert. Auf Bestellmengen für Vergünstigungen ist zu achten.

3 Warenannahme

Die Warenannahme stellt rechtlich den „**Gefahrenübergang**" vom Lieferanten zum Restaurant dar: mit dem Zeitpunkt der Warenannahme ist das Restaurant verantwortlich für die Qualität der Ware.

Für die Warenannahme gelten betriebliche und gesetzliche Vorschriften. Bei der Lieferung gekühlter und tiefgefrorener Lebensmittel z. B. darf auf keinen Fall die Kühlkette unterbrochen werden. Das gilt auch für TK-Ware: In der Verordnung über tiefgefrorene Lebensmittel (TLMV) ist z. B. in § 2 Abs. 4 vorgeschrieben, dass vom Tiefgefrieren bis zum Verbrauch „die Temperatur ständig unter −18 °C oder tiefer gehalten" werden muss. Nur während des Versandes darf die Temperatur **kurzzeitig höchstens −15 °C** betragen.

Um die gute Hygienepraxis, und um die bestellte mit der gelieferten Ware zu überprüfen, sind bei der **Warenannahme** Hilfsmittel vorhanden:

- Kopie der Warenbestellung
- Warenannahmeprotokolle zur Wahrnehmung der betrieblichen Dokumentation
- Kerntemperatur-Thermometer und ein Infrarotthermometer zu Messungen in der Ware und auf der Oberfläche
- Große und kleine Waage, je nach den Anlieferungsmengen
- Geeignete Fortbewegungsmittel wie Sackkarre, Rollwagen o. Ä.

3.1 Warenannahme in der Praxis

Die Warenannahme erfolgt üblicherweise nach folgendem Schema:

- **Lieferant übergibt Lieferschein**
  Ohne Lieferschein erfolgt keine Warenannahme!

- **Mitarbeiter vergleicht Lieferschein mit Bestellung**
  Wird der richtige Lieferschein übergeben (richtige Filiale)? Fehlt Ware, die bestellt wurde? Wird die richtige Ware geliefert?

- **Mitarbeiter nimmt Temperaturaufzeichnung des Lieferanten entgegen**
  Mit dem Erhalt der Temperaturaufzeichnung kann die Einhaltung der Kühlkette nachvollzogen werden. Ist die Kühlung des Fahrzeuges defekt oder ist die Ware starken Temperaturschwankungen ausgesetzt worden, ist dies auf dem Auszug sichtbar. Die Ware ist ggf. zurückzuweisen.

- **Mitarbeiter überprüft Qualität und Quantität (Menge) der Ware**
  Haben alle Waren ein gültiges Mindesthaltbarkeitsdatum (MHD) oder Verbauchsdatum (VD)? Ist die Ware frisch oder der Salat z. B. welk? Stimmt die Menge der gelieferten Ware? Entspricht die Liefertemperatur der Ware den gesetzlichen und betrieblichen Bestimmungen? Sind die Ware und die Verpackung unbeschädigt?

Gliederung der Kühlkette von Fisch

Fischfang, Lagerung in Schmelzeis um 0 °C

↓

Lagerung beim Großhändler in Schmelzeis um 0 °C

↓

Lieferung im Kühlfahrzeug zum Gastronomen im Schmelzeis um 0 °C

↓

Lagerung im Kühlhaus in Schmelzeis um 0 °C bis 2 °C

Verpackung? Lieferschein? Temperatur? Menge? Qualität?

Warenannahme

- **Quittierung des Erhalts der Ware**
  Wer die Ware angenommen hat, bestätigt mit seiner Unterschrift die Annahme der ordnungsgemäß gelieferten Ware. Mängel und Bemerkungen sind ebenfalls auf dem Lieferschein zu vermerken.

- **Verräumen der Ware**
  Nach einer geeigneten Lagerstrategie (s. Seite 343) ist die Ware zu verräumen.

- **Erfassung der Ware im Warenwirtschaftssystem**
  Mithilfe des Lieferscheines wird die angenommene Ware im Warenwirtschaftssystem der gastronomischen Einrichtung erfasst.

Beispiel für einen Ablaufplan zur Warenannahme

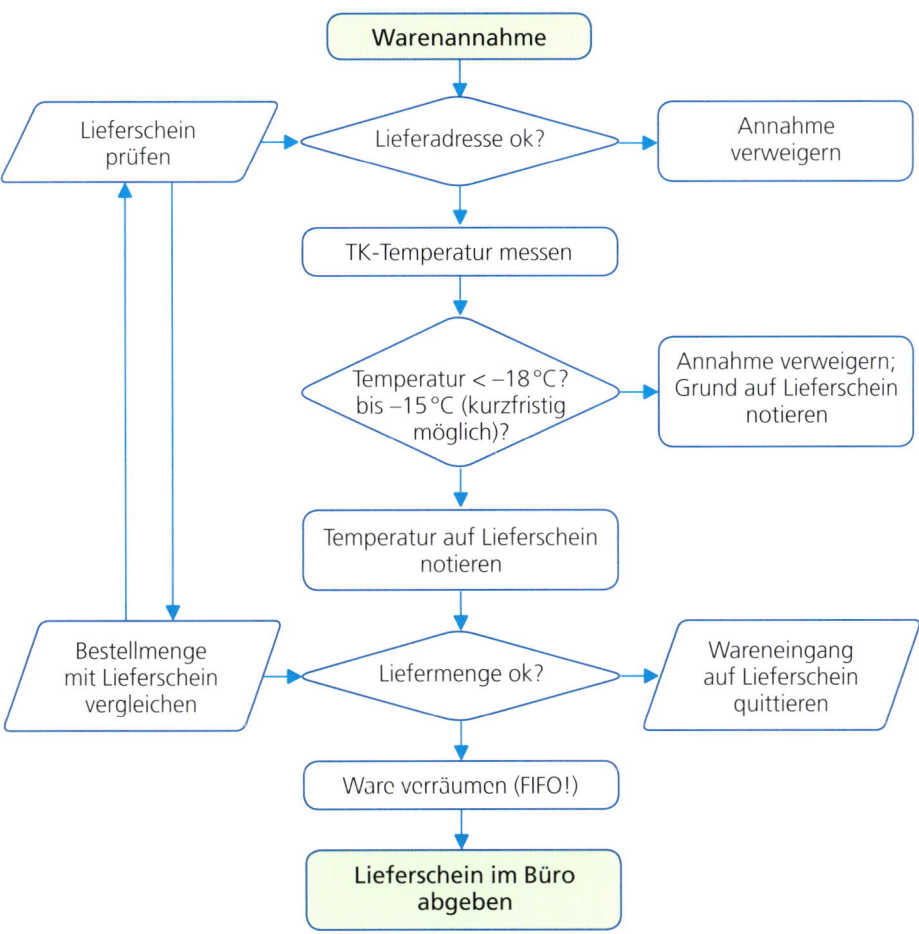

Mängel bei der Warenannahme

Gastgewerbliche Betriebe sind nach dem Handelsgesetzbuch (HGB) verpflichtet, die Ware bei der Annahme zu prüfen und offene Mängel unverzüglich zu beanstanden, zu rügen. **Mängel bei der Warenannahme sind auf dem Lieferschein zu dokumentieren.**

Versteckte Mängel, die sich erst zeigen, wenn die Ware weiterverarbeitet wird, müssen unmittelbar nach Entdeckung, spätestens sechs Monate nach dem Kauf, gerügt werden.

Schneebildung bei wechselnden Temperaturen

Gefahrenpunkte (CCP)

Je nach Lebensmittelart werden verschiedene Gefahrenpunkte in den Hygienekonzepten beschrieben. Bei eiweißreichen Frischwaren z. B. führen erhöhte Temperaturen beim Transport zu einer raschen Keimvermehrung (s. Seite 58). Bei stoßempfindlichen Waren kann sich z. B. bei den untersten Früchten Schimmel gebildet haben. Pasteurisierte Lebensmittel sind ggf. schon abgelaufen. Ein betrieblich allgemeiner gültiger Überblick, wie man mit solchen Waren bei der Annahme verfährt, hilft bei der Warenannahme.

Überblick eines betrieblichen Schemas

Prüfung	Erlaubte Werte	Negativbeispiele	Folge bei Nichteinhaltung
Kontrolle der Haltbarkeit	• MHD und VD > Lieferdatum	• MHD: 12. Mai • Lieferdatum: 17. Mai	• Verweigerung der Warenannahme
Kontrolle der Liefertemperatur	• Je nach Lagerort und Ware, vgl. Lagerarten und -bedingungen	• Chickenwings, TK Liefertemperatur: −12 °C	• Verweigerung der Warenannahme
Kontrolle der Warenart	• Betriebliche Standards geben die Warenart vor	• Statt Coca-Cola wird Pepsi-Cola geliefert. • Statt Pommes Normalschnitt werden Pommes Wellenschnitt geliefert.	• i. d. R. Verweigerung der Warenannahme
Kontrolle der Güteklasse	• Betriebliche Standards geben Güteklasse vor	• Statt Äpfel der Klasse I werden Äpfel der Klasse II geliefert.	• i. d. R. Verweigerung der Warenannahme
Kontrolle der Menge	• Liefermenge muss mit der Bestellmenge übereinstimmen	• Statt 70 Dosen passierter Tomaten werden 50 geliefert. • Statt 20 kg Spargel werden 25 kg geliefert.	• Vermerk auf dem Lieferschein
Kontrolle der Frische	• Obst und Gemüse fest, keine welken oder matschigen Stellen, Frischemerkmale bei Fisch	• Erdbeeren sind matschig. • Fisch riecht stark. • Salatblätter sind zum Teil vergammelt.	• Verweigerung der Warenannahme oder Annahme der einwandfreien Waren
Kontrolle der Verpackung	• Konservendosen haben keine Ausbeulungen • Kartons und Beutel sind nicht eingerissen • Keine Glasscherben oder gesprungene Gläser • Ware ist nicht verschmutzt	• Deckel an der Rindfleischdose wölbt sich. • Karton mit Servietten ist eingerissen und feucht. • Im Karton mit Sauerkirschgläsern befinden sich Glasscherben. Ein Glas fehlt.	• Beschädigte Ware nicht annehmen, restliche Ware aufmerksam überprüfen.

Grundsätze der Einlagerung

Nach der Warenannahme erfolgt die zeitnahe Verräumung der Lebensmittel und Waren. Dabei sind die Hygienevorschriften für einzelne Lebensmittelgruppen einzuhalten (s. Seite 343).

Durch eine schnelle und sachgerechte Lagerhaltung wird versucht, die Qualität der Lebensmittel vom Einkauf bis zum Verbrauch bestmöglich zu erhalten.

Zu beachten sind **vorgeschriebene Temperaturen und Luftfeuchte.** Außerdem wichtig ist die Unterscheidung zwischen „**unreinen**" und „**reinen**" Lebensmitteln:

- Als „unrein" bezeichnet man in diesem Zusammenhang Lebensmittel, die z.B. durch Reste von Erde (z.B. Kartoffeln oder Wurzelgemüse) mit Keimen belastet sein können. Unverarbeitete tierische Lebensmittel gelten als unrein, da sie Keime auf sich tragen können.
- Reine Lebensmittel wurden schon Arbeitsschritten unterzogen wie Waschen, Schälen oder Braten.

Reine und unreine Lebensmittel sind getrennt voneinander zu lagern.

Beim Einräumen der Ware gilt in allen Bereichen: **Altes nach vorne, Neues nach hinten (FiFo).**

Das macht zwar zusätzliche Arbeit, doch nur so ist gewährleistet, dass die Bestände nicht überaltern. Gerade für verderbliche Waren gilt: Neue Ware mit einem längeren Mindesthaltbarkeitsdatum (MHD) wird **hinter** die alte Ware mit dem kürzeren MHD einsortiert.

Fristen beachten

Das **Mindesthaltbarkeitsdatum** gibt an, wie lange das Lebensmittel bei sachgemäßer Lagerung mindestens haltbar ist. Bis zu diesem Datum garantiert der Hersteller die Verwendbarkeit. Ist die Ware nach sachkundiger Prüfung in Ordnung ist, kann sie verwendet werden.

Das **Verbrauchsdatum** („zu verbrauchen bis:") gilt für sehr leicht verderblichen Lebensmittel. Es ist rechtlich verbindlich. Nach dem Termin gelten die Waren als verdorben und dürfen nicht mehr verwendet werden.

Selbst eingelagerte Ware wird gekennzeichnet (z.B. Aufkleber). Zu vermerken sind die enthaltene Ware, Gewicht und Einfrierdatum.

3.2 Lagermethoden

Lagermethoden beschreiben, wie die Lagerplätze organisiert sind. Für gastronomische Einrichtungen gängig ist das **Festplatzsystem**. Jede Ware

Wareneingangsprotokoll

Lieferant: _____   Datum: _____

Allgemeine Angaben	ok	Mängelbeschreibung
Lieferschein stimmt mit der Warenbestellung überein		
Optischer Hygieneeindruck der anliefernden Person		
Optischer Hygieneeindruck des Fahrzeuges		
Temperaturprotokoll vorgelegt und korrekt		
Qualität der Warenlieferung	**ok**	**Mängelbeschreibung**
Optischer Eindruck (Farbe, ohne Verschmutzung)		
Geruch		
Verpackung (ohne Verschmutzung oder Defekte)		
Menge (Stück)		
Gewicht		
Haltbarkeit		
Temperatur der Warenlieferung	**ok**	**Mängelbeschreibung**
Tiefkühlware, −18 °C bis −22 °C		
Schlachtfleisch, max. +7 °C		
Innereien, max. +3 °C		
Geflügel, Wild und Wildgeflügel, Hackfleisch. max. +4 °C		
Frischfisch (mit Eis bedeckt), max. +2 °C		
Molkereiprodukte, max. +8 °C		
Ware angenommen		
Warenannahme verweigert		Grund:

Unterschrift: _____

Beispiel eines Wareneingangsprotokolls

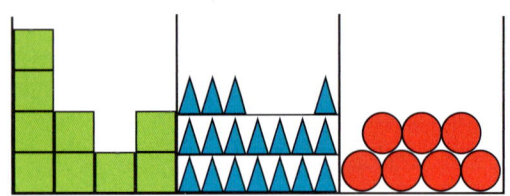

wird systematisch einem bestimmten Lagerplatz zugewiesen. Dieser Lagerplatz bleibt konstant, sodass alle Mitarbeiter wissen, wo sich die gesuchten Waren befinden. Produkte mit hoher Entnahmehäufigkeit sollten einen Lagerplatz mit kurzem Transportweg zugewiesen bekommen, um rationelles Arbeiten (Zeitersparnis) zu ermöglichen.

Eine **feste Lagerordnung** erleichtert den Mitarbeitern sowohl beim Einlagern und Entnehmen von Ware als auch bei Inventuren (s. S. 357) die Arbeit im Magazin.

4 Warenausgabe

🇬🇧 goods issue 🇫🇷 distribution des marchandises

In der Lagerhaltung muss nachvollziehbare Ordnung in den schriftlichen Dokumentationen des Warenbestandes sein. Zur Übersicht gibt es verschiedene Hilfsmittel.

Lagerfachkarte

Die Lagerfachkarte befindet sich am **Lagerort der Ware** (z. B. am Regal oder am Schrank). Auf ihr wird bei der Warenannahme der Zugang eingetragen. Bei der Entnahme der Ware wird die entnommene Menge als Abgang notiert. Durch Addition der Zugänge und Subtraktion der Abgänge vom Anfangsbestand wird der Soll-Bestand ermittelt. Wird ausschließlich mit Lagerfachkarten gearbeitet (meist in kleineren Betrieben), sind auf dieser auch der Höchstbestand, Meldebestand und Mindestbestand vermerkt.

Computergestützte Warenführung

Die EDV in der Buchhaltung liefert Listen, die eine Abgleichung der Werte ermöglichen.

Bei einer späteren Inventur (Bestandskontrolle) werden Sollbestände mit Istbeständen verglichen (s. Seite 358).

- Der **Sollbestand** wird errechnet, indem zum vorhandenen Bestand Zugänge addiert werden und der Verbrauch abgezogen wird.
- Den **Istbestand** erhält man durch Zählen oder Messen. Er nennt die tatsächlich vorhandene Menge.

Wenn Ist- und Sollbestand nicht übereinstimmen, spricht man von **Fehlbestand**. Dieser kann entstehen durch
- Schwund, Verderb oder Bruch,
- Fehler bei der Datenerfassung, z. B. Eintragung vergessen,
- Unehrlichkeit von Mitarbeitern.

Je ausgereifter die **Bestandsüberwachung** eines Betriebs ist, desto genauer werden die unterschiedlichen Warenzugangs- und Warenabgangsarten erfasst. Desto besser ist dann auch die Überwachung der Lagerkosten. Es wird automatisch angezeigt, wenn der Meldebestand eines Artikels erreicht ist.

Zugang:
Ware wird angenommen und verbucht

Brathähnchen

Datum	Vorgang	Zugang	Verbrauch	Bestand
1.10.	Übertrag			14
3.10.	Geflügel Schulze	48		62
5.10.	Anford. Küche		12	50

Verbrauch: Ware wird angefordert und ausgegeben.

Dafür ist die Lagerverwaltung verantwortlich.

Lagerfachkarte

Mögliche Zugangsarten von Lebensmitteln
- Lieferung durch einen Lieferanten
- Transfer von einem Außenstandort
- Einkauf von Lebensmitteln

Mögliche Abgangsarten von Lebensmitteln
- Verbrauch in Küche (Verkauf)
- Abfall/Verderb
- Transfer in Außenstandorte
- Personalessen
- Kostprobe/Warenprüfung

Übersicht eines Artikels in der EDV

Datum	Anfangs-bestand	Zugänge		Abgänge			Bestand		
		Waren-lieferung	Transfer-zugang	Verbrauch	Abfall/Verderb	Transfer-Abgang	Soll-End-bestand	Inventur-Bestand	Bestands-abweichung
Mo, 05.11.	82	425	0	112	3	0	392	390	−2
Di, 06.11.	390	0	0	135	5	0	250	25	1
Mi, 07.11.	251	0	0	142	7	40	62	22	−40

Arbeiten und Kontrolle im Magazin

Ohne Beleg keine Ware lautet der Grundsatz bei der Warenausgabe. So wie beim Zugang von Waren zum Magazin der Empfangsschein/Lieferschein zu unterschreiben ist, so fordert das Magazin eine schriftliche Unterlage von den anfordernden Abteilungen.

Der Zeitpunkt der Warenbestellung und der anschließenden Warenausgabe wird von jedem Betrieb individuell gestaltet.

Warenbestellung für die Abteilung: _____

Bestelldatum: _____   Auslieferungsdatum: _____

Unterschrift: _____

- Bitte beachten Sie, bei Sonderveranstaltungen den Warenbedarf 10 Tage vorher bekannt zu geben.
- Für die Warenausgabe um 08:00 Uhr bis 20:00 Uhr am Vorabend bestellen, für Warenausgabe 14:00 bis 11:00 Uhr bestellen

Artikel	Einheit Stück/Liter/Kilogramm	Menge

5 Magazinkontrollen und Bewertungen

🇬🇧 control and evaluation of storage 🇫🇷 contrôles (m) et évaluation (w) de magasin

Inventuren

Inventur ist die **Bestandsaufnahme der vorhandenen Waren zu einem bestimmten Zeitpunkt** (mind. 1× jährlich). Bei der Inventur werden Waren gezählt, gemessen oder gewogen und in Listen erfasst. So kann festgestellt werden, welches Vermögen in den Waren gebunden ist, aber auch wie viel verbraucht worden ist, kurz: wie gewirtschaftet wurde.

Beim Einsatz eines **Warenwirtschaftssystems** wird vorher eine Inventurliste erstellt, die alle zu zählenden Artikel enthält. Aus Gründen der Zeitersparnis und zur Vermeidung von Zählfehlern sollte die Reihenfolge der Artikel auf der Liste der Ordnung im Lager entsprechen. Werden Waren an verschiedenen Stellen im Restaurant gelagert, muss die Inventurliste das Erfassen der Produkte an den verschiedenen Zählorten ermöglichen, ohne dass dabei ein Ort übersehen wird.

Anforderungen an eine Inventurliste:

- Enthält alle in diesem Inventurintervall zu zählenden Artikel
- Erfasst sämtliche Verpackungsgrößen (z. B. X Kartons zu Y Packungen zu Z Stück)
- Reihenfolge der Artikel auf der Liste entspricht der Reihenfolge der Artikel im Lager
- Möglichkeit zum Eintragen der Inventurmenge

Gesetzliche Vorgaben

Gründe für die Anfertigung von Inventuren

Kontrolle des Wareneinsatzes

Feststellung von Bestands-abweichungen

• Trennen nach Zählorten, das schriftliche Ergebnis der Inventur wird in das Inventar eingetragen. Das ist ein Verzeichnis, in dem alle Vermögenswerte aufgeführt sind.

Bestandskennzahlen sind für die Steuerung und Kontrolle des Lagerbestandes wichtig.

Bestandskennzahlen

Ist-Bestand und Soll-Bestand

Der durch die Inventur ermittelte Bestand eines Artikels wird **Ist-Bestand** genannt. Der Ist-Bestand der Inventur wird als *Endbestand* des Inventurintervalls erfasst (z. B. Jahresendbestand bei der Jahresinventur). Gleichzeitig ist er der *Anfangsbestand* für das nächste Inventurintervall.

Das Ergebnis aus Anfangsbestand plus der Summe aller Zugänge abzüglich aller Warenabgänge stellt am Ende des Inventurintervalls den **Soll-Bestand** dar. Nach der Inventur sollte dieser Bestand mit dem neuen Ist-Bestand übereinstimmen.

Bestandsabweichungen können nie ganz ausgeschlossen werden, sollten aber so gering wie möglich sein. Beispiel: Gewichtsverlust bei der Fleischreifung

Die Differenz zwischen Soll-Bestand und Ist-Bestand wird als **Bestandsabweichung** bezeichnet. **Negative Bestandsabweichungen** bedeuten einen Verlust von Rohstoffen und damit eine Erhöhung der Wareneinsatzkosten. Daher wird nach Gründen für die Abweichungen gesucht, Gegenmaßnahmen werden eingeleitet.

Ursachen für Bestandsabweichungen und Gegenmaßnahmen

Ursache	Gegenmaßnahme
Rezeptur falsch hinterlegt	Rezeptur in Warenwirtschaftssystem prüfen und ändern
Rezeptur nicht eingehalten: Mitarbeiter verbrauchen Zutaten anders, Geräte (z. B. Spender) dosieren falsch	Mitarbeiter hinweisen und trainieren, Geräte (Spender, Zapfanlagen) überprüfen und kalibrieren
Sonstige Abgänge nicht erfasst	Personalessen, Abfälle usw. erfassen
Fehler bei Erfassung der Warenannahme (falsche Ware registriert, Tippfehler)	Mitarbeiter zu höherer Sorgfalt anleiten, Kontrolle der erfassten Wareneingänge im Warenwirtschaftssystem
Zählfehler bei Inventur	Ware im Lager suchen, ordentlich verräumen, alle Lagerorte überprüfen
Diebstahl	Mitarbeiter informieren, überprüfen, ggf. Polizei einschalten

6 Büro-Organisation/EDV

🏴 office organisation and computing
🔵 organisation (w) de bureau et l'informatique (w)

Ausführliche Informationen zu
• Lagerkennzahlen
• Rechtlichen Vorschriften
• Büroorganisation
auf unseren Webseiten

Mithilfe der Datenverarbeitung werden viele Arbeitsvorgänge automatisiert, die früher z. T. zeitaufwendig und mühsam erledigt werden mussten.

6.1 Software und Hardware

Was eine EDV-Anlage „kann", hängt von den einzelnen Geräten (Hardware), der Vernetzung der Geräte untereinander (Netzwerkarchitektur) und der installierten Software ab (Programme, Apps).

- **Standardsoftware** sind meist Büroanwendungen wie
  - Textverarbeitung, z. B. Word, Open Office
  - Tabellenkalkulation, z. B. Excel
  - Datenverwaltung, z. B. Access

- **Branchensoftware** ist speziell für eine Branche oder Teilbereiche entwickelt, z. B.
  - Kassensysteme, sogenannte Kellnerkassen
  - Veranstaltungssoftware, z. B. Bankett-Profi
  - Rezeptverwaltung

- **Individualsoftware** ist für einen bestimmten Betrieb oder für ein besonderes Problem erstellte Software, z. B. Dienstplanung.

Jede **Datenverarbeitungsanlage** arbeitet nach dem
E-V-A-Prinzip.

Erfasst werden die Daten z. B. über die Tastatur oder den Scanner.

Verarbeitet werden die Daten durch bestimmte Programme.

Ausgegeben werden die Ergebnisse über Bildschirm oder Drucker.

Mithilfe von **Eingabegeräten** gelangen die Daten in den Rechner. Neben der klassischen

- **Tastatur** und der
- **Maus** dient dazu auch der
- **Scanner,** vergleichbar einem Kopiergerät.
- **Barcodeleser** können die Informationen aus Strichcodes übernehmen.
- **Handterminals**, **Smartphones** oder **Tablets** mit entsprechenden Apps können z. B. im Service verwendet werden, um Bestellungen direkt vom Tisch des Gastes aus in das System einzugeben.

Ausgabegeräte sind vorwiegend
- **Bildschirm** und
- **Drucker.** Neben dem üblichen Drucker kennt man auch einen besonderen Bon-Drucker, der direkt bei der Küche oder am Getränkebüfett ausdruckt.

Von **Datenkommunikation** oder **Netzwerk** spricht man, wenn die Geräte vernetzt sind, wenn gleichsam der eine Rechner weiß, was auf dem anderen gemacht wird. Software und Daten können zentral auf einem sogenannten Server abgelegt werden. Alle PCs und Terminals greifen hierauf zu.

Durch diese Vernetzung können automatisch Bestelllisten erstellt werden, da der Server erkennt, wann der Meldebestand von z. B. Wein oder Mineralwasser erreicht ist. Statistiken stehen schneller zur Verfügung und unrentable Gerichte werden schneller erkannt.

Restaurant A

Datenfernübertragung (DFÜ)

Unternehmensserver

Büro-PC

Kabellose Bestellterminals

Magazin

Kassen

Restaurant-Server-Modell mit Datenfernübertragung zum Hauptserver

6.2 Datensicherung

Unter **Datensicherung** versteht man alle Maßnahmen zu Sicherung der Datenbestände. **Die Sicherung von Daten ist unbedingt notwendig,** denn diese können

- zufällig verloren gehen, z. B. durch eine falsche Bedienung der Tastatur, einen kurzfristigen Stromausfall,
- absichtlich verfälscht oder zerstört werden.

Dem wird durch unterschiedliche Verfahren der Datensicherung entgegengewirkt.

- Eine automatische Abspeicherung der Daten während der Arbeit kann über die Systemsteuerung in den Rechner eingegeben werden. Das sichert für den Fall einer Störung, dass nur die Daten seit der letzten automatischen Sicherung verloren gehen.
- Eine Gesamtsicherung oder Tagessicherung wird auf einem anderen Medium angelegt. Man nennt das **Backup**. Damit sind die Daten außerhalb des Computers gesichert und von diesem Gerät völlig unabhängig.

Für **Datensicherungen** stehen verschiedene Medien zur Verfügung, die für den Einzelfall auf ihre Eignung überprüft werden müssen. Folgende Fragestellungen sollten dabei berücksichtigt werden:

- **Wie oft** werden die Daten gesichert (bei jeder Änderung, stündlich, täglich, wöchentlich)?
- **Wie groß** ist die Menge zu sichernder Daten?
- **Wo sollen** die Daten gesichert werden (vor Ort, in der Zentrale, im Internet/in einer Cloud)?
- **Welche gesetzlichen** Aufbewahrungsvorgaben bzw. -pflichten gelten? (Kaufmännische Belege müssen in der Regel 10 Jahre aufbewahrt werden, aber nicht alle Speicherformate überdauern 10 Jahre.)
- **Wie** werden die gesicherten Daten gegen unbefugten Zugriff geschützt? (Möglich sind einfache Kopien bis hin zu aufwendig verschlüsselten Dateien.)
- **Wer** übernimmt die Sicherung? Wer kann Daten wiederherstellen? (Wird eine Fachfirma beauftragt oder erledigen die Mitarbeiter dies selbst?)

Datenschutz

Auch Kundendaten werden bei Datensicherungen auf externen Speichermedien gesichert. Der Datenschutz ist unbedingt zu beachten. Unberechtigte Dritte dürfen keinen Zugang zu den Speichermedien erhalten. Es muss sichergestellt sein, dass Kundendaten sicher sind und dokumentiert werden, wie sie gespeichert sind (seit 2018 gilt die EU-Datenschutzgrundverordnung DSGVO, die dies regelt).

Zwischenprüfung

Die Verordnungen der die Berufsausbildung im Gastgewerbe und die zum Koch/zur Köchin sehen nach einem Ausbildungsjahr eine **Zwischenprüfung** vor. Zu den Berufen im Gastgewerbe zählen u. a. die Fachkraft im Gastgewerbe, Restaurantfachmann/Restaurantfachfrau, Hotelfachmann/Hotelfachfrau und Fachmann/Fachfrau für Systemgastronomie.

Für diese Berufe ist in der Ausbildung eine gemeinsame Grundstufe vorgesehen, und darum sind auch die Bestimmungen für die Zwischenprüfung vergleichbar. Ein Auszug aus den Bestimmungen, die für alle Berufe gelten:

Zwischenprüfung

(3) In höchstens drei Stunden soll der Prüfling eine praktische Aufgabe bearbeiten. Dabei soll er zeigen, dass er Arbeiten planen, durchführen und präsentieren, die Ergebnisse kontrollieren und Gesichtspunkte der Hygiene, des Umweltschutzes, der Wirtschaftlichkeit und der Gästeorientierung berücksichtigen kann. Hierfür kommen insbesondere in Betracht:
1. Planen von Arbeitsschritten,
2. Anwenden von Arbeitstechniken und
3. Präsentieren von Produkten.

Vergleichen Sie zu diesen Prüfungsinhalten die Lerngebiete im Buch:		Bewertungen
• Planen von Arbeitsschritten	➡ Umrechnen von Rezepten, Seite 162 ➡ Arbeitsablaufplan, Seite 53/57	100 Punkte
• Anwenden von Arbeitstechniken	➡ Grundtechniken der Küche, Seite 136 ➡ Garverfahren, Seite 140 ➡ Zubereiten einfacher Speisen, Seite 167	100 Punkte
• Präsentieren von Produkten	➡ Grundkenntnisse im Service, Seite 216 ➡ Beschreiben von Speisen, Seite 157	100 Punkte

Themen

Beispiele Gastgewerbe
Sie werden beauftragt, eine **Warenlieferung anzunehmen**. Welche Bereiche sind bei der Warenannahme zu kontrollieren? Nennen Sie auf der vorgegebenen Warenliste die für die Lagerung vorgeschriebenen Mindesttemperaturen.

Bereiten Sie für eine Person **Rühreier mit Schinken auf Toast und Joghurt mit Früchten** zu.

Decken Sie einen Tisch für ein erweitertes Frühstück. Servieren Sie die Zubereitungen und beraten Sie die Gäste.

Zwischenprüfung (Fortsetzung)

Beispiel Gastgewerbe

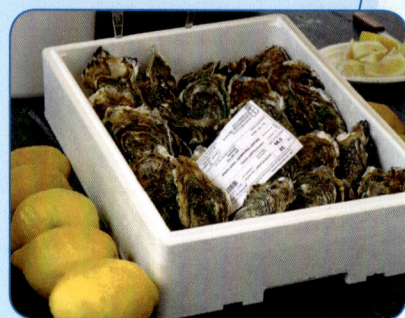

Situation: Sie arbeiten in einem Hotel der gehobenen Kategorie und sind seit einiger Zeit zum Frühstücksdienst eingeteilt.

Aufgabe 1a: Nennen Sie vier Punkte, die bei der Annahme von Waren bei der Anlieferung zu beachten sind.

1. _____ 3. _____

2. _____ 4. _____

Aufgabe 1b: Eine Lieferung umfasst die in der folgenden Liste genannten Waren. Ergänzen Sie jeweils die Mindest-Lagertemperatur und den entsprechenden Lagerraum.

Ware	Lagertemperatur	Lagerraum
Frischkäse		
Eier		
Räucherlachs		
Müsli		
Bananen		
…		

Aufgabe 2: Bereiten Sie Rührei mit Schinken für zwei Personen zu.

Aufgabe 3: Im Restaurant ist ein Tisch für zwei Personen zum Frühstück einzudecken. Decken Sie zuerst den Tisch für zwei Personen ein. Präsentieren Sie dort Ihre Zubereitung und beantworten Sie die gastorientierten Fragen der Prüfungskommission.

1 Führen Sie zumindest die Aufgaben 1 und 3 der Prüfungsanforderungen aus.

2 Fragen Sie Ihre KollegInnen, welche Aufgaben sie zu bearbeiten hatten. Das ist eine gute Möglichkeit vergleichbare Aufgaben zu üben.

3 Üben Sie das Präsentieren und neben dem richtigen Eindecken auch die Gästeorientierung. Es wird erwartet, dass Sie das Gericht verkaufsfördernd anbieten können und auf Nachfragen über die verwendeten Rohstoffe und die Zubereitung Auskunft geben können.

4 Bitten Sie einen Kollegen/eine Kollegin, die Gastrolle zu übernehmen. Üben Sie sprachlich das Anbieten der Speise, lassen Sie sich mit Nachfragen über die Zubereitung und den Geschmack „löchern".

❶ Kaufmotive

Der amerikanische Psychologe und Motivationsforscher Abraham H. **Maslow** gewann die Erkenntnis, dass menschliche Motive (Beweggründe) nicht gleichrangig sind, sondern in unterschiedlichen Dringlichkeitsstufen in Erscheinung treten. Diese hat er in seiner „Bedürfnispyramide" veranschaulicht und in **Primär- und Sekundärbedürfnisse** gegliedert. Erst wenn die Grundbedürfnisse (= Primärbedürfnisse, unterste Stufe) befriedigt sind, wendet sich der Mensch den nächsten Bedürfnisstufen zu (Sekundärbedürfnisse).

Diese wissenschaftlichen Erkenntnisse können den Service-Mitarbeitern helfen, ihre Gäste besser zu verstehen. Es gelingt dann leichter, sich individuell auf Gäste einzustellen und die Erwartungshaltungen der Gäste mit einem Qualitätserlebnis auszufüllen.

Stufe 5: Kreativitätsbedürfnisse	Streben nach Eigenverwirklichung, Entfaltung individueller Fähigkeiten, Umsetzung des eigenen Leistungsvermögens
Stufe 4: Differenzierungsbedürfnisse	Wunsch nach Status, Achtung, Stärke, Einfluss, Kompetenz, Aufstiegsmöglichkeiten, Abgrenzung zu anderen (Verhalten in der Gruppe und gegenüber Mitarbeitern)
Stufe 3: Soziale Bedürfnisse	Wunsch nach Gruppenzugehörigkeit, sozialer Anerkennung, Leistungsbestätigung durch Gruppen, Freundschaften
Stufe 2: Sicherheits- und Schutzbedürfnisse (ab Stufe 2: **Sekundärbedürfnisse**)	Wunsch nach persönlicher Sicherheit (z. B. Unfallschutz, Brandschutz, hygienisch einwandfreie Lebensmittel), Schutz von Besitz und Eigentum (z. B. funktionierende Schließsysteme), Abwendung von Gefahren aller Art
Stufe 1: Grundbedürfnisse, Physiologische Bedürfnisse (Stufe 1: **Primärbedürfnisse**)	Stillen der Bedürfnisse wie Hunger, Durst, Ruhe, Bewegung, Erholung, Schlaf, Sexualität, körperliches Wohlbefinden

Bedürfnispyramide nach Maslow mit Beispielen

2 Qualität im Service

🇬🇧 high quality service 🇫🇷 qualité (w) du service

Ein Hotel begrüßt seine neuen Service-Mitarbeiter mit einer Info-Broschüre:

Warum Ihre Aufgabe im Service so wichtig ist!

Unsere Gäste wollen sich bei uns wohlfühlen, sie wollen freundlich und zuvorkommend, in angenehmer Atmosphäre kompetent bedient werden! Hier liegt Ihre besondere Verantwortung als Servicekraft, denn nur Sie und Ihre Abteilungskollegen haben direkten Gastkontakt, im Gegensatz zu den Mitarbeitern in Küche und Verwaltung.

Ihre **Freundlichkeit**, Ihr Einsatz und Ihr Auftreten sind mit entscheidende Faktoren dafür, wie der Gast die Qualität und den Ruf unseres Hauses erlebt und einstuft. Ihre gute Arbeitsleistung im Team sichert die Qualität und damit den Fortbestand Ihres Ausbildungsbetriebes – und somit auch Ihres Arbeitsplatzes!

Warum Ihre Aufgabe nicht einfach ist!

Sie wissen nicht, mit welchen Erwartungen unsere Gäste zu uns kommen und wie diese **Erwartungshaltungen** zustande kamen. Unsere Gäste sind alle unterschiedlich. Auf sie entsprechend einzugehen, will gelernt sein. Bedenken Sie bitte dabei:

- **Der Gast** ist die wichtigste Person für unseren Gastronomiebetrieb. Egal ob er im Hause anwesend ist, ob er gerade anruft, oder ob Sie seinen Brief lesen.
- **Er** ist nicht von uns abhängig, sondern wir von ihm.
- **Er** stört uns nicht bei der Arbeit, sondern ist Sinn, Zweck und Inhalt, also Mittelpunkt unserer Arbeit.
- **Er** ist kein Fremder, sondern ein lebendiger Bestandteil unseres Geschäftes. Wenn wir seine Wünsche erfüllen, tun wir ihm keinen Gefallen. Er tut uns einen Gefallen, wenn er sich seine Wünsche von uns erfüllen lässt.
- **Er** ist keine Nummer, sondern ein Mensch aus Fleisch und Blut, mit Eigenschaften und Stimmungen, wie wir sie auch haben.
- **Er** kommt nicht zu uns, um Streitgespräche zu führen oder seine Intelligenz messen zu lassen.
- **Er** hat einfach das Recht, seine Meinung zu äußern.
- **Er** legt uns seine Wünsche vor. Unsere Aufgabe ist es, diese Wünsche sowohl für ihn als auch für uns gewinnbringend zu erfüllen.

Wenn sich die gesamte Service-Abteilung verbessern möchte, um das Qualitätserlebnis der Gäste zu steigern, so ist jeder einzelne Mitarbeiter gefordert.

Erkennen von und Wissen über Schwachstellen

Typische Schwachstellen im Service sind:
- **Unfreundlichkeit** gegenüber Gästen und Kollegen
- **Unkonzentriertheit** beim Arbeiten
- **Mangelnde Informiertheit** ergibt schlechte Beratung
- **Mangelnde Identifikation** mit den Zielen des Hauses

Der Service ist erfolgreich, wenn es gelingt, die Erwartungen der Gäste mit einem Qualitätserlebnis zu erfüllen.

Es wird ein hohes Maß an Einfühlungsvermögen und situationsbedingter Anpassungsfähigkeit verlangt. Die Leistungsbereitschaft darf nicht nachlassen und die Leistungsfähigkeit sollte ständig verbessert werden.

Auswirkungen bei Misserfolgen

Gelingt es uns nicht, auf unsere Gäste einzugehen, so haben wir unzufriedene Gäste. Diese werden in ihrem Bekanntenkreis darüber sprechen, der Ruf des Hauses leidet.

Negativ-Berichte haben einen 10-mal größeren Multiplikator als positive Meldungen. Hier liegt eine große Gefahr!

Um die Schwachstellen auszugleichen, ist persönlicher Einsatz gefragt!

❸ Umgang mit Gästen

🇬🇧 manner of dealing with guests 🇫🇷 manière (w) de traiter des clients

Unter Gästetypologie versteht man die Einteilung von Gästen nach Menschentypen. Einerseits soll die Einteilung helfen, Gäste schneller und genauer einzustufen, mit dem Ziel, sie problemlos bedienen zu können. Andererseits sollte ein „Schubladendenken" vermieden werden, wohl wissend, dass jeder Mensch einzigartig ist.

3.1 Gästetypologie* – Sieben Gästegrundtypen … und Empfehlungen zum Umgang mit diesen Gästen

Der selbstbewusste, entschlossene Gast (Abb. 1)

Er ist schon an der Art, wie er geht, am Ausdruck seiner Augen und an seinem Mienenspiel zu erkennen. Seine ganze Haltung drückt Entschlossenheit aus, die sagt: „Ich weiß, was ich will!"

Empfehlungen
Treten Sie ihm ruhig aber sicher entgegen. Bedienen Sie ihn schnell, denn Wartezeiten würden ihn verärgern. Geben Sie ihm die Karte und nehmen Sie gleich die Bestellung auf. Drängen Sie ihm keinen Rat auf. Seien Sie vorsichtig mit Empfehlungen. Behalten Sie ihn ständig im Auge, räumen Sie gleich ab und fragen Sie, ob er zufrieden war.

Der unsichere, unentschlossene Gast (Abb. 2)

Wenn er das Restaurant betritt, verweilt er meist zögernd. Fast ängstlich blickt er um sich. Er geht langsam, mit unsicheren Bewegungen. Sein Gesicht drückt Befangenheit aus.

Empfehlungen
Helfen Sie ihm unbedingt bei der Wahl des Sitzplatzes. Empfehlen Sie nur wenige Speisen und Getränke und bieten Sie nicht zu viele Möglichkeiten an. Formulieren Sie Ihre Vorschläge so klar, dass Sie seine Entscheidungsfindung erleichtern. Vermeiden Sie jede Hektik, strahlen Sie Ruhe und Freundlichkeit aus.

Der redselige, stets gut gelaunte Gast (Abb. 3)

Schon nach Betreten des Restaurants knüpft er ein Gespräch an, das auch nicht unterbrochen wird, wenn er Platz genommen hat. Selbst beim Studieren der Speise-/Getränkekarten redet er fast unentwegt.

Empfehlungen
Zeigen Sie sich bei seinen „Ausführungen" interessiert, das Gegenteil würde ihn verletzen. Vermeiden Sie persönliche Stellungnahmen, das würde die Redelust fördern. Versuchen Sie, den Gast möglichst geschickt und höflich aufs Verkaufsgespräch zu bringen. Lassen Sie sich Ihre eventuelle Ungeduld nicht anmerken. Entschuldigen Sie sich höflich, wenn andere Gäste etwas wünschen, das könnte zu einer schnelleren Bestellung führen.

* Prof. Edgar E. Schaetzing: „Aktiver Verkauf im Service", Rhenania Fachverlag

Wenn hier dennoch Gäste in sieben Grundtypen eingeteilt werden, so ist klar, dass diese in reiner Form kaum vorkommen. Vielmehr neigen wir Menschen, als sogenannte gemischte Typen, mehr oder weniger zum einen und/oder zum anderen Typus.

Welche der Eigenschaften wie stark vorherrschen, das bestimmt die Zuordnung zu den folgenden sieben Grundtypen.

Empfehlungen

Überhören Sie seine eventuellen Taktlosigkeiten. Belehren Sie ihn nicht. Widersprechen Sie ihm nicht. Bedienen Sie ihn höflich, aber mit angemessener Zurückhaltung.

Der aufgeregte, nervöse Gast (Abb. 1)

Er fällt durch seine Hast und Eile auf. Wenn man ihm keine Beachtung schenkt, wird er leicht aufgeregt. Wenn er am Tisch etwas warten muss, wird er ungeduldig und klopft auf die Tischplatte. Dass andere Gäste vor ihm da waren, interessiert ihn nicht. Er verlangt schnell nach der Geschäftsleitung.

Empfehlungen

Versuchen Sie nicht, ihn mit eigener Gelassenheit zu beruhigen, das zieht nicht. Stellen Sie nur kurze, präzise Fragen und beschleunigen Sie somit Ihr Servicetempo. Widersprechen Sie ihm nicht, das macht ihn nur nervöser. Seien Sie nicht beleidigt und nehmen Sie es nicht persönlich, wenn dieser Gast schimpft. Zeigen Sie ihm, dass Sie für ihn alles und noch dazu schnell erledigen.

Der argwöhnische, misstrauische Gast (Abb. 2)

Dieser Typ ist äußerst schwierig, sieht er doch überall Betrug und Übervorteilung und bildet sich ein, hintergangen zu werden. Man erkennt ihn leicht an seinem Mienenspiel, dem ironischen Lächeln, an seinen kritischen Äußerungen auf Empfehlungen von Servicemitarbeitern.

Empfehlungen

Nehmen Sie sein Misstrauen nie persönlich, sonst wird es Ihnen nicht gelingen, eine Vertrauensbasis aufzubauen. Seien Sie vorsichtig mit Empfehlungen, Sie könnten seinen Argwohn provozieren. Wenn Sie empfehlen, dann nur mit präzisen Formulierungen und genau so, wie die Speisen sind. Er wird es genau überprüfen. Behandeln Sie ihn so, dass er glaubt, sich bei Ihnen noch am wohlsten zu fühlen.

Der knauserige, geizige Gast (Abb. 3)

Er lebt offensichtlich in ständiger Sorge, zu viel Geld auszugeben, natürlich auch für Speisen und Getränke. Servierkräfte spotten gern über ihn. Aber auch solche Gäste haben Anspruch auf freundliche Bedienung. Man erkennt diesen Menschentyp am besten an den Fragen nach dem Preis und an Hinweisen, dass dieses oder jenes Gericht zu teuer sei.

Empfehlungen

Behandeln Sie ihn immer ausgesprochen höflich. Vermeiden Sie jeden Ausdruck der Geringschätzung – das würde das Verkaufsgespräch beeinträchtigen. Zeigen Sie, dass Sie Geduld haben, denn Sie wissen, dass sich dieser Gast nur schwer entscheiden kann. Erwarten Sie kein großes Trinkgeld – bleiben Sie dennoch zuvorkommend und freundlich.

Der überhebliche, geltungsbedürftige Gast (Abb. 4)

Dieser Menschentyp tritt laut auf und behandelt die Servicekräfte von oben herab. Andere Meinungen lässt er nicht gelten. Er ist oft beleidigend: „Das weiß ich besser", „Das verstehen Sie nicht", „Erzählen Sie doch keine Märchen!" – das sind typische Redewendungen. Bei keinem der Typen wird die Geduld der Servierkraft auf eine so starke Probe gestellt wie bei diesen Menschen, die in ihrer Einstellung und ihren Worten ihre charakterlichen Schwächen offenbaren und eigentlich eine andere Behandlung verdienten als Höflichkeit.

3.2 Service bei speziellen Gästegruppen

🇬🇧 service with particular groups of guests 🇫🇷 service (m) des groupes particuliaires

Spezielle Gästegruppen sind Mitmenschen, die auf Grund ihres Lebensalters, ihres Gesundheitszustands oder ihrer Herkunft aus einem anderen Kulturkreis andere als sonst übliche Verhaltensweisen zeigen könnten. Diese Gäste sind mit besonderem Einfühlungsvermögen zu bedienen.

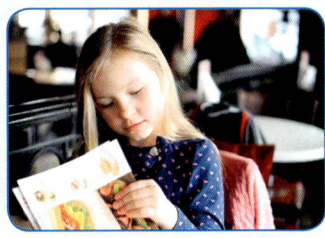

Abb. 1 Kind als Gast

Kinder

Kinder sind mit ihren Wünschen oft einseitig und denken meist nicht ernährungsbewusst. Halten Sie deshalb bei spontan geäußerten Bestellwünschen auch Blickkontakt mit den Eltern und beachten Sie deren Zustimmung. Bedienen Sie Kinder vorrangig, um Unruhe am Tisch zu vermeiden. Gehen Sie auf die Anforderungen/Bedingungen der Kleinen ein.

Beispiele:
Kinderkarte/Kindermenüs mit speziellen Gerichten, Kinderstuhl, kleine Bestecke, Getränkeservice in kleinen, standfesten Bechergläsern, Buntstifte und Block zum Ausmalen, Kinderpuzzles reichen usw.

Senioren

Altersbedingte körperliche Gebrechen machen manche der älteren Mitbürger zu unsicheren, vergesslichen und manchmal auch schwierigen Gästen. Hier werden vom Service mehr Geduld und erhöhtes Einfühlungsvermögen, Verständnis, langsame, deutliche Sprache sowie Hilfsbereitschaft verlangt.

Beispiel:
Der Servicemitarbeiter stellt für den älteren Gast den Salatteller am Salatbüfett nach dessen Wunsch zusammen und bringt den Teller an den Tisch des Gastes.

Behinderte

Mit viel Taktgefühl – und ohne aufdringliche Hilfsbereitschaft – ist herauszufinden, ob und in welchem Umfang eine Hilfestellung erwünscht ist. Sich in die Situation des Gastes hineindenken hilft auch hier, um mögliche Probleme schon vorab zu erkennen und zu vermeiden.

Beispiel:
Bieten Sie einem gehbehindertem Gast einen Tisch in Eingangsnähe an, vermeiden Sie für ihn Treppen und lange Wege.

Ausländische Gäste

Wenn diese Gäste der deutschen Sprache nicht mächtig sind, kann eine Speise-/Getränkekarte in z. B. englischer oder französischer Sprache sehr nützlich sein. Betriebe mit hohem Gästeanteil aus bestimmten Ländern stellen sich auf diese „Zielgruppen" ein.

Kommen Sie Ihren Gästen mit freundlicher Unterstützung und Hilfsbereitschaft entgegen. Setzen Sie Ihre Fremdsprachenkenntnisse ein. Bedenken Sie, dass in anderen Kulturkreisen oft andere Verhaltensweisen üblich sind. Ihre Toleranz ist besonders gefordert.

Abb. 2 Ausländische Gäste

4 Verkauf im Restaurant

🇬🇧 sales at the restaurant 🇫🇷 vente (w) au restaurant

Abb. 1 Verkauf im Restaurant

Essen und Trinken sind lebensnotwendige Grundbedürfnisse der Menschen. Wer Hunger und Durst hat, dem erscheint das einfachste Mahl als überaus kostbar. So kommt der **Bewirtung** seit langer Zeit eine besondere Bedeutung zu. Im Laufe der Jahrhunderte entstand aus der reinen Nahrungsaufnahme eine durch viele Einflüsse geprägte Esskultur. Die wichtigste Aufgabe als **Gastgeber** ist es deshalb, alle Sinne der Gäste für Tisch-, Tafel- und Esskultur zu sensibilisieren.

Um einen reibungslosen Service zu gewährleisten, gibt es bestimmte Servierregeln (s. ab S. 252). Die Kenntnis dieser Regeln schafft den Restaurantfachkräften die Zeit, die sie benötigen, um sich intensiver mit der Gästeberatung, dem Verkauf und der Gästebetreuung zu befassen.

Nach einer freundlichen Begrüßung und der Begleitung zum Tisch wird den Gästen die Speise- und Weinkarte präsentiert. Gleichzeitig besteht die Möglichkeit, auf besondere Tagesspezialitäten aufmerksam zu machen. Bevor man eine fachkompetente Beratung beginnt, ist es wichtig, den Gästen Zeit zu geben, sich mit Hilfe der Karte ein Bild über die Leistungsfähigkeit von Küche und Keller zu machen. Nach der Aufnahme der Bestellungen werden Speisen und Getränke boniert und an die Küche bzw. an das Getränkebüfett weitergegeben. Danach werden Getränke und Speisen mit Umsicht und Können professionell serviert, die Gäste also mit dem Bestellten versorgt.

4.1 Empfehlung und Aufnahme der Bestellung

🇬🇧 recommendation and taking of orders
🇫🇷 recommandation (w) et l'accueil de la commande

Die Empfehlung von Speisen und Getränken sowie die Aufnahme der Bestellungen ist ein wesentlicher Aufgabenbereich der Servierfachkräfte. Dazu gehören gutes Fachwissen und die Kenntnis des betrieblichen Angebots, wie z. B.:

- Welche Gerichte (Braten usw.) sind fertig und können dem eiligen Gast empfohlen werden?
- Stehen Tagesspezialitäten auf der Karte?
- Werden auch Gerichte serviert, die nicht auf der Karte stehen?
- Gibt es Gerichte, die nach Größe oder Gewicht (Fische oder Steaks) berechnet werden?
- Welches sind besondere Hausspezialitäten?
- Angebot von Diät- oder vegetarischen Gerichten.
- Sind die Gerichte auch als kleine oder halbe Portionen erhältlich?
- Können Beilagen geändert werden? Mit oder ohne Aufpreis?
- Inwieweit können Extrawünsche der Gäste erfüllt werden?
- Durchschnittliche Zubereitungsdauer der einzelnen Gerichte.

Abb. 2 Gästeberatung

4.2 Verkaufsgespräche und -techniken

🇬🇧 sales talks and formulations of questions

🇫🇷 dialogues (m) de vente et des techniques (w) de poser des questions

Abb. 1 Aperitif-Auswahl

● Wer fragt – der führt!

Eine geschickte Fragetechnik ist das wichtigste rhetorische Hilfsmittel, um den Gast beim Verkaufsgespräch zum Sprechen zu veranlassen. Der Fragende hat die Möglichkeit, das Gespräch zu lenken, die Richtung zu beeinflussen.

Gastorientierte Fragen bilden die Grundlage für den erfolgreichen Verlauf von Verkaufsgesprächen. Dabei sind die folgenden Fragearten in der betrieblichen Praxis bedeutsam.

● Richtig formulierte Fragen, gästegerecht aufbereitet, bewirken im Verkaufsgespräch einige interessante Vorteile:
  - sie schaffen die notwendige Vertrauensbasis;
  - sie helfen, den Dialog mit Gästen zu finden;
  - sie helfen, eventuell vorhandene Widerstände beim Gast zu erkennen;
  - sie vermeiden Konflikte, die durch Missverständnisse entstehen könnten;
  - sie ermöglichen eine konfliktfreie Korrektur der Meinung eines Gastes.

Fragearten	
Informationsfragen	Taktische Fragen
• Geschlossene Fragen • Offene Fragen	• Rhetorische Fragen • Gegenfragen • Suggestivfragen • Alternativfragen • Übereinstimmungsfragen • Motivierungsfragen • Kontrollfragen • Richtungweisende Fragen

Informationsfragen

Informationsfragen dienen der Informationsbeschaffung und gliedern sich in die Fragearten „geschlossene Fragen" und „offene Fragen".

Geschlossene Fragen (1) beginnen mit einem Verb, einem Zeitwort oder einem Hilfszeitwort. Diese Fragen haben den Nachteil, dass sie meist nur mit „ja" oder „nein" beantwortet werden. Der Dialog könnte schnell enden, bevor er richtig begonnen hat.

Nach der Wahrscheinlichkeitsrechnung werden Sie in 50 % der Fälle ein „Nein" als Antwort bekommen. Gerade in der Eröffnungsphase des Verkaufs- oder Beratungsgesprächs stellt die Antwort „Nein" einen Störfaktor dar und sollte deshalb nicht provoziert werden.

Offene Fragen (2) beginnen mit den Fragewörtern „wer", „wie", „was", „wo", „wann", „womit", „welche", „wie viel", „wozu". Offene Fragen aktivieren den Gast, mit ganzen Sätzen zu antworten.

(1) „Möchten Sie unsere Aperitifauswahl vom Wagen sehen?"
„Darf ich Ihnen unsere Aperitifkarte bringen?"

(2) „Womit kann ich Ihnen helfen?"
„Was darf ich Ihnen als Gemüsebeilage bestellen?"
„Welches dieser Gebäckstücke darf ich Ihnen vorlegen?"

EIN TISCH FÜR ZWEI ...

DA MUSS ICH MEINE RESERVIERUNGS-LISTE KONSULTIEREN ...

WIE WAR NOCH GLEICH IHR NAME?

HERR UND FRAU AXT.

OH, ABER NATÜRLICH!

HIER ENTLANG BITTE, DIE HERRSCHAFTEN!

Taktische Fragen

Bei **Taktischen Fragen** stehen nicht die Bedarfsklärung und Informationsbeschaffung im Vordergrund. Sie dienen vielmehr der Gesprächslenkung und der positiven Prägung und Beeinflussung der Gesprächsatmosphäre.

Rhetorische Fragen (1) verlangen keine Antworten vom Gesprächspartner, denn diese werden vom Fragensteller gleich selbst vorgegeben. Diese Fragetechnik hat den Vorteil, dass mit ihrer Hilfe ein „fingierter" Dialog stattfinden kann. Die Antwort hilft gerade unsicheren und unentschlossenen Gästen, sich zu entscheiden.

(1) „Welchen Wein kann ich Ihnen bei Ihren genannten Wünschen bringen? Ich glaube, der ‚Lauffener Altenberg' wird Ihre Erwartungen am besten treffen!"

Gegenfragen (2) verhelfen zu Hintergrundinformationen. Sie werden oftmals gestellt, um die Meinung des Fragenden zu korrigieren, eine Überprüfung seinerseits zu veranlassen oder um der Frage auszuweichen. Wer Gegenfragen stellt, muss bedenken, dass Gäste dies als ungehörig und unzulässig empfinden können, werden sie doch statt einer erwarteten Antwort mit einer neuen Frage konfrontiert. Viele Gäste empfinden das Nichtbeantworten ihrer Frage und das Antworten mit einer Gegenfrage als ungehörig und unzulässig. Der Ton macht hier die Musik.

(2) Gast: „Ist Ihr Orangensaft auf dem Frühstücksbüfett immer aus Fruchtkonzentrat hergestellt?"
Bedienung: „Sie hätten lieber einen frisch gepressten getrunken? Das tut mir leid, aber das wusste ich nicht. Morgen bringe ich Ihnen einen frisch gepressten Orangensaft!"

Suggestivfragen (3) sind so formuliert, dass sie die angestrebte oder erwartete Antwort bereits enthalten. Der Gefragte wird beeinflusst, im Sinne des Fragenden zu antworten. Suggestivfragen sollten im Verkauf sehr vorsichtig angewendet werden, weil sie von den Gästen häufig als Meinungs-Manipulation empfunden werden. Man wird diese Fragenart nur in den Fällen anwenden, bei denen eine zustimmende Antwort schon vorher im Gespräch vernehmbar war. Diese Sensibilität für Gästebedürfnisse vorausgesetzt, können Suggestivfragen eine gewünschte „Ja-Welle" bei den Antworten auslösen. Dazu werden gerne Füllwörter wie „sicherlich", „doch wohl", „doch nicht" oder „bestimmt auch" in die Frage eingebaut.

(3) „Sie werden diesen schönen Festabend doch nicht ohne einen Digestif ausklingen lassen?"
„Sie haben doch bestimmt nichts dagegen, wenn …"
„Sie nehmen doch den Burger mit Extra-Käse?"

Alternativfragen (4) sind eine spezielle Art von Suggestivfragen. Sie lassen dem Gefragten die Wahl zwischen mehreren positiven Möglichkeiten. Der Berater geht bei dieser Fragetechnik nicht mehr davon aus, ob der Gast überhaupt einen Wunsch in dieser Richtung hat. Vielmehr wird ein Wunsch hierzu unterstellt. Dem Gast wird keine Entscheidung zwischen „Ja" oder „Nein" abverlangt, sondern eine Entscheidung zwischen „diesem" oder „jenem" Artikel.

(4) „Möchten Sie Ketchup oder Mayonnaise zu den Pommes frites?"

Übereinstimmungsfragen (5) helfen herauszufinden und zu kontrollieren, ob eine Übereinstimmung im Verkaufsgespräch noch besteht oder ob sie gestört ist. Außerdem festigen sie bereits erreichte gemeinsame Gesprächsbasen durch Gegenbestätigung des Gastes.

(5) „Es ist doch richtig, Frau Müller, dass Sie Ihren Salat mit Cocktail-Dressing wünschen?"

Motivierungsfragen (6) werden gerne verwendet, um in sich zurückgezogene, introvertierte Gäste anzuregen, ihre Meinung zu äußern. Darüber hinaus erzeugen diese Fragen ein positives Gesprächsklima und regen zum Gespräch an.

(6) „Ihre Meinung zu diesem Sachverhalt würde mich besonders interessieren. Sind Sie nicht Spezialist auf diesem Gebiet?"

Kontrollfragen (7) sollen hinterfragen, ob man vom Gesprächspartner richtig verstanden wurde. Sie sollen vermeiden, dass später Missverständnisse entstehen. Sie dürfen nicht direkt in verletzender Art gestellt wer-

den, wie etwa: „Haben Sie mich verstanden?", oder: „Ist das jetzt klar?".
Vielmehr sollten Kontrollfragen „diskret verpackt" formuliert werden.

Richtungweisende Fragen (8) sollen das Gespräch in eine neue, eben in die gewünschte Richtung lenken. Oftmals geht man dabei zurück auf eine zuvor erreichte gemeinsame Gesprächsbasis. Von diesem Übereinstimmungspunkt aus kann der Gesprächspartner seine Position überdenken. Er kann Schlüsse ziehen, die sich den Vorstellungen des Fragenden nähern oder ihnen sogar entsprechen.

4.3 Tischreservierungen

🇬🇧 table reservations 🇫🇷 réservations (w) de table

Die meisten Tischreservierungen erfolgen per Telefon, und die Anrufer werden mit dem Restaurant direkt verbunden. Manchmal reservieren Gäste auch persönlich im Restaurant oder an der Hotel-Rezeption. Es ist in jedem Fall wichtig, dass die erforderlichen Angaben vollständig erfragt und sofort notiert werden. Unvollständige, manchmal auch falsche Angaben im Reservierungsbuch können zu Überschneidungen und Reklamationen führen.

Die Reservierungsannahme soll freundlich, zielstrebig und professionell erfolgen. Das Verhalten des Service-Mitarbeiters gegenüber dem Gast muss sich verkaufsfördernd auswirken.

Begrüßen Sie den Gast freundlich und notieren Sie seinen Namen sofort. Erfassen Sie dabei auch die richtige Schreibweise des Namens. Der Gast wird nun seinen Reservierungswunsch durchgeben. Lassen Sie ihn ausreden, unterbrechen Sie nicht.

Erfragen Sie dann – am besten mit Hilfe eines Formblattes – alle nötigen Angaben. Seien Sie dabei offen, kooperativ und hilfsbereit. Beispielsweise erwähnen Sie die zu diesem Termin laufende Spezialitätenwoche oder Ähnliches.

Wenn keine sonstigen Wünsche genannt werden, danken Sie dem Anrufer für seine Reservierung. Versichern Sie ihm, dass es ein schöner Aufenthalt in Ihrem Hause wird und verabschieden Sie ihn unbedingt mit seinem Namen.

Tragen Sie nun die Reservierung korrekt und vollständig ins Reservierungsbuch ein oder geben Sie die Reservierung weiter an den zuständigen Abteilungsleiter bzw. Restaurantchef. Sehen Sie auch gleich in der Gästekartei nach, welche Besonderheiten bei diesem Gast zu beachten sind. Veranlassen Sie alles Nötige.

Hilfsmittel und Unterlagen zur Annahme von Tischreservierungen:

- Formblatt zur Reservierungsannahme
- Bleistift, Radiergummi, Kugelschreiber
- Notizblock
- Reservierungsbuch
- Veranstaltungsvorschau mit Aktionswochen
- Jahreskalender
- Speisekarte
- Getränkekarte
- Weinkarte
- Menüvorschläge mit Preisliste
- Gästekartei

(7) Sie wurden von einem Gast nach dem Weg zum Nationalpark gefragt. Sie haben den Weg beschrieben und stellen nun folgende Kontrollfrage: „Ich kann Ihnen meine Wegbeschreibung gerne noch einmal auf der Straßenkarte zeigen – oder glauben Sie, dass Sie auch so hinfinden werden?"

(8) Tagungsbesprechung mit einem Veranstalter: „Sie sagten vorhin, dass Sie Ihre Kaffeepause bei schönem Wetter gerne im Freien verbringen würden. Da kommt mir eine Idee: Was halten Sie davon, wenn wir Ihnen den Kaffee auf der Terrasse vor dem Wintergarten servieren würden? Das ist in der Nähe Ihres Tagungsraumes und dort sind Sie ungestört."

● Mit wohl überlegten Fragen, zum richtigen Zeitpunkt gestellt, kann das Verkaufsgespräch positiv beeinflusst werden und zu einem erfolgreichen Abschluss kommen!

Abb. 1 Restaurantmanager am Telefon

Im Restaurant klingelt das Telefon. Ein Service-Mitarbeiter hebt ab und meldet sich korrekt mit:

Mitarbeiter: „Hier Hotel-Restaurant Wastlsäge, mein Name ist Johann Schiller, guten Tag!"

Gast: „Guten Tag, hier spricht Müller, von der Firma ABM. Ich möchte gerne bei Ihnen einen Tisch reservieren, für 6 Personen, am Samstag. Geht das in Ordnung?"

Mitarbeiter: „Ja, Herr Müller, Sie meinen sicher kommenden Samstag, den 31.? Für welche Uhrzeit möchten Sie reservieren?"

Gast: „Ja, genau, diesen Samstag. Wir wollen uns gegen 19 Uhr zum Aperitif in Ihrer Hotelbar treffen, das heißt, wir kommen dann gegen 19:30 Uhr zu Ihnen ins Restaurant."

Mitarbeiter: „Sehr gut. Ich darf kurz wiederholen: Für Samstag, den 31. Oktober, um 19:30 Uhr, einen Tisch für 6 Personen auf Ihren Namen, Herr Müller. Geben Sie mir bitte noch Ihre Adresse und Rufnummer?!"

Gast: „Ja, also der Name ist Egon Müller, Arberstraße 12, in München. Meine Privat-Rufnummer lautet 089 1234567, aber bitte erst nach 18 Uhr!"

Mitarbeiter: „Danke, Herr Müller. Erlauben Sie mir noch einen Hinweis? Bis einschließlich Sonntag bieten wir unsere Französische Gourmetwoche an, mit vielen Spezialitäten aus den Regionalküchen Frankreichs. Selbstverständlich könnten Sie auch hierbei à la carte wählen. Sagt Ihnen das zu, Herr Müller?"

Gast: „Das klingt ja vielversprechend. Aber ich möchte die Wahl meinen Geschäftsfreunden selbst überlassen – auch wenn ich der Gastgeber bin!"

Mitarbeiter: „Selbstverständlich, Herr Müller. Wünschen Sie einen bestimmten Tisch?"

Gast: „Das muss nicht sein. Hauptsache, wir können uns ungestört unterhalten."

Mitarbeiter: „Das verstehe ich. Wir werden für Sie einen ruhigen Ecktisch bereithalten – da sind Sie völlig ungestört. Können wir sonst noch etwas für Sie tun, Herr Müller?"

Gast: „Nein danke, das war's schon."

Mitarbeiter: „Wir danken für Ihre Reservierung. Auf Wiederhören, Herr Müller!"

Gast: „Auf Wiederhören!"

Grundlegende Informationen für Veranstaltungsabsprachen

- Datum und Uhrzeit des Veranstaltungsbeginns
- Name, Anschrift und Kontaktmöglichkeit des Gastgebers (E-Mail, Telefon)
- Art der Veranstaltung
- erwartete Teilnehmerzahl
- Art der Bezahlung

Zusätzliche Informationen, je nach Art der Veranstaltung

- Gebuchte Räumlichkeiten
- Dauer der Veranstaltung
- Höhe der Raummiete
- Tafelform
- Tischwäsche und Dekoration
- Menükartengestaltung
- Speisen- und Getränkewünsche
- Ablauf der Veranstaltung
- Musik
- Sonderwünsche

4.4 Veranstaltungsabsprachen

🇬🇧 function agreement 🇫🇷 accord (m) de manifestation (w)

Absprachen für größere Veranstaltungen, z. B. Familienfeier, Betriebsfest, Tagung, sind mit **größter Sorgfalt** zu erledigen. Auftretende Fehler sind hierbei besonders gravierend: Der Umsatz einer Veranstaltung ist recht hoch, es nehmen viele Gäste teil, deren Zufriedenheit über Folgeaufträge für den Betrieb entscheidet.

Jede Veranstaltungsabsprache ist ein Verkaufsgespräch. Punkte, die bei der Absprache vergessen werden, bedeuten daher auch Umsatz, der dem Restaurant entgeht.

Um Veranstaltungsabsprachen strukturiert durchführen zu können, helfen standardisierte **Checklisten**, so genannte **„Function Sheets"**. Sie helfen beim Verkaufsgespräch, dienen dem Gast und dem Restaurantleiter als Auftragsannahme und Auftragsbestätigung, sind für die Abteilungen Arbeitsanweisungen und für die Buchhaltung Grundlage zur Rechnungsstellung.

Die Gestaltung eines Function Sheets ist abhängig von der jeweiligen Veranstaltung. Bei Kindergeburtstagen stehen z. B. eher Alter und Geschlecht des Kindes sowie Spielmöglichkeiten im Vordergrund, während bei einer Tagung die benötigte technische Ausstattung sowie die Tagungsbewirtung wichtig sind. Der Gast erhält eine Kopie des Function sheets, auch um Unstimmigkeiten schnell erkennen zu können.

4.5 Gästeberatung

🇬🇧 giving recommendations to guests
🇫🇷 donner des recommandations aux hôtes

Die Art, wie das Verkaufsgespräch mit dem Gast geführt wird, ist in erster Linie abhängig von der Serviceart des jeweiligen Restaurants (vgl. S. 251). Die Erwartungshaltung eines Gastes ist in einem Restaurant der gehobenen Kategorie eine völlig andere als in der Kantine eines Unternehmens oder im Restaurant eines Freizeitparks.

Die Erfüllung (oder gar „Übererfüllung") dieser Erwartungshaltung entscheidet darüber, ob der Gast zufrieden ist, das Restaurant erneut besuchen wird und seinen Freunden und Bekannten weiterempfiehlt.

Obwohl die großen Restaurantketten der Systemgastronomie standardisierte Abläufe für Gastgespräche vorgesehen haben, ist der Umgang mit dem Gast stets individuell zu handhaben.

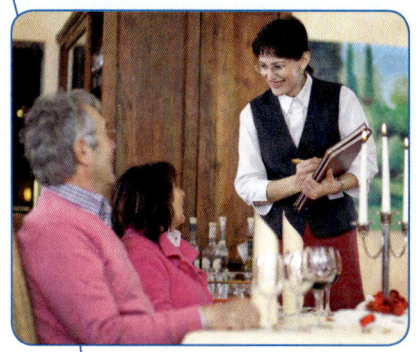

Abb. 1 Gästeberatung

Begrüßung

Unabhängig von der Serviceart ist zunächst die Begrüßung des Gastes wichtig. Diese sollte tageszeitabhängig und wenn möglich (z. B. bei Stammgästen) persönlich sein. Das weitere Wahrnehmen der Gastgeberfunktion ist dann schon eher von der im Restaurant vorherrschenden Serviceart abhängig. Während der Servicemitarbeiter in einem Full-Service-Restaurant dem Gast die Jacke abnimmt und diesem zu einem Tisch geleitet, kann in einem Restaurant mit Counterservice direkt mit der Gästeberatung oder der Annahme der Bestellung fortgefahren werden.

Function Sheet „Kindergeburtstag"			
Familienname des Gastes:	Meier	Alter (am Geburtstag):	5
Vorname des Gastes:	Rebecca	○ Junge ☒ Mädchen	
Anzahl der Gäste:	8	Termin für die Feier:	15.05.
Durchschnittsalter der Gäste:	4 bis 6 Jahre	Eintreffen im Restaurant:	Ca. 15:30 Uhr
Gewünschte Dekoration:	Motto „Pferde", Luftschlangen und -ballons		
Gewünschte Speisen und Getränke:	Fingerfood/Pommes, softdrinks/Mineralwasser, Kaffee (Eltern)		
Torte:	☒ Erdbeer ○ Schoko ○ keine		
Bezahlung:	☒ auf Rechnung ○ bar ○ ec/Kreditkarte	Telefonnummer für Rückfragen:	654326
Rechnungsadresse:	Dorfstr. 3, 23532 Marktbach		
Interne Vermerke:			
Gespräch geführt am:	28.04.	Auftragsnummer:	
Gespräche geführt durch:	P. Schwenkers		

Flussdiagramm:
Begrüßung → Empfehlung ⇄ Aufnahme der Bestellung → Zusatzverkauf (vgl. 4.6)

Beispiel klassisches Restaurant:

„Was dürfen wir Ihnen vorweg als Aperitif empfehlen? Hätten Sie lieber einen Sherry-Medium, einen weißen Portwein oder einen Bellini? Das ist Pfirsich-Püree, aromatisiert mit Pfirsich-Likör und dann mit Prosecco aufgegossen! Oder hätten Sie lieber ein Glas halbtrockenen Champagner?"

Beispiel Quick-Service-Restaurant:

- „Kennen Sie schon unseren neuen Aktionsburger? Zartes Hähnchenbrustfilet mit einer Honig-Senf-Sauce und Ruccola-Salat in einem ofenfrischen Ciabattabrötchen.
- Möchten Sie vielleicht lieber das deftigere Schnitzelsandwich, mit einem panierten Schweinefleischschnitzel und würziger Mayonnaise in einem Laugenbrötchen? Dazu gibt es im Menü wahlweise Pommes frites oder Potato Wedges und ein großes Getränk.
- Oder nehmen Sie wie sonst das Menü mit den Hähnchennuggets und Barbecue-Sauce?"

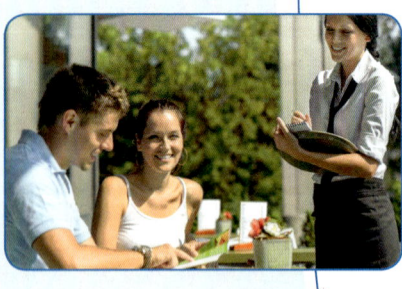

Beispiele klassisches Restaurant:

- „Zu dem gebratenen Kalbssteak mit Stangenspargel, holländischer Sauce und neuen Kartoffeln passt sehr gut unser Würzburger Stein, Silvaner, Kabinett, aus Franken!"
- „Zu der Steinpilz-Lauch-Kartoffeltorte eignet sich ideal unser Ockfener Bockstein, Riesling, Spätlese, halbtrocken, aus dem Anbaugebiet Mosel".

Die Empfehlung

Die Empfehlung richtet sich an Gäste, die sich noch im Unklaren über ihre Speise- und Getränkewahl sind. Wenn der Gast bekannt ist, kann der Servicemitarbeiter ihn gezielt in Richtung seiner Vorlieben beraten. Dabei ist es wichtig, einige Alternativen aufzuzählen. So können Verkaufschancen am besten genutzt werden.

Hier wird die **offene Frage** als rhetorischer Einstieg verwendet. Ohne lange Sprechpause wird mit einer Aufzählung von Empfehlungen fortgesetzt. Dann wird die Empfehlung mit einer **richtungsweisenden Frage** abgeschlossen. Die zuletzt genannten Vorschläge haben die größten Bestellchancen, denn ihr Erinnerungswert ist am größten.

Wenn der Gast und seine Vorlieben noch nicht bekannt sind oder er scheinbar zum ersten Mal in diesem Restaurant ist, sollte man durch geschickte Frageformulierungen seine Geschmacksrichtung herausfinden.

„Wir möchten Ihnen gerne einen Aperitif anbieten – bevorzugen Sie dazu lieber ein trockenes, ein halbtrockenes oder eher ein liebliches Getränk?"

Vergleichbar könnte die Einstiegsfrage in einem Quick-Service-Restaurant etwa so lauten:

Je nach geäußerter Vorliebe zählen Sie dann zwei bis drei Alternativen auf.

„Wir bieten unsere Hähnchenteile in zwei Variationen an. Mögen Sie es lieber scharf oder eher mild?"

Im klassischen Restaurant präsentieren Sie nach der Aperitif-Bestellung, die Sie notieren und wiederholen, jedem Gast eine geöffnete Speisekarte. Sie weisen sowohl auf Tagesspezialitäten als auch auf ein besonderes Angebot hin, z. B. auf die Spargelgerichte oder die Wildspezialitäten. Sie legen die Getränkekarte/ Weinkarte am Tisch bereit und kümmern sich um einen schnellen Service von Aperitif, Couvert-Brot, Butter und „amuse gueule", den kleinen Appetithappen vor dem Essen, als kulinarische Begrüßung.

Die Beratung

Im Gegensatz zur Empfehlung richtet sich die Beratung an den Gast, der das Menüangebot schon kennt. Entweder hat er die Speisekarte schon gelesen, ist ein Stammgast oder – speziell in der Systemgastronomie – er kennt das Produktsortiment aus anderen Filialen der Restaurantkette. In einem klassischen Restaurant wird der Gast besonders bei der Auswahl eines korrespondieren Weines beraten:

Beispiele Quick-Service-Restaurant:

- „Wenn Sie statt des Herkulesburgers und der großen Cola das Herkulesmenü wählen, haben Sie eine große Portion Pommes dabei und zahlen nur 40 Cent mehr."
- „Wenn Sie im Menü das große Getränk wählen, erhalten Sie einen Sammelpunkt. Nach nur fünf gesammelten Punkten bekommen Sie beim nächsten Besuch ein Menü Ihrer Wahl gratis."

Bestellungsannahme

Die Art der Bestellungsannahme ist direkt mit der Serviceart verbunden. In einem **klassischen Full-Service-Restaurant** notiert die Servicefachkraft auf dem Bestellblock die Wünsche der Gäste.

Bei mehreren Gästen an einem Tisch ist das Vorbereiten einer Sitzplatz-Skizze mit Tischnummer aus der Sicht der Servierrichtung am Tisch empfehlenswert. Das erspart später auch helfenden Kollegen die lästige Fragerei.

In das entsprechende Feld wird für jeden Gast die Bestellung, in korrekter Reihenfolge, mit den Sonderwünschen eingetragen. Dabei sollte gleichzeitig nach speziellen Wünschen, wie z.B. Zubereitung, Gargrad oder Dressing, gefragt werden.

In einem **Restaurant der Systemgastronomie** mit Counterservice wird die Bestellung des Gastes direkt in der Kasse erfasst und automatisch in die Küche weitergeleitet.

Dabei sollten auch Sonderwünsche wie z.B. „ohne Zwiebel" oder „mit Extra-Käse" mit erfasst werden. Dies ist zum einen für das Warenwirtschaftssystem des Restaurants wichtig, zum anderen erspart es das Rufen in die Küche, das das Verkaufsgespräch unschön unterbricht.

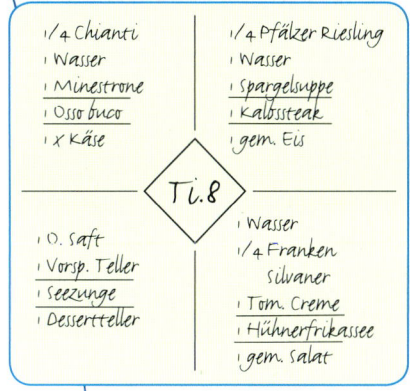

Abb. 1 Sitzplan-Skizze der Servicefachkraft

„Wünschen Sie Ihr Rinderfiletsteak blutig, medium oder durchgebraten?"

4.6 Zusatzverkäufe

Das Thema Zusatzverkäufe ist sehr wichtig. Zusatzverkäufe finden in der letzten Phase des Verkaufsgesprächs statt.

In einem **klassischen Restaurant** wiederholt der Servicemitarbeiter mit Hilfe seiner Sitzplan-Skizze die Bestellung und informiert den Gast über eine eventuell anfallende längere Wartezeit. Danach wird die Bestellung sofort boniert und unverzüglich an Küche und Getränkebüfett weitergeleitet.

Nachdem die Getränke serviert wurden, werden die Couverts der Bestellung entsprechend **nachgedeckt,** (s. Abb.) das „Mise en place" am Beistelltisch (Gueridon) wird vorbereitet.

Auch während der Wartezeit müssen die Gäste im Blick behalten werden, um Nachbestellungen annehmen zu können. Leere Gläser und Flaschen können ein Zeichen sein, dass am Tisch eine „Unterversorgung" besteht. Eine freundliche Nachfrage kann diese beseitigen.

Mit erzielten Zusatzumsätzen helfen Sie Ihrem Haus, die Preise bei anderen Artikeln moderater kalkulieren zu können.

Abb. 1 Rechnung mit Wechselgeld

Wenn der Hauptgang abgeräumt ist und noch keine Dessertbestellung erfolgte, fragt der Servicemitarbeiter die Gäste, ob der Wunsch nach einem Dessert besteht. Dies kann auch gleich mit der Präsentation der Dessertkarte erfolgen. Zur Abrundung des Mahles sollten Kaffee oder Digestifs angeboten werden.

Der Servicemitarbeiter im **Counterservice** sollte, vor allem bei umfangreichen Bestellungen, nach dem Eingeben in die Kasse die Wünsche des Gastes wiederholen, um sicherzugehen, dass nichts vergessen oder etwas falsch erfasst wurde. Danach wird der Zahlungsbetrag genannt. Je nach betrieblichem Standard erfolgt zuerst der Kassiervorgang oder das Zusammenstellung der Bestellung. Nachdem dem Gast seine Bestellung überreicht wurde, wünscht man ihm einen guten Appetit und verabschiedet sich von ihm.

Obwohl der Gast im Restaurant isst, kommt es im Counterservice meist nicht zu einem weiteren Kontakt zwischen Servicemitarbeiter und Gast. Wenn es für den Gast problematisch ist, das Tablett zu seinem Platz zu bringen (z. B. aufgrund einer Gehbehinderung oder bei einer großen Bestellung), sollte der Servicemitarbeiter seine Hilfe anbieten. Ein eventuell wartender weiterer Gast müsste kurz um Verständnis gebeten werden.

4.7 Rechnungspräsentation und Verabschiedung

🇬🇧 bill (GB), check (USA) and saying goodbye 🇫🇷 addition (w) et faire ses adieux

Die Rechnung wird dem Besteller eingesetzt. Sie liegt meist auf einem Teller in einer Serviettentasche. Der Endbetrag ist verdeckt. Die Diskretion der Service-Mitarbeiter ist auch hier gefordert. Entfernen Sie sich vom Tisch und lassen Sie dem Besteller genügend Zeit zur Überprüfung und um das Bargeld oder die Kreditkarte in die Serviettentasche zu legen. Erst dann gehen Sie zurück an den Tisch und bitten um den Teller. Im Office legen Sie das entsprechende Wechselgeld zur Rechnung, die bringen sie wieder zugedeckt auf dem Teller zurück.

Das Kassieren darf nicht der letzte Kontakt zum Gast sein, denn das Verabschieden ist genauso wichtig wie das Begrüßen. Ist der erste Eindruck oft der entscheidende, so ist der letzte oft der bleibende! Helfen Sie den Gästen bei der Garderobe, bedanken Sie sich für den Besuch und verabschieden Sie Ihre Gäste freundlich am Restaurant-Ausgang.

Gehen Sie nicht davon aus, dass das Wechselgeld immer gleich Ihr Trinkgeld ist. Das wird der Gast erst noch entscheiden.

❺ Reklamationen

🇬🇧 dealing with complaints 🇫🇷 traitement (m) des réclamations

Auch in bestgeführten Restaurationsbetrieben kommt es gelegentlich zu Beschwerden oder Reklamationen. In jedem Fall sind diese Beanstandungen ernst zu nehmen. Man muss sich sofort um die Probleme kümmern.

Die Qualität von Betrieben wird auch daran gemessen, wie dort mit Beschwerden umgegangen wird.

Es ist viel kostengünstiger, vorhandene Gäste richtig zu betreuen, als Zeit und Geld zu investieren, um immer wieder neue Gäste zu gewinnen. Unter **Beschwerdemanagement** versteht man die Art und Weise, wie mit Reklamationen umgegangen wird.

Dieser Umgang sollte als eine sinnvolle Investition für die Erhaltung des zukünftigen Gästestamms verstanden werden. Beschwerden haben zwar immer eine negative Ursache, sie können aber zu einem positiven Ergebnis geführt werden.

Beim gastfreundlichen Beschwerdemanagement hat die Geschäftsführung verschiedene Instrumente ausgewählt, die je nach Situation eingesetzt oder angewendet werden können.

Vom Management ist im Voraus festzulegen, wer in welcher Situation welche Reaktionsinstrumente einsetzen sollte.

Die **Reaktionsinstrumente** sollten großzügig vorgegeben und eingesetzt werden. Diese Großzügigkeit kostet das Unternehmen weniger als ein unzufriedener Gast, der mit negativer „Mund-zu-Mund-Propaganda" andere Gäste abschrecken könnte und selbst nie wiederkäme. So sollte beispielsweise die innerbetriebliche Regelung bestehen, dass für ein im Restaurant zurückgenommenes Gericht nicht bezahlt werden muss.

Beispiele für Reaktionen auf Reklamationen siehe auch nächste Seite.

> 🔴 Bedenken Sie bitte: Jede Reklamationsbehandlung sollte als Werbechance um den Gast angesehen werden.

Reaktionsinstrumente:

- **Leistungstausch**, z. B. wird ein Filetsteak anstatt des reklamierten Rumpsteaks serviert oder ein Saibling statt einer Zuchtforelle
- **Nachbesserung**, z. B. wird das noch „blutige" Steak „medium" nachgebraten
- **Abhilfe**, z. B. wird die vergessene Sauce nachserviert
- **Schadenersatz**, z. B. werden die Kosten für die chemische Reinigung übernommen, wenn durch eine Unachtsamkeit der Mitarbeiter die Bekleidung eines Gastes verschmutzt wurde
- **kleine Aufmerksamkeiten**, z. B. werden Werbegeschenke überreicht
- **Gutscheine**, z. B. für den Sonntags-Brunch
- **Erstattung der bereits bezahlten Rechnung**
- **persönlicher Anruf** des Chefs beim Gast
- **Entschuldigungsschreiben** der Direktion

> 🔴 Grundsätzlich sollte gelten: Lieber ein Geschäft als einen Gast verlieren.

10 Empfehlungen bei Reklamationen

- Bleiben Sie ruhig, sachlich und höflich; sprechen Sie möglichst wenig, zeigen Sie Verständnis und unterbrechen Sie den Gast nicht!

- Diskutieren Sie nicht mit dem Gast! Widerspruch reizt den Gast noch mehr, belehren Sie ihn nicht!

- Entschuldigen Sie sich gleich, z. B. so: *„Es tut mir leid, dass Sie jetzt solche Unannehmlichkeiten haben – ich werde das sofort in Ordnung bringen!"*

- Schieben Sie die Schuld nicht auf andere Mitarbeiter oder Abteilungen. Gebrauchen Sie keine Ausreden. Das interessiert den Gast nicht!

- Zeigen Sie dem Gast, dass Sie ihn ernst nehmen. Lassen Sie den Gast sein Gesicht wahren! Behandeln Sie ihn mit Respekt.

- Reagieren Sie sofort. Sorgen Sie für Abhilfe oder fragen Sie den Gast, wie Sie ihn wieder zufrieden stellen können. Machen Sie konkrete Vorschläge dazu.

- Informieren Sie Ihren Vorgesetzten, der sich gegebenenfalls sofort um den Gast bemühen wird.

- Fühlen Sie sich nicht persönlich angegriffen. Bedanken Sie sich für Beschwerden als Chance zur Qualitätsverbesserung.

- Prüfen Sie nach, ob der Fehler behoben wurde. Vereinbaren Sie das weitere Vorgehen, falls nicht sofort reagiert werden kann.

- Übernehmen Sie Verantwortung für jede Reklamation, die Ihnen gegenüber geäußert wurde. Überdenken Sie die Ursache und beugen Sie künftigen Fehlern vor!

6

Rechtsvorschriften

 laws référence (w) juridique

Folgende Gesetze betreffen den Abschnitt Verkaufsabläufe im Restaurant. Diese können auch auf der dem Buch beiliegenden CD nachgelesen werden.

Kaufvertrag

Die **§§ 433 ff. BGB** regeln die entgeltliche Veräußerung von Sachen und Rechten. Der Kaufvertrag unterliegt keinen Formvorschriften, die Schriftform ist aus Beweisgründen empfehlenswert.

Bewirtungsvertrag

Dieser ist kein ausdrücklich im Gesetz geregelter Vertrag. Deshalb werden die Vorschriften über den

- Kaufvertrag (**§§ 433 ff. BGB**), wenn es um die Ware geht
- Dienstvertrag (**§§ 611 ff. BGB**), wenn der Service betroffen ist
- Werkvertrag (**§§ 631 ff. BGB**),

- Werklieferungsvertrag (**§§ 651 ff. BGB**) und u. U. auch über das
- Mietrecht (**§§ 535 ff. BGB**)

angewendet. Der Bewirtungsvertrag beinhaltet weitgehend die Verpflegung des Gastes mit den Pflichten des Wirts und den Pflichten des Gastes.

Preisangabenverordnung – PAngV
(Stand 24. Juli 2010)

§ 1 schreibt vor, dass Gastronomen/Hoteliers bei der Nennung von Preisen für ihr Angebot **Endpreise** anbieten müssen, also Preise einschließlich der Umsatzsteuer und sonstiger Preisbestandteile, wie z. B. Bedienungsgelder und Sektsteuer. Eventuell zusätzlich anfallende Versand- oder Lieferkosten sind anzugeben, wie z. B. bei Außer-Haus-Lieferungen, Stadtküchenservice oder Weinhandel.

§ 2 schreibt vor, (2) wer Letztverbrauchern gewerbsmäßig … unverpackte Waren (lose Ware) anbietet (z. B. Kuchen im Außer-Haus-Verkauf), … hat lediglich den Grundpreis (gemäß Abs. 3) anzugeben. (3) Die Mengeneinheit für den Grundpreis ist jeweils 1 Kilogramm, 1 Liter … der Ware. Bei Waren, deren Nenngewicht oder Nennvolumen üblicherweise 250 Gramm nicht übersteigt, dürfen als Mengeneinheit für den Grundpreis 100 Gramm oder Milliliter verwendet werden.

§ 7 dieser Verordnung schreibt vor, dass Gaststättenbetriebe

- die Preise in Preisverzeichnissen, z. B. Speisekarten, Menükarten, Getränkekarten, Weinkarten, anzugeben haben;
- die Preisverzeichnisse auf Tischen aufzulegen sind oder dem Gast bei Bestellungsannahme und auf Verlangen bei Abrechnung vorzulegen sind;
- einen Auszug der wesentlichen angebotenen Speisen und Getränke mit Preisen im Eingangsbereich der Gaststätte anzubringen haben.

Verordnung über die Kennzeichnung von Lebensmitteln – LMKV
(Stand: 2. Juni 2010)

und Zusatzstoff-Zulassungsverordnung
(Stand: 28. März 2011)

Sie betreffen die Kenntlichmachung von Zusatzstoffen, wie z. B.: Konservierungsstoffe, Süßstoffe, Lebensmittel-Farbstoffe, Diphosphate, Schwefeldioxid, Chinin, Koffein … auf Speisekarten, Aushängen u. Ä. Diese Hinweise sollen gastronomische Betriebe und Einrichtungen der Gemeinschaftsverpflegung, wie z. B. Kantinen, auf die erforderliche und richtige Deklaration von Zusatzstoffen aufmerksam machen und so Beanstandungen bei Betriebskontrollen vermeiden helfen.

Schadenshaftung des Gastwirts

(BGB §§ 701 ff.) (Stand: 17. Januar 2011)

Hier muss zwischen **Schankwirt** (z. B. Betreiber eines Pils-Pubs) und **Gastwirt** (Beherbergungswirt) unterschieden werden.

Ein Schankwirt haftet nur für eigenes Verschulden und das seiner Mitarbeiter. Ein Gastwirt haftet darüber hinaus unter bestimmten Voraussetzungen.

§ 701 regelt, in welchen Fällen der Gastwirt (Hotelier) für eingebrachte Sachen seiner Übernachtungsgäste haftet und in welchen Fällen nicht.

§ 702 regelt die Höhe bzw. Beschränkung der Schadenshaftung des Gastwirts und beschreibt die Verpflichtung des Gastwirts Bargeld, Wertpapiere, Kostbarkeiten und andere Wertsachen zur Aufbewahrung zu übernehmen.

§ 702a regelt einen möglichen Erlass der Haftung des Gastwirts.

§ 703 verlangt vom Gast, einen Schaden unverzüglich geltend zu machen, damit dessen Anspruch nicht erlischt.

Pfandrecht des Gastwirts

(BGB, § 704)

§ 704 BGB: Der Gastwirt hat für seine Forderungen für Wohnung und andere dem Gaste zur Befriedigung seiner Bedürfnisse gewährte Leistungen, mit Einschluss der Auslagen, ein Pfandrecht an den eingebrachten Sachen des Gastes. Die für das Pfandrecht des Vermieters geltenden Vorschriften des § 562 Abs. 1 Satz 2 und der §§ 562 a bis 562 d finden entsprechende Anwendung.

Fundsachen / liegengelassene Sachen im Gastgewerbe

(BGB, §§ 965 bis 971)

Im Gastgewerbe unterscheidet man zwischen Fundsachen und liegengelassenen Sachen. Eingebrachte Güter von Übernachtungsgästen eines Gasthofs/ Hotels sind grundsätzlich liegengelassene Sachen, wenn sie vergessen wurden. Der Gastwirt hat solche Sachen unentgeltlich aufzubewahren und ggf. den Gast zu benachrichtigen. Der Gastwirt hat keinen Anspruch auf einen Finderlohn, jedoch kann er sich seine Kosten zur Benachrichtigung des Gastes erstatten lassen. Fundsachen kommen nur im öffentlichen Bereich des Betriebs vor, der auch von Passanten benutzt wird, wie z. B. der Restaurantbereich oder die Bankettabteilung. **§§ 965 ff. BGB** regeln die Pflichten des Finders und dessen Rechte, wie z. B. den Anspruch auf Finderlohn.

§ 965 regelt die Anzeigepflicht des Finders bei Sachen, deren Wert zehn Euro übersteigt.

§ 966 schreibt vor, dass der Finder die Sache verwahren muss, und regelt die Vorgehensweise bei verderblichen Sachen.

§ 967 regelt die Ablieferungspflicht der Sache oder des Versteigerungserlöses an die zuständige Behörde.

§ 968 regelt den Umfang der Haftung durch den Finder. Der Finder hat nur Vorsatz und grobe Fahrlässigkeit zu vertreten.

§ 969 besagt: Der Finder wird durch die Herausgabe der Sache an den Verlierer auch den sonstigen Empfangsberechtigten gegenüber befreit.

§ 970 legt fest, dass sich der Finder einer Sache Aufwendungen, die bei der Verwahrung oder Erhaltung der Sache oder bei der Ermittlung eines Empfangsberechtigten entstanden sind, vom Empfangsberechtigten erstatten lassen kann.

§ 971 regelt die **Höhe des Finderlohns**, den der Finder, z. B. der Gastwirt, vom Empfangsberechtigten/Verlierer, z. B. dem Nicht-Übernachtungsgast/Passant im Hotelrestaurant, verlangen kann. Der Finderlohn beträgt:

Vom Wert der Sache **bis 500 Euro: 5 %**. Übersteigt der Wert der Sache diesen Betrag, so sind vom **Mehrwert 3 %** zu leisten. Bei **Tieren** stehen **3 %** Finderlohn zu.

Der Anspruch des Finders ist ausgeschlossen, wenn er die Anzeigepflicht verletzt oder den Fund auf Nachfrage verheimlicht.

Garderobenhaftung

(BGB, § 688 ff.)

Der **Schank- oder Speisewirt** haftet für die Garderobe seiner Gäste nur dann, wenn ihm oder seinen Leuten schuldhaftes Handeln zugerechnet werden kann. Der Bewirtungsgast ist grundsätzlich für die Beaufsichtigung seiner Garderobe selbst zuständig. Dies gilt nicht, wenn der Wirt darauf besteht, dass die Garderobe an einem nicht einsehbaren Ort abzulegen ist. Bei einer bewachten Garderobe mit entgeltlicher Verwahrung haftet der Wirt/der Garderobenpächter für alle Schäden.

Es gelten die Regelungen des Verwahrungsvertrags (**§§ 688 ff. BGB**). Bei unentgeltlicher Verwahrung

von Garderobe haftet der Schank- oder Speisewirt nur bei grober Fahrlässigkeit und Vorsatz. Dem Wirt muss ein Verschulden nachgewiesen werden.

Gaststättengesetz

(Stand: 07. September 2007)

§ 18 Sperrzeit:

(1) Für Schank- und Speisewirtschaften sowie für öffentliche Vergnügungsstätten kann durch Rechtsverordnung der Landesregierungen eine Sperrzeit allgemein festgesetzt werden. In der Rechtsverordnung ist zu bestimmen, dass die Sperrzeit bei Vorliegen eines öffentlichen Bedürfnisses oder besonderer örtlicher Verhältnisse allgemein oder für einzelne Betriebe verlängert, verkürzt oder aufgehoben werden kann. Die Landesregierungen können durch Rechtsverordnung die Ermächtigung auf oberste Landesbehörden oder andere Behörden übertragen.

§ 28 Ordnungswidrigkeiten:

(1) Ordnungswidrig handelt, wer vorsätzlich oder fahrlässig ohne die nach § 2 Abs. 1 erforderliche Erlaubnis

  1. ein Gaststättengewerbe betreibt, ... ,

12. den Vorschriften einer auf Grund der §§ 14, **18 Abs. 1,** ... erlassenen Rechtsverordnung zuwider handelt, soweit die Rechtsverordnung für einen bestimmten Tatbestand auf diese Bußgeldvorschrift verweist.

(2) Ordnungswidrig handelt auch, wer

1. entgegen § 6 Satz 1 keine alkoholfreien Getränke verabreicht oder entgegen § 6 Satz 2 nicht mindestens ein alkoholfreies Getränk nicht teurer als das billigste alkoholische Getränk verabreicht, ...

4. als Gast in den Räumen einer Schankwirtschaft, einer Speisewirtschaft oder einer öffentlichen Vergnügungsstätte über den Beginn der Sperrzeit hinaus verweilt, obwohl der Gewerbetreibende, ein in seinem Betrieb Beschäftigter oder ein Beauftragter der zuständigen Behörde ihn ausdrücklich aufgefordert hat, sich zu entfernen.

(3) Die Ordnungswidrigkeiten können mit einer **Geldbuße bis zu fünftausend Euro** geahndet werden.

Landesnichtraucherschutz-Gesetz

Die Gesetzgebung hierzu obliegt den einzelnen Bundesländern. Gültig ist z. B. seit 1. August 2007 im Bundesland Baden-Württemberg folgendes Gesetz (Auszug):

§ 1 regelt die Zweckbestimmung: Ziel ist, dass in Schulen sowie bei schulischen Veranstaltungen in Gaststätten nicht geraucht wird. Die Regelungen dienen, insbesondere bei Kindern und Jugendlichen, dem Schutz vor Gefahren des Passivrauchens.

§ 7 regelt die Rauchfreiheit in Gaststätten und **untersagt das Rauchen in Gaststätten.** Dieses gilt nicht für Bier-, Wein- und Festzelte sowie die Außengastronomie, z. B. Biergärten, Terrassenge-

schäfte, Straßencafés und nicht für die im Reisegewerbe betriebenen Gaststätten, z. B. Bahnhofsgaststätten.

Das Rauchen in vollständig abgetrennten Nebenräumen ist zulässig, wenn und soweit diese Räume in deutlich erkennbarer Weise als Raucherräume gekennzeichnet sind. Dies gilt nicht bei Diskotheken. Arbeitsschutzrechtliche Bestimmungen bleiben unberührt.

§ 9 Die Ordnungswidrigkeit nach Absatz 1 kann mit einer **Geldbuße bis zu 40 Euro** und im innerhalb eines Jahres erfolgenden Wiederholungsfall mit einer Geldbuße **bis zu 150 Euro** geahndet werden.

Weitere Landesgesetze sowie Aktualisierungen finden Sie auf unseren Internetseiten www.hotel-restaurant-kueche.de.

Aufgaben

1. Geben Sie drei Beispiele, inwiefern „soziale Bedürfnisse" der Gäste in der Gastronomie zu beachten sind.

2. Nennen Sie vier positive Eigenschaften, die dem Service-Mitarbeiter helfen, den Restaurantbesuch des Gastes zu einem Qualitätserlebnis werden zu lassen.

3. Nennen Sie vier typische Schwachstellen im Service, die zu Reklamationen führen können.

4. Sie bedienen in Ihrer Station eine Familie mit Kleinkindern. Nennen Sie vier Maßnahmen, mit denen Sie dazu beitragen können, dass der Restaurantbesuch nicht nur den Eltern in positiver Erinnerung bleibt.

5. Entwickeln Sie ein druckreifes Formblatt, das zur vollständigen Annahme von Tischreservierungen verwendet werden kann.

6. Wie viele Alternativen sollten Sie aufzählen, wenn Sie Ihren Gästen Empfehlungen geben?

7. Man kann Gästen Empfehlungen geben und man kann Gäste beraten. Worin unterscheiden sich diese Verkaufsaktivitäten?

8. Es ist unangenehm, wenn man die Gäste fragen muss, wer denn was bestellt hat. Wie kann man das vermeiden?

9. Nennen Sie sieben Sparten bzw. Umsatzbereiche, die Sie durch aktives Verkaufen mit interessanten Zusatzumsätzen versehen können.

10. Der Gast bittet um seine Restaurant-Rechnung. Schildern Sie den Ablauf bis zum Kassieren der Rechnung.

11. Erklären Sie den Zusammenhang zwischen Ihrem professionellen Verhalten im Service und der Zufriedenheit Ihrer Gäste.

12. Nennen Sie sechs „Reaktionsinstrumente", die Sie bei Reklamationen im Restaurant anwenden oder einsetzen könnten.

13. Mit welchen Verhaltensweisen kann es Ihnen gelingen, die schwierige Aufgabe der Reklamationsbehandlung noch besser zu meistern?

14. Erklären Sie, warum eine großzügige Reklamationsbehandlung einer kleinlichen vorzuziehen ist.

15. Üben Sie mit einem Partner in einem Rollenspiel, mit welchen Formulierungen und Reaktionsinstrumenten Sie auf die Reklamation Ihres Partners antworten.

PROJEKT

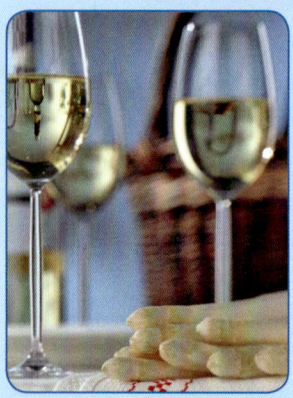

Aktionswoche „Spargel und Wein"

Mit einer Aktionswoche zum Thema **„Spargel und Wein"** möchte der F & B-Manager des Hotels Arberblick im hoteleigenen Restaurant „Waldlerstube" (100 Sitzplätze) den Abendverkauf beleben. Die Auszubildenden Marianne und Max sind beauftragt, bei Planung und Vorbereitung mitzuhelfen.

Zeitraum

Schlagen Sie die günstigste Kalenderwoche für die Aktion vor. Welche Faktoren berücksichtigen Sie dabei?

Tragende Marketing-Idee

Mit welchem Slogan wollen Sie für die Aktionswoche werben?

Gästekreis

Welche Zielgruppen wollen Sie ansprechen und gewinnen?

Marketing-Instrumente Angebot und Preis

1. Entwerfen Sie eine „Spargel und Wein"-Karte mit zehn Spargelgerichten und fünf korrespondierenden deutschen Weinen im offenen Ausschank.

2. Entwerfen Sie zwei 4-gängige Spargelmenüs, die als Menüempfehlung während dieser Woche geeignet sind.

3. Welche Tisch- und Raumdekoration planen Sie? Wie viel € wird sie kosten?

4. Mit welcher Art von Musik im Restaurant wollen Sie Ihre Gäste-Zielgruppen unterhalten? Wie viel € wird dies kosten?

5. Überlegen Sie, welche Unternehmen oder Verbände Kostenanteile durch Sponsoring übernehmen könnten.

6. Mit welchem Preis pro Gast planen Sie, wenn die Kosten für Musik und Dekoration auf die Gäste umgelegt werden?

Marketing-Instrumente Verkaufsförderung, Öffentlichkeitsarbeit und Werbung

1. Mit welchen Maßnahmen der Verkaufsförderung wollen Sie im Hotel auf die Aktionswoche hinweisen?

2. Mit welchen Maßnahmen der Öffentlichkeitsarbeit wollen Sie vor und während der Aktionswoche auf Ihr Restaurant aufmerksam machen?

3. Für welche Werbemaßnahmen werden Sie sich entscheiden? Welche Medien sollen dabei die Werbebotschaft überbringen? Begründen Sie kurz.

4. Entwerfen Sie einen Werbebrief (1 Seite) an Stammgäste, der als Serienbrief auf dem PC geschrieben werden soll.

7 Abrechnen mit Gast und Betrieb

⊞ settlement of account ● régler ses comptes

Restaurantfachkräfte sind eigenverantwortliche Verkäufer, die einerseits mit dem Gast und andererseits mit dem Betrieb abrechnen müssen. Um das gesamte Verkaufsgeschehen lückenlos kontrollieren zu können, ist es erforderlich, dass für jeden Verkauf ein Bon bzw. Beleg ausgestellt wird.

7.1 Boniersysteme

Für das Bonieren gibt es folgende Möglichkeiten:
- das **Bonbuch**,
- die **Registrierkasse**,
- ein **computergesteuertes Boniersystem**.

Der Bon ist eine Gutschrift (Bonus) und stellt ein betriebsinternes Zahlungsmittel dar. Jeder, der ihn im betrieblichen Ablauf besitzt, hat Anspruch auf eine Gegenleistung:
- die Restaurantfachkraft gegenüber der Ausgabestelle auf eine Speise oder ein Getränk,
- der Betrieb gegenüber den Restaurantfachkräften auf das vom Gast entgegengenommene Geld.

Abb. 1 Bonbücher mit Durchschreibebons

Eine weitere Möglichkeit für den Erhalt und die Abrechnung von Speisen und Getränken sind **Wertmarken** und **Gutscheine**.

Bonbuch

Die einfachste Art des Bonierens erfolgt mit dem Bonbuch. Es wird dort eingesetzt, wo keine Registrierkassen vorhanden sind, z. B. im Partyservice oder im kurzzeitigen Saalbetrieb, und es kann bei Ausfall von Computerkassen eingesetzt werden.

- Beim Dienstantritt werden auf dem ersten Bon das Datum und der Name der Servierfachkraft eingetragen. Damit ist der Beginn des Abrechnungszeitraumes fixiert.
- Die Bons werden mit den zur Bestellung erforderlichen Eintragungen versehen: Menge, Art und Preis der Ware.
- Die handschriftlichen Angaben auf den Bons müssen klar und gut leserlich sein.
- Jeder Bon darf nur mit einer Warenart beschriftet werden, damit das Annoncieren und die Ausgabe der Ware reibungslos verlaufen können. Außerdem wird das Sortieren, Auszählen und Addieren im Kontrollbüro nicht unnötig erschwert.

Man unterscheidet **Einzel-** und **Doppelbons**. Der Doppelbon ist mit einem **Talon** bzw. zusätzlichen Abriss versehen. Dieser dient zur Kennzeichnung der Bestellung bei der Ausgabe.

Beim Einsatz von Bonbüchern werden die Bons handschriftlich ausgefertigt. Das Bonbuch besteht aus einem Oberblatt mit perforierten Bons und einem Unterblatt für die Durchschriften. Die Bons sind durchlaufend nummeriert und in verschiedenen Farben erhältlich.

Die **Originalbons** werden der jeweiligen Abgabestelle (Küche, Büfett oder Bar) übergeben als Aufforderung, die Ware bereitzustellen. Die **Durchschriften** verbleiben im Bonbuch und sind die Grundlage für das Abrechnen mit dem Gast und mit dem Betrieb.

1	105	
28.10.20.. Lambert		
2	106	
1 Seezungen-Filets		17,50
3	107	
2 Wein Nr. 18 24,-		48,-

3 Nachtisch	3 N 1x
3 Hauptgang	3 N 1x
3 Suppe 3	3 N 1x
3 Vorspeise	3 N 1x

MENÜBLOCK vierteilig

3

ABRUFBON

Tisch   Zimmer Nr./Suite No.

Gang:

| I | II | III | IV | V |

Abb. 1 Begleit- und Abrufbons für mehrgängige Menüs

Nach- und Vorteile von Bonbüchern

Die Verwendung von Bonbüchern hat gegenüber dem Bonieren mit Registrierkassen Nachteile:

- Großer Zeitaufwand beim Bonieren und Abrechnen sowie bei der Auswertung der Bons im Kontrollbüro.
- Feststellen von Zwischensummen bzw. Abschlägen ist nur mit erheblichem Zeitaufwand möglich.
- Vielfältige Fehlerquellen aufgrund ungenauer, unleserlicher oder falscher Eintragungen auf dem Bon.

Die Verwendung ist in besonderen Fällen allerdings zweckmäßig, z. B.:
- bei Sonderveranstaltungen wegen der vereinfachten und gesonderten Abrechnung,
- wenn Aushilfskräfte im Umgang mit Kassen unkundig sind.

Begleit- und Abrufbons

Es handelt sich um mehrteilige Bons, die im Menüservice oder bei Pensionsgästen eingesetzt werden. Mit Hilfe der Teilabschnitte kann die Servicefachkraft den jeweiligen Gang abrufen. Bei der Ausgabe wird der Talon vom Bon getrennt und die einzelnen Gänge für den Service damit gekennzeichnet.
- **Marschierbons**, weil das jeweilige Teilstück beim *Marschieren* (der Ausgabe) der Speise abgegeben bzw. entwertet wird,
- **Begleitbons**, weil sie den Ablauf des Menüs *begleiten*.

Arbeiten mit Registrierkassen

Gegenüber den Bonbüchern haben Registrierkassen Vorteile:
- Der zeitliche Aufwand beim Bonieren sowie bei den Abrechnungs- und Umsatzkontrollen ist wesentlich geringer;
- Fehler beim Multiplizieren und Addieren sowie beim Sortieren der Bons sind ausgeschlossen.

Es gibt zwei grundlegende Arten von Registrierkassen: mechanische und elektronische.

Bonieren mit mechanischen Registrierkassen

Die Servicefachkraft aktiviert die Kasse mit einem persönlichen Kassenschlüssel. Jetzt können Bonierungsdaten eingegeben werden.

Die eingegebenen Bonbeträge werden im Addierwerk der jeweiligen Servicefachkraft registriert und aufaddiert. Der ausgedruckte Bon enthält folgende Angaben
- Nummer der Servicefachkraft,
- Preis und Sparte,
- fortlaufende Kontrollnummer und Datum.

Die Angaben auf dem Bon müssen von der Servicefachkraft handschriftlich vervollständigt werden
- Menge und Artikel,
- Tischnummer,
- Garstufen bei Fleisch und bei Beilagenänderung.

Beispiel eines Küchenbons

Tisch-Nr.	*T4* 6	Bedienungs-Nr.
Artikel	*1 Filetsteak (medium)*	
Kontroll-Nr. (fortlaufende)	143 EUR 19,50	Preis
Datum	30 No Kü	↓ Sparte ↓
Doppelbon (Talon)	143 EUR 19,50	andere Sparten
	30 No Kü	Bi = Bier We = Wein Wa = Wasser Sa = Saft Sp = Spirituose Ve = Verschiedenes

Bonieren mit computergesteuerten Systemen

Elektronische Kassen sind vollprogrammierte Systeme mit unterschiedlich umfangreicher Ausrüstung. Die Artikel sind mit allen Details einprogrammiert, sodass beim Bonieren nur noch die richtige Programmtaste bedient werden muss. Auf manchen Speise- und Getränkekarten sind die Artikel mit einer Codenummer versehen, die man auf dem Programmfeld wiederfindet.

Die ausgeworfenen Bons sind bereits mit allen Angaben bedruckt. Die Artikelbezeichnung erfolgt im Klartext, einschließlich der Tischnummer und Informationen über Garstufen und Beilagen.

Ablauf des Bonierens

- Codierten Schlüssel oder Karte oder Kugelschreiber eingeben
- Tisch- oder Zimmernummer eingeben
- Eingabe, ob Einzel- oder Sammelbon gewünscht wird
- Menge angeben
- Art der Speisen und Getränke oder Codenummer des Artikels eintippen bzw. scannen
- Bonauswurftaste aktivieren

Vorteile beim Arbeiten mit einer Computerkasse

- Manuelles Beschriften der Bons entfällt
- Artikel, Preise und Uhrzeit können eingespeichert werden.
- Mit dem Bonieren kann gleichzeitig die Gästerechnung (Guest-check) angelegt werden.
- Rechenfehler sind ausgeschlossen.
- Preisänderungen (z. B. Happy hour) werden automatisch vorgenommen
- Nachträgliche Erstellung von Gästerechnungen ist möglich.
- Umsätze der einzelnen Sparten und der Servicemitarbeiter sind jederzeit abrufbar.
- Tagesabrechnungen der einzelnen Mitarbeiter können automatisch erstellt werden.

Beispiele von Bons aus Computerkassen

```
Tisch 3              Bon # 112
Datum:   10-05
Uhrzeit: 13.31
Service: 2

1 Filetsteak             (213)
1xEUR 17.60 =
                      € 17.60
medium
```
```
Tisch 3              Bon # 112
Datum:   10-05
Uhrzeit: 13.31
Service: 2

1 Filetsteak             (213)
1xEUR 17.60 =
                      € 17.60
```

Abb. 1 Einzelbon mit Talon

```
Tisch 7              Bon # 013
Datum:   14-07
Uhrzeit: 19.41
Service: 5

2 Sherry
  trocken               (101)
2xEUR 3.60 =
                      €  7.20

1 Hefeweizen             (102)
1xEUR 2.30 =
                      €  2.30

1 Pils                   (102)
1xEUR 2.30 =
                      €  2.30

3 Tassen
  Kaffee                 (110)
3xEUR 1.70 =
                      €  5.10
```

Abb. 2 Sammelbon eines computerunterstützten Kassensystems

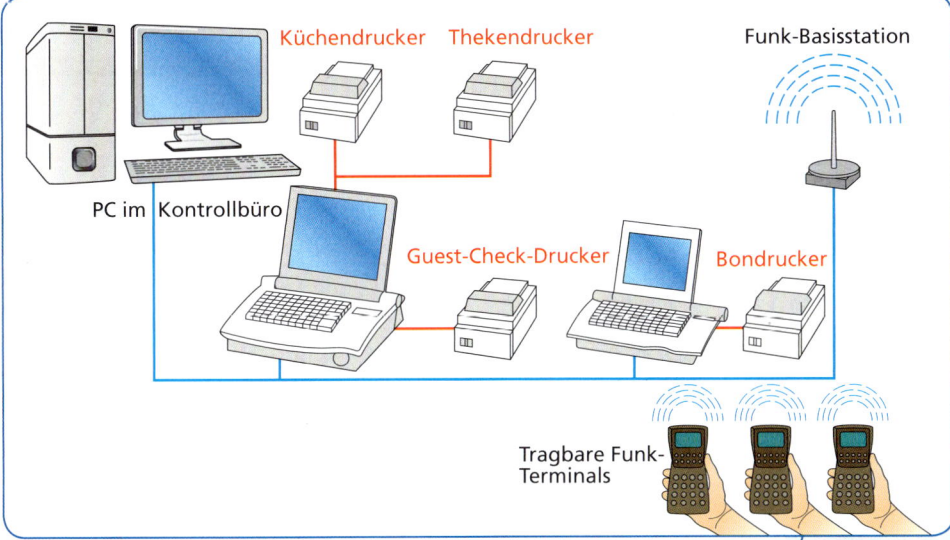

Abb. 3 Verbund-Computersystem für die Bestelleingabe am Tisch des Gastes

Besonderheiten

Für die bereits genannten Systeme gibt es technische Ergänzungen in Form eines computervernetzten Getränkeausgabeverbunds mit drahtlosen Fernbedienungen (portable Terminals). Sie ermöglichen den Servicefachkräften die Aufnahme von Speisen- und Getränkebestellungen direkt am Tisch des Gastes.

Durch die Eingabe der Artikel-Codenummer und der bestellten Menge werden sofort Kasse und Bondrucker an den Ausgabestellen aktiviert.

Noch während die Servicefachkraft am Tisch des Gastes steht, erhalten Küche und Büfett bereits die Bestellungen als Bons ausgedruckt.

Die bonierten Beträge werden von der Kasse registriert, und es wird ein Guest-check für den Tisch bzw. den Gast angelegt.

Kaffeemaschine

Zapfanlagen

Spirituosendosierer

Kasse

Abb. 1 Getränkeverbund-Anlage

Wertmarken und Gutscheine

Mit dem Einsatz von Wertmarken und Gutscheinen erübrigt sich das Bonieren, und das Kontrollsystem wird vereinfacht.

Biermarken

Die Servicefachkraft erwirbt für den entsprechenden Geldwert eine bestimmte Anzahl von Biermarken, die sie bei Bestellungen gegen das Bier einlöst.

Gutscheine

Gutscheine werden z. B. bei Firmenveranstaltungen an die Betriebsangehörigen ausgegeben. Auf dem Gutschein ist der Gegenwert genau vermerkt. Der Gutschein wird von den Gästen als Zahlungsmittel verwendet.

Gutschein für	**Gutschein für**
1 Essen	1 Portion Kaffee
2 Biere oder	1 Stück Torte oder
2 Softdrinks	1 Eisbecher

7.2 Abrechnung mit dem Gast

Wenn man von der ganz einfachen Art der Abrechnung mit Notiz- oder Rechnungsblock absieht, erhält der Gast eine Rechnung mit folgenden Angaben:

- Menge, Art und Preis der in Anspruch genommenen Leistungen,
- Rechnungssumme und Datum,
- Unterschrift.

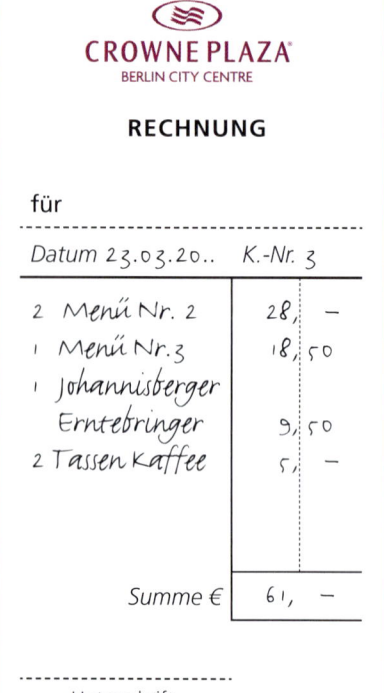

CROWNE PLAZA®
BERLIN CITY CENTRE

RECHNUNG

für

Datum 23.03.20..	K.-Nr. 3	
2 Menü Nr. 2	28,	—
1 Menü Nr. 3	18,	50
1 Johannisberger Erntebringer	9,	50
2 Tassen Kaffee	5,	—
Summe €	61,	—

Unterschrift

Abb. 2 Abrechnung

Zahlt der Gast bar, wird ihm die quittierte Originalrechnung sofort ausgehändigt.

Handelt es sich um eine Kasse mit Rechnungsstellung (Guest-Check), dann wird die Rechnung beim Bonieren automatisch mitgeschrieben.

Die Angaben für die Rechnung werden in einem eigens für den Gast bestimmten Speicher registriert und bei Rechnungsstellung in einem Arbeitsgang ausgedruckt.

Per Computer ausgedruckte Rechnungen entsprechen den Vorschriften der Finanzämter, wenn die Rechnung als Nachweis für Bewirtungskosten eingereicht wird.

Die gesetzlichen Bestimmungen verlangen außerdem:
- Name und Anschrift des Restaurants bzw. der Gaststätte,
- Tag der Bewirtung sowie die Leistung nach Art, Umfang und Entgelt,
- Mehrwertsteuerprozentsatz und Mehrwertsteuerbetrag,
- Endbetrag der Rechnung.

Zentrale Restaurantkasse

Dieses System dient zur Vereinfachung der Abrechnung, indem die Gäste beim Verlassen des Restaurants ihre Verzehrschuld an der Kasse begleichen. Dadurch entfällt das Abrechnen der einzelnen Servicefachkräfte mit dem Gast und mit dem Betrieb:

- Die Servicefachkraft registriert die Bestellungen des Gastes fortlaufend auf einer Karte, die der Gast beim Betreten des Restaurants erhält.
- Möchte der Gast bezahlen, übergibt er die Karte vor dem Verlassen des Restaurants an der Kasse.
- Hier wird die Rechnung ausgefertigt und der Rechnungsbetrag kassiert.

Bei Hotelgästen, deren Verzehr mit der Endabrechnung des Hotels übernommen werden soll, ist die Rechnung mit der Zimmernummer zu versehen, vom Gast zu unterschreiben und sofort an den Empfang weiterzuleiten.

Der Servicemitarbeiter reduziert diesen Betrag von seiner Kassenabrechnung.

Rechnung für:

_____

Budget Host Inn

835	Bedienung		Datum	Tisch	
	4		15–01–20..	5	**€**
1 Sekt	34		13.00		13.00
2 Küche			18.00		36.00
1 Wein	75		11.00		11.00
1 Storno			11.00		11.00
1 Wein	76		14.00		14.00
2 Kaffee	52		2.40		4.80

Im Rechnungsbetrag sind 19% Mehrwertsteuer € 10.83 enthalten

| Kasse | | | | | 67.80 |

Rechnung anerkannt: Unterschrift _____

Zimmer Nr. _____   Name _____

Blockschrift

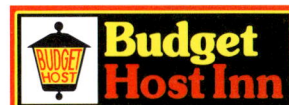

Wird nur ausgefüllt, wenn der Gast den Rechnungsbetrag nicht an die Bedienung bezahlt.

RECHNUNG / INVOICE

1/2/14266

Tisch:122   Kaiserin Elisabeth   07.03.2013

2	KL Weißbier 0.5l	(4.20)	8.40
1	H2O 0.5l	(4.90)	4.90
2	Menu	(17.50)	35.00

Total	48.30
inkl. 19% MwSt.	7.71
Netto	40.59
Bar	48.30

22:14

Wir danken für Ihren Besuch!
Es bediente Sie Herr Andreas Kohl!

RECHNUNG ANERKANNT / INVOICE ACKNOWLEDGED

Unterschrift
Signature _____

Name in Blockschrift
Name in capital letters _____

Zimmer Nr.
Room No. _____

Zahlen Sie bitte nur die Summe der gedruckten Beträge. Unsere Preise schließen Bedienungsgeld und die gesetzliche MwSt. ein. Pay only the printed amount. Our prices include service charge and VAT.

STEIGENBERGER HOTEL DER SONNENHOF
Hotelbetriebsgesellschaft Sonnenhof mbH · Hermann-Aust-Straße 11 · 86825 Bad Wörishofen · Germany
Telefon +49 8247-959-0 · Telefax +49 8247-959-599 · USt-IdNr. DE 813442392

Vorderseite der Rechnung

Angaben zum Nachweis der Höhe und der betrieblichen Veranlassung von Bewirtungsaufwendungen (§4 Abs. 5 Ziff. 2 EStG)

Tag der Bewirtung   Ort der Bewirtung (genaue Bezeichnung, Anschrift)

_____   _____

Bewirtete Person(en)

_____
_____
_____
_____
_____
_____

Anlass der Bewirtung

_____
_____
_____
_____

Höhe der Aufwendung lt. umseitiger Rechnung in Euro

_____

Ort   Datum   Unterschrift

_____   _____   _____

Rückseite der Rechnung

Service-Nr. 5

Brutto-Umsatz	34	1815,4C
Stornos	2	76,3C
Netto-Umsatz	32	1739,1C
Kredit	6	1104,8C
Kasse		634,3C
Datum 18-10-..		

In den voll durchorganisierten Systemen wird auf Abruf für jede Servicefachkraft automatisch ein detaillierter Umsatzbericht ausgefertigt (auch Servicebericht genannt).

Wenn ein Gast seine Bewirtungsaufwendungen steuerlich geltend machen will, so müssen Ort der Bewirtung, Tag, Teilnehmer, Anlass und Höhe der Aufwendungen nachweisbar sein. Außerdem muss die Rechnung maschinell erstellt und registriert sein. Die Leistungen müssen einzeln aufgeführt sein. Der Vermerk „Speisen und Getränke" genügt nicht. Zudem sind die Namen der bewirteten Personen ab einem Rechnungsbetrag von über 150 € anzugeben.

7.3 Abrechnung mit dem Betrieb

Die Servicefachkräfte rechnen ihre Einnahmen mit dem Betrieb ab. Als Grundlage dazu dient der Umsatz der jeweiligen Servicefachkraft.

Dieser wird ermittelt aus
- den aufaddierten Bondurchschriften des Bonbuches oder
- dem per Tastendruck abgerufenen Umsatz der Registrierkasse oder
- einem vom Computersystem automatisch angefertigten, detaillierten Umsatzbericht für jede Servicefachkraft.

Die Abrechnung enthält folgende Eintragungen:
- Datum,
- Gesamtumsatz, Fehlbons (Stornos) und berichtigter Umsatz,
- das kassierte Bargeld, die angenommenen Reisecheques sowie die Kreditkartenbelastungsbelege,
- Restanten.

Fehlbons sind Bons, die nicht durch Sofort-Stornierung ungültig gemacht werden konnten. Sie reduzieren den abzurechnenden Umsatz des Service-Mitarbeiters.

Restanten sind offene Rechnungen von Hausgästen, die dem Empfang zugeleitet und auf die Hotelrechnung des Gastes übernommen werden.

Debitoren sind offene Rechnungen, die entweder Gästen oder einer Firma zugeschickt und dann erst per Überweisung beglichen werden.

Restaurant Classico

MARITIM
HOTELS

Restaurant-Abrechnung

Datum: 23.03.20..   Name: *Schmidt*   Nr.: 8

Umsatz		1.712,40	Restanten/Rechnungen an Hotel		
./. Fehlbons ☐2		34,15	Rechnungs-Nr.	Zimmer-Nr.	€
Berichtigter Umsatz		1.678,25	318	128	123,90
./. Restanten		456,50	459	434	332,60
Kasse		1.221,75			
Erhalten:	*Steinmüller*				
geprüft:	*Krause*				
	(Kontrollbüro)		Summe		456,50

Empfehlung und Verkauf von Speisen

Wesentliche Aspekte beim gastorientierten Arbeiten sind die Gästeberatung und das Verkaufsgespräch. Um Gäste entsprechend gut beraten zu können, um bei ihnen schon mit Worten den Appetit anzuregen, sind grundlegende Produktkenntnisse notwendig. Zubereitungen und Gerichte, die für die Gästeberatung und Verkaufsförderung wichtig sind, werden nachfolgend behandelt, erklärt und beispielhaft mit verkaufsfördernden Empfehlungen präsentiert.

Mit Geschick und „verführerischen" Erläuterungen lassen sich Gäste motivieren, bestimmte Gerichte zu bestellen. Dabei muss allerdings darauf geachtet werden, dass man dem Gast nichts aufzwingt. So sollte am Ende beim Gast immer das Gefühl vorhanden sein, dass er seine Entscheidung alleine getroffen und das Gericht selbst bestellt hat.

Je mehr Appetit die Vorschläge der Servicemitarbeiter beim Gast auslösen, desto größer ist die Chance, gezielt zu verkaufen.

Redewendungen, die bei der Gästeberatung verwendet werden können, sind durch das **nebenstehende Symbol gekennzeichnet**. Viele Redewendungen kann man in leicht abgewandelter Form auch bei der Präsentation von Speisen oder einzelnen Menügängen nutzen.

1 Vorspeisen

🇬🇧 appetizers 🇫🇷 hors d'œuvres (m)

Als Vorspeisen bezeichnet man kleine Gerichte, die vor der Suppe gereicht werden.

Kalte Vorspeisen werden als kleine appetitanregende Speisen in mehrgängigen Menüs zur kulinarischen Einstimmung angeboten. Bei Stehempfängen bevorzugt man kleine kalte und warme Köstlichkeiten in Form von Fingerfood.

Amuse-Gueule bzw. Amuse-Bouche werden wie auch Fingerfood an späterer Stelle genauer beschrieben (ab S. 479).

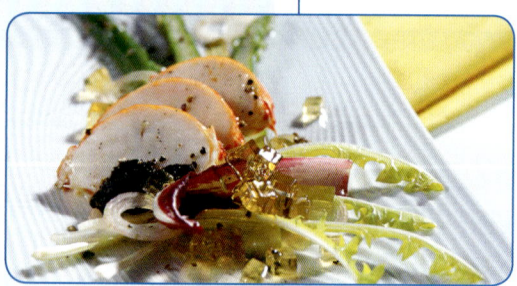

Abb.1 Kalte Vorspeise auf Porzellanplatte

„Wir servieren Ihnen einen gekochten **Langustenschwanz** mit grünem, leicht in Butter gebratenem Spargel und mild mariniertem Löwenzahnsalat mit rotem Chicoree. Besonders delikat ist der kurz vor dem Service hauchdünn über das Vorspeisengedicht gehobelte schwarze Trüffel. Zu dieser eleganten Vorspeise empfehle ich Ihnen einen Chablis AOC, Domaine Carrion. Es ist ein schön trockener, weißer Burgunder mit frischem Charakter, der sehr gut mit Languste und Spargel harmoniert."

1.1 Kalte Vorspeisen

🇬🇧 cold appetizers 🇫🇷 hors d'œuvres froids (m)

Vorspeisen sind sehr vielfältig, weil sie aus fast allen Lebensmitteln hergestellt werden können.

Kalte Vorspeisen werden im Rahmen einer Speisenfolge immer an **erster Stelle** gereicht. Da sie ein angenehmer Auftakt zu einem Menü sein sollen, müssen sie wichtigen Anforderungen gerecht werden:

* in der Menge nicht zu umfangreich,
* sorgfältig ausgewählte, zarte Rohstoffe, die auf die nachfolgenden Speisen harmonisch abgestimmt sind,
* appetitanregend, geschmackvoll angerichtet und ansprechend garniert.

Rohstoffbeispiele für kalte Vorspeisen

Es gibt kaum ein Lebensmittel, das nicht im Rahmen der **kalten Vorspeisen** Verwendung findet.

Gemüse und Obst

- Artischocken, Gurken, Spargel, Tomaten, Kürbis
- Avocado, Grapefruit, Melone, Exotische Früchte usw.

Fische sowie Krebs- und Weichtiere

- Forelle, Graved Lachs, Räucheraal, Räucherlachs, Heilbutt
- Matjeshering, Sardinen, Sprotten, Thunfisch
- Kaviar (verschiedene Sorten)
- Garnelen, Hummer, Krabben, Krebse, Langusten, Scampi, Shrimps
- Austern, Muscheln, Tintenfisch

Schlachtfleisch

- Gebratenes Roastbeef, Braten von Kalb und Schwein
- Medaillons von Kalb und Schwein
- Tatar (rohes Filetfleisch), Hackepeter oder Schweinemett (gewürztes, rohes Schweinefleisch)
- Roher und gekochter Schinken, Bündner Fleisch
- Erlesene Wurstwaren und Innereien

Geflügel und Wildgeflügel

- Gekochtes und gebratenes Huhn, Putenschinken
- Gebratene Entenbrust
- Geräucherte Gänsebrust
- Leber von Enten und Gänsen
- Geflügelgalantinen
- Fasanenterrine, gefüllte Wachteln
- Gebratene Brust von Rebhuhn und Fasan

Wild

- Braten und Medaillons von Reh und Hirsch
- Rehrücken im Ganzen gebraten und garniert
- Hasen- und Rehpastete
- Wildschwein- und Hirschschinken

In Verbindung mit den vielfältigen Zubereitungs-, Kombinations- und Garniermöglichkeiten ergibt sich eine sehr große Fülle von kalten Vorspeisen.

Abb. 1 Geräucherte und gebeizte Fische: ① Aal, ② Lachs, ③ Graved Lachs, ④ Forellen, ⑤ Heilbutt, ⑥ Bückling

Abb. 2 Platte mit Canapés

1.2 Arten von kalten Vorspeisen

Canapés   🇬🇧 canapés 🇫🇷 canapés (m)

Canapés sind kleine, unterschiedlich belegte, mundgerecht zubereitete und dekorativ garnierte Appetitschnittchen auf verschiedenen, zum Teil getoasteten Brotscheiben. Hierzu gehören auch die italienischen Bruschetta, Brotscheibchen mit würzigem Aufstrich oder Belag.

Vorspeisen-Cocktails

🇬🇧 entrées cocktails 🇫🇷 cocktails (m) comme hors d'œuvre

Vorspeisencocktails stellt man aus Obst, Gemüse, Krebs- und Weichtieren sowie Fisch und Fleisch her. Die Zutaten für Cocktails werden in der Regel in Würfel geschnitten und mit einer pikant abgeschmeckten Sauce vermischt oder überzogen (nappiert).

Kalte Vorspeisen können eingeteilt werden in:
- Canapés
- Vorspeisen-Cocktails
- Erlesene Delikatessen
- Kombinierte Salate
- Vorspeisenkompositionen auf Tellern

Die Cocktails werden einzeln in Gläsern oder Schalen angerichtet und gut gekühlt serviert. Vorspeisen-Cocktails können auch am Tisch des Gastes zubereitet werden.

Restaurantfachkräfte sollen in der Lage sein, Gästeberatungen durchzuführen, um mit Worten den Gästen Appetit zu machen. Als Beispiel dienen das nachfolgende Rezept sowie die Zubereitungsbeschreibungen.

Geflügel-Cocktail

Bedarf für 10 Portionen

500 g gekochte Hühnerbrust
250 g Filets von rosa Grapefruits
200 g gedünstete Champignons
200 g grüne Paprikastreifen
5 g Zitronensaft
200 g Mayonnaise
100 g Schlagsahne
Salz, Pfeffer, Weinbrand,
Chilisauce, Estragonblätter,
10 Tomatenfächer,
Rucolasalat

Vorbereiten

- Hühnerbrust teilweise in Würfel und für die Garnierung auch in Scheiben schneiden.
- Paprika in Streifen, Champignons in Scheiben und Grapefruitfilets in Würfel schneiden.
- Alle geschnittenen Zutaten mit einer Mischung aus Salz, Pfeffer und Zitronensaft marinieren.

Anrichten

- Die Gläser mit dem gewaschenen Rucolasalat auslegen.
- Darauf die marinierten Zutaten geben und mit einer angerührten Sauce aus Mayonnaise, Schlagsahne, Chilisauce, Weinbrand und geschnittenem Estragon überziehen.
- Als Garnitur Tomatenfächer und Hühnerbrustscheibchen auflegen.

Abb. 1 Cocktail mit Hühnerbruststreifen und Cocktail mit Garnelen

Entsprechende Redewendung

Geflügel-Cocktail

„Als leichte Vorspeise möchte ich Ihnen einen Geflügelcocktail anbieten, kombiniert aus gekochter Hühnerbrust, vitaminreichen Paprikastreifen und rosa Grapefruit mit einer dezent-pikanten Sauce. Falls Sie den Cocktail lieber mit einer Cocktailsauce wünschen, ist dies auch möglich."

Weitere Beispiele

Grapefruit-Cocktail

„… eine erfrischende Kombination aus Filets von Grapefruit und Schinkenstreifen zusammen mit einer Sauce aus Joghurt, Salz, Pfeffer, Wodka und Worcestershire-Sauce, garniert mit Mandarinenspalten und gerösteten Pinienkernen."

Krebs-Cocktail

„… ein Cocktail mit besonderer Note durch frisch gekochte, geschälte Krebsschwänze und -scheren, die mit Noilly Prat, Zitronensaft und schwarzem Pfeffer mariniert sind. Diese werden zusammen mit kleinen Würfeln aus Tomatenfruchtfleisch, Salatgurke und etwas Cocktailsauce vermischt auf Friséesalat angerichtet.
Mit den Krebsscheren ist der Cocktail garniert."

Erlesene Delikatessen

🇬🇧 exquisite delicacies 🇫🇷 délicatesses (w) exquisites

Unter erlesenen Delikatessen versteht man die selbstproduzierten oder in Manufakturen hergestellten Feingerichte wie

- Pasteten, • Terrinen, • Galantinen, • Parfaits und Mousses

aus Gemüse, Fisch, Krebs- und Weichtieren, Geflügel, Wild oder Fleisch.

Beispiele

Pasteten sind mit Teig umhüllte Feinkostgerichte, die in speziellen Pastetenformen im Ofen gebacken und deshalb auch als Krustenpasteten bezeichnet werden. Den Namen erhalten die Pasteten durch das verwendete Rohmaterial wie zum Beispiel Kalb, Wildschwein oder Reh.

Terrinen sind Feingerichte aus Gemüse, Schlachtfleisch, Geflügel, Wild oder Wildgeflügel. Die fein verarbeitete Grundmasse wird mit bunten Einlagen versehen und zum Garen meist im Wasserbad pochiert.

Galantinen sind Feingerichte, bei denen eine bunte Farce den Kern bildet und Fisch oder Fleisch die äußere Hülle. Das Gericht ist immer pochiert und wird mit passenden Saucen serviert. Die bekannteste Galantine ist die Geflügelgalantine. Die deutsche Bezeichnung für Galantine ist Rollpastete.

Parfaits werden meist aus teuren Zutaten hergestellt wie z. B. Enten- oder Gänseleber mit Trüffeln. Man spricht dann von einem getrüffelten Gänseleber-Parfait. Der Begriff Parfait ist gleichbedeutend mit „perfekt".

Mousses werden aus entsprechenden gegarten und pürierten Rohmaterialien in Verbindung mit Béchamelsauce oder Veloutées hergestellt. Schlagsahne dient zur Lockerung, und durch Zugabe von Gelatine wird die Mousse schnittfest. Eine andere Bezeichnung ist Schaumbrot.

Kombinierte Salate 🇬🇧 salad variatons 🇫🇷 variations (w) de salades

Diese Salate werden aus mehreren Zutaten kombiniert bzw. geschmacklich harmonisch zusammengestellt. Salate sind auch auf den Seiten 185 und 460 zu finden.

Abb. 1 Festliche Platte mit erlesenen Delikatessen

„Der Geflügelsalat, eine milde, leichte Kombination aus gekochter zarter Hühnerbrust mit knackigem Staudensellerie und fein säuerlichen Äpfelstückchen. Er gilt als der ideale Appetitanreger. Auf Wunsch können wir ihn auch mit Joghurt anstelle von Mayonnaise zubereiten."

Geflügelsalat

Bedarf für 10 Portionen

800 g	Geflügelfleisch gegart
250 g	Staudensellerie in Würfeln
250 g	Apfel in Würfeln
300 g	Mayonnaise oder Crème fraîche
100 g	geschlagene Sahne
	Salz, Zitrone, Worcestershire-Sauce, weißer Pfeffer

- Gebratene oder gekochte Hühnerbrust in Würfel schneiden, mit den Würfeln von Staudensellerie und Äpfeln mischen und mit Zitrone beträufeln,
- aus Mayonnaise, Schlagsahne und Gewürzen ein Dressing rühren und den Salat damit abbinden,
- den Salat auf Toast oder Glasschälchen anrichten und mit Tranchen von gebratenem Geflügel und zartgrünen Sellerieblättern garnieren.

„Empfehlenswert ist unser pikant-würziger Teufelssalat aus Rindfleisch und Pökelzunge mit vitaminreichen Streifen von frischen Paprikaschoten, Essiggurken und Zwiebelringen, vermischt mit einer pikanten Sauce."

„Geschmacklich passt zu den gebratenen kalten Rehmedaillons unser Waldorf-Salat mit Walnüssen ausgezeichnet. Durch den Staudensellerie und die angenehme Säure der Äpfel ergibt sich in Verbindung mit gebratenem Rehfleisch eine gelungene Harmonie."

Teufelssalat

Bedarf für 10 Portionen

800 g	Rindfleisch gekocht
400 g	grüne und rote Paprika
150 g	Essiggurken
150 g	Zwiebelringe
200 g	grüne Bohnen
300 g	Ketchup
50 g	Salatöl
40 g	Meerrettich gerieben
	Salz, Pfeffer, Tabasco,
	Zucker, Zitrone

- Gegartes Rindfleisch, Bratenabschnitte oder Zunge in Streifen schneiden,
- Paprikaschoten und Essiggurken ebenfalls in Streifen schneiden,
- grüne Bohnen kochen und sofort kalt abschrecken,
- alle Zutaten mit den Zwiebelringen vermischen und mit der aus den übrigen Rezeptzutaten bereiteten Sauce marinieren und abschmecken,
- mit hart gekochten Eiern, Zwiebelringen, Oliven, Maiskölbchen oder Perlzwiebeln garnieren.

Waldorf-Salat in Bioqualität

Bedarf für 10 Portionen

500 g	Staudensellerie (Bio)
300 g	Äpfel (Bio), ungeschält
80 g	Walnusskerne, halbiert und teils gehackt
100 g	Philadelphia balance
1 EL	Zitronensaft
2–3 EL	Apfelsaft
	Salz, weißer Pfeffer, Worcestershire-Sauce

- Selleriestangen und Äpfel waschen, trocken tupfen und in ½ cm große Würfel schneiden, mit Zitronensaft beträufeln und vermischen.
- Frischkäse mit Apfelsaft cremig rühren und die Sellerie-Apfel-Würfel unterheben
- Würzen und abschmecken.
- Mit Selleriegrün, dünnen Apfelscheiben und halben Walnüssen garnieren

Abb. 1 Salat von Staudensellerie, Äpfeln, Walnüssen, mit Mayonnaise, Salz, Pfeffer, Zitrone und Worcestershire-Sauce

Vorspeisenkompositionen auf Tellern

🇬🇧 dishes with appetizer compositions

🇫🇷 assiettes (w) avec hors d'œuvres (m) assorties

Heute werden kalte Vorspeisen vielfach im Voraus zusammen mit Saucen und Beilagen auf Tellern aus Porzellan oder Glas angerichtet. Dabei sind die Teller nicht mehr nur rund, sondern quadratisch, rautenförmig, rechteckig, dreieckig oder oval. Dies ermöglicht den Köchen einen neuen Stil des Anrichtens und bedeutet für das Servicepersonal eine neue Herausforderung beim Tragen und Einsetzen der Vorspeisen.

Abb. 2 Gemüse-Reis-Salat mit Friseesalat und marinierten Garnelen

In Soja-Sesam-Sauce marinierte Thunfischwürfel mit in Weißwein gedünsteten Schalottenvierteln und grünem Koriander.

Abb. 1 Thunfischwürfel mit Sesam

„Mit diesem Gericht erleben Sie eine ideale Kombination von frischer **Languste** und **Avocado**. Ein Avocadomousse ist in einer hauchdünnen Teigschale angerichtet; ein Avocadobogen wird auf dem Grill zubereitet und mit Zitronenrahm umgeben."

„Als Besonderheit möchten wir Ihnen das **Thunfischtatar auf Brioche-Scheibe** empfehlen nebst einer Nocke mit frischen Kräutern, einem Wachtelei und einer bunten Salatsauce aus Zitronengras mit Olivenöl. Dazu reichen wir getoastete Brioche-Ecken."

„Auf die gelungene Variante von **Lamm und Ziegenkäse** möchte ich Sie gerne hinweisen. Hauchdünne Scheiben vom Lammrücken werden mit Limonensaft und schwarzem Pfeffer gewürzt. Dazu reichen wir ein Salatbouquet mit Käsenocken und Lammfilet im Teigmantel."

1 Entwerfen Sie aus der Kurzbeschreibung und den beigestellten Abbildungen eine appetitanregende Formulierung zur Empfehlung an Ihre Gäste.

Artischockenboden, Geflügelfleisch, Paprika, Garnele

Rehmedaillon, Gänselebermus, Orangenfilet, Himbeere

2 Nennen Sie sechs Beispiele von kalten Vorspeisen.

3 Was versteht man unter Canapés und was unter kombinierten Salaten?

4 Nennen Sie verschiedene Teller- und Portionsplattenformen für Vorspeisen.

5 Nennen Sie fünf Arten von „erlesenen Delikatessen".

Aufgaben

② Suppen

🇬🇧 soups 🇫🇷 potages (m)

Der Stellenwert der Suppen hat sich verändert – weg vom reinen Sattmacher hin zu Genuss und Vielfalt.

Heute bieten sie eine Gelegenheit, Fantasie und Kreativität walten zu lassen, und sind gleichberechtigter und wichtiger Bestandteil eines Menüs.

Suppen unterteilt man in folgende Gruppen:
- Klare Suppen
- Gebundene Suppen
- Kalte Suppen

2.1 Klare Suppen

🇬🇧 clear soups 🇫🇷 potages (m) clairs

Die Namen von Brühen werden von den geschmackgebenden Ausgangsrohstoffen bestimmt.

- Fleisch → Fleischbrühe 🇬🇧 meat stock 🇫🇷 bouillon
- Fisch → Fischbrühe 🇬🇧 fish stock 🇫🇷 fumet de poisson
- Wild → Wildbrühe 🇬🇧 venison stock 🇫🇷 fond de gibier
- Geflügel → Geflügelbrühe 🇬🇧 chicken stock 🇫🇷 fond de volaille

Bei klaren Suppen unterscheidet man nach der Intensität in
- Fleischbrühe – Bouillon
- Kraftbrühe – Consommé
- Doppelte Kraftbrühe – Consommé double
- Essenzen – Essence

Kraftbrühe – Consommé werden durch Beigabe von zusätzlichem Fleisch geklärt und geschmacklich verstärkt.

Verdoppelt man die Fleischzugabe, so erhält man die **doppelte Kraftbrühe – Consommé double.**

Wird eine doppelte Kraftbrühe stark eingekocht (reduziert), entsteht eine **Essenz**. Beispiele sind Fasanenessenz, Forellenessenz.

Als **Einlagen** für klare Suppen dienen verschiedenartige Rohstoffe und unterschiedliche Zubereitungen:

Gemüse
- Sellerie, Karotten und Lauch
- Tomatenfleischwürfel, Paprikastreifen, Spargelspitzen, Blumenkohlröschen, Trüffel

Getreide
- Reis, Mais, Hirse, Grieß und Grießklößchen
- Nockerl, Spätzle und andere Teigwaren
- Biskuitschöberl, Backerbsen, Maultaschen
- Pfannkuchenstreifen (Célestine) und Backteigkrapfen (Profiteroles)

„Als Einlagen empfehlen wir
Eierstich (Royale)
Eierstich besteht aus einer Mischung von Ei und Milch, die durch schonendes Garen im Wasserbad zu einer zarten Masse stockt und danach in Würfel, Rauten oder Scheibchen geschnitten wird."

„Als Einlagen empfehlen wir
Käsebiskuits (Schöberl)
Die Schöberl sind eine besonders pikante Suppeneinlage der österreichischen Küche aus würzigem, goldgelb gebackenem ungezuckertem Biskuit mit feinem Reibkäse."

„Als Einlagen empfehlen wir
Pfannkuchenstreifen (Célestine)
Pfannkuchenstreifen sind geschnittene, goldgelb gebackene Pfannkuchen, die zusammen mit frisch gehackten Küchenkräutern zu einem wahren Geschmackserlebnis werden."

Eier
- Eigelb, Eierflocken und Eierstich (Royale)
- pochiertes bzw. verlorenes Ei

Fleisch
- Mark-, Leber- und Kalbfleischklößchen
- Rind-, Kalb-, Geflügel- und Wildfleisch

Fisch
- Nockerl, Klößchen und Streifen von Fisch
- Fleisch von Weich- und Krebstieren

Gemüse in Streifen (*Juliennes*), Würfeln (*Brunoise*) oder in Rauten geschnitten werden überwiegend in klaren Suppen serviert.

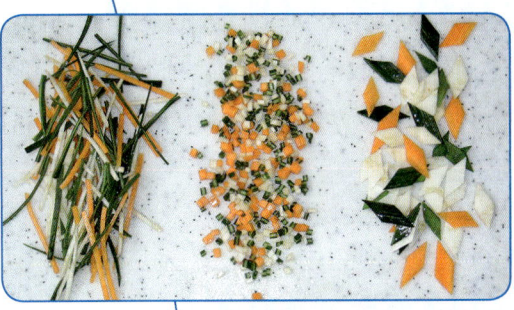

Abb. 1 Juliennes, Brunoise und Rauten aus Gemüse

Fischnocken
bestehen aus oval geformter und pochierter delikater Fischfarce, für klare und gebundene Suppen geeignet.

Brotkrusteln (Croutons)
Knusprig geröstete Weißbrotwürfel serviert man meist zu gebundenen Suppen.

2.2 Gebundene Suppen

🇬🇧 cream soups 🇫🇷 potages (m) liés

Bei gebundenen Suppen erhalten entsprechende Brühen eine Bindung durch Mehlschwitze (Roux) aus Butter und Mehl oder durch gemixte/fein passierte Pürees des Suppengrundstoffs. Die Farbe der Suppe wird durch den verwendeten Rohstoff und durch die Zubereitungsart bestimmt. Gegarte Teilchen der geschmackgebenden Rohstoffe bilden vielfach die Einlage für diese Suppen. Sie werten die Suppe optisch und geschmacklich auf.

Wir bieten folgende Arten an:

Cremesuppen/Rahmsuppen, mit flüssigem Rahm oder geschlagener Sahne

Samtsuppen/Legierte Suppen, legiert/gebunden mit Sahne und Eigelb

Schaumsuppen, aufgeschäumt mit Sahne oder untergehobener Schlagsahne

Abb. 2 Zweierlei Spargelrahmsuppen

Abb. 3 Legierte Morchelsuppe mit Estragon

Abb. 4 Fenchelsuppe mit Lachsröllchen

„Gönnen Sie sich doch mal das Extravagante. Frischen weißen und grünen Spargel zusammen als Cremesuppe angerichtet."

„Wir empfehlen Ihnen heute als jahreszeitliche Spezialität unsere legierte Suppe von frischen Morcheln mit Estragonstreifen."

„Als besondere Delikatesse offerieren wir Ihnen eine aufgeschäumte Fenchelsuppe mit Röllchen vom zarten Räucherlachs mit gerösteten Mandelblättchen."

Abb. 1 Geeiste Melonensuppe

> „An diesen heißen Sommertagen bieten wir Ihnen eine köstlich-kühle **Melonensuppe** zur Erfrischung an."

> „Heute haben Sie die Wahl zwischen zwei Klassikern der kalten Suppen. Einmal ist da die **Gazpacho** aus Spanien. Sie ist zubereitet aus Salatgurke, Tomaten, Paprika, einem Hauch von Knoblauch und Zwiebeln. Sie wird mit Würfeln von Gemüse serviert.
>
> Die zweite Köstlichkeit ist die **Vichyssoise** aus Frankreich, eine leichte Lauch-Kartoffelsuppe, mit Sahne verfeinert. Sie wird mit einem kleinen Toastscheibchen mit Sauerrahm und echtem Kaviar serviert."

Abb. 2 Geeiste Tomatenkraftbrühe

> „Wegen der sommerlichen Temperaturen hat unser Küchenchef zu Ihrer Erfrischung eine geeiste **Tomatenkraftbrühe** mit Staudensellerie und Tomatenfleischstücken zubereitet."

2.3 Kalte Suppen   cold soups   soupes (w) froides

Kalte Suppen werden in Form von Kaltschalen, geeisten Kraftbrühen oder kalten gebundenen Suppen vorzugsweise an heißen Sommertagen angeboten.

Kaltschalen

Kaltschalen enthalten als namengebende Zutat Früchte der Saison, die, in kleine Stücke geschnitten oder püriert, mit Zuckersirup (Läuterzucker), Wein oder entsprechendem Fruchtsaft vermischt werden. Je nach der verwendeten Frucht wird mit mehr oder weniger Zitronensaft abgeschmeckt.

Kaltschalen werden gut gekühlt in Suppentellern, Pozellanschalen oder in Gläsern serviert.

Geeiste Kraftbrühen

Vorwiegend aus Rindfleisch zubereitet, müssen geeiste Kraftbrühen glasklar, fettfrei und gut gewürzt sowie in leicht geliertem Zustand sein. Möglich sind auch Kraftbrühen aus Gemüse.

Kalte gebundene Suppen

Kalte gebundene Suppen sind im Allgemeinen pürierte Suppen z. B. aus Kartoffeln (Vichyssoise) oder Gemüsen (Gazpacho), die mit Sahne oder Joghurt bzw. Essig und Öl sowie mit frischen Kräutern verfeinert werden.

 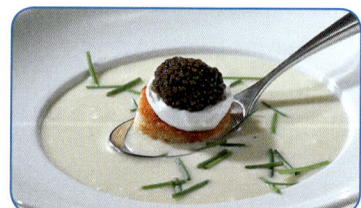

Abb. 3 Kalte Suppen aus Spanien (Gazpacho) und Frankreich (Vichyssoise)

2.4 Regionalsuppen
   regional soups   potages (m) régionaux

Suppen, die aus einer bestimmten Region Deutschlands stammen, bezeichnet man als Regionalsuppen. Bodenständige Erzeugnisse oder die besondere Verarbeitung der Naturalien bestimmen ihren Charakter. Diese Suppen haben auch eine gewisse Tradition.

Beispiele

Hamburger Aalsuppe

Die Suppe wird aus Aal, Fleischbrühe und Wurzelgemüse gekocht. Eine besondere Geschmacksnote erhält sie durch die Zugabe von Dörrobst. Sie wird mit Schwemmklößchen garniert serviert.

Münchner Leberknödelsuppe

Die Leberknödel bestehen aus pürierter Leber, Brotbröseln, Ei, Lauchstreifen und Kräutern. Nach dem Garen in Salzwasser werden sie in einer kräftigen Rindfleischbrühe serviert.

Westfälische Kartoffelsuppe

Eine sämige Suppe aus mehligen Kartoffeln mit Wurzelgemüse, frischer Landbutter, Sahne, mit Majoran abgeschmeckt. Als Garnitur dienen Röstbrotwürfelchen.

Büsumer Krabbensuppe

In Butter und etwas Krebssuppe angeschwitzte Gemüsewürfel werden mit Weißwein und Brühe aufgekocht, danach die geschälten Krabben zugegeben und mit Crème fraîche verfeinert.

Schwäbische Brotsuppe

Für diese Suppe verwendet man in Scheibchen geschnittenes Graubrot. Zwiebelwürfel werden goldgelb geschmolzen, das Brot wird darin leicht mitgeröstet, anschließend mit einer kräftigen Fleischbrühe aufgegossen.

Warmbiersuppe

Diese sächsische Spezialität erhält durch das dunkle Bier in Verbindung mit der Milch sowie der Zitronenschale und den Ingwerstückchen eine besondere Note.

Riebelesuppe

Kleine zerriebene Teigstückchen werden in gehaltvoller Fleischbrühe gegart und mit Schnittlauch serviert. Eine Spezialität aus Baden-Württemberg.

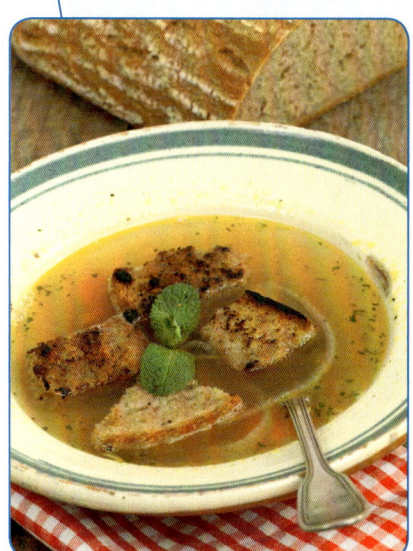

Abb. 1 Brotsuppe

2.5 Nationalsuppen   🇬🇧 national soups 🇫🇷 potages (m) nationaux

Nationalsuppen zeichnen sich durch landestypische Besonderheiten der jeweiligen Nation aus. Sie sind aus der ländlichen Küche eines Landes hervorgegangen. Für ihre Herstellung werden die typischen Produkte des Landes verwendet.

Borschtsch, Russland
Gemüsesuppe mit Weißkohl, Roten Beten, Rindfleisch und Sauerrahm.

Bouillabaisse, Frankreich
Suppe mit Safran, verschiedenen Fischen, Muscheln und Krebstieren.

Clam Chowder, USA
Suppe mit Muscheln, Kartoffeln, Maiskörnern, Sellerie und Sahne.

Minestrone, Italien
Gemüsesuppe mit Reis, Nudeln, Tomaten, Kichererbsen und geriebenem Parmesan.

Gazpacho, Spanien
Kalte Suppe mit Gurke, Tomate, Paprikaschote, Zwiebeln, Knoblauch.

Oxtail, England
Klare Suppe aus angebratenem Ochsenschwanz, Gemüsen und Fleischeinlage.

Gulaschsuppe, Ungarn
Suppe mit Rindfleisch, Zwiebeln, Paprika, Knoblauch, Kümmel, Zitrone, Majoran.

Cock-a-leekie, Schottland
Hühnersuppe mit frischem Lauch und Backpflaumen, köstlich gewürzt mit Pfeffer, Piment, Petersilie, Thymian und Muskatblüte sowie Hühnerfleischstreifen.

Mulligatawny, Indien
Currysuppe mit Geflügelstreifen, Äpfeln, Zwiebeln und Schinken, mit Reismehl gebunden.

Gulaschsuppe
„Unsere Gulaschsuppe ist angenehm paprikascharf, würzig nach frischem Majoran duftend mit reichlich Fleischstückchen."

Mulligatawny
„… eine englisch-indische Spezialität, die jeden Curryfan begeistert. Die Suppe wird zubereitet aus Geflügelbrühe, Curry und Rahm mit Reis und Geflügelfleischstücken."

Borschtsch
„Eine Spezialität der russischen Bauernküche mit Kraut, roten Rüben, Rindfleisch und Schmant (Crème fraîche)."

Clam Chowder
„… diese Köstlichkeit aus der neuen Welt, den USA, begeistert vor allem den Muschelfan. Der feine Geschmack der Herzmuschel wird durch Bleichsellerie und Kartoffeln vorteilhaft untermalt."

Worte, die verkaufen helfen

- köstlich
- lecker
- aromatisch
- gekräutert
- würzig
- duftend
- deftig

- leicht
- wenig sättigend
- samtig
- feurig
- angenehm wärmend
- aufregend
- delikat

- auserlesen
- aus frischen Produkten
- regionale Spezialität
- aus Großmutters Küche
- ein besonderes Geschmackserlebnis
- den Himmel auf dem Löffel erleben Sie …

Fachbegriffe

Bouillon	Fleischbrühe
Consommé	Kraftbrühe
Consommé double	Doppelte Kraftbrühe
Fond	Grundbrühe
Célestine	Pfannkuchenstreifen
Legieren	Helle Suppen mit einer Mischung aus Eigelb und Sahne binden
Liaison	Mischung aus Eigelb und Sahne
Royale	Durch Pochieren gestockte Mischung (Eierstich) aus Milch, Salz, Muskat, Eigelb und Vollei
Schmant	Saure Sahne mit hohem Fettgehalt, ähnlich wie Crème fraîche

Abb. 1 Kraftbrühe mit Eierstich

Aufgaben

1. Entwerfen Sie aus der Kurzbeschreibung und der beigestellten Abbildung eine appetitanregende Formulierung zur Empfehlung an Ihre Gäste.
   Kraftbrühe von Rauchforelle, Gemüse und Gebäck

2. Welche Gruppen von Suppen unterscheidet man?

3. Nennen und erläutern Sie die verschiedenen Bezeichnungen für die Intensitätsstufen bei klaren Suppen.

4. Notieren und beschreiben Sie 10 Einlagen für klare Suppen aus unterschiedlichen Rohstoffen.

5. Nennen Sie Arten der gebundenen Suppen. Wodurch entsteht jeweils die Bindung?

6. Entwerfen Sie für einen Aktionstag ein Spezialangebot mit Suppen. Berücksichtigen Sie dabei alle Arten von Suppen.

❸ Zwischengerichte

 entrées 🇫🇷 entrées (w)

Die Zwischengerichte bilden den leichten Übergang von der Suppe zu den nachfolgenden Gängen. Früher auch

Abb. 2 Pastetchen mit Scampi-Ragout

als **warme Vorspeisen** bezeichnet, steht bei diesen Gerichten die Qualität im Vordergrund, sie ist wichtiger als der Sättigungswert.

Zwischengerichte lassen sich gut vorbereiten in Form von Torteletts, Blätterteigpastetchen, Teigschiffchen usw. Mit feinen Füllungen versehen, sind sie rasch fertiggestellt und angerichtet.

Oftmals unterscheiden sich Zwischengerichte lediglich durch die Portionsmenge von den Hauptgerichten. Die moderne Küche verwendet dafür bevorzugt auch solche Speisen, die in der klassischen Küche an anderen Stellen der Menüfolge verwendet werden (s. S. 484 f.). Als Zwischengerichte sind sie nur in kleineren Mengen zubereitet, angerichtet und mit pikanten Garnituren und Saucen versehen.

Zwischengerichte werden wie die kalten Vorspeisen aus einer breiten Palette von Rohstoffen wie Geflügel, Schlachtfleisch, Innereien, Wild, Krebs- und Weichtieren, Teigwaren, Eiern, Gemüsen und Pilzen gefertigt.

Abb. 1 Zwischengerichte aus China

„Den absoluten Renner hat unser Küchenchef aus China mitgebracht. Probieren Sie die Leckereien. Von der **Frühlingsrolle** bis zum **gefüllten Teigsäckchen** bietet jedes Teilchen eine kulinarische Überraschung."

Beispiele von Zwischengerichten

- **Gebackene Zwischengerichte** werden auf Teigböden oder in Teighüllen hergestellt, wie z. B.. Quiche, Fladen, Pizza, Strudel (mit Füllung oder Belag von Fleisch, Gemüse, Pilzen oder Fisch).

- **Kroketten,** für die gegartes, fein gehacktes Fleisch, Fisch, Gemüse oder Pilze mit einer entsprechenden Sauce gebunden und gut gekühlt wird. Aus dieser Masse formt, paniert und frittiert man dann die Kroketten.

- **Pfannkuchen** mit verschiedenen Füllungen aus Gemüse, Pilzen, Fleisch, Fisch oder Innereien.

- **Krapfen oder Beignets,** in Backteige getauchtes und frittiertes, teilweise vorgegartes Material aus Gemüse, Fleisch, Fisch, Innereien und Pilzen.

- **Zwischengerichte aus farciertem Fisch, Schlachtfleisch, Geflügel, Krebstieren oder Gemüse** werden als *Timbales/Flans* in gebutterten Formen pochiert und gestürzt oder als *Klößchen* oder *Nocken* (Quenelles) pochiert.

- **Feine Ragouts** aus Geflügel, Innereien, Wild, Kalbfleisch, Fischen, Krebstieren, Kalbsbries, Gemüse oder Pilzen werden in Blätterteigpastetchen, Römische Pastetchen oder Schiffchen

und Törtchen aus ungesüßtem Mürbeteig gefüllt, eventuell mit einer Sauce nappiert und gratiniert.

- **Zwischengerichte aus Teigwaren** wie Nudeln, Tortellini, Makkaroni, Ravioli, Lasagne und Maultaschen mit feinen Füllungen und Saucen, oftmals mit Käse bestreut und überbacken.

- **Zwischengerichte** aus Grießmasse/Brandmasse nennt man Gnocchi, zu denen man Kräuterpaste (Pesto) oder Butter und Reibkäse reicht.

- **Zwischengerichte von Fischen, Krebs- und Weichtieren** sind wegen des hohen Eiweißgehaltes und des meist niedrigen Fettgehaltes beliebt.

- **Gemüse** für Zwischengerichte werden häufig gefüllt (Auberginen, Zucchini, Gurken, Spinat, Wirsingblätter, Tomaten). Eine besondere Variante sind leicht geschmorte Gemüse wie Chicorée, Endiviensalat und Staudensellerie, die dann mit wohlschmeckender Sauce oder mit Käse überbacken werden. Auch edle Gemüse wie Artischocken und Spargel sind zu deren Saisonzeiten sehr beliebt.

- **Eierspeisen,** s. S. 211 f.

4 Saucen

sauces 🇬🇧 sauces (w) 🇫🇷

Saucen sind ein wichtiger Bestandteil von Gerichten. Es gibt sie in vielen Arten und Variationen. Die Grundzüge werden hier vorab beschrieben.

Arten der Saucen

Saucen erhöhen die Saftigkeit und Verzehrbarkeit (man stelle sich z. B. Klöße, Teigwaren, Kartoffeln oder Reis ohne Sauce vor) von Gerichten. Darüber hinaus dienen sie der Verfeinerung und dekorativen Vervollständigung und sind nicht zuletzt eine harmonische Ergänzung in Bezug auf Farbe und Geschmack. In vielen Fällen bilden die bei den Garprozessen entstehenden Fonds die Basis für die herzustellende Sauce. Für Zubereitungsarten, bei denen es diese Voraussetzungen nicht gibt (z. B. beim Kochen, Dämpfen Kurzbraten, Frittieren), werden **Grundsaucen** bereitet, aus denen durch zusätzliche Zutaten Ableitungen hergestellt werden.

Abb. 1 Unterschiedliche Saucen

Daneben gibt es aber auch ganz „eigenständige" Saucenzubereitungen, die nicht durch Ableitungen variiert werden.

4.1 Grundsaucen

warm				kalt
Braune Grundsauce 🇬🇧 brown sauces 🇫🇷 sauces (w) brunes **Wildsauce** 🇬🇧 game sauce 🇫🇷 sauce (w) gibier	**Weiße Grundsauce** 🇬🇧 white sauces 🇫🇷 sauces (w) blanches	**Béchamel-Sauce** 🇬🇧 béchamel sauce 🇫🇷 sauce (w) Béchamel	**Holländische Sauce** 🇬🇧 hollandaise sauce 🇫🇷 sauce (w) hollandaise	**Mayonnaise** 🇬🇧 mayonnaise 🇫🇷 sauce (w) mayonnaise

4.2 Braune Grundsauce 🇬🇧 demiglace 🇫🇷 sauce (w) demiglace

Die **braune Grundsauce** oder **Kraftsauce** (**Demiglace**) wird hauptsächlich aus gerösteten Kalbsknochen und Wurzelgemüse hergestellt. Sie wird mit brauner Brühe aufgegossen und mit Mehl gebunden.

Durch Ergänzungen entstehen aus der Grundsauce spezielle Saucen, die man **Ableitungen** nennt.

Ableitungen von der Sauce Demiglace (Beispiele)

+ Rotweinreduktion und Rindermarkwürfel als Einlage	+ Rotweinreduktion und Champignonwürfel als Einlage	+ Weißwein, Pilze und gehackte Petersilie als Einlage
Bordeauxer Sauce *(Sauce bordelaise)*	**Burgundersauce** *(Sauce bourguignonne)*	**Jägersauce** *(Sauce chasseur)*
für Gerichte aus gebratenem und gegrilltem Fleisch, geschmortes Gemüse (z. B. Chicorée, Fenchel)	für gebratene und geschmorte Schlachtfleischgerichte, Kalbs- und Rinderzunge, gekochten Schinken	für gebratene und gegrillte Gerichte aus Schlachtfleisch

Ableitungen sind:

- **Pfeffersauce,** mit Weißwein und reichlich geschroteten Pfefferkörnern oder grünem Pfeffer
- **Wacholderrahmsauce,** mit Rotwein-Wacholder-Reduktion und Sauerrahm
- **Hagebuttensauce,** mit Mark von Hagebutte und Rotwein

Tomatensauce

🇬🇧 tomato sauce
🇫🇷 sauce (w) tomate

Tomatensauce ist eine farblich betonte Sauce. Sie kann geschmacklich vielfältig variiert werden, beispielsweise durch Zugabe von Gin oder gehacktem Basilikum. Sie ist wegen ihres pikanten, leicht säuerlichen Geschmacks sehr beliebt und wird zu den verschiedensten Speisen verwendet.

4.3 Wildgrundsauce und Ableitungen

🇬🇧 game sauce 🇫🇷 sauce (w) gibier

Wildgrundsauce wird wie die Demiglace hergestellt. Die Geschmacksgrundlage geben jedoch artspezifische Zutaten wie Wildknochen und Fleischabschnitte vom Wild sowie würzige Wurzelgemüse. Dazu kommen typische Wildgewürze wie Wacholderbeeren, Piment, Nelke, Lorbeerblätter sowie Senf und Preiselbeeren.

4.4 Eigenständige warme Saucen

Bratenjus 🇬🇧 gravy 🇫🇷 jus (m) de rôti

Bratenjus wird in Verbindung mit dem Braten von Fleisch gewonnen (z. B. Roastbeef, Schweine-, Kalb- oder Lammfleisch, Geflügel oder Wild). Die jeweils typischen Geschmacksstoffe ergeben sich aus dem Bratensatz, dem geringfügig austretenden Fleischsaft, die die Bratenjus bilden. Dieser wird in der Regel nicht oder nur leicht mit Stärke oder kalten Butterflocken gebunden.

4.5 Weiße Grundsaucen 🇬🇧 white sauces 🇫🇷 sauces (w) blanches

Die **weißen Grundsaucen** werden mit einer hellen Mehlschwitze (Roux) bereitet. Mit Milch aufgefüllt, erhält man die **Béchamelsauce,** mit heller Brühe von Kalb, Geflügel oder Fisch die **Samtsaucen (Veloutés).** Abgesehen von den unterschiedlichen Zutaten für die **Ableitungen** werden weiße Saucen meist mit einer Legierung aus Eigelb und Sahne vollendet.

Ableitungen von der Béchamelsauce

+ Sahne	+ Fleischbrühe/ Meerrettich	+ Sahne/geriebener Käse	+ Fischfond/ Hummerbutter
Rahmsauce *(Sauce à la crème)*	**Meerrettichsauce** *(Sauce au raifort)*	**Mornaysauce** *(Sauce Mornay)*	**Kardinalsauce** *(Sauce cardinal)*
zum Binden von Gemüse und Kartoffeln (Béchamelkartoffeln)	zu gekochtem Rindfleisch	für überbackene Gerichte von Gemüse und Eiern	zu gekochten und gedünsteten Gerichten von Eiern, Fischen und Krebstieren

Ableitungen von den Samtsaucen (Veloutés)

Grundsauce	Ableitungen	Zuordnung zu Speisen
Kalbssamtsauce (Velouté de veau)	• **Deutsche Sauce** *(Sauce allemande)* • **Champignonsauce** *(Sauce aux champignons)*	• Ragoût fin • Kalbsblankett, pochierte Eier
Geflügelsamtsauce (Velouté de volaille)	• **Geflügelrahmsauce** *(Sauce suprême)* • **Champignonsauce**	• Geflügelfrikassee, Hühnerbrüstchen • feines Geflügelragout
Fischsamtsauce (Velouté de poisson)	• **Weißweinsauce** *(Sauce au vin blanc)* • **Dillsauce** *(Sauce à l'aneth)*	• gedünsteter Fisch • Krebstiere

4.6 Aufgeschlagene und gerührte Saucen

Bei den meisten Gerichten werden die Saucen aus den Braten oder Bratansätzen der Hauptbestandteile gewonnen. Aufgeschlagene und gerührte Saucen werden unabhängig vom Hauptbestandteil eines Gerichtes hergestellt. Bei diesen Saucen handelt es sich um die **holländische Sauce** (warm) und die **Mayonnaise** (kalt).

Holländische Grundsauce und Ableitungen

Die Hauptbestandteile der holländischen Sauce sind Eigelb und Butter. Diese werden geschmacklich durch einen konzentrierten Auszug (Reduktion) aus Schalotten, Essig, Pfefferkörnern und Wasser unterstützt. Der feinen Zutaten und der zarten Konsistenz wegen wird die holländische Sauce auch als Königin unter den Saucen bezeichnet.
Sie wird verwendet:
- als Beigabe zu feinem Gemüse, z. B. Artischocken und Spargel, zu Eierspeisen und gedünsteten Fischgerichten
- beim Überbacken von Gerichten, z. B. feine Ragouts von hellem Fleisch, Fisch und Krebstieren.

Ableitungen von der holländischen Sauce		
+ geschlagene Sahne	+ Saft und Schalenstreifen von Blutorangen	+ Weißwein-Estragonessig-Reduktion, gehackter Kerbel und Estragon
Schaumsauce *(Sauce mousseline)*	**Maltasauce** *(Sauce maltaise)*	**Béarner Sauce** *(Sauce béarnaise)*
zu verlorenen Eiern, Spargel, Blumenkohl, Brokkoli, Romanesco, gedünsteten Edelfischen	zu Spargel und kurzgebratenem Fleisch von Kalb und Putenbrust	zu verlorenen Eiern, Pfannen- und Grillgerichten von Rindfleisch, Kalbfleisch, Fisch

Grundsauce Mayonnaise und Ableitungen

Die Mayonnaise ist die wichtigste Sauce der kalten Küche. Zutaten sind Eigelb, Pflanzenöl sowie wenig Essig, Senf und Salz. Durch Rühren erhält man eine Emulsion und somit die Mayonnaise.

Ableitung von der Béarner Sauce:
- **Choronsauce** (Sauce Choron): Béarner Sauce + Tomatenpüree oder Tomatenmark

Ableitungen von der Mayonnaise			
+ geschlagene Sahne und Zitronensaft	+ fein gehackte Gewürzgurken, Kräuter, Sardellen und Kapern	+ hart gekochtes, gehacktes Ei und fein geschnittener Schnittlauch	+ Ketchup, Schlagsahne, geriebener Meerrettich, Salz, Tabasco, Weinbrand
Chantillysauce *(Sauce Chantilly)*	**Remouladensauce** *(Sauce rémoulade)*	**Tatarensauce** *(Sauce tartare)*	**Cocktailsauce** *(Sauce cocktail)*
zu Spargel und Artischocken, gekochtem, kaltem Hummer	zu gebackenem Fisch oder Gemüse, kaltem Braten	zu gebackenem Gemüse, gebackenem Fisch und kaltem Braten	als Salatdressing, für Vorspeisencocktails, Eiersalat

Abb. 1 Cumberland-Sauce

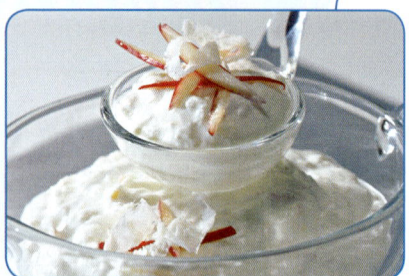

Abb. 2 Meerrettichsahne

Worte, die verkaufen helfen

- duftend
- aromatisch
- kräuterig
- deftig
- köstlich
- lecker
- leicht
- wenig sättigend
- cremig
- delikat
- ein besonderes Geschmackserlebnis
- beste Begleitung des Hauptgerichts
- harmonisch ergänzend
- feurig
- samtig

4.7 Eigenständige kalte Saucen

Es gibt kalte Saucen, die sich durch ausgeprägte Besonderheiten auszeichnen, und die sich deshalb nicht in ein Saucenschema einordnen lassen.

Cumberlandsauce

Diese Sauce wird hergestellt aus:
- Streifen von Orangenschalen sowie Orangen- und Zitronensaft
- Rotwein, Johannisbeergelee, Cayennepfeffer und englischem Senf

In ihrer würzig-süßlichen Art passt sie zu kalten Gerichten von Wild und Geflügel und ganz besonders zu Pasteten, Terrinen und Galantinen.

Vinaigrette (s. S. 186)

Meerrettichsahne

Dazu wird frisch geriebener Meerrettich unter geschlagene Sahne gehoben. Geschmackliche Abwandlungen erhält man durch Zugabe von geriebenem Apfel oder Preiselbeerkonfitüre. Sie ist als Beigabe typisch zu geräuchertem Fisch sowie zu kalten und warmen Gerichten von Rindfleisch.

4.8 Beurteilungsmerkmale und Anrichten von Saucen

Beurteilungsmerkmale für Saucen

- **Konsistenz/Beschaffenheit:** dick, dünn, zähflüssig, stückig, cremig, deckend.
- **Aussehen:** ohne sichtbares Fett, keine dunklen Pünktchen, durchscheinend, saucentypisch.
- **Geruch, Geschmack:** arttypisch, frisch, aromatisch, ausgeprägt.

Anrichten von Saucen

Es ergeben sich folgende Möglichkeiten, eine Sauce anzurichten:

Fleisch- oder Fischstücke werden auf einen flachen **Saucenspiegel** gesetzt.

Gargut etwa ein Drittel, höchstens die Hälfte mit ein wenig Sauce bedecken. Diesen Vorgang nennt man **Angießen.**

Die Fleisch- oder Fischstücke werden ganz mit gebundener Sauce bedeckt. Man bezeichnet das als **Nappieren.**

Zusätzliche Sauce wie z. B. bei Braten oder Spargel, wird getrennt in einer Sauciere gereicht, **à part** serviert.

4.9 Buttermischungen

🇬🇧 butter mixtures 🇫🇷 beurres (m) composés

Frische Butter hebt durch ihr feines Aroma den Geschmack der Speisen.
Man unterscheidet zwischen heißen und kalten Buttermischungen. Vermischt man frische oder zerlassene Butter mit würzigen Zutaten, so entstehen Buttermischungen mit eigener, typischer Geschmacksprägung.

Abb. 1 Kräuterbutter

Heiße Buttermischungen

- **Bröselbutter** entsteht durch leichtes Anrösten von Semmelbröseln in heißer Butter. Auch als **beurre polonais** bezeichnet, verwendet man sie zum Nappieren von Gemüse (z. B. Blumenkohl), von Teigwaren und Klößen bzw. Knödel.
- **Müllerinbutter** ist typisch für gebratenen Fisch „nach Art der Müllerin". Die beim Nachbraten gebräunte Butter wird mit Worcestershire-Sauce und Zitronensaft vollendet und über den Fisch gegossen.

Kalte Buttermischungen

Kalte Buttermischungen finden Verwendung
- zur Ergänzung bei Suppen und Saucen,
- anstelle von Saucen zu Kurzbratfleisch, Gegrilltem, Fischen, Krebstieren und Gemüsen,
- zum Verschließen von gefüllten Schneckenhäusern,
- als Aufstrich für Toast und Brotschnitten, Canapés,
- als Butterservice zum Gedeckbrot bei Gerichten oder innerhalb von Menüs.

Zwiebelbutter ist eine Zubereitung, bei der Zwiebelwürfelchen in zerlassener Butter goldgelb bis braun angeschwitzt werden.

Zwiebelbutter wird verwendet als:
- Beigabe zu gekochtem Fisch, zu gekochten Kartoffeln, zu Kartoffelpüree und Teigwarengerichten (z. B. Maultaschen und Käsespätzle)
- Garnitur für bestimmte Suppen und Saucen.

Buttermischungen		
Kräuterbutter *(beurre aux fines herbes)*	fein gehackte Schalotten und viel Kräuter (Petersilie, Kerbel, Schnittlauch, Estragon, Zitronenmelisse), Salz und Pfeffer	zur Vollendung von Suppen und und als Beilage zu Pfannen- und Grillgerichten von Rind, Lamm und Fisch
Colbertbutter *(beurre Colbert)*	gehackter Estragon und Petersilie, Zitronensaft und Fleischextrakt	spezielle Beigabe zur Seezunge Colbert aber auch zu Grillgerichten
Bärlauchbutter *(beurre d'ail sauvage)*	Pürierte Bärlauchblätter mit Butter, Zitrone, Salz und Pfeffer vermischt	Pfannengerichte von Fleisch und Fisch

Aufgaben

1. Wie ergänzen Saucen bestimmte Speisen?

2. Nennen Sie Ableitungen der Béchamelsauce. Zu welchen Speisen können Sie diese reichen?

3. Nennen Sie Ableitungen verschiedener Veloutés und ordnen Sie, wenn nötig, diesen geeignete Speisen zu.

4. Beschreiben Sie zu den aufgeschlagenen und gerührten Saucen:
   a) die jeweilige Grundsauce und ihre Verwendung,   b) Ableitungen und deren Verwendung.

5. Nennen Sie Beispiele für kalte und heiße Butterzubereitungen. Ordnen Sie Speisen Buttermischungen zu.

6. Nennen Sie vier Möglichkeiten, Saucen anzurichten.

5 Hauptgerichte aus Fisch, Krebs- und Weichtieren

 main courses of fish, crustaceans and molluscs
 plats (m) des poissons, des crustacés (m) et des mollusques (m)

5.1 Süß- und Salzwasserfische 🇬🇧 fish 🇫🇷 poissons (m)

Aus Fisch stellt man leichte, eigenständige Gerichte, Suppen sowie kalte Vorspeisen und Zwischengerichte her.

Fischfleisch gilt als leicht verdaulich und biologisch hochwertig. Die Gründe sind:

- Fisch enthält besonders hochwertiges **Eiweiß** und **Fett**, die wichtigen **Vitamine A** und D sowie **Mineralstoffe**, Seefisch vor allem das unentbehrliche **Jod**.
- Fischfleisch hat nur geringe Mengen an Bindegewebe und ist deshalb besonders locker, zart und **leicht verdaulich**.

Magerfische bevorzugt man für leichte Schonkost.

Unterscheidungsmerkmale von Fischen sind der **Fettgehalt**, die **Körperform** und die **Herkunft**.

Unterscheidungsmerkmal Fettgehalt

Fettfische

Beispiele:
- Aal
- Karpfen
- Lachs (s. Abb.)
- Makrele
- Sardine
- Sprotte
- Thunfisch

Magerfische

Beispiele:
- Hecht
- Zander
- Renke
- Kabeljau
- Schellfisch (s. Abb.)
- Seezunge
- Scholle

Unterscheidungsmerkmal Körperform

Rundfische

Beispiele:
- Forelle
- Felchen
- Hecht
- Lachs
- Goldbarsch
- Hering
- Kabeljau
- Seelachs

Plattfische

Beispiele:
- Flunder
- Glattbutt
- Rotzunge
- Scholle
- Seezunge
- Steinbutt
- Heilbutt

Unterscheidungsmerkmal Herkunft

| Süßwasserfische | Salzwasserfische |

Beispiele:
- Aal
- Hecht
- Forelle (s. Abb.)
- Zander
- Karpfen
- Schleie
- Felchen

Beispiele:
- Seezunge
- Heilbutt
- Makrele
- Hering
- Scholle (s. Abb.)
- Seeteufel

Arten des Fischbezugs

Fische kommen **frisch** in den Handel, entweder im Ganzen oder ausgenommen (ohne Innereien), oder in Form von ausgelösten Filets sowie als Tranchen und Steaks.

Daneben werden ganze Fische und auch Filets als **Tiefkühlware** angeboten.

- Fischfleisch verdirbt auf Grund des hohen Wassergehaltes, des geringen Bindegewebeanteils und des lockeren Muskelgewebes sehr leicht. Es ist deshalb nur sehr begrenzt lagerfähig und muss rasch verbraucht werden.

- Zeichen der Frische sind festes Fleisch, ein frischer Geruch und leuchtend rote Kiemen.

- Je frischer der Fisch bzw. das Fischfleisch, desto besser ist der Geschmack. Er unterliegt bereits nach kurzer Lagerzeit nachteiligen Veränderungen, die durch Eiweißzersetzungen hervorgerufen werden, die an den Randschichten beginnen.

Daraus ergeben sich folgende **Lagerbedingungen**:
- Die Temperatur in speziellen Fischkühlschränken oder bei Lagerung zwischen Eis soll etwa 0 °C betragen,

- für längere Aufbewahrungszeiten muss der Fisch möglichst schockartig bei −40 °C eingefroren und bei etwa −18 °C gelagert werden.

Abb. 1 Tranchen/Steaks von
① Dorschsteak,
② Steinbeißerfilet,
③ Heringshai-Steak,
④ Lachstranche,
Steak von ⑤ Thunfisch,
⑥ schwarzem Heilbutt,
⑦ Schwertfisch,
⑧ weißem Heilbutt

Abb. 2 Filets von
① Lachs, ② Felchen,
③ Hecht, ④ Zander,
⑤ St. Petersfisch,
⑥ Lachsforelle, ⑦ Rotbarbe,
⑧ Scholle, ⑨ Seezunge,
⑩ Seeteufel

Abb.3 Frische Fische auf Eis lagern

Abb.4 Gelochtes Abtropfblech für Schmelzwasser

Zubereitungen

Wegen der Zartheit des Fischfleisches sind schonende Zubereitungsarten unabdingbar. Fischfleisch eignet sich auch bestens für die Herstellung von Farcen für Fischnocken, Fisch-Klößchen, Terrinen und Galantinen. (s. S. 412)

Gerichte von pochiertem Fisch

🇬🇧 dishes with poached fish 🇫🇷 plats (m) des poissons (m) pochés

Fast alle Fischarten und Fischfarcen eignen sich gut zum Pochieren. Dies geschieht durch Ziehenlassen bei ca. 80 °C in einem vorbereiteten Fischsud (Beilagenempfehlungen S. 412).

Zubereitung „Blaukochen"

Diese für Süßwasserfische typische Zubereitungsart erfolgt in einem leicht gesäuerten Sud und ist nur möglich bei Fischen, deren schleimige Oberfläche sich beim Pochieren bläulich verfärbt. Daher kommt auch der Begriff des „Blaukochens". Fachlich richtig ist es ein Pochieren (Garziehen).

© Stockfood/H. Lehmann

„Sie wünschen etwas Leichtes zu speisen. Ich empfehle Ihnen das pochierte **Saiblingsfilet** mit Gemüsenudeln und einer aufgeschäumten Sauce mit frischem Basilikum."

„… falls Sie es etwas Besonderes mögen, dann hätten wir für Sie ein in Weißwein pochiertes **Filet von Dorade**, auch Red Snapper genannt, mit grünem Spargel und Quinoa, einen Inkareis aus Peru mit kleinem Gemüse."

„… essen Sie gerne Fisch? … dann haben wir heute etwas Besonderes, nämlich zarte **Zanderklößchen** in einer eleganten Krebssauce mit Romanesco, Strauchtomaten und grünen Nudeln."

„Als Tagesspezialität möchte ich Ihnen heute eine fangfrische **Regenbogenforelle** anbieten. Der Küchenchef bringt sie durch schonendes Garziehen in einem leicht gesäuerten Würzsud blau auf den Teller. Dazu servieren wir Ihnen frisch zerlassene Bauernbutter, Gemüsestreifen, Petersilienkartoffeln und Kopfsalatherzen. Falls Sie es wünschen, werde ich gerne den Fisch für Sie filetieren."

Gerichte von gedünstetem Fisch

🇬🇧 dishes of stewed fish 🇫🇷 plats (m) des poissons (m) étuvés

Dünsten bedeutet Garen in wenig Flüssigkeit in einem zugedeckten Geschirr. Dadurch gart der Fisch sowohl in etwas Flüssigkeit, wie z. B. Fischsud und Weißwein, als auch in dem sich bildenden Dampf. Folgende Beispiele zeigen die Möglichkeiten, Seezungenfilets für das Dünsten vorzubereiten, um somit verschiedene Formen zu erhalten (Beilagenempfehlungen S. 412).

Abb. 1 Filets verschiedenartig geformt

① Leicht plattiert und zur Hälfte geklappt.
② Filetspitze durch einen Einschnitt stecken.
③ Als Krawatte gefaltet.
④ Mit Blattspinat belegt, danach mit Farce bestrichen und geklappt.
⑤ Um Spargelspitzen geschlungen.
⑥ Um gefetteten Ring gelegt, zum Füllen nach dem Dünsten.
⑦ Mit Blattspinat belegt und zu Röllchen geformt.
⑧ Mit Noriblatt belegt, mit Lachsfarce bestrichen und gerollt.
⑨ Mit einigen Ziselierschnitten versehenes Filet.

„Heute erwartet Sie ein lecker mit Lachsfarce gefülltes **Seezungenröllchen** auf Weißwein-Petersilien-Sauce, umrahmt mit Fenchel-Lauch-Gemüse, Kirschtomaten und Wildreis."

„Etwas Besonderes ist eine **Forelle im dünnen Speckmantel**, die zusammen mit Weißwein, Maiskörnern, Champignons, Frühlingszwiebeln sowie Lauchringen in einer verschlossenen Alufolie gedünstet wird. Sie erleben somit eine Vielfalt von Aromen. Als Beilage serviere ich Ihnen in Form von Champignons geschnittene Estragonkartoffeln."

Gerichte von gedämpftem Fisch

🇬🇧 dishes of steamed fish
🇫🇷 plats (m) des poissons (m) en vapeur

Lebensmittel in Wasserdampf garen gilt als die schonendste aller Zubereitungsarten. Dabei bleiben neben den Vitaminen vor allem die produkteigenen Geschmacksstoffe weitgehend erhalten, da sie durch Flüssigkeit nicht ausgelaugt werden können (Beilagenempfehlungen S. 412).

Abb. 2 Lachs mit Gemüsestreifen, im Dämpfer gegart

Beilagenempfehlung zu pochierten, gedünsteten und gedämpften Fischen

Butter
- Zerlassene, leicht gebräunte Butter
- Estragonbutter

Saucen
- Weißweinsauce
- Kräuter-Fischsauce
- Krebs- oder Hummersauce
- Mornaysauce
- Dillrahmsauce
- Holländische Sauce

> „Lassen Sie sich heute verführen von einem auf der Haut gebratene **Zanderfilet** mit frischem Gemüeragout aus Ingwer, Kürbis und Süßkartoffeln, garniert mit einem Teighörnchen mit delikater Pilzfüllung."

Gemüsebeilagen
- Salatgurke oder Lauch, gedünstet
- glasierte Frühlingszwiebeln
- Blattspinat oder Mangoldblatt
- gekochter weißer oder grüner Spargel
- gedünsteter Fenchel
- in Butter sautierte Tomatenfleischstücke

Abb. 1 gegrillte Forellen

Hauptbeilagen
- Salzkartoffeln oder Kartoffelschnee
- Kartoffeln mit frischen, gehackten Kräutern
- ausgesuchte Teigwaren
- Reis und Wildreis

Salate – alle Arten von zarten Salaten

Gerichte von gebratenem oder gegrilltem Fisch

🇬🇧 dishes of pan fried or grilled fish 🇫🇷 plats (m) de poisson (m) rôti ou grillé

Fische können im Ganzen, als Filets oder als Steaks gebraten werden. Hierfür werden sie vorher mit Zitrone und Salz gewürzt, meist anschließend mehliert, zunächst in Öl gegart und danach in Butter fertig gebraten. Gebraten werden auch die aus einer Fischfarce gefertigten Fischfrikadellen (Beilagenempfehlungen S. 413).

> „… eine frisch gefangene Maischolle, in Butter gebraten, mit Rosmarin, gehackter Gartenpetersilie und Bratkartoffeln."

> „Sollten Sie es lieber rustikal mögen, so empfehle ich Ihnen die interessanten **Frikadellen von geräuchertem Heilbutt** und **Schillerlocken auf Currysauce** mit krossen Speckscheiben und Thaibasilikum. Dazu serviere ich Ihnen Paprikareis und einen römischen Salat."

Beilagenempfehlung

Saucen

- Béarner Sauce
- Choronsauce
- Kräuterbutter

Gemüse

- Grilltomate
- Bohnen
- Kürbis
- Pilze
- Mangold

Hauptbeilage

- frittierte Kartoffeln
- Folienkartoffeln
- Schlosskartoffeln
- Streichholzkartoffeln
- Schmelzkartoffeln

Salate mit kräftigem Geschmack

„Das **Thunfischsteak** vom Grill mit einer herrlichen Ingwer-Chardonnay-Sauce mit Pilzen und Mangoldblättern würde ich Ihnen gerne zusammen mit einem frisch gebackenen Baguette servieren."

Gerichte von gebackenem Fisch

🇬🇧 dishes of deep fried fish 🇫🇷 plats (m) de poisson (m) frit

Fische werden vor dem Backen meist eingehüllt in eine Panierung oder in einen **Teig**. Die **Panierung** besteht aus Mehl, Ei und Semmelbröseln. Die Brösel kann man mit sehr fein gehackten Kräutern mischen. Anstelle der Brösel sind geriebene Mandeln, Haselnüsse oder Pistazien eine interessante Umhüllung, die einen speziellen Geschmack ergibt.

Außerdem lassen sich Filets oder Filetstreifen durch Eintauchen in **Backteige** mit Bier, Wein, Sekt oder Sauerrahm umhüllen.

Gebackene Gerichte werden je nach Haus auf Stoffservietten oder Papierservietten angerichtet. Sie müssen sehr rasch serviert werden und dürfen **niemals** mit einer Cloche zugedeckt werden, sonst geht die Knusprigkeit der Kruste verloren.

Als **Beilagen** zu gebackenen Fischen reicht man

- Tomatensauce oder Ableitungen der Mayonnaise,
- Kräuterbutter,
- Salate der würzigen Art, aber auch Kartoffelsalate.

Eine **besondere Art der Zubereitung** für eine größere Personenzahl ist das Umschließen eines großen Fischfilets mit salzigem Hefe- oder Blätterteig. Im Ofen gebacken wird es den Gästen im Ganzen präsentiert. Dazu serviert man eine leichte Dill-Rahm-Sauce und delikate Salate.

„Heute möchten wir Sie mit einem wahren Klassiker überraschen. Es ist ein Gericht aus Escoffiers Rezeptsammlung und nennt sich **Seezunge nach Colbert**. Da die Seezunge bei dieser Zubereitungsart im Ganzen serviert wird, werde ich sie Ihnen am Tisch fertigstellen und vorlegen. Die Seezunge ist in Begleitung der berühmten Colbertbutter und einem Rapunzelsalat."

„… schlicht, klassisch und immer wieder gut ist das in Butter gebackene **Goldbarschfilet** mit Tatarensauce, einem Dill-Gurken-Salat sowie einem Salat aus der festkochenden Rosara-Kartoffel. Hierzu empfehle ich Ihnen einen trockenen Weißwein wie beispielsweise einen Sauvignon Blanc, einen Chardonnay oder einen Ruländer."

Bei der Herstellung von Fischwaren erhält das Fischfleisch je nach Art der Verarbeitung eine besondere Geschmacksnote. Es handelt sich dabei gleichzeitig um bestimmte Arten der Haltbarmachung.

Fischwaren

Fischkonserven

Buttermischungen	
Zubereitungsmerkmale	**Beispiele für Fischwaren**
im eigenen Saft	Thunfisch
im eigenen Saft mit Aufguss	Brathering
in unterschiedlichen würzigen Saucen	Herings- und Makrelenfilets
in Öl	Seelachs, Sardellen, Sardinen, Thunfisch

Abb. 1 Geräucherte Bücklinge

Geräucherte Fischwaren

Zu ihnen gehören:

- hochwertige Erzeugnisse von Fettfischen wie Aal, Lachs, Forelle,
- auch Stücke mit Haut und Gräten von Heilbutt, Makrelen und anderen Fischen,
- außerdem Sprotten, Bücklinge (Hering) und Schillerlocken (aus Bauchstreifen des Dornhais).

Marinierte Fischwaren

Bei diesen Erzeugnissen werden unterschieden:
- Bratfischwaren (Bratheringe),
- Kaltmarinaden aus rohem Fisch (Rollmops, Bismarckhering).

Trocken gebeizte Fische

- **Graved Lachs**
  Rohe, entgrätete Lachsfilets werden mit viel Dill, Salz, Gewürzen, Zucker und wenig Zitronensaft cirka 36 Stunden gebeizt. Die Bezeichnung „hausgebeizter Lachs" soll stets der Wahrheit entsprechen und heißen, dass der Lachs wirklich in der hauseigenen Küche gebeizt worden ist.

- **Gekräuterter Saibling**
  Gleiche Zubereitung wie beim Lachs. Man kann die Kräuter variieren und anstelle von Zucker Honig verwenden.

Abb. 2 Graved Lachs

Fachbegriffe	
Blaukochen	Garen unterhalb des Siedepunktes im Essigsud
Filetieren	Ein Filet vom Fisch ablösen
Mehlieren	Vor dem Braten in Mehl wenden
Panieren	In Mehl, dann in geschlagenem Ei und zuletzt in Bröseln wenden
Pochieren	Am Siedepunkt gar ziehen lassen
Sautieren	In Butter schwenken
Ziselieren	Ganze Fische vor dem Braten seitlich schräg einritzen

5.2 Kaviar caviar ▮▮ caviar (m)

Kaviar ist das gesalzene Produkt aus dem Rogen (Eier) von Fischen. Die Fischeier sind zunächst hell und glasig und werden erst durch die Behandlung mit Salz dunkel. Man unterscheidet echten Kaviar und Kaviarersatz.

Störarten	Beluga/ Hausen	Ossietr/ Stör	Sevruga/ Scherg
Ei ⌀	2 bis 3,5 mm	über 2 mm	unter 2 mm
Eifarbe	silbergrau bis schwarzgrau	schwarzgrau auch gelblich bis braun	
Deckelfarbe	blau	gelb	rot/orange

Echter Kaviar

Er wird aus dem Rogen laichreifer Weibchen verschiedener Störarten gewonnen. Die Haupterzeugerländer sind Russland und Iran, die Fangorte das Kaspische und das Schwarze Meer. Der Begriff bzw. der Zusatz „malossol" bedeutet mild gesalzen und ist ein Merkmal besonderer Güte.

Kaviarersatz

Diese Erzeugnisse werden aus dem Rogen folgender Fische gewonnen:

- **Seehase**: Die Körner sind kleiner als beim echten Kaviar. Dieser sogenannte *Deutsche Kaviar* wird meistens schwarz gefärbt. Die Zugabe von Farbstoffen ist kennzeichnungspflichtig.

- **Lachs:** Die großen rötlichen Eier vom Lachs werden unter der Bezeichnung Ketakaviar angeboten

- **Forellen**: Das gelbliche bis orangefarbene Produkt kommt neuerdings in zunehmendem Maße auf den Markt.

„Als Zwischengericht offeriere ich Ihnen einen echten **Beluga-Malossol-Kaviar** mit frisch gebackenen Buchweizenpfannkuchen, den sogenannten Blinis, und köstlichem Schmant."

Osietra-Kaviar hat ein kleines Korn, ist hartschalig und wenig empfindlich. Er schmeckt leicht nussartig.

Sevruga-Kaviar ist dünnschalig und empfindlicher als andere Sorten. Er hat einen kräftigen, besonders würzigen Geschmack.

Beluga-Kaviar hat den größten Korn-Durchmesser. Er gilt als der feinste und ist der teuerste unter den Kaviar-Sorten.

Forellen-Kaviar ist leuchtend gelb bis orange und geschmacklich dem Lachs-Kaviar vergleichbar.

Keta-Kaviar ist der orange-rötliche Rogen von Lachsarten. Sein Korn ist besonders groß, jedoch sehr empfindlich.

Aufgaben

1. Schildern Sie einem Gast das nebenstehende Gericht. Gehen Sie dabei davon aus, dass der Gast das Bild nicht sieht. Benennen Sie Aussehen und Bestandteile der Speise. Machen Sie dem Gast mit Worten richtig Appetit.

2. Ein Gast möchte ein mageres Fischgericht. Welche Fische bieten Sie ihm an?

3. Was versteht man unter echtem Kaviar?

4. Machen Sie für die Erstellung einer speziellen Fischkarte sechs Vorschläge. Berücksichtigen Sie dabei unterschiedliche Fischarten und erarbeiten Sie eine kartengerechte Zusammenstellung.

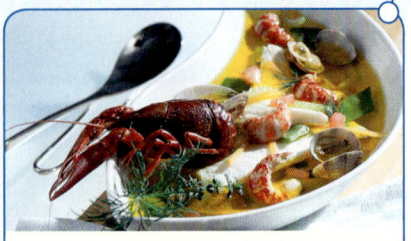

„Wir haben heute eine frische Lieferung mit **Krebsen und Venusmuscheln** erhalten, die unser Küchenmeister auf seine Art **im Wurzelsud** mit einem Schuss Pernod für Sie zubereitet hat. Als Beilage empfehle ich Ihnen unser hausgebackenes Kräuterbrot."

„Ein wahres Gedicht ist der **Hummer** in Kombination mit Zuckerschoten, Auberginen, Zucchini, grünem Spargel, Tomaten und Paprikaschoten mit einer feinen Sauce gebunden sowie frischen Kräutern verfeinert und in der Hummerschale serviert. Die Hummerscheren sind bereits von unten geöffnet."

„Heute möchte ich Ihnen eine asiatische Kreation anbieten. Es sind **Scampi** in Tempura gebacken, auf einem Püree von der Lotoswurzel umgeben von Fingermöhrchen, gelben und grünen Zucchini mit einer hellen Austernsauce. Das Ganze ist garniert mit Schwarzwurzelspänen und Kapuzinerkresse."

5.3 Krebstiere 🇬🇧 crustaceans 🇫🇷 crustacés (m)

Krebstiere werden zusammen mit Weichtieren (Kap. 5.4) auch als **„Früchte des Meeres"** bezeichnet. Das **Fleisch** der Krebstiere hat eine helle Farbe und eine zarte Beschaffenheit. Es eignet sich deshalb sehr gut für leichte eigenständige Mahlzeiten und zur Herstellung von kalten Vorspeisen, Zwischengerichten sowie für Suppen.

Wegen des attraktiven Aussehens werden Krebstiere gerne verwendet
- als Garnitur oder als Einlagen für Suppen und Saucen,
- als Bestandteil von feinen Ragouts.

Die **Speisen** aus Krebstieren haben neben einem ausgeprägten Genuss- und Geschmackswert einen hohen ernährungsphysiologischen Wert.

Angebotsformen

Der Körper ist von krustigen Hüllen und Panzern umgeben. Im Allgemeinen werden sechs Gruppen unterschieden:
- Garnelen
- Hummer
- Krabben
- Langusten
- Kaisergranate
- Krebse

Alle Krebstiere sind lebend erhältlich und müssen dann fachgerecht gelagert und behandelt werden. Sie sind aber auch als Tiefkühlware mit und ohne Panzer, gekocht oder als Rohware, im Handel.

Gerichte von Krebstieren

Krebstiere werden zunächst gekocht. Danach serviert man sie noch heiß im Panzer, oder sie werden nach dem Abkühlen ausgebrochen und entsprechend weiterverarbeitet. Ferner können Krebstiere gebraten, gegrillt, gebacken oder gedünstet werden.

5.4 Weichtiere 🇬🇧 molluscs 🇫🇷 mollusques (m)

Weichtiere sind zum Verzehr bestimmte **Austern, Muscheln, Tintenfische und Schnecken.**

Austern 🇬🇧 oysters 🇫🇷 huitres (w)

Die meisten Austern werden in sogenannten Austernparks gezüchtet. Die Saison für frische Austern geht von September bis April, also in den Monaten mit „**R**".

Nach der äußeren **Form unterscheidet** man:
- **Tiefe Austern** sind länglich und tiefbauchig gewölbt. Sie werden auch als Felsenaustern oder portugiesische Austern bezeichnet.
- **Flache oder runde Austern,** die je nach Ursprungsland bestimmte Handelsbezeichnungen haben, wie zum Beispiel
  - Limfjord (DK) • Sylter Royal (D) • Imperial (NL) • Belon (F).

Beide Arten werden lebend frisch in speziellen Gebinden geliefert. Sie sind auch als Tiefkühlware vorgegart und als Konserven im Sud oder geräuchert erhältlich.

Gerichte von Austern 🇬🇧 oyster dishes 🇫🇷 plats (m) des huitres (w)

Am häufigsten richtet man frische, rohe Austern in der geöffneten Schale auf zerkleinertem Eis an und garniert sie mit Zitronensechsteln. Von in Weißwein pochierten Austern lassen sich leckere, kleine Gerichte herstellen, zum Beispiel ein Austern-Cocktail, eine Austernterrine oder Austern auf Blattspinat, mit holländischer Sauce überbacken.

Gerichte von Muscheln 🇬🇧 dishes of molluscs 🇫🇷 plats (m) des moules (w)

Muscheln werden lebend oder als TK-Ware oder Konserven angeboten. **Miesmuscheln** werden meist in der Schale in einem Würzsud gegart.

Jakobsmuscheln können gedämpft, gedünstet, gebraten, gegrillt oder überbacken werden.

Gerichte von Tintenfisch 🇬🇧 dishes of cuttlefish 🇫🇷 plats (m) de sèche (w)

Tintenfische, Sepia, Kalmare oder Kraken serviert man gekocht, in der Pfanne gebraten, auf dem Grill gegart oder frittiert. Die Tuben können auch gefüllt und dann gegart werden.

„Unsere frischen **Miesmuscheln** sind ein wahres Gedicht. Sie sind in Weißwein mit Würfeln von Wurzelgemüsen und Fenchelstreifen gedünstet."

Gerichte von Schnecken 🇬🇧 dishes of snails 🇫🇷 plats (m) des escargots (m)

Weinbergschnecken serviert man in herkömmlicher Weise in der Schneckenpfanne oder in deren eigenem Häuschen. Dazu ist ein Spezialbesteck einzudecken.

Weitere traditionelle Zubereitungsarten sind:
- gegarte Schnecken mit Kräuterbutter in kleinen Windbeutelchen angerichtet
- Schneckensüppchen
- Schneckenragout im Ring aus Kräuterpüree

„Ein nicht alltägliches Gericht mit einer besonderen Note darf ich Ihnen heute offerieren. Es handelt sich dabei um in Zitrone und Ingwer gedünstete **Jakobsmuscheln**, gefüllt mit Seeigelzungen, serviert mit grünem Spargel und ofenfrischem Baguette."

1 Entwerfen Sie mit Hilfe des nebenstehenden Bildes und der Materialkurzbeschreibung eine appetitanregende Formulierung zur Empfehlung für Ihre Gäste.

Miesmuscheln, Merlan, Garnele, Jakobsmuschel, Tintenfisch, Karotte, Lauch, Staudensellerie, grüne Bohnen, Tomate

2 Beschreiben Sie die einfachste Art, Krebstiere zu garen und anzurichten.

3 Welchen Wein würden Sie einem Gast zu Krebstiergerichten empfehlen?

4 Was versteht man unter Weichtieren? Nennen Sie die Arten.

5 Nennen Sie in Verbindung mit den zugehörigen Lieferländern sechs Austernsorten.

6 Ein Gast hat Austern auf Eis bestellt. Zu welchem Wein würden Sie ihm raten?

7 Entwerfen Sie ein Speiseangebot für eine Aktionswoche zum Thema „Früchte des Meeres", bestehend aus Gerichten von Seefischen, Krebs- und Weichtieren mit Beilagen.

Aufgaben

417

PROJEKT

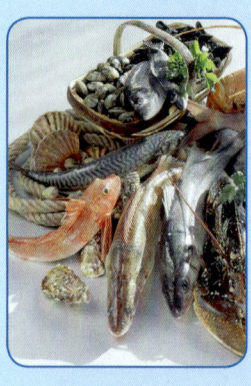

Meeresfrüchte-Festival

Zum 100-jährigen Jubiläum eines bekannten Segelclubs sollen Sie ein Internationales Meeresfrüchte-Festival erstellen. Die Festivitäten sollen an zwei Tagen stattfinden:

- Einmal für 380 Personen ein kalt-warmes Meeresfrüchte-Büfett.
- Einmal ein großes Menü mit 6 Gängen, vorzugsweise aus Meeresfrüchten, für 160 Personen.

Vorbereitung

1. Sammeln Sie für beide Veranstaltungen Ideen für die Zusammenstellung und Durchführung.

2. Listen Sie die in Frage kommenden Zubereitungen für das Büfett auf.

3. Die einzelnen Speisen des Büfetts sollen den Gästen vorgestellt werden. Entwickeln Sie hierzu besondere Ideen.

4. Erstellen Sie ein elegantes Menü für die zweite Veranstaltung.

5. Erstellen Sie eine dekorative Menükarte.

6. Welche Dekorationen für das Büfett sowie für den Saalschmuck würden Sie vorschlagen? Besprechen Sie dieses Thema mit Ihren Arbeitskollegen im Team.

7. Welche Tischdekorationen für die Menüveranstaltung bieten sich an?

Getränke

Notieren Sie für beide Veranstaltungen entsprechende Getränkevorschläge.

Durchführung

Probieren Sie mit Ihren Arbeitskollegen praktisch, wie die kompletten Gedecke für das Büfett und für das mehrgängige Menü auszusehen haben. Diese sollen dann als Muster für die jeweilige Veranstaltung dienen.

Präsentation

Welche Möglichkeiten bieten sich an, um die jeweilige Veranstaltung dekorativ in Szene zu setzen?

⑥ Hauptgerichte aus Fleisch

In den Küchen und Restaurants der Hotel- und Gaststättenbetriebe wird hauptsächlich Schlachtfleisch von **Kalb, Rind, Schwein** und **Lamm** zubereitet und serviert.

6.1 Schlachtfleisch

Zur **Fleischproduktion** gehören die landwirtschaftliche **Mast und Haltung**, der **Transport** und die **Schlachtung** sowie die **Verpackung** von für den Verzehr vorgesehenen Tieren.

Die **Schlachtung** findet in Deutschland in der Regel in staatlich überwachten Schlachthöfen statt. Dabei müssen Hygienevorschriften streng eingehalten werden, da Schlachtfleisch einen idealen Nährboden für Mikroorganismen darstellt.

Damit die Tiere keine Schmerzen erleiden, werden sie vor dem Schlachten betäubt.

Schlachtfleisch erhält vor allem größere Mengen an biologisch hochwertigem Eiweiß. Es ist reich an Vitaminen und Mineralstoffen. Je nach Tierart und Ernährungszustand ist der Fettgehalt sehr unterschiedlich.

Aufbau des Fleisches

Abb. 1 Marmoriertes Fleisch

Abb. 2 Durchwachsenes Fleisch

① Muskelfasern
Muskelfasern sind der Hauptbestandteil dessen, was man in der Fachsprache als Fleisch bezeichnet. Sie bestehen aus den wertvollen Eiweißstoffen. In den Muskelfasern laufen die Stoffwechselvorgänge ab, dort entsteht die „Muskelkraft".

② Bindegewebe
Bindegewebe hält die Muskelfasern zusammen, es verbindet sie und bildet die „Seile" zur Kraftübertragung. Bindegewebe sind zäh und werden erst durch die Fleischreifung und das Garen, insbesondere durch feuchte Garverfahren, kaubar.

③ Fettzellen
Gut ernährte Tiere lagern in das Bindegewebe Fett ein. Küchentechnisch fördert Fett die Saftigkeit und das Aroma des Fleisches.

Wenn feine Fettadern in die Muskeln eingelagert sind, nennt man das Fleisch **marmoriert**. Ist das Fett zwischen den Muskelsträngen, spricht man von **durchwachsenem** Fleisch.

Religiöse Speisevorschriften:
Streng gläubigen **Muslims** ist der Verzehr von bereits verendeten Tieren verboten. Als „halal" (arab. „erlaubt") gilt Fleisch, wenn das Tier vor dem Schlachten nicht betäubt wurde. Betäubungsloses Schlachten ist in Deutschland nur in Ausnahmefällen und nach Vorlage eines Sachkundenachweises erlaubt.

Auch das **Judentum** verbietet den Verzehr von verletzten Tieren oder vom Blut dieser Tiere. Als „koscher" gilt Fleisch nur dann, wenn es geschächtet (ohne Betäubung geschlachtet) wurde. Das Fleisch ist vor der Zubereitung zu wässern, zu salzen und zu spülen, damit möglichst wenig Blut im Fleisch verbleibt.

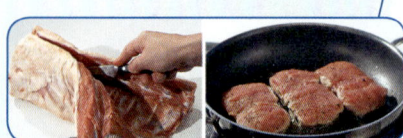

Abb. 1 Kalbsrückensteak

"Unser Wiener Schnitzel ist aus zartem Kalbfleisch, dünn geklopft und mit einer knusprigen Panierung umhüllt. Dazu servieren wir einen Kartoffelsalat."

Als Beilagen zu den Pfannengerichten/Kurzbratgerichten empfiehlt man:

Saucen
- Bratenjus oder Rahmsauce
- Madeirasauce oder Trüffelsauce
- Pilzsaucen

Gemüsebeilagen
- alle feinen Gemüse

Hauptbeilagen
- Pariser Kartoffeln oder ähnliche
- Kartoffelpüree
- Herzoginkartoffeln
- Pommes frites
- Bratkartoffeln
- Butterkartoffeln
- Spätzle oder andere Teigwaren
- Butterreis

"Das Besondere am Cordon bleu ist die Füllung eines Kalbsschnitzels mit gekochtem Schinken und zart schmelzendem Emmentaler, eingehüllt von goldbrauner Kruste."

6.2 Kalb 🇬🇧 veal 🇫🇷 veau (m)

Kalbfleisch gewinnt man von 5 bis 6 Monate alten Mastkälbern. Sie haben ein hellrosa bis hellrotes feinfaseriges und leicht verdauliches Fleisch, das vorwiegend zu Schnitzeln oder Steaks zubereitet wird.

Kurzbratgerichte vom Kalb

🇬🇧 dishes of pan fried veal 🇫🇷 plats (m) de veau sauté

Von **Kurzbraten** spricht man wegen der kurzen Garzeit portionierter Fleischstücke. **Pfannengerichte** nennt man diese Gruppe wegen des Garens in der flachen Pfanne mit wenig Fett. Die Bezeichnung **à la minute** weist auf die kurzfristige Einzelzubereitung des Gerichtes hin.

Kalbssteak/Kalbsfilet 🇬🇧 veal steak 🇫🇷 steak (m) de veau

ist eine zum Kurzbraten oder Grillen geeignete, dickere Scheibe von quer zur Fleischfaser geschnittenem zartem Fleisch ohne Knochen (aus Keule oder Rücken).

Kalbsmedaillons 🇬🇧 veal medallions 🇫🇷 médallions (m) de veau

sind kleine Scheiben aus dem zarten Filetfleisch geschnitten.

Kalbskotelett 🇬🇧 veal cutlet 🇫🇷 côte (w) de veau

ist eine Fleischscheibe mit Knochenanteil aus dem Kotelettstrang (Rücken).

Kalbsschnitzel 🇬🇧 veal escalope 🇫🇷 escalope (w) de veau

ist eine vorwiegend aus der Keule und aus dem Rücken geschnittene, dünne Scheibe Fleisch. Ohne weitere Angabe ist es vom Kalb, bei allen anderen Schnitzeln muss die Tierart angegeben werden, z. B. Schweineschnitzel, Putenschnitzel.

Besondere Schnitzelzubereitungen

- **Naturschnitzel**, unpaniert

- **Wiener Schnitzel**, paniert

- **Kalbsschnitzel Holstein**
  Mit einem Spiegelei belegt und mit drei verschiedenen Canapés (Kaviar, Sardellen, Räucherlachs) serviert.

Abb. 2 Wiener Schnitzel

- **Rahmschnitzel**, unpaniert, mit Rahmsauce

- **Kalbsschnitzel nach Pariser Art**
  Die Schnitzel werden mehliert und in Ei gewendet, in Butter gebraten und mit Zuckererbsen und Pariser Kartoffeln serviert.

- **Cordon bleu**, mit gekochtem Schinken und Käse gefüllt, paniert und gebraten.

Weitere Pfannengerichte

Kalbssteak au four
Ein flaches Steak, mit Ragout fin bedeckt, mit geriebenem Käse bestreut und im Ofen überbacken.

Piccata nach Mailänder Art
Schnitzelchen in einer Mischung aus Bröseln und Parmesan paniert und mit Schinken-Champignon-Nudeln und Tomatensauce angerichtet.

Geschnetzeltes 🇬🇧 sauted sliced veal 🇫🇷 émincé (m) de veau

- sind klein geschnittene Scheibchen oder Streifen aus zartem Kalbfleisch, kurz angebraten und mit Rahmsauce vollendet
- andere Fleischarten sind anzugeben, z. B. Putengeschnetzeltes, Rehgeschnetzeltes.

Als **Beilagen** empfiehlt man leichte Gemüse in Butter sautiert (geschwenkt) oder gemischte Salate, Spätzle oder andere Teigwaren, Reis, Bratkartoffeln oder den klassischen **Rösti**.

Große Braten vom Kalb
🇬🇧 big roasts of veal 🇫🇷 rôtis (m) de veau

Für große Braten können das Kalbsfilet im Ganzen, alle größeren Stücke des Rückens oder der Schulter sowie Vorder- und Hinterhaxe mit oder ohne Knochen verwendet werden.

Eine Besonderheit in der deutschen Küche ist der **Kalbsnierenbraten**. Kalbsnieren werden in entbeintes Rückenfleisch und Bauchlappen eingerollt und danach gebraten, sowie die **glasierte Kalbsbrust**, die mit einer feinen Füllung aus Semmelknödelteig oder Brät mit gehackten frischen Kräutern versehen ist und im Rohr langsam gebraten wird.

Gerichte aus geschmortem Kalbfleisch
🇬🇧 dishes of braised veal 🇫🇷 plats (m) de veau braisé

Durch das Garverfahren Schmoren erhält Kalbfleisch eine besondere geschmackliche Note.

Kalbsröllchen oder Kalbsvögerl 🇬🇧 veal roulade 🇫🇷 paupiette (w) de veau

- Für **Röllchen** werden dünne Scheiben aus der Schulter mit feiner Fleischmasse (Farce oder Brät) gefüllt, gerollt, gebunden, angebraten und geschmort. Dabei entsteht eine leckere Sauce.
- Für **Kalbsvögerl** wird die Fleischscheibe dünn mit Farce bestrichen, mit einem gekochten Ei belegt, gerollt, gebunden und kurz geschmort.

Kalbsrahmgulasch 🇬🇧 veal goulash 🇫🇷 gulache (m) de veau

Für Kalbsrahmgulasch werden Kalbfleischwürfel angebraten und in leichter Weißweinsauce gegart. Sahne verfeinert die Zubereitung und gibt dem Ganzen ein zartes Aroma.

Abb. 1 Piccata

Abb. 2 Geschnetzeltes

Abb. 3 Kalbsnierenbraten

Abb. 4 Kalbsvögerl

Worte, die verkaufen helfen

- dünn geklopft
- wunderbar zart
- auf den Punkt gebraten
- knusprig
- goldbraun
- glasiert
- klassische Zubereitung
- überbacken
- in der Pfanne gebraten
- in sämiger Sauce
- pikant
- vorzüglich
- fein gewürzt mit …

„Ein kulinarisches Highlight ist das Schmorgericht **Ossobuco**. Dies sind mit Tomaten und Wurzelgemüsen geschmorte Scheiben von der Kalbshaxe. Eine italienische Spezialität, die vorzugsweise zusammen mit Polenta serviert wird. Das unverwechselbare Aroma bezieht das Gericht aus der Gremolata, einer Würzmischung aus Knoblauch, geriebener Zitronenschale und frisch gehackter Petersilie.“

Abb. 1 Ragout fin im Blätterteigpastetchen

Beilagenempfehlung zu geschmortem Kalbfleisch

Saucen
- Dunkle Rahmsaucen
- Braune, tomatisierte Kalbssauce

Gemüsebeilagen
- Glasierte Zwiebeln, Erbsen, Karotten, Champignons, Tomatenfleischstücke

Hauptbeilagen
- Kartoffelpüree oder Herzoginkartoffeln
- Reis, Spätzle oder andere Teigwaren

Salate, gemischte

Gekochtes und gedünstetes Kalbfleisch

🇬🇧 dishes of boiled and stewed veal 🇫🇷 plats (m) de veau bouilli et étuvé

Dazu gehören die klassischen Zubereitungen wie feines Ragout, Kalbsfrikassee und Curry vom Kalbfleisch.

Feines Ragout 🇬🇧 fine ragout 🇫🇷 ragoût (m) fin

Feines Ragout ist würfelig geschnittenes zartes Kalbfleisch in sämiger Kalbsrahmsauce.

Dieses feine Ragout wird auch als eigenständiges Gericht in Muschelschalen, Porzellantöpfchen oder Blätterteigpastetchen angerichtet, mit holländischer Sauce (s. S. 405) nappiert und leicht überbacken.

Kalbsfrikassee 🇬🇧 veal frikasse 🇫🇷 frikassée (w) de veau

Frikassee ist ein Dünstgericht aus Kalbfleischwürfeln in leichter, heller, mit Weißwein abgeschmeckter Sauce.

Zum Kalbsfrikassee werden als Gemüse meist Pilze, Spargelspitzen, feine Erbsen oder Zuckerschoten sowie als Beilage Reis, Salzkartoffeln oder Teigwaren den Gästen empfohlen.

Curry von Kalbfleisch

🇬🇧 veal curry 🇫🇷 curry (m) de veau

Für dieses pikante Gericht werden Fleischwürfel mit Curry gewürzt, zusammen mit Zwiebeln und Äpfeln angeschwitzt und in heller Sauce gegart.

Als Beilagen empfiehlt man gebratene Banane, Kokos-Reis und Mango-Chutney.

Abb. 2 Kalbscurry

6.3 Rind 🇬🇧 beef 🇫🇷 bœuf (m)

Rindfleisch ist Fleisch von ausgewachsenen Rindern. Es ist rot bis dunkel-rot und kräftig im Geschmack. Die hochwertigen Fleischstücke sind ausreichend mit Fett marmoriert (s. S. 419).

Kurzbratgerichte vom Rind

🇬🇧 dishes of pan fried beef 🇫🇷 plats (m) de bœuf sauté

Von **Kurzbraten** spricht man wegen der kurzen Garzeit portionierter Fleischstücke. **Pfannengerichte** nennt man diese Gruppe wegen des Garens in der flachen Pfanne mit wenig Fett. Die Bezeichnung **à la minute** weist auf die kurzfristige Einzelzubereitung des Gerichtes hin.

Die **qualitativ** besten Fleischstücke des Rindes erhält man aus dem Rücken und dem Filet.

Die besten Grill- und Kurzbratstücke erhält man aus dem gesamten Rücken mit der Hochrippe, dem ausgelösten Roastbeef und dem Filet. Sie werden auf dem Grill oder in der Pfanne gebraten und stehen deshalb auch als Pfannen- oder Grillgerichte auf der Speisekarte.

Fachbezeichnungen für bestimmte Fleischstücke aus dem Rücken *mit* Knochen

Porterhouse Steak besteht aus einer Fleischscheibe von 3 cm Dicke aus dem Roastbeef mit Knochen und hohem Filetanteil. In der Größe vergleichbar mit einem Entrecôte double und einem Chateaubriand mit Knochen. Bei einem Gewicht von ca. 1000 g ist es für 3 bis 4 Personen geeignet.

T-Bone-Steak ist von ähnlichem Aussehen wie das Porterhouse Steak, nur halb so dick.

Club Steak wird aus dem Roastbeefteil mit Knochen geschnitten, hat ein Rohgewicht von ca. 1000 g und wird für 3–4 Personen serviert.

Côte de bœuf (Rinderkotelett) wird als großes Portionsstück aus der Hochrippe geschnitten.

Fachbezeichnungen für bestimmte Fleischstücke aus dem Rücken *ohne* Knochen

Entrecôte/Zwischenrippenstück erhält man aus dem flachen Roastbeef mit einem Gewicht von ca. 200 g.

Entrecôte double (Doppeltes Zwischenrippenstück) ist, wie der Name schon sagt, doppelt so dick wie das Entrecôte und ca. 400 g schwer.

Rumpsteak (ca. 180 g) ist vom Ursprung her ein Steak aus der Hüfte (rump). In Deutschland wird das Rumpsteak aber meist aus dem Roastbeef geschnitten.

Rostbraten mit einem Gewicht von ca. 150 g wird ebenfalls aus dem Roastbeef geschnitten.

Fachbezeichnungen für bestimmte Fleischstücke aus dem Rücken

Côte de bœuf
Rinderkotelett

T-Bone-Steak
kleiner Filetanteil

Porterhouse-Steak
großer Filetanteil

Das Entrecôte double wird für 2 Personen serviert und manchmal auch im Restaurant vor dem Gast tranchiert.

Aus dem Filet werden bereitet:
- **kleine Filetschnitten** (Tournedos), pro Person zwei Stück von je 60 bis 80 g,
- **Filetschnitte** (Filetsteak) mit 150 bis 160 g,
- **Doppelte Filetschnitten** (Chateaubriand) mit 350 bis 400 g für 2 Personen

Abb. 1 ① Filetkopf, ② Filet-Mittelstück, ③ Filetspitze

Eine besondere Zubereitung aus dem Filet ist das Filetgulasch Stroganoff.

„Heute haben Sie die Möglichkeit, einen richtigen Klassiker der russischen Küche zu bestellen. Dafür wird die Spitze des Rinderfilets in Streifen geschnitten, kurz in der Pfanne sautiert und in brauner Sauce mit Schmant angerichtet. Als harmonische Ergänzung finden Sie Steinpilze, Schinken- und Speckstreifen sowie Streifen von echter russische Salzgurke und roter Bete im Gericht. Auf Ihren besonderen Wunsch kann ich das Gericht auch vor Ihnen am Tisch zubereiten."

Spezielle Garnituren sind:
- **Zwischenrippenstück nach Bordeauxer Art** mit Ochsenmarkscheiben belegt und mit Bordeauxer Sauce nappiert
- **Tournedos Helder** mit Tomatenfleischstücken belegt und mit Béarner Sauce garniert
- **Tournedos Rossini** mit Gänseleber und Trüffeln garniert, Madeirasauce
- **Rumpsteak Mirabeau** Steak mit dünnen Sardellenstreifen (über Kreuz bzw. gitterförmig) und Olivenscheiben belegt, Sardellenbutter

[1] Bezeichnung der Garstufen nach Empfehlungen der Gastronomischen Akademie Deutschlands

Kurzgebratenes Fleisch von Rind und Lamm wird von den Gästen mit unterschiedlicher **Garstufe** gewünscht. Diese ist von der Bratdauer und der dadurch im Fleisch entstehenden Temperatur abhängig. In der Praxis gilt die Fleischfarbe im Kern des gegarten Fleischstückes als Maßstab für den jeweiligen **Garstufe**. Bei der Aufnahme von Bestellungen sollte man, sofern der Gast dies nicht von sich aus tut, immer den von ihm gewünschten Garpunkt erfragen.

	Kerntemperatur	Bezeichnung[1]
	ab 45 °C	stark blutig / 🇬🇧 rare / 🇫🇷 bleu
	ab 50 °C	blutig (engl.) / 🇬🇧 medium rare / 🇫🇷 saignant
	ab 60 °C	rosa / 🇬🇧 medium / 🇫🇷 à point
	ab 75 °C	durchgebraten / 🇬🇧 well done / 🇫🇷 bien cuit

Beilagen zu den Braten aus Roastbeef und Filet

Saucen
- Bratenjus oder Ableitungen der Demiglace

Gemüsebeilagen
- alle feinen Gartengemüse

Hauptbeilagen
- Pariser Kartoffeln, Olivenkartoffeln
- Kartoffelkroketten
- Herzogin- oder Macairekartoffeln

Beilagen zu den Pfannengerichten

Saucen
- Bratenjus
- Madeirasauce, Bordeauxer Sauce
- Béarner Sauce, Choronsauce
- oft auch Kräuterbutter oder andere passende Buttermischungen

Gemüsebeilagen
- alle feinen Gartengemüse

Hauptbeilagen
- grundsätzlich wie zu Braten
- darüber hinaus Pommes frites oder eine andere frittierte Kartoffel

Große Braten vom Rind 🇬🇧 big roasts of beef 🇫🇷 rôtis (m) de bœuf

Als ganze Stücke werden das Roastbeef und das Filet gebraten und als warmes Gericht serviert.

Beilagenempfehlung zu Braten vom Rind

Saucen
- Bratenjus oder Ableitungen der Demiglace

Gemüsebeilagen
- alle feinen Gartengemüse

Hauptbeilagen
- Pariser Kartoffeln, Olivenkartoffeln
- Kartoffelkroketten
- Herzogin- oder Macairekartoffeln

Eine Besonderheit ist das **Filet Wellington**:
- Das angebratene Filet wird mit einer Pilzmasse (Duxelles) umgeben, in Blätterteig eingehüllt und im Ofen gebacken.
- Beim Servieren werden zarte Buttergemüse und Madeirasauce gereicht.
- Tranchieren am Tisch des Gastes.

Das gebratene Roastbeef wird aber auch gerne als kalter Braten, dünn in Scheiben geschnitten, verwendet. Beispielsweise als erfrischendes Sommergericht mit Remouladensauce und Röstkartoffeln oder als Fleischgericht zum kalten Büfett.

„Als Tagesspezialität haben wir einen **Rostbraten nach Tiroler Art** auf der Karte. Der kurzgebratene Rostbraten vom zarten Rückenfleisch wird garniert mit in Butter geschwitzten Tomatenfleischwürfeln, gebackenen Zwiebelringen und Bratkartoffeln. Begleitet wird er von einer delikaten Béarner Sauce."

Abb. 1 Filet Wellington

Gerichte aus gekochtem Rindfleisch

🇬🇧 boiled beef dishes 🇫🇷 plats (m) de bœuf bouilli

Zum Kochen bevorzugte Stücke sind Brust und Tafelspitz. Die Rinderbrust wird manchmal in gepökeltem Zustand verarbeitet. Tafelspitz ist ein Teilstück der Hüfte und wird oft auch als Schwanzstück bezeichnet.

Beilagenempfehlung

Saucen
- Meerrettichsauce
- Kräutersauce

Gemüsebeilagen
- Lauch, Sellerie, Karotten
- Wirsing- oder Spinatgemüse

Hauptbeilagen
- Salzkartoffeln und Petersilienkartoffeln
- Bouillonkartoffeln und Rahmkartoffeln

Kalte Beilagen
- Preiselbeeren, Rote Bete, Senfgurken

„Falls Sie eines unserer regionalen Gerichte probieren wollen, empfehle ich Ihnen die gekochte **Brust vom heimischen Weiderind** in kräftiger Brühe mit gedünsteten Lauchstreifen und geschabtem Meerrettich aus Franken. Dazu seviere ich Ihnen im Holzofen gebackenes Bauernbrot und ein schönes, dunkles Bier."

Gerichte aus geschmortem Rindfleisch

 dishes of braised beef 🔵 plats (m) de bœuf braisé

Schmorbraten, Sauerbraten, Schmorsteaks und Rouladen werden aus bindegewebsreichen Teilstücken der Keule geschnitten. Für *Ragout* eignet sich sehr gut das Halsstück, für Gulasch die Hesse (Wadenschenkel).

- **Sauerbrate**n legt man einige Tage in Marinade aus Essig, Wein, Wurzelgemüse und Gewürzen ein. Sie macht das Fleisch zarter, saftiger und aromatischer.
- **Rinderrouladen** sind flach geklopfte Fleischscheiben, mit Senf bestrichen, mit Speck, Zwiebeln und Gewürzgurken belegt, aufgerollt, dann geschmort.

Als Beilagen werden empfohlen:

Saucen – Rotweinsauce

Gemüsebeilagen
- Karotten, Kohlrabi, Schwarzwurzeln, Rosenkohl und Rotkohl

Hauptbeilagen
- Salzkartoffeln und Kartoffelpüree
- Kartoffelklöße und Semmelknödel
- Spätzle und andere Teigwaren

Eine spezielle Speisenbezeichnung (Garnitur) ist **Schmorsteak Esterhazy**.

© Stockfood/K. Stiepel

„Als regionale Spezialität hat unser Küchenchef einen zarten **Tafelspitz** vom Charolais-Rind zubereitet. Er wird von frischem Gemüse begleitet. Dazu sein besonderes Hobby, eine Frankfurter Grüne Sauce aus 6 frischen Küchenkräutern."

oder …

„… eine gepökelte Rinderbrust mit Apfel-Meerrettich, feinem Wirsinggemüse mit geröstetem Speck und gebuttertem Kartoffelschnee. Als Getränk empfehle ich dazu ein frisch gezapftes Weizenbier."

„Darf ich Ihnen heute eine saftig geschmorte Rinderroulade mit Gemüsefüllung und Rosmarinkartoffeln empfehlen? Unsere Köche haben das Gericht auch neu zusammengestellt. Als Getränk denke ich, dass ein Heilbronner Trollinger sehr gut dazu passt."

„Als Gericht des Tages möchten wir Ihnen heute anbieten: ein Rinder-Schmorsteak, wie es der ungarische Graf Esterhazy gerne aß. Es wird begleitet von in Streifen geschnittenem, gedünstetem Wurzelgemüse, einer kräftigen Sauce mit Sauerrahm und hausgemachten Mehlklößchen."

Aufgaben

1. Schildern Sie einem Gast das nebenstehende Gericht. Gehen Sie dabei davon aus, dass der Gast das Bild nicht sieht. Benennen Sie Aussehen und Bestandteile des Gerichtes. Machen Sie dem Gast mit Worten Appetit.

2. Beschreiben Sie drei besondere Schnitzelvariationen.

3. Nennen Sie vier Rindfleischstücke, die am Knochen auf dem Grill oder in der Pfanne gebraten werden.

4. Welche Fleischstücke werden aus dem Rinderfilet geschnitten?

5. Wie empfehlen Sie einem Gast folgendes Schmorgericht: Ochsenschwanz mit Sauce, Gemüse und Markklößchen?

6. Nennen Sie die vier verschiedenen Garstufen für gebratenes Rindersteak (Entrecôte).

6.4 Schwein 🇬🇧 pork 🇫🇷 porc (m)

Schweinefleisch stammt von jungen Tieren und ist deshalb besonders zart und saftig. Es eignet sich zum Braten und Kurzbraten. Für geschmorte Gerichte werden die bindegewebsreicheren Fleischteile, zum Kochen wird hauptsächlich gepökeltes Fleisch verwendet. Die Fleischfarbe ist hellrot und der Geschmack aromatisch. Sehr beliebt ist auch das Fleisch von **Spanferkeln**. Sie werden nach 5 Wochen geschlachtet und haben ein sehr helles und zartes Fleisch.

Abb. 1 ① Schinken, ② Kotelett, ③ Filet, ④ Kamm, ⑤ Bug, Schulter, ⑥ Bauch, ⑦ Wamme, ⑧ Kopf, ⑨ Eisbein, Haxe, ⑩ Spitzbein, Pfötchen

Kurzbratgerichte vom Schwein

🇬🇧 dishes of pan fried pork 🇫🇷 plats (m) de porc sauté

Von **Kurzbraten** spricht man wegen der kurzen Garzeit portionierter Fleischstücke. **Pfannengerichte** nennt man diese Gruppe wegen des Garens in der flachen Pfanne mit wenig Fett. Die Bezeichnung **à la minute** weist auf die kurzfristige Einzelzubereitung des Gerichtes hin. Die Fleischportionen für Pfannengerichte werden aus folgenden Fleischteilen geschnitten:

- **Rücken:** Schweinekoteletts, Schweinerückensteaks
- **Filet:** Schweinemedaillons
- **Keule:** Schweinesteaks, Schweineschnitzel

Beilagenempfehlung

Saucen
- Bratenjus oder dunkle Rahmsauce
- zu Kotelett Robertsauce
- zu Medaillons holländische Sauce, Béarner Sauce oder Choronsauce

Gemüsebeilagen: feine Gemüse

Hauptbeilagen
- wie zu den Braten
- Kartoffelkroketten oder Herzoginkartoffeln

„Als eine Novität bieten wir Ihnen heute gegrillte Medaillons vom Filet des ungarischen Woll-Schweines. Sie werden begleitet von Roquefortsauce mit feinen Gemüseperlen und Bamberger Hörnchen, einer ganz besonderen fränkischen Kartoffelsorte."

„Unsere Spezialität der Region ist ein gebratenes, mit Bratwurstbrät gefülltes Schweineschnitzel, serviert mit Bratensaft, Rahmwirsing und einem Kräuter-Kartoffelkloß."

Große Braten vom Schwein 🇬🇧 roasts of pork 🇫🇷 rôtis (m) de porc

Zum Braten sind wie beim Kalb alle großen Fleischstücke geeignet. Dazu können das Schweinefilet im Ganzen sowie entbeinte, größere Stücke des Rückens, der Schulter, ganze Keulen, Nackenstücke, Schweinebauch zum Füllen sowie Vorder- und Hinterhaxe mit oder ohne Knochen verwendet werden.

Beilagenempfehlung zu Schweinebratenstücken

Saucen: Bratenjus, Kümmeljus, Bierjus

Gemüsebeilagen: Kohlrabi, Rotkohl, Rosenkohl, Wirsing und Bayrisch Kraut

Hauptbeilagen
- Kartoffelpüree und Macairekartoffeln
- Rahmkartoffeln
- Kartoffelklöße und Semmelknödel
- Spätzle und andere Teigwaren

„Unser zart gebratenes Schweinekotelett ist ein „Muss". Zusammen mit Morcheln und einer delikaten Calvadossauce sowie Butternudeln mit frisch gehacktem Estragon wird das Gericht zum Erlebnis."

Das Besondere an vielen Bratenstücken ist die Saftigkeit des Fleisches. Hierfür ist eine bestimmte Fettmarmorierung verantwortlich. Beim Krustenbraten verwandelt der geschickte Koch die Schwarte in eine knusprige Kruste.

„Meine Empfehlung für Sie wäre ein mit Pilzen und Gemüsewürfeln gefüllter **Jungschweinerücken**, den unser Küchenchef durch eine besondere Technik als Kronenbraten auf den Teller bringt. Zu diesem Gericht servieren wir eine würzige Braunbiersauce mit geschmortem Spitzkohl und einem Auflauf von Brezenknödelmasse."

„Die Schweinshaxen möchte ich Ihnen besonders empfehlen. Unser Chefkoch hat sie mit dunklem Bier zu einem hohen Genuss gebraten und nebenbei auch noch die Schwarte knackig kross zubereitet. Wir servieren Ihnen die Haxe zusammen mit einer Bierjus, einem hausgemachten Thüringer Kloß und einem köstlichen Krautsalat."

„Unsere geschmorte **Schweinebacke** ist in einer Schwarzbiersauce zubereitet und wird mit einem kross gebratenem **Schweinebauch** serviert. Die sie begleitenden Beilagen sind ein Schinkenknödel auf gedünstetem Zwiebelkraut und grünem Erbsenpüree."

Gerichte aus geschmortem Schweinefleisch

🇬🇧 dishes of braised pork 🇫🇷 plats (m) de porc braisé

Neben dem Schweineragout gibt es zwei sehr bekannte Schmorfleischgerichte spezieller Art:

Schweinepfeffer
Ansatz ähnlich wie Gulasch, kurz vor dem Servieren mit Blut gebunden.

Szegediner Gulasch
Ansatz wie Gulasch oder Ragout. Wird zusammen mit Sauerkraut gegart, mit Kümmel gewürzt und mit Sauerrahm oder Schmant vollendet.

Gerichte aus gekochtem Schweinefleisch

🇬🇧 dishes of boiled pork 🇫🇷 plats (m) de porc bouilli

Die zum Kochen bestimmten Fleischteile des Schweines sind meistens gepökelt:

- Schinken, Vorderschinken und Hals
- Rippchen und Eisbein.

Das Pökeln bewirkt die Rotfärbung und den besonderen Geschmack des Fleisches.

Beilagenempfehlungen:

Zu Schinken
- Burgunder-, Madeira- oder Portweinsauce
- feine Gemüse, Petersilienkartoffeln, Kartoffelpüree, Kartoffelkroketten und Spätzle

Zu Rippchen/Eisbein
- Sauerkraut und Kartoffelpüree
- Erbsenpüree

Eine spezielle Zubereitung in Verbindung mit Schweinefleisch: **Garniertes Sauerkraut** oder **Schlachtschüssel**.

- Gekochtes Bauchfleisch sowie Blut- und Leberwurst,
- Sauerkraut und Kartoffelpüree oder Salzkartoffeln.

Eine spezielle Zubereitung ist der mit Brezenknödelmasse gefüllte Schweinebauch. Unser Küchenchef achtet beim Braten sehr darauf , dass dabei eine Schwarte entsteht, die wirklich kracht und durch und durch kross ist. Dazu reichen wir einen Teller mit marktfrischen Salaten.

Ein großer Genuss ist zu dieser kalten Jahreszeit unser mild gepökeltes Kassler, welches traditionell mit Grünkohl, Pinkel und gebratenen Kartoffeln serviert wird. Ich empfehle Ihnen dazu ein würziges Schwarzbier.

6.5 Lamm 🇬🇧 lamb 🇫🇷 agneau (m)

Das Lammfleisch hat von Natur aus einen würzigen und kräftigen Geschmack. Es muss sehr heiß angerichtet und rasch serviert werden.

Kurzbratgerichte vom Lamm

🇬🇧 dishes of pan fried lamb 🇫🇷 plats (m) d'agneau sauté

Von **Kurzbraten** spricht man wegen der sehr kurzen Garzeit portionierter Fleischstücke. **Pfannengerichte** nennt man diese Gruppe wegen des Garens in der flachen Pfanne mit wenig Fett.

Die Bezeichnung **à la minute** weist auf die kurzfristige Einzelzubereitung des Gerichtes hin.

Als Pfannengerichte gibt es Koteletts, Nüsschen und Schnitzel sowie Mutton chops (Scheiben aus beiden Seiten des Sattels mit Rückenfleisch, Knochen und Filet).

Zu Lamm verwendet man intensivere Würzzutaten wie Knoblauch, Thymian, Rosmarin, Salbei. Diese legt man beim Kurzbraten mit den Bratstücken in die Pfanne, damit deren Würzkraft auf das Fleisch übergeht.

Große Braten vom Lamm

🇬🇧 roasts of lamb 🇫🇷 rôtis (m) d'agneau

Für Braten eignen sich Teile von Rücken, Keule und Schulter.

Als Teilstücke werden der Sattel (das ist der hintere Teil des Rückens) und die Karrees (das sind die beiden Seitenteile des Rückens mit den langen Rippen) ganz gebraten.

Gerichte von geschmortem Lammfleisch

🇬🇧 dishes of braised lamb 🇫🇷 plats (m) d'agneau braisé

Zu Schmorgerichten gehören Schmorbraten und Ragouts aus der Keule, der Schulter und der Brust sowie die Lammhaxen.

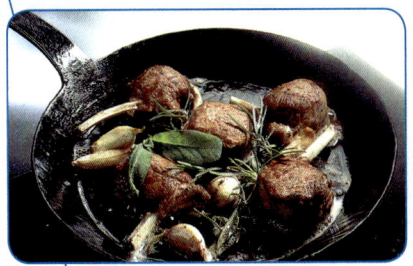

Abb. 1 Lammkoteletts mit Kräutern und Knoblauch gebraten

„Als herbstliche Spezialität empfehlen wir Ihnen ein butterzartes **Lammkarree** in der Kräuterkruste mit leichter Thymianjus, kleinem Paprikagemüse und Bäckerin-Kartoffeln."

oder

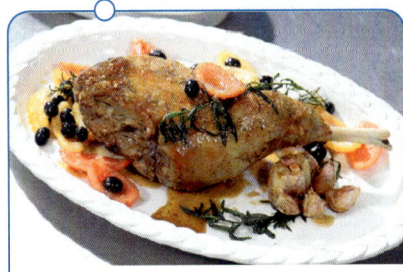

„... eine mit Knoblauchstiften gespickte und schön saftig gebratene **Lammkeule** in einer Rosmarin-Rotweinsauce mit Kartoffelgratin, geschmolzenen Tomaten und knackigem Feldsalat."

„Als kulinarisches Gedicht bezeichnen Kenner das **Navarin de mouton**, ein geschmortes braunes Lammragout mit Schalotten und fein tournierten Wurzelgemüsen. Dazu servieren wir auf Wunsch Kartoffelschnee oder in Butter geschwenkte Bandnudeln."

„… ein interessantes braunes Lammragout, gemeinsam geschmort mit
Quitten und breiten grünen Bohnen,
serviert mit hausgemachten Kartoffelkroketten."

Beilagenempfehlung

Im Allgemeinen sind die gleichen Beilagen wie zu gleichartigen Rind-
fleischgerichten geeignet. Wegen des ausgeprägten Geschmacks des
Lammfleisches ergeben sich zusätzlich einige Besonderheiten:

- Spinat, grüne Bohnen und Bohnenkerne
- geschmorte Gemüse wie Chicorée, Fenchel, Staudensellerie und
  Gurken
- südländische Gemüsezubereitungen wie z. B. Ratatouille (Paprika,
  Knoblauch, Auberginen, Zucchini und Tomaten)
- Schmelzkartoffeln und Lyoner Kartoffeln
- Bäckerin- und Annakartoffeln

Spezielle Gerichte aus Lammfleisch

🇬🇧 special dishes of lamb   🇫🇷 plats (m) speciale d'agneau

Spezielle Lammgerichte sind zum Beispiel:

- Lammcurry

- Lammfrikassee

- Irish Stew

- Gesottene oder pochierte
  Lammschulter

„Unser Küchenchef hält heute für Sie
etwas ganz Besonderes bereit: Ein
echtes **Curry vom Lamm** mit gerösteten Kokosflocken, frischer, glasierter
Ananas und chinesischem Duftreis.
Dazu servieren wir Ihnen einen warmen Sake-Wein."

„Heute empfehlen wir Ihnen ein
Irish Stew, das irische National-
gericht mit gekochtem Lamm und
Zwiebeln, Kartoffeln und Weißkraut.
Da unser Küchenchef ein Fan bunter
Gerichte ist, hat er dem Gericht
noch Lauch, Wirsing, Sellerie und Karotten hinzugefügt."

„Sehr lecker und leicht ist unser Lammfrikassee mit Spitzen von grünem
Spargel, frischen Champignons und hausgemachten, in Butter
geschwenkten Rote-Bete-Nudeln."

oder

„… eine pochierte **Lammschulter** mit Zitronen-Meerrettich-
Schaum, Karotten und über Thymian gedämpften Kartoffeln."

6.6 Hackfleisch 🇬🇧 minced meat 🇫🇷 hachis (m) de viande

Hackfleisch ist stark zerkleinertes Fleisch, das wegen der vergrößerten Oberfläche und der feuchten Beschaffenheit einen leicht zugänglichen Nährboden für Bakterien darstellt. Besonders roh verzehrtes Hackfleisch könnte zur Gefahr für die menschliche Gesundheit werden. Es ist deshalb wichtig, die Vorschriften der Hygieneverordnung einzuhalten und auf eine hygienisch einwandfreie Verarbeitung des Fleisches zu achten. Das gilt auch für jede Person, die am Tisch des Gastes ein *Beefsteak Tatar* oder *Hackepeter* bzw. *Schweinemett* zubereitet.

Gerichte aus Hackfleisch

🇬🇧 dishes of minced meat 🇫🇷 plats (m) de viande (w) hachée

Hackfleischgerichte können aus allen Schlachtfleischarten sowie aus Geflügel, Wild oder auch Fisch hergestellt werden.

Neben den Hacksteaks, auch bekannt als Frikadellen, Fleischküchle, Fleischpflanzerl oder Buletten, gibt es den Hackbraten, auch falscher Hase genannt, als einfache Zubereitung oder raffiniert gefüllt.

Des Weiteren gibt es in vielen Ländern unterschiedliche Gerichte, die aus Hackfleisch zubereitet werden, wie zum Beispiel:

- **Cevapcici** in Südosteuropa aus Schweine- und/oder Lammhackfleisch
- **Hamburger** in den USA mit Ursprung in Deutschland
- **Bitok** (Bitki) in Russland aus Rinderhack in kleine Hacksteaks geformt
- **Dolmas** in Griechenland und Türkei aus Lammhackfleisch mit Pilawreis in Weinblättern gerollt
- **Chili con Carne** in Mittelamerika aus grob gehacktem Rindfleisch mit Knoblauch, Zwiebeln und Chilis
- **Bologneser Sauce** in Italien aus grob gehacktem Rindfleisch mit Gemüsewürfeln, Tomatenpüree und geschälten Tomaten

Außerdem werden viele Gemüse mit unterschiedlichen Hackmassen gefüllt, wie

- Paprikaschoten
- Kohlblätter zu Kohlrouladen/Krautwickel
- Spinat- und Mangoldblätter
- Tomaten, Kohlrabi
- Auberginen, Zucchini, Salatgurken

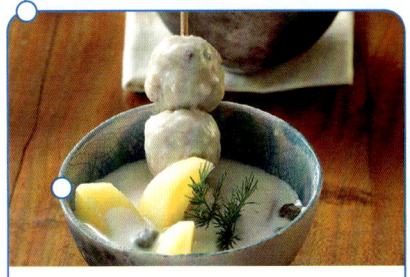

„Ein Gericht, das Sie sicher von Ihrer Oma kennen: die herrlichen **Königsberger Klopse** in feiner Kapernsauce mit Salzkartoffeln, einmal anders präsentiert. Lassen Sie sich überraschen."

„… dann habe ich noch etwas sehr Schönes anzubieten: einen **Strudel gefüllt mit Hackfleisch vom Kalb** mit Rührei auf einem Spiegel von Tomatensauce mit zarten Gemüsen und Lauchnudeln."

Burger sind das am weitesten verbreitete Produkt aus Hackfleisch. Siehe auch Kapitel „Burger" (S. 442)

„Unsere **Burger** sind aus 100 % Rindfleisch, immer ganz frisch für Sie gegrillt – natürlich nur auf offener Flamme, für den einzigartigen Grillgeschmack. Unser Weizenmehlbrötchen mit feinem Sesam kommt aus der Region – es wird frisch getoastet und belegt. Mit frisch geschnittenen, sonnengereiften Tomaten und schonend geerntetem, knackigem Eisbergsalat."

6.7 Innereien 🇬🇧 offal meat 🇫🇷 abattis (m)

Im Restaurant werden vor allem die Innereien von Kalb und Lamm angeboten. Sie haben einen hohen Gehalt an Vitaminen und Mineralstoffen. Innereien sind zart und leicht verdaulich.

Gerichte aus Innereien

🇬🇧 dishes of offal meat 🇫🇷 plats (m) des abattis

„Ein besonderes kulinarisches Erlebnis in unserem Haus ist die **Kalbsleber nach Berliner Art**. Wir servieren sie mit leichter Kalbsjus, gebratenen Apfelscheiben und Röstzwiebeln. Unser Küchenchef ergänzt sie mit einer Maistomate auf Lauchgemüse und einem delikaten Kartoffel-Sahnepüree."

„Wenn Sie gerne Innereien mögen, empfehle ich Ihnen das leicht in Butter gebratene **Kalbsbries** mit Gemüseteigtaschen, beträufelt mit Limettensauce. Dazu passt sehr gut ein leichter Riesling von der Mosel."

Speisenbezeichnung		Saucen und Beilagen
Leber	• gebraten	• Bratenjus (Kalbsjus), Tomatenfleischwürfel, Pilze, Salzkartoffeln, Kartoffelpüree, Bratkartoffeln
	• geschnetzelt	• Rahmsauce und Reis, Pilze
	• sauer	• Rahmsauce (mit Essig oder Wein gewürzt), Zwiebeln
	• Leberknödel	• Kartoffelpüree und Sauerkraut
Nieren	• gebraten	• Senfsauce oder Rahmsauce, Bratkartoffeln, Perlzwiebeln, Karotten, Tomaten, Reis
	• geschnetzelt	• Rahmsauce, Kräutersauce, Kartoffelpüree oder -schnee, Salate
	• sauer	• Rahmsauce (mit Essig oder Wein gewürzt), Zwiebeln
Herz	• gebraten, vom Grill	• Kräuterbutter, Salate oder feine Gemüse, gebackene Kartoffelstäbchen
	• geschmort	• Erbsen, Karotten, Rosenkohl
	• Herzragout	• Schwarzwurzeln, Salzkartoffeln, Kartoffelpüree
Zunge	• gekocht (gepökelt)	• Burgunder-, Madeirasauce, Spargel, Blumenkohl, Brokkoli, Erbsen, Karotten, Spinat, Petersilienkartoffeln, Kartoffelpüree
Hirn		• Spinat, Kartoffelschnee
		• Zitronenachtel, Mayonnaise-Kartoffelsalat
	• gebraten	• Blattspinatsockel mit Mornaysauce, Salzkartoffeln
	• gebacken	
	• überbacken	
Kalbsbries	• gedünstet	• helle Rahmsauce, Kräutersauce, Spargel, Champignons, Morcheln, Krebsschwänze, Petersilienkartoffeln, Reis
	• gebraten	• leichte Jus, Tomatenfleischwürfel, Erbsenschoten, grüne Bohnen, Karotten, Petersilienkartoffeln, gebratene Kartoffeln, Reis

6.8 Fleisch- und Wurstwaren

🇬🇧 cold cuts 🇫🇷 charcuterie (w)

Fleischwaren sind Erzeugnisse, bei denen die Struktur des Fleisches nicht verändert wird. Die jeweiligen Behandlungsverfahren, wie z. B. pökeln, bewirken lediglich eine Veränderung der Farbe und des Geschmacks, z. B. Schinken roh und gekocht, Bündner Fleisch, Räucherwaren und Pökelzungen.

Wurstwaren sind schnittfeste oder streichfähige Erzeugnisse aus einem Gemenge von zerkleinertem Fleisch und Fettgewebe mit Gewürzen.

Man unterscheidet:

- Kochwürste
- Brühwürste
- Rohwürste

Abb. 1 Parmaschinken, Südtiroler Speck, Bündner Fleisch

Kochwürste

Fleisch und andere Zutaten wie Zunge werden im Voraus gekocht. Ein Gelee aus Schwarten und Knochen oder Blut geben die Bindung.

Beispiele: Leberwurst, Rotwurst, Sülzwurst und Presssack

Abb. 2 Verschiedene Kochwürste

Brühwürste

Fleisch und Speck werden feinst zerkleinert. Dadurch lösen sich Eiweißstoffe und binden zusätzlich Wasser, das in Form von Eis beigegeben wird. Durch Brühen (Pochieren) entsteht die Bindung.

Beispiele: Bierschinken, Mortadella, Lyoner,

Abb. 3 Verschiedene Brühwürste

Rohwürste

Rohes Fleisch und Speck werden zerkleinert, danach mit Nitritpökelsalz und Gewürzen versetzt. Nach dem Einfüllen in Därme beginnt ein biologischer Reifeprozess.

Beispiele: Salami, Cervelatwurst, Mettwurst, Teewurst

Abb. 4 Verschiedene Rohwürste

Aufgaben

❶ Entwerfen Sie mithilfe des nebenstehenden Bildes und der Materialangabe eine appetitanregende Formulierung für Ihre Gäste.
Kalbsbäckchen, geschmort; Püree von Lauch und Kartoffeln; weiße Bohnen.

❷ Erarbeiten Sie 7 Vorschläge für Gerichte vom Schwein für eine neue Speisekarte. Achten Sie dabei darauf, dass möglichst alle Zubereitungsarten abgedeckt sind.

❸ Welche Pfannengerichte werden aus Lammfleisch zubereitet?

❹ Erklären Sie Ihren Gästen die Besonderheiten von Irish Stew.

❺ Was ist beim Service von Lammgerichten besonders zu beachten? Welches Getränk würden Sie dem Gast empfehlen?

❻ Erklären Sie die Begriffe Fleischwaren und Wurstwaren.

7 Hauptgerichte aus Geflügel und Wildgeflügel

🇬🇧 main courses of poultry and feathered game
🇫🇷 plats (m) de volaille et de gibier à plume

Im Vergleich zum Wildgeflügel wird Schlachtgeflügel „beim Haus" gehalten und heißt deshalb auch Hausgeflügel.

Angebotsformen

Haus- und Wildgeflügel bekommt man frisch oder als Tiefkühlware geliefert. Man erhält sie aber auch zerlegt in Teilstücke wie Brust, Keule oder Leber.

Kennzeichnung bei verpackter Ware (Beispiel)

① **Hähnchenbrustfilet**

... ...
Geburt   Aufzucht   Schlachtung   — ⑧

⑥ — D 35G 123 | Gewicht: Preis/kg: Preis: | Frisch Handelsklasse | — ②

A — ③ ④

⑤ — Bei + 8 °C bis + 4 °C gekühlt zu verbrauchen bis ....

⑦ — **Geflügelhof GmbH**
PRÜFINSTITUT
32348-1

7.1 Hausgeflügel 🇬🇧 poultry 🇫🇷 volaille (w)

Beim Verkauf von Hausgeflügel muss angegeben werden:
① Verkehrsbezeichnung
② Angebotszustand
③ Handelsklasse
④ Gewicht/Kilogrammpreis/Gesamtpreis
⑤ Hinweis auf Lagerbedingungen, Verbrauchsdatum bei Frischfleisch, Mindesthaltbarkeit bei Frostware
⑥ Schlacht- bzw. Zerlegebetrieb
⑦ Name und Anschrift des Vertreibers
⑧ Herkunftsnachweis (freiwillig)

Unter dem Begriff Herrichtungszustand versteht man, in welchem Zustand, also ob ausgenommen, bratfertig oder grillfertig, ohne Innereien, das Geflügel geliefert wird.

Übersicht Teilstücke

Filet   Brust/Schnitzel   Unterkeule

Flügel   Oberkeule

Handelsbezeichnungen

Geflügel	Handelsbezeichnungen	Alter
Hühner 🇬🇧 chickens 🇫🇷 poulets (m)	Küken Hähnchen (Poulets) Jungmasthahn Suppenhuhn	3–4 Wochen 6–7 Wochen 12–15 Monate
Puter 🇬🇧 turkeys 🇫🇷 dindes (w)	Baby-Puter Truthenne, Truthahn	2–3 Monate 3–7 Monate
Enten 🇬🇧 ducks 🇫🇷 canards (m)	Frühmastente Junge Ente Ente, Flugente	6–7 Wochen 3–5 Monate über 1 Jahr
Gänse 🇬🇧 geese 🇫🇷 oisons (w)	Frühmastgans Junge Gans Gans	3–4 Monate 9–10 Monate über 1 Jahr
Perlhühner 🇬🇧 guinea fowls 🇫🇷 pintades (w)	Junges Perlhuhn Perlhuhn	bis 1 Jahr über 1 Jahr
Tauben 🇬🇧 pigeons 🇫🇷 pigeons (m)	Junge Taube Taube	bis 1 Jahr über 1 Jahr

Das Fleisch vom hellen Hausgeflügel ist von zarter Beschaffenheit und hat einen geringen Fettanteil. Es ist eiweißreich und leicht bekömmlich.

Das dunklere Fleisch von Ente und Gans enthält mehr Mineralstoffe und ist dadurch intensiver im Geschmack.

Enten und Gänse haben im rohen Zustand einen hohen Fettanteil, der sich aber bei sachgerechtem Garen verringert.

Gerichte von Hausgeflügel

 dishes of poultry ❙❙ plats (m) de volaille

Auf Grund der vielfältigen Eigenschaften des Fleisches bereichert Geflügel das Speisenangebot und sorgt für Abwechslung.

Grundlage für die Zubereitungen sind die bei Hausgeflügel angewandten Garmethoden, wobei außerdem zwischen hellem und dunklem Hausgeflügel unterschieden wird.

Helles Hausgeflügel wird seiner Eigenschaften wegen meist durch **Braten** und **Grillen** gegart.

Dennoch gibt es Besonderheiten wie:
- Frittieren oder Schmoren von Hähnchenteilen,
- Hellbraundünsten (Poelieren) von Hähnchen,
- Kochen von Suppenhühnern.

Dunkles Hausgeflügel und **Wildgeflügel** wird in der Regel gebraten. Lediglich bei älteren Tieren bzw. bei derberem Fleisch ist Schmoren erforderlich.

Eine besondere Zubereitungsart ist das **Poelieren**, das sogenannte Hellbraundünsten von hellem Geflügel. Dabei wird das Geflügel nur ganz leicht angebraten, danach wenig Fond angegossen und zugedeckt gar gedünstet.

Beilagen zu hellem Hausgeflügel:
Sämtliche Beilagen, die auch zu hellem Schlachtfleisch serviert werden, sind möglich.
Bei Enten und Gänsen kommen vermehrt die Beilagen von Wildgeflügel in Anwendung.

„Heute erwartet Sie ein zartes Stubenküken-Frikassee, wie es die Berliner der 20er Jahre liebten. Das gedünstete Huhn ist in Begleitung einer Weißweinsauce, von Champignons, Stückchen vom Kalbsbries, Spargel, Krebsschwänzen und Pilaw-Reis."

„Des Weiteren kann ich Ihnen empfehlen …
… ein **in Wein**, auch bekannt unter dem Namen „Coq au vin", in Rotwein zubereitet mit Schalotten, Speck, Pilzen und Sahne."

„Probieren Sie einmal unsere Chicken Nuggets. Außen mit einer krossen Panade versehen, innen zartes und saftiges Hähnchenfleisch. Wählen Sie dazu frei Ihren Lieblings-Dip aus fünf unterschiedlichen Geschmacksrichtungen: Curry, süß-sauer, feurige Salsa, rauchige Barbecue-Sauce oder unseren Klassiker aus England, den HP-Dip."

„Unsere Chicken Wings sind der King! Alle, die es feurig scharf mögen, werden unsere in Paprikamarinade eingelegten und anschließend frittierten Hähnchenflügel lieben.
Für hungrige, super hungrige und super super hungrige Chicken-Fans bieten wir den Snack wahlweise mit sechs, neun oder fünfzehn Wings an."

„Sehr lecker ist unser Wiener Backhendl. Es wird in Weißbrotbröseln paniert und in Butterschmalz gebacken. Dazu servieren wir frittierte Petersilie und einen geschmacklich hervorragenden Kartoffelsalat nebst Kopfsalatherzen mit einer Vinaigrette."

„… als neues Wellnessgericht eine **Maishähnchenbrust** vom Grill mit roten und gelben Kirschtomaten, dazu einen Joghurt-Bärlauch-Dip mit einer Scheibe von hausgemachtem Vitalbrot."

„Ein kulinarischer Hochgenuss ist die glasierte **Keule der Hafermastgans** mit Kronsbeeren-Rosmarin-Sauce, Apfelrotkohl und Kräuter-Kartoffel-Klößen."

„In der mit kross gebratener Haut und Pilzen gefüllten **Entenbrust** treffen Mediterranes und die schwäbische Region aufeinander. Serviert mit gelben und grünen Minizucchini, roten Senflinsen und Mohn-Schupfnudeln, umkränzt mit einer leichten Trollinger Sauce, erhebt sich dieses Gericht zu einem wahren Augen- und Gaumenschmaus."

Beilagenempfehlung:

Saucen
- Wildsauce mit gehaltvollen Weinen
- Wacholderrahmsauce
- Waldmeistersauce

Gemüsebeilagen
- Rotkohl und Rosenkohl, Wirsing, Grünkohl
- Wein-, Champagner- und Ananaskraut
- glasierte Kastanien (Maronen)
- Pilze

Hauptbeilagen
- Kartoffelkroketten, Mandelbällchen, Püree
- Dauphinekartoffeln oder Spätzle

Obstbeilagen
- Apfel- oder Kastanienmus
- gedünstete Birne oder Quittenragout
- Orangenfilets oder Weintrauben

7.2 Wildgeflügel feathered game ● gibier (m) à plume

Als Wildgeflügel bezeichnet man alle jagdbaren Vögel, deren Fleisch für den Menschen genießbar ist. Ihr Lebensraum sind der Wald und die Umgebung von Gewässern. Es wird auch als **Federwild** bezeichnet.

Die bekanntesten Wildgeflügelarten sind:

- **Fasan** — pheasant ● faisan (m)
- **Wachtel** — quail ● caille (w)
- **Rebhuhn** — partridge ● perdreau (m)
- **Schnepfe** — woodcock ● bécasse (w)
- **Wildente** — wild duck ● canard sauvage (m)

Wildgeflügel ist bis auf die Wildente fettarm. Damit das Fleisch saftig bleibt, wird es mit Speckscheiben umwickelt (bardiert).

Gerichte von Wildgeflügel

● dishes of feathered game ● plats (m) de gibier à plume

Wildgeflügel muss wie das Schlachtfleisch vor der Verarbeitung erst abhängen, um zu reifen. Junges Wildgeflügel wird vorwiegend gebraten. Am besten schmeckt es, wenn das gebratene Fleisch am Knochen noch rosafarben ist. Älteres Wildgefügel wird vorwiegend für Brühen und Suppen (Rebhuhnessenz, Fasanenkraftbrühe) genutzt oder durch Schmoren gegart.

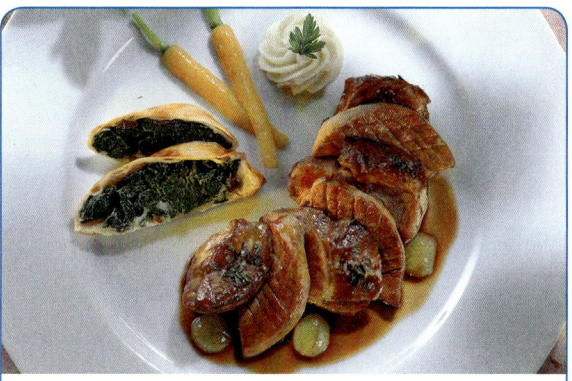

„Eine Köstlichkeit aus den Weinbergen möchten wir Ihnen heute anbieten: Es ist ein junger **Fasan**, schön goldgelb gebraten, in feiner Weinsauce mit Trauben und Gänseleber, einem Strudel mit Mangold, Babymöhrchen und Pastinakenpüree."

„Eine besondere Spezialität ist unsere mit in Port-Wein marinierter Gänseleber gefüllte und zart gebratene **Wachtel** auf einem feinen Linsengemüse mit gekochtem Wachtelei. Hierzu passt ausgezeichnet ein italienischer Rotwein, beispielsweise der Barbera d'Asti."

„Ein ofenfrisch gebratenes **Rebhuhn** mit Calvados-Walnuss-Sauce auf gedünstetem Spitzkohl und glasierten Honigäpfeln, dazu ein Püree von Petersilienwurzeln und Knollensellerie."

„Etwas für echte Genießer ist die zartrosa gebratene **Entenbrust**, begleitet von einem Ragout der Entenkeule mit Äpfeln, Pilzen und Maronen. Dazu servieren wir hausgemachte, breite Bandnudeln, krossen Speck und frittierte Salbeiblätter."

Aufgaben

1 Nennen Sie Arten des Hausgeflügels.

2 Welche Angebotsformen gibt es bei Hausgeflügel?

3 Welche Garmachungsarten werden angewendet:
   a) bei hellem Hausgeflügel?   b) bei dunklem Hausgeflügel und Wildgeflügel?

4 Erstellen Sie eine Spezial-Speisekarte mit mindestens 15 Gerichten aus Haus- und Wildgeflügel.

5 Eine entsprechende Gästebefragung wird Ihnen Aufschluss geben über die beliebtesten Geflügelgerichte. Entwickeln Sie hierfür einen kleinen Fragebogen.

6 Fügen Sie Ihrer Geflügelkarte eine Weinempfehlung bei mit drei Weißweinen und drei Rotweinen.

8 Hauptgerichte vom Wild

🇬🇧 main courses of game 🇫🇷 plats (m) de gibier

Das Fleisch vom Wild ist als Nahrungsmittel eine ganz besondere Delikatesse.

Die besondere Beschaffenheit des Wildfleisches ergibt sich vor allem aus den naturbedingten Lebens- und Fressgewohnheiten. Grundsätzlich ist Wildfleisch fettarm. Vom Kaninchen abgesehen, ist das Fleisch des Wildes dunkel. Wild muss vor der Verarbeitung einige Zeit zum Reifen abhängen.

Der Geschmack des Fleisches hat im Vergleich zum Schlachtfleisch eine arteigene Ausprägung. Es schmeckt intensiver und aromatischer.

Die wichtigsten Wildarten sind:

- **Reh** 🇬🇧 venison 🇫🇷 chevreuil (m)
- **Hirsch** 🇬🇧 deer 🇫🇷 cerf (m)
- **Wildschwein** 🇬🇧 wild boar 🇫🇷 sanglier (m)
- **Hase** 🇬🇧 hare 🇫🇷 lièvre (m)
- **Kaninchen** 🇬🇧 rabbit 🇫🇷 lapin (m)

Weitere, regionaltypische Wildarten sind Gams und Elch sowie Bären und Rentiere.

Gerichte vom Wild 🇬🇧 dishes of game 🇫🇷 plats (m) de gibier

Wildgerichte sind vor allem im Herbst und Winter eine willkommene Bereicherung im gastronomischen Speisenangebot. Wild wird meist zerwirkt (zerteilt) in Rücken, Keulen oder Schultern oder als Ragoutfleisch angeboten.

Zwei Vorbereitungstechniken sind darauf ausgerichtet, den fehlenden Fettanteil sinnvoll zu ersetzen:
Spicken – das rohe Fleisch wird mit dünnen Speckstreifen durchzogen.
Bardieren – das Fleisch wird mit dünnen Speckscheiben umwickelt, die nach dem Braten bzw. vor dem Servieren wieder entfernt werden.

Manche Zubereitungen erfordern ein rechtzeitiges Einlegen spezieller Fleischstücke in Marinaden oder Buttermilchbeizen.

Beilagenempfehlung zu den Wildgerichten:

Jus und Saucen
- Bratenjus vom Wild
- Wildrahm-, Wacholderrahm-, Wildpfeffersauce
- Waldmeistersauce

Gemüsebeilagen
- Pfifferlinge, Steinpilze, Champignons und Morcheln
- Rosenkohl, Brokkoli, Karotten und Bohnen, Schwarzwurzel
- Rotkohl (Apfelrotkohl)

Hauptbeilagen
- Kartoffelkroketten, Mandelbällchen, Bernykartoffeln
- Dauphinekartoffeln, Herzoginkartoffeln
- Spätzle
- Kartoffelklöße (zu Schmorgerichten)

Obstbeilagen
- Preiselbeeren oder Johannisbeergelee, Waldmeistergelee
- Äpfel, Quitten und Birnen, geschmort, gebraten oder als Kompott
- Kastanien (Maronen), glasiert oder als Kastanienpüree
- Ananas, Orangen, Mandarinen und Pfirsiche

„Bei uns hat die Jagdsaison begonnen. Wir laden Sie ein in die feine Wildküche mit hausgemachten Spezialitäten unseres Küchenchefs. Genießen Sie zum Beispiel wilde Köstlichkeiten wie:
- Rosa gebratenes **Rehrückenfilet** auf Linsengemüse mit Muskatkürbis-Spalten.
- Gebratene Frischlingsmedaillons mit Waldmeistersauce, Speck-Rosenkohl, Steinpilznudeln und Quittenkompott.
- Geschmorte Hasenschulter in Buttermilchsauce mit Serviettenknödeln, Rotkrautsalat und Apfelmus."

„Geschmorte **Schulter vom Jungbock** in einer Cognac-Piment-Sauce mit Kurkuma-Reis-Plätzchen und glasierten Kakifrüchten. Als Getränk sollten Sie einen japanischen Sakewein oder einen chinesischen Pflaumenwein dazu probieren."

„Ein ganz verführerisches Mahl ist das **Zweierlei von Kaninche**n mit einem gefüllten Rücken und einem Kotelettstück auf feiner Chardonnay-Sauce mit Maiskölbchen, Karotten und Lauch auf Rahm, dazu hausgemachte Kräuternudeln."

© Stockfood/Feiler

„Als ein wunderbares Geschmackserlebnis empfehle ich Ihnen den gefüllten **Hirschkalbsrücken** auf Wirsingherz mit Cassissauce, Tartelett von marktfrischen Gemüsen, Krautkräpfle und bunten Schupfnudeln."

Worte, die verkaufen helfen

- herzhaft
- lieblich
- aromatisch
- frisch
- veredelt
- weihnachtlich
- verführerisch
- verzaubert
- leicht exquisit
- bekömmlich

- exklusiv
- hochwertige Zutaten
- volles Aroma
- frische Versuchung
- von feinem Geschmack
- ein Feuerwerk der Aromen
- auf der Zunge zergehend

- verhaltenes Aroma
- raffinierte Zubereitung
- eigene Note
- kulinarische Impressionen
- Familientradition
- ein echter Klassiker
- etwas für echte Genießer

© Stockfood/H. Bischof

Aufgaben

1. Schildern Sie einem Gast das nebenstehende Wildschweingericht. Gehen Sie dabei davon aus, dass der Gast das Bild nicht sieht. Benennen Sie Aussehen und Bestandteile des Gerichtes. Machen Sie dem Gast mit Worten richtig Appetit.

2. Nennen Sie verschiedene Wildtierbezeichnungen.

3. Nennen Sie klassische Beilagen zu Wildgerichten.

4. Erstellen Sie eine spezielle Karte für eine Wildwoche mit Suppen, kalten und warmen Wildgerichten.

5. Wildfleisch wird vielfach gespickt oder bardiert. Erklären Sie die Fachbegriffe gastgerecht.

9 Spezielle Hauptgerichte: Systemgastronomie

🇬🇧 special main dishes: fast food industry
🇫🇷 plats de résistance specials: gastronomie (w) de système (m)

In der **Systemgastronomie** hat sich, insbesondere im Bereich der Quick-Service-Gastronomie, ein umfangreiches Fastfood- und Finderfood-Angebot international durchgesetzt.

Sandwich

Abb. 1 Klassisches Sandwich

Den Gerüchten nach wollte im 18. Jahrhundert in England der vierte Earl of Sandwich seine Kartenspielabende nicht durch lange Mahlzeiten unterbrechen lassen. Er ließ sich sein Essen daher handlich zwischen zwei Brotscheiben legen.

Das klassische **Sandwich** besteht ursprünglich aus zwei oder mehreren Kastenweißbrot- oder Toastbrotscheiben ohne Rinde. Es ist nicht geröstet, zwischen die Brotscheiben kommt ein beliebiger Belag, z. B. Schinken, Käse, Fisch oder Bratenfleisch. Oft wird er mit einem Salatblatt sowie Mayonnaise oder Meerrettich garniert. Das Sandwich wird als Dreieck zugeschnitten serviert oder verpackt.

Abb. 2 Sub bzw. Subway Sandwich

Heute werden fast alle belegten Brötchen und Baguette-Brote als „Sandwich" bezeichnet; es gibt unzählige Varianten. Weit verbreitet sind auch belegte Baguette-Brote – sie werden wegen ihrer an U-Boote erinnernde Form (engl. „submarine") auch „Subs" genannt.

Wrap

Wraps (engl. „to wrap" = wickeln, einhüllen) werden auch als „gerollte Sandwiches" bezeichnet. Sie haben keine feste Rezeptur. Der Ursprung liegt in Nordmexiko und den Weststaaten der USA.

Abb. 3 Wrap

Umhüllt werden **Wraps** von **Tortillas**, dünnen Fladenbrot aus Mais- oder Weizenmehl. Maistortillas sind meist kleiner und brechen leicht. Weizentortillas sind etwas elastischer mit einem größeren Durchmesser.

Gefüllt werden sie u. a. mit gerilltem, frittiertem oder gebratenem Fleisch, ergänzt mit Gemüse, Salat, Sauerrahm und einer scharfen Sauce.

Döner

Döner Kebab oder kurz Döner ist eine Fladenbrottasche, die meist mit gegrilltem Fleisch, Salat, Gurken, Tomaten, rohem Weiß- und/oder Rotkrautsalat, Joghurtsauce und Zwiebel gefüllt wird.

Abb. 4 Dönerfleisch-Spieß am Grill

Die Grillfleischscheiben werden vorher in Marinade eingelegt, schichtweise auf einen Spieß gesteckt und im Drehgrill gegart.

Üblicherweise besteht der Spieß zwischen den einzelnen und eher mageren Fleischlagen aus Hackfleisch.

Im Ursprungsland Türkei ist der Döner seit Mitte des 19. Jahrhunderts bekannt, in Deutschland fand er seit den 1970er Jahren Verbreitung. Während in der Türkei meist Hammelfleisch für die Spieße verwendet wird, wird bei uns Rind- und Kalbfleisch sowie Hühner- und Putenfleisch angeboten.

In der griechischen Variante **Gyros** wird Schweinefleisch verwendet.

Pizza

Mehrere Gegenden Italiens behaupten, Ursprung der **Pizza** zu sein. Mitte des 18. Jahrhunderts wurde sie bereits in Süditalien verwendet. Sie bestand aus einem einfachen Hefeteig, zubereitet mit Salz und Olivenöl. Belegt wurde sie mit Tomatenscheiben, gewürzt mit Olivenöl und Basilikum oder Oregano.

Heute wird Pizza in unzähligen Variationen angeboten. Der Fantasie ist bei den Belägen keine Grenze gesetzt, statt frischer Tomaten wird meist Tomatensauce oder Tomatenmark verwendet. Als Klassiker zählt die **Pizza Margherita**, auch aufgrund der italienischen Nationalfarben rot (Tomate), weiß (Mozzarella) und grün (Basilikum).

Pizza sollte möglichst wenige Minuten bei hoher Temperatur (400 bis 500 °C) in einem Pizzaofen gebacken werden.

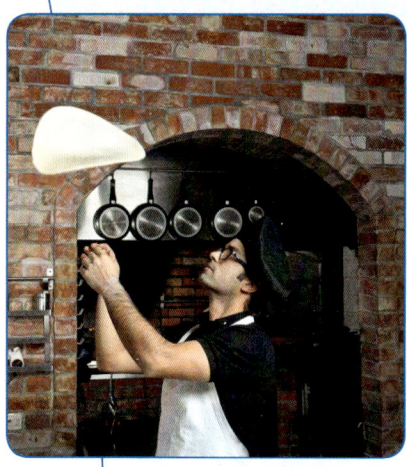

Abb. 1 Pizzabäcker

Einige verbreitete Pizzavarianten und ihre Beläge:

Pizza Margherita	Pizza Napoli	Pizza Regina	Pizza Prosciutto
Tomatensauce	Tomatensauce	Tomatensauce	Tomatensauce
Mozzarella	Mozzarella	Mozzarella	Mozzarella
		Schinken	Schinken
		Champignons	Champignons
Basilikum	Sardellen		Pepperoni
Tomatensauce	Oregano	Oregano	Oregano
Mozzarella	Oliven	Oliven	Oliven

Neben den verschiedenen Belägen gibt es auch unterschiedliche **Pizzaböden**. Die Böden variieren in Größe und Form (Backblechpizza, Pizzaschnitte, runde Pizza), aber auch in der Höhe des Bodens oder der Form des Randes.

Eine Sonderform ist die **Pizza Calzone**. Der Teigfladen wird vor dem Überbacken als Halbkreis zusammengeklappt. Zutaten sind u. a. roher Schinken, Pilze, Mozzarella, Ricotta, Parmesan sowie oft auch Eier.

Abb. 2
Pizza
Calzone

Die in Deutschland bekannte „Amerikanische Pizza" wurde durch die Pizzakette „Pizza Hut" bekannt und zeichnet sich durch einen vergleichsweise dicken Pizzaboden aus.

In den Niederlanden weit verbreitet ist der „Double Dutch", eine Übergangsform zwischen Pizza und Hot Dog.

Hot Dog

Die Herkunft des Hot Dogs ist nicht bekannt, es gibt ihn aber schon seit 1871, der Name ist seit 1895 verbürgt.

Hauptbestandteil des Hot Dogs ist ein längliches Weizenbrötchen, oft bereits mit einer Aussparung, in das ein Brühwürstchen (Wiener, Frankfurter) eingelegt wird.

Dieses wird vorher in einem Rollergrill – alternativ im heißen Wasser – zubereitet und mit Senf und/oder Ketchup, Mayonnaise, Relishes oder anderen Saucen gewürzt. Verschiedene Varianten mit Senf, Gurken und Sauerkraut spiegeln den regionalen Geschmack wieder.

Hamburger, kurz: Burger

Woher der „Burger" stammt, ist unklar. Der Begriff „Hamburger Steak" für ein Rinderhacksteak wurde aber schon 1842 in einem Kochbuch in den USA genannt.

Der **Burger** ist eine Sonderform des Sandwichs: gebratene oder gegrillte Hackfleischscheiben (**Pattys**, meist aus Rinderhack) zwischen Weichbrötchen-Hälften. Diese Basisvariante, der **Hamburger** oder Beefburger, sowie der **Cheeseburger** (mit einer zusätzlichen Scheibe Käse) sind die am weitesten verbreiteten Burger-Varianten.

Anstatt des Rinderhacks findet auch Schweinefleisch (z. B. McRib), Fisch (z. B. Bremer) oder Gemüse (z. B. Veggieburger) als Hauptfüllung Verwendung. Es gibt eine große Angebotsvielfalt durch Rezeptvarianten mit verschiedenen Saucen oder Zutaten, die auf regionalen oder nationalen Geschmack Rücksicht nehmen.

Große Schnellrestaurantketten entwickeln spezielle **Burgervariationen** für kurzzeitige Sonderaktionen, um z. B. Events wie Fußballmeisterschaften zu begleiten. Auch wird Gästen die Möglichkeit gegeben, **eigene Burger-Kreationen** zu entwickeln. Diese Aktionen dienen der Kundenbindung und dem Imagegewinn (siehe Kapitel Marketing).

Abb. 1 Amerikanische Pizza

Abb. 2 Hot Dog

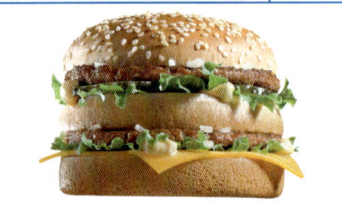

Abb. 3 Jim Deligatti erfand vor 40 Jahren den Big Mac

Abb. 4 Teamburger

Abb. 5 3 Beispiele „Mein Burger"

Die erfolgreichsten Burger-Ketten weltweit sind **McDonald's** und **Burger King**.

⑩ Beilagen

🇬🇧 side dishes 🇫🇷 garnitures (w)

Zu einem kompletten Gericht gehören neben Fleisch- oder Fischspeisen und Saucen als Ergänzung **Gemüse, Pilze und Hauptbeilagen** (stärkehaltige Beilagen) sowie Salate und Obst. Dabei sollte man immer darauf achten, dass die Beilagen mit den Hauptgerichten und deren Zubereitungsarten harmonieren. Dies zu erreichen, bedarf es einiger Erfahrung und Kenntnisse.

Hierbei spielen vor allem die unterschiedlichen Zubereitungsarten der Beilagen eine besondere Rolle. Dann können die Beilagen den Zubereitungen der Hauptgerichte zugeordnet werden.

Gemüse reicht man roh oder gegart als harmonische Ergänzung bzw. Beilage zu Hauptplatten von Fisch und Fleisch. Hinweis: Aus Gemüsen werden auch eigenständige Gerichte hergestellt. Wurzel- und Zwiebelgemüse dienen zusätzlich als Würzmittel.

10.1 Beilagen aus Gemüse

🇬🇧 vegetable side dishes 🇫🇷 garnitures (w) de légumes (m)

Die Einteilung der vielfältigen Gemüse erfolgt nach handelsüblichen Sammelbegriffen.

Beispiele

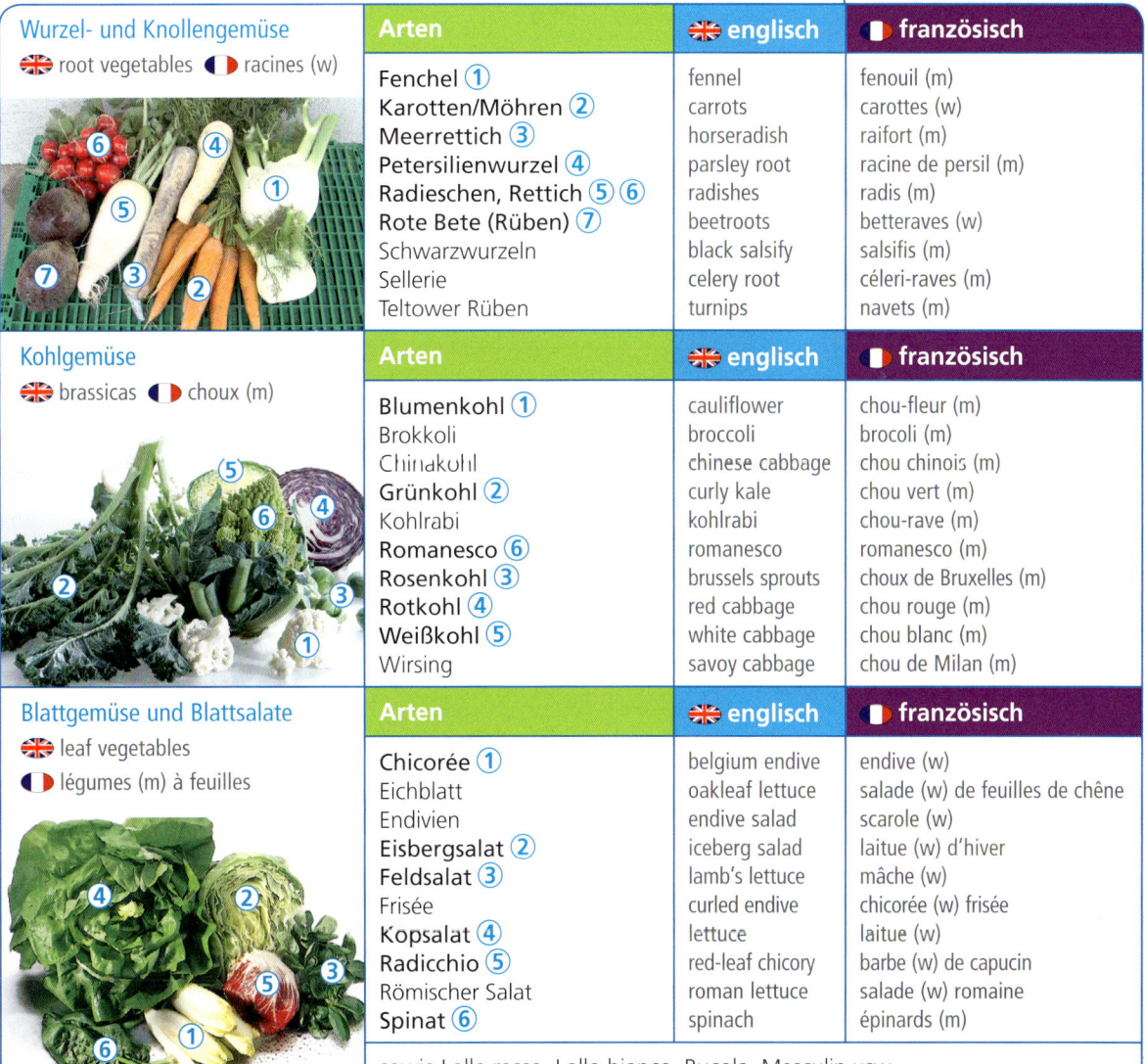

Wurzel- und Knollengemüse 🇬🇧 root vegetables 🇫🇷 racines (w)	Arten	🇬🇧 englisch	🇫🇷 französisch
	Fenchel ①	fennel	fenouil (m)
	Karotten/Möhren ②	carrots	carottes (w)
	Meerrettich ③	horseradish	raifort (m)
	Petersilienwurzel ④	parsley root	racine de persil (m)
	Radieschen, Rettich ⑤ ⑥	radishes	radis (m)
	Rote Bete (Rüben) ⑦	beetroots	betteraves (w)
	Schwarzwurzeln	black salsify	salsifis (m)
	Sellerie	celery root	céleri-raves (m)
	Teltower Rüben	turnips	navets (m)

Kohlgemüse 🇬🇧 brassicas 🇫🇷 choux (m)	Arten	🇬🇧 englisch	🇫🇷 französisch
	Blumenkohl ①	cauliflower	chou-fleur (m)
	Brokkoli	broccoli	brocoli (m)
	Chinakohl	chinese cabbage	chou chinois (m)
	Grünkohl ②	curly kale	chou vert (m)
	Kohlrabi	kohlrabi	chou-rave (m)
	Romanesco ⑥	romanesco	romanesco (m)
	Rosenkohl ③	brussels sprouts	choux de Bruxelles (m)
	Rotkohl ④	red cabbage	chou rouge (m)
	Weißkohl ⑤	white cabbage	chou blanc (m)
	Wirsing	savoy cabbage	chou de Milan (m)

Blattgemüse und Blattsalate 🇬🇧 leaf vegetables 🇫🇷 légumes (m) à feuilles	Arten	🇬🇧 englisch	🇫🇷 französisch
	Chicorée ①	belgium endive	endive (w)
	Eichblatt	oakleaf lettuce	salade (w) de feuilles de chêne
	Endivien	endive salad	scarole (w)
	Eisbergsalat ②	iceberg salad	laitue (w) d'hiver
	Feldsalat ③	lamb's lettuce	mâche (w)
	Frisée	curled endive	chicorée (w) frisée
	Kopsalat ④	lettuce	laitue (w)
	Radicchio ⑤	red-leaf chicory	barbe (w) de capucin
	Römischer Salat	roman lettuce	salade (w) romaine
	Spinat ⑥	spinach	épinards (m)

sowie Lollo rosso, Lollo bianco, Rucola, Mesculin usw.

Fruchtgemüse
fruit vegetables / légumes (m) de fruits

Arten	englisch	französisch
Auberginen	eggplants	aubergine (w)
Gurken	cucumber	concombre (m)
Kürbis	pumpkin	potiron (m)
Mais	corn	grains de maïs (m)
Paprikaschoten ①	bellpeppers	poivron (m)
Tomaten ②	tomatoes	tomates (w)
Zucchini ③	zucchini	courgettes (w)
Erbsen	green peas	petits pois (m)
Grüne Bohnen ④	string beans	haricots (m) verts
Zuckerschoten ⑤	snow peas	pois mange-tout (m)

sowie Melone, Okra, usw.

Zwiebelgemüse
bulbs / oignons (m)

Arten	englisch	französisch
Knoblauch ①	garlic	ail (m)
Lauch, Porree ②	leek	poireaux (m)
Perlzwiebel	pearl onion	petit oignon (m)
Schalotten ③	shallots	échalotes (w)
Zwiebeln ④	onions	oignons (m)
Frühlinszwiebeln ⑤	scallions	ciboules (w)

Wurzelsprossen/ Blütengemüse
shoot vegetables / pousses (w) de racine

Arten	englisch	französisch
Spargel	asparagus	asperges (w)
Staudensellerie	celery	céleri (m) en branches
Artischocken	artichokes	artichauts (m)

sowie Bambussprossen, Palmherzen

Pilze
mushrooms / champignons (m)

Arten	englisch	französisch
Austernpilze ①	oyster mushrooms	pleurotes (m)
Champignons ②	champignons	campignons (m) de Paris
Morcheln	morels	morilles (w)
Pfifferlinge ③	chanterelles	chanterelles (w)
Steinpilze ④	ceps	cèpes (w)
Trüffel	truffles	truffes (w)
Shii-take	chinese mushrooms	shitake (m)
Egerlinge ⑤	chestnut mushrooms	champignons (m) de prés

Hülsenfrüchte
dried legumes / légumes (m) secs

Arten	englisch	französisch
Bohnenkerne	dried beans	flageolets (m)
Linsen	lentils	lentilles (w)
Erbsen	dried peas	pois secs (m)

Kidneybohnen ①, Wachtelbohnen ②, schwarze Bohnen ③, weiße Bohnen ④, Mungobohnen ⑤, Kichererbsen ⑥, grüne Schälerbsen ⑦, gelbe Schälerbsen ⑧, Tellerlinsen ⑨, grüne Berglinsen ⑩, rote Linsen ⑪

Gemüse werden in vielfältiger Form zubereitet und serviert. An einigen Beispielen werden in Form von Redewendungen ausgesuchte Zubereitungen aufgezeigt.

Servicemitarbeiter müssen die Zubereitungen der Gemüse kennen, damit sie in der Lage sind,
- den Fleisch- oder Fischgerichten die passenden Gemüsebeilagen zuzuordnen,
- den Gästen nicht nur die Hauptbestandteile, sondern auch die Beilagen erklären zu können,
- die Gäste auch bei der Auswahl der Beilagen fachgerecht zu beraten.

Zubereitungen für Gemüse

Die meisten Gemüse werden durch feuchte Garverfahren, vornehmlich durch Kochen, Dünsten und Dämpfen, gegart und dann auf unterschiedliche Arten fertiggestellt.

Servicemitarbeiter müssen fähig sein, am Küchenpass die unterschiedlichen Zubereitungen beim Gemüse bestimmen und diese benennen zu können.

Benennung	Fertigstellung	Empfehlung
… mit Butter (englische Art)	Das Gemüse wird mit Butterstückchen belegt oder mit zerlassener Butter beträufelt oder in Butter geschwenkt.	… etwas Butter hebt den Geschmack und verleiht dem Gemüse Glanz.
glasieren	Das Gemüse, hauptsächlich Wurzelgemüse, wird in sirupartig eingekochtem Dünstfond geschwenkt.	… Gemüse erhält damit einen schönen frischen Glanz.
… mit Sahne (à la crème)	Das Gemüse wird mit Sahne (Rahm) oder Schlagsahne oder Sahnesauce vollendet.	… Sahne verleiht dem Gemüse ein edles Aussehen.
… mit Sauce	Das Gemüse wird in die Sauce eingeschwenkt, z. B. Béchamelsauce, oder mit Sauce nappiert, z. B. Mornaysauce, holländische Sauce.	… eine Abrundung des Geschmacks und eine individuelle Ergänzung.
… überbacken	Das Gemüse wird vor dem Überbacken mit Reibkäse bestreut, mit einer Käsescheibe belegt oder mit Béchamelsauce bzw. mit Mornaysauce oder holländischer Sauce nappiert.	… dadurch erhält die Beilage eine neue Geschmacksvariante und ein goldbraunes Aussehen.
schmoren	Gemüse wird nach dem Blanchieren oder Andünsten im eigenen Fond oder brauner Sauce fertig gegart, oftmals mit Zugabe von Speck und Zwiebeln.	… Lockerung bei kompaktem Gemüse.
braten	Vorgegartes Gemüse wird vor dem Braten in Mehl gewendet oder auch paniert.	… Gemüse erhält eine neue Geschmacksnuance und kräftige Farbe.
backen frittieren	Je nach Gemüse roh oder vorgegart paniert oder in Backteig getaucht und im Fettbad frittiert.	… Farbe und Geschmack verändern sich stärker als bei den anderen Fertigstellungsarten.
nach polnischer Art	Gemüse (Blumenkohl, Brokkoli, Spargel) wird mit in Butter gerösteten Semmelbröseln und gehacktem Ei und gehackter Petersilie garniert	… Gemüse erhält durch die leicht gerösteten Brösel einen sehr pikanten Geschmack.
füllen	Ausgehöhltes Gemüse kann mit Gemüse (z. B. Maistomaten) sowie Reis, Pürees, Hackmasse oder feiner Fleisch- bzw. Fischfarce gefüllt werden.	… interessante Kombinationen entstehen durch die Verbindung von Gemüse und Füllung.

„Zur geschmorten Truthahnkeule empfehle ich Ihnen die in Rotwein **gedünsteten Schalotten**. Der Rotwein gibt den Schalotten eine besondere Geschmacksnote."

„… als die klassische Beilage zur rosa gebratenen Lammkeule möchte ich Ihnen ein **Ratatouille** vorschlagen. Dieses provenzialische Gemüse-Allerlei passt ausgezeichnet dazu. Es besteht aus Zwiebeln, Tomaten, Paprika, Zucchini, Auberginen und wird mit den typischen Kräutern der Provence sowie einem Hauch Knoblauch vollendet."

„… zur gefüllten Hasenschulter passt sehr gut glasiertes Gemüse, wie zum Beispiel in Honig glasierte **Karotten und Petersilienwurzeln**, bestreut mit feinem Krokant."

„Zum Kalbssteak vom Grill möchte Ihnen im Zitronensud gegarte **Röschen von Blumenkohl und Brokkoli** mit gerösteten Pinienkernen und Butterbrösel vorschlagen."

„… als eine ganz besondere mediterrane Beilage zum gebratenen Kaninchenrücken schlage ich Ihnen die mit Ricotta, Tomatenfleischwürfeln und Basilikum gefüllten **Zucchiniblüten** vor."

„… zum gebratenen Zanderfilet würde ich Ihnen gerne **Fenchellöffel** mit einer Füllung von in Butter geschwenkten Gemüsestiften und grünem Spargel servieren."

Beispiele zur Zuordnung von Gemüsen und Speisen

Bei der Zuordnung von Gemüse als Beilage muss man beachten, dass es zur Speise passt.

Gemüsesorten mit mildem Geschmack eignen sich für leichte Zubereitungen von fettarmen Fisch- und Fleischgerichten mit dezentem Eigengeschmack.

Würzige geschmacksintensive Gemüse und Zubereitungen würden den Geschmack des Fisches oder Fleisches überdecken. Solche Gemüse und Gemüsezubereitungen eignen sich besser zu deftigen und fettreichen Fleischgerichten.

Beispielsweise passen Waldpilze und Herbstgemüse besser zu Wild und Wildgeflügel als zu gekochtem Kalbfleisch, Putenbrust oder gedünsteter Seezunge.

Speise		Gemüse	
Name	**Beschreibung / Charakteristik**	**empfehlenswert**	**nicht empfehlenswert**
Bei dieser Zuordnung ist die **Art des Gemüses** ausschlaggebend.			
Lammkeule	Mit Knoblauchstreifen gespickt und deftig gebraten	Grüne Bohnen passen sehr gut, zusammen mit Zwiebeln und Speck	Spargel wird von dem gebratenen dunklen Fleisch geschmacklich überdeckt
Hasenkeule	Durch die Fleischart bereits sehr geschmacksintensiv	Rotkohl/Blaukraut als klassisches Würzkraut zu Wildgerichten	Blumenkohl ist im Geschmack zu dezent
Kalbs-frikassee	Zarter Geschmack durch Zubereitungsart	Champignons sind mit ihrem feinen Geschmack eine gute Ergänzung	Paprikaschoten würden den feinen Geschmack des Frikassees übertönen
Bei dieser Zuordnung ist in erster Linie die **Zubereitung des Gemüses** bestimmend.			
Gedünsteter Fisch	Leicht und zart im Geschmack	Tomatenfleischwürfel, fein und dezent, passen gut	Grilltomate ist von der Zubereitung her zu deftig
Filetsteak mit Madeira-sauce	Starker Bratgeschmack und intensive, gebundene Sauce	Glasierte Karotten fügen sich gut in das Geschmacksbild des Gerichtes	Karotten in Rahm sind wegen der bereits gebundenen Sauce nicht angebracht
gekochtes Rindfleisch	Lauch und Kohlrabi passen als Zwiebel- und Kohlgemüse, gut zum eher dezent zubereiteten Rindfleisch	Lauch in Butter sowie Kohlrabi gedünstet sind in sich würzig, aber übertönen das Fleisch nicht	Lauch überbacken und gebackener Sellerie sind selbst zu geschmacksintensiv

Vielfach stellt man auch aus Gemüse selbst Chutneys und Salsas her, um eine individuelle Note in das betriebliche Angebot zu bekommen. Vor allen sind es Tomaten, Zwiebeln und Paprikaschoten, die sich gut dafür eignen.

Die Gemüsebeilage kann ein einzelnes Gemüse oder eine **Gemüsekombination** sein. Manche Gemüse sind für Beilagenkombinationen nicht geeignet. Somit ist darauf zu achten, dass sich die Gemüse farblich unterscheiden, geschmacklich jedoch miteinander harmonieren.

„… heute offerieren wir Ihnen als interessante Beilage zu dem von Ihnen ausgewählten Rindersteak in Rotweinsauce **geschmorten Chicoree mit Speckmantel**."

„… eine wunderbare Beilage zu den gebratenen Rehmedaillons ist unsere **Waldpilzpfanne** mit Pfifferlingen, Stockschwämmchen, Austernsaitlingen, Steinpilzen, Egerlingen und Champignons."

oder

„… als schlichtes Gemüsegericht bieten wir geschmorten und dann mit Käse überbackenen Fenchel – ein einmaliges Geschmackserlebnis.

Oder ein geschmacksintensives Püree von Petersilienwurzel mit Lauchzwiebeln."

„Die mit frischen Küchenkräutern und bunten Gemüsewürfeln gefüllten Kalbsröllchen sind auf feinem Sahnepüree von Süßkartoffeln angerichtet und werden von gedünsteten Frühlingszwiebeln begleitet."

① Welche Beilage würden Sie einem Gast zu „Gekochtem Spargel" empfehlen?

② Nennen Sie die handelsüblichen Sammelbegriffe für Gemüse und ordnen Sie diesen einzelne Gemüse zu.

③ Erläutern Sie an Beispielen die Verwendung von Gemüse als Beigabe zu Gerichten:
a) Spargelspitzen,   b) glasierte Karotten,   c) Apfel-Rotkohl,   d) Schwarzwurzeln in Rahm

④ Versuchen Sie, Gästeempfehlungen zu formulieren für Zubereitungen von Gemüsen:
a) gebackenes,   b) geschmortes,   c) glasiertes,
d) gebratenes,   e) püriertes

⑤ Schildern Sie einem Gast das nebenstehende Gericht. Gehen Sie dabei davon aus, dass der Gast das Bild nicht sieht. Benennen Sie Aussehen und Bestandteile der Speise. Machen Sie dem Gast mit Worten richtig Appetit auf Gemüse.

Hier eine kleine Hilfe: In der Mitte sind gebackene Selleriescheiben angerichtet, links eine Kartoffelterrine.

PROJEKT

Aktionswoche: Spargel
Eine Audienz beim König
der Gemüse

Ihr Betrieb plant für die kommende Spargelsaison eine besondere Aktion. Hierfür müssen Gerichte bestimmt, eventuell erprobt und eine eigens dafür gestaltete Spezialkarte erstellt werden.

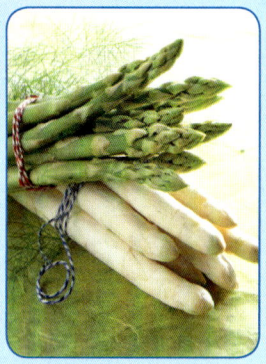

Zeitpunkt

In welchem Zeitraum wird eine solche Aktion sinnvollerweise durchgeführt?

Vorbereitung

1. Sammeln Sie Ideen für eine solche Spargel-Aktion.

2. Listen Sie mögliche kalte und warme Gerichte für die Aktion auf.

3. Ordnen Sie den einzelnen Spargelzubereitungen passende Fisch- und Fleischzubereitungen sowie Hauptbeilagen und besondere Saucen zu.

4. Erstellen Sie eine dekorative Spargelkarte.

5. Überlegen Sie Möglichkeiten, wie das Produkt Spargel in der Aktionswoche präsentiert werden kann.

Schälverluste und Kalkulation

1. Vom Spargellieferant werden 60 kg Spargel geliefert. Beim Schälen fallen 25 % Schalen an. Wie viele Spargelportionen à 300 g können erwartet werden?

2. Ein Kilo Spargel kostet 8,40 €. Wie hoch ist der Materialwert für eine Portion Spargel von 300 g?

3. Berechnen Sie den Kartenpreis für Spargel, indem Sie ihn über die jeweiligen Materialkosten und einen Kalkulationsfaktor 3 ermitteln.

Getränke

Welche Weine würden Sie in das Projekt einbeziehen und Ihren Gästen besonders empfehlen? Erstellen Sie eine Getränkekarte.

Präsentation

1. Welche Möglichkeiten außer der Speisekarte haben Sie, um auf das vorgesehene Angebot aufmerksam zu machen?

2. Entwickeln Sie Ideen, wie die Aktion in Ihrem Hause dekorativ präsentiert werden kann.

10.2 Hauptbeilagen (aus stärkehaltigen Produkten)

Hauptbeilagen haben einen hohen Stärkegehalt. Sie schmecken dezent und eignen sich deshalb gut als Speisenergänzung. Der Sättigungswert beruht auf dem hohen Stärkegehalt. Eine Grundlage für diese Beilagen bilden neben **Getreideerzeugnissen** die **Kartoffeln**.

Getreide 🇬🇧 corn 🇫🇷 blé (m)

Unter Getreide versteht man Körnerfrüchte oder Samen aus der Familie der Gräser. Sie werden auf vielfältige Weise zu Nahrungsmitteln verarbeitet.

Roggen · Gerste · Grünkern · Hirse · Weizen · Hafer · Buchweizen · Mais

Abb. 1 Die wichtigsten Getreidearten, ergänzt mit Buchweizen (Knöterichgewächs)

Abb. 2 Cerealien (Cereals)

Mehlkörper
Rand-schichten
Keimling

Aufbau und Inhaltsstoffe des Getreidekorns

Der Kornkörper besteht aus der Frucht- und Samenschale, dem Keimling und dem Mehlkörper.

Inhaltsstoffe des Getreidekorns:

- **Stärke** (60 bis 70 %) vor allem im Mehlkörper
- **Eiweiß** (8 bis 14 %) im Mehlkörper, in der Schale und im Keimling
- **Fett** (1 bis 4 %) im Keimling
- **Ballaststoffe** in der Schale
- **Vitamine** der Gruppe B befinden sich vor allem in der Schale, etwas weniger im Keimling und noch weniger im Mehlkörper.
- **Mineralstoffe** sind in Keimling und Schale enthalten.

Die Nährstoffe und Ballaststoffe sowie die Mineralstoffe und Vitamine sind in den einzelnen Kornbestandteilen unterschiedlich verteilt. Der Wert der Erzeugnisse aus Getreide ist deshalb davon abhängig, welche Teile des Kornes bei der Verarbeitung abgeschieden werden und welche im Endprodukt erhalten bleiben.

Bewertung der Getreideerzeugnisse

Da sich die wertvolleren Bestandteile in den Randschichten des Getreidekorns befinden, sind Vollkornprodukte ernährungsphysiologisch hochwertiger als die Erzeugnisse aus geschältem Getreide. Dort sind mehr oder weniger große Anteile der Schale abgeschieden worden.

Cerealien (Cereals) sind Frühstücksprodukte, die in Form von trockenen Getreideprodukten wie Cornflakes, Rice Crispies, Haferflocken usw. angeboten werden. Mit Milch oder Joghurt vermischt sind sie ein wesentlicher Bestandteil eines gesunden Frühstücks. Im erweiterten Sinne gehören Porridge und Müsli ebenfalls zu den Cerealien.

Backwaren 🇬🇧 breads 🇫🇷 pains (m)

Bei den Backwaren unterscheidet man Brot und Kleingebäck.

Brot 🇬🇧 bread 🇫🇷 pain (m)

In Deutschland wird Brot aus Roggen und Weizen hergestellt, und zwar aus Mehl oder Schrot.

Weizen- oder **Weißbrot**, das mindestens 90 % Weizenanteile enthält, wird mit Hilfe von Hefe gelockert und hat einen milden Geschmack.

Roggenbrot enthält mindestens 90 % Roggenanteile und wird mit Hilfe von Sauerteig gesäuert. Der Geschmack ist im Vergleich zum Weißbrot herzhafter und kräftiger. Zugunsten eines besonderen Geschmacks wird zu manchen Brotsorten Kümmel verwendet (Kümmelbrot).

Mischbrot besteht aus einer Mischung von Roggen- und Weizenmehl. Die Bezeichnungen Weizenmischbrot oder Roggenmischbrot besagen, dass der Anteil des Namen gebenden Mehles überwiegt, und zwar mehr als 50 und weniger als 90 % beträgt.

Vollkornbrot ist Brot, das mindestens 90 % Vollkornanteile enthält. Die Bezeichnung Roggen- bzw. Weizenvollkornbrot besagt, dass der Anteil des Namen gebenden Getreides bei 90 % liegt.

Schrotbrot enthält dem benannten Ausgangsprodukt entsprechend mindestens 90 % Roggen- oder Weizenbackschrot. Neben den allgemein üblichen Brotsorten gibt es Spezialbrote, die sich auf Grund besonderer Zutaten bzw. Herstellungsverfahren durch einen jeweils spezifischen Geschmack oder durch eine spezifische Beschaffenheit auszeichnen.

Beispiele

- Milch-, Milcheiweiß-, Buttermilchbrot,
- Weizenkeim- und Kleiebrot,
- Gewürz-, Kümmel- und Korianderbrot,
- Leinsamen-, Sonnenblumen- und Sesambrot.

Drei-, Vier- oder **Mehrkornbrot** bedeutet, dass zur Herstellung drei, vier oder mehr Getreidearten verwendet wurden.

Pumpernickel ist ein Roggenvollkornbrot mit dunkler Farbe und einem kräftigen, leicht süßen Geschmack.

Knäckebrot, ein flaches, trockenes Gebäck, wird in vielen Variationen hergestellt. Diese ergeben sich aus der Verwendung unterschiedlicher Mühlenerzeugnisse: Roggen-, Weizen- oder Mischmehl sowie Vollkornmehl oder Schrot.

Toastbrot ist ein lockeres Brot, das zum Toasten verwendet wird.

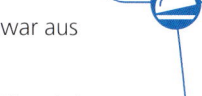

„Guten Morgen, wünschen Sie Tee oder Kaffee zum Frühstück? Auf unserem reichhaltigen Frühstücksbüfett finden Sie neben dem fertigen Birchermüsli auch ein bereits fertiggestelltes Vollkorn-Müsli. Außerdem bieten wir Ihnen Weizenkorn-Flakes, aber auch die gesünderen Vollkornflakes mit der ganzen Kraft der Natur an."

Roggenmischbrot
aus überwiegend
Roggenmehl

Ciabatta
italien. Weißbrot mit Olivenölanteil

Helles Roggenmischbrot
mit 40 % Anteil von
Weizenmehl und Hefe

Vollkornmischbrot
mit Leinsamen

Weißbrot
aus mind. 90 %
Weizenmehl

Grahambrot
aus Weizen- und
Roggenvollkornschrot
mit Natursauer

Roggenvoll-
kornbrot
aus Vollkornschrot

Holzofenbrot
aus Roggenmehl
mit Natursauer

Abb. 1 Verschiedene Brotsorten

Abb. 2 Brotsorten

Abb. 1 Kleines Backwerk

Kleingebäck

Es gibt diese Gebäcke aus unterschiedlichen Mehlen und Schrot, mit sehr verschiedenartigen Zutaten und mit vielen Benennungen, die teilweise regional unterschiedlich sind.

grundlegende Bezeichnungen	• Brötchen, Wecken, Schrippen, Semmeln
besondere Zutaten und Bestreuungs- material	• Schinken, Speck, Röstzwiebel, Käse Mohn, Salz, Kümmel, Sesam
besondere Bezeichnungen	• Mohn-, Salz- und Kümmelstangen

Zutaten

Sowohl bei Broten als auch beim Kleingebäck gibt es besondere Zutaten, die den Broten beigefügt werden, um damit eine eigene Geschmacksnote zu erzielen.

Das geschieht beispielsweise durch Zugabe von:

- Olivenöl und Olivenstückchen
- gerösteten Zwiebelwürfeln
- gerösteten Speckwürfeln
- mediterranen Gewürzen
- Käse
- Kürbiskernen
- Küchenkräutern
- Peperoni
- Walnüssen

Das Gastgewerbe bietet seinen Gästen Brot und Kleingebäcke hauptsächlich zum Frühstück und als Tischbrot an. Besondere Frische kann erzeugt werden, wenn es kurz vor dem Servieren aufgebacken wird.

> Der Gast schätzt regionaltypische Produkte. Deshalb sollte man den Bäcker vor Ort mit der Lieferung beauftragen.

Worte, die verkaufen helfen

- knusprig
- rösch
- malzig
- würzig duftend
- vollwertig
- ballaststoffreich
- mit besonderer Note

„Hier sehen Sie eine Auswahl von frisch gebackenen Broten. Es sind: Brot mit sonnengetrockneten Tomaten, Hasel- und Walnussbrot, malziges Sonnenblumenbrot und Brot mit schwarzen Oliven. Was darf ich Ihnen vorlegen?"

Beilagen aus Teigwaren

🇬🇧 noodle side dishes 🇫🇷 garnitures (w) des nouilles (w)

Teigwaren werden in der Regel als kochfertige Erzeugnisse im getrockneten Zustand bezogen.

Rohstoffe und Herstellung

Teigwaren werden aus unterschiedlichen Rohstoffen hergestellt:

- Hartweizengrieß
- Weizenmehl oder Weizendunst
- Vollkornmehle, jeweils mit und ohne Eierzugabe

Die Nudelteige können farblich und geschmacklich variiert werden durch Zugabe von Spinatpüree, Steinpilzpulver, Rote-Bete-Saft, Safran, Kurkuma oder Küchenkräutern.

Nudeln und Spätzle werden heute häufig als *„hausgemachte Spezialität"* angeboten und sind wegen der individuellen Verarbeitung frischer Rohstoffe besonders beliebt.

Formen und Verwendung der Teigwaren

Die unterschiedlichen Formen sind teilweise auf jeweils bestimmte Verwendungszwecke ausgerichtet.

Verwendungszwecke sind:

- Einlage für Suppen,
- Beilage für Ragouts, Gulasch und andere Schmorgerichte mit reichlich Sauce,
- eigenständige Gerichte.

Teigwaren werden auf vielfältige Art zubereitet und serviert. An einigen Beispielen werden ausgesuchte Zubereitungen aufgezeigt.

Servicemitarbeiter sollen die Zubereitungen der Teigwaren kennen, damit sie in der Lage sind:

- den Fleisch- oder Fischgerichten die passenden Beilagen zuzuordnen,
- den Gästen nicht nur die Hauptbestandteile, sondern auch die Beilagen erklären zu können,
- die Gäste auch bei der Auswahl der Beilagen fachgerecht zu beraten.

Garmachen und Anrichten

Garmachen

Teigwaren werden in gesalzenem Wasser gegart. Sie dürfen beim Garen nicht zu weich werden und sollen noch den sogenannten **Biss** (al dente) haben. Um das Nachgaren und das Zusammenkleben zu verhindern, werden Teigwaren nach dem Garen mit kaltem Wasser abgeschreckt, damit die Stärke abgespült wird.

Abb. 1 Nudeln in verschiedenen Farben und Formen

Röhrenform	• Makkaroni, Cannelloni, Rigatoni
Taschenform	• Maultaschen, Ravioli
Flächenform	• Lasagne
sonstige Formen	• Fadennudeln, Spaghetti, Bandnudeln, Hörnchen, Muscheln, Spirelli, Sternchen, Ringe, Buchstaben • Spätzle und Knöpfle

Servicemitarbeiter müssen fähig sein, am Küchenpass die unterschiedlichen Zubereitungen bei den Teigwaren zu bestimmen und diese benennen zu können.

„Darf ich Ihnen zum Kalbsrahmgulasch Makkaroni oder Spinatspätzle oder in gerösteten Butterbröseln geschwenkte Bandnudeln servieren? Unsere Teigwaren sind hausgemacht."

„… bevorzugen Sie vielleicht eine frische, geschichtete **Lasagne mit Spinat, Tomaten und Räucherlachs**, schön knusprig überbacken und mit einem köstlich abgeschmeckten römischen Salat mit Parmesanspänen serviert?"

oder

„Sie sollten heute einmal das Leibgericht der Allgäuer Bauern probieren. Es sind hausgemachte **Käsespätzle** mit etwas edlem Romadur und viel Bergkäse sowie abgeschmelzten Zwiebeln. Dazu servieren wir Ihnen einen feingeschnittenen, lecker angemachten Endiviensalat."

„Sehr empfehlenswert sind unsere hausgemachten Maultaschen, serviert entweder in einer kräftigen Fleischbrühe oder in Butter abgeschmolzen und mit Röstzwiebeln in einer feinen hellen Kräuterrahmsauce serviert."

Wiedererwärmen und Anrichten

Auf Vorrat gegarte Teigwaren müssen wieder erwärmt werden,

- entweder durch Schwenken in heißer Butter
- oder durch Einlegen bzw. Eintauchen (in einem Sieb) in kochendes, gesalzenes Wasser
- oder durch Regenerieren im Mikrowellenherd.

Das Anrichten erfolgt je nach Portionsmenge à part in Schalen, Suppentellern oder Schüsseln. Bei Tellergerichten werden die Portionen unmittelbar auf dem Teller angerichtet.

Eigenständige Gerichte

Für solche Gerichte eignen sich fast alle Teigwarenprodukte. Auf Grund der verschiedensten Zutaten gibt es sie in sehr vielen Variationen.

Ihren Ursprung haben sie vor allem in südlicheren Regionen. In der italienischen Küche sind sie unter dem Sammelbegriff Pasta asciuta zusammengefasst.

Speisenbeispiele

Makkaroni mit Käse
in Butter geschwenkt und mit Parmesan bestreut

Spirelli mit Schinken
mit gekochtem, feinwürfelig geschnittenem Schinken in Butter geschwenkt

Spaghetti nach Mailänder Art
mit Streifen von Schinken, Pökelzunge und Champignons, Tomatensauce und Parmesan

Spaghetti nach Bologneser Art
mit Hackfleischsauce und Parmesan

Spaghetti nach neapolitanischer Art
mit Tomatenfleischwürfeln, Tomatensauce und Parmesan

Maultaschen und Ravioli (gefüllte Teigtaschen)
mit Fleischfarce, Fischfarce oder klein gehacktem, gebundenem Gemüse

Cannelloni (gefüllte Teigröhren)
wie vorher, zusätzlich mit Reibkäse bestreut oder mit einer passenden Sauce (Béchamel) nappiert und überbacken

Lasagne (Nudelteigscheiben)
schichtweise mit Fleisch-, Fisch- oder Gemüsemasse bedeckt, im Ofen gebacken

Käsespätzle
heiße, nasse Spätzle schichtweise in eine Schüssel gegeben, Reibkäse wie z. B. Allgäuer Emmentaler eingestreut, obenauf kommt braune Zwiebelbutter.

Beilagen von Reis

🇬🇧 rice side dishes 🇫🇷 garnitures (w) des ris (m)

Für einen Großteil der Menschheit ist Reis das Hauptnahrungsmittel. Er wird in den meisten asiatischen Ländern, in den USA und in Italien angebaut.

Artenbezeichnungen für Reis

Die Bezeichnungen für Reis ergeben sich auf Grund der Form, der Farbe oder der Behandlung. Durch einfaches *Enthülsen* enthält man **Braunreis** (Naturreis), der ungeschält ist und deshalb bevorzugt im Rahmen der Vollwerternährung verwendet wird.

Zusätzliches *Schälen* und *Polieren* ergibt den **Weißreis**, als Hauptangebot unter den Bezeichnungen Bali- oder Basmatireis.

Parboiled-Reis wird vor dem Schälen nach einem speziellen Dampf-Druck-Verfahren aufbereitet, wobei ca. 80 % der Wirkstoffe erhalten bleiben. Dieser Reis ist deshalb ernährungsphysiologisch besonders hochwertig. Außerdem ist er kochstabiler und ergiebiger als andere Sorten.

Wildreis, auch Indianerreis genannt, wird aus einer dem Reis verwandten wilden Grasart in den USA und Kanada gewonnen. Er wächst an Fluss- und Seeufern, hat eine dunkelbraune bis schwarze Farbe und ist nadelförmig. Verwendet wird er vor allem wegen des besonderen Geschmacks und der kräftigen Farbe.

Rundkornreis, der auch als *Milchreis* bezeichnet wird, ist von Natur aus weich und nimmt bei der Zubereitung viel Flüssigkeit auf. Aus diesem Grunde findet er Verwendung zu Risottogerichten und zu Reissüßspeisen.

Langkornreis, von Natur aus härter, ist nach dem Garen locker und körnig. Er ist deshalb besser als Rundkornreis für Beilagen (Beilagenreis) sowie für eigenständige Reisgerichte geeignet.

Reis bei der Speisenzubereitung

Reis wird in vielfältiger Form zubereitet und serviert. An einigen Beispielen werden ausgesuchte Zubereitungen aufgezeigt.

Servicemitarbeiter sollen die Zubereitungen von Reis kennen, damit sie in der Lage sind:

- den Fleisch- oder Fischgerichten die passenden Reisbeilagen zuzuordnen,
- den Gästen nicht nur die Hauptbestandteile, sondern auch die Beilagen erklären zu können,
- und sie auch bei der Auswahl der Beilagen fachgerecht zu beraten.

Servicemitarbeiter müssen fähig sein, am Küchenpass die unterschiedlichen Zubereitungen beim Reis zu bestimmen und diese benennen können

Verwendung als Beilage:
- zu zarten Gerichten mit heller Sauce:
  - Kalbs- und Geflügelfrikassee
  - Fisch sowie Krebs- und Weichtiere;

Abb.1 Parboiled Reis ①
Camarguereis ②
Basmatireis ③
Naturreis ④
Wildreis ⑤
roter Thaireis ⑥
Milchreis ⑦
Avorioreis für Risotto ⑧

„Sie möchten Reis als Beilage zum Geschnetzelten haben. Wünschen Sie den Reis in Butter geschwenkt oder als Reisküchle oder cremig als Risotto? Wir können Ihnen aber auch auf Wunsch Wildreis mit seinem nussartigen Geschmack dazu servieren."

oder

„… heute haben wir sowohl den Weißreis als auch den Naturreis, mit leicht brauner Färbung, als auch einen Basmati- oder Duftreis anzubieten. Der wertvollste ist der Naturreis. Sehr lecker ist auch der rote Camarquereis mit seinem einzigartigen Geschmack. Welchen darf ich Ihnen servieren?"

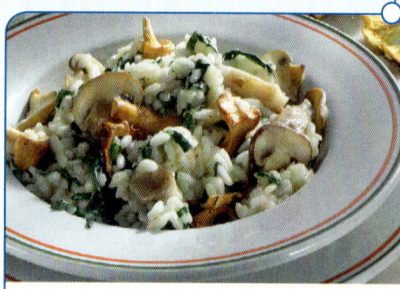

„Haben Sie schon mal das **Waldpilz-Risotto** unseres Küchenchefs probiert? Es ist ein kulinarischer Hochgenuss."

oder

„… das spanische Nationalgericht, die **Paëlla**, eine herrliche Komposition aus Reis mit Safran, Zwiebeln, Gemüsen, frischen Muscheln und Garnelen, Fleisch- und Geflügelstückchen."

„Sehr lecker ist unsere neueste Kreation: Ein **Reis-Pastinaken-Küchle** mit scharfem Gemüse aus Paprika, Chili und Tomaten."

- zu geschmorten Gerichten mit dunkler Sauce:
  - Ragouts von Kalb, Schwein und Geflügel
  - Innereien;
- zu kurzgebratenen Gerichten:
  - Filetgulasch und Geschnetzeltes
  - Leber und Nieren.

Anrichten von Reis

Für das Anrichten gibt es folgende Möglichkeiten:

- *à part* in Schalen oder Schüsseln (insbesondere bei saucenreichen Gerichten),
- um die Speise herum (Ragouts *im Reisrand*),
- unter der Speise *auf einem Reissockel*,
- neben die Speise *„gestürzt"* (nach vorherigem Einpressen, Formen in einem Becher oder einer Tasse).

Reisgerichte mit besonderer Geschmacksnote

Im Allgemeinen handelt es sich dabei um gedünsteten Reis, wobei die Geschmack gebenden Zutaten beigefügt werden:

- entweder bereits beim Anschwitzen z. B. mit Curry, Paprika oder Safran,
- oder zum fertig gegarten Reis z. B. Trüffel, Champignons, Schinkenwürfel.

Zu den Gerichten besonderer Art gehören

- **Risotto** (Italien), saftig gegarter Reis, mit Olivenöl, meist Geflügelbrühe, Butter, Sahne und Parmesan

- **Risipisi,** Risottoreis mit grünen Erbsen

- **Gemüsereis** mit feinen Würfeln von Lauch, Karotten

- **Pilaw** (Ost-Europa), Reis mit Zwiebeln angeschwitzt, mit heller Brühe aufgegossen und zugedeckt im Ofen gegart. Oftmals mit Zugabe von Fisch, Fleisch oder Gemüse

- **Kreolenreis,** gekocht, abgeschüttet und im Ofen abgedämpft

- **Nasi Goreng** (Indonesien), mit Zwiebeln, Geflügel, Schinken, Paprikaschote und Krabbenfleisch

- **Paëlla** (Spanien), mit Zwiebeln und Safran, Muscheln und Garnelen, Schlachtfleischstücken oder Geflügel

- **Reisfleisch** (Ost-Europa), Lammragout mit Paprikastreifen und anderen Gemüsen

- **Reis Trauttmansdorff,** ein vanillisierter Milchreis mit Schlagsahne und Würfeln von Kompottfrüchten

Beilagen von Kartoffeln

🇬🇧 potato side dishes 🇫🇷 garnitures (w) des pommes (w) de terre

Kartoffeln sind je nach Zubereitungsart mehr oder etwas weniger neutral im Geschmack und außerdem leicht verdaulich.

Unter Beachtung der Erntezeiten unterscheidet man:

- **Frühkartoffeln**, sie kommen unter der Bezeichnung „Neue Kartoffeln" im Frühjahr auf den Markt. Wegen ihrer dünnen Schale ist es üblich, sie nicht zu schälen, sondern in der Schale zu kochen
- **Mittelfrühe Kartoffeln** sind ab Mitte August erhältlich.
- **Spätkartoffeln** liefern die Lagervorräte für den Winter und werden deshalb als Winterkartoffeln bezeichnet.

Zubereitung und Service

Kartoffeln werden in vielfältiger Form zubereitet und serviert. An einigen Beispielen werden ausgesuchte Zubereitungen aufgezeigt.

Servicemitarbeiter sollen die Zubereitungen der Kartoffeln kennen, damit sie in der Lage sind,

- den Fleisch- oder Fischgerichten die passenden Kartoffelbeilagen zuzuordnen,
- den Gästen nicht nur die Hauptbestandteile, sondern auch die Beilagen erklären zu können,
- die Gäste auch bei der Auswahl der Beilagen fachgerecht zu beraten.

Servicemitarbeiter müssen fähig sein, am Küchenpass die unterschiedlichen Zubereitungen bei den Kartoffeln zu bestimmen und diese benennen zu können (s. S. 193 f.).

Vom Rezept zur Verkaufsbeschreibung am Beispiel Kartoffel-Gratin:

Kartoffelgratin 🇬🇧 gratinated potatoes 🇫🇷 gratins (m) dauphinois

- Kartoffeln in 2 mm dünne Scheiben schneiden und in eine mit einer Knoblauchzehe ausgeriebene und gebutterte backfeste Form geben,
- Sahne mit Parmesan oder einem anderen Reibkäse vermischen,
- mit Salz und Pfeffer würzen und über die Kartoffeln gießen,
- mit Parmesan bestreuen,
- Butterflocken darauf geben und
- im 200 °C heißen Ofen ca. 25 Min. backen.

Abb. 1 Grata ①, Sieglinde ②, Rosella ③, Clivia ④, Erstling ⑤, Bamberger Hörnchen ⑥

Beispiele von frittierten **Kartoffelnestern**, die vor dem Servieren mit Pilzen, oder Gemüsen oder Weintrauben usw. gefüllt werden können.

„Ein wirklicher Renner unter unseren Beilagen ist das **Kartoffel-Gratin**. Abgeschmeckt mit einem zarten Hauch von Knoblauch, wird geriebener Parmesan auf den Sahneguss gestreut und das Ganze goldgelb überbacken."

„Von Zeit zu Zeit probiert unser Küchenchef gerne mal ältere Rezepte aus. Heute offeriert er Ihnen ein buntes **Kartoffelgemüse** als Beilage zum Rostbraten."

„… das nach Großmutters Rezept zubereitete Kartoffel-Rahm-Gemüse mit Liebstöckl und geschmolzener Zwiebel. Beide Zubereitungen passen ausgezeichnet zu feinen Braten vom Spanferkel oder auch zu Lammkeule."

„Für seine **Folienkartoffeln** oder Baked potatoes ist unser Küchenchef berühmt. Er verwendet die Sorte Idaho potato. Diese werden in Alufolie gewickelt und im Backrohr gebacken. Danach serviere ich sie Ihnen mit einer köstlichen Rahmsauce mit frischen Küchenkräutern oder mit einem Bärlauch-Quark oder mit Lachskaviar."

„Unsere **Kartoffelpuffer,** auch Reibedatschi genannt, bestehen nicht nur aus geriebenen Kartoffeln, sondern die Masse wird verfeinert durch Ei, geraspelten Apfel, geriebene Zwiebeln, Bärlauch und etwas Schmant. So entsteht der unvergleichbare, interessante Geschmack dieser Kartoffelkreation. Dazu servieren wir ein Quitten-Mus mit Fruchtstückchen."

„Probieren Sie doch mal unseren täglich frisch zubereiteten **Gemüse-Auflauf** mit Lauch, Kartoffeln und Tomaten. Wir bieten Ihnen gerne zwei Varianten an, mit und ohne Cabanossi-Wurst. Ich verspreche Ihnen nicht zu viel, aber der Auflauf ist wirklich lecker."

„Ein regionales Gericht, das viele Gäste zum Schwärmen bringt – ein irdisches Gericht, das einem den **Himmel auf Erden** verspricht. Unser Chef zaubert aus mehligen Kartoffeln und feinsäuerlichen Äpfeln dieses Gedicht, indem er beides zusammenfügt, verstampft, mit Salz, Pfeffer und Muskat würzt und mit gebratener Blutwurst und gedünsteten Apfelspalten anrichtet. Obenauf wird der Schmaus mit krossen Speckwürfeln oder gerösteten Zwiebelringen garniert."

Klöße – Knödel – Nocken

Zu den speziellen stärkehaltigen Hauptbeilagen zählen Knödel und Klöße aus Kartoffeln, Kartoffelnocken (Gnocchi), Semmelknödel, Serviettenknödel und Hefeklöße sowie Grießnocken und Polenta (s. S. 202 f.).

Knödel, Klöße, Nocken serviert man meist zu Pilzgerichten, großen Braten vom Schwein, Hirsch, Hase und Wildschwein sowie zu fettem Geflügel und geschmortem Rinderbraten wie Sauerbraten oder Burgunderbraten. Außerdem zu vielen braunen Ragouts und Gerichten von Innereien mit brauner Sauce.

Die zarten Nocken können ein selbstständiges Gericht sein oder sie werden zu feineren Fleischzubereitungen serviert.

Regionale und landestypische Knödel oder Klöße sind:
- Thüringer Klöße aus Thüringen
- Brezenknödel aus Bayern
- Speckknödel und Kasnocken aus Südtirol
- Kasknödel aus Tirol
- Böhmische Knödeln aus Tschechien

Als **Serviettenknödel** bezeichnet man die Knödelform, die zum Garen in Stangenform in Tücher eingebunden werden.

„An heißen Sommertagen empfehle ich Ihnen zur gemischten, kalten Bratenplatte einen köstlichen Semmelknödelsalat – unsere regionale Spezialität."

„ ... zu den zarten **Kalbsschnitzelchen in Zitronensauce** empfehle ich Ihnen gerne die hausgemachten Kartoffel-Gnocchi mit Salbeibutter und Parmesan."

„Als vegetarisches Gericht sind die frisch-grünen **Spinat-Semmel-Knödel** auf Rahmchampignons sehr interessant."

„Eine bayerische Spezialität sind unsere **Brezenknödel**. Sie werden in der Serviette gegart, danach vorsichtig mit einem Bindfaden in Scheiben geschnitten und in Petersilien-Speck-Butter angerichtet. Dazu serviere ich Ihnen frisch sautierte Pfifferlinge in leichter Sahneschaumsauce."

10.3 Salate als Beilagen 🇬🇧 salads 🇫🇷 salades (w)

Als Salat ist Gemüse sehr erfrischend und hat in Bezug auf Vitamine, Mineralstoffe und Ballaststoffe einen hohen Stellenwert, z. B. als Rohkost.

Die einzelnen Salate, Dressings und das Salat-Büfett werden ausführlich ab Seite 185 behandelt.

„Während unserer amerikanischen Spezialitäten- und Steakwoche servieren wir auch einen „**Ceasar's Salad**". Dies ist ein römischer Salat, der mit einem feinen Dressing aus Zitronensaft, Senf, Rotweinessig, Olivenöl und Knoblauch mariniert und mit Croutons und Parmesanspänen garniert ist."

„Vitaminreich und knackig ist unsere **Rohkostplatte** für 2 Personen, die ich Ihnen gerne mit einem nicht alltäglichen Avocado-Dip servieren möchte. Dazu reichen wir italienischen Mandelzwieback."

„Wenn Sie gerne **Chicoreesalat** essen, habe ich heute etwas Besonderes anzubieten: Chicoree-Spitzen in Begleitung von Roquefortkäse, Sellerie, Äpfeln und Walnüssen. Das Ganze fein mariniert mit Zitronensaft und Walnussöl."

„Vor dem Lammbraten empfehle ich Ihnen einen **Horiatiki**, den griechischen Bauernsalat, mit Kräuter-Feta-Käse, Salatgurke, Lauch und Tomaten, mariniert mit Kalamata-Olivenöl, Zitronensaft, Rotweinessig und einem Hauch Knoblauch."

11 Obst

 fruits 🇫🇷 fruits (m)

Die vielfältigen Obstsorten werden nach handelsüblichen Gesichtspunkten sowie nach gemeinsamen Bestandteilen der Früchte unterschieden und unter den nachfolgenden Begriffen eingeteilt:

Obst ist der Sammelbegriff für essbare Früchte sowie Fruchtstände bzw. Samen (Nüsse), fleischige Teile des Blütenstandes (Ananas) oder Blütenböden (Erdbeere). Die Früchte wachsen sowohl kultiviert in Obstplantagen als auch wild (Waldbeeren).

Beispiele für Beerenobst sind:

Arten	🇬🇧 englisch	🇫🇷 französisch
Brombeeren ①	blackberries	mûres (w)
Blaubeeren ②	blueberries	myrtilles (w)
Erdbeeren ③	strawberries	fraises (w)
Himbeeren ④	raspberries	framboises (w)
Johannisbeeren ⑤	red currants	groseilles (w)
Preiselbeeren	cranberries	airelles (w) rouges
Stachelbeeren ⑥	gooseberries	groseilles (w) à maquereau
Weinbeeren ⑦	grapes	raisins (m)

sowie Moosbeeren und Holunderbeeren.

Holunderbeeren werden wegen des geringen Fruchtfleischanteils selten als ganze Beeren serviert. Man verwendet Sirup von Holunderblüten als feine Zugabe zum Sekt-Aperitif. Ganze Holunderblüten können in Bier- oder Weinteig gebacken werden. Den Saft der blau-schwarzen Beeren verarbeitet man als Getränk und als Süßspeisensauce.

Steinobst enthält große, steinartige Kerne.

Beispiele für Steinobst sind:

Arten	🇬🇧 englisch	🇫🇷 französisch
Aprikosen ①	apricots	abricots (m)
Kirschen ②	cherries	cerises (w)
Mirabellen	yellow plums	mirabelles (w)
Nektarinen ③	nectarines	brugnons (m)
Pfirsiche ④	peaches	pêches (w)
Pflaumen ⑤	plums	prunes (w)

sowie Reineclauden, **Zwetschgen** ⑥.

Südfrüchte sowie **Zitrusfrüchte** werden aus südlichen Ländern eingeführt.

Beispiele für Südfrüchte sind:

Arten	🇬🇧 englisch	🇫🇷 französisch
Ananas	pineapples	ananas (m)
Bananen	bananas	bananes (w)
Grapefruits ①	grapefruits	pamplemousses (m)
Limetten ②	limes	citrons (m) verts
Mandarinen ③	mandarins	mandarines (w)
Orangen ④	oranges	oranges (w)
Zitronen	lemons	citrons (m)

sowie Clementinen, **Kumquats** ⑤, **Pomelos** ⑥, Satsumas, **Tangerinen** ⑦

Beispiele für Schalenobst sind:

Arten	🏴 englisch	🇫🇷 französisch
Erdnüsse ①	peanuts	arachides (w)
Haselnüsse ②	hazelnuts	noisettes (w)
Kastanien ③	chestnuts	marrons (m)
Kokosnüsse	coconuts	noix (w) de coco
Mandeln ④	almonds	amandes (w)
Pistazien ⑤	pistachio	pistaches (w)
Walnüsse ⑥	walnuts	noix (w)
Pinienkerne ⑦	pine nuts	pignons (m)

sowie **Cashewnüsse** ⑧, **Pecannüsse** ⑨ und **Paranüsse** ⑩.

Exotische Früchte unterscheiden sich von den anderen Obstsorten durch ein stark ausgeprägtes, fremdartiges Aroma sowie durch Besonderheiten bezüglich der Form und des Aussehens.

Beispiele für exotische Früchte sind:

Arten	🏴 englisch	🇫🇷 französisch
Avocados	avocados	avocats (m)
Datteln	dates	dattes (w)
Feigen ①	figs	figues (w)
Granatäpfel ②	pomegranates	grenades (w)
Grenadillen	grandillas	grenadilles (w)
Kakipflaumen ③	kaki	kaki (m)
Kaktusfeigen ④	prickly pear	figues (w) de barbarie
Kiwi ⑤	kiwi	kiwi (m)
Litschis ⑥	litchis	lychees (m)
Mangos ⑦	mangos	mangues (w)
Mangostanen	mangosteens	mangoustans (m)
Papayas ⑧	papayas	papayes (w)
Passionsfrüche ⑨	passion fruits	fruits (m) de la passion
Kap-Stachelberen	cape gooseberries	alkékenges (m)
Sternfrüchte ⑩	carambolas	caramoles (w)
Baumtomaten	tamarillos	tamarillos (m)
Babyananas ⑪	baby pineapple	ananas (m) baby
Drachenfrucht ⑫	dragon fruit	pitaya (m)
Ingwer ⑬	ginger root	gingembre (m)

sowie Guaven, Rambutan usw.

Beispiele für Kernobst sind:

Arten	🏴 englisch	🇫🇷 französisch
Äpfel	apples	pommes (w)
Birnen	pears	poires (w)
Quitten ①	quinces	coings (m)

Verwendung

Obst wird in vielfältiger Form verwendet, zubereitet und serviert. An einigen Beispielen werden ausgesuchte Erzeugnisse und Zubereitungen aufgezeigt.

Frisches Obst

Frisches Obst ist in seinem natürlichen Zustand bei den Gästen sehr beliebt.

Obst wird angeboten:

- als Begrüßung an der Rezeption,
- bei verschiedenen Büfetts oder in der Bar auf einer Etagere,
- in einzelnen Fällen auch als Tischdekorationen sowie
- als besonderes Arrangement für die VIP-Gäste in den Hotelzimmern.

Abb. 1 Obst-Arrangement in VIP-Gästezimmer

„Entschuldigen Sie die Störung – ich darf Ihnen mit einem herzlichen Willkommensgruß von unserem Generaldirektor mit diesem Obstarrangement eine kleine Freude machen."

Abb. 2 Obst-Schale mit exotischen Früchten

„Sie können sich gerne aus der Schale mit dem frischen Obst bedienen. Teller, Messer und Servietten sind für Sie vorbereitet."

Servicemitarbeiter sollen fähig sein, am Küchen-Pass das unterschiedliche Aussehen und die Zubereitungen beim Obst zu bestimmen und diese benennen können.

Obst wird sowohl in der kalten Küche als auch in der warmen Küche als Speisenkomponente eingesetzt und zubereitet. Ebenso die sogenannten **Obsterzeugnisse**.

Servicemitarbeiter müssen die Zubereitungen von Obst kennen, damit sie in der Lage sind,

- den Vorspeisen, Fleisch- oder Fischgerichten die passenden Obstbeilagen zuzuordnen,

- den Gästen nicht nur die Hauptbestandteile, sondern auch die Beilagen erklären zu können,

- die Gäste auch bei der Auswahl der Beilagen fachgerecht zu beraten.

Obsterzeugnisse

Obsterzeugnisse sind meist industriell hergestellte Produkte. Sie können aber ebenso „hausgemacht" sein:

- Konserviertes Obst als Trocken- oder Dörrobst, tiefgefroren in rollendem Zustand, in sterilisierter Form als Dosen- oder Glaskonserven. Dabei handelt es sich vorwiegend um Kompotte und Mus
- Konfitüren, Marmeladen, Gelees, Brotaufstriche, Sirupe und kandierte Früchte
- Fruchtsäfte, Fruchtnektare, Fruchtsaftgetränke und Limonaden
- Obstweine, Brände, Geiste und Liköre aus Obst

Frisch gepresste Fruchtsäfte verdeutlichen einen sehr aufmerksamen, wenn auch etwas aufwendigeren Service für die Gäste.

Obst als Speisenkomponente

Saftigkeit, Geschmack, Farbe, Struktur und Wirkstoffgehalt machen Obst zu einer hochwertigen Komponente bei nährstoffhaltigen Gerichten. Zur Ergänzung und Abrundung wird es als Garnitur, Beilage oder Speisenkomponente verwendet.

Beispiele

- Ananasscheiben als Garnitur auf Kalbssteak
- Ananas, Pfirsiche oder Mandarinen in Vorspeisencocktails
- Äpfel in Waldorfsalat oder Rotkraut
- Pistazien in Farcen und Füllungen
- Kastanien, glasiert als Beilage oder in Füllungen
- Äpfel, Birnen und Preiselbeeren zu Wildgerichten
- Kompotte zu verschiedensten Gerichten
- Verwendung zu Chutneys

„… haben Sie schon einmal zum Wiener Schnitzel unser hausgemachtes Preiselbeerkompott mit süß-sauer eingelegten Birnenschnitzen probiert? Ich bin sicher, Sie werden begeistert sein."

© Stockfood/H. Lehmann

„Heute darf ich Ihnen eine kühne Idee unseres Küchenchefs vorstellen: Gefüllte **Wildentenknödel** mit Apfelblaukraut, glasierten Maroni und Amarettokirschen. Ein echter Hochgenuss."

© Stockfood/Eising

„Sehr empfehlen möchte ich Ihnen unsere **Curry-Köstlichkeit**. Sie wird zubereitet aus zartem Putenfleisch mit Ananasstücken und Mangostreifen und gerösteten Kokosnuss-Raspeln und Melissenstreifen. Dazu serviere ich Ihnen chinesischen Duftreis mit gedünsteten Kumquats."

Abgesehen von der Verwendung von Obst für Speisen ist frisches oder gedünstetes Obst auch ein wesentlicher Bestandteil des Frühstücksbüfetts.

In der Bar ist Obst, je nach Eignung, auch artbestimmendes und wichtiges Element von Cocktails, Longdrinks, Bowlen und anderen Mischgetränken sowie deren Garnituren.

„Würfel vom zarten Schweinefilet am Spieß zusammen mit Ananas und Papaya gebraten. Der Spieß ist auf Kurkumareis mit Apfel- und Paprikawürfeln angerichtet und wird mit einem Glas Schillerwein serviert."

oder

„Wie wäre es mit gebratenem Steinbuttwürfel auf **Bananencurry** mit Pistazienpesto und Kokosraspeln?"

oder

„… eine kross gebratene Entenbrust mit Grand-Marnier-Sauce, glasierten Orangenfilets und feinem Hagebuttenkompott, dazu knusprige Streichholzkartoffeln."

oder

„Sehr beliebt bei vielen Gästen ist das mit Kurpflaumen und Käse gefüllte **Schweinefilet** in Hagebuttensauce, umlegt mit in Rotwein gedünsteten Apfelspalten und hausgemachten Nudeln, bestreut mit frisch geriebenem Emmentaler. Als Getränk empfehle ich Ihnen Weißherbst oder ein Schwarzbier."

„… ein mageres Putensteak vom Grill mit Mango- und Papayaspalten, Kokos-Kartoffelplätzchen und einem exotischen Rucola-Ananas-Salat mit rotem Pfeffer."

1 Nennen Sie die handelsüblichen Sammelbegriffe für Obst und ordnen Sie diesen einzelne Früchte zu.

2 Erläutern Sie an Beispielen die Verwendung von Obst/ Früchten als Beilage zu von Ihnen bestimmten Gerichten:

    a) Äpfel
    b) Birnen
    c) Kastanien
    d) Bananen
    e) Ananas

3 Benennen Sie die abgebildeten Zitrusfrüchte.

Für die Käseherstellung wird Milch dickgelegt:

- **Süßmilchkäse** entstehen durch die Zugabe von **Lab,** einem Ferment des Kälbermagens,
- **Sauermilchkäse** erhält man durch die Zugabe von **Milchsäure.**

Fachgerechte Beratung und Verkauf von Käse im Restaurant erfordert Grundkenntnisse der zu präsentierenden Käse (s. S. 469).

12 Käse

🇬🇧 cheese 🇫🇷 fromage (m)

Käse gilt als eines der ältesten Lebensmittel der Menschen. Hergestellt aus der Milch von Kuh, Büffel, Schaf oder Ziege überrascht Käse immer wieder durch seine Vielfalt. Hunderte von Sorten gibt es weltweit.

Süßmilchkäse

Nach Festigkeitsstufen werden folgende Käse unterschieden:

Hartkäse

①

②

Käsesorte	Ursprungsland	Geschmack
Chester	England	leicht bitter
Emmentaler ①	Deutschland	nussig
Greyerzer	Schweiz	würzig, salzig
Parmesan	Italien	würzig-scharf
Bergkäse ②	Deutschland	nussig

Schnittkäse

①

②

Danbo	Dänemark	würzig
Graukäse	Österreich	säuerlich
Edamer ①	Holland	mild
Tilsiter ②	Deutschland	würzig
Appenzeller	Schweiz	kräftig
Gouda	Holland	kräftig, würzig

Aus Hart- und Schnittkäsen werden durch Zugabe von Schmelzsalzen die **Schmelzkäse** hergestellt.

Halbfester Schnittkäse

①

②

Butterkäse	Deutschland	mild, butterig
Brick ①	USA	kräftig
Stilton	Engand	mild-kräftig
Tallegio	Italien	würzig
Danablu ②	Dänemark	scharf
Gorgonzola	Italien	mild-scharf
Roquefort	Frankreich	pikant

Weichkäse

①

②

Brie ①	Frankreich	kräftig
Cambozola	Deutschland	cremig, würzig
Romadur	Deutschland	herzhaft
Weinkäse	Deutschland	pikant
Limburger ②	Belgien	kräftig
Camembert	Frankreich	fruchtig

Zu den halbfesten Schnittkäsen gehören auch die Edelpilzkäse. Bei ihnen werden gesundheitlich unbedenkliche Schimmelkulturen zugesetzt, die den besonderen Geschmack erzeugen.

Frischkäse

Das sind Käse, die nicht reifen dürfen, sondern bis zu ihrem Verbrauch in ihrem frischen Zustand erhalten werden müssen. Sie sind mild im Geschmack.

Produktbezeichnungen sind:
- Speisequark, Topfen- oder Schichtkäse ①,
- Rahm- oder Doppelrahmkäse,
- Hüttenkäse (Cottage cheese) ②.

Bei Schichtkäse werden schichtweise fettarmer und fettreicher Bruch übereinander gelegt.

Sauermilchkäse

Lässt man zu Käse geformten Sauermilchbruch reifen, entsteht Sauermilchkäse. Der unterschiedliche Geschmack und das Aussehen der Käse ergibt sich durch die Zugabe von jeweils artspezifischen Bakterienkulturen. Sauermilchkäse müssen reifen. Sie sind pikant und rassig im Geschmack

Produktbezeichnungen sind:
- Handkäse und Mainzer Käse,
- Harzer Käse bzw. Harzer Roller ①,
- Korb- oder Stangenkäse ②.

Fettgehaltsstufen und Wassergehalt der Käse

Nach den Bestimmungen der Käseverordnung müssen zur Verbraucherorientierung die Fettgehaltsstufen angegeben werden. Dies geschieht durch die Angabe der Fettgehaltsstufe oder des **Fett**gehalts in der **Tro**ckenmasse **(Fett i. Tr.)** auf der Verpackung. Der tatsächliche Fettgehalt beträgt, je nach Käseart, etwa die Hälfte der Fett-i.-Tr.-Angabe, die auf der Verpackung genannt wird.

Rohmilchkäse

Es gibt heute wieder zunehmend Käsesorten, die aus Rohmilch hergestellt werden, also aus unbehandelter Milch. Gleich nach dem Melken werden Milchsäurebakterien und gegebenenfalls Schimmelpilzkulturen in die frische Milch eingerührt. Dann wird reiner Labextrakt zugegeben, damit die Milch gerinnt. Die Milch für Rohmilchkäse darf höchstens auf 40 °C erwärmt werden, damit die in der Rohmilch enthaltenen natürlichen Bakterien erhalten bleiben. Daher hat der Käse später ein vollmundigeres Aroma.

Typische Rohmilchkäse sind
- Roquefort
- Langres
- Emmentaler
- Camembert
- Comté
- Brie

Zubereitung

Verschiedene Käsesorten werden zu Canapés, Käsetoast und Käseomelett verwendet. Käse ist eine Geschmack gebende Zutat bei folgenden Speisen:

- Suppen und Saucen,
- überbackenen Gerichten von Gemüse, Teigwaren und Fisch,
- Lorettekartoffeln, Gratin dauphinois, Käsenocken und Käsestangen.

Fettgehalt der Käse in Prozent

weniger als 10	Magerstufe
10	Viertelfettstufe
20	Halbfettstufe
30	Dreiviertelfettstufe
40	Fettstufe
45	Vollfettstufe
50	Rahmstufe
60, höchstens 85	Doppelrahmstufe

Girolle-Schabegerät für Tête de moine

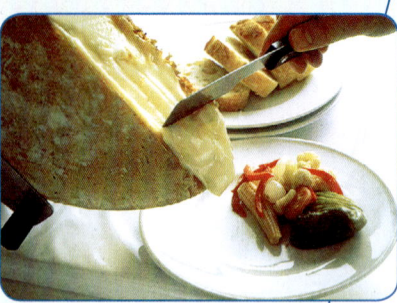

Abb. 1 Raclette

Weitere Käseangebote sind:

- **Frischkäse** mit fein gehackten Zwiebeln, Salz, Pfeffer, Paprikapulver und Kräutern
- **Handkäse** mit Musik (Essig, Öl, fein gehackte Zwiebeln, Salz und Pfeffer)
- **Gebackener Käse** wie Emmentaler oder Camembert, paniert oder in Bierteig
- **Käsefondue** aus geschmolzenem Käse mit Weißbrotstückchen
- **Raclette**, geschmolzener Käse mit Pfeffer und Mixed Pickles, Pellkartoffeln und Weißbrot

„Für Sie als Käseliebhaber habe ich heute etwas Besonderes anzubieten: Einen pikant angemachten **Weißlacker** in süßer Umgebung. Lassen Sie sich überraschen."

„Für unsere Aktionswoche „Alles Käse …" hat unser Küchenchef eine fantastische **Käsecremesuppe** mit gebratenen Garnelen und frischen Kerbelblättern kreiert. Sie sollten sich diesen Genuss nicht entgehen lassen."

oder

„… einen **Camembert** im Bröselkleid gebacken, serviert mit hausgemachten, kalt gerührten Preiselbeeren, Kumquats und Orangenfilets. Hierzu empfehle ich Ihnen als Weißwein einen halbtrockenen Riesling oder einen jugendlichen frischen Grauburgunder. Sollten Sie lieber einen Rotwein bevorzugen, würde ich Ihnen gerne einen Trollinger vorschlagen."

„Elegant und fein ist ein wunderbar luftiger **Käseauflauf** mit Schinken und glasierten Honigmöhrchen, den ich Ihnen wärmstens empfehlen möchte."

Käsepräsentation zum Nachtisch

Das Käsebrett oder der Käsewagen als Verkaufshilfe für einen Käse-Nachtisch. Egal welche Sorten angeboten werden, es ist ratsam, sich vorher einige Aussagen über Herkunft, Konsistenz und Geschmack zurecht zu legen, um die Gäste entsprechend beraten zu können.

Je nach Aktionswochen oder anderen Anlässen können die Käsepräsentationen speziell zusammengestellt werden oder international bestückt sein. **Beipiele:**

Französische Käseauswahl

Abb. 1
1 Stück Bleu d'Auvergne ①, 1 Stück Bleu de basque ②, Chabichou ③, 3 Boulons de culotte ④, 1 Stück Coulonziers ⑤, Brin d'amour ⑥, Fiore Corse Brin ⑦, Charolais ⑧, Cœur de Neufchâtel ⑨, ein paar Scheiben Abbaye de Belval ⑩, Salers ⑪, Fromage de brebis ⑫, Brie de Meaux ⑬, Crottins in Kräuteröl ⑭, Livarot ⑮, Gratte paille ⑯, Morbier ⑰

Auswahl mit italienischem Käse

Abb. 2
1 Stück Taleggio ①, 1 Stück Gorgonzola dolce ②, Robiola ③, Paglietto ④, Montasio ⑤, Pustertaler Bergkäse ⑥, Pecorino marzolino rosso ⑦, Pecorino sardo ⑧, Pecorino toscano ⑨, Provola affumicata ⑩, Toma Piemontese ⑪, einige Scheiben Formai de mut ⑫, Mozzarella di bufala ⑬, Caciocavallo ⑭

Deutsche Käseauswahl

Abb. 3
ein paar Scheiben Amoroso ①, einige Scheiben Biarom ②, Harzer Käse ③, Weinkäse ④, Romadur ⑤, Weichkäse mit Rotschmiere „Antons Liebe" ⑥, Deutscher Camembert ⑦, 1 Stück Rougette ⑧, Altenburger Ziegenkäse mit Kümmel ⑨, Bergkäse, Bauernkäse ⑩, Tilsiter ⑪, Allgäuer Emmentaler, am Stück und in Scheiben ⑫, Bavaria Blu ⑬, Dorblu ⑭

„Als Erstes haben wir hier den herzhaften **Amoroso**, daneben den **Biarom**, würzig nach Kümmel schmeckend. Unverkennbar die **Harzer Roller** mit dem deftigen Geschmack und der **pikante Weinkäse**. Weiter geht es mit dem kräftig-würzigen **Romadur**, daneben „**Antons Liebe**", eine Spezialität unseres hiesigen Käsemeisters, danach ein **Camembert** der Region, mild und sahnig. Der **Rougette** ist mild und doch aromatisch, ebenso der **Altenburger Ziegenkäse** mit Kümmel. Ein **Allgäuer Bergkäse** mit seinem nussig-würzigen Geschmack darf auf keinen Fall fehlen, auch nicht der **Tilsiter**, herzhaft bis scharf schmeckend. Dann noch ein alter Bekannter, der **Allgäuer Emmentaler**, der nicht nur eine große Lochung hat, sondern auch jeder strengen Degustation standhält. Zum Abschluss noch zwei Blauschimmelkäse, der **Bavaria blu**, je nach Reifegrad mild bis pikant, und der **Dorblu**, der auch mit zunehmender Reife immer pikanter wird."

Hauchdünne Späne lassen sich von Hartkäse mit einem Käse- oder Trüffelhobel gut abziehen, z. B. für Salate oder Nudelgerichte.

Worte, die verkaufen helfen

Aussehen
- weißer Schimmelrasen
- Naturrinde
- rötliche Rinde
- glatte Oberfläche
- weißer oder gelblicher Käseteig
- große oder kleine Lochung
- blau durchzogen

Konsistenz
- cremig
- streichfähig
- weich
- geschmeidig
- fest/halbfest
- schnittfest

Geschmack
- mild
- säuerlich
- sahnig
- rahmig
- nussig
- würzig
- herzhaft
- scharf
- sehr kräftig
- pikant
- leicht bitter
- butterig
- leicht salzig

Geruch/Aroma
- Appetit anregend
- neutral
- aromatisch
- pikant duftend
- sehr intensiv duftend

Schneiden von Käse

Der Schnittkäse wird von der Rinde befreit, in Scheiben geschnitten, die bei entsprechender Größe in kleinere Stücke zu teilen sind.

Darüber hinaus sind die Schnittformen für andere Käse von der jeweiligen Form abhängig. Unter diesem Gesichtspunkt werden z. B. geschnitten:

- Runde und halbrunde Käse keilförmig
- Keilförmige Käse von der Spitze ausgehend bis etwa 2/3 quer, der Rest in Längsrichtung
- Ovale Käse quer zur Längsrichtung

Käse und Wein

Ein Stück gut gereifter Käse und ein Glas Wein – für viele Gäste eine Genuss versprechende Kombination. Wäre früher die Frage nach dem Wein mit „auf jeden Fall einen Roten" rasch beantwortet gewesen, so gilt diese Empfehlung heute nicht mehr uneingeschränkt, denn es gibt viele Käse, zu denen auch ausgezeichnet ein Weißwein passt. Der Hauptgrund für die Harmonie von Käse und Wein ist eine vorhandene Ähnlichkeit in Geschmack und Aroma. Manchmal ist gerade der Kontrast interessant, der den besonderen Reiz liefert wie beispielsweise bei einem pikanten Blauschimmelkäse in Kombination mit einem edelsüßen Tropfen. Generell sei vermerkt, dass weder der Käse den Wein „erschlagen" darf noch umgekehrt.

- Bei cremigem Käse sollte der Wein ausreichend Säure haben.
- Säuerliche Käse verlangen nach einem halbtrockenen Wein.
- Zu stark salzigen Käsesorten passen oft edelsüße Weine, aber genauso häufig Weine mit einer kräftigen Säure.
- Je härter der Käse ist, desto mehr Gerbstoffe sollte der Wein aufweisen.
- Bei Käseplatten oder bei einer Auswahl vom Käsebrett, wozu Wein gereicht wird, sollte sich der Wein nach dem kräftigsten Käse richten.
- Vertrauen Sie dem „kollektiven Geschmack in den Regionen". Weine und Käse aus einer Region passen in der Regel gut zusammen.

Aufgaben

1. Milch ist das Ausgangsprodukt für Käse. Wodurch entsteht Käse?
2. Käse werden nach ihrer Festigkeit unterschieden. Nennen Sie vier Festigkeitsstufen.
3. Nennen Sie drei Edelpilzkäse.
4. Welche Frischkäse kennen Sie?
5. Nennen Sie Produktbezeichnungen für Sauermilchkäse.
6. Auf dem nebenstehenden Bild sind auf einem Teller 9 verschiedene Käse angerichtet. Benennen Sie mindestens 5.
7. Nach der Anlieferung müssen die Käse entsprechend gelagert werden. Nennen Sie sortenspezifische Lagerbedingungen für Käse.

⑬ Nachspeisen

🇬🇧 desserts, sweets 🇫🇷 entremets (m)

Durch Einsatz von besonders attraktiven Dessertkarten können die Nachspeisen verkaufsfördernd angeboten werden. Dabei wird die Vorfreude und die Erwartung der Gäste auf den süßen Ausklang eines Essens ausgenutzt.

Nachspeisen können jene köstlichen Kleinigkeiten nach dem Hauptgang sein, die den „Magen schließen" oder die den krönenden Abschluss von Speisenfolgen bilden. Man unterscheidet dabei Käsedesserts, Süßspeisen und frisches Obst.

Unter Nachspeisen versteht man alle Speisen, die nach dem Hauptgang gereicht werden.

Die ständige Streitfrage, ob erst das Süße und dann der Käse oder alles umgekehrt serviert werden muss, kann man wie folgt klären:

- Zum Käse passt gut weißer oder roter Wein.
- Zum süßen Dessert passt der erfrischende Sekt oder Champagner besser oder ein lieblicher Dessertwein (Likörwein).
- Da nach einem Schaumwein kein sogenannter Stillwein gereicht werden soll, heißt also die Reihenfolge eindeutig: **Käse vor der Süßspeise.**
- Gibt man zuerst Käse, kann man den Wein des Hauptganges evtl. als Getränk zum Käse übernehmen.
- Anschließend wird dann zur Süßspeise ein passender Dessertwein oder ein nicht zu trockener Sekt oder Champagner serviert.

Abb. 1 Dessertetagere

Bekanntlich führt das Süße schneller und intensiver zum Sättigungsgefühl als ein würziger, pikanter Käse.

Käsedesserts (ab S. 466)

- Auswahl von verschiedenen Käsesorten vom Brett oder vom Wagen mit Brot und Butter,
- Käsefours und Käsegebäck,
- Käsesalate,
- angemachte Käse mit Brot,
- warme Käsespezialitäten wie z. B. Quiche lorraine,
- geschmolzener Käse wie Käsefondue oder Raclette,
- gebackene Käse, z. B. Camembert.

Süßspeisen

Sie bilden sowohl geschmacklich als auch durch die sehr dekorative Präsentation eine willkommene Abwechslung und lassen das vorausgegangene Menü harmonisch ausklingen.

Süßspeisen unterteilt man in:

Abb. 2 Käse mit Früchten

Sollte in einem Menü aus einem besonderen Anlass sowohl eine warme als auch eine kalte Süßspeise serviert werden, wird immer zuerst die warme Süßspeise aufgetragen.

Warme Süßspeisen
- Aufläufe und Puddinge
- Omeletts und Pfannkuchen
- Gebackene Krapfen
- Strudel
- Überbackene Desserts

Kalte Süßspeisen
- Cremespeisen
- Gebäcke
- Früchtedesserts
- Eisspeisen

Abb. 1 Schale mit frischen Früchten

Frisches Obst

Gewaschenes einwandfreies Obst wird auf Tellern oder im Obstkorb oder in Eiswasser angerichtet. Der Service erfolgt mit Desserttellern, Obst- oder Mittelbesteck und einer Fingerschale. Neben dem frischen Obst im Ganzen serviert sind Salate aus frischen Früchten als belebende Komponente im Dessertbereich sehr beliebt.

13.1 Warme Süßspeisen

🇬🇧 hot sweets 🇫🇷 entremets (m) chauds

Aufläufe und Puddinge

🇬🇧 dessert soufflés and puddings 🇫🇷 soufflés (m) et poudings (m)

Aufläufe sind die zartesten warmen Süßspeisen. Puddinge dagegen sind etwas kompakter. Vielfach werden beide Arten im Wasserbad pochiert und warm serviert.

Aufläufe müssen **rasch serviert** werden, damit sie an der kalten Luft nicht zusammenfallen und somit unansehnlich werden. Auflaufarten sind Schokoladen-, Quark-, Haselnuss-, Vanille- und Zitronenauflauf.

Puddinge gibt es unter den Bezeichnungen:

- Kabinettpudding,
- Frankfurter Kirschpudding,
- Diplomatenpudding,
- Grieß- und Reispudding.

Abb. 2 Gestürzter Pudding

Omeletts 🇬🇧 omelettes 🇫🇷 omelettes (w)

Diese Art von Süßspeisen wird aus einer luftigen Eischaummasse hergestellt:

- **Auflaufomelett** 🇬🇧 omelette souffle 🇫🇷 omelette (w) soufflée
  Auflaufomelett wird als reich verziertes, ovales Gebilde auf eine gebutterte Platte drapiert und im Rohr gebacken.

- **Überraschungsomelett** 🇬🇧 baked Alaska 🇫🇷 omelette (w) surprise
  Der Überraschungsmoment besteht darin, dass etwas Gebackenes heiß serviert wird, dessen Kern jedoch Speiseeis enthält.

- Salzburger Nockerl gehören ebenfalls zu dieser Kategorie. Die Nockerl aus Schaummasse werden auf eine gezuckerte Cocotte geformt und im Rohr ausgebacken. Dann serviert man sie zusammen mit Vanillesauce.

Eischaummasse

Biskuit   Eis

Abb. 3 Überraschungsomelett (Omelette surprise)

Pfannkuchen 🇬🇧 pancakes 🇫🇷 pannequets (m)

Bei diesem Dessert werden **Pfannkuchen**, **Crêpes** oder **Palatschinken** meist gefüllt, glasiert, gebacken oder überbacken.

Beispiel

„... eine leckere ungarisch-österreichische Spezialität unter den Süßspeisen sind die **Topfenpalatschinken**, gefüllt mit Vanille-Quark, Weintrauben, Rosinen und gerösteten Mandelsplittern. Dazu serviere ich Ihnen eine Sauce nach Ihrer Wahl aus Holunder, Blaubeeren oder Erdbeeren."

„Unser **Kaiserschmarrn** ist berühmt für seine Lockerheit. Zudem wird er zusammen mit in Rum marinierten Korinthen und Mandelsplittern gebacken. Danach wird der Schmarrn noch in Butterkaramell geschwenkt und glasiert."

„Als süßen Abschluss empfehle ich Ihnen unsere zarten, in Karamellzucker glasierten **Mandel-Crêpes** mit feinem Ragout aus frischen Erdbeeren mit einem Schuss Eierlikör und feinen Streifen von Pralinenschokolade."

Strudel strudel stroudel (m)

Der bekannteste unter den Strudeln ist der **Apfelstrudel**. Aber auch Milchrahm-, Mohn-, Trauben-, Kirschen-, Rhabarber-, Marillen- oder Birnenstrudel erfreuen sich großer Beliebtheit.

Strudel werden meist warm und mit einer geschmacklich harmonierenden Sauce wie zum Beispiel Vanille- oder Holundersauce serviert. Auch die Kombination anstelle einer Sauce mit Eissorten ist möglich.

„Ein winterliches Märchen ist unser **Mohnstrudel** mit in Riesling pochierten Birnen. Sie werden es nicht bereuen, wenn Ihre Wahl auf dieses Dessert fällt. Ich würde Ihnen dazu eine luftig-leichte Weinschaumsauce empfehlen."

© Stockfood/L. Ellert

Krapfen / Gebackene Früchte fritters beignets (m)

Diese Art von Krapfen werden auch als Küchle bezeichnet. Dazu werden Früchte in Ringe, Spalten oder Scheiben geschnitten, mit Bierteig oder Weinteig umhüllt und in schwimmendem Butter-Schmalz (Fett) ausgebacken. Dazu serviert man süße Saucen oder Vanilleeis.

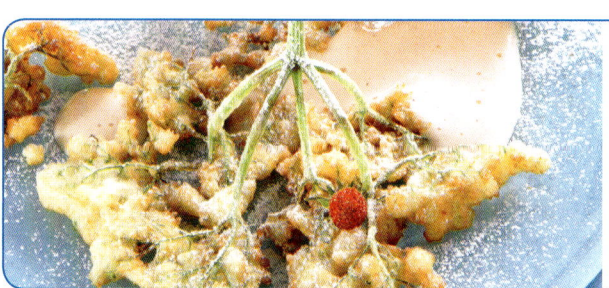

„Unsere regionale Spezialität gerade jetzt im Frühling sind knusprige **Holunderküchle**. Dafür werden frisch gepflückte Holunderblüten in Wein- oder Bierteig getaucht und in schwimmendem Schmalz gebacken. Wir servieren dazu einen luftigen Weinschaum."

Besondere Zubereitungen sind die *Weinschaumcreme* oder eine Schaumcreme aus Schokolade, die auch als Mousse au chocolat bezeichnet wird. Eine Mousse (Schaumcreme) lässt sich mit weißer Schokolade, Nugat oder Früchtepürees sehr vielfältig herstellen.

Abb.1 Weinschaumcreme

13.2 Kalte Süßspeisen

🇬🇧 cold sweets 🇫🇷 entremets (m) froids

Cremespeisen

🇬🇧 creams 🇫🇷 crèmes (w)

Der Begriff Creme bedeutet etwas Feines, Zartes, von cremeartiger Beschaffenheit. Die bekannteste ist die **Bayerische Creme**. Sie besteht aus Milch, Eiern, Zucker, Gelatine, Vanille und Schlagsahne. Aus dieser geschmacksneutralen Grundcreme kann man durch Zugabe von Fruchtmark, Schokolade, Krokant, Nugat oder anderen Geschmacksträgern viele Varianten herstellen.

Karamellcreme ist eine pochierte Creme bzw. süßer Eierstich.

Weitere Cremespeisen sind: die *Weincreme*, *Cremes aus Quark und Joghurt* und die *Charlotte*, die immer von einem Biskuitmantel umgeben ist mit Creme als Füllung.

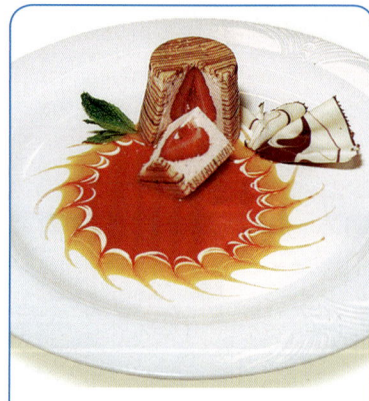

„Meine Empfehlung für den süßen Abschluss ist die luftige **Bayerische Creme** nach Fürst-Pückler-Art mit Erdbeeren."

„Zum Dessert möchte ich die erfrischende **Joghurt-Mandel-Creme** mit der sommerlichen Walderdbeersauce empfehlen."

„Ein Dessert von besonderer Güte erwartet Sie mit unserer fruchtigen **Erdbeercreme im Baumkuchenmantel** mit Erdbeer-Pfirsich-Sauce."

Zudem werden Cremes von Saucen, Früchten, Kleingebäck wie Hippen und Teegebäck sowie Schokoladenornamenten begleitet und garniert.

Abb. 2 Gebrannte Crème in Herzförmchen

Anrichteweise für Cremes

Oftmals werden Cremes in **Schüsseln** zum Ausstechen mit dem Vorlegelöffel angeboten.

Sie werden aber auch direkt in Gläsern mit oder ohne Früchte oder Fruchtpürees angerichtet.

Auf Tellern richtet man die **Stürzcreme** oder die **Charlotte** an. Die Stürzcreme wird zuerst in ein Timbalförmchen gefüllt und nach dem Erkalten aus der Form gestürzt.

Obwohl nach wie vor der Dessertteller (Ø 19 cm) Verwendung findet, hat sich der Trend zu größeren oder rechteckigen Porzellan- oder Glastellern durchgesetzt.

Gebäck 🇬🇧 pastries 🇫🇷 pâtisseries (m)

Gebäcke werden aus verschiedenen Teigen und Massen hergestellt.

Gefüllte *Rollen* aus **Biskuit** oder kleine *Törtchen* mit Obstbelag aus **Mürbteig** eignen sich auch sehr gut als Süßspeisen.

Aus **Hefeteig** werden Buchteln, Dukatennudeln, Rohr- und Dampfnudeln wie auch Savarins, Brioche und Babas hergestellt.

Sehr beliebte Desserts mit Creme- oder Schlagsahnefüllung sind Gebäcke aus **Brandmasse**.

Aus **Blätterteig** erhält man *Teeblätter* oder *Schweineöhrchen,* die mit Creme gefüllt werden können.

Früchte, in luftig-zarten Teig gehüllt und gebacken, sind z. B. *Apfel im Schlafrock.*

Abb. 1 Schweinsöhrchen

Abb. 2 Brioche

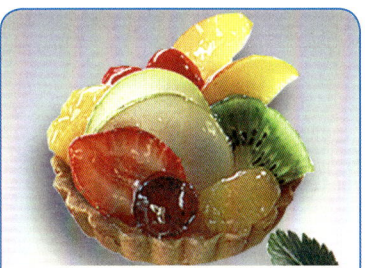

Abb. 3 Obsttörtchen

„Das bunte **Früchtetörtchen**, mit frischem Obst belegt und mit Weingelee glasiert, wird sicher Ihre Zustimmung finden."

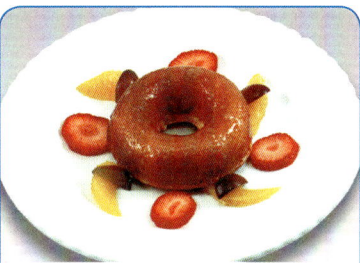

Abb. 4 Savarin

„Unser Küchenchef setzt immer wieder gerne Traditionsrezepte auf die Karte, so auch den saftigen **Savarin-Ring** mit Früchten."

Abb. 5 Windbeutel

„Erleben Sie einen wahren Gaumenschmaus durch unsere **Mini-Windbeutel**, gefüllt mit dreierlei Früchten und Cremes."

Abb. 6 Mandelbiskuitröllchen

„Zum Abschluss Ihrer Präsentation mit Champagner empfehlen wir Ihnen neben Espresso oder Softdrinks ein süßes Fingerfood-Büfett, zum Beispiel **Mandelbiskuitröllchen** mit Kirschfüllung und frischen Beeren."

Abb. 7 Apfel-Zimt-Muffin

„Zu einer guten Tasse Kaffee passt hervorragend ein schmolliger **American-Muffin**, das Highlight unserer Gebäcktheke. Ein kleiner runder Kuchen, der Sie mit weichem Apfel- und Zimt-Geschmack auf die Weihnachtszeit einstimmt."

Abb. 8 Schoko-Donut

„Als kleines Dessert zum Mitnehmen packe ich Ihnen gerne noch einen unserer köstlichen **Donuts** ein. Wenn Sie unterwegs Appetit auf etwas Süßes haben, ist der Schmalzgebäckringel der ideale Snack."

Jetzt, an diesen heißen Tagen, empfehle ich Ihnen anstelle von Kaffee den coolen **Eiskaffee** mit Sahnehäubchen und Kaffeelikör.

Eisspeisen 🇬🇧 ice creams 🇫🇷 glaces (w)

Alle Eissorten eignen sich zur Herstellung von Eisbomben, Eistorten, Eisgetränken und Eisdesserts. Eine Besonderheit stellt das Eis-Parfait oder Halbgefrorene dar. Es besteht aus Geschmacksträgern, Eiern, Zucker und etwa 60 % Schlagsahne.

In Kombination mit Früchten, Frucht- und anderen süßen Saucen, Makronen (Mandelgebäck), Hippen, Krokant, Nüssen, Hohlhippen, Likören, Schokoladen, Kaffee, Kakao und Sahne kann der kreative Koch viele wunderschöne Desserts zaubern.

Beispiele von Eisdesserts

"Unser hervorragendes **Milchspeise-Eis** veredelt mit zartem, warmem Topping, umspielt als spannende Komposition Ihren Gaumen. Sie werden es genießen."

„Unser Desserthit ist ein **Bananensplit**, einmal anders. Die kurz angebratenen Bananen sind garniert mit Vanilleeis, Schokoladensplittern und Bananenlikör."

„Ein Traditionsdessert unseres Hauses erleben Sie mit **Pfirsich Melba**, ein Kompottpfirsich mit Himbeersauce und Hippenchips."

Bei der Herstellung und im Umgang mit Speiseeis ist besonders auf Hygiene zu achten.

Sorbets 🇬🇧 sherbets (US), sorbets (GB) 🇫🇷 sorbets (m)

Sorbet ist weich gefrorenes Fruchteis, manchmal wird es auch aus Kräutern, Gemüsesäften oder Bier hergestellt. Durch eine kürzere Gefrierdauer wird die Masse breiig gefroren. Dadurch ist Sorbet sehr erfrischend und wird deshalb auch in großen Menüs z. B. zwischen dem Fischgang und dem Hauptgang serviert. Manchmal wird das Sorbet kurz vor dem Anrichten mit Sekt oder Champagner vermischt und dickflüssig serviert. Heute werden Sorbets auch gerne zur Dessertherstellung verwendet. Ein dem Sorbet sehr ähnliches Produkt ist das splittrig gefrorene **Granité**, das meist in Gläsern angerichtet und mit Wein oder Sekt übergossen serviert wird.

Erdbeersorbet mit Joghurtsauce

Sorbet von Sauerampfer als Zwischengang

Granité von Champagner

Sorbet von Butterkokosnuss mit Ananas-Sauce

Früchtedesserts 🇬🇧 fruit desserts 🇫🇷 desserts (m) de fruits

Zunächst können die frischen, ganzen, gewaschenen Früchte dem Gast als **Tafelobst** serviert werden. **Obstsalate, Fruchtcocktails, Kompotte, Gelees** und **Grützen** sind weitere Angebotsmöglichkeiten. Vielfach werden Früchte aber auch mit anderen Dessertelementen wie Eis oder Cremes kombiniert.

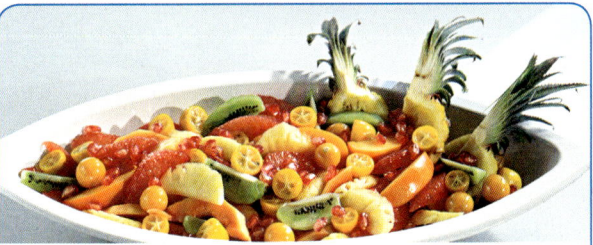

„**Salat von frischen exotischen Früchten** als erfrischende Komponente mit Kumquats, Babyananas, Papaya, Kiwis, Physalis, Granatapfelkernen und Grapefruitfilets, aromatisiert mit einer feinen Marinade aus Zitronensaft und Kokossirup."

„Probieren Sie doch mal die **Grütze** von frischem Rhabarber mit abgeschöpftem Rahm. Ich kann nur sagen: ein Gedicht."

Beispiele für modern angerichtete Süßspeisenkombinationen

Aus den folgenden Beispielen von Süßspeisen wird deutlich, dass man heute kaum noch ein Dessert mit nur einer Komponente anrichtet. Statt dessen versucht man, Kompositionen mit einer entsprechend gelungenen optischen Wirkung zu schaffen. Dies ist für die Servicefachkraft am Süßspeisenbüfett oder Dessertwagen wichtig.

Krokantmousse auf Orangensauce mit Kumquatkompott, Pistazien und Schokoladenfächer

Panna cotta (gekochte Sahne) mit in Karamell glasierten Orangenspalten und Grand-Marnier-Sauce

Bayerische Creme mit Himbeergeschmack, karamellisierten Apfelspalten, Vanillesauce mit Himbeerstern und Hippenblatt

Mousse von kanadischer Pekan-Nuss mit Ahornsirup und Fächer aus Rotweinbirne

Pochierter Eierrahm, im Näpfchen zur Crème brûlée geflämmt

Dunstapfel, gefüllt mit Nougatcreme, Erdbeer-Aprikosen-Sauce und Brombeeren

Worte, die Desserts verkaufen helfen

- farbenfroh
- erfrischend
- köstlich
- lecker und leicht
- sommerlich-fruchtig
- duftend
- süße Bescherung (Pralinen und Teegebäck)
- ein Geschenk voller Frucht (Maracuja-Sorbet)
- leckerer Adventsduft (Lebkuchen-parfait)
- mit aller Pracht genießen
- ein Traum von einem Dessert
- eine gelungene Kombination
- zartschmelzende Mousse
- … lassen Sie den Abend kulina-risch ausklingen mit …

Profiteroles-Traube mit dezenter Weincreme, Rotweinsauce und Schokoladenblatt

Creme von Granny-Smith-Apfel im Schokoladentortelett mit Calvados-Sauce, Babyapfel und Hippen-blättern

Mousse von brauner und weißer Schokolade auf Mandelmakrone mit Himbeeren und Orangensauce

1. Begründen Sie, warum das Käsedessert vor der Süßspeise serviert werden soll.

2. Nennen Sie je fünf kalte und warme Süßspeisen.

3. Welche Zutaten benötigt man für eine Bayerische Creme? Wodurch kann sie geschmacklich variiert werden?

4. Welche weiteren Creme-Süßspeisen kennen Sie?

5. Wie können Cremespeisen angerichtet werden?

6. Entwerfen Sie aus der Kurzbeschreibung und der nebenstehenden Abbildung eine appetitanregende Formulierung zur Empfehlung an Ihre Gäste.

   Schokoladenröllchen, Schokoladenmousse weiß und etwas braun, Baumkuchen, Rhabarbereis, Erdbeeren, Rhabarber-Erdbeerkompott

7. Nennen Sie Arten von Obstdesserts.

8. Welche Arten von Eisspeisen kennen Sie?

9. Nennen Sie klassische Eisdesserts.

10. Was ist beim Servieren von Aufläufen besonders zu beachten?

11. Welche Varianten von Pfannkuchen gibt es bei der Süßspeisenbereitung?

12. Nennen Sie vier verschiedene Strudelarten.

13. Was versteht man unter dem Begriff Sorbet?

14. Wann werden Sorbets in der Regel serviert und wozu können sie heute auch noch verwendet werden?

15. Wie werden moderne Desserts angerichtet?

🔵14 Spezielle Gerichte

🇬🇧 special dishes 🇫🇷 plats (m) special

In dieser Rubrik werden spezielle Gerichte genannt und verkaufsfördernd behandelt.

14.1 Amuse-Bouche/Amuse-Gueule

Amuse-Gueule oder **Amuse-Bouche** sind Appetithäppchen, kleine Gaumenfreuden auf hohem Niveau. Sie werden unabhängig von der Bestellung des Gastes als Auftakt eines Essens oder einer Speisenfolge serviert. Diese kleinen kalten oder warmen Köstlichkeiten sind nicht nur eine willkommene Überraschung für den Gast, sie überbrücken die Zeit bis zum Servieren des ersten Ganges, stimmen den Gast auf nachfolgende Genüsse ein und verweisen auf den Stil des Hauses. Außerdem bieten sie dem Koch eine gute Gelegenheit, neue Kreationen auszuprobieren und zu präsentieren.

Die Servierfachleute setzen sie mit einer freundlichen Erklärung dem Gast als kleinen Gruß aus der Küche ein.

„Um die Wartezeit auf Ihren ersten Menügang zu überbrücken, servieren wir einen **Babyapfel mit Gänseleber**."

„Ein freundliches „Guten Abend" von unserem Küchenchef mit einem **Räucheraal auf Linsensalat**."

„Mit frischen **Palmherzen und Iberico-Schinken** begrüßen wir Sie herzlich als unsere Gäste und freuen uns, für Sie da sein zu dürfen."

„Ein kleiner Gruß aus der Küche vom Chef in Form eines **Räucherlachs-Tatars mit Schmant**."

„Mit der **gefüllten Zucchiniblüte auf Gemüsebett** möchten wir Sie zu einem schönen Abend willkommen heißen."

„**Jakobsmuscheln mit Filets von Orange und Limette** ist unser Gruß der Küchenbrigade und des Chefs."

„Betrachten Sie das **Karotten-Orangen-Süppchen** als persönlichen Willkommensgruß."

„Als kleinen Gruß vom großen Chef servieren wir Ihnen gerne diese **kalte Rote-Bete-Suppe**."

„Mit dieser köstlichen kalten **Avocadosuppe** möchten wir Sie herzlich willkommen heißen."

Die Herstellungspalette der Amuse gueules reicht von exquisiten Zutaten wie Languste über Gänseleber bis Kaviar, von Jakobsmuscheln über gefüllte Wachtelbrust bis zu den Sülzen sowie warmen oder kalten Süppchen. *Amuse-Gueule können kalt oder warm serviert werden.* In manchen Restaurants werden sogar schon mehrgängige **Amuse-Bouche-Menüs** den Gästen angeboten oder bei Stehempfängen sogenannte „**Flying Buffets**", wo kalte und warme Kleinigkeiten laufend angeboten werden.

Flying Buffet mit Knusper-Tüten-Desserts

Flying Buffet mit kalten Vorspeisen, warmen Köstlichkeiten und leckeren Desserts

Gänseleber-Parfait

Ochsenschwanz-ragout

Knödel auf Pilzen

Thunfisch auf Tomatensugo

Ente süß-sauer

Forellentatar

Lachs-Lasagne

Avocadomousse

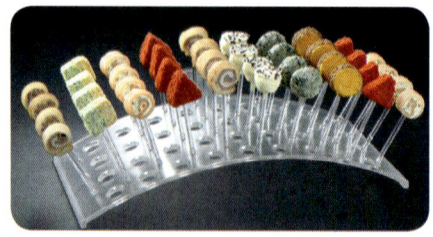

Flying Buffet mit Vorspeisen in Lolly-Formen

14.2 Fingerfood

Fingerfood ist ein Sammelbegriff für **Delikatessen im Mini-Format.**
Sie werden als Häppchen meist kalt, aber auch warm in vielfältiger Form
bei Stehempfängen angeboten. Die kleinen Häppchen werden so zubereitet, dass sie bequem mit den Fingern gegessen werden können. Kleine
Leckerbissen, auf die man nicht verzichten möchte, die sich aber nicht
unbedingt gut mit den Fingern nehmen und essen lassen, werden mundgerecht in Schälchen, Gläsern, mit Spießchen oder optisch attraktiv auf
Löffeln angerichtet. Sie werden im Gegensatz zu den Amuse gueule nicht
direkt am Tisch serviert, sondern meist durch die Servierfachleute laufend
den Gästen von Platten zum Verzehr angeboten.

Rustikale Mini-Krautkrapfen mit Garnelen lauwarm serviert

Shrimps auf Avocadocreme im Filoteigkörbchen

Gefüllte neue Kartoffeln, Artischockenherzen, Lachs-mousse-Krapfen, Schinken-röllchen

Schinken vom Strauß auf Honigmelone mit Thymian-spießchen

Blätterteigherzen, gefüllte Radieschen, Mini-Toast mit Leberpastete, Fenchelsalat mit Tilsiter

Frische Datteln im Speck-mantel; werden auch gerne zu Drinks an der Bar serviert

Langustenmedaillons auf schwarzen Bohnen und Maiskörnern mit Koriander

Geräuchertes Forellenfilet auf Kräuterrührei, Blinis mit Räucherlachs und Kaviar, Garnelen auf Calvadoscreme

Variationen von gefülltem Pfannkuchenstrudel: Dünne Pfann-kuchen werden bestrichen mit gewürztem Frischkäse und unter-schiedlich mit rohem Schinken, Mangostreifen, Spargelspitzen, Räucherlachswürfeln und Pfeffererdbeeren mit Currysauce belegt

Variationen vom Wachtelei in bunter Reihenfolge von links: Wachtelei auf Lauch-Schinkensalat mit Kerbel, auf Madeirage-lee mit Balsamico, auf Schmant mit Kaviar, auf Mango-Papa-yasalat und Granatapfel, auf buntem Jasminreis mit Petersilie

14.3 Vegetarische Gerichte

🇬🇧 vegetarian dishes 🇫🇷 plats (m) végétarien

Kohlrabi mit Linsenfüllung, Tomaten mit Pfifferlingen, Paprika-Tofuspieße

Vegetarier essen bewusst vorwiegend pflanzliche Produkte. Strenge Vegetarier essen nichts von getöteten Tieren. Veganer vermeiden sogar alle Produkte tierischer Herkunft, also auch Eier, Milch, Sahne oder Käse.

Es gibt aber auch Menschen, die sich von Zeit zu Zeit vegetarisch ernähren wollen. Diese erwarten dann von der Gastronomie, dass sie auf ihre Wünsche eingeht bzw. solche Gerichte für sie bereithält oder anbietet.

Geschmorter Fenchel in Tomatensauce mit Reibkäse überbacken

Die Grundlage für vegetarische Gerichte sind in erster Linie Gemüse und Pilze. Mit Käse, Milch, Sahne, Quark, Ei und Kräutern können solche Gerichte geschmacklich variiert und verfeinert werden.

„Unser Spätsommertraum ist ein junger **Spitzkohl** in Gemüsebrühe gedünstet mit gerösteten Butterbröseln und gehacktem Ei."

oder

„… gegrilltes Gemüse im Parmesankörbchen mit Balsamicosirup und Grissini."

„Wenn Sie heute einmal keinen Appetit auf Fleisch haben, würde ich Ihnen gerne die mit Malzbierschaum **überbackenen Gemüse** aus Blattspinat, Kohlrabi, Karotten, Petersilienwurzeln und Lauchzwiebeln anbieten."

„Eine locker-leichte Herbstleckerei ist unser **Risotto** von dreierlei Reis und gebratenen Steinpilzen, Austernpilzen und Pfifferlingen, aromatisiert mit duftenden Gartenkräutern."

„Lecker und interessant zugleich sind die **asiatischen Gemüsenudeln** mit Austernsauce."

„Höchst eigenwillig, aber sehr empfehlenswert ist der grüne **Spargel auf Butter-Blätterteig**, mit feiner Sauce von Bergkäse überbacken."

„Darf ich Ihnen als vegetarisches Gericht den Klassiker, einen **Gemüseteller**, empfehlen. Er ist bei uns allerdings neu zusammengestellt: mit gebratenen Fenchelscheiben, Brokkoli mit Mandelbutter, Käse-Grilltomaten, in Butter geschwenkten Möhrchen, Mais und Erbsen sowie als Krönung Spargel mit Kerbelhollandaise."

„Eine sehr gut gelungene vegetarische Komposition ist unser **Gemüsestrudel** mit Schwarzwurzeln, Tomaten, Zucchini und Quark, begleitet von Krapfen mit Rahmsauerkraut auf Tomaten- und Kerbelsauce mit gedünsteter Lauchzwiebel."

1 Entwerfen Sie aus der Kurzbeschreibung und der beigestellten Abbildung eine appetitanregende Formulierung zur Empfehlung an Ihre Gäste.

Wurzelgemüse, gedämpft
Knoblauchjoghurt
Chardonnay-Vinaigrette

2 Nennen Sie mindestens 5 kalte und 5 warme Kleinigkeiten, die als Amuse gueule oder als Amuse bouche serviert werden können.

3 Welche Aufgabe haben Amuse-gueule oder Amuse-bouche?

4 Zu welcher Gelegenheit würden Sie Fingerfood zur Verköstigung Ihrer Gäste einsetzen?

5 Nennen Sie 6 verschiedene Arten von Fingerfood, die Sie von Ihrem Betrieb her kennen.

6 Erstellen Sie eine spezielle Speisekarte mit 15 Gemüsegerichten.

Menü und Speisekarte

Unter **Menü** versteht man im klassischen Sinn eine Zusammenstellung von mindestens drei Speisen, die nacheinander verzehrt werden und hinsichtlich Farbe und Geschmack harmonisch aufeinander abgestimmt sind. Wegen dieser Aufeinanderfolge nennt man das Menü auch **Speisenfolge**.

Gründliche Kenntnisse aus dem Bereich der Menükunde sind gerade bei den Service-Mitarbeitern besonders wichtig, um Gäste entsprechend beraten sowie den Verkauf von Speisen und Getränken durchführen zu können.

1 Menü und Menükarte

🇬🇧 menu and menu card 🇫🇷 menu et la carte de menu

Das Menüangebot im Gastgewerbe enthält Speisenfolgen, die von Seiten des Betriebes vorgegeben werden. Das Angebot wird in der Menükarte präsentiert. Dabei unterscheidet man:
- Menüs für das täglich wechselnde Angebot,
- Menüs für Festtage, z. B. Ostern, Weihnachten, Silvester,
- Menüs für besondere Anlässe, z. B. Hochzeit, Jubiläum u. a.,
- Überraschungsmenüs.

In der Systemgastronomie hat der Begriff Menü eine andere Bedeutung.

Das Menü in einem Schnellservice-Restaurant besteht in der Regel aus einem Hauptgericht (z. B. einem Burger), einer Sättigungsbeilage (z. B. Pommes Frites) und einem Getränk.

Je nach Beilagengröße variieren auch die Menügrößen und -preise.

Menüs in der Systemgastronomie bieten aufgrund der Mischkalkulation für den Gast meist Preisvorteile in Höhe von ca. 25 % im Vergleich zur Summe der Einzelpreise.

Der Vorteil für das Restaurant ist in der Regel der Zusatzverkauf von Getränken und Beilagen, sodass im Counterbereich oftmals fast ausschließlich Menükombinationen und kaum Einzelprodukte beworben werden.

1.1 Geschichte der Speisenfolge

Entstanden sind die großen Speisenfolgen an den Höfen der Könige, der Fürsten und des Adels. Der materielle Wohlstand dieser gesellschaftlichen Oberschicht hatte das ermöglicht, was man heute die „klassische Küche" nennt. Mit dieser Bezeichnung verbindet sich eine kaum übersehbare Fülle von immer neu erfundenen Speisen.

Klassisches Menü

Das klassische Menü ist ein Spiegelbild der Essgewohnheiten einer bestimmten gesellschaftlichen Schicht in einer bestimmten geschichtlichen Epoche.

Aufbau des klassischen Menüs

Die Gliederung einer Mahlzeit in mehrere Gänge sowie die sinnvolle Aufeinanderfolge der einzelnen Speisen wurde als ein Vorgang zur Kultivierung des Essens verstanden. Die dazu aufgestellten Regeln lauteten: Leichte Speisen (Vorspeisen und Suppen) leiten das Essen ein, ein erfrischendes Sorbet (Schaumeis) dient als neutralisierende und verdauungserleichternde Unterbrechung, große Stücke von Fisch und Fleisch (Hauptplatten) bilden den Höhepunkt des Essens, kleine würzige und/oder süße Speisen sorgen für den harmonischen Ausklang des Essens.

Umfang des klassischen Menüs

Speisenfolgen mit über 10 Gängen sowie zusätzlich wahlweise verschiedenen Speisen innerhalb der einzelnen Gänge waren in der Vergangenheit keine Seltenheit. Aus ernährungsphysiologischer Sicht reduzierte man den Umfang der Speisenfolge erheblich.

Moderne Menüs

Aufbau des modernen Menüs

Am grundlegenden Aufbau hat sich im Vergleich zum klassischen Menü nichts geändert. Das Essen wird mit leichten Speisen eröffnet, das Hauptgericht bildet den Höhepunkt und zum Ausklang werden wieder leichtere Speisen gereicht.

Wie aus dem klassischen Menü auf der Seite 486 zu ersehen ist, enthielten solche Menüs neben einem **Fischhöhepunkt** „Steinbutt" zwei **Fleischhöhepunkte** „Lammrücken" und „Moorhühner".

Anzahl der Gänge im modernen Menü

Die Anzahl der Gänge hat sich verringert, und dafür gibt es verschiedene Gründe:

- Der Wohlstand ist heute auf breite Bevölkerungsschichten verteilt. Trotzdem sind für viele Gäste große Menüs zu zeitaufwendig und nach wie vor zu kostspielig.
- Jeder kann an gehobener Esskultur teilnehmen, und für viele ist das Einnehmen eines Menüs zu einer fast alltäglichen Gewohnheit geworden.
- Aufgrund der Erkenntnisse der Ernährungswissenschaft essen die Menschen heute bewusster.

Aus diesen Gründen sind heute einfachere Menüs sinnvoll und üblich.

In Anlehnung an die klassische Speisenfolge werden Menüs für besondere Anlässe manchmal durch die Ergänzung mit einem zusätzlichen Fischgang und einem Sorbet auf 8 Gänge angehoben (siehe die „Gegenüberstellung von klassischem und modernem Menüaufbau" auf Seite 486).

Kombinationsmöglichkeiten der Gänge

Moderne Menüs enthalten im Allgemeinen höchstens die 6 Gänge des erweiterten Menü-Schemas. Bei weniger als 6 Gängen können die Speisen innerhalb des Schemas verschieden variiert bzw. kombiniert werden.

Das moderne Menü kennt im Allgemeinen nur noch einen Höhepunkt, zu dem unterschiedliches Fleisch – eventuell auch Fisch – verwendet wird.

Suppe → Fisch → Dessert
Suppe → Geflügel → Dessert
Suppe → Schlachtfleisch → Dessert
Suppe → Wildbret → Dessert

Menü

Einfaches Menü mit 3 Gängen ist als **Grundgerippe** der modernen Speisenfolge anzusehen.	Erweitertes Menü mit 4 bis 6 Gängen. Das **Grundgerippe** wird auf höhere Ansprüche hin mit zusätzlichen Gängen ergänzt.
	Kalte Vorspeise
Suppe	Suppe
	Zwischengericht
Hauptgericht	Hauptgericht
	Käsegericht
Dessert	Dessert

Anzahl der Gänge	3	4	4	4	4	5	5	5	6
Kalte Vorspeise			•		•		•	•	•
Suppe	•	•	•	•		•	•	•	•
Zwischengericht			•		•	•	•		•
Hauptgericht	•	•	•	•	•	•	•	•	•
Käsegericht				•		•		•	•
Dessert	•	•	•	•	•	•	•	•	•

Gegenüberstellung von klassischem und modernem Menüaufbau

Klassisches Menü

Gänge	Speisenbeispiele
Kalte Vorspeise	Austern
Suppe	Fasanensuppe
Warme Vorspeise	Artischockenböden
Fischgang	Steinbutt
Hauptplatte	Lammrücken
Warmes Zwischengericht	Kalbsbries
Kaltes Zwischengericht	Palmenherzen
Sorbet	Champagnersorbet
Braten	Moorhühner
Gemüsegang	Brokkoliflan
Warme Süßspeise	Mandelauflauf
Kalte Süßspeise	Eisbombe
Käsegericht	Camembertkrusteln
Dessert	Obst, Feingebäck

Moderne Menüs

Einfaches Menü	Erweiterte Menüs	
	Kalte Vorspeise	Kalte Vorspeise
Suppe	Suppe	Suppe
	Zwischengericht	Zwischengericht
		Fischgericht
		Sorbet
Hauptgericht (Fleisch oder Fisch)	**Hauptgericht** (Fleisch)	**Hauptgericht** (Fleisch)
	Käsegericht	Käsegericht
Dessert (Käse, Süßspeise oder Obst)	Süßspeise	Süßspeise

Abb. 1 Rohstoffe im Korb

Rohstoffbeispiele:
- Neue Kartoffeln, junge Gemüse und frisches Obst
- Spargel und Erdbeeren,
- Lamm und Wildbret, Karpfen sowie Krebs- und Weichtiere.

1.2 Zusammenstellen von Menüs

Beim Zusammenstellen von Menüs sind zunächst ganz wichtige Richtlinien zu beachten in Bezug auf
- **Auswahl** von Rohstoffen bzw. Speisen für eine Speisenfolge,
- **Abwechslung** von Rohstoffen bzw. Speisen im Menü,
- **Aufeinanderfolge** der Speisen innerhalb der Speisenfolge.

Auswahl der Rohstoffe für ein Menü

Für die Auswahl sind folgende Gesichtspunkte von Bedeutung:
- Jahreszeit und Preis des Menüs,
- Ernährungsbedürfnis des Menschen,
- Anlass und Teilnehmer am Essen,
- technische und personelle Voraussetzungen.

Jahreszeit

Hier geht es zunächst um Speisen aus **saisonabhängigen** Rohstoffen, die von den Gästen erwartet werden.

Die Rohstoffe sind zur Erntezeit:
- frisch, saftig und besonders wohlschmeckend,
- hochwertig in Bezug auf Nähr- und Wirkstoffe,
- preisgünstig.

Außerdem sind die *klimatischen Verhältnisse* zu beachten:

- In der kalten Jahreszeit bevorzugt der Gast kräftige und energiereiche Speisen in reichlich bemessenen Portionen.
- In der heißen Jahreszeit ist das Verlangen nach frischen, leichten Speisen in reduzierten Portionsgrößen stärker, weil das Essen nicht anstrengen und belasten soll. Insbesondere bei den Vor- und Nachspeisen sowie bei den Beilagen gibt es hier Möglichkeiten der Reduzierung und Erleichterung.

Preis

In Bezug auf den Preis sind wechselseitige Abhängigkeiten von Bedeutung:

- Art und Niveau des Betriebes, z. B. bürgerliche Gaststätte, Mittelklasserestaurant, Luxushotel,
- Art bzw. Zielrichtung des Menüs, z. B. Tagesmenü, Festtagsmenü oder Menü für einen besonderen Anlass – Hochzeit, Jubiläum,
- Zahlungsfähigkeit bzw. -bereitschaft des Gastes.

Tagesmenüs sind im Allgemeinen auf einen niedrigeren Preis ausgerichtet, während der Gast für ein Festtagsmenü oder zu einem besonderen Anlass in der Regel etwas mehr ausgibt.

Ernährungsbedürfnis

Der Energiewert eines Menüs sollte in erster Linie dem Energiebedarf des Menschen angemessen sein. Insbesondere bei umfangreicheren Speisenfolgen sollte der Energiegehalt unbedingt begrenzt werden, z. B.:

- zum Hauptgang die Fleischmenge angemessen verringern, ergänzend kann die Beilagenmenge kleiner gehalten oder statt Gemüse ein Salat gereicht werden,
- bei der Vorspeise, der Suppe oder der Nachspeise besteht die Möglichkeit, anstelle einer schweren eine leichte Speise zu wählen. Auf diese Weise kann der Gesamtenergiewert des Menüs verringert werden.

Unabhängig vom Energiegehalt ist außerdem auf den *ernährungsphysiologischen Wert* des Menüs zu achten. Dabei ist die Ausgewogenheit folgender Stoffgruppen von Bedeutung (s. auch S. 59):

- **Nährstoffe**
  Eiweiß, Fett und Kohlenhydrate,
- **Wirk- und Begleitstoffe**
  Mineralstoffe, Vitamine und Ballaststoffe.

Anlass und Teilnehmer

Mit dem Anlass zu einem Essen ist häufig eine ganz bestimmte *Grundstimmung* verbunden (Hochzeit, Jubiläum, Jagdessen). Durch die Auswahl der Speisen oder durch das Hervorheben einer bestimmten Speise kann diese Stimmung auf besondere Weise unterstrichen werden.

Vergleich:

- Südtiroler Speck ⟷ Tomatencocktail
- Hasenpastete ⟷ Artischockenherzen
- Rotkohl ⟷ Spargel
- Rosenkohl ⟷ Erbsen
- Sauerkraut ⟷ Kopfsalat
- Käse ⟷ Halbgefrorenes
- Dessertpfannkuchen ⟷ Salat von frischen Früchten

Beispiele:

niedrigerer Preis	höherer Preis
Menü mit 3 Gängen	Menü mit mehr Gängen
Konservenware Spargelabschnitte Erbsen Champignons Hasenkeulen Schweinebraten Kabeljau	frische Ware Spargelspitzen Artischockenböden Pfifferlinge Hasenrücken Filetbraten (Rind) Steinbutt
Fleischbrühe Geflügelrahmsauce Zerlassene Butter Kräuterbutter Kartoffelpüree Frisches Obst	Doppelte Kraftbrühe Hummerrahmsauce Holländische Sauce Béarner Sauce Kartoffelkroketten Salat von frischen Früchten

Vergleichende Beispiele:

- Vorspeisencocktail ⟷ Vorspeisensalat
- Cremesuppe ⟷ klare Suppe
- Dessertpfannkuchen ⟷ Salat von frischen Früchten

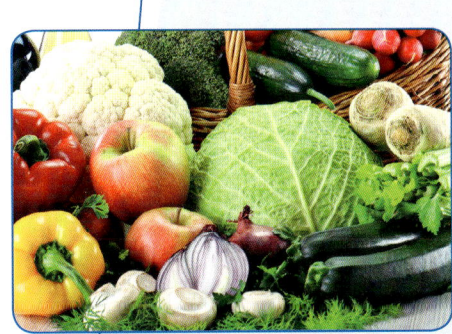

Beispiele:

- **Hochzeit**
  ein zu Ehren des Brautpaares besonders ausgewähltes Dessert
- **Jubiläum**
  dem Anlass entsprechender Hauptgang in attraktiver Aufmachung
- **Jagdessen**
  neben Wildbret müssen typische Beilagen den Anlass unterstreichen
  (Weinbeeren, Preiselbeeren, Pfifferlinge, Steinpilze)

Obwohl der Geschmack der Gäste, unabhängig von ihrer Gruppenzugehörigkeit, sehr verschieden sein kann, können sich dennoch bestimmte Schwerpunkte ergeben:

- **Damenessen**
  Von Ausnahmen abgesehen, bevorzugen Damen leichtere sowie fett- und kohlenhydratarme Speisen, z. B. Hühner, Kalbsmedaillons, feine/ zarte Gemüse, Salate und Obst.
- **Herrenessen**
  Männer bevorzugen im Allgemeinen herzhafte und kräftige Speisen, z. B. Steaks vom Rind und Lamm sowie Wildgerichte.
- **Überwiegend geistig tätige Menschen und ältere Menschen**
  Sie mögen leichtere und erlesenere Speisen in kleinen Mengen, z. B. Tournedos, Medaillons, Fisch sowie Krebs- und Weichtiere.
- **Überwiegend körperlich tätige Menschen und jüngere Menschen**
  Sie mögen kräftige Speisen in größerer Menge, z. B. Braten, Schnitzel und Steaks mit reichlich bemessenen Beilagen.

Technische und personelle Voraussetzungen

Die *küchentechnische Ausstattung* ist vor allem bei großen Veranstaltungen und umfangreichen Speisenfolgen von entscheidender Bedeutung. Dies betrifft z. B.:

- Pfannen für kurz gebratene Gerichte oder Dessertpfannkuchen,
- Fritteusen, wenn gebackene Gerichte gereicht werden sollen,
- Herde zum Braten, Backen und Überbacken,
- Flächen zum Warmhalten oder Kühlen bzw. Kühlhalten von Vorspeisen und Desserts.

Bezüglich des Personals müssen ebenfalls wichtige Fragen geklärt sein:
- Stehen Küchen- und Bedienungsfachkräfte in ausreichender Zahl zur Verfügung?
  Dies gilt insbesondere, wenn aufwendige Arbeiten einzuplanen sind wie z. B. Fertigmachen und Bereitstellen von Vorspeisen und Desserts oder für das Tranchieren, Flambieren und Vorlegen am Tisch.

- Ist das Personal für diese Arbeiten entsprechend fachlich geschult, damit sie in angemessener Zeit sorgfältig und sachgerecht ausgeführt werden können?

Abwechslung im Menü

Die strenge klassische Menülehre unterscheidet zwischen Wiederholungen, die bei Einhaltung bestimmter Bedingungen möglich sind, und solchen, die unter allen Umständen vermieden werden müssen.

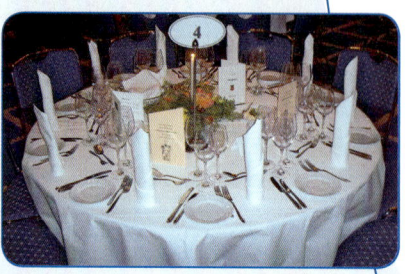

Bedingt mögliche Wiederholungen

Kartoffeln, sofern sich diese in anderer Zubereitungsart wiederholen, z. B.:
- Zwischengericht
  - → Salzkartoffeln
- Hauptgericht
  - → Gebratene oder frittierte Kartoffeln

Zweckmäßige Abwechslungen sind jedoch Reis oder Teigwaren.

Gemüse, sofern es nicht das gleiche Gemüse ist, z. B.:
- Suppe
  - → Kraftbrühe mit Gemüsestreifen, u. a. auch Karotten
- Hauptgericht
  - → Glasierte Karotten

Fleisch, sofern es sich nicht um die gleiche Art des Fleisches handelt, und es außerdem in anderer Zubereitung angeboten wird, z. B.:

- Kalte Vorspeise
  - → Entenbrust
- Hauptgericht
  - → Kalbsmedaillons

- Kalte Vorspeise
  - → Geflügelsalat
- Hauptgericht
  - → Rehrücken

Unbedingt zu vermeidende Wiederholungen

Dabei unterscheidet die Menülehre zwischen *gleichartigen Zubereitungen* und *gleichartigen Rohstoffen*.

Gleiche Zubereitungen vermeiden

Zubereitungen	negative Beispiele
gebraten, gegrillt • Zwischengericht • Hauptgericht	vom Grill: Heilbuttschnitte, Scampi, Kalbsmedaillons, Tournedos
frittiert • Zwischengericht • Hauptgericht • Dessert	Gebackene: Scampi, Champignons, Strohkartoffeln, Kartoffelkroketten, Apfelbeignets
Saucen • Kalte Vorspeise • Zwischengericht • Hauptgericht • Dessert	Gebunden: Cocktailsauce, Holländische Sauce zu Spargel, Béarner Sauce zu Tournedos, Weinschaumsauce
Marinierte Speisen • Kalte Vorspeise • Hauptgericht	Mariniertes: Rindfleisch, Gemüse, Salat

Gleiche Rohstoffe vermeiden

Rohstoffe	negative Beispiele
Obst • Kalte Vorspeise • Hauptgericht • Dessert	Melone mit Schinken Preiselbeerbirne als Beilage Salat von frischen Früchten
Pilze • Suppe • Zwischengericht • Hauptgericht	Morchelrahmsuppe Gebackene Champignons Pfifferlinge (Garnitur)
Fische, Krebs- und Weichtiere • Kalte Vorspeise • Suppe • Zwischengericht • Hauptgericht	Hummercocktail Muschelcremesuppe Seezungenfilets Garnelen (Garnitur)
Teige, Teigwaren • Suppe • Zwischengericht • Hauptgericht • Dessert	Pfannkuchenstreifen (Célestine) Pastetchen Spätzle als Beilage Dessertpfannkuchen (Crêpes)
Eier • Kalte Vorspeise • Suppe • Zwischengericht • Hauptgericht	Gefüllte Eier Eierstich (Royal) Verlorenes Ei Gehacktes Ei (Garnitur)

Aufeinanderfolge der Speisen im Menü

Die kalte Vorspeise steht im Menü an erster Stelle. *Das Zwischengericht* hat seinen Platz nach der Suppe oder vor dem Hauptgang bzw. vor einem zusätzlichen Fischgericht oder zwischen Suppe und dem nachfolgenden Gericht.

Regeln für die Speisenfolge

Die Regeln beziehen sich auf *Farbe* und *Bindung*.

Bezüglich der Bindung ist die Unterscheidung bei bestimmten Speisen ganz eindeutig:

- **Farbe**
  Nach einer hellen Speise muss eine dunkle bzw. farblich betonte Speise folgen oder umgekehrt.
- **Bindung**
  Nach einer gebundenen muss eine ungebundene bzw. klare Speise folgen oder umgekehrt.

Für die Anwendung der genannten Regeln ist allerdings etwas Fingerspitzengefühl erforderlich.

Bezüglich der Farbe muss man sich von dem extremen Kontrast *„Schwarz-Weiß"* lösen, weil u. U. bereits geringfügige farbliche Abweichungen der Regel genügen können.

Außerdem kann die Farbe je nach Speisenfolge unterschiedlich beurteilt werden:

- *Melone mit Schinken* wirkt vor einer *Geflügelcremesuppe* farblich betont, während sie vor einer *Ochsenschwanzsuppe* hell erscheint.
- *Obstsalat* wirkt nach *Rehrücken mit Wacholderrahmsauce* hell, aber nach *Brüstchen vom Masthuhn mit Geflügelrahmsauce* farblich betont.

Es gibt aber auch Speisen, bei denen die Zuordnung *„gebunden"* oder *„nicht gebunden"* Schwierigkeiten bereitet. In diesen Fällen ist die Folge der Speisen mit besonderem Einfühlungsvermögen abzuwägen:

- Nach Forellenfilet mit Sahnemeerrettich ist sowohl eine klare als auch eine gebundene Suppe denkbar.
- Vor Tournedos mit Béarner Sauce (Grillgericht) sind durchaus Seezungenfilets mit Weißweinsauce oder Scampi mit Dillrahmsauce denkbar.
- Nach Tournedos mit Béarner Sauce sind sowohl Salat von frischen Früchten als auch eine Cremespeise oder Halbgefrorenes denkbar.

Es ist zu beachten, dass Cremespeisen und Halbgefrorenes zwar „gebundene Speisen" sind, im Sinne der Speisenfolge jedoch eine feste und geschlossene Beschaffenheit haben.

Schrittfolge beim Zusammenstellen

Erster Schritt

Das **Hauptgericht** muss als **Erstes festgelegt** werden, dann wählt man eine geeignete Sauce sowie passende Gemüse- und Hauptbeilagen aus.

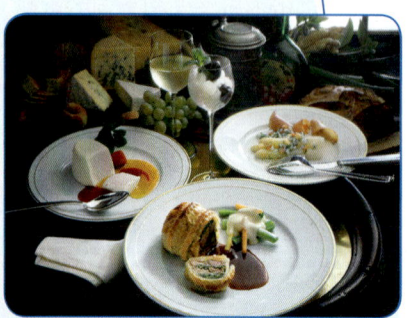

Die Speisen für die übrigen Gänge lassen sich nun unter Beachtung der Menüregeln leichter bestimmen und zuordnen.

Zweiter Schritt

Die übrigen Gänge werden bestimmt und unter Beachtung der Menüregeln entsprechende Speisen ausgewählt. Dabei sind folgende Hinweise von Bedeutung:

- Die zugeordneten Speisen müssen mit dem Hauptgericht auch derart harmonieren, dass ein Menü mit einem schweren Hauptgericht, z. B. *Rehrücken mit Wacholderrahmsauce*, insgesamt schwerer sein wird als ein Menü mit einem leichten Hauptgericht, z. B. *Seezungenfilets in Weißweinsauce*.
- Nicht immer findet man zu einem Hauptgericht ein passendes Zwischengericht. Es ist dann zweckmäßig, dem Hauptgericht eine Suppe voranzustellen und das Menü mit einer kalten Vorspeise einzuleiten.

Beispiele für das Zusammenstellen

Hochzeitsessen im Mai

Zu Hochzeitsessen kommen im Allgemeinen Menschen aus sehr unterschiedlichen gesellschaftlichen Schichten zusammen. Aus diesem Grunde sollten Speisen, mit denen manche Gäste beim Essen Schwierigkeiten haben könnten, möglichst nicht in das Menü aufgenommen werden. Unter diesem Gesichtspunkt und unter Beachtung der Jahreszeit bieten sich an:

- Mastkalbsrücken und Scampi
- Spargel, Karotten und Blumenkohl
- Erdbeeren

Als Speisenfolge sollen folgende Gänge serviert werden: Kalte Vorspeise, Suppe, Hauptgang und Dessert. **Zum Hauptgang** gibt es **Medaillons vom Kalbsrücken**, ergänzt mit folgenden Beigaben:

- Champignonrahmsauce
- Spargel, glasierte Karotten und Erbsen
- Dauphinekartoffeln

Die vorangehende **Suppe** muss entsprechend der Regel klar und dunkel sein. Eine **klare Ochsenschwanzsuppe** entspricht dieser Forderung. Sie wird mit Sherry geschmacklich vollendet.

Als **Kalte Vorspeise**, zur Unterscheidung von der Suppe hell und gebunden, eignet sich ein **Scampicocktail**. Dazu werden Toast und Butter gereicht.

Das **Dessert** muss, vom Hauptgang her gesehen, farblich betont sein. Es eignen sich deshalb **Erdbeeren mit Grand Marnier** mit Sahne garniert. ①

Damengesellschaft im Juni

Die Damen kommen 20 Jahre nach dem Ende ihrer gemeinsamen Schulzeit zu einem Klassentreffen zusammen. Für die Auswahl der Speisen sind zwei Gesichtspunkte zu beachten:

- Es handelt sich um Damen,
- der Juni liegt in der heißen Jahreszeit.

Aus dem saisonbedingten Marktangebot, das z. B. Forellen, junge Masthühner, Tomaten und Aprikosen enthält, könnte folgendes Menü zusammengestellt werden ②:

Das **komplette** Menü:

① Scampicocktail
Toast und Butter
✿ ✿ ✿
Klare Ochsenschwanzsuppe
mit Sherry
✿ ✿ ✿
Gebratene Medaillons
vom Kalbsrücken
Spargel, glasierte Karotten, Erbsen
Dauphinekartoffeln
✿ ✿ ✿
Erdbeeren mit Grand Marnier

Aufgabe
Stellen Sie zu dem gleichen Anlass ein Menü nach eigener Wahl zusammen.

② Zart geräuchertes Forellenfilet
Sahnemeerrettich, Toast und Butter
✿ ✿ ✿
Doppelte Rinderkraftbrühe mit
Gemüsestreifen
✿ ✿ ✿
Gedünstete Brüstchen vom Masthuhn
in Morchelrahmsauce
geschmolzene Tomaten, Kräuterreis
✿ ✿ ✿
Aprikosenfächer in Weingelee

Aufgabe
Beurteilen Sie das Menü unter Beachtung der Schrittfolge, die beim Zusammenstellen angewendet wird.

Aufgabe
Stellen Sie zum gleichen Anlass ein Menü nach eigener Wahl zusammen.

An dieser Stelle ist anzumerken, dass sich bei Jagdessen entgegen der allgemeinen Regel ausnahmsweise gleichartige Rohstoffe bzw. Speisen wiederholen dürfen (siehe Suppe und Hauptgang).

Jagdgesellschaft im Oktober/November

Bei der Auswahl der Speisen sind zu beachten:
- der besondere Anlass,
- die Teilnehmer, denen herzhafte Speisen anzubieten sind,
- der Beginn der kalten Jahreszeit.

Aus dem saisonbedingten Angebot könnten für das Menü Frischlingsrücken, Muscheln und Pfifferlinge sowie Äpfel und Preiselbeeren ausgewählt werden.

Gebundene Suppe vom Hirsch
mit gerösteten Edelkastanien

❀ ❀ ❀

Rheinische Miesmuscheln
im Wildkräuter-Wurzel-Sud

❀ ❀ ❀

Frischlingsbraten in Wacholdersauce
Rosenkohlblätter, gebratene Steinpilze
Preiselbeer-Kartoffelplätzchen

❀ ❀ ❀

Allgäuer Käseauswahl
vom Brett

Silvester ist ein besonderer Anlass für eine exklusive Speisenfolge zu einem Getränk, zu Sekt oder Champagner.

Das Menü muss einen festlichen Charakter haben und maßvoll portioniert sein. Die Speisenfolge wird auf einer edlen, mit glücksbringenden Symbolen versehenen Menükarte dargestellt.

Prosit Neujahr – Champagner-Menü

Beluga Malossol Kaviar mit Buchweizenküchlein und Schmant

❀ ❀ ❀

Klare Tomatenessenz mit Basilikumklößchen

❀ ❀ ❀

*In Champagner pochierte Austern mit Hummer auf Wildreis
mit Salatherz*

❀ ❀ ❀

*Rehnüsschen mit Walnuss-Crepes, Kumquats-Kompott
in Butter sautierte Rosenkohlblätter und glasierte Schalotten*

❀ ❀ ❀

Champagner Sorbet im Glückskelch

❀ ❀ ❀

Glücksbringer Petits fours

1.3 Getränke zum Essen

Getränke, die zum Essen gereicht werden, nennt man **korrespondierende Getränke**. Sie sollen die Speisen harmonisch ergänzen.

Getränke vor dem Essen

Ihr Zweck ist es, auf das Essen einzustimmen und den Appetit anzuregen. Im Französischen werden sie **Aperitifs** genannt. Das Wort bedeutet:

apéritif ➡ eröffnend, öffnend, appetitanregend

Aperitifs

Für die Aperitifs sind folgende Eigenschaften von Bedeutung:
- **trocken**, d. h. ohne wahrnehmbare Süße. Im Gegensatz zu süßen Getränken wirken sie leichter und regen den Appetit an;
- **fruchtig** oder **bitteraromatisch**, womit eine besonders anregende Wirkung auf die Absonderung von Verdauungssäften verbunden ist;
- **kühl** und **erfrischend**.

Als Aperitif werden z. B. angeboten:

Abb. 1 Mousse von geräucherter Forelle mit Roséwein

Getränke allgemeiner Art	
Likörweine	• trockene Sherrys • weiße Portweine
Schaumweine	• pur oder mit Orangensaft bzw. Campari • mit schwarzem Johannisbeerlikör/ Cassis (Kir Royal)

Spezielle Aperitifs		
Arten	Getränkebeispiele	mögliche Ergänzungen
Wein-Aperitifs	• Martini • Cinzano • Noilly Prat	• Soda, Mineralwasser
Bitter-Aperitifs	• Campari • Picon • Cynar	• Soda • Orangensaft • Schaumwein
Anis-Aperitifs	• Pastis • Pernod	• Wasser

Getränke zur Speisenfolge

Im Rahmen eines Menüs werden im Allgemeinen Wein und Schaumwein gereicht. Die korrespondierenden Getränke sollen den Geschmack der Speisen harmonisch ergänzen, ihn aber unter gar keinen Umständen überdecken.

Beispiele zur Verdeutlichung:

Zu einem **mild gewürzten Fischgericht**
- **passen:** junge, leichte und fruchtige, vor allem weiße Weine.
- **passen nicht:** ausgereifte, vollmundige und bukettreiche Weine.

Zu einem **kräftig gewürzten Wildgericht**
- **passen:** ausgereifte, vollmundige und bukettreiche, vor allem rote Weine.
- **passen nicht:** leichte, frische und säuerlich fruchtige Weine.

Mixgetränke	
Bezeichnung	Zutaten
Cocktails Manhattan	Canadian Whisky, roter Vermouth, Kirsche
Martini dry	Gin, Vermouth dry, Olive
White Lady	Gin, Cointreau, Zitronensaft
Side Car	Cognac, Cointreau, Zitronensaft
Longdrinks Gin Fizz	Gin, Läuterzucker, Zitronensaft, Soda
Whiskey sour	Whiskey, Läuterzucker, Zitronensaft, Orangenscheibe, Maraschinokirsche

Geschmacksstufen der Getränke

Die sachgerechte Zuordnung der Weine ist eine Kunst, die viel Erfahrung und ein geschultes Geschmacksempfinden voraussetzt. In Häusern, die dem Weinservice besondere Beachtung schenken, gibt es deshalb einen **Sommelier** (Weinkellner).

> Als Orientierungshilfe für die Zuordnung der Weine zu Speisen dienen vier Geschmacksstufen:
> - ausgesprochen leichte Weine,
> - leichte bis mittelschwere Weine,
> - mittelschwere bis schwere Weine,
> - besonders ausdrucksstarke Weine.

Speisenbeispiele

Leichte, säuerlich-würzige Speisen
- Scampicocktail (Cocktailsauce)
- Forellenfilet (Sahnemeerrettich)
- Lachsmedaillons (Kräutersauce)
- Geflügelsalat (Schaummayonnaise)
- Artischockenböden (mariniert)

Kalte Vorspeisen

Leichte, aber fein würzige Speisen
- Scampi in Dillrahmsauce
- Forellenfilet, gebraten
- Salm mit Krebsrahmsauce
- Feines Geflügelragout
- Artischockenböden mit holländischer Sauce

Zwischengerichte

Mittelschwere, voll würzige Speisen
Helles Fleisch:
gedünstet, gebraten, gegrillt oder frittiert
- Scampi, Seezungenfilets oder Salmschnitte
- Masthuhnbrust, Hähnchen
- Kalbs- und Schweinemedaillons
- Kalbsgeschnetzeltes

Zwischengerichte bzw. leichte Hauptgerichte

Schwere, stark würzige Speisen
Dunkles Fleisch:
gebraten, gegrillt oder geschmort
- Ente und Gans
- Rind und Lamm
- Wild

Schwere Hauptgerichte

Weinbeispiele

Weißwein oder Roséwein
- leicht, frisch und fruchtig (trocken bis halbtrocken)
- Blume und Bukett leicht ausgeprägt

Wehlener Sonnenuhr, Riesling, Mosel Chablis, Burgund

Weißwein
- leicht bis mittelschwer (halbtrocken)
- Blume und Bukett feinwürzig ausgeprägt

Rüdesheimer Rosengarten, Riesling, Rheingau Würzburger Stein, Silvaner, Kabinett, Franken

Weißwein (im Ausnahmefall oder auf Wunsch des Gastes Rotwein)
- mittelschwer und harmonisch bezüglich Säure und Restsüße (halbtrocken)
- Blume und Bukett leicht ausgeprägt (mundig) und Bukett feinwürzig

Graacher Himmelreich, Riesling, Spätlese, Mosel Winkeler Jesuitengarten, Riesling, Spätlese, Rheingau

Rotwein (im Ausnahmefall oder auf Wunsch des Gastes Weißwein)
- schwer (trocken bis halbtrocken)
- Blume, Bukett voll und stark ausgeprägt (vollmundig)

Montagne Saint-Émilion, Bordeaux Assmannshäuser Höllenberg, Spätburgunder, Spätlese, Rheingau

Regeln zur Aufeinanderfolge der Getränke

Diese Überlegungen gelten nicht für die Getränke **vor** (Aperitifs) bzw. **nach** dem Essen (Digestifs). Nur die Getränke während des Essens stehen in so enger Beziehung zueinander, dass bezüglich der Aufeinanderfolge eine wichtige Regel zu beachten ist:

Bei der **Auswahl** der korrespondierenden Getränke ist vom **Hauptgang** auszugehen. Er bildet den Höhepunkt der geschmacklichen Fülle. Beachten Sie aber den Unterschied bei folgenden Hauptgängen:
- Hähnchenbrüstchen mit Curryrahmsauce (leichtes Hauptgericht)
- Rehrücken mit Wacholderrahmsauce (schweres Hauptgericht)

Die Weine zu den übrigen Gängen sind auf den Wein zum Hauptgang abzustimmen. Im Gegensatz zum trockenen Sekt als Aperitif sollte der Sekt zum Dessert halbtrocken sein, damit der Geschmacksunterschied zur Süßspeise nicht zu gravierend ist.

Getränke nach dem Essen

Kaffee

Kaffee dient hauptsächlich zur Überwindung der leichten Ermüdung nach dem Essen. Es gibt folgende Angebotsformen (s. S. 286 f.):
- Kaffee oder Mokka, auch in Verbindung mit Weinbrand oder geeigneten Likören
- Espresso und Cappuccino
- Rüdesheimer Kaffee oder Irish Coffee

Digestifs

Digestifs sollen die Mahlzeit harmonisch ausklingen lassen und vor allem verdauungsfördernd wirken. Das Wort ist hergeleitet von: **digestif = verdauungsfördernd**

1.4 Menüangebot, Menükarte

Im Vergleich zum Angebot der Speisen in einer umfangreichen Speisekarte kommt dem Menüangebot heute eine besondere Bedeutung zu.

Arten des Menüangebots

Es gibt sie in Form von Tagesangeboten, Festtagsangeboten und Angeboten für besondere Anlässe.

Die geschmackliche Fülle der Getränke muss stufenweise zunehmen.

Nach einem geschmacklich ausdrucksstarken käme ein geschmacklich leichtes Getränk nicht mehr zur Geltung. Im Einzelnen bedeutet das:

- leichte Weine vor schweren,
- junge Weine vor alten Weinen, die aufgrund ihrer Reife vollmundiger sind,
- trockene Weine vor halbtrockenen, die aufgrund der Restsüße schwerer und voller wirken,
- weiße Weine vor roten, die von Natur aus voller und geschmacksintensiver sind,
- Wein vor Schaumwein, der durch den Gehalt an Kohlensäure ausdrucksstärker ist.

Als Digestif eignen sich:
- Hochwertige Brände und Geiste
  - Weinbrand, Cognac, Armagnac
  - Kirschwasser, Himbeergeist, Williamsbirnenbrand, Calvados
- Hochwertige Liköre
  - Grand Marnier, Chartreuse
  - Cointreau und Bénédictine
  - in Verbindung mit anderen Zutaten auch als After-Dinner-Cocktails

Tagesmenüs

Viele Menschen, insbesondere auch solche, die im Arbeitsprozess stehen, nehmen ihr Essen heute außerhalb des Hauses ein. Um diesem täglichen Bedürfnis zu genügen, hält der gastgewerbliche Betrieb ein Angebot bereit, das den bescheideneren täglichen Verzehrgewohnheiten angemessen ist und im Allgemeinen folgende Merkmale aufweist:
- 3 Menüs mit abgestuften Preisen,
- in der Regel mit 3 Gängen.

Festtagsmenüs

Solche Menüs – z. B. zu Ostern, Pfingsten, Weihnachten und Silvester – sind auf die besondere festtägliche Stimmung sowie auf die damit verbundenen erhöhten Ansprüche der Gäste ausgerichtet:
- in der Regel mehrere Menüs mit abgestuften Preisen
- mit 3 oder auch mehr Gängen
- in einer Präsentation, die für einen Festtag angemessen ist.

Beratung und Verkauf

Weinempfehlung

Beispiel eines Menüs mit Weinempfehlung und dem zugehörenden Gedeck

Getränkefolge

2011 Lorentz Cuvée Spéciale
Gewürztraminer
Elsass A.O.C.

2010 Coteaux du Giennois Blanc
Terre de Fumé
Domaine Henri Bourgois, Loire

2009 Beilsteiner Wartberg
Cabernet-Cuvée, trocken
Weingut Sankt Annagarten Gutsabfüllung
Württemberger Qualitäts-Rotwein

Crémant d'Alsace Dopff
Princes Eveques

Menü

(1) Gänseleber im Briochemantel mit Apfelsalat
und Würfeln von Sherryweingelee

(2) Gekochter Hummer im Gemüsesud

(3) Rinderfilet auf einer Trüffelrahmsauce
Fingerkarotten, Zuckerschoten, Mus von Petersilienwurzeln
und gebratene Kartoffelspäne

(4) Frische Feigen auf Curaçaosauce
mit Orangenfilets

Menüs für besondere Anlässe

Für Familienfeiern wie Geburtstag, Kommunion, Konfirmation, Hochzeit sowie zu besonderen Veranstaltungen wie Vereinsfeste, Betriebsjubiläen, Staatsempfänge hat der Gastgeber oftmals spezielle Wünsche. In der Regel hält der Gastronomiebetrieb hierfür spezielle Menüvorschläge bereit, bei denen die küchentechnischen Aspekte, die zur Verfügung stehenden Mitarbeiter sowie saisonale Rohstoffangebote berücksichtigt sind. Darüber hinaus ist es aber auch üblich, in einem Beratungsgespräch mit dem Auftraggeber besondere Wünsche zu klären und mit ihm ein ganz individuell gestaltetes Menü zusammenzustellen.

Bedeutung von Menüangeboten

Menüangebote/Menüvorschläge sind im Vergleich zu dem Angebot einer großen Speisekarte sowohl für die Küche als auch für den Gast mit besonderen Vorteilen verbunden.

Vorteile aus der Sicht der Küche

Das Essen à la carte bringt die Küche nicht selten in eine schwierige Arbeitssituation. Sie muss abwarten, welche Speisen die Gäste bei ihrem Eintreffen aus der Karte auswählen. In vielen Fällen geht dann gleichzeitig eine größere Anzahl von Bestellungen meist unterschiedlicher Gerichte ein.

Dadurch gerät die Küchenbrigade unter starken zeitlichen Druck. Das Menüangebot bringt diesbezüglich Entlastung:
- Bestimmte Vor- und Zubereitungen können bereits vor Beginn der Essenszeit ausgeführt werden,
- der zeitliche Spielraum ermöglicht eine gezielte Arbeits- und Personaleinteilung.

Das Menüangebot eröffnet darüber hinaus Möglichkeiten eigener Initiative:
- gezielte Auswahl gerade vorhandener, insbesondere saisonbedingter Rohstoffe,
- abwechslungsreiche Gestaltung des täglichen Speisenangebotes,
- Zuordnung gleicher Speisen in abgewandelten Speisenkombinationen, z. B. Vorspeisen, Suppen und Nachspeisen.

Vorteile aus der Sicht des Gastes

Bei häufigem Restaurantbesuch, insbesondere wenn es sich um tägliche Mahlzeiten handelt, bleibt ihm die Mühe erspart, sich selbst ein Menü zusammenzustellen. Weitere Vorteile sind:
- Ein Menü ist stets preisgünstiger als eine Kombination gleicher Speisen aus der Speisekarte.
- Die Speisen des Menüangebotes sind bei der Bestellung meistens sofort servierbereit, so dass kaum Wartezeiten entstehen.

Festtagsangebote

Den besonderen Anlässen entsprechend werden die Menüs in Karten mit festlicher Aufmachung präsentiert.

Präsentation des Menüangebots

Tagesangebote
Diese werden in der Regel mit der Speisekarte kombiniert.

Tageskarte

Menü 1
Blumenkohlrahmsuppe
❀
Schweinebraten
mit Semmelknödeln
und Krautsalat
❀
Fruchtsalat

Menü 2
Kleiner Salatteller
❀
Zwiebelrostbraten
mit Frühlingsgemüse
und Kartoffelpüree
❀
Karamellcreme

Hier können Sie die Gerichte
sowohl einzeln bestellen als auch Ihr eigenes Menü
zusammenstellen

❀ ❀ ❀

Kalte Vorspeisen
Scampicocktail mit Toast und Butter
Roher Schinken mit Ogenmelone
Geräuchertes Forellenfilet

❀ ❀ ❀

Suppen
Klare Ochsenschwanzsuppe
Kraftbrühe mit Eierstich
Blumenkohlrahmsuppe

❀ ❀ ❀

Hauptspeisen
Gekochter Tafelspitz mit Bouillonkartoffeln
Schweinekotelett in Robertsauce, Butterreis
Lammfilet in Thymianjus, Annakartoffeln

❀ ❀ ❀

Nachspeisen
Aprikosenstrudel mit Vanilleeis
Palatschinken, mit Sauerkirschen gefüllt
Marzipancreme mit Rhabarberkompott

Das Küchenteam wünscht Ihnen
einen „GUTEN APPETIT"

Gestalten von Menükarten

Der Schriftsatz ist bei Menükarten im Allgemeinen auf die Zeilenmitte zentriert, er kann aber auch links- bzw. rechtsbündig angeordnet sein. Für das Aufzählen der Bestandteile eines Ganges mit Beilagen gibt es eine **bestimmte Reihenfolge:**

> **Hauptbestandteil**
> **Sauce**
> **Gemüsebeilage**
> **Hauptbeilage**

Die Folge wird ergänzt, wenn Salat oder eine kalte Beilage gereicht wird. Diese Speisen stehen immer am Ende der Aufzählung. Für die **Anordnung der Getränke** ist zu beachten:

- Bei gefalteten Karten stehen die Getränke auf der linken Seite in Höhe des Ganges, dem sie zugeordnet sind. Kaffee oder Mokka erscheinen immer auf der rechten Seite im Anschluss an die Speisenfolge.

- Bei ungefalteten Karten stehen die Getränke jeweils nach dem Gang, zu dem sie gereicht werden.

Weihnachtsmenü

Artischockenböden
mit Meeresfrüchten
❀ ❀ ❀
Wildkraftbrühe mit
Trüffelklößchen
❀ ❀ ❀
Knusprig gebratene Gans
Johannisbeerrotkohl
glasierte Maronen
Bratapfel mit Ebereschensirup
Mandelbällchen
❀ ❀ ❀
Zimthonigcreme
mit Cognacsauce

Kombination eines Menüangebotes mit der großen Speisekarte

Kalte Vorspeisen
Scampicocktail mit Toast und Butter
Roher Schinken mit Ogenmelone
Geräuchertes Forellenfilet

Suppen
Klare Ochsenschwanzsuppe
Kraftbrühe mit Eierstich
Blumenkohlrahmsuppe

Zwischengerichte
Kalbsbries in Kräutereihülle
Feines Geflügelragout mit Wildreis
Tintenfisch-Risotto

Fischgerichte
Gebratene Scholle
mit Zitronenbutter
Steinbutt in Rieslingsauce
Seeteufel im Wirsingmantel

Menü 1
Linseneintopf
mit Räucherspeck
Apfelstrudel

❀

Menü 2
Blumenkohlrahmsuppe
Schweinebraten
mit Semmelknödeln
Fruchtsalat

❀

Menü 3
Kleiner Salatteller
Zwiebelrostbraten
mit Kartoffelpüree
Karamellcreme

Hauptspeisen
Gekochter Tafelspitz mit Bouillonkartoffeln
Ochsenschwanzragout in Madeirasauce
Glasierte Kalbshaxe mit Röstkartoffeln
Geschnetzeltes vom Kalb mit Rösti
Schweinemedaillons mit Morcheln
Schweinekotelett in Robertsauce
Irish Stew (Irischer Lammeintopf)
Lammfilet in Thymianjus, Annakartoffeln

Käse
Kleine, gemischte Käseauswahl
Weißkäsemus mit Apfelspalten
Gebackener Camembert
mit Preiselbeerkompott

Nachspeisen
Aprikosenstrudel mit Vanilleeis
Palatschinken mit Sauerkirschen gefüllt
Marzipancreme mit Rhabarber

1 Erklären Sie die Bezeichnung Menü.

2 Beschreiben Sie den Aufbau eines modernen Menüs.

3 Nennen Sie je 5 Rohstoffe, die in den verschiedenen Jahreszeiten bevorzugt werden sollten.

4 Worauf ist bei der Zusammenstellung von Menüs im Hinblick auf die ernährungsphysiologische Vollwertigkeit zu achten?

5 Nennen Sie Beispiele, weshalb bei der Erstellung von Menüs betriebliche Voraussetzungen in Bezug auf die Küche und den Service beachtet werden müssen.

6 Rohstoffe dürfen sich bei Einhaltung bestimmter Bedingungen wiederholen. Nennen Sie Beispiele.

7 Welche Rohstoffe dürfen sich nach der strengen Menülehre nicht wiederholen? Nennen Sie Beispiele.

8 Wie heißen die beiden Regeln für die unmittelbare Aufeinanderfolge von Speisen?

9 Beschreiben und begründen Sie die richtige Reihenfolge für das Zusammenstellen von Menüs.

10 Stellen Sie – von folgenden Hauptgängen ausgehend – Menüs mit 4 Gängen zusammen:
- Heilbuttschnitte vom Grill mit Kräuterbutter
- Masthuhnbrust mit Currysauce
- Lammnüsschen mit Thymianjus
- Rehrückenfilet mit Portweinsauce

11 Wie nennt man Getränke, die vor dem Essen gereicht werden? Welchen Zweck erfüllen sie?

12 Nennen und beschreiben Sie Cocktails und Longdrinks, die sich als Aperitifs eignen.

13 Welche grundlegende Funktion erfüllen die korrespondierenden Getränke beim Essen?

14 Nennen Sie grundlegende Regeln für die Aufeinanderfolge der Getränke in der Speisenfolge.

15 Ihre Gäste haben sich für *„Steinbutt und Hummer mit Champagnersauce"* als Hauptgang entschieden. Im Rahmen der Gästeberatung empfehlen Sie Ihren Gästen:
a) zusätzlich eine kalte Vorspeise, eine Suppe und ein Dessert sowie
b) passende Getränke zum Menü.

Üben Sie im Rahmen der Gästeberatung mit folgenden Hauptgängen in gleicher Art:
„Hirschrückenroulade mit Calvados-Sauce" und *„Tournedos mit Béarner Sauce"*

16 Erstellen Sie aus den unten abgebildeten Gerichten ein genau umschriebenes, druckreifes und appetitmachendes Menü mit Getränken für einen Menüvorschlag.
Grundlagen der Gerichte:
- Suppe: geräucherte Forelle
- Fleisch: Hirschrücken und Wirsing
- Dessert: Apfel und Holunder

Aufgaben

17 Überprüfen Sie folgende Menüs auf Regelwidrigkeiten und notieren Sie die festgestellten Mängel. (Die Lösungen zu dieser Aufgabe finden Sie im Internet (www.restaurant-und-gast.de/support).

Menü 1

Terrine vom Lachs
mit Rucolasalat

Lachsfilet Florentiner Art
mit Petersilienkartoffeln

Vanilleeis mit Apfelringen

Menü 2

Geflügelkraftbrühe mit Zuckermais
Fleischklößchen und Fadennudeln

Kalbsroulade mit Semmel-Kräuterfüllung
Estragonjus
Apfel-Rotkohl

Zimtpfannkuchen mit Apfelmus

Menü 3

Essenz vom Fasan
Trüffelklößchen und Blattgold

Geschnetzeltes vom Hirsch
in Pfeffersauce
Pfifferlinge und Rotkohl
Schwäbische Spätzle

Rote Grütze mit Vanillesauce

Menü 4

Zwiebelcremesuppe
mit Fleischklößchen und Fadennudeln

Gedünstete Poulardenbrust
Rieslingsauce
Zuckerschoten, junge Möhren
Schlosskartoffeln

Spekulatiusparfait mit Vanillesauce

Menü 5

Kraftbrühe von Kaninchen
Kräuterpfannkuchenstreifen,
Sellerieperlen

Eingelegter Wildschweinbraten,
geschmort in Burgundersauce
Gefüllter Apfel mit Sauerkirschen,
Spinatroularde, Kartoffelrösti

Holunderblütenmousse mit Rhabarber-Sorbet
und frischen Erdbeeren

Menü 6

Buttermilchkaltschale mit Dill
und Nordseekrabben

Red Snapper-Filet gebraten
Sauce Béarnaise im Artischockenboden,
geschmortes Paprika- und
Zucchinigemüse,
Salzkartoffeln

Himbeer-Creme auf Ananascarpaccio
mit Schokoladensauce

Aufgaben

❷ Speisekarten

🇬🇧 bill of fare, the menu 🇫🇷 carte (w) des mets, menu (m)

Die Speisekarte enthält das übliche Speisenangebot eines Betriebes. Während dem Gast in Menükarten jeweils eine festgelegte Folge bestimmter Speisen präsentiert wird, kann er sich aus dem umfangreichen Angebot der Speisekarte je nach Verzehrabsicht entweder eine einzelne Speise auswählen oder sich selbst eine Speisenfolge zusammenstellen. Er wählt bzw. speist dann **„à la carte"**. Speisekarten sind die Visitenkarte des Hauses. Sie repräsentieren das Niveau der Küche. Unter diesem Gesichtspunkt sind sie ein ganz wichtiges Hilfsmittel der **Werbung** und **Verkaufsförderung**.

2.1 Arten der Speisekarten

Man unterscheidet drei grundlegende Kartentypen: die **Standardkarte**, die **Tageskarte** und die **Spezialkarte**.

Standardkarte

Es handelt sich dabei um eine Zusammenstellung von Speisen, die als Standardangebot für einen längeren Zeitraum unverändert bleiben. Damit die Karte aber dem Charakter sowie dem Niveau des Hauses entspricht, sind wichtige Gesichtspunkte zu bedenken:
- Art des Speisenangebots,
- Umfang und Gliederung des Angebots,
- Aufmachung der Karte.

Art des Speisenangebots

Die angebotenen Speisen müssen bei den Gästen Zustimmung finden, denn nur so kann der angestrebte Umsatz erzielt werden. Aus diesem Grunde ist zu klären:

- Welcher Gästekreis soll bevorzugt angesprochen werden?
- Welche Speisen versprechen dabei eine besondere Werbewirksamkeit?
- Sind die personellen und technischen Voraussetzungen so, dass die Speisen auch sachgerecht in einer vertretbaren Zeit zubereitet und serviert werden können?

Umfang des Speisenangebots

Es soll maßvoll und ausgewogen sein.
Nicht zu groß, damit die Überschaubarkeit gewährleistet ist und dem Gast die Auswahl nicht unnötig erschwert wird. Die Küche wird auf diese Weise, besonders in Stoßzeiten, von Überforderungen verschont. Außerdem wird vermieden, dass ungenutzte Rohstoffvorräte die Wirtschaftlichkeit des Betriebes gefährden. **Nicht zu klein,** damit der Gast in seinen Verzehrabsichten nicht zu sehr eingeschränkt ist. Das Angebot muss in jedem Falle allgemein üblichen Verzehrgewohnheiten gerecht werden.

Nicht zuletzt ist darauf zu achten, dass Vorspeisen, Suppen, Hauptspeisen und Nachspeisen in ihrer Menge ausgeglichen und in ihrer Art aufeinander abgestimmt sind.

Bereits beim Lesen und Studieren soll die Speisekarte den Gast in eine gehobene Stimmung versetzen und Verzehrwünsche wecken. Dabei ist jedoch andererseits zu bedenken, dass die Küche tatsächlich das bieten muss, was sie in der Karte verspricht.

Unter solchen Gesichtspunkten ist es auch wichtig, das Angebot in regelmäßigen Abständen kritisch zu überprüfen und gegebenenfalls neu zusammenzustellen. Dabei sind die von den Gästen weniger akzeptierten Speisen herauszunehmen und neue, erfolgversprechendere anzubieten. Außerdem müssen in solche Überlegungen die möglichen Veränderungen des Konsumverhaltens und der Verzehrgewohnheiten der Gäste mit einbezogen werden.

Gliederung des Speisenangebots
Die Speisekarte wird nach Speisengruppen gegliedert, um dem Gast die Möglichkeit zu geben, sich selbst daraus ein Menü zusammenzustellen.

> Vorspeisen
> Suppen
> Zwischengerichte
> Eierspeisen und Teigwaren
> Fische und Krebstiere
> Schlachtfleisch
> Geflügel und Wild
> Vegetarische Gerichte
> Beilagen
> Käse
> Süßspeisen

(siehe auch Speisekartenbeispiel ab S. 502)

Weitere kartengerechte Beispiele können Sie auf beiliegender CD einsehen.

Viele Betriebe verzichten auf eine Rubrik des sogenannten Seniorenangebots. Sinnvoller erscheint die Möglichkeit, fast alle angebotenen Speisen als halbe oder kleinere Portion zu einem reduzierten Preis anzubieten.

Durch besondere Gestaltungselemente wie Mehrfarbendrucke, Umrandungen und Wappen sowie durch gastronomische Motive kann die Originalität der Karte noch gesteigert werden.

Unter den gleichen Gesichtspunkten werden Spezialkarten auch im Zusammenhang mit ganz gezielten verkaufsfördernden Maßnahmen eingesetzt, z. B.
- „Das besondere Angebot der Woche",
- „Meeresfrüchte in erlesenen Zubereitungen",
- „Gerichte aus alten Kochbüchern",
- „Unser Küchenmeister präsentiert ausgewählte Fischspezialitäten der internationalen Küche".

Speisekarten-Beispiel

Speisekarten sollen beim Gast bereits beim Lesen eine positive Grundstimmung auslösen und den Wunsch zur Bestellung wecken. Jede angebotene Speise weckt beim Gast gewisse Vorstellungen und Erwartungen. Speisekarten-Aussagen müssen deshalb immer sehr klar und verständlich formuliert sein und der Wahrheit entsprechen. **Nachfolgend (S. 503–506) ist eine Musterspeisekarte mit kartengerechten Aussagen aufgeführt.**

Aufmachung der Speisekarte

Die Speisekarte muss optisch ansprechen und den Charakter des Hauses hervorheben. Etwas stärkeres Papier oder feiner Karton wirken edel. Ein werbewirksamer sowie strapazierfähiger und abwischbarer Umschlag ist empfehlenswert. Außerdem sind von Bedeutung:
- eine übersichtliche und klare Gliederung,
- ein gutes und angenehm lesbares Schriftbild,
- eine ausgewogene und ansprechende Raum- und Textaufteilung.

Tageskarten

Das Angebot von Tageskarten wird täglich neu zusammengestellt. Es handelt sich dabei um eine sinnvolle und zweckmäßige Ergänzung zur Standardkarte, die sowohl für die Küche als auch für den Gast von Vorteil ist.

Aus der Sicht der Küche:
- Sie kann auf besondere Angebote des Marktes rasch reagieren, weil die Rohstoffe im Rahmen der wechselnden Tagesangebote gezielt verarbeitet und umgesetzt werden können.
- Gerichte, für die eine längere Zubereitungsdauer erforderlich ist, können aus küchentechnischen Gründen überhaupt nur als Tagesgerichte hergestellt werden, z. B. Braten und Schmorfleischgerichte sowie gekochte Rinderbrust.

Aus der Sicht des Gastes:
- Das Speisenangebot der Tageskarte bietet ihm ergänzend zur Standardkarte mehr Abwechslung.
- Tagesangebote sind häufig besondere regionale oder saisonale Spezialitäten und oftmals preisgünstig.
- Die Speisen sind bereits zu Beginn der Essenszeit servierbereit.

Spezialkarten

Spezialkarten enthalten ein zeitlich begrenztes und gezieltes Speisenangebot aus Rohstoffen der jeweiligen Saison, z. B.:
- Spargel, Erdbeeren – Muscheln, Krebstiere – Wildbret

Spezialkarten sind eine sinnvolle Ergänzung sowohl der großen Karte als auch der Tageskarten:
- Einerseits erwartet der anspruchsvolle Gast ein der Saison entsprechendes Speisenangebot und ist deshalb auch bereit, für besondere Spezialitäten einen höheren Preis zu zahlen,
- andererseits bietet sich hier für die Küche die Möglichkeit der Umsatzsteigerung an, da sie in Spezialkarten mit der Preisgestaltung flexibler sein kann als in Standardkarten.

Vorspeisen

Tomate, gefüllt
mit marinierten
Champignons

Drei frische Austern
auf Eis mit Würzsaucen, Vollkornbrot

Cocktail von frischem Stangenspargel
mit Orangenmayonnaise und Röstbrot

Scampicocktail
in halber Avocado, Toast und Butter

Rauchaalterrine
mit Trepanggelee auf Kräuterschaum Walnussbrot

Salat von Geflügel
auf Toast

Thunfisch-Tatar
auf Briochescheibe mit Kräutersalat

Vorspeisen

**Hausgebeizter
Graved Lachs**
mit Dill-Senfsauce
Buchweizenplätzchen

Seeteufel
auf Estragonsauce mit Spargel und Vollkorntoast

Matjeshering-Filets
in süßsaurem Rahm mit Zwiebeln, Äpfeln, Gurke,
neue Kartoffeln

Krebsschwänze
in Chablisgelee mit marinierten Austernpilzen
Brioche

Parmaschinken
mit Ogenmelone und Melbatoast

Nizzaer Salat
mit geröstetem Weißbrot

Suppen

Legierte Fischsuppe
mit Krebsschwänzen
und Kürbiskugeln

Suppe von Jakobsmuscheln
mit Ingwerklößchen

Tomatensuppe
mit Graupen, Mozzarella und Basilikum

Doppelte Rinderkraftbrühe
mit Kräuter-Leber-Strudel

Legiertes Schneckensüppchen
mit Safranfäden

Wachtelkraftbrühe
mit Gemüsestreifen und pochiertem Wachtelei

Hummersuppe
mit Hechtklößchen

Kartoffelsuppe
mit Nordsee-Krabben

Zwischengerichte

**Blätterteigpastetchen
St. Hubertus**
mit feinem Wildragout gefüllt

Spinatravioli

mit Streifen von sautiertem Räucherlachs

Jakobsmuscheln
in Sauerampfersauce
mit Flan von gelben Rübchen

Brokkoli-Walnuss-Soufflé
mit sämiger Sauce aus Apfel und Meerrettich

Kalbsleberscheiben
in Portwein mariniert auf Lauch-Karotten-Streifen

Kroketten von Hähnchen und Waldpilzen
mit Choronsauce

Gebackene Kalbsbäckle
auf marinierten Berglinsen und grünem Spargel

Eierspeisen & Teigwaren

Käseomelett
mit Rucola-Salat
Wurzelbrot

Pochierte Eier
auf Blattspinat
mit holländischer Sauce

Kräuterrührei
mit Schinkenstreifen
und Kartoffelplätzchen

Geschupfte Steinpilznudeln
mit rohem Schinken in Rotweinschaumsauce

Weizen-Vollkorn-Nudeln
mit Zucchini- und Tomatenwürfeln

Kräuternudeln
mit Flusskrebsen in Champagner

Cannelloni
in Basilikumrahmsauce mit Tomatenfilets, Reibkäse

Fische & Krebstiere

Rotzungenröllchen
in Noilly-Prat-Sauce
mit kleinen Kartoffel-
pfannkuchen

Lachssoufflé
in Champagnersauce
mit Kaiserschoten
und hausgemachten Nudeln

Seeteufelmedaillons vom Grill
mit Kirschtomaten, Bohnen
und Pilzravioli

Pochierte Austern
mit Lauch und Trüffeln

Gratinierte Sankt-Jakobs-Muscheln
auf Mangoldgemüse

Riesengarnelen
in Sauerampfersauce mit Tomatenreis

Fische & Krebstiere

Hummer-Maultaschen
auf einem Püree von
Brunnenkresse

**Amerikanische
Weichschalenkrabbe**
vom Grill auf getoasteten Sesambrötchen

Kalb

**Glasierte
Kalbshaxe**
mit Röstkartoffeln
und buntem Salatteller

Kalbsgeschnetzeltes
in Rahm mit Erbsen
Kirschtomaten und Pilzrösti

Kalbssteak
mit Zwiebelmus überbacken
geschmortem Kopfsalat, Spargel, Karotten

Kalbsfilet-Röllchen
gefüllt mit Zunge und Erbsenmus
mit Kräuter-Wein-Sauce, Kartoffelpüree

Kalbsleber, gebraten
mit Apfelringen
Röstzwiebeln
Kartoffelpüree

Lamm

Lammragout
mit tournierten Gartengemüsen

Lammrückenfilets
in der Brotkruste
mit Steckrübchen und Champignonkartoffeln

Lammkarree
im Blätterteig mit Fleischtomaten und wildem Reis

Rind

Ochsenschwanzragout
in Madeirasauce
mit tournierten Gemüsen
und Markklößchen

Geschmorte Rinderbrust
mit Lauchscheiben und Kartoffelnocken

Burgunderbraten
mit Mangoldgemüse, glasierten Karotten
und Kartoffelplätzchen

Kleine Rinderfiletscheiben
mit grünem Spargel, Mus von Petersilienwurzeln
und Kräuterflädle

Roastbeef mit Bearner Sauce
Yorkshire-Pudding
Gemüse-Mosaik

Zwiebelrostbraten
mit frischen Marktgemüsen
und Kartoffelnudeln

Schwein

**Gepökelte
Schweineschulter**
in Bierjus
mit glasierten Petersilienwurzeln
Karotten
Kräuter-Kartoffel-Nudeln

Schweinerückenfilet, gebraten
mit Morcheln auf Calvadossauce
und Estragon-Nudeln

Medaillons vom Schweinefilet
auf einem Spiegel von Roquefortsauce
mit feinen Gemüseperlen
und Bamberger Hörnchen

Schweinefilet im Strudelteig
mit Camembertsauce
glasierte Schalotten und Kirschtomaten

Krustenbraten vom Schwein
auf jungem Lauchgemüse mit Kartoffeln

Geflügel

**Poëlierte Brüstchen
vom Stubenküken**
auf sautiertem Gemüseallerlei

Hühnerkeulchen
mit Kräuterbrotfüllung
umlegt mit Austernpilzen
und grünen Böhnchen

Entenbrust
auf Rotweinsauce, Kaiserschoten
Rosinenauflauf

Brust vom Maishähnchen
mit Gänseleber und Trüffeln gefüllt
Streifen von Lauch, Karotten und Nudeln

Glasierte Perlhuhnbrust
mit Sauerkirschen, Rosenkohl
und Schlosskartoffeln

Wild & Wildgeflügel

Wildkaninchenkeule
mit leichter Jus, auf einem
Gemüsebett aus Karotten,
Wirsing, Sellerie und
Morcheln mit Sesamplätzchen

Rehrücken
in Weinsauce mit glacierten Trauben
Steinpilzauflauf mit Preiselbeeren

Hirschmedaillons
in Wacholder-Gin-Sahne mit frischen Marktgemüsen, Bernykartoffeln und Preiselbeerbirne

Rebhuhn
mit Ingwersauce und wildem Reis

Wildentenbrust
mit Cassissauce
Brokkoliröschen und Schlosskartoffeln

Beilagen & Vegetarische Gerichte

Mangoldstrudel
mit Mornaysauce überbacken

Gefüllte Wirsingbällchen
auf Petersilienwurzel-Mus

Maisflan
in Sauerampfersauce

Spinatpudding
in einem Kranz
von Tomatenrührei

Gebratene Steinpilzscheiben
mit Semmelnocken

Weißer und grüner Spargel
in Kräutercrêpes
mit holländischer Sauce

**Pürees von Brennnessel, Rote Bete
Karotten und Petersilienwurzel**
mit Strohkartoffeln

Salate

**Kleiner bunter
Linsensalat**
mit Kresse

Feldsalat
mit Kartoffeldressing

Tomatensalat
mit Artischockenherzen
und Champignons

Zucchini-Trüffel-Salat

Grapefruitsalat
mit Gerstensprossen
und gerösteten Pinienkernen

Rohkostcocktail
mit Kürbiskernbrot

Erbsenschotensalat
mit Orangenfilets

Käse

Ziegenkäse
mit getrockneten
Sauerkirschen
und Portulak

Kleine Käsequiche
mit Feldsalat und Radieschen

Gebackener Camembert
mit Preiselbeeren und Kartoffelsalat

Marinierter Schafskäse
mit Oliven

Käsesoufflee
mit zwei Paprikasaucen

Bunter Käseteller
mit Walnüssen
weiße und blaue Trauben

Süßspeisen

Walderdbeeren-Gratin
mit Orangenbutter

Palatschinken
mit Krokantsahne gefüllt

Haselnuss-Crêpes
mit Trauben und Grappa-Sabayon

Schokoladen-Ingwer-Pudding
mit Karamellbirne, Preiselbeeren
und Walnuss-Sahne

Limonenparfait
mit kleiner Brombeertorte und Joghurtsauce

Mandeltörtchen
mit Rhabarber, Erdbeeren
und grünem Pfeffer-Eis auf Orangensauce

Weißkäse-Mousse
mit Apfelspalten und Holunderbeersauce

2.2 Erstellen der Speisekarten

Die „Gastronomische Akademie Deutschlands", kurz GAD genannt, schreibt: **„Speisekarten sind in erster Linie für den Gast geschrieben, dem sie auch verständlich sein müssen."** Die einzelnen Richtlinien des Kommentars sind in den folgenden Ausführungen an jeweils entsprechender Stelle wiedergegeben und erläutert.

Informationsgehalt der Speisekarte

Jede angebotene Speise weckt beim Gast bestimmte Vorstellungen und Erwartungen. Die Aussagen der Karte müssen deshalb klar und wahr sein. Das gilt insbesondere auch für die Bezeichnung „nach Art des Hauses", die als eine nichtssagende Allerweltsformel anzusehen ist, wenn die Art der Speise nicht näher erklärt wird. Die folgenden Ausführungen geben detaillierte Richtlinien und Anweisungen.

Wahrheit

Die Angaben auf der Speisekarte müssen der **Wahrheit** entsprechen:
- Mastkalbsrücken muss aus Fleisch von einem gemästeten Kalb sein.
- Bei der Bezeichnung „Frischer Lachs" oder „Frische Hähnchen" darf es sich nicht um gefrostete Ware handeln.
- Norwegischer Hummer, Bornholmer Lachs oder Bresse-Enten müssen aus der entsprechenden Region kommen.

Verstöße sind nach dem Gesetz **Warenunterschiebungen**.

Klassische Bezeichnungen dürfen nur verwendet werden, wenn sie nach dem Originalrezept hergestellt sind:
- Tournedos Rossini müssen Gänseleber, Trüffelscheiben und Madeirasauce enthalten. Trüffel dürfen nicht durch Champignons ersetzt werden.
- Seezunge Colbert muss mit Colbertbutter serviert werden. Die Butter darf nicht durch Béarner Sauce ersetzt werden.
- Bernykartoffeln müssen Trüffelstückchen enthalten und mit Mandeln paniert sein.

Abweichungen vom Original können dazu führen, dass man die Glaubwürdigkeit der Küche ganz allgemein in Frage stellt und es zu berechtigten Beanstandungen kommt. Beides ist nicht dazu angetan, den guten Ruf eines Hauses zu fördern.

Sprachliche Entgleisungen

Sprachliche Entgleisungen wie Mastpoularde, Edellachs und ähnliche sollte man nicht gebrauchen:
- Poularde bedeutet bereits gemästetes Huhn.
- Lachs ist die Bezeichnung für einen Edelfisch.

Die erwähnten Bezeichnungen sind in allen Fällen sinnwidrige Verdoppelungen.

Klassische Namen

Gerichte mit klassischen Namen oder mit ergänzenden Bezeichnungen, die nicht allgemein bekannt sind, sollte man auf der Karte stets mit einer kurzen Erklärung versehen:
Es ist nicht gut, wenn der Gast in solchen Fällen fragen muss oder erst gar nicht bestellt. Aus diesem Grunde ist es heute in zunehmendem Maße üblich, anstelle der klassischen Garniturbezeichnung die Speise einfach zu beschreiben. Die Küche kann so in der Abwandlung von Zubereitungen ihre eigene Kreativität zum Ausdruck bringen, z. B.:

- **Klassisch:** Seezungenfilets Lady Egmont
- **Modern:** In Weißwein pochierte Seezungenfilets mit Champignonscheiben, leichter Rahmsauce und Spargelspitzen

- **Klassisch:** Lendenschnitte Duroc
- **Modern:** Gebratene Lendenschnitten, garniert mit geschmolzenen Tomaten, Jägersauce und Nusskartoffeln

Bei solchen Übertreibungen, die lediglich etwas Großartiges, Besonderes vortäuschen, muss sich der Gast berechtigterweise genarrt fühlen. Für einfache alltägliche Gerichte braucht man keine Namen der „grande cuisine".

Speisenbezeichnungen
- Pommes frites, pochierte Eier
- Irish Stew, Paëlla, Piccata
- Bouillabaisse, Coq au vin

Rohstoffbezeichnungen
- Champignons
- Rumpsteak, Tournedos

Personennamen
- Rossini, Dubarry, Mirabeau
- Béchamel, Colbert, Wellington

Geographische Namen
- Orly, Argenteuil, Szegedin

Fantasienamen

Nichtssagende Fantasienamen sind zu vermeiden:
- Ein wenig Curry ist noch keine Speise nach indischer Art,
- ein Stück Ananas oder ein paar Kirschen berechtigen nicht zur Bezeichnung Hawaii oder Florida.

Sprache der Speisekarte

Viele Speisenbezeichnungen kommen aus einer Fremdsprache. Die Übernahme in deutschsprachige Karten bereitet Schwierigkeiten, ist umstritten, und nicht selten werden deshalb fremdsprachige Namen und Benennungen falsch, oberflächlich und unkritisch verwendet. Die GAD bietet aus diesem Grunde Orientierungshilfen an.

Fremdsprachliche Bezeichnungen

Sie sollten nur dann benutzt werden, wenn es sich um unübersetzbare Originalbezeichnungen handelt oder wenn sie im internationalen Sprachgebrauch zu einem festen Bestandteil geworden sind, z. B. ❶:

Gemischtsprachliche Bezeichnungen

Man verwendet sie in der Absicht, Niveau anzudeuten und Eindruck zu machen. Meistens bewirken sie das Gegenteil, weil die Bezeichnungen oft ganz einfach falsch sind oder ein unschönes Sprachgemisch darstellen.

richtig oder besser	falsch
• Klare Ochsenschwanzsuppe	• Oxtail clair (gleich zwei fremde Sprachen)
• Rinderfilet nach Gärtnerinart	• Rinderfilet jardinière
• Rahmchampignons	• Champignons à la crème
• Seezunge, in Weißwein gedünstet	• Seezunge au vin blanc
• Lammkotelett vom Rost	• Lammkotelett grillée
• Herzoginkartoffeln	• Duchessekartoffeln

Rechtschreibung auf der Speisekarte

Die Bedeutung der Speisekarte darf nicht unterschätzt werden. Aus diesem Grund sind die Regeln der Rechtschreibung einzuhalten. Man sollte die Karte, bevor sie in Druck geht, von einer geeigneten Person auf grammatikalische Richtigkeit hin überprüfen lassen.

Rechtschreibfehler

Obwohl sie oft Flüchtigkeitsfehler sind, sollte man sie dennoch möglichst vermeiden, weil sie besonders unangenehm auffallen und sehr kritisch beurteilt werden.

richtig	falsch
• … Kartoffeln	• Gekochter Schellfisch mit Kartoffel
• … Pfifferlingen	• Rehrücken mit Pfifferlinge
• … Markklößchen	• Kraftbrühe mit Markklöschen

Wortbildungen mit geographischen Namen

In Verbindung mit bestimmten Zubereitungsarten sowie mit regionaltypischen Rohstoffen werden geographische Namen verwendet: eine Nation, eine Landschaft oder eine Stadt.

Ist eine Zubereitungsart von Orts- und Ländernamen abgeleitet, wird auseinander geschrieben.
- auf russische Art,
- nach norwegischer Art,
- auf provenzalische Art.

richtige Schreibweise	falsche Schreibweise
• Rindfleisch nach flämischer Art	• Rindfleisch flämisch
• Kalbsleber nach Berliner Art	• Kalbsleber berliner Art

Wortbildungen mit Personennamen

Es ist zwischen Standespersonen und historisch bedeutenden Personen zu unterscheiden.
- Die Berufsbezeichnungen (z. B. Müllerin, Gärtnerin) stehen in enger Beziehung zu der standesüblichen Zubereitungsart. Der verwendete Zusatz …**art** wird deshalb unmittelbar an den Namen angehängt.
- Die Verwendung der Namen von historisch bedeutenden Personen erfolgt lediglich zu deren Ehrung. Aus diesem Grunde entfällt in diesen Fällen der Zusatz **Art** bzw. **nach Art**.

Zeichensetzung auf der Speisekarte

Die Kurzinformation der Karte verleitet immer wieder zu Fehlern. Sie beziehen sich auf das Komma, den Bindestrich und auf Anführungszeichen.

Das **Komma** dient zur Abgrenzung. Bei Speisen sind sie bei näheren Angaben über die Zubereitungs- oder Garmachungsart üblich, wobei jedoch zu beachten ist:

Wird die Garmachungsart der Speise vorangesetzt, wird kein Komma gesetzt:
- Gebratene Rehkeule
- Gedünstete Karotten
- Gekochte Rinderbrust
- Überbackener Fenchel

Wird die Zubereitungsart nachgesetzt, ist das Komma unbedingt erforderlich:
- Rinderbrust, gekocht
- Seezunge, gedünstet

Werden nach der Zubereitungsart gleichzeitig Beilagen angegeben, ist eine weitere Abgrenzung durch Kommas notwendig:
- Seezungenfilets, gedünstet, mit Spargel und Reis
- Ochsenbrust, gekocht, mit Bouillonkartoffeln
Aber: Gekochte Ochsenbrust mit Bouillonkartoffeln (die Garmachungsart ist vorangestellt!)

Besonderheit:

mit der Endung **-ische/ischer: klein**
- auf norwegische Art
- holländischer Käse
- italienischer Salat

mit der Endung **-er: groß**
- nach Norweger Art
- Holländer Käse
- Schweizer Wurstsalat
- Wiener Schnitzel

richtige Schreibweise	falsche Schreibweise
• Forelle nach Müllerinart	• Forelle Müllerin
• Cremesuppe Dubarry	• Cremesuppe à la Dubarry
• Tournedos Rossini	• Tournedos nach Rossini
• Kalbsbraten nach Gärtnerinart	• Kalbsbraten Gärtnerin Art
• Pfirsich Melba	• Pfirsich Melbaart

Bindestriche werden nach den Rechtschreibregeln bei längeren, mindestens dreigliedrigen Wortverbindungen zur sinnvollen Abgrenzung angewendet, z. B. Fürst-Pückler-Créme.

richtige Schreibweise	falsche Schreibweise
• Geflügelrahmsauce	• Geflügel-Rahmsauce
• Königinsuppe	• Königin-Suppe
• Müllerinart	• nach Müllerin-Art
• Berliner Art	• nach Berliner-Art

richtige Schreibweise	falsche Schreibweise
• Tournedos Rossini • Leber nach Berliner Art	• Tournedos „Rossini" • Leber nach „Berliner Art"

Vorschriften beachten über:

• die Art und Weise von **Speisebezeichnungen**,
• Hinweise auf **Zusatzstoffe**
• die **Preisauszeichnung**.

Abb. 1 Speisekarten-Aushang

Hinweis auf Zusatzstoffe

Nach der Zusatzstoff-Zulassungsverordnung müssen Speisen, die kennzeichnungspflichtige Farb-, Aroma- und Konservierungsstoffe enthalten, auch auf der Speisekarte vorschriftsmäßig gekennzeichnet werden (siehe Lebensmittelkennzeichnung, S. 33).

Anführungszeichen dienen dazu, einzelne Wörter oder Satzteile besonders hervorzuheben. Die ergänzenden Aussagen zu Speisen, zu denen fälschlicherweise Anführungszeichen verwendet werden, sind aber in Wirklichkeit ganz selbstverständliche Bestandteile der Bezeichnung. Anführungszeichen ergeben daher keinen Sinn.

Gesetzliche Vorschriften

Speisekarten und Getränkekarten bilden die rechtliche Grundlage für den Bewirtungsvertrag. Nach den Bestimmungen der Preisangabenverordnung müssen dem Gast Speisen und Getränke in schriftlicher Form angeboten werden.

Art und Weise des Angebots

Gaststättenbetriebe müssen neben dem Eingang einen Aushang anbringen, aus dem für den Gast die Tagesmenüs und Tagesgerichte sowie das Preis- und Qualitätsniveau zu ersehen sind.

In der Gaststätte sind Speisekarten auf den Tischen bereitzulegen, oder die Karte ist dem Gast bei der Aufnahme der Bestellung bzw. auf Verlangen bei der Abrechnung vorzulegen.

Andere Betriebsarten wie Selbstbedienungsgaststätten, Erfrischungshallen, Kioske, Stehbierhallen, Bierzelte und ähnliche Betriebe müssen eine Übersichtstafel anbringen, aus der die angebotenen Speisen zu ersehen sind. Auf gleiche Weise müssen dem Gast auch die Getränke angezeigt werden.

Vorschriften zur Preisauszeichnung

Zu allen angebotenen Speisen und Getränken sind die zugehörigen Preise anzugeben. Es handelt sich um **Inklusivpreise**, in denen das Bedienungsgeld, die Mehrwertsteuer sowie sonstige Zuschläge enthalten sein müssen.

Bei Getränken ist in Verbindung mit dem Preis die Getränkemenge anzugeben. Diese Vorschrift gilt nicht für Aufgussgetränke.

Aufgaben

❶ Erläutern Sie den Unterschied des Speisenangebotes in Menü- und Speisekarten.

❷ Nennen und beschreiben Sie – unter dem Gesichtspunkt der jeweiligen Zielrichtung – unterschiedliche Arten von Speisekarten.

❸ Welche besondere Bedeutung kommt beim Speisenangebot den Tages- und Spezialkarten zu?

❹ Welche grundlegenden Überlegungen sind vor dem Zusammenstellen einer Standardkarte anzustellen?

❺ Beschreiben und begründen Sie Richtlinien bezüglich der Aufmachung, des Umfangs und der Gliederung von Speisekarten.

❻ Nennen Sie Speisen, die an besonderer Stelle der Karte hervorgehoben werden können.

❼ Was versteht man bei der Speisenbezeichnung unter falschen bzw. unkorrekten Benennungen? Geben Sie Beispiele.

❽ Welche Rechtschreibregeln gibt es für die Verwendung von geographischen Namen bei
a) Landschaften,   b) Städten?

❾ Erstellen Sie eine Standardkarte, eine Tageskarte sowie eine Spezialkarte für Spargel.

2.3 Besonderheiten der Systemgastronomie

Die Systemgastronomie, insbesondere die Quickservice-Gastronomie, arbeitet kaum mit klassischen Speisekarten.

Die Kaufentscheidung erfolgt unmittelbar vor der Bestellung des Gastes am Counter. Daher ist an dieser Stelle der Informationsbedarf (und auch die Beeinflussbarkeit) am größten.

Translites

Um die Kaufentscheidung des Gastes zu vereinfachen und zu beschleunigen, werden selbstleuchtende Informationen über der Theke angebracht.

Große Dias in festen oder variablen Schaukästen präsentieren dem Gast appetitanregende Bilder und Produkt- und Preisinformationen über die Menüangebote. Preise für Einzelprodukte sind an dieser Stelle eher selten zu finden.

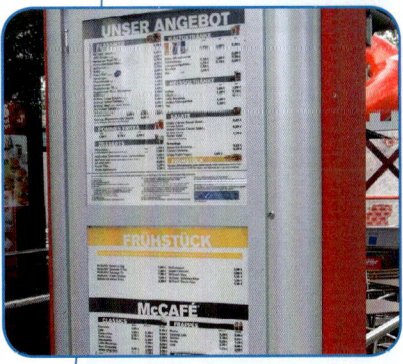

Menüboard

Das Menüboard entspricht vom Informationsgehalt her der Speisekarte in der klassischen Gastronomie. Es ist am Eingangsbereich des Restaurants von außen sichtbar anzubringen und beinhaltet gemäß § 7 der Preisangabenverordnung die wesentlichen Speisen und Getränke, die das Restaurant anbietet.

Tafel

Ausgesuchte Angebote werden mittels Präsentation auf einer Tafel gesondert hervorgehoben. Um den „Home-made-Charakter" zu erwecken, werden die Hinweise auf Tafeln oft per Hand geschrieben. Da in der Systemgastronomie grundsätzlich das Angebotsmaterial systemintern vorgegeben und gedruckt wird, erweckt diese Art der Hinweiswerbung oft allein aufgrund der Andersartigkeit eine hohe Aufmerksamkeit.

Marketing im Gastgewerbe

Der Begriff Marketing stammt aus der angloamerikanischen Sprache und steht für „in den Markt hineingehen" („to go into the market"). Dabei stehen die Wünsche der Gäste im Mittelpunkt aller Überlegungen und Aktivitäten.

1 Besonderheiten im Gastgewerbe

🇬🇧 particularities of the hotel and catering industry
🇫🇷 particularités (w) de la gastronomie et hôtellerie

Angebot

Hotel Adlon Kempinski
BERLIN

Verwöhnen Sie sich selbst oder einen ganz besonderen lieben Menschen mit einem Wochenende oder ein paar Tagen in einer Oase traumhaften Luxusflairs, vollendeten Komforts und himmlischer Genüsse.

Time to Spa

Der ADLON SPA by Resense ist eine Oase des Wohlbefindens und lässt Sie eintauchen in die Vollkommenheit des Seins und der puren Harmonie von Körper und Geist. Gönnen Sie sich einen Moment der Entspannung und nehmen Sie sich und Ihrer Seele eine Auszeit …

Es erwartet Sie im Hotel Adlon Kempinski:
- Zwei Übernachtungen im komfortablen Executive Zimmer inklusive unseres Feinschmecker Frühstücksbuffets im Restaurant Quarré
- Eine erfrischende Aufmerksamkeit auf Ihrem Zimmer
- 90 Minuten SPA Behandlung Ihrer Wahl; zusätzlich entweder Maniküre, Pediküre oder Hair Styling
- Als Geschenk einen Adlon Bademantel und Adlon Slipper

Dieses Angebot ist buchbar auf Anfrage und nach Verfügbarkeit mit einem Mindestaufenthalt von 2 Nächten.

Preis ab: 641.00 EUR   Dieses Angebot buchen

Das Gastgewerbe mit seinen Hotel- und Restaurant-Betrieben unterscheidet sich in mancher Hinsicht von anderen Wirtschaftsbereichen.

Unter den im Gastgewerbe angebotenen **Gütern** stellen die Lebensmittel (Speisen und Getränke) als **Verbrauchsgüter** einen sehr großen Anteil dar. Bei den Speisen gibt es viele Gerichte, die erst auf Bestellung frisch zubereitet werden. Diese Gerichte sind nicht „auf Vorrat" produzierbar oder dem Lager entnehmbar wie manche Güter anderer Branchen.

Unter den Getränken gibt es ebenfalls viele, die erst auf Bestellung produziert werden können (Cocktails, Shakes, Aufgussgetränke …). Denn sie sind leicht verderblich, aromaempfindlich und – wenn überhaupt – nur kurzfristig lagerfähig.

Erschwerend kommt hinzu, dass diese leicht verderblichen Güter an **ganz unterschiedlichen Örtlichkeiten/Stellen** (gastronomische Outlets) angeboten werden. Nämlich dort, wo der Gast dies wünscht, wie z. B. in Restaurant, Bistro, Bankettabteilung, Hallenbar, Poolbar, auf der Etage, Terrasse oder, wie im Bereich des Party-Services, auch „Außer Haus".

Außerdem ist das Verkaufen in der Gastronomie durch einen ständigen **Wechsel der Nachfragesituation** zu unterschiedlichen Tageszeiten geprägt. Die Frühstücksgäste möchten ein anderes Angebot als die Mittagsgäste, die Nachmittagsgäste haben andere Vorstellungen als Gäste, die am Abend kommen. So können im selben Hotelbetrieb die unterschiedlichsten Verkaufssituationen bestehen: Frühstücksservice, Brunch, Mittagessen à-la-carte, Festbankett am Abend, Mitternachtsbüfett, Nachtbar, 24-Stunden-Etagenservice.

Nicht nur Verbrauchsgüter, sondern auch **Gebrauchsgüter** wie Zimmer, Suiten, Sport- und Fitness-Einrichtungen, Konferenz- und Veranstaltungsräume werden mit den daran gekoppelten **Dienstleistungen** verkauft. Oft werden dazu ganze Pakete (Packages) geschnürt und den Gästen angeboten. Um den unterschiedlichsten Gästewünschen zu entsprechen, werden Packages zielgruppengerecht verfasst. Zielgruppen eines Hotels können sein: *Individualgäste* (Kulturinteressierte, Sportler, Gesundheitsbewusste, …), *Tagungsgäste* (Konferenzteilnehmer), *Firmengäste* (zu Firmenveranstaltungen, Produktvorstellungen, Schulungen), *Reisegruppen* …

Für den *Tagungsgast* werden neben den Zimmern zur Übernachtung und den Tagungsräumen z. B. angeboten:
- modernste Tagungs- und Kommunikationstechnik,
- Konferenzbüros (Business-Center) mit Sekretärinnendienst,
- Simultan-Dolmetscherdienste,
- Rahmenprogramme für die Freizeit.

Für mehrere Zielgruppen gleichzeitig können folgende Leistungen/Dienstleistungen interessant sein:
- Abholungs- oder Transportdienste, z. B. Transfer- oder Shuttle-Service zum Bahnhof, Flughafen oder Golfplatz,
- günstige Parkmöglichkeiten in Nähe des Hotels,
- Teilnahme an Sportwettkämpfen, z. B. Formel-1-Rennen, Reitturnier oder Fußballspiel,
- Besuch kultureller Veranstaltungen, z. B. in Theater, Oper oder Konzerthalle,
- Nutzung des Wellness-Angebots im Hotel, wie z. B. Sauna, Dampfbad, Massage und Kureinrichtungen.

Der Begriff **Dienstleistung** ist eigentlich viel zu sachlich, um zu beschreiben, was Gäste von uns erwarten:
- Freundlichkeit und Höflichkeit,
- Gastlichkeit auf hohem Niveau,
- Hilfsbereitschaft und Betreuung,
- Sauberkeit und Hygiene,
- Sicherheit, auch von Hab und Gut,
- Entspannung, Ruhe und Erholung,
- Unterhaltung und Annehmlichkeiten in stressfreier Atmosphäre,
- reibungslose, pünktliche Abläufe,

und vieles mehr.

2 Angebot und Nachfrage – der Markt

🇬🇧 supply and demand – the market 🇫🇷 offre (w) et la demande – le marché

Unter **Markt** versteht man das Zusammentreffen von Angebot und Nachfrage, d. h. von Verkäufern und Käufern.

Je nachdem ob die Angebotsseite oder die Nachfrageseite den Markt stärker bestimmt, spricht man vom **Käufermarkt** oder vom **Verkäufermarkt**.

Heute haben wir einen Käufermarkt.

Daraus ergibt sich:

- Die Wünsche, Bedürfnisse und Probleme der potenziellen Gäste sind zu berücksichtigen.
- Eine ständige Anpassung an sich verändernde Marktsituationen ist wichtig.
- Das Angebot sowie die damit verbundenen Dienstleistungen sind entsprechend neu zu gestalten und auszurichten.
- Harter Wettbewerb, bei unter Umständen sinkenden Preisen, unterstreicht die Notwendigkeit, den gastronomischen Betrieb vom Absatzmarkt her zu führen.
- Das macht oft auch eine Neuorientierung in der Unternehmenskonzeption notwendig.

Beim Käufermarkt ist das Angebot größer als die Nachfrage. Der Käufer (Gast) kann auf dem Markt unter einer Vielzahl von Angeboten auswählen. Heute haben wir einen Käufermarkt.

Beim Verkäufermarkt ist die Nachfrage größer als das Angebot. Es besteht ein Nachfrageüberhang. Eine solche Absatzmarktsituation bestand zum Teil in Deutschland in der Nachkriegszeit bis Ende der 1950-er Jahre. Eine Marktorientierung ist in einer solchen Situation für die meisten Unternehmen von untergeordneter Bedeutung. Der Absatz ist meist problemlos.

Ein Gastronom/Hotelier, der sein Angebot optimal vermarkten möchte, muss ständig die Nachfragewünsche und Gästebedürfnisse auf dem Markt beobachten, erfassen und auswerten. Er muss sein gastronomisches Angebot immer wieder diesen sich verändernden Wünschen anpassen, um weiterhin erfolgreich zu bleiben.

> Marketing im Gastgewerbe heißt, die Welt aus dem Blickwinkel des Gastes zu sehen.

Der Begriff **Marketing** (s. ab Seite 519) ist daher ein Schlüsselwort unserer Zeit geworden.

Heute wird im Gastgewerbe absolut gastorientiertes Denken und Handeln verlangt. Denn die Macht liegt beim Käufer – in unserem Fall beim Gast.

Abb. 1 **Verkäufermarkt** – die Nachfrage ist größer als das Angebot

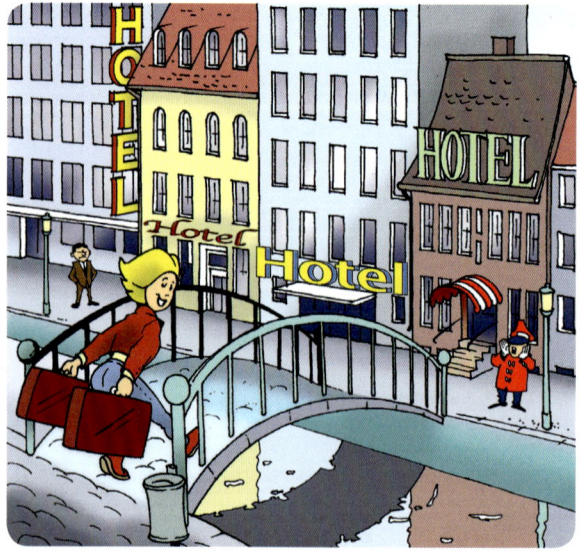

Abb. 2 **Käufermarkt** – das Angebot ist größer als die Nachfrage

3 Unternehmensleitung

management ● direction (w)

Der **Hotelier/Gastronom als Unternehmer** leitet eigenverantwortlich und durch eigene Initiative seinen Betrieb. Er trägt dabei das Kapitalrisiko und geht ein persönliches Wagnis ein.

- Er bestimmt die Geschäftspolitik.
- Er setzt die Ziele,
- plant die Abläufe in den einzelnen Bereichen,
- entscheidet über die zu treffenden Maßnahmen,
- setzt die Pläne in Aktionen um,
- steuert dabei die Maßnahmen und Abläufe zur Zielerreichung und er
- kontrolliert die Ergebnisse.

Der Unternehmer entscheidet über den Einsatz von **Produktionsfaktoren**. Dies sind die Mittel, die eingesetzt werden, um die betriebliche Leistung zu erstellen. Der **Unternehmer** ist – nicht zuletzt – für die Führung und das Wohl seiner Mitarbeiter verantwortlich. Damit sein Betrieb langfristig bestehen kann, muss der Unternehmer sein Angebot/ seine Leistungen gewinnbringend verkaufen. Im Allgemeinen gilt die Gewinnmaximierung als oberstes Unternehmensziel, es kann jedoch von anderen, nebengeordneten Zielen umgeben, überlagert oder ersetzt sein. Ein **Ziel** ist ein angestrebter Zustand in der Zukunft, den ein Unternehmen als Erfolgskriterium seines Handelns definiert.

Unternehmensziele

Das oberste Unternehmensziel der Einkommenssteigerung sowie der Gewinnmaximierung kann z. B. erreicht werden durch:

Gastbezogene Unternehmensziele:
- Verbesserung der Qualität
- Erhöhung der Kundenzufriedenheit
- Reduzierung von Reklamationen
- Verbesserung des Ansehens (Image/Ruf)
- Gästebindung

Mitarbeiterbezogene Unternehmensziele:
- Sozialer Ausgleich
- Arbeitsplatzsicherung
- Arbeitsfrieden
- Optimierung von Kenntnissen und Fertigkeiten

Betriebsbezogene Unternehmensziele:
- Steigerung des Umsatzes
- Erweiterung des Marktanteils
- Deckung/Minimierung der Kosten
- Verbesserung der Wirtschaftlichkeit
- Erlangung einer wirtschaftlichen Machtposition
- Umsetzung der Ideen des Umweltschutzes
- Erhaltung und Erweiterung der Substanz

Die Unternehmensleitung setzt den Abteilungsleitern und Mitarbeitern immer wieder betriebsbezogene Unternehmensziele. Bei deren Planung und Realisierung wird das **wirtschaftliche Prinzip** zu beachten sein, um Erfolg zu haben.

Abb.1 Der Management-Regelkreis

Produktionsfaktoren:

Betriebsmittel:
- Grundstück
- Hotelgebäude
- Ausstattung

Arbeit:
- objektbezogene Arbeit
- Leitung und Weiterentwicklung

Werkstoffe:
- Lebensmittel
- Getränke
- Reinigungsmittel

Humankapital (Bildung/ technisches Wissen):
- Personen, die durch Bildung und Erfahrung erworbenes Wissen und Fähigkeiten besitzen

Das wirtschaftliche Prinzip
Damit meint man den Grundsatz eines bestmöglichen wirtschaftlichen Handelns und bezieht sich auf das Maximal- und das Minimalprinzip. Entweder soll mit den zur Verfügung stehenden Mitteln ein größtmöglicher Erfolg erzielt werden (Maximalprinzip) oder es soll ein vorgebenes Ziel mit dem geringstmöglichen Aufwand erreicht werden (Minimalprinzip).

3.1 Unternehmensleitbild

🇬🇧 mission statement 🇫🇷 exemple (m) d'entreprise

> Die Unternehmensleitbilder in der Gastronomie legen die Verhaltensweisen gegenüber Gästen, Mitarbeitern, Mitbewerbern und der ortsansässigen Bevölkerung fest.

Im Unternehmensleitbild sind einige wichtige Unternehmens-Grundsätze formuliert, die die jeweilige Unternehmenspolitik bestimmen.

Die Grundsätze drücken meist das Verhalten gegenüber Gästen/Kunden oder auch Mitbewerbern aus. Sie stellen damit eine Grundlage der – späteren – konkurrenzorientierten Strategie dar.

Auch das Verhalten gegenüber den eigenen Mitarbeitern wird in diesem Bereich der Unternehmens-Grundsätze formuliert.

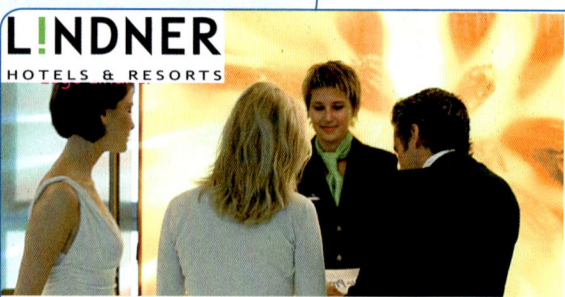

Leitbild und Werte

Lindner Hotels. Nicht nur besser. Anders.

Wir sind ein familiengeführtes Unternehmen und stehen mit unserem Namen hinter den Leistungen unserer Häuser.

Bei der Lindner Hotels AG ist die individuelle Erfüllung der Bedürfnisse von genau definierten Zielgruppen schon seit Jahren ein bewährtes Erfolgsrezept der Unternehmensphilosophie.

Unsere Häuser grenzen sich durch ihren individuellen Charakter und ihre außergewöhnliche Architektur sowohl gegen die Konkurrenz als auch untereinander präzise ab.

Begeisterte, qualifizierte Mitarbeiter und vertrauensvoller partnerschaftlicher Umgang sind ebenso charakteristisch für die Lindner Hotels wie die Erfüllung der Bedürfnisse unserer Gästegruppen und die Lösung außergewöhnlicher individueller Probleme. Jeder Mitarbeiter im Unternehmen ist dafür verantwortlich, diese Ziele als Verpflichtung in seinem Einflussbereich aktiv umzusetzen.

Wir fordern und unterstützen die Kreativität unserer Mitarbeiter, um unseren Gästen Konzepte zur Verfügung zu stellen, die über die Erwartungen hinaus Lindner Qualität verkörpern.

Jeder darf dabei auch Fehler machen, da wir Fehler als Chance zur Optimierung der Lindner Qualität sehen.

Durch das Vertrauen in die Fähigkeit unserer Mitarbeiter und die Gewährleistung ihrer kreativen und persönlichen Entfaltung erreichen wir ein hohes Engagement und schöpferische Arbeit. Gemeinsam schaffen wir Werte und erreichen neue Ziele.

Transparenz, umfassende Information und ein regelmäßiger Austausch der Mitarbeiter innerhalb unserer Häuser unterstützt ihre weitere Qualifizierung.

Wir führen unser Unternehmen ehrlich, zuverlässig und fair und arbeiten mit Geschäftspartnern in einem partnerschaftlichen, respektvollen und kooperativen Miteinander.

Auf der Grundlage dieser partnerschaftlichen Wertschätzung erreichen wir die permanente Entfaltung unserer Lindner Hotels.

Unsere grundlegenden Werte:
- Wir arbeiten miteinander, nicht gegeneinander.
- Wir sind individuell in unserem Angebot, nicht nur optimal.
- Wir übertragen Verantwortung, nicht nur Aufgaben.
- Wir pflegen den Dialog, nicht nur das Gespräch.
- Wir fördern Mut, nicht nur Fehlervermeidung.
- Wir wollen begeisterte und qualifizierte Mitarbeiter.
- Wir wollen unsere Mitarbeiter fördern, nicht nur fordern.
- Wir wollen die Sicherung zukünftigen wirtschaftlichen Erfolgs.

Unsere Kultur in den Augen unserer Mitarbeiter

Unsere Philosophie und unsere Werte sollen nicht zu Vorzeige-Zielen erstarren, sondern erlebter Bestandteil des Arbeitsalltags unserer Mitarbeiter werden. Die Frage hierbei ist: werden wir unseren Zielen gerecht?

Um die Realität unseres Unternehmens zu erkennen, so, wie sie sich in der Wahrnehmung der Lindner-Mitarbeiter präsentiert, haben wir uns bei einer großen Mitarbeiterbefragung beteiligt. Im Rahmen dieser Erhebung, die von Hewitt Associates in Zusammenarbeit mit dem *Handelsblatt* durchgeführt wurde, hatten unsere Mitarbeiter ausführliche Gelegenheit, sich differenziert über Lindner als Arbeitgeber zu äußern. Hier die wichtigsten Ergebnisse, die uns – das geben wir gerne zu – freuen und mit Stolz erfüllen:

- Lindner zeigt herausragende Ergebnisse in der Einschätzung der Qualität der Unternehmensführung, des Middle Management und der Möglichkeiten zur work-life-balance (Vereinbarkeit persönlicher mit arbeitsbezogenen Zielen).

- Lindner zeigt überdurchschnittliche Ergebnisse in der Einschätzung der Arbeitsbedingungen, der verfügbaren Arbeitsmittel und der Zufriedenheit mit dem direkten Vorgesetzten.

Natürlich haben wir durch die Befragung auch Verbesserungsaspekte erkannt, an denen wir jetzt arbeiten. Insgesamt zeigen die Ergebnisse aber deutlich, dass unsere Mitarbeiter die persönliche Nähe zu Unternehmensführung und Vorgesetzten, die Offenheit der Kommunikation und den unkomplizierten Umgang miteinander sehr schätzen - wir sind auf dem richtigen Weg.

Beispiel eines Unternehmens-Leitbilds

3.2 Unternehmensidentität

🇬🇧 corporate identity 🇫🇷 identité (w) d'entreprise

„**Corporate**" bedeutet: das Unternehmen, die Unternehmensgruppe oder Institution betreffend.

„**Identity**" steht für Persönlichkeit, Stil oder Individualität.

Unter Unternehmens-Identität („C.I.") versteht man das Erscheinen oder Auftreten (die „Persönlichkeit") eines Unternehmens. Dieses Erscheinen („Selbstbild") soll möglichst einheitlich und in sich selbst stimmig und glaubhaft nach außen und innen gestaltet werden.

Durch die abgestimmten Verhaltensweisen, die in der Unternehmens-Identität zum Ausdruck kommen, werden Glaubwürdigkeit und Vertrauen in eine Organisation geschaffen bzw. sollen diese erhalten bleiben.

Im Einzelnen sind bei der **Corporate Identity** drei Komponenten bedeutsam, bei denen sich jeweils das Besondere, die Persönlichkeit eines Unternehmens oder einer Organisation ausdrückt:

- **Corporate Design**, das Unternehmens-Erscheinungsbild, d.h. äußere Merkmale wie z.B. Firmenlogo, Kleidung der Mitarbeiter, Farbgebung, Gebäude, Außenanlagen;

- **Corporate Behaviour**, die Unternehmens-Verhaltensweisen, die Umsetzung der Unternehmensgrundsätze in Handlungen, z.B. als Anbieter, als Arbeitgeber, das Sozialverhalten, das Informationsverhalten bezüglich der Medien;

- **Corporate Communication**, die Unternehmens- bzw. Ortskommunikation. Sie richtet sich auf die Kommunikation mit den Mitarbeitern, den Marktteilnehmern (Gästen) und besonders mit den Medien. Hierbei ist sie eng verwandt mit der Öffentlichkeitsarbeit/Public Relations (s. S. 527).

Die Unternehmens Identität stellt das Selbstbild eines Betriebes dar. Die Sicht und das Bild außenstehender Betrachter wird Fremdbild oder „Corporate Image" genannt. Identität und Image stimmen selten hundertprozentig überein. Manchmal ist das Image eines Hotels in der Öffentlichkeit besser als die Realität, gelegentlich ist es auch umgekehrt.

Vor allem die Unternehmenskommunikation trägt dazu bei, dass Corporate Identity und Corporate Image nicht auseinander fallen.

Abb. 1 Die 3 Elemente der Unternehmens-Identität

> ● Die Persönlichkeit ist Original und Ursache, das Image ist Abbild und Wirkung.

Beispiele unterschiedlicher Unternehmenslogos und -schriftzüge namhafter Hotelketten

KURHOTEL SONNENGARTEN

SEHR VEREHRTER GAST!

Herzlich willkommen. Wir freuen uns, Sie in unserem Hause zu begrüßen
und wünschen Ihnen einen angenehmen Aufenthalt im Kurhotel Sonnengarten.
Sollten während Ihres Aufenthaltes irgendwelche Probleme auftauchen,
bei denen wir Ihnen behilflich sein können, wenden Sie sich bitte an den zuständigen Mitarbeiter.

Ihre Meinung zu unserem Haus schätzen wir ganz besonders.
Bitte nehmen Sie sich Zeit, um diesen Gästefragebogen auszufüllen und an der Rezeption abzugeben.

Sie helfen uns mit Ihrer Antwort den Komfort und Service zu bieten, den Sie von uns erwarten.
Für Ihre Mühe erhalten Sie bei der Abgabe der Gästebefragung an der Rezeption ein kleines Dankeschön.

Welche Wertung geben Sie uns?

1. Rezeptionspersonal
   Empfang bei der Anreise ☐ ☐ ☐

2. Zimmer
   Sauberkeit ☐ ☐ ☐
   Komfort/Einrichtung ☐ ☐ ☐
   Badezimmer ☐ ☐ ☐
   Gibt es technische Mängel? Wenn ja, welche:
   _____
   _____

3. Restaurantangebot
   Frühstücksbüffet ☐ ☐ ☐
   Menü/Essen ☐ ☐ ☐
   Getränke ☐ ☐ ☐

4. Service
   Restaurant ☐ ☐ ☐
   Hotelbar ☐ ☐ ☐
   Etage/Zimmermädchen ☐ ☐ ☐
   Freizeitangebot ☐ ☐ ☐

5. Schwimmbad/Sauna
   Sauberkeit ☐ ☐ ☐
   Raum-/Wassertemperatur ☐ ☐ ☐
   Ausstattung/Atmosphäre ☐ ☐ ☐

6. Kurbereich (Massage- und Bäderabteilung)
   Sauberkeit des Bäderbereiches ☐ ☐ ☐
   Atmosphäre/Ausstattung ☐ ☐ ☐
   Fachbetreuung ☐ ☐ ☐

7. Seminar- und Tagungsbereich
   In welchem Tagesraum waren Sie?
   ☐ Hans Holbein I   ☐ Elias Holl I EDV
   ☐ Hans Holbein II   ☐ Elias Holl II
   ☐ Hans Sachs

   Tageslicht, Akustik ☐ ☐ ☐
   Raumnutzungsmöglichkeit ☐ ☐ ☐
   Sauberkeit/Atmosphäre/Ruhe ☐ ☐ ☐
   Seminargerechtes Speiseangebot ☐ ☐ ☐
   Tagesausstattung ☐ ☐ ☐

8. Wer machte Sie auf unser
   Hotel aufmerksam?
   ☐ Ich bin Stammgast
   ☐ Werbung/Freunde
   ☐ durch Tagungen i. H.
   ☐ _____
   _____

9. Grund Ihres Aufenthaltes:
   ☐ Privat   ☐ Tagung/Kongreß
   ☐ Geschäftlich   ☐ Kur
   _____

10. Durch wen wurde Ihre Reservierung durchgeführt?
    ☐ Hotel direkt   ☐ Seminarveranstalter
    ☐ Reisebüro   ☐ Reservierungsbüro
    ☐ Firma   _____

    Wurde Ihre Reservierung
    prompt und höflich behandelt? ☐ ☐ ☐

11. Wie würden Sie unser Hotel im allgemeinen beurteilen
    und werden Sie wiederkommen? ☐ ☐ ☐

12. An welche Adressen Ihres Bekannten-/Freundeskreises
    dürfen wir unseren Prospekt senden?
    _____
    _____
    _____
    _____
    _____

13. Haben Sie weitere Vorschläge oder Ideen, die helfen,
    Ihren nächsten Aufenthalt noch angenehmer zu gestalten?
    _____
    _____
    _____
    _____
    _____
    _____

Beispiel eines Gästefragebogens

④ Marketingkonzept

⊞ marketing concept 🇫🇷 concept (m) de marketing

Wenn ein Gastronom sein Unternehmen „vom Markt her führen" will, muss er zunächst ein Marketing-Konzept erstellen.

- Er fragt nach den Wünschen seiner Gäste und beobachtet seine Konkurrenten ➜ **Marktforschung/Marktanalyse**.
- Er bestimmt die Ziele, die er erreichen will ➜ **Marketingziele**.
- Er entwickelt Vorgaben, wie die Ziele erreicht werden sollen ➜ **Marketing-Strategie**.
- Er plant, welche Mittel angewendet werden ➜ **Marketinginstrumente** und welche Maßnahmen zu ergreifen sind ➜ **Marketingplan**.

4.1 Marktforschung/Marktanalyse

⊞ market research/market analysis 🇫🇷 étude (w) et analyse (w) de marché

Untersuchungen über die Wünsche und Gewohnheiten der Gäste sind eine wichtige Informationsquelle. Das eigene betriebliche Angebot muss ausgewertet und mit dem der Konkurrenten verglichen werden (Beispiel eines Gästefragebogens siehe Seite 518). Als Grundlage dienen eigene Befragungen oder in Auftrag gegebene Analysen. Bei regelmäßigen Untersuchungen spricht man von **Marktbeobachtung.** Über die Gemeinde oder das Fremdenverkehrsamt erhält man zusätzliche Hinweise zur Situation des Gastgewerbes in der Region.

4.2 Marketingziele ⊞ marketing targets 🇫🇷 buts (m) du marketing

Die Unternehmensziele (siehe Seite 515) sind allgemein formuliert, Marketingziele bestimmen die konkrete Richtung. Sie können sich auf die Menge oder auf die Qualität beziehen und werden von der Hoteldirektion den Abteilungsleitern oder den einzelnen Mitarbeitern vorgegeben. Die Marketingziele sollen der „Philosophie des Hauses" entsprechen. Werden bestimmte Zahlen oder Mengen vorgegeben, spricht man von **quantitativen Marketingzielen**. Wenn die Vorgaben die Güte oder Beschaffenheit von Dingen oder den Ruf/das Image eines Hotels betreffen, so spricht man von **qualitativen Marketingzielen**.

4.3 Marketingstrategie

⊞ marketing strategy 🇫🇷 stratégie (w) du marketing

Marketingstrategien enthalten Vorgaben, in welche Richtung sich das Unternehmen entwickeln soll. Sie stellen die „Leitplanken" für den zukünftigen Weg dar. Es wird festgelegt, welche Ziele in welchem Umfang und in welcher Zeit erreicht werden sollen. Der „Ist-Zustand" soll langfristig in den geplanten „Soll-Zustand" überführt werden. Meist handelt es sich um Zeiträume von 5 bis 10 Jahren.

Beispiel: „In 8 Jahren wollen wir das erste Haus am Platze sein."

Quantitative Marketingziele: Beispiele:

- Die Zimmerauslastung soll im kommenden Geschäftsjahr im Vergleich zu diesem Jahr um 5 % steigen. Verantwortlich hierfür sind der Empfangschef und der Verkaufsleiter.
- Die durchschnittliche Aufenthaltsdauer der Hotelgäste während der nächsten Weihnachtsferien (23. Dezember bis 7. Januar 20..) soll von bisher 5,4 Tagen auf 6,0 Tage erhöht werden. Verantwortlich hierfür ist der Reservierungsleiter.
- Die Restaurantauslastung (120 Sitzplätze) soll bis Jahresende um 7 % im Vergleich zum Vorjahr gesteigert werden. Zuständig für die Zielerreichung ist der Restaurantleiter.

Qualitative Marketingziele: Beispiele:

- Der Ruf des Hauses/das Image soll im nächsten Geschäftsjahr deutlich aufgewertet werden. Zuständig hierfür ist der Marketingleiter.
- Die Marktstellung und die Marktpräsenz sollen im nächsten Halbjahr verbessert werden. Verantwortlich hierfür zeichnen der Direktionsassistent und der Verkaufsleiter.
- Das äußere Erscheinungsbild des Hotels soll bis nächsten Juni farblich dem Trend der Zeit angepasst werden. Zuständig hierfür sind die 1. Hausdame und der Technische Leiter.

Kriterien

Lage des Restaurants
Image des Restaurants
Unmittlbare Konkurrenz
Infrastruktur
Nachfrage vor Ort
Erreichbarkeit
Parkmöglichkeiten
Zahl der Laufkundschaft

−3 −2 −1 0 +1 +2 +3

Abb. 1 Beispiel für eine Chancen-Risiken-Analyse
grün: Bewertung der eigenen Unternehmung
rot: Bewertung des Konkurrenten

Kriterien

Fähigkeiten der Mitarbeiter
Betriebsklima
Technisches Equipment
Dauer der Zubereitung
Lieferantenbeziehungen
Grad der Selbstproduktion
Umfang der Speisekarte
Variantenvielfalt

−3 −2 −1 0 +1 +2 +3

Abb. 2 Beispiel für eine Stärken-Schwäche-Analyse

Abb. 3 5-Forces-Modell

Damit das Unternehmen den „Soll-Zustand" festlegen kann, wird der „Ist-Zustand" mithilfe unterschiedlicher Methoden untersucht.

Die Chancen–Risiken–Analyse

Bei der Chancen–Risiken–Analyse werden **externe** Einflussfaktoren untersucht, die zum unternehmerischen Erfolg beitragen oder ihn behindern. Das Unternehmen selbst kann auf sie keinen Einfluss nehmen. Für jeden Einflussfaktor erfolgt eine **Selbsteinschätzung**: Wo liegen Chancen, wo liegen Gefahren für meine Unternehmung? Die Bewertung erfolgt mithilfe einer Punkteskala, z. B. von + 3 (große Chancen) bis − 3 (große Gefahren). Sinnvoll ist eine **Einschätzung der Konkurrenz** anhand derselben Faktoren. Die Ergebnisse der Analyse werden grafisch dargestellt. So wird schnell erkennbar, wo Vor- und Nachteile im Vergleich zur Konkurrenz liegen.

Die Stärken–Schwächen–Analyse

Da externe Faktoren kaum beeinflussbar sind, müssen unternehmensspezifische Stärken herausgearbeitet und optimiert werden. Um **Stärken und Schwächen eines Unternehmens** zu erkennen, gibt es die Stärken-Schwächen-Analyse.

Die Erstellung dieser Analyse gleicht der Chancen-Risiken-Analyse. Allerdings werden hier nur **interne** Einflussfaktoren bewertet. Diese können vom Unternehmen selbst gesteuert werden.

Da zur Bewertung der Stärken und Schwächen nur interne Bewertungsfaktoren herangezogen werden, kann die Konkurrenz nicht verglichen werden.

Das 5-Forces-Modell

In der Systemgastronomie wird ein weiteres strategisches Instrument zur Untersuchung der Marktchancen verwendet: das von Michael Porter entwickelte „5-Forces-Modell".

Dabei gibt es fünf Faktoren („Kräfte"), die über den Erfolg eines Produktes am Markt entscheiden:

1. Wettbewerbsintensität der Branche

Es wird anhand von Fragen untersucht, wie die derzeitige Wettbewerbssituation innerhalb des Marktes/der Branche ist:

- Wie viele Konkurrenten gibt es?
- Wie groß sind die Konkurrenten?
- Wo sitzen diese Konkurrenten?
- Wo liegen Überschneidungen in den Zielmärkten mit den Konkurrenten?
- Wo liegen deren Schwächen und Stärken?

2. Gefahr durch neue Konkurrenten

Um den Eintritt neuer Konkurrenten in den Markt zu vermeiden, muss die eigene Position am Markt gefestigt und verteidigt werden. Häufig werden daher Markteintrittsbarrieren erhoben, die es neuen Konkurrenten erschweren, einen bereits etablierten Markt zu betreten.

3. Gefahr durch Ersatzprodukte

Ersatzprodukte („Substitutionsprodukte") können dem bisherigen Produkt starke Konkurrenz am Markt machen. Substitutionsprodukte erfüllen denselben Zweck wie das bisherige Produkt, verfügen allerdings meist über eine neuere Technologie .

4. Verhandlungsmacht der Lieferanten

Hat ein Unternehmen wenige Lieferanten, ist es von diesen stark abhängig. Preisverhandlungen (z. B. Mengenrabatte) sind kaum möglich. Bei einer Vielzahl von Lieferanten, die sich in Qualität und Preis ähneln, sind die Verhandlungsspielräume deutlich größer.

5. Verhandlungsmacht der Abnehmer

Die Abhängigkeit des Unternehmens von seinen Abnehmern spielt in der Gastronomie nur eine untergeordnete Rolle. In anderen Branchen kann der Einfluss der Abnehmer groß sein und Auswirkungen z. B. auf den erzielbaren Verkaufspreis haben.

4.4 Marketingplan 🇬🇧 marketing plan 🇫🇷 plan (m) du marketing

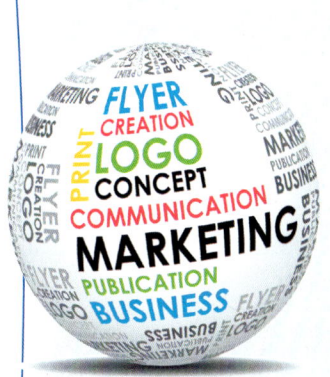

Im **Marketingplan** werden die einzelnen Maßnahmen festgelegt, die zur Umsetzung der Strategie ergriffen werden sollen. Der Marketingplan stellt den Prozess, das „Beförderungsmittel" dar. Die Palette der Maßnahmen reicht von Anzeigen in Zeitungen/Zeitschriften über die Festlegung neuer Zimmerpreise bis hin zur Einführung einer besonderen Mittagskarte im Restaurant.

Marketingpläne werden für kürzere Zeiträume, meist für das nächste Geschäftsjahr, erstellt. Voraussetzung für die Erstellung eines guten Marketingplans sind Kenntnisse über die Marketinginstrumente, die zur Verfügung stehen. Sie sollen in einem ausgewogenen Verhältnis gemischt eingesetzt werden (Marketing-Mix).

4.5 Marketing-Instrumente

🇬🇧 marketing instruments 🇫🇷 instruments (m) du marketing

Acht Marketing-Instrumente werden in vier gestaltende und in vier kommunikative Instrumente unterteilt.

Die vier **gestaltenden Marketing-Instrumente** sind:
- die **Preispolitik** (Preisgestaltung und Preisdifferenzierung),
- die **Absatzmethode** (direkter und indirekter Verkaufsweg, Verkaufsorganisation),
- die **Angebotspolitik** (Angebot/Leistung, Art und Umfang des Produkts/der Produktgestaltung), z. B. aus den Bereichen Beherbergung und Food & Beverage, und
- der **Service**/die **Gästebetreuung** (der Dienst am Gast/Kunden).

Die vier **kommunikativen Instrumente** sind:
- der **Verkauf** (individuelle Verkaufstätigkeiten, z. B. durch den Hotelverkäufer),
- die **Werbung** (produktbezogene Beeinflussung der Gäste),
- die **Verkaufsförderung** (Sales-Promotion, Maßnahmen der Verkaufsstimulierung) und
- die **Öffentlichkeitsarbeit** (Public relations, Aufbau und Pflege eines in der Öffentlichkeit positiv wirkenden Umfeldes/Images). Hinweis: Übersicht auf S. 522.

4.6 Marketing-Mix 🇬🇧 marketing mix 🇫🇷 marketing (m) mix

Abb. 1 Der Marketing-Mix

Das Zusammenspiel und der Einsatz der Marketing-Instrumente erfolgen flexibel, ganz nach Notwendigkeit. Dies wird als **Marketing-Mix** bezeichnet.

Als **optimalen** Marketing-Mix lässt sich diejenige Kombination von marketingpolitischen Instrumenten bezeichnen, durch die ein bestimmtes Verkaufsziel bestmöglich erreicht wird, z. B. Aktionswoche oder Wochenendarrangement mit Wellness-Programm.

Die relative Bedeutung der einzelnen Instrumente hängt vom Betriebstyp, vom Produkt und vom Gästeverhalten ab. So spielt bei manchen Produkten der Preis eine wesentliche Rolle, während er bei anderen von untergeordneter Bedeutung ist (Alltagsgüter – Luxusgüter).

4.7 Kontrolle des Marketingerfolgs

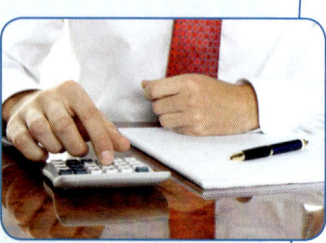

🇬🇧 controlling of the marketing success 🇫🇷 surveillance (w) du marketing succès

Durch den Soll-/Ist-Vergleich – anhand der Zielvorgaben – wird abschließend eine Erfolgskontrolle der einzelnen Marketingmaßnahmen durchgeführt. Die gewonnenen Erkenntnisse fließen dann wieder in die Gestaltung zukünftiger Aktionen mit ein.

Übersicht: Marketing

Nachfrage-Situation analysieren — Angebots-Situation analysieren — Konkurrenz-Situation analysieren — Neue Trends analysieren

Kurzfristige, langfristige, quantitative, qualitative Marketingziele bestimmen

Unternehmens-Leitbild berücksichtigen → **Marketing-Strategie entwickeln** ← Unternehmens-Identität berücksichtigen

Marketing-Instrumente auswählen und gewichten → **Marketing-Plan erstellen** ← Kostenvolumen abschätzen, Budget berücksichtigen

Marketing-Mix
Preispolitik, Absatzmethode, Angebotspolitik, Service/Gästebetreuung, Verkauf, Werbung, Verkaufsförderung, Öffentlichkeitsarbeit

Anwendung/Einsatz der Marketing-Instrumente
Marketing-Erfolg kontrollieren, erfassen und auswerten

1. Nennen Sie drei Besonderheiten, die den Verkauf im Gastgewerbe vom Verkauf in der Industrie unterscheiden.

2. Was sind gastronomische Outlets? Nennen Sie vier Beispiele dazu.

3. Nennen Sie je drei Beispiele für Verbrauchs- und für Gebrauchsgüter in der Gastronomie.

4. Was ist ein Package im Verkauf?

5. Erklären Sie die Nachfrage- und die Angebots-Situation auf einem Verkäufermarkt.

6. Erklären Sie die Nachfrage- und die Angebots-Situation auf einem Käufermarkt.

7. Welche gastronomische Marktsituation ist zzt. in Deutschland vorzufinden?

8. Nennen Sie die sechs Schritte des „Management-Regelkreises".

9. Geben Sie fünf Beispiele für Unternehmensziele.

10. Was ist ein Unternehmensleitbild (mission statement) und wofür dient es?

11. Was versteht man unter Corporate Identity?

12. Nennen Sie die drei Komponenten, die für die Corporate Identity bedeutsam sind.

13. Wodurch unterscheiden sich Corporate Identity und Corporate Image?

14. Nennen Sie je drei Beispiele für quantitative und für qualitative Marketing-Ziele.

15. Was beinhaltet der Marketing-Plan?

16. Nennen Sie vier Marketing-Instrumente.

17. Was bedeutet Marketing-Mix?

18. Aus welchen sieben Bausteinen wird ein Marketing-Konzept zusammengestellt?

19. Wie lautet die empfohlene Reihenfolge bei der Vorgehensweise, wenn ein Marketing-Konzept erstellt wird?

1. _____
   _____
2. _____
   _____
3. _____
   _____
4. _____
   _____
5. _____
   _____
6. _____
   _____
7. _____
   _____

Aufgaben

Abb. 1 Hoteldirektor beim Verkaufsgespräch

Abb. 2 Meeting der Verkaufs- abteilung

Pull-Maßnahmen sollen helfen, neue Gäste ins Haus zu ziehen.

Beispiele für Pull-Maßnahmen:

- Ein Hotel stiftet Gewinn- preise für ein Preisaus- schreiben in der Presse oder für einen Wettbe- werb im Fernsehen.
- Der Küchenchef bietet Gourmet-Kochkurse für die Öffentlichkeit an.

Push-Maßnahmen sollen hel- fen, den im Hause befindlichen Gästen mehr zu verkaufen.

Beispiele für Push-Maßnahmen:

- „In-house-shopping-Listen" mit Kaufangeboten in allen Gästezimmern, z. B. für Bademäntel, Handtücher, Badesandalen, Werbeartikel, Kleidersäcke, Kleiderbügel, Feuerzeuge usw.
- Als Anreiz, einen Tisch für den „Bretonischen Spezialitä- tenabend" im Hotel-Restaurant zu buchen, werden den Hausgäs- ten nachmittags, an einem Stand in der Hotelhalle, frisch zubereitete Crêpes angeboten.

5 Kommunikation mit dem Markt – Kommunikationsinstrumente

🇬🇧 communication with the market – instruments of communication
🇫🇷 communication (w) sur le marché – instruments (m) de la communication

5.1 Verkaufsförderung

🇬🇧 sales promotion 🇫🇷 promotion (w) des ventes

Ziel der Verkaufsförderung ist die Absatzerweiterung. Dazu dient das gesamte **absatzpolitische Instrumentarium**, d. h. die Summe aller Inst- rumente zur Förderung des Absatzes. Wesentlich für die Verbesserung des Absatzes sind

- die **Absatzmethode**,
- die **Produkt- und Sortimentsgestaltung**,
- die **Werbung**,
- die **Preispolitik**.

Bei der **Absatzmethode** muss sich der Unternehmer entscheiden, wel- ches Vertriebssystem er auswählt. Hier kommt für die Gastronomie nur der eigene Vertrieb in Betracht. Außerdem zählen dazu die *Absatzwege*, die beschritten werden: der direkte Absatz, ohne Absatzmittler, oder der *indirekte Weg*, z. B. über Reiseveranstalter (siehe Marketing-Mix, S. 522).

Zu Leistungen eines Gastronomiebetriebes bei der **Produkt- und Sorti- mentsgestaltung** zählen:

- die natürlichen Leistungen des Hauses, z. B. seine ruhige Lage;
- die persönlichen Leistungen aller Mitarbeiter, z. B. Freundlichkeit, Hilfsbereitschaft, Qualitätsorientiertheit und ihr Schulungsgrad;
- die Beherbergungsleistung, z. B. Zimmer-Service, Gästewäsche-Service, Nichtraucherzimmer, Hotel-TV-Informationssystem in jedem Zimmer;
- die Verpflegungsleistung, z. B. die Frische der Produkte, Angebotsbreite und -tiefe, Abwechslung im Angebot, Berücksichtigung zeitgemäßer Ernährungsformen.

Die Produkt- und Sortimentsgestaltung lässt gerade in der Gastronomie viele erfolgversprechende Möglichkeiten zu. Zu **Besonderheiten in der Systemgastronomie** siehe nächste Seite. Die **Werbung** wird ab Seite 528 behandelt.

Unter **Preispolitik** versteht man alle Maßnahmen, die ein Unternehmen ergreift, um mittels der Preise den Absatz zu steigern, den Umsatz zu er- höhen und den Gewinn zu verbessern. Die Preispolitik wird als Marketing- Instrument in den Marketing-Mix eingebaut. Dabei sind eine genaue Kenntnis des Absatzbereiches und der Gästevorlieben ebenso Vorausset- zungen wie die Beachtung von Konkurrenz und Käuferverhalten. Deshalb muss der Gastronom sich darüber im Klaren sein, welche Preisfindungs- kriterien für ihn in Frage kommen und nach welchem Prinzip er seinen Preis bestimmen will.

Neben diesen absatzpolitischen Instrumenten werden oftmals zusätzlich oder begleitend **Pull-Maßnahmen** (to pull = kräftig ziehen, zerren) und/ oder **Push-Maßnahmen** (to push = anschieben, drücken) zur Verkaufs- förderung eingesetzt.

Besonderheiten in der Systemgastronomie

Die **Produkt- und Sortimentsgestaltung** hat vor allem im Bereich der Systemgastronomie einen hohen Stellenwert. Das „**Programm**" des Unternehmens, sein Sortiment, ist der „**Produktmix**" aller seiner Produktlinien und Produkte.

Die Wahl des richtigen Programms

Die Wahl des richtigen Programms ist von verschiedenen Einflussfaktoren abhängig:

- Kunden- und Gästebedürfnisse (wichtigstes Kriterium!)
- Konkurrenzsituation und eventuell bestehende Marktzutrittsschranken
- Know-how des Unternehmens (z. B. Sternekoch, Aushilfen)
- Technische Möglichkeiten in der Produktion (z. B. vorhandene Kapazitäten in der Küche)

Der Produktlebenszyklus

Jedes Produkt unterliegt einem sogenannten **Produktlebenszyklus (PLZ)**. Er beschreibt den Verlauf eines Produktes von dessen Einführung auf dem Markt bis hin zu dessen Absterben. Der PLZ gliedert sich typischerweise in fünf Phasen.

① **Einführungsphase:** Das Produkt wurde gerade am Markt eingeführt und verzeichnet noch einen geringen Umsatz. Entsprechend hat das Unternehmen noch Verluste zu verzeichnen. Es setzt verstärkt Werbemittel ein, um Kunden zu gewinnen.

② **Wachstumsphase:** Das Produkt wirft erstmals Gewinne ab und der Absatz steigt. Immer mehr potenzielle Kunden werden auf das Produkt aufmerksam. Die Ausgaben für Werbung bleiben hoch.

③ **Reifephase:** Der Umsatz erreicht sein Maximum. Allerdings gehen allmählich die Gewinne zurück, da zunehmend Konkurrenz auf dem Markt erscheint, sodass die Preise nach unten korrigiert werden müssen. In dieser Phase besteht die Möglichkeit, sich durch Produktvariationen von der Konkurrenz abzuheben, um einen Wettbewerbsvorteil zu erzielen. Die Werbeausgaben werden eingeschränkt, da das Produkt bereits am Markt bekannt ist.

④ **Sättigungsphase:** In dieser Phase gibt es nur noch wenige Neukäufer, die sich für das Produkt interessieren. Der Umsatz geht zurück, die Gewinne nehmen ab. Werbemaßnahmen werden nur noch vereinzelt durchgeführt.

⑤ **Degenerationsphase:** Es kommen neue Produkte auf den Markt und die Nachfrage nach dem bisherigen Produkt sinkt stetig. Die Umsätze gehen stark zurück. In dieser Phase schöpft das Unternehmen die letzten Gewinne ab und stellt Werbemaßnahmen generell ein.

Programmbreite

= Anzahl der Produktlinien, die ein Unternehmen führt

Programmtiefe

= Anzahl der Produkte innerhalb einer Produktlinie

In der klassischen Gastronomie mit einem Mix aus Produktion (Küche) und Dienstleistung (Service) lässt sich diese Unterscheidung selten anwenden.

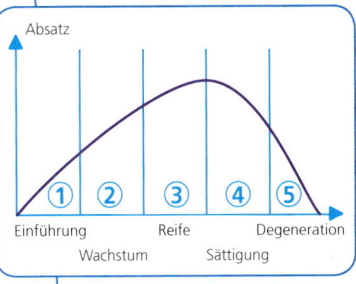

Abb. 1 Produktlebenszyklus (PLZ)

Problematik des Produktlebenszyklus

- Ein „idealtypisches" Modell, die Realität weicht davon oftmals ab.
- Die Dauer der einzelnen Phasen ist nicht voraussehbar und bei jedem Produkt unterschiedlich.
- Eine exakte Abgrenzung der einzelnen Phasen ist kaum möglich.
- Der PLZ vernachlässigt teilweise das Verhalten der Konkurrenz.
- Umwelteinflüsse bleiben unberücksichtigt.

	❶ Einführung	❷ Wachstum	❸ Reife	❹ Sättigung	❺ Degeneration
Absatz	gering	zunehmend	erreicht Maximum	langsam rückläufig	stark rückläufig
Gewinn	Verlust	erster Gewinn	maximaler Gewinn	rückläufiger Gewinn	stark rückläufig
Umsatz	gering	hoch	Maximum erreicht	langsam rückläufig	stark rückläufig

	1 Einführung	**2** Wachstum	**3** Reife	**4** Sättigung	**5** Degeneration
Bekanntheitsgrad	gering	nimmt zu	hoch	hoch	rückläufig
Marktanteil	gering	nimmt zu	hoch	langsam rückläufig	stark rückläufig
Werbung	stark	stark	begrenzt	begrenzt	wird eingestellt
Vertriebsnetz	begrenzt	wird erweitert	vollkommen ausgebaut	vollkommen ausgebaut	nimmt ab

Abb. 1 Versteinerung eines Produktlebenszyklus (PLZ)

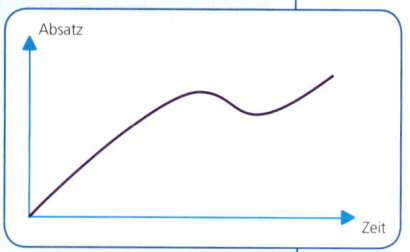

Abb. 2 Änderung des Produktlebenszyklus durch Entwicklung von Varianten

Varianten des Produktlebenszyklus

Eine Variante des Produktlebenszyklus ist die **„Versteinerung"**. Trotz neuer Produkte auf dem Markt bleibt die Nachfrage konstant. Sowohl Händler als auch Kunden sind vom Produkt überzeugt, sodass die Degenerationsphase ausbleibt. **Beispiele:** Nivea, Coca Cola

Die Entwicklung von **Produktvarianten** ändert den Produktlebenszyklus. Um die Nachfrage in der Sättigungsphase wieder anzukurbeln, werden Varianten des Produktes entwickelt. Dadurch wird die Degenerationsphase hinausgezögert, es werden auch neue Kundengruppen angesprochen. Beispiel: In der Systemgastronomie bringen viele Anbieter sogenannte **„New Seasonals"** auf den Markt. New Seasonals sind zeitlich begrenzte Produktvarianten, die allerdings in bestimmten Zeitabständen immer wiederkehren können. Sie richten sich nach den aktuellen Bedürfnissen der potenziellen Käufer und bieten so dem Konsumenten Abwechslung.

New Seasonals können im Wesentlichen folgende **Vorteile** für das Unternehmen mit sich bringen:

- Erschließung eines neuen Kundensegments: durch die Einführung von zeitlich begrenzten neuen Produktvarianten kann auch das Interesse neuer potenzieller Käufer geweckt werden.
- Das bestehende Produkt ist bereits durch Marketingmaßnahmen am Markt etabliert; daher sind die Marketing-Kosten für das New-Seasonal-Produkt in der Regel deutlich geringer.
- Generierung zusätzlicher Umsätze durch Zusatzkäufe.
- Aufgrund der zeitlich begrenzten Dauer des New Seasonals umgeht man die Gefahr einer zu breiten Produktpalette, die zu Unsicherheit beim Käufer führen kann.

Aufgaben

1 Nennen Sie je ein Produkt/eine Dienstleistung für jede Phase des Produktlebenszyklus. Nehmen Sie insbesondere bei der Wahl Ihrer Beispiele Bezug auf die Systemgastronomie.

2 Erklären Sie anhand eines Beispiels, dass der idealtypische Verlauf des PLZ nicht immer realisierbar ist.

3 Warum ist ein versteinerter Produktlebenszyklus gerade in der Systemgastronomie überlebenswichtig?

4 Nennen Sie mindestens drei Beispiele aus der Praxis für einen versteinerten Verlauf des Produktlebenszyklus. Welche Vorteile sind mit einem solchen Verlauf verbunden?

5 Zeigen Sie auf, was man unter einem New Seasonal versteht. Worin liegen Vorteile in der Einführung von New Seasonals? Wo können Probleme auftreten?

6 Zeigen Sie anhand eines konkreten Praxisbeispiels die Anwendung von New Seasonals.

5.2 Öffentlichkeitsarbeit

🇬🇧 public relations 🇫🇷 rélations (w) publiques

Die Öffentlichkeitsarbeit – auch **PR** genannt – ist ein kommunikatives Marketinginstrument. Im Gegensatz zur Werbung, die sich auf das Produkt richtet, zielt die Öffentlichkeitsarbeit darauf ab, das Bild (Image) eines Unternehmens in der Öffentlichkeit positiv darzustellen.

In der Gastronomie ist hierunter weniger die Öffentlichkeit allgemein, sondern vielmehr das Gästepotenzial zu verstehen. Diesem Personenkreis sollen mit Hilfe der Öffentlichkeitsarbeit das Ansehen und der gute Ruf des Hotels/Restaurants eingeprägt werden. Ferner sollen der Bekanntheitsgrad (Publizität) gesteigert und Sympathie und Vertrauen erzeugt werden.

Mit dem Instrument der Öffentlichkeitsarbeit kann sich der einzelne Gastronomiebetrieb leichter von Mitbewerbern auf dem Markt unterscheiden. Mit reiner Produktwerbung wäre dies nicht so leicht möglich.

Bei der **Durchführung von Öffentlichkeitsarbeit** werden folgende Mittel eingesetzt:

Es ist wichtig, dass die Effizienz der Öffentlichkeitsarbeit regelmäßig überprüft wird. Hierzu sollten die eingesetzten Mittel ausgewertet und die Einhaltung des Budgets überwacht werden.

- **Pressearbeit und Medienpflege**
  - Bereitstellung von Pressemappen mit Informationen und Darstellung der Leistungen des Betriebes,
  - Durchführung von Pressekonferenzen.
- **Internetauftritte**
  - eigene Homepage und
  - Internetlinks
  - Social Media
- **PR-Aktionen**
  - Repräsentation und Sponsorship bei öffentlichen Veranstaltungen und bei kulturellen Ereignissen übernehmen,
  - Betriebsbesichtigungen ermöglichen – „Tag der offenen Tür" veranstalten.

- **Gästebetreuung**
  - Aktionen zur Gästeunterhaltung,
  - Hilfe bei anstehenden Problemen.
- **Innerbetriebliches Informationswesen**
  - Gästekartei-Auswertung für Gratulation zum Geburtstag/Hochzeitstag,
  - Hauszeitungen/Hauszeitschriften.
- **Öffentlichkeitswirksame Eigenveranstaltungen**
  - Raritätenweinproben mit Prominenten,
  - gastronomische Aktionswochen.

Abb. 1 Beispiel einer PR-Aktion – Live-Übertragung einer Sport-Talkshow aus einer Hotelhalle

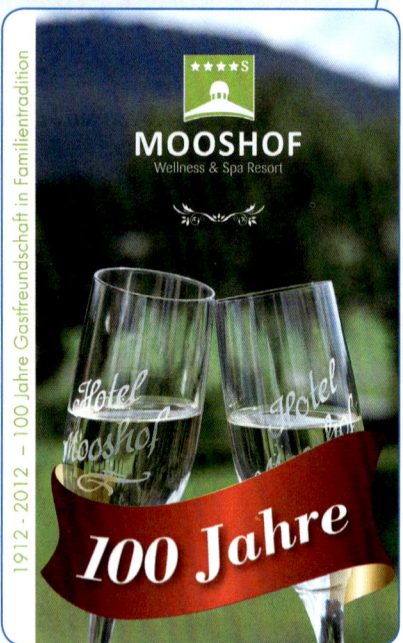

Abb. 1 Beispiel für Alleinwerbung

Abb. 2 Beispiel für Sammelwerbung

5.3 Werbung 🇬🇧 publicity, advertising 🇫🇷 publicité (w)

Die Werbung ist ein Informations- und Kommunikationsinstrument. Sie wird als Teil des absatzpolitischen Instrumentariums im Marketing-Mix (s. S. 522) eingesetzt, um den Absatz zu steigern. Sie hat die Aufgabe, die Nachfrage zu wecken und sie durch Wiederholung wachzuhalten. Durch Information und Motivation soll Vertrauen erzeugt werden. Der umworbene Gast soll die Ansichten des werbenden Gastronomiebetriebs übernehmen.

Viele Werbeangebote in der Gastronomie sind auf gefühlsmäßig bestimmte Bedürfnisse abgestimmt. Deshalb wirbt die Gastronomie in vielen Fällen mit Argumenten aus dem emotionalen Bereich, wie z. B. „Erholung für Körper und Geist", „Wellness – das Konzept zum Sich-Wohlfühlen" oder „Lassen Sie bei uns Ihre Seele baumeln!".

Arten der Werbung

Die Arten der Werbung können unter verschiedenen Gesichtspunkten näher betrachtet werden. Nach der **Zahl der Werbenden**, unterscheidet man zwischen Allein-, Sammel- und Gemeinschafts-Werbung.

- **Alleinwerbung** wird immer von einem Werbenden, z. B. dem Hotelier, durchgeführt.
- **Sammelwerbung** wird von mehreren Werbenden vereinbart, um gemeinsam zu werben, wobei jeder Werbende namentlich erwähnt wird, wie z. B. im Verzeichnis der Mitgliedsbetriebe einer Hotelkette/Hotelkooperation.
- **Gemeinschaftswerbung** ist eine Werbeart, bei der der Einzelne nicht mehr erwähnt wird. Dafür wird allgemein für eine bestimmte Gruppe, Branche, ein allgemeines Produkt oder z. B. eine Urlaubsregion geworben, wie z. B. „Der Bayerische Wald – Erfrischend natürlich.".

Nach der **Zahl der Umworbenen** wird zwischen Einzel- und Massenwerbung differenziert. Bei **Einzelwerbung** richtet sich die Maßnahme an den einzelnen Umworbenen, z. B. Geburtstagsgrüße an einen Stammgast. **Massenwerbung** richtet sich entweder an eine bestimmte Gruppe von Umworbenen, wie z. B. Familien, Kegler, Reiter, oder gestreut an die Allgemeinheit, wie z. B. bei der Kino-, Rundfunk-, Fernsehwerbung oder den Info-Blättern an Autofenstern.

Ferner kann nach dem **Gegenstand**, für den geworben wird, unterschieden werden, in **Betriebswerbung**, z. B. für einen Hotelbetrieb und in **Produktwerbung**, z. B. für ein bestimmtes Produkt.

Die **Werbebotschaft** kann informativ oder suggestiv sein:

- Bei der **informativen Werbung** werden die objektiven Eigenschaften der angebotenen Leistung/des Produkts sachlich, rational herausgestellt;
- Die **Suggestiv-Werbung** richtet sich vorwiegend an Empfindungen/Gefühle.

Eine besondere Form der Werbung ist die **Meinungswerbung** (Public Relations, s. S. 527). Sie ist darauf abgestellt, das Ansehen des Gastronomiebetriebs in der Öffentlichkeit zu stärken und Achtung vor der Leistung des Betriebes zu erzeugen.

Bevor mit der Werbung begonnen werden kann, ist eine sorgfältige **Analyse**/Untersuchung erforderlich. Diese beinhaltet:

- das **Streugebiet**, auf das sich die Werbung erstrecken soll,
- den **Streukreis**, d. h. den Personenkreis, den man ansprechen möchte,
- die **Streuzeit**, d. h. die günstigste Zeit für die Werbung und
- den **Streuweg**, d. h. den günstigsten Weg für die Verteilung der Werbung.

Werbemittel

Als **Werbemittel** werden eingesetzt:

- das **geschriebene Wort**, z. B. bei Anzeigen, Werbebriefen/Mailings, Plakaten;
- das **gesprochene Wort**, z. B. bei Radio-Werbung oder bei Werbeansagen;
- **Bilder und Zeichen**, z. B. bei Fernsehwerbung, Film, Homepage, Leucht- reklame („city light");
- **Zugaben**, wie z. B. Werbe-Streichhölzer, Duschgel/Gästeseife mit Hotelaufdruck, Gutschein für Begrüßungsdrink an der Bar.

Häufig wird auch eine Kombination aus verschiedenen Werbemitteln eingesetzt.

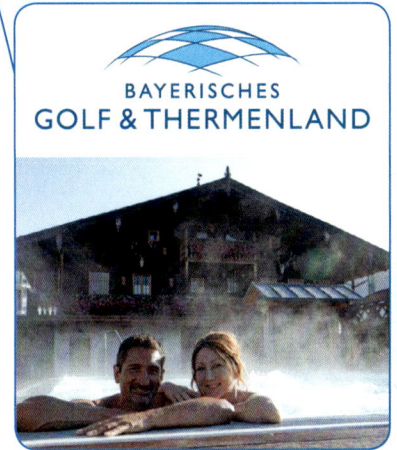

Abb. 1 Beispiel für Gemeinschaftswerbung einer Urlaubsregion

Werbeträger

Medien, die zur Übermittlung von Werbebotschaften genutzt werden, bezeichnet man als Werbeträger. Dazu zählen:

World Wide Web, Fernsehen, Kino, Rundfunk, Tageszeitungen, Publikumszeitschrif- ten, Anzeigenblätter, Werbebriefe, Postwurfsendungen/Flyer, Prospekte, Außenwer- bung (z. B. Plakate, Verkehrsmittelwerbung, Bandenwerbung, Leucht- und Luftwer- bung, Schaukästen vor dem Hotel).

Werbeprinzipien

Unter Werbeprinzipien versteht man bestimmte Grundsätze, die bei der Planung und Durchführung erfolgreicher Werbemaßnahmen zu beachten sind. Man unter- scheidet die folgenden acht Werbeprinzipien:

- Die **Zielklarheit** ist im Auge zu behalten. Der beab- sichtigte Werbezweck ist eindeutig und einheitlich anzustreben.
- Die **Wirtschaftlichkeit** der Werbung ist zu beach- ten. Werbeaufwand und Werbeertrag müssen im sinnvollen Verhältnis stehen.
- Die **Wirksamkeit** muss optimiert werden. Werbung muss deshalb geplant und – soweit möglich – kontrol- liert werden. Die Frage dazu lautet: Gelang es, den/ die Umworbenen zum Kaufentschluss zu veranlassen?
- Sie muss den Grundsätzen von **Ehrlichkeit und Wahrheit** entsprechen. Sie muss sachlich richtig sein, eindeutig informieren und darf nicht irreführen oder täuschen.

- Die **Einheitlichkeit** muss durch Abstimmung verschiedener Einzelmaßnahmen auf die Wer- bekonzeption hin erreicht werden.
- Durch **Modernität und Aktualität** soll zeitge- mäß geworben werden. Was passt zum **Zeitgeist**, was liegt im **Trend**? Neue Ideen sind gefragt.
- Durch **Originalität** soll sich die Werbung von der Masse abheben. Die Werbung soll Beson- derheiten des Hotels herausheben und betonen.
- Durch **Sozialverträglichkeit** bei der Werbe- maßnahme soll vermieden werden, dass in der Außenwirkung ein falsches Image/eine Entfrem- dung – z. B. einer Urlaubsregion – entsteht.

6 Rechtsvorschriften

 laws références (w) juridiques

Das Kapitel „Marketing im Gastgewerbe" tangiert folgende Gesetze, die auf der dem Buch beiliegenden CD nachzulesen sind:

Die Preisangabenverordnung (PAngV), Stand: 24. Juli 2010

Das Gesetz dient vor allem dem Zwecke der Unterrichtung und des Schutzes der Verbraucher und zur Förderung des Wettbewerbs.

Wichtigste Aussagen: Wer Letztverbrauchern gewerbsmäßig Waren oder Leistungen anbietet oder unter Angabe von Preisen damit wirbt, hat die Preise anzugeben, die einschließlich der Umsatzsteuer und sonstiger Preisbestandteile zu zahlen sind **(Endpreise)**. Außerdem muss angegeben werden, ob zusätzlich Liefer- und/oder Versandkosten anfallen, sowie deren Höhe.

Das Gesetz gegen den unlauteren Wettbewerb (UWG), Stand: 3. März 2010

Dieses Gesetz dient dem Schutz der Mitbewerber, der Verbraucher sowie der sonstigen Marktteilnehmer vor unlauteren geschäftlichen Handlungen. Das Interesse der Allgemeinheit an einem unverfälschten Wettbewerb wird dadurch geschützt.

Zusammenfassend sagt das Gesetz, dass **unlauterer Wettbewerb** verboten ist. Unlauter – im Sinne des Gesetzes – handelt, wer

- **irreführend wirbt** (§ 5),
- **vergleichend wirbt** (§ 6) und
- wer einen Marktteilnehmer **unzumutbar belästigt** (§ 7).

Das Bundesdatenschutzgesetz (BDSG), Stand: 14. Aug. 2009

Zweck dieses Gesetzes ist es, den Einzelnen davor zu schützen, dass er durch den Umgang mit seinen personenbezogenen Daten in seinem Persönlichkeitsrecht beeinträchtigt wird.

Wichtigste Aussage: Die Erhebung, Verarbeitung und Nutzung personenbezogener Daten sind nur zulässig, wenn der Betroffene dazu seine Einwilligung vorher gegeben hat.

Beispiele:

Unlauterer Wettbewerb:
- Ein Gastronom wirbt mit Preisnachlässen („Happy hours") für seine Bar, ohne die Bedingungen für ihre Inanspruchnahme (an welchen Tagen?, von wann bis wann?, zu welchen Preisen/Preisnachlässen?) klar und eindeutig anzugeben.
- Ein Hotelier wirbt mit einem Preisausschreiben oder Gewinnspiel für sein Haus, ohne die Teilnahmebedingungen klar und eindeutig zu nennen.

Irreführende Werbung:
- Ein Restaurantbesitzer wirbt in Zeitungsanzeigen für seine *„Irische Spezialitätenwoche"*. Unter anderem preist er *„Geräucherten irischen Wildlachs"* an, der jedoch tatsächlich aus einer norwegischen Lachszucht stammt.
- Ein Hotelier wirbt in Zeitungsanzeigen für seinen Silvesterball unter anderem mit dem Zusatz: *„Jeder Gast erhält ein Begrüßungsgeschenk!"*. Tatsächlich werden jedoch nur die Damen mit einem Präsent bedacht, die Herren gehen leer aus.

Vergleichende Werbung:
- Ein Hotelier wirbt im Internet für sein Haus: *„Unser Hotel X versteht es besser, auf Gäste einzugehen, als die beiden Mitbewerber-Betriebe vor Ort, das Hotel Y und das Hotel Z. Buchen Sie bei uns unter Tel.-Nr. …"*
- In einer Zeitungsannonce steht: *„In unseren weichen Hotelbetten schlafen Sie viel besser als im Nachbarhotel Y! Buchen Sie bei uns unter Tel.-Nr. …"*

Unzumutbare Belästigung:
- Ein Gast wird – ohne seine Einwilligung – wöchentlich mehrmals von einem Call-Agent angerufen, der die Angebote eines Hotelkonzerns empfiehlt.
- Ein Gast erhält immer wieder Werbefaxe einer Hotelkette, obwohl er mehrmals geäußert hat, dass er dies nicht wünscht.

Fallstudie

Ein junges Paar, beide gelernte Fachleute aus der Gastronomie, wollen sich selbstständig machen und einen Gastronomiebetrieb pachten. Dazu suchen sie nun ein geeignetes Pachtobjekt, ein bereits bestehendes, eingeführtes Hotel mit Restaurant.

Bevor sie einen Pachtvertrag unterschreiben, prüfen sie schon Wochen vorher das Pachtangebot und sammeln Informationen über den Betrieb und den Markt. Sie führen eine **Standort- und Marktanalyse** durch, bei der sie

- die Infrastruktur der Umgebung,
- die Bevölkerungsstruktur,
- das Fremdenverkehrsaufkommen,
- den gastronomischen Markt (Mitbewerber, Angebot, Art, Umfang, Preisniveau, Auslastung …) und
- die wirtschaftliche Situation des Gastgewerbes in der Region erfassen und auswerten.

Bei der **Betriebsanalyse** werten sie die betriebswirtschaftlichen Daten des Pachtbetriebes – soweit erhältlich – aus. Außerdem analysieren sie sowohl die kommunalen Daten (Gemeinde, Fremdenverkehrsverband …) als auch die aktuellsten Zahlen aus Hotelbetriebsvergleichen. Ebenso untersuchen sie die Antworten, die sie bei persönlich durchgeführten **Gästebefragungen** erhalten. Auch Gäste des zukünftigen Pachtbetriebs wurden befragt, was sie dort gut – oder weniger gut – finden und welche Leistungen sie dort vermissen.

Erst jetzt sind die künftigen Pächter in der Lage, Marktlücken zu erkennen und ihre eigenen zukünftigen Marktchancen bzw. Verkaufschancen einzuschätzen. Neben den Aussagen ihres Unternehmensleitbilds (Mission statement) lassen sie nun die Ergebnisse ihrer Standort- und Marktanalysen möglichst realistisch in die Formulierung der quantitativen und qualitativen **Marketingziele** einfließen.

Sie haben sich somit die Grundlagen ihrer Marketing-Planung erarbeitet.

Nun entwickeln sie ihre **Marketing-Strategie**. Sie entscheiden, welchen Weg sie zur Zielerreichung beschreiten wollen. Dabei konzentrieren sie ihre Kräfte auf die eigenen Standort-/ Markt-Vorteile und betonen ihre Stärken. So schaffen sie sich Marktvorteile gegenüber den Mitbewerbern und die Voraussetzungen und Grundlagen für einen dauerhaften Erfolg. Sie wissen, dass es hier keine Patentrezepte gibt, ein unternehmerisches Restrisiko ist nicht ausschaltbar.

Als nächstes überlegen sie sich, welche Marketing-Instrumente (s. Seite 521) sie auf welche Weise gebündelt einsetzen wollen. Sie entscheiden über die Zusammensetzung und Gestaltung ihrer Angebote, z. B. Art, Anzahl und Umfang der à-la-carte-Gerichte oder der Weine auf der Weinkarte. Sie kalkulieren die Preise, überlegen sich eine passende Preispolitik, und sie entscheiden über die Organisation des Verkaufs bzw. der besten Verkaufswege. Besonderes Gewicht legen sie auf das Instrument der Kommunikation, denn sie wissen um die Bedeutung von Werbung (Publicity), Verkaufsförderung (Sales Promotion) und Öffentlichkeitsarbeit (Public Relations, siehe Seite 527). Sie entscheiden, mit welchen Maßnahmen sie bei ihren Zielgruppen das Nachfrage-Interesse wecken wollen.

Nun erst ist das junge Paar „reif" für die anstehende Entscheidung. Sind sie zu dem Ergebnis gekommen, dass ihre Schritte in die Selbstständigkeit richtig sind und von günstigen Ausgangsvoraussetzungen begleitet werden, unterschreiben sie nun den Pachtvertrag für diesen Betrieb.

Aufgaben

1. Nennen Sie vier absatzpolitische Instrumente, die der Verkaufsförderung dienen.

2. Erklären Sie, warum Produkt- und Sortimentsgestaltung in der Gastronomie wichtig sind.

3. Nennen Sie sechs Mittel, die bei der Durchführung von PR-Maßnahmen eingesetzt werden.

4. Welches jeweilige Ziel wird von den Bereichen Öffentlichkeitsarbeit und Werbung verfolgt?

5. Unterscheiden Sie nach der Zahl der Werbenden drei Arten der Werbung.

6. Unterscheiden Sie nach der Zahl der Umworbenen zwei Arten der Werbung.

7. Auf welche vier Teilbereiche erstreckt sich eine Werbe-Untersuchung/-Analyse?

8. Nennen Sie 8 Werbeprinzipien, die bei Planung/Durchführung von Werbung zu beachten sind.

Wirtschaftsdienst – Hausdamenabteilung

Abb. 1 Hausdame bei der Zimmerkomtrolle

Die 1. Hausdame eines modern geführten Hotels ist nicht die „1. Putzfrau". Sie ist vielmehr Managerin der Qualität in einer der wichtigsten Abteilungen eines Hotels!

Abb. 2 Besprechung der Dienstpläne

Abb. 3 Ziele erreicht

Die Hausdamenabteilung hat eine Schlüsselstellung für das Wohlbefinden der Gäste. Sie trägt somit ganz wesentlich zum Betriebserfolg bei!

Die Hausdamen-Abteilung (housekeeping/service des étages) umfasst die „Haushaltung" des gesamten Gastronomiebetriebes. Die Organisation, Durchführung und Kontrolle der Hotelreinigung werden als die Hauptaufgaben der Abteilung angesehen. Die Hausdame (the housekeeper/la gouvernante) eines modern geführten Hotels ist zuständig für folgende **Aufgaben:**

- **Reinigungs- und Wartungsverfahren**
  Entwicklung und Festlegung von Arbeitsabläufen auf Checklisten, Qualitäts- und Zeitstandards sowie Leistungsmaßstäben;

- **Mitarbeitereinsatz**
  Dienstpläne, Urlaubspläne, Mitarbeitereinsatzplanung nach Geschäftsprognose, Arbeitsüberwachung;

- **Mitarbeiterführung**
  Führungsstil, Motivation, Ausbildung, Training, Fortbildung;

- **Kontrollverfahren**
  Entwicklung und Anwendung einer permanenten Zimmerzustandskartei, Instandhaltungsmeldung, Wäschebestandskontrolle, Mobiliarkontrolle, Materialverbrauch, Kontrolle der in Außer-Haus-Verträgen festgelegten Standards, Kontrolle und Verwaltung von liegen gebliebenen Sachen sowie Fundsachen;

- **Leistungsverbesserung und Weiterentwicklung**
  Umsetzung von Vorschlägen zur Produktivitätssteigerung und Arbeitsvereinfachung, Festlegung der Arbeitsmethoden und der Leistungsstandards;

- **Gästebetreuung**
  Erledigung von Sonderwünschen der Gäste, VIP-Betreuung, Reklamationsbehandlung;

- **langfristige Planung** der Wäsche- und Materialbestände, des Maschinen- und Geräteeinsatzes sowie die Erstellung der Reinigungspläne, Ermittlung der zukünftigen Anzahl der Mitarbeiter.

Die 1. Hausdame trägt die Verantwortung für die Sauberkeit und den Zustand folgender Bereiche:

- die Gästezimmer, das Hauptprodukt eines Hotels;

- die sonstigen Räume des Hotelbetriebs: Hotelhalle, Bar, Restaurant, Frühstücksraum, Bankettabteilung;

- den Freizeit- und Fitness-Bereich: Hallenbad, Sauna, Massage- und Fitnessabteilung, Toiletten, Treppen, Flure, Aufzüge, Garderobe;

- die Wirtschaftsräume „hinter den Kulissen" wie Lager- und Verwaltungsräume;

- die Außenanlagen, inklusive aller Ein- und Ausgänge, der Anfahrt und der Parkplätze.

❶ Materialkunde – Grundlagen

working materials – basic knowledge
materiaux (m) – connaissance (w) fondamentale

1.1 Werkstoffe/Gebrauchsgegenstände – Pflege

materials – utensiles and their maintenance

matériaux (m) – matériel (m) et son entretien

Werkstoffe sind Materialien, aus denen sich der Mensch von jeher die Gegenstände des täglichen Gebrauchs hergestellt hat. Auch im gastgewerblichen Betrieb gibt es Gebrauchsgegenstände aus Werkstoffen der unterschiedlichsten Art. Werkstoffkunde bzw. die Kunde der aus ihnen hergestellten Gegenstände ist deshalb eine unerlässliche Orientierungshilfe und zielt darauf ab:

- Art und Eigenschaften der Werkstoffe kennenzulernen (z. B. Wolle, Leinen, Chromnickelstahl, Silber),
- Auswahlkriterien im Hinblick auf den zweckentsprechenden Einsatz zu erarbeiten (z. B. Tischwäsche, Essgeräte, Arbeitsflächen und Geräte der Küche),
- materialgerechtes Reinigen und Pflegen anzuwenden (z. B. Wolle, Leinen, Kupfer, Silber).

Abb. 1 Werkstoffe

- Holz ➝ Essgeräte, Schüsseln, Möbel
- Eisen ➝ Arbeitsgeräte, Gefäße, Kochtöpfe
- Wolle ➝ Kleidung, Stoffe, Teppiche

Alle drei Werkstoffe sind empfindlich gegenüber Feuchtigkeit und Sauerstoff sowie gegenüber Säuren und Laugen. Sie rosten und korrodieren.

Metalle

Metalle sind sehr stabile Werkstoffe, sie werden deshalb zu vielerlei Zwecken verwendet. Eisen und Eisenmetalle nehmen hierbei einen vorrangigen Platz ein, da auch ihr natürliches Vorkommen mengenmäßig am größten ist.

Werkstoffe aus Eisenmetallen

Roheisen, Gusseisen und Stahl steel acier (m)

Roheisen ist aufgrund seiner natürlichen Beschaffenheit nicht formbar. Durch die Behandlung mit Hilfe unterschiedlicher Verfahren erhält man die formbaren Werkstoffe Gusseisen und Stahl.

Gusseisen ist schwer und hart und ist deshalb stoßempfindlich (Bruchgefahr). Andererseits ist es aber weniger anfällig gegenüber Rost und Korrosion.

Stahl ist formbares Eisenmetall, wobei für die Herstellung von Gebrauchsgegenständen Stahlbleche eine besondere Bedeutung haben. Es ist nicht weniger empfindlich als Roheisen, deshalb versucht man, durch unterschiedliche Behandlungsverfahren den zerstörenden Einflüssen entgegenzuwirken mit:

- Oxidieren ➝ Schwarzblech
- Legieren ➝ Edelstahl
- Beschichten mit Emaille oder Kunststoff

Edelstahl stainless steel acier (m) spécial

Für Gegenstände, die im Zusammenhang mit Lebensmitteln und Speisen gebraucht werden, gibt es einen Edelstahl, der mit Chrom und Nickel legiert ist. Diese beiden Metalle sind gegenüber Feuchtigkeit, Sauerstoff und Säuren sehr beständig und verleihen dem sogenannten **Chrom-Nickel-Stahl** (CN-Stahl) hochwertige Eigenschaften. Er ist:

- rostfrei und korrosionsbeständig,
- geruchs- und geschmacksneutral und hat eine
- glatte und daher leicht zu reinigende Oberfläche.

Abb. 2 Edelstahl

Neben den Kennzeichnungen „rostfrei" oder „stainless" geben Einprägungen wie 18/8 oder 18/10 Hinweise auf die Art der Legierung: 18 % Chromanteile sowie 8 % bzw. 10 % Nickelanteile.

Die Verwendung von emaillierten Geschirren ist nicht unproblematisch. Durch Stoß oder Überhitzung kann die Schutzschicht zerstört werden, sodass schadhafte Stellen entstehen. Daraus ergeben sich negative Auswirkungen:

- Gesundheitsgefährdende Emaillesplitter können in die Speisen gelangen,
- beschädigte Stellen rosten und sind Schlupfwinkel für Bakterien.

Emaillierte Geräte, die Beschädigungen aufweisen, sind aus hygienischen Gründen für die Verwendung im Lebensmittelbereich unbrauchbar geworden.

Gebrauchsgegenstände aus Eisenmetallen

Materialart	Gegenstände	Reinigungs- und Pflegerichtlinien
Gusseisen	• Herdplatten • Bräter, Schmortöpfe • Pfannen	➜ feucht reinigen und gut nachtrocknen ➜ vor Bruch schützen ➜ heiß mit Salz und Papier ausreiben
Schwarzblech	• Backbleche, Backformen • Eisenpfannen	➜ bei nasser Reinigung rasch und gut trocknen ➜ heiß mit Salz und Papier ausreiben
Emaillierte Stahlbleche	• Kochtöpfe • Seiher • metallische Gehäuse (z. B. Küchenherde)	➜ nass in Verbindung mit milden Reinungsmitteln oder flüssigem Scheuermittel reinigen ➜ nicht kratzen oder anstoßen ➜ extreme Temperaturunterschiede vermeiden
Chrom-Nickel-Stahl	• Gerätegehäuse, Spültische und Tischflächen • Töpfe und Schüsseln • Pfannen und Backformen • Gastro-Norm-Behälter	➜ Universalspülmittel und geseifte Stahlwolle ➜ sofort nachreiben, um Streifenbildung zu verhindern ➜ gut trocknen ➜ Tisch- und Möbelflächen u. U. mit Spezialöl oder Spezialglanzmitteln behandeln ➜ mit Spezialglanzmitteln behandeln

Werkstoffe aus Nichteisenmetallen

Kupfer[1], Zinn und Messing

 copper, pewter, brass ◖◗ cuivre (m), étain (m), laiton (m)

Diese Metalle zeichnen sich durch eine besondere Oberflächenbeschaffenheit aus. **Messing** ist eine Legierung aus Kupfer und Zink und läuft wie Kupfer leicht an. **Zinn** ist ein weiches und biegsames Material.

Silber ⊞ silver ◖◗ argent (m)

Reines Silber ist für Gebrauchsgegenstände/Bestecke zu weich und zu teuer und wird deshalb vorwiegend beim Versilbern als Auflage verwendet. Der Untergrund bzw. der Grundkörper besteht aus einer harten Legierung (z. B. Metall mit Kupfer). Spezielle Bezeichnungen sind in diesem Zusammenhang **Neusilber** oder **Alpaka**.

Alpaka ist eine Legierung aus 60 % Kupfer, 25 % Zink und 15 % Nickel.

Abb. 1 Silberbesteck

---

[1] Gefäße aus Kupfer müssen mit einer Schutzschicht versehen sein; reine Kupfergefäße dürfen nicht verwendet werden.

Das Auflegen der Silberschicht erfolgt im galvanischen Bad. Die Bezeichnung **Hotelsilber** ist weit verbreitet. Dabei handelt es sich um versilbertes Besteck mit hartem Metallkern. Um den vorzeitigen Abrieb des Silbers zu vermeiden, wird bei Bestecken die Auflage an stark beanspruchten Stellen auf Wunsch verstärkt. Man spricht dann von **Patentsilber** (Kennzeichnung/Stempelung: „Pat" oder „Patent"). Eine alleinige/zusätzliche Kennzeichnung/Stempelung mit den Zahlen 80, 90, 100, 125 oder 150 bedeutet, dass für 24 dm² Oberfläche der Bestecke beim Versilbern 80 g, 90 g, 100 g, 125 g bzw. 150 g Reinsilber verwendet wurden.

Schweflige Verbindungen in der Luft und in Speisen (z. B. in Eiern oder in Kaviar) sind die Ursache für einen festhaftenden bräunlichen bis schwarzen Belag, der nur durch entsprechende Reinigungsmaßnahmen auf- und abgelöst werden kann. Deshalb gilt: Zu Frühstückseiern wie zu Kaviar sollten keine Silberlöffel gereicht werden. Eierspeisen sollten nie auf versilberten Platten angerichtet werden.

Gebrauchsgegenstände aus Nichteisenmetallen		
Materialart	**Gegenstände**	**Reinigungs- und Pflegerichtlinien**
Kupfer	• Kochgeräte und Chafing-dishes • Kannen und Ziergeräte	→ feines Speisesalz und Wasser → spezielle Kupferputzmittel (gründlich nachspülen)
Messing	• Lampen und Schilder • Beschläge und Türgriffe	→ spezielle Putz- und Poliermittel
Zinn	• Becher sowie Platz- und Zierteller • Vasen und Leuchter	→ milde Reinigungsmittel → bei Flecken Spezialputzmittel → gut nachtrocken
Silber	• Bestecke, Weinkühler • Menagen, Anrichtegeschirr • Tabletts und Silberplatten	→ Silberputztuch, Silberputzpaste, Silbertauchbad → Silberputzmaschine → Aluplatte + Kochsalz, gründlich nachspülen und polieren

Nichtmetalle

Bei den nichtmetallischen Werkstoffen unterscheidet man natürliche und synthetische Stoffe.

Natürliche nichtmetallische Werkstoffe

Zu ihnen gehören Holz, Leder, Kork, Stein und Naturfasern.

Holz (s. auch Tabelle S. 536) 🇬🇧 wood 🇫🇷 bois (m)

Holz ist ein „lebendiges" Material, das auch nach seiner Aufbereitung zu Gebrauchsgegenständen noch „arbeitet". Es kann reißen und sich verziehen.

Zum Schutz bzw. zur Verschönerung wird die Oberfläche des rohen Holzes auf unterschiedliche Weise behandelt:
• lasieren, lackieren und wachsen,
• versiegeln und polieren.

Kork 🇬🇧 cork 🇫🇷 liège (m)

Von Natur aus ist Kork ein Oberflächenschutzgewebe der Pflanzen an Zweigen, Stämmen, Wurzeln und Knollen. Die *Korkeiche* in den Ländern des Mittelmeerraumes liefert den Kork, der zu den leichtesten Werkstoffen gehört. Die Korkzellen sind luftgefüllt und enthalten einen fettartigen Stoff, der die Durchlässigkeit von Wasser und Gas erschwert (**Beispiel:** Flaschenkorken). Kork bietet Schutz gegen Wärme und Kälte und wird bei Wandflächen sowie als Bodenbelag zu *Wärme- und Schallisolierungen* verwendet.

Rohes, unbehandeltes Holz nimmt leicht Feuchtigkeit, Farbe und Gerüche auf. Deshalb ist es aus hygienischen Gründen (Geschmack, Bakterien) für Arbeitsflächen im Küchenbereich nicht geeignet.

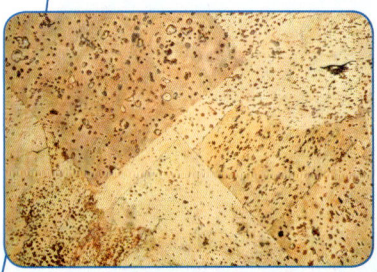
Abb. 1 Korkfußboden

Verwendungsmöglichkeiten für Holz

Oberflächenbeschaffenheit	Verwendung	Reinigungs- und Pflegerichtlinien
unbehandelt	• Fußböden • Vesperbrettchen • Holzteller • Kochlöffel	→ kurz mit warmer Reinigungsflüssigkeit behandeln → mit Naturbürsten behandeln → immer beidseitig benetzen, mit klarem Wasser gründlich nachspülen und nicht zu lange im Wasser liegenlassen, insbesondere nicht in der Spülmaschine reinigen (Holz saugt Wasser an und verzieht sich) → immer stehend, aber nicht in der Nähe von intensiven Hitzequellen trocknen lassen
lasiert, lackiert oder gewachst	• Türen • Fensterrahmen • Möbel	→ abstauben → *notfalls* mit milder Reinigungsflüssigkeit feucht abwischen und *rasch* trockenreiben → Möbel eventuell mit speziellen Möbelpflegemitteln behandeln
versiegelt	• Fußböden • Treppenstufen	→ feucht wischen → von Zeit zu Zeit mit Glanzemulsion oder Wischwachs behandeln
poliert	• Möbel	→ Möbelpolitur oder Wachs

Arten des Leders:
- Rauleder, Wildleder oder Waschleder,
- Nappaleder, Glacéleder, Saffianleder, Lackleder.

Abb. 1 Ledersessel

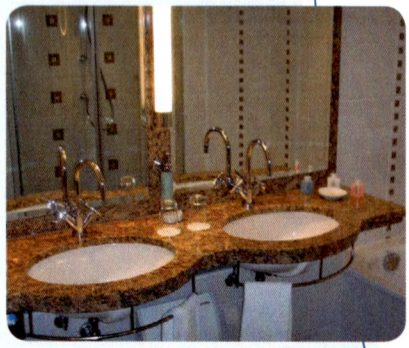

Abb. 2 Badezimmer mit Oberflächen aus Marmor, Stein und Glas

Leder leather cuir (m)

Leder wird aus Häuten und Fellen von Tieren aufbereitet, wobei dieses durch Gerben gefestigt und haltbar gemacht wird.

Das nebenstehende Gütezeichen weist darauf hin, dass zur gekennzeichneten Ware nur echtes Leder verwendet wurde.

Verwendung von Leder:
- Koffer, Taschen und Schuhe,
- Sitzmöbelbezüge sowie Verkleidungen auf Türfüllungen und Theken,
- spezielle Kellnerschürzen und Reinigungstücher.

Die Reinigung und Pflege muss der Art des Leders angemessen sein. Beim Einkauf sind deshalb Informationen bezüglich des Produktes sowie der entsprechenden Reinigungs- und Pflegemittel unerlässlich.

Stein stone pierre (w)

Darunter versteht man natürliche mineralische Körper mit unregelmäßig umrissener Form sowie von fester und harter Beschaffenheit. *Naturbelassen* verwendet man sie zu Dekorationszwecken. Durch Zersägen gewinnt man Platten oder in zerkleinerter Form Fliesen, die als Boden- und Wandbeläge dienen.

Marmor ist Kalkgestein, das nach dem Schleifen und Polieren besonders dekorative Eigenschaften besitzt.

Synthetische nichtmetallische Werkstoffe

Synthese heißt Vereinigung, Zusammenführung. Es handelt sich also um Werkstoffe, die sich durch das Vermischen verschiedener Werkstoffe ergeben.

Glas 🇬🇧 glass 🇫🇷 verre (m)

Die zur Glasbereitung notwendigen Rohstoffe werden je nach der Zweckbestimmung in unterschiedlichen Mischungen verwendet und in einem Schmelzprozess zur Glasmasse verschmolzen:

- Quarzsand, Kalk, Natrium oder Pottasche,
- Bleioxid oder Mennige.

Das Reinigen von Glas geschieht im Allgemeinen mit Universalreinigungsmitteln. Spezielle Besonderheiten sind im Abschnitt „Reinigung und Pflege" (Service, Seite 230) nachzulesen.

Je nach der Zusammensetzung der Glasmasse sowie deren Verarbeitung unterscheidet man verschiedene Glasarten.

- **Natronglas** (auch einfaches Gebrauchsglas genannt)
    - Fenster, Flaschen, Pressgläser
    - Leuchter und Pokale
    - Glasplatten und Glasteller
- **Kaliglas**
    - bessere Gebrauchsgläser
    - Vasen und Leuchter
- **Blei- und Bleikristallglas**
    - dekorative Trinkgläser, Vasen und Glasschalen
    - Glaswaren mit eingeschliffenen oder eingeätzten Verzierungen

- **Spezialgläser**
    - **hitzebeständiges Glas** (geringere Ausdehnung): Kochgeräte, Ceranfelder und Backformen, Kaffeemaschinen und Teegläser
    - **Verbundglas** (schlechter Wärmeleiter): Doppelfenster und Autoscheiben, Thermosbehälter
    - **Sicherheitsglas** (bricht im Ernstfall in kleine Stücke ohne scharfe Kanten – keine gefährlichen Splitter): Glastüren, Schaufenster und Autoscheiben, Terrassen- und Wintergartenfenster

Keramik – Porzellan 🇬🇧 pottery, porcelain 🇫🇷 céramique (w), porcelaine (w)

Porzellan ist die Krönung in der Reihe der keramischen Werkstoffe. Die tonmineralhaltigen Ausgangsprodukte sind in Wasser schwer löslich und erhalten bei der Verarbeitung durch Brennen ihre feste Beschaffenheit.

Terrakotta (gebrannte Erde) sind künstlerisch gestaltete Töpferarbeiten, Plastiken und Reliefs.
Fayence (Majolika) sind glasierte Tonwaren mit farbigen Mustern.

Porzellan ist ein Produkt aus Kaolin (Porzellanerde), Quarz und Feldspat. Die durch Mahlen und Mischen hergestellte Rohmasse wird beim Brennen dicht und wasserundurchlässig. Ein Überzug (die Glasur) erhöht die Widerstandsfähigkeit gegenüber Säuren, Laugen und Salzen. Neben rein weißem und buntfarbenem Geschirr gibt es solches mit unterschiedlich aufwendigem Dekor.

Porzellan ist ein schlechter Wärmeleiter. Das bedeutet zunächst, dass Wärme nur langsam aufgenommen wird. Sie bleibt jedoch in gut vorgewärmtem Geschirr lange erhalten, sodass sich die darin befindlichen Speisen bzw. Getränke nur langsam abkühlen.

Reinigung und Pflege des Porzellans:

- Wegen der glatten und harten Oberfläche ist die Reinigung ebenso unproblematisch wie bei Glas.

- Pflegliches Behandeln ist wegen der Bruchgefahr und der Möglichkeit von Absplitterungen jedoch unerlässlich.

- Feuerfestes Geschirr darf wegen der Bruchgefahr durch gegensätzliche Spannungen (Ausdehnungen) nicht auf offenes Feuer gestellt und in heißem Zustand nicht zu plötzlich stark abgekühlt werden.

Vom einfachen Tonziegel bis hin zu hochwertigem Porzellan gibt es viele qualitative Abstufungen und Bezeichnungen:

- Irdene Waren, Steingut, Steinzeug,
- Feinkeramik: Terrakotta, Fayence, Majolika,
- Porzellan.

Je nach der Zusammensetzung der Rohstoffe und dem Herstellungsverfahren gibt es Unterscheidungen:

- weiches und hartes Porzellan,
- weiche und harte Glasuren,
- Auf- und Unterglasurdekor,
- feuerfestes und nicht feuerfestes Geschirr.

Das sind wichtige Auswahlkriterien bei der Beschaffung von Hotelporzellan, das hohen Anforderungen gerecht werden muss.

Beschädigtes Porzellangeschirr ist für den Gebrauch im Gastgewerbe nicht mehr geeignet.

Abb. 1
Feuerfeste
Keramik

Ihre Verwendung ist sehr vielseitig:

- einfache Bestecke, Kochlöffel, Quirle, Eierlöffel,
- Schüsseln, Schalen, Tassen,
- Tischplatten und Schneidebretter,
- Gehäuse für verschiedenartige Geräte,
- Beschichtungen und Griffe für Möbel,
- Stühle und Sessel.

Bei der *Verwendung von keramischen Gefäßen zu Büfetts* (insbesondere Salatbüfetts) muss sichergestellt sein, dass bei der Herstellung keine bleihaltigen Glasuren oder Farben verwendet wurden. Diese Substanzen können durch Säuren aufgelöst werden und, mit den Speisen aufgenommen, Schäden im Organismus hervorrufen.

Kunststoffe 🇬🇧 plastics 🇫🇷 matières plastiques (w)

Kunststoffe, auch **Plaste** genannt, sind organisch-chemische Stoffe, die aus Erdöl, Erdgas und Steinkohle hergestellt werden. Anfangs wurden sie als Ersatzmaterialien für Holz, Keramik und Metall angesehen. Heute sind es selbstständige Werkstoffe, die aus der hochtechnisierten Industriegesellschaft nicht mehr wegzudenken sind.

Reinigung und Pflege von Kunststoffen:
- Als Reinigungsmittel eignen sich milde Spülmittel und Pflegeemulsionen.
- Ungeeignet sind scharfe und aufrauende Reinigungsmittel. Sie beschädigen die Oberfläche und begünstigen so das Festsetzen von Schmutz, Spülmittelresten und Bakterien.

Kunststoffe werden in Thermoplaste, Duroplaste und Elastomere unterteilt:

- **Thermoplaste** bleiben auch bei wiederholtem Erwärmen verformbar. Aus diesem Grunde sind sie im Küchenbereich nur begrenzt einsetzbar.
- **Duroplaste** sind fest, relativ hitze- sowie säuren- und laugenbeständig. Das besonders hitzebeständige **Teflon** wird zur Beschichtung von Töpfen, Pfannen und Backformen verwendet. Es ist jedoch empfindlich gegenüber Druck und Abrieb.

- **Elastomere** sind Kunststoffe mit gummielastischen Eigenschaften, die zu Badematten und Textilfasern verwendet werden.

Im Hinblick auf die Verarbeitung zu Gebrauchsgegenständen haben Kunststoffe viele Vorteile:
- Geringes Gewicht, niedrige Wärmeleitfähigkeit,
- elektrisch isolierende Eigenschaften,
- relative Beständigkeit gegenüber Säuren und Laugen,
- Geruchs- und Geschmacksneutralität.

Aufgaben

1. Beschreiben Sie die unterschiedlichen Eigenschaften von Gusseisen, Stahl und Edelstahl.

2. Was bedeutet auf Gebrauchsgegenständen aus Edelstahl die Einprägung 18/8 oder 18/10?

3. Warum ist bei der Verwendung von emaillierten Geräten in Verbindung mit Speisen besondere Vorsicht geboten?

4. Durch welche Behandlungsverfahren wird die Oberfläche von Holz gepflegt?

5. Nennen Sie zu folgenden Arten der Holzoberfläche Verwendungsbeispiele und beschreiben Sie Richtlinien für die Reinigung und Pflege: a) unbehandelt,   b) lasiert, lackiert oder gewachst,   c) versiegelt oder poliert.

6. Nennen Sie Verwendungsmöglichkeiten für Leder und Kork.

7. Nennen Sie Verwendungsmöglichkeiten für folgende Glasarten:
   a) Natron- und Kaliglas,   b) Blei- und Bleikristallglas,   c) hitzebeständiges Glas.

8. Welche Eigenschaften haben Verbundglas und Sicherheitsglas, und zu welchen Zwecken sind sie deshalb besonders geeignet?

9. Nennen Sie Bezeichnungen für einfache keramische Waren sowie für Waren der Feinkeramik.

10. Erklären Sie die Bezeichnungen Terrakotta, Fayence und Porzellan.

11. Welche besonderen Eigenschaften sind bei Porzellan in Verbindung mit Speisen von Bedeutung?

1.2 Natur- und Chemiefasern

🇬🇧 natural and artificial fibers 🇫🇷 fibres (w) naturelles et fibres (w) artificielles

Fasern sind Rohprodukte für die Herstellung von Textilien. Durch verschiedene Arten der Aufbereitung gewinnt man aus ihnen zunächst Garne bzw. Fäden, die dann auf unterschiedliche Weise zu textilen Flächen (z. B. Stoffe) verarbeitet werden.

Bei Fasern werden Natur- und Chemiefasern unterschieden.

Naturfasern	
Tierische Fasern	Pflanzliche Fasern
Wolle Seide	Baumwolle Flachs Jute und Hanf Kokos und Sisal

Naturfasern 🇬🇧 natural fibres 🇫🇷 fibres (w) naturelles

Ursprünglich wurden Textilien nur aus natürlichen Rohprodukten gefertigt. Es handelt sich dabei um tierische und pflanzliche Fasern bzw. Haare.

Abb. 1 Wolle

Abb. 2 Baumwolle

Abb. 3 Seidenkokons

Abb. 4 Reifer Flachs

Tierische Fasern 🇬🇧 animal fibres 🇫🇷 fibres (w) animales

Die Fasersubstanz besteht aus Eiweiß. Die grundlegenden Materialbezeichnungen sind Wolle und Seide.

Wolle 🇬🇧 wool 🇫🇷 laine (w)

Wolle im engeren Sinne sind die Haare des Schafes. Im weiteren Sinne gehören zum Begriff Wolle aber auch die Haare anderer Tiere, jedoch muss dann in der Bezeichnung der Tiername mitgenannt werden. **Schurwolle** ist das durch Scheren des lebenden Schafes gewonnene Rohprodukt. Mischungen aus Wolle und Chemiefasern zeichnen sich durch besonders vorteilhafte Eigenschaften aus.

Wolle hat folgende Eigenschaften:
- schützt gegen Kälte und Hitze
- bindet Raum- und Körperfeuchtigkeit
- knittert nicht und ist luftdurchlässig
- ist dehnbar, formbar und filzbar

Verwendung:
- Decken, Fußbodenbeläge und Möbelbezüge

Seide 🇬🇧 silk 🇫🇷 soie (w)

Seide ist eine sehr kostbare Faser, die aus den Hüllen **(Kokons)** seidenspinnender Schmetterlingsraupen gewonnen wird. Man unterscheidet dabei zwischen **Wild-** und **Zuchtseide**.

Seide hat folgende Eigenschaften:
- ist warmhaltend und kühl zugleich
- ist hautfreundlich
- ist leicht, reißfest und glänzend
- hat einen fließenden Fall

Verwendung:
- Kissenbezüge und Dekorstoffe

Das internationale Wollsiegel darf nur für solche Erzeugnisse verwendet werden, die aus neuer, reiner Schurwolle hergestellt sind. Durch das Beimischen anderer Fasern werden die negativen Eigenschaften der Wolle ausgeglichen. Die Textilien besitzen eine erhöhte Strapazierfähigkeit.
Die Beimischung ist kennzeichnungspflichtig, wobei jedoch der Wollanteil mindestens 60 % betragen muss.

Rein Leinen Halb Leinen Reine Schur-Wolle
Pure New Wool
Pure Laine Vierge

Eine gute Kombination

80 % Schur-Wolle
20 % Polyester

Schur-Wolle
mit Beimischung

Internationales
Seidenzeichen

Diese Kennzeichnung ist nach dem Textilkennzeichnungsgesetz nur dann erlaubt, wenn die Fasern ausschließlich aus den Kokons seidenspinnender Insekten hergestellt wurden.

Pflanzliche Fasern 🇬🇧 vegetable fibres 🇫🇷 fibres (w) végétales

Die Fasersubstanz ist Cellulose. Die grundlegenden Rohprodukte sind Baumwolle und Flachsfasern.

Baumwolle 🇬🇧 cotton 🇫🇷 coton (m)

Die aus den reifen Fruchtkapseln des Baumwollstrauches hervorquellenden Samenfasern in Form von Wattebäuschen dienen als Rohprodukt für die Herstellung von Baumwolle. Die besten Baumwollsorten unter der Fachbezeichnung **Mako Baumwolle** kommen aus Ägypten.

Baumwolle hat folgende Eigenschaften:
- ist reiß- und nassfest
- ist saugfähig und kochecht
- ist geringfügig wärmend
- fusselt, läuft ein und knittert stark

Auch die Eigenschaften der Baumwolle sind aus den vorangegangenen Aufzeichnungen bereits bekannt. Besonders hervorzuheben ist die Unempfindlichkeit gegenüber Hitze, die beim Waschen (kochecht) und Bügeln von Bedeutung ist. .

Leinen 🇬🇧 linen 🇫🇷 toile (w)

Die Pflanzengattung **Lein** bzw. die Stängel der **Flachspflanze** dienen als Rohprodukt für die Herstellung von Flachsfasern, die wiederum zur Produktion von **Leinen** verwendet werden.

Bei Leinen sind zwei Bezeichnungen zu beachten. **Reinleinen** heißt, dass das Gewebe nur aus Flachsgarnen besteht (100 %). **Halbleinen** ist ein Mischgewebe aus Baumwolle (Kettfäden) und Flachsgarnen (Schussfäden), wobei der Flachsanteil mindestens 40 % vom Gesamtgewicht betragen muss.

Leinen hat folgende Eigenschaften:
- reiß- und nassfest
- kochecht
- fusselt nicht und knittert stark
- hat natürlichen Glanz und wirkt kühlend

Verwendung:
- Gardinen, Vorhänge, Möbelstoffe und Frottierwaren
- Tisch- und Bettwäsche
- Hand- und Geschirrtücher
- Gläsertücher
- Dekorationsstoffe

Sonstige Pflanzenfasern

Neben den feineren Produkten Baumwolle und Leinen gibt es Pflanzenfasern, die aufgrund ihrer natürlichen Beschaffenheit zu robusten Textilien verarbeitet werden:
- **Kokos** (Fasern der Kokosnuss)
  - Matten, Teppichfliesen und Auslegware
  - grobe Polsterauflagen, Bürsten
- **Sisal** (Faser von Agaven)
  - Teppichböden, Seilerware
  - Taue und Bürsten
- **Jute** (Faser einer Stängelpflanze)
  - Säcke und Tragetaschen
  - Unter- und Stützgewebe für Teppichböden und Kunststoffbeläge
- **Hanf** (Faser einer Stängelpflanze)
  - Bindfäden sowie grobe Näh- und Bindegarne
  - Schwergewebe

Das internationale Baumwollkennzeichen bürgt dafür, dass zur Herstellung der Ware ausschließlich Baumwollfasern verwendet wurden. Angesichts der sonst negativen Eigenschaften muss Baumwolle je nach Verwendungszweck entsprechend veredelt werden (siehe „Ausrüstung von Textilien", Seite 542.)

Internationales
Baumwollsiegel

Kettfäden — Schussfaden

Abb. 1 Teppichböden aus Sisal- und Kokosfasern

Chemiefasern 🇬🇧 chemical fibres 🇫🇷 fibres (w) chimiques

Chemiefasern werden aus der Cellulose von Pflanzen, z. B. Holz, oder aus Bodenschätzen wie z. B. Erdöl gewonnen.

Cellulosische Chemiefasern

Ausgangsmaterial ist die *Cellulose* aus dem Holz von Buchen und Fichten sowie aus Faserresten an den Samenkörnern der Baumwollpflanze, dem sogenannten *Baumwoll-Linters.* Durch chemische Behandlung erhält man eine spinnbare Masse und je nach angewendetem Verfahren unterschiedliche Fasern.

Acetatverfahren   ➡   Acetat, Triacetat
Viskoseverfahren   ➡   Viskose, Modal
Kupferverfahren   ➡   Cupro

Modal ist eine Viskosefaser mit merklich verbesserten Eigenschaften. Die Faser ist *kochecht, knittert weniger, trocknet schneller und ist einfärbbar.*

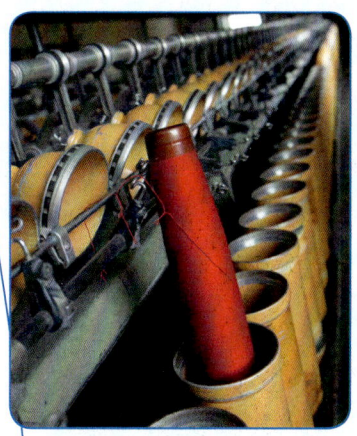

Abb. 1 Chemiefaser

Synthetische Chemiefasern

Ausgangsmaterial sind Erdöl, Erdgas und Steinkohle. Durch gezielte Veränderung der Kettenmoleküle entstehen Stoffe, die chemisch synthetisiert werden, z. B. Polyester. Durch eine spezielle Weiterverarbeitung werden hieraus spinnbare Fasern gewonnen (s. Abb. 2–5).

Synthetische Fasern haben positive Eigenschaften:
* Sie sind pflegeleicht, d. h. sie können unter Beachtung der Pflegeanleitung (siehe Pflegekennzeichen) in der Waschmaschine gewaschen werden, sie trocknen schnell,
* sie sind widerstandsfähig gegen Verrottung, Mikroorganismen und Mottenfraß,
* Flecken sind in der Regel leicht zu entfernen.

Chemiefasern	
Cellulosische Fasern	Synthetische Fasern
Acetat Viskose Modal Cupro	Polyamid, Polyester Polypropylen Polyacryl Elastan

Abb. 2 Polyestergranulat

Abb. 3 Glatte Filamente

Abb. 4 Texturierte Filamente

Abb. 5 Spinnfasern

Synthetische Fasern sind **hitzeempfindlich,** weshalb beim Waschen und Bügeln die entsprechenden Pflegekennzeichen zu beachten sind. In vielen Fällen ist aber das Bügeln gar nicht erforderlich.

Vliesstoffe werden meist aus Chemiefasern hergestellt. Wegen ihrer besonderen Eigenschaften gewinnen sie im Gastgewerbe immer mehr an Bedeutung.

Vliesstoffe haben folgende Eigenschaften:
* leicht
* gut faltbar
* saugfähig
* kostengünstig
* vielseitig verwendbar

Verwendung:
* Tischwäsche, Servietten und Sets
* Einwegwäsche (Tisch- und Bettwäsche)
* Putz- und Poliertücher

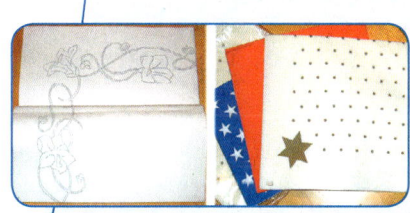

Abb. 6 Servietten aus Vliesmaterial

Abb. 1 Leinwandbindung

Abb. 2 Gewebe in Leinwandbindung

Abb. 3 Maschen

Abb. 4 Strickware

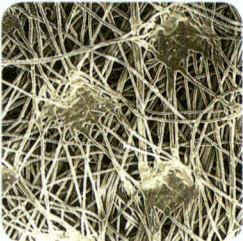

Abb. 5 Vliesstoff mit Punktschweißung

Abb. 6 Wirrfaservlies

Textile Flächen 🇬🇧 textiles 🇫🇷 textiles (m)

Textile Flächen haben je nach Art der verwendeten Garne oder Fäden sowie je nach Art ihrer Verflechtung bzw. Bindung unterschiedliche Bezeichnungen und Eigenschaften.

Arten der Verflechtung

- **Gewebe** (Abb. 1, 2)
  Gewebebindung entsteht durch regelmäßiges Verkreuzen von Kett- und Schussfäden.

- **Maschenware** (Abb. 3, 4)
  Sie entsteht durch Verstricken der Fäden bzw. das Ineinanderhängen von Schlaufen.

- **Vlies/Filz** (Abb. 5, 6)
  Vlies entsteht durch Verkleben. Für Filz wird die Faser mechanisch bearbeitet. Diese Technik nennt man Walken.

Textilkennzeichnung

Nach dem Textilkennzeichnungsgesetz müssen textile Flächen mit dem Namen der jeweils verwendeten Rohprodukte ausgezeichnet sein.

Die Kennzeichnung erfolgt auf Wäschefähnchen, in Webkanten oder auf Verpackungsetiketten der Textilien, z.B. Wolle, Baumwolle, Reinleinen, Viskose usw. (Einzelheiten siehe im Abschnitt „Wäschepflege").

Ausrüstung von Textilien

Unter Ausrüstung versteht man veredelnde Maßnahmen an Textilfasern.

Die veredelnden Maßnahmen zielen darauf ab, die Rohstoffe zusätzlich mit zweckgerichteten Eigenschaften auszustatten und dadurch den Gebrauchswert der Textilien zu erhöhen, z.B.:

- Verbessern der Warendichte, des Griffs und der Oberflächenbeschaffenheit,
- Reduzieren der Knitterneigung, des Einlaufens und der Schmutzempfindlichkeit,
- Erhöhen der Luftdurchlässigkeit sowie der Feuchtigkeitsaufnahme bzw. -abgabe,
- Verbessern der Pflegeeigenschaften in Bezug auf das Waschen, Trocknen und Bügeln.

Die Fasern bzw. Gewebe werden entweder durch mechanische Einwirkung oder durch die Behandlung mit chemischen Mitteln zweckentsprechend verändert.

100 % Baumwolle Pflegehinweis [60] ⊠ ⊡ ⊙

Farbiger Bettdamast aus gebleichtem Kettgarn und gefärbtem Schussgarn.

542

Antimikrobielle Ausrüstung: Durch chemische Behandlung wird das Wachstum von Mikroorganismen gehemmt.

Bügelfreie Ausrüstung: Vorwiegend werden Baumwolle, Leinen und Viskose behandelt. Die Textilien werden knitterarm und bügelfrei.

Flammschutz-Ausrüstung: Mit Hilfe von chemischen Mitteln werden Textilien, z. B. Vorhänge, schwer entflammbar gemacht.

Farbechte Ausrüstung: Durch die entsprechende Wahl der Farbstoffe und Färbeverfahren erzielt man Textilien mit hoher Farbechtheit. Je nach dem Zweck unterscheidet man: kochecht, waschecht, lichtecht oder wetterecht. Das Warenzeichen für farbechte Textilien ist **Indanthren.** Eine absolute Farbechtheit gibt es jedoch nicht.

Filzfreie Ausrüstung: Sie wird bei Wolle angewendet. Durch das Behandeln mit Kunstharzen sind Wollwaren im Schonwaschgang waschmaschinenfest, sie schrumpfen und verfilzen nicht.

Fleckgeschützte Ausrüstung: Aufgrund dieser Behandlung wird wasserlöslicher und fetthaltiger Schmutz nicht nur abgestoßen, auch anhaftender Schmutz kann nicht in das Gewebe eindringen.

Knitterarme Ausrüstung: Durch die Behandlung mit Kunstharzen bzw. chemischen Stoffen füllen sich die Hohlräume der Fasern mit einem stabilisierenden Gerüst. Die Textilien sind knitterarm und haben eine höhere Elastizität

Appretieren: Durch Kunstharze oder Stärkemittel erhalten Stoffe einen fülligeren Griff und ein besseres Aussehen. Außerdem ist die Schmutzabweisung erhöht. Gute Appreturen behalten auch nach dem ersten Waschen oder Reinigen noch ihre Wirkung.

Imprägnieren: Bei diesem Verfahren werden Gewebe so beschichtet, dass die glatte und glänzende Oberfläche wetterfest, wasserdicht und schmutzabweisend ist. Trotzdem bleiben sie luftdurchlässig. Die Behandlung ist typisch für Regen- und Sportausrüstungen sowie für Schirme und Markisen.

Mercerisieren: Es handelt sich dabei um die Behandlung von Baumwolle, insbesondere für hochwertige Tischwäsche. Dabei werden unterschiedliche Eigenschaften erzielt: Glanz, der waschbeständig ist (durch chemische Behandlung), verminderte *Dehnfähigkeit* bei gleichzeitig erhöhter *Reißfestigkeit.*

Rauen: Mit Hilfe von Maschinen zieht man bei textilen Flächen die Faserenden an die Oberfläche. Die Ware erhält dadurch eine voluminösere, bauschige Oberfläche, einen weicheren Griff und eine besondere Wärmewirkung. Einseitig aufgeraut ist z. B. Flanell, beidseitig rau ist Molton.

Sanforisieren: Durch Behandlung mit Wasser und Hitze ist die spätere Formveränderung vorweggenommen. Die Wäsche kann nicht mehr einlaufen, sie ist formbeständig und außerdem knitterarm.

·SANFORIZED·

·SANFOR·

Aufgaben

1. Erklären Sie die Bezeichnung Schurwolle.

2. Woraus wird Seide gewonnen?

3. Beschreiben Sie die Eigenschaften von Wolle und Seide und nennen Sie Verwendungszwecke.

4. Beschreiben Sie die Fasern „Baumwolle" und Leinen":
   a) die Ausgangsware,   b) die Fasereigenschaften,   c) die Verwendungszwecke.

5. Beschreiben Sie die besonderen Eigenschaften von Vliesstoffen und Verwendungsmöglichkeiten.

6. Auf welche Weise erfolgt die Kennzeichnung der Textilien?

7. Erläutern Sie Zeichen/Siegel bei der Textilkennzeichnung.

8. Was bedeutet die Bezeichnung Ausrüstung?

9. Nennen und erläutern Sie Arten der Ausrüstung.

Abb. 1 Reinigungsmittel

Bevor ein Mittel angewendet wird, ist grundsätzlich zu klären:

- Woraus besteht das zu behandelnde Material und wie ist die Oberflächenbeschaffenheit?
- Um welche Schmutzart handelt es sich und wie stark ist die Verschmutzung?
- Welches ist das umweltfreundlichste Reinigungsmittel, das zur Schmutzentfernung verwendet werden könnte?
- Wie lauten die Dosierungsanweisungen und Bedienungsanleitungen?

Bedienungsanleitungen, Dosierungsanweisungen und Umweltschutzhinweise sind zu beachten! Mischen Sie nie verschiedene Reinigungsmittel!

Bevorzugen Sie die umweltfreundlichen Hausmittel.

Diese sind biologisch leicht abbaubar und meist preiswerter: Schmierseife oder Neutralseife, für Reinigungszwecke vielseitig einsetzbar. Ein Nachpolieren von Flächen ist erforderlich. Verdünnte Essig- und/oder Zitronensäure als 3%ige Lösung sind zum Entkalken und zum Abwischen von Wasserflecken, z. B. auf Bad-Armaturen, bestens geeignet. Spiritus für die Reinigung von Fensterscheiben, Glastüren sowie von Glasgegenständen wie z. B. Kristallleuchtern.

1.3 Reinigungs- und Pflegemittel

🇬🇧 cleaning agents 🇫🇷 produits (m) pour nettoyer et produits d'entretien

Unter **Reinigen** versteht man das Entfernen von Schmutz, entweder

- trocken, z. B. durch Kehren, Saugen,
- oder feucht, z. B. durch Wischen oder Waschen.

Pflegen ist darüber hinaus das Anwenden von Mitteln, durch die bestimmte Oberflächen ein schöneres Aussehen erhalten und vor chemischen oder mechanischen Einwirkungen geschützt werden.

Reinigungsmittel

Eine reinigende Wirkung haben vor allem Lösungsmittel, Seifenlaugen, Scheuermittel und wässrige Lösungen aus Tensiden, das sind künstlich hergestellte, seifenähnliche Stoffe. Durch mechanisches Einwirken wie Reiben mit Lappen, Baumwoll- oder Leinentüchern, Fensterledern, Schwämmen u. Ä. kann die reinigende Wirkung verstärkt werden.

Lösungsmittelfreie Reinigungsmittel

Ohne Scheuermittelanteil, zur Entfernung von leichtlöslichem bzw. weniger hartnäckigem Schmutz, auf Seifenbasis, mit natürlichen Tensiden bzw. Oberflächen-Entspannungsmitteln, z. B. für Kunststoff, Glas, Keramik, Steinzeug und Edelstahl: Schmierseife, Neutralseife, Grüne Seife, Spülmittel.

Mit Scheuermittelanteil,
- feinere Scheuermittel, z. B. für Bade- und Duschwannen: Scheuermilch;
- grobere Scheuermittel, z. B. für Toiletten, Waschbecken und für keramische Fliesen auf Mineralbasis: Schlämmkreide, „Wiener Kalk", Bimsmehle, Marmormehle.
- **Zusätze von synthetischen Tensiden,** für alle feucht abwischbaren Oberflächen, z. B. aus Edelstahl, Glas, Keramik, Kunststoff, Steinzeug: Universalreiniger, Allzweckreiniger
- **Desinfektionsmittel** auf Alkoholbasis zum Abtöten von Mikroben. Anwendung vor allem im Sanitärbereich.

Lösungsmittelhaltige Reinigungsmittel

- **Spezialreiniger,** zur Entfernung von stark fetthaltigem Schmutz oder teerhaltigen Rückständen z. B. in Backöfen. Nicht anwendbar auf Flächen mit Farb- und Lackanstrichen bzw. aus Kunststoffen wegen der auflösenden Wirkung!
- **Aceton** (Nagellackentferner), zur Entfernung von Harz-, Lack-, Klebstoff- und Teerflecken. Nicht anwendbar auf acetathaltigen Stoffen wegen der auflösenden Wirkung!
- **Fleckenwasser,** zur Entfernung von Flecken jeglicher Art.
- **Salmiak,** zur Entfernung von Farbflecken.

Vermeiden Sie nach Möglichkeit die Anwendung lösungsmittelhaltiger Reinigungsmittel. Wenn Sie sie benutzen, den Raum gut lüften. Verzichten Sie auf den Einsatz von Mitteln, die Chlor, Phosphate, Formaldehyde oder Sulfate enthalten!

Pflegemittel

Pflegemittel geben Oberflächen ein schöneres Aussehen und schützen diese bei späteren Verschmutzungen. Außerdem können z. B. Möbelpflegemittel gut eingesetzt werden, um kleine Kratzer und Flecken weitgehend zu überdecken. Um Arbeitsgänge zu sparen, werden Reinigungs- und Pflegemittel häufig als **kombinierte Mittel** angewendet. Dabei wird die zu reinigende Oberfläche in einem Arbeitsgang gesäubert und gleichzeitig mit einem glänzenden und widerstandsfähigen Schutzfilm überzogen.

Lösungsmittelfreie Pflegemittel

- **Selbstglanz-Emulsionen** bzw. **Wischglanzmittel** oder Wischwachse, die auf Kunststoffböden sowie auf versiegelten und lackierten Holzfußböden einen glänzenden und schützenden Film hinterlassen. Sie ersparen das Nachpolieren.
- **Möbelwachs** und Spezialmittel zur **Möbelpolitur**. Auch zur Oberflächenbehandlung von Türen und Holzwänden geeignet.
- **Poliermittel** für Kunststoffgegenstände und Kunststoffoberflächen, für Leder.

Lösungsmittelhaltige Pflegemittel

Bohnerwachse, die auf **unversiegelten** und **unlackierten** Holzfußböden einen widerstandsfähigen und glänzenden Film bilden. Wegen ihrer Lösungsmittelbestandteile sind sie umweltbelastend und feuergefährlich. Die aufsteigenden Dämpfe sind gesundheitsschädlich. Sollten solche Mittel dennoch zum Einsatz kommen, den Raum gut lüften!

Reinigungsgeräte und Arbeitsmittel

Die Durchführung der Reinigungs- und Pflegearbeiten wird durch Maschinen und Geräte sowie weitere Arbeitsmittel wesentlich erleichtert. Welche Maschinen, Reinigungsgeräte und Arbeitsmittel in den einzelnen Hotelbetrieben zum Einsatz kommen sollten, ist nach den örtlichen, baulichen Gegebenheiten, den verwendeten Oberflächenmaterialien und der sonstigen Raumausstattung zu entscheiden.

1.4 Reinigung von Wänden

🇬🇧 cleaning of wall-coverings 🇫🇷 nettoyage (m) des murs

Je nach Material und Oberflächenbeschaffenheit werden unterschiedliche Reinigungs- und Pflegemittel bzw. Arbeitsmittel verwendet.
Hinweis: bitte die Tabelle auf der nächsten Seite beachten.

1.5 Reinigung von Böden

🇬🇧 floor cleaning 🇫🇷 nettoyage (m) du plancher

Je nach Material und Aufbau der Fußböden werden unterschiedliche Reinigungs- und Pflegemittel angewendet (Siehe Tabelle S. 546). Abgesehen von Teppichböden bzw. Teppichen geht bei allen anderen Böden das Entfernen von lockerem Schmutz durch Fegen oder Moppen als Vorreinigung den anderen Reinigungs- und Pflegemaßnahmen voraus.

Reinigungsgeräte und Arbeitsmittel

Maschinen, z. B. Staubsauger, Kehrmaschinen, Teppich-Shampoonier-Geräte, Sprühextraktionsgeräte, Dampfreiniger, Hochdruckreiniger, Scheuersaugmaschinen, Nass-Sauger/ Allzwecksauger, Bohner- bzw. Poliermaschinen, Waschmaschinen, Trockner;

Geräte, z. B. Etagenwagen, Putzwagen, Teppichkehrer, Feuchtwischgeräte, Nasswischmopps, Feuchtwischmopps, Fahreimer mit Presse, Wasserschieber, Leitern;

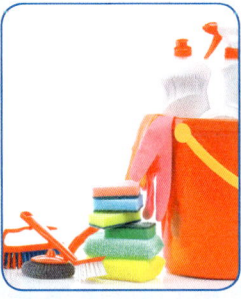

Arbeitsmittel, z. B. Staubtücher, Fensterleder, Poliertücher, Reinigungspads, Schwämme, Vliesschwämme, Stahlwolle, Besen, Handfeger, Bürsten, Schrubber, Scheuertücher, Eimer, Körbe.

Aus Gründen des Umweltschutzes sind lösungsmittelhaltige Pflegemittel weitestgehend abzulehnen!

Reinigung von Wänden

Je nach Material und Oberflächenbeschaffenheit werden unterschiedliche Reinigungs- und Pflegemittel bzw. Arbeitsmittel verwendet.

Wandoberfläche	Reinigungs-/Pflegemaßnahme
abwaschbar	
Dispersionsfarbe	mäßig feucht mit Lappen abwischen
Ölfarbenanstrich	mit milder Reinigungslösung vorsichtig abwaschen, trockenreiben
Keramische Fliesen	mit heißer, starker Reinigungslösung abwaschen, mit klarem Wasser nachwaschen, trockenreiben
Tapeten	mit milder Reinigungslösung vorsichtig abwischen. Keine Lösungsmittelhaltigen Mittel verwenden!
nicht abwaschbar	➡ **weder Wasser noch Reinigungsmittel verwenden!**
Tapeten	mit Besen bzw. Staubsauger vorsichtig abstauben/absaugen
Stoffbespannungen	mit Besen bzw. Staubsauger vorsichtig abstauben/absaugen

Reinigung von Böden

Fußbodenmaterialien	Reinigungs-/Pflegemaßnahme
Holz-Parkett	Bei unbeschädigter Versiegelung mit Allzweck- oder Neutralreiniger mäßig feucht wischen; bei beschädigter Versiegelung mit Bohnerwachs behandeln.
Holz-Dielen	Zimmerböden aus Holz schonend, nebelfeucht mit Schmierseife wischen. Pflege mit Wachs als Oberflächenschutz.
Linoleum	Mit Seifenlauge feucht wischen, gelegentlich mit Wischglanz oder Selbstglanz-Emulsion pflegen, trocknen lassen. Absatzspuren mit Pads abreiben.
Kunststoff-, Laminat- und Gummiböden	Feucht wischen, gelegentlich mit Wischglanzmittel oder Selbstglanz-Emulsion behandeln, trocknen lassen.
Steinfußböden, Naturfliesen, Kunststeinfliesen	Mit milder Reinigungslösung zur Grundreinigung feucht wischen bzw. mit Wischpflegemittel pflegen.
Keramikfliesen	Mit starker Reinigungslösung nass wischen oder schrubben.

Abb. 1 Treppe mit Teppich

1.6 Reinigung von Teppichen und Teppichböden

🇬🇧 cleaning of carpets and carpet tiles

🇫🇷 nettoyage (m) des tapis et moquettes

Teppicharten

Unter Teppichen versteht man sowohl den klassischen Orientteppich als auch Teppichläufer, Brücken, Wandteppiche und die Auslegeware von Teppichböden und -fliesen. Bei der Herstellung können sowohl Naturfasern als auch Chemiefasern oder eine Mischung aus beiden verwendet werden. Wegen der großen Qualitätsunterschiede und der Vielzahl von Teppicharten sollte beim Kauf ein Fachmann zu Rate gezogen werden.

Tägliche Reinigung

Saugen

Die normale tägliche Reinigung von Teppichen im Hotel ist das Staubsaugen.

Vereinzelt werden zum Entstauben auch Teppichkehrmaschinen eingesetzt.

Zur anschließenden Fleckenentfernung auf Teppichen werden verschiedene Methoden angewendet.

Die Teppichsiegel haben sich als eine gute Orientierungshilfe erwiesen. Sie sind an der Unterseite von Teppichrollen angebracht und werden vom „Deutschen Teppichforschungsinstitut e.V., Aachen", vergeben.

Detachieren

Flecken können mit Hilfe eines Feinwaschmittel-Schaumes und eines Frottierlappens befeuchtet und dann abgerieben werden.

Pulver-Reinigung

Die Pulverreinigung wird bei Bedarf – je nach Verschmutzungsgrad – zur oberflächlichen Florreinigung angewendet. Das Reinigungspulver wird mit rotierenden Bürsten auf dem Teppichflor verteilt. Das Pulver nimmt den Schmutz auf und kann nach der empfohlenen Einwirkungszeit mit dem Staubsauger entfernt werden. Dabei sollte man gründlich gelüftet.

Grundreinigung

Zur **Grundreinigung** eignen sich die beiden folgenden Verfahren:

- **Shampoonier-Reinigung**
  Kurzflorige Teppiche mit einem feuchtigkeitsbeständigen Trägermaterial können nach diesem Verfahren gereinigt werden. Das Shampooniermittel enthält Tenside, fettlösende Mittel und keimabtötende Stoffe. Der Shampooschaum wird mit Hilfe einer Shampooniermaschine in Bahnen aufgetragen und dabei eingebürstet. Nach dem Trocknen des Schaums wird der Teppichflor aufgebürstet und abgesaugt. Mit den Shampooresten wird so der gelöste Schmutz entfernt.

- **Sprühextraktions-Reinigung**
  Dieses Verfahren ist bei allen Florarten geeignet. Die Spezial-Reinigungsmittel hierfür enthalten schaumarme Tenside, Reinigungsverstärker, Entschäumer und teilweise Phosphate. Das Mittel wird in Bahnen aufgesprüht und löst den Schmutz aus dem Teppichboden. Die Lösung aus Reinigungsmittel und Schmutz wird aufgesaugt und in einen Tankbehälter geleitet. Die Entsorgung erfolgt über das Abwasser.

Bei der **Grundreinigung** von Teppichen ist zu beachten:

- Sie sollte jährlich nur einmal durchgeführt werden, da der Teppich dabei strapaziert wird.
- Eine eventuell vorhandene Fußbodenheizung ist rechtzeitig auszuschalten.
- Der Fußboden muss vorab gesaugt worden sein.
- Das Reinigungsmittel sollte auf die Verträglichkeit mit dem Belag geprüft worden sein.
- Beim Absaugen muss das Reinigungsmittel vollständig aus dem Flor gesaugt werden. Sonst könnte es zu einer schnelleren Wiederverschmutzung kommen.

Abb. 1 Teppichsiegel-Beispiel

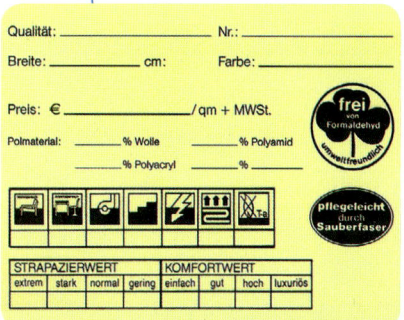

Abb. 2 Beispiel – Teppich-Karte als Kundeninformation

 „wohnbereichsgeeignet"

 „arbeitsbereichsgeeignet"

 „stuhlrollengeeignet"
(Verwendung: Räume mit Rollstühlen, Rollsesseln, für Büroräume)

 „treppengeeignet"
(Verwendung: Treppen in Wohnhäusern oder sonstigen Gebäuden)

 „feuchtraumgeeignet"
(Verwendung: Badezimmer, Küchen, Toiletten)

 „antistatischgeeignet"
(Verursachen beim Begehen keinen spürbaren Schlag)

 „geeignet für Fußbodenheizung"
(Verwendung: in Räumen mit Fußbodenheizung)

Abb. 3 Zusatzsymbole für Teppichböden

Abb. 1 Hotelwäscherei

1.7 Wäschepflege   linen maintenance soins (m) du linge

Wäsche gehört zu den Textilien, über die im Abschnitt „Natur- und Chemiefasern" bereits Grundlegendes ausgeführt wurde.

Wäsche ist die Sammelbezeichnung für Textilien, deren regelmäßige Reinigung durch Waschen erfolgt. Dabei unterscheidet man Wäsche nach:

Gebrauch
- Leibwäsche (Unterwäsche)
- Bett-, Tisch- und Badewäsche
- Küchenwäsche

Feinheitsgrad
- Feinwäsche (feine Gewebe: z.B. für Damenwäsche, Pullover, Stores, Gardinen usw.)
- Grobwäsche (grobe Gewebe z.B. Berufs- und Schutzkleidung)

Farbe
- Weißwäsche
- Buntwäsche

Hotelwäsche   hotel laundry linge (m) d'hôtel

Die wichtigsten unterscheidenden Bezeichnungen für Hotelwäsche sind:
- Bettwäsche
- Tischwäsche *(table linen/linge de table)* und
- Frottierwäsche

Bettwäsche

Abb. 2 Bettwäsche

Zweckbestimmende Bezeichnungen und Maße
Zur Bett- bzw. Etagenwäsche gehören:
- **Kissenbezüge**
  - Kopfkissen allgemein   80 cm x 80 cm
  - Europakissen   40 cm x 80 cm
- **Bettbezüge**   140 cm x 200 cm
- **Bettlaken**   160 cm x 260 cm
- **Matratzenschoner**   in verschiedenen Größen

Tisch- und Frottierwäsche

Zur **Tisch-** bzw. **Restaurantwäsche** gehören:
- Moltons,
- Tischtücher und Tafeldecken,
- Deckservietten,
- Mundservietten, Hand- und Weinservietten.

Zur **Frottierwäsche** gehören:
- Hand- und Badetücher sowie Waschlappen,
- Bademäntel und Badematten/Bettvorleger.

Abb. 3 Restaurantwäsche

Bei der Herstellung von Frottierwäsche wird die Baumwolle in Leinwandbindung verarbeitet, bestehend aus einer straffen Grundkette und einer lockeren Schlingenkette mit ein- oder beidseitigen Schlingen. Aufgrund gekräuselter Oberfläche zeichnen sich die Textilien durch eine besonders gute Saugfähigkeit aus.

Reinigung und Pflege der Wäsche

Verschmutzte Wäsche muss in regelmäßigen Abständen gereinigt und gepflegt werden. Die Reinigungs- und Pflegemittel werden auf die Materialeigenschaften abgestimmt.

Reinigungs- und Pflegemittel

Wasser 🇬🇧 water 🇫🇷 eau (w)

Wasser ist das grundlegende Reinigungsmittel. Viele Vorgänge, die bei der Schmutzbeseitigung von Bedeutung sind, weisen darauf hin: Auflösen, Aufquellen, Zerteilen, In-der-Schwebe-Halten, Ausspülen, Wegspülen.

Waschmittel 🇬🇧 detergents 🇫🇷 produits (m) de lavage

Durch Waschmittel wird die grundlegende Reinigungswirkung des Wassers ergänzt und verstärkt. Neben waschaktiven Bestandteilen enthalten Waschmittel darüber hinaus in unterschiedlicher Zusammensetzung Substanzen, die auf jeweils spezifische Zwecke ausgerichtet sind, z. B. wasserenthärtende Stoffe oder solche, die besondere pflegende Auswirkungen haben.

Waschaktive Substanzen wirken zweifach:
- Durch Verringern der Oberflächenspannung des Wassers erhöhen sie dessen Wirksamkeit und begünstigen insbesondere das gründliche Durchnetzen der Wäsche.
- Darüber hinaus heben sie den Schmutz vom Waschgut ab, emulgieren und umhüllen ihn, sodass er mit Hilfe des Wassers leichter ab- und ausgespült werden kann.

Wasserenthärtende Substanzen, auch Builder genannt, sind waschwirksame Alkalien, die den negativen Auswirkungen von kalkbildenden Salzen im Wasser entgegenwirken. Dieses enthält je nach den örtlichen Bedingungen unterschiedliche Mengen dieser Salze.

Die Wasserhärte hängt vom Gehalt an Calcium- und Magnesiumverbindungen ab. Je höher der Gehalt ist, desto härter ist das Wasser. Die Härte des Wassers spielt beim Waschen der Wäsche eine erhebliche Rolle. Je weicher das Wasser, desto weniger Wasserenthärter (bzw. Waschmittel) sind bei der Wäschepflege erforderlich. Bei der Dosierung sollte man sich an die Angaben der Waschmittelhersteller halten.

Unterschiedliche Härtegrade des Wassers

Im Härtebereich wird nach der internationalen Einheit Millimol Calciumcarbonat je Liter (mmol/l) gemessen. Sie ersetzt die alte Messeinheit „Grad deutscher Härte (°dH)".

Die kalkbildenden Salze sind beim Waschen für eine ganze Reihe negativer Auswirkungen verantwortlich:
- Sie bilden unlösliche Verbindungen, wodurch die Reinigungswirkung vermindert wird.
- Durch Hitzeeinwirkung beim Waschen entsteht Kalkstein, der sich in den Wäschefasern festsetzt. Dadurch wird die Saugfähigkeit sowie der Geruch und die Haltbarkeit der Wäsche beeinträchtigt, weil die Fasern brüchig werden.
- Kalkablagerungen in der Waschmaschine vermindern die Leistungsfähigkeit und beschleunigen den Verschleiß.

Abb. 1 Wasch- und Trocknermaschinen

Abb. 2 Zugabe des Waschmittels

Abb. 3 Saubere Frottierwäsche

Härtebereich	Millimol Calciumcarbonat je Liter (mmol/l)	früher: °deutsche Härte
weich	< 1,5 mmol/l	< 8,4 °dH
mittel	1,5–2,5 mmol/l	8,4–14 °dH
hart	> 2,5 mmol/l	> 14 °dH

Vollwaschmittel sind besonders waschaktiv und vor allem geeignet für sogenannte Koch- oder Weißwäsche, wie z. B. Berufsköche (Köche).
Feinwaschmittel sind in ihrer Wirkung auf empfindliche Fein- und Buntwäsche abgestimmt.
Spezialwaschmittel enthalten Bestandteile, durch die bei bestimmten Textilien eine jeweils zweckgerichtete pflegende Wirkung erreicht werden soll, z. B. bei synthetischer Wäsche, Wolle, Gardinen.

Die wasserenthärtenden Substanzen des Waschmittels verhindern diese Auswirkungen, indem sie die kalkbildenden Salze binden und unwirksam machen.

Wäschepflegende Wirkstoffe werden Waschmitteln je nach dem beabsichtigten Zweck in unterschiedlicher Zusammensetzung zugesetzt:

- **Bleichmittel** geben Sauerstoff ab und entfärben organische Farbstoffe, die z. B. von Obst, Rotwein und Kaffee herrühren.
- **Vergrauungshemmstoffe** binden Schmutzteilchen und halten sie in der Schwebe, sodass sie sich nicht wieder in den Fasern festsetzen können.
- **Enzyme** bauen Fett und Eiweiß zu wasserlöslichen Formen ab und erleichtern dadurch das Ausspülen.
- **Schaumregulierende Stoffe** sorgen für eine der Waschtemperatur und dem Waschprogramm entsprechende Schaumbildung.
- **Weißtöner** bzw. optische Aufheller überdecken bei weißer Wäsche den möglichen gelben Schimmer.
- **Duftstoffe** überdecken die unangenehmen Gerüche, die aus der Waschlauge stammen, und verleihen der Wäsche eine duftige Frische.

Für Waschmittel gibt es je nach ihrer Zweckbestimmung unterschiedliche Bezeichnungen:
- Vollwaschmittel
- Feinwaschmittel
- Spezialwaschmittel

Beachten Sie die nebenstehenden Erklärungen und lesen Sie die Dosierungshinweise auf den Verpackungen.

Waschhilfsmittel

Vor dem Waschen erfüllen sie vorbereitende Funktionen:
- **Einweichmittel** bilden im Wasser Laugen, durch die stark haftender und intensiver Schmutz so aufgelockert wird, dass er beim nachfolgenden Waschen leichter und vollständig ausgespült werden kann.
- **Enthärtungsmittel** dienen dazu, den Kalk in übermäßig hartem Wasser zu neutralisieren, damit seine nachteiligen Auswirkungen beim Waschen von vornherein ausgeschaltet sind (siehe weiter oben).

Nach dem Waschen werden Hilfsmittel verwendet, die bestimmten Textilien eine besondere Eigenschaft verleihen sollen.
- **Weichspülmittel** machen z. B. Frottierwäsche, Moltons und Wollwaren weich und flauschig.
- **Feinappreturen** bzw. **Steifungsmittel** (Stärke) dienen dazu, der Wäsche durch unterschiedlich intensive Aussteifung einen volleren und festen Griff zu verleihen sowie schmutzunempfindlicher zu machen, z. B. Hemden, Blusen, Tisch- und Bettwäsche.

> **Wichtige Hinweise:**
> Wasch- und Reinigungsmittel können die Umwelt belasten. Darum:
> - maßvoll mit Waschmitteln sowie Reinigungs- und Pflegemitteln umgehen,
> - auf nicht unbedingt notwendige Mittel ganz verzichten,
> - umweltfreundliche Wasch-, Reinigungs- und Pflegemittel verwenden.

Fleckentfernungsmittel

Flecken sind Schmutzeinwirkungen besonderer und intensiver Art, z. B. durch Rotwein, Obst, Kugelschreiber. Je nach Art des Schmutzes sind zur Entfernung unterschiedliche Mittel erforderlich. Grundlegende Hilfsmittel sind:

- Wasser – zur Entfernung von
  - Zuckerflecken
  - Eiflecken

  Die Wirkung von erwärmtem Wasser ist intensiver.

- Essigwasser – zur Entfernung von
  - Rotweinflecken
  - Urinflecken

  und zur Nachbehandlung von
  - Obstflecken

- Feinwaschlauge – zur Entfernung von
  - Bier, Blut
  - Limonaden, Milch
  - Kaffee, Kakao
  - Schokolade
  - Likör, Ei

  und zur Nachbehandlung von Flecken von
  - Obst
  - Ruß
  - Wein
  - Urin

Beim **Entfernen von Flecken** sind besondere Richtlinien bzw. Hinweise zu beachten:

Als erstes ist festzustellen, um welches textile Material und um welche Art von Fleck es sich handelt.

- Je frischer der Fleck, desto leichter ist er zu entfernen.
- Getrocknete Flecken sind zunächst anzulösen.
- An einer nicht sichtbaren Stelle wird geprüft, ob das Lösungs- oder Fleckentfernungsmittel gegenüber der Faser und der Farbe unschädlich ist.
- Bei Fleckentfernungsmitteln sind die Hinweise des Herstellers zu beachten.
- Der Fleck wird mit dem jeweiligen Mittel betupft; bei Wiederholung ist eine andere, noch saubere Stelle des verwendeten Reinigungstuches zu benutzen.
- Das Abreiben darf nur mit leichtem Druck erfolgen und muss immer zum Fleckzentrum hin durchgeführt werden, um eine Ausweitung der Verschmutzung zu verhindern.
- Für das Aufnehmen der gelösten Fleckensubstanz saugfähiges Material verwenden.
- Wässrige Lösungen sind nach der Behandlung gründlich auszuspülen.
- Benzin, Benzol und Spiritus sind feuergefährliche Reinigungsmittel und dürfen deshalb nie bei offenem Feuer angewendet werden.

Pflege- und Behandlungssymbole für Textilien

Für die Art und Intensität der Reinigungs- und Pflegemaßnahmen sind jeweils die Art und die Beschaffenheit der Textilien ausschlaggebend. Zur Orientierung und Information sind diese deshalb mit jeweils entsprechenden Pflegesymbolen ausgestattet (siehe Pflegesymbole S. 222).

Abb. 1 Zur Entfernung von Rotweinflecken dienen auch aufgestreutes Salz und Zitronensaft.

Darüber hinaus gibt es spezielle Fleckentfernungsmittel:

Aceton	➤ Nagellack, Schuhcreme
Benzin	➤ Fett, Wachs
Benzol	➤ Asphalt, Teer, Ruß, Schuhcreme
Salmiak	➤ Obst, Weißwein, Tinte
Spiritus	➤ Fett, Kugelschreiber, Kopierstift, Lippenstift, Parfüm
Terpentin	➤ Ölfarbe
Wasserstoffperoxid	➤ Stockflecken

Abb. 2 Tintenflecken

Außerdem stehen ganz spezielle Mittel für Kaugummi, Tinte und Rost zur Verfügung.

Abb. 1 Wäschestapel

Abb. 2 Wäscherei

Abb. 3 Wäscheinventur

Lagern, Tauschen und Zählen der Wäsche

Die Hotelwäsche gehört vom Neueinkauf bis zum Umfunktionieren verbrauchter Wäschestücke als Staubtücher in den Aufgabenbereich der Hausdame.

Lagern der Wäsche

Wäsche wird zugunsten einer guten Durchlüftung in offenen Regalen gelagert. Das Stapeln in Zehnereinheiten erleichtert die Ausgabe beim Wäschetausch. Frisch gewaschene Wäsche ist so einzuordnen, dass die bereits lagernde Wäsche zuerst verwendet wird.

Die Wäsche wird mit der geschlossenen Seite nach vorne eingeräumt.

Tauschen der Wäsche

Der Wäschetausch gehört zu den täglichen Arbeitsabläufen und muss wegen der Kontrolle mit angemessener Sorgfalt durchgeführt werden:

- Entweder die Schmutzwäsche im Magazin vorzählen und entsprechende Mengen saubere Wäsche entgegennehmen,
- oder den Officebestand täglich gegen Anforderungsschein bis zum Sollbestand auffüllen.

Zählen der Wäsche

Im Hinblick auf die Bilanz (Warenwert) und auf Neueinkäufe sind die Wäschebestände in regelmäßigen Abständen durch Inventur zu ermitteln. Da sich die Wäsche ständig im Umlauf befindet, ist es erforderlich, das Zählen an allen Stellen möglichst gleichzeitig durchzuführen:

- in der Wäscherei und den Etagenoffices,
- in den Gästezimmern mit Bädern,
- in den Restaurants und Bars,
- in der Bankettabteilung,
- in der/den Küche/n und
- in der Wellness-Abteilung.

Aufgaben

1. Beschreiben Sie das Lagern, Tauschen und Zählen (Inventur) der Hotelwäsche.

2. Aus welchen Rohstoffen wird Bettwäsche hergestellt? Welche Vorteile und Nachteile haben die einzelnen Rohstoffe?

3. Beschreiben Sie die besondere Beschaffenheit der Frottierwäsche und die sich daraus ergebenden Eigenschaften.

4. Beschreiben Sie die Funktionen der waschaktiven und der wasserenthärtenden Substanzen in Waschmitteln.

5. Nennen und beschreiben Sie die Funktion von wäschepflegenden Wirkstoffen, die in Waschmitteln je nach beabsichtigtem Zweck enthalten sind.

6. Erklären Sie an Waschbeispielen die Unterscheidung der Waschmittel in Voll-, Fein- und Spezialwaschmittel.

7. Was versteht man unter Wasserhärte?

8. Nennen Sie Waschhilfsmittel, die vor bzw. nach dem eigentlichen Waschen eingesetzt werden und beschreiben Sie ihre Funktion.

9. Beschreiben Sie an Beispielen die Verwendung von Wasser, Essigwasser und Feinwaschlauge als Mittel der Fleckentfernung vor dem Waschen.

10. Zu welcher Art von Fleckentfernung werden folgende Mittel verwendet:
    a) Aceton   b) Benzin   c) Benzol   d) Salmiak   e) Spiritus   f) Terpentin?

11. Erläutern Sie wichtige Richtlinien, die bei der Fleckentfernung zu beachten sind.

1.8 Gästebetten 🇬🇧 beds 🇫🇷 lits (m)

Wenn der Hotelier seinen Gästen beste Bedingungen für einen erholsamen Nachtschlaf bieten möchte, dann wird er ein besonderes Augenmerk auf die Qualität seiner Hotelbetten richten.

Ein Standard-Hotelbett besteht aus folgenden Teilen und Artikeln:
- Bettgestell,
- Matratzenunterbau oder Lattenrost,
- Matratzenschoner als Matratzen-Unterlage,
- Matratze,
- Bettwäsche,
- Deckbett/Einziehdecke,
- Kopf- und Nackenkissen.

Vor dem Kauf von Hotelbetten sollte unbedingt der Rat von Bettfachleuten eingeholt werden. Denn neueste medizinische Erkenntnisse und Herstelltechnologien führen zu Weiterentwicklungen auch auf diesem Gebiet. Ferner sollte ein möglichst einfaches Abziehen, Säubern und Neubeziehen des Hotelbetts gewährleistet sein. Nicht zuletzt sollten die Hotelbetten den verschiedenen Schlaf- und Liegebedürfnissen der Gäste, z. B. eher hart oder eher weich, entsprechen.

Abb. 1 Doppelbett mit Tagesdecke, Hotel Intercontinental, Prag

Bettgestelle 🇬🇧 bedsteads 🇫🇷 lits (m)

Das Bettgestell ist der Rahmen für den Lattenrost – oder die Matratzenunterlage – und somit auch die Einfassung für die aufliegende Matratze. Bettgestelle sind meist aus Holz, manchmal auch aus Metall oder Kunststoff. An den Außenseiten sind viele Bettgestelle mit gepolstertem Stoff bespannt, der in Musterung und Farbe mit der Gesamtausstattung des Zimmers abgestimmt ist. Die Bettfüße sind häufig auf Rollen oder Gleitfüßen montiert, um die Arbeit des Personals zu erleichtern.

Bettgestelle sind in ihren Maßen auf die entsprechenden Matratzengrößen abgestimmt.

Maße der Bettgestelle, für:
- **Einzelbett**-Matratzen, Standardgrößen:
  0,90 m x 1,90 m oder
  1,00 m x 2,00 m ➜ Single size bed
- **Doppelbett**-Matratzen, Standardgrößen:
  1,30 m x 2,00 m ➜ Twin size bed
  1,50 m x 2,00 m ➜ Queen size bed
  1,50 m x 1,90 m ➜ Französisches Bett
  1,80 m x 2,00 m oder
  2,00 m x 2,00 m ➜ King size bed
  1,90 m x 2,00 m ➜ Grand lit

Abb. 2 Beispiel eines flexibel gelagerten Lattenrostes. Rahmen mit verstellbarem Kopf- und Fußteil, mit Zonen-Härteverstellung, Federleisten, Lagerung in Doppel-Kautschukkappen, Buche, Schichtholz.

Matratzenunterbau und Lattenroste

Der Matratzenunterbau eines Bettes kann ein Spiralnetzrahmen bzw. Metallrost sein. Es gibt auch fest oder flexibel gelagerte Lattenroste. Bei Luxus-Hotelbetten besteht die Bettenbasis meist aus einem Federkern- bzw. Taschenfederkern-System mit gepolsterter Auflage.

Abb. 3 Beispiel eines per Knopfdruck und Elektromotor variabel verstellbaren Betteinsatz-Lattenrostes.

Lattenroste mit fester Lagerung sind nicht höhenverstellbar. Die Federholzleisten sind auf einem Rahmen einzeln fest montiert.

Abb. 1 Beispiel eines flexibel gelagerten Lattenrostes

Abb. 2 Profil einer Schaumstoffmatratze

Abb. 3 Schaumstoff-Taschenfederkern-Matratze

Da Latexschaum eine keimabtötende Wirkung hat und weitgehend staubfrei ist, sind **Latex-Matratzen** besonders gut für Allergiker mit Hausstaub- und Milben-Allergie, ebenso für Asthmatiker geeignet.

Qualitätsklassen bei Schaumstoff-Matratzen:

- Geringe Qualität: < 30 RG
- Mittlere Qualität: 30–35 RG
  (RAL-Gütezeichen garantiert 36 RG)
- Gute Qualität: 40–50 RG

Bei den **flexibel gelagerten Lattenrosten** sind die einzelnen Federleisten an den Enden mit beweglichen Trägerelementen aus Kunststoff oder Gummi (Kautschukkappen) gefasst. Diese Lattenroste sind am Kopf- und Fußende höhenverstellbar.

Im mittleren Bettbereich sollten die Federleisten in ihrer Elastizität einzeln verstellbar sein, mit Zonen-Härteverstellung. Nur so kann eine individuelle und optimale Anpassung der Matratze an Körperform und Gewicht des jeweiligen Gastes gewährleistet sein. Es ist selbstverständlich, dass gute Lattenroste keine Geräusche verursachen dürfen.

Matratzen   🇬🇧 mattresses 🇫🇷 matelas (m), sommiers (m) élastiques

Die Qualität der Matratze in Kombination mit dem zugehörigen Lattenrost bzw. Matratzenunterbau ist mit entscheidend für den Schlafkomfort des Gastes. Matratzen sollen die Entspannung der Körpermuskulatur und Bänder fördern und die Wirbelsäule mit den Bandscheiben entlasten. Matratzen sollten deshalb punkt- und dauerelastisch, weder zu hart noch zu weich sowie druckfrei und atmungsaktiv sein.

Durch Luftzufuhr von unten sollten Matratzen dazu beitragen können, die Wärme und die Luftfeuchtigkeit zu regulieren, die durch Transpiration (ca. 0,2 l pro Nacht) während des Schlafs entsteht. Gute Matratzen haben deshalb ein atmungsaktives, natürliches Bezugs- und Polstermaterial, z. B. aus Baumwolle, Schafschurwolle, Rosshaar, Kamelhaar oder Kokosfasern. Für Rheumatiker ist eine gute Wärmeisolation der Matratze wichtig. Hotelmatratzen sollten ferner geräuschlos und schwer entflammbar sein. Seitlich sollten sie zwei Griffe zum Wenden oder Transportieren haben. Der Bezugsstoff von Schaumstoff-Matratzen (z. B. Latex) sollte abziehbar und waschbar sein.

Arten von Matratzen

Matratzen werden in vier Arten unterschieden:
- **Schaumstoff-Matratzen,**
- **Schaumstoff-Matratzen mit Federkern,**
- **Federkern-Matratzen** und
- **Taschen-Federkern-Matratzen.**

Schaumstoff-Matratzen bestehen aus synthetischem Schaumstoff (Polyether oder Polyurethan) oder aus natürlichem Schaumgummi (Latex). Viele Luftkammern und kleine Luftkanäle sorgen für die Atmungsaktivität und die Elastizität der Matratze. Schaumstoff ist allerdings nicht gut zur Feuchtigkeitsaufnahme geeignet. Waschbare Baumwoll-Unterbetten als Auflage zu Schaumstoff-Matratzen sind aus diesem Grunde empfehlenswert.

Außerdem sollten Schaumstoff-Matratzen mit einem abzieh- und waschbaren Textilbezug versehen sein. Die Qualität von Schaumstoff-Matratzen wird nach dem **Raumgewicht (RG)** des verwendeten Schaumes in kg pro m³ gemessen. Gute Schaumstoff-Matratzen verfügen über ein hohes Raumgewicht (siehe folgende Tabelle). Sie sind elastischer, haltbarer und tragfähiger als Matratzen mit niedrigem Raumgewicht.

Das Raumgewicht beschreibt nicht die Härte der Matratze, sondern das Wiederaufrichtevermögen.

Abb. 1 Schnitt einer Latex-Matratze. In Kombination mit einem flexiblen Lattenrost wird eine überdurchschnittliche Punktelastizität gewährleistet; Garanten für einen bandscheibengerechten, optimalen Liegekomfort

Schaumstoff-Matratzen mit Federkern verfügen über einzelne, voneinander unabhängige Federkernreihen, die in Längskanälen im Schaumstoff untergebracht sind. Diese Kanäle regulieren auch den Temperatur- und Luftaustausch der Matratze. Wegen der besonderen Elastizität sind diese Matratzen auf Lattenrosten mit höhenverstellbaren Kopf- und Fußteilen bestens geeignet. Einige der besten und teuersten Matratzen auf dem Markt sind dieser Kategorie zuzuordnen.

Federkern-Matratzen verfügen über einzelne elastische Stahlfedern, die miteinander verbunden sind und dadurch ein Netz bilden. Bei vielen Federkern-Matratzen ist dieses Netz von einem Metallrahmen umschlossen. Solche Matratzen sind deshalb für Betten mit höhenverstellbarem Lattenrost nicht geeignet.

Abb. 2 Bandscheibengerechter Liegekomfort

Metallrahmenlose Federkern-Matratzen hingegen lassen sich knicken und sind bei Betten mit höhenverstellbarem Lattenrost verwendbar.

Eine Federkern-Matratze besteht beidseitig aus verschiedenen Polsterschichten. Direkt unter und über dem Metall-Federkern befindet sich eine atmungsaktive Grobpolsterschicht aus Sisal-, Palm- und/oder Kokosfasern. Darauf und darunter liegt jeweils eine stützende Zwischenpolsterschicht aus Ross-Schweifhaar, das den Temperatur- und Feuchtigkeitsausgleich regelt.

Eine Feinpolsterschicht aus Baumwollwatte und/oder Schafschurwolle bildet beidseitig die temperaturausgleichende Abdeckung der Matratze. Ein strapazierfähiger Drellbezug aus Baumwolle, Halbleinen oder Baumwoll-Polyester-Mischgewebe, elastisch versteppt, schützt die Matratze von außen.

Abb. 3 Innenansicht einer Natur-Federkern-Matratze

Bei **Taschen-Federkern-Matratzen** sind die einzelnen Spiralfedern in textilen Taschen, z. B. Leinen- oder Baumwoll-Säckchen, verpackt und zugenäht, um geräuschdämmend zu wirken.

Diese Matratzen zeichnen sich durch eine hohe Punktelastizität aus. Sie entlasten die Wirbelsäule und die Bandscheiben optimal.

Auch diese Matratzenart gehört zu der höchsten Qualitätskategorie und sie ist neben den Latex-Federkernmatratzen am teuersten.

Abb. 4 Einzelbett-Matratze

Abb. 1 Doppelbett

Abb. 2 Zweibett-Zimmer

Abb. 3 Gewebe aus Baumwolle

Gängige **Größen bei Deckbetten-Bezügen:**

Normalgrößen:	135 cm x 200 cm
	155 cm x 200 cm
Übergrößen:	135 cm x 220 cm
	155 cm x 220 cm
bei Französischen Betten:	
	200 cm x 200 cm

und **bei Kissenbezügen:**

Standardgrößen	80 cm x 80 cm
oder	70 cm x 90 cm
Komfortkissen	40 cm x 80 cm
oder	40 cm x 60 cm

Bettwäsche 🇬🇧 bed linen 🇫🇷 linge (m) de lit, literie (w)

Zur Bettwäsche gehören:
- Matratzenauflagen, Matratzenschoner,
- Bettlaken, Betttücher, Spannbetttücher,
- Deckbetten-Bezüge und Kissenbezüge,
- Bettvorleger.

Im Hotelbereich ist die Bettwäsche hauptsächlich aus den Rohstoffen Baumwolle, Leinen und Halbleinen hergestellt oder aus anderen Mischgeweben, wie z. B. Baumwoll-Viskose oder Baumwoll-Diolen (= Baumwolle/ Polyester).

Baumwoll-Bettwäsche gibt es mit unterschiedlicher Ausrüstung. Darunter versteht man, dass die Wäsche vom Hersteller vorbehandelt wurde, um ihr bestimmte Gebrauchseigenschaften oder ein bestimmtes Aussehen zu verleihen. Beispielsweise gibt es Baumwoll-Bettwäsche in den folgenden **Qualitäten:**
- **Mako-Satin** wurde mercerisiert, d. h. mit waschbeständigem Glanz und erhöhter Reißfestigkeit versehen,
- **Biber** wurde aufgeraut,
- **Linon:** leinwandbindiger, gebleichter Stoff,
- **Jersey:** gewirkter, knitterarmer Stoff.

Matratzenschoner werden oftmals an der Oberseite aus 100 % Baumwolle, supergekämmt, und an der Unterseite aus einem Mischgewebe aus Baumwolle und Polyester hergestellt. Sie sollen die Matratzen als Auflagedecke vor Verunreinigungen schützen. An den vier Ecken sind diagonal verlaufende Gummibänder befestigt, mit deren Hilfe die Schoner auf der Matratze gehalten werden.

Bettlaken bzw. Betttücher müssen starke Punkt-Belastungen aushalten und sind deshalb meistens aus strapazierfähigen Rohstoffen wie Leinen, Halbleinen oder Baumwoll-Mischgeweben, z. B. Baumwoll-Diolen, hergestellt. Die Standardgröße für Bettlaken ist 160 cm x 260 cm.

Elastische **Spannbetttücher** gibt es in den Qualitäten Jersey, Biber und Frottee. Sie sollten sanforisiert sein, d. h. sie sollten bei Kauf gegen das Einlaufen (Schrumpfen/ Krumpfen) ausgerüstet sein. Bei der Größenangabe für Spannbetttücher richtet man sich nach der zugehörigen Matratzengröße. Der Überhang mit Gummizug an den vier Seiten wird bei der Maßangabe nicht berücksichtigt. Die Standardgröße eines Spannbetttuches für eine Einzelbett-Matratze ist 100 cm x 200 cm.

Deckbetten-Bezüge und **Kissenbezüge** sind im Hotelgewerbe meist aus reiner Baumwolle hergestellt. Die Bezüge werden über die Deckbetten bzw. Kopfkissen gezogen. Der praktische **Hotelverschluss**, bestehend aus einer Stofftasche für das Einstecken des Deckbetts bzw. des Kissenendes, ermöglicht ein schnelles Beziehen. Den Zimmermädchen bleibt beim Bettwäsche-Wechsel das lästige und zeitraubende Auf- und Zuknöpfen der Bezüge erspart.

Bettvorleger sind rechteckige Fußmatten, meist aus dickem Walkfrottier, wie sie auch im Badezimmer, bei Dusche und Badewanne bereitliegen. In First-class- und Luxus-Hotels gibt es diese Fußmatten auch im Bettbereich. Meist liegen sie zusammengefaltet auf einer Ablage des Nachttisches bereit. Gäste, die Bettvorleger benutzen möchten, platzieren diese dann selbst vor dem Bett. Eine gängige Größe für Bettvorleger lautet 80 cm x 60 cm.

Deckbetten, Inletts, Kissen

🇬🇧 continental quilts and pillows 🇫🇷 édredons (m) et oreillers (m)

Deckbetten

Deckbetten sollen eine angenehme, körpergerechte Schlaftemperatur ohne Wärmestau ermöglichen. Deckbetten sollen leicht, anschmiegsam und nicht belastend auf dem Körper liegen. Deckbetten mit Federn und/oder Daunen gefüllt, sind atmungsaktiv, wärmespeichernd und zugleich wärmeregulierend sowie feuchtigkeitsregulierend – und das auch bei einer sich ändernden Raumtemperatur.

Für die Füllung von Deckbetten werden **Federn** und auch **Daunen** von Enten und Gänsen verwendet.

Abb. 1 Entenfedern

Abb. 2 Gänsefedern

Abb. 3 Gänsedaunen

Abb. 4 handverlesene Gänsedaunen

Daunen sind kiellose, flockenartige Flaumfedern aus dem Gefieder junger Enten und Gänse. Daunen haben einen feinen Kern, an dem sich zahlreiche kleinste Härchen befinden. Daunen sind äußerst leicht und sehr teuer. Ein Deckbett mit Daunenfüllung ist umso teurer, je höher der Daunenanteil ist.

Eiderdaunen sind die Daunen der Eiderente aus den nördlichen Ländern Island und Grönland. Sie haben mehr Füllkraft (Elastizität) als die kleineren Daunen von asiatischen Enten. Eiderdaunen sind die hochwertigsten und teuersten Daunen auf dem Markt.

Die Deckbetten-Füllungen aus Federn und/oder Daunen werden nach der neuen Euronorm DIN EU 12934 geregelt und benannt. Je nach Gewichtsanteil der Daunen gibt es bei Federfüllungen die nebenstehenden Handelsbezeichnungen. Die bisherigen Benennungen können – ohne den Zusatz „Original" – als griffige Kurzbezeichnung weiter verwendet werden.

Eine Dauendecke muss mindestens 60 % Daunen enthalten, ansonsten ist es ein Federbett.

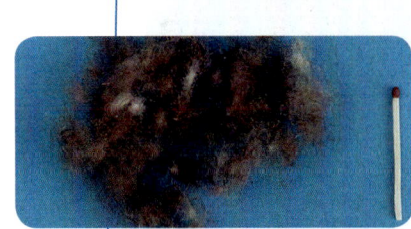

Abb. 5 Eiderdaunen, beste Qualität

Bezeichnung	Gewichtsanteil (bei Neuware)
Reine Daune	100 % Daunen
Leicht fedrige Daune	90 % Daunen, 10 % Federn
Fedrige Daune	60 % Daunen, 40 % Federn
Federbett (=„Dreivierteldaune")	30 % Daunen, 70 % Federn
Halbdaune	15 % Daunen, 85 % Federn
Federn	100 % Federn

Inlett

Inlett ist die Bezeichnung für den Stoff der Deckbetten, der die Federn und Daunen umhüllt. Dieser Stoff muss einerseits luftdurchlässig, andererseits daunen- und federdicht sein. Das heißt, er muss so dicht und eng gewebt sein, dass ihn die teils spitzenkleinen Federkiele der Füllung nicht durchdringen können. Je nach Füllung werden unterschiedliche Inletts aus Baumwollbatisten, z. B. bei Bettfedern und Satins bei Daunen verwendet. Inletts müssen farbecht sein und sie sollten humanökologisch geprüft sein.

Abb. 1 Inlett mit Karo-Steppung

Schadstoff geprüfte Textilien

Mit der Auszeichnung des Öko-Tex Standard 100 haben Sie die Sicherheit, dass keine schädliche Wirkung von unseren Textilien ausgeht.

Mit allergenfreiem Natur-Latex

Bei unseren Latex-Matratzen, die aus natürlichem und synthetischem Latex hergestellt werden, haben Sie die Sicherheit, dass keine Latexallergene enthalten sind.

Für Hausstaub- und Tierhaar-Allergiker geeignet

Spezielle Polster- und Bezugsvarianten lassen Hausstaub- und Tierhaar-Allergiker aufatmen. Sie unterstützen die antiallergischen Eigenschaften der hygienischen Latex-Kerne.

Abb. 2 Gütesiegel einer Bettenfabrik

Abb. 4 Beispiel Latex-Nackenstützkissen

Damit die Bettfeder-Füllung des Deckbetts nicht verrutschen kann, werden die Inletts abgesteppt (Karo-Steppung) oder mit festverbundenen Stegen in quadratische Füllungskammern unterteilt (Steg-Steppung). Diese Stege ermöglichen eine extrahohe Füllung jeder Kammer. In Handarbeit werden dabei die Daunen in jedes Kästchen (Karo) gleichgewichtig abgefüllt und eingenäht.

Naturhaar-Füllungen stellen eine Alternative zu Bettfedern und Daunen dar. Dafür werden verwendet:

- **Schurwolle:** von Schaf, Lamm und Ziege (Alpaka-, Kaschmir- und Mohair-Ziege),
- **Tierhaare:** Yak-, Lama-, Kamelhaar und Angora-Kaninchenhaar.

Naturhaar-Füllungen bilden wärmende Luftpolster, nehmen Feuchtigkeit gut auf, sind anschmiegsam und haben teilweise eine anti-rheumatische Wirkung. Viele Rheumatiker bevorzugen deshalb Deckbetten mit Naturhaar-Füllung (z. B.: Angora-Füllung).

Naturhaare und auch Bettfedern können **Allergien** auslösen. Deshalb kommen für manche Gäste Bettfedern und Daunen als Füllung der Deckbetten nicht in Frage, während andere Gäste keine Naturhaar-Füllungen in Deckbetten vertragen. Für beide Gästegruppen stellen Deckbetten mit waschbarer Synthetikfüllung eine Alternative dar.

Synthetische Füllungen für Deckbetten und Kopfkissen bestehen aus kochwaschbaren Polyesterfasern (z. B.: „Rhombofil"), die mit Lufteinschlüssen versehen sind. Dadurch halten auch solche Füllungen warm, sind leicht, füllig und anschmiegsam.

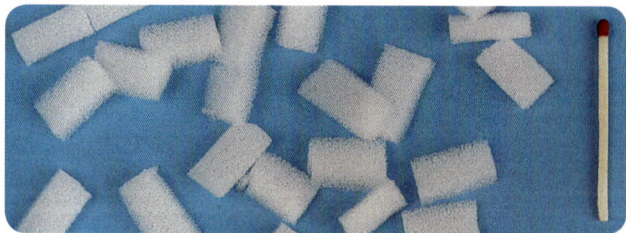

Abb. 3 Beispiel für synthetisches Füllmaterial (hier „Rhombofil")

Kissen

Kissen sollen den Kopf während des Schlafes in der gewünschten Höhe stützen. Diesen Anforderungen entsprechen Deckbetten bzw. Kissen mit Bettfeder- und/oder Daunen-Füllung oder spezielle Nackenstützkissen.

> ● Viele Allergiker und Asthmatiker fragen nach dem Füll-Material der Deckbetten und Kissen. Diese Gäste sind oftmals auf kochwaschbare, synthetische Füllungen angewiesen, weil sie bestimmte natürliche Füllungen meiden müssen!

1. Nennen Sie sieben Hauptaufgaben/Verantwortungs-Bereiche, für die eine Hausdame zuständig ist.

2. Erklären Sie, inwiefern die Hausdame mit ihrer Abteilung wesentlich zum Betriebserfolg beiträgt.

3. Worin besteht der Unterschied zwischen Reinigen und Pflegen?

4. Welche vier Vorüberlegungen sollten Sie anstellen, bevor Sie ein Reinigungs- bzw. Pflegemittel anwenden?

5. Nennen Sie die beiden Hauptgruppen von Reinigungsmitteln und zu jeder Hauptgruppe vier Beispiele.

6. Welche drei biologisch leicht abbaubaren Reinigungsmittel/bewährte Hausmittel sind aus Umweltschutz-Gründen besonders empfehlenswert?

7. Auf welche Reinigungsmittelart mit welchen vier Inhaltsstoffgruppen sollte man aus Umwelt- und Gesundheitsgründen verzichten?

8. Welchen besonderen Vorteil bieten „Kombinierte Reinigungs- und Pflegemittel"?

9. Nennen Sie je drei Beispiele für bestimmte Maschinen, Geräte und Arbeitsmittel, die zur Arbeitserleichterung im Hausdamenbereich beitragen können.

10. Schildern Sie die Reinigungs-/Pflegemaßnahme bei Verschmutzungen von
    a) abwaschbaren Tapeten,   b) nicht abwaschbaren Tapeten.

11. Wie sollte ein Holz-Parkettboden mit unbeschädigter Versiegelung gereinigt werden?

12. Wie sollte ein Boden mit Keramik-Fliesen gereinigt werden?

13. Schildern Sie zwei Methoden zur Fleckenentfernung auf Teppichböden.

14. Nennen Sie die beiden Verfahren zur Teppichboden-Grundreinigung und schildern Sie die jeweilige Vorgehensweise.

15. Welche fünf Punkte sind vor der Grundreinigung von Teppichböden zu beachten?

16. Aus welchen Teilen und Artikeln bzw. Rohstoffen besteht ein Standard-Hotelbett?

17. Nennen Sie die gängigen Matratzengrößen für Einbett- und Doppelbett-Matratzen.

18. Erklären Sie den Unterschied zwischen fest gelagerten und flexibel gelagerten Lattenrosten.

19. Welche vier Arten von Matratzen werden unterschieden?

20. Warum sind Latex-Schaumstoff-Matratzen für Asthmatiker und bestimmte Allergiker am verträglichsten?

21. Welche Matratzenart verfügt über eine hohe Punktelastizität?

22. Welche fünf Artikelgruppen zählen zum Oberbegriff Bettwäsche?

23. Was ist mit „Ausrüstung" bei Baumwoll-Bettwäsche gemeint?

24. Beschreiben Sie den „Hotelverschluss" bei Bezügen für Deckbetten und Kopfkissen.

25. Wie lauten die gängigsten Maße in cm für Deckbetten- und Kopfkissen-Bezüge?

26. Nennen Sie drei Gruppen von Füllungsmaterialien für Deckbetten und Kissen.

27. Welche sechs Handelsbezeichnungen gibt es für die Beschreibung des Daunen-Gewichtsanteils bei Federfüllungen?

28. Welche Eigenschaften weisen einen guten Inlett-Stoff aus?

29. Welche Arten von Naturhaar werden für Füllungen von Deckbetten verwendet?

30. Auf welches Füllungsmaterial sind viele Allergiker und Asthmatiker angewiesen?

② Arbeitsabläufe

🇬🇧 organisation of work and cleaning, work program 🇫🇷 déroulement (m) du travail

2.1 Arbeitsvorbereitung

🇬🇧 work preparation 🇫🇷 mise (w) en place

Zur rationellen Durchführung der umfangreichen Reinigungs- und Pflegearbeiten im Hausdamenbereich sind täglich bestimmte **Vorbereitungsarbeiten** zu erledigen. So müssen die Zimmerfrauen:

- die Etagenwagen überprüfen und bei Bedarf auffüllen,
- die Reinigungs- und Arbeitsgeräte kontrollieren,
- die Reinigungs- und Pflegemittel bereitstellen (s. S. 544),
- die Wäscheartikel für Gästebett und Badezimmer sowie
- die fehlenden Gästeartikel auffüllen.

Gästeartikel

🇬🇧 complimentary articles/guest supplies 🇫🇷 articles-cadeaux (m)

Dazu zählen: Gästeseife, Duschgel, Duschhaube, Hygienebeutel, Toiletten-
papier, Kosmetiktücher, Schuhputzstreifen oder -handschuhe, Nähzeug,
Werbezündhölzer, Briefpapier, Hausprospekt, Notizblock, Schreibstift,
Wäschebeutel, Preisliste für Gästewäsche-Service, Minibar-Abrechnungs-
block, Reparaturzettel für den Gast, Gästefragebogen, Speise- und
Getränkekarte für den Etagen-Service, Etagenfrühstück-Bestellzettel,
TV-Programm und Pay-TV-Angebot, Werbeaufsteller, Bedienungsanleitun-
gen (z. B. für den Safe).

Eine gute Vorbereitung ermöglicht reibungslose und schnelle Arbeitsabläufe, vermeidet Zeitverluste und erspart unnütze Wege.

Die Hausdame wird die Einteilung der Zimmermädchen auf den Etagen
vornehmen. Anhand der **Zimmerliste** des Empfangs (room status report)
mit den **markierten Abreisen** und **Bleiben** wird sie ihren Mitarbeiterinnen eine bestimmte Anzahl von Abreise- und/oder Bleibezimmern zur Reinigung an diesem Tag zuteilen. Die Anzahl der zu reinigenden Zimmer
(z. B. 18) während der regulären Arbeitszeit (z. B. in 8 Std.) wird als Leistungsmaßstab bezeichnet. Der Leistungsmaßstab kann von Hotel zu Hotel
unterschiedlich hoch ausfallen, denn er hängt von Größe und Ausstattung
der Zimmer und vom angestrebten Qualitätszustand ab.

Bei Dienstbeginn melden sich die Zimmermädchen bei der Hausdame. Sie
erhalten dort ihre Pass-Schlüssel (master keys), die besonderen Arbeitsanweisungen des Tages sowie die Liste der zu reinigenden Abreise- und Blei-
be-Zimmer. Zur Arbeitsplanung gehört auch eine **Checkliste** für den täglichen Gebrauch, auf der die Zimmermädchen die durchgeführten Arbeiten
pro Zimmer abhaken können. Die Reihenfolge der auf der Checkliste genannten Punkte sollte den empfohlenen Arbeitsabläufen entsprechen.

Ferner werden auf dieser Checkliste zu erledigende Reparaturen und fehlende Artikel in Gästezimmern von der Zimmerfrau notiert. Die Hausdame
überprüft diese Meldungen und veranlasst weitere Maßnahmen.

Abb. 1 Etagenwagen mit Behältern zur Mülltrennung und Wäschesack

Kontrolliert werden die Reinigungsmaschinen und
Arbeitsgeräte auf Vollständigkeit und Funktionstüchtigkeit. Benötigt werden
Staubsauger, Putzwagen mit
Feuchtwisch-Gerät und
-Mopp, Wasserschieber, Leiter. Bereitgestellt werden die
benötigten Arbeitsmittel, wie
z. B. Staubtücher, Fensterleder, Poliertücher, Reinigungspads, Schwämme, Vlies-
schwämme, Besen, Handfeger,
Bürsten, Schrubber, Scheuertücher, Eimer, Körbe.

Abb. 2 Zimmerfrau beim Ausfüllen einer
Checkliste

2.2 Herrichten eines Gästezimmers bei Abreise

🇬🇧 cleaning of a departure room   🇫🇷 nettoyage (m) d'une chambre au départ

Befragungen zu dem Thema, worauf Gäste bei ihrem Hotel-Aufenthalt den größten Wert legen, haben ergeben, dass deutsche Gäste der Sauberkeit ihres Hotelzimmers die erste Priorität geben.

Daraus kann für Hotel-Direktion und Housekeeping nur folgen, dass sie ihre besondere Aufmerksamkeit der Zimmerreinigung widmen müssen.

Um alle anfallenden Reinigungsarbeiten optimal ausführen zu können und um nichts zu vergessen ist eine gründliche Einarbeitung der Zimmermädchen durch eine Spitzenkraft des Hauses erforderlich.

Beim Training wie bei der späteren Zimmerkontrolle wird auf folgende drei Punkte besonders geachtet:

- auf die **Sauberkeit**
- auf die **Funktionstüchtigkeit** und
- auf die **Vollständigkeit.**

Bei der Einarbeitung sollte eine bestimmte Reihenfolge der Arbeitsschritte trainiert werden.

Eine mögliche Arbeitsreihenfolge wäre:

- Etagenwagen in Zimmernähe abstellen;
- das „Bitte-nicht-stören!"-Schild beachten, ansonsten zweimal deutlich anklopfen, aufschließen, vorsichtig eintreten, Tür offen lassen, eventuell blockieren;
- Vorhänge öffnen, Lichter kontrollieren und ausschalten;
- Zimmer auf „liegen gebliebene Sachen" und auf „entwendete Gegenstände" hin kontrollieren, eventuell Empfang oder Hausdame benachrichtigen;
- Frühstückswagen oder -tablett, Getränkegläser usw. ins Etagen-Office bringen;
- Aschenbecher und Papierkorb am Etagenwagen entleeren, säubern, ins Zimmer zurückbringen
- Heizung zurückdrehen;
- Fenster/Balkontür zum Lüften öffnen;
- Bett und Kissen abziehen, dabei:
  - Matratzenauflage auf Sauberkeit kontrollieren, bei Bedarf auswechseln,
  - Matratze absaugen wegen der Haare, Schuppen, Milben und des Hausstaubs,
  - Deckbett zum Lüften auslegen,
  - auch unter dem Bett nachsehen und auf „verloren" gegangene Gegenstände achten;
- benutzte Bettwäsche und Badezimmerwäsche in den Wäschesack am Etagenwagen geben;
- auf dem Rückweg frische Wäsche mitnehmen.

Ergebnis einer Gästebefragung:

Was macht ein gutes Hotel aus?	
1. Sauberkeit	48 %
2. Service	45 %
3. Gute zentrale Lage	39 %
4. Geräumige große Zimmer	28 %
5. Gutes Frühstück	27 %
6. Gutes Preis-/Leistungsverhältnis	17 %

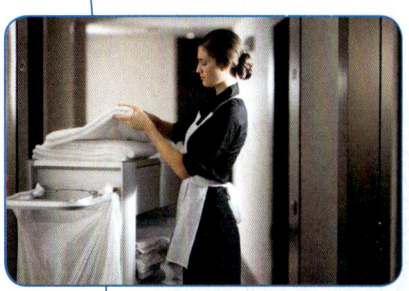

Abb. 1 Etagenwagen vor dem Gästezimmer

Abb. 2 Gästewunsch beachten

Abb. 3 Frühstückstablett abräumen

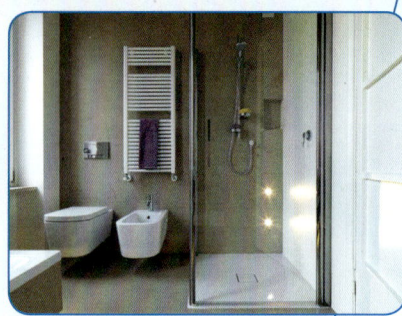

Abb. 1 Gäste-Badezimmer mit Toilette, Bidet, Dusche

Abb. 2 Doppelwaschtisch

Abb. 3 Reinigen einer Toilette

Abb. 4 Nachttischlampe und Telefon

Während das Gästezimmer lüftet, kann im **Badezimmer** weitergearbeitet werden:

- Abfallbehälter entleeren, auswischen und mit Plastiktüte versehen;
- Scheuerpulver bzw. Toilettenreiniger in Toilette und Bidet geben, einwirken lassen;
- Abluftgitter über der Badewanne/Dusche abwischen, Flusen entfernen;
- Wandfliesen über der Bade- bzw. Duschwanne und die Duschtrennwände abschnittweise von oben nach unten reinigen;
- Wasserablaufsiebe und Seifenablagen von Schmutz und Seifenresten befreien;
- Badewanne und/oder Duschwanne mit Scheuermilch reinigen, mit Wasser nachspülen und trockenwischen;
- Wasserflecken auf den verchromten Wannen- und Dusch-Armaturen wegpolieren;
- Beleuchtung und Wandspiegel über dem Waschbecken mit Fensterleder abwischen und trockenpolieren;
- Ablage für Toiletten-Artikel reinigen;
- Zahnputzgläser spülen und mit extra Gläsertuch polieren;
- Stöpsel des Waschbeckens herausnehmen, Haare und Schmutz entfernen, säubern und wieder zurückstecken;
- Waschbecken, Armaturen, Seifenschalen und Wasserüberlauf abwischen und polieren;
- Siphon und Armaturen, auch unter dem Waschbecken, säubern;
- Toilettenbecken innen mit der Toilettenbürste reinigen, außen mit dem WC-Schwammtuch abseifen, Toilettensitz und -deckel beidseitig gründlich säubern;
- Badezimmerartikel nach Soll-Bestand auffüllen, z.B.: Gästeseife, Duschgel, Hygienebeutel, Toilettenpapier und Reserverolle, Kosmetiktücher, Schuhputzstreifen, Nagelfeile;
- Badezimmerwäsche nach hausüblichem Standard auffüllen, z.B.: 1 Badetuch und 2 Handtücher pro Person, eventuell Waschlappen und ein Saunatuch, Badematte/n bereitlegen;
- Bodenfliesen wischen, Wasserablauf säubern;
- letzte Kontrolle – Lichter im Bad ausschalten.

Nun kann mit den Reinigungsarbeiten im **Gästezimmer** fortgefahren werden:

- Matratze mit Bettlaken oder Spannbetttuch beziehen;
- Deckbett/en, Kopf- und Nackenkissen frisch beziehen, dabei schadhafte, beschmutzte oder fleckige Wäschestücke aussortieren;
- Deckbett/en und Kissen wie hausüblich auflegen oder – bei Tagesdecken-Einsatz – im vorgesehenen Schrankfach verstauen, dann Tagesdecke auflegen;
- Reinigungs- und Pflegemittel sowie Arbeitsmittel ins Zimmer bringen;
- Leder- bzw. Putzlappen anfeuchten und damit Staub wischen;
- Telefon inklusive Tastatur, Hör- und Sprechmuschel abwischen, Kabel ordnen; Notizblock und Schreibstift sowie Verzeichnis der Hausanschlüsse mit Tarif-Informationen bereitlegen;
- Nachttischlampe und Radiowecker abstauben und Funktion überprüfen;
- Nachttischschublade auswischen, örtliches Telefonbuch mit Verzeichnis der Vorwahlen und die Bibel bereitlegen;
- Möbelstücke je nach Zimmereinrichtung und Material säubern und pflegen, ausrichten;

- Decken-, Wand- und Stehlampen kontrollieren, Lampenschirmnähte zur Wandseite ausrichten, Elektrokabel ordentlich hinlegen;
- Wandbilder und Bilderrahmen abstauben;
- Sockelleisten abwischen oder später beim Staubsaugen mit absaugen;
- Schreibtischablage und TV-Gerät abwischen,
- im **Raucherzimmer** 2–3 Aschenbecher bereitstellen und mit Werbe-Zündhölzern des Hotels versehen;
- Gästeartikel bereitlegen:
  - TV-Programmheft mit aufgeschlagener Tagesseite;
  - Schreibmappe mit Briefpapier und Briefkuverts, Hausprospekt, Stadtplan/Ortsprospekt, Veranstaltungshinweise;
  - Minibar-Abrechnungsblock und Kugelschreiber;
  - Speise- und Getränkekarte für Etagen-Service auflegen;
  - Hotel-Service-Informationsheft, Hotelzeitschrift;
  - Gäste-Fragebogen auflegen
- Minibar überprüfen: Soll-Bestand, Schraubverschlüsse, Entnahmen/Verbrauch auflisten und an die Hausdame weiterleiten, Gläser, Öffner, Mundeis-Behälter, Kühlung, Beleuchtung prüfen, Knabbereien, Minibar auffüllen;
- Schrank öffnen, Ablageflächen auswischen, Kleiderbügel ergänzen, z. B. pro Person 6 Kleiderbügel und 2 Hosen-/Rock-Spannbügel gleichmäßig einhängen, Reserve-Wolldecke/n, Wäschebeutel, Preisliste für Gästewäsche-Service, Nähboy und Reparaturzettel kontrollieren bzw. ergänzen;
- Wandsafe mit Bedienungsanleitung kontrollieren;
- Hinweise für den Brandfall, Fluchtplan an der Tür und „Bitte-nicht-stören"-Schild kontrollieren, Türklinkenbereich abwischen;
- Fensterscheiben und -rahmen putzen, Fenster schließen;
- Heizkörper abwischen, entstauben;
- hinter den Vorhängen auf Spinnweben achten und entfernen.

Abb. 1 Zimmersafe kontrollieren

Abb. 2 Fenster putzen

Wenn das Zimmer mit einem **Balkon** ausgestattet ist, muss dieser gereinigt werden:
- Balkonpflanzen gießen und abzupfen;
- Balkonmöbel, Fensterbrett und Geländer abwischen, Balkonaschen-becher kontrollieren;
- Liegestuhl und Sonnenschirm bereitstellen;
- Fußboden fegen und wischen;
- Balkontüre reinigen und schließen.

Im **Gästezimmer** sind dann noch einige Arbeiten auszuführen:
- Heizkörper im Winter wieder leicht aufdrehen;
- Gardinen ordnen und Vorhänge mit der Wand abschließen lassen;
- Reinigungs-, Pflege- und Arbeitsmittel zurück auf den Etagenwagen stellen;
- Punkte der Checkliste abhaken und nachsehen, ob nichts vergessen wurde;
- Boden staubsaugen, in der entferntesten Ecke beginnend zur Zimmer-türe hin arbeiten;
- Lichter löschen, Zimmer abschließen;
- Zimmer auf der Arbeitsliste abhaken;
- Zimmer für Hausdamenkontrolle markieren.

Abb. 3 Spinnweben beseitigen

Die Hausdame kann nun die durchgeführten Arbeiten in diesem Zimmer kontrollieren und die Freimeldung an den Empfang weitergeben.

Abb. 4 Balkon wischen

Abb. 1 Staubsauger leeren

Endarbeiten

Die Endarbeiten des Zimmermädchens sind:
- Staubsauger und Geräte entleeren und säubern,
- Putzlappen, Staubtücher, Gläsertücher zum Waschen geben,
- Zimmermädchen-Wagen auffüllen und für die nächste Schicht herrichten,
- Etagenoffice kontrollieren und ordentlich hinterlassen, Lichter löschen, absperren,
- Pass-Schlüssel (master key) der Hausdame übergeben.

2.3 Herrichten eines Gästezimmers bei Bleibe

🇬🇧 cleaning of a stay-on room 🇫🇷 nettoyage (m) d'une chambre permanente

Die Reinigungsarbeiten in einem Bleibezimmer sind im Allgemeinen wie in einem Abreisezimmer. Jedoch ist auf folgende Punkte besonders zu achten:

Wenn Bargeld, Schmuck oder Wertsachen vermisst werden, vermuten manche Gäste gleich auf Diebstahl und verdächtigen ihr Zimmermädchen. Deshalb:
- **Zimmertüre beim Arbeiten im Zimmer immer offen lassen;**
- **Bargeld, Schmuck und Wertsachen nicht berühren; beim Staubwischen die Ablagestellen dieser Dinge nicht bearbeiten;**
- **Kleiderschrank, Nacht- und Schreibtisch-Schubladen sowie Gepäckstücke nicht öffnen!**

Abb. 2 Arbeitsmittel verräumen

Für die weiteren Arbeiten gilt:
- Kleidungsstücke, die am Boden liegen, aufheben, zusammenlegen und sichtbar auf ein Möbelstück legen, jedoch nicht in den Schrank;
- herumliegende Zeitungen, Zeitschriften, Bücher und alles, was für den Gast von Bedeutung sein könnte, nicht eigenmächtig wegwerfen, sondern ordnen;
- beim Entleeren des Papierkorbes auf Dinge achten, die im Allgemeinen nicht zum Abfall gehören, wie z. B. eine Armbanduhr; solche Dinge vorsichtshalber zurück auf den Schreibtisch legen;
- zum Reinigen der Ablage von Kosmetik- und Toilettenartikeln im Bad diese Gegenstände nach dem Putzen möglichst wie vorher geordnet zurückstellen;
- Badezimmerwäsche dem Hinweis entsprechend erneuern, d. h. nur die am Boden liegenden Handtücher werden ausgewechselt;

Weitere wichtige Verhaltensregeln für Zimmerfrauen

- Zimmerschlüssel nie ausleihen!
- Keine Zimmertüren für fremde Gäste öffnen, es sei denn, der Gast kann sich mit dem dazugehörigen Zimmer-Pass ausweisen!
- Diskretion über die Gäste und deren Umfeld wahren! Keine Informationen weitergeben!
- Gäste-Eigentum, wie z. B. Parfüm, Hautcreme, darf nicht benutzt werden!
- Alle Gäste, die einem begegnen, mit dem entsprechenden Tagesgruß grüßen!
- Beschädigungen im Zimmer, z. B. an den Möbeln, der Hausdame sofort melden!

Zimmertüre beim Verlassen immer unbedingt schließen, eventuell absperren!

Durch bewusstes Handeln können Zimmermädchen Diebstähle auf der Etage verhindern helfen. Sie vermeiden Situationen, in denen sie selbst in Diebstahlverdacht geraten könnten.

Abb. 3 Wertsachen nicht berühren

2.4 Kontrolle eines Gästezimmers

🇬🇧 checking of a hotel room, controlling measures
🇫🇷 contrôle (m) des chambres (w) aux étages (m)

Für die hotelinterne Kontrolle der Gästezimmer ist die Hausdame als Abteilungsleiterin verantwortlich. Sie achtet dabei besonders auf
- **Sauberkeit** im gesamten Zimmer, auf
- **Funktionstüchtigkeit** und auf
- **Vollständigkeit** aller Geräte und Teile.

Abb. 1 Kontrolle der Sauberkeit

Anhand eines festgesetzten Kontrollplans (Checkliste) überprüft sie vorrangig alle Abreisezimmer mit dem gesamten Inventar. Eventuelle Mängel notiert sie auf der Checkliste und bespricht die Beseitigung mit dem zuständigen Zimmermädchen.

Erst wenn alle Mängel behoben sind, erfolgt durch die Hausdame die Freimeldung zur Neuvermietung an den Empfang. Die ausgefüllten Checklisten werden regelmäßig ausgewertet und mit der Zimmerzustandskartei verglichen. Daraus ermittelt die Hausdame den Bedarf an:
- **Ersatzbeschaffungen,** wie z. B. neue Balkon-Markisen anstelle der beschädigten;
- **Ergänzungen,** wie z. B. Programmhinweise bzw. Werbeaufsteller zum neuen Pay-TV-Angebot des Hotels;
- **Reparaturen,** wie z. B. nicht funktionierende Abluftventilatoren in den Badezimmern.

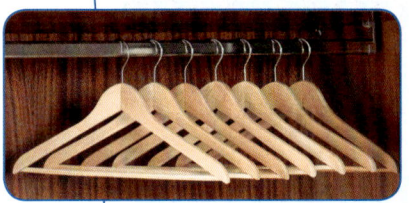

Abb. 2 Kontrolle der Vollständigkeit

Den Bedarf an Ersatzbeschaffungen und Ergänzungen meldet die Hausdame der Direktion, die über den Zeitpunkt der Durchführung und die Bereitstellung der finanziellen Mittel entscheidet. Reparaturmeldungen gibt sie zur Erledigung an die Abteilung Haustechnik weiter.

Die **Zimmerzustandskartei** ist ein wichtiges Hilfsmittel zur Zimmerkontrolle. Sie besteht aus einer Datensammlung für jedes Gästezimmer, z. B. mit:
- **Kaufdaten** aller Inventar-Gegenstände;
- **Wartungsterminen** für Geräte;
- **Reinigungsdaten,** z. B. der Teppich-Grundreinigung;
- **Renovierungsdaten,** z. B. den Malerarbeiten.

2.5 Sonstige Arbeiten auf der Etage

🇬🇧 other duties of the housekeeping department
🇫🇷 autres traveaux (m) par le service aux étages

Abb. 3 Im Foyer eines Großhotels

Gänge, Foyers, Treppenhäuser, Lifte

Neben den Gästezimmern sind auch alle Gänge auf den Etagen, einschließlich der Wartebereiche vor den Aufzügen, zu reinigen und sauber zu halten. Ebenso Treppenhäuser, Fluchtwege und Lifte. Dazu zählt, dass Klinken und Türgriffe feucht abgewischt und dass Fingerabdrücke von Glasflächen beseitigt werden.

Öffentliche Toiletten

Für den sensiblen Bereich der öffentlichen Toiletten eines Hotels sollte die Hausdame einen Plan zur regelmäßigen Kontrolle und Reinigung durch einen bestimmten Mitarbeiter aufstellen. Jeder Kontrollgang sollte mit Uhrzeit und Unterschrift dokumentiert werden.

Beispiel einer Checkliste für die Hausdame
zur täglichen Kontrolle

Quality Room Inspection

Zimmer-Nr. _____   Geprüft: (Name) _____   Datum: _____

### Zimmer	Bemerkungen
Eingang und Tür mit Kette	
Fluchtplan mit Eingang	
Schrank und Kleiderbügel	
Preisliste im Schrank	
Möbel und Schubladen	
Lampen: Birnen und Schirme	
Papierkorb	
Spiegel und Bilder	
Aschenbecher/Streichhölzer*	
Fernseher und Radio	
Video-Qualität	
Telefon und Messagelampe	
Gardinen und Vorhänge	
Fenster	
Fußboden	
Wände/Decken	
Polstermöbel	
Tagesdecken	
Air conditioning und Heizung	
Sonstige Einrichtungen	

Supplies

Briefmappe	
Briefbögen	
Briefumschläge	
Postkarten	
Kugelschreiber	
1 Wäschebeutel mit	
Reinigungs-Wäscheliste	
Bibel	
Hotel Directory	
Fernseh-Programm	
Gästefragebogen	
Schuhputzstreifen	
Koffergestell	
Bitte-nicht-stören-Schild	
Frühstück Doorknob Menü	
Telefonbuch	
Telefon-Preiskarte	
Telefonblock + Kugelschreiber	

### Bad	Bemerkungen
Wanne und Duschvorhang	
Badezimmerkacheln	
Wasserhahn, Dusche	
Toilette mit Wasserbehälter	
Toilettenbrille	
Wandaschenbecher Toilette	
Fußbodenbelag/Kacheln	
Spiegel	
Abfalleimer	
Badezimmertür	
Badezimmerdecke	
Luftabzug	
Waschbecken u. Armaturen	
Kleenexkasten	
Handtuch-Ablage u. -Halter	
Sonstige Einrichtungen	

Supplies

Badetücher	
Handtücher	
Waschlappen	
Seife und Schaumbad	
Shampoo, Duschhaube	
Toilettenpapier und	
1 Rolle extra	
Bademattte	
2 Wassergläser	

Minibar

Saubere aufgestockte Minibar	
Eisfach (Sauberkeit)	
Gläser	
Preisliste	
Eiswürfelbehälter	

Bitte beachten: Original und Kopie in Duty-Manager-Buch.
Zimmer-Nr. in Duty-Manager-Buch eintragen.

* nur in Raucherzimmern

Beispiel eines Auftrags- und Rechnungsblocks für Gästewäsche-Service auf der Etage

HOTEL GRAVENBRUCH
Kempinski Frankfurt
1 1 0 1 0

Bitte wählen Sie Nr. 7
NORMAL-SERVICE:
Auftrag bis 9.00 Uhr/Rücklieferung bis 18.00 Uhr, Auftrag nach 9.00 Uhr/Rücklieferung an folgendem Werktag bis 18.00 Uhr.
EXPRESS-SERVICE:
Auftrag bis 9.00 Uhr/Rücklieferung bis 14.00 Uhr (50 % Aufpreis). Auftrag zwischen 9.00 Uhr und 11.00 Uhr/Rücklieferung am selben Tag (100 % Aufpreis). Bügeldienst innerhalb von 2 Stunden. An Wochenden und Feiertagen bitten wir um Kontaktaufnahme mit dem Portier.

WÄSCHELISTE/LAUNDRY LIST

Please Dial No. 7
REGULAR SERVICE:
Received before 9.00 a.m./Returned before 6.00 p.m., Received after 9.00 a.m./Returned before 6.00 p.m. the following work-day.
SPECIAL SERVICE:
Received before 9.00 a.m./Returned before 2.00 p.m. (50 % extra charge). Received between 9.00 a.m. and 11.00 a.m./Returned within the same day (100 % extra charge). – Pressing within two hours. On weekends and Public Holidays please contact the Concierge.

Name _____

Datum _____
Date delivered

Zimmer-Nr. _____
Room No
Rücklieferung _____
To be returned on

Besondere Instruktionen _____
Special Instructions

Stückzahl/Count		Herren-Wäsche	Gentlemen's Linen	Preis/Price €	€
Gast/Guest	Hotel				
		Oberhemden	Shirts	3,50	
		Smokinghemden	Evening shirts	4,50	
		Nachthemden	Night shirts	5,00	
		Schlafanzüge	Pyjamas	5,00	
		Unterhosen	Under-shorts	2,00	
		Unterhemden	Under-vests	2,00	
		Paar Socken	Pair of socks	1,50	
		Taschentücher	Handkerchiefs	1,00	
		Damen-Wäsche	Ladies' Linen		
		Blusen	Blouses	5,50	
		Nachthemden	Nightdresses	5,00	
		Schlafanzüge	Pyjamas	5,00	
		Unterhemden	Under-shirts	2,00	
		Unterkleider	Slips	3,00	
		Schlupfhosen	Panties	2,00	
		Büstenhalter	Brassiers	2,00	
		Taschentücher	Handkerchiefs	1,00	
		Paar Strümpfe	Pair of stockings	1,50	
Unterschrift des Gastes Signature			Total:		

HOTEL GRAVENBRUCH
Kempinski Frankfurt
1 1 0 1 0

Name _____

Zi.-Nr.
Room No

Summe
Total € _____

Zuschlag
Extra charge € _____

Total € _____

Das Hotel haftet nicht für Schrumpfung und Farbechtheit der Artikel. Keine Verantwortung für Reklamationen, die einen Monat nach dem Abgabedatum gestellt werden. Für vorliegende Beschädigungen oder sonstige Fehler haftet das Hotel nur bis zum 15-fachen des für die Wäscherei/Reinigung berechneten Betrages.
The hotel is not responsible for shrinkage or fastness of color. Not resposible for any item not claimed after one month from date of deposit. The hotel is liable for the maximum of 15 times the value of the laundry or dry cleaning charge.

Ein Hotel der Kempinski Aktiengesellschaft

Abb. 1 Hydrokultur mit Blähton

Bei Hydrokulturen sind folgende Hinweise zu beachten:

- Erst zwei bis drei Tage nach dem Tiefststand des Wasser-Anzeigers Wasser nachfüllen, damit wieder Luft an die Pflanzenwurzeln kommen kann.
- Zum Auffüllen des Wasserstandes nur warmes Wasser verwenden.
- Ionenaustauschdünger auf Kunstharzbasis verwenden, da sie keine Überdüngung verursachen können.
- Das Wasser sollte normales Leitungswasser sein und darf bei Ionenaustauschdüngern nicht enthärtet worden sein. Es sollte einen Härtegrad von mehr als 0,7 mmol/l aufweisen.
- Die relative Luftfeuchtigkeit der Umluft sollte nicht unter 30 % liegen, denn sonst droht Schädlingsbefall, wie z. B. die „Rote Spinne".
- Hydrokulturen sollten nicht in Zugluft stehen, sonst reagieren die Pflanzen mit Blattfall.
- Die Pflanzen bzw. die Hydrokulturen können gedreht werden, sollten dann aber mindestens drei bis vier Wochen so stehen bleiben.
- Die Hinweise des Hydrokultur-Spezialisten sind zu beachten.

Wellness- und Fitness-Bereich, Sauna, Massage

Auch in diesen Abteilungsbereichen ist peinliche Sauberkeit geboten! In vielen Hotels werden diese Räume von speziell trainierten Reinigungskräften gesäubert. Gelegentlich werden hiermit auch Fremdfirmen beauftragt, die diese Arbeiten nachts durchführen. Die regelmäßige Kontrolle der Einhaltung der Sauberkeits-Standards obliegt in jedem Fall der Hausdame. Die Kontrolle der Toiletten wird meist von den Mitarbeiterinnen durchgeführt.

Abb. 2 Wasserstandsanzeiger Hydrokultur

Abb. 3 Hotel-Pool

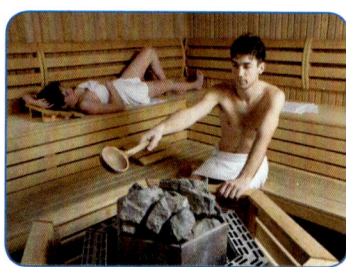

Abb. 4 In der Sauna

Pflanzenschmuck

Zierpflanzen tragen wesentlich zum positiven Gesamteindruck eines Gastronomiebetriebes bei. Sie müssen regelmäßig gegossen und gepflegt werden. Nur bei genügend Licht, Wasser und Wärme können sie wachsen. Hydrokulturen sind erdlose Kulturen, meist von Zierpflanzen, die in einem neutralen Füllstoff mit möglichst guter Saugwirkung, z. B. Blähton stehen. Die Pflanzen entnehmen Wasser und Nährstoffe einer Nährlösung. Hydrokulturen erleichtern wesentlich die Pflege und Düngung der Pflanzen.

Gästewäsche-Service   🇬🇧 valet service   🇫🇷 valet (m) service

Viele Hotels bieten ihren Gästen die Möglichkeit an, gegen Berechnung ihre Privatwäsche waschen oder reinigen zu lassen. Im Kleiderschrank des Gästezimmers oder im Badezimmer liegen hierfür Wäschebeutel und Auftragsblock mit Einzelheiten zur Verfahrensweise bereit (siehe Beispiel S. 567). Meistens werden die Gäste gebeten, ihre Wäsche im beschrifteten Wäschebeutel mit ausgefülltem Wäschezettel dem Zimmermädchen bis 9:00 Uhr morgens zu übergeben, wenn die Wäsche noch am selben Tag geliefert werden soll. In manchen Luxus-Hotels wird darüber hinaus ein Fünf-Stunden-Express-Service gegen Aufpreis angeboten.

Herrichten der Zimmer für die Nacht

In vielen First-class- und Luxus-Hotels werden die Gästebetten morgens mit Tagesdecken zugedeckt. Ein Abend-Zimmermädchen kümmert sich darum, die Tagesdecken wieder abzunehmen, die Betten herzurichten, die Gäste-Pyjamas und „Betthupferl" bereitzulegen und das Bad zu kontrollieren (Aufdeck-Service).

VIP-Gäste erhalten eine besondere Aufmerksamkeit ins Zimmer gestellt.

Aufgaben

❶ Erklären Sie, mit welchen Materialien ein Zimmermädchen-Wagen zur Arbeitsvorbereitung aufgefüllt wird.

❷ Was versteht man unter dem Fachbegriff „complimentary articles"?

❸ Nennen Sie jeweils sechs Beispiele für „complimentary articles" aus dem Badezimmer- und aus dem Gästezimmer-Bereich.

❹ Erklären Sie den Unterschied zwischen Arbeitsgeräten und Arbeitsmitteln und führen Sie jeweils fünf Beispiele dazu auf.

❺ Was ist mit dem Begriff Leistungsmaßstab für Zimmermädchen gemeint?

❻ Begründen Sie, warum der Leistungsmaßstab für Zimmermädchen von Hotel zu Hotel unterschiedlich hoch ausfallen kann.

❼ Auf welche drei Schwerpunkte wird sowohl beim Training eines neuen Zimmermädchens als auch bei der späteren Zimmerkontrolle besonders geachtet?

❽ Wodurch unterscheiden sich die Arbeiten des Zimmermädchens beim Herrichten eines Gästezimmers bei Bleibe vom Herrichten bei Abreise? Nennen Sie sechs Punkte.

❾ Nennen Sie vier Empfehlungen, die einem Zimmermädchen helfen können, beim Arbeiten nicht in Diebstahlverdacht zu geraten.

❿ Erklären Sie, warum in jedem Hotel die Kontrolle der gereinigten Abreise-Zimmer durch die Hausdame unbedingt notwendig ist.

⓫ Welchen Bedarf ermittelt die Hausdame bei der Auswertung der einzelnen Zettel ihrer Zimmer-Checkliste? Nennen Sie drei Bereiche.

⓬ Erklären Sie, welche Arten von Daten in einer Zimmerzustandskartei erfasst werden.

⓭ Entwerfen Sie eine Vorlage für ein Karteiblatt einer Zimmerzustandskartei. Gehen Sie dabei von den Gegebenheiten Ihres Ausbildungsbetriebes aus.

⓮ Wie werden Pflanzen in Hydrokulturen versorgt?

⓯ Nennen Sie sieben Voraussetzungen für Pflanzen bzw. Hinweise, die bei Hydrokulturen zu beachten sind.

⓰ Sie werden auf der Etage von Gästen gefragt, ob Ihr Haus auch einen Gästewäsche-Service anbietet. Erklären Sie Bedeutung und branchenübliche Verfahrensweisen.

❸ Umweltschutz in der Hausdamenabteilung

🇬🇧 environmental protection in the housekeeping department
🇫🇷 protection (w) de l'environnement par le service aux étages

Gäste werden zunehmend umweltbewusst. Sie erwarten Umweltqualität nicht nur in Natur und Landschaft, sondern auch in allen inneren Bereichen des Gastronomiebetriebes. Einen Hotelbetrieb unter ökologischen Gesichtspunkten zu überprüfen und zu verbessern nennt man umweltorientierte Unternehmensführung oder Öko-Management. Wie in anderen Hotelabteilungen, so ist auch im Hausdamenbereich ein umweltbewusstes Wirt-

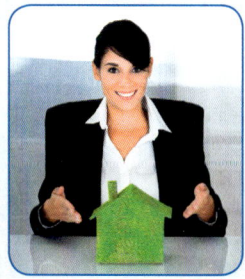

Abb. 1 Umweltschutz – wir machen mit!

Bayerisches Umweltsiegel für das Gastgewerbe

Das Umweltsiegel der Bayerischen Staatsregierung ist ein Markenzeichen für Hotel- und Gaststättenbetriebe in Bayern, die umweltbewusst wirtschaften. Seit 1997 vergibt die Bayerische Staatsregierung diese einzige staatlich verliehene Umweltauszeichnung für das Gastgewerbe in Deutschland.

Derzeit führen mehr als 300 Betriebe das Umweltsiegel. Auf der eigens dafür erstellten Homepage www.umweltsiegel.de kann sich der umweltbewusste Hotel- und Gaststättenbetrieb über die Teilnahmevoraussetzungen zum Umweltsiegel informieren und sich die Anmeldeformulare herunterladen.

Der Erwerb des Umweltsiegels berechtigt zudem die Teilnahme am Umweltpaket Bayern und zur Nutzung des offiziellen Logos in der Öffentlichkeit.

Das neue EU-Umweltzeichen

Die EU-Verordnung (EG) Nr. 66/2012 spezifiziert in Art. 9 und 10 sowie in Annex II die Bedingungen für die Nutzung des Ecolabel-Logos.

Produkte und Dienstleistungen, die nach erfolgreicher Antragstellung vertraglich das Ecolabel tragen dürfen, könne entsprechend der Verordnung mit dem Ecolabel ausgezeichnet werden.

---

schaften nur realisierbar, wenn alle Mitarbeiter in den aktiven Umweltschutz mit einbezogen werden. Das setzt regelmäßige Besprechungen, kontinuierliche Information und Weiterbildung sowie Kontrollen voraus.

Die Benennung eines/einer Umweltschutzbeauftragten für die Koordination und Betreuung aller Umweltschutz-Aktivitäten ist empfehlenswert. Außerdem sollte die Umsetzung des Umweltkonzeptes in den Stellenbeschreibungen der einzelnen Mitarbeiter verpflichtend geregelt sein.

Öko-Management hat viele Vorteile

- Kostensenkung für eine bessere Rentabilität
- Sicherung der Zukunftschancen für den Betrieb
- Vermeidung von Entsorgungsproblemen und Entsorgungskosten
- Stärkere Gästebindung und Erschließung neuer Gästekreise
- Wettbewerbsvorsprung und Festigung der Marktposition
- Meinungsbildende Signalwirkung in der Region
- Höhere Mitarbeitermotivation und mehr Freude am Beruf durch mehr Arbeitsqualität
- Unterstützung der örtlichen und regionalen Umweltschutzmaßnahmen
- Förderung eines qualitativen und umweltorientierten Konsum-Bewusstseins.

Auch die Gäste müssen durch entsprechende Informationen vom umweltorientierten Selbstverständnis des Hauses erfahren und mit einbezogen werden. Somit können die Voraussetzungen für das Erreichen der gesetzten Öko-Management-Ziele geschaffen werden. Im Hausdamenbereich mit den Gästezimmern und Wirtschaftsräumen gibt es viele gute Ansatzpunkte für umweltbewusstes Wirtschaften, z. B. bei den Themen Reinigungmittel sowie Energie- und Wasserverbrauch.

Umweltbewusstes Wirtschaften im Hausdamenbereich lässt sich in sechs Bereiche gliedern:
- Energie sparen,
- Wasser sparen, Abwasser entlasten,
- Umweltschonende Reinigungsmittel und Reinigungsmethoden sowie Verbrauchsmaterialien,
- Waschmittel und Wäsche,
- Abfallvermeidung, Wertstoffnutzung,
- Einrichtung, Umbau und Renovierung.

Energie sparen

- Rationeller, bedarfsorientierter Verbrauch von Energie.
- Permanente Kontrolle der Energie-Verbrauchsdaten in der Abteilung unter ökonomischen und ökologischen Gesichtspunkten.
- Stoßlüftung bei der Zimmerreinigung, keine Dauerlüftung.
- Bei offenem Fenster die Heizung abdrehen.
- Die Raumtemperatur absenken, wenn die Zimmer nicht belegt sind.
- „Dauerbeleuchtung" auf Etagengängen nachts mit Zeitautomatik und Bewegungsmeldern steuern.
- TV-Geräte abschalten, keinen „Stand-by"-Betrieb zulassen.
- Waschmaschinen wann immer möglich in der Niedrig-Tarifzeit, meist zwischen 22:00 Uhr und 6:00 Uhr, laufen lassen.

Wasser sparen, Abwasser entlasten

- Perlatoren an den Wasserhähnen vermindern den Wasser-Durchfluss um die Hälfte.
- Sparduschköpfe bei Duschen anbringen.
- WC-Spülkästen mit „Spartaste" ausstatten.
- Außenanlagen nicht mit Wasser aus der Leitung bewässern. Dazu Regenwasser auffangen und nutzen.

Umweltschonende Reinigungsmittel und Reinigungsmethoden sowie Verbrauchsmaterialien

- Lösungsmittelhaltige Reinigungsmittel nach Möglichkeit vermeiden.
- Reinigungsmittel vermeiden, die Chlor, Phosphate, Formaldehyde oder Sulfate enthalten.
- Bedienungsanleitungen, Dosierungsanweisungen und Umweltschutzhinweise beachten.
- Unterschiedliche Reinigungsmittel nicht mischen.
- Altbewährte Hausmittel mit natürlicher Reinigungskraft bevorzugen, wie z. B. Essig oder Essig- bzw. Zitronenreiniger anstelle der überflüssigen Desinfektionsreinigung oder chemischen Kalklöser.
- Auf „Duftsteine" im WC verzichten.
- Recycling-Toiletten-Papier einkaufen.
- Keine Möbelsprays verwenden, sondern flüssige Polituren, gegebenenfalls mit Pumpzerstäuber.
- Keine aggressiven Rohrreiniger verwenden. Akute Rohrverstopfungen mechanisch mit Saugglocke und Rohrspirale umweltfreundlich beseitigen.
- Auf Insektizide und sonstige Pflanzenschutzmittel verzichten. Unerwünschte Pflanzen von Hand beseitigen.
- Keine Einweg-Zahnputzbecher aus Kunststoff verwenden, statt dessen Zahnputzgläser bereitstellen.

Waschmittel und Wäsche

- Vollwaschmittel nur bei Bedarf einsetzen, meist reichen Feinwaschmittel.
- Waschmittel sollten keine Sulfate und Phosphate enthalten.
- Ab dem Wasser-Härtebereich 2 oder 0,7 mmol/l dem Waschmittel phosphatfreien Enthärter beigeben. Das spart Waschmittel.
- Keine Chlorbleiche verwenden, denn sie führt zu Giften im Abwasser.
- Flexibler Handtuch- und Bettwäschewechsel nach Bedarf.
- Hartnäckige Flecken mit Fleckensalz oder Gallseife vorbehandeln.
- Keine Weichspüler verwenden. Die meisten enthalten kationische Tenside, die schwer abbaubar sind und das Abwasser belasten.
- Vorwäsche nur bei stark verschmutzter Wäsche.

Abfallvermeidung, Wertstoffnutzung

Abfälle vermeiden beginnt beim Einkauf durch Verzicht auf portionsverpackte Artikel und die Bevorzugung von Mehrwegverpackungen bzw. Großpackungen. Beispiele:
- Keine Portionspackungen für Seife, Duschgel und Shampoo einkaufen. Als kostengünstigere Alternative Duschgel-Dosierspender mit Mehrweg- Großgebinden in den Bädern anbringen.

Der „Blaue Engel"

Das Umweltzeichen „Der Blaue Engel" ist beim Einkaufen ein klares Erkennungszeichen für Produkte, die in ihrer ganzheitlichen Betrachtung besonders umweltfreundlich sind. Nur Produkte und Dienstleistunegn, die im Vergleich zu herkömmlichen Produkten
- die Umwelt weniger belasten,
- möglichst wenig Ressourcen verbrauchen,
- keine für die Umwelt oder die Gesundheit des Menschen schädlichen Substanzen enthalten und
- dabei ihre Funktion in hoher Qualität erfüllen,

können den Blauen Engel tragen.

Das RAL Deutsches Institut für Gütesicherung und Kennzeichnung e.V. – und dort eine unabhängige Jury – vergibt das Umweltzeichen.

Lieber Gast,
für sie und für den Erhalt unserer Umwelt wechseln wir „alt" gegen „neu", ganz nach ihrem Bedürfnis.
Bestimmen sie selbst und legen sie zum Tausch bestimmte Handtücher in den Korb an der Wand.
Unsere Mitarbeiterinnen sorgen für neue Frische. Wir danken Ihnen für Ihre Unterstützung!

Abb. 1 Aufsteller im Bad zur Aktion „WIRF DAS HANDTUCH!"

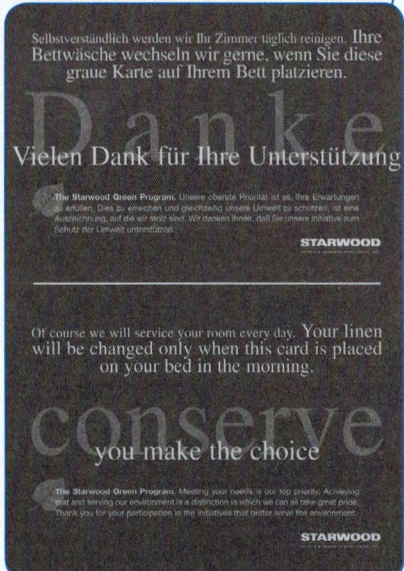

Abb. 1 Einladung zum flexiblen Bettwäschewechsel

Abb. 2 Recycling-Möglich-
keiten nutzen

Abb. 3 Begrünte Fassade

Abb. 4 Solarleuchte im Garten

- Reinigungsmittel in großen Gebinden und/ oder Konzentrate verwenden, die für die Zimmer- und Putzhilfen in Literflaschen umgefüllt werden.
- Zimmermädchen-Wagen mit entsprechenden Behältern zur Mülltrennung einsetzen.
- Getrenntes Sammeln von Abfällen aus Papier, Glas, Metall, Kunststoff zur Wiederverwertung und von organischen Abfällen zur Kompostierung (s. S. 30).
- In den Minibars nur Getränke in Mehrwegflaschen, nicht in Dosen anbieten. Trinkgläser, keine Plastikbecher bereitstellen.
- Ausgediente Textilien, die nicht mehr „zweitgenutzt" werden können, in die Wiederverwertung geben.

Einrichtung, Umbau und Renovierung

- Möbel sollten aus stabilem Massivholz bestehen, nach Möglichkeit aus einheimischen Hölzern.
- Polstermöbel und Stühle sollten Rahmen aus Vollholz und Sitzflächenpolsterung nach herkömmlichem Muster haben: Gurte, Federn, Füllungen aus Naturmaterialien wie Wolle, Rosshaar und/oder Kapok-Samenhaar. Die Abdeckung sollte aus Naturtextilien sein.
- Umweltfreundliche Baustoffe bei Umbau-Maßnahmen verlangen und planen.
- Einsatz umweltschädlicher Produkte ausdrücklich untersagen.
- Keine chemischen Holzschutzmittel in Innenräumen verwenden. Dafür Leinölfirnis oder Naturharz-Imprägnierung verwenden.
- Fugen nicht mit FCKW- und formaldehydhaltigen Mitteln ausschäumen lassen.
- Technikräume in ausreichender Größe einplanen, die in ihrer Anordnung der Logik der Arbeitsabläufe entsprechen.
- Kühl- und Lagerräume nicht an beheizte Räume grenzen lassen.
- Verzicht auf Kippfenster verhindert Energieverluste durch Dauerlüftung und zwingt zur „Stoßlüftung".
- Wärmeschutz durch Glasscheiben mit hohem Dämmwert, d. h. möglichst niedrigem „k-Wert" einplanen.
- Möglichkeiten für Wärme-Rückgewinnung und Wärmetauscher prüfen.
- Todesgefahren für Tiere beseitigen, z. B. verglaste Gänge oder große Fensterflächen mit Greifvogel-Silhouetten auffällig machen.
- Kurze Entsorgungswege schaffen.
- Außenanlagen des Hotels naturnah gestalten, standortgerecht bepflanzen.
- Hotelgarten für Küchenkräuter und Schnittblumen anlegen.
- An natürlichen Sichtschutz denken, z. B. als Parkplatz-Abgrenzung und -Unterteilung, oder vor den Wertstoff- und Abfallbehältern.
- Fassaden begrünen, wo es möglich ist, z. B. Efeu an Nord- und Nordwestfassaden.
- Standortgerechte Bäume dort neu anpflanzen, wo ihr Schattenwurf nicht stört.
- Zur Gartenbeleuchtung eignen sich Solarzellen-Lampen, die die tagsüber anfallende Sonnenenergie speichern und nachts abgeben.
- Zur Beleuchtung der Außenanlagen ab ca. 23 Uhr eignet sich besonders eine Infrarot-Sensorschaltung in Kombination mit einer Zeitschaltautomatik.

4 Arbeitssicherheit

🇬🇧 accident prevention 🇫🇷 prévention (w) des accidents

Unfallursachen

Die meisten Arbeitsunfälle in der Hausdamenabteilung geschehen durch:
- **Ausrutschen** auf nassen und glatten Böden oder Treppen,
- **Stürzen** von Leitern oder Stühlen, die ungeeignet oder ungenügend gesichert waren, oftmals beim Fensterputzen, Ab- oder Aufhängen von Vorhängen und Übergardinen,
- **Stolpern** über elektrische Kabel, z. B. von Staubsaugern oder Reinigungsmaschinen.

Ferner kommt es gelegentlich zu:
- **Schnittverletzungen,** z. B. beim Waschen und Polieren von Zahnputz- und Minibar-Gläsern,
- **Verletzungen durch elektrischen Strom,** z. B. bei schadhaften Elektrogeräten, Kabeln und Anlagen,
- **Verletzungen durch Verätzungen,** z. B. beim Verdünnen von Säuren, Laugen oder sonstigen konzentrierten Mitteln.

Rutschgefahr

Stolpergefahr

Abb. 1 Gefahr auszurutschen

Unfallverhütung

Für den Gefahrenbereich der **Böden, Treppen und Leitern** gilt:
- Geeignetes Schuhwerk tragen,
- rutschige Stellen, Ölflecken usw. unverzüglich beseitigen,
- Leitern mit mangelhafter Standfestigkeit nicht verwenden, Gefahr der Hausdame melden,
- Vorhänge nie bei geöffnetem Fenster ab- bzw. aufhängen,
- nicht auf Stühle mit Rollen steigen,
- elektrische Kabel von Arbeitsgeräten so verlaufen lassen, dass niemand stolpern kann.

Gefährliche elektrische
Spannung

Gefahr
Hautätzend

Verletzungen durch elektrischen Strom

Diese lassen sich wie folgt vermeiden:
- Elektrokabel nur am Stecker aus der Steckdose ziehen, nicht am Kabel;
- Beschädigte Netzstecker und Steckdosen nicht mehr verwenden, durch den Hauselektriker reparieren lassen,
- Defekte und Störungen bei Elektrogeräten nur vom Fachmann beheben lassen;
- Vor den Reinigungsarbeiten an elektrischen Geräten den Netzstecker ziehen.

Abb. 2 Schutzhandschuhe

Abb. 3 Schutzbrille

Verletzungen durch Verätzungen

- Gefahrenhinweise genau durchlesen
  (siehe auch Sicherheits- und Gebotszeichen, ab S. 46),
- empfohlene Schutzkleidung und Gummihandschuhe anziehen; außerdem eine Schutzbrille aufsetzen,
- Dosierungshinweise genau beachten,
- unterschiedliche Mittel nicht mischen.

Maßnahmen der Ersten Hilfe: ab S. 48

● Gefahrenquellen gleich bei Arbeitsbeginn in jeder neuen Abteilung kennen lernen und die Unfallverhütungs-Hinweise gewissenhaft beachten!

5 Rechtsvorschriften

 laws ◖◗ référence (w) juridique

Die entsprechenden Gesetzestexte, die das Kapitel Wirtschaftsdienst – Hausdamenabteilung betreffen, sind auf der dem Buch beiliegenden CD nachzulesen. Das Wichtigste daraus hier in Kurzform:

Haftung aus unerlaubten Handlungen ❶

Der **§ 823 Abs. 1 BGB** besagt: „Wer vorsätzlich oder fahrlässig das Leben, die Gesundheit, die Freiheit, das Eigentum oder andere Rechte von Personen widerrechtlich verletzt, der ist dem anderen zum Ersatz des daraus entstehenden Schadens verpflichtet."

Für den Tatbestand einer unerlaubten Handlung müssen **drei Voraussetzungen** vorliegen:
- Es muss ein **Schaden** entstanden sein,
- es muss ein **Verschulden** vorliegen, z. B. durch Vorsatz, wie bei einer absichtlichen Schädigung, oder durch Fahrlässigkeit, d. h. die erforderliche Sorgfalt wurde außer Acht gelassen,
- es muss **Widerrechtlichkeit** vorliegen, d. h. für den entstandenen Schaden darf es keinen rechtlichen Grund geben.

Der Gastronom haftet auch ohne eigenes Verschulden im Rahmen seiner **Verkehrssicherungspflicht:** Es besteht bereits beim Betreten eines Lokals eine „vorvertragliche Beziehung". Das bedeutet, der Gastwirt haftet für bestimmte Schäden, die ein Gast erleidet, auch wenn er noch nicht Platz genommen hat. Der Gastwirt hat dafür zu sorgen, dass dem Gast auf den öffentlich zugänglichen Grundstücks- und Gebäudeteilen unverschuldet nichts passieren kann.

Haftung für den Erfüllungsgehilfen ❷

§ 278 BGB setzt voraus, dass zwischen dem Wirt und der geschädigten Person ein Vertragsverhältnis besteht, bei dessen Erfüllung der Mitarbeiter im Auftrag des Wirtes tätig war.

Haftung für den Verrichtungsgehilfen ❸

§ 831 BGB nennt als Voraussetzung für die Haftung des Verrichtungsgehilfen, dass zwischen dem Wirt und der geschädigten Person **kein Vertragsverhältnis** besteht und der Gehilfe im Auftrag des Wirtes tätig geworden ist. Hinweise zu den Themen „Bewirtungsvertrag", „Schadenshaftung des Gastwirtes", „Pfandrecht des Gastwirtes" und „Fundsachen" befinden sich auf den Seiten 378 ff.

Verpackungsverordnung – VerpackV, Stand 9. Nov. 2010

Diese Verordnung kann bereits den Einkauf von Waren durch die Hausdamenabteilung betreffen. § 1 besagt, dass Verpackungsabfälle in erster Linie zu vermeiden sind. Im Übrigen wird der Wiederverwendung von Verpackungen und der stofflichen Verwertung Vorrang vor der Beseitigung eingeräumt. Die Abfallentsorgung ist nach jeweiligem Landesrecht geregelt.

Abb. 1 Paragraphen-Dschungel

❶ Beispiele:
- Der Hotelier lässt den Schnee auf dem Zugang zum Hotel räumen. Er sorgt dafür, dass gestreut wird.
- Der Hotelier lässt die schadhafte Treppenbeleuchtung reparieren, um Unfällen vorzubeugen.

❷ Beispiel:
Ein Übernachtungsgast stolpert vor seinem Zimmer über ein Elektrokabel und verletzt sich. Das Zimmermädchen hatte beim Staubsaugen fahrlässig gearbeitet.

❸ Beispiel:
Ein Zimmermädchen fährt im dienstlichen Auftrag des Wirtes zur Chemischen Reinigung. Auf dem Weg dorthin verursacht sie einen Verkehrsunfall. Grundsätzlich haftet der Wirt, weil das Zimmermädchen in seinem Auftrag tätig wurde. Eine Haftungsbefreiung ist möglich, wenn der Wirt nachweisen kann, dass er bei der Auswahl seiner Mitarbeiterin weder fahrlässig noch vorsätzlich gehandelt hat. Erbringt der Wirt diesen Nachweis, so muss der Verrichtungsgehilfe selbst für den Schaden aufkommen.

Umweltschadengesetz – USchadG, Stand 30. April 2007

Im Gegensatz zum bereits geltenden Umwelthaftungsgesetz, das sich auf natürliche oder juristische Personen sowie deren Besitz bezieht, regelt das USchadG Schäden, die in Ausübung der beruflichen Tätigkeit an der Umwelt selbst entstehen.

Dazu gehören sowohl der **Boden** und die **Gewässer** samt Grundwasser als auch geschützte Tier- und Pflanzenarten sowie deren Lebensräume. Diesen können nicht nur die Chemie- und Ölindustrie schaden, sondern auch Hotelbetriebe. Sie liegen oftmals in unmittelbarer Nähe eines Naturschutzgebietes oder eines Gewässers, an oder in dem geschützte Tierarten leben.

Beispiel mit rechtlicher Konsequenz:
In der Küche eines Hotels befindet sich ein defekter Fettabscheider, der nie gewartet wurde. Monatelang lässt er Lebensmittelreste und Fett ins Erdreich gelangen. Diese Rückstände beeinträchtigen einen nahe gelegenen Teich und zerstören dort seltene Pflanzenarten. Die Behörden entdecken die Schäden und fordern den Hotelinhaber zur Sanierung des Teiches auf.

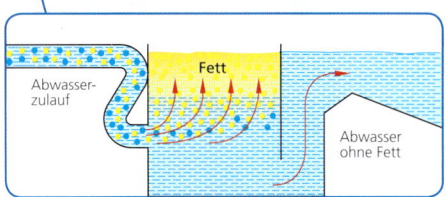

Abb. 1 Fettabscheider

1. Erklären Sie den Begriff Öko-Management.

2. Nennen Sie acht Vorteile des umweltbewussten Wirtschaftens.

3. Zählen Sie sechs Bereiche auf, in die sich umweltbewusstes Wirtschaften im Hausdamenbereich gliedern lässt.

4. Wie können Sie in der Hausdamenabteilung dazu beitragen, dass Energie eingespart wird? Schlagen Sie fünf Maßnahmen vor.

5. Durch welche Maßnahmen können Sie dazu beitragen, dass die Belastung des Abwassers verringert wird? Nennen Sie fünf.

6. Was versteht man unter „flexiblem Handtuchwechsel" und warum wird dieser in den meisten Hotels praktiziert?

7. Schlagen Sie fünf Maßnahmen vor, die bei Umbau- bzw. Renovierungsarbeiten im Hotel berücksichtigt werden sollten.

8. Was besagt das deutsche Umweltzeichen „Der Blaue Engel" und wofür wird dieses vergeben?

9. Was unterscheidet die Vergabe des EU-Umweltzeichens von der Vergabe des deutschen Umweltzeichens „Der Blaue Engel"?

10. Warum ist die Benennung eines Umweltschutz-Beauftragten für jeden Hotelbetrieb sinnvoll?

11. Nennen Sie drei typische Unfallursachen in der Hausdamenabteilung.

12. Geben Sie fünf Hinweise zur Unfallverhütung im „Gefahrenbereich Böden, Treppen, Leitern".

13. Durch welche Maßnahmen können Sie dazu beitragen, dass Verletzungen durch elektrischen Strom verhindert werden?

14. Wie können Sie sich vor Verletzungen durch Verätzungen schützen und welche Erste-Hilfe-Maßnahmen sind anzuwenden?

15. Welche drei Voraussetzungen müssen für den Tatbestand einer unerlaubten Handlung im Sinne des § 823 BGB vorliegen?

16. Auf welche Gebiete erstreckt sich die „Haftung aus unerlaubten Handlungen"?

17. Was ist ein „Erfüllungsgehilfe" und was ist ein „Verrichtungsgehilfe" im Sinne des Gesetzes? Nennen Sie je ein Beispiel.

PROJEKT

Generalreinigung von Gästezimmern

Nach Renovierungsarbeiten sollen die 24 Gästezimmer auf einer Etage des Hotels Arberblick generalgereinigt werden. Die Hausdame beauftragt Auszubildende, die Generalreinigung zu planen und den Bedarf an Zimmerfrauen, an Reinigungsgeräten, Arbeitsmitteln, Reinigungs- und Pflegemitteln vorzuschlagen.

Ist-Zustand der Gästezimmer

Entwerfen Sie eine Checkliste, mit der Sie den Ist-Zustand der Etage aufnehmen können.

Soll-Zustand der Gästezimmer

Definieren Sie den angestrebten Soll-Zustand pro Gästezimmer (Sauberkeitsgrad, Standardausstattung, Gästeartikel, …).

Vorgehensweise und Arbeitsreihenfolge

1. Legen Sie fest, welche Reinigungsgeräte und Arbeitsmittel für welche Tätigkeiten eingesetzt werden sollten.

2. Legen Sie fest, welche Reinigungs- und Pflegemittel für welche Oberflächen/Materialien verwendet werden sollten.

3. Bestimmen Sie die Vorgehensweise und Arbeitsreihenfolge auf einem Info-Blatt.

Arbeitszeitbedarf und Verbrauchsmengen pro Gästezimmer

1. Halten Sie fest, wie viel Zeit ein Team von zwei Zimmerfrauen für die Generalreinigung eines Gästezimmers nach vorgegebenem Standard benötigt.

2. Stellen Sie die Verbrauchsmengen der Reinigungs- und Pflegemittel fest.

3. Ermitteln Sie den Bedarf an Gästeartikeln für die 24 Gästezimmer und Bäder.

Gesamtarbeitszeitbedarf und Materialverbrauchsmengen für die Hoteletage

1. Berechnen Sie den Arbeitszeitbedarf für die Generalreinigung der 24 Gästezimmer.

2. Ermitteln Sie den zusätzlichen Arbeitszeitbedarf für die Reinigung der Flure, Flurfenster, Wände und des Treppenhausbereichs.

3. Berechnen Sie den Gesamtarbeitszeitbedarf für die Hoteletage.

4. Berechnen Sie den Gesamtbedarf an Reinigungs- und Pflegemitteln für die Hoteletage.

5. Berechnen Sie, wie viele Zimmerfrauen bei einer reinen Arbeitszeit von 8 Std. pro Tag zur Arbeit eingeteilt werden müssen, wenn für die Generalreinigung der Etage nur eine Zeit von zwei (drei) Tagen zur Verfügung steht?

Bericht für die Hausdame

Verfassen Sie einen kurzen schriftlichen Bericht mit den Ergebnissen.

Aufgabe der Warenwirtschaft ist es, die richtigen Produkte zum richtigen Zeitpunkt in der richtigen Menge und der richtigen Qualität am richtigen Ort zum richtigen Preis bereitzustellen (**6-R-Formel**).

Zur Warenwirtschaft innerhalb eines Betriebes zählen:

- der **Wareneinkauf**,
- die **Warenannahme**,
- die **Warenlagerung** und
- die **Warenausgabe**.

Im Gastgewerbe handelt es sich hierbei überwiegend um **Lebensmittel** (Food) und um sonstige **Einkaufsgüter** (Non-food), d. h. Hilfsstoffe wie z. B. Büromaterial oder Dekorationsmittel, oder Investitionsgüter wie z. B. Gläser, Bestecke und Gebrauchsgegenstände.

In Großbetrieben werden die Lebensmittel meist von drei Mitarbeitern eingekauft:

- vom **Küchenchef** die Frischprodukte,
- vom **Sommelier** die Weine, Schaumweine und Spirituosen und
- vom **Einkäufer** alle anderen Lebensmittel sowie sonstige Einkaufsgüter.

Der **Magaziner** ist für die korrekte Warenannahme, die fachgerechte Lagerung, die Lagerverwaltung und die Warenausgabe zuständig. In kleineren Betrieben werden diese Tätigkeiten und Bereiche, inklusive des Wareneinkaufs, oftmals nur von einer Person ausgeübt und betreut (siehe auch Kapitel Magazin, ab S. 343).

① Wareneinkauf

 purchasing goods 🇫🇷 faire des achats (m)

Die Leistungsfähigkeit eines Gastronomiebetriebes hängt in hohem Maße vom qualifizierten Einkauf ab. Ein guter Einkäufer muss über genaue Waren-, Preis- und Marktkenntnisse verfügen. Wer laufend den Markt beobachtet und Preisvergleiche durchführt, kann bei Verhandlungen günstige Einkaufspreise erzielen. Diese müssen nicht zwangsläufig mit geringerer Qualität der Ware verbunden sein.

Bedarfsermittlung

Der Einkauf beginnt mit der Bedarfsermittlung. Die Menge des Warenbedarfs pro Artikel ist von mehreren Faktoren abhängig:

- von der vorhandenen Artikelmenge, Bestand,
- von dem durchschnittlichen Tagesverbrauch,
- von der vorhersehbaren zusätzlichen Absatzmenge, z. B. bei Sonderveranstaltungen,
- von der Bearbeitungsdauer im Hause,
- von der Lieferdauer in Tagen,
- von der Größe der Lager- und Kühlräume,
- von der Lagerfähigkeit bzw. Verderblichkeit,
- von der voraussichtlichen Preisveränderung, z. B. bei saisonalen Artikeln oder bei Sonderangeboten,
- von der Verpackungsgröße oder -einheit und
- von der Finanzierbarkeit.

Abb. 1 Sommelier beim Weineinkauf

> Was man im Einkauf einspart, muss nicht erst erarbeitet werden!

Abb. 2 Magazin eines Großhotels, mit mobilen Regal-Elementen

Neue Einkaufskontakte lassen sich knüpfen:
- mit Hilfe von Internet-Online-Diensten,
- beim Besuch von Gastronomie-Messen,
- durch Beitritt zu einer Hotel-Kooperation mit angeschlossenem Einkaufsverbund,
- über Kollegen-Empfehlungen,
- über Inserate in der Fachpresse,
- über Auskünfte der zuständigen IHK,
- über Branchen-Verzeichnisse, „Gelbe Seiten" oder Adressbücher und
- mit Hilfe von Werbezusendungen.

	Listenpreis netto (ohne MwSt.)
–	Rabatt des Lieferers
=	Zieleinkaufspreis
–	Skonto des Lieferers
=	Bareinkaufspreis
+	Bezugskosten einschließlich Verpackung
=	Bezugspreis (Einstandspreis)

Formel für Angebotspreisvergleiche

Die Kriterien zum Lieferervergleich lassen sich manchmal schlecht einschätzen oder ihre Bewertung ist sehr aufwendig. Es gibt aber Methoden, die eine Liefererauswahl optimieren. Dazu zählen
- die „Rating-Methode" und
- die „TCO-Methode".

Die Ergebnisse sind objektiv und vergleichbar.

Bezugsquellen

Auf Grund der bisherigen Einkäufe verfügt jeder Einkäufer über Marktkenntnisse, Geschäftsverbindungen und eine interne Bezugsquellen-Kartei. Bei guten Einkaufserfahrungen wird er von seinen bisherigen Anbietern vorrangig Angebote einholen. Um aber auch zukünftig günstige Einkaufsquellen und somit Wettbewerbsvorteile nutzen zu können, ist jeder Einkäufer gezwungen, den Beschaffungsmarkt genau zu beobachten und immer wieder neue Angebote einzuholen und zu vergleichen.

Angebotsvergleich

Verschiedene Angebote werden verglichen, um die optimale Kaufentscheidung treffen zu können. Anzustellen sind ein:

Qualitätsvergleich

Die Eigenschaften der jeweiligen Ware werden bewertet. Dazu können zählen:
- Frische (z. B. Frischkost, Tiefkühlkost, Konserve, Trockenprodukt),
- Haltbarkeit/Lagerfähigkeit (MHD),
- Aussehen, Farbe, Geschmack, Geruch, Konsistenz,
- enthaltene Zusatzstoffe (z. B. Farb- und Konservierungsstoffe),
- eventuelle küchentechnische Vorteile;

Produktvergleich

Handelt es sich um ein Original-Markenprodukt oder um ein „No-name-Produkt"? Kriterien für den Produktvergleich und die Beurteilung von Warenproben und Warenangeboten können sein: Aussehen, Farbe, Größe, Inhaltsmenge, Konsistenz, Geruch, Geschmack, Frische, Haltbarkeit, Lagerfähigkeit, Verfallsdatum, Preis, Gewicht, Qualität, küchentechnische Vorteile, Originalprodukte, Zusatzstoffe;

Preisvergleich

Die Einkaufspreise für gleiche Mengen werden ermittelt. Dabei werden berücksichtigt:
- Listenpreise
- Rabatte, Skonti
- Bezugskosten (z. B. Spedition, unfreies Paket, Verpackung)
- Bezugspreise

Lieferervergleich

Bewertung von **qualitativen Kriterien** wie
- Produktqualität
- Image
- Garantien, Kulanz
- Serviceleistungen und -qualität
- Sortimentsbreite und -tiefe

und **Bewertung** von **quantitativen Kriterien** wie z. B.:
- Termintreue, Zuverlässigkeit
- Lieferschnelligkeit, Entfernung
- Verfügbarkeit, Lieferbedingungen
- Verkaufsbedingungen/Konditionen
- Zertifizierung
- Geschäftssitz/Herkunft

Rating-Methode

Bei der Rating-Methode werden die Kriterien zum Lieferervergleich in drei Schritten systematisch gewichtet:

Schritt 1:

Alle Bewertungskriterien für die Auswahl eines Lieferers werden mit Punkten gewichtet.
Beispiel: Gesamtsumme **100 Punkte,** die aufgeteilt werden.

Gewichtung der Kriterien zur Lieferer-Auswahl (gesamt: 100 P.)			
Produktqualität	15	Termintreue	12
Image	5	Zuverlässigkeit, Lieferschnelligkeit	10
Garantien, Kulanz	10	Verfügbarkeit, Lieferbedingungen	5
Serviceleistungen und Qualität	3	Verkaufsbedingungen/Konditionen	25
Sortimentsbreite und -tiefe	5	Zertifizierung	5
		Geschäftssitz/Herkunft	5

Schritt 2:

Für jedes Kriterium wird eine Tabelle angelegt. Die Lieferer werden in Bezug auf das Kriterium verglichen und in eine Reihenfolge gebracht. Der beste Lieferer erhält jeweils die höchste Rangordnungs-Punktzahl. **Beispiel:**

Produktqualität Bestenliste	
Firma	Rang-P.
Gemüse Meier	4
Großhandels KG	3
Freshdeliver & Co.	2
MKG Logistics	1

Termintreue Bestenliste	
Firma	Rang-P.
Freshdeliver & Co.	4
Großhandels KG	3
MKG Logistics	2
Gemüse Meier	1

Konditionen Bestenliste	
Firma	Rang-P.
Großhandels KG	4
Gemüse Meier	3
MKG Logistics	2
Freshdeliver & Co.	1

Schritt 3:

Anschließend wird für jeden Lieferanten ein Scoring-Wert berechnet, indem die Gewichtungspunktzahl aus Schritt 1 mit der Rangfolge aus Schritt 2 multipliziert wird. Dieser berechnete Wert wird anschließend durch die Anzahl der bewerteten Lieferanten geteilt (hier: 4). **Beispiel:** Für Gemüse Meier wird der Scoring-Wert errechnet.

Gemüse Meier	Rang-P.		Gewichtung		Lieferer		Scoring
Produktqualität	4	x	15	:	4	=	15
Termintreue	1	x	12	:	4	=	3
Konditionen	3	x	25	:	4	=	18,75
…	…		…		…		…
Scoring-Wert							66,25

Die Lieferer oder konkrete Angebote werden dann nach folgendem Schema eingestuft:

A-Rating	85 Punkte bis 100 Punkte	„Auswahl uneingeschränkt möglich"
B-Rating	50 Punkte bis 84 Punkte	„Lieferer-Entwicklung notwendig"
C-Rating	0 Punkte bis 49 Punkte	„Lieferer entspricht nicht den Anforderungen"

Total Cost of Ownership-Methode (TCO-Methode)

Bei der TCO-Methode werden *alle* Kosten erfasst, die bei einem Warenbezug im Zusammenhang mit dem Lieferer anfallen, nicht nur die eigentlichen Bezugskosten.

Damit die Kosten besser erfasst werden können, werden sie zunächst in Kostenbereiche aufgeteilt:
- *Direkte Liefererkosten:* alle Kosten, die an den Lieferer gezahlt werden müssen
- *Bestellkosten:* Kosten, die im Rahmen einer Bestellung anfallen
- *Lagerkosten:* Kosten, die durch das Einlagern bzw. das Aufbewahren der Ware anfallen.

Alle Kostenbereiche werden dann nach dem Zeitpunkt, zu dem sie anfallen, weiter unterteilt:

	Direkte Liefererkosten	Bestellkosten	Lagerkosten
Vor Abschluss		Anfrage, Angebot	Raumkosten
Abschluss	Einkaufspreis, Bezugskosten	Erfassung der Bestellung	
Nach Abschluss	Reklamation	Warenannahme	Schwund, Verderb, Lagerzins

Durch die Betrachtung aller entstehenden Kosten können auch qualitative Kriterien, die sonst nicht oder nur schwer messbar wären, mit Zahlen versehen und vergleichbar gemacht werden.

Preisverhandlungen

Nach Vergleich und Auswertung der Angebote können bei Rücksprachen mit Anbietern oftmals noch günstigere Verkaufsbedingungen erzielt werden. So könnten beispielsweise günstigere Staffelpreise, Rabatte, Naturalrabatte und Zahlungsziele ausgehandelt werden. Im Interesse des Betriebes sollte der Kauf bzw. die Bestellung erst dann erfolgen, wenn alle Einkaufs-Chancen genutzt worden sind.

Folgen einer großen Bestellmenge
und niedriger Bestellhäufigkeit

Viel Lagerkapazität

Viel gebundenes Kapital

Mengenrabatte

Hohe Raum- & Energiekosten

Hoher Lagerzins

Sicherheit vor Preisschwankungen

Hohe Lagerdauer

Verderb frischer Ware

Hohe Lagerkosten
Niedrige Bestellkosten

Bestellung

Mit Abgabe der Bestellung durch den Käufer und Annahme einer Bestellung durch den Verkäufer kommt ein rechtsverbindlicher Kaufvertrag zustande. Eine vollständige Bestellung enthält:
- die Warenart mit Qualitätsbezeichnung,
- die Menge mit Preisangabe,
- die Verpackung und
- die Verkaufsbedingungen, d. h. die Liefer- und die Zahlungsbedingungen.

Telefonische Vereinbarungen sollten vom Besteller gleich schriftlich, z. B. per Fax, E-Mail oder Brief, wiederholt werden. Zum einen lassen sich somit Irrtümer und Falschlieferungen vermeiden, zum anderen liegt für die Warenannahme ein Bestellschein vor. Zunächst gilt: Bestellt ist bestellt! Doch wenn eine Bestellung widerrufen oder geändert werden soll, dann muss der Widerruf oder die Änderung noch vor der Bestellung den Verkäufer erreichen oder zum selben Zeitpunkt wie die Bestellung beim Verkäufer eintreffen. Nur dann gilt die Willenserklärung des Bestellers/ Kunden als widerrufen. Es ist dann so, als wäre sie nicht abgegeben.

Bestellmenge und Bestellhäufigkeit

Je nachdem, wie oft und in welcher Menge Waren bestellt werden, unterscheiden sich die anfallenden Beschaffungs- und Lagerkosten für den Betrieb deutlich.

Es darf nicht mehr Ware bestellt werden, als innerhalb des Mindesthaltbarkeitsdatums verbraucht werden kann. Vor allem bei Waren mit einem sehr langen MHD lohnt sich die Berechnung, ob lieber selten eine größere Menge oder häufiger kleinere Mengen bestellt werden sollen.

Hotel Arberblick

Hotel Arberblick · Flurstraße 14 · 94234 Viechtach

Weingut Dr. Bürklin-Wolf
z.Hd. Herrn Klaus Bauer
Weinstraße 65
67157 Wachenheim

Flurstraße 14
94234 Viechtach
Tel.-Nr. 09942 90500-0
Fax-Nr. 09942 90500-50
E-Mail: hotel-arberblick@viechtach.de

Ihre Nachricht vom / Ihr Zeichen	Unsere Nachricht vom/unser Zeichen	Datum
	MM	03.01.20 . .

Bestellung

Sehr geehrter Herr Bauer,

hiermit bestellen wir:

60 Flaschen 2018 Wachenheimer Rechbächel, Riesling, Spätlese, trocken	à 13,00 EUR
48 Flaschen 2019 Ruppertsberger Gaisböhl, Riesling, Spätlese, trocken	
„Erstes Gewächs"	à 18,00 EUR
48 Flaschen 2019 Forster Jesuitengarten, Riesling, Spätlese, trocken	
„Erstes Gewächs"	à 19,00 EUR

Die Lieferung erfolgt frei Haus.
Bei Bezahlung der Rechnung innerhalb von 10 Tagen gewähren Sie uns 2 % Skonto.

Wegen mehrerer Sonderveranstaltungen in unserem Hause bitten wir um schnelle Lieferung.

Mit freundlichen Grüßen

Hotel Arberblick Viechtach

Markus Müller

Markus Müller
– Sommelier –

Hotel Arberblick · Flurstraße 14 · 94234 Viechtach ·
Geschäftsführung Peter Altenstein · Bankverbindung:
Sparkasse Regen-Viechtach · BLZ 741 514 50 ·
Konto-Nr. 987 654 321

ZOLLNER®
WEBEREI · WÄSCHEFABRIK

Hotelberufsschule
Viechtach
Flurstraße 14
94234 Viechtach

LIEFERSCHEIN

Bei Schriftverkehr und Rückfragen unbedingt angeben:

Kunden-Nr.	Auftrags-Nr.	Datum
018665	76796	13.10.20..
		Blatt:

Wir liefern Ihnen zu unseren bekannten Liefer- und Zahlungsbedingungen

Auftrag vom 6. Oktober 20...
Versandart:

Pos.	Artikel-Bezeichnung	TK	Größe ca. cm	Stck. / Mtr.	Lagerplatz	Verpackungseinh./Inhalt
1	Nr:3000-3226	HI	50/70	200		4 à 50
	Frb:750-sortiert					
	Geschirrtuch				431-43KF	
	Qual. Delfin, Halbleinen, Zwirnkette					
	Komplettlieferung					

*Ware vollständig erhalten,
am 16.10. ...
i.A. Th. Keßler*

Ihr Fachberater:
Vertretung: Gierster Karl-Heinz
94474 Vilshofen
Tel. 08541 5518
Fax 08541 58151

TK = Textilkennzeichnungsschlüssel siehe Rückseite

Sollten Sie trotz ständiger Kontrollen Grund zur Beanstandung haben, muss dies innerhalb 8 Tagen nach Erhalt der Ware erfolgen. Teile in diesem Fall nicht waschen.

Zollner GmbH + Co.
Weberei · Wäschefabrik

Postfach 1140
D-84131 Vilsbiburg

Veldener Straße 4
D-84137 Vilsbiburg

Telefon 08741 306-0
Telefax 08741 306-66

Handelsregister:
HRA 5521, AG Landhut

❷ Warenannahme

🇬🇧 receiving goods 🇫🇷 réception (w) de marchandise

Kontrollieren der Lieferung

In Anwesenheit des Lieferers ist die Lieferung mit den Angaben auf dem Lieferschein (delivery note) oder dem Frachtbrief (waybill) und mit den eigenen Bestellunterlagen zu vergleichen. Dabei werden kontrolliert:

- Art der Ware,
- Stückzahl oder Gewicht der verschiedenen Artikel,
- Qualität, Frische, Mindesthaltbarkeitsdaten und Unversehrtheit der Ware,
- Anlieferungstemperatur (lt. HACCP).

(Siehe auch Kapitel Magazin, S. 346)
Der Wareneingangsprüfung kommt auf jeden Fall eine hohe Bedeutung zu.
Im Handelsrecht (Handelsgesetzbuch – HGB) heißt es dazu:

§ 377 HGB (Untersuchungs- und Rügepflicht)

Ist der Kauf für beide Teile ein Handelsgeschäft, so hat der Käufer die Ware unverzüglich nach der Ablieferung durch den Verkäufer, soweit dies nach ordnungsgemäßem Geschäftsgang tunlich ist, zu untersuchen und, wenn sich ein Mangel zeigt, dem Verkäufer unverzüglich Anzeige zu machen. Unterlässt der Käufer die Anzeige, so gilt die Ware als genehmigt, es sei denn, dass es sich um einen Mangel handelt, der bei der Untersuchung nicht erkennbar war.

Versteckte Mängel, wie sie oftmals erst bei der Weiterverarbeitung erkannt werden, sind unmittelbar nach der Entdeckung und spätestens 6 Monate nach dem Kauf zu beanstanden. Der Mitarbeiter, der die Warenlieferung angenommen und kontrolliert hat, unterschreibt den Lieferschein. Eine Durchschrift erhält der Lieferer, das Original bleibt beim Empfänger.

Wareneingang		
o.k.	nicht o.k.	
		Hygiene des Lieferanten
		Optischer Zustand der Ware
		Deklaration der Ware/MHD
		Vergleich mit Bestellung
		Temperatur: °C

Zurückweisung? ☐ nein ☐ ja

Name/Unterschrift: _____

_____

Bemerkung: _____

_____

_____

Wareneingangskontrollstempel des Hyatt-Regency-Hotels, Mainz

❸ Warenlagerung

🇬🇧 storage of goods 🇫🇷 depot (m) de marchandise (w)

Tiefkühlkost und leicht verderbliche Lebensmittel werden unverzüglich und vorrangig – nach entsprechender Temperaturprüfung – in Kühlräumen fachgerecht einsortiert. Danach werden die anderen Artikel versorgt. Neu angekommene Ware ist nach dem FiFo-System hinter die noch vorhandene Ware einzuordnen, um einen gleichmäßigen Warenumschlag zu ermöglichen. (Siehe auch Lagerstrategien, ab S. 350)

Verbuchung des Wareneingangs

In großen Magazinen gibt es für jede Ware eine Lagerstelle, das Lagerfach. An der Lagerstelle befindet sich die **Lagerfachkarte** (bin card), auf der alle Bestandsveränderungen, d.h. alle Zugänge und Abgänge dieses Artikels eingetragen werden. Die neue Lieferung wird hier als Zugang verbucht und der neue Bestand wird errechnet und notiert.

> Erkannte Mängel müssen gleich reklamiert und auf dem Lieferschein vermerkt werden. Der Lieferer muss die Mängel durch Unterschrift bestätigen. Nicht bestellte Waren werden nicht angenommen.

Abb. 1   Warenlagerung nach dem FIFO-Prinzip (s. S. 351)

Nr. 248													Höchstbestand:			Buchungseinheit		
Artikel: 2011 Becksteiner Pilgerpfad													Mindestbestand:					
Lieferant: Winzergenoss. Beckstein					Verp.-Einheit: 0,75 l								Meldebestand:					
Tag	Monat		Zugang	Abgang	Bestand	Tag	Monat		Zugang	Abgang	Bestand	Tag	Monat		Zugang	Abgang	Bestand
9.	09.		60		107												
10.	09.			17	90												
29.	09.			23	67												
4.	10.			10	57												
15.	10.			20	37												
18.	10.		120		157												
24.	10.			20	137												
30.	10.			20	117												
5.	11.			30	87												
16.	11.			14	73												

Abb. 1 Beispiel einer Lagerfachkarte

Das Kapitel Lagerarten, ab Seite 343, behandelt ausführlich die Themen Grundsätze der Lagerhaltung sowie Lagerräume.

Kontrolle der Rechnung

Wenn alle Waren eingeräumt und verbucht sind, werden Bestellunterlagen und Lieferschein bzw. Frachtbrief zusammengeheftet und vorläufig abgelegt. Diese Papiere werden beim Eingang der Rechnung für eine vergleichende und rechnerische Kontrolle durch die Buchhaltung benötigt.

Dabei wird geprüft, ob:
- die in Rechnung gestellten Warenmengen mit den laut Lieferschein tatsächlich gelieferten Mengen übereinstimmen;
- die in Rechnung gestellten Einzelpreise mit den laut Bestellung vereinbarten Einzelpreisen übereinstimmen;
- der Gesamtpreis richtig errechnet wurde;
- der Mehrwertsteuersatz stimmt und der enthaltene Mehrwertsteuerbetrag korrekt ist;
- die ausgehandelten Konditionen, wie Lieferbedingungen, Frachtkosten, Rabattstaffel und Skonto, korrekt berücksichtigt wurden.

Die Bestandszahl auf der Lagerfachkarte kann jederzeit mit der vorhandenen Stückzahl im Lagerfach verglichen werden. Fehlmengen können somit schnell entdeckt werden. Außerdem wird eine **Lagerkartei** (stores ledger) im Büro des Magaziners geführt. Sie besteht aus Karteikarten (stores ledger sheets), die für jeden Artikel angelegt werden. Neben den Bestandsveränderungen (wie auf der Lagerfachkarte) werden auch jeweils die Einkaufspreise festgehalten.

In **Wareneingangsbüchern** (receipt book) werden die Rechnungsdaten wie Lieferdatum, Lieferer, Warenart, Menge, Rechnungsbetrag, Skonti, Vorsteuer und Waren-Nettowert erfasst. Die Waren-Nettowerte werden nach Warenart, in die entsprechenden Sparten gegliedert – wie z. B. Lebensmittel, Bier oder Wein – und verbucht. Die Waren-Nettopreise dienen auch als Kalkulationsgrundlage zur Errechnung der Inklusivpreise in der Gastronomie.

WARE 2012 Becksteiner Pilgerpfad						
LIEFERER Winzergenoss. Beckstein						
Tag	VERMERKE	ZUGANG	ABGANG	BESTAND		PREIS
30.8.	ÜBERTRAG			77		394
1.9.			30	47		
9.9.		60		107		394
10.9.			17	90		
29.9.			23	67		
4.10.			10	57		
15.10.			20	37		
18.10.		120		157		389
24.10.			20	137		
30.10.			20	117		
5.11.			30	87		
16.11.			14	73		

Abb. 2 Beispiel einer Lagerkarteikarte

Hotel Arberblick

Hotel Arberblick · Flurstraße 14 · 94234 Viechtach

Weinhandelsgesellschaft XYZ
z.Hd. Herrn Klaus Koch
Lindenallee 987
14050 Berlin

Flurstraße 14
94234 Viechtach
Tel.-Nr. 09942 90500-0
Fax-Nr. 09942 90500-50
E-Mail: hotel-arberblick@viechtach.de

Ihre Nachricht vom / Ihr Zeichen	Unsere Nachricht vom/unser Zeichen	Datum
	MM	03.05.20 . .

Mängelrüge

Sehr geehrter Herr Koch,

am 8. Januar . . . . lieferten Sie uns auftragsgemäß

60 Flaschen 2019 Assmannshäuser Höllenberg, Spätburgunder,
        Spätlese, halbtrocken   à 17,00 EUR

Die Rechnung Nr. XX0108-32 über 720,00 EUR haben wir am 1. Februar . . . . per Bank bezahlt.

Wie sich erst jetzt herausgestellt hat, verfügt dieser Wein über einen nicht flüchtigen, üblen Muffton.

Aufgrund dieses Qualitätsmangels, den wir Ihnen hiermit fristgemäß anzeigen, bitten wir Sie um unverzügliche Ersatzlieferung der gleichen Menge dieses Weines.

Sollte Ihnen dies nicht möglich sein, müssten wir unser Recht auf Wandelung gebrauchen und den Kaufvertrag rückgängig machen. Wir erwarten Ihre Antwort.

Mit freundlichen Grüßen

Hotel Arberblick Viechtach

Peter Altenstein

Peter Altenstein
Geschäftsführer

Hotel Arberblick · Flurstraße 14 · 94234 Viechtach ·
Geschäftsführung Peter Altenstein · Bankverbindung:
Sparkasse Regen-Viechtach · BLZ 741 514 50 ·
Konto-Nr. 987 654 321

4 Warenausgabe und Bestandskontrolle

🇬🇧 issuing goods and checking stocks
🇫🇷 sorties (w) et des contrôles (m) du stock

Neben der Erfassung von Wareneingang und Warenausgang zählen Bestandsüberwachung und Verbrauchsfeststellung zu den Hauptaufgaben der Lagerhaltung.

Abb. 1 Weinlager

Warenausgabe

Die verschiedenen Betriebsabteilungen bestellen mit Hilfe von Warenanforderungsscheinen (requisition sheets) die benötigten Waren im Magazin. Der Magaziner bereitet die Warenausgabe vor und verbucht für jeden Artikel die Abgänge auf den Lagerfachkarten. Eine unkontrollierte Warenausgabe darf nicht stattfinden.

> Keine Ware ohne Beleg.

Lagerbestand 🇬🇧 stock 🇫🇷 stock (m)

Die Vorräte im Warenlager müssen so groß sein, dass Küche, Restaurant und Bar störungsfrei produzieren und verkaufen können.

- Zu geringe Lagerbestände führen manchmal zu teuren Eilbestellungen,
- zu große Lagerbestände binden das Kapital und erhöhen die Lagerkosten.

Erfahrene Magaziner wissen auch mit saisonalen Schwankungen in Angebot und Nachfrage umzugehen und behalten die Lagerkosten im Auge.

Beispiel eines Warenanforderungsscheins

Warenanforderungen für *Büfett* (Muss mit Durchschrift übereinstimmen)			Datum: 16.11. ...			38427	
Menge	Sück Dosen Kilo Flaschen	Warenart	Ausrechnungen:				
			Einkaufspreis	M	Verkaufspreis	M	
10	0,75	Deidesheimer Hofstück					
7	0,75	Würzburger Stein					
14	0,75	Becksteiner Pilgerpfad					
8	1,0	Piesporter					
6	1,0	Kalterer					

Ware ausgeliefert: *Mayr*	Ware empfangen *Keßler*	Gebucht
Unterschrift	Unterschrift	Unterschrift

Bestandskontrolle

Werden Waren entnommen, so trägt man das in die Lagerfachkarte ein. Bei einer Kontrolle vergleicht man den laut Lagerfachkarte rechnerisch er- mittelten neuen Bestand, den **Soll-Bestand,** mit dem tatsächlich im Lagerfach vorhandenen **Ist-Bestand.**

Dieser Vergleich dient der Kontrolle der Lagerbuchhaltung. Sollten Ist- und Soll-Bestand voneinander abweichen, so ist die Ursache zu ermitteln. Ursa- chen für Differenzen könnten z. B. Übertragungsfehler, Rechenfehler, unkont- rollierte Entnahmen, Schwund, nicht eingetragener Bruch, Diebstahl oder Ver- derb sein. Aus diesem Grunde sind regelmäßige Kontrollen und zeitweilig die genehmigte Berichtigung von Warenbestandszahlen unerlässlich.

Inventur

Laut HGB § 240 ist jeder Kaufmann einmal jährlich zur Aufstellung eines **Inven- tars** verpflichtet. Dies ist das Verzeichnis des Betriebsvermögens, der Schulden und des Reinvermögens. Zur Aufstellung dieses Verzeichnisses führt der Betrieb eine Inventur durch, bei der er seine Bestände zählt, misst oder wiegt. Die tat- sächlich vorhandene Warenmenge, der Ist-Bestand, wird dabei ermittelt und auf **Inventurlisten** erfasst.

Die Ermittlung des Inventars erfolgt in Kleinbetrieben meist durch eine **Stichtag- Inventur** am letzten Tag des Wirtschaftsjahres. Großbetriebe und Konzern-Hotels praktizieren meist eine permanente Inventur für Waren, Roh- und Hilfsstoffe. Das bedeutet, dass die Inventur monatlich oder quartalsweise durchgeführt wird.

Die Kontrolle der Lagerbuchhaltung erfolgt durch Vergleich der Bestandszahlen laut Stichtag-Inventur mit den Eintragungen der Lagerkartei.

Abb. 1 Bei der Inventur

Beispiel einer Inventurliste

Inventur — Bestandsaufnahme am 03.01. ... — Blatt Nr. 3
Lagerstelle/Abteilung Büfett — Kostenstelle
Artikelgruppe Weine

Gegenstand	Lager-Nr. Bestell-Nr.	Menge	Einheit kg Stück usw			Inventurwert einzeln				gesamt			Bemer- kungen
1 Piesporter	240	7	1,0			6	44			4	5	08	
2 Trollinger	223	22	0,75			6	99		1	5	3	78	
3 Deidesheimer	247	17	0,75			4	83			8	2	11	
4 Becksteiner	248	11	0,75			7	71			8	4	81	
5 Radebeuler	246	13	0,75			7	32			9	5	16	

Summe

angesagt Me. — geschrieben Ke.
Bestandskontrolle Huber — Preiskontrolle Ke.
vorgerechnet Grü. — nachgerechnet Müller

Keinen Übertrag machen! Seiten auf Sonder- blatt zusammenstellen und addieren! Bei Berechtigungen wird dadurch das neuerliche Durchrechnen aller Seiten vermieden.

5 Wareneinsatzkontrolle

🇬🇧 food cost control 🇫🇷 contrôle (m) de la nourriture

Der wirtschaftliche Erfolg eines Küchenleiters wird vorwiegend an der **Wareneinsatzquote** gemessen.Diese Kennzahl steht für den Anteil des Warenaufwands am Netto-Verkaufserlös, z. B. der Küchenprodukte. Es werden die Zahlen desselben Zeitraums, z. B. eines Monats, Quartals oder Jahres herangezogen.

Die Wareneinsatzquote wird mit dem Küchenleiter geplant und nach Ablauf des Kontrollzeitraums errechnet. Für eine gute Planung gilt:
- Die Soll-Wareneinsatzkosten für jeden Artikel erfassen und kalkulieren.
- Standardisierte Portionsgrößen, einheitliche Rezepturen und die Präsentation festlegen.
- Die Warenlieferungen des Magazins an die Küche sowie alle Abgaben von Lebensmitteln aus der Küche an andere Abteilungen, wie z. B. das Büfett, die Hausdamenabteilung, die Bar usw., möglichst genau belegen.
- Die Ist-Wareneinsatzkosten regelmäßig mit den Soll-Werten vergleichen.

Wareneinsatzkosten der verkauften Waren

Die am Monatsanfang durch Inventur in der Küche erfassten Waren werden bewertet. Dazu verwendet man die Netto-Einkaufspreise. Das Ergebnis ist der **Waren-Anfangsbestand.** Hierzu werden alle **Zugänge** eines Monats addiert. Das sind die vom Magazin an die Küche gelieferten Waren, die ebenfalls mit den Netto-Einkaufspreisen bewertet wurden. Am Monatsende wird der Wert des **Waren-Endbestandes** per Inventur ermittelt und abgezogen. Außerdem wird der **betriebsinterne Verbrauch** wertmäßig erfasst und abgezogen. Dies sind alle Privatentnahmen, geschäftlichen Bewirtungen sowie Mitarbeiter-Verpflegungen. Das Ergebnis ist der **Netto-Warenverbrauch**, der auch **Wareneinsatz** genannt wird.

Netto-Erlös

Die Gesamt-Verkaufserlöse der Abteilung Küche während des gewählten Zeitraumes werden ermittelt. Der Z-Abschlag der Restaurant-Registrierkasse zeigt diese auf. Die in den Inklusivpreisen enthaltene Mehrwertsteuer wird herausgerechnet. Das Ergebnis ist der **Netto-Erlös.**

Wird festgestellt, dass trotz exakter Datenerfassung und Berechnung der prozentuale Wareneinsatz zu hoch ausgefallen ist, so muss nach den Ursachen geforscht werden. Mögliche Gründe könnten sein:
- die Rezepturen wurden nicht eingehalten,
- einige Lebensmittel wurden nicht fachgerecht verarbeitet und mussten vernichtet werden,
- Waren wurden ohne Bon ausgegeben,
- es gab Lagerungsverluste, z. B. durch Bruch,
- es gab Überproduktion,
- Produktionsreste wurden nicht sinnvoll verwertet,
- es wurden Lebensmittel gestohlen,
- es wurde vergessen, den Eigenverbrauch zu berücksichtigen.

Abb. 1 Bei der Wareneinsatzkontrolle

Die Formel lautet:

$$\begin{array}{ll} & \text{Warenanfangsbestand} \\ + & \text{Waren-Zugänge} \\ - & \text{Waren-Endbestand} \\ - & \text{betriebsinterner Verbrauch} \\ \hline = & \text{Netto-Warenverbrauch/} \\ & \text{Wareneinsatz} \\ \hline \end{array}$$

$$\text{Wareneinsatz in \%} = \frac{\text{Wareneinsatz} \times 100}{\text{Netto-Erlös}}$$

Beispiel

Anfangsbestand 31.12. . .		4 000 €
Warenzugänge laut Magazinabrechnung im Monat Januar:	+	54 000 €
Zwischensumme	=	58 000 €
Warenendbestand 31.1. . .	–	5 000 €
Betriebsinterner Verbrauch	–	3 000 €
Netto-Warenverbrauch oder Wareneinsatz	=	50 000 €
Netto-Erlös im Januar		150 000 €

Wareneinsatzberechnung in %:

$$\frac{50\,000 \times 100}{150\,000} = 33{,}33\,\%$$

6 Warenwirtschaftssysteme

🇬🇧 stock flow control systems 🇫🇷 systèmes (m) de contrôle de la marchandise

Zur **Warenwirtschaft** gehören neben der Erfassung der mengen- und wertmäßigen Warenflüsse auch alle erforderlichen Planungs-, Steuerungs- und Kontrollprozesse.

Während früher Lagerfachkarten, handgeschriebene Kassenberichte und manuell erstellte Ertragsberichte die Arbeit der Warenwirtschaft zu einer überaus zeitintensiven und lästigen Aufgabe gemacht haben, ermöglichen heute moderne computergestützte **Warenwirtschaftssysteme** eine schnelle und übersichtliche Kontrolle des betrieblichen Warenflusses.

Aufgabe von Warenwirtschaftsystemen

Ein Warenwirtschaftssystem **(WWS)** dient der Kontrolle der betrieblichen Warenströme. Mit seiner Hilfe soll es jederzeit möglich sein, Abweichungen von den betrieblichen Standards, die den Wareneinsatz betreffen, zu erkennen. Dazu muss es an allen Stellen des Betriebsprozesses im F&B-Bereich zum Einsatz kommen. Der typische gastronomische Betriebsprozess besteht aus dem Einkauf von Lebensmitteln, ihrer Verarbeitung zu Speisen und Getränken und dem Verkauf an die Gäste.

Um möglichst aussagekräftige Werte aus dem WWS entnehmen zu können, ist es unbedingt notwendig, die vorhandenen Daten genau zu pflegen. Alle Wareneingänge müssen erfasst werden.

Genauso muss von möglichst allen im Restaurant verkauften Speisen und Getränken eine Rezeptur angelegt und eingehalten werden. Diese umfasst nicht nur das tatsächliche Lebensmittel, sondern auch die Garnitur.

Außerdem müssen Abfälle, die während der Zubereitung anfallen, oder verdorbene Ware erfasst werden. Die Erfassung der verkauften Gerichte erfolgt üblicherweise durch das Kassensystem.

Bei der Erfassung sind auch andere Arten der Speisenausgabe wie z. B. Personalessen, Eigenbedarf oder Kostproben zu berücksichtigen. Auch wenn durch sie kein Umsatz nach außen entsteht, beeinflussen sie die Wareneinsatzkosten.

Tag	VERMERKE	ZUGANG	ABGANG	BESTAND	PREIS
	WARE	2012 Becksteiner Pilgerpfad			
	LIEFERER	Winzergenoss. Beckstein			
30.8.	ÜBERTRAG			77	394
1.9.			30	47	
9.9.		60		107	394
10.9.			17	90	
29.9.			23	67	
4.10.			10	57	
15.10.			20	37	
18.10.		120		157	389
24.10.			20	137	
30.10.			20	117	
5.11.			30	87	
16.11.			14	73	

MAGAZIN	KÜCHE/KAFFEEKÜCHE		RESTAURANT/BANKETT	
Wareneingang	Zubereitung		Verkauf	
Erfassung der gelieferten Lebensmittel	Erfassung der Rezepturen	Erfassung von Abfällen und Verderb	Erfassung der verkauften Gerichte	Erfassung der Kostproben (Samplings)

Abb. 1 Typischer Warenfluss im F&B-Bereich und Anknüpfungspunkte des Warenwirtschaftssystems

Weitere wichtige Aufgaben der Warenwirtschaft:

- Gewinnmaximierung durch Auf-
  decken und Ausnutzen von Ein-
  sparungspotenzialen

- Durch die Auswahl der Produkte und
  deren Beschaffungsweg kann die
  Warenwirtschaft zum positiven sozialen Image des Unternehmens beitragen (Corporate Social Responsibility,
  CSR).

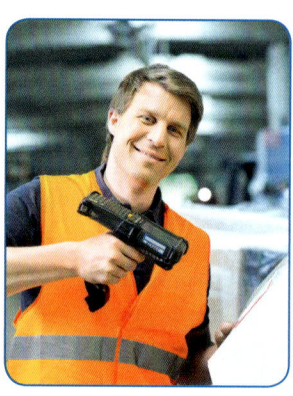

Aufgaben

1 Beschreiben Sie den Warenfluss für verschiedene Artikel innerhalb Ihres Betriebes vom Wareneingang bis
zum Gast.

2 Warum ist Kostenoptimierung im Bereich der Warenwirtschaft besonders wichtig?

3 An welchen Stationen innerhalb Ihres Betriebs wird ein Warenwirtschaftssystem (erkennbar) verwendet?

4 Auf welche Art und Weise werden in Ihrem Betrieb Wareneingang und verkaufte Produkte erfasst?
Kennen Sie Alternativen, falls die bestehenden Systeme ausfallen?

5 Welche weiteren Arten der Speisenabgabe kennen Sie aus Ihrem Betrieb? Wie werden diese erfasst?

6.1 Aufbau/Elemente eines Warenwirtschaftssystems

Ein voll entwickeltes Warenwirtschaftssystem in der Gastronomie
besteht aus mindestens sechs Elementen. Alle Elemente eines
Warenwirtschaftssystems sind miteinander verzahnt.

Rohstoffstammdaten

Für jeden einzelnen Rohstoff, egal ob es sich dabei
um ein Lebensmittel oder ein Hilfsmittel handelt,
wird ein **Stammdatenblatt** geführt. Dieses muss
neben dem Namen, dem Lagerort und dem Einkaufspreis auch die Verpackungsgrößen enthalten (siehe Beispiel auf der nächsten Seite). Das
Stammdatenblatt wird in Kombination mit
dem **Verzeichnis der Warenab- und –zugänge** auch **Materialkonto** genannt.

Ein ordentlich gepflegtes Warenwirtschaftssystem ist in der Lage, einen **Bestellvorschlag** abzugeben. Da der Bestellvorschlag durch das
WWS mit Hilfe von Verbrauchswerten aus der
Vergangenheit ermittelt wird, sollte er erst nach
Überprüfung an den Lieferer geschickt werden. Dabei können aktuelle (Aktions-)Produkte ergänzt oder
Mengen für außerplanmäßige Umsätze (z. B. Sonderveranstaltungen) abgeändert werden. Die Übermittlung der Bestellung an den Lieferer kann direkt aus dem WWS erfolgen.

Diagramm: **Elemente eines Warenwirtschaftssystems**
- Rohstoffstammdaten
- Inventurlisten
- Wareneingangserfassung
- Weitere Warenabgänge und -zugänge
- Rezepturen
- Verkaufsberichte Kasse

Beispiel:

Bezeichnung	Zwiebeln, frisch		Artikelnummer:	9312
Einkaufspreis je Grundeinheit	1,10 Euro		Lagerort:	Trockenlager
Gebinde	1	Stiege	Zählreihenfolge:	2
enthält:	6	Netze	Meldebestand:	18 kg
enthält:	2	kg (Grundeinheit)	Mindestbestand:	12 kg
			Inventurintervall:	täglich

Abb. 1 Rohstoffstammdaten

Inventurlisten

Die Inventurlisten erstellt das Warenwirtschaftssystem auf Grundlage der hinterlegten Rohstoffstammdaten. Sie können täglich abgerufen und nach Lagerorten getrennt erstellt werden.

Beispiel:

Zählliste zur Tagesinventur
Zählort: **Trockenlager**

Gurken im Glas	22 Karton(s)	264 Gläser	132 kg
Zwiebeln, frisch	20 Stiege(n)	120 Netze	240 kg
Thunfisch, Dose	15 Karton(s)	720 Dosen	180 kg

Abb. 2 Ausschnitt aus einer Zählliste zur Tagesinventur

Wareneingangserfassung

Nach Anlieferung der Ware müssen alle in das Lager aufgenommenen Produkte mit Hilfe des Lieferscheins erfasst werden. Da die Bestellung bereits über das Warenwirtschaftssystem erfolgte, muss nur noch eine Abweichung von der Bestellung (z. B. ein nicht lieferbarer oder ein falsch gelieferter Artikel) erfasst werden.

Wareneingang

Lieferantennummer: 016		Lieferant: Gemüsegroßhandels KG		
Bestellung vom: 30.10.		Lieferung am: 2.11.		
Artikelnr.	Artikel	Bestellmenge	Liefermenge	Differenz
6513	Zwiebeln, frisch	6	6	0
6563	Tomaten, kg	12	12	0
7932	Mais, Dose 5 l	4	4	0
8185	Eisbergsalat, St.	9	8	1

Abb. 3 Erfassung des Wareneingangs

Da die Berechnung des Wareneinsatzes auf Grundlage des hier erfassten Einkaufspreises erfolgt, muss dieser immer aktuell gehalten werden. Die Erfassung der Gebindegrößen, des Lagerortes und der Zählreihenfolge sind für die Erstellung der Inventurlisten notwendig, um diese übersichtlich zu gestalten.

Weitere Warenabgänge und Warenzugänge

Neben den üblichen Warenlieferungen durch den Lieferer müssen alle weiteren Warenabgänge und Warenzugänge in das WWS eingegeben werden. Hierzu gehören u. a. Transfers von Waren oder Ausgabe von Personalessen.

Rezepturenblätter

Rezeptur für:		Toast Hawaii
Menge	**Einheit**	**Artikel**
1	Scheibe	Toastbrot
0,05	kg	Ketchup
0,01	kg	Zwiebeln, frisch
1	Scheibe	Kochschinken
1	Ring	Ananas
1	Scheibe	Toast-Schmelzkäse

Abb. 1 Beispiel einer betriebsrelevanten Rezeptur

Auch Getränke können eine Rezeptur haben (z. B. Mischgetränke, Cocktails, Kaffeespezialitäten).

Das Bindeglied zwischen den Wareneingängen und den Verkäufen stellt im Restaurant die Zubereitung der Speisen dar. Im Warenwirtschaftssystem wird dies durch die Erfassung der **Rezepturen** abgebildet.

Rezepturen enthalten alle vorgegebenen Zutaten und Mengen für eine Speise. Beim Erfassen der Rezeptur werden die Artikel aus den Materialstammdaten mit den Produkten aus dem Verkaufsbericht in Beziehung gesetzt („verbunden").

Verkaufsberichte

Die Verkaufsberichte werden mit Hilfe des Kassensystems erstellt. Verkaufsberichte liefern eine Übersicht über alle verkauften Speisen und Getränke des Tages. In der Regel sind Auswertungen enthalten, welchen Umsatzanteil ein bestimmtes Produkt am Gesamtumsatz hat. Auf diese Weise lassen sich Bestseller und „Ladenhüter" schnell identifizieren.

Verkaufsbericht für den 05.11.20..

Menge	Artikel	Umsatz	Einzelpreis	Anteil %
63	Toast Hawaii	154,35	2,45	9,00
41	Steinpilzsuppe	184,50	4,50	10,76

Abb. 2 Ausschnitt aus einem Verkaufsbericht

Zusammenspiel einzelner Elemente eines Warenwirtschaftssystems

Wenn die Servicemitarbeiter jedes verkaufte Produkt an der Kasse erfassen, kann das WWS über die **Verkaufsberichte** mit Hilfe der hinterlegten **Rezeptur** und der **Rohstoffstammdaten** von jedem verwendeten Rohstoff den genauen Verbrauch während des Tages ermitteln. Dieser wird dann im Materialkonto des entsprechenden Artikels festgehalten.

Zusammen mit den **weiteren Zu- und Abgängen** verwaltet das WWS die Bestände. Es können tagesaktuelle **Inventurlisten** erstellt werden. Mithilfe einer **Umsatzplanung** und den Informationen zu Melde- und Mindestbestand können **Bestellvorschläge** erstellt werden.

Wichtig ist, dass alle Ab- und Zugänge vollständig erfasst und alle Stammdaten immer aktuell gehalten werden. Nur so kann das WWS Steuerung und Kontrolle des Warenflusses erleichtern.

Geplanter Umsatz für den Zeitraum 14.11. bis 17.11.20..: 5760 Euro

Menge	Einheit	Artikel
5	Körbe	Toastbrot
10	kg	Ketchup
2	kg	Zwiebeln
1	6er Karton	Ananas in Dosen

Abb. 3 Ausschnitt aus einem Bestellvorschlag

Verkaufsbericht für den 05.11.20..

Menge	Artikel	Umsatz	Anteil %
63	Toast Hawaii	154,35	9,00
41	Hawaii-Menü	184,50	10,76
…	…	…	…

Personalessen

_3_	Toast Forest
_8_	Toast Hawaii
_6_	Toast Country
…	…

Anzahl der verkauften Produkte (hier: 104) und Anzahl der kostenlos abgegebenen (hier: 8) Produkte (z. B. Personalessen) werden addiert.

Durch Rückgriff auf die Rezeptur wird der Verbrauch von 112-mal 0,01 kg Zwiebel errechnet.

Rezeptur für: Toast Hawaii

Menge	Einheit	Artikel
1	St.	Toastbrot
0,05	kg	Ketchup
0,01	kg	Zwiebeln, frisch
1	Scheibe	Kochschinken
1	Ring	Ananas
1	Scheibe	Toast-Schmelzkäse

Abfallliste 05.11.20..

0,9_kg	Thunfisch, Dose
3_kg	Zwiebeln, frisch
12_Scheiben	Toast-Schmelzkäse
…	…

Abfall wird ebenso unter den Abgängen erfasst.

Zwiebeln, frisch

Datum	Anfangs-bestand	Zugänge		Abgänge			Bestand		
		Waren-lieferung	Transfer-Zugang	Verbrauch	Abfall/Verderb	Transfer-Abgang	Soll-End-bestand	Inventur-bestand	Bestands-abweichung
Mo, 05.11.	82	425	0	112	3	0	392	390	−2
Di, 06.11.	390	0	0	135	5	0	250	251	1
Mi, 07.11.	251	0	0	142	7	40	62	22	−40
Do, 08.11.	22	500	0	160	10	0	352	390	38
Fr, 09.11.	390	0	40	137	2	0	291	291	0
Sa, 10.11.	291	0	0	128	1	0	162	162	0
So, 11.11.	162	0	0	141	1	0	20	20	0
Mo, 12.11.	20	400	0	98	0	0	322	319	−3
Di, 13.11.	319	0	0	121	2	0	196	194	−2
Mi, 14.11.	194	0	0	151	3	0	40	40	0
Do, 15.11.	40	550	0	172	8	0	410	412	2

Aus Anfangsbestand plus der Summe der Zugänge, abzüglich der Summe der Abgänge, ergibt sich der Soll-Endbestand, welcher mit dem Inventur- (Ist-)Bestand übereinstimmen soll.

Abb. 1 Beispiel für das Zusammenspiel einzelner Elemente eines WWS

Ein Warenwirtschaftssystem unterstützt das F&B-Management nicht nur bei der Steuerung des Warenflusses, sondern auch bei Planung und Kontrolle.

6.2 Planung, Steuerung und Kontrolle mithilfe von Warenwirtschaftssystemen

Erfassung von Bestellungen

Auf der Grundlage des bisherigen Verbrauchs errechnet das Warenwirtschaftssystem den zukünftigen Verbrauch und erstellt einen Bestellvorschlag. Einige WWS können dabei auch Sonderveranstaltungen mit berücksichtigen. Sind auf Grund von Ferienzeiten, Sonderaktionen des Restaurants oder Veranstaltungen in der Nähe Schwankungen bei der Gästezahl zu erwarten, müssen sie individuell berücksichtigt werden. Hier ist zusätzlich zum WWS auch die Erfahrung des Managements gefragt.

Berechnung des tatsächlichen Wareneinsatzes

Im Materialkonto wird der Verbrauch eines Rohstoffes genau festgehalten. Mit Hilfe des in den Rohstoffstammdaten hinterlegten Einkaufspreises des jeweiligen Rohstoffes werden die Wareneinsatzkosten berechnet. Die Wareneinsatzkosten kann ein WWS auf unterschiedliche Weise berechnen. Wird der Wareneinsatz aufgrund der ausgegebenen fertigen Produkte (einschließlich Abfall und Personalessen) berechnet, spricht man von **Soll-Verbrauch** und **Soll-Wareneinsatz**.

Soll-Wareneinsatz = Soll-Verbrauch x Materialkosten

Wird der Wareneinsatz aus dem Verbrauch der Rohstoffe ermittelt, spricht man von **Ist-Verbrauch** (Differenz aus dem Inventurbestand zu Beginn und zum Ende des Tages) und **Ist-Wareneinsatz**.

Ist-Wareneinsatz = Ist-Verbrauch x Materialkosten

Weicht der Soll-Wareneinsatz vom Ist-Wareneinsatz ab, kann dies mehrere Ursachen haben:

- Vielleicht werden nicht alle Produkte beim Verkauf im Kassensystem erfasst.
- Bei der Zubereitung werden die Rezepturen nicht genau eingehalten.
- Eventuell wurden Warenlieferungen nicht korrekt erfasst.
- Es ist Ware aus dem Lager verschwunden (Diebstahl).

Über das WWS erkennt das Management Abweichungen frühzeitig und kann der Ursache auf den Grund gehen.

Wareneinsatzquote

Zum besseren Vergleich der aktuellen Zahlen mit den Daten aus dem Vorjahr oder Vormonat wird die Wareneinsatzquote berechnet. Die Wareneinsatzquote gibt das Verhältnis von Wareneinsatzkosten zu Nettoumsatz wieder.

$$\text{Wareneinsatzquote (in \%)} = \frac{\text{Wareneinsatzkosten x 100}}{\text{Nettoumsatz}}$$

Die Wareneinsatzquote wird auch **food-cost** genannt. Verkauft ein Betrieb mehr Getränke als Speisen, ist es sinnvoll, zwischen der Wareneinsatzquote für Getränke und der Wareneinsatzquote für Speisen zu unterscheiden. Auch das berechnet das WWS automatisch.

Erkennung von kritischen Rohstoffen für den Wareneinsatz

Bei der Berechnung des tatsächlichen Wareneinsatzes wird der zahlenmäßige Verbrauch eines Artikels mit seinem Wert verbunden. Jetzt wird ersichtlich, welche Artikel einen hohen Anteil an den Wareneinsatzkosten haben. Dies müssen nicht zwangsläufig die teuren Artikel sein. So können günstigere Artikel, die aber in großer Menge verarbeitet werden, einen sehr hohen Anteil am gesamten Wareneinsatz haben. Oft ist bei dieser Analyse zu erkennen, dass etwa 20 % aller Artikel für ungefähr 80 % aller Wareneinsatzkosten verantwortlich sind. Das Management kann aufgrund einer solchen Analyse erkennen, welche die kritischen Rohstoffe sind. Das Einsparpotenzial für den Betrieb ist umso größer, je günstiger vor allem die kritischen Rohstoffe eingekauft werden können.

Analyse der Lagerbestände

Hohe Lagerbestände binden unnötig Kapital und können zum Verderb von Rohstoffen führen. Zu niedrige Lagerbestände bringen Nachteile wie mangelnde Verfügbarkeit von Rohstoffen (d. h., Gästewünsche können nicht erfüllt werden) oder häufige Nachbestellungen mit sich. Warenwirtschaftssysteme sind in der Lage, Lagerbestände zu analysieren, um entsprechende Gegenmaßnahmen einleiten zu können. Neben der Berechnung des **durchschnittlichen Lagerbestandes** kann die Berechnung der **Umschlagshäufigkeit** zur Optimierung der Lagerbestände beitragen (siehe auch Kapitel Magazin).

1. Welche vier Bereiche zählen zur Warenwirtschaft?

2. Welche Eigenschaften und Kenntnisse zeichnen einen guten Einkäufer aus?

3. Nennen Sie drei Mitarbeiter, die in gastronomischen Großbetrieben Waren einkaufen, und die Warenarten.

4. Nennen Sie sieben Faktoren, die die Größe des Warenbedarfs pro Artikel beeinflussen können.

5. Geben Sie sieben Wege an, wie der Einkäufer neue Bezugsquellen erschließen kann.

6. In welche drei Bereiche gliedert sich ein Angebotsvergleich?

7. Nennen Sie die Formel für Angebots-Preisvergleiche.

8. Welche Angaben ergeben eine vollständige Bestellung?

9. Anhand welcher Unterlagen kontrollieren Sie eine Warenlieferung?

10. Welche sechs Punkte kontrollieren Sie bei der Warenlieferung?

11. Was müssen Sie tun, wenn Sie bei einer Warenlieferung Mängel erkennen?

12. Innerhalb welcher Frist muss der Kaufmann einen versteckten Mangel bei seinem Händler reklamieren?

13. Nennen Sie fünf Punkte, die bei der Kontrolle einer Lieferer-Rechnung geprüft werden.

14. Wie ermittelt der Magaziner den Soll-Bestand und den Ist-Bestand einer Ware?

15. Was ist ein Inventar und was ist eine Inventur im Sinne des Gesetzes?

16. Wie unterscheiden sich eine permanente Inventur und eine Stichtag-Inventur?

17. Nach welcher Formel wird der Wareneinsatz einer Abteilung errechnet?

18. Nennen Sie acht mögliche Gründe für einen zu hohen Wareneinsatz.

19. Welche Vorteile kann ein Warenwirtschafts-System dem Betrieb bieten?

20. Beschreiben Sie den Warenfluss für 2 Artikel in Ihrem Betrieb vom Wareneingang bis zum Gast.

21. Warum ist Kostenoptimierung im Bereich der Warenwirtschaft besonders wichtig?

22. An welchen Stationen innerhalb Ihres Betriebs wird ein Warenwirtschaftssystem (erkennbar) verwendet?

23. Nennen Sie mögliche Gründe für eine Änderung der in den Stammdaten des betrieblichen Warenwirtschaftssystems hinterlegten Rezepturen.

24. Auf welche Art und Weise werden in Ihrem Betrieb Wareneingang und verkaufte Produkte erfasst?

25. Welche weiteren Arten der Speisenabgabe kennen Sie aus Ihrem Betrieb? Wie werden diese erfasst?

26. Beschreiben Sie mit eigenen Worten das Zusammenwirken der einzelnen Elemente eines Warenwirtschaftssystems.

27. Was ist beim Überarbeiten des automatischen Bestellvorschlages zu beachten?

28. Erklären Sie mit eigenen Worten den Unterschied zwischen Soll- und Ist-Wareneinsatz.

29. Was sagt die Wareneinsatzquote aus?

30. Welche Ursachen kann eine zu hohe Wareneinsatzquote haben?

31. Wie wirkt sich eine nachlässige Wartung der Materialstammdaten auf die anderen Elemente des Warenwirtschaftssystems aus?

32. Ist es nötig, sofort nach Wareneingang die gelieferten Waren im WWS zu erfassen? Bis wann sollte die Erfassung der Waren abgeschlossen sein?

PROJEKT

Monatsinventur an der Hotelbar

Sie arbeiten als Auszubildende/r in der F & B-Abteilung des Hotels Arberblick. Die neue Hotel-Bar steht kurz vor der Eröffnung. Sie sollen die ersten beiden Inventuren, vor der Eröffnung und am Monatsende, planen, vorbereiten und durchführen. Der F & B-Manager möchte einen Bericht über das Inventurergebnis erhalten.

Planen und Vorbereiten der Anfangsinventur

1 Entwerfen Sie die Inventurlisten an Hand der Barkarte Ihres Betriebes.

2 Tragen Sie die Flaschen-Füllvolumen und die Netto-Einkaufspreise der einzelnen Artikel ein.

3 Legen Sie den günstigsten Zeitraum für die Durchführung der Inventur fest.

4 Stellen Sie die Hilfsgeräte bereit, die Sie zum Erfassen der Warenbestände benötigen.

Durchführen der Anfangsinventur

1 Ermitteln Sie die vorhandenen Mengen (Ist-Werte) bei allen Artikeln an der Bar.

2 Tragen Sie diese Mengen in die Inventurlisten ein.

3 Errechnen Sie den Netto-Einkaufswert für jeden Artikel und den Wert des gesamten Anfangsbestands

Durchführen der Inventur am Monatsende

1 Ermitteln Sie wieder die vorhandenen Mengen bei allen Artikeln an der Bar und tragen Sie diese in die Inventurlisten ein.

2 Errechnen Sie den Netto-Einkaufswert für jeden Artikel und den Wert des gesamten Monats-Endbestands.

Auswerten der Monatsinventur

1 Ermitteln Sie die Netto-Verkaufserlöse (ohne Mehrwertsteuer) laut Z-Abschlag der Registrierkasse, am Monatsende an der Bar.

2 Errechnen Sie den prozentualen Wareneinsatz für diesen Abrechnungszeitraum.

Bericht an den F & B-Manager

Verfassen Sie einen kurzen Bericht über das Inventurergebnis für den F & B-Manager.

Restaurantorganisation

Unter dem Begriff Organisation wird das gesamte planerische Handeln eines Betriebes zusammengefasst. Gründliche Planung von Arbeit und sorgfältige Diensteinteilung sind wichtige Voraussetzungen für reibungslose Betriebsabläufe. Unvorhergesehene Situationen erfordern aber auch die Bereitschaft zur Improvisation.

Bei einer guten Organisationsstruktur ist jeder Mitarbeiter informiert, von wem er Anordnungen entgegennehmen muss, wem gegenüber er verantwortlich ist und bei wem er in besonderen Situationen Auskünfte und Hilfe erhält.

1 Die Servicebrigade

service team ● brigade (w) de service

Damit für den Gast die Dienstleistungsaufgaben der Servicefachkräfte im Restaurant reibungslos ablaufen, ist es nötig, Stellen und Funktionen im betrieblichen Ablauf festzulegen. Wichtig dabei sind klare Aussagen über Unterweisungs- und Anweisungsbefugnisse sowie die betriebliche Überstellung und Unterstellung aller Mitarbeiter.

Stellenbeschreibungen 🇬🇧 job descriptions 🇫🇷 description (m) des postes de travail

Die Stellenbeschreibungen stehen in enger Beziehung zur Aufbauorganisation eines Betriebes.

Neben den folgenden, spezifischen Beschreibungen haben alle im Service tätigen Mitarbeiter die grundsätzliche Aufgabe, Gäste freundlich zu empfangen, ihnen einen Tisch anzuweisen, sie fachgerecht, wenn nötig auch in einer Fremdsprache zu beraten und zuvorkommend zu bedienen.

Restaurantmanager/-in

Neben einer gründlichen Fachausbildung ist eine zusätzliche Qualifikation **Hotelbetriebswirt/-in** wünschenswert.

Der Aufgabenbereich umfasst:

- Repräsentantion und Verantwortung für den gesamten Restaurant- und Servicebereich,
- Verantwortung gegenüber der Hotelgesellschaft bzw. der Geschäftsleitung,
- enge Zusammenarbeit mit Küche und Rezeption,
- Erarbeitung von Speise- und Menükarten in Teamarbeit mit dem Küchenchef,
- Genehmigung von Dienst- und Urlaubsplänen,
- Organisation und Durchführung von Mitarbeiterschulungen,
- Organisation des Frühstücksservice und des À-la-carte-Service,
- Planung des Personaleinsatzes und Verteilung der Servicestationen,
- Zuständigkeit für den Bankettbereich in Betrieben ohne eigene Bankettabteilung.

Bankett-Manager/-in

(nur bei gesonderter Bankettabteilung s. S. 662)

Chef de rang

Der Chef de rang ist dem Maître d'hôtel unterstellt und den Demi chefs, Commis und anderen Servicemitarbeitern überstellt.

Zu den fachlichen Anforderungen gehören:

- abgeschlossene Fachausbildung,
- Fremdsprachenkenntnisse,
- gepflegtes Aussehen und gute Umgangsformen.

Der Aufgabenbereich umfasst:

- Vorbereitung des Service (Mise en place),
- Beratung der Gäste und Verkauf von Speisen und Getränken,
- Bestellungsaufnahme und Bonieren,
- Servicedurchführung, im Bedarfsfall Tranchieren, Flambieren, Filetieren und Flaschenweinservice,
- Abrechnen mit Gästen und Betrieb,
- Anleiten und Kontrollieren der Mitarbeiter.

Sommelier (Weinkellner)

Der Sommelier arbeitet in der Position eines Chef de rang und hat sich besondere Weinkenntnisse angeeignet. Er betreut den Weinkeller und ist oft zuständig für den Weineinkauf, die Weinlagerung und den Weinverkauf. Im Restaurant nimmt er persönlich bei der Gästeberatung die Weinempfehlungen vor. Von ihm wird der Flaschenweinservice durchgeführt.

Oberkellner/-in – Maître d'hôtel

Diese Position ist dem Restaurantmanagement unterstellt und den anderen Servicemitarbeitern überstellt.

Zu den fachlichen Anforderungen gehören:

- Beherrschen von mindestens zwei Fremdsprachen, vorbildliche Umgangsformen, Kontaktfreudigkeit, Organisationstalent, Menschenkenntnis, Verhandlungsgeschick sowie Personalführung,
- Kenntnisse im Arbeiten am Tisch des Gastes wie Tranchieren, Flambieren, Filetieren und Herstellung von Mixgetränken,
- Vertretung des Restaurantmanagements,
- Erfolgreich abgelegte Meisterprüfung.

Der Aufgabenbereich umfasst:

- Entgegennahme von Tischreservierungen,
- Führung von Verkaufsgesprächen mit Menüabsprachen und Wein- bzw. Getränkeberatung,
- Erstellung von Dienst- und Urlaubsplänen und Überwachung des fachgerechten Service,
- Unterweisung und Betreuung der Auszubildenden.

Demi chef de rang

Der Demi chef unterscheidet sich vom Chef de rang lediglich dadurch, dass er eine kleinere Station betreut und somit weniger Verantwortung zu tragen hat. Seine Position ist die Übergangsstufe vom Commis zum Chef de rang.

Commis de rang

Der Commis untersteht dem Chef de rang oder dem Demi chef. Er nimmt von ihnen Anweisungen entgegen und arbeitet ihnen zu. Er ist berechtigt, Aushilfskräften und Auszubildenden Anweisungen zu erteilen.

Zu den fachlichen Anforderungen gehören:

- Erfolgreicher Abschluss einer Fachausbildung,
- gepflegtes Aussehen und gute Umgangsformen,

Der Aufgabenbereich umfasst:

- Mitarbeit beim Eindecken der Tische und Tafeln,
- Herrichten von Servicetischen,
- Durchführen des Getränkeservice,
- Auftragen und Vorlegen von Speisen,
- Abräumen des Geschirrs,
- Unterstützung des Chef de rang bei besonderen Serviervorgängen.

Auszubildende im Restaurantbereich

Auszubildende müssen ihre Ausbildung in allen Bereichen des Service und möglichst wechselnd an der Seite aller Servicemitarbeiter einschließlich der Restaurantleitung erhalten (s. S. 15/16).

② Organisation 🇬🇧 organization 🇫🇷 organisation (w)

Das Betriebsgeschehen ist im Gastgewerbe einerseits darauf ausgerichtet, den Gast mit guten Leistungen zufriedenzustellen, andererseits für das Unternehmen den größtmöglichen wirtschaftlichen Erfolg zu erzielen.

2.1 Eckpunkte zur Organisation

🇬🇧 main points for organization 🇫🇷 points (m) principaux de l'organisation

Bei den vielfältigen Aufgaben zur Organisation im Restaurant sollten nachfolgende Eckpunkte berücksichtigt werden:

- Öffnungszeiten des Betriebes
- Arbeitsbeginn und Arbeitsende
- Zu verrichtende Tätigkeiten
- Aufgaben und Arbeitsverteilung
- Einrichtung und Geräte
- In Frage kommende Räumlichkeiten
- Entscheidungsbefugnis, Kompetenz
- Verantwortungsbereich
- Zielsetzung

2.2 Ablauforganisation

🇬🇧 methods and procedures 🇫🇷 organisation (w) fonctionelle

Das Geschehen im gastgewerblichen Betrieb ist durch eine Vielzahl von Abläufen gekennzeichnet. Sie werden in einfache und komplexe Abläufe eingeteilt.

Beispiele einfacher Abläufe:
- Eindecken einer Festtafel,
- Präsentieren/Öffnen einer Flasche Wein,
- Entgegennehmen von Tischreservierungen,
- Empfangen und Begrüßen eines Gastes,
- Anfordern von Tischwäsche.

Beispiele komplexer Abläufe:
- Vorbereiten eines kalten Büfetts,
- Vorbereiten und Durchführen eines Banketts,
- Vorbereiten/Durchführen einer Spezialitätenwoche,
- Durchführen der Jahresinventur.

Beispiel eines grob strukturierten Organisationsplans für ein À-la-carte-Restaurant mit 100 Sitzplätzen:

Vorbereitungsarbeiten (Mise en place)
- Servicetisch herrichten, Materialien für den Service bereitstellen,
- Tische je nach Mahlzeit oder Angebot eindecken,
- Speisekarten mit Menüangebot versehen.

Servicedurchführung
- Gäste freundlich empfangen, begrüßen und zum Tisch begleiten,
- Speise- und Getränkekarten aushändigen und gleichzeitig Aperitif anbieten,
- Gäste in einem Verkaufsgespräch beraten,
- Bestellung aufnehmen, bonieren und weiterleiten,
- Getränke und Speisen servieren,
- Geschirr abservieren,
- Dessert, Kaffee und Digestif anbieten,
- mit dem Gast abrechnen und ihn freundlich verabschieden,
- die Tische des Restaurants für einen neuen Service vorbereiten,
- mit dem Betrieb abrechnen.

Es ist unerlässlich, Abläufe so genau wie möglich zu organisieren und zu planen. Ansonsten würden die Einzeltätigkeiten in vielen Fällen planlos und willkürlich neben- und nacheinander erledigt werden. Wichtige Tätigkeiten würden vielleicht vergessen oder nicht richtig koordiniert.

Personalplanung
Für Bedarfsermittlungen, z. B. die Zahl der benötigten Mitarbeiter, empfiehlt es sich, die tägliche Anzahl der Gäste schriftlich zu erfassen und statistisch auszuwerten. So wird festgehalten, wie viele Gäste an den einzelnen Wochentagen das Restaurant zur Mittagszeit oder zum Abendservice besucht haben.
Aus diesem Ergebnis kann man **Erfahrungswerte** ableiten.
Beispiel für die Berechnung eines Mitarbeiterbedarfs für ein À-la-carte-Restaurant mit 100 Sitzplätzen an 25 Tischen, die mit 2, 4 und 6 Personen besetzt werden können:

Formelbeispiel für den Abendservice:

Plätze im Restaurant	100
abzüglich der Reservierungen	30
freie Platzkapazitäten	70
70 : 1,5 (Erfahrungswert) =	47
plus Reservierungen	30
zu erwartende Gästeanzahl	77

2.3 Erstellen von Organisationsplänen

🇬🇧 preparing of organization plans   🇫🇷 préparation (w) des plans d'organisation

Organisationspläne werden für die verschiedenartigsten Zwecke erstellt und dienen dazu, dass Arbeiten reibungslos, sachgerecht und reklamationsfrei ablaufen.

Beispiele

Reservierungsplan (s. S. 371)
- Wie viele Tische sind an einem bestimmten Tag bereits belegt?
- Wie viele Plätze stehen noch für weitere Reservierungen zur Verfügung?

Veranstaltungsplan (s. S. 663)
- An welchem Tag werden in welchen Räumen Veranstaltungen durchgeführt?
- Welchen Zeitrahmen haben die Veranstaltungen?
- Welche Räumlichkeiten stehen noch zur Verfügung?

Tafelorientierungsplan (s. S. 672)
- Welcher Bereich einer Fest- oder Banketttafel wird welcher Servicefachkraft zugeordnet?

Dienstplan
- Welcher Mitarbeiter hat wo und wann Dienst?
- Wann ist das Einstellen von Aushilfskräften notwendig?

Dienstpläne werden als Wochenpläne erstellt, wobei für die personelle Besetzung im Arbeitsbereich Service ausschlaggebend sind:
- die Anzahl der zu erwartenden Gäste im Restaurant oder die Hotelbelegung z. B. für das Frühstück,
- Umfang der Leistungen und des Arbeitsaufwandes,
- die vom Betrieb erarbeiteten Leistungsmaßstäbe.

Bei der Festlegung des benötigten Bedarfs an Mitarbeitern muss auch die Qualität des Service in die Überlegungen und Entscheidungen einbezogen werden:
- 3 Mitarbeiter bei einfachem Tellerservice mit einfachem Getränkeservice,
- 4 Servicekräfte bei Tellerservice mit Flaschenweinangebot,
- 5 Servicekräfte bei Vorlegeservice mit Weinservice,
- 6–7 Fachkräfte bei besonders aufwendigem Service mit Tranchieren, Flambieren oder Filetieren am Tisch des Gastes und Weinservice durch einen Sommelier.

Wochendienstplan für Restaurantfachleute

Tag/Datum	Montag 6.		Dienstag 7.		Mittwoch 8.		Donnerstag 9.		Freitag 10.		Samstag 11.		Sonntag 12.	
	Frühst. Mittag	Abend	Frühst. Mittag	Abend	Frühst. Mittag	Abend	Frühst. Mittag	Abend	Frühst. Mittag	Abend	Frühst. Mittag	Abend	Frühst. Mittag	Abend
Gedecke (Prognose)	140	120	240	60	160	55	240	60	130	45	240	150	320	120
Leistungsmaßstab	50	30	50	30	50	30	50	30	50	30	50	30	50	30
Personalbedarf	3*	4	5	2	4	2*	5	2	3*	2*	5	5	6	4
Personaleinsatz 1	Früh			frei	Früh		Früh		Früh		Früh		Früh	
2	Früh		Früh			frei	Früh		Früh		Früh		Früh	
3		Spät	Früh			frei	Früh			Spät	Früh		Früh	
4 / 5		Spät	Früh		Früh			frei		Spät		Spät		Spät
6		Spät		Spät		Spät		Spät	frei			Spät		Spät
7 / Aushilfe 1		Spät		Spät		Spät		Spät		frei		Spät		Spät
2		Spät		Spät		Spät		Spät		frei		Spät		Spät
	Früh		Früh		Früh		Früh		frei		Früh		Früh	
		A		A				A			A**	A	A	
								A				A	A**	A
Personal im Dienst	3	4	5	2	4	2	5	2	3	2	5	5	6	4
frei		—		1		2		1		2		—		—

* mindestens 2 Bedienungen   *** nur für Frühstück*

Urlaubsplan

Jeder Arbeitnehmer hat Anspruch auf Urlaub. Um einerseits den reibungslosen Ablauf im Betrieb sicherzustellen, andererseits den Urlaubswün-
schen der Mitarbeiter entgegenzukommen, muss der Urlaub langfristig
geplant, koordiniert und in Urlaubsplänen festgehalten werden. Gesetzliche Bestimmungen sind dabei zu berücksichtigen.

Bei der Erstellung von Dienstplänen müssen Urlaubspläne berücksichtigt
werden.

Vertretungsplan

Krankheit und vielfältige andere oft unvorhersehbare Ereignisse sind
Gründe, bei denen es zum Ausfall von Mitarbeitern kommt. Zur Aufrecht-
erhaltung der Betriebsbereitschaft werden in solchen Fällen kurzfristig
Vertretungspläne erstellt.

Mitarbeitern, die sich zur Vertretung bereit erklären, werden die zusätzlichen Arbeitszeiten gutgeschrieben. Ist das nicht möglich, müssen Aushilfskräfte eingesetzt werden.

Urlaubsplan für das Jahr .... Abteilung: ....

Name	Monate								Arbeitstage		
	Jan	Feb	Mar	Apr	Mai	Jun	Jul	Aug	Anspruch	erhalten	Rest +/–
Andor, V.	25.–05.						23.–03.		30	20	+10
Batic, S.					20.–14.				15	18	–3
Grams, I.		12.–10.							30	20	+10
Klever, J.	30.–11.								18	10	+8
Patula, F.				26.–10.					20	11	+9
Schmid, I.									20		
Simson, N.									21		
Weber, W.							31.–12.		20	6	+14
Zumdik, K.		27.–17.							15	15	0

Aufgaben

① Erklären Sie an Beispielen den Begriff Organisation.

② Beschreiben Sie den Unterschied zwischen einfachen Abläufen und komplexen Abläufen.

③ Sie erhalten den Auftrag, eine Woche lang die Organisation des Restaurants zu übernehmen. Um dies zufriedenstellend und sicher bewerkstelligen zu können, sollten Sie nach den im Text genannten Eckpunkten vorgehen. Fertigen Sie nach Ihren Möglichkeiten schriftlich einen Organisationsplan für ein à-la-carte-Restaurant.

④ Erstellen Sie nach dem grob strukturierten Organisationsplan von Seite 600 einen Plan, der im Detail
deutlicher strukturiert ist.

Getränkepflege und -Verkauf

Abb.1 Deutsche Weinlandschaft

„Anregend und genussreich, mit viel Stoff und Fülle!" – Die Schaffung von Weinatmosphäre ist ein erster Schritt, das Vertrauen der Gäste zu gewinnen, und hinterlässt bei diesen das Gefühl, gut beraten zu sein. Um ein guter Berater und somit auch ein guter Verkäufer zu werden, muss man sich mit der Materie gründlich befassen. Ziel ist dabei die wohldosierte Beratung der Gäste. Kenntnisse über das harmonische Zusammenspiel von edlen Speisen und Menüs mit Wein sowie Weinbeschreibungen oder so genannte Expertisen sind hierbei sehr hilfreich. Dabei werden die Weine sensorisch charakterisiert. Die Beschreibung soll nicht auswendig gelernt und erst recht nicht wortgetreu übernommen werden, sondern dem Restaurantfachmann eine Hilfe für den Weinverkauf sein. Passagen diverser Weinexpertisen können auch beim Erstellen von Weinkarten hilfreich sein und mit verwendet werden.

1

Wein wine vin (m)

Ergänzend zum Kapitel Getränkekunde (s. S. 278/302) werden weitere Gesichtspunkte zu deutschen Weinen aufgezeigt.

Die 13 bestimmten Weinanbaugebiete mit typischen Rebsorten und bedeutenden Weinorten

Die 13 deutschen bestimmten Weinanbaugebiete (b. A.) lauten in alphabetischer Reihenfolge:

- Ahr
- Baden
- Franken
- Hessische Bergstraße
- Mittelrhein
- Mosel
- Nahe
- Pfalz
- Rheingau
- Rheinhessen
- Saale-Unstrut
- Sachsen
- Württemberg

In den folgenden Übersichten sind den 13 bestimmten Anbaugebieten jeweils typische Rebsorten und Beispiele von bekannten Weinorten zugeordnet. (Quelle: Deutsches Weininstitut, Mainz, Stand: 31.07.2012)

Baden
Rebsorten: Spätburgunder, Müller-Thurgau, Grauburgunder
- Königshofen
- Weinheim
- Tiefenbach
- Sasbachwalden
- Kenzingen
- Ihringen
- Achkarren
- Mülheim
- Meersburg

Hessische Bergstraße
Rebsorten: Riesling, Spätburgunder, Grauburgunder
- Bensheim
- Heppenheim

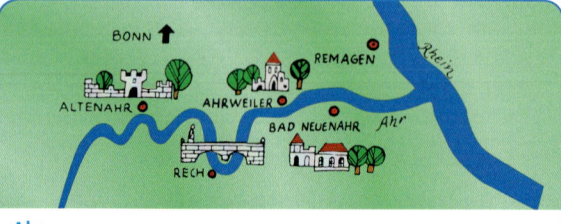

Ahr
Rebsorten: Spätburgunder, Riesling, Portugieser
- Altenahr
- Mayschoß
- Dernau
- Marienthal
- Walporzheim
- Ahrweiler

Franken
Rebsorten: Müller-Thurgau, Silvaner, Bacchus
- Klingenberg
- Sommerach
- Randersacker
- Würzburg
- Iphofen
- Escherndorf

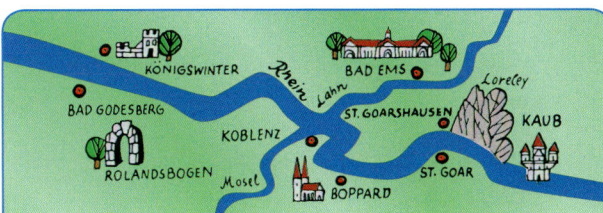

Mittelrhein

Rebsorten: Riesling, Spätburgunder, Müller-Thurgau

- Boppard
- St. Goar
- St. Goarshausen
- Bacharach
- Kaub
- Oberwesel

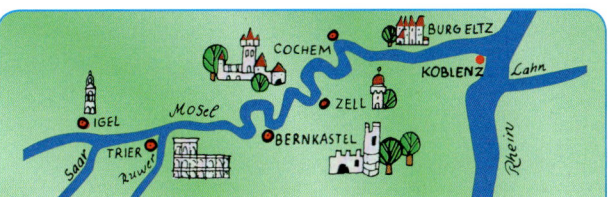

Mosel

Rebsorten: Riesling, Müller-Thurgau, Elbling

- Zell
- Erden
- Traben-Trarbach
- Ürzig
- Kröv
- Wehlen
- Graach
- Bernkastel
- Brauneberg
- Piesport
- Trittenheim
- Wiltingen
- Ockfen
- Grünhaus
- Eitelsbach

Rheingau

Rebsorten: Riesling, Spätburgunder, Müller-Thurgau

- Lorch
- Assmannshausen
- Rüdesheim
- Johannisberg
- Oestrich
- Hallgarten
- Kiedrich
- Rauenthal
- Hochheim

Pfalz

Rebsorten: Riesling, Dornfelder, Müller-Thurgau,

- Kallstadt
- Forst
- Bad Dürkheim
- Wachenheim
- Maikammer
- Deidesheim
- Ruppertsberg

Nahe

Rebsorten:
Riesling, Müller-Thurgau, Dornfelder

- Bad Kreuznach
- Schloßböckelheim

Rheinhessen

Rebsorten:
Müller-Thurgau, Riesling, Dornfelder

- Bingen
- Ingelheim
- Nierstein
- Oppenheim
- Bechtheim

Saale-Unstrut

Rebsorten: Müller-Thurgau, Weißburgunder, Riesling

- Naumburg
- Freyburg
- Bad Kösen

Sachsen

Rebsorten:
Müller-Thurgau, Riesling, Weißburgunder

- Radebeul
- Meißen

Württemberg

Rebsorten: Trollinger, Riesling, Lemberger

- Niedernhall
- Weikersheim
- Flein
- Weinsberg
- Bad Cannstatt
- Schnait

Etikettierung deutscher Weine

Die Weinetiketten enthalten vorgeschriebene sowie zulässige Angaben über den Wein.

Vorgeschriebene Angaben bei Qualitätswein, Prädikatswein und Landwein

Die Etiketten müssen in jedem Fall folgende Angaben (= obligatorische Angaben) enthalten:

- Bei inländischem Wein: „Deutscher Wein", „Wein aus Deutschland" oder ähnliche Begriffe, wie z. B. „Deutscher Qualitätswein" oder „Deutscher Landwein"
- das bestimmte Anbaugebiet oder das Landweingebiet, aus dem der Wein stammt
- „Qualitätswein" oder „Prädikatswein" in Verbindung mit einem Prädikat, z. B. „Kabinett"
- „Landwein"
- Nennvolumen (Flascheninhalt)
- Name (Firma) des Abfüllers sowie Mitgliedstaat, Gemeinde (Ortsteil) seines Hauptsitzes bzw. Angabe des tatsächlichen Abfüllortes
- die zugeteilte amtliche Prüfungsnummer (nur bei Qualitätswein und Prädikatswein)
- den vorhandenen Alkoholgehalt
- Loskennzeichnung (in der Regel die amtliche Prüfungsnummer)
- „Enthält Sulfite" oder „Enthält Schwefeldioxid" (sofern SO_2 in einer Konzentration von mehr als 10 mg/l vorhanden)
- das Wort „Enthält" vorangestellt, gefolgt von „Ei", „Eiprotein", „Eiprodukt", …
- das Wort „Enthält" vorangestellt, gefolgt von „Milch", Milcherzeugnis", …

Zulässige Angaben unter bestimmten Voraussetzungen

(= fakultative Angaben), auf gleichem Etikett oder Zusatzetikett:

- die Begriffe „geschützte Ursprungsbezeichnung" oder „geschützte geografische Angabe"
- engere geografische Herkunftsangaben
- eine oder mehrere Rebsorten
- Jahrgang
- eine Marke
- Geschmacksangaben, wie trocken, halbtrocken, lieblich, süß
- „Biowein" oder „Ökologischer Wein"
- Weingut, Erzeugerabfüllung, Gutsabfüllung, Schlossabfüllung, Weinhändler, Winzer, Importeur, Burg, Domäne, Kloster, Schloss, Stift
- Auszeichnung bei Prämierungen, Verleihung von Gütezeichen, soweit ausdrücklich zugelassen
- EU-Verpackungszeichen „e"

Beispiele für die Gestaltung von Weinetiketten unter Berücksichtigung der Vorschriften:
- **Verpflichtende Angaben** sind **schwarz** gedruckt.
- **Zusätzliche, zulässige Angaben** sind grün gedruckt.

1.1 Weinlagerung

🇬🇧 wine storage 🇫🇷 stockage (m) de vin

Modernen Önologen/Weinbaufachleuten ist es gelungen, Weine schon in jungen Jahren weich und trinkbar zu machen. Schätzungsweise 80 % der Weine werden heute in den ersten drei Jahren getrunken. Spezielle Weinkeller mit idealen Lagerbedingungen sind also nur für die 20 % der Weine erforderlich, die fünf, zehn oder noch mehr Jahre lagern sollen.

Damit solche speziellen Flaschenweine während ihrer Lagerzeit ohne störende Einflüsse optimal reifen können, müssen im Weinlager bestimmte **Lagerbedingungen** geschaffen werden.

Flaschenweine mit Naturkorken sollten grundsätzlich **liegend** gelagert werden, damit die Korken feucht bleiben und nicht austrocknen. Sonst würde Luftsauerstoff durch die Korken in den Wein gelangen, und er würde oxidieren. Bei Flaschenweinen mit Plastikkorken oder mit Schraubverschluss kann das nicht passieren. Deshalb dürfen diese Weine auch stehend gelagert werden.

Im Weinlager sollte eine relative **Luftfeuchtigkeit** von 70 % bis 80 % herrschen. Wenn sie darüber liegt, könnten die Weinetiketten schimmeln. Flaschen mit verschimmelten Etiketten kann man kaum noch verkaufen – das führt zu Lagerverlusten.

Das Weinlager und seine Umgebung müssen **frei von fremden Gerüchen** sein. Eine Geruchsübertragung darf nicht stattfinden. Deshalb sollten Heizöl, Waschmittel und andere geruchsintensive Stoffe nicht in der Nähe des Weinlagers gelagert werden. Der Luftaustausch durch den Korken ist zwar gering, aber bei langjähriger Lagerung kann es zu negativen Veränderungen der Weine kommen.

Die ideale **Kellertemperatur** sollte bei 12 °C bis 14 °C liegen. Dabei ist nicht die absolute Temperatur entscheidend. Wichtig ist vielmehr, dass im Weinlager **keine starken Temperaturschwankungen** stattfinden, z. B. zwischen Tag und Nacht und zwischen Sommer und Winter. Eine Schwankung zwischen den Jahreszeiten von mehr als 6 °C sollte nicht vorkommen, denn die Weine würden vorzeitig altern und firn werden.

Das Weinlager sollte **dunkel** und ohne direkten Lichteinfall sein. Licht fördert den langsamen Verfall des organischen Stoffes Wein. Dann verändern sich Weißweine und werden goldgelb, Rotweine verblassen beim Abbau und Schaumweine mit „Lichtton" weisen bittere Geschmacksnoten auf.

Weinflaschen, die mehrere/viele Jahre gelagert werden sollen, müssen vollkommen **ruhig und erschütterungsfrei** liegen. Autoverkehr, Straßenbahnen und U-Bahnstrecken in der Nähe und Aufzüge im Hause sind unerwünschte Störfaktoren.

Als Alternative zum Weinlager sind **Weinklimaschränke** geeignet, denn sie bieten ideale Langzeit-Lagerbedingungen. Kein Vorteil ohne Nachteil: Sie sind ziemlich teuer und fassen nur einen Teil eines gut sortierten Weinkellers.

Grundsätzlich gilt: Gerbstoffreiche Weine brauchen eine längere Lagerzeit als gerbstoffarme Weine. Weißweine sind meistens früher genussfähig als Rotweine – davon die leichten Rotweine früher als die schweren.

Abb. 1 Das Edelste für die Weinlagerung ist ein Regal aus einem atmungsaktiven weißen Tuffstein, der das Weinklima positiv beeinflusst.

Abb. 1 Empfohlene Probierreihen-
folge

Abb. 2 Sichtprüfung

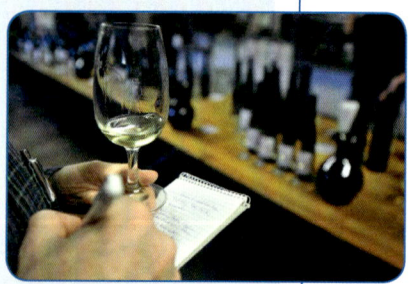

Abb. 3 Das INAO*-
Weinprobierglas

Abb. 4 Weinprobe mit Gästen

1.2 Weinprobe

🇬🇧 wine tasting 🇫🇷 dégustation (w)

Bei einer Beurteilung des Weines durch die amtliche Prüfstelle wird dieser auch einer Sinnenprüfung unterzogen. Die Bewertung erfolgt nach Geruch, Geschmack und Harmonie.

Eine solche Prüfung kann auch durch den Verbraucher in einer **Weinprobe** (Degustation) nachvollzogen werden.

Für **Servicemitarbeiter** sind solche **Proben von Bedeutung,** weil sie dazu befähigen, den Gast entsprechend zu beraten.

Wenn eine Weinprobe fachgerecht durchgeführt werden soll, sind verschiedene **Rahmenbedingungen** einzuhalten und bestimmte **Ablaufregeln** zu beachten:

- Den Raum gut lüften, er soll frei von fremden Gerüchen sein und hell beleuchtet sein.
- Es herrscht absolutes Rauchverbot.
- Die Tische zur besseren Farberkennung der Weine weiß eindecken.
- Schreibblöcke für Notizen bei der Verkostung auflegen.
- Einheitliche, farblose Degustationsgläser, Wassergläser, Brotkörbe und Spucknäpfe einsetzen.
- Alle Weine sollten die gleiche, je nach Weinart empfohlene Trinktemperatur aufweisen.
- Man beginnt die Probe mit Weißweinen, geht dann über zu eventuell vorgesehenen Roséweinen und verkostet danach Rotweine.
- Leichte Weine, d. h. Weine mit wenig Alkohol, vor schweren Weinen probieren.
- Trockene Weine, d. h. Weine mit wenig wahrnehmbarer Restsüße, vor lieblichen und vor süßen Weinen degustieren.
- Man beginnt bei jedem Wein mit der **Sichtprüfung** und beurteilt mit Hilfe der Augen Farbe und Klarheit.
- Es folgt die **Geruchsprüfung** mit Hilfe der Nase. Durch leichtes Schwenken des Glases reichert sich der Wein mit Luftsauerstoff an und kann dann sein volles Bukett entfalten.
- Die **Geschmacksprüfung** findet im Mund statt. Man schlürft den ersten und zweiten Schluck, lässt ihn über die Zunge rollen und „kaut" ihn noch ein wenig. Dabei kommt der Wein mit allen Geschmackspapillen der Zunge und des Gaumens in Kontakt. Geschmack und Harmonie können so beurteilt werden.
- Bevor ein nächster Wein probiert wird, sollte man seinen Mund mit Hilfe stillen Wassers und / oder schwach gesalzenen Weißbrots neutralisieren.

*Hinweis: Bei professionellen Weinproben wird heute fast ausschließlich das **INAO-Probierglas** verwendet. Diese Gläserform wurde zum Degustieren aller Weinarten entwickelt und ist bei offiziellen Proben in Frankreich vorgeschrieben (INAO = Institut National des Appellations d'Origine des Vins et Eaux-de-Vie", Paris, Frankreich).

Fachvokabular für Weinbeschreibungen

🇬🇧 wine tasting vocabulary 🇫🇷 terminologie (w) pour des dégustations (w) de vin

Farbbeschreibung für Weißweine

Positive Wortwahl

Hellfarbig, glanzhell, grünlichgelb, strohgelb, zitrusgelb, gelb, goldgelb, altgolden, bernsteingelb

↓ zunehmendes Alter

Negative Wortwahl

Farblos wässrig (bei jungen Weinen), hochfarbig, braun (bei älteren Weinen)

Farbbeschreibung für Rotweine

Positive Wortwahl

Schwarzrot, rubinrot, kirschrot, purpurrot, ziegelrot, granatrot

↓ zunehmendes Alter

Negative Wortwahl

Rosé, hellrot (bei jungen Weinen), braunrot (bei älteren Weinen)

Geruchsbeschreibung

Positive Wortwahl

Zart, duftig, blumig, fruchtig, aromatisch

Negative Wortwahl

Duftlos, flüchtig, aufdringlich parfümiert

Körperbeschreibung

Positive Wortwahl

Leicht, zart, kräftig, vollmundig, ölig, von edler Fülle

Negative Wortwahl

Dünn, dick, plump

Restsüße-Beschreibung

Positive Wortwahl

Durchgegoren, trocken, leichte Restsüße, harmonische Süße, reife, edle Süße

↓ Steigerung

Negative Wortwahl

Süß, pappig süß

Reifebeschreibung

Positive Wortwahl

Jung, frisch, lebendig, reif, auf der Höhe, abgelagert, edelfirn

↓ zunehmendes Alter

Negative Wortwahl

Mostig, gärig, hefig, unentwickelt (bei jungen Weinen), firn, gealtert, müde, passé, tot (bei älteren Weinen)

Säurebeschreibung

Positive Wortwahl

Mild, harmonisch, rassig, herb, stahlig

Negative Wortwahl

Weich, spitz, unreif, grün, ziehend, sauer

Alkoholbeschreibung

Positive Wortwahl

Leicht, schwer

Negative Wortwahl

Arm, brandig, spritig

Abb. 1 Wein- und Käseklima-schrank im Restaurant

Abb. 2 Sommelier im Weinkeller

Dabei gilt:
Die geschmacksintensivste Zutat eines Gerichts, z. B. Fleisch, Fisch, Wild, Sauce oder Beilage auf dem Teller, bestimmt die Wahl des passenden Getränks.

Abb. 3 Weinkeller mit Barrique-Fässern in chilenischem Weingut

1.3 Verkauf von Wein

 wine selling ● vente (w) du vin

Weinverkauf ist Vertrauenssache. Dieses Vertrauen, das unsere Gäste uns entgegenbringen, dürfen wir nicht enttäuschen, z. B. durch schlechte oder falsche Empfehlungen oder durch andere mangelhafte Serviceleistungen. Restaurantgäste können mit gutem Recht erwarten, dass sie in einem gehobenen Gastronomiebetrieb kompetent beraten werden, dass alle Weinempfehlungen im Hause erprobt wurden und korrekt sind.

Voraussetzung hierfür ist, dass sich Restaurantfachkräfte beizeiten gute Kenntnisse zum umfangreichen Thema Wein und Speisen aneignen bzw. angeeignet haben und dass sie sich hierzu ständig weiterbilden.

Deshalb sollten sie z. B.:
- Wein-Fachliteratur lesen,
- hotelinterne Mitarbeiterschulungen besuchen, z. B. des Sommeliers und des Küchenchefs, zum Thema „Speisen und korrespondierende Weine",
- Wein-Schulungen besuchen, wie z. B.
  - des „Deutschen Weininstituts", Mainz,
  - der „Sommelier-Union Deutschland e. V.", Coburg,
  - der „Deutschen Wein- und Sommelierschule", Koblenz,
  - des „International Wine Institutes", Bad Neuenahr, oder
  - den Jahreskurs an der „Hotelfachschule Heidelberg",
- an professionell geführten Weinreisen für Fachleute teilnehmen.

Grundvoraussetzungen für gute Weinempfehlungen sind:
- **genaue Kenntnisse über die angebotenen Weine,** z. B. Weinart, Herkunft, Anbaugebiet, Lage, Rebsorte/n, Geschmack, Jahrgang, Güteklassenstufe, Prädikatsstufe, Winzer, Herstellung/Ausbau, Lagerung, Prämierungen;
- **genaue Kenntnisse über die angebotenen Gerichte,** z. B. Zubereitung und Geschmack der Speisen einschließlich der Beilagen und Saucen sowie der verwendeten Gewürze.

Barriquewein

Barriqueweine sind ausgesuchte Weiß- und Rotweine, die in relativ kleinen, 225 l fassenden, aus Eichenholz hergestellten Fässern, lagern und darin ausgebaut werden. Durch die Lagerung im Barrique reagiert der Wein mit dem Eichenholz. Er nimmt intensive Gerbstoffe auf und profitiert vom Gasaustausch durch das Fass mit der Luft.

Es entstehen einzigartige Geruchs- und Geschmacksstoffe, die sich in Vanilletönen und Röstaromen bemerkbar machen und sich harmonisch verbinden. Fast alle großen Rotweine werden im Barrique ausgebaut. Bei Weißwein eignet sich vor allem die Rebsorte Chardonnay für einen Barriqueausbau.

Neben der Rebsorte und dem Terroir (Umwelteinflüsse auf den Weinanbau wie Boden, Lage und Mikroklima) ist das Holz ein weiterer Einflussfaktor auf die Weinqualität.

Die „Neue VDP.Klassifikation 2012"

Der VDP (Verband Deutscher Prädikatsweingüter e.V.) ist der Verband von etwa 200 Spitzenweingütern Deutschlands. Der VDP hat ein neues internes Wein-Klassifikationsmodell beschlossen, das ab dem Jahrgang 2012 umgesetzt wird. Dieses Statut definiert die Qualität eines Weins nach dem „Terroir", der Herkunft in Verbindung mit Qualitätskriterien.

Es gilt das Prinzip: Je enger die Herkunft – umso höher die Qualität!

Die Weine der VDP-Güter werden nunmehr wie folgt klassifiziert:

Abb. 2 Der VDP.Traubenadler (VDP-Logo)

VDP. GROSSE LAGE

VDP. ERSTE LAGE

VDP. ORTSWEIN

VDP. GUTSWEIN

Abb. 1 Die VDP.QUALITÄTSPYRAMIDE

Abb. 3 Etikett-Beispiel: VDP.ORTSWEIN, süß

VDP. GUTSWEIN

- Ausschließlich aus gutseigenen Weinbergen und klassifizierten Rebsorten
- Maximal 75 hl/ha Ertrag
- Auf dem Etikett weisen nur der Name der Region sowie der Weingutsname auf die Herkunft hin.

VDP. ORTSWEIN

- Ausschließlich aus Weinbergen innerhalb eines Ortes, bepflanzt mit gebietstypischen Rebsorten
- Maximal 75 hl/ha Ertrag
- Trockene Weine sind als „Qualitätswein trocken" gekennzeichnet.
- Die traditionellen Prädikate (Kabinett, Spätlese usw.) stehen ausschließlich für Weine mit Rest- und Edelsüße.
- Auf dem Etikett wird der Ortsname angegeben.

Abb. 4 Etikett-Beispiel: VDP.ERSTE LAGE, trocken

Abb. 5 Etikett-Beispiel: VDP. GROSSE LAGE, süß

VDP. ERSTE LAGE

- Erstklassige Lagen mit eigenständigem Charakter
- Ausschließlich aus klassischen, für den Weinberg typischen Rebsorten
- Maximal 60 hl/ha Ertrag, Lese per Hand vorgeschrieben
- Trockene Weine sind als „Qualitätswein trocken" gekennzeichnet.
- Die traditionellen Prädikate gelten ausschließlich für Weine mit Rest- und Edelsüße.
- Auf dem Front-/Schauetikett stehen Lagenname und Ortsname. Eine Banderole auf der Flaschenkapsel weist auf die VDP.ERSTE LAGE hin.

VDP. GROSSE LAGE

- Die hochwertigsten Weinberge, parzellengenau abgegrenzt
- Weine mit unverwechselbarem Profil, geprägt von der Einzigartigkeit der Weinlage.
- Maximal 50 hl/ha Ertrag, Lese per Hand vorgeschrieben
- Der **trockene Wein** einer VDP.GROSSEN LAGE ist das **VDP.GROSSE GEWÄCHS**
- Die traditionellen Prädikate gelten ausschließlich für Weine mit Rest- und Edelsüße.
- Auf dem Front-/Schauetikett wird die Lage ohne den Ortsnamen genannt. Eine Banderole auf der Flaschenkapsel weist auf die VDP.GROSSE LAGE hin.

2019 Siefersheimer Riesling „vom Porphyr", trocken

Erzeugerland: Deutschland
Best. Anbaugebiet: Rheinhessen
Erz.-Abfüllung: Weingut Wagner-Stempel, Wöllsteiner Str. 10, 55599 Siefersheim,
Tel.: 06703 960330, Fax: 960331
Rebsorte: Riesling
Weinbeschreibung: Trockener Riesling mit viriler Rasse, stahlig, filigran, mit enormem Grip; 13 % vol. alc.
Boden: Quarzhaltiger Porphyr
Trinktemperatur: 8 °C – 10 °C
Passt zu Meeresfrüchten, Krebsessen, Ziegenkäse

Optimale Genussreife:	bis 2024
Lagerfähigkeit:	~ 4 – 5 Jahre
EKP:	€ 14,00
Kartenpreis:	€ ....
Inventur-Nr.:	WW 127

2019 Homburger Kallmuth Silvaner, „Asphodill" GG

Erzeugerland: Deutschland
Best. Anbaugebiet: Franken
Erz.-Abfüllung: Weingut Fürst Löwenstein, Schlosspark 5, 63924 Kleinheubach
Tel.: 09371 9486600, Fax: 9486633
Rebsorte: Silvaner
Weinbeschreibung: Trockener Silvaner mit delikater Kräuterwürze im Aroma, komplexes Großes Gewächs, 13,5 % vol. alc.
Boden: Muschelkalk, Buntsandstein
Trinktemperatur: ~ 10° C
Passt zu kräftigen Seefischgerichten, Braten von Kalb und Geflügel

Optimale Genussreife:	bis 2024
Lagerfähigkeit:	~ 5 Jahre
EKP:	€ 25,00
Kartenpreis:	€ ....
Inventur-Nr.:	WW 186

Weinkartei

Voraussetzungen für einen gezielten Weinverkauf sind fundiertes Wissen über die eigenen Weine und klare Argumentationen für die Beratung.

Als hausinternes Hilfsmittel für Verkaufsschulungen der Mitarbeiter im Weinverkauf sollte man eine **Weinkartei** anlegen. Für jeden der angebotenen Weine der Weinkarte werden Informationen gesammelt und auf Karteikarten festgehalten. Dazu zählen:

- alle Etikettangaben,
- die Wein-Analysedaten des Winzers,
- eigene Verkostungsnotizen sowie
- Informationen zum Wein aus der Fachliteratur, wie z. B. Gault-Millau-WeinGuide, Johnson, Eichelmann, Falstaff, Vinum.

2018 Blaufränkisch C 6, Barrique

Erzeugerland: Österreich
Best. Anbaugebiet: Mittelburgenland
Erz.-Abfüllung: Weingut Hans Igler Langegasse 49, 7301 Deutschkreutz
Tel.: 02613-80365, Fax: 80367
Rebsorte: Blaufränkisch (= Lemberger)
Weinbeschreibung: Dunkles Rubingranat, opaker Kern, violette Reflexe; feine Edelholznote, zarter Duft nach süßen Gewürzen, reifen Kirschen, angenehm mit Brombeerkonfit unterlegt, fein tragende Tannine, schokoladiger Nachhall, große Zukunft. 13,5 % vol. alc.
Boden: sandige Lehm, Schotterböden
Trinktemperatur: 18 °C
Passt zu großem Braten von Rind, Lamm, Wild sowie Wildgeflügel

Optimale Genussreife:	bis 2038
Lagerfähigkeit:	~ 20 Jahre
EKP:	€ 38,00
Kartenpreis:	€ ....
Inventurnummer:	RW 269

2017 Neipperger Schlossberg Spätburgunder, trocken

Erzeugerland: Deutschland
Best. Anbaugebiet: Württemberg
Erz.-Abfüllung: Weingut des Grafen Neipperg Schlossstraße 12, 74193 Schwaigern
Tel.: 07138 941400, Fax: 4007
Rebsorte: Spätburgunder
Weinbeschreibung: Trockener Spätburgunder mit brillant-komplexer Frucht, 100 % Maischegärung, Barrique-Ausbau, weich, geschmeidig, rund, mit saftiger Tiefe; 13 % vol. alc.
Boden: Schilfsandstein
Trinktemperatur: 16 °C – 18 °C
Passt zu gebratener Lammkeule, Wildgerichten, Wildgeflügel

Optimale Genussreife:	bis 2027
Lagerfähigkeit:	~ 10 Jahre
EKP:	€ 30,00
Kartenpreis:	€ ....
Inventurnummer:	RW 298

Bei optimaler Vorbereitung wird der Weinservice auch für junge Restaurantfachkräfte sicher und problemlos ablaufen können.

Empfehlenswerte Hilfen beim Weinservice sind Temperaturgaranten, die ohne Eis und störendes Wasser die vorhandene Weintemperatur über einen längeren Zeitraum halten, sowie ein Degustierglas und Screwpull-Korkenzieher.

Abb. 1 Temperaturgarant für Schlegelflaschen

Abb. 2 Temperaturgarant für Dekantierkaraffe

Abb. 3 Degustierglas mit Thermometer

Abb. 4 Korkenzieher mit und ohne Kapselschneider

1.4 Kombination von Wein und Speisen

🇬🇧 combination of food and wine
🇫🇷 combinaison (w) des mets (m) et des vins (m)

Wenn man ein gelungenes Zusammenspiel zwischen Weinen und Speisen erzielen möchte, muss man sich nach dem in Wein und Speisen vorkommenden, schmeckbaren Gehalt folgender Inhaltsstoffe richten:

- Alkohol
- Kohlensäure
- Bitterstoffe
- Süße
- Fett
- Säure
- Gewürze
- Salz

Abb. 1 Temperaturgarant aus Ton

Diese einzelnen Stoffe üben bestimmte Einflüsse auf unsere Geschmacks- und Verdauungsorgane aus.

Der **Alkohol** erhöht den Eindruck der Süße, verstärkt die Wirkung von Gewürzen und verhilft zu einer guten Verdauung. Niedriger Alkoholgehalt im Wein lässt die vorhandene Restsüße stärker hervortreten. Durchgegorene Weine ohne Restsüße mit hohem Alkoholgehalt wirken süßer als durchgegorene Weine mit niedrigem Alkoholgehalt.

Bitterstoffe, die sich im Wein – oder durch Rösten, Grillen oder Schmoren in den Speisen – befinden, harmonisieren die Süßempfindung und mäßigen die Säureempfindung. Auch die Bitterstoffe der Edelfäule bei Weinen ab dem Prädikat Auslese harmonisieren die Süßempfindung. Bitterstoffe werden langsamer wahrgenommen, halten aber länger an. Sie sind bekömmlicher in Verbindung mit gerbstoffhaltigeren und alkoholkräftigeren Weinen.

Abb. 2 Weinkühler mit Eis-würfeln und Wasser

Stark **fetthaltige Speisen** sind bekömmlicher mit Weinen, die reich an Säure, Gerbstoff (vor allem in Rotwein) und Alkohol sind.
Besonders diese Weinkomponenten beeinflussen Appetit und Verdauung positiv.

Kräftig **gewürzte Speisen,** z. B. mit Pfeffer, Chili, Curry, schmecken in Verbindung mit alkoholreichen Weinen noch kräftiger. Bei Weinen, die neben hohem Alkoholgehalt auch kräftige Säure haben, ist hier bei etwaiger Kombination Vorsicht geboten.

Kohlensäure im Wein und vor allem im Sekt verdeckt die Süßempfindung teilweise. Zu Speisen getrunken, wirken diese Weine und Schaumweine süßer. Schaumweine der Geschmacksrichtung trocken/brut sind zum Essen besser geeignet als die milden. Ausnahmen bilden hier die Desserts.

Abb. 3 Dekantierkorb mit einer Flasche Rotwein

Salz erhöht die Wahrnehmung der Aroma- und Bitterstoffe in Wein und Speisen. Kochsalz in niedrigen Konzentrationen kann leicht süß schmecken und die Süße, z. B. im Kuchenteig, verfeinern.

Säure bekräftigt die Süße, wie z. B. bei Zitronensaft auf Erdbeeren. Vorübergehend bedeckt Säure auch Bitterkeit. In Verbindung mit säurehaltigen Weinen werden säurehaltige Speisen unbekömmlich und können Sodbrennen verursachen. Fetthaltige Speisen werden jedoch durch eine gute Säure im Wein verdaulicher. Gerbsäure verzögert ("bremst") den Übergang des Alkohols ins Blut.

Abb. 4 Rotwein in einer Dekantier-karaffe

Abb. 1 Menü und Weine zum feierlichen Anlass

Abb. 2 Extraktstoffe in altem Bordeaux-Wein

> Jede Regel hat bekanntlich auch ihre Ausnahmen. Letztendlich ist der Wunsch des Gastes entscheidend!

Abb. 3 Drop-Stop-Ausgießer für Rotwein-Service ohne Flecken

Süße erhöht die Wahrnehmung der Aromastoffe im Wein und ermäßigt den Eindruck von salzig, bitter und sauer. Sehr trocken ausgebaute Weine werden in Verbindung mit Speisen, da diese Salz und Zucker enthalten, als milder und harmonischer empfunden.

Für die **Weinauswahl** zu bestimmten Speisen sind ferner von Bedeutung:
- die Rebsorte,
- deren Kelterungsart,
- das Anbaugebiet,
- die Zusammensetzung des Bodens,
- die Lage (flach oder steil),
- das Mikroklima,
- die Bodenbearbeitung,
- das Alter der Reben,
- der Ertrag pro Hektar,
- der Alkoholgehalt,
- die Geschmacksrichtung (trocken, halbtrocken, lieblich oder süß) und
- die Prädikate (von Kabinett bis zu Eiswein).

Nicht unerwähnt bleiben soll der **Extrakt** des Weins. Je höher der Extrakt (= Stoffe, die im Wein gelöst sind, wie Glyzerin, Säure, Zucker) ist, desto gehaltvoller und runder ist der Wein.

Die optimale Auswahl von Weinen zum Essen unterliegt einer weiteren Anzahl von sonstigen Kriterien, wie
- Tageszeit (mittags oder abends),
- Jahreszeit (Sommer, Winter …),
- Raum-/Außentemperatur,
- Anlass (einfach, feierlich, …),
- Gästekreis (Alter, Weinverständnis),
- Preisrahmen/Preisvorstellung der Gäste/des Gastgebers.

Die Weine sollten möglichst in folgender **Reihenfolge** serviert werden:
- leicht vor kräftig, d. h. alkoholarm vor alkoholreich,
- zart vor würzig,
- trocken vor mild/süß,
- weiß vor rosé und vor rot und
- kühl vor warm.

Ähnlich verhält es sich bei den **Speisen,** wo die Devise gilt:
- zart vor würzig,
- leicht vor kräftig und
- leicht salzig vor mild/süßlich.

(Quelle: DWI-Mainz)

Zu kalten Süßspeisen eignen sich besonders halbtrockene Schaumweine, zu warmen Süßspeisen empfehlen sich auch edelsüße Weißweine (z. B. Auslesen) oder liebliche Dessertweine (z. B. Tokajer, Samos, Muskateller).

Abb. 4 Halbtrockener Schaumwein zur Hochzeitstorte

Weißwein- und Rotwein-Rebsortentabellen

Die folgenden **Weißwein- und Rotwein-Rebsortentabellen** sollen helfen, die verschiedenen Rebsorten mit ihrem jeweiligen Charakter bestimmten **Speisen und Gerichten** zuzuordnen.

Weißweine

Rebsorte	Anbauländer	Farbe	Weincharakter	Speisen
Bacchus	Deutschland	Grüngelb bis hellgelb	Dezentes Muskatbukett, fruchtig, Kümmelaroma, schwarze Johannisbeeren, viel Extrakt	Fischklößchen, geräucherte Forelle, Artischocke warm, Spargelgerichte, Geflügelgerichte, milde Apfeldesserts
Chardonnay Morillon	Deutschland, Österreich, Frankreich, Italien, Spanien, USA und „Neue Welt"	Zitronengelb bis goldgelb	Großes Aromen- und Typen-Spektrum, von stahligem Ernst bis zu tropischer Üppigkeit	Barrique-Chardonnays zu Räucherfisch, Hühnchen und anderes helles Fleisch, asiatische Küche, Festtagsgans
Chenin blanc Steen	Frankreich (Loire) Südafrika USA (Kalifornien) Argentinien	Hellgelb bis zartes Goldgelb	Duftig-leicht bis elegant-komplex Aroma von Apfel, Zitrone, Quitte, Traube	Krustentiere, Garnelencocktail, Fischgerichte, Ziegenkäse
Gewürz-traminer	Deutschland, Frankreich, Italien	Goldgelb	Oft nach Rosen duftende, bukettreiche, fruchtige, würzige Weine	Fettreiche Vorspeisen wie z. B. Gänseleberterrine, würzige, fettreiche Käse, aromatische, fruchtige Desserts
Grau-burgunder = Ruländer Pinot gris Pinot grigio	Deutschland, Frankreich, Italien	Glanzhell bis altgolden	Deutlicher Duft, oft nach Honig, ausdrucksvoller Geschmack, säurearme, aber körper- und extrareiche Weine	Braten von Rind, Schwein, Kaninchen, Teigwarengerichte, reifer Käse, trockene Grauburgunder zu Meeresfrüchten
Grüner Veltliner Veltlini	Österreich, Ungarn, Kroatien	Gelb mit grunen Reflexen	Körper mittelstark, Säure frisch bis komplex, Pfeffer-Aroma, Kräuter	Wiener Schnitzel, Grillhähnchen, Kalbsbraten, Kaninchenbraten
Gutedel Chasselas	Deutschland, Schweiz, Frankreich	Blassgelb	Meistens leicht süffig, mit milder Säure; nach Bierhefe und Bittermandel schmeckend; erdige Note	Geräucherte Forelle, Eiergerichte mit Pilzen, Nudeln mit Tomatensoße, gekochte Lammkeule in Weißweinsauce
Kerner	Deutschland	Hellgelb bis strohgelb	Frische, rassige riesling-ähnliche Weine, fruchtig mit deutlicher Säure, leichtes Muskataroma; erinnern an Eisbonbons/Drops	Braten von Kalb und Schwein, Schnitzelgerichte mit aromatischer Sauce, Spargelgerichte
Morio Muskat	Deutschland	Hellgelb	Bukettbetonte, blumige Weine mit gutem Gehalt; erinnert an Muskatnüsse, Lavendel	Süß-saure Gerichte, z. B. aus der asiatischen Küche, aromatische Speisen, pikante Ragouts

Rebsorte	Anbauländer	Farbe	Weincharakter	Speisen
Müller-Thurgau = Rivaner	Deutschland	Blass bis hellgelb	Eher leichte, blumige Weine mit dezentem Bukett; milde, dezente Säure; zarte Muskatnote, Hefe, Apfel, schwarze Johannisbeeren	Geräucherte Forelle, Fischmousse, kalter Wildsalat, Wildpastete/-terrine, Artischocke, warme Spargelgerichte, Lauchtorte, Nudelgerichte
Muskat = Muskateller Muscat Moscato Moscatel	Deutschland, Österreich, Frankreich, Italien, Spanien	Hellgelb	Bukettreiche Weine mit viel Frucht und Würze, Muskattrauben, Feigen, Holunder, Rosen, Pfirsiche, Walderdbeeren	Gebratene Schweinekeule mit Himbeeressig, Honig-Sauce, asiatische Küche, Apfeltorte mit Vanillesauce, Fruit cake, Pudding
Riesling	Deutschland, Österreich, Frankreich, USA	Blassgelb, auch mit zartem Grünstich	Duft von Pfirsich, Apfel, Aprikose, rassige Säure, gute Lagerfähigkeit, leichter Körper	Zarter Seefisch und fettarmer, gedünsteter Flussfisch mit dezenten Saucen, Hähnchen in Rieslingsauce, Kalbfleisch, Frischkäse
Sauvignon blanc Fumé blanc	Frankreich, Österreich, Italien, Südafrika, Kalifornien, Australien, Neuseeland	Hellgelb bis strohgelb	Ausdrucksvolle, aromatische, oft grasige Weine, Aromen von Stachelbeere, Grapefruit, Litschipflaume	Reichhaltige Fischgerichte, Meeresfrüchte, Krebsessen, leichte Teigwarengerichte, Ziegenkäse
Scheurebe	Deutschland	Hellgelb bis goldgelb	Aromatische Weine mit feinem Bukett, pikant, mit rassiger Säure, Mango-Aroma, schwarze Johannisbeeren	Salat von Krustentieren, Wildterrine, Wildpastete, gebratenes Kalbsbries, Fasan mit Sauerkraut
Sémillon	Frankreich (Bordeaux) Australien Chile	Gelblich bis goldgelb schimmernd	ohne Holz: schlank mit Holz: voll, reich Aroma Zitrone, Apfel, Aprikose, Honig	Seefisch, Geflügel, Kalbfleischgerichte, Roquefort, gebackene Früchte in Bierteig
Silvaner Sylvaner	Deutschland, Frankreich, Schweiz	Blass, fast wasserhell	Sehr verhalten, je nach Boden z.B. erdig geprägt, mild bis feinrassig	Gedünsteter Flussfisch, Huhn, Kalb, Gekochtes vom Rind, milder Schnittkäse
Traminer Roter Traminer	Deutschland, Österreich	Hellgelb bis goldgelb	Fein differenzierte Weine; ab Spätlesen feinster Duft nach Quitten, Rosen und Akazienhonig	Zwiebeltorte, Weichkäse mit gewaschener Rinde, z.B. Limburger, Münster; Desserts mit Kakao und Schokolade
Weißburgunder Pinot blanc Pinot bianco	Deutschland, Frankreich, Italien	Blass bis hellgelb	Feinrassige Säure, dezentes mandelartiges Aroma	Meeresfrüchte, kräftiger Seefisch, Braten von Kalb, Rindfleisch und Jungwild

Rotweine

Rebsorte	Anbauländer	Farbe	Weincharakter	Speisen
Cabernet-Sauvignon	Frankreich, Italien, Spanien (und fast überall auf der Welt)	Dunkelrot	Langlebige, hochklassige Rotweine, Duft nach schwarzer Johannisbeere, Zedernholz, Lakritze; aromatisch, schwer	Gegrilltes und Gebratenes von Rind, Lamm, Haus- und Wildgeflügel, Schmorgerichte mit kräftigen Saucen
Cabernet franc Breton	Frankreich (Bord.) (Loiretal) Italien (Nordost)	Helles Kirschrot manchmal dunkel-kirschig	Frisch-fruchtig bis aromatisch-komplex Aromen Kirsche, rote Johannisbeere, Kräuter	Wurstplatte, Rinder-schmorbraten, Wildragout, pikanter Käse
Dornfelder	Deutschland	Tief rubinrot, dunkelrot	Fruchtiger Charakter mit Aromen von Bittermandel, Brombeere, Sauerkirsche und Holunder	Wildterrine, Wildpastete, gebratenes Wildgeflügel, Wildschweinragout
Gamay	Frankreich, Schweiz	Violettrot	Leicht in Alkoholgehalt und Extrakt, sehr wenig Tannin, viel Fruchtsäure, kellerfrisch und jung zu trinken	Aufschnittplatte, Nudel-gerichte mit gehaltvollen Saucen, Ziegenkäse, Fromage blanc, Edelpilzkäse
Lemberger = Limberger Blaufränkisch Kékfrankos	Deutschland, Österreich, Ungarn	Dunkelrot	Voll, samtig, rote Kirsche und schwarze Johannisbeere; hoher Säure- und Tannin-gehalt	Gebratene Lammkeule, Ente, Gans oder Wachtel mit Rot-weinsauce, Reh- oder Hirsch-braten, Hasenpfeffer, Brie, Camembert
Merlot	Frankreich, Italien, Spanien, „Neue Welt"	Rubinrot	Samtig, vollmundig, besonders pflaumenwürzig, mit süßen, malzigen Tönen	Kräuterwürzige Pasteten, Fasan, Taube, Ente, Gans und Wild, kräftige Schmorgerichte mit Merlot-Rotwein
Nebbiolo	Italien	Hellrot	Tanninreiche, langlebige Weine, Duft von Rosen und Teer; Aromen von Kirsche, Lakritz, Damaszenerpflaume, Backobst, Leder	Pasteten, ital. Salami, luftgetrockneter Schinken, ge-kochtes Fleisch (Bollito misto), herzhafte Schmorgerichte in Barolowein, Hasenpfeffer
Nero d'Avola Calabrese	Italien (Sizilien und Kalabrien)	Dunkles Kirschrot	Körper mittel bis intensiv, reife Säure, Aroma Schwarzkirsche, Pflaume, Pfeffer, Cassis	Gebratenes Steak, gegrilltes Rumpsteak, Rinderschmorbraten, gebratenes Lamm
Portugieser = Blauer Portugieser	Deutschland	Hellrot	Leicht, frisch, feinfruchtig mit leichtem angenehmem Bitterton, rote Johannis-beeren, Erdbeeren, Him-beeren, Pfirsich	Wildterrine, Geflügel-galantine, Nudeln mit Tomatensauce, gebratenes Hähnchen und Wildgeflügel
Samtrot	Deutschland	Dunkelrot	Samtig, mit viel Frucht und Gehalt	Entenleber- und Wildpastete, Wildschweinragout

Rebsorte	Anbauländer	Farbe	Weincharakter	Speisen
Sangiovese	Italien	Kirschrot	Würziger Duft von Waldbeeren, dichte Fruchtfülle mit Kirsche, Maulbeere, Pflaume, Gewürznoten, geschmeidige Tannine	Herzhafte Pastagerichte, gegrilltes T-Bone-Steak, Wild, Leber, Steinpilze, Gerichte mit Tomatensauce, würziger Käse
Sankt Laurent	Österreich, Deutschland, Kroatien, Tschechien	Hagebuttentönig bis leichtes Kirschrot	Leicht bis mittelschwer, frische Säure, Aromen von Weichselkirsche, Himbeere	Rindertatar, Rinderbraten mit Blaukraut
Schwarzriesling = Müllerrebe Pinot meunier	Deutschland, Frankreich	Mittel- bis dunkelrot	Mit viel Frucht und Eleganz, Reinette-Apfel, schwarze Kirschen, eingemachte Beeren und Pflaumen, Rumtopf	Geschmortes Kalbfleisch, kurzgebratenes Rindfleisch, gebratenes Lammfleisch, Wildgeflügel und Wildschwein
Spätburgunder = Blauer Spätburgunder Pinot noir	Deutschland, Frankreich	Hellrot bis dunkelrot	Schönste Frucht und Rasse, samtig, mit feiner Gerbsäure, Himbeeren, Erdbeeren, Brombeeren, Feigen, Kirschen	Geschmorter Schinken, Huhn in Wein, Bœuf bourguignonne, Roastbeef, Grillfleisch, Pilzgerichte, Edelpilzkäse, Brie, Camembert
Syrah Shiraz	Frankreich, Australien	Dunkelrot bis schwarzrot	Tanninstarke Weine mit bittersüßem, würzigem Beerenaroma, Schokolade, Veilchen, Tabak	Geschmortes Lamm, gebratenes Huhn, Truthahn, Perlhuhn, Rindfleischgerichte und Wild, würzige Hartkäse
Tempranillo Tinto Fino Tempranilla	Spanien, Argentinien	Rubinrot bis schwarzrot	Unterschiedliche Säure, runde, reife Tannine; üppiges Aroma, Erdbeere, Himbeere, Brombeere, schwarze Kirschen, Backpflaume, Tabak	Luftgetrocknete oder geräucherte Schinken, Wurst, z. B. Chorizo, Schmorgerichte, gegrilltes Lamm- und Rindfleisch, indische Gerichte, reifer Brie-Käse
Trollinger = Blauer Trollinger Vernatsch = Schiava	Deutschland, Italien	Blassrot bis hellrot	Leicht, frisch, fruchtig, leichter Muskatton, schwarze Johannisbeere, Eisdrops, Kirsche, Rauchton, Bittermandel	Wildsalat, Nudelgerichte mit Tomatensauce, gebratenes Hausgeflügel, Wachtel, Hasenrücken, gegrilltes Kalbfleisch, Brie, Camembert
Zinfandel Primitivo	USA (Kalifornien), Italien	Dunkelrot bis schwarzrot	Üppige Weine mit Aromen von Himbeere, Brombeere, Backpflaume, Dattel, Rosine, Nelke, Pfeffer	Gebratenes, dunkles Hausgeflügel, gegrilltes Lamm-, Rind- und Wildfleisch, gewürzreiche Speisen
Zweigelt Blauer Zweigelt Rotburger	Deutschland, Österreich	Rubinrot	Fruchtiges Bukett, samtiger Körper, dicht, stoffig, Kirsche mit pfeffrigem Kick	Nudel-Schinken-Auflauf, Pilzgerichte, gekochtes Lammfleisch, Grillspieße, Wildgeflügel, Schnittkäse

Mit Worten Appetit auf Wein machen

Gericht vom Fisch: Gedünstetes Chiemsee-Renkenfilet mit Rieslingsauce, Petersilienkartoffeln	Zu diesem leichten Fischgericht empfehlen wir Ihnen einen jungen Rieslingwein der Prädikatsstufe Kabinett aus dem Anbaugebiet Mosel. Es ist ein **2019 Kaseler Nies'chen** aus dem Weingut Reichsgraf von Kesselstatt, Trier.
Gericht vom Kalb: Wiener Schnitzel, Bratkartoffeln, Salatauswahl vom Büfett	Die klassische Empfehlung hierzu wäre ein Weißwein aus Österreich. Wir könnten Ihnen unseren **2018 Mühlpoint, Grüner Veltliner, Federspiel,** aus dem Weingut Leo Alzinger, Unterloiben, Wachau, anbieten.
Gericht vom Rind: Rosa gebratenes Rinderfiletsteak mit Bearner Sauce, Grilltomate, Brokkoli, Streichholzkartoffeln	Als eine ideale Weinempfehlung käme da ein **2017 Burkheimer Feuerberg, Spätburgunder, Spätlese, trocken,** in Frage. Dieser samtige Spitzen-Rotwein ist ein „Großes Gewächs" aus dem Weingut Bercher, Burkheim, aus Baden.
Gericht vom Schwein: Gegrillte Schweinemedaillons mit Kräuterbutter, tournierte Karotten, Kaiserschoten, gebackene Kartoffelplätzchen	Wie wäre es mit einem **2017 Homburger Kallmuth, Silvaner, Spätlese, trocken?** Dieser feinrassige Spitzen-Silvaner stammt aus einer der besten fränkischen Terrassen-Steillagen. Wir beziehen ihn vom Weingut Fürst Löwenstein, Kreuzwertheim, Franken.
Gericht vom Lamm: Gebratene Keule vom Salzwiesen-Lamm mit Rosmarinjus, Ratatouille, Kartoffelgratin	Hierzu sehr zu empfehlen ist der **2017 Fellbacher Lämmler, Lemberger, Spätlese, trocken.** Dieser Top-Rotwein aus dem Weingut Gerhard Aldinger aus Fellbach in Württemberg ist wegen seiner Ausgewogenheit und Finesse bei unseren Gourmetgästen sehr beliebt.
Gericht vom Geflügel: Hühnerfrikassee mit Weißweinsauce, Tomaten-Kräuter-Reis	Wenn ich Ihnen hierfür eine Empfehlung nennen darf: Unser **2017 Chardonnay, Kabinett, trocken,** aus dem Weingut Bergdolt in Duttweiler, Pfalz, würde sehr gut mit dem Frikassee harmonieren!
Gericht vom Wild: Gebratene Rehmedaillons, Hagebutten-Schaumsauce, Rosenkohl, Maronen, Steinpilze, handgeschabte Spätzle vom Brett	Gestatten Sie mir eine Weinempfehlung? Der **2015 CaSaNova,** wie der Name schon sagt, ein Cabernet Sauvignon aus dem Weingut Kreuzberg aus Dernau an der Ahr würde hervorragend zu den Rehmedaillons passen!
Kaltes Dessert: Mango-Halbgefrorenes mit Himbeersauce und exotischen Früchten, Teegebäck	Zu diesem Dessert bestens geeignet wäre ein fruchtiger, halbtrockener Champagner von der Côte des Bar. Es wäre der **Champagne Fleury, Rosé de Saignée.** Mit seiner intensiven Fruchtigkeit ist er ein idealer Begleiter.
Warmes Dessert: Ofenwarme karamellisierte Apfeltarte mit Walnusseis und Vanillesauce	Dazu empfehlen wir sehr gerne den **2018 Kiedricher Gräfenberg, Riesling, Auslese,** vom Weingut Robert Weil aus dem Rheingau. Dieser edelsüße Weißwein vermählt sich ausgezeichnet mit den fruchtigen Apfel- und Karamellaromen dieser Süßspeise.

Sherry-Geschmacksrichtungen

Sherry gibt es in unterschiedlichen Geschmacksrichtungen, von sehr trocken bis sehr süß.

Auf den Flaschenetiketten der verschiedenen Sherry-Markenhersteller kann man folgende Bezeichnungen lesen, die einem weiterhelfen:

Bezeichnung	Farbe und Geschmack
Manzanilla	• sehr hell, gelbweiß • sehr trocken, leicht salzig
Fino ①	• hell bis hellgold • trocken, wenig Säure • feines Mandelaroma
Amontillado ②	• bernsteinfarben • halbtrocken • mit feinem vollem Aroma
Oloroso	• dunkelgold • trocken bis halbsüß • mit feinem Nussaroma
Cream ③	• dunkel und dickflüssig • süß, lieblich und mild

Abb. 1 Sherry-Likörweine

Sherryservice

Sherry wird im speziellen Sherryglas (Copita) oder im Likörweinglas mit 5 cl serviert.

Als Aperitif, gekühlt mit 8 °C werden angeboten: **Manzanillas**, **Finos** und **Amontillados**.

Als Digestif temperiert mit 16 °C bis 18 °C, werden angeboten: **Olorosos** und **Cream Sherries**.

---

② Likörwein

🇬🇧 dessert wine ⬤ vin (m) à dessert

Zu diesen Getränken wurden unter dem Stichwort Likörwein im Kapitel Getränke (s. S. 315) wichtige Informationen gegeben. An dieser Stelle sollen einige Ergänzungen zu den Likörweinen Sherry und Portwein ausgeführt werden.

Sherry

Das Produkt kommt aus der spanischen Provinz Andalusien, rund um die Stadt Jérez de la Frontera. Kreidehaltige Böden und salzige Luft prägen die Qualität und das besondere Aroma der weißen Trauben. Die Hauptrebsorten sind Palomino, Pedro Ximénez und Moscatel. Palomino liefert den Basiswein, die anderen dienen zur Süßung.

Herstellung

Die Trauben werden einige Stunden auf Matten in der Sonne getrocknet. Nach dem Sortieren folgt das Keltern. Der Traubensaft wird zu trockenem Weißwein vergoren. Die Gärung wird in Eichenholz-Fässern durchgeführt. Dabei bildet sich auf dem gärenden Most eine dünne Florhefe-Schicht. Nach ca. 10 Monaten prüft der Kellermeister den „Ur-Sherry" in Bezug auf Farbe, Geruch und Florhefe-Beschaffenheit. Er entscheidet dabei über die weitere Verwendung, ob als **Fino** oder als **Oloroso**. Beide Varianten werden mit Weingeist verstärkt und in Eichenholz-Fässer abgefüllt. Dort findet der eigentliche Reifeprozess statt. Bei den Finos entwickelt sich die Florhefeschicht auf dem Wein weiter, und der Wein kann darunter luftgeschützt reifen (biologische Reifung). Die künftigen Olorosos werden erneut aufgespritet, um eine weitere Hefebildung zu verhindern. Diese Weine verbinden sich mit dem Luft-Sauerstoff im Fass (oxidative Reifung).

Solera-System

Das Solera-System ist eine Besonderheit bei der Sherry-Herstellung. In mindestens drei übereinander gelagerten Fassreihen reift Sherry des gleichen Typs in unterschiedlichen Reifestadien heran. In der untersten Fassreihe lagert der älteste Sherry, darüber der zweitälteste und ganz oben der jüngste Sherry. Der Kellermeister entnimmt regelmäßig aus Fässern der untersten Reihe bis zu einem Drittel des Volumens trinkfertigen, gereiften Sherry, der dann auf Flaschen abgefüllt wird. Die Fässer werden aus der nächsthöheren (2.) Reihe mit jüngerem Sherry wieder aufgefüllt. Das Gleiche geschieht dann mit diesen Fässern mit noch jüngerem Sherry aus der 3. Reihe – und so weiter. Das Solera-System gewährleistet, dass die Eigenschaften der älteren Sherrys auf die jüngeren Sherrys übertragen werden. Somit bleiben Qualität und Typ eines Markenprodukts weitestgehend gleich. Die Reifezeit beträgt bei Sherry mindestens 3 Jahre, Nobelmarken reifen länger.

Die beiden Sherry-Grundtypen

Die helleren **Finos**: Sie werden unter Flor, einer Oberflächenhefe, vergoren. Dazu gehören: Manzanilla, Pale Cream, Amontillado.

Die **Olorosos** sowie Creams: Sie reifen mit Sauerstoff-Kontakt.

Portwein

Dieser portugiesische Likörwein ist geschmacklich vielfältig und eignet sich sowohl als Aperitif als auch als Digestif. Portwein ist meistens von roter Farbe – es gibt ihn auch weiß – und er schmeckt mehr oder weniger süß. Er ist ein schwerer, berauschender Wein mit 19–22 % vol. alc.

Portwein wird nach strengen Regeln des staatlichen Portwein-Instituts hergestellt, d. h. gekeltert, in Fässern ausgebaut, unter Zoll-Verschluss zentral gelagert und kontrolliert für den Verkauf freigegeben.

Herstellung

Zur Herstellung von Portwein sind 48 von den über 100 verschiedenen Rebsorten zugelassen, die an den steilen, terrassierten Schieferhängen des oberen Douro-Tals wachsen. Die meisten der Rebsorten sind rote, es werden aber auch weiße angebaut. Das Klima ist im Sommer sehr heiß und im Winter eisig kalt. So können dort süße, würzige Trauben geerntet werden.

Die Trauben-Maische wird nur kurzzeitig vergoren. Bereits nach 1–2 Tagen gibt man Weinbrand mit 77 % vol. alc. in die Maische, um die Gärung zu stoppen. Die Hefen beenden ihre Gärtätigkeit und somit bleibt dem jungen Portwein eine natürliche Restsüße erhalten. Diese beträgt zwischen 40 g/l und 60 g/l.

Im Frühjahr wird der Wein nach Porto gefahren, dort in Holzfässer (520 Liter-„pipes") gefüllt und zur Reifung eingelagert. Die vorgeschriebene Mindest-Reifedauer im Holzfass beträgt 2 Jahre. Nach der Flaschen-Abfüllung lagern bestimmte hochwertige Portweine noch 20 Jahre, einige wenige sogar 40 Jahre, bevor sie verkauft werden. Während der Fassreifung verändert Portwein seine Farbe. Rote Portweine werden heller, die aus weißen Trauben werden dunkler.

Um gleichbleibende Qualitäten zu erzielen, werden meistens Portweine verschiedener Jahrgänge und Lagen vermischt (= Blended Ports).

Portwein-Stile

Blended Ports sind ausschließlich im Fass gereift.

- Branco Palha   (trocken, strohfarben)
- White   (halbsüß, goldfarben)
- Light Tawny   (nicht süß, aromatisch, hellfarben)
- Tawny   (halbtrocken, mahagonibraun)
- Ruby   (süß, dunkelrubinrot)
- Red   (vollsüß, dunkelrot)

Vintage Port, nur aus einem sehr guten Jahrgang, nach der Fasslagerung zusätzlich lange – z. B. 20 Jahre – in der Flasche gereift. Er bildet Depot in der Flasche und sollte dekantiert werden.

Late Bottled Vintage, aus einem guten Jahrgang. Er war länger im Fass und reifte kürzer in der Flasche als sein großer Bruder, der Vintage Port.

Colheita, ein Jahrgangs-Portwein mit siebenjähriger Fasslagerung.

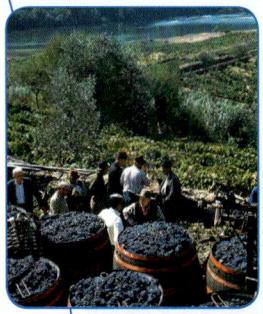

Abb. 1 Traubenernte im Douro-Tal

Abb. 2 „Pipes" in der Lagerhalle/Bodega

Portwein-Service

Roter Portwein wird mit 18 °C serviert, weißer Portwein gekühlt mit 8 °C. Als Gläser eignen sich am besten kleine, kugelförmige Likörwein-Gläser, um Duftstoffe zu konzentrieren. Bei glasweisem Ausschank sollten die Gläser einen Füllstrich von 5 cl aufweisen.

Portwein passt bestens zu Blauschimmel-Käse, zu Süßspeisen, Gebäck und frischen Früchten.

Abb. 3 Stilton-Käse und Portwein

Abb. 4 Schaufenster mit Portwein

③ Schaumwein – Champagner

 sparkling wine – champagne 🇫🇷 vin mousseux – champagne (m)

Schaumwein ist der Oberbegriff für ein Weinerzeugnis mit natürlich gebildeter Kohlensäure. Der Kohlensäuregehalt bewirkt beim Öffnen der Flasche das Schäumen (Moussieren) und verleiht dem Getränk einen prickelnden, erfrischenden Charakter. Neben den Produkten Schaumwein und Sekt (s. S. 320) gibt es den französischen Champagner.

Champagner

Er unterliegt strengen gesetzlichen Vorschriften:

- Ist der Gattungsname für Schaumweine aus dem eng begrenzten Gebiet der Champagne,
- zu seiner Herstellung sind nur drei Rebsorten zugelassen:
  - **Pinot noir** (Spätburgunder) – rote Trauben,
  - **Pinot meunier** (Schwarzriesling) – rote Trauben und
  - **Chardonnay** – weiße Trauben,
- außerdem ist die **méthode champenoise** (Flaschengärung) bei der Herstellung vorgeschrieben.

Bei der Flaschengärung ist es notwendig, dass die Champagner-Flaschen durch Drehung in eine zunehmend steilere Position gebracht werden, damit sich die Hefe im Flaschenhals sammelt. Dies geschieht entweder von Hand oder durch eine elektrisch betriebene Rüttelanlage.

Besondere Champagnerbezeichnungen

- **Blanc de blancs:** Wird nur aus weißen Chardonnay-Trauben gekeltert.
- **Blanc de noirs:** Wird nur aus dunklen Trauben von Pinot noir und/oder Pinot meunier gekeltert.
- **Champagne Crémant:** Ist ein Champagner mit weniger Kohlensäure bzw. mit geringerem Mousseux.
- **Champagne Rosé:** Wird meistens aus einer Mischung von roten und weißen Weinen hergestellt, selten aus roten Trauben.
- **Champagne millésimé** (oder **Millésime**): Ist ein Jahrgangs-Champagner, aus der Ernte nur eines sehr guten Jahrgangs.

Champagner ohne Jahrgangsangabe sollte innerhalb eines Jahres ab Einkauf verbraucht werden, also nicht länger gelagert werden.

Champagner-Geschmacksangaben

Dosagestufen (nach EU-Verordnung, gültig ab 1. Aug. 2009, in Gramm Zucker pro Liter, dabei wurde ein Toleranzwert von 3 g/l eingeräumt):

- **Brut nature:**   enthält unter 3 g/l Zucker
- **Extra brut:**   enthält 0 – 6 g/l Zucker
- **Brut:**   enthält unter 12 g/l Zucker
- **Extra-Dry:**   enthält 12 – 17 g/l Zucker
- **Sec:**   enthält 17 – 32 g/l Zucker
- **Demi-sec:**   enthält 32 – 50 g/l Zucker
- **Doux:**   enthält über 50 g/l Zucker

Abb. 1 Rütteln per Hand

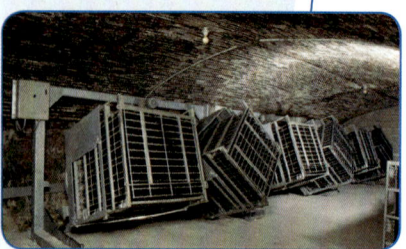

Abb. 2 Gyropaletten einer Rüttelanlage

Abb. 3 Original Champagner-Gläser

Die ideale Serviertemperatur liegt zwischen 6 °C und 9 °C. Bei kühleren Temperaturen würden sowohl die feine Perlage (die Kohlensäure im Glas) als auch der Geschmack leiden.

Trockenen Champagner serviert man gerne zu kalten Vorspeisen wie Kaviar, frischen Austern, Hummer und auch gerne zu kalten Desserts. Zu warmen Desserts passt ein halbtrockener, lieblicher oder süßer Schaumwein.

4 Spirituosen

🇬🇧 spirits – liqueurs 🇫🇷 spiritueux (m)

In führenden Restaurants werden den Gästen sowohl Aperitifs als auch Digestifs mithilfe eines Servierwagens – direkt am Tisch – angeboten. Der Vorteil dabei ist:

Wenn Gäste die Getränkeflaschen sehen können, werden oftmals Wünsche geweckt. Den Service-Mitarbeitern fällt es dann leichter zu verkaufen und Zusatz-Umsätze zu generieren.

Servierwagen-Angebot

Auf einem **Aperitif-Wagen** werden meistens angeboten:

- **Schaumweine,** z. B. Sekt, Champagner, Prosecco, Cava
- **Likörweine** (trocken), z. B. Fino-Sherry, weißer Portwein
- **Spirituosen-Auswahl,** z. B. Vermouths, Campari, Aperol

Zusätzlich ist der Wagen bestückt mit: passenden Gläsern, Messgläsern, Thermobox mit Eiswürfeln, Früchtegarnituren (z. B. Zitronen- und Orangenscheiben) und Sodawasser (zum Verdünnen).

Auf einem **Digestif-Wagen** kann man als Auswahl anbieten:

- **Brände,** z. B. Weinbrand, Cognac, Armagnac, Brandy, Whisk(e)y, Obstbrand, Kirschwasser, Himbeergeist, Calvados
- **aromatisierte Spirituosen,** z. B. Genever, Aquavit,
- **Likörweine** (süß), z. B. Cream Sherry, Vintage Portwein
- **Liköre,** z. B. Peter Heering, Grand Marnier, Amaretto

Auch hierbei ist der Wagen mit zusätzlichem Bedarf bestückt: mit passenden Gläsern, Messgläsern, Thermobox mit Eiswürfeln.

Die **Ausschankmengen** lauten bei diesen Getränken:

- 2 cl für Brände, Geiste, aromatisierte Spirituosen,
- 4 cl für alle Whiskies und
- 5 cl für alle Likörweine, Vermouths, Bitters,
- 10 cl (= 0,1 l) für Schaumweine im glasweisen Ausschank.

Service-Empfehlungen

Die Spirituose sollte nur dann direkt in das entsprechende Glas gegossen werden, wenn es mit einem Füllstrich (z. B. 2 cl) versehen ist. Ansonsten muss die Ausschankmenge mithilfe eines Messglases oder Jiggers abgemessen werden. Gleiches gilt bei den hochpreisigen Produkten.

Eiswürfel sollten nur dann in ein Getränk gegeben werden, wenn es der Gast so wünscht. Im Zweifelsfall nachfragen. Dann sollte man vorsichtig und hygienisch arbeiten, z. B. mit einer Eiszange, und Spritzer vermeiden.

In Spitzen-Restaurants wird den Gästen auch Hochkarätiges angeboten. Im Digestif-Bereich könnten dazu alte Cognacs, Jahrgangs-Armagnacs sowie Vintage Ports zählen. Solche Produkte haben hohe Verkaufspreise. Eine mitgereichte **Digestif-Karte** kann helfen, den Gästen Klarheit über das Preisniveau zu verschaffen und böse Überraschungen zu vermeiden.

„Zum Abschluss des schönen Wildmenüs möchte ich es nicht versäumen, Sie, liebe Gäste, auf unseren **Schlehengenuss** hinzuweisen. Dieses Getränk entstammt unserer Region und wir bieten es als klaren Schnaps oder als lieblichen Likör gerne nach dem Essen an.

Abb. 1 Spirituosenwagen im Restaurant

Beim **Abmessen der Ausschankmengen** sollte die Restaurantfachkraft immer darauf achten, dass der Gast direkt zusehen kann – seine Sicht darf nicht verdeckt sein.

Abb. 1 Ugni Blanc-Trauben, erntereif

Abb. 2 Charentaiser-Brenn-anlage in Cognac

Abb. 3 Fasslager der Fa. Delamain, Jarnac, Charente

Abb. 4 Cognac-Schwenker

Service

Cognac wird mit 2 cl abgemessen, im bauchigen Cognac-Schwenker oder im Spezialglas des Herstellers serviert und mit der Ausschank-Temperatur von 18 °C genossen.

Cognac

Das gesetzlich begrenzte Wein-Anbaugebiet Cognac liegt im Südwesten Frankreichs, größtenteils im Verwaltungsbezirk Charente. Die Nähe zum Atlantik im Westen, sorgt für ein gemäßigt maritimes Klima. Auf den Lehm-Kalkstein-Böden mit hohem Kreideanteil wird hauptsächlich die weiße Rebsorte Ugni Blanc angebaut, manchmal auch noch Folle Blanche und Colombard. Die bestockte Rebfläche beträgt knapp 80.000 ha (Zahl 2005). Etwa 95 % des Leseguts sind für die Cognac-Herstellung bestimmt.

Lagen-Bezeichnungen

Ausgehend von den Bodenverhältnissen hat der Gesetzgeber die Region Cognac in 6 Lagen („Crus") aufgeteilt, auf die sich die folgenden Herkunftsbezeichnungen beziehen:

- Die Champagnes: „**Grande Champagne**" und „**Petite Champagne**", sie stehen für die besten Qualitäten,
- die **Borderies**-Lage,
- die Bois-Lagen: „**Fins Bois**", „**Bons Bois**", „**Bois Ordinaires**".

Fine Champagne

Oftmals kann man den Begriff „Fine Champagne" auf Cognac-Etiketten lesen. Dies steht nicht für eine Lage, sondern ist die Herkunftsbezeichnung (AOC) für Cognacs aus Destillaten der Grande Champagne (Anteil ≥ 50 %) und der Petite Champagne. Kenner bevorzugen diese Produkte.

Cognac-Herstellung

Nach der Lese und dem Keltern wird der Traubenmost – ohne Zuckerzusatz – vergoren. Es entsteht ein leichter, säurebetonter Weißwein. Dieser wird zweimal in der Brennblase destilliert. Dabei trennt der Brennmeister unerwünschte Inhaltsstoffe ab und sammelt das glasklare Herzstück/den Mittellauf des Destillats für die weitere Lagerung in Eichenfässern. Darin reift Cognac mehrere Jahre und erhält die typische Farbe, den Geschmack und das Bukett. Um Fassunterschiede auszugleichen und um ein bestimmtes Marken-Geschmacksprofil zu erreichen, werden Destillate verschiedenen Alters und unterschiedlicher Lagen verschnitten. Nach weiterer Fasslagerung wird der vorgeschriebene Alkoholgehalt von 40 % vol. durch Zugabe von destilliertem/entmineralisiertem Wasser erzielt.

Altersbezeichnungen

Sie beziehen sich auf das Alter des jüngsten Branntweins, der bei der Komposition des Cognacs verwendet wurde. Fertiger Cognac muss mindestens zwei Jahre in Eichenfässern („2 Fassjahre") gelagert worden sein. Einmal in Flaschen abgefüllt, ist sein Reifungsprozess abgeschlossen. Zu den am häufigsten verwendeten Bezeichnungen zählen:

- **V.S.** (Very Special) oder *** * *** (3 Sterne): Cognac, dessen jüngstes Destillat mindestens 2 Jahre alt ist.
- **V.S.O.P.** (Very Superior Old Pale), **Réserve**: Cognac, dessen jüngstes Destillat mindestens 4 Jahre alt ist.
- **Napoléon, X.O., Age d'Or**: Cognac, dessen jüngstes Destillat mindestens 6 Jahre alt ist.

Whisk(e)y

Vereinfacht gesagt ist Whisk(e)y eine aus Getreide durch alkoholische Gärung und Destillation gewonnene Spirituose, die jahrelang in Holzfässern gelagert wird. Die EU-Gesetze schreiben für die Whiskey-Herstellung in den EU-Mitgliedsländern u. a. vor:

- Das Destillat muss aus Getreidemalzmaische gewonnen werden,
- die Lagerdauer muss mindestens 3 Jahre im Holzfass betragen,
- die maximale Fassgröße darf 700 l nicht überschreiten und
- der tatsächliche Mindestalkoholgehalt ist 40 % vol.

Rohstoffe

- **Getreide:** meist Gerste (engl. barley) auch Roggen (rye), Weizen (wheat) und Mais (corn)
- **Wasser:** von Bedeutung sind der Mineralgehalt, Torfgehalt, Härtegrad und Gehalt an Mikroorganismen
- **Hefe:** meistens wird Reinzuchthefe verwendet

Abb. 1 Mälzen auf der Tenne der Bowmore Distillery, Isle of Islay

Herstellung

Mälzen des Getreides (Ausnahme: Mais wird gekocht) auf Tennen bis zur Keimung (= Grünmalz), Darren mit heißer Luft oder mit heißem Rauch, Schroten (= Mahlen) des Darrmalzes, Maischen mit heißem Wasser, Gären der Würze mit Hefe, zweifaches Destillieren in Kupfer-Brennblasen, mehrjähriges Lagern in Eichenfässern, Verdünnen auf Trinkstärke mit destilliertem Wasser, Abfüllen auf Flaschen, Etikettieren, Verpacken, Versand

Abb. 2 Zweifaches Destillieren in kupfernen Brennblasen der Glenfiddich Distillery, Dufftown

Unterscheidung nach der Getreideart

- **Grain** Whisk(e)y bezeichnet Destillate, die aus Weizen, ungemälzter Gerste und Hafer (in Europa) und/oder Roggen (in Kanada und den USA) und/oder Mais (USA) hergestellt werden.
- **Blended Whiskys** (Blends) sind Mischungen verschiedener Destillate und Whiskys. Dazu zählen die meisten gängigen Marken-Whiskys.
- **Rye Whiskey** hat einen Roggen-Anteil von ≥ 51 %.
- **Bourbon-Whiskey** hat einen Mais-Anteil von ≥ 51 %.
- **Corn Whiskey** hat einen Mais-Anteil von ≥ 80 %.
- **Malt Whisky,** ausschließlich aus gemälzter Gerste hergestellt.
- **Single Malt Whisky,** unverschnitten, Malzmaische aus einer Gerstensorte.

Unterscheidung nach dem Herstellerland

Whisk(e)y wird weltweit in vielen Ländern produziert. Die 4 wichtigsten Herstellerländer und ihre Besonderheiten sind:

- **Scotch Whisky:** Aus einer schottischen Destillerie, das Malz wird vorwiegend über Torffeuer gedarrt, daher zumeist mit rauchigem Geschmack, zweifach destilliert
- **Irish Whiskey:** Aus einer irischen Destillerie, das Malz wird über heißer Luft gedarrt, milder Geschmack, dreifach destilliert
- **Canadian Whisky:** Aus einer kanadischen Destillerie, die Getreidemalzmaische kann enthalten: Mais, Roggen, Gerste, Weizen; die Mindestlagerzeit im Holzfass beträgt 4 Jahre.
- **American Whiskey:** Aus einer amerikanischen Destillerie, dazu zählen die Bourbon-, Rye-, Corn- und Tennessee-Whiskeys.

Service

In internationalen Hotels ist das Ausschankmaß von 4 cl üblich. Die empfohlene Ausschanktemperatur lautet 18 °C. Wenn ein Gast einen doppelten Whisky (= 8 cl!) bestellt, fragen Sie bitte nach. Das richtige Trinkglas ist der Whisky-Tumbler. Fragen Sie den Gast, wie er seinen Whisk(e)y haben möchte: Ob pur, ob ohne oder mit Eiswürfeln („on the rocks"), ob mit Leitungswasser (in einer Karaffe) oder mit Sodawasser?

Abb. 3
Bestellung:
1 Scotch on the rocks

1 Wie heißen die 13 bestimmten Weinanbaugebiete Deutschlands?

2 Nennen Sie 10 Beispiele für gesetzlich vorgeschriebene/obligatorische Angaben auf Weinflaschen-Etiketten, bei Deutschem Landwein wie auch bei Deutschem Qualitätswein b. A.

3 Geben Sie 7 Beispiele für „zulässige Angaben unter bestimmten Voraussetzungen", auf dem gleichem Etikett oder einem Zusatzetikett von deutschen Weinen.

4 Welche 4 Geschmacksangaben sind auf Wein-Etiketten erlaubt, um die Restsüße des Weins zu beschreiben?

5 Beschreiben Sie, bei welchen Lager-Bedingungen Flaschenweine gelagert werden sollten, für die eine längere Reifezeit in der Flasche vorgesehen ist.

6 Welche Wein-Inhaltsstoffe benötigen eine längere Lagerzeit, um sich teilweise abzubauen und dann den Wein harmonischer und runder schmecken zu lassen?

7 Wie lautet die empfohlene Probier-Reihenfolge, wenn Sie bei einer Weinprobe Ihren Gästen drei verschiedene Weinarten (Roséwein, Rotwein und Weißwein) vorstellen sollen?

8 Welche 3 Prüfkriterien sollten in kurzen Weinbeschreibungen mindestens enthalten sein?

9 Ein Gast bittet Sie, einen passenden Wein zu einem gewählten Gericht zu empfehlen. Wonach richten Sie sich bei Ihrer Empfehlung?

10 Erklären Sie, warum die meisten großen Rotweine in Barrique-Fässern ausgebaut werden.

11 Der VDP hat ab dem Jahrgang 2012 eine Weiterentwicklung seiner verbandsinternen Klassifizierung beschlossen. Wie lauten die 4 Stufen der neuen Klassifikationspyramide des VDP?

12 Nennen Sie 15 Informationen, die auf einer „Wein-Karteikarte für den Sommelier" stehen sollten.

13 Beschreiben Sie den allgemeinen Weincharakter von Riesling-Weinen und von Spätburgunder-Weinen.

14 Suchen Sie aus den Wein-Rebsorten-Tabellen (ab S. 613 f.) Beispiele von Rebsorten heraus, die zu Lammgerichten geeignet sind.

15 Nennen Sie die 2 Sherry-Grundtypen mit ihren Fachbezeichnungen.

16 Welche Sherrys werden als Aperitif angeboten? Nennen Sie die empfohlene Ausschank-Temperatur.

17 Wie lautet die richtige Ausschankmenge für Likörweine?

18 Was zeichnet Vintage-Portweine aus und macht sie so teuer?

19 Auf einem Champagner-Flaschenetikett steht Brut. Wieviel Restsüße in g/l ist für diesen Schaumwein maximal erlaubt?

20 Was unterscheidet „Blanc-de-blancs-Champagner" von „normalem" Champagner?

21 Erklären Sie dem Gast, was ein „Champagne Crémant" ist.

22 Wie lautet die ideale Serviertemperatur-Bandbreite für Champagner?

23 Sie sollen eine „Aperitif-Auswahl vom Wagen" vorschlagen. Welche 3 Getränkegruppen wählen Sie?

24 Sie sollen eine „Digestif-Auswahl vom Wagen" vorbereiten. Welche 4 Getränkegruppen wählen Sie?

25 Nennen Sie die korrekten Ausschankmengen im Spirituosenbereich.

26 Wie viele Jahre muss ein Cognac, der die Bezeichnung „Napoléon" trägt, mindestens im Eichenfass gelagert worden sein?

27 Ein Gast wünscht eine „Fine Champagne". Welches Getränk bieten Sie an?

❺ Bar

🇬🇧 bar 🇫🇷 bar (m)

Die Hotel-Bar ist ein ebenso wichtiger Kommunikationsbereich für unsere Gäste wie auch ein Umsatzfaktor für den Betrieb. Man trifft sich zur „Happyhour" vor dem Abendessen, um zu plaudern und einen Drink einzunehmen, der zugleich Aperitif sein kann. Später, nach dem Essen oder nach einer Veranstaltung, wird die Bar wieder aufgesucht, um den Abend ausklingen zu lassen.

Zum Grundwissen, mit dem jede Restaurant-Fachkraft vertraut sein muss, gehören Kenntnisse:
- der Arbeitsgeräte,
- der Zutaten und Maßeinheiten,
- der Arbeitstechniken,
- von Grundrezepten.

Abb. 1 Geräte der Bar:
① Messzylinder, ② Hamilton-Beach-Mixer, ③ Eiswürfelbehälter, ④ Früchtekorb, ⑤ Rührglas, ⑥ Shaker, ⑦ Mixer, ⑧ Saftpresse

5.1 Arbeitsgeräte 🇬🇧 equipment 🇫🇷 appareils (m) de travail

Schüttelbecher (shaker)
Er besteht aus zwei oder drei Teilen. Der Dreiteilige hat einen Siebeinsatz für Mixgetränke, deren Zutaten geschüttelt werden.

Barsieb (strainer)
Zum Abseihen der Mixgetränke.

Spritzflasche (dashbottle)
Zur Dosierung von Spritzern (dashes) hochkonzentrierter, häufig bitterer Flüssigkeiten (z. B. Angostura).

Rührglas (mixing glass)
Für Mixgetränke, deren Zutaten durch Rühren gemischt werden.

Boston shaker
Rührglas wird mit dem Metallbecher zum Boston-Shaker zusammengesteckt.

Roheisbehälter (ice bucket)
mit Siebeinsatz
Zum Vorrätighalten von Eiswürfeln; Schmelzwasser kann sich unter dem Sieb sammeln.

Eiszange (ice pincer)
Zum Entnehmen der Eiswürfel.

Messbecher (jigger)
Zum Abmessen von 2 cl oder 4 cl einer Flüssigkeit.

Barlöffel (bar spoon)
Langstieliger Löffel zum Rühren im Mixglas.

Barmesser (bar knife)
Zum Schneiden von Früchten und Richten von Garnituren.

Abb. 1 Bargläser

Weitere Arbeitsutensilien sind:

Fruchtsaftpresse, Barzange, Eisschaufel, elektrischer Mixer, Holzsqueezer, Hamilton-Beach-Mixer, Schneidebrett, Untersetzer, Messzylinder und schöne, fachgerechte Bargläser.

Maßeinheiten der Bar

1 Barlöffel (BL) ≙ 0,25 cl

1 Dash (d = $\frac{1}{5}$ Barlöffel)

≙ 0,05 cl

1 Spirituosenmenge = 2 cl

1 Whisky = 4 cl

1 Likörweinmenge = 5 cl

5.2 Zutaten und Maßeinheiten

🇬🇧 ingredients and units of measure

🇫🇷 ingrédients (m) et des unités (w) de mesurage

Die Zutaten sind von sehr unterschiedlicher Art und geschmacklich stark ausgeprägt. Die folgende Aufstellung gibt einen Überblick:

Alkoholische Zutaten

- Campari
- Zuckerrohrschnaps
- Cognac/Weinbrand
- Vermouth
- Gin
- Whisky/Whiskey
- Rum
- Wodka
- Liköre

Aromatische Zutaten

- Angosturabitter und andere Bitter
- Zitronen-/Limettensaft
- Liköre wie z. B. Maraschino, Cointreau, Curaçao, Crème de Cacao
- Sirupe wie z. B. Läuterzucker, Grenadine, Kokosnuss, Mandel, Pfefferminze, Ananas

Füllende Zutaten

- Fruchtsäfte
- Schaumwein
- Wein
- Portwein, Sherry
- Wasser
- Sodawasser
- Limonaden
- Milch/Sahne
- Tomatensaft

Garnituren (s. S. 630/631)

- Oliven
- Orangen
- Limetten
- Zitronen
- Cocktailkirschen
- Früchtespieße
- Beerenfrüchte
- Exotische Früchte
- Zitronenmelisse
- Minze-Blätter
- Zuckerrand
- Geriebene Muskatnuss

Zur Kühlung der Bargeräte und Bargetränke wird Eis in verschiedenen Zustandsformen gebraucht:

- **Eiswürfel:** Man verwendet sie bei der Herstellung von Cocktails, wobei sie zusammen mit den Zutaten gerührt oder geschüttelt und dann abgeseiht werden.
- **Gestoßenes Eis (crushed ice):** In dieser Form verwendet man das Eis bei Longdrinks. Dabei wird die gemixte „Basis" über das Eis im Glas gegossen und dann mit füllenden Zutaten aufgefüllt.

5.3 Arbeitstechniken

🇬🇧 techniques of preparation 🇫🇷 techniques (w) de travail

Die grundsätzlichen **Herstellungsmethoden** für Mixgetränke sind:

- Rühren im Rührglas
- Schütteln im Shaker
- Bauen oder Anrichten im Trinkglas (s. S. 628)

Herstellen von Cocktails durch Rühren im Rührglas

Anwendung bei Zutaten, die sich leicht mischen lassen. Mit dem Barlöffel 10 bis 20
Sekunden auf Eis vom Gefäßboden nach oben rühren.

Eiswürfel in Rührglas und Cocktail-
schale

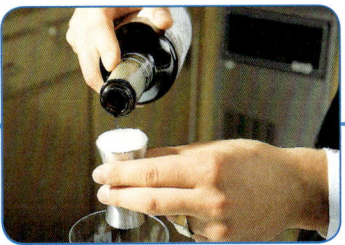

Schmelzwasser aus Rührglas
abgießen und Zutaten abmessen

Spritzer Angostura zugeben

Cocktail rühren

Cocktail mittels Verwendung eines
Strainers ins Glas seihen

Garnitur an den Glasrand anbringen

Herstellen von Cocktails durch Schütteln im Shaker

Es ist unerlässlich bei Flüssigkeiten, die sich nur schwer mit anderen Zutaten mischen lassen,
wie z. B. Liköre, Sirups, Sahne, Eigelb oder Eiweiß. Der Shaker wird dabei in Längsrichtung mit beiden Händen umfasst
und waagrecht in Schulterhöhe kräftig hin und her bewegt.

Eiswürfel in Shaker geben

Glas mit Eiswürfeln vorkühlen

Zutaten abmessen

Typische Shakerhaltung

Cocktail ins Glas seihen

Garnitur anbringen

Abb. 1 a + b Pousse Café

Abb. 2 Cobbler

Abb. 3 Caipirinha

Bauen oder Anrichten im Trinkglas

Dies bedeutet, dass die Zutaten mit unterschiedlichen Konsistenzen direkt in einem Glas angerichtet werden. In einem schlanken Pousse-café-Glas werden Getränke so aufeinander gegossen, dass dabei bunte Schichten im Glas entstehen.

Abspritzen

Ein kleines Stück Schale einer ungespritzten Zitrone, Limette oder Orange wird über dem Mixgetränke zusammengedrückt. Mit der Dashbottle wird tropfenweise ein Getränk aromatisiert.

Abseihen (s. Seite 627)

Dazu wird das Barsieb mit der Spirale nach innen in die Öffnung des Rührglases oder des Shakers eingesetzt, festgehalten, und der Inhalt wird in ein Cocktailglas umgegossen. Eis- und Fruchtstücke bleiben zurück.

Mixgetränke unterscheiden sich nach Menge und Zeitpunkt des Service:

- **Short Drinks 6 cl**
  Kleine Mengen mit hoher Konzentration des Alkohols und der Geschmacksstoffe. Am bekanntesten sind die Cocktails.

- **Long Drinks 0,1 l–0,25 l**
  Größere Mengen, wobei die Alkoholkonzentration durch füllende Zutaten geschmacklich abgeschwächt wird, z. B. Sours, Fizzes, Cobblers, Collinses.

- **Before-Dinner Drinks/Aperitifs**
  Trockene, eher bittere oder säuerliche Zutaten mit appetitanregender Wirkung, z. B. Martini-Cocktail.

- **After-Dinner Drinks/Digestifs**
  Zum harmonischen Ausklang des Essens sind auch aromastarke und süße Zutaten geeignet.

Grundlegende Arten der Mixgetränke

- **Cobblers**
  Cobblers sind besonders erfrischende Long Drinks. Die Basis ist Likörwein, Sekt oder Soda mit etwas Likör. Sie werden mit gestoßenem Eis in der Sektschale oder in einem Cobblerglas angerichtet, mit Früchten garniert, mit der Basis übergossen, mit Trinkhalm und Barlöffel serviert.

- **Fizzes**
  Diese beliebten Getränke gehören zur Gruppe der Long Drinks. Die Zutaten Zitronensaft, Zucker sowie die Spirituosen werden im Shaker kräftig geschüttelt, bis er beschlägt. Im Tumbler mit Sodawasser auffüllen und mit Strohhalm rasch servieren.

- **Fancy Drinks**
  Es sind Fantasiegetränke, für die man kein klassisches Grundrezept kennt. Es gibt eine Vielzahl dieser Drinks mit und ohne Alkohol.
  Bekannte Drinks: Caipirinha, Bloody Mary, Screw driver

5.4 Rezepturen für Bargetränke

🏴󠁧󠁢󠁥󠁮󠁧󠁿 recipes for cocktails 🔵 recettes (w) de cocktail

Short Drinks (6 cl)

Cocktails	Rezeptur	Arbeitsweise	Barglas
Alexander	Eis, 2 cl Weinbrand oder Cognac, 2 cl Crème de Cacao, 2 cl Sahne	im Shaker	Cocktailschale
Daiquiri	Eis, 4,5 cl weißer Rum, 1,5 cl Zitronensaft, 2 BL Zuckersirup	im Shaker	Cocktailschale
Manhattan	Eis, 1 d Angostura, 2 cl Vermouth rot, 4 cl Canadian Whisky, Cocktailkirsche	im Rührglas	Cocktailschale
Martini Dry	Eis, 1,5 cl Vermouth dry, 4,5 cl Dry Gin, Olive	im Rührglas	Cocktailschale
Old Fashioned	Eis, 4 cl Bourbon Whiskey, 1 Stück Würfelzucker, 3 ds Angostura, Orangenscheibe, Zitronenscheibe, Cocktailkirsche	direkt ins Gästeglas	kleiner Tumbler
White Lady	Eis, 2 cl Zitronensaft, 2 cl Cointreau, 2 cl Gin	im Shaker	Cocktailschale
Whiskey Sour	Eis, 4 cl Bourbon Whiskey, 2 cl Zitronensaft, 1 BL Zuckersirup, Orangenscheibe, Cocktailkirsche (Sodawasser)	im Shake	kleiner Tumbler

Long Drinks (mehr als 10 bis 25 cl)

Cocktails	Rezeptur	Arbeitsweise	Barglas
Americano	Eis, 3 cl Campari, 3 cl Vermouth rot, Sodawasser, Zitronenschale	direkt ins Gästeglas	großer Tumbler
Bloody Mary	2 cl Zitronensaft, 4 cl Wodka, 10 cl Tomatensaft, 2 ds Worcestershiresauce, 2 ds Tabasco, Salz, Pfeffer	direkt ins Gästeglas	großer Tumbler
Caipirinha	Eis, 6 cl Zuckerrohrschnaps (Cachaça), 2 BL Rohrzucker, Limettenstücke	direkt ins Gästeglas	großer Tumbler
Gin Fizz	Eis, 2 cl Zuckersirup, 3 cl Zitronensaft, 4 cl Dry Gin, Sodawasser	im Shaker	großer Tumbler
Sektcocktail	1 Stück Würfelzucker, 1 d Angostura, Sekt Zitronenschale ins Glas	direkt ins Gästeglas	Sektschale

Alkoholfreie Drinks

Cocktails	Rezeptur	Arbeitsweise	Barglas
Florida	Eis, 1 cl Zitronensaft, 8 cl Orangensaft, 12 cl Ananassaft, 1 cl Grenadine	im Shaker	großer Tumbler oder Highball-Glas
Golden Ginger	Eis, 2 cl Orangensaft, 2 cl Grapefruitsaft, 2 cl Ananassaft, Ginger Ale	im Shaker	großer Tumbler

5.5 Garnituren für Mixgetränke

🇬🇧 garnish techniques for mixed drinks 🇫🇷 garnitures (w) pour des cocktails

Mixgetränke werden vielfach mit bunten Garnituren versehen, die alle essbar sein sollten. Gut geeignet sind frische Früchte, besonders exotische Früchte, Kräuter und auch Gemüse wie Gurken, Tomaten, Fenchel, Oliven, Peperoni usw.

Daneben gibt es die Glasrand-Garnituren mit Zucker, Salz Gewürzen, gehackten Kräutern oder geriebenen Nüssen oder Mandeln sowie gehackten Pistazien und Kokosflocken.

Herstellung von Cocktail-Garnituren

Orangenspirale

Fruchtzange, ungespritzte Orange, Zestenschneider, Cocktailglas, Kirsche, Stick, Pfefferminzblatt	Die Orangenschale wird dünn mit dem Zestenschneider rundum von oben nach unten geschnitten.	Mit der Obstzange legt man die Spirale ins Glas und steckt die Garnitur an.	Orangenspirale als Geschmackgeber für den Drink mit Cocktail-Kirsche und Minzblatt

Ananasdreieck

Sägemesser, Ananas mit Ananaskrone, Kiwischeibe	Scheibe von Ananas abschneiden und achteln	Ananasachtel, Stick, Kiwischeibe und Physalisfrucht	Die Ananasgarnitur an den Rand des Glases stecken

Apfelfächer

Officemesser, Apfel, Stick, Fruchtzange, Kirsche, Glas	Apfelhälfte von oben mehrmals schräg einschneiden und verschieben	Apfelspalte und Kirsche mit einem Stick zusammenstecken	Garnitur an den Glasrand stecken

Kumquat-Margerite

Officemesser, Kumquat, Stick, 2 Minzeblätter, Kirsche und Glas

Kumquat achtmal von oben nach unten einschneiden

Minzeblätter auf Stick stecken, dann Kumquat und Kirschehälfte

Kumquat-Margerite in das Glas geben

Glasrand-Garnitur für einen Strawberry Dream

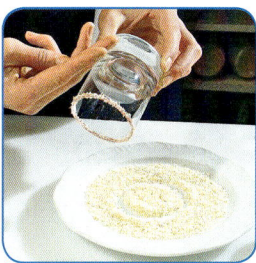

Auf je einen Teller gibt man Grenadine-Sirup und Kokosraspeln

Den Rand eines kleinen Tumblers zuerst in den Sirup tauchen

Anschließend in die Kokosraspeln tauchen

Durch leichtes Klopfen am Glas fallen überschüssige Kokosraspeln ab

Beispiele von Drinks mit Garnituren

Batida-de-Coco-Crusta

Yellow Sun

Cool Cherry Kiss

Energy Cocktail

5.6 Barkarte

🇬🇧 list of bar beverages 🇫🇷 carte (m) des boissons (m) au bar

Beim Erstellen einer Barkarte gelten ähnliche Regeln wie bei der Erstellung einer Speisekarte (s. S. 501). Inhalt und Aufmachung der Barkarte sollen so gestaltet sein, dass sie zum einen zur Atmosphäre der Bar passt, zum anderen den Gast anspricht und auf die jeweiligen Drinks neugierig macht.

Somit ist die Barkarte eine entscheidendes Instrument zur Verkaufsförderung. Dabei soll durch Flyer oder Aufsteller (tent cards) auf besondere Aktionen, wie z. B. „Happy Hour", oder Spezialangebote für Sommer, Winter oder Wellness-Events aufmerksam gemacht werden.

Die Barkarte ist zur besseren Übersichtlichkeit untergliedert und soll so dem Gast helfen, möglichst rasch seine Bestellentscheidung zu treffen. Neben den Mixgetränken bietet eine Barkarte auch eine kleine Auswahl an regulären Getränken wie Aperitifs, Säfte, Wässer, Biere, Weine, Sekt, Champagner, Spirituosen und Heißgetränke.

Barkarte

APERITIF COCKTAILS

GIMLET Gordon's Gin, Roses Lime Juice   7,50 €
OLD PAL Canadian Club Whisky, Martini extra dry, Campari
NEGRONI Gordon's Gin, Campari, Martini Rosso

SPARKLING COCKTAILS

CUBA LIBRE Havana Club, Limette, Coca Cola   8,00€
BIG BEN Gordon's Gin, Orangensaft, Zitronensaft, Grenadine, Bitter Lemon
COMFORT JULEP Southern Comfort, Ginger Ale
MARTINI JIGGER Martini Bianco, Limette, Bitter Lemon
SINGAPORE SLING Gordon's Gin, Cherry Brandy, Zitronensaft, Grenadine, Soda

CHAMPAGNER COCKTAILS

KIR ROYAL Crème de Cassis, Champagner   11,00 €
BELLINI Pfirsichmark, Champagner
PRINCE OF WALES Cointreau, Angostura, Champagner

SOURS

APEROL SOUR Aperol, Zitronensaft, Zucker   7,50 €
HEMINGWAY SOUR Gordon's Gin, Zitronensaft, Zucker
MOJITO Havana Club, Limette, Minze, Rohrzucker, Soda
CAIPIRINHA Berro Cachaça, Limette, Rohrzucker

FROZEN & FRUITY

MARGARITA CLASSIC Tequila, Cointreau, Zitronensaft   8,00 €
PINEAPPLE MARGARITA Tequila, Cointreau, Ananas, Zitrone
PEACH MARGARITA Tequila, Pfirsichlikör, Zitronensaft, frisches Pfirsichmark
DAIQUIRI CLASSIC Bacardi Rum, Zuckersirup, Zitronensaft
STRAWBERRY DAIQUIRI Bacardi Rum, Erdbeersirup, Zitronensaft, frische Erdbeeren
TEQUILA SUNRISE Tequila, Orangensaft, Zitronensaft, Grenadine
FROZEN BLUE LAGOON Smirnoff Vodka, Bombay Sapphire Gin, Zitronensaft, Zuckersirup, Curaçao Blue

Barkarte

DRINK & DRIVE 7,00 €

MONTE CARLO Ananassaft, Maracujanektar, Pfirsichnektar, Zitronensaft, Erdbeersirup
FRESHMAKER Limette, Rohrzucker, Soda, Grenadine
MOSQUITO* Limette, Minze, Rohrzucker, Bitter Lemon, Tonic Water
LEUCHTTURM Ananassaft, Orangensaft, Kirschnektar, Grenadine, Tonic Water
ABENDSONNE Bananennektar, Orangensaft, Grenadine, Sahne
VIRGIN STRAWBERRY COLADA Ananassaft, Kokossirup, Erdbeersirup, Zitronensaft, Sahne
COCONUT KISS Kokossirup, Ananassaft, Orangensaft, Sahne
CHOCOLAT CREAM Schokosirup, Milch, Pfirsichnektar, Pfirsichsirup, Sahne

* created by Hilton Dresden

CARIBBEAN COCKTAILS 8,50 €

HILTON.DE* Smirnoff Vodka, Apricot Brandy, Pfirsichnektar, Orangensaft, Vanillesirup, Grenadine
LADYKILLER Gordon's Gin, Cointreau, Apricot Brandy, Curaçao Blue, Ananassaft
PIÑA COLADA Bacardi Rum, Kokossirup, Ananassaft, Sahne
BANANA COLADA Bacardi Rum, Crème de Banane, Kokossirup, Bananennektar, Ananassaft, Sahne
BAILEY'S COLADA Havana Club, Bailey's, Kokossirup, Ananassaft, Sahne
SWIMMING POOL Smirnoff Vodka, Curaçao Blue, Kokossirup, Ananassaft, Sahne
FLYING KANGAROO Bacardi Rum, Vodka, Galliano, Kokossirup, Ananassaft, Orangensaft, Sahne
BAHAMA MAMA Havana Club, Kahlua, Zitronensaft, Ananassaft, Batida de Coco
PLANTER'S PUNCH Bacardi, Myers's Rum, Ananassaft, Orangensaft, Zitronensaft, Grenadine
ACAPULCO Tequila, Grapefruitsaft, Kokossirup, Ananassaft, Sahne

* created by Hilton Dresden

FIT 4 FUN 7,00 €

WILHELM TELL Apfelsaft, Orangensaft, Aprikosensirup, Curaçao Blue alkoholfrei, frischer Apfel
BANANA KISS Banane, Kokossirup, Vanillesirup, Milch
STRAWBERRY KISS Erdbeere, Maracujasaft, Pfirsichsaft, Naturjoghurt, Milch
MAYA Maracujanektar, Brombeersirup, Naturjoghurt
CUJO Maracujanektar, Curaçao Blue alkoholfrei, Passionsfruchtsirup, Naturjoghurt

PROJEKT

Poolbar

Ihr Betrieb stellt Ihnen die Aufgabe, den Bereich im Garten mit Swimming-Pool für Zusatzgeschäfte zu nutzen. Sie planen, für die schönen Tage als besondere Attraktion eine Poolbar zu schaffen.

Vorüberlegungen

1. Wie sollte der Platz für die Poolbar beschaffen sein?
2. Welche Installationen wären nützlich?
3. Was wollen Sie dort anbieten?
4. Welche technischen Voraussetzungen sind nötig?

Vorbereitung

1. Erstellen Sie ein übersichtliches Getränkeangebot mit attraktiven Drinks.
2. Welche verschiedenen Arten von Drinks wollen Sie anbieten?
3. Prüfen Sie bei den beabsichtigten Drinks den Aufwand für die Herstellung.
4. Denken Sie sich schnelle, aber dekorative Garnituren für die Drinks aus.
5. Erstellen Sie für jeden Drink eine Rezeptur.
6. Sammeln Sie Ideen für eine themenbezogene Präsentation der Bar.
7. Welche Produkte neben den Drinks könnten Sie außerdem anbieten?
8. Benötigen Sie für zusätzliche Verkaufsprodukte besondere Geräte?

Kalkulation

1. Erstellen Sie auf Grund Ihrer Drink-Rezepturen eine Warenanforderung, pro Drink für 20 Personen.
2. Kalkulieren Sie die Materialkosten für die einzelnen Drinks.
3. Errechnen Sie die Kartenpreise für die einzelnen Drinks unter Verwendung eines Kalkulationsfaktors 5.

Durchführung

1. Fertigen Sie Listen für notwendige Einrichtungsgegenstände.
2. Listen Sie den Bedarf an Gläsern und Barutensilien auf.
3. Eröffnen Sie einen schnell improvisierten Barbetrieb und bieten Sie dort Drinks an.

Führen einer Station

Sowohl im À-la-carte-Restaurant wie im Bankettbereich wird der Service in Stationen eingeteilt und von Restaurantfachkräften eigenverantwortlich betreut. Wichtige Voraussetzung zum Führen einer Station ist neben fachlichem Können die Orientierung zum Gast. Selbstständiges Arbeiten heißt, Verantwortung für sich und das Mitarbeiterteam zu übernehmen.

Der Gast wünscht sich qualitativ hochwertige Speisen und Getränke in einer gepflegten Atmosphäre zusammen mit einem unaufdringlich professionellen Service.

❶ Anforderung zur Führung einer Station

🇬🇧 demands on running a service area
🇫🇷 exigences (w) pour travailler comme chef de rang

Ein wichtiger Faktor im Service ist die Kommunikation zwischen allen Beteiligten. Ohne sie ist eine effektive Teamarbeit nicht möglich. Restaurantfachkräfte sollen einen Service bieten, der sich gut verkauft.
Diese hoch gesteckten Ziele erreicht man durch:

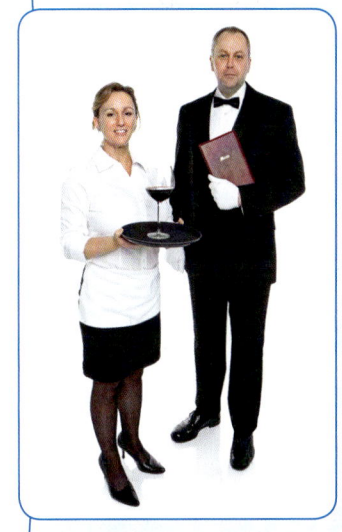

- sinnvolles Planen und Durchführen der Vorbereitungsarbeiten,
- die Betreuung der Gäste von der Begrüßung bis zur Verabschiedung,
- Führen von Verkaufs- und Beratungsgesprächen,
- Erkennen der Gästewünsche,
- Arbeiten am Tisch des Gastes,
- gastorientiertes Behandeln von Reklamationen im Interesse des Unternehmens (s. S. 377),
- Erstellen von Gästerechnungen,
- fehlerfreies Anwenden der Bonier- und Abrechnungssysteme,
- fachgerechten Umgang mit besonderen Gedeckausstattungen und speziellen Gedecken.

❷ Besondere Gedeckausstattungen

🇬🇧 special equipment for laying covers
🇫🇷 équipements (m) speciaux pour mettre des couverts

Im grundlegenden Kapitel Servierkunde (s. S. 237 ff.) wurde bereits Wichtiges über das richtige Ausstatten von Grundgedecken und Menügedecken ausgesagt.

Bei der Planung von Menügedecken muss außerdem festgelegt werden, welche Besteckteile man eindeckt bzw. welche während des Menüservice nachgedeckt werden.

In den folgenden Ausführungen soll nun detailliert dargestellt werden:
- Die Zuordnung der richtigen Bestecke zu den verschiedenartigen Speisen,
- die Ausstattung vollständiger Gedecke für ganz spezielle Speisen.

Abb. 1 Gebratener Seeteufel

Bestecke zu Fischgerichten

• gegarter Fisch	• gedünstet, pochiert, gebraten oder frittiert	→ **Fischmesser** und **Fischgabel** Gourmetlöffel zu Gerichten mit einer vorzüglichen Sauce
• geräucherter Fisch • marinierter Fisch	• Lachs, Aal • Matjesfilet, Rollmops, Bismarckhering • Brathering	→ **Mittelmesser** und **Mittelgabel** der Fisch muss durch Schneiden zerteilt werden Nur zu geräucherten Forellenfilets reicht man wegen der zarten Beschaffenheit ein Fischbesteck.

Bestecke zu Vorspeisen und Zwischengerichten

• Vorspeisen-Cock-tails	• aus Fisch und Krebstieren	→ Fischgabel und Kaffeelöffel
	• aus Fleisch, Geflügel, Gemüsen oder Früchten	→ Mittelgabel und Kaffeelöffel
• feine Ragouts • in Porzellanschalen oder in Pastetchen	• aus Fleisch oder Gemüse	→ Mittelgabel und Mittelmesser
	• aus Fisch sowie Krebs- und Weichtieren	→ Fischgabel und Fischmesser
• in Näpfchen oder Muschelschalen	• aus Fleisch oder Gemüse	→ Mittelgabel und Kaffeelöffel
	• aus Fisch sowie Krebs- und Weichtieren	→ Fischgabel und Kaffeelöffel

Entsprechende Gedeckbeispiele siehe im Kapitel Service ab S. 237.

Bestecke zu Eierspeisen und Teigwarengerichten

• Eierspeisen	• Rühreier und Omelett	→ große Gabel → große Gabel und großes Messer, **wenn** ergänzend bestimmte Zutaten gereicht werden, z. B. Gemüse, Geflügelleber
	• Spiegeleier	→ Mittelgabel und Mittelmesser
• Teigwarengerichte	• Spaghetti	→ großer Löffel (links) und große Gabel (rechts)
	• Cannelloni, Ravioli oder Lasagne	→ Mittelgabel und Mittellöffel **oder** Mittelgabel und Mittelmesser

❸ Spezial-Gedecke

🇬🇧 special covers 🇫🇷 couverts (m) speciaux

Spezialgedecke sind Gedecke für spezielle Gerichte. Aus diesem Grund sind Spezialgedecke nicht nur mit besonderen Bestecken, sondern mit jeweils speisenspezifischen Tischgeräten auszustatten:

- **Menagen,** z. B. Zucker, Pfeffermühle, Senf, Worcester-Sauce, Chilisauce, Ketchup, Tabasco.
- **Ablageteller** dienen zur Aufnahme von nicht verzehrbaren Teilen der Speise, z. B. Knochen, Gräten, Teile von Krebs- und Weichtieren.
- **Fingerschalen,** auch Fingerbowlen genannt, werden eingesetzt, wenn es üblich ist, die Speisen mit den Fingern anzufassen (s. S. 235).

Artischocke

Anrichteweise und Beigaben

Nach dem Kochen wird die ganze Frucht auf einer Platte mit Stoffserviette angerichtet. Die Serviette ist in die „Artischockenform" gebrochen.

Art des Verzehrs

Der Gast bricht die Blätter mit den Fingern einzeln von der ganzen Frucht ab, dippt den dickfleischigen Teil des Blattes in die Sauce und streift diesen beim Essen zwischen den Zähnen aus. Der am Schluss verbleibende Artischockenboden wird mit dem Mittelbesteck zerteilt und gegessen.

Austern auf Eis

Anrichteweise und Beigaben

Zunächst werden die Austern in der Küche geöffnet. Dann entfernt man aus der tiefen Schale mit einem befeuchteten Pinsel eventuell anhaftende Schalensplitter. Auf einem großen Austernteller oder auf einer Silberplatte werden die geöffneten Austern auf gestoßenes Eis gesetzt.

Art des Verzehrs

Die Austerngabel dient dazu, den Austernbart zu entfernen und die Auster von der Schale abzulösen. Nach dem Würzen schlürft der Gast die Auster aus der Schale oder führt sie mit Hilfe der Austerngabel zum Mund.

Gedeck

- großer, flacher, kalter Teller und Serviette
- Austerngabel und Weißweinglas
- Brotteller und Fingerschale
- Salzmenage und Pfeffermühle

Ein Ablageteller ist nicht erforderlich, weil die Schalen auf den Austernteller zurückgelegt werden können.

Abb. 1 Fingerbowl

Als Beigaben reicht man:
- Vinaigrette,
- holländische Sauce oder
- Mousselinesauce.

Gedeck
- großer, flacher Gedeckteller
- Serviette und Mittelbesteck
- Brotteller und Ablageteller
- Fingerschale

Dazu werden gereicht:
- Zitrone und Chesterhappen
- Pfeffermühle sowie, je nach Gepflogenheit, Tabasco, Ketchup und Worcestershire-Sauce
- Chablis, ein trockener weißer Burgunderwein

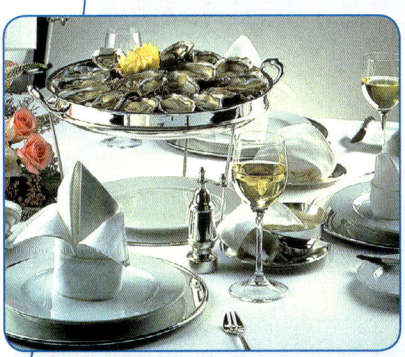

Abb. 2 Gedeck für frische Austern auf Eis

Beigaben sind:

- Toast oder Graubrot, Salz und Pfeffer
- evtl. Mayonnaise, Cocktailsauce oder Ketchup

Einlagen:

- Fleisch von verschiedenen Fischen
- Muscheln mit den Schalen
- Krebstiere im Panzer

Gedeck

- Serviette
- großer Löffel und, falls erforderlich, großes Messer und große Gabel
- Brotteller sowie Salz-Pfeffer-Menage

Beim Anrichten in einer Terrine ist vor dem Auftragen der Speise ein vorgewärmter, tiefer Teller einzusetzen.

Avocado in der Schale

Anrichteweise und Beigaben

Die halbierte und vom Kern befreite Frucht wird ein wenig mit Zitronensaft beträufelt und auf einem Mittelteller mit Serviette angerichtet.

Art des Verzehrs

Der Gast löst das Fruchtfleisch mit Hilfe eines Löffels schichtweise aus der Schale und führt es mit dem Löffel zum Mund.

Gedeck

- Mittelteller mit Serviette
- Kaffeelöffel und Brotteller
- Salzmenage und Pfeffermühle
- Für gefüllte Avocados werden ergänzt:
- bei Füllung mit Geflügelsalat eine Mittelgabel,
- bei Füllung mit Krabbensalat eine Fischgabel.

Bouillabaisse

Bouillabaisse ist eine französische Fischsuppe, die wegen der Einlagen auch als Fischeintopf bezeichnet wird.

Anrichteweise und Beigaben

Die Suppe wird in einer Terrine angerichtet und am Tisch in den Teller geschöpft. Als Beilagen werden Baguette und Butter gereicht.

Art des Verzehrs

Die „eigentliche" Suppe isst man mit dem Löffel, die Fischeinlage mit dem Fischbesteck. Muscheln und Krebstiere werden mit den Fingern aufgebrochen.

Gedeck

- Serviette
- Fischbesteck und großer Löffel
- Brotteller mit Buttermesser
- Ablageteller und Fingerschale
- Salzmenage und Pfeffermühle

Der vorgewärmte, tiefe Teller wird auf einen Unterteller gesetzt und zusammen mit dem Auftragen der Terrine am Tisch eingesetzt.

Eintöpfe

Anrichteweise

Eintöpfe, z. B. Irish Stew, Pichelsteiner, Lamm-Bohnen-Eintopf, werden entweder im Teller oder in einer Terrine angerichtet. Da im Eintopf bereits alle Zutaten enthalten sind, gibt es als Beigabe nur ein spezielles Brot.

Art des Verzehrs

Der Eintopf wird beim Essen mit dem Löffel geschöpft. Sofern er jedoch größere Fleischeinlagen als Tranchen oder Stücke oder ganze Würstchen enthält, müssen diese zuerst zerkleinert werden.

Hummer

Anrichteweise und Beigaben

Die Küche bereitet den Hummer wie folgt vor:

- Die Scheren und Zwischenglieder werden vom Körper getrennt,
- der Körper wird über den Rücken in Längsrichtung halbiert,
- die Zwischenglieder werden in Längsrichtung gespalten,
- die Scheren werden an den Kanten aufgeschlagen.

Dann werden die Teile auf einer Silberplatte dekorativ angerichtet.

Gedeck für kalten Hummer

- großer, flacher Teller und Serviette
- Mittelmesser, Mittelgabel und Hummergabel
- Brotteller mit Buttermesser sowie Pfeffer-Salz-Menage
- Ablageteller und Fingerschale
- Weißwein- oder Champagnerglas

Obwohl der klassische Service dem Hummerservice das Fischbesteck zuordnet, ist das bei dieser Zubereitung nicht sinnvoll, weil es sich beim Hummerschwanz um ein festes Fleisch handelt, das durch Schneiden zerkleinert werden muss.

Für **warmen Hummer** wird ein großer, flacher, vorgewärmter Teller mit der Platte aufgetragen und am Tisch eingesetzt.

Krebse im Sud

Anrichteweise und Beigaben

Die Krebse werden zusammen mit dem Dünstfond in einer Terrine angerichtet.

Art des Verzehrs

Um an das von Panzern umgebene Fleisch zu kommen, verwendet man ein Spezialbesteck. Um zwischendurch immer wieder ein wenig von dem köstlichen Sud genießen zu können, schöpft man diesen in die zum Gedeck gehörende Sudtasse.

Gedeck

- Serviette
- Krebsmesser und Krebsgabel (eventuell Fischbesteck) sowie Hummergabel
- Spezialsuppentasse mit Kaffeelöffel
- Brotteller mit Buttermesser
- Ablageteller und Fingerschale
- Weißweinglas

Der vorgewärmte, auf einem Unterteller aufgesetzte tiefe Teller sowie die vorgewärmte Spezialtasse für den Sud werden zusammen mit der Terrine aufgetragen. Die Schöpfkelle und das Vorlegebesteck dürfen nicht vergessen werden.

Als Beigaben werden gereicht:
- Toast oder Melbatoast
- Chantillysauce (siehe S. 405)
- Weißwein oder Champagner

Abb. 1 Gedeck für kalten Hummer natur

Beigaben sind:
- Graubrot oder Stangenweißbrot (Baguette) und Butter
- Weißwein

Abb. 2 Gedeck für frische Krebse im Würzsud

Kaviar

Anrichteweise und Beigaben

Kaviar kann serviert werden:
- in der Originaldose oder im Originalglas, auf Eis angerichtet,
- in einem Kristallschälchen, in gestoßenem Eis eingebettet oder auf einem Eissockel angerichtet.

Gedeck

- flacher Teller und Serviette
- Brotteller, Buttermesser und Kaviarmesser
- Sekt- oder Champagnerglas

Die Bestecke für den Kaviar sind wegen der Empfindlichkeit des Kaviars gegenüber Oxidation aus Horn oder Perlmutt.

Man reicht dazu:
- Toastbrot und Butter
- manchmal auch Sauerrahm und Blinis (Buchweizen-pfannkuchen)
- trockenen Sekt oder Champagner

Abb. 1 Gedeck für Keta-Kaviar auf Eis

Als Beigaben reicht man:
- Graubrot, Kümmelbrot, Schwarzbrot, Baguette
- Weißwein

Muscheln

Muscheln, vor allem Pfahlmuscheln, werden als Speise in zunehmendem Maße beliebter.

Anrichteweise und Beigaben

Die Muscheln werden im Dünstfond in einem tiefen Teller oder in einer Terrine serviert. Beim Anrichten in einer Terrine wird eine Schöpfkelle serviert und ein vorgewärmter, tiefer Teller eingesetzt.

Art des Verzehrs

Beim Dünsten der Muscheln öffnen sich die Schalen. Das Muschelessen geht folgendermaßen vor sich:

Zuerst wählt man eine Muschel, deren beide Schalen am Gelenkende noch zusammenhängen, und nimmt das Muschelfleisch heraus. Die Doppelschale benutzt man dann wie eine Zange, mit deren Hilfe das Fleisch aus den weiteren Muscheln herausgelöst und zum Mund geführt wird. Es gibt aber auch Gäste, die das Muschelfleisch auslösen, auf dem Teller ablegen und dann mit dem Besteck essen. Ergänzend dazu isst man Brot und genießt den Muschelfond (Dünstfond).

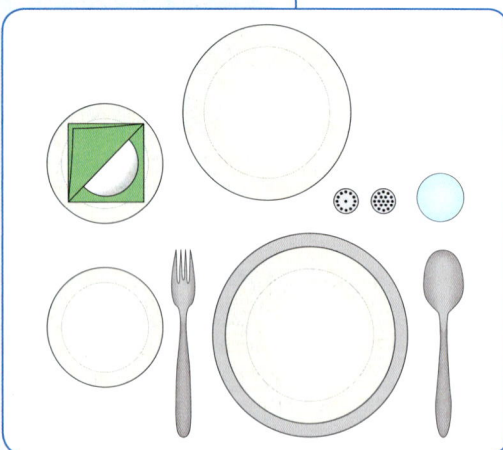

Abb. 2 Muscheln im Dünstfond im tiefen Teller

Gedeck

- Serviette und Salz-Pfeffer-Menage
- Fischgabel und Mittellöffel
- Brotteller, Ablageteller und Finger-schale
- Weißweinglas

Schnecken

Anrichteweise und Beigaben

Das Anrichten der Schnecken erfolgt
- entweder in Schneckenhäusern
- oder in den Mulden eines Schneckenpfännchens.

Die Schneckenhäuser bzw. die Mulden werden mit feiner Schneckenbutter zugestrichen. In beiden Fällen werden die Schnecken vor dem Servieren im heißen Rohr oder im Salamander erhitzt.

Art des Verzehrs

Beim Anrichten in Schneckenhäusern wird das Haus mit der Schneckenzange aufgenommen und gehalten, die Schnecke mit Hilfe der Schneckengabel aus dem Haus herausgelöst und auf einen Löffel vorgelegt. Bevor man den Löffel zum Mund führt, wird noch die im Schneckenhaus befindliche Butter darübergegossen.

Gedeck

- Serviette sowie Salz-Pfeffer-Menage
- Schneckenzange und Schneckengabel
- Brotteller sowie Weißwein- oder Rotweinglas

Der vorgewärmte tiefe Teller, auf einem Unterteller mit Mittellöffel, wird zusammen mit den Schnecken aufgetragen und eingesetzt.

Beim Anrichten in der Schneckenpfanne die Schnecken mit Hilfe der Schneckengabel aus der Vertiefung herausnehmen und zum Essen auf Kaffeelöffel vorlegen. Die Butter mit Brot aus der Vertiefung heraustunken.

Gedeck

- Serviette und Weinglas
- Schneckengabel und Kaffeelöffel
- Brotteller

Beigaben sind:
- Weißbrot oder Baguette
- Weißwein oder leichter Rotwein

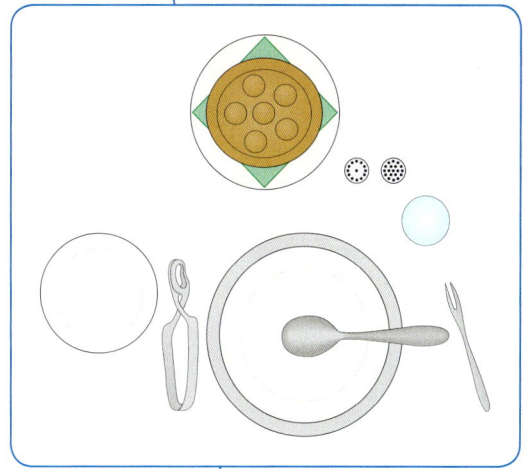

Abb. 1 Schnecken im Haus

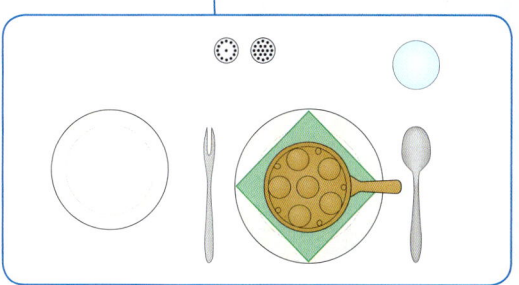

Abb. 2 Schnecken im Pfännchen

Vor dem Servieren wird das Schneckenpfännchen auf einen Unterteller gesetzt.

Bestecke zu Fondues		Fonduegedeck
• **Käsefondue**	• Käsefonduegabel zum Aufspießen des Brotes, das in die zähflüssige Käsemasse eingetaucht wird	
• **Fleischfondue**	• große Gabel und großes Messer • Fleischfonduegabel, mit der die Fleischstücke aufgespießt, in den Fonduetopf eingelegt und nach dem Garen auf den Teller vorgelegt werden	

4 Arbeiten am Tisch des Gastes

🇬🇧 tableside working 🇫🇷 travailler à la table des hôtes

Abb. 1 Tranchier-, Flambier- und Filetiergeräte

Diese Fertigkeiten erfreuen sich bei Gästen wieder größerer Beliebtheit und stellen eine besondere Art der Erlebnisgastronomie dar. Es handelt sich dabei um Arbeiten, die handwerkliches Geschick voraussetzen und darum nur durch intensive Übung zum Erfolg führen.

Das Tranchieren wird bei ganz leichtem Schneidedruck mit ziehendem Schnitt durchgeführt. Eine wichtige Voraussetzung dafür sind scharfe Messer, ohne die es zu folgenden Mängeln kommen kann:
- ungleich große Tranchen,
- raue Schnittflächen und ausgefranste Ränder,
- viel austretender Fleischsaft,
- bei Geflügel: vom Fleisch losgerissene Haut.

Unter „Arbeiten am Tisch des Gastes" versteht man ganz spezielle Tätigkeiten, die am Tisch vor den Augen der Gäste ausgeführt werden. Dazu gehören:

- Tranchieren,
- Filetieren,
- Flambieren,
- Zubereiten von Speisen.

4.1 Tranchieren am Tisch

🇬🇧 tableside carving 🇫🇷 découpage (m) sur la table

Tranchieren ist das portionsgerechte Zerteilen von Bratenstücken. Um diese Arbeiten sach- und fachgerecht ausführen zu können, sind einerseits technologische und andererseits rohstoffkundliche Kenntnisse unerlässlich.

Arbeitsgeräte und Arbeitsrichtlinien

Arbeitsgeräte

- Guéridon oder Wärmewagen,
- saubere und appetitlich aussehende Tranchierbretter und Tranchierbestecke,
- handliche, gut geschliffene Messer in unterschiedlichen Größen,
- entsprechende Vorlegebestecke,
- Tischrechauds zum Warmhalten der Platten,
- Speiseteller und Ablageteller,
- Platten mit Cloches.

Arbeitsrichtlinien

Ein sichtbares Zeichen für einwandfreies Tranchierwerkzeug und sachgerechtes Arbeiten ist es, wenn die Tranchen exakt zur ursprünglichen Form der unzerteilten Stücke zusammengesetzt werden können.
Im Einzelnen gelten folgende Arbeitsrichtlinien:

- Das Bratenstück dem Gast präsentieren.
- Die Speisen sollten heiß serviert werden, deshalb genügend Rechauds, Cloches und heiße Teller bereithalten.
- Die Schnittführung erfolgt im Allgemeinen quer zur Fleischfaser.
- Das Anstechen mit der Gabel vermeiden, damit kein Fleischsaft ausfließt.
- Die besten Stücke zuerst vorlegen.
- Reststücke für den Nachservice warm halten.
- Speisen nicht mit bloßen Händen berühren; Stoffservietten zum Halten bereitlegen.
- Knochengerüste (Karkassen), Knochenstücke und Abschnitte sofort abtragen.

Tranchieren von Steaks

Chateaubriand/Entrecôte double

Das Fleisch wird mit dem Gabelrücken von oben festgehalten, während gleichzeitig mit dem Messer die Tranchen geschnitten werden. Die Schnittführung erfolgt in schräger Richtung zur Gabel hin und unter der Gabel hindurch.

Dabei ergeben sich beim **Chateaubriand:**
- zuerst ein kleines Endstück,
- dann **4** Tranchen mit einer Dicke von etwa 1,5 cm,
- übrig bleibt ein zweites kleines Endstück.

Zum Zurücklegen auf die Platte schiebt man das Messer mit der Breitseite unter die Tranchen und hält diese gleichzeitig von oben mit der Gabel fest.

Beim **Entrecôte double,** das im Vergleich zum Chateaubriand aufgrund der ovalen Form etwas länger ist, ergeben sich **6** mittlere Tranchen.

Beide Steakarten serviert man in der Regel für zwei Personen. Dabei werden zuerst die mittleren Tranchen vorgelegt, während man die kleineren Tranchen sowie die Endstücke zum Nachservice anbietet.

Beim Tranchieren von Steaks verwendet man heute anstelle des Servierbrettes häufig einen heißen Porzellanteller, weil sich der angesammelte Bratensaft von einem Teller leichter über das tranchierte Fleisch gießen lässt.

Abb. 1 Entrecôte double

„Zu den klassischen Fleischstücken vom Rind empfehle ich Ihnen mittelschwere bis schwere Rotweine aus Deutschland, zum Beispiel einen Spätburgunder aus Baden oder einen Lemberger aus Württemberg. Es passen aber auch französische Rotweine aus Burgund, Côtes du Rhone oder Bordeaux oder italienische Rotweine wie Bardolino oder Chianti classico."

Abb. 2 Nach dem Präsentieren wird das Fleischstück am Guérdion von …

Abb. 3 … der Platte auf die Schneidunterlage gehoben. Erster Schnittansatz

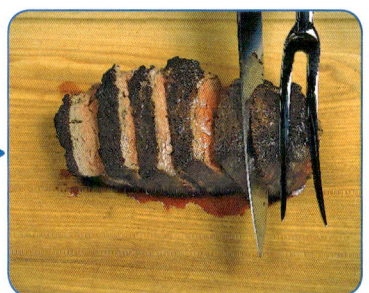

Abb. 4 In sechs Fleischscheiben tranchiertes Chateaubriand

Abb. 5 Tranchiertes Chateaubriand zurück auf die Platte setzen

Abb. 6 Ausgetretenen Bratensaft über das Fleisch gießen

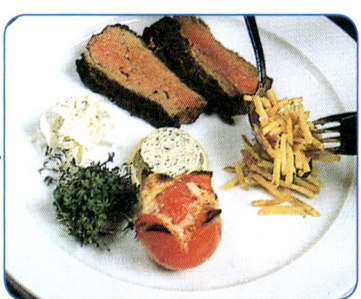

Abb. 7 Fachgerecht angerichteter Teller

Abb. 1 Rinderkotelett vor dem Braten

Das Tranchieren erfolgt in gleicher Weise wie beim Entrecôte double

Abb. 2 Gebratenes und angerichtetes Porterhousesteak

Rinderkotelett/Porterhousesteak

In beiden Fällen sind vor dem Tranchieren die Fleischstücke von den Knochen abzulösen.

Beim **Rinderkotelett** wird zu diesem Zweck der Knochen an der fleischfreien Seite (in Verbindung mit einer Stoffserviette) erfasst, das Kotelett hochgestellt und dann das Fleisch am Knochen entlang vorsichtig abgelöst.

Beim **Porterhousesteak** gibt es für das Vorbereiten zum Tranchieren zwei Möglichkeiten:
- Das Steak kann in flacher Lage bearbeitet werden. Dabei legt man zuerst den Rippenbogen (die Spitze der Rippe) frei. Dann werden die beiden Fleischstücke vom Knochen abgetrennt.
- Bei der zweiten Methode richtet man das Steak nach dem Freilegen des Rippenbogens auf und löst in dieser Stellung das Fleisch an den Knochen entlang ab. Dazu sind Vorsicht und etwas Geschick erforderlich, damit die Fleischstücke beim Abtrennen nicht abstürzen.

Abb. 3 Entfernen des Fettstreifens

Abb. 4 Auslösen der Fleischteile vom T-Knochen

Das anschließende Tranchieren wird wie bei einem Chateaubriand und Entrecôte double durchgeführt.

Tranchieren von Keulen

Für das Tranchieren von Keulen, z. B. Lamm-, Frischlings- oder Rehkeule sowie Keulenschinken, verwendet man häufig ein Tranchierbrett mit besonderer Ausstattung. Dieses besteht entweder aus einem speziellen Metallgestell oder aus Metalldornen. Beides dient dazu, der Keule einen guten Halt zu geben. Für das Tranchieren gibt es zwei Methoden:

Methode 1
Bei diesem Verfahren löst man die Fleischteile zu beiden Seiten des Knochens als ganze Stücke, wobei Könner diese Arbeit nicht mit einem Messer, sondern mit einem Löffel ausführen.

Anschließend werden die Fleischstücke auf dem Tranchierbrett liegend in gleichmäßige Tranchen geschnitten. Auf diese Weise bearbeitet man die Kalbshaxe und das Eisbein.

Methode 2
Die Keule wird mit einer Serviette am Haxenknochen erfasst und senkrecht aufgerichtet. Dann wird tranchiert: Von der Haxe ausgehend am Knochen entlang so weit herunter einschneiden, dass in Querrichtung zunächst 3 bis 4 Scheiben abgeschnitten werden können, dann vom anschließenden dickeren Fleischteil in horizontaler, leicht schräger Richtung auf den Knochen hin gleichmäßig dicke Scheiben schneiden und diese abschließend am Knochen entlang ablösen.

Tranchieren von Rücken

Der auf der Platte angerichtete Rücken oder das Teilstück eines Rückens wird den Gästen präsentiert und dann auf dem Guéridon abgestellt. Dann erst wird es mit Hilfe des Vorlegebestecks auf das Tranchierbrett gelegt.

Reh- und Hasenrücken

Rehe und Hasen haben im Bereich der Wirbelsäule sehr starke Sehnen. Damit man diese beim Auslösen der Rückenfilets nicht zusammen mit dem Fleisch abschneidet, wird bei der Bearbeitung dieser Rücken eine spezielle Technik angewendet:

Beim **Rehrücken** löst man das Fleisch am Gratknochen entlang nur so tief hinein ab, dass die starken Sehnen mit dem Messer nicht erreicht werden. Das weitere Ablösen der Rückenfilets erfolgt dann mit der Wölbung eines Löffels. Danach werden vom dickeren Ende her in schräger Schnittführung 1,5 bis 2 cm dicke Tranchen geschnitten.

Bei **Hasenrücken** ist es üblich, die Rückenfilets bereits vor dem Braten in der Küche durch leichtes Einschneiden am Gratknochen entlang zu lösen, sodass bei der Weiterbearbeitung am Tisch eigentlich kein Messer, sondern nur noch ein Löffel benötigt wird. Die Rückenfilets sind im Vergleich zum Reh kleiner und werden deshalb in Tranchen von nur 1 cm Dicke geschnitten.

Nun beginnt das eigentliche Tranchieren. Dazu werden die sogenannten Rückenfilets in 1 bis 1,5 cm dicke Tranchen geschnitten und dann, zwischen Tranchiermesser (Auflage) und Tranchiergabel (Halt von oben), auf dem Rückenknochen in die ursprüngliche Form zurückgelegt.

Beim „Tranchieren nach dem englischen Schnitt" erfolgt das Schneiden der Tranchen in Längsrichtung, d. h. parallel zur Fleischfaser. Bei uns wird diese Art des Tranchierens nur selten angewendet, weil das tranchierte Fleisch bei dieser Schnittführung sehr rasch austrocknet.

Lammrücken werden nach dem gleichen Prinzip wie Rehrücken abgelöst und tranchiert. Wenn bei Reh- und Hasenrücken die unter den Rippen liegenden kleinen Filets nicht schon vor dem Braten entfernt worden sind, löst man sie am Tisch mit dem Löffel heraus und schneidet sie in 3 bis 4 Stücke.

Abb. 1 Hasenrücken auf Tranchierbrett heben

Abb. 2 Erstes Filet mit Hilfe des Löffelrückens abheben

Abb. 3 Zweites Rückenfilet ebenfalls abschälen

Abb. 4 Kleine Filets an Unterseite herausschneiden

Abb. 5 Rückenfilets in schräge Scheiben schneiden

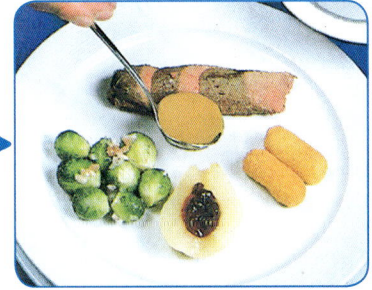

Abb. 6 Angerichteten Hasenrücken mit Sauce umgeben

„Zum gebratenen Hasenrücken mit Preiselbeerbirne empfehle ich Ihnen einen mittelkräftigen Spätburgunder als Spätlese, 4 Jahre alt, halbtrocken. Ein Schwarzriesling oder ein kräftiger Lemberger mit Trollinger aus einem deutschen Anbaugebiet sind sehr geeignet.
Ich kann Ihnen aber auch französische Rotweine aus Burgund, Côtes du Rhone oder Bordeaux anbieten sowie italienische Rotweine wie Barolo oder Barbera empfehlen. Es passen ebenso kräftige Rotweine aus Chile, Südafrika oder Australien."

Tranchieren von Geflügel

Den Gästen wird zunächst die Platte mit dem unzerteilten Geflügel präsentiert. Dann erst beginnt man mit dem Tranchieren.

Hähnchen / Poularde

Das Geflügel mit dem Tranchierbesteck so anheben, dass der sich im Körper befindliche Bratensaft auf einen Teller abfließen kann.
Danach wird das Hähnchen so auf das Tranchierbrett gelegt, dass die Brustpartie zum Gast zeigt.

Mit der Gabel sticht man unterhalb des Schenkelgelenks, schneidet die Geflügelhaut dicht am Körper rund um den Schenkel herum durch und dreht die Keule mit Hilfe der Gabel vom Geflügelkörper ab. Eventuell muss dabei noch ein wenig mit dem Messer nachgeschnitten werden. Die zweite Keule wird in gleicher Weise bearbeitet. Beide Keulen werden dann im Gelenk durchgeschnitten und die vier Teilstücke sofort auf die warme Platte gelegt.

Poularden werden beim Tranchieren wie Hähnchen behandelt. Wegen der Größe schneidet man jedoch aus den beiden Brusthälften drei bis vier gleichmäßig starke Tranchen.

Abb. 1 Saft durch Schräghalten des Brathähnchens abtropfen lassen

Abb. 2 Keulen einschneiden und am Gelenkknochen durchtrennen

Abb. 3 Keulen in zwei Hälften teilen

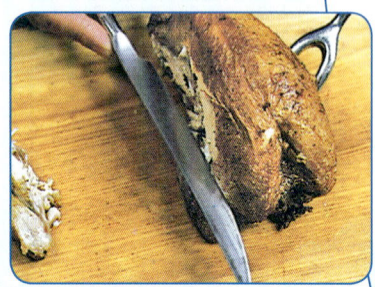

Abb. 4 Flügelknochen am Gelenk durchtrennen

Abb. 5 Brust links und rechts des Mittelknochens abtrennen

Abb. 6 Brust schräg in mehrere Tranchen schneiden

Man dreht nun das Hähnchen auf den Rücken und

- sticht die Gabel an der Stelle ein, an der sich die Keule befand, erreicht damit für das weitere Tranchieren einen festen Halt,
- macht dann oberhalb des Flügels in Richtung Brustknochen einen waagerechten Schnitt und führt diesen beim Verspüren eines Widerstandes bei einer gleichzeitigen Richtungsänderung um 90° nach unten zu Ende.

Die beidseitig abgetrennten Flügelstücke legt man auf der Platte ab. Dann werden

- die beiden Brusthälften mit der Messerspitze am Brustbein entlang sowie von den Rippenknochen abgetrennt, längs halbiert und jeweils in zwei Stücke geschnitten,
- die in den Rückenblättern eingebetteten Nüsschen mit Hilfe eines Löffels herausgelöst
- und alle Teile auf der Platte angerichtet.

Ente

Enten werden üblicherweise leicht rosa gebraten. Die verschiedenen Fleischteile brauchen bis zu dieser Garstufe jedoch unterschiedliche Garzeiten.

Daraus ergibt sich, dass z. B. das Brustfleisch zu einem bestimmten Zeitpunkt bereits die richtige Garstufe erreicht hat, die fleischigeren und außerdem dicht am Rumpf anliegenden Keulen aber noch blutig, in den Gelenken sogar noch halb roh sind.

Die abgetrennten Keulen müssen deshalb in der Küche oder auf einem Flambierrechaud nachgebraten werden.

In der Zwischenzeit wird dann zunächst einmal das Brustfleisch tranchiert und serviert. Dafür gibt es zwei unterschiedliche Methoden:

Methode 1

Im Gegensatz zu Hähnchen und Poularden werden hier nach dem Abtrennen des Flügelstücks parallel zur Fleischfaser von der Brust unmittelbar am Körper 1 cm dicke Tranchen heruntergeschnitten.

Methode 2

Dabei werden die in Längsrichtung geschnittenen Tranchen am Kopfende nicht einzeln abgetrennt, sodass sie zusammenhangend facherartig an der Seite herunterfallen und auch später zusammenhängend vom Rumpf abgeschnitten werden können.

„Als feine Begleitung zum gebratenen Hähnchen offeriere ich Ihnen einen halbtrockenen oder milden Weißwein, zum Beispiel einen Weißburgunder aus Baden oder einen Müller-Thurgau mit blumigem Bukett sowie einen kräftigen und dennoch weichen Frascati aus Italien oder einen Gewürztraminer aus Südtirol."

„Zur Ente möchte ich Ihnen gerne einen mittelkräftigen Trollinger oder einen Portugieser von der Ahr empfehlen. Bevorzugen Sie ausländische Weine, so hätten wir für Sie einen Scorpius Merlot aus dem Valle de Colchagua aus Chile."

Abb. 1 Nach dem Abtrennen der Keulen wird die Brust portioniert.

Abb. 2 Vom Kopf aus in Längsrichtung die Brust fächerförmig einschneiden

Abb. 3 Danach den Fleischfächer abtrennen und servieren

Fasan

Die Technik des Tranchierens ist hier grundsätzlich wie bei einem Hähnchen. Abweichend gibt es jedoch eine Besonderheit: Die Unterschenkel
sind mit sehr starken Sehnen durchzogen. Wenn die Schenkel beim Essen
mit vorgelegt werden sollen, dann ist es erforderlich, die Sehnen in der
Küche vor dem Braten zu entfernen.

Tranchieren von Räucherlachs oder Graved Lachs

Tranchiert werden bereits entgrätete Lachsseiten. Als Tranchiermesser
dient ein langes, schmales und sehr scharfes Messer.

Übliche Methode des Tranchierens

Das Kopfende des Filets ist in diesem Fall auf dem Tranchierbrett oder
dem speziellen Lachsbrett nach links gerichtet. Für das Tranchieren sind
folgende Arbeitsrichtlinien zu beachten:

- Mit dem Tranchieren wird ungefähr handbreit vom Schwanzende her
  begonnen, wobei die Schnittführung zum Schwanzende hin erfolgt.
- Mit Hilfe des leicht schräg geführten Messers schneidet man möglichst
  dünne Scheiben, die entweder sofort auf einem Teller angerichtet oder
  zunächst fächerartig auf dem Tranchierbrett aneinandergereiht werden.
- Beim Tranchieren ist darauf zu achten, dass die Silberhaut nicht mit
  angeschnitten wird.
- Bei ganz frisch geräuchertem Lachs, der eine noch sehr weiche Struktur hat, sollte das Tranchiermesser nach jeder Schnittführung durch
  eine gut angefeuchtete Stoffserviette gezogen werden, andernfalls
  bleibt Lachsfleisch am Messerblatt haften, sodass die erforderliche glatte Schnittführung nicht mehr möglich ist.

Abb. 1 Räucherlachs

Abb. 2 Tranchieren von Räucherlachs oder Graved Lachs (S. 414)

Tranchieren des Hummers

Der gekochte, ganze Hummer wird den Gästen präsentiert. Dann wird er tranchiert wie in der Bildfolge sichtbar.

Gekochten Hummer mit Serviette auf das Tranchierbrett heben.

Hummerscheren mit einer Serviette fassen und abdrehen.

Scheren im Gelenk von Scherenarmen trennen.

Scherenspitzen mit Hummerzange abbrechen und die Schale knacken.

Hummerscheren leer pumpen. Mit zweiter Schere ebenso verfahren.

Mit Hummergabel Scherenfleisch herausziehen.

Auch aus den dünnen Beinteilen das Fleisch herausziehen.

Das Kopfteil von der Körpermitte aus halbieren.

Das Schwanzstück von der Körpermitte aus halbieren.

Danach den Darm entfernen.

Das Schwanzfleisch aus der Hummerkruste mit Vorlegebesteck lösen.

Abschließend das Schwanzfleisch schräg in Medaillons schneiden.

> „Zum gekochten Hummer wurde ich Ihnen gerne einen trockenen bis halbtrockenen Riesling oder Weißburgunder servieren. Oder wünschen Sie lieber einen Chablis Premier Cru? Sehr gut passt auch Champagner zum Hummer."

4.2 Filetieren am Tisch

🇬🇧 tableside filleting   🇫🇷 filetage (m) sur la table

Man versteht darunter das Auslösen von Fischfilets und das Zerlegen und Portionieren von Fischen, die im Ganzen zubereitet wurden.

Arbeitsgeräte und Arbeitsrichtlinien

Man verwendet das **Fischbesteck,** mit dem die Haut abgezogen wird und die Filets von den Gräten abgetrennt werden.

Im Allgemeinen wird Fisch auf der Platte filetiert, auf der er von der Küche angerichtet wurde. Befinden sich auf der Platte mehrere Fische, so werden sie einzeln auf einen vorgewärmten Teller gelegt und zerteilt.

Eine spezielle Methode ergibt sich beim Anrichten von blaugekochten Fischen im Fischkessel, der gleichzeitig als Anrichtegeschirr und beim Filetieren als Arbeitsunterlage dient. Der Lochbodeneinsatz des ovalen Kessels kann an seinen Griffen herausgehoben und am Kesselrand eingehängt werden. Auf diese Weise liegt der Fisch nicht mehr im Sud, kühlt jedoch aufgrund des aufsteigenden Wasserdampfes nicht ab und kann außerdem beim Filetieren gut bearbeitet werden.

Filetieren von Rundfischen

Forelle blau

Zum Filetieren liegt die Forelle mit der Bauchöffnung zum Trancheur hin, der Kopf ist nach links gerichtet. Zunächst werden mit dem Fischmesser die Rücken- und Bauchflossen entfernt.

> Bei Rund- und Plattfischen (s. S. 408) ergeben sich durch Form, Größe und Anzahl der Filets sowie durch die Lage und den Richtungsverlauf der Gräten beachtliche Unterschiede.

> „Gut schmecken zur Forelle blau Weißweine von den Rebsorten Riesling, Weißburgunder, Müller-Thurgau oder, für besondere Liebhaber, die Kernerrebe aus Franken. Sollten Sie ausländische Weine bevorzugen, biete ich Ihnen gerne einen Chablis oder Loirewein oder einen Grünen Veltliner aus Österreich an."

Forelle an Kopf und Schwanz einritzen

Vom Rücken aus die Haut ablösen und entfernen

Filets längs an der Mittellinie trennen, portionieren oder ganz filetieren

Zweite Filethälfte ablösen und vorlegen

Forellenbäckchen ausheben

Angerichteter Teller mit zerlassener Butter

Um festzustellen, ob das freigelegte Filet grätenfrei ist, streicht man mit der Gabelspitze leicht längs über das Filet hinweg. Beim Vorlegen ist es erforderlich, das Filet mit der Unterseite nach oben zu drehen, damit die zweite Hautseite abgezogen werden kann.

Abschließend werden noch die Forellenbäckchen vorsichtig aus den Wangen herausgehoben und auf einer kleinen Scheibe Tomate angerichtet.

In der Praxis ist es aber auch üblich, das Rückenfilet ① und das Bauchfilet ② getrennt voneinander abzuheben. Zu diesem Zweck wird das Filet auf der über die Mitte verlaufenden sichtbaren Trennungslinie ③ markiert und die beiden Teilstücke in getrennten Arbeitsgängen, von der Mitte ausgehend nach oben bzw. nach unten von der Gräte gelöst und abgehoben.

Um an das Filet der anderen Fischseite heranzukommen, wird die Gräte abgehoben. Dabei fährt man zu ihrer Lockerung zunächst mit der Gabel an den Grätenenden entlang. Dann wird die Gräte am Schwanzende zwischen den Gabelzinken eingeklemmt und das ganze Gerüst einschließlich Kopf mit einer bogenförmigen Bewegung abgehoben.

Forelle nach Müllerinart

Im Gegensatz zur Forelle blau wird hier beim Verzehr die Haut nicht entfernt, denn durch das Braten ist eine gebräunte und sehr gut schmeckende Kruste entstanden.

Beim Filetieren ritzt man die Haut rundherum ein, entfernt die Flossen, löst das obere Filet in einem Stück von der Gräte ab und legt es zunächst neben der Forelle ab.

Nach dem Abheben des Grätengerüstes wird das untere Filet auf möglicherweise noch vorhandene Gräten hin überprüft und dann das obere Filet auf das untere zurückgelegt. Die beiden aufeinanderliegenden Filets richtet man auf dem Teller an. Auch bei dieser Anrichteweise dürfen die Bäckchen nicht vergessen werden, obwohl das Herauslösen aufgrund des gebratenen Zustandes der Forelle etwas schwieriger ist.

Andere Rundfische

Alle kleinen Portionsfische werden wie die Forelle filetiert. Die Filets von großen Fischen (z. B. Lachsforelle, Zander oder Lachs) zerteilt man in kleine Stücke, indem man auf dem Filet mit der Spitze des Fischmessers in Längs- und Querrichtung Einschnitte markiert. Die nun erkennbaren Stücke werden, am Rücken beginnend, mit Hilfe der Fischgabel und eines Fischhebers abgehoben.

Filetieren von Plattfischen

Steinbutt, Heilbutt

Bei diesen größeren Plattfischen wie Heilbutt und Steinbutt ist im Vergleich zu den kleinen Fischen eine andere Arbeitstechnik erforderlich. Nachdem der Plattfisch wie nebenstehend skizziert vorbereitet ist, wird in der Mitte längs ein Schnitt gesetzt und dann das obere und untere Filet in Tranchen aufgeteilt.

Schnitte
① = rund um den Kopf
② = entlang der Mittelgräte
③ = entlang der oberen Seitengräten
④ = entlang der unteren Seitengräten

Seezunge, Rotzunge, Scholle

Zum Filetieren dieser kleineren Plattfische dienen Löffel, Fischgabel und Fischmesser.

Mit einem Fischmesser die Flossensäume beidseitig lockern, vom Fisch wegziehen, auf den Resteteller legen.

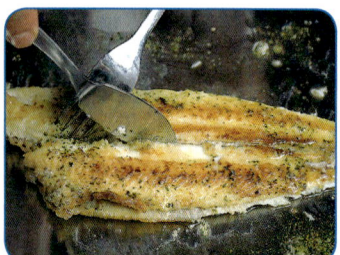

Fischmesser an der Mittelgräte entlang ziehen, dann die beiden Oberfilets ablösen.

Die Filets werden nun abgehoben und auf dem vorgewärmten Teller angerichtet.

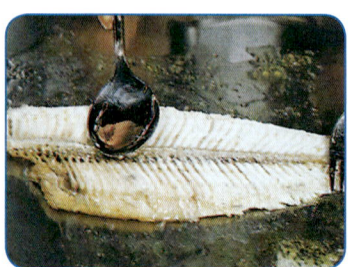

Danach streicht man mit dem Löffel über die offenliegende Gräte, damit sie sich leichter löst.

Die Mittelgräte löst man nun von den unteren Filets, hebt sie ab und legt sie auf dem Resteteller ab.

Die Fischfilets werden auf dem vorgewärmten Teller schön angerichtet und mit den Zitronenscheiben belegt.

Eine **Variante** in der Filetiertechnik bei Plattfischen ermöglicht noch rascheres Arbeiten:
Nach dem Entfernen des Flossensaums auf beiden Seiten der Mittelgräte mit dem Fischmesser längs einritzen.

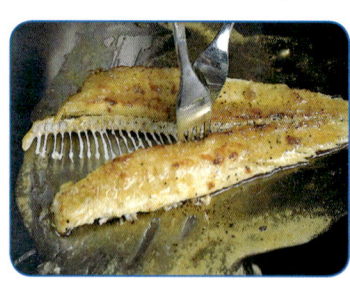

Mit zwei Fischgabeln wird rechts und links der Mittelgräte durch die Gräten gestochen.

Die Ober- und Unterfilets werden gleichzeitig von der Gräte gelöst.

Dabei arbeitet man vom Kopf zum Schwanzende und legt die Filets vor.

> „Meine Empfehlung zum gebratenen Fisch als korrespondierende Weine sind leichte bis mittelkräftige Weißweine. Zum Beispiel einen Silvaner Kabinett, trocken, aus Franken oder Rheinhessen, oder einen Gutedel aus Baden, einen Müller-Thurgau von der Pfalz sowie weiße Burgunderweine aus Frankreich oder italiescher Pinot Grigio."

4.3 Flambieren am Tisch

🇬🇧 tableside flambéing 🇫🇷 flambage (m) sur la table

Das Flambieren am Tisch des Gastes sollte in Grundzügen von jeder Restaurantfachkraft beherrscht werden. Ein gewisses Maß an Geschick, Routine und das Gefühl für die richtige Dosierung sowie einige Kochkenntnisse sind Voraussetzung, um beim Flambieren die gewünschte Qualität zu liefern und wohltuende Atmosphäre zu schaffen.

Arbeitsgeräte und Arbeitsrichtlinien

Arbeitsgegenstände und -geräte

Flambiert wird auf einem gasbeheizten Flambierwagen oder mit speziellen Tischrechauds, die mit Spiritus, Brennpasten oder Gaskartuschen betrieben werden.

Abb. 1 Flambierwagen

Darüber hinaus benötigt man:

- Vorlege- und Arbeitsbestecke (Löffel und Gabel),
- eine Gießkelle zum Dosieren der Spirituosen,
- eine Gabel, auf die eine halbierte Zitrone gesteckt ist, und die zum Rühren der Saucen gebraucht wird.

Die für die jeweiligen Zwecke erforderlichen Spirituosen wie Edelbrände, Geiste und Liköre müssen bereitstehen, wobei die Flaschen jeweils mit einem Ausgießer versehen sein sollten.

Arbeitsrichtlinien

Flambiert werden Fleisch, ausgelöste Krebstiere, Süßspeisen oder Früchte. Beim Abflämmen mit Spirituosen wird deren Geschmack auf die Speisen übertragen und sie geben diesen eine besondere Note. Die Spirituosenmenge soll so dosiert werden, dass der Eigengeschmack der jeweiligen Speise nicht überdeckt wird.

Abb. 2 Flambiergegenstände

Flambieren am Tisch setzt eine sehr sorgfältige und vollständige Vorbereitung voraus, denn der Flambiervorgang darf unter gar keinen Umständen unterbrochen werden.

Im Einzelnen ist zu beachten:

- Vor Arbeitsbeginn wird das Flambiergerät auf Funktionstüchtigkeit überprüft.
- Der Sicherheitsabstand zum Tisch des Gastes sollte etwa 1 Meter betragen.
- Die Pfanne darf beim Eingießen der Spirituose nicht zu heiß sein.
- Die Flamme kann auf unterschiedliche Weise entzündet werden:
  - entweder die Pfanne beiseiteziehen, die angemessene Spirituosenmenge zugießen, die Pfanne dann schräg über die Flamme des Rechauds halten, damit diese in die Pfanne überspringen kann,
  - besser ist es, die Spirituose in die Gießkelle (Louche) zu füllen, zu erwarmen und nach dem Entflammen über die Speise zu gießen.
- Die Höhe der Flamme sollte höchstens die Breite einer Hand betragen.
- Heiße Spiritusbrenner erst nach dem Abkühlen nachfüllen.
- Nach Beendigung des Flambierens muss bei gasbetriebenen Geräten das Sicherheitsventil der Gasflasche geschlossen werden.

Da es sich beim Flambieren um Hantieren mit offenem Feuer handelt, ist aus Sicherheitsgründen größte Vorsicht geboten.

Abb. 3 Flambierrechaud als Tischgerät

Flambieren von Früchten und Crêpes Suzette

Flambierte Sauerkirschen

- Den Zucker in der Pfanne schmelzen lassen, bis zu goldgelber Farbe erhitzen,
- zusammen mit der Butter schaumig rühren,
- etwas Kirschsaft und Kirschlikör angießen und reduzieren,
- die Kirschen zugeben und heiß werden lassen,
- Kirschwasser zugeben und flambieren,
- den Fond bis zur richtigen Konsistenz einkochen lassen und neben das angerichtete Eis geben,
- sofort servieren.

Zutaten für 2 Personen	
25 g	Zucker
20 g	Butter
0,1	Kirschsaft
1 cl	Zitronensaft
4 cl	Kirschlikör
200 g	Sauerkirschen, entsteint
4 cl	Kirschwasser, Vanilleeis

Abb. 1 Flambieren von Beeren

Mise en place der Zutaten auf Tablett stellen und zum Tisch bzw. Flambierwagen bringen

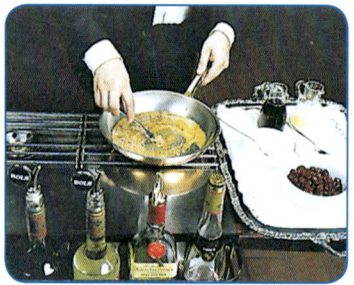

Zucker in der heißen Pfanne karamellisieren lassen und dann Butter zugeben

Mit Kirschsaft, Zitronensaft und Kischlikör ablöschen, etwas einkochen lassen

Sauerkirschen in die Sauce einlegen und erhitzen

Kirschwasser in Schöpfkelle (Louche) erhitzen und brennend über die Kirschen gießen

Die flambierten Kirschen neben dem Vanilleeis auf dem Teller anrichten

„Zu diesem schönen Dessert passt vorzüglich halbtrockener Sekt oder Champagner, aber auch ein lieblicher französischer Dessertwein wie ein Sauternes aus Bordeaux oder ein Côteaux du Layon aus dem Loire-Tal."

Flambierte Bananen

- Den Zucker in der Pfanne schmelzen,
- die Butter zugeben und schaumig rühren,
- den Orangensaft zugießen und gut durchkochen,
- die Bananenhälften in dem Fond erhitzen,
- mit dem Cognac bzw. Curaçao flambieren,
- Bananen herausnehmen und anrichten,
- den Fond bis zur angemessenen Konsistenz einkochen und über die Bananen gießen, garnieren.

Als **Garnitur** verwendet man einige Esslöffel Erdbeermark sowie Schokoladensauce oder Vanilleeis.

Zutaten für 2 Personen

2	Bananen
40 g	Zucker
30 g	Butter
2 cl	Bananenlikör
4 cl	Orangensaft, frisch gepresst
4 cl	Cognac oder Curaçao (Triple sec)

Vorbereitete Zutaten

Zucker-Butter-Karamell ablöschen

Bananenhälften in Pfanne legen und mit Fond übergießen

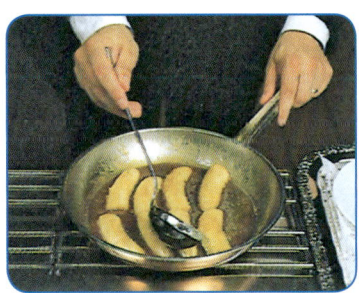

Mit Cognac und Curaçao flambieren

Bananen auf Teller neben dem Vanilleeis anrichten

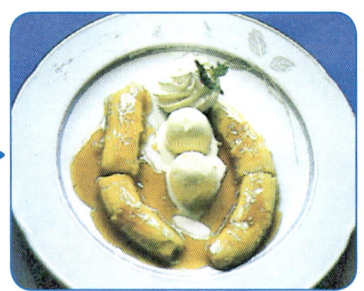

Sauce angießen und mit Pfefferminze garnieren

> „Hierzu passt ausgezeichnet eine kräftige, liebliche Scheurebe als Auslese aus Rheinhessen oder ein süßer Madeirawein aus Portugal. Gern serviere ich Ihnen auch ein Glas halbtrockenen Sekt oder Champagner."

Zutaten für 2 Personen

4 – 6	Crêpes	1	Zitrone (Saft)
40 g	Zucker	5 cl	Grand Marnier
50 g	Butter	3 cl	Cognac
2	Orangen (Saft)		

Crêpes Suzette

Crêpes sind hauchdünn gebackene Pfannkuchen die verschiedene Füllungen enthalten oder wie nachfolgend durch feine, mit zusätzlichen Aromen versehene Karamell-Butter-Saucen gezogen werden. Eine besondere Note erhalten diese Crêpes durch das Flambieren mit Weinbränden oder Likören.

Die Zutaten zusammen mit den Abeitsgeräten auf dem Gueridon oder einem Flambierwagen bereit stellen.

Zucker in der Pfanne schmelzen, goldgelb karamellisieren lassen, Butter hinzufügen, mit dem aufschäumenden Zucker verrühren.

Die Flamme kleiner stellen, die entstandene Masse an den Pfannenrand schieben und die Säfte in die freie Hälfte gießen.

Saft und Zuckermasse mithilfe der aufgesteckten Zitrone vermischen, dann den Grand Marnier zugeben und aufkochen.

Vorgebackene Crêpes nacheinander in die Pfanne legen, durch die Sauce ziehen und wenden.

Die Crêpes-Sauce zu einem Dreieck zusammenlegen und dann beiseite schieben.

In einer Schöpfkelle den Cognac direkt an der Flamme erwärmen, entzünden und brennend über die Crêpes verteilen.

Pro Gast zwei Crêpes auf vorgewärmten Tellern anrichten.

Mit Sauce und gerösteten, gehobelten Mandeln garnieren.

„Zu Crêpes passen liebliche Schaumwene oder ein kräftiger Gewürztraminer sowie nicht zu dominante Likörweine."

4.4 Speisezubereitung am Tisch

🇬🇧 tableside cooking 🇫🇷 préparation (w) des mets à la table

Zubereiten von Salaten und Salatdressings

Dem Zubereiten von Salaten am Tisch kommt eine ganz besondere Bedeutung zu. Unmittelbar vor dem Verzehr zubereitete Speisen haben ein angenehmeres Aussehen und vermitteln einen höheren Genuss. Diese Art von Zubereitung ist allerdings sehr aufwendig und deshalb nur in begrenztem Umfang anwendbar (s. S. 185).

Geeignete Salate

Salate, die erst einige Zeit in der Marinade ziehen müssen, sind für das Zubereiten am Tisch des Gastes ungeeignet. Geeignet sind dagegen alle zarten Salate und Gemüse, die die Marinade oder Salatsauce (Dressing) rasch annehmen.

Bereiten von Salatsaucen

Wenn sich ein Restaurant dazu entschließt, Salatsaucen am Tisch frisch zuzubereiten, dann darf das nur auf entsprechendem Niveau geschehen.

Dabei sollten unbedingt folgende Voraussetzungen erfüllt sein:
- Erstklassige Zutaten müssen in angemessener Auswahl und Menge zur Verfügung stehen,
- die Bedienungsfachkräfte müssen so geschult sein, dass sie in der Lage sind, die Zutaten richtig zu dosieren und zusammenzustellen sowie den Salaten die geeigneten Saucen zuzuordnen.
- Bei der Herstellung der Salatsauce ist darauf zu achten, dass die Zutaten mit einem Tafellöffel oder einem Kaffeelöffel kontrolliert abgemessen werden.
- Die Salatsauce wird im Allgemeinen separat zubereitet. Erst nach Fertigstellung der Salatsauce wird der Salat mariniert.

Dafür gibt es nachfolgende Möglichkeiten:

Anrichten von Salaten
Salate können auf Glasplatten, in Glasschalen, in Glaspokalen oder auf flachen oder tiefen Tellern attraktiv angerichtet werden.

Geeignet
- alle Blattsalate
- rohe Gemüse wie Tomaten, Gurken, Karotten, Sellerie

Ungeeignet
- rohe Gemüse wie Rot- und Weißkohl
- gegarte Gemüse wie Bohnen, Blumenkohl
- Sellerie, Spargel

Zubereiten einer Cocktailsauce

Zutaten für die Sauce:
Mayonnaise, Ketchup, Tabasco, Worcestershire-Sauce, Salz, Pfeffer, Cognac

Alle Zutaten gründlich in einer Schüssel verrühren und danach mit einem Löffel über den angerichteten Chicoreesalat ringförmig fließen lassen.

Zubereiten einer Essig-Senf-Sauce

Zutaten für die Sauce:
Dijonsenf, Olivenöl, Weißweinessig, Salz und Pfeffer aus der Mühle

Die Zutaten in einer Glasschüssel verrühren, danach den Feldsalat untermischen und auf den Salattellern anrichten.

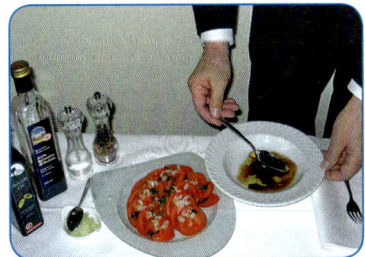

Zubereiten eines Balsamico-Dressings

Zutaten für die Sauce: Balsamico-Essig, Avocadoöl, Salz, Pfeffer, gewürfelte Schalotten, gehacktes Basilikum

Die Zutaten in einen Suppenteller geben und gut verrühren, danach über die vorbereiteten Tomatenscheiben träufeln.

657

Pariser Pfeffersteak

Die Steaks werden in der Küche gesalzen, der Pfefferschrot angedrückt und gleich scharf angebraten. Anschließend wird das Pfeffersteak im Restaurant flambiert und fertiggestellt.

- Die Zutaten werden am Guéridon bereitgestellt,
- Pfanne zur Saucenzubereitung auf dem Rechaud erwärmen,
- Butter in der Pfanne zergehen lassen und die Zwiebelbrunoise darin glasig anschwitzen,
- grüne Pfefferkörner zugeben,
- mit dem Rotwein ablöschen,
- Sauce Demiglace hinzufügen, würzen und aufkochen,
- Sahne unterrühren und die Sauce bei kleiner Flamme sämig einkochen lassen,
- die vorgebratenen Steaks in einer zweiten Pfanne in heißem Öl beidseitig bis zum gewünschten Bratgrad weitergaren,
- über dem Ablageteller Cognac in die Louche füllen, Pfanne beiseiteziehen, den Cognac über der Flamme erhitzen und entzünden,
- den Cognac mit Vorsicht über die Steaks gießen,
- nach dem Erlöschen der Flamme die Pfeffersteaks auf den Tellern anrichten,
- die Sauce nochmals kurz aufkochen und halbseitig über die Steaks nappieren,
- die fertig angerichteten Teller den Gästen einsetzen.

Zutaten für 2 Personen

2	Rinderfiletsteaks
20 g	Butter
10 g	Pfefferschrot schwarz
50 g	Zwiebelbrunoise
10 g	grüne Pfefferkörner
100 g	Rotwein
10 g	Öl zum Braten
100 g	Sauce Demiglace
50 g	Sahne
	Cognac zum Flambieren

Mise en place der Zutaten mit vorgebratenem Steak

Angeschwitzte Zwiebelwürfel mit Sauce Demiglace aufgießen

Sauce würzen und abschmecken

Sahne und grüne Pfefferkörner dazugeben

Steak fertig braten und auf Wunsch des Gastes flambieren

Steak auf heißem Teller mit Beilagen anrichten

4.5 Servieren vom Wagen

🇬🇧 trolley service 🇫🇷 service (m) de chariot

Bei diesem Service werden die auf dem Wagen bereitgestellten kalten oder warmen Speisen bzw. Getränke an den Tisch des Gastes herangefahren, präsentiert und vom Wagen aus serviert, z. B.:

- kalte Vorspeisen oder Salate,
- frische Fischarten auf Eis zur Auswahl,
- kleine Speisenfolgen in der Reihenfolge Suppe, Hauptgericht und Desserts,
- Käse, warme und kalte Desserts oder Kuchen,
- Spirituosen als Digestifgetränke.

Bei dieser besonderen Servierart werden die auf Brettern, Platten, Chafing-dishes bzw. in Schüsseln angerichteten Speisen erst vor dem Gast auf Teller bzw. Schalen vorgelegt oder in Gläser gefüllt und serviert.

Abb. 1 Dessertwagen

Präsentieren und Servieren von Käse

Nach einer Mahlzeit werden dem Gast verschiedene Käsesorten (s. S. 466) zur Auswahl angeboten. Die Käse sind auf einem Brett mit Glasglocke (Cloche) oder einem Käsewagen angerichtet und werden zum Tisch des Gastes gebracht.

Für die Käseempfehlung und den Service sollte fachlich geschultes Servierpersonal zuständig sein, um den Gästen die unterschiedlichen Geschmacksrichtungen der Käsesorten erklären zu können. Zum Zerteilen und Vorlegen der Käse müssen ausreichend Besteckteile zur Verfügung gehalten werden, um ein appetitliches Anrichten zu ermöglichen.
Zum Käse passende Garnituren sowie verschiedene Brotsorten müssen bereitgestellt werden.

Abb. 2 Brett mit Käseauswahl

Aufgaben

1. Welche Anforderungen sind nötig, um eine eigene Servicestation führen zu können?
2. Nennen Sie 6 Beispiele für Spezial-Gedecke und beschreiben Sie diese im Einzelnen.
3. Nennen Sie die Arbeitsgeräte und die Arbeitsrichtlinien für das Tranchieren.
4. Beschreiben Sie den Ablauf für das Tranchieren von Chateaubriand, Rehrücken und Ente.
5. Nennen Sie die Arbeitsgeräte und die Arbeitsrichtlinien für das Filetieren.
6. Erklären Sie Ihrem/r Kollegen/in das Filetieren einer Forelle blau und einer Seezunge.
7. Beschreiben Sie die Arbeitsgeräte und die Vorsichtsmaßnahmen, die beim Flambieren wichtig sind.
8. Welche Arbeitsrichtlinien gelten für das Flambieren?
9. Beschreiben Sie das Flambieren von Crêpes Suzette und Pariser Pfeffersteak.

5 Zigarrenservice

Dem Zigarrenservice wird im Restaurant eine besondere Aufmerksamkeit gewidmet. Neben einer speziellen Zigarrenkarte für den Gast erfordert diese Form von Service eine sachgerechte Pflege und Lagerung der Zigarren sowie deren Präsentation.

In vielen Hotels und Restaurants gibt es für den Genuss von Tabakwaren eigene Salons, in die sich die Raucher zurückziehen können. **Auf den Nichtraucherschutz muss geachtet werden.**

Pflege und Lagerung

Zigarren werden in der Regel in Klimaschränken, auch Humidors genannt, gelagert. Diese schaffen für die Zigarren ein perfektes Klima.

Es gibt auch die Möglichkeit, Zigarren in Klimakisten, auch Boitair genannt, aufzubewahren. Diese Kisten funktionieren aber nur im Zusammenhang mit einem Wein-Klima-Schrank, dabei wird die Box in der Rotweinzone gelagert. Durch Schlitze an der Rückseite und im Boden gelangt die ideal klimatisierte Luft der Rotweinzone mit 16°C und 70 % relativer Luftfeuchtigkeit zu den Zigarren.

In der Klimakiste ist an der Deckelunterseite ein Klimakontroller untergebracht, bestehend aus einem abnehmbaren Hygrometer und einem fest installierten Thermometer. Der Hygrometer sollte alle drei Monate auf Funktionsgenauigkeit überprüft und neu justiert werden. Dazu legt man ihn für 30 Minuten auf ein gut angefeuchtetes Tuch. Er muss nach Ablauf der Testzeit 95 % Luftfeuchtigkeit anzeigen.

Verkauf und Präsentation

Eine attraktive Zigarrenkarte kann den Gästen zusammen mit der Digestifempfehlung gereicht werden.

Wollen die Gäste eine Zigarre auswählen, präsentiert man das Angebot immer am Guéridon. Der Boitair ist mit Zigarren aus verschiedenen Tabaksorten und mit unterschiedlichen Formaten bestückt.

Zigarrenservice

Für diesen Service werden bereitgestellt:
- Zigarrenabschneider und Zigarrenschere
- Kerze und Zündhölzer
- Fidibusse (dünne Zedernholzspäne)
- Aschenbecher

Nachdem der Gast sich eine Zigarre ausgewählt hat, bekommt er diese von der Restaurantfachkraft mit der Zigarrenzange gereicht. Mit dem Zigarrenabschneider bereitet er sich die Zigarre vor und erhält von der Restaurantfachkraft einen Fidibus, der an der brennenden Kerze entzündet wurde.

Abb. 1 Präsentation von Zigarren

Abb. 2 und 3 Unterschiedlich bestückte Boitairs

Abb. 4 Zigarrenabschneider

Mitarbeiterschulung Servicepersonal

Ihr Chef bittet Sie, sich Gedanken über eine Mitarbeiterschulung für das Servicepersonal zu machen und diese durchzuführen. Dabei soll auch die Möglichkeit geprüft werden, inwieweit es heutzutage noch möglich ist, gehobenen Service ins Alltagsgeschäft einzubauen.

Planung

1. Lassen Sie sich von Ihren Kolleginnen und Kollegen Vorschläge machen, welche
   - besonderen Serviertechniken,
   - Spezialgedecke,
   - Arbeiten am Tisch des Gastes wie Tranchieren, Filetieren, Flambieren und
   - Speisenzubereitungen

   gezeigt und geübt werden sollen.

2. Prüfen Sie, welche Gerätschaften hierfür im Hause vorhanden sind.

3. Erstellen Sie eine Liste mit den Vorschlägen, besprechen Sie diese mit den Mitarbeitern und legen Sie dann gemeinsam den Umfang der Schulung fest.

4. Erstellen Sie einen Zeit- und Kostenrahmen für die Schulung.

Vorbereitung

1. Beauftragen Sie Kolleginnen und Kollegen mit den Mise-en-place-Arbeiten für die verschiedenen Schulungsinhalte.

2. Geben Sie hierzu im Einzelnen genaue Arbeitsanweisungen.

Durchführung

1. Lassen Sie die Materialien für die einzelnen Arbeiten herrichten.

2. Überprüfen Sie alle gemeinsam die Mise en place.

3. Lassen Sie die einzelnen Arbeiten nach und nach durchführen und geben Sie wenn nötig Hilfestellung.

Abb. 1 Vorrichtung zum Schneiden von dünnen Schinkenscheiben aus der Keule im Restaurant

Arbeiten im Bankett-bereich

Veranstaltungen wie z. B. Hochzeit, Firmung, Jubiläum sind in mittleren und größeren Häusern ein regelmäßiger, eigenständiger und wichtiger Bestandteil des Umsatzvolumens. Ihre Bedeutung wird durch die Tatsache unterstrichen, dass viele Hotels eine eigene Bankettabteilung unterhalten und dass es bereits ausgesprochene **Veranstaltungs- und Tagungshotels** gibt.

1 Organisationsstruktur

⬛ structure of organization ⬛ structure (w) de l'organisation (w)

Die Bankett- oder Veranstaltungsabteilung eines Hotels arbeitet nach einer anderen Organisationsstruktur als À-la-carte-Restaurants. Die Abteilung wird vom Bankett-Management geleitet und betreut.

Bankett-Manager/-in

Neben einer gründlichen Fachausbildung ist eine zusätzliche Qualifikation als **Hotelbetriebswirt/-in** wünschenswert. Die Bankett-Abteilung hat eine kreative Ausrichtung. Der/die Bankett-Manager/-in hat darauf zu achten, dass kaufmännische Grundsätze, inbesondere Wirtschaftlichkeitsprinzipien, eingehalten werden. Der Aufgabenbereich umfasst:

- Verantwortung je nach Betriebsstruktur gegenüber der Gesellschaft bzw. der Geschäftsleitung,
- Erstellung von Bankett-Arrangements und Veranstaltungsunterlagen,
- Führung von Beratungsgesprächen mit Gästen/Kunden,
- Abschließen von Bankettvereinbarungen,
- Information aller am Bankett beteiligten Abteilungen des Hotels.
- Koordinationspflicht mit den Abteilungen,
- Erstellung von Organisationsplänen,
- Verantwortung bei Vorbereitung, Durchführung und Abschluss eines Banketts.

2 Organisationsmittel

⬛ organization means ⬛ moyens (m) de l'organisation (w)

Für den Verkauf von Veranstaltungen ist es wichtig, dass sich das Unternehmen mit seinem Angebot auf dem Markt präsentiert und Werbung betreibt. Dazu wird eine **Bankett- oder Veranstaltungsmappe** erstellt und diese auch im Internet präsentiert.

Bankett- und Veranstaltungsmappe

Die Mappe enthält:
- Hinweise auf den idealen Standort:
  - abseits vom Alltagslärm im Grünen gelegen,
  - dennoch günstige Anbindung zu Autobahnen,
  - in der Nähe eines internationalen Flughafens.
- Hinweise auf die Rahmenbedingungen des Hauses:
  - Räumlichkeiten mit Raumplänen und Raumgrößen, Nutzungsmöglichkeiten und Sitzordnungen,
  - Tagungs- und Kommunikationstechnik,
  - Vermittlungen von Bühnen, Musik, Laufstegen usw.

- Hinweise auf das Beherbergungs- und Bewirtungsangebot:
  - Anzahl, Art und Ausstattung der Gästezimmer,
  - Speisen- und Getränkeangebot,
  - zusätzliche Einrichtungen im Wellness- und Fitnessbereich.

Verkaufsabteilung

Um effektiv arbeiten zu können, sind folgende Voraussetzungen notwendig:
- ein Verkaufsbüro, eingerichtet mit allen gängigen Medientechniken,
- gut geschultes Verkaufspersonal, das in Kenntnis aller betrieblichen Möglichkeiten sachkundig fundierte und überzeugende Verkaufsgespräche führen kann.

Veranstaltungsplan

Der Veranstaltungsplan, in dem alle vereinbarten Veranstaltungen registriert werden, dient verschiedenen Zwecken:
- Er ist in Verbindung mit dem Veranstaltungs-Auftrag die Grundlage für das Erstellen der Veranstaltungsvorschau im Hinblick auf die jeweils kommende Woche. Die Vorschau dient zur Information aller Abteilungen des Hotelbetriebes und ist für die sorgfältige Vorbereitung und Durchführung der Veranstaltung außerordentlich wichtig.
- Der Plan ist darüber hinaus die Grundlage zur Vorbereitung der Informationstafel in der Empfangsabteilung für die zur Veranstaltung eintreffenden Gäste.
- Der Plan informiert außerdem die Verkaufsabteilung jederzeit darüber, welche Räume zu welchen Zeiten noch für weitere Veranstaltungen zur Verfügung stehen.

Beispiel siehe unten.

Hilfsmittel des Verkaufs

Es gibt eine ganze Reihe von Hilfs- und Organisationsmitteln, die dazu dienen, den Auftraggeber rasch und umfassend über das gastronomische Angebot zu informieren. Die Wünsche des Gastes können damit schnell, lückenlos und detailliert erfasst werden.

Abb. 1 Anfahrtsskizze zu einem Tagungshotel

Veranstaltungsplan

Datum ↓ Raum →	Bad Soden	Eschborn	Kronberg	Königstein	Harz
Montag 3. 4.		19³⁰ bis 22⁰⁰ Lichtbildervortrag Kunstverein		16⁰⁰ bis 20⁰⁰ Weinprobe Fa. Reinhard	
Dienstag 4. 4.	10³⁰ bis 13⁰⁰ Empfang der IHK			13⁰⁰ bis 20⁰⁰ Skatmeisterschaft	10⁰⁰ bis 16⁰⁰ Symposion Innere Medizin
Mittwoch 5. 4.		11³⁰ bis 16⁰⁰ Familienfeier Rudolf			9⁰⁰ bis 18⁰⁰ Jahreshauptvers. d. Kleingärtenv.
Donnerstag 6. 4.	9³⁰ bis 15⁰⁰ Wohnungsbauges. Herr Franke			10⁰⁰ bis 14⁰⁰ Jubiläumsempfg. Fa. Helm	
Freitag 7. 4.			11⁰⁰ bis 17⁰⁰ Hochzeitsfeier Lehnert		
Samstag 8. 4.			8³⁰ bis 18⁰⁰ Seminar „Betriebsberatung"		
Sonntag 9. 4.		12⁰⁰ bis 16⁰⁰ Konfirmation Fam. Huber			

Raumplan

Der Raumplan gibt Auskunft über die vorhandenen Räume sowie die unterschiedlichen Möglichkeiten der Nutzung.

Der Plan macht die Raumgrößen, die Bestuhlungsvarianten und die damit im Zusammenhang stehenden Personenzahlen ersichtlich. Für eine Veranstaltung ist somit eine rasche Ermittlung der geeignetsten Räumlichkeiten gegeben.

Abb. 1 Orientierungsplan zu den Veranstaltungs-Räumlichkeiten

Übersicht über Räumlichkeiten

Raum	m²	Länge in m	Breite in m	Höhe in m	Konferenzen, Tagungen, Seminare					Gesellschaftl. Anlässe		
					Parlament	Block	U-Form	T-Form	Theater	Cocktail	Büfett	Lunch/Dinner
Bad Soden	27	7,55	3,60	2,55	20	18	18	17	30	30	–	20
Eschborn	27	7,55	3,60	2,55	20	18	18	17	30	30	–	20
Kronberg	27	7,55	3,60	2,55	20	18	18	17	30	30	–	20
Königstein	27	7,55	3,60	2,55	20	18	18	17	30	30	–	20
Harz	72	10,41	7,10	2,54	50	32	30	30	70	100	50	60
Frankfurt	54	7,00	7,70	3,20	28	26	24	20	45	60	35	40
Spessart	54	11,40	4,75	3,20	32	36	28–32	30	80	80	32	50
Main/Taunus	65	11,40	5,75	3,20	32	36	28–32	30	80	80	32	50
Eifel	57	11,40	5,00	3,20	32	36	28–32	30	80	80	32	50
2 Räume	120	11,40	10,00	3,20	70	Karree 56	42	40	170	160	70	120
Ganzer Saal	176	11,40	15,50	3,20	140	Karree 80	80	52	250	200	140	200

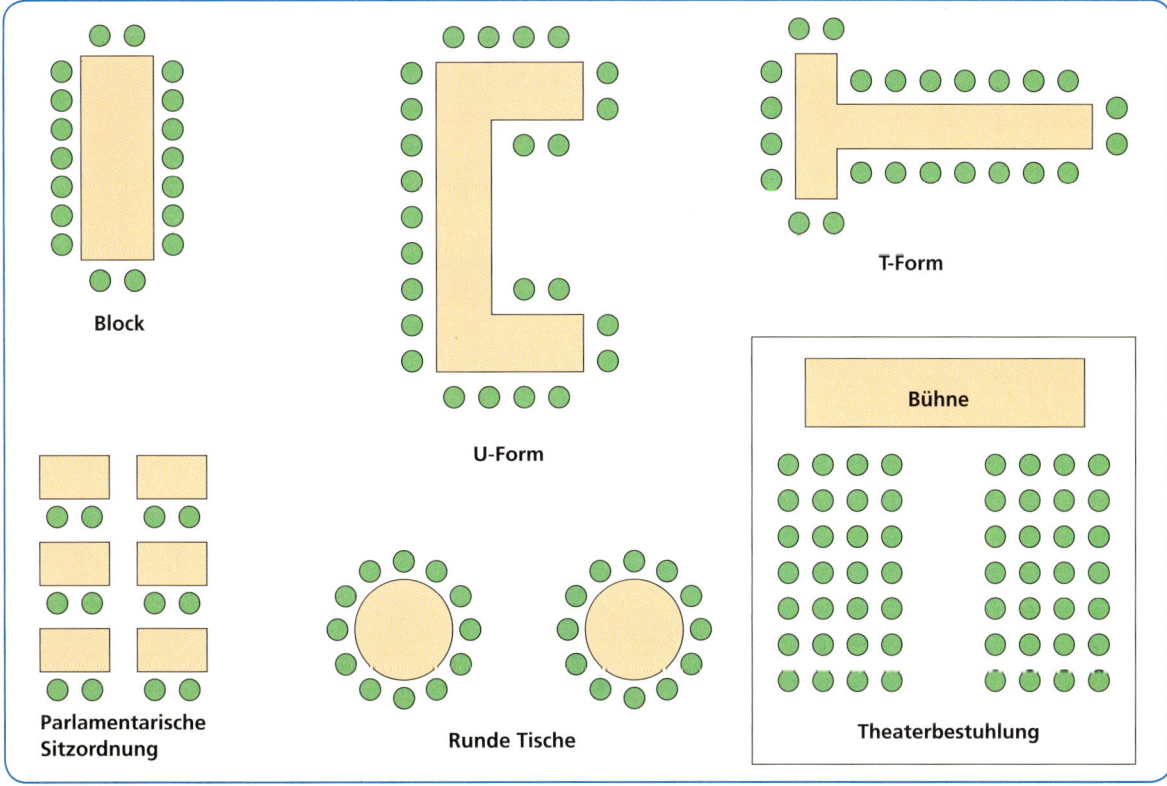

Abb. 1 Bestuhlungsplan und Tafelformen für Tagungen, Konferenzen, Präsentationen und Bankette

Checklisten

Beim Verkaufsgespräch für eine Veranstaltung darf nichts vergessen werden. Zu diesem Zweck gibt es Checklisten, in denen die entsprechenden Wünsche abgefragt, angekreuzt bzw. eingetragen und für die weitere Bearbeitung festgehalten werden.

Checkliste für Materialien und Vermittlungen

1. Stichwort der Veranstaltung	M-Seminar	

2. Zeitraum:	Anreise-Tag	17.11. ..
	Abreise-Tag	19.11. ..

3. Teilnehmer:

Teilnehmerzahl:	28

4. Unterbringung: Im Holiday Inn	24	2
	E-Zi.	D.-Zi.
Zusätzl. Hotel	–	–
	E-Zi.	D.-Zi.
Anzahl der Nächte	2	

5. Technische Anlagen und Ausstattung

Zur Verfügung stehen:

x	Rednerpult, Tischglocke	
	Podium	
	Funkmikrofon	
	Standmikrofon	
	Tischmikrofon	
	Tischpult	
x	Flip-Chart	
x	Tafel und Kreide	
x	Zeigestock/Pointer	
x	Projektionswand + Tisch	
	Beamer	
	Filmprojektor	
x	Internetanschluss	
x	WLAN	
x	Overheadprojektor	
	Spotlight	
	AV-Gerät	
	Simultananlage	
	Diktiergerät	
	Videogroßwand	
	Fernsehkameras	

	Computer	
	Schreibmaterial	
	Vervielfältigungsgerät	
	Überraschung	
Wir vermitteln:		
	Fotografen	
x	Sekretärin	
	Hostessen	
	Floristen	
	Grafiker	
	Musiker	
	Videoteam	
	Ausflüge	
	Damenprogramme	
	Pressekontakte	

6. Drucksachen-Checkliste

	Zu Ihrer Verfügung stehen:	benötigte Anzahl
x	Hotelprospekte	28
x	Wegweiser	1
	Infomations-Prospekte	
x	Frankfurt, Stadtplan	28
x	Frankfurt, Veranstaltungskalender	28
	Menükarten	

Wir organisieren für Sie zum Selbstkostenpreis den Druck von:

	Einladungen jeglicher Art	
	Antwortkarten	
	Veranstaltungs-Programmen	
	Umschlägen	
	Pressemitteilungen	
x	Mappen	28
	Tischkarten	

Checkliste für Speisen und Getränke

1. Tagungen, Konferenzen	(Gewünschtes bitte ankreuzen)	Ja	Nein
Zum Empfang der Teilnehmer:	Begrüßungsdrink	x	
Empfangsparty am Vorabend:	als Poolparty		x
	als Cocktailparty	x	
	– mit Hors d'œuvres		x
	– Fingerfood		
Zum Frühstück:	Büfett		x
Erfrischungen:	Konferenzgetränke	x	
Kaffepause vormittags:	mit gemeinsamem Imbiss	x	
	ohne gemeinsamen Imbiss		
Mittagessen:	3-Gänge-Menü oder leichter Manager-Lunch	x	
	Arbeitsessen		
Kaffeepause nachmittags:	mit Gebäck	x	
	ohne Gebäck		
	kalte Getränke	x	
Abendessen gemeinsam:	festliches Dinner		x
	Grillparty (bei schönem Wetter)	x	
	Spezialitäten-Büfett		
Abschlussabend mit Selbstbedienung vom Büfett:	**Original Hessenabend:** Hessische Spezialitäten, Getränke und Musik		
	Fiesta Siciliana: Italienische Speisen und Getränke mit italienischer Musik	x	
	Pusztanächte: Ungarische Speisen und Getränke mit Musik		
	Soirée Parisienne: Französische Spezialitäten, Käse und Wein mit Original-Musik		
2. Feiern Zu jeglichem Anlass arrangieren wir für Sie:	Verlangen Sie unsere Vorschläge für:		
Betriebsfeiern:	Weihnachtsfeiern		
	Jubiläen		
Familienfeiern:	Taufe		
	Geburtstag		
	Konfirmation		
	Kommunion		
	Verlobung		
	Hochzeit von Grün bis Diamant		
Vereins- und Clubfeiern:	Kostümbälle		
	Ehrenabende		
	Sommernachtsbälle		

Platz für Ihre Ideen oder Sonderwünsche:

Veranstaltungs-Auftrag

Die Ergebnisse des Verkaufsgesprächs und die in den Checklisten eingetragenen Wünsche des Bestellers werden in einem Veranstaltungs-Auftrag schriftlich festgehalten. Durch die Unterschrift des Auftraggebers erhält dieser vertraglichen Charakter und ist die Grundlage

- für die Vorbereitung und Durchführung der Veranstaltung von Seiten des Betriebes,
- für eventuelle Rückfragen und Klarstellungen,
- für das Abrechnen mit dem Auftraggeber.

Veranstaltungs-Auftrag/Bankett-Vereinbarung

lfd. Nr. 183

Datum: Mittwoch den 28. 5. ..	Art der VA: Konferenz
Veranstalter: Verband Deutscher Makler	Tel.: 03 46/56 35 07
bestellt durch: Frau Steinhuber	Fax: 03 46/56 35 07

Rechnungsanschrift: 31468 Immobilienstadt, Neuweg 7

Text für Informationstafel: /

angen. am: 20. 3. ..	durch: Reinhard	Tel. ☐ Korr. ☐ Pers. ☒ Fax ☐	
Uhrzeit: von 7⁰⁰ bis 8⁰⁰	Personen: 68/Frühstück	Raum: Frühstück 1	Tischplan: /
Uhrzeit: von 9⁰⁰ bis 12³⁰	45/Konferenz	Harz	Parlament
Uhrzeit: von 13³⁰ bis 15³⁰	64/Diner	Großer Saal	runde 8er Tische
Uhrzeit: von bis			

Getränke:
Abrechnung nach Verbrauch – Berechnung nach Getränke-Karte

zur Konferenz:	Mineralwasser und Säfte eingedeckt	ja ☒	nein ☐

Kaffeepausen: vorm.:   Kaffee und Tee
                          nachm.: bereithalten

zum Empfang:

zum Essen: nach Wahl (kleine Getränkekarte erstellen, passend zum Menü)

nach dem Essen: Digestifgetränke anbieten

Speisen: Tischreden: keine

Uhrzeit: 13³⁰   Personen: 68   Raum: Großer Saal

Tatar von gebeiztem Lachs

Briesklößchen auf Lauchstreifen mit Safransauce

Sorbet von Ananas und Erdbeeren

Tournedos
Bearner Sauce
Feine Gemüseauswahl
Mandelkroketten

Crêpes Suchard

Preis: 35,00 €

Bemerkungen: Zur Kaffeepause vormittags belegte Brötchen (Schinken und Käse) nachmittags Kuchen und Teegebäck

Menükarten: 64	à 3,00 €	Mikrofone: 2	Preis:	20,00 €
Blumen: 8 kleine Gestecke	à 20,00 €			
Tabakwaren:		Filmprojektor: 1	Preis:	30,00 €
Fotograf: Zeit:		Beamer:	Preis:	
Bereitstellungskosten:		Overhead:	Preis:	
Garderobe: € pauschal ☐ individuell ☐		Internetanschluss:	Preis:	
Kerzen: keine Flipchart: ✗				
Podium:		Leinwand: 1	Preis:	10,00 €
Musik: Tanzfläche:		Laufsteg:	Prüfungs-Verm.	
GEMA: Tanzerlaubnis:		Telefon:		

Datum: 20. 3. ..	Steinhuber
	Unterschrift des Bestellers/Veranstalters

③ Vorbereiten und Durchführen eines Banketts

🇬🇧 preparing and managing a banquet
🇫🇷 mise (w) en place et la réalisation d'un banquet

Bankette sind **Sonderveranstaltungen**, bei denen ein festliches Essen im Mittelpunkt steht. Die folgenden Ausführungen dienen dazu, an einem Beispiel alle organisatorischen Überlegungen und Maßnahmen aufzuzeigen. Eine ergänzende Liste informiert die Gäste über ihren Platz an der Festtafel. Diese wird, für die Gäste leicht zu erkennen, an einer Tafel im Eingangsbereich aufgestellt.

Bankettvereinbarung

Diese schriftliche Aufzeichnung, in der alle mit dem Auftraggeber besprochenen Details festgehalten werden, ist die Grundlage:
- für die Vorbereitung und Durchführung des Banketts sowie für eventuelle Rückfragen und Klarstellungen,
- für den Mitarbeitereinsatz,
- für die Abrechnung mit dem Auftraggeber.

Planungsmaßnahmen

Den vorbereitenden Arbeiten kommt eine besondere Bedeutung zu, denn je sorgfältiger diese erledigt werden, desto wahrscheinlicher ist die reibungslose Durchführung des Banketts. Dabei ist zu unterscheiden zwischen den vorbereitenden Planungsmaßnahmen und den eigentlichen Vorbereitungsarbeiten, dem Mise en place.

Information

Alle betroffenen Abteilungen erhalten eine Kopie der Bankettvereinbarung. Sie informiert über den Zeitpunkt der Veranstaltung und ist die Basis, mit der die Abteilungen ihre Arbeitsbeiträge planen können.

Tafelorientierungsplan

Wie aus dem Namen hervorgeht, handelt es sich um einen Plan, der zur Orientierung an der Festtafel dient: einerseits für die Gäste und andererseits für das Servierpersonal. Dazu erhält der Service aus der Bankettvereinbarung in unserem Beispiel folgende Hinweise: • Personenzahl: 32 • Tafelform: U-Form

Darüber hinaus teilt der Veranstalter mit:
- Unter den Gästen befinden sich 8 Ehrengäste.
- Eine namentliche Liste der Gäste enthält die Reihenfolge für die Sitzordnung.

Aus diesen Vorgaben leitet sich der Aufbau der Festtafel ab (siehe rechts oben).

Obwohl man bei kleineren Veranstaltungen im allgemeinen Tischkarten verwendet, soll an dieser Stelle beispielhaft die Gästeliste angedeutet werden.

Tafelorientierungsplan (Gäste)

Gästeliste	
Name d. Gastes	Platz
Frau Domes	32
Herr Domes	1
Herr Reimann	2
Frau Rosenbach	3
Herr Dahlberg	4
Frau Ahrend	31
Frau Brunner	30
Herr Lehmann	29
Frau Seibert	5
Herr Neumann	6
Herr Rudolf	7
Frau Prange	8
Frau Libert	9
usw. …	

Abb. 1 Festliches Gedeck

Hotel STADT MÜNCHEN
Bankettvereinbarung

Veranstalter:	Fa. Müller & Co.	Wochentag:	Mittwoch
Besteller:	Frau Bertram	Datum:	15. 11. ..
Bestelleranschrift:	Hofgartenstr. 17 – 19, 80011 Imdorf		
Rechnungsanschrift:	31468 Immobilienstadt, Neuweg 7		
angenommen am:	31. 10. ..	durch:	Reinhold Michel

Personenzahl:	32	Raum:	Paris	Tafelform:	V-Form
Beginn:	13⁰⁰	Ende:	ca. 15⁰⁰		

Getränke

Aperitif:

Sekt, Orangensaft, Sektcocktail

zum Essen:

Erdener Treppchen, trocken

Beilsteiner Sankt Annagarten

Spätburgunder Spätlese, trocken

nach dem Essen:

Kaffee, Cognac, Cremeliköre

Menü

Geräuchertes Forellenfilet
Sahnemeerrettich
Toast und Butter
....
Klare Ochsenschwanzsuppe mit Sherry

Kalbsmedaillons mit Morchelrahm
Spargel, Erbsen, Karotten
Dauphinekartoffeln
Salatherzen
....
Birne Helene

Preis: 38,50 €

Bemerkungen: Jubiläum des Hauptgeschäftsführers Domes

Tischreden: nach der kalten Vorspeise und nach dem Hauptgang

Menükarten:	werden vom Haus bereitgestellt		Kopien an:	
Blumen:	Bodenvasen, Tischgestecke	Kerzen:	Küche	☒
Lautsprecheranlage:			Restaurant	☒
Fotograf:		Uhrzeit:	Empfang	☒
Musik, Tanz:		Art der Bezahlung:	Technik	☐
Gema, Tanzerlaubnis:				
Garderobe:				

31. 10. ..	Bertram
Datum	Unterschrift

Mise en place

Bereitstellen der Tisch- und Tafelgeräte

Gänge	Tafelgeräte und sonstige Geräte	Fest-tafel	Service-tisch
Vorspeise	• Fischbesteck • Brotteller, Mittelmesser • Weißweingläser	32 32 32	2 2 3
Suppe	• Mittellöffel • Suppengedecke	32 –	3 35

Hauptgang	• großes Messer und große Gabel
	• Roséweingläser
	• Menagen
	• Vorlegebesteck
	  • Löffel (Sauce)
	  • Löffel und Gabel (Fleisch, Kartoffeln)
		32
		
		32
		6
		
		8
		
			3
			
			3
			2
			
			16

Dessert	• Mittellöffel, Mittelgabel • Sektgläser	32 32	3 3
außerdem	• Servietten • Menükarten	32 32	6 6

Darüber hinaus sind bereitzustellen:

Zweck	Gegenstände
Aperitif	➔ 50 Sektgläser
Kaffeeservice	➔ Untertassen und Löffel ➔ 6 mal Sahne und Zucker
Spirituosenservice	➔ 20 Schwenker ➔ 20 Likörschalen
Sonstiges	➔ 8 Serviertabletts

Bei Veranstaltungen, die am Abend stattfinden, werden die Tafeln oftmals von einem anderen Team eingedeckt als vom eigentlichen Serviceteam. Das heißt eine Gruppe muss sich auf die andere verlassen können. Um dies sicher zu stellen, empfiehlt es sich, ein Mustergedeck aufzulegen oder der Eindeck-Gruppe eine genaue Skizze des Gedecks an die Hand zu geben.

Reihenfolge des Eindeckens nach dem Menü S. 670:

① Platzteller
② Tafelmesser
③ Tafelgabel
④ Suppenlöffel
⑤ Fischmesser
⑥ Fischgabel

⑦ Dessertbesteck
⑧ Brotteller
⑨ Buttermesser
⑩ Rotweinglas (Richtglas)
⑪ Weißweinglas

⑫ Wasserglas
⑬ Sekt- oder Likör-Weinglas
⑭ Serviette
Außerdem:
Salzstreuer

Zeit- und Arbeitsablaufplan

8:00 **Getränke für Aperitif:**
5 Flaschen Sekt (0,75 l) und 3 l Orangensaft kühl stellen

Getränke zum Menü:
6 Flaschen Erdener Treppchen (0,75 l) kühlen

In Reserve gekühlt:
Mineralwasser und Softdrinks

Cognac und Cremeliköre bereitstellen

Vorbereiten der Tisch- und Tafelgeräte
• Falten der Servietten, Tafel stellen

10:00 • Eindecken der Festtafel
• Herrichten von zwei Servicetischen für die Servicebereiche I bis III und IV bis VI
• Herrichten eines Getränkebüfetts

12:00 **Empfang der Gäste**
• Garderobe versorgen
• Aperitif anbieten
• Bei der Platzsuche behilflich sein

Zuordnung der Servierkräfte zu den Servicebereichen

Service-bereich	Gäste	Name der Bedienung
I	1–4	Anton
II	5–10	Dora
III	11–16	Gustav
IV	17–22	Jürgen
V	23–28	Martin
VI	29–32	Paula

von rechts nach links → **Einsetzen/Ausheben**

Anbieten/Vorlegen → **von links nach rechts**

Im Bereich der Ehrengäste wird jeweils von der Mitte ausgehend nach beiden Seiten serviert.

Im Beispiel gibt es bedingt durch die U-Tafel-Form eine Abweichung von dieser Grundregel:

Tafelorientierungsplan (Service)

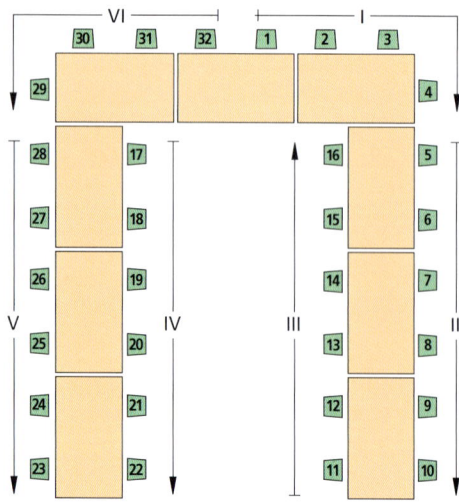

Durchführen des Banketts

Bei Banketten ist es wichtig, dass die Servierabläufe reibungslos und präzise ausgeführt werden. Dazu gibt es entsprechende Anweisungen:

Servicebereiche

Für den reibungslosen und optisch einwandfreien Ablauf des Service ist es unbedingt erforderlich, dass jede Bedienung weiß, welche Gäste sie an der Festtafel zu betreuen hat. Je Servicefachkraft werden vier bis sechs Gäste zugeordnet.

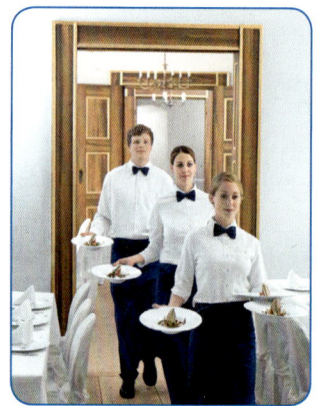

Arbeitsrichtlinien

Gleichzeitigkeit der Bedienungsabläufe

Bei bestimmten Serviervorgängen von Speisen oder Getränken begeben sich die in Reihe „aufmarschierenden" Restaurantfachkräfte jeweils zum ersten Gast innerhalb ihres Servicebereichs. Auf das Zeichen des Serviceleiters hin beginnen alle gleichzeitig mit dem Bedienungsablauf.

Servieren von Speisen

- Das **Einsetzen** der auf Tellern oder in Schalen angerichteten Speisen erfolgt grundsätzlich **von der rechten Seite** des Gastes mit Ausnahme der Teile, die links vom Gedeck stehen, z. B. Salat.
- Das **Anbieten** oder **Vorlegen** von der Platte wird **von der linken Seite** des Gastes ausgeführt.
- Die grundlegende Laufrichtung beim Servieren s. Abb. links.

Für das Servieren von Speisen, bei denen die Beigaben bzw. Beilagen getrennt vom Hauptbestandteil angerichtet werden, sind verschiedene Gesichtspunkte zu beachten:

- Steht für einen Servicebereich nur eine Bedienung zur Verfügung, dann serviert sie den Hauptbestandteil. Zuvor müssen jedoch beim ersten Gast des Servicebereichs die Beigaben eingesetzt werden, damit dieser sofort mit dem Selbstbedienen beginnen und die Speise daraufhin weiterreichen kann. Andernfalls werden die Speisen kalt und der Ablauf des Essens verzögert sich unnötig.

- Stehen für das Servieren der Beigaben/Beilagen weitere Bedienungen zur Verfügung, folgen diese z. B. mit Gemüse, Kartoffeln oder Sauce jeweils der vorausgehenden Bedienung nach. Dabei ist es notwendig, dass die nachfolgende Servicekraft erst dann mit dem Vorlegen beginnt, wenn die vorausgehende beim übernächsten Gast angelangt ist, damit sie den Gast nicht unnötig stören.

- Beim Hauptgang darf das Nachservieren nicht vergessen werden.

- Stellt man während des Servierens fest, dass der Gast ein falsches Besteck benutzt hat, wird dieses unaufgefordert und diskret ergänzt.

Ausheben

Mit Ausnahme der Teile, die links vom Gedeck stehen, erfolgt das **Ausheben von der rechten Seite** des Gastes, die **Laufrichtung** ist immer **von rechts nach links.**

Platzteller, Brotteller und Menagen werden im Allgemeinen nach dem Hauptgang ausgehoben. Gibt es nach dem Hauptgang Käse, so bleiben die Brotteller stehen.

Die Bestecke frei gebliebener Plätze werden nach dem jeweiligen Gang mit ausgehoben, denn später eintreffende Gäste werden mit dem laufenden Gang bedient.

Eine Abweichung gibt es nur dann, wenn der Gastgeber das Nachservieren der vorangegangenen Speisen ausdrücklich wünscht. In diesem Fall sind die entsprechenden Bestecke wieder einzudecken.

Servieren von Getränken

Das Getränk ist jeweils vor dem Servieren der zugehörigen Speise einzugießen, weil es ein wenig auf die Speise einstimmen soll. Das **Eingießen** erfolgt **immer von der rechten Seite** des Gastes.

Geleerte Gläser werden erst nach Befragen des Gastes nachgefüllt; vor Ansprachen sind grundsätzlich alle Gläser zu füllen, damit während der Rede unnötige Störungen vermieden werden.

Im Rahmen der Speisenfolge werden die benutzten Gläser jeweils **nach** dem Eingießen des nächsten Getränks ausgehoben, damit die Gäste zu keiner Zeit ohne Getränk sind.

Hat ein Gast das Glas noch nicht leer getrunken, muss er befragt werden, ob es stehen bleiben soll, denn es könnte sein, dass er einen Wein zu Ende genießen oder ihn mit dem nachfolgenden vergleichen möchte.

Nach dem Ausheben des letzten Ganges werden die Gäste nach Ihrem Kaffee- oder Digestifwunsch befragt und die Getränke sowie kleine Etageren mit Pralinen oder Kleingebäck serviert.

Abb. 1 Ausheben von Tellern mit Besteck

Meist wird heute ein Wasserglas gleich mit eingedeckt. Der Optik wegen verwendet man statt eines Becherglases ein kleineres Stielglas, das besser zu den bereits eingesetzten Weingläsern passt.

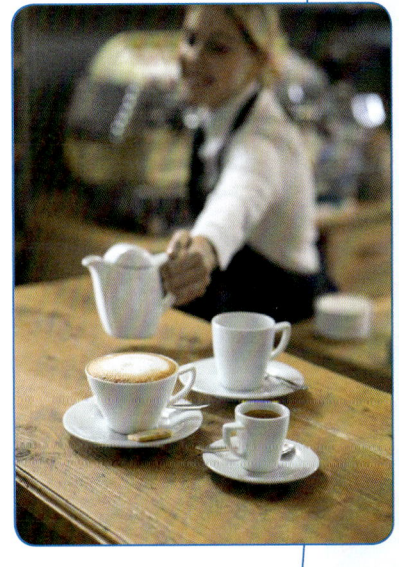

Abb. 2 Kaffeeauswahl

Aufgaben

1. Die Bankett- oder Veranstaltungsabteilung eines Hotels arbeitet nach einer anderen Organisationsstruktur als das à-la-carte-Restaurant. Verdeutlichen Sie einem neuen Kollegen oder einer Kollegin die Unterschiede.

2. Nennen Sie mindestens 5 Aufgabenbereiche einer Bankettabteilung.

3. Welche Hinweise müssen in einer Bankett- und Veranstaltungsmappe enthalten sein?

4. Welchem Zweck dient ein Veranstaltungsplan?

5. Welche wichtigen Informationen entnehmen Sie einer Bankettvereinbarung?

6. Welche Besonderheiten werden beim Bankettservice angewandt?

7. Sie stellen fest, dass ein Gast während des Bankettablaufs das falsche Besteck benutzt hat. Wie verhalten Sie sich richtig?

4 Büfett-Service

Für viele Gäste ist das kalte Büfett nach wie vor der Inbegriff einer vielfältig-kulinarischen und farbenprächtigen Darbietung von Speisen.

Zu den verschiedensten Anlässen, zu Kongressen, Tagungen, Firmenjubiläen, Einweihungen, Bällen und privaten Festen wie Geburtstagen und Hochzeiten werden Büfetts von Gastronomie und Partyservice angeboten, immer mit dem Ziel, einer Vielzahl von Gästen gleichzeitig und schnell Köstlichkeiten zu verabfolgen.

Der Anlass zu einem Büfett spielt beim Gesamtarrangement wie auch bei der Zusammenstellung der Speisen, dem Büfettaufbau und bei der Wahl der Dekoration eine wichtige Rolle. Kreative Köche können hier zusammen mit den Servicemitarbeitern die organisatorischen und gestalterischen Möglichkeiten voll ausspielen.

4.1 Planung 🇬🇧 planning 🇫🇷 planification (w)

Büfetts bieten dem Gast ein vielfältiges Angebot. Dies reicht vom festgelegten Programm für Speisen und Getränke bis hin zu der Möglichkeit, ein Fest individuell nach seinen besonderen Vorstellungen und Wünschen zu gestalten und zu organisieren.

Durch den Verkauf von Büfetts erhält man zudem eine genaue Planungssicherheit, die sich gerade auf die Personalbesetzung positiv auswirkt. Man weiß, an welchem Tag dies oder jenes zu tun ist. Verkauf setzt allerdings eine gut entwickelte Verkaufsstrategie voraus, die damit beginnt, dass man sich bereits einen guten Ruf in der Ausrichtung von Veranstaltungen erworben hat. Dazu gehören auch entsprechende Unterlagen wie:

- Büfettvorschläge,
- Getränkeangebote,
- Veranstaltungsvereinbarungen
- Checklisten,

aber auch das Geschick, individuell auf den Besteller einzugehen, damit am Ende der Verhandlungen der geschäftliche Erfolg steht, also ein Geschäftsabschluss getätigt wird.

Grundlegendes

Das klassische kalte Büfett ist der Ursprung für die heute angewandten unterschiedlichen Varianten von Büfettpräsentationen wie zum Beispiel:
- Lunch- und Brunch-Büfetts (kalt und warm)
- Salat-, Käse-, Süßspeisen- und Kuchenbüfetts
- das Büfett mit ausschließlich warmen Speisen
- das kombinierte kalt-warme Büfett
- Themen-Büfetts
- Büfetts mit internationalem Zuschnitt
- Büfetts mit regionalen Spezialitäten
- Fingerfood-Büfetts für Stehempfänge
- Flying Buffets mit kalten und warmen kulinarischen Miniaturen, die beim Stehempfang den Gästen laufend gereicht werden

Büfetts eröffnen aber auch dem gastronomischen Unternehmer die Möglichkeit, durch entsprechende Angebotsgestaltung auf sich und sein Haus aufmerksam zu machen. Dabei kann zusätzliche Flexibilität gezeigt werden, wenn ein Catering-Service eingerichtet ist. Das bedeutet, Büfetts außer Haus als Event-Erlebnis anzubieten, um somit Umsätze zu steigern.

Planung im Service

Mittelpunkt des Büfett-Service ist, bis auf wenige Ausnahmen, die Büfett-Tafel, die es in verschiedenen Formen gibt. Form und Größe der Tafel werden bestimmt durch die

- Größe und den Zuschnitt der Räumlichkeit,
- Anzahl der Gäste.

Je nach Gästezahl können die Tafelformen variiert und den individuellen Bedürfnissen angepasst werden.

Der Büfett-Service ist auf die Selbstbedienung durch den Gast ausgerichtet. Da es sich im Allgemeinen um eine größere Anzahl von Gästen handelt, müssen Voraussetzungen erfüllt sein, die während des Essens störungsfreie Abläufe gewährleisten. Dabei ist vor allem auf die Tiefe der Tafel sowie auf ausreichende Büfettfläche zu achten.

So muss zum Beispiel vermieden werden, dass sich ein großer Gäste „Pulk" oder lange Warteschlangen bilden.

Tiefe und Größe/Fläche der Büfett-Tafel

Die Fläche der Tafel darf nicht zu tief bzw. zu breit sein, damit einerseits die Gäste die angerichteten Speisen bequem erreichen und andererseits die Servicekräfte mühelos über die Tafel hinweg bedienen können. Außerdem muss die Büfett-Tafel auf die Anzahl der Gäste abgestimmt sein, damit sich diese am Büfett nicht behindern. Der Erfolg einer Veranstaltung bzw. eines Büfetts ist von dem hohen Qualitätsstandard, den Küche und Service zu bieten haben, aber auch sehr von der richtigen Wahl der Büfett-Tafelform abhängig. Es gibt dafür verschiedene Möglichkeiten (siehe Abbildungen unten). Die roten Pfeile geben die **Laufrichtung der Gäste** wider.

Bei der Planung sind deshalb in bestimmten Fällen auch Überlegungen anzustellen, wie die Tafelfläche angemessen erweitert werden kann.

Die **lange Tafel** kann sowohl wandbündig als auch mit Bedienflächenabstand von der Wand oder ganz frei im Raum stehen.

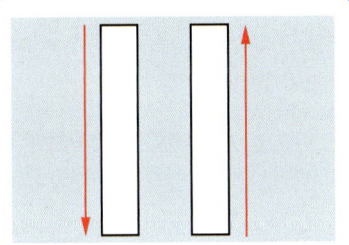

Zwei lange Tafeln mit identischem Angebot können in der Raummitte mit einem Bedienungsgang für die Mitarbeiter aufgebaut werden.

Zwei lange Tafeln mit identischem Angebot können an den gegenüberliegenden Wänden aufgestellt werden.

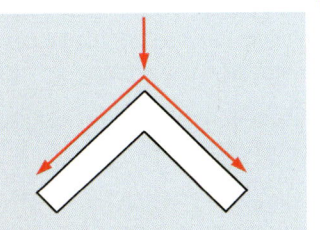

Eine **Tafel in Dreiecksform** mit zweimal identischem Angebot wird erstellt und die Laufrichtung der Gäste durch die Platzierung der Teller bestimmt.

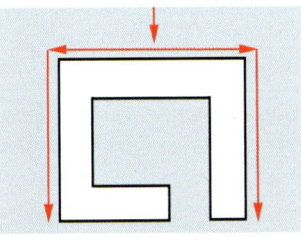

Die **Quadrattafel** mit Zugang nach innen bietet den Gästen noch mehr Platz und den betreuenden Mitarbeitern weitgehend ungestörtes Arbeiten.

Die **Hufeisentafel** ermöglicht dem Gast außen eine lange Servierfläche und für die Köche Bewegungsfreiheit beim Vorlegen und Nachreichen der Speisen.

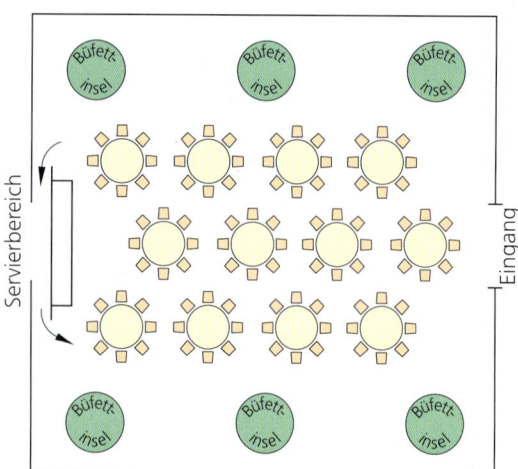

Eine Besonderheit bezüglich der Auflockerung des Büfetts sind sogenannte „Büfett-Inseln". Aufgrund dieser Dezentralisierung können sich zwar einerseits in einem raschen Ablauf viele Gäste gleichzeitig mit Speisen versorgen, andererseits gehen jedoch der attraktive Charakter des Büfetts sowie die festliche Stimmung des Büfett-Service verloren.

Planung in der Küche

Die Planungen der Küche bewegen sich zwischen der Bereitstellung des erforderlichen Geschirrs und dem fertig aufgebauten Büfett.

Abb. 1 Diese Abbildung verdeutlicht die benötigten Geschirrteile, aber auch gleichzeitig deren Platzierung in Büfett.

Der Erfolg einer kulinarischen Sonderaktion beginnt mit einer wohl überlegten Detailplanung. Nachdem der Termin, die Lokalität, der Anlass, das Motto, die Büfettart und die Zusammensetzung des Büfetts, die Personenzahl, eventuell die Rezepturen und Warenanforderungen feststehen, wird ein zeitlicher Ablaufplan in Form einer Checkliste erstellt (s. S. 52/688).

Die Gesamtorganisation eines Büfetts erfordert ein rechtzeitiges Erstellen von Dienst-, Arbeitsablauf- und Einsatzplänen. Für die Erstellung eines Büfetts sind umfangreiche Vorbereitungsarbeiten notwendig.

Geklärt werden muss der Einsatz des Anrichtegeschirrs ebenso wie die verschiedenen Anrichteweisen auf Platten aus Glas, Silber, Holz, Porzellan oder Marmor.

Zur Planung gehört auch, festzulegen, welche und wie viele Etageren, Schüsseln und Saucieren zum Einsatz kommen. Entsprechend den vorausgegangenen Besprechungen müssen die benötigten Anrichtegeschirre sowie die richtige Anzahl der verschiedenen Vorlegebestecke bereitgestellt werden.

Abb. 1 Das komplett angerichtete Büfett von links: Tomatensalsa für Crostini; Etagere mit frischen Austern auf Eis mit Zitrone; Räucherfischmousse von Forellen; Marinierte Artischocken; Hähnchenbrustmousse mit Spinatfüllung; Ratatouille-Sülze; Andalusische Gazpacho; Marinierte Jakobsmuscheln; Getrüffelter Langustenschwanz auf Gemüse-salat; Laikan-Lachs mit Wachtelei; Melone mit Parmaschinken und gebratenem Hirsch-kalbsrücken; Salat mit Tintenfisch; Salat vom marinierten Kaninchen; Gefüllte Wachteln mit Gänseleber-Mousse; Carpaccio vom Rind; Bayerische Crème mit Himbeeren und Mango; Käse-Trauben-Salat und zwei Käseplatten

4.2 Durchführung 🇬🇧 realization 🇫🇷 réalisation (w)

Bei der Durchführung eines Büfetts sind, wie bereits bei der Planung, der Servicebereich gleichermaßen wie die Küche beteiligt.

Vorbereiten des Büfetts

Herrichten der Büfett-Tafel

Auf die mit Moltons überdeckte Tafel werden entsprechend große Tafel-tücher so aufgelegt, dass sie bis fast auf den Boden herabhängen. Bei Tafeln, die an der Wand stehen, ist dies jedoch nur auf den vom Raum her einsehbaren Seiten erforderlich. Damit die Übergänge an den Ecken sowie die Überlappungen der Decken ordentlich aussehen, bedient man sich unterschiedlichster Hilfsmittel:
- Wichtig ist eine geschickte Falttechnik.
- Darüber hinaus gibt es spezielle Hilfsmittel wie Klebe- oder Klettbänder.

Platzieren der Speisen auf dem Büfett

Aus fachlicher Sicht besteht ein kaltes Büfett im Wesentlichen aus drei unterschiedlichen Elementen:
- **Schauplatten**, die als Blickfang dienen und mit einem hohen Materialaufwand und beachtlichem Arbeitsaufwand gefertigt werden,
- **einfachen Platten** oder „Füllern" wie z. B. Platten mit auf-gelegten Scheiben von Lachs oder Käse,
- **Salaten in Schüsseln** zur Ergänzung und Abrundung.

Eine ganz besondere und gleichzeitig sehr dekorative Form seitlicher Verkleidung sind die nach individuellen Angaben angefertigten Snap-drape-Skirtings (schnappen und drapieren).

Abb. 2 Verkleidete Büfetttafel

Laufrichtung der Gäste

Die **Laufrichtung** der Gäste kann man durch die Platzierung der Teller beeinflussen, meist geschieht dies zum Wohle der Gäste.

Vorlegebestecke werden bei Platten und Schüsseln so angelegt, dass sie der Gast leicht erreichen kann.

Die Speisen können entweder auf der ebenen Fläche der Tafel oder in Verbindung mit Aufbauten stufenweise auf verschiedenen Ebenen angeordnet werden. Durch diese Auflockerung wird das Büfett überschaubarer und optisch wirkungsvoller.

- Die Anordnung der Speisen innerhalb des Büfetts entspricht im Allgemeinen den kulinarischen Regeln, also der Speisenfolge. So befinden sich Cocktails, Terrinen, Pasteten und Galantinen am Beginn der Laufrichtung, Fisch und Braten im Zentrum, während Käse und Süßspeisen sowie Obst den Abschluss bilden.
- Dekorative Platten mit Langusten, Geflügel, Mastkalbs- oder Rehrücken sind attraktive Schaustücke, mit deren Hilfe auf dem Büfett optische Glanzpunkte geschaffen werden. Wenn es die Speisen zulassen, unterlegt man solche Platten außerdem mit Holzklötzchen oder Tellern. Durch die Schrägstellung wird die Draufsicht verbessert. Die Schauplatten haben ihren Platz in der vorderen Reihe, bei stufenförmigen Aufbauten auf der vorderen, unteren Ebene. Nebenplatten, Schüsseln und Saucieren werden dahinter auf den zurückliegenden Stufen angeordnet.
- Saucen werden in Saucieren angerichtet, auf Untertellern aufgesetzt und den zugehörigen Platten bzw. Speisen zugeordnet.
- Beilagen und Salate werden in Schüsseln angerichtet und so platziert, dass sie zu den danebenstehenden Hauptplatten passen.
- Brot und Partybrötchen haben ihren Platz bei den Tellern am Anfang des Büfetts oder werden auf den Gasttischen eingesetzt.

Dekorieren des Büfetts

In erster Linie muss die dekorative Wirkung von den Schauplatten sowie von der bunten Vielfalt der übrigen Platten und Schüsseln ausgehen. Darüber hinaus können aber noch andere Dekorationsmittel eingesetzt werden:
- Blumen in Form von Gestecken oder in wertvollen Vasen,
- Obstkörbe oder Obstschalen,
- Leuchter mit dem angenehmen Licht von brennenden Kerzen,
- Skulpturen aus Fett, Eis oder Zucker.

Bei den genannten Dekorationsmitteln ist unbedingt darauf zu achten, dass sie auf dem Büfett lediglich eine belebende Ergänzung darstellen und die optische Wirkung der Speisen nicht überdecken dürfen.

Bereitstellen von Tellern und Bestecken

Teller werden im Allgemeinen entweder auf gesonderten Tischen oder am Beginn des Büfetts bereitgestellt. Ferner ist es üblich, sie im Bereich von Süßspeisen und Käse in den Büfett-aufbau mit einzubeziehen. Werden Suppen und warme Speisen angeboten, sind selbstverständlich auch in ausreichender Zahl vorgewärmte Teller und Suppentassen bereitzustellen.

Bestecke sollten bereits auf den Gästetischen eingedeckt sein. Folgende Gedeckausstattung hat sich als zweckmäßig erwiesen: 2 Gabeln und 2 Messer sowie ein Brotmesser auf dem Brotteller. Werden auch Desserts angeboten, kann man das Gedeck auf den Tischen zusätzlich mit einem Dessertbesteck ausstatten. Darüber hinaus ist auf jeden Fall in Büfettnähe ausreichendes Reservebesteck bereitzustellen.

Abb. 1 Gästegedeck für Büfetts

Bereitstellen von Getränken

Sind die Getränke zur Selbstbedienung im Büfett integriert, wird Bier vom Fass angeboten. Weine, Spirituosen, alkoholfreie Getränke werden auf Eis oder in Temperaturgaranten bereitgestellt. Passende Gläser stehen unmittelbar in der Nähe des jeweiligen Getränks.

Durchführen des Büfett-Service

Der Büfett-Service erfordert vom Servierpersonal in hohem Maße Aufmerksamkeit und Sorgfalt.

Speisenservice

Er ist in erster Linie auf Selbstbedienung durch den Gast ausgerichtet. Es ist jedoch wichtig, Gäste bezüglich der angebotenen Speisen zu beraten und bei der Auswahl und beim Vorlegen auf den Teller behilflich zu sein. Von Gästen benutztes Tischgerät muss fortwährend abgeräumt werden, damit es sich nicht in unschöner Weise ansammelt. Der Gast darf sich niemals durch solches Geschirr behindert oder eingeengt fühlen.

Abb. 2 Bereitgestellte Büfett-Getränke

Getränkeservice

Sind die Getränke nicht zur Selbstbedienung in das Büfett einbezogen, gehört es zur Aufgabe des Servicepersonals, die vorgesehenen Getränke anzubieten, Bestellungen entgegenzunehmen und auszuführen.

Fingerfood-Büfetts liegen derzeit im Trend. Egal ob drinnen oder im Freien, die Gäste begrüßen die Möglichkeit, viele Köstlichkeiten probieren zu können. Ein unbeschwerter Genuss und vornehmlich leichte Küche stehen dabei im Vordergrund. Die Leckereien können auch als „Flying-Büfett" den Gästen dargeboten werden.

5 Blumendekorationen

flower arrangements ● arrangements (m) de fleurs

Abb. 1 und 2
Platzierungsmöglichkeiten
von Blumengestecken **B**
bei Festtafeln

Neben der Qualität von Küche und Service tragen eine gepflegte Einrichtung und stilvolle Dekorationen zum Wohlbefinden unserer Gäste bei.

Blumendekorationen im Bankettbereich

Sie sollen dem Anlass entsprechend arrangiert sein. Die Gäste dürfen durch die Größe und Höhe der Gestecke bei der Unterhaltung nicht gestört werden. Tische und Tafeln sollten nicht durch zu üppige Gestecke überladen wirken. Bei der Blumenauswahl ist darauf zu achten, dass sie nicht zu stark duften und keinen Blütenstaub absondern. Es sollten nur frische Schnittblumen verwendet werden. Blumentöpfe mit Erde sind aus hygienischen Gründen bei Büfetts oder Bankett-Tafeln ungeeignet.

Gestaltung von Blumengestecken

Die Gestecke werden in Größe und Form der Tafel angepasst. Ein rund oder kugelig arrangiertes Blumengesteck eignet sich für eine runde oder quadratische Tafel. Auf langen Tafeln werden mehrere Gestecke in länglicher Form dekorativ verteilt.

Arbeitsrichtlinien

- Die verwendeten Steckschalen müssen einwandfrei sauber sein.
- Steckschaum wässern, zuschneiden und in die Schale einfüllen.
- Steckschaum immer 2 Fingerbreit über den Gefäßrand ragen lassen.
- Die Stängel von Blättern und Blumen werden mit einem scharfen Messer schräg angeschnitten und mit dem Ende etwa 2 bis 4 cm tief in den Steckschaum gesteckt.
- Die einzelnen Blüten sollen in ihrer Höhe abgestuft über- und untereinander angeordnet sein.
- Gesteck mit Blättern und Gräsern ausfüllen, bis der Steckschaum nicht mehr zu sehen ist.

Asiatische Woche

Zubehör:
1 Teller, ⌀ 25 cm, farbig (z. B. rot), Steckschaum, Moos, Steine, 2 Bambustriebe, 5 grüne Amaranthus, 8 Wasserbinsen, 3 große Anturienblätter, 2 Ampfertriebe, 3 rote Gerbera, 2 Chinaschilfblätter, 2 Scabiosen-Fruchtstände, 1 weißer Fächer

Steckanleitung:

Beispiele von Blumendekorationen für Tafeln, Gedecke und Räumlichkeiten

Abb. 1   Platzschmuck aus Küchenkräutern

Abb. 2   Frühlingsgruß in Vasenbatterie

Abb. 3   Klassisches Blumengesteck für Büfett

Abb. 4   Tischschmuck für runde Tafel

Aufgaben

1   Nennen Sie Beispiele für Büfetts.

2   Wählen Sie ein Büfettthema und arbeiten Sie es aus.

3   Sie beobachten an einem kalten Büfett, dass Unruhe bei den Gästen aufkommt und sich eine lange Schlange bildet. Wie können Sie beim nächsten Büfett hier Abhilfe schaffen?

4   Ihre Kollegin arbeitet zum ersten Mal im Bankettbereich und soll Gedecke für ein kaltes Büfett auflegen. Erklären und begründen Sie ihr die Gedeckausstattung.

5   Nennen Sie Dekorationsmittel für ein Büfett und beschreiben Sie Richtlinien ihrer Verwendung.

6   Nennen Sie Arbeitsrichtlinien für Blumengestecke.

PROJEKT

Planen eines Banketts

Aus einer Bankettvereinbarung sind nachfolgende Vorgaben zu ersehen.

Sie sind für die Vorbereitung und Durchführung des Banketts verantwortlich.

An dem Bankett nehmen 32 Personen teil.

Der Fischgang und der Hauptgang werden den Gästen vorgelegt.

Für die Speisen- und Getränkefolge wurde untenstehende Vereinbarung getroffen:

Getränkefolge	Speisenfolge	Anrichteweise
Aperitif: Sherry		
Weißwein 1	Perlhuhn-Galantine mit Sellerie-Apfelsalat	auf Tellern
	Tomatierte Kraftbrühe mit Basilikumklößchen	in Tassen
Weißwein 2	Seezungenfilets in Weißwein gedünstet Weißweinsauce Reis	auf 4 Platten in 8 Saucieren in 4 Schüsseln
Rotwein	Tournedos mit Béarner Sauce Gartengemüse Strohkartoffeln	auf 4 Platten in 8 Saucieren auf 8 kleinen Platten
Schaumwein	Salat von frischen Früchten mit Maraschino	in Glasschalen

Tischformen und Tischtextilien

1. Wählen Sie geeignete Tafelformen aus, teilen Sie diese in Servicebereiche ein und bestimmen Sie eine angemessene Anzahl von Servicemitarbeitern.

2. Bestimmen Sie auf Grund der Gästeanzahl und der Tafelformen die Arten und Mengen der notwendigen Tisch- und Tafeltextilien.

Tisch- und Tafelgeräte

1. Erstellen Sie Bedarfspläne bzw. -listen über die Menge und Art der erforderlichen Tafelgeräte wie Besteckteile, Porzellan und Gläser.

2. Bestimmen Sie, welche und wie viele Porzellanteile vor dem Service im Tellerrechaud vorgewärmt werden müssen.

Fortsetzung auf S. 683

Korrespondierende Getränke

1 Wählen Sie aus Ihrem betrieblichen Getränkeangebot entsprechende Weine für das Bankett aus und benennen Sie diese. Ergänzen Sie das Getränkeangebot aufgrund von Erfahrungswerten.

2 Beraten Sie sich mit Ihren Kolleginnen und Kollegen im Service, welche Getränkemengen durchschnittlich für ein Bankett dieser Art benötigt werden. Benennen Sie die Art und Menge der Getränke, die vor dem Service kühl gestellt werden.

3 Berechnen Sie anhand der vorgeschlagenen Menge den ungefähren Getränkeumsatz des Banketts.

Tafeldekorationen

1 Bestimmen Sie den Einsatz von Platztellern und legen Sie die Serviettenform fest.

2 Überlegen Sie sich Möglichkeiten der Tischdekoration und bestimmen Sie die Art von Tischblumengestecken für das Bankett.

Service-Organisationspläne

1 Fertigen Sie einen Tafelorientierungsplan für die Gäste und die Servicemitarbeiter.

2 Wo bringen Sie die Tafelorientierungspläne an?

3 Erstellen Sie einen Serviceablaufplan einschließlich der namentlichen Zuordnung der Servicemitarbeiter.

Durchführung

1 Decken Sie die Festtafel ein; bereiten Sie einen Servicetisch und ein improvisiertes Getränkebüfett vor.

2 Kontrollieren Sie die Tafel und die Arbeitstische auf deren Vollständigkeit.

3 Führen Sie mit Ihren Kolleginnen und Kollegen eine Servicebesprechung durch und erklären Sie dabei auch, warum die Gleichzeitigkeit der Bedienungsabläufe der einzelnen Servicekräfte an der Festtafel wichtig ist und auf welche Weise dies sichergestellt wird.

Sonderveranstaltungen

Sonderveranstaltungen sind heute ein wichtiger Teil der Erlebnisgastronomie. Dabei handelt es sich um besonders attraktive, wirkungsvolle Angebote, oft im Rahmen eines Banketts.

1 Der Gast im Mittelpunkt

🇬🇧 the customer as the center of interest 🇫🇷 client (m) au centre de l'intérêt

Früher wartete man meist, bis der Gast ein Restaurant betrat, die Karte las und bestellte. Heute wird der Gast mit attraktiven Angeboten umworben. Seine Neugierde wird gezielt geweckt. Vorlieben und Gewohnheiten von Stammgästen sind durch häufige Besuche des Restaurants bekannt. Mehr Informationen über Gäste und deren Wünsche können durch gezielte Fragebogenaktionen gewonnen werden. Sie werden nach Abschluss von Aktionen ausgewertet und bei Planungen von Aktionstagen/Aktionswochen berücksichtigt.

Den Erfolg einer Sonderaktion bestimmen letztlich allein die Gäste durch ihre Teilnahme.

2 Aktionen

🇬🇧 campaigns 🇫🇷 actions (w)

Sonderveranstaltungen dienen dazu, den Bedürfnissen unserer Gäste nach Abwechslung entgegenzukommen sowie eine aktive Verkaufsförderung und die damit verbundene Umsatzsteigerung zu erreichen.

Aktionsbeispiele

Werbewirksam wird eine Aktion durch ein interessantes und deutliches Motto. Waren es bisher hauptsächlich die Fest- und Feiertage, die den Anlass und das Motto für eine Aktion lieferten, so bieten sich heute viele weitere Möglichkeiten an:

Neben Gastorientierung und Wirtschaftlichkeit gibt es weitere wesentliche Aspekte, die bei Aktionen wichtig sind:
- Stammgästen wird etwas Besonderes geboten,
- neue Gästekreise werden erschlossen,
- in der Öffentlichkeit wird der Bekanntheitsgrad des Betriebes gefördert,
- Kapazitätsauslastung während ruhiger Betriebszeiten wird ermöglicht.

- **Produktbezogenes Angebot:** Mögliche Themen: Kartoffeln, Pilze, Reis, Nudeln, Meeresfrüchte, Gerichte mit Bier, Gerichte mit Wein, Spargel, Tomaten, Vegetarisches, Wild, Fische, Lamm, Käse, Exotische Früchte.
- **Saisonbedingte Aktionen:** Mögliche Themen: Spargel, Wild, Matjeshering, Maischolle, Austern, Muscheln, Krebse, Grünkohl, Beeren, Pilze, Eis.
- **Internationale Spezialitäten:** Mit einem internationalen Angebot holt man bei den Gästen Urlaubsstimmung zurück oder stimmt sie auf eine bevorstehende Reise ein: USA-Woche, Viva España, Mittsommernacht.
- **Themenbezogene Aktionen:** Historische Hintergründe (Fürstenhochzeit, Stadterhebung), Biokost, Faschingsball, Silvester, Jazz-Brunch oder begleitend zu einem musikalischen Event.
- **Jahrestage:** Gedenkjahre für Persönlichkeiten des Ortes, Städtegründung usw.
- **Regionale Spezialitäten:** Beispiele: Münsterländer Schmaus, Fränkisches Weinfest, Unterm bayerischen Himmel, Impressionen von der Waterkant.

Es gibt vielfältige Anlässe, die es ermöglichen, ein schönes Programm zusammenzustellen, bei dem nicht nur kulinarische Höhepunkte geboten, sondern auch die Dekorationen originell auf das Thema abgestimmt werden.

❸ Planung und Durchführung

🇬🇧 planning and realization 🇫🇷 planification (w) et réalisation (w)

Für die Mitarbeiter ist die Abwechslung genau so wichtig wie für die Gäste. Die Einbeziehung möglichst aller Mitarbeiter bei der Planung und Durchführung von Aktionen bedeutet:

- Motivation durch die Herausforderung, Neues zu unternehmen,
- der Alltagsroutine etwas entgegenzusetzen,
- Teambewusstsein zu wecken,
- fachliches Können in einer besonderen Situation zu beweisen,
- sich der Konkurrenz gegenüber zu behaupten,
- aktionsbezogene Schulung und Fortbildung zu erhalten.

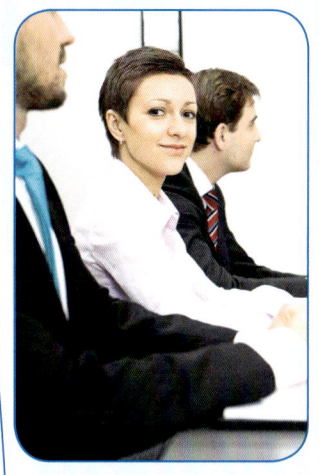

3.1 Jahresplanung

Zunächst sollten alle Mitarbeiter, also auch die Auszubildenden, Ideen zu möglichen und interessanten Aktionen vorbringen dürfen. Aus diesen Vorschlägen werden die besten oder sinnvollsten ausgewählt und ein Jahres-Aktions-Plan erstellt. Anschließend werden die unterschiedlichen Aufgaben den jeweiligen Abteilungen für die Vorausplanung übertragen.

3.2 Detailplanung

In der Abteilung **Service/Bankett** erarbeiten die Mitarbeiter Vorschläge für die Dekoration und eventuell für besonderes Besteck oder Porzellan. Sie denken über spezielle aktionsbezogene „Gags" nach, z. B. landesübliche Trachten, Kostüme des Mittelalters oder sonstige Requisiten.

Des Weiteren überlegen sie sich die Art und Weise des Servierens und machen Vorschläge für den Getränkeservice. Die Art und Menge der Getränke muss bestimmt werden. Sie suchen Rezepturen für Cocktails oder andere Mischgetränke und notieren deren Zubereitung.

> Sonderkarten für den speziellen Anlass müssen erstellt werden.

Die **Empfangsabteilung** und das **Verkaufsbüro** erarbeiten mit ihren Mitarbeitern Wochenendarrangements und veranlassen ein rechtzeitiges Mailing (Briefinformation) an ausgewählte Gäste und besondere Persönlichkeiten. Von dieser Abteilung aus wird auch die Pressearbeit gesteuert, z. B. die Presse über die Aktion rechtzeitig und gezielt informiert.

Im **Hausdamenbereich** denkt man sich passenden Blumenschmuck für Tische und/oder Büfett-Tafeln und für Bodenvasen im Empfangs- oder Restaurantbereich aus. Außerdem werden spezielle Tafeltücher, besondere Servietten und Dekorationstücher bereitgestellt.

Die Mitarbeiter der **Abteilung Küche** stecken den Rahmen für den kulinarischen Bereich ab. Sie suchen nach geeigneten Gerichten, informieren sich über deren Zubereitung, erstellen Rezepturen und Warenanforderungen. Die einzelnen Gerichte werden, wenn sie der Küche noch nicht bekannt genug sind, durchgekocht und erprobt. Die Geschmacksrichtung und die Anrichteweisen werden festgelegt.

> Alle Arbeiten und Überlegungen in den einzelnen Bereichen müssen schriftlich erfasst werden. Checklisten und eventuell auch Fotos werden für den speziellen Einsatz erstellt.

3.3 Planungsbeispiel Service

Der Chef des Hotels Mozart in Kirchheim betreut gastronomisch alle Veranstaltungen im Schloss. Deshalb hat er auch die Möglichkeit, zusammen mit dem Verkehrsamt des Ortes im Festsaal Konzerte in Verbindung mit Gastronomie durchzuführen. Von den Mitarbeitern des Hotels kommt der Vorschlag, im Herbst eine Konzert-Gala über fünf Tage zu organisieren. Trotz des damit verbundenen Mehraufwands wird dem Plan begeistert zugestimmt. Die Aktion erhält den Namen:

„Kulinarisch-musikalischer Herbst".

Nachdem die Abteilungen **Küche** und **Service** sich auf einen Servierablauf (Menüservice, Büfett oder eine Kombination aus beiden) festgelegt haben, werden die weiteren Planungsarbeiten erledigt.

Das nachfolgende Beispiel ist im Besonderen für den **Ausbildungsberuf Restaurantfachmann/-fachfrau** gedacht.

Die gesamte Aktion erstreckt sich über fünf Abende. Am Premierenabend wird ein Gala-Menü für **100 Personen** im Hotel Mozart serviert.

Beim Service eines Menüs müssen die Anzahl und die Art der Gänge benannt werden, ebenso der Service eines Amuse gueule.

Geklärt werden müssen weiterhin Tellerart und Tellergröße zum Anrichten der Speisen. Außerdem wird überlegt, ob teilweise Plattenservice durchgeführt werden soll.

Das Fleischstück des Hauptgangs könnte von Köchen vor den Gästen tranchiert werden. Servicebrigade und Küchenbrigade präsentieren und servieren mit einer Parade das Dessert.

Die Regeln für die kulinarische Abstimmung müssen beim Erstellen des herbstlichen Menüs grundsätzlich beachtet werden (s. S. 484 ff.). Dabei sollten unbedingt auch die technischen und organisatorischen Möglichkeiten berücksichtigt werden, damit die Aktion letztlich ein Erfolg wird.

Nachdem ein Gala-Menü komponiert wurde, müssen Rezepturen bzw. Warenanforderungen erstellt sowie eine Mengen- und Preiskalkulation durchgeführt werden. Da die Preise landesweit unterschiedlich sind und sich im Lauf der Zeit auch verändern, wird in diesem Beispiel auf eine Preiskalkulation verzichtet.

Geklärt werden muss der Einsatz des Anrichtegeschirrs. Wichtig sind dabei die Tellerart und Tellergrößen zum Anrichten der Speisen. Außerdem wird überlegt, ob es sinnvoll ist, den Hauptgang von Platten vorzulegen.

Für die Mitarbeiter in der Küche ist es wichtig, dass Arbeitsabläufe klar und verständlich formuliert und schriftlich verfasst werden. So sind Arbeitsfolgen und Zubereitungen für alle Küchenposten gleich ersichtlich und verständlich.

Ideal ist zusätzlich ein Farbfoto der angerichteten Speisen.

Weil das festliche Menü mit einer kalten Vorspeise beginnt, verzichtet man auf den Service eines Amuse-Gueules.

Kalte Vorspeise

Herbstliche Blattsalate mit marinierten Forellenröllchen

Anrichteweise

Kleines Bouquet aus Zupfsalaten seitlich auf einen Teller mit ⌀ 28 cm setzen, mit Dressing marinieren, auf freie Fläche aus grüner Sauce einen kleinen Spiegel gießen, das Forellenröllchen darauf legen und Radieschenstreifen kreisförmig auf den inneren Rand des Tellers streuen. Der Teller sollte so, wie auf dem Foto abgebildet, dem Gast eingesetzt werden.

Suppe

Tomatierte Kraftbrühe mit Basilikumklößchen

Anrichteweise

In Suppentasse oder kleinen Suppenteller Tomatenfleischwürfel, Staudenselleriescheiben und Topfen-Nockerl geben; mit heißer, klarer Tomatenkraftbrühe auffüllen. Danach Basilikumblatt anlegen. In vorbereitete Servietten-Seerose (s. S. 246) mit Unterteller stellen und sofort servieren.

Zwischengericht

Gebratene Kalbsnierenscheiben in leichter Senfsauce mit Wildreis

Anrichteweise

Auf einen quadratischen Teller mit ⌀ 26 cm in die Mitte Senfsauce geben, darauf je drei Scheiben Kalbsniere anrichten und den angeschwenkten Reis ringsum aufstreuen, mit Schinkenstreifen garnieren.

Hauptgericht

Feines vom Perlhuhn mit glasierten Karotten, Bohnengemüse, gebackenen Champignons und Schlosskartoffeln

Anrichteweise

Perlhuhnteile und Schlosskartoffeln auf Platten, die Gemüse in Porzellanschalen (Légumiers) und die Sauce in Saucieren anrichten. Nach dem Vorlegen soll das Gericht wie der vierte Teller aussehen.

Dessert

Himbeercreme im Baumkuchen-Dinnerjackett mit Kiwi- und Apfelspalten

Anrichteweise

Auf Teller mit ⌀ 28 cm einen Violinschlüssel mit Canache-Creme aufspritzen und Kiwisauce verteilen. Die Creme aus Timbalen stürzen, auf Teller setzen und mit „Fliege" garnieren. Apfel- und Kiwispalten anlegen. Die ganzen Himbeeren gezielt auf Teller verteilen und das Hippenblatt an die Creme stecken.

Warenanforderung

Bei den vorausgegangenen Gesprächen wurde festgestellt, dass genaue Inventar-, Warenanforderungen und Rezepturen im Besonderen auch für die zu erstellende Kalkulation schriftlich ausgearbeitet werden müssen. Dies gilt besonders auch im Bereich Service für die Herstellung der Cocktails zum Aperitif und die Bereitstellung der Gedeckutensilien sowie für Getränke. Diese müssen noch korrespondierend zum Menü bestimmt und gegebenenfalls besorgt werden.

Abb. 1 Beispiel für das Menü-Gedeck

Die Servicegruppe stellt an Hand des festgelegten Menüs folgendes Getränkeangebot zusammen:

Aperitif:	Cocktails zur Wahl
2019	**Bechtheimer Stein** Weißer Burgunder, Kabinett Prädikatswein Weingut Dreißigacker Bechtheim, Rheinhessen
2018	**Heppinger Burggarten** Spätburgunder, Spätlese trocken Prädikatswein Weingut Weilerhof, Ahrweiler Ahr
2017	**Crémant d'Alsace** Blanc de noirs Weingut Dopff, Riquewihr Elsass
Kaffee	Mokka, Espresso, Cappuccino
Digestif:	Spirituosenauswahl vom Wagen

Die Kosten für die Getränke werden auf Grund von Erfahrungswerten in den Menüpreis mit einbezogen. Auf Grund von Erfahrungswerten vergangener Veranstaltungen ist es möglich, die annähernd ausreichende Anzahl der verschiedenen Weine und anderer Getränke bereit- und, wenn nötig, kalt zu stellen bzw. richtig zu temperieren.

Checkliste für Logistik

Der Erfolg einer kulinarischen Sonderaktion beginnt mit einer wohlüberlegten Detailplanung. Nachdem der Termin, das Motto, das Gala-Menü, die Personenzahl, die Rezepturen und Warenanforderungen feststehen, wird ein zeitlicher Ablaufplan in Form einer Checkliste erstellt.

Die Checkliste ist für den Bereich Service und enthält Informationen darüber,

- wer ➔ verantwortlich ist,
- was ➔ an Tätigkeiten erledigt werden muss,
- wann ➔ die einzelnen Arbeiten durchgeführt und fertig gestellt sein müssen,
- wer ➔ im Servicebereich eindeckt, Getränke oder Speisen serviert,
- wie ➔ der Bankettservice ablaufen muss.

Die Gesamtorganisation erfordert rechtzeitiges Erstellen von genauen Dienst- und Einsatzplänen. Die nachfolgenden Checklisten beziehen sich nur auf das Gala-Menü.

Checklisten als Organisationshilfe für den Bereich Service

Allgemeines	
Aktion	Kulinarisch-musikalischer Herbst
Datum	zz-yy-xx
Personenzahl	100
Räumlichkeit	Festsaal im Schloss
Aperitif	Cocktails mit Fingerfood
Menü	Gala-Menü, 5-gängig
Büfett	
Stehempfang	
Kaffeetafel	
Tagung	
Digestif	Spirituosenwagen
Tische/Tafeln	10 runde Tische für je 10 Personen

Waren/Magazin	
Warenbestand	Magazinverwalter 6 Wochen vorh.
W-bestellung	F&B-Abteilung 5 Wochen vorher
Liefertermine	F&B-Abteilung
W-annahme	Magazinverwaltung
W-kontrolle	Magazinverwaltung
W-verteilung	Magazinverwaltung
W-lagerung	Restaurantchef
Besonderheit	Weine entsprechend temperieren. Ausreichend Mundeis für Cocktails. Brot und Butter für Vorspeise

Service		
3 Tage vorher		
x	Serviceleitung erstellt Materialanforderung an Stewardingabteilung	✓
x	Tafelorientierungsplan	✓
x	Tischkärtchen	
x	Dienstpläne	

Stewarding		
2 Tage vorher		
Gläser		
x	120 Cocktailgläser bereitstellen	✓
x	120 Weißweingläser	✓
x	120 Rotweingläser	
x	120 Wassergläser	
x	120 Sektgläser	
x	120 Universal-Digestifgläser	
Bestecke (Silber)		
x	320 Mittelmesser	
x	320 Mittelgabeln	
x	220 Mittellöffel	
x	120 Tafelmesser	
x	120 Tafelgabeln	
x	60 Vorlegebestecke	
x	12 Saucenlöffel	
Anrichtegeschirr (inkl. Reserven)		
x	102 Platzteller Silber	
x	105 Teller für Vorspeise ⌀ 26	
x	105 Suppentassen 0,2 l mit Unterteller	
x	105 Mittelteller für Suppe	
x	105 Teller Zwischengericht ⌀ 26	
x	105 Teller Hauptgang ⌀ 26	
x	105 Teller für Desserts ⌀ 28	
x	105 Brotteller ⌀ 15	
x	35 Porzellanfässchen für Butter	
x	12 Saucieren	
x	10 Silberplatten für je 10 Personen	
x	22 Beilagenschalen	
Tischgeräte		
x	20 Kerzenleuchter und 60 Kerzen	
x	2 Rollen Dekorationsbänder	
x	12 Salz- u. Pfefferstreuer/-mühlen	
x	evtl. 10 Temperaturgaranten	
x	evtl. 10 Sektkühler	

Stewarding		
1 Tag vorher		
x	Gläser polieren und abdecken	
x	Bestecke polieren und abdecken	
x	Teller polieren (kühlen/wärmen)	
x	Platzteller polieren	
x	Servietten vorfalten für Küche	
x	Handservierer bereitlegen	
x	Teller kühlen (Vorspeise/Dessert)	
x	Menagen reinigen und auffüllen	

Housekeeping		
2 Tage vorher		
x	Bankettsaal reinigen	
x	10 Moltons für Banketttafeln rund	
x	11 Tafeltücher für runde Tische	
x	Servietten für Dekoration Küche	
x	110 Mundservietten bereitlegen	
x	102 Spitzendeckchen für Platzteller	
x	Handservietten/Weinservietten	
x	Blumen mit Steckmaterial ordern	
x	Garderobenbereich überprüfen	
1 Tag vorher		
x	10 Blumengestecke herstellen	
x	6 Gestecke für Seitentische	
x	4 Bodenvasen für Festsaal	
x	Bankettsaal kontrollieren	
x	Beleuchtung überprüfen	

Getränkebüfett oder Weinkellner (Sommelier)		
1 Tag vorher		
x	Weine temperieren	
x	Spirituosenwagen richten	

Service		
Aktionstag		
x	Tisch und Stühle stellen	
x	Tischwäsche bereitlegen	
x	Moltons aufziehen	
x	Mundservietten falten	
x	Tischtücher auflegen	
x	Dekorationsbänder drapieren	
x	Stühle ausrichten	
x	Platzteller auflegen	
x	Gedecke auflegen	
x	Gläser eindecken	
x	Blumenschmuck einstellen	
x	Kerzenleuchter platzieren	
x	Salzmenagen einstellen	
x	Mundservietten einstellen	
x	Menükarten einsetzen	
x	Tischkärtchen aufstellen	
x	Tafelorientierungsplan für Gäste	
x	Wärmerechauds einschalten	
x	Reservebestecke bereitlegen	
x	Reserveporzellan bereitstellen	
x	Reservegläser bereitstellen	
x	Teller warmstellen	
x	Vorleger ordnen und bereitlegen	
x	Endkontrolle der Festtafeln	
x	Endkontrolle Mise en place	
x	Einteilung der Servicebrigade	

x	Besprechung des Serviceablaufes	
x	Butterfässchen einstellen	
x	Kerzen anzünden	
x	Aperitif und Finger-Food anbieten	
x	Weinservice bzw. Wunschgetränke	
x	Vorspeisenservice mit Brot	
x	Suppenservice	
x	Nachservice von Weißwein	
x	Zwischengericht	
x	Rotweinservice	
x	Weißweingläser ausheben	
x	Gewärmte Hauptgangteller einsetzen	
x	Hauptgang vorlegen	
x	Supplément anbieten (Nachservice)	
x	Hauptgang abräumen	
x	Salzstreuer ausheben	
x	Tisch reinigen	
x	Dessertbesteck seitlich ziehen	
x	Getränk zum Dessert servieren	
x	Parade vorbereiten	
x	Dessertservice	
x	Zucker und Sahne einstellen	
x	Pralinen einstellen	
x	Kaffeeservice	
x	Spirituosen anbieten	
x	Endarbeiten am Gästetisch	
x	Blumenschmuck versorgen	

3.4 Weitere Aktionen

Die restlichen Abende sind im Rittersaal des Schlosses vorgesehen. In diesem Saal finden 250 Personen Platz. Das Hotel Mozart übernimmt das komplette Catering. Wegen der hohen Personenzahl ist es sinnvoll, das Bankett außer Haus in Form von täglich wechselnden warm–kalten Büfetts als kulinarische Höhepunkte anzubieten. Es ist damit zu rechnen, dass nur ein kleiner Teil der Gäste mehrmals an den Büfetts teilnimmt. Die Aktionen haben jeweils unterschiedliche Themen und Dekorationen zu Ehren der musizierenden Künstler.

Das nachfolgende festliche, warm-kalte Büfett wird zu Ehren eines bekannten Geigenvirtuosen aus Hamburg gegeben.

690

Impressionen von der Waterkant

Frisch geräucherte Kieler Sprotten, Aale, Schillerlocken,
Heilbutt, Pfeffermakrelen

Galantine vom Zander mit Krabben
Heilbuttmedaillons mit Wachteleiern
Hausgebeizter Lachs in Dill-Senf-Sauce
Erlesene Fischterrinen mit Sauerampfersauce

Gefüllte Gurken mit Rauchlachssalat
Krabbencocktail mit Champignons
Tomaten mit Thunfisch gefüllt
Gefüllte Eier mit Sardellenschaum
Matjessalat mit Äpfeln und Zwiebeln
Rollmöpse in verschiedenen Marinaden

Hamburger Aalsuppe
Suppe von Miesmuscheln mit Safranfäden

Labskaus
Hamburger Nationalgericht

Hechtklößchen in Kerbelschaum
Gebratene Seeteufelmedaillons mit Kräutern und Tomaten
Blattspinat, Champignonreis, Petersilienkartoffeln

Rote und gelbe Grütze mit flüssigem Schmant
Weingelee mit Früchten · Rumcreme mit Rosinen
Früchtesavarin

Verschiedene Brotsorten und Butter

Für die anderen Tage des Musik Festivals wurden drei weitere warm kalte
Büfetts zu Ehren der Künstler mit entsprechendem Motto geplant:

- Buffet Bella Italia
- Österreichische Schmankerln
- Zu Gast in Europa

3.5 Erfolgskontrolle durch Manöverkritik

Unmittelbar nach einer solchen Aktionswoche muss in einem gemeinsamen Gespräch eine Erfolgskontrolle mit Manöverkritik stattfinden.

Der Erfolg ist auf Grund der Umsatzzahlen leicht messbar. Doch der Schein kann trügen. Beispielsweise, wenn auf Grund des sehr attraktiven Angebotes zusammen mit dem guten Ruf des Hotels alle Veranstaltungen ausgebucht waren, die Aktionen und Ausführungen jedoch nicht das hielten, was die Gäste erwarteten. In einer solchen Situation muss sofort reagiert und Schadensbegrenzung eingeleitet werden. Daher ist es besonders wichtig, die Probleme zu erkennen. Das kann nur über Manöverkritik bei einer Nachbetrachtung der Veranstaltungen erreicht werden.

Erfolg oder Misserfolg beantworten Fragen wie:
- Waren die Gäste zufrieden?
- Gab es Reklamationen?
- Was hat die Veranstaltung für die Mitarbeiter gebracht?
- War die Zusammenarbeit der einzelnen Abteilungen in Ordnung?
- Wurde die Teamfähigkeit durch die Aktion gefördert?
- Wurde die Identifizierung mit dem Betrieb gestärkt?
- War der Umgangston trotz Hektik und starker Belastung fair?
- Bedarf es einer Klärung oder Entschuldigung?
- Waren die vorausgegangenen Schulungen und Fortbildungen sinnvoll und richtig?
- Wo sind personelle Engpässe entstanden?
- Waren die vorbereiteten Mengen ausreichend?
- War die gesamte Planung richtig?
- Gibt es Verbesserungsmöglichkeiten bei den Arbeitsabläufen?
- Stimmte die Qualität der gelieferten Waren?
- Wurden die Liefertermine eingehalten?
- Welche Gerichte schafften Probleme?
- Wie war die Resonanz in der Presse?
- Welche hier nicht angesprochenen Probleme sind aufgetreten?
- Welche Verbesserungsvorschläge können gemacht werden?
- Würde jeder Mitarbeiter eine solche Aktion gerne wiederholt haben?

> Für die nächste Veranstaltung gilt: Negatives vermeiden, Positives ausbauen. Außerdem sollten positive Aspekte auch in den betrieblichen Alltag übernommen werden.

Aufgaben

1. Betrachten Sie das rechtsstehende Bild mit einem Bankettgedeck kritisch und sehr genau. Formulieren Sie Ihre Erkenntnisse (Lösung Seite 694).

2. Erstellen Sie jeweils eine Karte für die drei weiteren aufgeführten Büfetts von S. 691 (Buffet Bella Italia, Österreichische Schmankerln, Zu Gast in Europa) nach dem Muster des warmkalten Büfetts „Impressionen von der Waterkant".

3. Arbeiten Sie für eines der vier Büfetts Warenanforderungslisten und Arbeitsfolgen aus.

4. Erstellen Sie für die Büfetts eine Checkliste nach vorgegebenem Muster.

5. Unterbreiten Sie Dekorationsvorschläge für die einzelnen Büfetts.

6. Nennen Sie Getränke, die zu den verschiedenen Büfetts angeboten werden sollen.

PROJEKT

Festliches Essen

Besondere Anlässe und familiäre Feste wie Muttertag, Konfirmation/ Kommunion, runde Geburtstage werden gefeiert. Familien treffen sich, man geht aus. Für unser Restaurant sind das Gelegenheiten, besondere Angebote zu machen und damit unseren Ruf, unser Image zu stärken. „Bei diesem großen Anlass gehen wir doch zu xy". Wenn an der Stelle xy unser Haus steht, dann haben wir ein Ziel erreicht.

Bei diesem Vorhaben stellen wir zunächst Sätze aus einem Verkaufs- gespräch der Bankettabteilung und die Situation der Küche voran.

Der Gastgeber, auf seine Wünsche befragt, antwortet: „Ja, eine klare Suppe soll es sein, so eine sehr schöne mit mehreren Einlagen, und dann den Hauptgang so schön von der Platte serviert, damit wir das Fest ange- messen gestalten. Und dann noch: Fünf Gänge sollen es schon sein. Wir treffen uns so selten, dann wollen wir 24 Leutchen an diesem Tag schon richtig feiern und uns Zeit lassen."

Und jetzt die Information der Küche: „Um Gottes Willen, noch eine Ge- sellschaft. Wie sollen wir das schaffen? Wir haben an diesem Tag doch schon …"

Planen

1 Nachdem der Gastgeber uns für die Menügestaltung viel Freiheit lässt, ergeben sich vielfältige Möglichkeiten der Menüplanung. Wir planen das Fest zeitlich einmal für Juni und einmal für Oktober und nutzen das Angebot der jeweili- gen Saison. Die Arbeitsbelastung für die Küche muss zusätz- lich bedacht werden.

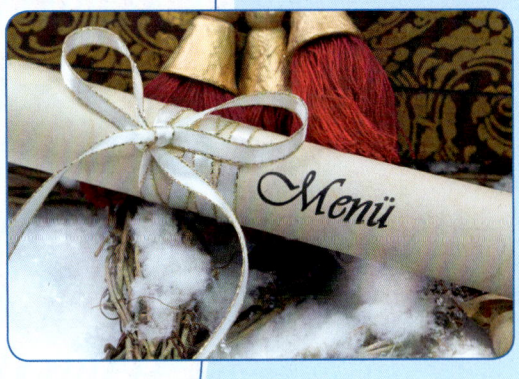

1.1 Wer gut plant, arbeitet leichter. Notieren Sie zunächst die Vorgaben aus dem Gespräch mit dem Gastgeber.

1.2 Erstellen Sie zwei Menüs, die den Vorgaben unter Berücksichtigung der Jahreszeit entsprechen. (Das sind dann vier Vorschläge, je zwei für Juni und zwei für Oktober.)

1.3 Welche Getränke passen zu den Speisenfolgen?

2 Wir gehen davon aus, dass die Gesellschaft in einem kleinen Nebenzimmer unter sich sein kann.

2.1 Welche Tafelformen sind grundsätzlich bei der Größe der beschriebe- nen Gesellschaft möglich?

2.2 Machen Sie zu jedem Termin einen Vorschlag für eine Tischdekoration.

2.3 Stellen Sie in einer Liste alle Geschirr- und Besteckteile für ein Gedeck zusammen.

Fortsetzung auf S. 694

Ausführen

1 Die Arbeiten zu diesem Projekt sind so umfassend, dass im Einzelfall ausgewählt werden muss, welche Gerichte hergestellt werden.

1.1 Erstellen Sie für die Ihrer Gruppe zugewiesenen Aufgaben eine Materialanforderung.

1.2 Fertigen Sie für Ihren Bereich einen Arbeitsablaufplan.

2 Führen Sie die Arbeitsaufträge aus.

Bewerten

Aus den einzelnen Arbeitsgruppen werden „Gäste" gewählt. Diese nehmen an der eingedeckten Tafel Platz und haben vorbereitete Unterlagen für eine Bewertung bei sich.

1 Bewerten Sie jede Zubereitung mit (mindestens zwei) Worten.

2 Ist das gesamte Menü harmonisch aufgebaut? Würden Sie bei einer Wiederholung etwas ändern? Zusammenstellung, Arbeitsablauf, Arbeitsbelastung.

Lösung zu Aufgabe 1 Seite 692:
Linke Gabel müsste eine Mittelgabel sein und nach oben versetzt werden. Mittelmesser für die Vorspeise fehlt. Brotteller soll links neben dem Gedeck platziert sein. Buttermesser soll etwas seitlich und senkrecht auf dem Brotteller liegen. Dessertbesteck ist nicht komplett, es fehlt die Mittelgabel. Das Weinglas als Richtglas muss über der Messerspitze stehen. Es fehlt die Mundserviette.

Sachwortverzeichnis

Bildquellen

Die Autoren und der Verlag danken den folgenden Firmen, die sie durch fachliche Beratung sowie die Bereitstellung von Informations- und Bildmaterial unterstützt oder Abdruckgenehmigungen für selbstgefertigte Fotos erteilt haben.

Detaillierte Informationen dazu finden Sie auch auf unseren Internetseiten.

Bildquellenverzeichnis

Achenbach Delikatessen
Agrarmarkt Austria Marketing GmbH, Wien, A
aid infodienst, Bonn
ALDI Einkauf GmbH & Co. oHG, Essen
Alpro GmbH, Düsseldorf
Aquaculture Stewardship Council, Utrecht, Niederlande
Arbeitsblätter Koch/Köchin II, Fachbuchverlag Pfanneberg
Archiv des Verlags Europa-Lehrmittel
argum fotografie - Falk Heller
Asbach GmbH, Rüdesheim am Rhein
ASSKÜHL GmbH & Co KG, Essen
BANKETTprofi GmbH, Speyer – www.bankettprofi.de
Bärenmarke Vertriebsgesellschaft mbH, Thalfang
Bartscher GmbH, Salzkotten
Bergknappenhof, Bodenmais
Berufsgenossenschaft Nahrungsmittel und Gastgewerbe, Mannheim
Bettenhaus Mühldorfer, Haidmühle
Biologische Bundesanstalt für Land- und Forstwirtschaft, Braunschweig
Blanco Professional, Oberderdingen
BOS FOOD GmbH, Meerbusch
BSI ButterSpender International AG, Kassel
Brandes, Frank, Bad Doberan
Buir, Benno, Leverkusen
Bulls Press, Frankfurt
Bundesanstalt für Landwirtschaft und Ernährung, Bonn
Bundesministerium für Ernährung und Landwirtschaft (BMEL), Bonn
Burger King, München
Buvo, Detmold
Carma Drübendorf, CH

Chambrair, Hamburg
Chef de Cuisine Club Culinaire Creußen Euro-Toques Deutschland e. V., Creußen
Chemie für Schule und Beruf, Verlag Europa-Lehrmittel
Contacto Bander GmbH, Erkrath
Cooltrans AG, Rothenburg, CH
Crowne Plaza
Culinary Institute of America, Hydepark N.Y., USA
Degen, Bernd, Viechtach
DEHOGA Deutsche Hotelklassifizierung GmbH, Berlin
Der Ludwig, Schlüchtern
Deutsche Gesellschaft für Ernährung e. V., Bonn
Deutsche Sinalco GmbH Markengetränke & Co. KG, Duisburg-Walsum
Deutsche Weininformation, Mainz
Deutsche Zöliakie-Gesellschaft e.V. (DZG), Stuttgart
Deutscher Brauer-Bund e.V., Berlin
Deutscher Hotel- und Gaststättenverband (DEHOGA Bundesverband), Berlin
Deutscher Kaffeeverband e.V., Hamburg
Deutscher Tierschutzbund e.V., Bonn
Deutsches Teebüro, Hamburg
Die kalte Küche, Fachbuchverlag Pfanneberg
DIE KOELNER Agentur für Kommunikation, Köln
Die praktische Prüfung - Koch/Köchin, Fachbuchverlag Pfanneberg
Dick, Friedrich, www.dick-messer.de
Dirk Meissner, Köln
Dr. August Oetker KG, Bielefeld
ECOLAB DEUTSCHLAND GMBH, Monheim am Rhein

eKiosk GmbH, Dresden
Ernährungswissenschaft, Verlag Europa-Lehrmittel
Eto, Ettlingen
Europäische Union
Fachkunde Bäcker in Lernfeldern, Fachbuchverlag Pfanneberg
Fachwissen Bekleidung, Verlag Europa-Lehrmittel
F&B Tec GmbH, Neukirchen
Ferienhotel Hammerhof, Bodenmais
Gastronomische Akademie Deutschlands e.V., Arnsberg
Gault & Millau - ZS Verlag GmbH, München
Gebrüder Otto Gourmet GmbH, Heinsberg
Gebr. Sanders GmbH & Co. KG, Bramsche
Getränkeservice für Hotelbar, Büfett und Restaurant, Fachbuchverlag Pfanneberg
Gewerkschaft Nahrung-Genuss-Gaststätten (NGG), Hamburg
Grand Hyatt Hotel, Santiago, Chile
Greentable e.V., Lüneburg
Groll GmbH & Co. KG, Reutlingen
Grüne Kombüse, Rostock
Grüner, Hermann, Garmisch-Partenkirchen
Haaner Felsenquelle, Haan
Hansa Mineralbrunnen GmbH, Rellingen
Hecht, Michael, Soltau
Hechtsprung, Soltau
Hepp, Pforzheim
Hilton, Dresden
Hofinger Tier-Präparationen, Steyrermühl, A
Homann Lebensmittelwerke, Dissen
Hotel Bodenmaiser Hof, Bodenmais
Hotel Böhmhof, Bodenmais
Hotel Mooshof, Bodenmais
Hotel Neue Post, Bodenmais

Hotel Sonnengarten, Bad Wörishofen
Hotel Traube Tonbach, Baiersbronn
Hotelverband Deutschland e.V. (IHA), Berlin
Hotelwäschefabrik Zollner, Vilsbiburg
Hüber & Söhne GmbH, Dessau-Roßlau
Humana Milchindustrie GmbH
Hutschenreuter-Bauscher, Weiden
Hyatt Regency Köln
iBells GmbH, Berlin
Informationszentrum Eiskrem, Bonn
iSi Deutschland GmbH, Solingen
InfraCert GmbH, Institut für Nachhaltige Entwicklungen in der Hotellerie, Berlin
Ingenieurgesellschaft für Technik-Kommunikation GmbH, Fritzlar
Institut für Gefahrstoff-Forschung (IGF) der Bergbau-Berufsgenossenschaft, Bochum
Intercontinental, Berchtesgaden
Jagd und Technik, Rasdorf, Jörg Novotny, www.jagd-technik.de
Kempinski Hotels Berlin
Kentucky Fried Chicken Ltd., German Branch, Düsseldorf
Kessler, Thomas
Kraft Foods, Bremen
Landesvereinigung der bayerischen Milchwirtschaft e.V., München
Leibniz-Institut für Länderkunde (Hrsg.): Lebensmittel mit geschützter geographischer Herkunft. Karte Stand Januar 2018, Leipzig
Le Meridien, München
Lerch Werksvertretungen GmbH, Reutlingen
Lindner Hotels AG, Düsseldorf
Lükon Lüscher-Werke, Täuffelen, CH
Lüneburger Heide GmbH, Lüneburg
Manitowoc Foodservice, USA
Marché Restaurants Schweiz AG, Kemptthal, CH
Marine Stewardship Council, Berlin
Maritim Hotelgesellschaft mbH, Bad Salzuflen
Maschinenfabrik Dorhan GmbH, Dorhan
McDonald's Deutschland LLC, München
Meggle, Wasserburg
Metz, Reinhold, Bad Wörishofen
Michelin Reifenwerke AG & Co. KGaA, Karlsruhe
MICROS-Fidelio GmbH, Neuss

Mikroorganismen in Lebensmitteln, Fachbuchverlag Pfanneberg
MKN, Wolfenbüttel
Naturfoto-Online, Steinburg
Nemox International S.R.L, Pontevico (BS), Italien
Nestlé Schöller, Nürnberg
NH Hotel, Deggendorf
Niko Großküchen, Essen
NordCap GmbH & Co. KG, Bremen
OCQ – Outdoor Cooking Queen, Esslingen am Neckar
Oliver Schäfer, www.cookin.eu, Bergisch Gladbach
OMIRA GmbH, Ravensburg
otom Group GmbH, Bräunlingen; www.sensorshop24.de
PACOJET AG, Zug, CH
Palux AG, Bad Mergentheim
Paulaner, München
POMP DUCK AND CIRCUMSTANCE GmbH, Neu-Ulm
Prince Castle, Carol Stream, Illinois, USA
ProVeg Deutschland e.V., Berlin
RATIONAL Aktiengesellschaft, Landsberg am Lech
Regionalfenster e.V., Friedberg
Restaurant Seensucht, Bitterfeld-Wolfen
REWE Markt GmbH, Köln
riha WeserGold Getränkegruppe, Rinteln
Rittmeyers Besondere Raffinessen, Neu Wulmstorf
Rösle Metallwaren, Marktoberdorf
Rougié Sarlat
Rousseau, Brigitte, Paris, F
Rudolf Achenbach GmbH & Co. KG, Sulzbach (Taunus)
Rudolf Richter GmbH, Heimsheim
Särve, Weiding
Schegg, Roland
Schönwald Porzellanfabrik, Schönwald
Schöpf Bankettservice GmbH, Nürnberg
Schutzverband der Schwarzwälder Schinkenhersteller e.V., Villingen-Schwenningen
Schweizerische Käseunion, Bern, CH
Servicebund, Lübeck
Servicebund Rittner, München
Seubert Feinkostmanufaktur, Werbach-Wenkheim
Sheraton Carlton Hotel, Nürnberg
Siemens Haushaltsgeräte, München

Silit Werke, Riedlingen
Sopexa, Düsseldorf
Stefan Plößl, Hohenbrunn
Steffen Sinzinger • BerlinerSpeisemeisterei.de, Berlin
Steigenberger-Hotel Der Sonnenhof, Bad Wörishofen
Stein, Michael, Dessau
SUBWAY ® Sandwiches, Köln
Tafel Deutschland e.V., Berlin
Tenchi ManThei japanese foods GmbH & Co. KG
THIEMT GmbH, Dortmund
Thomas Dörr Besteck- und Küchensysteme, Sinsheim
Tourismusverband Ostbayern e.V., Regensburg
TransFair e.V. (Fairtrade Deutschland), Köln
Underberg, Rheinberg
unilever foodsolutions heilbronn
VAPIANO SE, Köln
VDE Prüf- und Zertifizierungsinstitut GmbH, Offenbach
VDP.Die Prädikatsweingüter, Mainz
Verband der Köche Deutschlands e.V. (VKD), Frankfurt am Main
Verband Deutscher Sektkellereien, Wiesbaden
Verband Lebensmittel ohne Gentechnik e.V. (VLOG), Berlin
Viessmann Werke GmbH & Co. KG, Allendorf (Eder)
Villeroy & Boch, Mettlach
VITO AG, Tuttlingen
Vorratsschutz GmbH, Laudenbach
Vorwerk Deutschland Stiftung & Co. KG, Wuppertal
Warsteiner Brauerei, Warstein
Westin Grand
Wikipedia – Nikolaos Dimos
Winterhalter, Meckenbeuren
WMF, Geislingen
Wolffgang, Thomas, Dessau
Wpr communication, Hennef
Yachthafenresidenz Hohe Düne GmbH, Rostock-Warnemünde
Zentralverband der Deutschen Geflügelwirtschaft e.V., Berlin
Zieglers Restaurant, Stephan Ziegler, Oranienbaum-Wörlitz
Zollner Hotelwäsche, Vilsbiburg
Zwilling, Solingen

Bildagenturen

Adobe Stock.com, Dublin, Irland

© .shock; ©~ Bitter ~; © ¡ment GellÉrt © Эльвина Киямова; © A_Lein © A_Lein; © aboikis; © Adam Gregor © adpePhoto © Africa Studio © Africa Studio; © Africa Studio; © Africa Studio; © Agence DER; © agnormark; © AGphotographer – Fotolia. com © Aintschie © akamaraqu; © akf © Albachiaraa – Fotolia.com © Alekss © Alekss; © aleoks; © alephnull; © alex.pin; © Alex_Mac; © Alexander Raths; © Alexander Raths – Fotolia.com © alexskopje © Alexstar; © Alex Whit; © Alex Yeung ALF photo; © alho007; © Alinute © ALLEKO; © Allusioni; © Alp Aksoy; © alphaspirit – Fotolia. com © Alterfalter © amenic181; © Amir Kaljikovic © amphaiwan; © anatolir; © Anatoly Repin – Fotolia.com © Anatoly Repin; © anderm; © Andrea; © Andreas Haertle; © Andrea Wilhelm; © Andre Bonn; © Andre Bonn; © Andrew Bayda; © Andrey Popov; © Andrey Popov; © Andrey Starostin; © Andrey Starostin; © angelafomin © angelo.gi © Anja Kaiser; © anna © anna; © anna_shepulova; © Antonio Gravante © antonsov85; © apops – Fotolia.com © Arap © Ariane Citron; © ARochau © Ars Ulrikusch © artmim; © ArTo © Artur; © asese; © ASK-Fotografie – Fotolia.com © Atlantis; © atoss; © auremar © auremar; © azure; © B. and E. Dudzinscy © B. Wylezich © babsi_w; © baibaz; © Barbara Pheby; © Barbara Pheby; © Barbara Pheby; © Barbara Pheby; © Barbara Pheby; © Barbara Pheby; © bbivirys; © beeboys; © Benjaminpx; © Benshot; © Bernd Jürgens; © Bernd Meiseberg; © Bernd S.; © bestphotostudio; © BeTa-Artworks © BeTa-Artworks; © BG © bilderexpertin65; © bilderstoeckchen; © BildPix.de © bildwerk7 – Fotolia. com © Birgit Brandlhuber; © Birgit Reitz-Hofmann – Fotolia.com © bit24; © bit24; © Björn Wylezich; © blende11.photo; © blende40; © blende40; © Blue-Fox © boonchuay1970; © Boyarkina Marina; © Brigitte Bonaposta © Brigitte Bonaposta; © Brigitte Bonaposta; © Brigitte Bonaposta; © Brigitte Bonaposta; © brodtcast, © brodtcast; © brodtcast; © brodtcast; © brunella fratini – Fotolia.com © brunogm; © brzus; © by-studio; © byggarn.se; © Callahan © CandyBox Images; © CandyBox Images; © CandyBox Images; © CandyBox Images – Fotolia.com © Cara-Foto © Carmen Steiner; © Carmen Steiner; © Carmen Steiner; © Carmen Steiner; © Carmen Steiner; © catalineremia; © catherinelprod; © CCat82; © chamillew © chamillew; © Chanwit; © Chefsamba – Fotolia. com © Chinnapong; © Christian Jung; © Christian Jung; © Christian Jung; © Christian Schwier; © Christophe Fouquin © Christophe Fouquin; © cirquedesprit © cobraphoto; © coco; © Comugnero Silvana; © Comugnero Silvana; © contrastwerkstat; © contrastwerkstatt © contrastwerkstatt; © contrastwerkstatt; © corbisrffancy © Corinna Gissemann; © Countrypixel; © Creatix © CSschmuck; © cut; © cynoclub; © Dalmatin.o © Dalmatin.o; © Daniel Ernst © danielk; © Danie Nel; © Danilo Rizzuti © Dan Race © Dan Race; © Daorson; © Daorson; © dashu83; © davello; © dbelashova; © deeaf; © der hugo2; © DeVIce © diamant24; © diamant24; © dima_pics; © dima_pics; © dima_sidelnikov; © Dionisvera; © Dmitriy Melnikov © DN6; © DOC RABE Media; © DOC RABE Media – Fotolia. com © DoraZett; © Doris Heinrichs; © dpa-infografik; © draghicich © draghicich; © dreamer12 © dreamer12; © dundersztyc © dusanpetkovic1; © eccolo © Edward Westmacott; © Edward Westmacott; © elen31; © Elena Schweizer; © elizalebedewa; © elvil © emer; © emuck; © Enlightened Media; © eskymaks © Esther Hildebrandt; © Esther Hildebrandt – Fotolia.com © euthymia; © Eva Gruendemann; © Evgeniy Ovchinnikov; © evgenyatamanenko © evgenyatamanenko; © exclusive-design; © exopixel; © ExQuisine © ExQuisine; © ExQuisine; © ExQuisine; © ExQuisine; © ExQuisine; © ExQuisine; © Eyes wide; © eyetronic; © eyewave © fabioderby; © fad82; © fahrwasser; © Fanfo; © Felix Pergande © Felix Pergande; © Fernando Madeira © fhmedien_de © fineart-collection; © fineart-collection; © fineart-collection; © Fineas © Firma V © Firma V; © Firma V; © Fischer Food Design; © Florian Kunde; © FomaA; © FomaA; © FomaA; © Fontanis; © FOOD-micro; © FOOD-pictures; © FOOD-pictures; © foodinaire; © foodinaire; © Foodlovers; © Foto6; © Fotocat4; © fotodesign-jegg.de © fotodesign-jegg.de; © fotofabrika; © fotofund; © fotogestoeber © fotografci; © fotohansel; © fotoliaanjak; © fotomaster; © fotomatrix; © fotomek; © Fotowerk © Fotowerk; © fotoyukha; © fovito; © dehweh; © fox17; © Franz Pfluegl © fredograf; © g215 © gamjai; © garteneidechse © Gcapture; © georgpfluegl © Gerhard Seybert; © Gerhard Seybert – Fotolia.com © Gerisch; © germina © Gina Sanders © Gina Sanders; © Gina Sanders; © Gina Sanders; © giogiape; © gitusik; © gkrphoto; © gkrphoto; © goodluz © Goodpics; © Gordon Bussiek; © Goss Vitalij © greenpapillon; © Gresei © Gresei; © guitou60; © Gunnar Assmy © guy; © Géraldine Revillard; © h_lunke © hanabiyori; © HandmadePictures © Harald; © Heico Neumeyer – Fotolia.com © Heike Rau; © Heike Rau; © Heino Pattschull © Heino Pattschull; © helenedevun; © Henrik Larsson; © Henry Schmitt; © Herbivore; © Herby (Herbert) Me; © hessbeck; © hg_media © hg_media; © highwaystarz; © Hildebrandt; © hiphoto39; © hjamyha; © hjschneider; © HLPhoto © HLPhoto; © HLPhoto; © HLPhoto – Fotolia. com © HLPhozo; © hreniuca; © iconshow © id-art; © Ideenkoch; © Ideenkoch; © Ideenkoch; © Ideenkoch; © Idprod – fotolia.com © Igor Zakowski; © iinspiration; © Ildi © Ildi; © ilfotokunst; © ilfotokunst; © Ilka Burckhardt © Ilka Burckhardt; © ilolab © ILYA AKINSHIN; © Imagevector; © iMarzi; © industrieblick; © Inga Domian; © Inga Nielsen © Inga Nielsen; © Ingo Bartussek; © Insp.Clouseau © iQoncept; © Ivan Floriani; © J. Mühlbauer exclus.; © Jacek Chabraszewski; © Jacek Chabraszewski; © JackF; © jackfrog; © JackStock; © JackStock; © Jacques PALUT © Jacques PALUT – Fotolia. com © Jag_cz – Fotolia. com © jagrawut; © Jakub Krechowicz; © Janet Layher © jcfotografo; © Jeanette Dietl – Fotolia.com, Hepp, Pforzheim © jeepbabes; © Jessmine; © jh Fotografie; © JM Fotografie; © Jo- Lin © Joachim; © Jochen Schönfeld © Joe Gough © Joe Gough; © Joe Gough; © Joe Gough; © JoLin; © JPC-PROD; © juefraphoto; © JULA © Julien Eichinger – Fotolia.com © juniart – Fotolia.com © Jörg Beuge © Jörg Beuge; © Jörg Lantelme; © Jörg Lantelme; © Jürgen Fälchle © Jürgen Fälchle; © K.- U. Häffler © K.-U. Häffler; © K.-U. Häßler; © kab-vision; © kab-vision; © kab-vision; © kab-vision – Fotolia.com © Kacpura © karandaev – Fotolia.com © karelnoppe © karelnoppe; © karepa; © karepa; © karepa; © Karin Jähne; © katalinks © Kathleen Rekowski © Kathleen Rekowski; © Kathleen Rekowski; © Kati Molin © kebay; © kebox; © kebox; © kebox © kebox – Fotolia.com © Keddy; © kehr design; © kenzo © Kirill Livshitskiy © Kirill Livshitskiy; © Kitty – Fotolia. com © Klaus Eppele © Kletr; © kolesnikovserg; © Kondor83 © Konstiantyn; © Kossi; © kotina; © kovaleva_ka; © kraphix; © kristina rütten; © Kristina rütten; © kropic; © Krzysztof Bisztyga © Kurhan © kyler13; © Kzenon © Kzenon; © lainon; © lantapix; © larcobasso; © Lars Christensen © Lars Zahner © ld1976; © ld1976; © lena_zajchikova; Leonar-do Franko; © Leonardo Franko © Leonardo Franko; © leszekglasner; © leungchopan; © LianeM © Liddy Hansdottir © Liddy Hansdottir; © Light Impression © lightpoet – Fotolia.com © lisa870; © Liv Friislarsen – Fotolia.com © lovemask; © Lsantilli © Lsantilli; © luca. viola(IT) © LUCKAS © lucky_marinka; © Lucky Dragon; © Lucky Dragon; © Lucky Dragon; © Lucky Dragon; © Lucky Dragon; © Lucky Dragon – Fotolia.com © luismolinero; © Luis Santos © Lukas Skup; © Lukas Skup; © lulu © lunamarina; © M.Franke; © M.studio; © M.studio; © M.studio © macrovector; © magele-picture; © maho © Maksim Esin – Fotolia. com © Maksim Shebeko; © Maksim Toome; © manu © maram; © Mara Zemgaliete; © Mara Zemgaliete; © Mara Zemgaliete; © Marc BOSSI-ROY; © Marco2811 © Marco2811; © Marco2811; © Marco Desscouleurs – Fotolia.com © Marco Mayer © Marco Mayer; © Marek Gottschalk © Marek Gottschalk; © Marem © Maren Winter; © Maria Brzostowska; © Maria Sbytova; © Marina Lohrbach © Marina Lohrbach; © Marina Lohrbach; © marioav; © mariusltu; © markus_marb; © Markus Mainka © Markus Mainka; © Markus Mainka; © Markus Mainka; © Martina Berg © Martina Berg; © marybethcharles; © Marzia Giacobbe; © Marén Wischnewski; © mashe; © Maslov Dmitry; © mates; © Maxim Khytra; © maxsol7; © maxximmm; © Meddy Popcorn © mentalrai © metamorworks; © Micha © micha_h; © Michael Brandl; © Micha R; © michelaubryphoto; © Microgen; © mihalec © Mihalis A. © Mikhaylovskiy; © MIKYIMAGENARTE; © milachka © Minerva Studio © Minerva Studio – Fotolia. com © minthklick © Miredi © Miredi; Miredi; © mirkograul; © mirpic – Fotolia.com © mitrs3; © mlehmann78 – Fotolia.com © Mny-Jhee; © Monkey Business © Monkey Business; © Monkey Business; © Monkey Business; © Monster © monticellllo © monticellllo; © moodboard Premium © moodboard Premium; © morane © mostwest; © MP2 © mrgarry © mrgarry; © mrgarry; © msl33; © MSPhotographic; © Mumpitz © Nadine Conrad; © nancy dressel © Naoki Kim; © natali1991; © NataliTerr; © Natika; © naypong; © nedim_b; © Nejron Photo; © Nelea Reazanteva; © Neyro; © NicoElNino; © Nik_Merkulov; © nikolae – Fotolia.com © Nikoletta; © Nikoletta; © nito; © Nitr © Nitr; © Nitr; © nnudoo; © NOBU;

©norikko; ©ojoimages4 ©ojoimages4; ©ojoimages4; ©Olaf Wandruschka ©Oleksandr Troshchylo; ©Oleksiy Drachenko – Fotolia.com ©Olga Lyubkin; ©Olga Mishyna; ©olly ©omicron ©onairjiw; ©ossikult; ©oxie99; ©OZMedia; ©Paco Ayala ©paseven; ©paul_brighton; ©paylessimages; ©Peredniankina; ©Peredniankina; ©Pescatore ©Pescatore; ©Peter Atkins ©Peter Hermes Furian; ©Petra Beerhalter ©Photo-K ©Photo-K; ©photo 5000; ©photocrew ©photocrew; ©photocrew; ©photocrew; ©photocrew; ©photocrew; ©photocrew; ©photocrew; ©photocrew; ©photocrew; ©PhotoEd; ©Photographee.eu; ©photoGrapHie ©photographyfirm; ©PhotoSG ©PhotoSG; ©PhotoSG; ©PhotoSG; ©PhotoSG; ©PhotoSG; ©picsfive; ©Picture-Factory – Fotolia. com ©Picture Partners; ©Picture Partners; ©Pictures news; ©piotrmilewsk; ©pixarno; ©pixarno; ©plisman; ©PMDesign; ©post424; ©prashant ZI; ©pressmaster ©pressmaster; ©Price; ©Printemps ©Printemps; ©Printemps; ©Printemps; ©Printemps; ©Printemps; ©Quade ©Quade; ©Quade; ©Quade; ©racamani ©Rafail; ©rainbow33; ©rainersart; ©Ramona Heim; ©rangizzz; ©Rawpixel.com; ©rdnzl; ©rdnzl; ©rdnzl; ©rdnzl; ©rdnzl; ©rdnzl; ©rdnzl; ©Regiopress ©Reicher ©Reicher; ©Reicher; ©Reika; ©rickochet12; ©Rixie; ©Robby Schenk; ©robert6666; ©Robert Kneschke ©Robert Kneschke; ©Robert Kneschke; ©Robert Lehmann – Fotolia.com ©robynmac; ©robynmac; ©robynmac; ©Roman Milert ©Roma Stetsyk; ©rosaguardiola – Fotolia. com ©rsester ©rsester; ©RTimages; ©RTimages – Fotolia. com ©Ruediger Rau; ©Ruslan Olinchuk; ©Ruth Black; ©S.E. shooting; ©sabine teichert; ©sablinstanislav; ©saikorn; ©sakura; ©sakura; ©samott ©samott; ©samott; ©sarymsakov.com; ©sarymsakov.com; ©sasazawa; ©schankz; ©Schlierner – Fotolia.com ©Schwoab; ©SC photo; ©senkaya ©senoldo; ©Sergejs Rahunoks – Fotolia.com ©Sergey Nivens ©Sergio Martìnez; ©Sergio Martìnez – Fotolia.com ©Serhiy Shullye; ©serkucher; ©Session-Photo ©Setareh ©sevaljevic; ©S Hagebusch ©S Hagebusch; ©shaiith; ©shaiith; ©Shawn Hempel; ©sherstobitov; ©shibachuu; ©shootdiem; ©shotsstudio ©silberkorn73; ©silencefoto; ©silencefoto; ©silencefoto; ©silencefoto – Fotolia.com ©Silvia Bogdanski; ©Silviu G. Halmaghi ©Simone Andress ©Simone Andress; ©Simone Andress; ©Sir_Oliver; ©siwaporn999; ©SOLLUB ©somchaisom; ©somegirl; ©Soonios Pro; ©SP-PIC – Fotolia.com ©spinetta; ©st-fotograf; ©Stauke ©Stefan Gräf ©stefanolunardi ©Stefan Thiermayer ©Steffen Sinzinger; ©Stegrim; ©Stephanie Eckgold; ©stephanie jud; ©stephanie jud; ©Steve Cukrov – Fotolia.com ©Steve Lovegrove; ©stfotograf ©stockcreations; ©stockcreations – Fotolia.com

©stockphoto-graf; ©StockphotoVideo; ©stockyimages – Fotolia.com ©strahktsksw; ©strauscher; ©STUDIO GRAND OUEST; ©studioworkstock; ©styleuneed ©sunabesyou; ©SunnyS; ©SunnyS; ©Sven Weber ©sveta_zarzamora; ©svetazi; ©svetlana larina ©swa182; ©Syda Productions; ©Syda Productions; ©Syda Productions; ©Szakaly; ©Tanja; ©tankist276 ©Tarabalu; ©Tatiana; ©Tatsiana; ©Team 5; ©Team 5; ©Teamarbeit ©Teamarbeit; ©terex ©terovesalainen; ©thawornnurak; ©Thomas Francois; ©Thomas Francois; ©Thomas Francois; ©Thomas Francois; ©timolina; ©tinyal ©tinyal; ©TMAX ©tolism; ©Tom Bayer ©Tom Bayer; ©Tom Klimmeck ©Tom Klimmeck; ©tommyhuahin; ©tonefotografia; ©Top Photo Group; ©Torbz – Fotolia.com ©travelguide ©tristan tan; ©tsoergel ©tsoergel; ©Tsuboya; ©tunedin; ©tverdohlib; ©tycoon101; ©tycoon101; ©Tyler Olson ©uckyo; ©ufotopixl10; ©UMB-O; ©ungvar; ©ungvar; ©unicusx; ©unpict; ©unpict; ©unpict; ©Valentina R.; ©Valeriy; ©valery121283; ©vanillya; ©Vankad; ©Vasily Smirnov ©vchalup; ©vege; ©victoria p.; ©Victoria p.; ©vikakurylo81; ©Viktar Malyshchyts; ©Viktorija; ©viperagp ©viperagp; ©viperagq; ©vipman4; ©virtua73 – Fotolia. com ©Visionsi; ©Visionsi; ©volff ©volff; ©volff; ©volff; ©volff; ©Volker Witt ©voltan; ©voren1; ©VRD ©VRD; ©VRD; ©vvoe; ©walter_bilotta; ©wavebreak3; ©WavebreakmediaMicro ©WavebreakMedia-Micro; ©WavebreakmediaMicro; ©weissdesign ©weyo; ©whiteaster; ©Whyona; ©wideonet; ©Wiktory; ©William Berry; ©Wilm Ihlenfeld – Fotolia.com ©wip-studio; ©withGod ©Wolfgang Jargstorf; ©womue ©womue; ©womue; ©womue; ©womue; ©Wrangler ©Wrangler; ©Wrangler; ©wsf-f; ©wsf-f; ©Xavier ©Xavier; ©Xavier; ©xl1984; ©XtravaganT ©Yantra; ©Yeko Photo Studio; ©yiorgosgr; ©yodaswaj; ©yunuskoc ©yurak; ©yurakp; ©Yuri Arcurs ©Yuri Arcurs; ©Yuri Arcurs; ©yvdavid; ©Yvonne Bogdanski; ©z10e; ©zavgsg; ©Zebra Finch; ©Zerbor ©Zerbor; ©Zerbor; ©Zerbor; ©zeynurbabayev; ©zlajaphoto; ©zoryanchik

Can Stock Photo

©Can Stock Photo / izakowski

dpa Picture-Alliance GmbH, Frankfurt am Main

13/2 ©Globus Grafik; ©AFLO; ©Bildagenturonline/Tetra; ©eSchmidt; ©Sodapix AG; ©Vojtech Vlk

Fotolia.com, Berlin

©A_Lein; ©Aintschie; ©apops; ©brodtcast; ©CandyBox Images; ©cirquedesprit; ©contrastwerkstatt; ©Dmitriy Melnikov; ©DOC RABE Media; ©dreamer12; ©Felix Pergande; ©garteneidechse; ©Gina Sanders; ©goodluz; ©iconshow; ©Ilka Burckhardt; ©Julien Eichinger; ©Jürgen Fälchle; ©kebox; ©LUCKAS; ©maho;

©Marem; ©Martina Berg; ©mirpic; ©moodboard Premium; ©Nitr; ©omicron; ©Peter Atkins; ©photocrew; ©Picture-Factory; ©racamani; ©Robert Kneschke; ©S Hagebusch; ©tinyal; ©Tom Klimmeck; ©Tyler Olson; ©Volker Witt; ©womue; ©Yuri Arcurs

iStockphoto.com

117/1 ©dpullman

mauritius images GmbH, Mittenwald

619/1 © Mauritius images/United Archives; 619/3 © mauritius images/Food and Drink; 619/4 © Mauritius images/World Pictures; 620/1 © mauritius images/Rene Mattes; 620/2 © mauritius images/age; 620/4 © mauritius images/Red Cover; 622/3 © Mauritius images/age; 623/1 © mauritius images/ib/Klaus Rainer Krieger; 623/2 © mauritius images/ib/Christian Handl; ©augenblick; ©Bridge; ©Ernst Grasser; ©Hans-Peter Merten; ©ib / Creativ Studio Heinemann; ©ib / Jochen Tack; ©ib / Michael Weber; ©ib / Norbert Michalke; ©Oredia; ©P. Widmann; ©Roy Botterell; ©SuperStock; ©Uwe Umstätter

Shutterstock.com

29/2 ©The Len; 31/2 ©Nejron Photo; 206/4 © Binh Thanh Bui; 291/1 ©tristan tan; ©Elena-Kor; ©stockstudios

Stockfood, München

313/1; 319/4 ©Stockfood/Faber & Partner; 410/3 © Lehmann, H./ StockFood; 412/1 © Lehmann, H./StockFood; 413/1 © Holler, H./StockFood; 430/3 © Eising/StockFood; 437/1 © Bischof, H./ StockFood; 439/2 © Feiler/StockFood; 439/4 © Bischof,H./StockFood; 464/1 © Lehmann, H./ StockFood; 464/2 © Eising/StockFood; 473/4 © Ellert, L./StockFood; 621/1 © Stockfood/K. Newedel; 681/3; ©A. Faber; ©Bischof, H.; ©Eising; ©Ellert, L.; ©Feiler; ©Holler, H.; ©Lehmann, H.; ©K. Newedel

Teubner Foodfoto, Berlin

104/1-3; 106/6+7; 198/1-4; 199/3+4+5+7+8; 200/1+2; 208/2; 231/1; 382/1; 399/2; 399/3; 399/4; 400/1; 400/2; 400/5; 400/6; 410/2; 414/2; 415/1; 416/1; 416/2; 416/3; 417/2; 417/3; 417/4; 418/1; 418/2; 418/3; 420/2; 421/1; 421/2; 421/3; 421/4; 422/3; 425/2; 425/3; 426/1; 426/2; 429/3; 429/4; 430/1; 431/1; 432/2; 436/1; 437/2; 437/4; 438/1; 438/2; 439/1; 443/2; 444/3; 444/4; 446/1; 448/2; 449/1; 449/2; 454/1; 454/2; 456/1; 456/3; 457/3; 457/4; 458/1; 458/2; 458/3; 458/4; 459/1; 459/3; 460/1; 460/2; 460/3; 460/4; 463/2; 465/1; 465/2; 468/3; 468/4; 468/5; 470/1; 472/1; 472/2; 472/3; 472/4; 473/5; 473/6; 474/1; 476/3; 476/4; 476/5; 476/6; 476/7; 476/8; 482/3; 482/6; 483/4; 484/1; 490/1; 492/1; 492/2; 492/3; 492/4; 493/1; 505/3; 508/2; 602/1; 606/4; 611/1; 611/2; 611/3; 611/4; 618/1; 628/4; 634/1; 636/1; 638/1; 640/1; 641/1; 644/1; 648/1; 654/1; 655/1; 661/1

Ullstein Bild, Berlin